“十三五”国家重点出版物出版规划项目

经济科学译丛

递归宏观经济理论

（第三版） 上册

拉尔斯·扬奎斯特（Lars Ljungqvist）
托马斯·J. 萨金特（Thomas J. Sargent） 著

杨 斌 王忠玉 张天啸 王新荣 马牧野 严高剑 等 译

Recursive Macroeconomic Theory

（Third Edition）

中国人民大学出版社
·北京·

《经济科学译丛》

《经济科学译丛》总序

中国是一个文明古国，有着几千年的辉煌历史。近百年来，中国由盛而衰，一度成为世界上最贫穷、落后的国家之一。1949 年中国共产党领导的革命，把中国从饥饿、贫困、被欺侮、被奴役的境地中解放出来。1978 年以来的改革开放，使中国真正走上了通向繁荣富强的道路。

中国改革开放的目标是建立一个有效的社会主义市场经济体制，加速发展经济，提高人民生活水平。但是，要完成这一历史使命绝非易事，我们不仅需要从自己的实践中总结教训，也要从别人的实践中获取经验，还要用理论来指导我们的改革。市场经济虽然对我们这个共和国来说是全新的，但市场经济的运行在发达国家已有几百年的历史，市场经济的理论亦在不断发展完善，并形成了一个现代经济学理论体系。虽然许多经济学名著出自西方学者之手，研究的是西方国家的经济问题，但他们归纳出来的许多经济学理论反映的是人类社会的普遍行为，这些理论是全人类的共同财富。要想迅速稳定地改革和发展我国的经济，我们必须学习和借鉴世界各国包括西方国家在内的先进经济学的理论与知识。

本着这一目的，我们组织翻译了这套经济学教科书系列。这套译丛的特点是：第一，全面系统。除了经济学、宏观经济学、微观经济学等基本原理之外，这套译丛还包括了产业组织理论、国际经济学、发展经济学、货币金融学、公共财政、劳动经济学、计量经济学等重要领域。第二，简明通俗。与经济学的经典名著不同，这套丛书都是国外大学通用的经济学教科书，大部分都已发行了几版或十几版。作者尽可能地用简明通俗的语言来阐述深奥的经济学原理，并附有案例与习题，对于初学者来说，更容易理解与掌握。

经济学是一门社会科学，许多基本原理的应用受各种不同的社会、政治或经济体制的影响，许多经济学理论是建立在一定的假设条件上的，假设条件不同，结论也就不一定成立。因此，正确理解掌握经济分析的方法而不是生搬硬套某些不同条件下产生的结论，才是我们学习当代经济学的正确方法。

本套译丛于 1995 年春由中国人民大学出版社发起筹备并成立了由许多经济学专家学者组织的编辑委员会。中国留美经济学会的许多学者参与了原著的推荐工作。中国人民大学出版社向所有原著的出版社购买了翻译版权。北京大学、中国人民大学、复旦大学以及中国社会科学院的许多专家教授参与了翻译工作。前任策划编辑梁晶女士为本套译丛的出版做出了重要贡献，在此表示衷心的感谢。在中国经济体制转轨的历史时期，我们把这套译丛献给读者，希望为中国经济的深入改革与发展做出贡献。

《经济科学译丛》编辑委员会

致　谢

本书是我们在 20 世纪 90 年代、21 世纪第一个十年以及 21 世纪第二个十年初讲授宏观经济学和货币经济学的研究生课程期间创作的。对于在这些课程中和我们一起学习的学生，我们表示感激。这里，我们要特别感谢 Marco Bassetto，Victor Chernozhukov，Riccardo Colacito，Mariacristina De Nardi，William Dupor，William Fuchs，George Hall，Sagiri Kitao，Hanno Lustig，Monika Piazzesi，Navin Kartik，Martin Schneider，Yongseok Shin，Christopher Sleet，Stijn Van Nieuwerburgh，Laura Veldkamp，Neng Wang，Chao Wei，Mark Wright，Sevin Yeltekin，当他们是研究生时，他们对早期版本的草稿给予了评论。在以前版本的序中，我们预言他们很快会成为杰出的经济学家，我们很高兴看到这些预言已经成真。我们还要感谢 Isaac Bailey，Anmol Bhandari Saki Bigio，Jaroslav Borovicka，David Evans，Chrisopher Huckfeldt，Anna Orlik，Ignacio Presno，Cecilia Parlatore Siritto，and Håkon Travoll 对这一版本的早期书稿提供了有益的评论。这些人都为改进这本书提出了实质性的建议。我们对这个群体的成员期望很高，就像我们对萨金特（Sargent，1987b）早先所致谢的学生群体的期望一样。

我们从下面的人员那里得到了十分有用的批评，这些人员包括：Roberto Chang，Gary Hansen，Jonathan Heathcote，Berthold Herrendorf，Mark Huggett，Charles Jones，Narayana Kocherlakota，Dirk Krueger，Per Krusell，Francesco Lippi，Rodolfo Manuelli，Beatrix Paal，Adina Popescu，Jonathan Thomas，Nicola Tosini，Jesus Fernandez - Villaverde.

Rodolfo Manuelli 和 Pierre Olivier Weill 慷慨地允许我们复制他们的部分习题。我们对他们贡献的习题作了标记。第 6、9、27 章中的一些习题是萨金特（1987b）的相应习题的适当修改。在本书所用的 TEX 和 Unix 的宏方面，Francois Velde 提供了大量的帮助。Maria Bharwada 帮助排版了第一版的书。

扬奎斯特感谢斯德哥尔摩经济学院，萨金特感谢胡佛研究所和芝加哥大学、斯坦福大学、普林斯顿大学和纽约大学的经济系，它们为本书的创作提供了一个良好的工作环境。

第三版序

递归方法

本书主要是关于怎样利用递归方法来研究宏观经济理论的。在经济学和其他学科的动态系统分析中，递归方法是非常重要的。递归方法产生于第二次世界大战之后，体现在瓦尔德（序列分析）、贝尔曼（动态规划）以及卡尔曼（卡尔曼滤波）的各种文献中。

动态学

动态学研究由按时间索引的随机变量所组成的向量序列，这些序列被称为时间序列。时间序列很大，组成它的元素的个数是变量的个数和时期数量的乘积。一个动态经济模型描述并解释了与个体的目的和机会有关的所有成分之间的协同变化。个体根据他们关于其他因素的观点来选择时间序列的组成部分。

递归方法通过构造一个序列问题来把一个动态问题化为很多部分，其中每一个部分都在当期效用和未来效用之间形成一个有约束的选择。这一想法是要找出一条途径来描述系统当前的位置、未来的可能位置以及个体现在会怎样关注系统将来的位置。因而，递归方法通过刻画一对函数的特征来间接地研究动态学：转移函数将模型今天的状态映射到明天的状态上，另外一个函数则是将此状态映射到模型的其他内生变量上。所谓状态，是指描述系统当前位置的变量所组成的向量。通过迭代转移函数，可以得到一个时间序列。

递归方法

递归方法构造了一条通向动态经济学的强有力的路径，因为它们重点描述了在当期效用和所有未来各期效用的后续值之间的一个权衡。就如所提到过的那样，简化来自对状态变量演化的处理，状态变量的演化抓住了当期行为和所有未来事件（在不确定的情况下，这指的是将来各时期中所有可能的实现值）之间的因果关系。递归方法不仅是描述和解决复杂问题的一种强有力的方法，而且还能帮助我们进一步找到感觉，形成概念，并思考动态经济学。学生们经常会发现，一旦他们理解了状态变量是怎么设置的，他们对一个复杂的经济模型是怎样运作的这一问题就已经理解了一半。在这之后，学生们将能够很快地按照自己的方式来设计最优化问题和传递方程。只有来自解决实际问题的经验才能完全地体现出递归方法的效力。本书提供了很多有关递归方法的实际应用范例。

学习递归方法的另外一个原因是数值模拟在宏观经济学中日益重要以及大多数计算上的算法要依靠递归方法。在本书中，当用到数值模拟时，我们就如何进行模拟给出了一些建议，但对数值方法阐述不多。①

本书的理念

本书将工具和例子结合起来进行阐述。我们的理念是，在介绍工具时，技术的复杂性以适合我们的应用为度，不过分追求难度。我们的目的是让读者体会到这种方法的功效并将其引向能够学到更多的资源上。

宏观经济动态学已经成为一个有着各种各样应用的广阔领域。我们并不打算考察这个领域的全貌，而只是对它进行取样。我们想通过我们的样本使读者实实在在地接触到这个领域的更多东西。幸运的是，最近的一些优秀著作囊括了部分我们所忽略的领域，比如阿吉翁和霍伊特（Aghion and Howitt，1998），贝纳西（Benassy，2011），巴罗和萨拉·伊·马丁（Barro and Sala - i - Martin，1995），布兰查德和费希尔（Blanchard and Fischer，1989），库利（Cooley，1995），德容和达夫（DeJong and Dave，2011），法默（Farmer，1993），阿扎里亚迪斯（Azariadis，1993），加利（Gali，2008），马宗达（Majumdar，2009），克里斯坦森和基弗（Christensen and Kiefe，2009），卡诺瓦（Canova，2007），罗默（Romer，1996），爱科特和拉巴迪埃（Altug and Labadie，1994），夏默（Shimer，2010），斯塔丘斯基（Stachurski，2009），沃尔什（Walsh，1998），库珀（Cooper，1999），阿达和库珀（Adda and Cooper，2003），皮萨里德斯（Pissarides，

① 关于经济学中的数值方法，贾德（Judd，1998）、米兰达和法克勒（Miranda and Fackler，2002）给出一个很好的介绍。

1990）以及伍德福德（Woodford，2000）等人的著作。斯托基、卢卡斯和普雷斯科特（Stokey，Lucas and Prescott，1989）以及伯特瑟卡斯（Bertsekas，1976）的著作对宏观经济学中的递归方法来说仍然是标准的参考书目。这本书的技术附录 A 修订了萨金特（1987b）第 2 章的相关内容。

第三版的变化

这个版本包括了三章崭新的内容，同时对前一版本的其他章节里面的许多部分进行了大量修订。第三版的崭新内容是第 14 章的资产定价实证方法，第 24 章的更复杂背景下的可信的政府政策，第 29 章的总劳动供给的基础。新增加的三章和修订内容包括一些新颖而令人兴奋的专题，在这些专题中，递归方法无处不在，而且应用更加广泛、更加深入，具有深远的影响力。

新的章节内容

第 14 章对第 8 章关于完全市场和第 18 章关于不完全市场的资产定价理论进行了扩展和应用，设计了用于设定及测试资产定价模型的实证策略。以达雷尔·达菲（Darrell Duffie）、拉尔斯·彼特·汉森（Lars Peter Hansen）以及其合作者所做的研究工作为基础，第 14 章论述了刻画资产定价之谜的方法，这个资产定价之谜与偏好的设定和宏观经济学其他内容所广泛使用的市场结构有关。[①] 然后，这一章阐述了那些有望解决某些资产定价之谜的结构改变。

第 24 章将第 23 章的可信的政府政策等分析扩展到更加复杂的动态经济类型上。尽管第 23 章的经济背景是在促使所有有意思的动态学和声誉建立联系，但第 24 章并入了其他动态学的相关来源，例如货币需求与供给的相互作用。

第 29 章阐述了总劳动供给的新的宏观经济模型。直到最近，研究实际经济周期传统的宏观经济学家和研究个体的劳动供给决策和产出数据的微观经济学家之间还存在着明显的分歧。一方面，实际经济周期研究人员求助于汉森（Hansen，1985)-罗杰森（Rogerson，1988）的就业彩票模型来证明高的总劳动供给弹性。另一方面，劳动微观经济学家曾对这些彩票理论和补充的完全消费保险市场的经验合理性表示怀疑，而汉森-罗杰森理论正是利用这些市场来获得高的劳动供给弹性的。微观经济学家一般凭借不完全市场生命周期模型的某些形式进行研究，进而建立起他们的更小的劳动供给弹性。第 29 章阐述了著名的实际经济周期理论家最近如何放弃就业彩票模型，转而支持生命周期模型。一个共同的理论框架的采用意味着对总劳动供给弹性的追求现在与决定个人的职业生涯长度选择的力量和制度有关。

① 借用“之谜”，我们是指模型的预测并不能由数据来证实。“之谜”总是相对于流行模型而言的。

其他章节的修订

我们在一些章节中增加了大量的材料，包括第 2、6、7、8、11、13、16、17、18、19、23、26 以及 28 章。第 2 章对大数定律给出了更好的阐述，提出了卡尔曼滤波的一个更加漂亮的推导，并用扩展的经济例子（消费的永久收入模型）来阐明本章所引入的某些时间序列技术。此外，它还包括一个新的附录，此附录介绍了十分有力的马尔可夫链蒙特卡洛方法，它为动态经济模型的实证应用开辟了新途径。本书对第 6 章的搜寻模型作了全面改进，增加了新的内容，即伯德特-贾德（Burdett and Judd，1983）的模型，该模型是对基本的麦考尔（McCall）搜寻模型的深化。第 7 章在舍温·罗森（Sherwin Rosen）及其合作者传统的局部均衡模型背景下，获得了由递归竞争性均衡概念所带来的更多益处。这一章还证明了罗森教育模型是怎样在递归竞争性均衡框架内得到拟合的。第 8 章对怎样在阿罗-德布鲁（Arrow - Debreu）纯交换经济中寻找递归结构加以修订与改进。第 11 章已进行了广泛的修订。现在该章从基本模型中引出了更多的含义，包括与利率的期限结构的联系，解释了序列与递归公式是怎样暗示政府债务变动的。该章还包括关于两个国家模型的一节内容，以此说明某一个国家的税收政策变化所引发的国外传递效应。第 13 章的资产定价理论则以一种专门为新的第 14 章资产定价实证方法作准备而设计的方式加以修订。第 16 章的最优税收内容则从几个方面加以修订。例如，本章包括了一些增加的练习，这些练习引导出最优税收理论的方方面面。我们还运用带有货币的一般均衡模型来尝试清楚地认识价格水平的财政理论中可能引起争论的方面。第 17 章扩展了我们对上鞅收敛定理的介绍，还有它怎样推导出带有内生劳动供给设置的预防性储蓄。本书对第 18 章不完全市场进行了部分修订，对第 19 章线性二次模型的斯塔克尔伯格问题进行了扩展，同时对它加以改进。第 23 章的可信的政府政策则是采用如下方式建立起来，即以一种自然而然的形式引出崭新的第 24 章含有其他动态学来源的模型的可信的经济政策。第 26 章对价格水平的财政理论讨论了更多内容，包括巴塞托（Bassetto，2002）所引入的博弈论推理。为了详尽说明拥挤外部性是如何成为匹配模型的驱动力的，第 28 章包括带有单个匹配函数的世代交叠模型的年龄动态学分析。

核心思想

除了强调递归方法之外，本书中的经济学内容涉及以下几个主要方面。

（1）动态随机经济的竞争性均衡模型：此模型假设市场是完全的，这意味着在不同的随机选择的日期，所有的商品都可以在一个具有集中出清安排的市场中进行交易。在此模型的一个版本中，所有的交易都发生在初始时期。而在另一个版本中，单期债权是按顺序发生的。此模型是资产定价理论、增长理论、实际经济周期理论以及规范公共财政的基础。在标准的竞争性均衡模型中不存在法定货币，因此，为了把法定货币包含在内，我们将修正此模型。

（2）有异质个体的一组不完全市场模型：此类模型对能够交易的资产类型作了武断的限制，因而可能激起个体持有这类资产的预防性动机。这种类型的模型已经被用来研究财产分布以及个人和家庭的财产随着时间的演变。这组模型中有一个模型考虑了货币因素。

（3）几个法定货币模型：我们给竞争性均衡模型增加了一个购物时间的假定，以获得一个简单的工具来解释货币经济学的十个学说。这些学说依赖于政府的跨期预算约束和人们对法定货币的需求，这是超越许多其他模型的地方。我们也使用萨缪尔森（Samuelson）的世代交叠模型、比利（Bewley）的不完全市场模型以及汤森（Townsend）的大道模型来进行各种各样的政策实验。

（4）预算集的算法所隐含的对政府政策的限制：十个货币学说中的绝大多数都反映了政府的预算约束性质。其他重要的学说也是如此。这些学说［比如莫迪利亚尼-米勒（Modigliani - Miller）定理和李嘉图（Ricardo）等价定理］都有着相同的结构。它们包含一族产生相同分配的等价的政府政策。我们列出这些定理的结构，目的是找出那些一旦缺失就会导致定理不成立的特征，让特定的政策发挥作用。

（5）拉姆齐税收问题：当只有扭曲性税收时，最佳的税收结构是什么？最基本的征税方法把这一问题看做一个难题，在这一难题中，选择变量是配置而不是税率。可行配置是指能同时满足资源约束和执行约束的配置。其中，执行约束是指预算约束，在预算约束中，消费者和厂商的一阶条件被用来替代价格和税率。我们研究了劳动税和资本税，并且检验弗里德曼规则所描述的通货膨胀税的最优性。

（6）带有私人信息和执行问题的社会保险：我们使用递归合同方法来研究各种各样的问题，在这些问题中，社会慈善保险公司必须在提供适当的激励和提供保险之间进行权衡。应用案例包括失业保险的提供以及当借出者没有完全监控借入者的能力时贷款合同的设计。

（7）宏观经济学的时间一致性和声誉模型：我们研究声誉是怎样替代政府承诺政策的能力来执行政策的。该理论模型描述了一个政府部门想要遵从的行为的多重预期系统。该理论模型有很多的应用，包括最优税收政策的执行以及在存在菲利普斯曲线所提供的通货膨胀的诱惑的情况下货币政策的制定。

（8）搜寻理论：搜寻理论作了一些与完全市场的竞争性均衡模型相反的假定。模型假设不存在可用来集中交易的场所，或者不存在标准化的商品。买者和/或卖者不得不费力去搜寻随机出现的商品和工作机会。我们阐述基本的麦考尔搜寻模型及其各种各样的应用。我们也阐述了麦考尔模型的一些均衡版本，并且把它们和假定存在一个匹配函数的搜寻模型相比较。匹配函数把求职者和职位空缺作为输入，同时将这些输入映射到大量的成功匹配上。

理论和证据

尽管本书的目的是给读者提供理解应用案例的工具，但是在实证应用上我们只花费了很少的时间。然而，一个模型在实证上的失败是促进另一个模型发展的主要驱动力。因此，先前的标准的完全市场一般均衡模型的失败推动了不完全市场和递归合同模型的发展。比如说，完全市场模型可作为一个标准的里程碑式的模型或者作为消费和资产定价的理论和实证研究的出发点。完全市场模型有如下实证问题：(1) 微观数据中的个人收入和消费增长之间的相关性过大（例如参看 Cochrane，1991；Attanasio and Davis，1995)；(2) 从数据上来看，证券的风险溢价比一个有着合理的风险厌恶参数的代表性个体的资产定价模型所显示出来的要大（例如参看 Mehra and Prescott，1985)；(3) 相对于观察到的总消费增长率来说，无风险利率太低了（参看 Weil，1989)。在许多人试图通过改变标准的完全市场模型中的偏好来解释这些问题的同时，放弃完全市场假定并且用外生的或内生的不完全市场假定来替代它的工作也已经开始。第 17 章和第 18 章中的比利模型是外生不完全市场的一个例子。通过消除完全市场，此模型结构有助于解决上面的经验问题 (1) 和 (3)（例如参看 Huggett，1993)，但对于解决问题 (2) 没有多大的用处。在第 20 章中，我们要学习的一些模型可被看做是内生不完全市场模型。它们也能被用来解释本段中提到的问题；但是，我们无法确切地知道它们能在多大程度上帮助我们解决问题，尽管阿尔瓦雷斯和耶尔曼（Alvarez and Jermann，1999）确信可以做到这一点。

微观基础

本书研究宏观经济学的微观基础。布朗宁、汉森和赫克曼（Browning，Hansen and Heckman，2000）证实了把宏观经济学模型建立在微观基础上的两个可能的理由。第一个理由是美学上的，并且是先验的：有微观基础的模型在结构上是内在一致的和清晰的。因为这些模型包含了对个体目标的描述，它们允许我们使用标准的福利经济学方法来分析政策干预问题。卢卡斯（Lucas，1987）给出了第二个截然不同的理由：有微观基础的模型拓宽了能够用来给模型的参数赋值的经验证据的来源。卢卡斯认可了基德兰德和普雷斯科特（Kydland and Prescott，1982）从微观研究中借用参数值的做法。布朗宁、汉森和赫克曼（2000）描述了针对卢卡斯所推崇的经验策略的一些挑战。最严重的是，他们指出，在许多情形中，由一个校准器得出的基于微观经济学研究的某些设定和“被校准”的宏观经济学模型中的设定是相悖的。怎样将参数从一个数据集和模型设定转化到另一个数据集往往是并不明朗的，特别是当理论上的和计量经济学上的设定不一致时更是如此。

尽管我们严肃对待了布朗宁、汉森和赫克曼所提出的对卢卡斯的以微观经济学为基础的理由的质疑，但是我们仍旧对微观基础有很强的兴趣。对我们来说，诉求于前面所提到的第一个理由，即微观基础所提供的一致性，以及在虚拟经济中能够“看到个体”这一优点就足够了。我们留意到布朗宁、汉森和赫克曼为了贯彻宏观经济学的微观基础，就经验策略提出了许多合理的问题。但我们认为时间不会退回到宏观经济学没有微观基础的时代。

本书概要

经济个体就是一个二元组：一个效用函数（将要最大化）以及一组可行的选择。第 2 章没有涉及经济个体，而从第 3 章到第 6 章以及第 17 章，每一章都包含单个个体。剩下的章节都涉及多个个体，同时还伴随着一个使他们的选择具有内在一致性的均衡概念。

第 2 章给出了时间序列的两个基本模型：马尔可夫链和一阶线性差分方程。这些模型以不同的方式通过一阶差分方程的代数运算来构造易处理的时间序列模型。每个模型对系统的状态都有自己的选择。这些时间序列模型定义了一些基本的概念，这些定义形成了后面章节的选择问题，并且这些问题的解也可以表示出来。

第 3 章、第 4 章和第 5 章介绍了动态规划的内容，包括数值动态规划。第 3 章描述了动态规划的基本泛函方程贝尔曼方程以及它的几个性质。第 4 章描述了建立在马尔可夫链基础上的几个解决动态规划问题的数值方法。第 5 章描述了线性二次动态规划以及它的一些应用和扩展，包括怎样用它来近似求解非线性二次问题。这一章也描述了卡尔曼滤波，这是与线性二次动态规划问题在数学上等价的一种有用的递归估计技术。[①] 第 6 章阐述了经典的双行为动态规划问题，即麦考尔搜寻模型以及约万诺维奇（Jovanovic）对此模型的拓展，这是应用卡尔曼滤波的一个很好的例子。

第 3 章至第 6 章涉及单个个体，具有多个个体的系统从第 7 章和第 8 章开始出现，具有多个个体的系统的环境和选择必须通过市场来达到一致。第 7 章使用线性二次动态规划来介绍两个重要且相关联的均衡概念：理性预期均衡和马尔可夫完美均衡。在由关于其他个体将如何应对的信念所构成的空间内，上述任意一个均衡概念都可以被视为一个不动点；并且每一个均衡概念都用递归方法表述。第 8 章介绍了动态随机纯交换经济中的两个竞争性均衡概念，然后应用这两个概念来对各种各样的消费流定价。

第 9 章一开始介绍了世代交叠模型，并认为此模型是具有特殊偏好形式的一般竞争性模型的一个版本。然后，用关于均衡的序列公式来说明世代交叠模型是怎样被用来研究货币和财政经济学中的问题的，包括社会保险问题。

第 10 章将世代交叠模型的一个重要方面和具有一种特殊类型的不完全市场结构的一个无限存活的个体模型相比较。于是，在这一章中，我们第一次遇到不完全市场模型。此章用两个不同但又同构的框架来分析李嘉图等价定理：其中一个是带有面临借入约束的无限存活的个体的模型，另一个是带有遗赠动机的、存活两期的个体的世代交叠模型。我们描述了税收时间起或者不起作用的状况，并且解释了无限存活模型中的有约束力的借入约束是怎样与世代交叠模型中不具有操作性的遗赠动机相一致的。

第 11 章研究带有扭曲性税收的非随机增长模型中的财政政策。这一章研究如何展望未来的政策，还有对过去的政策的短暂反应如何影响当前的结果。尤其是，本章将阐述均衡结果表达式的“前馈”和“反馈”组件。第 12 章阐述递归竞争性均衡的概念，并将

---

① 在数学规划的意义下，这种等价性是通过对偶性得到的。

它应用于随机增长模型。

第 13 章研究资产定价以及与资产定价相联系的一些主要的经验学说，包括李嘉图等价定理以及关于私人和政府融资的莫迪利亚尼-米勒定理。第 14 章研究实现资产定价模型的实证策略。第 15 章是关于经济增长的，这一章阐述基本的增长模型，并且分析使得模型实现均衡增长的技术设定的关键特征。

第 16 章研究被税收扭曲的竞争性均衡以及我们的第一个机制设计问题，即寻求扭曲性税收的最优临时模式。在非随机经济中，一个最令人震惊的发现是，就长时期而言，最优的资本税率是零。

第 17 章是关于自我保险的。我们研究单个个体，他的有限种类的资产使他具有通过积累资产来自我保险的动机。我们研究一个有时被称为“储蓄问题”的特殊案例，并且仔细分析了自我保险的动机及其对个体的最终消费和资产持有所具有的令人惊讶的含义。这一章中所研究的个体的类型将会成为第 18 章中将要研究的不完全市场模型的一个组成部分。

第 18 章研究具有异质个体的不完全市场经济和分担风险的不完美市场。这一章中的不完全市场模型简单地排除了很多资产市场，而不是从经济的物理结构上使这些资产缺失。直到第 20 章，我们才开始研究这样的市场可能并不存在的一些原因。

接下来的几章介绍递归合同的各种表现形式。第 19 章介绍线性二次动态规划是如何用于计算递归合同的。第 20 章描述了机制设计传统中的一些模型，这些工作给不完全资产市场提供了一个基础，同时这些模型设定也与第 18 章中的模型设定不完全相似。第 20 章在存在信息和执行问题的情况下讨论社会保险的最优提供条件。相对于前面的章节，第 20 章通过将承诺值设定为状态变量，提高了应用递归方法的复杂性。第 21 章将分析拓展到一般均衡设置，得到了资产价格的一些含义以及一些其他结果。第 22 章利用递归合同来设计最优失业保险和工人的补偿计划。

第 23 章和第 24 章利用承诺值来阐明可信性的概念，从而将一些相同的观点应用到“声誉宏观经济学”问题上。我们研究一个声誉机制是怎样使得政策变得具有持续性的，即使政府缺少第 16 章中政策分析所假定的承诺技术。这种名誉方法后来被第 26 章用来评估弗里德曼规则是否为一个可以持续的规则。第 25 章介绍了贸易政策方面的一个渐近主义的模型，此模型与第 20 章中的第一个模型具有一些共同的特征。

第 26 章转换了运作方式，在一个非常简单的竞争性均衡模型中用很肤浅的方式加入了货币。选择这一肤浅方式的理由是此设置允许我们表述并且或多或少地统一那十个著名的货币学说。第 27 章表述了一个不那么肤浅的货币模型，即汤森的大道模型，此模型基本上是由第 18 章中的一个模型变换而来的特殊的非随机模型。这种设定使我们将注意力集中在货币学说的多样性上。

第 28 章描述了搜寻和匹配的多个个体模型。除了其中一节讨论搜寻模型中的货币外，本章的注意力放在应用这些理论的劳动市场上。为了显示不同框架中经济力量的效力，我们检验了失业税的一般均衡效果。第 29 章将就业彩票模型中的力量与总劳动供给的时间平均模型中的力量进行了比较。

两个附录收集整理了泛函分析、线性投影以及隐藏马尔可夫模型的各种各样的技术结果。

本书可供选择的用途

在芝加哥大学、斯坦福大学、纽约大学、普林斯顿大学和斯德哥尔摩经济学院，我们已经将此书的一部分内容作为宏观经济学和货币经济学的第一学年和第二学年的研究生课程。下面是这些课程的某些可供选择的计划：

（1）第一学年第一学期的课程：第 2～6 章，第 8、9、10 章，以及第 13、15 和 16 章这三章中的任意一章。

（2）第一学年第二学期的课程：增加第 8、12、13、14、15、16 章，第 17、18 章的一部分，以及第 20 章的全部。

（3）货币经济学的入门课程：第 9、23、24、25、26、27 章以及第 28 章的最后一节。

（4）宏观经济学第二学年的课程：从第 13～26 章中作选择。

（5）关于递归合同的独立课程：第 19～25 章。

举例来说，萨金特在芝加哥大学为第一学年的一个季度的课程作了如下安排：季度的第一周和最后一周，要求学生们阅读卢卡斯（1987）的专著。在这两周之间，学生们被“禁止”阅读本书。在该季度的中间八周中，学生们阅读第 6 章（关于搜寻理论），第 8 章（关于完全市场），第 9、26 和 27 章（关于货币模型），以及第 20、21、22 章中的一小部分（关于有激励约束的社会保险）。课程的实质性主题是卢卡斯（1987）以一个非技术方式陈述的问题。然而，中间那几个星期所学习的工具和模型将有助于理解卢卡斯的论点。这几个星期也使学生们接触到了其他一些模型，这些模型可以用来评价卢卡斯对一些批评者的观点所提出的反驳，比如说，由马努埃利和萨金特（Manuelli and Sargent，1988）所提出的批评。

另外一种一个季度的课程，可以安排在第一个星期和最后一个星期学习卢卡斯（1992）关于有效性和分布的论文。而在中间的那些星期，可以安排学习第 17、18 和 20 章。

再比如，在斯德哥尔摩经济学院第一学年的宏观经济学课程的一个四个星期的就业/失业专题中，扬奎斯特使用了下面谈到的这些材料。劳动市场问题激发了人们很强的兴趣，尤其是在欧洲。这些问题有助于激发对第 6 章和第 28 章（关于搜寻和匹配模型）以及第 22 章的一部分（关于失业保险金的最优提供）中的工具的学习。在一个层次上，第 6 章和第 28 章将注意力放在劳动市场上，把劳动市场作为所介绍的理论的一个集中应用，但在另一个层次上，这些章节中所要求的技巧和理解超越了劳动市场动态学的具体论题。比如说，第 6 章中构建和解决动态规划问题的完整技巧对任何一个学习经济学的学生一般都是有用的，第 28 章中的模型是第 18 章中的那些具有异质个体的模型的一个入门。进一步说，激发对学习第 22 章中的递归合同的兴趣的一个最佳方法就是去问在存在激励问题的时候应该怎样提供最优的失业保险金。

举最后一个例子，萨金特运用本版的第 6、11 和 14 章的内容在普林斯顿大学和纽约大学讲授本科课程。

Matlab 程序

本书的各种练习和例子都使用 Matlab 程序。它们可以通过本书网址下载：https://files.nyu.edu/ts43/public/books.html。

符号说明

我们用符号“■”表示证明结束。应本书编辑的要求，在有些地方我们用方括号和大括号代替多重圆括号来表示复合函数。因而，读者会经常遇到用 $f[u(c)]$ 来表示复合函数 $f \circ u$。

状态概念的简明历史

本书反映了经济学家在精炼状态的概念方面所取得的成就，这一成就使得越来越多的问题可以用递归的方法来阐述。应用递归方法的技巧在于找出状态的简便定义。状态变量是什么，甚至说一个有限维的状态是否存在，往往是不明显的（比如说，为刻画当前的位置，我们可能需要系统的整个无限延伸的历史）。自 1970 年以来，拓展易受递归方法影响的问题的范围已经成为宏观经济理论的主要成就之一。在各种文献中，这项工作表现为：定义一个便利的状态变量并构建一个一阶差分方程来描述状态的变化。在等价于单个个体控制问题的模型中，状态变量要么是资本存量，要么就是用来预测未来的信息变量。[1] 在具有测量误差的单个个体的最优化模型中，真正的状态向量对于最优化者和经济学家来说是潜在的或“隐藏”的，并且需要估计。在此情形中，“信念”是作为一个潜在状态来发挥作用的。比如说，在一个高斯设置中，潜在状态向量的数学期望和协方差矩阵以可获得的观测历史为条件，适合作为状态。在验证自己提出的著名的滤波时，卡尔曼（1960）证明了怎样通过一个差分方程来递归地构建对一个隐藏状态的估计，此差分方程使用当前的观察值来修正上一期的隐藏状态的估计值。[2] 穆特（Muth，1960），

---

① 任何对最优化者的目标函数和约束条件产生影响的格兰杰因果关系（Granger cause）变量都可作为信息变量进入状态向量。参看 C. W. J. Granger（1969）。

② 在带有测量误差的竞争性的多个个体模型中，隐藏状态的维数有无限扩大的风险，这是因为信念以及关于信念的信念……将自然而然地进入状态向量。这是汤森（1983）曾研究过的问题。这种风险可以通过一个富有创见性且更经济的关于状态的定义方式来克服。比如说，在关于信念的描述中，一种办法是放弃对纯粹的“自回归”递归结构的寻求，而将移动平均部分包括进来。参看 Sargent（1991）。汤森的均衡概念具有这样一种性质，即价格充分揭示了带有分散化信息的个体的私人信息。

卢卡斯（Lucas，1972），卡雷肯、明奇和华莱士（Kareken，Muench and Wallace，1973），约万诺维奇（1979）以及约万诺维奇和尼亚科（Jovanovic and Nyarko，1996）都使用了卡尔曼滤波的各种版本，来研究个体在不完全观测状态情况下做出决策的系统。

有一段时期，宏观经济学中一些非常重要的问题似乎不能用递归方法来阐述。以税收和菲利普斯曲线为例，基德兰德和普雷斯科特（1977）认为，把递归方法应用到宏观政策设计问题上是很困难的，正如基德兰德和普雷斯科特所阐述的，问题并不是递归的：公众对政府将来决策的预测会影响公众当前的决策，这个事实使得政府的问题是同时而不是有次序地出现的。但很快基德兰德和普雷斯科特（1980）以及汉森、埃普尔和罗贝兹（Hansen，Epple and Roberds，1985）就提出了一个用递归方式来阐述这类政府问题的方法，他们通过加入拉格朗日乘子或与政府预算约束相关的协状态变量来扩展经济的状态。协状态变量表示保持政府早先许下的诺言的边际成本。最近，马塞特和马里蒙（Marcet and Marimon，1999）对这样的政府问题进行了拓展，并形成了一个递归的版本。

有几位研究人员在递归方法应用上取得了一个重要的突破，这些研究人员包括斯皮尔和斯里瓦斯塔瓦（Spear and Srivastava，1987），托马斯和沃勒尔（Thomas and Worrall，1988）以及阿布勒、皮尔斯和斯塔凯蒂（Abreu，Pearce and Stacchetti，1990）。他们发现了一个可用来递归地构造一个无限重复的道德风险问题的状态变量。道德风险问题主要要求委托人追寻产出的历史并用它构建一些统计量，从而获得关于代理人行为的推断。涉及合同的自我实现和政府的声誉的问题都具有此特征。由委托人向代理人承诺的“后续值”（continuation value）可总结这段历史。通过一个函数，把后继的承诺值和当前实现的随机变量映射为当前的行为或分配以及将来的承诺值，将承诺值作为状态变量会得到一个递归解。此解的序列特性允许我们发现历史依赖性战略，就如我们使用随机差分方程求解“移动平均”表达式一样。①

如今，在信誉和动态激励模型中，将后续值作为状态变量是标准的用法。我们将在本书中学习几个这样的模型，包括必须解决信息和执行问题的最优失业保险和贷款合同设计模型。

① 沙维尔和韦斯（Shavell and Weiss，1979），阿布勒、皮尔斯和斯塔凯蒂（1986，1990）在讨论重复博弈，以及格林（Green，1987）与费伦和汤森（Phelan and Townsend，1991）在讨论动态机制的设计时，都曾使用过相关的理论。安德鲁·阿特基森（Andrew Atkeson，1991）扩展了这种理论，并以此来研究借入者不能说明他们需要的是消费贷款还是投资贷款时的贷款问题。

目　录

第Ⅰ部分

递归方法的帝国主义

第 1 章 概　述

1.1　提示

这一章为本书的某些主题提供了一个非技术性的总结。我们曾争论是应将这样一章内容放在本书的最前面还是最后面。使用本章内容的一个方法是阅读它两次，一次是在阅读本书的任何内容之前，另一次则是在已经掌握了本书其余章节所阐述的那些技巧之后。对于你的第二次阅读，本章的内容将会变得容易，并且富有乐趣，同时也会使你意识到许多表面上不同的专题之间的联系。但是对于第一次阅读而言，本章内容是具有难度的，这部分地是因为其中的讨论主要是文字性的，从而是不完全的。通过比较你在第一次阅读和第二次阅读之后的理解程度，就可以知道你已经掌握了多少内容。使用本章内容的另一个方法是跳过它，直接学习后面的内容。

1.2　一个共同的祖先

我们身体里的线粒体 DNA 方面的线索告诉生物学家，我们人类曾经有一个共同的祖先，她的名字叫夏娃（Eve），生活在 20 万年以前。所有的宏观经济学似乎也是由一个共同的源头发展而来，即欧文·费雪（Irving Fisher）和米尔顿·弗里德曼（Milton Friedman）关于消费的欧拉（Euler）方程，这是消费的持久收入理论的基石。现代宏观经济学记录了在接受还是拒绝持久收入机制方面长时期的争论所获得的成果和所经历的挫折。作为总结本书中某些重要主题的一种方法，我们简要地记录了这一漫长事件中的一些高潮和低谷。

1.3 储蓄问题

消费者希望最大化

$$E_0 \sum_{t=0}^{\infty} \beta^t u(c_t) \tag{1.3.1}$$

其中 $\beta \in (0,1)$，u 是一个二阶连续可微、递增且严格凹的函数，E_0 表示基于 0 时刻信息的条件数学期望。消费者面临一系列的预算约束①：

$$A_{t+1} = R_{t+1}(A_t + y_t - c_t) \tag{1.3.2}$$

这里 $t \geqslant 0$，$A_{t+1} \geqslant \underline{A}$ 表示消费者在 $t+1$ 时期的初始时刻所持有的资产，$\underline{A}$ 是资产持有的一个下界，y_t 表示随机的禀赋序列，c_t 表示对单一商品的消费，R_{t+1} 表示在 t 和 $t+1$ 之间资产的总收益率。在此问题的更一般的版本中，R_{t+1} 和 y_t 都可以是随机的，但问题的特殊情形进一步限制了 R_{t+1}。上述问题的一阶条件是：

$$\beta E_t R_{t+1} \frac{u'(c_{t+1})}{u'(c_t)} \leqslant 1，当 A_{t+1} > \underline{A} 时取等号 \tag{1.3.3}$$

上述欧拉不等式将在本书所介绍的许多理论中以奠基石或者稻草人的形式反复出现。

不同的建模选择可以使得（1.3.3）式以不同的方式运作。我们可以用各种各样的方式来约束 u、β、收益过程 R_{t+1}、资产的下界 $\underline{A}$、收入过程 y_t 以及消费过程 c_t。通过有选择地给这些变量的部分或全部施加约束条件，宏观经济学家已经构造出了关于消费、资产定价以及财富分布的相关理论。（1.3.3）式的其他版本也出现在钱姆利（Chamley，1986）和贾德（Judd，1985b）关于最终不征税资本（eventually not taxing capital）的重要结果当中。

□ 1.3.1 线性二次持久收入理论

如果令 $R_{t+1} = R$ 且 $R = \beta^{-1}$，并假定二次效用函数 $u(c_t) = -(c_t - \gamma)^2$，同时还允许消费为负，我们就可以得到弗里德曼（1955）和霍尔（Hall，1978）的持久收入理论形式。我们还允许 $\{y_t\}$ 是一个任意的平稳过程，并且去除下界 $\underline{A}$。此时，欧拉不等式（1.3.3）意味着消费是一个鞅：

$$E_t c_{t+1} = c_t \tag{1.3.4}$$

在给定边界条件② $E_0 \sum_{t=0}^{\infty} \beta^t A_t^2 < \infty$ 的情况下，方程（1.3.4）和预算约束（1.3.2）

---

① 在第 17 章中我们将使用不同的记号：此处的 A_t 对应于第 17 章中的 $-b_t$。

② 使用这样一个边界条件而不是利用一个下界 $\underline{A}$ 来限制资产持有的动机是，当消费被允许为负值时，并不存在关于资产持有的一个“自然”的下界。第 8 章和第 18 章讨论了所谓的“自然借入限制”，即在 c 非负的情况下 $\underline{A}$ 的最低的可能值。

可以被求解出来：

$$c_t=\left[\frac{r}{1+r}\right]\left[E_t\sum_{j=0}^{\infty}\left(\frac{1}{1+r}\right)^j y_{t+j}+A_t\right] \tag{1.3.5}$$

其中 $1+r=R$。方程（1.3.5）表明，消费具有一个固定的边际倾向，即消费人力财富 $\left[E_t\sum_{j=0}^{\infty}\left(\frac{1}{1+r}\right)^j y_{t+j}\right]$ 与金融财富（A_t）之和的一个比例 $\frac{r}{1+r}$。这一方程具有如下这些值得注意的特征：（1）平均来说，消费是跨期平滑的，即当前消费仅依赖于非金融财富的期望现值；（2）由特征（1）可以得出李嘉图等价性——如果跨期的总量税的重新分布使得非金融财富的期望现值不改变的话，那么它也不会影响消费；（3）存在确定性等价，未来收入关于其预测值的条件方差的增加将不会影响消费（尽管这会减少消费者的效用）；（4）确定性等价的一个副产品是，来自金融财富和非金融财富的边际消费倾向是相等的。

上述理论在许多很好的应用性研究中经常是一个有用的工具［最近的创造性应用可参见利根（Ligon，1998）以及布伦德尔和普雷斯顿（Blundell and Preston，1999）］。第 5 章给出了使得确定性等价成立的条件，第 2 章和第 5 章同时也给出了其中施加了理性预期假设并且进行了大量经验研究的交叉方程约束的结构。

□ 1.3.2 预防性储蓄

关于“储蓄问题”或者“预防性储蓄”的文献探讨的是如果改变线性二次持久收入理论中 u 是二次型的假设（这一假设将会使得消费的边际效用在 c 达到某个足够大的值时变为负的）会带来什么样的结果。这一类关于储蓄问题的文献并没有假设 u 是二次型的，而是假设 u 是递增且严格凹的，这一假设将使得消费的边际效用始终大于 0。下面我们保持线性二次模型中的其他特征［$\beta R=1$，$\{y_t\}$ 是一个平稳过程］，但是引入一个借入约束 $A_t\geqslant \underline{a}$。

在上述假设条件下将会出现一些令人吃惊的结果：欧拉不等式（1.3.3）意味着消费的边际效用是一个非负的上鞅。[①] 这一结果将赋予模型一个重要的含义，即有 $c_t\rightarrow_{as}+\infty$ 和 $A_t\rightarrow_{as}+\infty$，其中 $\rightarrow_{as}$ 表示几乎必然收敛。消费和财富将对应于收入的波动而随机地波动，但是只要收入的随机性持续下去，消费和财富将随着时间无界限地向上漂移。如果在收入过程的尾部随机性最终消失，则消费和财富都将收敛。然而，只要在收入方面存在一个永久性的哪怕是很小的随机波动，也足以导致消费和资产发散到 $+\infty$。最优消费计划对于随机性的这种反应来自欧拉不等式（1.3.3），并被称为预防性储蓄。通过保持消费的边际效用为正，预防性储蓄模型消除了在线性二次持久收入模型中有效的确定性等价特征。第 17 章将深入讨论储蓄问题，并且试图让读者理解强有力的鞅收敛定理在其中的作用。而在第 20 章的保险具有私人信息的模型中，上鞅收敛定理也将扮演一个重要

---

① 参见第 17 章。最简单的情形是过程 y_t 是独立同分布的，于是值函数可以仅表示为 y_t+A_t 的函数：$V(A+y)$。利用第 3 章中的本维尼斯特-沙因克曼公式可以证明：$V'(A+y)=u'(c)$，这意味着当 $\beta R=1$ 时，（1.3.3）式变为 $E_tV'(A_{t+1}+y_{t+1})\leqslant V'(A_t+y_t)$，这说明值函数的倒数是一个非负的上鞅。这接下来还意味着 A 几乎必然发散到 $+\infty$。

的角色。

□ 1.3.3 完全市场、保险和财富的分布

为构造一个关于财富分布的模型，下面我们考虑一种具有多个消费者的结构。首先，假定有大量事前相同的消费者，他们具有偏好（1.3.1），并且被允许通过交易一种单期的或有权益来分散他们的收入风险。为简单起见，假定由预算约束（1.3.2）表示的储蓄行为不再可行[①]，而代之以一个可获得的关于保险市场的扩展的集合。假定家庭 i 具有收入过程 $y_t^i=g_i(s_t)$，其中 s_t 是由具有转移概率密度 $\pi(s'|s)$ 的马尔可夫过程控制的状态向量，这里 s 和 s' 是某个公共的状态空间 S 中的元素。（参见第 2 章和第 8 章中关于马尔可夫链及其在均衡模型中的应用的相关内容。）在每一期当中，每一个家庭都可以用单期的状态或有权益来与下一期中的消费进行交易。记 $Q(s'|s)$ 为当期状态为 s 且下一期状态为 s' 时 1 单位消费的价格。当家庭 i 有机会交易这样的状态或有证券时，它的最大化偏好（1.3.1）的一阶条件为

$$Q(s_{t+1}|s_t)=\beta\frac{u'(c_{t+1}^i(s_{t+1}))}{u'(c_t^i(s_t))}\pi(s_{t+1}|s_t) \tag{1.3.6}$$

注意 $\int_{s_{t+1}} Q(s_{t+1}\mid s_t)\mathrm{d}s_{t+1}$ 正是基于向前一期的消费的某种无风险权益的价格：从而它也就是来自 R 的无风险总利率的倒数。于是，如果我们关于 s_{t+1} 加总方程（1.3.6）的两端，将得到标准的欧拉条件（1.3.3）的等式形式。[②] 因此，完全市场方程（1.3.6）与我们的完全市场欧拉条件（1.3.3）是一致的，但是方程（1.3.6）包含更多的内容。我们将在第 16 章中更广泛地讨论这些内容。

一种被广泛讨论的特殊情形是，其中不存在加总的风险，于是 $\int_i y_t^i\mathrm{d}_i=\int_i g_i(s_t)\mathrm{d}i=$ 常数。在这种情形中，可以证明竞争性均衡的状态或有价格变为

$$Q(s_{t+1}|s_t)=\beta\pi(s_{t+1}|s_t) \tag{1.3.7}$$

这又意味着总的无风险收益率 R 变为 β^{-1}。[③] 如果我们将（1.3.7）式代入（1.3.6）式，就会发现对于所有的 (s_{t+1},s_t)，都将有 $c_{t+1}^i(s_{t+1})=c_t^i(s_t)$。因此，消费者 i 的消费随着时间以及自然状态 s 的改变保持为常数，从而在均衡中所有特异风险都被保险隔离了。与具有较低的禀赋现值的消费者相比，具有较高的禀赋现值的消费者将永远具有较高的消费，从而这里关于财富和消费的横截面分布是非退化的。在这个模型中，关于财富和消费的横截面分布复制了它们在时间上的分布，并且进一步地，每一个消费者都将永远占据此分布中的相同位置。

关于财富和消费的横截面分布具有时不变特征的模型对于实际数据而言是一个不错

---

① 可以证明，即使这是可行的，人们也不愿意利用它了。

② 假定资产的无风险特征体现在 R_{t+1} 中，并且是 s_t 的函数，从而这在时刻 t 是已知的信息。

③ 这是成立的，因为在时间 t 处于状态 s_t 的无风险的用于明天消费的权益的价格是 $\sum_{s_{t+1}}Q(s_{t+1}\mid s_t)=\beta\sum_{s_{t+1}}\pi(s_{t+1}\mid s_t)=\beta$。

的近似。但是也存在足够的证据表明，家庭在财富分布中所处的位置会随着时间而改变。[①] 本书将要介绍的几个模型通过设计一些破坏风险分散的机制来改变消费者的交易机会，这些机制足以使得个体在财富分布中的位置由于运气和进取心而改变。其中一类最初由杜鲁门・比利（Truman Bewley）开始研究的不完全市场模型强调的是运气的因素，这类模型消除了家庭进入几乎所有市场的机会，而返给它一种预防性储蓄模型中的环境。

□ 1.3.4 比利模型

初看起来，对于要构造一种试图解释如下情形的理论来说，满足 $\beta R=1$ 的预防性储蓄模型似乎是一个不好的出发点，在此情形中，消费和财富的横截面分布随着时间的推移保持固定不变，甚至当处于此分布中的个体经历着随机波动时也是如此。满足 $\beta R=1$ 的预防性储蓄模型所描述的家庭的面板数据显示，关于消费和财富的横截面分布具有向上调整的趋势，并且从未稳定下来；而下面将要介绍的所谓比利模型通过降低利率 R，使得这些横截面分布可以稳定下来。[②] 比利模型的构造使得消费、财富以及收入的横截面分布随着时间的推移保持固定不变，并且还使得消费、财富以及收入相对于时间的渐近平稳分布等于相应的相对于人群的横截面分布。于是，比利模型可以被看做是从一个具有连续统消费者的情形开始，其中消费者按照满足 $\beta R=1$ 的预防性储蓄模型及其发散的个体资产过程来运作，然后我们降低利率以使得资产收敛到如下的一种分布，即平均来看，它的横截面将出清某种无风险资产的市场。比利模型的不同版本可以通过无风险资产的不同类型来区分，在一些版本中，无风险资产可以是从一个消费者到另一个消费者的消费贷款，而在其他的一些版本中，它可以是法定货币，可以是消费贷款或者法定货币的一种，也可以是关于实物资本的权益，第 18 章将研究无风险资产的这些不同的解释。

图 1.3.1 描绘出了某个代表性消费者的平均资产持有的时间序列，此序列是不变的总利率 R 的函数。当 $R=\beta^{-1}$ 时，个体资产的时间序列均值是发散的，因此 $Ea(R)$ 趋于无穷大；而当 $R<\beta^{-1}$ 时，此均值是存在的。我们假定存在一个事前相同但是事后不同的消费者共享同一个时间序列均值 $Ea(R)$ 的连续统，并且对于一个给定的个体，a 相对于时间的分布等于 A_{t+1} 相对于不同的个体在某一个时间点上的分布。如果问题中的资产是纯粹的消费贷款，则我们需要的均衡条件是 $Ea(R)=0$，此时借入等于借出；如果资产是法定货币，则我们需要 $Ea(R)=\frac{M}{p}$，其中 M 表示法定货币的某个固定存量，p 表示价格水平。

因而，比利模型通过降低利率 R 消除了储蓄问题中满足 $\beta R=1$ 的预防性储蓄倾向推动资产向上调整的趋势。但预防性储蓄倾向在比利模型中仍然具有重要的作用：一般地，

---

① 参看 Díaz-Giménez，Quadrini and Ríos-Rull（1997）；Krueger and Perri（2004，2006）；Rodriguez，Díaz-Giménez，Quadrini and Ríos-Rull（2002）以及 Davies and Shorrocks（2000）。

② 值得考虑下述差异的来源。在 1.3.3 节所简述的完整市场模型中，均衡无风险总利率 R 满足 $R\beta=1$，同时每个消费者完全平滑了两个状态与时间的消费，从而使消费分布趋于收敛。1.3.2 节的预防性储蓄模型假设 $R\beta=1$，并得出每个消费者的消费和金融财富都发散即趋于 $+\infty$ 的结果。为什么 $\beta R=1$ 与 1.3.3 节完全市场模型中非爆炸式的个人消费及财富水平兼容，却不符合 1.3.2 节的预防性储蓄模型？

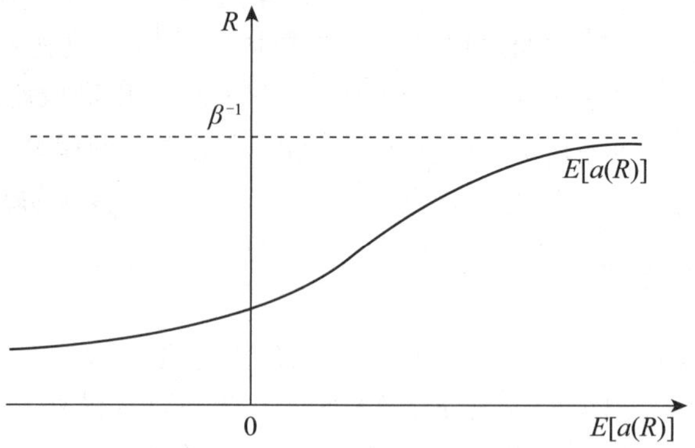

图 1.3.1 作为无风险总利率 R 的函数的家庭消费的时间序列均值

收入波动性的增加将推动 $Ea(R)$ 曲线向右移动，从而使得均衡的 R 向下调整。

□ 1.3.5 标准的消费模型中的历史依赖性

在完全市场模型中，个体在财富分布中的位置是固定的，而在比利模型中却不是这样，这分别对应于在关于消费的均衡配置规则中历史依赖性缺失或者出现的情形。前述版本的完全市场模型剔除了历史依赖性，而储蓄问题模型和比利模型并没有这样做。

这些模型中的历史依赖性表现为一种易于处理的递归形式，这是因为家庭的资产水平完全地记录了其所经历的实际禀赋的历史。我们希望找到一种更一般地表示历史依赖性的方式，其中资产的存量并不能充分地总结历史。历史依赖性问题可能变得很棘手，因为找不到一个方便的并且是低维度的状态变量来记录历史，这就要求对于每一个不同的时刻，都有一个不同的决策规则，此规则将 t 时刻的决策表示为 t 时刻的历史的函数，而此历史所依赖的自变量是随着 t 以指数增长的。从分析者的角度来说，我们强烈希望找到一个低维度的状态变量。幸运的是，在利用递归方法处理历史依赖性问题方面，经济学家们已经取得了重要的进展，这一方法利用单一的数字来总结历史，并且可以得到决策规则的紧的且时不变的表示方式。我们在本章的稍后还要讨论历史依赖性问题，并且在第 19～25 章中将给出大量相关的例子。

□ 1.3.6 增长理论

（1.3.3）式也是增长理论的一个重要组成部分（参见第 11 章和第 15 章）。在单部门增长模型中，代表性家庭求解某种形式的储蓄问题，其中单一形式的资产被描述成来自实物资本存量 K 的收益的要求权，这里 K 表示规模收益不变的生产函数 $F(K,L)$ 中的元素，而 L 表示劳动投入。如果来自资本的收益是免税的，增长理论要求资本的总收益率 R_{t+1} 等于资本减去折旧之后的总边际产品，即 $F_{k,t+1}+(1-\delta)$，其中 $F_k(k,t+1)$ 表示资本的边际产品，δ 表示折旧率。假定我们在效用函数中加入闲暇，即利用形式更一般的单期效用函数 $U(c,l)$ 来代替 $u(c)$，这里的 l 表示家庭的闲暇。于是，取等式的消费欧拉条件（1.3.3）的正确形式变为：

$$U_c(t)=\beta U_c(t+1)[F_k(t+1)+(1-\delta)] \tag{1.3.8}$$

规模收益不变的性质意味着 $F_k(K,N)=f'(k)$，其中 $k=K/N$，$F(K,N)=Nf(K/N)$。如果存在某种稳态，其中 k 和 c 随时间保持不变，则方程（1.3.8）意味着下式必定成立：

$$\rho+\delta=f'(k) \tag{1.3.9}$$

其中 $\beta^{-1}\equiv1+\rho$。上述方程的解 k 的值被称为满足“修正的黄金律”的资本-劳动比的稳态水平。这个著名的方程揭示出，当来自资本的收入不需要课税时，技术（以 f 和 δ 的形式表示）和时间偏好（以 β 的形式表示）是如何决定资本的稳态水平的。但是，如果来自资本的收入需要以统一的边际税率 $\tau_{k,t+1}$ 被征税，则欧拉方程（1.3.8）需修正为：

$$U_c(t)=\beta U_c(t+1)[F_k(t+1)(1-\tau_{k,t+1})+(1-\delta)] \tag{1.3.10}$$

如果上述关于资本的统一税率是常数，并且稳态的 k 是存在的，则必定有：

$$\rho+\delta=(1-\tau_k)f'(k) \tag{1.3.11}$$

此方程表明，对资本征税将会降低稳态的资本-劳动比。参见第 11 章关于单部门增长模型的深入讨论，其中政府以随时间改变的统一税率对消费、资本以及劳动进行征税，并且政府提供投资税减免。

□ 1.3.7 来自动态最优税收的极限结果

对于动态的最优税收理论而言，方程（1.3.9）和方程（1.3.11）是至关重要的。钱姆利（Chamley，1986）和贾德（Judd，1985b）考虑政府为一个外生的政府购买流融资，假定政府可以以不同的并且随时间可变的统一税率对劳动和资本征税，这就形成了一个最优税收问题（即所谓的拉姆齐问题），进而研究最优税收的可能的极限行为。在非随机的经济环境中，有两个欧拉方程在决定资本的极限税率方面起着决定性的作用：家庭的欧拉方程（1.3.10），以及另一个类似的对于拉姆齐计划者而言的消费欧拉方程，具体形式如下：

$$W_c(t)=\beta W_c(t+1)[F_k(t+1)+(1-\delta)] \tag{1.3.12}$$

其中

$$W(c_t,l_t)=U(c_t,l_t)+\Phi[U_c(t)c_t-U_l(t)(1-l_t)] \tag{1.3.13}$$

这里 Φ 是关于政府的跨期预算约束的拉格朗日乘子。正如琼斯、马努埃利和罗西（Jones，Manuelli and Rossi，1997）强调的，如果将函数 $W(c,l)$ 简单地看做是一个特殊的效用函数，则所谓拉姆齐问题的基本版本可以看做是一个普通的最优增长问题，其中的效用函数是 W 而不是 U。①

在拉姆齐配置问题中，不同于其他方程，税收的引入必须使得方程（1.3.8）和方程（1.3.12）总是被满足。贾德和钱姆利指出了方程（1.3.8）和方程（1.3.12）的下述含义：如果政府花费序列是收敛的，并且存在一个其中 c_t、l_t、k_t、τ_{kt} 都收敛的稳态，则除

① 注意，只要 $\Phi>0$，则基本形式的拉姆齐问题中的目标函数就与家庭关于 (c,l) 配置的偏好是不一致的。这一矛盾是含有资本的拉姆齐模型中出现时间不一致性问题的来由。

了方程（1.3.11）成立之外，方程（1.3.9）必定也成立。但是，只有当 $\tau_k=0$ 时，这两个条件才同时成立。因此，考虑到钱姆利和贾德的这个重要结果，我们的消费欧拉条件（1.3.3）的两个版本的稳态性质意味着，对于资本征税渐近地不是最优的。

在动态最优税收问题的随机版本中，我们将会发现（1.3.3）式体现在资产定价方程（1.3.16）和方程（1.3.18）中的一些其他含义。在最优税收问题中，通过影响均衡消费的配置（这一配置会影响随机折现因子 $m_{t+1,t}$），政府具有控制资产价格的能力。这种拉姆齐类型的政府将会机敏地寻找到使用这种权力的一种方式，即通过改变状态历史的价格来重新定价它的现有债务。为评价这种拉姆齐类型政府的行为，了解一下资产定价理论是有帮助的。

□ 1.3.8 资产定价

布里登（Breeden，1979）和卢卡斯（1978）的动态资产定价理论也起源于（1.3.3）式，但是对于其中哪些条件是给定的，哪些条件是自由的设定有所不同。布里登-卢卡斯理论并不讨论禀赋过程 $\{y_t\}$，而是将它放入背景材料中。这一理论给定函数 u 和折现因子 β，并且给定消费过程 $\{c_t\}$。特别地，假定 $c_t=g(X_t)$，其中 X_t 是一个具有转移条件密度函数 $F(X'|X)$ 的马尔可夫过程。在这些给定条件下，资产定价理论的任务是确定某项资产的收益率，卢卡斯将这里的收益率定义为关于消费禀赋的一种权益：

$$R_{t+1}=\frac{p_{t+1}+c_{t+1}}{p_t}$$

其中 p_t 表示资产的价格。欧拉不等式（1.3.3）变为：

$$E_t\beta\frac{u'(c_{t+1})}{u'(c_t)}\left(\frac{p_{t+1}+c_{t+1}}{p_t}\right)=1 \tag{1.3.14}$$

上述方程可针对定价函数 $p_t=p(X_t)$ 求解出来。特别地，如果我们将 $p(X_t)$ 代入（1.3.14）式，就得到了卢卡斯的关于 $p(X)$ 的泛函方程。

□ 1.3.9 多种资产

如果消费者可以获得多种资产，那么（1.3.3）式的下述形式对于每一种资产都成立：

$$E_t\beta\frac{u'(c_{t+1})}{u'(c_t)}R_{j,t+1}=1 \tag{1.3.15}$$

其中 $R_{j,t+1}$ 表示资产 j 的总收益率。给定效用函数 u、折现因子 β 以及理性预期假说（这一假说允许研究者利用经验的投影来作为理论的投影 E_t 的替代物），则方程（1.3.15）对于向量时间序列 $[c_t,R_{1,t+1},\cdots,R_{J,t+1}]$ 的各阶矩给出了大量的限制。相关文献［例如，汉森和辛格尔顿（Hansen and Singleton，1983）］的一个重要发现是，即使对于具有合理曲率的 u①，消费对于 $\{c_t,R_{j,t+1}\}$ 而言也太平滑了，从而不能满足方程（1.3.15），其中 c_t 表示总消费。

① 第 14 章介绍了普拉特（Pratt，1964）如何降低合理的曲率值的思想实验。

拉尔斯·汉森以及其他一些研究者曾简洁地将上述这一性质表述如下。定义随机折现因子

$$m_{t+1,t}=\beta\frac{u'(c_{t+1})}{u'(c_t)} \tag{1.3.16}$$

并且将方程（1.3.15）记为：

$$E_t m_{t+1,t}R_{j,t+1}=1 \tag{1.3.17}$$

总收益率可重新表示为：

$$R_{j,t+1}=\frac{o_{t+1}}{q_t}$$

其中 o_{t+1} 表示资产的单期支付，q_t 表示资产在时刻 t 的价格。于是，方程（1.3.17）可表示为：

$$q_t=E_t m_{t+1,t}o_{t+1} \tag{1.3.18}$$

方程（1.3.18）的结构正好说明了 $m_{t+1,t}$ 是一个随机折现因子：为了确定某项资产的价格，将每一个状态下的随机支付都乘以对应于该状态的随机折现因子，然后通过取条件期望的方式将此乘积项沿着各个状态加总。利用条件协方差的定义以及柯西-施瓦茨不等式，上述方程意味着：

$$\frac{q_t}{E_t m_{t+1,t}}\geqslant E_t o_{t+1}-\frac{\sigma_t(m_{t+1,t})}{E_t m_{t+1,t}}\sigma_t(o_{t+1}) \tag{1.3.19}$$

其中 $\sigma_t(y_{t+1})$ 表示 y_{t+1} 的条件标准差。若在方程（1.3.18）中令 $o_{t+1}=1$，则可知 $E_t m_{t+1,t}$ 必定表示某个无风险的单期证券在时刻 t 的价格。不等式（1.3.19）将风险证券的价格 q_t 与无风险证券的价格 $E_t m_{t+1,t}$ 的比值限制为其右端，而这一比值等于此风险资产的期望支付减去其自身的条件标准差 $\sigma_t(o_{t+1})$，再乘以一个“风险的市场价格” $\sigma_t(m_{t+1,t})/E_t m_{t+1,t}$。通过仅仅利用支付 o_{t+1} 和价格 q_t 的数据，不等式（1.3.19）已经被用来估计风险的市场价格，而无须设定 $m_{t+1,t}$ 是如何依赖于消费的。如果我们选取这些非理论的关于 $\sigma_t(m_{t+1,t})/E_t m_{t+1,t}$ 的估计值，并且与 $\sigma_t(m_{t+1,t})/E_t m_{t+1,t}$ 的理论值相比较，则我们可得到一个关于 u 的似乎合理的曲率值。进一步地，如果假定对于总消费有 $\hat{m}_{t+1,t}=\beta\frac{u'(c_{t+1})}{u'(c_t)}$，我们将发现理论的 $\hat{m}$ 具有太少的波动性，从而不能够解释 $m_{t+1,t}$ 的方差的条件相关系数的非理论的估计值。正如我们在第 14 章中要深入讨论的，上述结果反映出这样一个事实，即总消费过于平滑，从而不能够解释风险的市场价格的非理论的估计值。

事实上，对于这种经验上的难题，存在着两大类型的回应。第一种保留了（1.3.17）式，但是抛弃了（1.3.16）式，并代之以采纳一个关于 $m_{t+1,t}$ 的统计模型。即使没有方程（1.3.16）所提供的关于消费之间的联系，方程（1.3.17）对于资产收益和 $m_{t+1,t}$ 的限制也能够用来识别 $m_{t+1,t}$ 过程。方程（1.3.17）包含了无套利条件，这可以限定收益之间的联合行为。在关于仿射期限结构的相关文献中，这已经被证明是一个富有成效的方法［参见巴克斯和济恩（Backus and Zin，1993），皮萨里德斯（Piazzesi，2000），以及昂和

皮萨里德斯（Ang and Piazzesi，2003）]。[1]

另一种方法是非加总类型的，写出（1.3.3）式关于家庭 i 的版本：

$$\beta E_t R_{t+1}\frac{u'(c_{i,t+1})}{u'(c_{it})}\leqslant 1，\text{当 } A_{i,t+1}>\underline{A}_i \text{ 时取等号} \tag{1.3.20}$$

如果在时刻 t，关于家庭的某个子集位于拐角上，则（1.3.20）式中的等号只对于家庭的另一个子集成立。此时，位于第二个集合中的家庭将给资产定价。[2]

第 21 章介绍了哈拉尔德·张（Harald Zhang，1997）以及阿尔瓦雷斯和耶尔曼（Alvarez and Jermann，2000，2001）的模型。此模型引入了（双边的）参与约束和冲击，以使得个体 i 的一个可变的子集满足（1.3.20）式。张以及阿尔瓦雷斯和耶尔曼通过将参与约束添加到基于方程（1.4.7）的消费问题的递归公式中来构造出他们的模型。接下来我们将简要描述这些模型的结构，以及他们对于我们的主题方程[即消费欧拉条件（1.3.3）]的意见。张以及阿尔瓦雷斯和耶尔曼的意见是通过破坏（1.3.3）式来解决在实际的资产定价中遇到的难题。正如我们将要看到的，这就要求剔除某些家庭能够交易的某些资产。对于如何表示和处理历史依赖性，这些高级模型也提出了一个简便的方法。

1.4 递归方法

消费欧拉不等式在本书中将会不断出现，这构成了本书的一个显著特征。现在我们就开始讨论这一方法论上的主题，即递归方法（称为动态规划）的帝国主义特征。

动态规划中的一个基本概念是一个被称为状态的有限维的东西，从当前的和未来的支付的角度来看，状态这一概念完全总结了某个决策者当前的情况。如果某个最优值问题具有一个低维度的状态向量，则其后的工作将大大简化。现代宏观经济学经常讨论的一个主题（也是本书的主题）正是如何寻找一个合适的状态向量，这是一门艺术。

为了在一个简单的框架内阐明状态这一概念，让我们再次回到储蓄问题，并且假定消费者的禀赋过程是某一状态 s_t 的时不变函数，此状态遵循某个具有时不变的单期转移密度 $\pi(s'|s)$ 和初始密度 $\pi_0(s)$ 的马尔可夫过程，因此 $y_t=y(s_t)$。首先，回忆一下在储蓄问题的一种特殊形式即线性二次版本中通行的关于消费的描述（1.3.5）式，由于我们现在将 y_t 假设为马尔可夫状态的某个时不变函数，因此（1.3.5）式和家庭的预算约束意味着家庭具有如下形式的决策规则：

$$c_t=f(A_t,s_t) \tag{1.4.1a}$$

$$A_{t+1}=g(A_t,s_t) \tag{1.4.1b}$$

[1] 仿射期限结构模型引入了关于利率的期限结构的预期理论的理性预期版本，从而拓展了早期的模型。参见坎贝尔和希勒（Campbell and Shiller，1991），汉森和萨金特（1991）以及萨金特（1979）。

[2] 戴维·朗克尔（David Runkle，1991）、乔治·曼昆和史蒂文·扎德斯（Gregory Mankiw and Steven Zeldes，1991）针对个体的子集合考察了（1.3.20）式。

方程（1.4.1a）表明，消费是状态向量的时不变函数。（1.4.1a）式中满足马尔可夫性质的元素 s_t 的出现是因为它概括了有益于预测未来禀赋的所有信息［在线性二次模型中，（1.3.5）式显示了家庭预测未来收入的激励］，而资产水平 A_t 则表示个体在当前所拥有的金融财富。对于家庭的决策而言，元素 s 被假定为是外生的，并且满足一个由 $\pi(s'|s)$ 控制的随机运动规律。但是，A 的未来路径则由家庭来选择，并且满足（1.4.1b）式。由（1.4.1）式和马尔可夫转移密度 $\pi(s'|s)$ 所构成的系统被称为是递归的，因为它们把当前的决策 c_t 表示成了状态的函数，并且说明了如何更新状态。通过迭代（1.4.1b）式可知，A_{t+1} 可以被表示成历史［$s_t, s_{t-1}, \cdots, s_0$］和 A_0 的函数。于是，内生的状态变量（即金融财富）记录了外生变量（即状态 s_t）的历史当中所有与支付相关的信息。

定义值函数 $V(A_0, s_0)$ 为从初始状态（A_0, s_0）开始的储蓄问题的最优值，则值函数 V 满足如下被称为贝尔曼方程的泛函方程：

$$V(A,s)=\max_{c,A'}\{u(c)+\beta E[V(A',s')|s]\} \tag{1.4.2}$$

这里的最大化需满足的约束条件是 $A'=R(A+y-c)$ 和 $y=y(s)$。与贝尔曼方程的解 $V(A,s)$ 密切相关的是下述这对来自（1.4.1）式的策略函数：

$$c=f(A,s) \tag{1.4.3a}$$

$$A'=g(A,s) \tag{1.4.3b}$$

于是，储蓄问题的事前值［即在 s_0 被选择之前（1.3.1）式的值］是

$$v(A_0)=\sum_s V(A_0,s)\pi_0(s) \tag{1.4.4}$$

今后，我们将广泛应用这个所谓事前的值函数。

□ 1.4.1 方法论：动态规划提出的问题

动态规划方法现在被认为是处理私人部门的决策问题的一个强有力的工具。同时，对于希望设计出一个最优政策的政府的决策问题（并且政府面临的约束是私人部门对于政府的政策具有最佳的反应），此方法也是有效的，尽管实际上经历了很长的一段时间，研究者们才认识到动态规划方法在政府的政策设计问题上的有效性。

从 20 世纪 50 年代后期开始，动态规划方法已经被用来设计那些可以控制某种经济体的政府的决策规则，这些经济体的转移规律当中包含了描述私人部门的决策规则的信息。1976 年，小罗伯特・E. 卢卡斯发表了其著名的关于经济计量政策评价过程的批判，而这一过程正是基于动态规划的。卢卡斯批判的核心是某个基本性质对于政府政策评价的含义，而这一基本性质对于满足式（1.4.3）并且适用于形如式（1.4.2）的贝尔曼方程的私人部门的任何最优决策而言都是有效的。这一基本性质说的是，最优的决策规则（f, g）依赖于外生给定的状态 s 的转移密度。作为这一性质的一个推论，任何已经被广泛接受的政府政策只要改变了状态变量（例如，出现在私人部门决策规则当中的 s）的运动规律，都将改变相应的私人决策规则。（在卢卡斯所考虑的实际例子中，这种出现在私人决策问题当中的 s 包括那些有益于预测税率、货币供给以及总价格水平的各种变量。）

于是，卢卡斯断言，那些假定私人部门决策规则给定的经济计量政策评价过程在遇到政府的政策改变时，都将是有缺陷的。[①] 在当时，大多数的经济计量政策评价过程都适用于卢卡斯批判的范围。为了构造一个有效的政策评价过程，卢卡斯提议建立一些可以考虑到决策制定者的理性预期的新模型。[②] 卢卡斯的评论者，罗伯特·戈登指出，只有在这项雄心勃勃的工作完成之后，我们才能够用动态规划来计算最优政策问题，例如求解拉姆齐问题。

□ 1.4.2 动态规划面临的质疑

然而，埃德华·C. 普雷斯科特在 1977 年发表的题为《控制理论应当被用于经济稳定化吗?》(Should Control Theory Be Used for Economic Stabilization?) 的论文中断言，戈登的观点过于乐观了。在与基德兰德合作的发表于 1977 年的《政治经济学杂志》(*Journal of Political Economy*) 上的论文当中，普雷斯科特宣称他已经证明了在私人交易者真正面临一个动态问题的框架内，利用动态规划方法来寻找政府的最优政策是"逻辑上不可能"的。普雷斯科特认为，动态规划方法并不适用于政府的政策设计问题，这是因为当前的私人决策对于未来的政府政策具有最佳的反应这样一种结构阻止了政府的政策设计问题可以被递归地求解出来（这是最优的政府计划的时间不一致性的一种表示）。于是，最优的政府计划需要一种关于政府承诺的技术，并且政府的政策所采取的形式一定是具有历史依赖性的决策规则的某个序列形式，而这种形式是不能被表示为自然的状态变量的函数的。

□ 1.4.3 动态规划的强有力回应

宏观经济学接下来的研究历史基本上都相信了普雷斯科特的所谓"逻辑上不可能"的断言。但是，越来越多聪明如普雷斯科特的人在 1977 年认为不能用动态规划来求解的问题现在都可以用动态规划来求解了。普雷斯科特当时不具备的条件，现在我们已经拥有了：在 1977 年的时候，我们缺少在动态规划的框架内处理历史依赖性的方法。在过去的几十年中，一项重要的成就正是找到了处理历史依赖性的递归方法，本书的一个主题也正是将此方法应用于大量的重要领域。

在许多章节的内容中，我们都会遇到一些重要的线索，这些线索揭示了这一主题的令人感兴趣的历史是如何起源的。似乎那些攻克了普雷斯科特的难题的研究者们都在各自独立地工作着，完全没有注意到其他研究者随后找出的一些互补性的方法。完成这一任务的主要贡献者包括沙维尔和韦斯（Shavell and Weiss，1979），基德兰德和普雷斯科特（1980），米勒和萨蒙（Miller and Salmon，1985），皮尔曼、居里和莱文（Pearlman，Currie and Levine，1985），皮尔曼（1992），以及汉森、埃普尔和罗贝兹（1985）。这些研究者确实各自独立地发现了这个重要的思想。

我们在第 19 章中将要详细讨论的一个重要方法是，在私人部门决策者的协状态方程中引入政府的协状态向量，进而像通常那样将最优控制理论应用于关于政府的问题。（协

---

① 这种过程是有缺陷的是因为，当必须假定私人决策规则对于政府决策规则的"最佳反应"时，这种过程假定了"没有反应"。

② 也就是说，他希望求解动态规划问题的私人决策规则具有正确的关于 s 的转移密度 π。

状态方程也是欧拉方程的一种形式。）继续求解此问题，注意到协状态方程描述了私人决策是如何依赖于对于政府未来政策的预测的，而这一点正是普雷斯科特所担心的。本方法的关键想法是，通过把私人部门的协状态方程作为政府问题的附加约束条件来重新构造政府的问题，这些约束就是所谓的保持承诺（promise-keeping）约束（它们以值函数的导数，而不是值函数本身的形式出现，这是因为协状态向量恰好是值函数的梯度）。在将私人部门（“跟随者”）的协状态方程附加到政府（“领导者”）的转移规律上之后，接下来就可以按照通常的动态规划方法求解政府的问题。我们只需将私人部门的协状态变量取作伪状态变量，并简单写下政府计划者的贝尔曼方程，接下来的事情就几乎和原来一样！（戈登是对的！）这里我们之所以说“几乎”是因为在贝尔曼方程被求解出来之后，还有一个附加的步骤：选取私人部门的协状态变量的初始值。为了最大化政府的目标，这一初始值应选为零，因为开始的时候并没有承诺需要保持。政府的最优决策将是自然状态变量和协状态变量的函数。时刻 t 的协状态变量记录了历史，也记录了政府在时刻 t 为了证实私人部门在这之前关于政府的时刻 t 决策的预期所花费的“成本”，而这一预期已经嵌入私人部门在时刻 t 之前的决策当中了。这样的解是时间不一致的（政府总是乐于将时刻 t 的乘子重新初始化为零，从而破坏了原来的承诺，但是这样的性质在假定政府承诺按照最优计划行事时是不成立的）。参见第 19 章可获得更多的技术细节、计算程序以及一个应用的例子。

□ 1.4.4 历史依赖性和“动态规划平方”

接下来我们并不准备深入讨论这种“协状态的协状态”方法，而是转向另一个密切相关的方法，并准备在动态的合同设计问题当中阐明它。尽管从表面上看，合同问题不同于政府的政策设计问题，但是二者有许多共同的特征。再次地，我们需要一种递归方法来刻画历史依赖性。我们不再使用协状态变量，而是转向某个导数，并引入承诺值的概念。这将会导致在值函数当中也出现值函数，或者称为“动态规划平方”（dynamic programming squared）。

定义马尔可夫状态的历史 s^t 为 $s^t=[s_t,s_{t-1},\cdots,s_0]$，并且令 $\pi_t(s^t)$ 表示由 π、π_0 引致的历史分布的概率密度。我们将消费的配置规则定义为某一个函数序列，此序列中的元素都是将 s^t 映射为时刻 t 的一种消费选择，即对于 $t\geqslant 0$，有 $c_t=\sigma_t(s^t)$。记 $c=\{\sigma_t(s^t)\}_{t=0}^{\infty}$。定义某个配置规则的(事前的)价值为：

$$v(c)=\sum_{t=0}^{\infty}\sum_{s^t}\beta^t u(\sigma_t(s^t))\pi_t(s^t) \tag{1.4.5}$$

对于零时期状态 $\bar{s}_0$ 的每一个可能的实现值，都存在一个后续的历史 $s^t|_{\bar{s}_0}$。注意到某个后续的历史自身也是一个完全的历史，这就首先提示我们递归公式可能是有效的。[①] 对于首期的 s_0 的每一个可能的实现值，每一个消费配置规则都蕴含着一个单期的后续消费规则 $c|_{\bar{s}_0}$。一个后续消费规则也是其自身的消费规则，它将历史映射为消费的时间序列。单期的后续历史将原先在 $\bar{s}_0$ 赋值的历史在 $t+1$ 时刻的元素处理成此后续历史在时刻 t 的

① 参见第 8 章和第 23 章关于历史的递归结构的讨论。

元素，即单期的后续消费配置在时刻 t 的消费与原先在 $\bar{s}_0$ 赋值的消费配置在时刻 $t+1$ 的元素是一致的。在（1.4.5）式中，时间和状态是分离的，这使得我们可以将 $v(c)$ 递归地表示为：

$$v(c)=\sum_{s_0}\left[u(c_0(s_0))+\beta v(c|_{s_0})\right]\pi_0(s_0) \tag{1.4.6}$$

其中 $v(c|_{s_0})$ 表示后续配置的价值，称为后续值。在 s_t 序列独立同分布并且分布离散的特殊情形中，我们可以将（1.4.6）式表示为：

$$v=\sum_{s}\left[u(c_s)+\beta w_s\right]\Pi_s \tag{1.4.7}$$

其中 $\Pi_s=\text{Prob}(y_t=\bar{y}_s)$，而 $[\bar{y}_1<\bar{y}_2<\cdots<\bar{y}_S]$ 表示在其上禀赋可以取值的格点。c_s 表示在给定 v 的条件下对应于状态 s 的消费，而 w_s 则表示在给定 v 的条件下对应于状态 s 的后续值。在（1.4.7）式中，我们用 v 来表示（1.4.6）式中的 $v(c)$，用 w_s 来表示（1.4.6）式中的 $v(c|_s)$。

到目前为止，前面所有的讨论适用于任意的消费计划。显然，由某个最优的消费计划所得到的事前值 v 必定满足：

$$v=\max_{\{c_s,w_s\}_{s=1}^{S}}\sum_{s}\left[u(c_s)+\beta w_s\right]\Pi_s \tag{1.4.8}$$

这里的最大化所满足的约束条件一定包含了个体在利用当前的状态或有消费 c_s 与未来的状态或有后续值 w_s 进行交易方面的所有机会。在这些问题当中，比如以储蓄问题为例，v 的值可以看做是依赖于家庭的初始资产水平的一种产出。实际上，对于具有独立同分布的禀赋冲击的储蓄问题，这种产出表现为 v 是 A 的单调函数。这种单调性将导致如下的值得注意的表示方式。在求解了最优计划问题之后，利用单调变换将 v 代替 A 作为状态变量，从而得到最优决策规则的下述形式：

$$c_s=f(v,s) \tag{1.4.9a}$$

$$w_s=g(v,s) \tag{1.4.9b}$$

在（1.4.9）式中，承诺值 v（如果之前已经存在一个的话，这就是一个前瞻型的变量）也是这样一种类型的变量，即它的功能是作为历史的某种指标。方程（1.4.9b）提醒我们，v 是一个后顾型的变量，它记录了过去状态 s_t 的累积的冲击；而 v 作为一个承诺值的定义［例如（1.4.8）式］则告诉我们，v 也是一个前瞻型的变量，它记录了关于未来消费的预期（承诺）。

□ 1.4.5 动态的委托-代理问题

（1.4.8）式的右端各项告诉了我们家庭利用当前的效用来交易后续效用的意愿。有些面临执行问题和信息问题的模型则利用（1.4.8）式所示的这种当前和未来之间的替代来设计跨期的消费计划，这些计划为了能够提供正确的激励，将最优地平衡风险分担和跨期消费平滑。下面我们就来介绍这些模型。

我们在市场中将家庭拿掉，而把它交给一个能够给家庭提供合同的计划者或者委托人，这一计划者在满足执行约束或者信息约束的条件下试图提供一个事前的承诺值

v。[1]现在，v 就变成了一个状态变量出现在计划者的值函数中。我们假定家庭能够跨期地转移它的禀赋的唯一方式是与计划者进行交易。储蓄或者借入技术（1.3.2）对于代理人不再有效，尽管它仍然可能适用于计划者。我们接下来还是讨论前面提到过的独立同分布情形。记$P(v)$ 为计划者问题的事前的最优值。（代理人的）值函数将作为委托人的值函数的自变量出现，这使得我们有时会提到“动态规划平方”。在时刻 t，计划者强占了代理人的禀赋，但是返还了数量为 c_t 的消费，从而其来自代理人的“收益”为 y_t-c_t。对于必须提供承诺值 v 的计划者而言，他的值函数满足：

$$P(v)=\max_{\{c_s,w_s\}_{s=1}^{S}}[\bar{y}_s-c_s+\beta P(w_s)]\Pi_s \tag{1.4.10}$$

这里的最大化满足保持承诺约束（1.4.7）以及其他一些因问题的具体特征而异的约束条件，我们将简洁地介绍一下这些条件。这些条件包括因问题而异的激励相容条件，并且描述了代理人对委托人所提供的安排的最佳反应。条件（1.4.7）是一个保持承诺约束。计划者则需要给出一个向量$\{c_s,w_s\}_{s=1}^{S}$以保证价值 v 的提供。

我们将简要介绍两种类型的合同设计问题以及当环境有利于代理人时计划者所面临的约束条件。

为了给不涉及信息问题的执行问题建模，假定计划者在每期都可以观察到 y_t，而家庭总是有消费它的禀赋 y_t 的权利，以及接受一个事前的后续值 v_{aut} 并将其带入下一期的权利，其中 v_{aut} 表示如果消费者总是消费他的禀赋所能够收到的事前值。消费者可以离开的自由促使计划者必须构造一个保险合同，以使得家庭始终不愿意破坏合同（此合同必须是“自我执行”的）。一个自我执行的合同要求满足下面的参与约束：

$$u(c_s)+\beta w_s\geqslant u(\bar{y}_s)+\beta v_{aut},\forall s \tag{1.4.11}$$

有时候，上述参与约束条件中的一部分不能够被满足，则自我执行合同提供的只是不完全保险。当不能够满足约束时，计划者为了给合同的自我执行提供激励，将会牺牲消费的平滑性。

另一种方法假定，只要家庭开始履行合同就不再拥有离开的权利，从而避免了合同的执行问题。计划者希望以最有效的方式给家庭提供保险，但是现在计划者不再能够观测到家庭的禀赋。计划者必须相信家庭所报告的禀赋数量。我们假定家庭只有在愿意的时候才会如实地报告其禀赋数量。这将导致计划者在保持承诺约束（1.4.7）的基础上附加如下的坦白真相（truth-telling）约束：

$$u(c_s)+\beta w_s\geqslant u(\bar{y}_s-\bar{y}_\tau+c_\tau)+\beta w_\tau,\ \forall(s,\tau) \tag{1.4.12}$$

这里的约束（1.4.12）适用于如下情形，即家庭的真实禀赋是 $\bar{y}_s$，但是家庭将其禀赋错误地报告为 $\bar{y}_\tau$。约束（1.4.12）的两端分别表示说出真相的效用和撒谎的效用。如果家庭（错误地）报告 $\bar{y}_\tau$，则计划者奖励家庭一个净转移支付$c_\tau-\bar{y}_\tau$ 以及一个后续值 w_τ。如果约束（1.4.12）对于所有的 τ 都成立，家庭将总是选择报告真实的状态 s。

正如我们将在第 20 章和第 21 章中看到的，计划者通过控制后续值相对于所报告的

---

① 这里我们所讨论的内容非常接近于托马斯和沃勒尔（1988，1990）的两个模型。

状态的变化来诱导出真实的报告。如果家庭在今天报告了一个较低的收入，它可以收到一个转移支付，但它将会获得一个不利的结果，即明天开始于一个降低了的后续值。计划者构造这样的选择菜单是为了保证只有低禀赋的家庭（它们确实需要今天的转移支付）才愿意接受一个降低了的后续值，这正是在今天报告一个低收入的结果。

在这个问题上，上鞅收敛定理再次显示了它的作用。但是这一次它使得消费和后续效用向下调整。在那些动态合同是用来导出揭示信息的激励的模型中，关于上鞅的这一结果被有些人称为是一个“贫困化”的性质。

为了深化我们对于这个不幸的结果的讨论，我们现在来看一下宏观经济学在接受还是拒绝欧拉不等式（1.3.3）的争论中的另一方面。在刚才讨论的两个激励模型中，一个包含执行问题，另一个包含信息问题，这里的重要之处在于家庭不能够获得一个好的并且无风险的投资渠道，比如像约束（1.3.2）所描述的，那将使得不等式（1.3.3）成为储蓄问题的一阶条件。确实，特别是在只具有有限信息的模型中，计划者将会充分利用他的能力来跨期地重新配置消费，计划者为了诱导出来自家庭的真实信息所采取的方式将会破坏（1.3.2）式。在第 20 章中，我们遵循科尔和科切拉科塔（Cole and Kocherlakota，2001）的方法，允许家庭储蓄（但不允许动用储蓄金）一种其固定的总收益率为 $R=\beta^{-1}$ 的无风险资产，则欧拉不等式将再次发生效力，并且还会改变保险安排的特征，以使得模型的结果类似于比利模型中的相应结果，只要合适地选择比利模型中的借债限制。

□ 1.4.6 更多的应用

我们将要研究很多应用动态规划和动态规划平方的例子，包括劳动市场中的搜寻模型，声誉和可信的公共政策，贸易政策中的渐近主义，失业保险以及货币经济学。为了进入这些令人激动的领域，现在是开始认真地研究数学方面和经济学方面工具的时候了。让我们开始吧。

第Ⅱ部分

工具

第 2 章 时间序列

2.1 两个有用的工具

本章描述两个容易处理的时间序列模型：马尔可夫链与一阶线性随机差分方程。这些模型可作为对随机向量序列施加一些限制的工具。这些模型非常有用，因为它们用精练的方式描述了时间序列。在后面几章中，马尔可夫链和线性随机差分方程有两个用途：(1) 表述对个体或经济产生影响的外生信息流，(2) 表述个体决策的最优或均衡产出。马尔可夫链和一阶线性随机差分方程都明确使用了状态向量这一概念。状态向量概括了当前位置的所有信息，这些信息是用来决定系统未来的统计量的。马尔可夫链和一阶线性随机差分方程将是用来研究动态最优化问题的有用工具。

2.2 马尔可夫链

一个随机过程就是一个随机向量序列。对我们来说，本书中的序列按照时间指数来排列，并且在本书中这些指数都是整数。因此，我们研究的是离散时间模型。我们研究具有以下性质的离散状态的随机过程。

马尔可夫性质：如果对于所有的 $k\geqslant 1$ 和所有的 t，随机过程 $\{x_t\}$ 满足

$$\text{Prob}(x_{t+1}|x_t,x_{t-1},\cdots,x_{t-k})=\text{Prob}(x_{t+1}|x_t)$$

则称之为具有马尔可夫性质。

我们假定某随机过程满足马尔可夫性质，并且用马尔可夫链来描述该过程的特征。一个时不变的马尔可夫链是用一个三元组来进行定义的，即一个由向量 e_i（$i=1, \cdots, n$）组成的 n 维状态空间，其中 e_i 表示 $n\times1$ 的单位向量，它的第 i 个分量是 1，其余分量是 0；一个 $n\times n$ 的转移矩阵 P 记录了在一个时期从一个状态值变换到另一个状态值的概率；一个 $n\times1$ 的向量 π_0，它的第 i 个分量表示在 0 时期处于状态 i 的概率：$\pi_{0i}=\text{Prob}(x_0=e_i)$。矩阵 P 的元素是：

$$P_{ij}=\text{Prob}(x_{t+1}=e_j \mid x_t=e_i)$$

为使这些表达式都成立，矩阵 P 和向量 π_0 必须满足以下假设：

假定 M：

a. 对于 $i=1,\cdots,n$，矩阵 P 满足

$$\sum_{j=1}^{n} P_{ij} = 1 \tag{2.2.1}$$

b. 向量 π_0 满足

$$\sum_{i=1}^{n} \pi_{0i} = 1$$

满足性质（2.2.1）的矩阵 P 被称作随机矩阵。它定义了一个时期中从状态的一个值移动到其他值的概率。而在两个时期中从状态的一个值移动到其他值的概率由 P^2 决定，这是因为

$$\begin{aligned}
&\text{Prob}(x_{t+2}=e_j \mid x_t=e_i)\\
&= \sum_{h=1}^{n} \text{Prob}(x_{t+2} = e_j \mid x_{t+1} = e_h)\text{Prob}(x_{t+1} = e_h \mid x_t = e_i)\\
&= \sum_{h=1}^{n} P_{ih}P_{hj} = P_{ij}^{(2)}
\end{aligned}$$

其中 $P_{ij}^{(2)}$ 表示 P^2 的（i,j）元素。令 $P_{ij}^{(k)}$ 表示 P^k 的（i,j）元素。通过迭代前面所述的方程，我们可以发现

$$\text{Prob}(x_{t+k}=e_j \mid x_t=e_i)=P_{ij}^{(k)}$$

x_t 的无条件概率分布决定于

$$\begin{cases}
\pi'_1=\text{Prob}(x_1)=\pi'_0 P\\
\pi'_2=\text{Prob}(x_2)=\pi'_0 P^2\\
\qquad\vdots\\
\pi'_k=\text{Prob}(x_k)=\pi'_0 P^k
\end{cases}$$

其中 $\pi'_t=\text{Prob}(x_t)$ 表示一个 $1\times n$ 的向量，它的第 i 个元素是 $\text{Prob}(x_t=e_i)$。

□ 2.2.1 平稳分布

无条件概率分布的演变遵循

$$\pi'_{t+1}=\pi'_t P \tag{2.2.2}$$

如果一个无条件概率分布满足

$$\pi_{t+1}=\pi_t$$

则称它为平稳的或不变的。也就是说，此分布随时间的推移是不变的。从无条件分布的运动方程（2.2.2）可以看出，一个平稳分布必定满足

$$\pi'=\pi'P \tag{2.2.3}$$

即

$$\pi'(I-P)=0$$

对此方程的两边同时进行转置可以得到

$$(I-P')\pi=0 \tag{2.2.4}$$

此方程决定了 π 是与 P' 的一个单位特征值对应的一个特征向量（标准化后满足 $\sum_{i=1}^{n}\pi_i=1$）。如果初始分布 π 使得（2.2.3）式成立，我们就说 P，π 是平稳马尔可夫链。

P 是随机矩阵（即 P 的元素非负，并且满足对于所有的 i，$\sum_j P_{ij}=1$）的事实保证了 P 至少有一个单位特征值，并且至少存在一个特征向量 π 满足方程（2.2.4）。平稳分布不一定是唯一的，因为 P 可以有重复的单位特征值。

例 1. 马尔可夫链

$$P=\begin{bmatrix}1 & 0 & 0\\ 0.2 & 0.5 & 0.3\\ 0 & 0 & 1\end{bmatrix}$$

有两个单位特征值，与这两个特征值相对应的平稳分布是 $\pi'=[1\quad 0\quad 0]$ 和 $\pi'=[0\quad 0\quad 1]$。其中状态 1 和状态 3 都是吸收态。任何使得位于状态 2 的概率为 0 的初始分布都是平稳分布。

例 2. 马尔可夫链

$$P=\begin{bmatrix}0.7 & 0.3 & 0\\ 0 & 0.5 & 0.5\\ 0 & 0.9 & 0.1\end{bmatrix}$$

有一个单位特征值，与其相对应的平稳分布是 $\pi'=[0\quad 0.642\,9\quad 0.357\,1]$，其中状态 2 和状态 3 构成状态空间中的吸收子集。

□ 2.2.2 渐近平稳

我们经常会对马尔可夫过程提出以下问题：在一个任意的初始分布 π_0 下，无条件分布 π_t 是否会趋近于一个平稳分布

$$\lim_{t\to\infty}\pi_t=\pi_\infty$$

其中 π_∞ 是方程（2.2.4）的解？如果回答是肯定的，那么此极限分布 π_∞ 是否依赖于初始分布 π_0？如果极限分布 π_∞ 是独立于初始分布 π_0 的，那么我们可以说，此过程是渐近平稳的且具有唯一的不变分布。我们称解 π_∞ 是 P 的平稳分布或者不变分布。

在下面的定义中，我们正式地阐述上述概念：

定义 2.2.1：设 π_∞ 是满足 $(I-P')\pi_\infty=0$ 的唯一向量。如果对于所有的初始分布 π_0，$P^{t'}\pi_0$ 都收敛于同一个 π_∞，则我们说马尔可夫链是渐近平稳的，且有一个唯一的不变分布。

下面的定理可以用来证明马尔可夫链是渐近平稳的。

定理 2.2.1：若 P 为一个随机矩阵，其中 $P_{ij}>0$，$\forall(i,j)$，则矩阵 P 有唯一的平稳分布，并且过程是渐近平稳的。

定理 2.2.2：若 P 为一个随机矩阵，并且对于 $n\geqslant1$ 的一些值，$P_{ij}^n>0$，$\forall(i,j)$，则矩阵 P 有唯一的平稳分布，并且过程是渐近平稳的。

定理 2.2.1（以及定理 2.2.2）的条件表明，任一状态都存在着正的概率在一步（或者 n 步）内移动到任何其他状态。注意，下面几个例子将会违背定理 2.2.2 关于 n 的条件。

□ 2.2.3 预测状态

下一个时期状态的最小均方误差预期是条件数学期望：

$$E(x_{t+1}|x_t=e_i)=\begin{bmatrix}P_{i1}\\P_{i2}\\\vdots\\P_{in}\end{bmatrix}=P'e_i=P'_i \tag{2.2.5}$$

其中 P'_i 表示矩阵 P 的第 i 行的转置。在书后附录 B 的 B.2 节，我们使用这个方程推导出下述关于状态的一阶随机差分方程：

$$x_{t+1}=P'x_t+v_{t+1} \tag{2.2.6}$$

其中 v_{t+1} 表示随机扰动项，很明显，此项满足 $E[v_{t+1}|x_t]=0$。

现在，设 $\bar{y}$ 是 $n\times1$ 的实数向量，并定义 $y_t=\bar{y}'x_t$，所以当 $x_t=e_i$ 时，有 $y_t=\bar{y}_i$。很明显，我们可以写成

$$y_{t+1}=\bar{y}'P'x_t+\bar{y}'v_{t+1} \tag{2.2.7}$$

当观察值太粗而不足以揭示状态时，(2.2.6) 式与 (2.2.7) 式公式对就成为隐藏马尔可夫模型。参看书后附录 B 的 B.2 节对此模型的讨论。

□ 2.2.4 状态的预测函数

从我们已经列出的有条件的和无条件的概率分布中可以得出，对于 $t\geqslant0$，y_t 的无条件期望由 $Ey_t=(\pi'_0P^t)\bar{y}$ 决定。条件期望取决于

$$E(y_{t+1}|x_t = e_i) = \sum_j P_{ij}\bar{y}_j = (P\bar{y})_i \tag{2.2.8}$$

$$E(y_{t+2}|x_t = e_i) = \sum_k P_{ik}^{(2)}\bar{y}_k = (P^2\bar{y})_i \tag{2.2.9}$$

诸如此类。其中 $P_{ik}^{(2)}$ 表示 P^2 的 (i,k) 元素。$(\cdot)_i$ 表示矩阵 $(\cdot)$ 的第 i 行。从(2.2.6)式、(2.2.7)式得出的等价公式是 $E[y_{t+1}|x_t]=\bar{y}'P'x_t=x_t'P\bar{y}$，当 $x_t=e_i$ 时，它等于 $(P\bar{y})_i$。注意

$$\begin{aligned} E[E(y_{t+2}|x_{t+1} = e_j) \mid x_t = e_i] &= \sum_j P_{ij} \sum_k P_{jk}\bar{y}_k \\ &= \sum_k \left(\sum_j P_{ij}P_{jk}\right)\bar{y}_k = \sum_k P_{ik}^{(2)}\bar{y}_k = E(y_{t+2}|x_t = e_i) \end{aligned}$$

在上面这一串等式中，连接第一项和最后一项可得到 $E[E(y_{t+2}|x_{t+1})|x_t]=E[y_{t+2}|x_t]$，此结果是迭代期望法则的一个例子。迭代期望法则指出，对于任意的随机变量 z，以及两个信息集合 J、I，其中 $J\subset I$，有 $E[E(z|I)|J]=E[z|J]$。作为迭代期望法则的另一个例子，注意

$$Ey_1 = \sum_j \pi_{1,j}\bar{y}_j = \pi_1'\bar{y} = (\pi_0'P)\bar{y} = \pi_0'(P\bar{y})$$

以及

$$E[E(y_1|x_0 = e_i)] = \sum_i \pi_{0,i}\sum_j P_{ij}\bar{y}_j = \sum_j \left(\sum_i \pi_{0,i}P_{ij}\right)\bar{y}_j = \pi_1'\bar{y} = Ey_1$$

□ 2.2.5 预测函数

关于马尔可夫状态的预测函数，存在着一些很有说服力的公式。

再次地，设 $\bar{y}$ 表示 $n\times 1$ 的向量，考虑随机变量 $y_t=\bar{y}'x_t$，则

$$E[y_{t+k}|x_t=e_i]=(P^k\bar{y})_i$$

其中 $(P^k\bar{y})_i$ 表示 $P^k\bar{y}$ 的第 i 行，将所有的行加在一起，我们可将上式表示为

$$E[y_{t+k}|x_t]=P^k\bar{y} \tag{2.2.10}$$

我们还可以得到

$$\sum_{k=0}^{\infty}\beta^k E[y_{t+k}|x_t=\bar{e}_i]=[(I-\beta P)^{-1}\bar{y}]_i$$

其中 $\beta\in(0,1)$ 保证了 $(I-\beta P)^{-1}=I+\beta P+\beta^2P^2+\cdots$ 的存在。

□ 2.2.6 向前一步预测确定 P

对一个充分大的随机变量集合的向前一步预测描述了马尔可夫链的特征。特别地，关于 n 个独立函数（即 n 个线性独立向量 $h_1,\cdots,h_n$）的向前一步的条件期望能唯一地决定转移矩阵 P。因而，设 $E[h_{k,t+1}|x_t=e_i]=(Ph_k)_i$，对于所有的初始状态 i，我们将 h_k 的条件期望用 $n\times 1$ 的向量 $E[h_{k,t+1}|x_t]=Ph_k$ 整理出来。然后，我们可将 n 个独立向量 $h_1,\cdots,h_n$ 的条件期望集中表示为 $Ph=J$，其中 $h=[h_1\quad h_2\quad\cdots\quad h_n]$，而 J 是一个由所

有 n 个向量 $h_1,\cdots,h_n$ 的所有条件期望组成的 $n\times n$ 的矩阵。如果我们知道 h 和 J，则可通过 $P=Jh^{-1}$ 来确定 P。

□ 2.2.7 不变函数与遍历性

令 P、π 为 n 状态的平稳马尔可夫链，其状态空间为 $X=[e_i,\ i=1,\cdots,n]$。利用 $n\times1$ 的向量 $\bar{y}$ 可以定义一个随机变量 $y_t=\bar{y}'x_t$。设 $E[y_\infty|x_0]$ 表示当 s 充分大时，y_s 依赖于初始状态的条件期望。下面的定理是大数定律的一个有用的前身：

定理 2.2.3：设 y 将随机变量定义为当前状态 x 的函数，其中 x 由平稳马尔可夫链 (P,π) 决定，则下式以概率 1 成立：

$$\frac{1}{T}\sum_{t=1}^{T}y_t\to E[y_\infty|x_0] \tag{2.2.11}$$

为了说明定理 2.2.3，考虑下述例子。

例子：考虑马尔可夫链 $P=\begin{bmatrix}1&0\\0&1\end{bmatrix}$，$\pi_0=\begin{bmatrix}p\\1-p\end{bmatrix}$，$p\in(0,1)$。考察随机变量 $y_t=\bar{y}'x_t$，其中 $\bar{y}=\begin{bmatrix}10\\0\end{bmatrix}$。此链有两种可能的样本路径，一个是以概率 p 发生 $y_t=10$，$t\geqslant0$，另一个是以概率 $1-p$ 发生 $y_t=0$，$t\geqslant0$。因而，$\frac{1}{T}\sum_{t=1}^{T}y_t\to10$ 以概率 p 发生，而 $\frac{1}{T}\sum_{t=1}^{T}y_t\to0$ 以概率 $1-p$ 发生。

这个例子中的结果表明了为什么我们可能想要比（2.2.11）式更多的内容。特别是，我们想要用与平稳分布 π 有关的常值无条件均值 $E[y_t]=E[y_0]$ 自由地替换 $E[y_\infty|x_0]$。为了得到这个结果，我们必须利用下面的概念强化关于 P 的假设。

假设 (P,π) 是一个平稳马尔可夫链。设想一下，从 π 中重复抽取 x_0，然后通过从由矩阵 P 给定的转移密度中连续不断地抽取，生成 x_t，$t\geqslant1$。这时，我们运用了下面的定义。

定义 2.2.2：如果对于 $t\geqslant0$ 时 x_t 的所有实现值都有 $y_t=y_0$，$t\geqslant0$，随机变量 $y_t=\bar{y}'x_t$ 被称为是不变的。

因而，如果当基础状态 x_t 在状态空间 X 内移动时，随机变量 y_t 保持为常数 y_0，则它就是不变的（即"状态的不变函数"）。注意这个定义如何开启 y_0 本身跨越样本路径而不同的可能性，其中样本路径是由从初始（和平稳）密度 π 的初始条件 x_0 的不同抽样来标记的。

平稳马尔可夫链 (P,π) 可诱导出 (x_{t+1},x_t) 上的联合密度 $f(x_{t+1},x_t)$，该联合密度与日历时间 t 无关；同时 P、π 与定义 $y_t=\bar{y}'x_t$ 也可以诱导出与日历时间无关的联合密度 $f_y(y_{t+1},y_t)$。在下文中，我们计算关于密度 $f_y(y_{t+1},y_t)$ 的数学期望。

对于有限状态的马尔可夫链，下面的定理给出了刻画状态的不变函数的简便方法。

定理 2.2.4：设 (P,π) 是平稳马尔可夫链。如果

$$E[y_{t+1}|x_t]=y_t \tag{2.2.12}$$

则随机变量 $y_t=\bar{y}'x_t$ 是不变的。

证明：利用迭代期望法则，并注意到

$$
\begin{aligned}
E(y_{t+1}-y_t)^2 &= E[E(y_{t+1}^2-2y_{t+1}y_t+y_t^2)\mid x_t] \\
&= E[Ey_{t+1}^2\mid x_t-2E(y_{t+1}\mid x_t)y_t+Ey_t^2\mid x_t] \\
&= Ey_{t+1}^2-2Ey_t^2+Ey_t^2 \\
&= 0
\end{aligned}
$$

其中第二行右端的中间一项利用了 $E[y_t\mid x_t]=y_t$，第三行右端的中间一项利用了假设条件（2.2.12），并且第三行还利用了 π 是平稳分布这一假设条件。在有限马尔可夫链中，如果 $E(y_{t+1}-y_t)^2=0$，则对于所有的 y_{t+1}、y_t 都有 $y_{t+1}=y_t$，这样的性质在平稳分布的条件下是以一个正的概率发生的。■

正如我们在第 17、18 章中要研究的那样，任何满足（2.2.12）式的随机过程 y_t（不必是平稳的）被称为鞅。定理 2.2.4 告诉我们，鞅作为一个有限状态的平稳马尔可夫链的状态 x_t 的函数，必定随着时间的演变而保持为常数。这一结果是鞅收敛定理的一种特殊情形，在第 17 章中，我们将研究基于鞅收敛定理的关于储蓄的某些值得注意的结论。①

方程（2.2.12）可以表示为 $P\bar{y}=\bar{y}$，或者

$$(P-I)\bar{y}=0 \tag{2.2.13}$$

上式表明，状态的不变函数是 P 对应于单位特征值的（右）特征向量。因而，与 P 的单位特征值有联系的是（1）左特征向量是链的平稳分布［回想方程（2.2.4）］；（2）右特征向量是链的不变函数［由方程（2.2.13）可得］。

定义 2.2.3：设（P,π）是一个平稳马尔可夫链。如果唯一的不变函数 $\bar{y}$ 以概率 1 在平稳非条件概率分布 π 下保持为常数，则称此链是遍历的，即对于所有的 i、j，$\pi_i>0$，$\pi_j>0$，有 $\bar{y}_i=\bar{y}_j$。

评注：设 $\tilde{\pi}^{(1)},\tilde{\pi}^{(2)},\cdots,\tilde{\pi}^{(m)}$ 是关于有转移矩阵 P 的 n 个状态的马尔可夫链的 m 个明显的“基本”平稳分布。每个 $\tilde{\pi}^{(k)}$ 是与特定单位特征值有关的 P 的 $n\times1$ 的左特征向量。每个 $\tilde{\pi}^{(j)}$ 是与概率向量成比例的（也就是，它的元素是非负的且元素之和为 1）。所有平稳分布的集合 S 是凸集。元素 $\pi_b\in S$ 可表示为

$$\pi_b=b_1\tilde{\pi}^{(1)}+b_2\tilde{\pi}^{(2)}+\cdots+b_m\tilde{\pi}^{(m)}$$

其中 $b_j\geqslant0$，$\sum_j b_j=1$ 表示概率向量。

评注：当（P,π_b）是遍历的马尔可夫链时，平稳密度 π_b 是凸集 S 的极值点，这意味着作为“基本”平稳密度之一，它可以表示成 $\pi_b=\tilde{\pi}^{(j)}$。

关于马尔可夫链的一个大数定律如下：

定理 2.2.5：设 $\bar{y}$ 是定义在一个平稳且遍历的马尔可夫链（P,π）上的随机变量，则

① 定理 2.2.4 告诉我们，一个平稳的鞅过程几乎没有移动的自由，它必须永远保持为常数（而不仅是最终为常数）。鞅收敛定理也可证实这一点。

下式以概率1成立：

$$\frac{1}{T}\sum_{t=1}^{T} y_t \to E[y_0] \tag{2.2.14}$$

上述定理告诉我们，时间序列平均收敛于其平稳分布的总体均值。

为了阐释上面介绍的概念，下面给出三个例子。

例 1. 具有转移矩阵 $P=\begin{bmatrix}0 & 1\\1 & 0\end{bmatrix}$的马尔可夫链有唯一的不变分布 $\pi=[0.5\quad 0.5]'$，并且对于任意标量 α，不变函数是 $[\alpha\quad \alpha]'$。因此，此过程是遍历的，且定理2.2.5成立。

例 2. 对于任意的 $\gamma\in[0,1]$，具有转移矩阵 $P=\begin{bmatrix}1 & 0\\0 & 1\end{bmatrix}$的马尔可夫链有平稳分布 $\gamma\begin{bmatrix}1\\0\end{bmatrix}+(1-\gamma)\begin{bmatrix}0\\1\end{bmatrix}$的连续统，并且对于任意标量 α_1，α_2，有不变函数$\begin{bmatrix}0\\\alpha_1\end{bmatrix}$与$\begin{bmatrix}\alpha_2\\0\end{bmatrix}$。因此，当 $\gamma\in(0,1)$ 时，此过程不是遍历的，注意两个不变函数都不是跨越不同状态为常数的，这些状态按照与 $\gamma\in(0,1)$ 有关的平稳分布会接受正的概率。因此，定理2.2.5的结论对于与 $\gamma\in(0,1)$ 有关的初始平稳分布来说并不成立，尽管较弱的结果定理2.2.3成立。当 $\gamma\in(0,1)$ 时，在0时刻，自然会分别以概率 γ、$1-\gamma$ 选择 $i=1$ 或者 $i=2$。此后，这个链保持在实现0时刻的状态处。不能访问未实现的状态阻止了样本平均收敛到状态的任意函数 $\bar{y}$ 的总体均值。注意，定理2.2.5的结论（2.2.14）式对于与 $\gamma=0$ 和 $\gamma=1$ 有关的平稳分布来说是成立的。

例 3. 对于 $\gamma\in[0,1]$，一个具有转移矩阵 $P=\begin{bmatrix}0.8 & 0.2 & 0\\0.1 & 0.9 & 0\\0 & 0 & 1\end{bmatrix}$的马尔可夫链有平稳分布 $\gamma\left[\frac{1}{3}\quad\frac{2}{3}\quad 0\right]'+(1-\gamma)\ [0\quad 0\quad 1]'$的连续统，并且对于任意标量 α_1，α_2，有不变函数 $\alpha_1[1\quad 1\quad 0]'$与$\alpha_2[0\quad 0\quad 1]'$。对于与 $\gamma\in(0,1)$ 有关的平稳分布来说，定理2.2.5的结论（2.2.14）并不成立，但是定理2.2.3成立。再次地，结论（2.2.14）对于与 $\gamma=0$ 和 $\gamma=1$ 有关的平稳分布来说是成立的。

□ 2.2.8 模拟马尔可夫链

利用随机数发生器，人们可以很容易地模拟马尔可夫链。Matlab 程序 markov. m 可以做此项工作。在后面的几章中，我们将使用该程序。

□ 2.2.9 似然函数

设 P 为一个 $n\times n$ 的随机矩阵，记状态标号为 $1,2,\cdots,n$。设 π_0 为 $n\times 1$ 的向量，其元素非负且总和为1，其中 $\pi_{0,i}$ 表示在0时刻状态为 i 的概率。设 i_t 表示在 t 时刻的状态。马尔可夫性质意味着导致路径 $(x_0,x_1,\cdots,x_{T-1},x_T)=(\bar{e}_{i_0},\bar{e}_{i_1},\cdots,\bar{e}_{i_{T-1}},\bar{e}_{i_T})$ 的概率是

$$L\equiv \text{Prob}(\bar{x}_{i_T},\bar{x}_{i_{T-1}},\cdots,\bar{x}_{i_1},\bar{x}_{i_0})$$

$$=P_{i_{T-1},i_T}P_{i_{T-2},i_{T-1}}\cdots P_{i_0,i_1,\pi_{0,i_0}} \tag{2.2.15}$$

概率 L 被称为似然函数。此函数既是样本实现值 $x_0,\cdots,x_T$ 的函数，又是随机矩阵 P 的参数的函数。对于样本 $x_0,x_1,\cdots,x_T$，设 n_{ij} 为从状态 i 到状态 j 所发生的单期转移的次数，则似然函数可以写作

$$L=\pi_{0,i_0}\prod_i\prod_j P_{i,j}^{n_{ij}}$$

这是一个多项式分布。

公式（2.2.15）有两个用途。第一个用途我们应该会经常碰到，就是用来描述马尔可夫链的可能历史的概率。在第 8 章中，我们将使用此公式来研究竞争性均衡中的价格和配置。

第二个用途是估计一个其解为马尔可夫链的模型的参数。针对马尔可夫过程的自由参数 θ 进行极大似然估计的步骤如下：设转移矩阵 P 以及初始分布 π_0 为自由参数 θ 向量的函数：$P(\theta)$，$\pi_0(\theta)$。给定一个样本 $\{x_t\}_{t=0}^T$，将似然函数看做参数 θ 的函数，选择最大化似然函数 L 的数值作为 θ 的估计值。

2.3 连续状态的马尔可夫链

在第 8 章中，我们将利用稍有不同的记号来表达同样的思想。这种备选的记号同时包含了离散状态和连续状态的马尔可夫链。我们记 S 为状态空间，其代表性元素为 $s\in S$。用累积分布函数 $\Pi(s'|s)=\mathrm{Prob}(s_{t+1}\leqslant s'|s_t=s)$ 表示状态转移，并且用累积分布函数 $\Pi_0(s)=\mathrm{Prob}(s_0\leqslant s)$ 表示初始状态 s_0。转移密度是 $\pi(s'|s)=\frac{\mathrm{d}}{\mathrm{d}s'}\Pi(s'|s)$，初始密度是 $\pi_0(s)=\frac{\mathrm{d}}{\mathrm{d}s}\Pi_0(s)$。对于所有的 $s\in S$，$\pi(s'|s)\geqslant 0$ 且 $\int_{s'}\pi(s'|s)\mathrm{d}s'=1$，同时 $\int_s\pi_0(s)\mathrm{d}s=1$。[①] 对应于（2.2.15）式，关于历史状态 $s^t=[s_t,s_{t-1},\cdots,s_0]$ 的似然函数或者密度函数为

$$\pi(s^t)=\pi(s_t\,|\,s_{t-1})\cdots\pi(s_1\,|\,s_0)\pi_0(s_0) \tag{2.3.1}$$

对于 $t\geqslant 1$，t 时刻的无条件分布的演化遵循

$$\pi_t(s_t)=\int_{s_{t-1}}\pi(s_t|s_{t-1})\pi_{t-1}(s_{t-1})\mathrm{d}s_{t-1}$$

平稳的或者不变的分布满足

$$\pi_\infty(s')=\int_s\pi(s'|s)\pi_\infty(s)\mathrm{d}s$$

这正是（2.2.3）式的对等物。

定义： 如果 π_0 满足

---

① 因而，当 S 是离散的时，$\pi(s_j|s_i)$ 对应于我们原来的记号 $P_{i,j}$。

$$\pi_0(s')\int_s \pi(s' \mid s)\pi_0(s)\mathrm{d}s$$

则马尔可夫链（$\pi(s'|s)$，$\pi_0(s)$）被称为是平稳的。

定义：与我们讨论有限状态的马尔可夫链相平行，如果

$$\int \phi(s')\pi(s' \mid s)\mathrm{d}s' = \phi(s)$$

则可以称函数 $\phi(s)$ 是不变的。

如果在平稳分布 π_∞ 下，唯一不变函数 $\phi(s')$ 以概率 1 为常数，则平稳连续状态的马尔可夫过程被称为是遍历的。

关于马尔可夫过程的状态的一个大数定律是：

定理 2.3.1：设 $y(s)$ 是随机变量，它是 s 的可测函数，令 $(\pi(s'|s), \pi_0(s))$ 是一个平稳且遍历的连续状态的马尔可夫过程。假定 $E|y| < +\infty$，则按照分布 π_0，下式以概率 1 成立：

$$\frac{1}{T}\sum_{t=1}^{T} y_t \rightarrow Ey = \int y(s)\pi_0(s)\mathrm{d}s$$

2.4 线性随机差分方程

向量形式的一阶线性随机差分方程是连续状态马尔可夫链的一个有用例子。这里我们将利用 $x_t \in IR^n$，而不是 s_t 来表示 t 时刻的状态，并且假定初始分布 $\pi_0(x_0)$ 是高斯的，具有均值 μ_0 和协方差矩阵Σ_0，而且转移密度 $\pi(x'|x)$ 也是高斯的，具有均值 A_0x 和协方差 CC'。① 这些假定表明，随机过程 $\{x_t\}_{t=0}^{\infty}$的联合分布由公式（2.3.1）给定，而联合分布决定了过程存在的所有矩。

上述假定可以表示为下面的一阶线性随机差分方程：

$$x_{t+1} = A_0 x_t + C w_{t+1} \tag{2.4.1}$$

其中 $t=0,1,\cdots$，x_t 表示 $n\times1$ 的状态向量，x_0表示随机的初始状态，此状态是从均值为 $Ex_0=\mu_0$且协方差为 $E(x_0-\mu_0)(x_0-\mu_0)'=\Sigma_0$的概率分布中抽取出来的，$A_0$表示 $n\times n$ 的矩阵，C 表示 $n\times m$ 的矩阵，而 w_{t+1}表示 $m\times1$ 的随机向量，且满足以下假设：

假设 A1：w_{t+1}是独立同分布的过程，满足 $w_{t+1}\sim N(0,I)$。

我们也可以弱化上面的高斯假设 A1。如果只是关注 x 过程的一阶矩和二阶矩，则使用下面这个弱一些的假设就足够了：

---

① 服从多元正态分布的 $n\times1$ 的向量 z 的密度函数为

$$f(z)=(2\pi)^{-0.5n}|\Sigma|^{-0.5}\exp(-0.5(z-\mu)'\Sigma^{-1}(z-\mu))$$

其中 $\mu=Ez$，$\Sigma=E(z-\mu)(z-\mu)'$。

假设 A2：w_{t+1}是一个 $m\times 1$ 的随机向量，满足：

$$Ew_{t+1}\mid J_t=0 \tag{2.4.2a}$$

$$Ew_{t+1}w'_{t+1}\mid J_t=I \tag{2.4.2b}$$

其中 $J_t=[w_t \quad \cdots \quad w_1 \quad x_0]$ 是 t 时刻的信息集，$E[\cdot|J_t]$ 表示条件期望。除了方程（2.4.2）之外，我们不再施加分布方面的假定。满足（2.4.2a）式的序列 $\{w_{t+1}\}$ 被称为是适应 J_t 的一个鞅差分序列。满足 $E[z_{t+1}|J_t]=z_t$ 的序列 $\{z_{t+1}\}$ 被称为是适应 J_t 的鞅。

一个更弱的假设是：

假设 A3：w_{t+1}是对于所有 t 满足 $Ew_{t+1}=0$ 的过程，且

$$Ew_tw'_{t-j}=\begin{cases}I, & j=0\\ 0, & j\neq 0\end{cases}$$

满足假设 A3 的过程被称为是向量"白噪声"。①

假设 A1 或假设 A2 蕴含假设 A3，但反之不真。假设 A1 蕴含假设 A2，但反之不真。假设 A3 对于我们下面将要讨论的关于二阶矩的那些公式是充分的。我们将经常把观测方程 $y_t=Gx_t$ 添加到方程（2.4.1）上，并处理增广系统：

$$x_{t+1}=A_0x_t+Cw_{t+1} \tag{2.4.3a}$$

$$y_t=Gx_t \tag{2.4.3b}$$

其中 y_t 是由 t 时刻观察到的变量组成的一个向量，它可能只包含 x_t 的一些线性组合。系统（2.4.3）通常被称为线性的状态空间系统。

例 1. 标量的二阶自回归：假定 z_t 和 w_t 是标量过程，并且

$$z_{t+1}=\alpha+\rho_1z_t+\rho_2z_{t-1}+w_{t+1}$$

我们可将上述关系重新表示为如下系统：

$$\begin{bmatrix}z_{t+1}\\ z_t\\ 1\end{bmatrix}=\begin{bmatrix}\rho_1 & \rho_2 & \alpha\\ 1 & 0 & 0\\ 0 & 0 & 1\end{bmatrix}\begin{bmatrix}z_t\\ z_{t-1}\\ 1\end{bmatrix}+\begin{bmatrix}1\\ 0\\ 0\end{bmatrix}w_{t+1}$$

$$z_t=\begin{bmatrix}1 & 0 & 0\end{bmatrix}\begin{bmatrix}z_t\\ z_{t-1}\\ 1\end{bmatrix}$$

这一系统具有系统（2.4.3）的形式。

例 2. 一阶标量的移动平均和自回归的混合：设

$$z_{t+1}=\rho z_t+w_{t+1}+\gamma w_t$$

此关系可表示为

$$\begin{bmatrix}z_{t+1}\\ w_{t+1}\end{bmatrix}=\begin{bmatrix}\rho & \gamma\\ 0 & 0\end{bmatrix}\begin{bmatrix}z_t\\ w_t\end{bmatrix}+\begin{bmatrix}1\\ 1\end{bmatrix}w_{t+1}$$

---

① 注意，（2.4.2a）式自身允许 w_{t+1}基于 J_t 的条件分布是异方差的。

$$z_t=[1\quad 0]\begin{bmatrix}z_t\\ w_t\end{bmatrix}$$

例 3. 向量自回归：设 z_t 为由随机变量组成的 $n\times 1$ 的向量。我们用一个随机差分方程

$$z_{t+1}=\sum_{j=1}^{4}A_j z_{t+1-j}+C_y w_{t+1} \tag{2.4.4}$$

来定义向量自回归，其中 w_{t+1} 表示一个 $n\times 1$ 的鞅差分序列，满足方程（2.4.2），其中 $x'_0=[z_0\quad z_{-1}\quad z_{-2}\quad z_{-3}]$。$A_j$ 对每一个 j 来说都是一个 $n\times n$ 的矩阵。我们可以通过下面的方式把方程（2.4.4）转换为方程（2.4.1）的形式：

$$\begin{bmatrix}z_{t+1}\\ z_t\\ z_{t-1}\\ z_{t-2}\end{bmatrix}=\begin{bmatrix}A_1 & A_2 & A_3 & A_4\\ I & 0 & 0 & 0\\ 0 & I & 0 & 0\\ 0 & 0 & I & 0\end{bmatrix}\begin{bmatrix}z_t\\ z_{t-1}\\ z_{t-2}\\ z_{t-3}\end{bmatrix}+\begin{bmatrix}C_y\\ 0\\ 0\\ 0\end{bmatrix}w_{t+1} \tag{2.4.5}$$

定义 A_0 为方程（2.4.5）中的状态转移矩阵。假定 A_0 的所有特征值的模都小于 1，则方程（2.4.4）能被初始化以使得 z_t 是"协方差平稳的"，这是我们马上要定义的一个概念。

□ 2.4.1 一阶矩与二阶矩

我们可使用方程（2.4.1）推导出随机向量序列 $\{x_t\}_{t=0}^{\infty}$ 的一阶矩与二阶矩。随机向量序列被称为随机过程。

定义 2.4.1： 如果一个随机过程 $\{x_t\}$ 满足以下两个性质：(a) 均值是独立于时间的，对于任何的 t，都有 $Ex_t=Ex_0$ 成立，(b) 自协方差矩阵序列 $E(x_{t+j}-Ex_{t+j})(x_t-Ex_t)'$ 依赖于时间间隔 $j=0,\pm 1,\pm 2,\cdots$，但不依赖于时间 t，那么这个随机过程 $\{x_t\}$ 被称为是协方差平稳的。

我们将利用下面的定义：

定义 2.4.2： 如果实值的方阵 A_0 的所有特征值的模都严格小于 1，则它被称为是稳定的。

通常，我们发现，假定系统（2.4.3）具有如下特殊的形式是有用的：

$$\begin{bmatrix}x_{1,t+1}\\ x_{2,t+1}\end{bmatrix}=\begin{bmatrix}1 & 0\\ 0 & \tilde{A}\end{bmatrix}\begin{bmatrix}x_{1,t}\\ x_{2t}\end{bmatrix}+\begin{bmatrix}0\\ \tilde{C}\end{bmatrix}w_{t+1} \tag{2.4.6}$$

其中 $\tilde{A}$ 表示稳定矩阵。$\tilde{A}$ 是稳定矩阵意味着 $(\tilde{A}-I)\mu_2=0$ 的唯一解是 $\mu_2=0$（即 1 不是 $\tilde{A}$ 的特征值）。由此可知，系统（2.4.6）右端的矩阵 $A_0=\begin{bmatrix}1 & 0\\ 0 & \tilde{A}\end{bmatrix}$ 具有对应于单一的单位特征值的特征向量：$(A_0-I)\begin{bmatrix}\mu_1\\ \mu_2\end{bmatrix}=0$ 意味着 μ_1 是一个任意的标量，而 $\mu_2=0$。系统

(2.4.6) 的第一个方程意味着，对于所有 $t\geqslant 0$，有 $x_{1,t+1}=x_{1,0}$。给定初始条件 $x_{1,0}$ 就可以确定 A_0 的一个特征向量$\begin{bmatrix} x_{1,0} \\ 0 \end{bmatrix}$。我们将会看到，此特征向量正是我们为使过程是协方差平稳而选择的 x 的无条件均值。

我们将给出一个假定来保证存在一个初始条件（Ex_0，$E(x-Ex_0)(x-Ex_0)'$），此条件将使得过程 x_t 是协方差平稳的。下述两个条件中的任一个都是有效的：

条件 A1： 方程（2.4.3）中的 A_0 的所有特征值的模都是严格小于 1 的。

条件 A2： 状态空间表示式具有特殊形式（2.4.6），并且 $\tilde{A}$ 的所有特征值的模严格小于 1。

为了找出过程 x_t 的一阶矩与二阶矩，我们把初始条件 x_0 看做来自均值为 $\mu_0=Ex_0$ 和协方差为 $\sum_0=E(x-Ex_0)(x-Ex_0)'$ 的分布是有用的。我们可以推导出使过程协方差平稳的均值和协方差的初始值，并且我们的公式对于描述从某些可以产生使过程不再是协方差平稳的即时行为的其他初始条件开始将发生的情形也是有用的。

对方程（2.4.1）两边同时取数学期望，则得到

$$\mu_{t+1}=A_0\mu_t \tag{2.4.7}$$

其中 $\mu_t=Ex_t$。我们下面假定，除了与各个方程中的常数项相对应的那个特征值以外，A_0 所有其他特征值的模是严格小于 1 的。于是 x_t 有一个被定义为满足 $\mu_{t+1}=\mu_t$ 的平稳的均值，从而由方程（2.4.7）显然可得

$$(I-A_0)\mu=0 \tag{2.4.8}$$

此方程意味着均值 μ 作为特征向量是与 A_0 的单个单位特征值相对应的。注意

$$x_{t+1}-\mu_{t+1}=A_0(x_t-\mu_t)+Cw_{t+1} \tag{2.4.9}$$

并且 A_0 其余的特征值的模是小于 1 的，这一事实意味着从任意的 μ_0 开始，都有 $\mu_t\to\mu$ 成立。①

从方程（2.4.9）我们可计算无条件协方差矩阵 $\sum_t\equiv E(x_t-\mu)(x_t-\mu)'$ 的运动规律。因而

$$E(x_{t+1}-\mu)(x_{t+1}-\mu)'=A_0E(x_t-\mu)(x_t-\mu)'A_0'+CC'$$

或者

$$\sum_{t+1}=A_0\sum_t A_0'+CC'$$

很明显，这个矩阵差分方程的不动点满足

① 要了解此观点，假定 A_0 的特征值是不相同的，并使用表达式 $A_0=P\Lambda P^{-1}$，其中 Λ 是由 A_0 的特征值构成的一个对角矩阵，在数量上以递减的顺序进行排列，而 P 是由相应的特征向量组成的一个矩阵。方程（2.4.7）能被重新表示为 $\mu_{t+1}^*=\Lambda\mu_t^*$，其中 $\mu_t^*\equiv P^{-1}\mu_t$，这意味着 $\mu_t^*=\Lambda^t\mu_0^*$。当除了第一个特征值之外的所有特征值都小于 1 时，Λ^t 趋向于一个除了（1,1）元素之外其余元素为 0 的矩阵，并且 μ_t^* 趋向于一个除了第一个元素之外其余元素为 0 的向量，为了和常数项相对应，我们自由设置第一个元素 $\mu_{0,1}^*$ 的初始值等于 1。于是，$\mu_t=P\mu_t^*$ 趋向于 $P_1\mu_{0,1}^*=P_1$，其中 P_1 是与单位特征值相对应的特征向量。

$$\sum_{\infty} = A_0 \sum_{\infty} A_0{}' + CC'$$

对于不动点，我们将使用记号

$$C_x(0) = \sum_{\infty}$$

对于不动点，如果它存在，则在 x 的平稳分布条件下，它是协方差矩阵 $E(x_t-\mu)(x_t-\mu)'$。

因而，为了计算 $C_x(0)$，我们必须求解

$$C_x(0)=A_0C_x(0)A_0{}'+CC' \tag{2.4.10}$$

其中，$C_x(0)\equiv E(x_t-\mu)(x_t-\mu)'$。方程（2.4.10）是用 $n\times n$ 的矩阵$C_x(0)$表示的离散李雅普诺夫（Lyapunov）方程。它可以利用 Matlab 程序 doublej. m 来求解。

利用方程（2.4.1）和方程（2.4.7），并注意到

$$(x_{t+j}-\mu_{t+j})=A_0^j(x_t-\mu_t)+Cw_{t+j}+\cdots+A_0^{j-1}Cw_{t+1}$$

方程两边都右乘（$x_t-\mu_t$）$'$并且取期望，则可得自协方差序列满足

$$C_x(j)\equiv E(x_{t+j}-\mu)(x_t-\mu)'=A_0^jC_x(0) \tag{2.4.11}$$

此自协方差序列 $\{C_x(j)\}_{j=-\infty}^{\infty}$ 也可以称为自协方差图。一旦求解方程（2.4.10），则剩下的二阶矩 $C_x(j)$ 可以由方程（2.4.11）推导出来。[①]

假定 $y_t=Gx_t$，则 $\mu_{y_t}=Ey_t=G\mu_t$，并且

$$E(y_{t+j}-\mu_{y_{t+j}})(y_t-\mu_{y_t})'=GC_x(j)G' \tag{2.4.12}$$

其中 $j=0, 1, \cdots$。方程（2.4.12）表示由一个线性随机差分方程所支配的随机过程的自协方差图遵从同一差分方程的非随机形式。

□ 2.4.2 矩函数概览

目标	公式
无条件均值	$\mu_{t+1}=A_0\mu_t$
无条件协方差	$\sum_{t+1} = A_0 \sum_t A_0{}' + CC'$
$E[x_t\|x_0]$	$A_0^t x_0$
$E(x_t-E_0x_t)(x_t-E_0x_t)'$	$\sum_{h=0}^{t-1} A_0^h CC'(A_0^h)'$
平稳均值	$(I-A_0)\mu=0$
平稳方差	$C_x(0)=A_0C_x(0)A_0{}'+CC'$
平稳自协方差	$C_x(j)=A_0^jC_x(0)$

此表总结了状态 x_t 的条件和无条件的一阶矩与二阶矩的各种公式，状态 x_t 是由线性

① 注意，$C_x(-j)=C_x(j)'$。

随机状态空间系统 A_0、C、G 所控制的。在 2.5 节中，我们选择一些矩，并用它们来建立总体线性回归。

□ 2.4.3 脉冲反应函数

假定 A_0 的非对应于常数的那些特征值的模是不超过 1 的。利用由 $Lx_{t+1}\equiv x_t$ 定义的滞后算子 L，方程（2.4.1）可表示为

$$(I-A_0L)x_{t+1}=Cw_{t+1} \tag{2.4.13}$$

将方程（2.4.1）从 $t=0$ 向前迭代，可得

$$x_t = A_0^t x_0 + \sum_{j=0}^{t-1} A_0^j C w_{t-j} \tag{2.4.14}$$

很明显，

$$y_t = GA_0^t x_0 + G\sum_{j=0}^{t-1} A_0^j C w_{t-j} \tag{2.4.15}$$

同时，$Ey_t\,|x_0 = GA_0^t x_0$。方程（2.4.14）、方程（2.4.15）都是移动平均表示的某种形式。如果看成滞后 j 的函数，则 $h_j=A_0^jC$ 或 $\tilde{h}_j=GA_0^jC$ 被称为脉冲反应函数。移动平均表示式以及相应的脉冲反应函数都显示，冲击的滞后值 w_{t+1} 是如何影响 x_{t+j} 和 y_{t+j} 的。因而，冲击 w_{t-j} 对 x_t 的影响是 A_0^jC。①

方程（2.4.15）意味着，t 步向前的条件协方差矩阵是由

$$E(y_t - Ey_t|x_0)(y_t - Ey_t|x_0)' = G\Big[\sum_{h=0}^{t-1} A_0^h CC' A_0^{h'}\Big]G' \tag{2.4.16}$$

给出的。

□ 2.4.4 预测和折现

从方程（2.4.1）我们可以计算出有用的预测公式：

$$E_t x_{t+j} = A_0^j x_t \tag{2.4.17}$$

其中 $j\geqslant 1$，$E_t(\cdot)$ 表示条件为 $x^t=(x_t, x_{t-1}, \cdots, x_0)$ 的数学期望。设 $y_t=Gx_t$，并且假定我们要计算 $E_t\sum_{j=0}^{\infty}\beta^j y_{t+j}$ 。很明显，

$$E_t\sum_{j=0}^{\infty}\beta^j y_{t+j} = G(I-\beta A_0)^{-1}x_t \tag{2.4.18}$$

表明 βA_0 的特征值的模是小于 1 的。方程（2.4.18）告诉我们如何计算一个期望折现和，其中折现因子 β 是常数。

□ 2.4.5 二次型的几何和

在某些应用中，我们需要计算

① Matlab 程序 dimpulse. m 和 impulse. m 可用来计算脉冲反应函数。

$$\alpha_t = E_t \sum_{j=0}^{\infty} \beta^j x'_{t+j} Y x_{t+j}$$

其中 x_t 遵循随机差分方程（2.4.1），Y 是一个 $n\times n$ 的矩阵。为了得到关于 α_t 的公式，我们使用猜测-证明法。我们猜测 α_t 可以写成下面的形式：

$$\alpha_t = x'_t v x_t + \sigma \tag{2.4.19}$$

其中 v 是一个 $n\times n$ 的矩阵，σ 是一个标量。α_t 的定义及其猜测形式（2.4.19）意味着①

$$\begin{aligned}\alpha_t &= x'_t Y x_t + \beta E_t(x'_{t+1} v x_{t+1} + \sigma)\\ &= x'_t Y x_t + \beta E_t[(A_0 x_t + C w_{t+1})' v (A_0 x_t + C w_{t+1}) + \sigma]\\ &= x'_t (Y + \beta A'_0 v A_0) x_t + \beta \text{trace}(vCC') + \beta\sigma\end{aligned}$$

由此可知，v 和 σ 满足

$$\begin{aligned}v &= Y + \beta A'_0 v A_0\\ \sigma &= \beta\sigma + \beta \text{trace} vCC'\end{aligned} \tag{2.4.20}$$

系统（2.4.20）的第一个方程是关于方阵 v 的一个离散的李雅普诺夫方程，并且通过运用几个算法中的任一个都可以求解它。② 在 v 被计算出来之后，利用第二个方程可以求出标量 σ。

下面我们给出公式（2.4.19）和公式（2.4.20）的两个重要的应用。

2.4.5.1 资产定价

假定 y_t 由状态空间系统（2.4.3）决定。此外，假定存在一个标量的随机过程 z_t，它由

$$z_t = H x_t$$

给出。将过程 y_t 考虑为某一资产的收益或分红，并且将 $\beta^t z_t$ 考虑为一个随机折现因子，则关于收益流的永久性权益的价格为

$$\alpha_t = E_t \sum_{j=0}^{\infty} (\beta^j z_{t+j}) y_{t+j} \tag{2.4.21}$$

为了计算 α_t，我们简单地在方程（2.4.19）和方程（2.4.20）中令 $Y = H'G$，在这一应用中，σ 函数项被解释为风险酬金，当 $C=0$ 时，这一酬金为 0。

2.4.5.2 动态判据的评价

设状态 x_t 由下式决定：

$$x_{t+1} = A x_t + B u_t + C w_{t+1} \tag{2.4.22}$$

其中 u_t 表示由决策者制定的控制向量，遵循固定的规则：

---

① 这里我们重复利用了两个可相乘矩阵 A 和 B 的 traceAB=traceBA 的事实，得出下面的结果：

$E(w'_{t+1} C' v C w_{t+1}) = E\text{trace}(vCw_{t+1} w'_{t+1} C') = \text{trace}(vCE w_{t+1} w'_{t+1} C') = \text{trace}(vCC')$

② Matlab 的控制工具箱中有一个称为 dlyap. m 的程序。此程序对于所有特征值都严格小于 1 的 A_0 是有效的；而程序 doublej. m 甚至对于有一个对应于常数的单位特征值的情形也是有效的。

$$u_t = -F_0 x_t \tag{2.4.23}$$

将（2.4.23）式代入（2.4.22）式可以得到（2.4.1）式，其中 $A_0 = A - BF_0$。对于给定的矩阵 R 和 Q、（2.4.23）式中给定的决策规则 F_0、$A_0 = A - BF_0$ 以及任意的初始条件 x_0，我们需要计算如下值函数：

$$v(x_0) = -E_0 \sum_{t=0}^{\infty} \beta^t [x'_t R x_t + u'_t Q u_t]$$

应用公式（2.4.19）和公式（2.4.20），其中 $Y = R + F'_0 Q F_0$，$A_0 = A - BF_0$。利用公式（2.4.19）和公式（2.4.20），可将解表示为

$$v(x_0) = -x'_0 P x_0 - \sigma \tag{2.4.24}$$

其中，P 满足下面的公式（2.4.29）。

现在我们考虑下述的单期问题。假设从时刻 1 开始，我们必须运用决策规则 F_0，于是，从状态 x_1 开始的时刻 1 的价值为

$$v(x_1) = -x'_1 P_0 x_1 - \sigma \tag{2.4.25}$$

对于 $t \geqslant 1$，给定 $u_t = -F_0 x_t$，那么对于 u_0 而言的最优选择是什么呢？这引出了如下的最优化问题：

$$\max_{u_0} - \{x'_0 R x_0 + u'_0 Q u_0 + \beta E(Ax_0 + Bu_0 + Cw_1)' P_0 (Ax_0 + Bu_0 + Cw_1) + \beta\sigma\} \tag{2.4.26}$$

上述问题的一阶条件经过整理可写为

$$u_0 = -F_1 x_0 \tag{2.4.27}$$

其中

$$F_1 = \beta(Q + \beta B'PB)^{-1} B'PA \tag{2.4.28}$$

为了便于使用，我们给出 P_0 的公式：

$$P_0 = R + F'_0 Q F_0 + \beta(A - BF_0)' P (A - BF_0) \tag{2.4.29}$$

对于给定的 F_0，公式（2.4.29）决定了值函数中的矩阵 P，而值函数描述的是按照此决策规则永久执行下去所获得的收益和的期望现值。而对于给定的 P，如果在时刻 0 你只被允许在单期中偏离对于 $t \geqslant 1$ 必须使用的决策规则 $u_t = -F_0 x_t$ 的话，公式（2.4.28）给出了最优的决策规则 $u_0 = -F_1 x_0$。如果 $F_1 \neq F_0$，我们称决策者可以接受在单期中偏离 F_0 的机会。

我们希望按照下述的步骤迭代方程（2.4.28）和方程（2.4.29），以得到一种决策规则，这种决策规则使得决策者在单期中也不会有偏离的想法：（1）对于给定的 F_0，求出 P；（2）将 F 重新设定为步骤 1 中得到的 F_1，然后利用方程（2.4.29）计算出新的 P；（3）回到步骤 1，迭代直至收敛。这一过程将导出两个方程：

$$\begin{aligned} P_j &= R + F'_j Q F_j + \beta(A - BF_j)' P_j (A - BF_j) \\ F_{j+1} &= \beta(Q + \beta B' P_j B)^{-1} B' P_j A \end{aligned} \tag{2.4.30}$$

对于任意的 F_0，我们将对上述系统进行初始化，以保证$\sqrt{\beta}(A-BF_0)$是一个稳定矩阵。在这一过程收敛之后，我们就不再可能找到相对于极限决策规则 $u_t=-F_\infty x_t$ 的数值递增的单期偏离。①

正如我们在第 4 章中将要看到的，上述方法对于求解动态规划问题而言是一个很好的算法。这一算法被称为霍华德改进算法（Howard improvement algorithm）的一个例子。在第 5 章中，我们将阐述另一种求解算法，具体是对下面的方程加以迭代：

$$\begin{aligned}P_{j+1}&=R+F_j'QF_j+\beta(A-BF_j)'P_j(A-BF_j)\\F_j&=\beta(Q+\beta B'P_jB)^{-1}B'P_jA\end{aligned}\tag{2.4.31}$$

即由任意的半正定矩阵 P_0 进行初始化。②

2.5 总体回归

这一节解释总体回归方程的概念。假定我们有一个状态空间系统（2.4.3），此系统的初始条件使得它是协方差平稳的。我们可以使用前面的公式来计算任何随机变量对的二阶矩。这些矩使得我们可计算一个线性回归。因而，令 X 为一个由随机变量组成的$p\times1$的向量，这些随机变量是因为某种原因从系统（2.4.3）所刻画的随机过程 $\{y_t\}$ 中被挑选出来的。比如说，令 $p=2m$，其中 y_t 是一个 $m\times1$ 的向量，并且对于任何的 $t\geqslant1$，取 $X=\begin{bmatrix}y_t\\y_{t-1}\end{bmatrix}$。令 Y 为从 $m\times1$ 的随机过程 $\{y_t\}$ 中选择出来的任意的标量形式的随机变量。再比如说，用定义 X 的同一个 t 来定义 $Y=y_{t+1,1}$，其中 $y_{t+1,1}$表示 y_{t+1}的第一个元素。

我们考虑以下的最小二乘近似问题：找出一个由实数 β 组成的 $1\times p$ 的向量，以实现

$$\min_{\beta}E(Y-\beta X)^2\tag{2.5.1}$$

其中 βX 是用来估计 Y 的，并且我们希望 β 的值能最小化期望均方误差。用来最小化 $E(Y-\beta X)^2$的关于 β 的一阶必要条件是

$$E(Y-\beta X)X'=0\tag{2.5.2}$$

上式可被整理为③

$$\beta=(EYX')[E(XX')]^{-1}\tag{2.5.3}$$

运用公式（2.4.8）、公式（2.4.10）、公式（2.4.11）以及公式（2.4.12），不管选择怎样的 X 和 Y，我们都可以计算出 EXX'和 EYX'。条件（2.5.2）被称为最小二乘的正规方程。它表明投影误差 $Y-\beta X$ 是与 X 正交的。因此，我们可以把 Y 表示为

---

① 可以证明，如果你处于某个单期中不想偏离，则你永远也不想偏离，从而极限规则是最优的。

② $P_0=0$ 是流行的选择。

③ $EX'X$ 是非负定的意味着条件（2.5.1）有最小值的二阶条件是满足的。

$$Y=\beta X+\varepsilon \tag{2.5.4}$$

其中 $E\varepsilon X'=0$。方程（2.5.4）被称为总体回归方程，并且 βX 被称为 Y 对 X 的最小二乘投影或者被称为 Y 对 X 的最小二乘回归。向量 β 被称为最小二乘回归向量。关于连续状态马尔可夫过程的大数定律，即定理 2.3.1，描述了可以保证样本矩收敛于总体矩的条件，即 $\frac{1}{S}\sum_{s=1}^{S}X_sX_s'\rightarrow EXX'$ 和 $\frac{1}{S}\sum_{s=1}^{S}Y_sX_s'\rightarrow EYX'$。在这些条件下，样本的最小二乘估计收敛于 β。

回归的数量和选择 X、Y 的方法一样多。我们已经证明模型（比如说，由一个三元组 A_0、C、G 和一个关于 x_0 的初始分布组成）是怎样限定一个回归的。如果反过来，要说清楚给定回归是怎样阐明模型的则更加困难。关于模型，许多回归能揭示出的信息少之又少，而且所得到的这些极少的信息难以解码。正如我们在 2.6 节与 2.7.1 节所阐述的，似然函数完全描述了给定数据集以简单的解码方式说明了模型。

2.5.1 多元回归

现在设 Y 是 $n\times 1$ 的随机变量的向量，并针对它们中的每一个，考虑用回归来求解最小二乘问题，以获得如下的代表性公式

$$Y=\beta X+\varepsilon \tag{2.5.5}$$

其中 β 现在表示 $n\times p$ 的向量，而 ε 现在表示 $n\times 1$ 的最小平方残差的向量。总体回归系数再次由下式

$$\beta=E(YX')[E(XX')]^{-1} \tag{2.5.6}$$

给出。我们将在 2.7 节中重复运用这个公式来导出卡尔曼滤波器。

2.6 模型参数的估计

我们已经证明怎样把矩阵 A_0、C 映射到随机过程 $\{x_t\}$ 的平稳分布的所有二阶矩中。线性经济模型一般会把 A_0、C 作为一组更深奥的参数 θ 的函数。我们将在第 4 章和第 5 章中给出这样一些模型的例子。这一章的理论和公式给出了从 θ 到过程 $\{x_t\}$ 的理论上的矩的一个映射。此映射是那些为了估计很广的一类线性理性预期模型而设计的计量经济学方法的一个重要组成部分［参看 Hansen and Sargent（1980，1981）］。简单地说，这些方法使用下面的程序以使得理论与数据相匹配。为了简化起见，我们将假定在 t 时刻，关于整个状态 x_t 的观察值是可获得的。就如在 2.7.1 节所讨论的，如果只观察到状态的子集或噪声信号，则讨论起来细节会更复杂，尽管基本原理仍旧是一样的。

给定 $\{x_t\}_{t=0}^{T}\equiv x_t(t=0,\cdots,T)$ 的观测值的一个样本，似然函数被定义为联合概率分布 $f(x_T,x_{T-1},\cdots,x_0)$。此似然函数可被“分解”为

$$f(x_T,\cdots,x_0)=f(x_T|x_{T-1},\cdots,x_0)f(x_{T-1}|x_{T-2},\cdots,x_0)\cdots f(x_1|x_0)f(x_0) \tag{2.6.1}$$

其中每一种情形下的 f 都表示一个合适的概率分布。对系统（2.4.1）来说，$f(x_{t+1} \mid x_t, \cdots, x_0) = f(x_{t+1}|x_t)$ 成立，这是因为方程（2.4.1）具有马尔可夫性质。于是，似然函数具有递归的形式

$$f(x_T, \cdots, x_0) = f(x_T \mid x_{T-1}) f(x_{T-1} \mid x_{T-2}) \cdots f(x_1 \mid x_0) f(x_0) \tag{2.6.2}$$

如果我们假定 w_t 服从高斯分布，则条件分布 $f(x_{t+1}|x_t)$ 是高斯的，具有均值 $A_0 x_t$ 和协方差矩阵 CC'。因而，在高斯分布下，n 维向量 x_{t+1} 的条件密度的对数变为

$$\begin{aligned}\log f(x_{t+1} \mid x_t) = & -0.5n\log(2\pi) - 0.5\log\det(CC') \\ & -0.5(x_{t+1} - A_0 x_t)'(CC')^{-1}(x_{t+1} - A_0 x_t)\end{aligned} \tag{2.6.3}$$

给定关于初始条件 x_0 的分布方面的一个假定，方程（2.6.2）和方程（2.6.3）可以用来构造 $\{x_t\}_{t=0}^{T}$ 的观测值的一个样本的似然函数。通过使用登山算法（hill-climbing algorithm）来最大化关于决定 A_0、C 的自由参数的似然函数，可以计算出最大似然估计。[①]

当状态 x_t 不可观测的时候，我们需要超越关于 $\{x_t\}$ 的似然函数。一种途径是使用滤波法来构建可观察到的变量的子集的似然函数。[②] 在 2.7 节，我们要推导卡尔曼滤波器，作为 2.5 节的总体回归公式的一个应用。然后，我们在 2.7.1 节将卡尔曼滤波器用作工具，揭示如何找到允许我们递归地为非马尔可夫变量的观测值形成一个似然函数的状态变量。

2.7 卡尔曼滤波器

作为总体回归公式（2.5.6）的富有成果的一个应用，我们推导关于 $t \geqslant 0$ 的状态空间系统著名的卡尔曼滤波器[③]：

$$x_{t+1} = A_0 x_t + C w_{t+1} \tag{2.7.1}$$

$$y_t = G x_t + v_t \tag{2.7.2}$$

其中 x_t 表示 $n \times 1$ 的状态向量，y_t 表示 $m \times 1$ 的关于隐藏状态的信号向量，而 w_{t+1} 表示 $p \times 1$ 的向量，此向量是均值为 0 且具有恒等协方差的正态随机变量的独立同分布序列，而 v_t 则是另一个均值为 0 且协方差矩阵为 R 的正态随机变量的独立同分布向量序列。我们假定对于所有的 $t+1$，w_{t+1} 与 v_s 是正交的（也就是 $E w_{t+1} v'_s = 0$），同时 s 大于或等于 0。我们假设

$$x_0 \sim N(\hat{x}_0, \textstyle\sum_0) \tag{2.7.3}$$

这个设定意味着

$$y_0 \sim N(G\hat{x}_0, G\textstyle\sum_0 G' + R) \tag{2.7.4}$$

① 例如，将那些自由参数代入向量 θ 当中，将 A_0、C 看成矩阵函数 $A_0(\theta)$、$C(\theta)$。

② 参看 Hamilton (1994)，Canova (2007)，DeJong and Dave (2011)，以及 2.7.1 节下面的部分。

③ 在练习 2.22 中，我们要求你针对状态空间系统导出卡尔曼滤波器，此系统使用不同的定时惯例，并允许状态和测量噪声相关。

决策者假设在 t 时刻可以观测到 $y_t, \cdots, y_0$，但是观测不到 $x_t, \cdots, x_0$。他知道结构（2.7.1）～（2.7.2），以及此结构所蕴含的一阶矩与二阶矩。我们想要求出关于总体回归 $\hat{x}_t = E[x_t | y_{t-1}, \cdots, y_0]$ 的递归公式，以及协方差矩阵 $\sum_t = E(x_t - \hat{x}_t)(x_t - \hat{x}_t)'$。

我们运用如下洞察力：y_0 中与已知晓的 $\hat{x}_0$ 有关的新信息是 $a_0 \equiv y_0 - G\hat{x}_0$，而且更一般地讲，在 t 时刻与从过去推断出的内容有关的新信息是 $a_t = y_t - G\hat{x}_t$。决策者将他所不知道的内容对他所知道的内容加以回归。因而，首先应用（2.5.6）来计算总体回归

$$x_0 - \hat{x}_0 = L_0(y_0 - G\hat{x}_0) + \eta \tag{2.7.5}$$

其中 η 表示最小二乘残差的矩阵。最小二乘正交性条件是

$$E(x_0 - \hat{x}_0)(y_0 - G\hat{x}_0)' = L_0 E(y_0 - G\hat{x}_0)(y_0 - G\hat{x}_0)'$$

估计矩阵，并且求解 L_0，可以得到公式

$$L_0 = \sum\nolimits_0 G'(G\sum\nolimits_0 G' + R)^{-1} \tag{2.7.6}$$

定义 $\hat{x}_1 = E[x_1 | y_0]$。方程（2.7.1）蕴含着 $E[x_1 | \hat{x}_0] = A_0\hat{x}_0$，同时

$$x_1 = A_0\hat{x}_0 + A_0(x_0 - \hat{x}_0) + Cw_1 \tag{2.7.7}$$

另外，利用（2.7.5）式可以证明，$E[x_1 | y_0] = A_0\hat{x}_0 + A_0L_0(y_0 - G\hat{x}_0)$，我们将其表述成

$$\hat{x}_1 = A_0\hat{x}_0 + K_0(y_0 - G\hat{x}_0) \tag{2.7.8}$$

其中

$$K_0 = A_0\sum\nolimits_0 G'(G\sum\nolimits_0 G' + R)^{-1} \tag{2.7.9}$$

用（2.7.7）式减去（2.7.8）式，可以得出

$$x_1 - \hat{x}_1 = A_0(x_0 - \hat{x}_0) + Cw_1 - K_0(y_0 - G\hat{x}_0) \tag{2.7.10}$$

利用这个方程可以计算出下述关于 $E(x_1 - \hat{x}_1)(x_1 - \hat{x}_1)' = \sum_1$ 的递归：

$$\sum\nolimits_1 = (A_0 - K_0G)\sum\nolimits_0 (A_0 - K_0G)' + (CC' + K_0RK'_0) \tag{2.7.11}$$

因而，我们得出 $x_1 | y_0$ 的分布服从 $N(\hat{x}_1, \sum_1)$。

重复上面的推导，可以得到递归公式①：

$$a_t = y_t - G\hat{x}_t \tag{2.7.12a}$$

$$K_t = A_0\sum\nolimits_t G'(G\sum\nolimits_t G' + R)^{-1} \tag{2.7.12b}$$

$$\hat{x}_{t+1} = A_0\hat{x}_t + K_ta_t \tag{2.7.12c}$$

---

① 代入（2.7.12b）式中的 K_t 可以使我们将（2.7.12d）式重写为

$$\sum\nolimits_{t+1} = A_0\sum\nolimits_t A'_0 + CC' - A_0\sum\nolimits_t G'(G\sum\nolimits_t G' + R)^{-1} G\sum\nolimits_t A'_0$$

当我们研究具有线性约束和二次收益函数的动态规划问题时，我们应想起这个公式。

$$\sum_{t+1}=CC'+K_tRK'_t+(A_0-K_tG)\sum_t(A_0-K_tG)' \tag{2.7.12d}$$

系统（2.7.12）就是著名的卡尔曼滤波器，K_t 被称为卡尔曼增益。方程（2.7.12d）是著名的黎卡提（Ricatti）矩阵差分方程。

过程 $a_t=y_t-E[y_t|y_{t-1},\cdots,y_0]$ 被称为关于 y 的“新息”过程。它是 y_t 的一个部分，只是该部分并不能从 y 的过去值来预测。注意，$Ea_t\,a_t'=G\sum_1G'+R$，矩阵的逆出现在最小二乘回归公式（2.7.12b）的右边。利用 $a_t=G(x_t-\hat{x}_t)+v_t$ 与 $a_{t-1}=G(x_{t-1}-\hat{x}_{t-1})+v_{t-1}$ 直接计算，可计算出积的期望值，证明 $Ea_t\,a'_{t-1}=0$，更一般地讲，$E[a_t|a_{t-1},\cdots,a_0]=0$。建立在第一原理上的另一种论证可如下继续：设 $H(y^t)$ 表示 y^t 的全部线性组合的线性空间。注意，$a_{t+1}=y_{t+1}-Ey_{t+1}|y^t$，而且 $a_t\in H(y^t)$，同时由于是最小二乘误差，所以 $a_{t+1}\in H(y^t)$，因此 $a_{t+1}\perp a_t$，更一般地讲 $a_{t+1}\perp a^t$。因而，对于 $\{y_t\}$ 过程来说，$\{a_t\}$ 是新息的“白噪声”过程。

有时候，(2.7.12) 式被称为“白化滤波器”，即将 $\{y_t\}$ 信号过程作为输入，并将产生的新息的过程 $\{a_t\}$ 作为输出。很明显，线性空间 $H(a^t)$ 是关于线性空间 $H(y^t)$ 的正交基。

从表面形式上看似乎是非常不同的内容，我们将会遇到使我们想起（2.7.12b）式、（2.7.12d）式的方程。参看第 5 章。

□ 2.7.1 再论估计

源于卡尔曼滤波器的新息表示是

$$\hat{x}_{t+1}=A_0\hat{x}_t+K_ta_t \tag{2.7.13a}$$

$$y_t=G\hat{x}_t+a_t \tag{2.7.13b}$$

其中对于 $t\geqslant1$，$\hat{x}_t=E[x_t|y^{t-1}]$，$Ea_t\,a_t'=G\sum_tG'+R\equiv\Omega_t$。很明显，对于 $t\geqslant1$，$E[y_t|y^{t-1}]=G\hat{x}_t$，并且以 y^{t-1} 为条件的 y_t 分布服从 $N(G\hat{x}_t,\ \Omega_t)$。因而，对于 $t\geqslant1$，来自卡尔曼滤波器的目标 $G\hat{x}_t$、Ω_t 是以 y^{t-1} 为条件的 y_t 的充分统计量。这些充分条件以及新息 $a_t=y_t-G\hat{x}_t$ 可以由（2.7.12）式以递归形式计算出来。y_0 的无条件分布很明显服从 $N(G\hat{x}_0,\ \Omega_0)$。

作为（2.6.2）式的相似形式，我们对样本 $(y_T,y_{T-1},\cdots,y_0)$ 的似然函数作因式分解如下

$$f(y_T,\cdots,y_0)=f(y_T|y^{T-1})f(y_{T-1}|y^{T-2})\cdots f(y_1|y_0)f(y_0) \tag{2.7.14}$$

$m\times1$ 的向量 y_t 的条件密度的对数是

$$\log f(y_t|y^{t-1})=-0.5m\log(2\pi)-0.5\log\det(\Omega_t)-0.5a_t'\Omega_t^{-1}a_t \tag{2.7.15}$$

我们可运用（2.7.15）式与（2.7.12）式来对已知参数值 θ 的集合递归地估算出似然函数（2.7.14），这里 θ 构成了矩阵 A_0、G、C、R 的基础。对于计算自由参数的最大似然与贝叶斯估计量来说，这样的计算居于有效策略的核心地位。[①]

---

① 参看 Hansen（1982）；Eichenbaum（1991）；Christiano and Eichenbaum（1992）；Burnside，Eichenbaum and Rebelo（1993）；Burnside and Eichenbaum（1996a，1996b）给出的另一种估计策略。

对于贝叶斯统计学家来说，似然函数同样是十分基础的目标。[①] 似然函数完整地概括了数据怎样利用接下来的贝叶斯法则影响后验分布。这里 θ 是我们的参数向量，y_0^T 是我们的数据记录，而 $\tilde{p}(\theta)$ 是概率密度，此概率密度概括了我们的先验"观点"或者在看到 y_0^T 之前的关于 θ 的"信息"，在看到 y_0^T 之后我们关于 θ 的观点是由后验概率 $\tilde{p}(\theta|y_0^T)$ 所概述的，这可由贝叶斯法则经由如下公式建立起来：

$$\tilde{p}(\theta \mid y_0^T)=\frac{f(y_0^T \mid \theta)\tilde{p}(\theta)}{\int f(y_0^T \mid \theta)\tilde{p}(\theta)\mathrm{d}\theta}$$

其中分母是 y_0^T 的联合边际密度 $f(y_0^T)$。

在本章附录 B 中，我们阐述用于逼近贝叶斯后验概率的模拟算法。这个算法是构建一个马尔可夫链，此马尔可夫链的不变分布是后验的，然后迭代马尔可夫链至收敛。

2.8 向量自回归与卡尔曼滤波器

□ 2.8.1 以 y 的半无限历史为条件

例如，在由安德森、汉森、麦格雷登和萨金特（Anderson，Hansen，McGrattan，and Sargent，1996）所概括的有趣的条件集合下，对于任何半正定的初始协方差矩阵 $\sum_0$ 来说，对（2.7.12b）式、（2.7.12d）式进行迭代会收敛到时不变的 K，$\sum$。可求解（2.7.12d）式的时不变矩阵 $\sum_t=\sum$ 是 $Ex_t|\{y_{-\infty}^{t-1}\}$ 附近的 x_t 的协方差矩阵，其中 $\{y_{-\infty}^{t-1}\}$ 表示在 $t-1$ 时刻或 $t-1$ 时刻之前的所有日期 y_s 的半无限历史。[②]

□ 2.8.2 时不变向量自回归

假如（2.7.12d）式的不动点刚好如所述的那样存在。如果我们从这个不动点 $\sum$ 开始讨论（2.7.12d）式，那么新息表示式变成时不变的：

$$\hat{x}_{t+1}=A_0\hat{x}_t+Ka_t \tag{2.8.1a}$$

$$y_t=G\hat{x}_t+a_t \tag{2.8.1b}$$

其中 $Ea_t a_t'=G\sum_1 G'+R$。运用（2.8.1）式可表述成 $\hat{x}_{t+1}=(A-KG)\hat{x}_t+Ky_t$。当我们假定 $A-KG$ 的特征值是以模小于 1 有界的时候[③]，可以求解上面的方程，得到

$$\hat{x}_{t+1}=\sum_{j=0}^{\infty}(A-KG)^jKy_{t-j} \tag{2.8.2}$$

---

① 参看 Canova（2007），Christensen and Kiefer（2009）以及 DeJong and Dave（2011）对贝叶斯和最大似然法如何应用于宏观经济和其他动态模型给出的广泛描述。

② Matlab 程序 kfilter. m 可执行时不变的卡尔曼滤波器，允许 w_{t+1} 与 v_t 之间有相关性，也可参看练习 2.22。

③ 安德森、汉森、麦格雷登和萨金特（1996）已经证明保证 $A-KG$ 的特征值以模小于 1 有界的假设。

于是，求解关于 y_t 的（2.8.1b）式，得到向量自回归（AR）

$$y_t = G\sum_{j=0}^{\infty}(A-KG)^j K y_{t-j-1} + a_t \tag{2.8.3}$$

其中由构成可知

$$E[a_t y'_{t-j-1}]=0, \forall j \geqslant 0 \tag{2.8.4}$$

正交性条件（2.8.4）式将（2.8.3）式识别为向量自回归。

□ 2.8.3 解释 VAR

经济模型的均衡（或线性近似或对数线性近似它们，可参看第 11 章以及本章 2.11 节的一些例子，还有第 14 章的附录 B）典型地采用状态空间系统（2.7.1）、（2.7.2）的形式。这种隐藏马尔可夫模型通过 $p\times 1$ 的冲击向量 w_{t+1} 对状态 x_t 的演变加以扰动，而通过 $m\times 1$ 的测量误差向量对 $m\times 1$ 的可观测变量向量进行扰动。因而 $p+m$ 的冲击会对 y_t 产生影响。经济理论通常直接将 w_{t+1}、v_t 解释成对诸如偏好、技术、禀赋、信息集及测量产生影响的冲击。状态空间系统（2.7.1）、（2.7.2）用这些可解释的冲击来表述随机过程 y_t。但是，典型的情况是：这些冲击并不能直接从 y_t 中重新获得，甚至当我们知道矩阵 A_0、G、C、R 的时候。

新息表示式（2.8.1a）、（2.8.1b）是用 $m\times 1$ 的冲击向量来表述同样的随机过程 y_t，其中 a_t 可借助于执行 y_t 的无限阶（总体）向量自回归重新获得。鉴于这个表示式在构建将最初的表示式（2.7.1）、（2.7.2）映射到与之联系的向量自回归（2.8.3）中的作用，所以卡尔曼滤波器在解释向量自回归时是非常有用的工具。

2.9 卡尔曼滤波器的应用

□ 2.9.1 穆特的逆向工程化运用

菲利普·卡根（Phillip Cagan，1956）和米尔顿·弗里德曼（Milton Friedman，1956）认为，当人们想要对标量 y_t 的未来值形成预期时，他们会运用下述“适应性预期”方案：

$$y^*_{t+1} = K\sum_{j=0}^{\infty}(1-K)^j y_{t-j} \tag{2.9.1a}$$

$$y^*_{t+1} = (1-K)y^*_t + Ky_t \tag{2.9.1b}$$

其中 y^*_{t+1} 表示人们的预期。[①] 弗里德曼利用这个方案描述了人们对未来收入的预测。卡根（Cagan）则运用它建立了对恶性通货膨胀期间的通货膨胀的预测模型。卡根和弗里德曼并没有断言此方案是最优的，也完全没有为之辩护。穆特（Muth，1960）希望了解在什

① 参看汉密尔顿（Hamilton，1994）与金和纳尔逊（Kim and Helson，1999）提出的卡尔曼滤波器的各种不同应用。书后附录 B（参看技术附录）简要介绍了离散状态非线性滤波问题。

么情况下这种预测方案是最优的。因此，他探寻使得方程（2.9.1）会成为最优的 y_t 的随机过程。实际上，他提出并解决了“你给我一个预测方案，我就可以找到使此方案最优的那个随机过程”这个形式的问题的“逆向最优预测”。穆特利用经典的（非递归）方法求解该问题。卡尔曼滤波器在穆特解决这个问题的同一年首先以出版的形式得到描述（卡尔曼，1960）。卡尔曼滤波器让我们更迅速地求解穆特问题。

穆特研究了如下模型：

$$x_{t+1}=x_t+w_{t+1} \tag{2.9.2a}$$

$$y_t=x_t+v_t \tag{2.9.2b}$$

其中 y_t、x_t 表示标量随机过程，w_{t+1}、v_t 表示独立同分布的高斯随机过程，对于所有的 t 和 s，其均值为 0，方差为 $Ew_{t+1}^2=Q$、$Ev_t^2=R$ 和 $Ev_sw_{t+1}=0$。初始条件是，x_0 为高斯随机变量，其均值为 $\hat{x}_0$，方差为 $\sum_0$。穆特得到了求解公式，$\hat{x}_{t+1}=E[x_{t+1}|y^t]$，其中 $y^t=[y_t,\cdots,y_0]$。

对于这个问题，$A=1$，$CC'=Q$，$G=1$，于是卡尔曼滤波器方程变成

$$K_t=\frac{\sum_t}{\sum_t+R} \tag{2.9.3a}$$

$$\sum_{t+1}=\sum_t+Q-\frac{\sum_t^2}{\sum_t+R} \tag{2.9.3b}$$

第二个方程可以写成

$$\sum_{t+1}=\frac{\sum_t(R+Q)+QR}{\sum_t+R} \tag{2.9.4}$$

对于 $Q=R=1$，图 2.9.1 画出了对于 $\sum\geqslant 0$，相对于 45°线的出现在方程（2.9.4）右边的函数 $f(\sum)=\dfrac{\sum(R+Q)+QR}{\sum+R}$。注意 $f(0)=Q$。这个图将 $f(\cdot)$ 与 45°线的交点确定为对 $f(\sum)$ 进行迭代产生的不动点。在交点处，$f(\cdot)$ 的斜率小于 1 确保了从任意 $\sum_0\geqslant 0$ 开始，当 $t\to\infty$ 时，我们对 f 进行的迭代将会收敛。

穆特探讨了当 $t\to\infty$ 时这个问题的解。很明显，$\sum_t\to\sum_\infty\equiv\sum$ 是曲线的不动点，如图 2.9.1 所示。于是 $K_t\to K$，以及 $\hat{x}_{t+1}$ 的公式变成

$$\hat{x}_{t+1}=(1-K)\hat{x}_t+Ky_t \tag{2.9.5}$$

其中 $K=\dfrac{\sum}{\sum+R}\in(0,1)$。这就是卡根的适应性预期公式的一个版本。可以证明，$K\in[0,1]$ 是 Q/R 的递增函数。因而，K 是新息 a_t 的一部分，应该被看成是“持久的”成分，而 $1-K$ 则完全是短暂的。对方程（2.9.5）向后迭代，则得到 $\hat{x}_{t+1}=K\sum_{j=0}^{t}(1-K)^jy_{t-j}+(1-K)^{t+1}\hat{x}_0$，这是卡根与弗里德曼的几何分布滞后公式。利用方程（2.9.2），我们可求出，

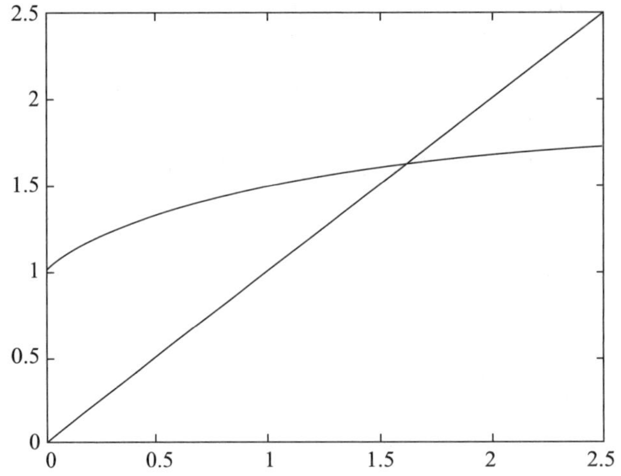

图 2.9.1　$Q=R=1$，相对于 45°线的 $f(\sum)=\dfrac{\sum(R+Q)+QR}{\sum+R}$ 曲线，

对于 $\sum_t$ 的黎卡提方程迭代收敛到不动点

对于所有的 $j\geqslant 1$，$E[y_{t+j}|y^t]=E[x_{t+j}|y^t]=\hat{x}_{t+1}$。此结果连同方程（2.9.5）一起证明了对于所有的 $j\geqslant 1$，适应性预期公式（2.9.5）给出 y_{t+j} 的最优预期。这个研究发现是非常著名的，原因在于对于大多数过程来说，最优预测将取决于时间。对于所有时间，存在单个最优预测，这可作为米尔顿·弗里德曼（1955）选取术语持久收入来刻画收入预测的正当理由。

预测对时间的依赖性可利用下面的公式加以研究：

$$E[x_{t+j}\,|\,y^{t-1}]=A^j\hat{x}_t \tag{2.9.6a}$$

$$E[y_{t+j}\,|\,y^{t-1}]=GA^j\hat{x}_t \tag{2.9.6b}$$

就穆特的例子而言，

$$E[y_{t+j}\,|\,y^{t-1}]=\hat{y}_t=\hat{x}_t,\ \forall\, j\geqslant 0$$

□ 2.9.2　约万诺维奇的应用

在第 6 章，我们将阐述约万诺维奇的匹配模型的形式，此模型的核心内容是“信息提取”问题，而这可以简化穆特问题。设 x_t 和 y_t 是满足 $A=1$，$C=0$，$G=1$，$R>0$ 的标量。设 x_0 表示高斯型随机变量，其均值为 μ，方差为 $\sum_0$。将 x_t（很明显，就这个设定而言，为常值）作为 θ 的隐藏值，即“匹配参数”。设 y^t 表示从 $s=0$ 到 $s=t$ 时 y_s 的历史。定义 $m_t\equiv\hat{x}_{t+1}\equiv E[\theta|y^t]$，并且 $\sum_{t+1}=E(\theta-m_t)^2$。于是，卡尔曼滤波器变成

$$m_t=(1-K_t)m_{t-1}+K_t y_t \tag{2.9.7a}$$

$$K_t=\frac{\sum_t}{\sum_t+R} \tag{2.9.7b}$$

$$\sum_{t+1}=\frac{\sum_t R}{\sum_t+R} \tag{2.9.7c}$$

此递归式是从（m_{t-1}，$\sum_0$）开始的，数对（m_{t-1}，$\sum_0$）包含了关于系统位置的全部“先验”知识。从图 2.9.1 中很容易看到，当 $Q=0$ 时，$\sum=0$ 是从任意$\sum_0\geqslant 0$ 开始对方程（2.9.7c）进行迭代的极限点。因而，最终可以获得匹配参数的值。

将方程（2.9.7c）写成

$$\frac{1}{\sum_{t+1}}=\frac{1}{\sum_t}+\frac{1}{R} \tag{2.9.8}$$

是有启发意义的。方差的倒数时常被称为估计的精确度。依据方程（2.9.8），精确度会随着 t 增大而无界增大且$\sum_{t+1}\to 0$。①

我们可用如下形式表示卡尔曼滤波器：

$$m_{t+1}=m_t+K_{t+1}a_{t+1}$$

这意味着

$$E(m_{t+1}-m_t)^2=K_{t+1}^2\sigma_{a,t+1}^2$$

其中 $a_{t+1}=y_{t+1}-m_t$，由方程（5.6.5）知，a_t 的方差等于$\sigma_{a,t+1}^2=\sum_{t+1}+R$。这蕴含着

$$E(m_{t+1}-m_t)^2=\frac{\sum_{t+1}^2}{\sum_{t+1}+R}$$

为了得到第 6 章约万诺维奇的离散时间形式，借助下面的方程

$$m_{t+1}=m_t+g_{t+1}u_{t+1}$$

来表述 m_{t+1}的运动是十分方便的，其中 $g_{t+1}\equiv\left(\frac{\sum_{t+1}^2}{\sum_{t+1}+R}\right)^{0.5}$，$u_{t+1}$表示标准化的独立同分布的正态随机变量，这里的标准化是指均值为 0 且方差为 1，以便服从 $g_{t+1}u_{t+1}\equiv K_{t+1}a_{t+1}$。

2.10 谱

对协方差平稳的随机过程来说，所有的二阶矩的信息都能被包含在一个复值矩阵中，

① 作为另一种特殊情况，首先考虑零精确度（$\sum_0=+\infty$的情况）。然后求解差分方程（2.9.8），得出 $\frac{1}{\sum_t}=t/R$。将此代入方程（2.9.7），得出 $K_t=(t+1)^{-1}$，所以卡尔曼滤波器变成 $m_0=y_0$，$m_t=[1-(t+1)^{-1}]m_{t-1}+(t+1)^{-1}y_t$，这意味着，$m_t=(t+1)^{-1}\sum_{s=0}^t y_t$，样本均值 $\sum_t=R/t$。

此矩阵称作谱密度矩阵。此过程的自协方差序列决定谱密度。反过来，谱密度也能够用来决定自协方差序列。

在 A_0 是稳定矩阵的假定下[①]，当 t 趋向无穷时，状态 x_t 会趋向一个唯一的协方差平稳的概率分布。此协方差平稳分布的谱密度矩阵 $S_x(\omega)$ 被定义为关于 x_t 的协方差图（covariogram）的傅立叶变换：

$$S_x(\omega) \equiv \sum_{\tau=-\infty}^{\infty} C_x(\tau) e^{-i\omega\tau} \tag{2.10.1}$$

对于系统（2.4.1），关于平稳分布的谱密度由以下公式给定：

$$S_x(\omega)=[I-A_0 e^{-i\omega}]^{-1}CC'[I-A'_0 e^{+i\omega}]^{-1}, \forall \omega\in[-\pi,\pi] \tag{2.10.2}$$

谱密度包含了关于协方差的所有信息。它们可以通过以下傅立叶逆变换公式从 $S_x(\omega)$ 中恢复[②]：

$$C_x(\tau) = (1/2\pi)\int_{-\pi}^{\pi} S_x(\omega) e^{+i\omega\tau} d\omega$$

在逆变换公式中，令 $\tau=0$，得到

$$C_x(0) = (1/2\pi)\int_{-\pi}^{\pi} S_x(\omega) d\omega$$

此公式说明谱密度沿着频率分解协方差。[③] 在方程（2.10.1）中，令 $\omega=0$，则可得到在利用广义矩方法（GMM）进行估计的过程中所使用的公式：

$$S_x(0) \equiv \sum_{\tau=-\infty}^{\infty} C_x(\tau)$$

□ 2.10.1 例子

为了练习阅读谱密度，我们使用 Matlab 程序 bigshow2. m 生成了图 2.10.1、图 2.10.2、图 2.10.3 和图 2.10.4。

此程序选择形式如下的一个单变量过程作为输入：

$$a(L)y_t=b(L)w_t$$

其中 w_t 表示具有单位方差的一个单变量的鞅差分序列，这里 $a(L)=1-a_2L-a_3L^2-\cdots-a_nL^{n-1}$，$b(L)=b_1+b_2L+\cdots+b_nL^{n-1}$，并且这里我们要求 $a(z)=0$ 意味着 $|z|>1$。此程序可计算并展示过程的实现、从 ω 到 y 的脉冲反应函数以及 y 的谱。通过利用此程序，读者可以学会阅读谱和脉冲反应函数。图 2.10.2 反映了一个单纯的自回归过程，其中 $a(L)=1-0.9L$，$b=1$。谱是向下方延伸的，格兰杰（1966）称之为经济时间序列的“典

① 一个充分条件是，A_0 唯一的模不严格小于 1 的特征值是与常数相对应的那个特征值。这意味着 A_0 和 C 在使得（2.10.2）式成立的意义上是匹配的。

② 夸克纳克和西旺（Kwakernaak and Sivan，1972）讨论过连续时间系统的谱密度问题。关于离散时间系统的介绍性讨论，参看萨金特（1987a）。也可以参看萨金特（1987a）第 11 章关于谱密度函数的定义和评估此积分的方法。

③ 更有意思的是，谱密度通过频率把协方差分解为相互正交的组成部分。

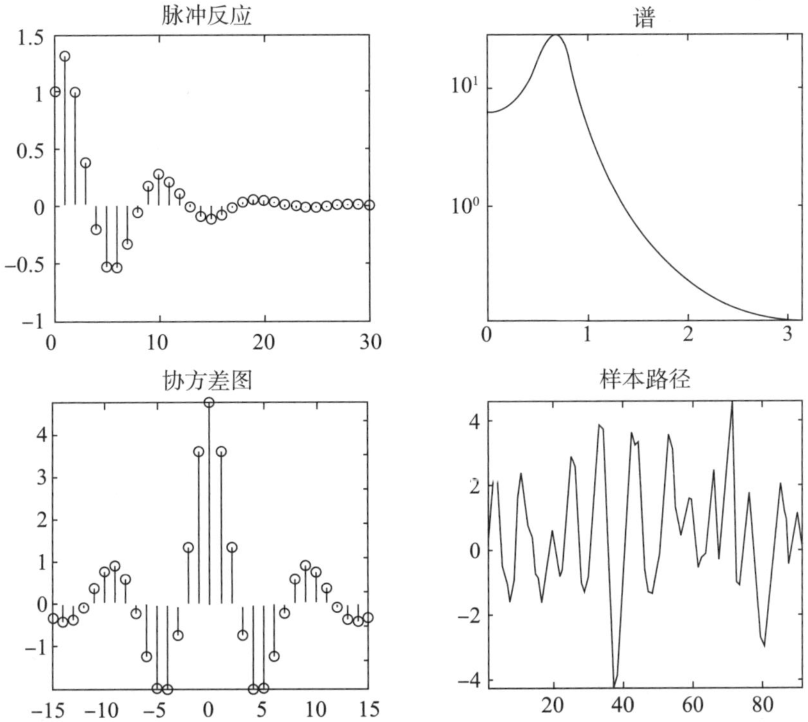

图 2.10.1　$(1-1.3L+0.7L^2)y_t=w_t$ 过程的脉冲反应、谱、协方差图以及样本路径

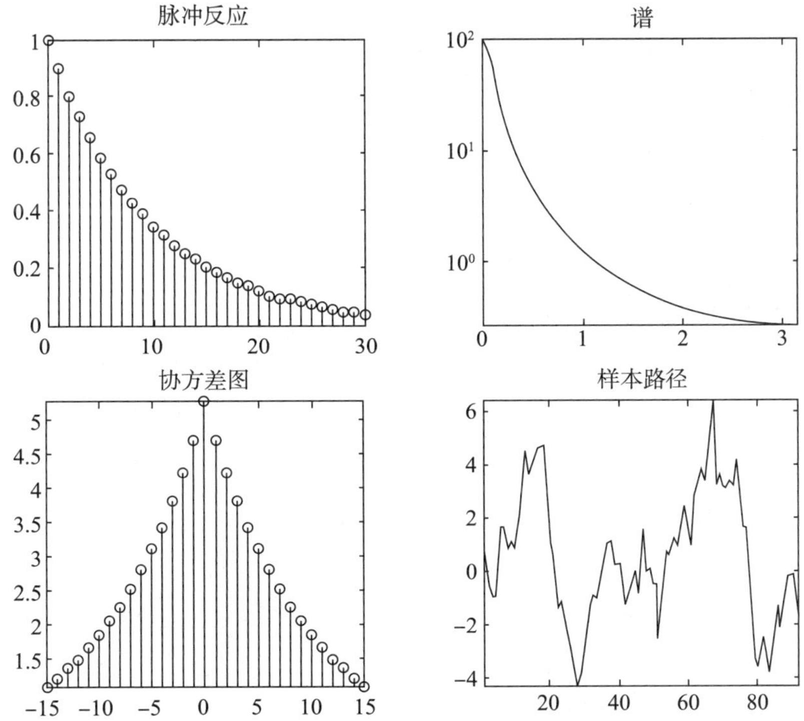

图 2.10.2　$(1-0.9L)y_t=w_t$ 过程的脉冲反应、谱、协方差图以及样本路径

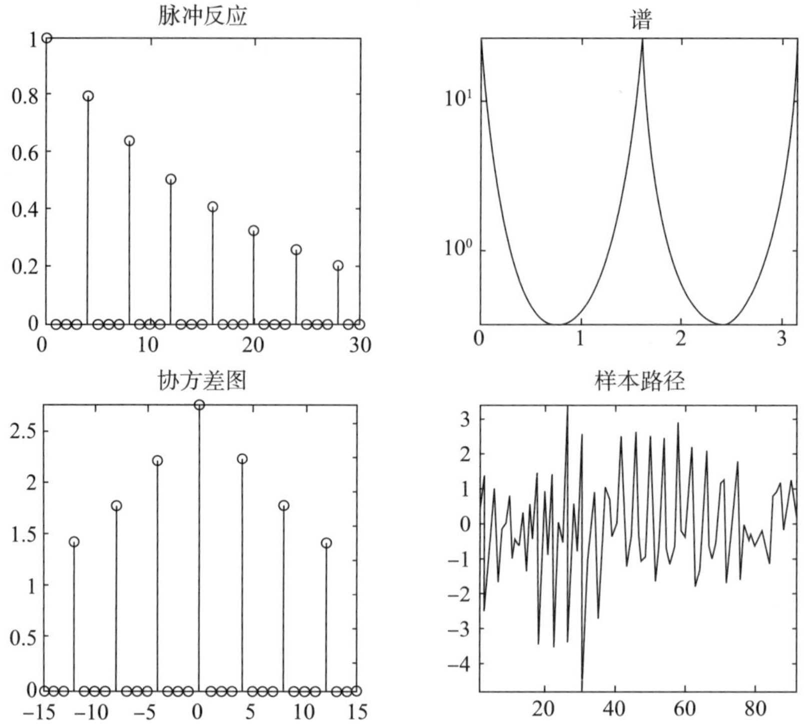

图 2.10.3　$(1-0.8L^4)y_t=w_t$ 过程的脉冲反应、谱、协方差图以及样本路径

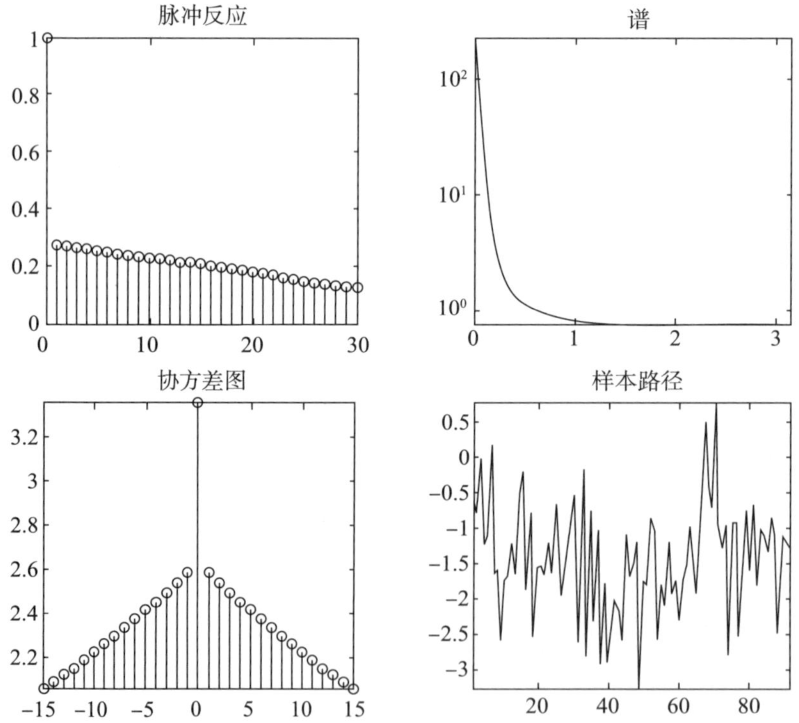

图 2.10.4　$(1-0.98L)y_t=(1-0.7L)w_t$ 过程的脉冲反应、谱、协方差图以及样本路径

型的谱形”。在图 2.10.3 中，$a=1-0.8L^4$，$b=1$。这是一个带有强烈的季节性元素的过程。谱的峰值在 π 和 $\pi/2$ 处正是显示季节性很强的证据。在图 2.10.1 中，$a=1-1.3L+0.7L^2$，$b=1$。这个过程在 $(0,\pi)$ 的内部有一个谱峰，在协方差图中有一个周期。① 在图 2.10.4 中，$a=1-0.98L$，$b=1-0.7L$。这是穆特（1960）研究过的一个过程的变形。在第一个滞后期后，脉冲反应降到了原来的 $0.99j$，其中 j 是滞后期长度。

2.11 例子：LQ 持久收入模型

为了阐明本章中的几个关键思想，本节将介绍线性二次储蓄问题，这一问题的解恰好是弗里德曼（1956）和霍尔（1978）的持久收入模型的一个理性预期的版本。我们将以此模型为工具来阐明脉冲反应函数、状态概念的各种解释、协整的思想以及不变子空间方法。

所谓 LQ 持久收入模型，就是我们在第 17 章中将要研究的如下形式的“储蓄问题”的一个修订版（并不是一个特殊情形，稍后将看到原因）。某消费者的偏好取决于消费流，此消费者由下面的效用函数来刻画：

$$E_0\sum_{t=0}^{\infty}\beta^t u(c_t) \tag{2.11.1}$$

其中 E_t 是以消费者 t 时刻的信息为条件的数学期望，c_t 表示 t 时刻的消费，$u(c)$ 是一个严格凹的单期效用函数，而 $\beta\in(0,1)$ 是折现因子。消费者通过选择消费-借贷计划 $\{c_t, b_{t+1}\}_{t=0}^{\infty}$ 来最大化（2.11.1）式，满足下面的预算约束序列：

$$c_t+b_t=R^{-1}b_{t+1}+y_t \tag{2.11.2}$$

其中 y_t 是外生的平稳禀赋过程，R 是常数的无风险总利率，b_t 是在时期 t 到期的单期无风险债券，b_0 是给定的初始条件。我们将假定 $R^{-1}=\beta$。举例来说，我们可以假定禀赋过程具有如下的状态空间表示：

$$z_{t+1}=A_{22}z_t+C_2w_{t+1} \tag{2.11.3a}$$

$$y_t=U_y z_t \tag{2.11.3b}$$

其中 w_{t+1} 是一个独立同分布的过程，均值为 0，当期的协方差矩阵为单位阵；A_{22} 是一个固定矩阵，它的最大特征值的模小于 1；U_y 是一个选择向量，它将 y 表示为 z_t 的一个特殊的线性组合。我们将如下的借贷计划作为消费的约束条件：

$$E_0\sum_{t=0}^{\infty}\beta^t b_t^2<+\infty \tag{2.11.4}$$

上述条件足以排除庞氏骗局（Ponzi schemes）。家庭在 t 时刻所面临的状态向量是 $[b_t \quad z_t]'$，其中 b_t 表示在 t 时期初家庭所面临的债务，而 z_t 则包含了可用于预测家庭未来禀赋的所有变量。我们加强条件是为了排除一个使得家庭可以永远地享受极度幸福的消费水平的

① 参看萨金特（1987a）更广泛的讨论。

永久性借贷计划。加强这个条件的理由是使本节问题的解看起来更接近于第 17 章中所研究的问题的解，在第 17 章中我们对消费路径施加了非负条件。最大化（2.11.1）式并且满足（2.11.2）式的一阶条件是①

$$E_t u'(c_{t+1}) = u'(c_t), \forall t \geqslant 0 \tag{2.11.5}$$

在本节余下部分，我们将假定二次效用函数 $u(c_t) = -0.5(c_t - \gamma)^2$，其中 γ 表示一个极度幸福的消费水平。于是，（2.11.5）式意味着②

$$E_t c_{t+1} = c_t \tag{2.11.6}$$

除了二次效用的假定，我们还要求消费 c_t 是非负的。③

为了得到最优的决策规则，我们需要求解满足边界条件（2.11.4）的由（2.11.2）式和（2.11.6）式组成的差分方程系统。为完成此任务，将（2.11.2）式向前求解并将 $\lim_{T\to+\infty} \beta^T b_{T+1} = 0$ 代入可得到

$$b_t = \sum_{j=0}^{\infty} \beta^j (y_{t+j} - c_{t+j}) \tag{2.11.7}$$

一旦施加了 $\lim_{T\to+\infty} \beta^T b_{T+1} = 0$，就能满足对债务路径施加（2.11.4）式。将上式两端同时取条件期望，并利用（2.11.7）式与（2.11.6）式以及迭代期望法则可得到

$$b_t = \sum_{j=0}^{\infty} \beta^j E_t y_{t+j} - \frac{1}{1-\beta} c_t \tag{2.11.8}$$

或

$$c_t = (1-\beta)\left[\sum_{j=0}^{\infty} \beta^j E_t y_{t+j} - b_t\right] \tag{2.11.9}$$

如果我们将净利率 r 定义为 $\beta = \frac{1}{1+r}$，则上述方程也可写为

$$c_t = \frac{r}{1+r}\left[\sum_{j=0}^{\infty} \beta^j E_t y_{t+j} - b_t\right] \tag{2.11.10}$$

方程（2.11.9）或方程（2.11.10）表明消费等于经济的收入，即由一个不变的边际消费倾向或者利率因子 $\frac{r}{1+r}$ 乘以非金融财富 $\sum_{j=0}^{\infty} \beta^j E_t y_{t+j}$ 与金融财富 $-b_t$ 之和。注意到方程（2.11.9）或方程（2.11.10）将消费 c_t 表示为家庭所面临的状态 $[b_t, z_t]$ 的函数，而由方程（2.11.3）可知 z_t 包含了可用于预测禀赋过程的信息。

---

① 我们将在后面的章节中详细研究如何得出这个一阶条件。

② 对于从（2.11.5）式得出（2.11.6）式来说，线性边际效用是至关重要的。不过，我们假定对效用函数给出以下更准确的假设：$u'(c) > 0$，$u''(c) < 0$，$u'''(c) > 0$，并要求 $c \geqslant 0$。欧拉方程保持（2.11.5）式。但是事实 $u''' < 0$ 通过詹森（Jensen）不等式意味着 $E_t u'(c_{t+1}) > u'(E_t c_{t+1})$。这个不等式与（2.11.5）式一起意味着 $E_t c_{t+1} > c_t$［称这个消费为“次鞅”（submartingale）］，因此消费会随机发散到 $+\infty$。消费者的储蓄也发散到 $+\infty$。第 17 章将深入地讨论这样的“预防性储蓄”发散的结果。

③ c_t 可以是负的，这解释了为什么我们要施加条件（2.11.4）而不是借入水平的上限，例如第 8 章、第 17 章和第 18 章的自然借入限制。

□ 2.11.1 另一种表示

将我们以前的结果结合起来，我们可以将 z_t，b_t 视为时间 t 的状态，其中 z_t 表示状态向量的外生成分，b_t 则表示状态向量的内生成分。于是，该系统可以表示为

$$z_{t+1}=A_{22}z_t+C_2w_{t+1}$$
$$b_{t+1}=b_t+U_y[(I-\beta A_{22})^{-1}(A_{22}-I)]z_t$$
$$y_t=U_yz_t$$
$$c_t=(1-\beta)[U_y(I-\beta A_{22})^{-1}z_t-b_t]$$

另一种启发式地理解上述结果的方式是，说明在最优的决策规则被执行之后，存在着这样一种视角，即将 c_t 以及 z_t 视为状态，而将 b_t 视为结果。按照霍尔（1978）的观点，这是一种概括 LQ 持久收入理论的含义的有效方法。下面我们就按照这种方式来转换状态向量。

为了表示作为解的 b_t，将（2.11.9）式代入（2.11.2）式并整理后得到

$$b_{t+1}=b_t+(\beta^{-1}-1)\sum_{j=0}^{\infty}\beta^jE_ty_{t+j}-\beta^{-1}y_t \tag{2.11.11}$$

接下来，将（2.11.9）式向前推进一期，并利用（2.11.2）式来消掉 b_{t+1} 得到

$$c_{t+1}=(1-\beta)\sum_{j=0}^{\infty}E_{t+1}\beta^jy_{t+j+1}-(1-\beta)[\beta^{-1}(c_t+b_t-y_t)]$$

如果我们在上述方程的右端加减一次 $\beta^{-1}(1-\beta)\sum_{j=0}^{\infty}\beta^jE_ty_{t+j}$ 并重新整理，可以得到

$$c_{t+1}-c_t=(1-\beta)\sum_{j=0}^{\infty}\beta^j(E_{t+1}y_{t+j+1}-E_ty_{t+j+1}) \tag{2.11.12}$$

上式右端表示禀赋过程 y 的期望现值在时期 $t+1$ 的新息。用 y_t 的移动平均表示式来表示新息是十分有用的。假定禀赋过程具有如下的移动平均表示形式①：

$$y_{t+1}=d(L)w_{t+1} \tag{2.11.13}$$

其中 w_{t+1} 是独立同分布的向量随机过程，满足 $Ew_{t+1}=0$ 以及当期的协方差矩阵 $Ew_{t+1}w'_{t+1}=I$，$d(L)=\sum_{j=0}^{\infty}d_jL^j$，其中 L 是滞后算子；家庭在时期 t 的信息集②为 $w^t=[w_t,w_{t-1},\cdots,w_0]$。因此，注意到

$$y_{t+j}-E_ty_{t+j}=d_0w_{t+j}+d_1w_{t+j-1}+\cdots+d_{j-1}w_{t+1}$$

我们可得到

$$E_{t+1}y_{t+j}-E_ty_{t+j}=d_{j-1}w_{t+1} \tag{2.11.14}$$

将（2.11.14）式代入（2.11.12）式得到

---

① 表示式（2.11.3）蕴含着 $d(L)=U_y(I-A_{22}L)^{-1}C_2$。

② 如果由 y_t 所张成的线性空间等于由 w_t 所张成的线性空间，则将过程 y_t 的移动平均表示式称为基础。通过 2.7 节所述的卡尔曼滤波器获得的时不变新息表示式是模型构造的基础。

$$c_{t+1}-c_t=(1-\beta)d(\beta)w_{t+1} \tag{2.11.15}$$

这里的 $d(\beta)$ 项是禀赋过程 y_t 的表示式当中的移动平均系数的现值。

完成所有这些工作之后，我们就可以将关于 c_t、b_{t+1} 的最优决策规则表示成方程（2.11.12）和方程（2.11.8）的形式，为方便起见，我们将其重述如下：

$$c_{t+1}=c_t+(1-\beta)\sum_{j=0}^{\infty}\beta^j(E_{t+1}y_{t+j+1}-E_ty_{t+j+1}) \tag{2.11.16}$$

$$b_t=\sum_{j=0}^{\infty}\beta^jE_ty_{t+j}-\frac{1}{1-\beta}c_t \tag{2.11.17}$$

（2.11.17）式表明家庭在 t 时的债务等于其禀赋的期望现值减去其消费流的期望现值。因而，高额债务表明"多余额" y_t-c_t 的期望现值很大。

回忆一下禀赋过程（2.11.3）的形式，我们可计算出

$$E_t\sum_{j=0}^{\infty}\beta^jz_{t+j}=(I-\beta A_{22})^{-1}z_t$$

$$E_{t+1}\sum_{j=0}^{\infty}\beta^jz_{t+j+1}=(I-\beta A_{22})^{-1}z_{t+1}$$

$$E_t\sum_{j=0}^{\infty}\beta^jz_{t+j+1}=(I-\beta A_{22})^{-1}A_{22}z_t$$

将这些公式代入公式（2.11.16）和公式（2.11.17），并利用公式（2.11.3a），可以得到消费者最优决策的下述表示式[①]：

$$c_{t+1}=c_t+(1-\beta)U_y(I-\beta A_{22})^{-1}C_2w_{t+1} \tag{2.11.18a}$$

$$b_t=U_y(I-\beta A_{22})^{-1}z_t-\frac{1}{1-\beta}c_t \tag{2.11.18b}$$

$$y_t=U_yz_t \tag{2.11.18c}$$

$$z_{t+1}=A_{22}z_t+C_2w_{t+1} \tag{2.11.18d}$$

表示式（2.11.18）揭示出了最优决策规则的几个特征：(1) 状态由内生部分 c_t 和外生部分 z_t 组成，这些部分包含了所有可用于预测 c、y、b 未来值的相关信息。值得注意的是，金融资产 b_t 不再作为状态的一个组成部分，因为它已经充分体现在 c_t 之中。(2) 按照（2.11.18）式，消费是一个随机游走，其新息为 $(1-\beta)d(\beta)w_{t+1}$，这也可以从（2.11.15）式看出。这个结果证明了欧拉方程（2.11.6）是内置在解当中的。当然，消费的随机游走特征意味着它不包含渐近的平稳分布，只要 z_t 按照（2.11.3）式而一般地具有永久的随机波动特征，这一性质就是成立的。[②] 这一结论的获得，部分地是由于假定 $\beta R=1$。(3) c_t 的脉冲反应函数是一个黑箱：对于所有的 $j\geqslant1$，c_{t+j} 对于新息 w_{t+1} 的增加反应是 $1-\beta$。(4) 解（2.11.18）显示，联合过程 c_t 和 b_t 具有格兰杰和恩格尔（1987）定义的协整（cointegration）性质。具体来说，c_t 和 b_t 都具有单位根［参看 b_t 的表示式

① 第 8 章附录 B 依据带有历史和日期或有权益的消费要求的完全市场模型的竞争性均衡对这些结果给出了严谨的再解释。

② 当我们放弃二次效用，同时假定消费必须是非负的时，则第 17 章中的消费收敛失败将会再次发生。

(2.11.11)]，从而都是非平稳的。但是，如果 z_t 是平稳的，则存在 c_t 和 b_t 的一个线性组合是平稳的。按照（2.11.17）式，这一线性组合是 $(1-\beta)b_t+c_t$。相应地，格兰杰和恩格尔称 $[1-\beta \quad 1]$ 为协整向量，当将这一向量作用于非平稳的向量随机过程 $[b_t \quad c_t]'$ 时，则可得到渐近平稳的随机过程。方程（2.11.8）可整理成下面的形式：

$$(1-\beta)b_t+c_t=(1-\beta)E_t\sum_{j=0}^{\infty}\beta^j y_{t+j} \tag{2.11.19}$$

这一式子表明，上式左端"协整残差"等于上式右端未来收入的几何和的条件期望。①

□ 2.11.2 债务动态学

如果将方程（2.11.18b）在时期 $t+1$ 的计算值减去方程（2.11.18b）在时期 t 的计算值，我们获得

$$b_{t+1}-b_t=U_y(I-\beta A_{22})^{-1}(z_{t+1}-z_t)-\frac{1}{1-\beta}(c_{t+1}-c_t)$$

将 $z_{t+1}-z_t=(A_{22}-I)z_t+C_2w_{t+1}$ 与（2.11.18a）式代入上述方程中，并重新排列得到

$$b_{t+1}-b_t=U_y(I-\beta A_{22})^{-1}(A_{22}-I)z_t \tag{2.11.20}$$

□ 2.11.3 两个经典例子

我们用下面两个例子来说明公式（2.11.18）。在这两个例子中，禀赋服从过程 $y_t=z_{1t}+z_{2t}$，其中

$$\begin{bmatrix}z_{1t+1}\\ z_{2t+1}\end{bmatrix}=\begin{bmatrix}1 & 0\\ 0 & 0\end{bmatrix}\begin{bmatrix}z_{1t}\\ z_{2t}\end{bmatrix}+\begin{bmatrix}\sigma_1 & 0\\ 0 & \sigma_2\end{bmatrix}\begin{bmatrix}w_{1t+1}\\ w_{2t+1}\end{bmatrix}$$

其中 w_{t+1} 表示独立同分布的 2×1 的分布为 $N(0, I)$ 的过程。这里 z_{1t} 是 y_t 的一个永久分量，而 z_{2t} 是暂时分量。

例 1. 假定消费者在时期 t 可观察到状态 z_t。这意味着消费者可以用 z_{t+1} 与 z_t 的观测值来构建 w_{t+1}。应用公式（2.11.18），可以得到

$$c_{t+1}-c_t=\sigma_1 w_{1t+1}+(1-\beta)\sigma_2 w_{2t+1} \tag{2.11.21}$$

由于 $1-\beta=\frac{r}{1+r}$，其中 $R=1+r$，公式（2.11.21）表明了收入永久分量 z_{1t+1} 的增量 $\sigma_1 w_{1t+1}$ 如何导致永久单向消费增加一次而储蓄 $-b_{t+1}$ 不增加，以及收入纯暂时分量 $\sigma_2 w_{2t+1}$ 如何导致消费方面出现了等于暂时收入的 $1-\beta$ 的永久分量增长，而其余 β 部分则被储蓄，导致永久分量出现 $-b$。对这个例子，应用公式（2.11.20）可以证明

$$b_{t+1}-b_t=-z_{2t}=-\sigma_2 w_{2t} \tag{2.11.22}$$

这证实了将所有的 $\sigma_2 w_{2t}$ 用于储蓄，而不是将 $\sigma_1 w_{1t}$ 用于储蓄。

① 对相关思想提供的有趣应用，参看 Campbell and Shiller (1988) 和 Lettau and Ludvigson (2001，2004)。

例 2. 假定消费者可以观察到 y_t，还有一直到 t 的历史值，但是在时期 t 不能观察到 z_t。在这种假定下，一种适当的方法是利用新息形成在公式（2.11.18）中的 A_{22}、C_2、U_y。特别地，运用 2.9.1 节中我们的结果，则 y_t 的相关状态空间就是

$$\begin{bmatrix} y_{t+1} \\ a_{t+1} \end{bmatrix} = \begin{bmatrix} 1 & -(1-K) \\ 0 & 0 \end{bmatrix} \begin{bmatrix} y_t \\ a_t \end{bmatrix} + \begin{bmatrix} 1 \\ 1 \end{bmatrix} a_{t+1}$$

$$y_t = \begin{bmatrix} 1 & 0 \end{bmatrix} \begin{bmatrix} y_t \\ a_t \end{bmatrix}$$

其中 K 表示卡尔曼增益，$a_t = y_t - E[y_t | y^{t-1}]$。由 2.9.1 节知道，$K \in [0, 1]$ 并且 K 随 $\frac{\sigma_1^2}{\sigma_2^2}$ 的增大而增大，$\frac{\sigma_1^2}{\sigma_2^2}$ 也就是收入增加的永久冲击的方差与暂时冲击的方差的比值。应用公式（2.11.18）可得

$$c_{t+1} - c_t = [1 - \beta(1-K)] a_{t+1} \tag{2.11.23}$$

其中禀赋过程现在可用 y_t 的单变量新息来表示：

$$y_{t+1} - y_t = a_{t+1} - (1-K) a_t \tag{2.11.24}$$

方程（2.11.24）表明，消费者将关于 y_{t+1} 的新息 a_{t+1} 的分数 K 看成是永久的，而将 $1-K$ 看成是纯暂时的。他永久增加等于 a_{t+1} 的永久部分的估计的消费，但只用 $1-\beta$ 乘以他自己对 a_{t+1} 的纯暂时部分的估计。因此，他的永久增长的消费总额为 a_{t+1} 的 $K+(1-\beta)(1-K) = 1-\beta(1-K)$，$a_{t+1}$ 的剩余 $\beta(1-K)$ 部分被用于储蓄。根据方程（2.11.24），收入的一阶差分是一阶移动平均，（2.11.23）式表明消费的一阶差分是独立同分布的。对这个例子应用公式（2.11.20）可以得到

$$b_{t+1} - b_t = (K-1) a_t \tag{2.11.25}$$

这表明关于 y_t 的新息中的 K 部分是如何被认为是储蓄的新息的永久影响部分的。

□ 2.11.4　消费横截面扩大

从关于 c_0 的任意初始分布开始，比如说关于 z_0 的渐近平稳分布，如果我们将公式（2.4.11）和（2.4.12）应用于状态空间系统（2.11.18），则影响 c_t、b_t 的公共单位根将导致 c_t 的 t 时刻的方差随着 t 的增长线性增长。如果我们将初始分布描述成在 0 时刻的事前相同家庭的横截面 c_0、b_0 的联合分布，那么这些公式将描述随着家庭人口年龄的变化 b_t、c_t 的横截面的演变，这种分布将会扩散。①

□ 2.11.5　不变子空间方法

如果我们利用一种程序化但相当具有启发性的方法来求解决策问题的话，将可以看出最优决策规则结构方面的更多特征，并且我们将在第 5 章中看到，这一方法易于推广从而适用于大量的问题。我们可以将欧拉方程（2.11.6）、预算约束（2.11.2）以及禀赋

① 消费的横截面分布随着年龄而扩散，这一结果的证明参见 Deaton and Paxton（1994），Storesletten，Telmer and Yaron（2004）。

过程（2.11.3）组成的系统表示为：

$$\begin{bmatrix}\beta & 0 & 0\\ 0 & I & 0\\ 0 & 0 & 1\end{bmatrix}\begin{bmatrix}b_{t+1}\\ z_{t+1}\\ c_{t+1}\end{bmatrix}=\begin{bmatrix}1 & -U_y & 1\\ 0 & A_{22} & 0\\ 0 & 0 & 1\end{bmatrix}\begin{bmatrix}b_t\\ z_t\\ c_t\end{bmatrix}+\begin{bmatrix}0\\ C_2\\ C_1\end{bmatrix}w_{t+1} \tag{2.11.26}$$

其中 C_1 是待定系数。将上式两端都乘以位于左端的矩阵的逆，得到：

$$\begin{bmatrix}b_{t+1}\\ z_{t+1}\\ c_{t+1}\end{bmatrix}=\widetilde{A}\begin{bmatrix}b_t\\ z_t\\ c_t\end{bmatrix}+\widetilde{C}w_{t+1} \tag{2.11.27}$$

现在我们需要求出问题（2.11.27）满足非发散(no- explosion)条件（2.11.4）的解。我们可利用第 5 章中介绍的程序来完成此项任务，其中关键的思想是要找出从决策者的角度来看，向量 $[b_t \quad z_t \quad c_t]'$ 中的哪些部分是由过去发展而来的真正的状态，而哪些部分只是协状态或者是在 t 时刻可以调整的跳跃变量。对于我们的问题而言，b_t 和 z_t 是状态的真正的组成部分，而 c_t 是可以自由调整的。由相关理论所决定的 t 时刻的 c_t 是真实状态变量 $[b_t, z_t]$ 的函数，下面将介绍确定这一函数的一种有效方法，这一方法在第 5 章中被称为不变子空间方法。首先，对 $\widetilde{A}$ 进行特征向量分解：

$$\widetilde{A}=V\Lambda V^{-1}$$

其中 Λ 是由 $\widetilde{A}$ 的特征值组成的对角矩阵，V 是由相应的特征向量组成的矩阵，并记 $V^{-1}\equiv\begin{bmatrix}V^{11} & V^{12}\\ V^{21} & V^{22}\end{bmatrix}$；然后我们应用第 5 章中的公式（5.5.11），这就意味着如果满足条件（2.11.4），则跳跃变量 c_t 必定满足：

$$c_t=-(V^{22})^{-1}V^{21}\begin{bmatrix}b_t\\ z_t\end{bmatrix} \tag{2.11.28}$$

公式（2.11.28）给出的 c_t 的唯一值保证了（2.11.4）式被满足，或者换句话说，状态停留在“稳定子空间”（stabilizing subspace）中。值得注意的是，（2.11.28）式右端的那些变量恰好与（2.11.10）式所要求的变量是一致的：在（2.11.10）式中，$-b_t$ 的出现是作为金融财富的度量，而 z_t 的出现是因为它包含了可用于预测未来禀赋的所有变量。

2.12 结束语

马尔可夫链和线性随机差分方程除了给我们提供思考时间序列的工具之外，每一个还都向我们介绍了状态向量的概念，此概念是对系统当前位置的一个描述。[①] 在接下来的

① 本章和第 5 章中的一些工具被应用于研究与永久收入模型相关的一些谜题，参看 Quah（1990）和 Blundell and Preston（1998）。

各章中，我们将同时使用马尔可夫链和线性随机差分方程。在下一章中，我们将研究决策问题，其目标是最优地处理一个可以被部分控制的状态向量的演化问题。

附录 A 线性差分方程

□ 2. A. 1 一阶线性差分方程

此附录描述了一个标量的一阶线性差分方程的解。首先，令 $|\lambda|<1$，并且设 $\{u_t\}_{t=-\infty}^{\infty}$ 是一个由标量实数组成的有界序列。于是

$$(1-\lambda L)y_t=u_t, \forall t \tag{2.A.1}$$

的解为

$$y_t=(1-\lambda L)^{-1}u_t+k\lambda^t \tag{2.A.2}$$

上式对于任意的实数 k 都成立。你可以通过在方程（2. A. 2）两边同时乘以 $1-\lambda L$ 来证明这一点，注意 $(1-\lambda L)\lambda^t=0$。为了确定 k，我们需要从外部施加一个关于 y 的路径的条件（比如说，一个初始条件或者终结条件）。

现在，令 $|\lambda|>1$，将方程（2. A. 1）改写为

$$y_{t-1}=\lambda^{-1}y_t-\lambda^{-1}u_t, \forall t \tag{2.A.3}$$

或

$$(1-\lambda^{-1}L^{-1})y_t=-\lambda^{-1}u_{t+1} \tag{2.A.4}$$

一个解是

$$y_t=-\lambda^{-1}\left(\frac{1}{1-\lambda^{-1}L^{-1}}\right)u_{t+1}+k\lambda^t \tag{2.A.5}$$

此解对于任何的 k 都成立。为了证明这是一个解，在方程（2. A. 5）的两边同时乘以 $1-\lambda L$，并将其与方程（2. A. 1）进行比较，看看结果如何。

解（2. A. 2）的存在性要求 $|\lambda|<1$ 是因为关于 u 的分布滞后是收敛的。当 $|\lambda|>1$ 时，解（2. A. 2）中关于 u 的分布滞后可以收敛，因此，这种形式的解不存在；而当 $|\lambda|<1$ 时，解（2. A. 5）中关于 u 的分布超前不必是收敛的。

□ 2. A. 2 二阶差分方程

现在考察二阶差分方程

$$(1-\lambda_1 L)(1-\lambda_2 L)y_{t+1}=u_t \tag{2.A.6}$$

其中 $\{u_t\}$ 表示有界序列，y_0 表示初始条件，$|\lambda_1|<1$ 且 $|\lambda_2|>1$。我们寻找那种满足（2. A. 6）式的有界序列 $\{y_t\}_{t=0}^{\infty}$。利用上一小节的洞察力，对（2. A. 6）式的两边执行 $1-\lambda_2 L$ 的向前逆向运算，将方程（2. A. 6）重新写成

$$(1-\lambda_1 L)y_{t+1}=-\frac{\lambda_2^{-1}}{1-\lambda_2^{-1}L^{-1}}u_{t+1}$$

或

$$y_{t+1}=\lambda_1 y_t-\lambda_2^{-1}\sum_{j=0}^{\infty}\lambda_2^{-j}u_{t+j+1} \tag{2. A. 7}$$

因而，我们通过“求解向后的稳定根（在这种情况下为 λ_1）以及向前的不稳定根（在这种情况下为 λ_2）”得到（2. A. 7）式。方程（2. A. 7）具有我们经常遇到的形式。$\lambda_1 y_t$ 被称为“解的反馈部分”，而 $-\frac{\lambda_2^{-1}}{1-\lambda_2^{-1}L^{-1}}u_{t+1}$ 被称为“解的前馈部分”。因而，注意 2.11.2 节的方程（2.11.20）几乎就是这种形式，“几乎”是因为在方程（2.11.20）中 $\lambda_1=1$。在第 5 章 5.5 节，我们将在更加一般的背景设置下返回到这些思想上。

附录 B　贝叶斯后验的 MCMC 逼近

最近过去的 20 年期间，计算贝叶斯与极大似然估计量方面的数值方法取得了激动人心的进步。在这个附录中，我们简要地阐述马尔可夫链蒙特卡洛（MCMC）方法，此方法是通过建立马尔可夫链来构建贝叶斯后验分布的，这里马尔可夫链的不变分布等于贝叶斯后验分布。

对于贝叶斯方法来说，以下对象在起作用：

（1）有一个数据样本 y_0^T。

（2）存在描述经济模型的偏好、技术以及信息集的自由参数的向量 $\theta\in\Theta$。

（3）已知参数的先验概率分布 $\tilde{p}(\theta)$。

（4）将 θ 映射到经济动态模型的均衡的状态空间表示式上。我们在 2.11 节、第 14 章的附录 B、第 5 章和第 7 章给出这种映射的一些例子。

（5）如同 2.7 节所述的，从经济模型的均衡的状态空间表示式经卡尔曼滤波器到新息表示式，进而到高斯对数似然函数的递归表示式的映射

$$\log L(\theta|y_0^T)=-0.5(T+1)k\log(2\pi)-0.5\sum_{t=0}^{T}\log|\Omega_t|-0.5\sum_{t=0}^{T}a_t'\Omega_t^{-1}a_t$$

其中 $\Omega_t=Ea_ta_t'$。

（6）后验概率为

$$\tilde{p}(\theta\mid y_0^T)=\frac{p(y_0^T\mid\theta)\tilde{p}(\theta)}{\int p(y_0^T\mid\theta)\tilde{p}(\theta)\mathrm{d}\theta}$$

其中分母是 y_0^T 的边际密度。

我们的目标是计算后验概率 $\tilde{p}(\theta|y_0^T)$。MCMC 方法构建针对 $\theta\in\Theta$ 的状态空间上的马尔可夫链，使得下面三项成立：

a. 从这个马尔可夫链中很容易进行抽样；

b. 马尔可夫链具有唯一的不变分布 $\pi(\theta)$；

c. 不变分布等于后验分布，$\pi(\theta)=\bar{p}(\theta|y_0^T)$。

梅特罗波利斯-黑斯廷斯算法（Metropolis-Hastings algorithm）的两个构成要素是：

(i) 目标密度 $\bar{p}(\theta|y_0^T)$；

(ii) 建议或跳跃密度 $q(z|\theta;y_0^T)$。

建议密度应该是 $\bar{p}(\theta|y_0^T)$ 处的良好推测值。就我们的应用而言，对建议密度的标准选择源自与极大似然估计量有联系的校正渐近分布，$\theta\sim N(\hat{\theta}_{ML},\sum_\theta)$，其中 $\sum_\theta=V^{-1}$，而 $V=\left.\frac{\partial^2\log L(\theta|y_0^T)}{\partial\theta\partial\theta'}\right|_{\theta_{ML}}$。一种常见的建议密度选择是

$$q(\theta^*\mid\theta_j,y_0^T)=N(\theta_j,c\sum\nolimits_\theta)\tag{2. B. 1}$$

其中 c 是一个参数。用下式

$$\log\kappa(\theta|y_0^T)=\log L(\theta|y_0^T)+\log\bar{p}(\theta)$$

来定义核 $\kappa(\theta|y_0^T)$。

注意

$$\bar{p}(\theta|y_0^T)\propto\kappa(\theta|y_0^T)$$

其中比例性的因子是积分常值 $\int p(y_0^T|\theta)\bar{p}(\theta)\mathrm{d}\theta$。

梅特罗波利斯-黑斯廷斯算法是通过下面三步来定义基于 θ 的马尔可夫链的[①]：

(1) 抽取 θ_0，$j=0$；

(2) 对于 $j\geqslant0$，从 $q(\theta^*|\theta_j,y_0^T)$ 中抽取 θ^*，θ^* 表示接下来抽取的 θ_j 的“备选者”；

(3) 首先通过计算接受概率

$$r=\frac{\bar{p}(\theta^*|y_0^T)}{\bar{p}(\theta_j|y_0^T)}=\frac{\kappa(\theta^*|y_0^T)}{\kappa(\theta_j|y_0^T)}$$

来随机地决定是否接受这个备选者。[注意，在这个步骤中，我们仅仅必须计算核，而不是积分常值 $\int p(y_0^T|\theta)\bar{p}(\theta)\mathrm{d}\theta$。] 然后，令

$$\theta_{j+1}=\begin{cases}\theta^*, & \min(r,1)\\ \theta_j, & 其他\end{cases}$$

这种算法定义了马尔可夫链将 θ_j 映射到 θ_{j+1} 的转移密度。设转移密度是 $\mathrm{Prob}(\theta_{j+1}=\theta^*\mid\theta_j=\theta)=\Pi(\theta,\theta^*)$。于是，我们得到下述命题。

命题：上面构建的马尔可夫链的不变分布是后验的。

$$\bar{p}(\theta^*|y_0^T)=\int\Pi(\theta,\theta^*)\bar{p}(\theta\mid y_0^T)\mathrm{d}\theta$$

① 对这个算法和收敛条件的讨论，参看 Robert and Casella (2004，第 7 章)。

和梅特罗波利斯-黑斯廷斯算法有关的两个实践关注内容是：第一，此马尔可夫链是否收敛；第二，收敛的速度怎样。

MCMC 方面的文献已经探讨和发展了用于检验收敛的实用诊断方法，重要的是缜密地思考如何运用这些诊断方法。收敛速度会受到接受率的影响，而当建议密度按照如上所推荐的方法来选取时，这会受到选择的影响。常见的做法是选择 c，以使接受率介于 0.2 与 0.4 之间。

迪纳尔（Dynare）利用上面的算法计算了极大似然估计与贝叶斯估计。参看巴里利亚斯、班达里、比焦、科拉奇托、朱亚尔、北尾、马瑟斯、萨金特和希恩（Barillas，Bhandari，Bigio，Colacito，Juillard，Kitao，Matthes，Sargent，and Shin，2012）给出的一些例子。①

2.13 练习

2.1 考虑马尔可夫链 $(P,\pi_0)=\left(\begin{bmatrix}0.9 & 0.1\\0.3 & 0.7\end{bmatrix},\begin{bmatrix}0.5\\0.5\end{bmatrix}\right)$，以及随机变量 $y_t=\bar{y}x_t$，其中 $\bar{y}=\begin{bmatrix}1\\5\end{bmatrix}$。计算以下三个关于 y_t 的历史记录（$t=0,1,\cdots,4$）的似然函数：

a. 1，5，1，5，1。
b. 1，1，1，1，1。
c. 5，5，5，5，5。

2.2 考虑一个两个状态的马尔可夫链。考虑随机变量 $y_t=\bar{y}x_t$，其中 $\bar{y}=\begin{bmatrix}1\\5\end{bmatrix}$。已知 $E(y_{t+1}|x_t)=\begin{bmatrix}1.8\\3.4\end{bmatrix}$和 $E(y_{t+1}^2|x_t)=\begin{bmatrix}5.8\\15.4\end{bmatrix}$。找出一个与这些条件期望相符的转移矩阵。此转移矩阵是唯一的吗（也就是说，你能找到其他的与这些条件期望相符的转移矩阵吗）？

2.3 消费由一个 n 个状态的马尔可夫链 P、π_0 决定，其中 P 是一个随机矩阵，π_0 是初始概率分布。消费取 $n\times 1$ 的向量 $\bar{c}$ 中的某一值。一个消费者通过

$$E\sum_{t=0}^{\infty}\beta^t u(c_t)$$

来排序 $t=0,1,\cdots$时期消费的随机过程，其中 E 是数学期望，$u(c)=\frac{c^{1-\gamma}}{1-\gamma}$，参数 $\gamma\geqslant 1$。记 $u_i=u(\bar{c}_i)$，$\upsilon_i=E\left[\sum_{t=0}^{\infty}\beta^t u(c_t)\,\middle|\,x_0=\bar{e}_i\right]$且$V=E\upsilon$，其中 $\beta\in(0,1)$ 是一个折现因子。

a. 令 u 和 υ 都是 $n\times 1$ 的向量，它们的第 i 个分量分别是 u_i 和 υ_i。证明以下关于 υ 和

① 参看 http：//www.dynare.org。

V 的公式：$v=(I-\beta P)^{-1}u$，$V=\sum_i \pi_{0,i}v_i$。

b. 考虑以下两个马尔可夫过程：

过程 1：

$$\pi_0=\begin{bmatrix}0.5\\0.5\end{bmatrix},\ P=\begin{bmatrix}1 & 0\\0 & 1\end{bmatrix}$$

过程 2：

$$\pi_0=\begin{bmatrix}0.5\\0.5\end{bmatrix},\ P=\begin{bmatrix}0.5 & 0.5\\0.5 & 0.5\end{bmatrix}$$

对这两个马尔可夫过程，都有 $\bar{c}=\begin{bmatrix}1\\5\end{bmatrix}$。

假定 $\gamma=2.5$，$\beta=0.95$。试计算出每个过程的无条件折现期望效用 V。消费者偏好这两个过程中的哪一个？当 $\gamma=4$ 时重新做此计算，这时消费者又偏好哪个过程呢？

c. 某计量经济学家有一个关于我们这个消费者的消费率的样本，此样本有 10 个观测数据。他知道是前述马尔可夫过程的其中一个生成了这些数据，但他不知道是哪一个。他给这两个链赋予了相同的先验概率。假设关于消费的 10 个相继的观察数据如下：1，1，1，1，1，1，1，1，1，1。计算在过程 1 和过程 2 中此样本的似然函数。将似然函数记为 $\text{Prob}(\text{data}|\text{Model}_i)$，$i=1$，2。

d. 假定此计量经济学家使用贝叶斯法则来修正他关于这两个模型的初始概率估计，其中贝叶斯法则表示为

$$\text{Prob}(M_i)|\text{data}=\frac{(\text{Prob}(\text{data})\mid M_i)\cdot\text{Prob}(M_i)}{\sum_j\text{Prob}(\text{data})\mid M_j\cdot\text{Prob}(M_j)}$$

其中 M_i 表示模型 i。上述表达式的分母是数据的无条件概率。在观察了数据样本后，计量经济学家会在两个可能的模型上给出怎样的概率呢？

e. 重复 d 中的计算，但现在假设数据样本是 1，5，5，1，5，5，1，5，1，5。

2.4 考虑如下单变量随机过程：

$$y_{t+1}=\alpha+\sum_{j=1}^{4}\rho_j y_{t+1-j}+cw_{t+1}$$

其中 w_{t+1} 是适应于 $J_t=[\omega_t,\cdots,\omega_1,y_0,y_{-1},y_{-2},y_{-3}]$ 的标量鞅差分序列，$\alpha=\mu(1-\sum_j\rho_j)$，并且 ρ_j 使得矩阵

$$A=\begin{bmatrix}\rho_1 & \rho_2 & \rho_3 & \rho_4 & \alpha\\1 & 0 & 0 & 0 & 0\\0 & 1 & 0 & 0 & 0\\0 & 0 & 1 & 0 & 0\\0 & 0 & 0 & 0 & 1\end{bmatrix}$$

所有的特征值都不超过 1。

a. 将此过程变形为一个一阶线性随机差分方程。

b. 如有可能，假设下面的每一个例子的初始条件都能使 y_t 是协方差平稳的。对每一个例子，规定合适的初始条件。然后在以下的参数值假定下计算 y_t 的协方差平稳的均值和方差：

i. $\rho=[1.2 \quad -0.3 \quad 0 \quad 0]$，$\mu=10$，$c=1$。

ii. $\rho=[1.2 \quad -0.3 \quad 0 \quad 0]$，$\mu=10$，$c=2$。

iii. $\rho=[0.9 \quad 0 \quad 0 \quad 0]$，$\mu=5$，$c=1$。

iv. $\rho=[0.2 \quad 0 \quad 0 \quad 0.5]$，$\mu=5$，$c=1$。

v. $\rho=[0.8 \quad 0.3 \quad 0 \quad 0]$，$\mu=5$，$c=1$。

提示 1：使用 Matlab 程序 doublej. m，特别地，指令 X=doublej(A,C * C′)可计算矩阵方程 $AXA'+CC'=X$ 的解。此程序可以从 http://files. nyu. edu/ts43/public/books. html 上下载。

提示 2：均值向量是 A 的对应于单位根的那个特征向量，可选取适当的尺度以使得状态向量的平均值是 1。

c. 在 b 中的每种情况下，计算出 $E_t y_{t+5}=\gamma_0+\sum_{j=0}^{3} h_j y_{t-j}$ 中的 h_j。

d. 在 b 中的每种情况下，计算出 $E_t \sum_{k=0}^{\infty} 0.95^k y_{t+k}=\sum_{j=0}^{3} \tilde{h}_j y_{t-j}$ 中的 $\tilde{h}_j$。

e. 在 b 中的每种情况下，计算出当 $k=1$，5，10 这三个值时的自协方差 $E(y_t-\mu_y)(y_{t-k}-\mu_y)$。

2.5 一个消费者的消费率满足以下随机过程：

$$
\begin{aligned}
c_{t+1} &= \alpha_c+\sum_{j=1}^{2} \rho_j c_{t-j+1}+\sum_{j=1}^{2} \delta_j z_{t+1-j}+\Psi_1 w_{1,t+1} \\
z_{t+1} &= \sum_{j=1}^{2} \gamma_j c_{t-j+1}+\sum_{j=1}^{2} \phi_j z_{t-j+1}+\Psi_2 w_{2,t+1}
\end{aligned} \tag{1}
$$

其中 w_{t+1} 是一个 2×1 的鞅差分序列，适应于 $J_t=[\omega_t \quad \cdots \quad \omega_1 \quad c_0 \quad c_{-1} \quad z_0 \quad z_{-1}]$，有着同时期的协方差矩阵 $E\omega_{t+1}\omega_{t+1}' \mid J_t=I$，并且系数 ρ_j、δ_j、γ_j、ϕ_j 使得矩阵

$$
A=\begin{bmatrix}
\rho_1 & \rho_2 & \delta_1 & \delta_2 & \alpha_c \\
1 & 0 & 0 & 0 & 0 \\
\gamma_1 & \gamma_2 & \phi_1 & \phi_2 & 0 \\
0 & 0 & 1 & 0 & 0 \\
0 & 0 & 0 & 0 & 1
\end{bmatrix}
$$

有着模严格小于 1 的特征值。

消费者根据

$$
V_0=E_0 \sum_{t=0}^{\infty} 0.95^t u(c_t) \tag{2}
$$

来评价消费流，其中单期效用函数是

$$
u(c_t)=-0.5(c_t-60)^2 \tag{3}
$$

a. 根据单期效用函数（3）的参数形式找出 V_0 的一个公式以及关于消费的随机过程。

b. 根据以下两组参数值计算 V_0：

i. $\rho=[0.8 \quad -0.3]$，$\alpha_c=1$，$\delta=[0.2 \quad 0]$，$\gamma=[0 \quad 0]$，$\phi=[0.7 \quad -0.2]$，$\Psi_1=\Psi_2=1$。

ii. $\Psi_1=2$，$\Psi_2=1$，其他条件与 i 中的相同。

提示：回顾 doublej. m。

2.6 考虑练习2.5中由方程（1）所定义的随机过程 $\{c_t, z_t\}$。假定采用在 b 的第 i 项中描述的参数值。如有可能，假定初始条件使得$\{c_t, z_t\}$是协方差平稳的。

a. 推导使得过程协方差平稳的初始均值和协方差矩阵。

b. 就 a 中的初始条件，计算以下线性回归的估计值：

$$c_{t+2}=\alpha_0+\alpha_1 z_t+\alpha_2 z_{t-4}+w_t$$

其中 $Ew_t[1 \quad z_t \quad z_{t-4}]=[0 \quad 0 \quad 0]$。

2.7 从 https://files.nyu.edu/ts43/public/books.html 上下载 Matlab 程序 bigshow2. m 以及 freq. m。

对于以下的每一个标量随机过程 y_t，使用 bigshow2 来计算并描绘出一个长度为 80 的模拟、一个脉冲反应函数以及一个谱。在下面的每一个过程中，w_t 是一个适应于其自身历史和滞后的 y 的初始值的标量鞅差分序列。

a. $y_t=w_t$；

b. $y_t=(1+0.5L)w_t$；

c. $y_t=(1+0.5L+0.4L^2)w_t$；

d. $(1-0.999L)y_t=(1-0.4L)\ w_t$；

e. $(1-0.8L)y_t=(1+0.5L+0.4L^2)\ w_t$；

f. $(1+0.8L)y_t=w_t$；

g. $y_t=(1-0.6L)w_t$。

研究一下你的结果并找出其中的共同模式。当你做完这些，你就会有属于自己的很好的方法去了解怎样阅读谱密度。

2.8 此练习讨论卡根的理性预期下的货币需求理论。卡根(1956)的货币需求函数的一种形式是

$$m_t-p_t=-\alpha(p_{t+1}-p_t),\ \alpha>0,\ t\geqslant 0 \tag{1}$$

其中 m_t 是名义货币供给的对数，p_t 是 t 时期的价格水平。

方程（1）表明对实际余额的需求与预期的通货膨胀率$(p_{t+1}-p_t)$呈反方向变化关系。这里并没有不确定性，因此预期的通货膨胀率等同于其实际值。货币供给满足差分方程

$$(1-L)(1-\rho L)m_t^s=0 \tag{2}$$

并受关于 m_{-1}^s、m_{-2}^s的初始条件的限制。均衡时，有

$$m_t\equiv m_t^s,\ \forall t\geqslant 0 \tag{3}$$

（也就是说，货币需求等于货币供给。）现在，我们假设

$$|\rho\alpha/(1+\alpha)|<1 \tag{4}$$

所谓均衡就是对所有的 t，满足方程（1）、方程（2）和方程（3）的$\{p_t\}_{t=0}^{\infty}$存在。

a. 找出具有以下形式的均衡 p_t 的一个表达式：

$$p_t = \sum_{j=0}^{n} w_j m_{t-j} + f_t \tag{5}$$

请说出怎样得到 w_j 对于所有的 j 以及 f_t 对于所有的 t 都成立的公式。

b. 存在多少均衡？

c. 对于所有的 t，存在一个 $f_t=0$ 的均衡吗？

d. 如果条件（4）在 a 的答案中起了作用的话，简要说明它在哪个地方起了作用。

e. 已知参数值 $\alpha=1$，$\rho=1$，计算并描绘出所有的均衡。

2.9 一个经济的 $n\times1$ 的状态向量是由线性随机差分方程

$$x_{t+1}=Ax_t+C_t w_{t+1} \tag{1}$$

所决定的，其中 C_t 是一个可能随时间变化的矩阵（其在 t 时刻是已知的），ω_{t+1}是一个适用于其自身历史的 $m\times1$ 的鞅差分序列，满足$E\omega_{t+1}\omega'_{t+1}|J_t=I$，其中 $J_t=[\omega_t \quad \cdots \quad \omega_1 \quad x_0]$。一个标量的单期支付 p_{t+1}由

$$p_{t+1}=Px_{t+1} \tag{2}$$

给定。此经济的随机折现因子 m_{t+1}是一个标量，且满足

$$m_{t+1}=\frac{Mx_{t+1}}{Mx_t} \tag{3}$$

最后，单期支付在 t 时期的价格由 $q_t=f_t(x_t)$给定，其中 f_t 是某个可能随时间变化的、关于状态的函数。m_{t+1}是一个随机折现因子意味着

$$E(m_{t+1}p_{t+1}|J_t)=q_t \tag{4}$$

a. 计算 $f_t(x_t)$，详细描述它是怎样依赖于 A 和 C_t 的。

b. 假定某计量经济学家有一组时间序列数据 $X_t=[z_t \quad m_{t+1} \quad p_{t+1} \quad q_t]$，$t=1,\cdots,T$，其中 z_t 是状态 x_t 的变量的真子集。假定经济中的投资者能观测到 x_t，即使计量经济学家只能观测到 x_t 的一个真子集 z_t。简要地描述一种利用这些数据的方法以验证（4）式的含义。（有可能但不一定有用的提示：回忆迭代期望法则。）

2.10 记 P 为马尔可夫链的转移矩阵。假定 P'具有两个对应于其单位特征值的相异的特征向量π_1、π_2。证明：对于任意的 $\alpha\in[0, 1]$，$\alpha\pi_1+(1-\alpha)\pi_2$ 是 P 的一个不变分布。

2.11 考虑某马尔可夫链，其转移矩阵为

$$P=\begin{bmatrix}1 & 0 & 0\\ 0.2 & 0.5 & 0.3\\ 0 & 0 & 1\end{bmatrix}$$

初始分布 $\pi_0=[\pi_{1,0}\quad \pi_{2,0}\quad \pi_{3,0}]'$。记 $\pi_t=[\pi_{1t}\quad \pi_{2t}\quad \pi_{3t}]'$ 为 t 时期基于状态的分布。证明：对于 $t>0$，有

$$\pi_{1t}=\pi_{1,0}+0.2\left(\frac{1-0.5^t}{1-0.5}\right)\pi_{2,0}$$

$$\pi_{2t}=0.5^t\pi_{2,0}$$

$$\pi_{3t}=\pi_{3,0}+0.3\left(\frac{1-0.5^t}{1-0.5}\right)\pi_{2,0}$$

2.12 记 P 为马尔可夫链的转移矩阵。对于 $t=1,2,\cdots$，试证明：当初始分布是 $\pi_{j,0}=1$，$\pi_{i,0}=0$（$\forall i\neq j$）时，$(P')^t$ 的第 j 行是 t 时期关于状态的分布。

2.13 某家庭基于消费过程 $\{c_t\}_{t=0}^{\infty}$ 的偏好由下式给出：

$$-0.5\sum_{t=0}^{\infty}\beta^t[(c_t-30)^2+0.000\,001b_t^2] \tag{1}$$

其中 $\beta=0.95$。此家庭通过选择消费和借贷计划来最大化（1）式，并且对于 $t\geq 0$，满足如下的预算约束序列：

$$c_t+b_t=\beta b_{t+1}+y_t \tag{2}$$

其中 b_0 是初始条件，β^{-1} 是单期无风险总利率，b_t 是家庭在 t 时期发生的单期债务，y_t 是劳动收入，遵循如下的二阶自回归过程：

$$(1-\rho_1L-\rho_2L^2)y_{t+1}=(1-\rho_1-\rho_2)5+0.05w_{t+1} \tag{3}$$

这里 $\rho_1=1.3$，$\rho_2=-0.4$。

a. 定义家庭在 t 时期的状态为 $x_t=[1\quad b_t\quad y_t\quad y_{t-1}]'$，控制为 $u_t=c_t-30$；然后将家庭所面临的转移规律表示成方程（2.4.22）的形式。计算 A 的特征值。计算特征多项式 $1-\rho_1z-\rho_2z^2$ 的零解，并与 A 的特征值进行比较。[提示：利用 Matlab 来计算零解。令 $a=[0.4\quad -1.3\quad 1]$，并记为 roots(a)。$1-\rho_1z-\rho_2z^2$ 的零解等于相应的 A 的特征值的倒数。]

b. 编写一个使用霍华德改进算法来计算家庭的最优决策规则 $u_t=c_t-30$ 的 Matlab 程序。说明为使之收敛需要迭代多少次（同时给出你的收敛判别标准）。

c. 利用家庭的最优决策规则来计算 x_t 在以下最优决策规则之下的运动规律：

$$x_{t+1}=(A-BF^*)x_t+Cw_{t+1}$$

其中 $u_t=-F^*x_t$ 是最优的决策规则。利用 Matlab 计算 $[c_t\quad b_t]'$ 对于 w_{t+1} 的脉冲反应函数，将结果与理论表达式（2.11.18）进行比较。

2.14 考虑某马尔可夫链，其转移矩阵为

$$P=\begin{bmatrix}0.5 & 0.5 & 0 & 0\\ 0.1 & 0.9 & 0 & 0\\ 0 & 0 & 0.9 & 0.1\\ 0 & 0 & 0 & 1\end{bmatrix}$$

状态空间 $X=\{e_i,i=1,\cdots,4\}$，其中 e_i 表示第 i 个单位向量。随机变量 y_t 是当期状态的

函数 $y_t=[1 \quad 2 \quad 3 \quad 4]x_t$。

a. 求出此马尔可夫链的所有平稳分布。

b. 你能找出遍历的马尔可夫链的平稳分布吗?

c. 计算当 $T\rightarrow\infty$时，样本均值 $\frac{1}{T}\sum_{t=0}^{T-1} y_t$ 的所有可能的极限值。

2.15 假定某标量以下面的方式与某方差为 1 的标量白噪声 w_t 相联系：

$$y_t=h(L)w_t$$

其中 $h(L)=\sum_{j=0}^{\infty}L^j h_j$ 且 $\sum_{j=0}^{\infty}h_j^2<+\infty$ 。于是，公式（2.10.2）的一种特殊情形与观测方程一起决定了 y 的谱由下式给定：

$$S_y(w)=h(\exp(-iw))h(\exp(iw))=|h(\exp(-iw))|^2$$

其中 $h(\exp(-iw))=\sum_{j=0}^{\infty}h_j\exp(-iwj)$ 。

在一篇著名的论文中，斯莱茨基研究了对白噪声应用如下形式的滤波结果：$h(L)=(1+L)^n(1-L)^m$（即 n 个两期的移动平均与 m 个差分算子的组合)。对于 m、n 的下述选择，计算并且描绘出 y 的谱，其中 $\omega\in[-\pi,\pi]$：

a. $m=10$，$n=10$；

b. $m=10$，$n=40$；

c. $m=40$，$n=10$；

d. $m=120$，$n=30$；

e. 评论上述结果。

提示：注意到 $h(\exp(-iw))=(1+\exp(-iw))^n(1-\exp(-iw))^m$。

2.16 考虑一个 n 个状态的马尔可夫链，它具有状态空间 $X=\{e_i,i=1,\cdots,n\}$，其中 e_i 表示第 i 个单位向量。考虑指标变量 $I_{it}=e_ix_t$，当$x_t=e_i$ 时，它等于 1，否则等于 0。假定此马尔可夫链具有唯一的平稳分布，并且是遍历的。记 π 为这个平稳分布。

a. 请证实 $EI_{it}=\pi_i$。

b. 证明：对于平稳分布 π，当 $T\rightarrow\infty$时，$\frac{1}{T}\sum_{t=0}^{T-1} I_{it}=\pi_i$ 以概率 1 成立。

2.17 湖模型

某工人可处于如下两个状态中的一个：状态 1（失业）或者状态 2（就业)。在每一个时期开始的时候，一个原先失业的工人以概率 $\lambda=\int_{\bar{w}}^{B}\mathrm{d}F(w)$ 变为就业工人。这里 $\bar{w}$ 是此工人的保留工资，$F(w)$ 是工资分布的概率密度函数。我们假定 $F(0)=0$，$F(B)=1$。在每一个时期开始的时候，一个失业的工人可以获得一个并且只能获得一个来自 F 的工资。来自 F 的相继的工资值是独立同分布的。工人的决策规则是：当 $w\geqslant\bar{w}$ 时接受此工作，否则拒绝此工作并保持多一时期的失业。假定 $\bar{w}$ 的选择使得$\lambda\in(0,1)$。在每一个时期开始的时候，一个原先就业的工人以概率 $\delta\in(0,1)$ 被解雇。新近被解雇的工人在获得一个新的工资安排之前，必须保持一个时期的失业状态。

a. 记状态空间 $X=\{e_i,i=1,2\}$，其中 e_i 表示第i 个单位向量。描述一个可由上面的介绍导出的基于 X 的马尔可夫链。计算此马尔可夫链的所有平稳分布。此马尔可夫链是遍历的吗？

b. 假定 $\lambda=0.05$，$\delta=0.25$。计算一个平稳分布。计算某个无限存活工人在生命周期中保持为失业状态的时期。

c. 由前述平稳分布计算出初始状态。对于 $i=1,2$，$j=1,2$，计算联合分布 $g_{ij}=\text{Prob}(x_t=e_i, x_{t-1}=e_j)$。

d. 定义如下设定的指标函数：在时期 t，如果 $x_t=e_i$，$x_{t-1}=e_j$，则 $I_{ij,t}=1$，否则 $I_{ij,t}=0$。对于所有四种 i、j 的组合，计算

$$\lim_{T\to\infty}\frac{1}{T}\sum_{t=1}^{T} I_{ij,t}$$

e. 基于你在 d 中得到的结果，构造一个对 λ 和 δ 进行矩估计的方法。如果你已经知道工资分布 F，构造一个对保留工资 $\bar{w}$ 进行矩估计的方法。

f. 计算 λ 和 δ 的极大似然估计。

g. 比较你在 e 和 f 中得到的结果。

h.（额外的要求）计算 λ 和 δ 的极大似然估计量的渐近的协方差矩阵。

2.18 随机游走

某马尔可夫链的状态空间为 $X=\{e_i, i=1,\cdots,4\}$，其中 e_i 表示第 i 个单位向量；转移矩阵为

$$P=\begin{bmatrix}1 & 0 & 0 & 0\\ 0.5 & 0 & 0.5 & 0\\ 0 & 0.5 & 0 & 0.5\\ 0 & 0 & 0 & 1\end{bmatrix}$$

随机变量 $y_t=\bar{y}x_t$ 被 $\bar{y}=[1\quad 2\quad 3\quad 4]$定义。

a. 求出此马尔可夫链的所有平稳分布。

b. 在某个平稳分布下，如果有的话，此马尔可夫链是遍历的吗？计算 P 的不变函数。

c. 对于 $x_t=e_i$，$i=1,\cdots,4$，计算 $E[y_{t+1}|x_t]$。

d. 将你在 c 中得到的结果与公式（2.2.12）进行比较。$y_t=\bar{y}'x_t$ 是不变的吗？如果不是，定理 2.2.4 的什么假设条件被破坏了？

e. 显然，随机过程 $y_t=\bar{y}'x_t$ 是一个有界的鞅。证明 y_t 几乎必然收敛于一个常数。它收敛于什么常数？

2.19 IQ

一个无限存活个人的“真实智力” $\theta\sim N(100, 10)$。对于每一个日期 $t\geqslant 0$，此人做一个结果为单变量随机变量 $y_t=\theta+v_t$ 的“测试”，其中 v_t 表示分布为 $N(0, 100)$ 的独立同分布过程。这个人的初始 IQ 为 $IQ_0=100$，在日期 t 之前的日期 $t\geqslant 1$ 处进行测试，它是 $IQ_t=E\theta|y^{t-1}$，其中 y^{t-1} 表示从日期 0 一直到日期 $t-1$ 时测试得分的历史。

a. 给出关于 IQ_t 与 $E(IQ_t-\theta)^2$ 的递归公式。

b. 利用 Matlab 模拟 θ 的 10 个抽样值以及相关的 $t=0,\cdots,50$ 的 IQ_t 与 y_t。

c. 证明 $\lim_{t\to\infty}E(IQ_t-\theta)^2=0$。

2.20　随机游走

一个标量过程 x_t 服从下面的过程：

$$x_{t+1}=x_t+w_{t+1}$$

其中 w 表示独立同分布的 $N(0, 1)$ 标量过程，$x_0\sim N(\hat{x}_0, \sum_0)$。在每一个时期，观察者都会接收到如下形式的 2×1 的向量 y_t 的两个信息，这里 y_t 服从

$$y_t=\begin{bmatrix}1\\1\end{bmatrix}x_t+v_t$$

其中 2×1 的过程 v_t 表示独立同分布的分布 $v_t\sim N(0, R)$，这里 $R=\begin{bmatrix}1 & 0\\0 & 1\end{bmatrix}$。

a. 假定 $\sum_0=1.366\ 025\ 403\ 784\ 44$。对于 $t\geqslant0$，求出 $E[x_t|y^{t-1}]$ 的公式，其中 y^{t-1} 表示 y_s 关于 s 从 0 到 $t-1$ 的历史。

b. 用数值方式证明公式（2.8.3）中的矩阵 $A-KG$ 是稳定的。

c. 求出 y_t 的无限阶向量自回归。

2.21　VAR 的脉冲反应

求出状态空间表示式（2.8.1）的脉冲反应函数及与其有关的向量自回归。

2.22　带有叉积的卡尔曼滤波器

考察状态空间系统

$$x_{t+1}=A_0x_t+Cw_{t+1}$$
$$y_{t+1}=Gx_t+Dw_{t+1}$$

其中 x_t 表示 $n\times1$ 的状态向量，w_{t+1} 表示 $m\times l$ 的独立同分布过程，其分布为 $N(0, I)$，y_t 表示 $m\times1$ 的可观测变量向量，$x_0\sim N(\hat{x}_0, \sum_0)$。对于 $t\geqslant1$，$\hat{x}_t=E[x_t|y^t]$，其中 $y^t=[y_t, \cdots, y_1]$，$\sum_t=E(x_t-\hat{x}_t)(x_t-\hat{x}_t)'$。

a. 证明怎样选择 w_{t+1}、C 和 D，以使 Cw_{t+1} 与 Dw_{t+1} 是相互不相关的过程。同时，给出一个 Cw_{t+1} 与 Dw_{t+1} 相关的例子。

b. 构建关于 $\hat{x}_t$ 的如下形式的递归表示式：

$$\hat{x}_{t+1}=A_0\hat{x}_t+K_ta_{t+1}$$
$$y_{t+1}=G\hat{x}_t+a_{t+1}$$

其中对于 $t\geqslant0$，$a_{t+1}=y_{t+1}-E[y_{t+1}|y^t]$，并且证明

$$K_t=(CD'+A\textstyle\sum_tG')(DD'+G\sum_xG')^{-1}$$
$$\textstyle\sum_{t+1}=(A-K_tG)\sum_t(A-K_tG)'+(C-K_tD)(C-K_tD)'$$

同时 $Ea_{t+1}a'_{t+1}=G\sum_tG'+DD'$。（提示：应用总体回归公式。）

2.23　垄断者，学习及遍历性

某个垄断者在每个时期 $t\geqslant0$，以零成本生产单一商品的数量为 Q_t。在每个 $t\geqslant0$ 时期

的开始，在产出价格 p_t 可被观测到之前，垄断者设置数量 Q_t，以使

$$E_{t-1}p_tQ_t \tag{1}$$

最大化，其中 p_t 满足线性逆需求曲线

$$p_t=a-bQ_t+\sigma_p\varepsilon_t \tag{2}$$

其中 $b>0$ 对于厂商来说是已知常值，ε_t 表示独立同分布的标量随机变量，其分布 $\varepsilon_t\sim N(0,1)$，对于厂商来说，逆需求曲线中的常值 a 是未知的标量随机变量，其无条件分布服从 $a\sim N(\mu_a,\sigma_a^2)$，其中 $\mu_a>0$ 相对于 $\sigma_a>0$ 而言是很大的。假定对于所有的 t，随机变量 a 与 ε_t 都是独立的。在厂商选择 Q_0 之前，知道 a 的无条件分布，但是不知道 a 的实现值。对于每一个 $t\geqslant 0$，厂商想要估计 a，原因在于厂商希望对产出量 Q_t 做出良好的决策。在每一个时期结束时，当厂商必须设定 Q_{t+1} 时，厂商可观测到 p_t，当然也就知道所设定的 Q_t 值。在（1）式中，对于$t\geqslant 1$，$E_{t-1}(\cdot)$ 表示以信号 p_s、q_s 的历史为条件的数学期望，$s=0,\cdots,t-1$；对于 $t=0$，$E_{t-1}(\cdot)$ 表示以没有 p_t、Q_t 的先前观测值为条件的期望。

a. 对 Q_0 的最优设定是多少呢？对于每个日期 $t\geqslant 0$，确定厂商对 Q_t 的最优设定可作为厂商已有信息 p^{t-1}、Q^{t-1}的函数，这里当厂商设定 Q_t 时，就可这样确定。

b. 在厂商的最优政策条件下，数对（p_t，Q_t）是马尔可夫链吗？

c. “寻找状态是一门艺术。”求出 $t\geqslant 0$ 时厂商关于设定 Q_t 的最优政策的递归表示式。对你所提出的状态变量加以解释。

d. 在厂商设定 Q_t 的最优政策条件下，当 $t\to+\infty$时，随机变量 $E_{t-1}p_t$ 会收敛到常值吗？如果收敛，给予证明，并且求出极限值。如果不收敛，请解释它为什么不收敛。

e. 现在假定不是每个时期最大化（1）式，而存在一个无限存活的单一垄断者，他在时期 0 之前对于整个序列 $\{Q_t\}_{t=0}^{\infty}$选择一个规划，其中 Q_t 的组成分量必是（p^{t-1}，q^{t-1}）的可观测函数，同时垄断者的目标是使

$$E_{-1}\sum_{t=0}^{\infty}\beta^t p_tQ_t \tag{3}$$

最大化，其中 $\beta\in(0,1)$，E_{-1}表示以零历史为条件的数学期望。尽你所能推导垄断者的最优决策规则序列。

2.24 平稳性

标量随机过程数对（z_t，y_t）的演变，对于 $t\geqslant 0$ 遵循下面的状态系统：

$$z_{t+1}=0.9z_t+w_{t+1}$$
$$y_t=z_t+v_t$$

其中 w_{t+1}与 v_t 是相互不相关的标量高斯型随机变量，其均值为 0 且方差为 1。此外，对于所有的 t，s 数对，$Ew_{t+1}v_s=0$。另外，$z_0\sim N(\hat{z}_0,\sum_0)$。

a. $\{z_t\}$ 是马尔可夫的吗？请给出解释。

b. $\{y_t\}$ 是马尔可夫的吗？请给出解释。

c. 定义标量过程 $\{z_t\}$ 是协方差平稳的，这会意味着什么呢？

d. 求（$\hat{z}_0, \sum_0$）的值，使得 $\{z_t\}$ 过程协方差平稳。

e. 假定 y_t 是可观测的，但 z_t 是不可观测的。定义对于标量过程 y_t 来说协方差平稳意味着什么。

f. 请尽可能详细阐述你如何解释以无穷历史 y^{t-1} 为条件的 y_t 的分布，即形式 $y_t \sim N(E[y_t | y^{t-1}], \Omega_t)$。

2.25 消费

a. 请利用公式（2.11.18）证明 2.11.3 节的公式（2.11.21）、（2.11.23）以及（2.11.24）。

b. 请利用公式（2.9.3），针对参数值 $\beta=0.95$，$\sigma_1=\sigma_2=1$，计算公式（2.11.21）与（2.11.23）中的决策规则。

c. 请利用公式（2.9.3），针对参数值 $\beta=0.95$，$\sigma_1=2$，$\sigma_2=1$，计算公式（2.11.21）与（2.11.23）中的决策规则。

d. 请利用公式（2.11.20），证明公式（2.11.22）与（2.11.25）。

2.26 数学与文字 IQ

一个无限存活个人的“真实智力”θ 有两个分量，一个是数学能力 θ_1，另一个是文字能力 θ_2，其中 $\theta \sim N\left(\begin{bmatrix}100\\100\end{bmatrix}, \begin{bmatrix}10 & 0\\0 & 10\end{bmatrix}\right)$。对于每一个日期 $t \geqslant 0$，对此人做单个“测试”，其结果是单变量随机变量 $y_t = G_t\theta + v_t$，其中 v_t 是独立同分布过程，服从分布 $N(0, 50)$，对于 $t=0, 2, 4, \cdots$，$G_t = [0.9 \quad 0.1]$，并且对于 $t=1, 3, 5, \cdots$，$G_t = [0.01 \quad 0.99]$。这里，对于 t 为偶数此人做了数学测试，对于 t 为奇数则做了文字测试（可是，你必须知道如何阅读英文，以便能够进行数学测试，同时必须知道如何确切地判断时间，以便规划文字测试的时间安排）。该人的初始 IQ 向量是 $IQ_0 = \begin{bmatrix}100\\100\end{bmatrix}$，对于 $t \geqslant 1$，在日期 t 之前做测试，具体得到 $IQ_t = E\theta | y^{t-1}$，其中 y^{t-1} 表示从日期 0 至日期 $t-1$ 的测试得分的历史。

a. 给出 IQ_t 与 $E(IQ_t - \theta)(IQ_t - \theta)'$ 的递归公式。

b. 利用 Matlab 模拟 θ 的 10 次抽样，以及对于 $t=0, \cdots, 50$ 的 y_t、IQ_t 的相应路径。

c. 从计算或者解析的形式上证明，$\lim_{t\to+\infty} E(IQ_t - \theta)(IQ_t - \theta)' = \begin{bmatrix}0 & 0\\0 & 0\end{bmatrix}$。

2.27 再论持久收入模型

存在两个消费者，用 $i=1, 2$ 来命名，他们对消费流的偏好由效用

$$E_0 \sum_{t=0}^{\infty} \beta^t u(c_t^i) \tag{1}$$

来排序，其中 E_t 表示以消费者在时间 t 的信息为条件的数学期望，c_t^i 表示第 i 个消费者在时间 t 的 t 时间消费，$u(c)$ 表示严格凹的单期效用函数，$\beta \in (0, 1)$ 表示折现因子。消费者通过选择消费最大化（1）式，借贷计划 $\{c_t^i, b_{t+1}^i\}_{t=0}^{\infty}$ 满足预算约束序列

$$c_t^i + b_t^i = R^{-1} b_{t+1}^i + y_t^i$$

其中 y_t 表示外生平稳的禀赋过程，R 表示等于常值的无风险总利率，b_t^i 表示在 t 时到期

的单期无风险债务，$b_0^i=0$ 是给定的初始条件。假定 $R^{-1}=\beta$。我们对消费施加下述条件，第 i 个消费者的借贷计划为：

$$E_0\sum_{t=0}^{\infty}\beta^t\,(b_t^i)^2<+\infty$$

假定二次效用函数 $u(c_t)=-0.5(c_t-\gamma)^2$，其中 $\gamma>0$ 表示极度幸福的消费水平。允许存在负的消费率。

设 $s_t\in\{0,\ 1\}$ 是独立同分布过程，满足 $\text{Prob}(s_t=1)=\text{Prob}(s_t=0)=0.5$。第 1 个消费者的禀赋过程为 $y_t^1=1-0.5s_t$，而第 2 个消费者的禀赋过程为 $y_t^2=0.5+0.5s_t$。因为这两个消费者的禀赋过程是完全负相关的独立同分布过程，其平均值为 0.75。

a. 求这两个消费者对消费的最优决策水平。证明消费者的最优决策蕴含着下面的 b_t^1 和 b_t^2 的运动规律：

$$b_{t+1}^1(s_t=0)=b_t^1-0.25$$
$$b_{t+1}^1(s_t=1)=b_t^1+0.25$$
$$b_{t+1}^2(s_t=0)=b_t^2+0.25$$
$$b_{t+1}^2(s_t=1)=b_t^2-0.25$$

b. 证明：对于每一个消费者来说，c_t^i 和 b_t^i 都是协整的。

c. 证明：b_{t+1}^i 在下述意义上是无风险的，即以在时间 t 可利用的信息为条件的意义上，b_{t+1}^i 与在时间 $t+1$ 所获得的新闻是独立的。

d. 证明：对于初始条件 $b_0^1=b_0^2=0$，可得到下述两个等式：

$$b_t^1+b_t^2=0,\ \forall\, t\geqslant 1$$
$$c_t^1+c_t^2=1.5,\ \forall\, t\geqslant 1$$

运用这些条件来解释你计算的像描述的封闭的纯消费贷款的经济中的决策规则，其中第 1 个消费者和第 2 个消费者相互之间借贷，这里无风险资产是指从一个消费者到另一个消费者的单期借据（IOU）。

e. 将“第 i 个消费者的随机折现因子”定义成 $m_{t+1}^i=\dfrac{\beta u'(c_{t+1}^i)}{u'(c_t^i)}$。

证明第 1 个消费者和第 2 个消费者的随机折现因子分别是

$$m_{t+1}^1=\begin{cases}\beta+0.25\dfrac{\beta(1-\beta)}{\gamma-c_t^1}, & s_{t+1}=0\\[2ex] \beta-0.25\dfrac{\beta(1-\beta)}{\gamma-c_t^1}, & s_{t+1}=1\end{cases}$$

$$m_{t+1}^2=\begin{cases}\beta-0.25\dfrac{\beta(1-\beta)}{\gamma-c_t^2}, & s_{t+1}=0\\[2ex] \beta+0.25\dfrac{\beta(1-\beta)}{\gamma-c_t^2}, & s_{t+1}=1\end{cases}$$

这两个消费者的随机折现因子会相等吗？

f. 证明 $E_t m_{t+1}^1=E_t m_{t+1}^2=\beta$。

2.28　可逆性

单变量随机过程 y_t 有一阶移动平均表示式

$$y_t=\varepsilon_t-2\varepsilon_{t-1} \tag{1}$$

其中 $\{\varepsilon_t\}$ 表示独立同分布过程，其分布为 $N(0,1)$。

a. 证明，ε_t 不能表示成 y_{t-j} 的线性组合，$j\geqslant 0$，其中权重的平方和是有限的。这意味着 ε_t 不在由无限历史 y^t 的平方可积线性组合所张成的空间中。

b. 将等式（1）写成状态空间系统，利用矩阵 A、C、G 表示出来。

c. 利用 Matlab 程序 kfilter. m 计算关于 $\{y_t\}$ 的新息表示。证明 $\{y_t\}$ 的新息表示可表述成

$$y_t=a_t-0.5a_{t-1} \tag{2}$$

其中 $a_t=y_t-E[y_t|y^{t-1}]$ 表示序列不相关过程。计算 a_t 的方差。此方差是大于还是小于 ε_t 的方差呢？

d. 求出下面形式的 $\{y_t\}$ 的自回归表示：

$$y_t=\sum_{j=1}^{\infty}A_jy_{t-j}+a_t \tag{3}$$

其中 $Ea_ty_{t-j}=0$ $(j\geqslant 1)$。[提示：要么利用公式（2），要么记住公式（2.8.3）]。

e. y_t 是马尔可夫的吗？$[y_t\quad y_{t-1}]'$ 是马尔可夫的吗？$[y_t\quad y_{t-1}\quad \cdots\quad y_{t-10}]'$ 是马尔可夫的吗？

f.（额外加分题）证明 ε_t 可以表述成 $y_{t+j}(j\geqslant 1)$ 的平方可积线性组合。

第3章 动态规划

这一章介绍动态规划的基本思想和方法。[①] 本章阐述递归最优化问题的基本要素，描述了被称作贝尔曼方程的重要泛函方程，阐述了求解贝尔曼方程的三种方法，同时给出了本维尼斯特-沙因克曼（Benveniste - Scheinkman）公式来推导最优值函数。下面我们详细研究此问题。

3.1 序列问题

设 $\beta\in(0,1)$为折现因子。我们要选择一个无限“控制”序列 $\{u_t\}_{t=0}^{\infty}$，使

$$\sum_{t=0}^{\infty}\beta^t r(x_t,u_t) \tag{3.1.1}$$

最大化，满足条件 $x_{t+1}=g(x_t,u_t)$，其中 $x_0\in IR^n$ 是给定的。我们假定 $r(x_t,u_t)$是凹函数，并且$\{(x_{t+1},x_t):x_{t+1}\leqslant g(x_t,u_t),u_t\in IR^k\}$是凸紧集。动态规划寻求不随时间变化的策略函数 h，从而将状态变量 x_t 映射到控制变量 u_t 上，以使得从$t=0$时期的初始条件 x_0 开始，通过迭代下述两个函数而得到的序列 $\{u_s\}_{s=0}^{\infty}$解决初始问题：

$$\begin{aligned}u_t&=h(x_t)\\x_{t+1}&=g(x_t,u_t)\end{aligned} \tag{3.1.2}$$

① 写这一章的目的是让读者能很快地使用这种方法。我们希望能激起人们更进一步、更积极地学习此内容的欲望。特别地，参见 Bertsekas（1976），Bertsekas and Shreve（1978），Stokey and Lucas（with Prescott）（1989），Bellman（1957），Chow（1981）。本章包含了很多萨金特（1987b，第1章）著作中的内容。

形如方程组(3.1.2)的解被称为是递归的。为了找出策略函数 h，我们需要知道另一个从任意初始条件 $x\in X$ 开始并显示了原问题的最优值的函数$V(x)$，此函数被定义为值函数。特别地，定义

$$V(x_0)=\max_{\{u_s\}_{s=0}^{\infty}}\sum_{t=0}^{\infty}\beta^t r(x_t,u_t) \tag{3.1.3}$$

再次地，其中最大化问题满足约束 $x_{t+1}=g(x_t,u_t)$，x_0 是给定的。当然，在我们解决问题之前，我们不可能期望$V(x_0)$已知。一旦我们知道 $V(x_0)$，则策略函数 h 能够通过对每一个 $x\in X$ 求解下列问题而计算出来：

$$\max_u\{r(x,u)+\beta V(\tilde{x})\} \tag{3.1.4}$$

其中最大化满足 $\tilde{x}=g(x,u)$，x 是给定的，并且 $\tilde{x}$ 表示下一期的状态。于是，我们已经将寻找最大化（3.1.1）式的无限控制序列的原问题转化为寻找无穷多个形如（3.1.4）式的最大化问题的最优值函数 $V(x)$以及函数 h 的问题——对每一个 x 的值，都有一个最大值问题。这个转换看上去不像一个进步，但我们将看到它往往是一个改进。

这样，我们的任务变成联合求解 $V(x)$、$h(x)$，它们通过下面的贝尔曼方程相联系：

$$V(x)=\max_u\{r(x,u)+\beta V[g(x,u)]\} \tag{3.1.5}$$

方程（3.1.5）右端的最大化解就是满足

$$V(x)=r[x,h(x)]+\beta V\{g[x,h(x)]\} \tag{3.1.6}$$

的策略函数 $h(x)$。方程（3.1.5）或方程（3.1.6）是一对要求解的未知函数 $V(x)$、$h(x)$的泛函方程。

求解贝尔曼方程的方法是建立在数学构造的基础上的，而此数学构造中细节的变化又取决于函数 r 和 g 的精确属性。[①] 所有的这些构造都将包含下面四个性质。在关于 r 和 g 的各种特定假设下，这四个性质可表述为

（1）泛函方程（3.1.5）有唯一的严格凹的解。

（2）随着 $j\to\infty$，从任何有界且连续的初始 V_0 出发对下式进行迭代，都将无限趋近于这个解：

$$V_{j+1}(x)=\max_u\{r(x,u)+\beta V_j(\tilde{x})\}$$

且满足条件 $\tilde{x}=g(x,u)$，x 是给定的。

（3）存在唯一的不随时间变化的最优策略，形式为 $u_t=h(x_t)$，其中，所选择的 h 应最大化方程（3.1.5）的右端。

---

① 存在几种使得最大化问题（3.1.4）可解的不同条件集。其中一种条件集为：（1）r 是凹的并且是有界的，（2）g 产生的约束集合是凸紧集，也就是说，关于可行的 u_t，集合 $\{(x_{t+1},x_t):x_{t+1}\leqslant g(x_t,u_t)\}$是凸的和紧的。参见 Stokey，Lucas and Prescott（1989），Bertsekas（1976），其中阐述了收敛结果的更多细节。参见 Benveniste and Scheinkman（1979），Stokey，Lucas and Prescott（1989），其中阐述了值函数的可微性的结果。在书后附录 A（参见技术附录）中，我们用数学语言描述了关于（r,g）的一组标准的假设。在第 5 章中，我们介绍了（r,g）的另一组假设。

(4) 除去边界点，极限值函数 V 是可微的。

由于值函数是可微的，问题（3.1.4）的一阶必要条件变成[①]

$$r_2(x,u)+\beta V'\{g(x,u)\}g_2(x,u)=0 \tag{3.1.7}$$

如果我们也假定策略函数 $h(x)$ 是可微的，则对表达式（3.1.6）进行微分可以得到[②]

$$\begin{aligned}V'(x)=&r_1[x,h(x)]+r_2[x,h(x)]h'(x)\\&+\beta V'\{g[x,h(x)]\}\{g_1[x,h(x)]+g_2[x,h(x)]h'(x)\}\end{aligned} \tag{3.1.8}$$

当状态和控制均以这样的方式定义，即 u 仅仅出现在转移方程中，也就是 $\tilde{x}=g(u)$ 时，在将表达式（3.1.7）用 $u=h(x)$ 代入（3.1.8）式之后，值函数的导数变成

$$V'(x)=r_1[x,h(x)] \tag{3.1.9}$$

这是本维尼斯特-沙因克曼（1979）公式的形式。

下面我们将描述各种文献所使用的三种主要的计算方法。

□ 3.1.1 三种计算方法

解决动态规划问题有三种主要的计算方法。它们的目的都是求解泛函方程（3.1.4）。

值函数迭代

第一种方法通过构建一系列值函数以及相关策略函数来进行。这一系列函数通过迭代以下方程来建立，迭代开始于 $V_0=0$，并一直进行到 V_j 收敛：

$$V_{j+1}(x)=\max_u\{r(x,u)+\beta V_j(\tilde{x})\} \tag{3.1.10}$$

且满足条件 $\tilde{x}=g(x,u)$，x 是给定的。[③] 这种方法被称为值函数迭代或者贝尔曼方程迭代。

猜测-证明法

第二种方法是猜测方程（3.1.5）的解 V 并加以证明。此方法基于此方程解的唯一性，但由于这种方法依赖于做出准确猜测的运气，因此，它并不是普遍可行的。

霍华德改进算法

第三种方法是大家所知道的策略函数迭代或霍华德改进算法，具体步骤如下：

(1) 选择一个可行的策略，$u=h_0(x)$，并计算与永久采用该策略相关联的值：

$$V_{h_j}(x)=\sum_{t=0}^{\infty}\beta^t r[x_t,h_j(x_t)]$$

其中 $x_{t+1}=g[x_t,h_j(x_t)]$，$j=0$。

(2) 寻找一个新策略 $u=h_{j+1}(x)$，对于每一个 x，它都可以解决如下的两期问题：

---

① 在这里和下面，下标 1 表示相对于 x 分量的导数向量，而下标 2 表示相对于 u 分量的导数向量。

② 本维尼斯特和沙因克曼（1979）已经证明，在广泛条件下，$V(x)$ 的可微性确实不需要 $h(x)$ 是可微的。对于在什么样的条件下 $h(x)$ 是可微的，可参看 Santos（1991，1993）。

③ 参看书后附录 A（参看技术附录）中的泛函分析写明的函数序列收敛的含义是什么。关于对方程（3.1.10）迭代的一致收敛性的证明，已经由书后附录 A 提供。

$$\max_{u}\{r(x,u)+\beta V_{h_j}[g(x,u)]\}$$

(3) 关于 j 重复步骤 1、2 直至收敛。

在书后附录 A（参看技术附录）中，我们讨论了改进算法收敛于贝尔曼方程的解的一些条件。这种策略改进算法的收敛速度通常比值函数迭代更快些（例如，参看本章后面的练习 3.1）。[①] 策略改进算法也是第 23 章中所描述的政府政策的研究方法的有用组成部分。

上述方法中的每一种都有其用处。每一种方法都是“说着容易做起来难”，因为即使只对方程（3.1.10）进行一次迭代，一般来说，也不可能进行解析运算。这个事实把我们推入了利用各种算法来求近似解的领域：仅仅靠笔和纸是不够的。第 4 章将描述一些计算方法，这些方法可以用于解决单靠手工不能解决的那些问题。下面我们将描述一下能够获得解析解的两类特殊问题的第一类。它涉及柯布-道格拉斯约束和对数偏好。在第 5 章中，我们将会描述具有线性约束和二次偏好假定的问题。在这种特殊的情形中，可以获得许多解析的结果。这两类问题在经济学中很重要，因为经常被引为例子和激发近似方法的出现。

□ 3.1.2 柯布-道格拉斯约束，对数偏好

布罗克和米尔曼（Brock and Mirman，1972）使用了下面最优增长的例子。[②] 计划者选择序列 $\{c_t,k_{t+1}\}_{t=0}^{\infty}$，使

$$\sum_{t=0}^{\infty}\beta^t\ln(c_t)$$

最大化，满足约束条件：给定的 k_0 以及转移方程

$$k_{t+1}+c_t=Ak_t^{\alpha} \tag{3.1.11}$$

其中 $A>0$，$\alpha\in(0,1)$，$\beta\in(0,1)$。

通过使用我们前面介绍的三种方法中的任意一种，此问题就能“手工”解决。先从贝尔曼方程的迭代开始，首先令 $v_0(k)=0$，并求解如下的单期问题：在 $c+\tilde{k}=Ak^{\alpha}$ 约束条件下确定能使函数 $\ln(c)$ 最大化的 c。很明显，解是 $c=Ak^{\alpha}$，$\tilde{k}=0$，这样就产生了一个最优值 $v_1(k)=\ln A+\alpha\ln k$。在第二步中，我们得到 $c=\frac{1}{1+\beta\alpha}Ak^{\alpha}$，$\tilde{k}=\frac{\beta\alpha}{1+\beta\alpha}Ak^{\alpha}$，$v_2(k)=\ln\frac{A}{1+\alpha\beta}+\beta\ln A+\alpha\beta\ln\frac{\alpha\beta A}{1+\alpha\beta}+\alpha(1+\alpha\beta)\ln k$。继续下去，并且根据几何数列的代数性质，得到极限策略函数 $c=(1-\beta\alpha)Ak^{\alpha}$，$\tilde{k}=\beta\alpha Ak^{\alpha}$ 以及值函数 $v(k)=(1-\beta)^{-1}\{\ln[A(1-\beta\alpha)]+\frac{\beta\alpha}{1-\beta\alpha}\ln(A\beta\alpha)\}+\frac{\alpha}{1-\beta\alpha}\ln k$。

下面说明如何将猜测-证明法应用到此问题上。既然我们已经知道了答案，我们将猜

① 策略改进算法的快速性与它是牛顿法的应用有关，策略改进算法是二次收敛的，而贝尔曼方程迭代以一个线性速率收敛。参看第 4 章以及书后附录 A（参看技术附录）。

② 也参看 Levhari and Srinivasan（1969）。

测一个正确的函数形式，但让它的系数待定。[①] 于是，我们做出的猜测是

$$v(k)=E+F\ln k \tag{3.1.12}$$

其中 E 和 F 是待定的常数。方程（3.1.12）的左右两边必须对所有的 k 值都相等。对于此猜测，方程（3.1.10）右边的最大化问题的一阶条件意味着最优策略 $\tilde{k}=h(k)$ 满足以下公式，其中 $\tilde{k}$ 表示下一期的资本存量值，k 表示这一期的资本存量值：

$$\tilde{k}=\frac{\beta F}{1+\beta F}Ak^{\alpha} \tag{3.1.13}$$

把方程（3.1.13）代入贝尔曼方程并且令其等于方程（3.1.12）的右端，求解这个 E、F 待定的方程可得：$F=\alpha/(1-\alpha\beta)$，$E=(1-\beta)^{-1}[\ln A(1-\alpha\beta)+\frac{\beta\alpha}{1-\alpha\beta}\ln A\beta\alpha]$。这意味着

$$\tilde{k}=\beta\alpha Ak^{\alpha} \tag{3.1.14}$$

注意，条件 $F=\alpha/(1-\alpha\beta)$ 可看成一个几何和 $\alpha[1+\alpha\beta+(\alpha\beta)^2+\cdots]$。

方程（3.1.14）表明最优策略是让资本根据差分方程 $k_{t+1}=A\beta\alpha k_t^{\alpha}$ 或 $\ln k_{t+1}=\ln A\beta\alpha+\alpha\ln k_t$ 变动。α 小于 1 意味着对于任意正的初始值 k_0，当 t 趋于无穷大时，k_t 收敛。稳定点由 $k_{\infty}=A\beta\alpha k_{\infty}^{\alpha}$ 或 $k_{\infty}^{\alpha-1}=(A\beta\alpha)^{-1}$ 的解给出。

□ 3.1.3 欧拉方程

在很多问题中，状态变量和控制变量的定义并不唯一，并且几种不同的定义都可导出问题的相同解。

当状态与控制均可以这样定义，即以 u 仅仅出现在转移方程中的方式，也就是 $\tilde{x}=g(u)$ 来定义时，贝尔曼方程［表达式（3.1.7）］的右侧问题的一阶条件，连同本维尼斯特-沙因克曼公式［表达式（3.1.9）］一起蕴含着

$$r_2(x_t,u_t)+\beta r_1(x_{t+1},u_{t+1})g'(u_t)=0,\quad x_{t+1}=g(u_t)$$

上述第一个方程被称为欧拉方程。在具体求解时，由第二个等式可将 u_t 表示成 x_{t+1} 的函数，利用此关系可消去第一个方程中的 u_t，从而得到一个关于 x_t 的二阶差分方程，这是因为消去 u_{t+1} 将产生 x_{t+2}。

□ 3.1.4 欧拉方程的一个例子

考虑作为欧拉方程的例子的拉姆齐问题，即选择 $\{c_t,k_{t+1}\}_{t=0}^{\infty}$ 使 $\sum_{t=0}^{\infty}\beta^t u(c_t)$ 最大化，满足约束 $c_t+k_{t+1}=f(k_t)$，其中 k_0 是给定的，并且单期效用函数满足 $u'(c)>0$，$u''(c)<0$，$\lim_{c_t\to 0}u'(c_t)=\infty$；$f'(k)>0$，$f''(k)<0$。设状态变量是 k，控制变量是 $\tilde{k}$，其中 $\tilde{k}$ 表示下一期的 k 值。把 $c=f(k)-\tilde{k}$ 代入效用函数并且把贝尔曼方程表示为

$$v(k)=\max_{\tilde{k}}\{u[f(k)-\tilde{k}]+\beta v(\tilde{k})\} \tag{3.1.15}$$

---

① 这种方法被称为待定系数法。

应用本维尼斯特-沙因克曼公式得到

$$v'(k)=u'[f(k)-\tilde{k}]f'(k) \tag{3.1.16}$$

注意，方程（3.1.15）右边最大化问题的一阶条件是$-u'[f(k)-\tilde{k}]+\beta v'(\tilde{k})=0$，在此条件中使用方程（3.1.16）得到

$$u'[f(k)-\tilde{k}]=\beta u'[f(\tilde{k})-\hat{k}]f'(\tilde{k}) \tag{3.1.17}$$

其中$\hat{k}$表示k的前两个时期的值。方程（3.1.17）能被表示为

$$1=\beta\frac{u'(c_{t+1})}{u'(c_t)}f'(k_{t+1})$$

这是一个欧拉方程，它被广泛地应用在财政学、增长理论以及实际经济周期理论中。

3.2 随机控制问题

我们现在考虑修正问题（3.1.1）以允许不确定性存在。从本质上来说，我们将在先前的非随机问题中的适当位置添加一些扰动。只要这些扰动是独立同分布的或者具有马尔可夫性质，直接修改处理非随机问题的方法就仍然有效。

我们修改转移方程并考虑最大化问题

$$E_0\sum_{t=0}^{\infty}\beta^t r(x_t,u_t),0<\beta<1 \tag{3.2.1}$$

满足

$$x_{t+1}=g(x_t,u_t,\varepsilon_{t+1}) \tag{3.2.2}$$

x_0已知且在$t=0$时给定，其中ε_t是一个独立同分布的随机变量序列，对于所有t，这些随机变量具有累积概率分布函数$\text{Prob}\{\varepsilon_t\leqslant e\}=F(e)$；$E_t(y)$表示一个随机变量$y$在给定$t$时刻信息的数学期望。在$t$时刻，$x_t$被假定为已知，但$x_{t+j}(j\geqslant 1)$在$t$时刻是未知的。也就是说，在对$t$时刻的$u_t$做出选择后，$t+1$时刻的$\varepsilon_{t+1}$才被认识到。在问题（3.2.1）～问题（3.2.2）中，通过假定x_t遵循一个随机差分方程引入了不确定性。

由于关于(x_t,u_t)的目标函数（3.2.1）的加性可分以及转移方程（3.2.2）的差分方程特征，问题（3.2.1）～问题（3.2.2）仍旧具有一个递归的结构。特别地，日期为t的控制会影响$s\geqslant t$的收益$r(x_s,u_s)$，但不影响之前的收益。这意味着动态规划方法仍旧是适用的。

此问题要求选择一个满足方程（3.2.2）的“策略”或“应变计划”$u_t=h(x_t)$来最大化表达式（3.2.1）。贝尔曼方程（3.1.5）变为

$$V(x)=\max_u\{r(x,u)+\beta E[V[g(x,u,\varepsilon)]|x]\} \tag{3.2.3}$$

其中$E\{V[g(x,u,\varepsilon)]\mid x\}=\int V[g(x,u,\varepsilon)]\mathrm{d}F(\varepsilon)$，$V(x)$是从$t=0$时的$x$开始的问题的

最优值。方程（3.2.3）的解 $V(x)$ 可以通过迭代下式解出：

$$V_{j+1}(x)=\max_{u}\{r(x,u)+\beta E[V_j[g(x,u,\varepsilon)]|x]\} \tag{3.2.4}$$

此迭代可开始于任意有界连续的初始值 V_0。在各种具体的正则性条件下，可以得到先前所列出的四个性质或其变形。①

方程（3.2.3）右端问题的一阶必要条件是

$$r_2(x,u)+\beta E\{V'[g(x,u,\varepsilon)]g_2(x,u,\varepsilon)|x\}=0$$

此式可简单地通过微分方程（3.2.3）的右端得到，并且此微分运算可直接在期望算子 E（一个积分）之下进行。除了边界点之外，值函数满足

$$\begin{aligned}V'(x)=&r_1[x,h(x)]+r_2[x,h(x)]h'(x)\\&+\beta E\{V'\{g[x,h(x),\varepsilon]\}\{g_1[x,h(x),\varepsilon]\\&+g_2[x,h(x),\varepsilon]h'(x)\}|x\}\end{aligned}$$

当状态和控制可以这样定义，即 x 不出现在转移方程中时，$V'(x)$ 的公式变为

$$V'(x)=r_1[x,h(x)]$$

把此公式代入问题的一阶必要条件中，就得到了随机欧拉方程

$$r_2(x,u)+\beta E[r_1(\tilde{x},\tilde{u})g_2(x,u,\varepsilon)|x]=0$$

其中 $\tilde{x}$ 和 $\tilde{u}$ 表示下一个时期的值。

3.3 结束语

本章提供了基本的工具和研究结果：贝尔曼方程以及求解它的几个方法，欧拉方程以及本维尼斯特-沙因克曼公式。要想更好地理解并且确认这些工具的威力，需要比我们目前所提供的更多篇幅的内容和练习。在下面的几章中，我们把这些基本工具应用到不同的收益函数和转移方程的具体形式中，来展示贝尔曼方程进行深入分析和计算的能力。

3.4 练习

3.1 霍华德策略迭代算法

考虑一下布罗克-米尔曼问题：最大化

$$E_0\sum_{t=0}^{\infty}\beta^t\ln c_t$$

① 参看 Stokey and Lucas（with Prescott）(1989)，或者本书关于泛函分析的书后附录 A（参看技术附录）中提出的框架。

满足 $c_t+k_{t+1}\leqslant Ak_t^\alpha\theta_t$，$k_0$ 给定，$A>0$，$1>\alpha>0$，$\{\theta_t\}$ 是一个独立同分布的序列且 $\ln\theta_t$ 服从一个均值为 0、方差为 σ^2 的正态分布。

考虑以下算法。对任意常数 $h_0\in(0,1)$，推测一个形式为 $k_{t+1}=h_0(Ak_t^\alpha\theta_t)$ 的策略。然后形成

$$J_0(k_0,\theta_0)=E_0\sum_{t=0}^{\infty}\beta^t\ln(Ak_t^\alpha\theta_t-h_0Ak_t^\alpha\theta_t)$$

接着通过最大化下式选择一个新的策略 h_1：

$$\ln(Ak^\alpha\theta-k')+\beta EJ_0(k',\theta')$$

此处 $k'=h_1AK^\alpha\theta$。然后形成

$$J_1(k_0,\theta_0)=E_0\sum_{t=0}^{\infty}\beta^t\ln(Ak_t^\alpha\theta_t-h_1Ak_t^\alpha\theta_t)$$

继续迭代这个方案，直到连续的 h_j 收敛为止。

请说明对于本例，这个算法一步就收敛到最优函数。

第 4 章 动态规划的实际应用

4.1 维数限制

我们经常会碰到一些对贝尔曼方程进行迭代不能获得闭式解的问题。于是我们就不得不采用一些数值逼近。这一章我们描述两种获得数值逼近的流行方法。第一种方法是通过规定状态向量处于一个有限且离散的格点上来替换初始问题，然后运用离散动态规划来求解。“维数限制”要求我们保持离散状态空间中的点数相对较小。第二种方法使用多项式来逼近值函数。贾德（1998）的研究对动态经济模型数值分析有很好的参考意义，它包含了很多关于计算动态模型的方法的创见。

4.2 状态空间的离散化

我们通过对最优储蓄问题的一种特殊的离散状态的描述来介绍状态空间离散化的方法。一个无限存活的家庭消费一种商品，这种商品可以通过使用劳动收入或者积累的储蓄来获得。在 t 时期，家庭有 s_t 的劳动禀赋，它服从一个具有转移矩阵 $\mathscr{P}$ 和状态空间 $[\bar{s}_1,\bar{s}_2,\cdots,\bar{s}_m]$ 的 m 个状态的马尔可夫链。如果在 t 时期过程的实现值为 $\bar{s}_i$，则 t 时期家庭可获得数量为 $w\bar{s}_i$ 的劳动收入。工资 w 是随时间不变的。我们有时会假定 m 等于 2，s_t 在失业状态时是 0，在就业状态时是 1。在这种情况下，w 被解释为就业工人的工资。

家庭可以选择持有离散数量 $a_t\in\mathscr{A}$ 的单一资产，其中 $\mathscr{A}$ 是一个格点 $[a_1<a_2<\cdots<a_n]$。

模型的构建者怎样选择格点 $\mathscr{A}$ 的终结点很重要，就如我们将在第 18 章中详细描述的不完全市场模型一样。在整个时期中，资产具有一个固定的总收益率 r。

在（w,r）的值以及初始值（a_0,s_0）给定的情况下，家庭的最大化问题是为 $\{a_{t+1}\}_{t=0}^{\infty}$ 选择一种策略以最大化

$$E\sum_{t=0}^{\infty}\beta^t u(c_t) \tag{4.2.1}$$

它满足条件

$$\begin{aligned}&c_t+a_{t+1}=(r+1)a_t+ws_t\\&c_t\geqslant 0\\&a_{t+1}\in\mathscr{A}\end{aligned} \tag{4.2.2}$$

其中 $\beta\in(0,1)$ 表示一个折现因子，r 是资产的固定收益率。我们假定 $\beta(1+r)<1$。$u(c)$ 是一个单期的严格递增的凹函数。与此问题相联系的贝尔曼方程是

$$v(a,s)=\max_{a'\in\mathscr{A}}\{u[(r+1)a+ws-a']+\beta Ev(a',s')|s\}$$

其中 a' 是所持有资产的下一期值，s' 是下一期的扰动值，$v(a,s)$ 是从资产以及就业的状态 (a,s) 开始的目标函数的最优值。我们寻求满足方程（18.2.3）的一个值函数，以及一个相应的策略函数 $a'=g(a,s)$，该策略函数把这一期的 (a,s) 映射代入下一期的资产的最优选择中。令资产在格点 $\mathscr{A}$ $[a_1,a_2,\cdots,a_n]$ 上，则我们可以将贝尔曼方程写作，对于每一个 $i\in[1,\cdots,n]$ 和每一个 $j\in[1,\cdots,m]$，有

$$v(a_i,\bar{s}_j)=\max_{a_h\in\mathscr{A}}\{u[(r+1)a_i+w\bar{s}_j-a_h]+\beta\sum_{l=1}^{m}\mathscr{P}_{jl}v(a_h,\bar{s}_l)\} \tag{4.2.3}$$

4.3 记账

对于小规模的离散状态空间，通过矩阵运算，很容易用数值求解贝尔曼方程。问题是怎样编写一个计算机程序来迭代前面所述的资产累积模型中描述的贝尔曼方程。① 令资产有 n 个状态 $[a_1,a_2,\cdots,a_n]$，就业状况有两个状态 $[s_1,s_2]$。对于 $j=1$，2，定义 $n\times 1$ 的向量 v_j，其第 i 行由 $v_j(i)=v(a_i,s_j)$，$i=1,\cdots,n$ 确定。令 $\mathbf{1}$ 是一个完全由 1 组成的 $n\times 1$的向量。对于 $j=1$，2，定义两个 $n\times n$ 的矩阵 R_j，其第 (i,h) 个元素是

$$R_j(i,h)=u[(r+1)a_i+ws_j-a_h],\ i=1,\cdots,n,\ h=1,\cdots,n$$

定义一个算子 $T([v_1,v_2])$，此算子把一对向量 $[v_1,v_2]$ 映射到另一对向量 $[tv_1,$

① 汉森（Hansen），伊姆罗霍洛格鲁（İmrohoroḡlu），霍尔（Hall）以及曹伟（Chao Wei）给出了一个 Matlab 版本的程序。

tv_2] 上[①]：

$$tv_j(i)=\max_h\{R_j(i,h)+\beta\mathscr{P}_{j1}v_1(h)+\beta\mathscr{P}_{j2}v_2(h)\}$$

其中 $j=1,2$，或者

$$\begin{aligned}tv_1&=\max\{R_1+\beta\mathscr{P}_{11}\mathbf{1}v_1'+\beta\mathscr{P}_{12}\mathbf{1}v_2'\}\\tv_2&=\max\{R_2+\beta\mathscr{P}_{21}\mathbf{1}v_1'+\beta\mathscr{P}_{22}\mathbf{1}v_2'\}\end{aligned}\tag{4.3.1}$$

我们可以这样理解上式，即把"最大化"算子应用到一个 $n\times m$ 的矩阵 M 上就得到了一个 $n\times 1$ 的向量，此向量的第 i 个元素是矩阵 M 第 i 行中最大的那个元素。上述两个方程可被简洁地写为

$$\begin{bmatrix}tv_1\\tv_2\end{bmatrix}=\max\left\{\begin{bmatrix}R_1\\R_2\end{bmatrix}+\beta(\mathscr{P}\otimes\mathbf{1})\begin{bmatrix}v_1'\\v_2'\end{bmatrix}\right\}\tag{4.3.2}$$

其中⊗表示克罗奈克（Kronecker）乘积。[②]

贝尔曼方程 $[v_1 v_2]=T([v_1,v_2])$可以通过迭代

$$[v_1,v_2]_{m+1}=T([v_1,v_2]_m)$$

直至收敛而求解出来。

4.4 霍华德改进算法的应用

计算的速度往往是很重要的。练习 3.1 表示策略改进算法比贝尔曼方程迭代要快得多。在当前的设置下，应用霍华德改进算法也很容易。在 t 时刻，系统处于 N 个前定(predetermined) 状态中的一个，这 N 个状态表示为 x_i，$i=1,2,\cdots,N$。同时存在 $N\times N$ 的随机矩阵 P 的一个前定集 $\mathscr{M}$，它是选择的目标。其中 $P_{ij}=\text{Prob}[x_{t+1}=x_j\mid x_t=x_i]$，$i=1,\cdots,N$；$j=1,\cdots,N$。

矩阵 P 满足 $P_{ij}\geqslant 0$，$\sum_{j=1}^N P_{ij}=1$ 以及前述问题中用于决定 $\mathscr{M}$ 的一些额外的限制。单期的收益函数记为 c_P，这是长度为 N 的一个向量，也是关于 P 的一个函数。c_P 的第 i 个分量表示当系统的状态是 x_i、转移矩阵是 P 时的单期收益。贝尔曼方程是

$$v_P(x_i)=\max_{P\in\mathscr{M}}\{c_P(x_i)+\beta\sum_{j=1}^N P_{ij}v_P(x_j)\}$$

或者

① 像 Gauss 和 Matlab 那样的编程语言对向量的最大化运行的操作是非常有效的。比如说，对于一个 $n\times m$ 的矩阵 A，Matlab 命令 `[r,index]=max(A)` 返回了两行 $1\times m$ 的向量 r，index，其中$r_j=\max_i A(i,j)$，index_j 是从矩阵 $\max_i A(i,j)$第 j 列得到行号 i [也就是说，$\text{index}_j=\text{argmax}_i A(i,j)$]。此命令同时执行了 m 个最大化过程。

② 如果 A 表示 $m\times n$ 的矩阵，B 表示 $p\times q$ 的矩阵，则克罗奈克乘积 $A\otimes B$ 是 $mp\times nq$ 的矩阵，即$A\otimes B=\begin{bmatrix}a_{11}B & \cdots & a_{1n}B\\ \vdots & \ddots & \vdots\\ a_{m1}B & \cdots & a_{mn}B\end{bmatrix}$。

$$v_P=\max_{P\in\mathcal{M}}\{c_P+\beta Pv_P\} \tag{4.4.1}$$

我们可以把上式表示为

$$v_P=Tv_P$$

其中 T 是由（4.4.1）式右端所定义的算子。按照普特曼和布鲁米尔（Putterman and Brumelle，1979）以及普特曼和申（Putterman and Shin，1978）的方法，定义算子

$$B=T-I$$

因而

$$Bv=\max_{P\in\mathcal{M}}\{c_P+\beta Pv\}-v$$

如果用算子 B 来表示，则贝尔曼方程为

$$Bv=0 \tag{4.4.2}$$

策略改进算法包括下面两个步骤的迭代：

（1）对于给定的 P_n，对 v_{P_n} 求解：

$$(I-\beta P_n)v_{P_n}=c_{P_n} \tag{4.4.3}$$

（2）找出 P_{n+1}，使得

$$c_{P_{n+1}}+(\beta P_{n+1}-I)v_{P_n}=Bv_{P_n} \tag{4.4.4}$$

步骤 1 可以通过设定

$$v_{P_n}=(I-\beta P_n)^{-1}c_{P_n} \tag{4.4.5}$$

来完成。

步骤 2 的目的是要找出一个策略函数（即一个随机矩阵 $P_{n\times 1}\in\mathcal{M}$）来求解以 v_{P_n} 作为最终值函数的两期问题。

根据普特曼和布鲁米尔，策略改进算法可以被解释为寻找 $Bv=v$ 的零点的牛顿法的另一种表述。对应于 $n+1$，使用方程（4.4.3）来消去方程（4.4.4）中的 $c_{P_{n+1}}$，就得到

$$(I-\beta P_{n+1})v_{P_{n+1}}+(\beta P_{n+1}-I)v_{P_n}=Bv_{P_n}$$

这意味着

$$v_{P_{n+1}}=v_{P_n}+(I-\beta P_{n+1})^{-1}Bv_{P_n} \tag{4.4.6}$$

根据方程（4.4.4），$\beta P_{n+1}-I$ 可以被认为是 Bv_{P_n} 的梯度，这支持了方程（4.4.6）是牛顿法的一种表述的解释。①

4.5 数值方法

我们将通过把它应用于储蓄例子中来阐述霍华德策略改进算法。考虑一个可行的策

① 找出 $G(z)=0$ 的解的牛顿法是：迭代 $z_{n+1}=z_n-G'(z_n)^{-1}G(z_n)$。

略函数 $a'=g(k,s)$。对于每一个 j，定义 $n\times n$ 的矩阵 J_j：

$$J_j(a,a')=\begin{cases}1, & g(a,s_j)=a'\\ 0, & \text{其他}\end{cases}$$

这里 $j=1,2,\cdots,m$，其中 m 是 s_t 的可能值的个数，$J_j(a,a')$是 J_j 中行对应于资产初值 a、列对应于资产终值 a'的元素。对于一个给定的策略函数 $a'=g(a,s)$，定义 $n\times1$ 的向量 r_j，它的行是

$$r_j(a)=u[(r+1)a+ws_j-g(a,s_j)] \tag{4.5.1}$$

其中 $j=1,\cdots,m$。

假定策略函数 $a'=g(a,s)$ 是永久使用的。与 $g(a,s)$ 的永久使用相对应的值用 m 个 $n\times1$ 的向量 $[v_1,\cdots,v_m]$ 来表示，其中 $v_j(a_i)$ 是开始于状态 (a_i,s_j) 的值。假定 $m=2$，向量 $[v_1,v_2]$ 满足

$$\begin{bmatrix}v_1\\ v_2\end{bmatrix}=\begin{bmatrix}r_1\\ r_2\end{bmatrix}+\begin{bmatrix}\beta\mathscr{P}_{11}J_1 & \beta\mathscr{P}_{12}J_1\\ \beta\mathscr{P}_{21}J_2 & \beta\mathscr{P}_{22}J_2\end{bmatrix}\begin{bmatrix}v_1\\ v_2\end{bmatrix}$$

则

$$\begin{bmatrix}v_1\\ v_2\end{bmatrix}=\left[I-\beta\begin{pmatrix}\mathscr{P}_{11}J_1 & \mathscr{P}_{12}J_1\\ \mathscr{P}_{21}J_2 & \mathscr{P}_{22}J_2\end{pmatrix}\right]^{-1}\begin{bmatrix}r_1\\ r_2\end{bmatrix} \tag{4.5.2}$$

下面是霍华德策略改进算法的执行过程：

步骤 1. 对于一个初始可行的策略函数 $g_T(a,j)$，$T=1$，利用（4.5.1）式构造 r_j 矩阵，然后利用（4.5.2）式来计算永久使用该策略所蕴含的向量值 $[v_1^T,v_2^T]$。

步骤 2. 使用 $[v_1^T,v_2^T]$ 作为方程（4.3.2）的终值向量，并且对于 $T+1=2$ 使用一次贝尔曼方程来找出一个新的策略函数 $g_{T+1}(a,s)$。使用此策略函数，更新 T，并且重复步骤 1。

步骤 3. 按步骤 1 和步骤 2 迭代直至收敛。

□ 4.5.1 修正的策略迭代

研究人员已经成功地使用了以下策略迭代的修正方法：对于 $k\geqslant2$，k 次迭代贝尔曼方程。利用所得策略函数和方程（4.5.2）来建立一个备选的值函数，然后从这个终值函数开始，对贝尔曼方程实行另一个 k 重迭代。继续此过程直到决策规则收敛。

4.6 贝尔曼方程的例子

这一部分讨论一些例子。最前面的两个例子不涉及最优化，只是计算折现期望效用。第 6 章的附录 A 描述了一些建立在搜寻理论基础上的相关例子。

□ 4.6.1 例1：计算期望效用

假定单期的效用函数具有常数相对风险厌恶形式 $u(c)=c^{1-\gamma}/(1-r)$。假定 $c_{t+1}=\lambda_{t+1}c_t$，并且$\{\lambda_t\}$是一个 n 个状态的马尔可夫过程，其转移矩阵为 $P_{ij}=\text{Prob}(\lambda_{t+1}=\bar{\lambda}_j\mid\lambda_t=$

$\bar{\lambda}_i$)。假定我们要计算折现期望效用

$$V(c_0,\lambda_0)=E_0\sum_{t=0}^{\infty}\beta^t u(c_t) \tag{4.6.1}$$

其中 $\beta\in(0,1)$。我们可以递归地把此方程表示为

$$V(c_t,\lambda_t)=u(c_t)+\beta E_t V(c_{t+1},\lambda_{t+1}) \tag{4.6.2}$$

我们使用猜测-证明法来求解方程（4.6.2）中的 $V(c_t,\lambda_t)$。对于某函数 $w(\lambda_t)$，猜测 $V(c_t,\lambda_t)=u(c_t)w(\lambda_t)$。把猜测结果代入方程（4.6.2），两边再同除以 $u(c_t)$，并且重新整理，就可以得到

$$w(\lambda_t)=1+\beta E_t\left(\frac{c_{t+1}}{c_t}\right)^{1-\gamma}w(\lambda_{t+1})$$

即

$$w_i=1+\beta\sum_j P_{ij}(\lambda_j)^{1-\gamma}w_j \tag{4.6.3}$$

方程（4.6.3）是关于 $w_i(i=1,\cdots,n)$ 的线性方程组，它的解可以表示为

$$w=[1-\beta P\,\mathrm{diag}(\lambda_1^{1-\gamma},\cdots,\lambda_n^{1-\gamma})]^{-1}\cdot\mathbf{1}$$

其中 $\mathbf{1}$ 是由 1 组成的 $n\times 1$ 的向量。

□ 4.6.2 例2：风险-敏感性偏好

假定我们把先前例子的偏好修改为递归形式：

$$V(c_t,\lambda_t)=u(c_t)+\beta\mathscr{R}_t V(c_{t+1},\lambda_{t+1}) \tag{4.6.4}$$

其中

$$\mathscr{R}_t(V)=\left(\frac{2}{\sigma}\right)\log E_t\left[\exp\left(\frac{\sigma V_{t+1}}{2}\right)\right] \tag{4.6.5}$$

这是雅各布森（Jacobson，1973）、惠特尔（Whittle，1990）以及汉森和萨金特（1995）为了引起对错误设定的模型的稳健性的关注而使用的一个算子。[①] 这里 $\sigma\leqslant 0$。当 $\sigma<0$ 时，它代表了对模型错误设定的一个关注，或者是代表了对风险的一个额外的敏感性。

我们将提出一种方法来计算一个解出泛函方程（4.6.4）的值函数的近似值的任务留给读者。（提示：例 1 使用的方法将不能直接应用，因为这里所利用的同质性已经不流行了。）

□ 4.6.3 例3：经济周期的成本

小罗伯特·E. 卢卡斯（1987）提出，可以根据那些使得代表性消费者在他的随机消费配置和具有同样均值的一个非随机消费配置之间无差异的消费过程的成比例上移来度量经济周期的成本。对经济周期的这种度量记为 Ω，它满足

① 也可以参见 Epstein and Zin（1989）、Weil（1989），其中介绍了 $\mathscr{R}_t$ 算子的一种形式。

$$E_0\sum_{t=0}^{\infty}\beta^t u[(1+\Omega)c_t]=\sum_{t=0}^{\infty}\beta^t u[E_0(c_t)] \tag{4.6.6}$$

假定效用函数和消费过程与例 1 中的一样，则对于给定的 Ω，例 1 中的计算过程能用来计算方程（4.6.6）的左端。特别地，左端刚好等于 $u[(1+\Omega)c_0]w(\lambda)$，其中 $w(\lambda)$ 是从方程（4.6.3）中计算出来的。为了计算方程的右边，我们不得不估计

$$E_0 c_t = c_0 \sum_{\lambda_t,\cdots,\lambda_1}\lambda_t\lambda_{t-1}\cdots\lambda_1\pi(\lambda_t|\lambda_{t-1})\pi(\lambda_{t-1}|\lambda_{t-2})\cdots\pi(\lambda_1|\lambda_0) \tag{4.6.7}$$

其中，求和意味着包含 0 和 t 之间的所有可能的增长率路径。在 λ_t 独立同分布的情况下，此表达式可简化为

$$E_0 c_t=c_0(E\lambda)^t \tag{4.6.8}$$

其中 $E\lambda_t$ 是 λ 的无条件均值。在方程（4.6.8）的条件下，方程（4.6.6）的右端很容易计算。

给定 γ、π，计算经济周期的成本——更精确地说，背离平均趋势的成本——的第一步是计算方程（4.6.6）的右端。然后我们从以下方程求解 Ω：

$$u[(1+\Omega)c_0]w(\lambda_0)=\sum_{t=0}^{\infty}\beta^t u[E_0(c_t)]$$

使用一个紧密相关但又有些不同的随机设定，卢卡斯（1987）计算了 Ω。他假定禀赋是一个增长率为 μ 的几何级数加上一个期望为零、方差为 σ_z^2 的独立同分布的随机扰动。从一个基础值 $\mu=\mu_0$ 开始，假定各种各样的 γ 值是在他认为的一个合理的范围之内①，他发现 μ、σ_z 对家庭来说是无差异的。卢卡斯发现，对于合理的 γ 值，即使是为了补偿一个"周期性噪声" σ_z 的显著增长，趋势增长率 μ 也只需要做一个很小的调整。这意味着经济周期波动的成本是很小的。

之后的研究者已经研究了其他的偏好设定是怎样影响成本计算的。塔拉利尼（Tallarini，1996，2000）使用了例 2 中所描述的偏好并且发现，当参数被核准以匹配资产价格数据时，经济周期的成本较大。汉森、萨金特和塔拉利尼（1999）以及阿尔瓦雷斯和耶尔曼（1999）考虑了对经济周期成本的其他度量方式，并且提供了方法把它们和第 14 章中将要研究的证券溢价难题联系在一起。

4.7 多项式逼近

贾德（1998）给出了一种方法来迭代贝尔曼方程，此方法使用了一个多项式来逼近值函数并用了数值优化器来执行每一步迭代的最优化。我们在后面的一个特殊问题中讨论贝尔曼方程时将会介绍这种方法。

在第 20 章中，我们将会研究霍佩海恩和尼科利尼（Hopenhayn and Nicolini，1997）

① 关于 γ 的合理值的讨论参见第 14 章。参见 Manuelli and Sargent（1988），该文献对卢卡斯的计算作了修正。

关于最优失业保险的模型，计划者希望在提供激励给失业工人以搜寻新工作的同时，也部分地为搜寻过程中的坏运气提供保险。计划者希望在以最小的成本向失业工人提供折现的期望效用 V 的同时，也对搜寻工作提供正确的激励，霍佩海恩和尼科利尼证明，最小成本 $C(V)$ 满足如下贝尔曼方程：

$$C(V)=\min_{V^u}\{c+\beta[1-p(a)]C(V^u)\} \tag{4.7.1}$$

其中 c、a 由

$$c=u^{-1}[\max(0,V+a-\beta\{p(a)V^e+[1-p(a)]V^u\})] \tag{4.7.2}$$

和

$$a=\max\left\{0,\frac{\log[r\beta(V^e-V^u)]}{r}\right\} \tag{4.7.3}$$

给定。这里 V 是一个保险公司对一个失业工人承诺的一个折现值，V^u 是一个保险公司对工人所承诺的此工人在下一期仍旧失业时的值，$1-p(a)$ 是工人在其寻找工作的努力程度为 a 的情况下仍旧失业的概率，而 c 是此工人的消费水平。霍佩海恩和尼科利尼假定 $p(a)=1-\exp(ra)$，$r>0$。

□ 4.7.1 推荐的计算策略

为了逼近贝尔曼方程（4.7.1）的一个解，我们使用贾德（1996，1998）所描述的一个计算程序。此方法使用了一个多项式来逼近 $C(V)$ 的第 i 次迭代 $C_i(V)$。此多项式在计算机中只存储 $n+1$ 个系数。在每一步迭代中，贝尔曼方程将会在函数的少量的 $m\geqslant n+1$ 个关于 V 的值上被求解。在这些特殊的 V 值上，此程序给出了值函数 $C_i(V)$的第 i 次迭代的值。然后我们插值(或"连接各个点")以得到连续函数 $C_i(V)$。用此近似值 $C_i(V)$ 来替代方程（4.7.1）中的 $C(V)$，我们把方程（4.7.1）右端的最小化问题转化为一个数值最小化问题。像 Matlab 和 Gauss 那样的程序语言中有很容易使用的算法可以处理最小化多变量连续函数的问题。我们为每一个 V 的结点值求解一个这样的数值最小化问题。这样就得到这些结点值上的最优值 $C_{i+1}(V)$。然后我们就添加结点以得到 $C_{i+1}(V)$。我们在此方案下进行迭代直至收敛。在给出算法的总结之前，我们要对切比雪夫多项式提供一个简单的描述。

□ 4.7.2 切比雪夫多项式

假定 n 是一个非负的整数，并且 $x\in IR$，则 n 次切比雪夫多项式被定义为

$$T_n(x)=\cos(n\cos^{-1}x) \tag{4.7.4}$$

给定系数 $c_j(j=0,\cdots,n)$，n 阶的切比雪夫多项式的逼近是

$$C_n(x)=c_0+\sum_{j=1}^{n}c_jT_j(x) \tag{4.7.5}$$

关于单变量 $x\in[-1,1]$，给定一个实函数 f。为了计算的目的，我们需要给出其形如式（4.7.5）的 f 的一个逼近。注意，我们可以简单地通过$n+1$ 个系数 $c_j(j=0,\cdots,n)$

来表示此近似式。为了得到此逼近式，我们在 $n+1$ 个仔细选择的点上为 $f(x)$ 赋值，然后用最小二乘法来计算方程（4.7.5）中的 c_j。因而，为了在有单个变量 $x\in[-1,1]$ 的函数中插入结点，贾德（1996，1998）建议在 $m\geqslant n+1$ 个点 x_k 上为函数赋值，其中 $k=1,\cdots,m$，并且

$$x_k=\cos\left(\frac{2k-1}{2m}\pi\right),\quad k=1,\cdots,m \tag{4.7.6}$$

这里 x_k 是切比雪夫多项式在 $[-1,1]$ 上的第 k 个零点。给定 $m\geqslant n+1$ 个 $f(x_k)$ 值，$k=1,\cdots,m$，选择 c_j 的最小二乘值：

$$c_j=\frac{\sum_{k=1}^{m}f(x_k)T_j(x_k)}{\sum_{k=1}^{m}T_j(x_k)^2},\quad j=0,\cdots,n \tag{4.7.7}$$

□ 4.7.3 算法：总结

总的来说，应用到霍佩海恩-尼科利尼模型中的数值计算程序由以下几步组成：

（1）选择 V^u 的上限和下限，使得 V 和 V^u 可被理解为处于区间 $[\underline{V}^u,\bar{V}^u]$ 内。特别地，令 $\bar{V}^u=V^e-\frac{1}{\beta p'(0)}$，此界限的选择要求保证寻找工作的努力是正的，这将在第 20 章中计算。令 $\underline{V}^u=V_{rmaut}$。

（2）选择逼近的阶数 n，一个切比雪夫多项式以及 $m\geqslant n+1$ 个结点或格点。

（3）根据（4.7.6）式找出切比雪夫多项式在 $[-1,1]$ 上的 m 个零点。

（4）通过改变比例使得 z_i 对应到 $[\underline{V}^u,\bar{V}^u]$ 上的点 V_l^u。

（5）选择切比雪夫多项式中的 $n+1$ 个系数的初始值，比如说，$c_j=0,\cdots,n$。使用这些系数来定义迭代次数 $i=0$ 时的函数 $C_i(V^u)$。

（6）计算函数 $\widetilde{C}_i(V)\equiv c+\beta[1-p(a)]C_i(V^u)$，其中 c、a 作为 (V,V^u)的函数可从方程（4.7.2）和方程（4.7.3）中得到。此计算建立在 $u(c)$、$p(a)$以及 β 的函数形式和参数值上。

（7）对于每一个 V_l^u 点，使用一个数值最小化程序来寻找

$$C_{i+1}(V_l^u)=\min_{V^u}\widetilde{C}_i(V_u)$$

（8）使用 $C_{j+1}(V_l^u)$的 m 个值，再通过运用最小二乘［公式（4.7.7）］计算出切比雪夫多项式中的新的系数值。回到第 5 步，重复此过程直到收敛。

□ 4.7.4 保形样条函数

贾德（1998）指出，因为不能一直都保证凹性，所以用切比雪夫多项式来逼近值函数会产生问题。他建议使用舒马克（Schumaker）二次保形样条函数。此函数确保了迭代贝尔曼方程的最大化步骤中的目标是凹的和可微的（Judd，1998，p. 441）。使用舒马克的样条函数避免了其他多项式逼近方法中出现的结间振荡。确切的内插值程序可参见贾德（1998，p. 233）。一个个数相对较少的结点常常就足够了。贾德和索尼克（Judd and Solnick，1994）发现，在讨论确定性最优增长问题上此方法优于线性插值法和离散状态

逼近方法。[①]

4.8 结束语

本章描述了用来近似求解动态规划问题的三种数值方法中的两种：离散状态空间法和使用多项式来逼近值函数。下一章介绍第三种方法，即使问题具有一个二次收益函数和线性转移方程的方法。做出严格的线性二次假定的一个好处在于，随机线性微分更容易处理，从而使得求解动态规划问题变容易了。

① Matlab 程序 schumaker. m 是由斯坦福大学的莱昂纳多·雷森德（Leonardo Rezende）写出来的，它可以被用来计算样条函数。Matlab 命令 ppval 可为样条赋值。

第 5 章 线性二次动态规划

5.1 引言

本章阐述一种类型的动态规划问题，其中收益函数是二次函数，转移函数是线性的。这种设定可以导出广泛运用的最优线性调节器问题，为的是可以快速地通过线性代数求解贝尔曼方程。我们考虑收益函数和转移函数都是时不变的特殊情况，虽然当允许它们是关于时间的确定性函数时，它们在数学上几乎是一样的。

对于我们来说，线性二次动态规划存在两个用途。第一个用途是，学习线性理性预期模型的最优化和均衡问题，其中的动态决策问题自然采用最优线性调节器的形式。第二个用途是，用线性二次动态规划来逼近非线性的二次问题。

在本章的后面部分，我们将阐述源于第 2 章的卡尔曼滤波问题是怎样和线性二次动态规划有关联的。适当地重新解释，解决最优线性调节器的公式就是卡尔曼滤波器。

5.2 最优线性调节器问题

未折现的最优线性调节器问题是通过选择 $\{u_t\}_{t=0}^{\infty}$ 来最大化

$$-\sum_{t=0}^{\infty}\{x'_tRx_t+u'_tQu_t\} \tag{5.2.1}$$

满足约束 $x_{t+1}=Ax_t+Bu_t$，x_0 是给定的。这里 x_t 表示 $n\times 1$ 的状态向量，u_t 表示$k\times 1$ 的控制向量，R 是半正定对称矩阵，Q 表示正定对称矩阵，A 表示$n\times n$的矩阵，B 表示 $n\times k$ 的矩阵。我们猜测，值函数是二次的，$V(x)=-x'Px$，其中 P 表示半正定对称矩阵。

一旦利用转移规律，就可以消去下一期的状态变量，从而贝尔曼方程变为

$$-x'Px=\max_{u}\{-x'Rx-u'Qu-(Ax+Bu)'P(Ax+Bu)\} \tag{5.2.2}$$

使方程（5.2.2）右端的最大化问题成立的一阶必要条件是[①]

$$(Q+B'PB)u=-B'PAx \tag{5.2.3}$$

这意味着 u 的反馈规则为

$$u=-(Q+B'PB)^{-1}B'PAx \tag{5.2.4}$$

即 $u=-Fx$，其中

$$F=(Q+B'PB)^{-1}B'PA \tag{5.2.5}$$

把最优解（5.2.4）代入方程（5.2.2）的右边，并进行重新整理，得到

$$P=R+A'PA-A'PB(Q+B'PB)^{-1}B'PA \tag{5.2.6}$$

方程（5.2.6）被称为代数矩阵黎卡提方程。它把矩阵 P 表示为矩阵 R、Q、A、B 的隐函数。当 P 是一个大于 2×2 的矩阵时，求解关于 P 的这个方程就要借助于计算机。

练习 5.1 要求你针对收益函数修改为

$$-(x_t'Rx_t+u_t'Qu_t+2u_t'Hx_t)$$

的情况导出黎卡提方程。

□ 5.2.1 值函数迭代

在关于稳定性的一节中曾经讨论的一些特殊条件下，方程（5.2.6）有唯一的半正定解，这个解可以通过从 $P_0=0$ 开始迭代下列矩阵黎卡提差分方程获得的当 $j\to\infty$时的极限得到[②]：

$$P_{j+1}=R+A'P_jA-A'P_jB(Q+B'P_jB)^{-1}B'P_jA \tag{5.2.7a}$$

与 P_j 相对应的策略函数是

$$F_{j+1}=(Q+B'P_jB)^{-1}B'P_jA \tag{5.2.7b}$$

采用类似于方程（5.2.6）的方式可以推导方程（5.2.7），但是有一点不同，那就是方程（5.2.7）开始于贝尔曼方程的迭代形式，而不是渐近形式。

---

① 我们使用以下法则来对二次型矩阵和双线型矩阵求微分：$\frac{\partial x'Ax}{\partial x}=(A+A')x$；$\frac{\partial y'Bz}{\partial y}=Bz$，$\frac{\partial y'Bz}{\partial z}=B'y$。

② 如果 A 的特征值的模小于 1，则可以得到此结果，但在更弱一些的条件下也可以得到此结果。参见 Bertsekas（1976，第 4 章），Sargent（1980）。

□ 5.2.2 折现的线性调节器问题

折现的最优线性调节器问题是要使

$$-\sum_{t=0}^{\infty}\beta^t\{x_t'Rx_t+u_t'Qu_t\},\ 0<\beta<1 \tag{5.2.8}$$

最大化，满足约束 $x_{t+1}=Ax_t+Bu_t$，x_0 是给定的。此问题导出下述折现形式的矩阵黎卡提差分方程：

$$P_{j+1}=R+\beta A'P_jA-\beta^2A'P_jB(Q+\beta B'P_jB)^{-1}B'P_jA \tag{5.2.9}$$

代数矩阵黎卡提方程也相应地被修改了。无限期问题的值函数可简单地表示为 $V(x_0)=-x_0'Px_0$，其中 P 表示方程（5.2.9）从 $P_0=0$ 开始的 P_j 的迭代极限值。最优策略是 $u_t=-Fx_t$，其中 $F=\beta(Q+\beta B'PB)^{-1}B'PA$。

Matlab 程序 olrp.m 可以用来求解折现的最优线性调节器问题。Matlab 还有各种各样的其他程序，可以求解离散时间形式或连续时间形式的未折现的线性调节器问题。

□ 5.2.3 策略改进算法

策略改进算法可以用来求解折现的最优线性调节器问题。我们讨论前面 2.4.5.2 节中的这个算法的一些方面。从初始值 F_0 开始（其中 $A-BF_0$ 的特征值的模是小于 $1/\sqrt{\beta}$ 的），算法对以下两个方程进行迭代：

$$P_j=R+F_j'QF_j+\beta(A-BF_j)'P_j(A-BF_j) \tag{5.2.10}$$

$$F_{j+1}=\beta(Q+\beta B'P_jB)^{-1}B'P_jA \tag{5.2.11}$$

第一个方程是确定矩阵的二次型，值函数是与永久利用固定规则 F_j 有关的。第二个方程给出了矩阵用于两阶段问题的最优第一阶段决策规则，这里两阶段问题具有第二阶段值函数 $-x^{*\prime}P_jx^*$，其中 x^* 表示第二阶段状态。第一个方程是离散的李雅普诺夫或西尔维斯特（Sylvester）方程的一个例子，通过此方程求解出的矩阵 P_j 决定了与后续策略 F_j 永远相关的数值 $-x_t'P_jx_t$。此方程的解可以表示为

$$P_j=\sum_{k=0}^{\infty}\beta^k(A-BF_j)'^k(R+F_j'QF_j)(A-BF_j)^k$$

当矩阵 $A-BF_j$ 的特征值的模小于 $1/\sqrt{\beta}$ 时，此方程的解存在。存在几种方法可以用来求解此方程。[①] Matlab 程序 policyi.m 通过利用策略迭代来求解未折现的最优线性调节器问题。此算法的求解速度一般要比迭代矩阵黎卡提方程的算法快。稍后我们将会介绍求解 P 的第三种方法，这种方法取决于 P 和状态向量的影子价格之间的联系。

---

① Matlab 程序 dlyap.m 和 doublej.m 可解离散的李雅普诺夫方程。参见 Anderson，Hansen，McGrattan，and Sargent（1996）。

5.3 随机最优线性调节器问题

折现的随机最优线性调节器问题是选择关于 u_t 的一个决策规则以最大化

$$-E_0\sum_{t=0}^{\infty}\beta^t\{x_t'Rx_t+u_t'Qu_t\},\ 0<\beta<1 \tag{5.3.1}$$

x_0 给定，且有运动规律

$$x_{t+1}=Ax_t+Bu_t+C\varepsilon_{t+1},\ t\geqslant 0 \tag{5.3.2}$$

其中 ε_{t+1} 是一个独立同分布的 $n\times 1$ 的随机向量，并且服从正态分布，其均值为零向量，协方差矩阵为：

$$E\varepsilon_t\varepsilon_t'=I \tag{5.3.3}$$

[参见 Kwakernaak and Sivan（1972），其中有此问题的连续时间版本的一个扩展研究；也可以参考 Chow（1981）。]

此问题的值函数是

$$v(x)=-x'Px-d \tag{5.3.4}$$

其中 P 是方程（5.2.9）的折现的代数矩阵黎卡提方程的唯一的半正定解。与前面一样，它也是从 $P_0=0$ 开始的方程（5.2.9）迭代的极限。标量 d 由

$$d=\beta(1-\beta)^{-1}\operatorname{trace}(PCC)' \tag{5.3.5}$$

给定。更进一步，最优策略仍旧由 $u_t=-Fx_t$ 给定，其中

$$F=\beta(Q+\beta B'P'B)^{-1}B'PA \tag{5.3.6}$$

此解的一个显著特征是：

确定性等价原理： 解决随机最优线性调节器问题的反馈规则（5.3.6）和解决相应的非随机最优线性调节器问题的规则是一样的。

证明： 把所猜测的值函数（5.3.4）代入贝尔曼方程得

$$v(x)=\max_u\{-x'Rx-u'Qu-\beta E[(Ax+Bu+C\varepsilon)'P(Ax+Bu+C\varepsilon)]-\beta d\}$$

其中 ε 是当 $x_t=x$ 时 ε_{t+1} 的实现值，并且 $E(\varepsilon|x)=0$。前面所述的方程意味着

$$\begin{aligned}v(x)=\max_u\{&-x'Rx-u'Qu-\beta E[x'A'PAx+x'A'PBu\\&+x'A'PC\varepsilon+u'B'PAx+u'B'PBu+u'B'PC\varepsilon\\&+\varepsilon'C'PAx+\varepsilon'C'PBu+\varepsilon'C'PC\varepsilon]-\beta d\}\end{aligned}$$

计算出小括号内的期望并且利用 $E(\varepsilon|x)=0$ 可得

$$v(x)=\max_u-\{x'Rx+u'Qu+\beta x'A'PAx+\beta 2x'A'PBu$$

$$+\beta u'B'PBu+\beta E\varepsilon'C'PC\varepsilon\}-\beta d$$

关于 u 的一阶条件是

$$(Q+\beta B'PB)u=-\beta B'PAx$$

此条件蕴含方程（5.3.6）。利用 $E\varepsilon'C'PC\varepsilon=\text{trace}(PCC)'$，把方程（5.3.6）代入前面关于 $v(x)$ 的表达式，并且利用方程（5.3.4）可得

$$P=R+\beta A'PA-\beta^2 A'PB(Q+\beta B'PB)^{-1}B'PA$$

和

$$d=\beta(1-\beta)^{-1}\text{trace}(PCC)' \qquad \blacksquare$$

□ 5.3.1 确定性等价的讨论

上述解决方案的显著特征是，尽管目标函数（5.3.3）通过 d 依赖于 CC'，但最优决策法则 $u_t=-Fx_t$ 是独立于 CC' 的。从方程（5.3.6）以及关于 P 的折现代数黎卡提方程得到的信息和前面确定性条件下得出的公式是一样的。换句话说，最优决策原则 $u_t=h(x_t)$ 是独立于问题的噪声的。[1] 确定性等价原理是最优线性调节器问题的一个特殊性质，它来自二次目标函数、线性转移方程以及性质 $E(\varepsilon_{t+1}|x_t)=0$。一般来说，确定性等价并不能刻画随机控制问题。

5.4 线性调节器问题中的影子价格

出于几个目的[2]，把值函数 $-x_t'Px_t$ 的梯度 $-2Px_t$ 解释为拉格朗日乘子或影子价格是很有用的。于是，与贝尔曼方程相对应的拉格朗日函数为

$$\begin{aligned}-x_t'Px_t=V(x_t)=\min_{\mu_{t+1}}\max_{u_t,x_{t+1}}-\{&x_t'Rx_t+u_t'Qu_t+x_{t+1}'Px_{t+1}\\&+2\mu_{t+1}'[Ax_t+Bu_t-x_{t+1}]\}\end{aligned}$$

其中 $2\mu_{t+1}$ 表示拉格朗日乘子向量。关于 u_t 和 x_{t+1} 的最优值的一阶必要条件是

$$\begin{aligned}&2Qu_t+2B'\mu_{t+1}=0\\&2Px_{t+1}-2\mu_{t+1}=0\end{aligned}\tag{5.4.1}$$

利用转移规律并进行重新整理可得到通常的最优决策规则，即 $u_t=-(Q+B'PB)^{-1}B'PAx_t$。注意根据公式（5.4.1），影子价格向量满足 $\mu_{t+1}=Px_{t+1}$。

在 5.5 节，我们将给出一个求解 P 的计算策略，此策略直接寻找最优乘子过程 $\{\mu_t\}$

---

① 因而，在线性二次形式的最优储蓄问题中，不存在预防性储蓄。对比第 2 章中的 2.11 节和第 17、18 章的结果。

② 在一个线性二次经济的计划问题中，值函数的梯度具有可以诱导竞争性均衡价格的信息。参见 Hansen and Sargent（2000）。

并将其表示为 $\mu_t = Px_t$。该策略利用了线性调节器问题的最优解的稳定性，我们接下来将简单地研究这种性质。

□ 5.4.1 稳定性

通过把最优控制 $u_t = -Fx_t$ 代入运动方程 $x_{t+1} = Ax_t + Bu_t$ 中，我们得到了最优的“闭环系统” $x_{t+1} = (A-BF)x_t$。此差分方程决定了 x_t 在最优控制下的演变。对于任意初始值 $x_0 \in R^n$，如果 $\lim_{t\to\infty} x_t = 0$ 成立，则系统被称为是稳定的。假定 $A-BF$ 的特征值是不同的，并且使用特征值分解$A-BF = D\Lambda D^{-1}$，其中 D 的列是 $A-BF$ 的特征向量，Λ 是 $A-BF$ 的特征值组成的对角矩阵，可把“闭环”方程写作 $x_{t+1} = D\Lambda D^{-1}x_t$。当 $t>0$ 时，此差分方程的解很容易通过重复替代求得：$x_t = D\Lambda^t D^{-1}x_0$。很明显，对于所有的 $x_0 \in R^n$，当且仅当 $A-BF$ 的特征值的绝对值都严格小于 1 时，系统是稳定的。当此条件成立时，$A-BF$ 就被称为“稳定矩阵”。①

大量的著作致力于描述那些使得闭环系统矩阵 $A-BF$ 是稳定的 A、B、R 和 Q 所需满足的条件。安德森、汉森、麦格雷登和萨金特（1996）对这些结果进行了概括，在这里可利用 $\beta=1$ 的未折现情形进行简单的描述。粗略地说，稳定所要求的关于 A、B、R 和 Q 的条件如下：首先，A 和 B 必须使我们可以找到一个控制规则$u_t = -Fx_t$，对于任意的初始值 $x_0 \in R^n$，此规则最终使得 x_t 收敛到零［即（A,B）必须是稳定的］；其次，矩阵 R 必须使得当$t\to\infty$时，x_t 趋向于零。

深入此论题会使我们远离主题，但我们可以通过考虑下面的假设及其含义为结果添加一些趣味。以下的假设和命题对于大多数经济应用来说都太严格了，但类似的结果可以在与经济问题相关的较弱的条件下得到。②

假设 A.1：矩阵 R 是正定的。

由此立即得到：

命题 1：在假设 A.1 下，如果未折现调节器问题的解存在，则它满足$\lim_{t\to\infty} x_t = 0$。

证明：若 $x_t \not\to 0$，则 $\sum_{t=0}^{\infty} x_t' R x_t \to \infty$。 ■

假设 A.2：矩阵 R 是半正定的。

在假设 A.2 之下，R 与三角矩阵 R^* 相似：

$$R = T'\begin{pmatrix} R_{11}^* & 0 \\ 0 & 0 \end{pmatrix} T$$

其中 R_{11}^*是正定的，T 是非奇异的。注意，$x_t' R x_t = x_{1t}^* R_{11}^* x_{1t}^*$，其中 $x_t^* = Tx_t = \begin{pmatrix} T_1 \\ T_2 \end{pmatrix} x_t = \begin{pmatrix} x_{1t}^* \\ x_{2t}^* \end{pmatrix}$。令 $x_{1t}^* \equiv T_1 x_t$。这些计算推出以下命题：

命题 2：假定在假设 A.2 下关于最优线性调节器问题的解存在，则$\lim_{t\to\infty} x_{1t}^* = 0$。

---

① 修改这一节中关于稳定性的描述，我们可以允许 $A-BF$ 有唯一的单位根以及与此根对应的一个常数状态向量。参见第 2 章中的例子。

② 更多较弱的条件参见 Kwakernaak and Sivan（1972）；Anderson，Hansen，McGrattan and Sargent（1996）。

以下的定义被用在控制理论中：

定义：如果存在一个矩阵 F 使得 $A-BF$ 是一个稳定矩阵，则 (A,B) 被称为是稳定的。

以下是对控制理论中的各种稳定性定理的一个特征描述[①][②]：

定理：如果 (A,B) 是稳定的，R 是正定的，则在最优规则 F 下，$A-BF$ 是一个稳定矩阵。

在下一节中，我们假定 A、B、Q、R 满足一些足以得到这样一个稳定性命题的条件，并且使用这样的假定来证明通过搜寻欧拉方程的解来求解未折现的线性调节器问题的方法适用于求解稳定解。

5.5 拉格朗日公式

本节描述关于最优线性调节器问题的拉格朗日公式。[③] 除了有用的计算功能外，这个公式反映了稳定性和最优性之间的联系，并且为那些不是直接来自跨期最优问题的动态系统的解决方案的构建开辟了道路。[④]

对于未折现的最优线性调节器问题，构造拉格朗日函数：

$$L=-\sum_{t=0}^{\infty}\{x'_tRx_t+u'_tQu_t+2\mu'_{t+1}[Ax_t+Bu_t-x_{t+1}]\}$$

关于 $\{u_t,x_{t+1}\}$ 的最大化一阶条件是

$$\begin{aligned}&2Qu_t+2B'\mu_{t+1}=0\\&\mu_t=Rx_t+A'\mu_{t+1},\quad t\geqslant 0\end{aligned}\tag{5.5.1}$$

拉格朗日乘子向量 μ_{t+1} 经常被称作协状态向量。由（5.4.1）式的第一个方程可知，$\mu_{t+1}=Px_{t+1}$，其中 P 为求解代数黎卡提方程的矩阵。因此，μ_{t+1} 是值函数的梯度。根据第一个等式将 μ_t 表示成 μ_{t+1} 的函数，代入运动规律 $x_{t+1}=Ax_t+Bu_t$，把结果方程以及条件（5.5.1）的第二个方程整理为如下形式：

---

① 这些条件是在最优线性控制论著中的能控性、稳定性、重建性以及可测性的条件下进行讨论的。[在连续时间的线性系统中，夸克纳克和西旺（1972）描述了这些概念；离散时间系统的情形则可参见 Sargent（1980）。] 这些条件包含和总结了离散时间微积分变量中所使用的横截条件（参见 Sargent，1980）。也就是说，使得 $A-BF$ 稳定的情况与最好去求解“向后稳定根和向前不稳定根”的情形是相一致的。参见 Sargent（1987a，第 9 章）。汉森和萨金特（1981）描述了欧拉方程方法和关于最优线性控制系统这一类型的动态规划问题之间的关系。也可参见 Chow（1981）。

② $A-BF$ 稳定的条件也是在线性调节器问题的随机状态下 x_t 趋于唯一的稳定分布的条件。

③ 周（Chow，1977）以及安德森、汉森、麦格雷登和萨金特（1996）介绍过这种类型的公式。

④ 布兰查德和卡恩（Blanchard and Kahn，1980），怀特曼（Whiteman，1983），汉森、埃普尔和罗贝兹（1985），以及安德森、汉森、麦格雷登和萨金特（1996）使用和发展了这种方法。

$$L\begin{pmatrix}x_{t+1}\\ \mu_{t+1}\end{pmatrix}=N\begin{pmatrix}x_t\\ \mu_t\end{pmatrix},\ t\geqslant 0$$

其中

$$L=\begin{pmatrix}I & BQ^{-1}B'\\ 0 & A'\end{pmatrix},\quad N=\begin{pmatrix}A & 0\\ -R & I\end{pmatrix}$$

当 L 满秩的（也就是说 A 是满秩的）时候，我们可以把此方程写为

$$\begin{pmatrix}x_{t+1}\\ \mu_{t+1}\end{pmatrix}=M\begin{pmatrix}x_t\\ \mu_t\end{pmatrix} \tag{5.5.2}$$

其中

$$M=L^{-1}N-\begin{bmatrix}A+BQ^{-1}B'A'^{-1}R & -BQ^{-1}B'A'^{-1}\\ -A'^{-1}R & A'^{-1}\end{bmatrix} \tag{5.5.3}$$

我们寻求解差分方程系统（5.5.2）的一个序列 $\{x_t\}_{t=0}^{\infty}$，该序列满足 z_0 的初始条件和终端条件 $\lim\limits_{t\to+\infty}x_t=0$，这个终端条件表示我们希望得到一个稳定解。我们坚持着我们对 $\{x_t\}$ 序列稳定性的渴望，在此基础上最大化 $-\sum_{t=0}^{\infty}[x_t'Rx_t+u_t'Qu_t]$，这需要 $x_t'Rx_t$ 趋于 0。

接下来，为了展现 $2n\times 2n$ 的矩阵 M 的性质，我们引入一个 $2n\times 2n$ 的矩阵

$$J=\begin{pmatrix}0 & -I_n\\ I_n & 0\end{pmatrix}$$

J 的秩是 $2n$。

定义：矩阵 M 被称作是辛的，如果它满足

$$MJM'=J \tag{5.5.4}$$

可以证明方程（5.5.3）中的 M 是辛的。从方程（5.5.4）和 $J^{-1}=J'=-J$ 中可得，对于任意的辛矩阵 M，有

$$M'=J^{-1}M^{-1}J \tag{5.5.5}$$

方程（5.5.5）表明，M' 与 M 的逆通过一个相似变换相联系。对于方阵，注意：(a) 相似矩阵特征值相同；(b) 矩阵的逆的特征值是原矩阵的特征值的倒数；(c) 矩阵和它的转置矩阵有相同的特征值。然后根据方程（5.5.5）可以得出，M 的特征值是以互为倒数的数对出现的：如果 λ 是 M 的特征值，那么 λ^{-1} 也是。

把方程（5.5.2）写为

$$y_{t+1}=My_t \tag{5.5.6}$$

其中 $y_t=\begin{pmatrix}x_t\\ \mu_t\end{pmatrix}$。考虑以下关于 M 的三角化矩阵

$$V^{-1}MV=\begin{pmatrix}W_{11} & W_{12}\\ 0 & W_{22}\end{pmatrix}$$

其中右端的每一块都是 $n\times n$ 的矩阵，V 是非奇异的，并且 W_{22} 所有的特征值都是大于 1 的，而 W_{11} 所有的特征值都是小于 1 的。舒尔（Schur）分解和特征值分解是具有这种形式的两个可能的分解。① 把方程（5.5.6）写为

$$y_{t+1}=VWV^{-1}y_t \tag{5.5.7}$$

很明显，方程（5.5.7）在任意的初始条件 y_0 下的解是

$$y_t=V\begin{bmatrix}W_{11}^t & W_{12,t}\\ 0 & W_{22}^t\end{bmatrix}V^{-1}y_0 \tag{5.5.8}$$

其中，当 $t=1$ 时，$W_{12,t}=W_{12}$，当 $t\geqslant 2$ 时，$W_{12,t}$ 满足递归方程

$$W_{12,t}=W_{11}^{t-1}W_{12,t-1}+W_{12,t-1}W_{22}^{t-1}$$

并且其中的 W_{ii}^t 是 W_{ii} 的 t 次幂。

把方程（5.5.8）写为

$$\begin{pmatrix}y_{1t}^*\\ y_{2t}^*\end{pmatrix}=\begin{bmatrix}W_{11}^t & W_{12,t}\\ 0 & W_{22}^t\end{bmatrix}\begin{pmatrix}y_{10}^*\\ y_{20}^*\end{pmatrix}$$

其中 $y_t^*=V^{-1}y_t$，特别地，

$$y_{2t}^*=V^{21}x_t+V^{22}\mu_t \tag{5.5.9}$$

其中的 V^{ij} 表示分块矩阵 V^{-1} 的第（i，j）部分。

因为 W_{22} 是一个不稳定矩阵，所以除 $y_{20}^*=0$ 的情况外，y_t^* 是发散的。记 V^{ij} 为分块矩阵 V^{-1} 的第（i，j）部分。为了获得稳定性，我们必须加入 $y_{20}^*=0$ 这个条件，而由方程（5.5.9），此条件意味着

$$V^{21}x_0+V^{22}\mu_0=0$$

即

$$\mu_0=-(V^{22})^{-1}V^{21}x_0$$

由上述方程可得

$$\mu_t=-(V^{22})^{-1}V^{21}x_t \tag{5.5.10}$$

因此，随着时间的推移，上述方程进行着自身的复制。

但需注意，因为（$V^{21}\quad V^{22}$）是 V 的逆矩阵的第二行，于是有

$$(V^{21}\quad V^{22})\begin{pmatrix}V_{11}\\ V_{21}\end{pmatrix}=0$$

即

① 埃文·安德森（Evan Anderson）的 Matlab 程序 schurg. m 获得了一个方便的舒尔分解并且对于求解扭曲的线性模型非常有用。关于扭曲经济用舒尔分解来求解的一些例子可参见 McGrattan（1994）。

$$V^{21}V_{11}+V^{22}V_{21}=0$$

因此

$$-(V^{22})^{-1}V^{21}=V_{21}V_{11}^{-1}$$

因而我们可得

$$\mu_0=V_{21}V_{11}^{-1}x_0 \tag{5.5.11}$$

和

$$\mu_t=V_{21}V_{11}^{-1}x_t$$

然而，我们从方程（5.4.1）中知道 $\mu_t=Px_t$，其中 P 出现在黎卡提方程（5.2.6）的解中。因而，先前的讨论得出

$$P=V_{21}V_{11}^{-1} \tag{5.5.12}$$

此公式为我们提供了另一种计算矩阵 P 的非常有效的方法。

如果解存在，即使 M 的特征值不是互为倒数地成对出现的，相同的方法也可以用来求解具有方程（5.5.2）形式的任何系统。只要 M 的特征值分化为一半在单位圆之内，一半在单位圆之外，则此方法通常就会有效。① 当被求解系统恰好是某个模型的均衡，但由于扭曲的存在我们无法找到和此均衡相对应的任何最优化问题时，特征值（作了折现调整）就不是以倒数对形式出现了。参见伍德福德（Woodford，1999）对这种方法的一个应用，他用这种方法来求解一个扭曲货币模型的均衡的线性逼近问题。参看第 11 章带有扭曲性税收的经济方面的某些应用。

5.6 卡尔曼滤波器的再次分析

通过合适的重新解释，求解线性调节器问题的那一个递归方程（5.2.7）也决定了我们在第 2 章 2.7 节介绍过的著名的卡尔曼滤波器。卡尔曼滤波器是计算一个未知状态向量 x_t 关于未知状态的一组历史噪声 $y_t,\cdots,y_0$ 的条件数学期望 $E[x_t|y_{t-1},\cdots,y_0]$的一种递归算法。卡尔曼滤波器可以用来阐述或简化经济中各种各样的信号提取和预测问题。

我们简要地提醒读者，卡尔曼滤波器的设置是以下的线性状态空间系统。② 给定 $x_0\sim N(\hat{x}_0,\sum_0)$，令

$$x_{t+1}=Ax_t+Cw_{t+1} \tag{5.6.1a}$$
$$y_t=Gx_t+v_t \tag{5.6.1b}$$

① 参见怀特曼（1983）、布兰查德和卡恩（1980）以及安德森、汉森、麦格雷登和萨金特（1996）对这些方法的应用和发展。

② 我们在第 2 章作为总体回归的一个应用推导出了卡尔曼滤波器。

其中 x_t 是一个 $n\times 1$ 的状态向量，w_t 是一个满足 $Ew_tw_t'=I$ 的独立同分布的高斯向量序列，对于所有的 t 和 s，v_t 是一个与 w_s 正交的独立同分布的高斯向量，并且有 $Ev_tv_t'=R$；A、C 以及 G 是和与它们相乘的向量相容的矩阵。假定初始状态 x_0 是不能被观察的，但我们知道它服从均值是 $\hat{x}_0$、协方差矩阵是 $\sum_0$ 的高斯分布。在 t 时刻，观察到的历史值 $y^t\equiv[y_t,\cdots,y_0]$可以用来估计 x_t 和 x_{t+1} 的范围。卡尔曼滤波器是计算 $\hat{x}_{t+1}=E[x_{t+1}|y^t]$ 的一个递归算法。算式是

$$\hat{x}_{t+1}=(A-K_tG)\hat{x}_t+K_ty_t \tag{5.6.2}$$

其中

$$K_t=A\sum\nolimits_t G'(G\sum\nolimits_t G'+R)^{-1} \tag{5.6.3a}$$

$$\sum\nolimits_{t+1}=A\sum\nolimits_t A'+CC'-A\sum\nolimits_t G'(G\sum\nolimits_t G'+R)^{-1}G\sum\nolimits_t A \tag{5.6.3b}$$

其中 $\sum_t=E(x_t-\hat{x}_t)(x_t-\hat{x}_t)'$，$K_t$ 被称为卡尔曼收益。有时卡尔曼滤波器是根据“新息表示式”来写的：

$$\hat{x}_{t+1}=A\hat{x}_t+K_ta_t \tag{5.6.4a}$$

$$y_t=G\hat{x}_t+a_t \tag{5.6.4b}$$

其中 $a_t\equiv y_t-G\hat{x}_t\equiv y_t-E[y_t|y^{t-1}]$。随机向量 a_t 被称为 y_t 的新息，它是 y_t 中不能根据其历史值线性预测到的部分。从方程（5.6.1b）中减去方程（5.6.4b）就得到 $a_t=G(x_t-\hat{x}_t)+v_t$；在此方程的两边同时乘以各自的转置矩阵并求期望，就得到了以下关于新息协方差矩阵的公式：

$$Ea_ta_t'=G\sum\nolimits_t G'+R \tag{5.6.5}$$

作为最优线性调节器问题的递归，方程（5.6.3）显示出了大量与方程（5.2.7）相似的地方。事实上，当以适当的方式来看待时，其数学结构是一样的。注意，方程（5.6.3b）是一个黎卡提方程。通过明确使用矩阵转置和时间逆转，可以使方程（5.6.3）和方程（5.2.7）的系统相匹配。[①] 对于卡尔曼滤波器的某些应用，参看第 2 章，特别是 2.9 节。[②]

5.7 结束语

通过替换约束条件，本章中的线性二次动态最优模型变得很容易处理。导出黎卡提

① 参见 Hansen and Sargent（2008，第 4 章），它介绍了 LQ 动态规划问题和卡尔曼滤波器是如何通过对偶性联系在一起的。该章用拉格朗日量来描述卡尔曼滤波器问题，先后明智地将一阶条件转化为相关的最优线性调节器。

② Matlab 程序 kfilter.m 可计算卡尔曼滤波器。Matlab 还有其他几个程序可以用来计算离散和连续时间模型的卡尔曼滤波器。

差分方程的贝尔曼方程在数值上非常容易求解，以至于维数的限制失去了大部分的影响力。有多个状态变量的线性二次控制或滤波问题是很容易求解的。难以解决的是其他形式的问题，这也就是线性二次近似会被使用得那么广泛的原因。我们将在本章的附录 B 中描述这些近似。

在第 7 章中，我们将超越本章中研究的单一个体问题，研究同时求解线性二次动态规划问题的多个个体系统，一些个体的决策规则影响出现在其他个体的决策问题中的转移规律。我们引入两个相关的均衡来协调不同个体的决策。

附录 A　矩阵公式

令 (z,x,a) 中的每一个都是 $n\times 1$ 的向量，A、C、D 和 V 中的每一个都是 $n\times n$ 的矩阵，B 是一个 $m\times n$ 的矩阵，y 是一个 $m\times 1$ 的向量。于是 $\frac{\partial a'x}{\partial x}=a$，$\frac{\partial x'Ax}{\partial x}=(A+A')x$，$\frac{\partial^2(x'Ax)}{\partial x\partial x'}=(A+A')$，$\frac{\partial x'Ax}{\partial A}=xx'$，$\frac{\partial y'Bz}{\partial y}=Bz$，$\frac{\partial y'Bz}{\partial z}=B'y$，$\frac{\partial y'Bz}{\partial B}=yz'$。

方程

$$A'VA+C=V$$

中 V 是待求的，上式被称为离散的李雅普诺夫方程；而它的一般形式为

$$A'VD+C=V$$

被称为离散的西尔维斯特方程。当且仅当 A 的特征值 $\{\lambda_i\}$ 和 D 的特征值 $\{\delta_j\}$ 满足条件 $\lambda_i\delta_j\neq 1(\forall i,j)$时，离散的西尔维斯特方程有唯一的解。

附录 B　线性二次近似

本节给出了最优线性调节器问题的一个重要应用：近似求解复杂的动态规划。[1] 最优线性调节器问题经常用来近似求解以下形式的问题：通过控制 $\{u_t\}_{t=0}^{\infty}$来最大化

$$E_0\sum_{t=0}^{\infty}\beta^t r(z_t) \tag{5.B.1}$$

$$x_{t+1}=Ax_t+Bu_t+Cw_{t+1} \tag{5.B.2}$$

其中 $\{w_{t+1}\}$ 是均值为零、方差有限的独立同分布随机向量，$r(z_t)$ 是关于$z_t\equiv\begin{pmatrix}x_t\\u_t\end{pmatrix}$的一

① 基德兰德和普雷斯科特（1982）使用了这种方法，因而他们的追随者们在实际经济周期方面的文献中也使用了这种方法。和实际经济周期模型相关的方法参见 King，Plosser and Rebelo（1988）。

个凹的二阶连续可微函数。初始问题中的所有非线性因素都被纳入函数 $r(z_t)$ 中。

□ 5.B.1 例：随机增长模型

采用布罗克和米尔曼的随机增长模型的一个参数形式，社会计划者选择了策略 $\{c_t, a_{t+1}\}_{t=0}^{\infty}$ 以最大化

$$E_0\sum_{t=0}^{\infty}\beta^t \ln c_t$$

其中

$$c_t+i_t=Aa_t^{\alpha}\theta_t$$
$$a_{t+1}=(1-\delta)a_t+i_t$$
$$\ln\theta_{t+1}=\rho\ln\theta_t+w_{t+1}$$

这里 $\{w_{t+1}\}$ 是一个有着零均值和有限方差的独立同分布的随机过程，θ_t 是一个技术冲击，并且 $\tilde{\theta}_t\equiv\ln\theta_t$。为了把此问题化为（5.B.1)式～(5.B.2)式的形式，令 $x_t=\begin{bmatrix}a_t\\ \tilde{\theta}_t\end{bmatrix}$，$u_t=i_t$，以及 $r(z_t)=\ln(Aa_t^{\alpha}\exp\tilde{\theta}_t-i_t)$，并且把运动方程写为

$$\begin{bmatrix}1\\ a_{t+1}\\ \tilde{\theta}_{t+1}\end{bmatrix}=\begin{bmatrix}1&0&0\\0&1-\delta&0\\0&0&\rho\end{bmatrix}\begin{bmatrix}1\\ a_t\\ \tilde{\theta}_t\end{bmatrix}+\begin{bmatrix}0\\1\\0\end{bmatrix}i_t+\begin{bmatrix}0\\0\\1\end{bmatrix}w_{t+1}$$

这里很容易把常数 1 作为状态向量的第一个分量。

□ 5.B.2 基德兰德和普雷斯科特的方法

我们想用二次式 $z_t'Mz_t$ 来替换 $r(z_t)$。选择一个点 $\bar{z}$，并用泰勒级数的前两项来进行逼近[①]：

$$\hat{r}(z)=r(\bar{z})+(z-\bar{z})'\frac{\partial r}{\partial z}+\frac{1}{2}(z-\bar{z})'\frac{\partial^2 r}{\partial z\partial z'}(z-\bar{z}) \tag{5.B.3}$$

如果状态向量 x_t 是 $n\times1$ 的向量，控制向量 u_t 是 $k\times1$ 的向量，则向量 z_t 是 $(n+k)\times1$ 的向量。令 e 为一个除了与状态向量中的常数 1 的位置相对应的那一行有一个 1 之外，其他都是 0 的 $(n+k)\times1$ 的向量，则对于所有的 t 均有$1\equiv e'z_t$。

重复使用 $z'e=e'z=1$，我们可以把方程（5.B.3）表示为

$$\hat{r}(z)=z'Mz$$

其中

$$M=e\left[r(\bar{z})-\left(\frac{\partial r}{\partial z}\right)'\bar{z}+\frac{1}{2}\bar{z}'\frac{\partial^2 r}{\partial z\partial z'}\bar{z}\right]e'$$

---

① 这种设置取自 McGrattan (1994)；Anderson，Hansen，McGrattan and Sargent (1996)。

$$
+\frac{1}{2}\left(\frac{\partial r}{\partial z}e'-e\bar{z}'\frac{\partial^2 r}{\partial z\partial z'}-\frac{\partial^2 r}{\partial z\partial z'}\bar{z}e'+e\frac{\partial r'}{\partial z}\right)
$$

$$
+\frac{1}{2}\left(\frac{\partial^2 r}{\partial z\partial z'}\right)
$$

其中偏导数是在 $\bar{z}$ 处的值。对 M 进行分块，则

$$
\begin{aligned}
z'Mz &\equiv \begin{pmatrix} x \\ u \end{pmatrix}' \begin{bmatrix} M_{11} & M_{12} \\ M_{21} & M_{22} \end{bmatrix} \begin{pmatrix} x \\ u \end{pmatrix} \\
&= \begin{pmatrix} x \\ u \end{pmatrix}' \begin{pmatrix} R & W \\ W' & Q \end{pmatrix} \begin{pmatrix} x \\ u \end{pmatrix}
\end{aligned}
$$

□ 5.B.3 $\bar{z}$ 的决定

通常情况下，$\bar{z}$ 点会被选为初始非线性模型

$$
\begin{aligned}
&\sum_{t=0}^{\infty}\beta^t r(z_t) \\
&x_{t+1} = Ax_t + Bu_t
\end{aligned}
$$

的非随机形式的（最优）平稳状态。该稳定点从以下的这些步骤中取得：

（1）寻找欧拉方程。

（2）将 $z_{t+1}=z_t\equiv\bar{z}$ 代入欧拉方程与转移规律中，然后求解所得到的 $\bar{z}$ 的非线性方程组。例如，利用 Matlab 程序中的非线性方程求解程序 fsolve. m，很容易获得所要的结果。

□ 5.B.4 对数线性近似

对某些问题，克里斯蒂亚诺（Christiano，1990）提倡用对数进行二次逼近。我们用随机增长模型的例子来阐明他的观点。定义

$$
\tilde{a}_t=\log a_t,\ \tilde{\theta}_t=\log\theta_t
$$

克里斯蒂亚诺的方法是把 $\tilde{a}_t$、$\tilde{\theta}_t$ 作为状态的组成部分并且把运动规律写为

$$
\begin{bmatrix} 1 \\ \tilde{a}_{t+1} \\ \tilde{\theta}_{t+1} \end{bmatrix} = \begin{bmatrix} 1 & 0 & 0 \\ 0 & 0 & 0 \\ 0 & 0 & \rho \end{bmatrix} \begin{bmatrix} 1 \\ \tilde{a}_t \\ \tilde{\theta}_t \end{bmatrix} + \begin{bmatrix} 0 \\ 1 \\ 0 \end{bmatrix} u_t + \begin{bmatrix} 0 \\ 0 \\ 1 \end{bmatrix} w_{t+1}
$$

其中控制向量 u_t 是 $\tilde{a}_{t+1}$。

把消费表示为

$$
c_t=A(\exp\tilde{a}_t)^{\alpha}(\exp\tilde{\theta}_t)+(1-\delta)\exp\tilde{a}_t-\exp\tilde{a}_{t+1}
$$

将此表达式代入 $\ln c_t\equiv r(z_t)$ 中，并且像前面那样进行处理，可以得到关于 $\bar{z}$ 的二阶泰勒级数。

□ 5.B.5　趋势移除

实际经济周期方面的文献通常用

$$\tilde{\theta}_t=\log\left(\frac{\theta_t}{\gamma^t}\right),\ \gamma>1$$

$$\tilde{\theta}_{t+1}=\rho\tilde{\theta}_t+w_{t+1},\ |\rho|<1$$

来规定技术冲击 θ_t 的运动规律。这启发我们把关于资本的运动规律写为

$$\gamma\frac{a_{t+1}}{\gamma^{t+1}}=(1-\delta)\frac{a_t}{\gamma^t}+\frac{i_t}{\gamma^t}$$

或者

$$\gamma\exp\tilde{a}_{t+1}=(1-\delta)\exp\tilde{a}_t+\exp(\tilde{i}_t)$$

其中 $\tilde{a}_t\equiv\log\left(\frac{a_t}{\gamma^t}\right)$，$\tilde{i}_t=\log\left(\frac{i_t}{\gamma^t}\right)$。通过研究有着稳定技术扰动（$\gamma>1$）的模型的欧拉方程，我们可以得知 $\tilde{a}_t$ 存在一个稳定状态，但 a_t 不存在稳定状态。研究者们经常在 $\tilde{a}$ 的非随机稳定状态附近构造线性二次逼近。

5.8　练习

5.1　考虑最优线性调节器问题的修正版本，目标是最大化

$$-\sum_{t=0}^{\infty}\beta^t\{x_t'Rx_t+u_t'Qu_t+2u_t'Hx_t\}$$

且满足运动规律

$$x_{t+1}=Ax_t+Bu_t$$

其中 x_t 是一个 $n\times1$ 的状态向量，u_t 是一个 $k\times1$ 的控制向量，x_0 是一个给定的初始状态。矩阵 R、Q 是负定的和对称的。最大化策略是关于序列 $\{u_t,x_t\}_{t=0}^{\infty}$ 的。

a. 证明最优策略具有形式：

$$u_t=-(Q+\beta B'PB)^{-1}(\beta B'PA+H)x_t$$

其中 P 是下列代数矩阵黎卡提方程的解：

$$P=R+\beta A'PA-(\beta A'PB+H')(Q+\beta B'PB)^{-1}(\beta B'PA+H)\tag{1}$$

b. 写一个 Matlab 程序，从 P 为一个零矩阵开始，通过迭代 P 来求解方程（1）。

5.2　证明方程（5.2.10）和方程（5.2.11）对折现的线性调节器问题实施策略改进算法。

5.3　一个家庭寻求最大化下式的 $\{c_t,a_{t+1}\}_{t=0}^{\infty}$：

$$-\sum_{t=1}^{\infty}\beta^t\{(c_t-b)^2+\gamma i_t^2\}$$

且满足约束条件：

$$c_t+i_t=ra_t+y_t$$
$$a_{t+1}=a_t+i_t$$
$$y_{t+1}=\rho_1 y_t+\rho_2 y_{t-1}$$

其中 c_t、i_t、a_t、y_t 分别是家庭的消费、投资、持有资产以及 t 时期的外生劳动收入；$b>0$，$\gamma>0$，$r>0$，$\beta\in(0,1)$，ρ_1、ρ_2 是参数，而 a_0、y_0、y_{-1}是初始条件。假定 ρ_1、ρ_2 使得$(1-\rho_1 z-\rho_2 z^2)=0$，从而蕴含$|z|>1$。

a. 把此问题描述为一个最优线性调节器问题。

b. 对于参数值 $[\beta,1+r,b,\gamma,\rho_1,\rho_2]=(0.95,0.95^{-1},30,1,1.2,-0.3)$，使用练习 5.1 中的 Matlab 程序来计算家庭的最优策略函数。

5.4 修改练习 5.3，假定家庭寻求最大化

$$-\sum_{t=0}^{\infty}\beta^t\{(s_t-b)^2+\gamma i_t^2\}$$

其中 s_t 衡量由耐用品或习惯所产生的服务消耗量，h_t 是耐用品或习惯的存量。

$$s_t=\lambda h_t+\pi c_t$$
$$h_{t+1}=\delta h_t+\theta c_t$$

$(\lambda,\pi,\delta,\theta)$是参数，而 h_0 是初始条件。

a. 把此问题描述为一个线性调节器问题。

b. 对于和练习 5.3 中相同的参数值以及 $(\lambda,\pi,\delta,\theta)=(1,0.05,0.95,1)$，计算家庭的最优策略。

c. 对于和练习 5.3 中相同的参数值以及 $(\lambda,\pi,\delta,\theta)=(-1,1,0.95,1)$，计算最优策略。

d. 把 b 中的参数设置解释为获取一个关于耐用消费品的模型，并把 c 中的设置解释为给出一个习惯持久模型。

5.5 一个家庭的劳动收入服从随机过程

$$y_{t+1}=\rho_1 y_t+\rho_2 y_{t-1}+w_{t+1}+\gamma w_t$$

其中 w_{t+1}是一个有单位方差的高斯鞅差分序列。计算

$$E\sum_{j=0}^{\infty}\beta^j[y_{t+j}\mid y^t,w^t]\tag{1}$$

其中 y^t、w^t 表示一直到 t 时期的 y、w 的历史。

a. 写一个用来计算方程（1）的 Matlab 程序。

b. 在参数值为 $(\beta,\rho_1,\rho_2,\gamma)=(0.95,1.2,-0.4,0.5)$ 的情况下使用你的程序来计算方程（1）。

5.6 寻找状态是一种艺术

对于 $t\geqslant 0$，单一商品的经济体禀赋 d_t 由下面的二阶随机差分方程

$$d_{t+1}=\rho_0+\rho_1 d_t+\rho_2 d_{t-1}+\sigma_d \varepsilon_{t+1}$$

所控制，其中 ε_{t+1} 表示独立同分布的随机变量，并且 $\varepsilon_{t+1}\sim N(0,1)$，$\rho_0$、$\rho_1$ 及 ρ_2 均是标量，而 d_0、d_1 是给定的初始条件。随机折现因子由 $s_t=\beta^t(b_0-b_1 d_t)$ 给出，其中 b_0 表示正的标量，$b_1\geqslant 0$ 而 $\beta\in(0,1)$。在 0 时期时，禀赋的价值被定义为

$$v_0=E_0\sum_{t=0}^{\infty}s_t d_t \tag{1}$$

而 E_0 表示以 d_0、d_{-1} 为条件的数学期望算子。

a. 假定方程（1）中的 v_0 是有限的。仔细描述计算 v_0 的递归算法。

b. 描述足以使 v_0 成为有限的关于 β、ρ_1、ρ_2 的充分条件。

5.7 动态拉弗曲线

一个小国对通货的需求可以表示为

$$M_t/p_t=\gamma_1-\gamma_2 p_{t+1}/p_t \tag{1}$$

其中 $\gamma_1>\gamma_2>0$，M_t 是 t 时期末公众所持有的通货存量，p_t 是 t 时刻的价格水平。在该国家中不存在随机性，因而模型是完全可预测的。方程（1）是关于通货的卡根型需求函数，把实际均衡表示为预期总通货膨胀率的一个反函数。

对于卡根模型值得一提的是，在每个时期政府都有着以商品衡量的一个永久赤字 g，所有的这些都由货币创造来提供。t 时期政府的预算约束是

$$(M_t-M_{t-1})/p_t=g \tag{2}$$

其中左边是 t 时期新发行的货币的实际价值。经济开始于 $t=0$ 时期，给定的名义通货存量的初始值 $M_{-1}=100$。

对于该模型，把均衡定义为一个正序列对 $\{p_t>0, M_t>0\}_{t=0}^{\infty}$，当$t\geqslant 0$时，该序列对满足方程（1）和方程（2）（分别是投资组合平衡和政府预算约束），并且初始条件被指定为 M_{-1}。

a. 令 $\gamma_1=100$，$\gamma_2=50$，$g=0.05$。编写一个计算机程序来计算此经济体的均衡。描述你的方法并演示程序。

b. 证明存在一个均衡的连续统。找出均衡存在的最小初始价格水平 p_0。（提示 1：注意作为均衡定义的一部分的正条件。提示 2：尝试使用一般的途径来解答 5.5 节中提及的差分方程。）

c. 说明除了与 b 中求解的最小 p_0 相对应的均衡外，总通货膨胀率和总货币创造率最后都收敛于相同的值，并计算此值。

d. 说明在通货膨胀率比 b 中计算的还要低的条件下，存在一个唯一的均衡，并计算此通货膨胀率。

e. 把 g 的水平提高到 0.075。重新计算你在 b 和 c 中所计算过的（最后的或渐近的）通货膨胀率。你的计算结果和“大的持久性赤字导致大的通货膨胀率”这一观点一致吗？

f. 从“拉弗曲线”的立场出发讨论你的结果。

提示：可以用 Matlab 程序 dlqrmon. m 进行计算。该程序可以从书中提供的网站中

获得。

5.8 政府必须为一个外生的政府支出流 $\{g_t\}$ 进行融资。t 时刻的政府总支出由两部分组成：

$$g_t = g_{Tt} + g_{Pt} \tag{1}$$

其中 g_{Tt} 是暂时性支出，g_{Pt} 是永久性支出。在 t 时期初，政府观测到 g_{Tt} 和 g_{Pt} 直至 t 时刻的历史。进一步地，政府亦知道 g_{Tt} 和 g_{Pt} 的随机运动规律，即：

$$\begin{aligned} g_{Pt+1} &= g_{Pt} + c_1\varepsilon_{1,t+1} \\ g_{Tt+1} &= (1-\rho)\mu_T + \rho g_{Tt} + c_2\varepsilon_{2,t+1} \end{aligned} \tag{2}$$

其中 $\varepsilon_{t+1} = \begin{pmatrix}\varepsilon_{1,t+1} \\ \varepsilon_{2,t+1}\end{pmatrix}$ 是独立同分布、具有零均值和相同协方差矩阵的高斯向量过程。政府用扭曲性税收为预算融资。如果政府在 t 时刻的总税收为 T_t，则政府面临的无谓损失为 $W(T)$，这里 $W(T) = w_1 T_t + 0.5 w_2 T_t^2$，其中 w_1、$w_2 > 0$。政府的损失函数为：

$$E\sum_{t=0}^{\infty}\beta^t W(T_t),\ \beta \in (0,1) \tag{3}$$

政府可以不变价格购买或发行单期无风险贷款。因此，政府面临一系列预算约束：

$$g_t + qb_{t+1} = T_t + b_t \tag{4}$$

其中 q^{-1} 是单期无风险政府贷款的总收益率。假定 $b_0 = 0$。政府面临如下的终结值条件：

$$\lim_{t\to+\infty}\beta^t W'(T_t)b_{t+1} = 0$$

这一条件阻止了政府的庞氏策略。政府希望在满足方程（1）、方程（2）和方程（4）的条件下，设计一种纳税策略，即将 T_t 表示为 g_{Tt}、g_{Pt} 和 b_t 的历史的函数，以最小化（3）式。

a. 将政府的问题用公式表示成一个动态规划问题。请仔细定义此问题的控制变量和状态变量。尽可能详细地写出贝尔曼方程。给出求解贝尔曼方程的一种计算策略。给出最优值函数以及最优决策规则的形式。

b. 利用你在 a 中计算的结果，请给出在最优的政府政策的条件下，g_{Tt}、g_{Pt}、T_t 和 b_{t+1} 的联合过程的运动规律的形式。

一点背景知识：假定上面计算出来的最优税收规则已经实行了一段相当长的时间。研究此经济的某宏观经济学家观测到 g_t 和 T_t 的时间序列，但是观测不到 b_t，或者说不知 g_t 如何分解为 g_{Tt}、g_{Pt} 两部分，此宏观经济学家拥有关于 $[g_t, T_t]$ 的一段相当长时间内的时间序列数据，并准备计算此向量的一个向量自回归。

c. 请定义关于 $[g_t, T_t]$ 过程的一个总的向量自回归。（可自由假定滞后长度是无限的，如果这可以简化你的答案的话。）

d. 请准确回答关于 $[g_t, T_t]$ 的向量自回归如何依赖于参数 $[\rho, \beta, \mu, q, w_1, w_2, c_1, c_2]$，按照你在 a 中所使用的经济理论，这些参数决定了联合的 $[g_t, T_t]$ 过程。

e. 现假定除了关于 $[T_t, g_t]$ 的观测之外，此经济学家还获得了关于政府债务 b_t 的但有误差的时间序列：

$$\tilde{b}_t = b_t + c_3 w_{3t+1}$$

其中 w_{3t+1} 是具有零均值和单位方差的一个独立同分布的一维高斯过程，并且对于所有的 s 和 t，它与 $w_{is+1}(i=1,2)$ 是正交的。请说明关于 $[g_t, T_t, \tilde{b}_t]$ 的向量自回归如何与参数 $[\rho, \beta, \mu, q, w_1, w_2, c_1, c_2, c_3]$ 相联系。是否存在某种方法可利用此向量自回归来推断这些参数？

5.9 计划者选择一个应变计划 $\{c_t, k_{t+1}\}_{t=0}^{\infty}$ 以最大化

$$-0.5E_0 \sum_{t=0}^{\infty} \beta^t [(c_t - b_t)^2 + ei_t^2]$$

受限于技术

$$c_t + i_t = \gamma k_t + d_t$$
$$k_{t+1} = (1-\delta)k_t + i_t$$

外生冲击过程的运动规律是

$$b_{t+1} = \mu_b(1-\rho_b) + \rho_b b_t + \sigma_b \varepsilon_{b,t+1}$$
$$d_{t+1} = \mu_d(1-\rho_d) + \rho_d d_t + \sigma_d \varepsilon_{d,t+1}$$

给定初始条件 k_0，b_0，d_0。其中，k_t 为实物资产，c_t 为消费，b_t 为极度幸福的消费水平的一个标量随机过程，d_t 为一个外生禀赋过程，$\beta \in (0,1)$，$e>0$，$\delta \in (0,1)$，$\rho_b \in (0,1)$，$\rho_d \in (0,1)$，调整成本参数 $e>0$。同时，$\begin{bmatrix} \varepsilon_{b,t+1} \\ \varepsilon_{d,t+1} \end{bmatrix}$ 是一个独立同分布过程，并且服从 $N(0,I)$。我们假设 $\beta\gamma(1-\delta)=1$，它是霍尔和弗里德曼提出的形成消费的永久收入模型的条件。为了方便起见，将所有参数组织成向量

$$\theta = [\beta \quad \delta \quad \gamma \quad e \quad \mu_b \quad \mu_d \quad \rho_b \quad \rho_d \quad \sigma_b \quad \sigma_d]$$

第Ⅰ部分

假设计划者知道模型的所有参数。在 t 时刻，对于 $s \leqslant t$，计划者观察了 d_s、b_s、k_s 的历史。

a. 将计划问题用公式表述为一个折现动态规划问题。

b. 用计划问题的贝尔曼方程来描述 σ_b 增加对 c_t 和 k_{t+1} 的决策规则的影响。说明 σ_d 增加的影响。

c. 描述一个求解贝尔曼方程的算法。

第Ⅱ部分

一个计量经济学家观察了第一部分所描述的经济的时间序列 $\{c_t, i_t\}_{t=0}^{T}$。（这种经济是一种有着仁慈的计划者的经济或是具有完全市场的竞争性经济。）计量经济学家对任意 t 不观察 b_t、d_t、k_t，但相信

$$\begin{bmatrix} k_0 \\ b_0 \\ d_0 \end{bmatrix} \sim N(\mu_0, \textstyle\sum_0)$$

这位计量经济学家知道 β 的值，但不知道 θ 中其余的参数。

a. 尽可能完整地描述计量经济学家在给定样本 $\{c_t,i_t\}_{t=0}^{T}$ 的情况下，如何对 θ 剩余的参数进行最大似然估计。如果可能，找到似然函数的递归表示。

b. 假设计量经济学家对 θ 的未知参数有贝叶斯先验分布。请描述一个为这些参数构造贝叶斯后验分布的算法。

5.10 一个消费者依照下式对消费和资产流进行估价：

$$-0.5E_0\sum_{t=0}^{\infty}\beta^t(c_t-b)^2 \tag{1}$$

其中 $\beta\in(0,1)$ 并且

$$k_{t+1}=R(k_t+y_t-c_t)$$
$$y_{t+1}=\mu_y(1-\rho_1-\rho_2)+\rho_1 y_t+\rho_2 y_{t-1}+\sigma_y\varepsilon_{t+1}$$
$$c_t=\alpha y_t+(R-1)k_t,\ \alpha\in(0,1)$$

k_0，y_0，y_{-1} 是给定的初始条件，ε_{t+1} 是一个独立同分布的冲击，服从 $N(0,1)$。

a. 说明如何在 c_t 的预先制定的决策规则下计算目标函数（1）的值。特别地，写一个贝尔曼方程并尽可能地去解它。

b. 请说明如何使用霍华德策略改进算法，以获得一个更好的决策规则。

5.11 厂商水平调整成本

一个竞争性厂商以 p_t 的价格出售产出 y_t，并选择一个生产计划来最大化

$$\sum_{t=0}^{\infty}\beta^t R_t \tag{1}$$

其中

$$R_t=p_t y_t-0.5d(y_{t+1}-y_t)^2 \tag{2}$$

y_0 是给定的初始条件。这里 $\beta\in(0,1)$ 是一个折现因子，$d>0$ 度量的是调整产出率的成本。厂商是一个价格接受者。价格 p_t 在以下需求曲线上：

$$p_t=A_0-A_1 Y_t \tag{3}$$

这里 $A_0>0$，$A_1>0$，Y_t 是整个市场的产量水平，是 n 个相同厂商产量的总和。该厂商认为整个市场的产量水平遵循运动规律

$$Y_{t+1}=H_0+H_1 Y_t \tag{4}$$

其中 Y_0 是已知的初始条件。当厂商选择 y_{t+1} 时，厂商观测在 t 时刻的 Y_t 和 y_t。

a. 为厂商建立一个贝尔曼方程。

b. 对于参数值 $\beta=0.95$，$d=2$，$A_0=100$，$A_1=1$，$H_0=200$，$H_1=0.8$，计算厂商的最优值函数和最优决策规则。

5.12 厂商水平调整成本Ⅱ

一个竞争性厂商以 p_t 的价格出售产出 y_t，并选择一个生产计划来最大化

$$E_0\sum_{t=0}^{\infty}\beta^t R_t \tag{1}$$

其中 E_0 是一个基于 0 时刻的信息的条件数学期望。

$$R_t = p_t y_t - 0.5d(y_{t+1} - y_t)^2 \tag{2}$$

y_0 是给定的初始条件。这里 $\beta \in (0,1)$ 是一个折现因子，$d > 0$ 度量的是调整产出率的成本。厂商是一个价格接受者。价格 p_t 在以下需求曲线上：

$$p_t = A_0 - A_1 Y_t + u_t \tag{3}$$

这里 $A_0 > 0$，$A_1 > 0$，Y_t 是整个市场的产量水平，是 n 个相同厂商产量的总和。在（3）式中，u_t 是一个服从以下一阶自回归过程的需求冲击：

$$u_{t+1} = \rho u_t + \sigma_u \varepsilon_{t+1} \tag{4}$$

其中 ε_{t+1} 是一个独立同分布的标量过程，服从 $N(0,1)$ 且 $|\rho| < 1$ 。厂商认为整个市场的产量水平遵循运动规律

$$Y_{t+1} = H_0 + H_1 Y_t + H_2 u_t \tag{5}$$

其中 Y_0 是已知的初始条件。当厂商选择 y_{t+1} 时，厂商观测在 t 时刻的 P_t，Y_t 和 y_t。

a. 为厂商建立一个贝尔曼方程。

b. 对于参数值 $\beta = 0.95$，$d = 2$，$A_0 = 100$，$A_1 = 1$，$H_0 = 200$，$H_1 = 0.8$，$H_2 = 2$，$\rho = 0.9$，$\sigma_u = 0.05$，计算厂商的最优值函数和最优决策规则。

5.13 永久收入模型

一个家庭选择 $\{c_t, a_{t+1}\}_{t=0}^{\infty}$ 以最大化

$$E_0 \sum_{t=0}^{\infty} \beta^t \{-0.5(c_t - b)^2 - 0.5\varepsilon a_t^2\}, \beta \in (0,1)$$

满足

$$a_{t+1} + c_t = R a_t + y_t$$
$$y_{t+1} = (1 - \rho_1 - \rho_2) + \rho_1 y_t + \rho_2 y_{t-1} + \sigma_y \varepsilon_{t+1}$$

其中 c_t 表示消费，$b > 0$ 是一个极度幸福的消费水平，a_t 是 t 时期初的融资资产，$R = \beta^{-1}$ 是 t 时期至 $t+1$ 时期持有的资产的总收益率，ε_{t+1} 是一个独立同分布的标量过程，服从 $N(0,1)$。这个家庭有已知的初始条件 a_0、y_0、y_{-1}。

a. 为家庭的问题写一个贝尔曼方程。

b. 对于参数值 $b = 1\,000$，$\beta = 0.95$，$R = \beta^{-1}$，$\rho_1 = 1.2$，$\rho_2 = -0.4$，$\sigma_y = 0.05$，$\varepsilon = 0.000\,001$，计算家庭的最优值函数和最优决策规则。

c. 计算 $A - BF$ 的特征值。

d. 对于参数值 $b = 1\,000$，$\beta = 0.95$，$R = \beta^{-1}$，$\rho_1 = 1.2$，$\rho_2 = -0.4$，$\sigma_y = 0.05$，$\varepsilon = 0$，计算家庭的最优值函数和最优决策规则。比较此结果和你在 b 中得到的结果。

5.14 再一次讨论永久收入模型

一个家庭选择 $\{c_t, a_{t+1}\}_{t=0}^{\infty}$ 以最大化

$$E_0 \sum_{t=0}^{\infty} \beta^t \{-0.5(c_t - b)^2 - 0.5\varepsilon a_t^2\}, \beta \in (0,1)$$

满足

$$a_{t+1}+c_t=Ra_t+y_t$$
$$y_{t+1}=(1-\rho_1-\rho_2)+\rho_1 y_t+\rho_2 y_{t-3}+\sigma_y\varepsilon_{t+1}$$

其中 c_t 表示消费，$b>0$ 是一个极度幸福的消费水平，a_t 是 t 时期初的融资资产，$R=\beta^{-1}$ 是 t 时期至 $t+1$ 时期持有的资产的总收益率，ε_{t+1} 是一个独立同分布的标量过程，服从 $N(0,1)$。这个家庭有已知的初始条件 a_0，y_0，y_{-1}，y_{-2}，y_{-3}。

a. 为家庭的问题写一个贝尔曼方程。

b. 对于参数值 $b=1\ 000$，$\beta=0.95$，$R=\beta^{-1}$，$\rho_1=0.55$，$\rho_2=0.3$，$\sigma_y=0.05$，$\varepsilon=0.000\ 001$，计算家庭的最优值函数和最优决策规则。

c. 计算 $A-BF$ 的特征值。

d. 对于参数值 $b=1\ 000$，$\beta=0.95$，$R=\beta^{-1}$，$\rho_1=0.55$，$\rho_2=0.3$，$\sigma_y=0.05$，$\varepsilon=0$，计算家庭的最优值函数和最优决策规则。比较此结果和你在 b 中得到的结果。

第6章 搜寻、匹配和失业

6.1 引言

这一章把动态规划应用到仅在两个行动之间进行选择的问题中，这两个行动选择是指接受或拒绝一个可有可无的工作机会。失业工人面临着一个关于工资水平或工作特征的概率分布，按照这个分布，每个时期都有有限数量的机会出现。假定工人已知工作机会的概率分布，则工人必须制定策略来决定什么时候接受一个工作机会。

搜寻理论是研究失业的一个工具。搜寻理论把失业工人放置在下面的框架中，在此框架中工人拒绝当前可得到的工作机会让自己继续保持失业，因为他们选择等待以后更好的工作机会。我们想用此理论来研究工人的选择会随着以下因素的变化做出什么反应：失业保险金率，对工资分布的感知风险，工作信息的质量以及工资分布能够被取样的频率。

本章提供了一个搜寻理论文献所用到的技术的介绍和一些搜寻模型的例子。本章研究关于搜寻理论的两篇重要论文，即麦考尔（McCall，1970）和约万诺维奇（1979a）的论文所介绍的观点。这两篇论文在分析失业工人的搜寻技术方面有所不同。[①] 我们还将研究尼尔（Neal，1999）关于职业选择的一个相关模型。

我们希望表达小罗伯特·卢卡斯（1987，第57页）在撰写麦考尔搜寻模型时所表达的兴奋之情："询问一个麦考尔工人就好像是在和一个失业的朋友对话：'也许你设想的

① 施蒂格勒（Stigler，1961）的早期重要论文研究过一个既不同于麦考尔也不同于约万诺维奇的搜寻技术。在施蒂格勒的模型中，一个失业工人必须先确定将要产生的工作机会的个数 n，他会从中选择一个工资最高的工作。施蒂格勒关于搜寻问题的公式不是连续的。

期望值太高’或者‘为什么你在重新排队等待新工作之前就放弃已有工作呢?’这是真实的社会科学：人们试图通过建立模型来理解人类行为，这要凭借人们对他们自己所面对的各种选择及利弊情景进行可视化来体现，因为他们自己认识到了各种选择的利弊。”对基本麦考尔模型的修改是由约万诺维奇、尼尔提出的，而且这一章的各节及练习都来自对工人自己所发现情况的各个方面的可视化。

6.2 预备知识

本节对广泛应用于搜寻理论的概率分布的基本性质进行阐述。

6.2.1 非负随机变量

我们从存在一阶矩的非负随机变量的一些性质开始。考虑一个具有累积概率分布函数 $F(P)$ 的随机变量 p，其中 $F(P)$ 由 $\text{Prob}\{p\leqslant P\}=F(P)$ 定义。我们假定 $F(0)=0$，也就是说，p 是非负的。我们假定 F 是非减右连续函数。我们还假定存在一个上限 $B<\infty$，使得 $F(B)=1$，因而 p 以概率 1 为界。

p 的均值 Ep 被定义为：

$$Ep=\int_0^B p\mathrm{d}F(p) \tag{6.2.1}$$

令 $u=1-F(p)$ 和 $v=p$，并且使用分部积分法

$$\int_a^b u\mathrm{d}v=uv\Big|_a^b-\int_a^b v\mathrm{d}u$$

可以证明

$$\int_0^B[1-F(p)]\mathrm{d}p=\int_0^B p\mathrm{d}F(p)$$

因而，我们就有了以下关于非负随机向量的均值公式

$$Ep=\int_0^B[1-F(p)]\mathrm{d}p=B-\int_0^B F(p)\mathrm{d}p \tag{6.2.2}$$

现在我们考虑取自分布 F 的两个独立随机变量 p_1 和 p_2。考虑事件 $\{(p_1<p)\cap(p_2<p)\}$，根据独立性假设得其概率为 $F(p)^2$。事件 $\{(p_1<p)\cap(p_2<p)\}$ 等同于事件 $\{\max(p_1,p_2)<p\}$，其中的“max”表示最大值。因此，如果我们使用方程（6.2.2），则随机变量 $\max(p_1,p_2)$ 的均值为

$$E\max(p_1,p_2)=B-\int_0^B F(p)^2\mathrm{d}p \tag{6.2.3}$$

类似地，如果 $p_1,p_2,\cdots,p_n$ 是 n 个来自 F 的独立随机变量，我们就有 $\text{Prob}\{\max(p_1,p_2,\cdots,p_n)<p\}=F(p)^n$，并且

$$M_n \equiv E\max(p_1, p_2, \cdots, p_n) = B - \int_0^B F(p)^n \mathrm{d}p \tag{6.2.4}$$

其中 M_n 被定义为 p_1，…，p_n 中的最大值的期望值。

□ 6.2.2 保均展形

罗斯柴尔德和斯蒂格利茨介绍了作为描述具有相同均值的两个分布的风险的简便方法的保均展形（mean-preserving spreads）概念。考虑有相同均值的一类分布。我们用属于某个集合 R 的参数 r 来表明这种类型。对于第 r 种分布，我们记 $\mathrm{Prob}\{p \leqslant P\} = F(P, r)$，并假定对于所有的 $P \in [0, B]$，$F(P, r)$ 关于 r 是可微的。我们假定存在一个单一有限的 B，使得对于所有 R 中的 r 都有 $F(B, r) = 1$，并且如同前面一样，仍假定对于 R 中所有 r 都有 $F(0, r) = 0$，因而我们考虑非负有界的随机变量的一类分布 R。

由方程（6.2.2），我们可得

$$Ep = B - \int_0^B F(p, r) \mathrm{d}p \tag{6.2.5}$$

因此，带有相同的值 $\int_0^B F(\theta, r) \mathrm{d}\theta$ 的两个分布具有同样的均值。我们把这写为相同均值条件：

$$\int_0^B [F(\theta, r_1) - F(\theta, r_2)] \mathrm{d}\theta = 0 \tag{i}$$

如果存在一个满足 $0 < \hat{\theta} < B$ 的 $\hat{\theta}$，使得

$$F(\theta, r_2) - F(\theta, r_1) \leqslant 0 (\geqslant 0), \quad \text{当 } \theta \geqslant (\leqslant) \hat{\theta} \text{ 时} \tag{ii}$$

则称 r_1、r_2 这两个分布满足单一交叉性质。

图 6.2.1 描述了单一交叉性质。如果分布 r_1 和 r_2 满足性质（i）和性质（ii），则我们可以认为分布 r_2 是通过一个保持均值不变而使概率向尾部转移的程序处理分布 r_1 后得到的。

性质（i）和性质（ii）蕴含着下面的性质：

$$\int_0^y [F(\theta, r_2) - F(\theta, r_1)] \mathrm{d}\theta \geqslant 0, \ 0 \leqslant y \leqslant B \tag{iii}$$

罗斯柴尔德和斯蒂格利茨将性质（i）和性质（iii）定义为“保均展形”。特别地，如果两个分布满足性质（i）和性质（iii），由 r_2 所标注的分布被认为是由 r_1 所标注的分布通过保均展形得到的。[①]

对于 r 的无穷小变化，戴蒙德（Diamond）和斯蒂格利茨运用性质（i）和（iii）的

---

① 罗斯柴尔德和斯蒂格利茨（1970，1971）使用性质（i）和（iii）而不是性质（i）和（ii）来描述保均展形的特征，因为性质（i）和（ii）不具有传递性。也就是说，尽管 $F(\theta, r_2)$ 来自 $F(\theta, r_1)$ 是在对性质（i）和（ii）的理解中经由一个保均展形而得来的，$F(\theta, r_3)$ 来自 $F(\theta, r_2)$ 是通过一个保均展形根据对性质（i）和（ii）的理解而得来的，但这并不能得出 $F(\theta, r_3)$ 与 $F(\theta, r_1)$ 满足单一交叉性质（ii）的结论。然而，建立在性质（i）和（iii）之上的定义确实提供了一个传递性排列，对于一个被设置为通过各个分布的风险性来对分布进行整理的定义来说，这是一个合意的特征。

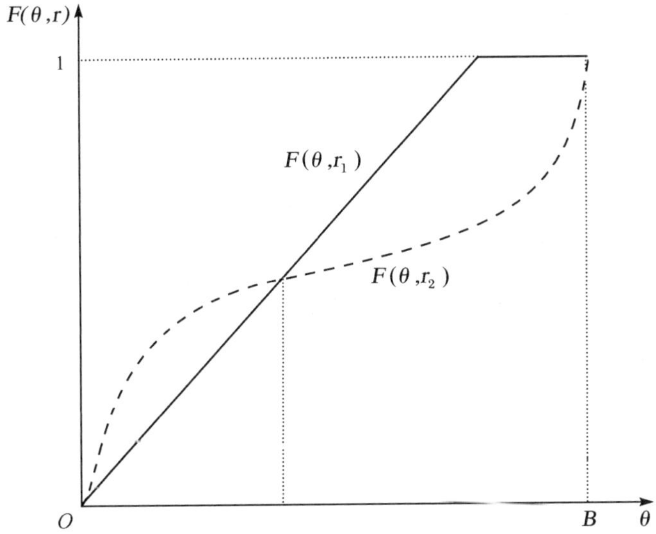

图 6.2.1　满足单一交叉性质的两个分布 r_1 和 r_2

微分形式来对有着相同均值的分布进行风险排序。如果

$$\int_0^B F_r(\theta,r)\mathrm{d}\theta = 0 \tag{iv}$$

$$\int_0^y F_r(\theta,r)\mathrm{d}\theta \geqslant 0,\ 0 \leqslant y \leqslant B \tag{v}$$

其中 $F_r(\theta,r)=\partial F(\theta,r)/\partial r$，则称 r 的增长就代表风险的一个保均展形增加。

6.3　麦考尔的跨期工作搜寻模型

我们现在考虑在以下情形下搜寻工作的失业工人：该工人每期获得一份工资 w 服从相同的工资分布 $F(W)=\text{Prob}\{w\leqslant W\}$ 的工作机会，并且存在$B<\infty$，使得 $F(0)=0$，$F(B)=1$。该工人可以选择放弃这份工作，在此情况下，他或她在现期会得到数量为 c 的失业保险金并且等到下一期获得另外一份工资分布为 F 的工作机会；反过来，工人可以接受工资为 w 的工作，在此情况下，他或她会在以后每一期都得到 w 的工资。辞职和解雇是不被允许的。

令 y_t 是 t 时期工人的收入。如果工人是失业的，我们就有 $y_t=c$，如果工人接受了工资为 w 的工作，则我们有 $y_t=w$。失业的工人寻求一个策略以最大化 $\sum_{t=0}^{\infty}\beta^t y_t$ 的数学期望，其中 $0<\beta<1$ 表示折现因子。

令 $v(w)$是手中握有所提供工资为 w 的工作机会(即工作机会 w)的工人对 $\sum_{t=0}^{\infty}\beta^t y_t$ 的

期望值，该工人正在考虑是接受还是拒绝此工作，该工人的行为是最优的。我们假定无记忆性。值函数 $v(w)$ 满足贝尔曼方程

$$v(w)=\max_{\text{接收、拒绝}}\left\{\frac{w}{1-\beta},c+\beta\int_0^B v(w')\mathrm{d}F(w')\right\} \tag{6.3.1}$$

此时最大值针对两种选择：(1) 接受工作机会 w 并且永远在此工资下工作，(2) 拒绝这次工作机会，这一期得到 c 并且在下一期得到新的工作机会 w'，此 w' 来自下个时期的分布 F。图 6.3.1 用曲线表示了泛函方程（6.3.1）并且揭示了此方程的解的形式：

$$v(w)=\begin{cases}\dfrac{\overline{w}}{1-\beta}=c+\beta\displaystyle\int_0^B v(w')\mathrm{d}F(w'), & w\leqslant\overline{w}\\ \dfrac{w}{1-\beta}, & w\geqslant\overline{w}\end{cases} \tag{6.3.2}$$

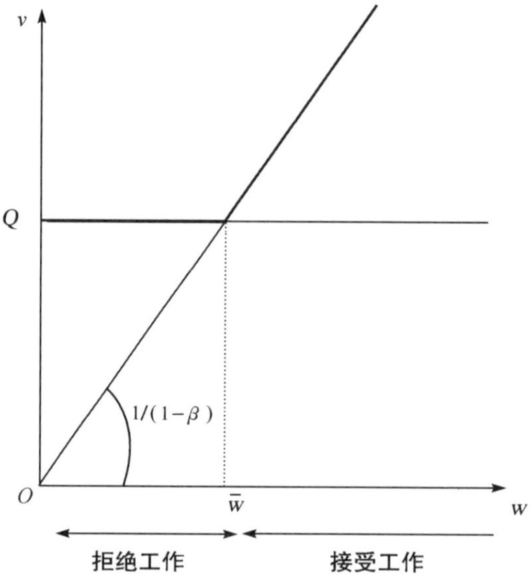

图 6.3.1　函数 $v(w)=\max\{w/(1-\beta),c+\beta\int_0^B v(w')\mathrm{d}F(w')\}$，

保留工资 $\overline{w}=(1-\beta)[c+\beta\int_0^B v(w')\mathrm{d}F(w')]$

利用方程（6.3.2），我们可以将值函数 $v(w)$ 泛函方程（6.3.1）转化为有着保留工资 $\overline{w}$ 的普通方程。赋值 $v(\overline{w})$ 并且利用方程（6.3.2），我们可得

$$\frac{\overline{w}}{1-\beta}=c+\beta\int_0^{\overline{w}}\frac{\overline{w}}{1-\beta}\mathrm{d}F(w')+\beta\int_{\overline{w}}^B\frac{w'}{1-\beta}\mathrm{d}F(w')$$

或者

$$\frac{\overline{w}}{1-\beta}\int_0^{\overline{w}}\mathrm{d}F(w')+\frac{\overline{w}}{1-\beta}\int_{\overline{w}}^B\mathrm{d}F(w')=c+\beta\int_0^{\overline{w}}\frac{\overline{w}}{1-\beta}\mathrm{d}F(w')+\beta\int_{\overline{w}}^B\frac{w'}{1-\beta}\mathrm{d}F(w')$$

或者

$$\overline{w}\int_0^{\overline{w}} \mathrm{d}F(w') - c = \frac{1}{1-\beta}\int_{\overline{w}}^{B} (\beta w' - \overline{w})\mathrm{d}F(w')$$

对方程两边同时加上 $\overline{w}\int_{\overline{w}}^{B} \mathrm{d}F(w')$ 可得

$$(\overline{w} - c) = \frac{\beta}{1-\beta}\int_{\overline{w}}^{B} (w' - \overline{w})\mathrm{d}F(w') \qquad (6.3.3)$$

方程（6.3.3）经常被用来刻画保留工资 $\overline{w}$。方程左边是当手中握有一个提供 $\overline{w}$ 的工作机会时再进行一次工作搜寻所需花费的成本。方程右边是与 $w' > \overline{w}$ 相应的再进行一次搜寻的期望收益现值。通过方程（6.3.3）设定 $\overline{w}$，使得再多搜寻一次的成本等于收益。

□ 6.3.1 保留工资的特征

我们将方程（6.3.3）右边的函数定义为

$$h(w) = \frac{\beta}{1-\beta}\int_{w}^{B} (w' - w)\mathrm{d}F(w') \qquad (6.3.4)$$

注意，$h(0) = E\omega\beta/(1-\beta)$，$h(B) = 0$，并且 $h(\omega)$ 是可微的，导数为①

$$h'(w) = -\frac{\beta}{1-\beta}[1 - F(w)] < 0$$

我们也可得

$$h''(w) = \frac{\beta}{1-\beta}F'(w) > 0$$

所以 $h(w)$ 相对于原点来说是凸的。图 6.3.2 对 $h(w)$ 和 $w - c$ 进行了比较，并且表明了 $\overline{w}$ 是怎样确定的。从图 6.3.2 中很容易看出，失业保险金 c 的增加会导致 $\overline{w}$ 的增加。

为了得到 $\overline{w}$ 的另一个有用特征，我们将方程(6.3.3)表示为

$$\begin{aligned}\overline{w} - c &= \frac{\beta}{1-\beta}\int_{\overline{w}}^{B} (w' - \overline{w})\mathrm{d}F(w') + \frac{\beta}{1-\beta}\int_0^{\overline{w}} (w' - \overline{w})\mathrm{d}F(w') \\ &\quad - \frac{\beta}{1-\beta}\int_0^{\overline{w}} (w' - \overline{w})\mathrm{d}F(w') \\ &= \frac{\beta}{1-\beta}Ew - \frac{\beta}{1-\beta}\overline{w} - \frac{\beta}{1-\beta}\int_0^{\overline{w}} (w' - \overline{w})\mathrm{d}F(w')\end{aligned}$$

或者

---

① 为了计算 $h'(w)$，我们把莱布尼茨公式应用到方程（6.3.4）中。令 $\Phi(t) = \int_{\alpha(t)}^{\beta(t)} f(x,t)\mathrm{d}x$，$t \in [c,d]$。假定 f 和 f_t 是连续的，并且 α、β 在区间 $[c,d]$ 上是可微的，则由莱布尼茨公式可知，$\Phi(t)$ 在区间 $[c,d]$ 上也是可微的，并且有

$$\Phi'(t) = f[\beta(t),t]\beta'(t) - f[\alpha(t),t]\alpha'(t) + \int_{\alpha(t)}^{\beta(t)} f_t(x,t)\mathrm{d}x$$

为将此公式应用到正文的方程中，只需让 w 代替 t 即可。

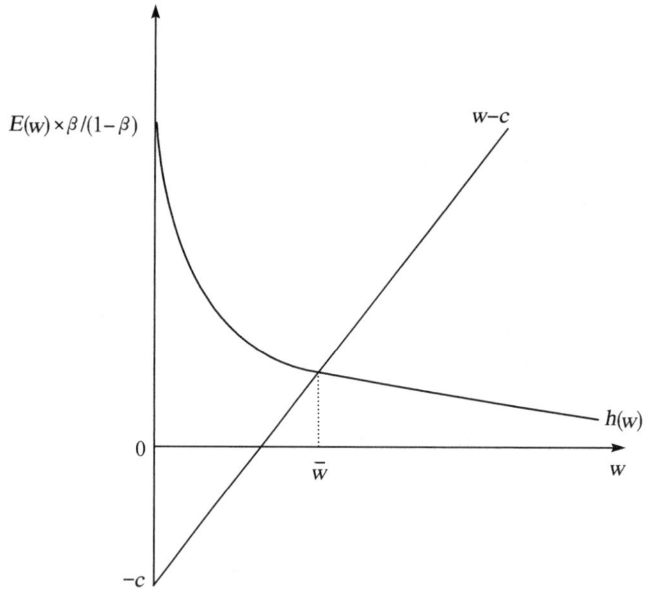

图 6.3.2　保留工资 $\bar{w}$ 满足 $\bar{w}-c=[\beta/(1-\beta)]\int_{\bar{w}}^{B}(w'-\bar{w})\mathrm{d}F(w')\equiv h(\bar{w})$

$$\bar{w}-(1-\beta)c=\beta Ew-\beta\int_0^{\bar{w}}(w'-\bar{w})\mathrm{d}F(w')$$

对方程右边的积分进行分部积分，然后重新整理，可得

$$\bar{w}-c=\beta(Ew-c)+\beta\int_0^{\bar{w}}F(w')\mathrm{d}w' \tag{6.3.5}$$

此时，定义函数

$$g(s)=\int_0^s F(p)\mathrm{d}p \tag{6.3.6}$$

是非常有用的。此函数有如下特征：$g(0)=0$，并且对于 $s>0$，有 $g(s)\geqslant 0$，$g'(s)=F(s)>0$，$g''(s)=F'(s)>0$。方程（6.3.5）也可以被表示为 $\bar{w}-c=\beta(Ew-c)+\beta g(\bar{w})$。在图 6.3.3 中，我们利用方程（6.3.5）来图示 $\bar{w}$ 的确定。

□ 6.3.2　保均展形的影响

从图 6.3.3 可得关于 $\bar{w}$ 的两个命题。第一，给定 F，当失业保险金 c 增加时，$\bar{w}$ 也会增加。第二，给定 c，风险的保均递增会导致 $\bar{w}$ 增加。第二个命题可以直接从图 6.3.3 和风险的保均递增的性质（ⅲ）或（ⅴ）中得到。根据方程（6.3.6）对 g 的定义以及性质（ⅲ）或（ⅴ），一个保均展形会引起 $\beta(Ew-c)+\beta g(w)$ 一个向上的移动。

由于失业保险金的增长或者风险的保均递增会导致保留工资的上升，因此从方程（6.3.2）对值函数的表达中就可得知，失业工人在此状态下情况好转。失业保险金的增加会增加工人的福利这一点是很明显的，令人惊奇的是，风险的保均递增亦如此。后面这个直观解释能够从期权定价理论的结论中得出，一个期权的价值是潜在资产价格变化

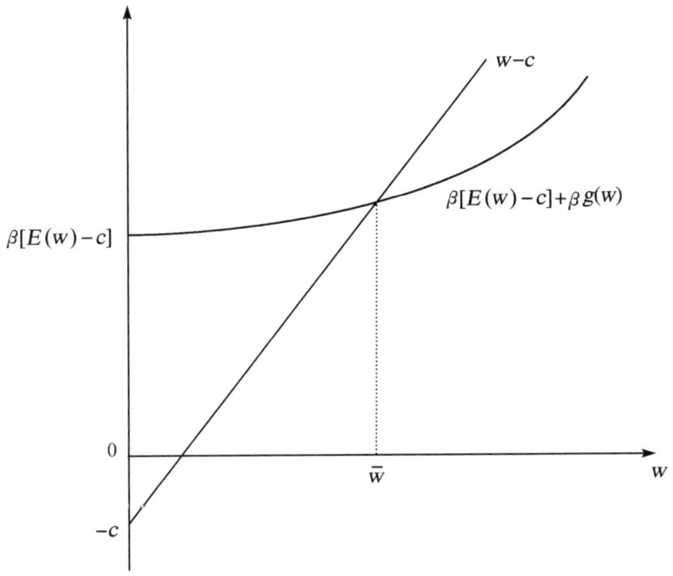

图 6.3.3　保留工资 $\bar{w}$ 满足 $\bar{w}-c=\beta(Ew-c)+\beta\int_0^{\bar{w}}F(w')\mathrm{d}w'$

$\equiv\beta(Ew-c)+\beta g(\bar{w})$

的一个增函数。情况之所以会这样，是因为期权的持有者只有在分布的后期才会得到支付。在我们的讨论中，失业工人有接受一个工作的选择权，在工资为 w 时，此工作的资产价值等于 $w/(1-\beta)$。在风险的保均递增下，高工资机会出现的高概率增加了搜寻工作的价值，而低工资机会出现的高概率将作用甚微，因为工作的选择权无论如何都不会在这样低的工资下执行。

□ 6.3.3　允许辞职

到目前为止都假设工人是不能辞职的。我们发现，如果给工人辞职和再次搜寻的选择权，经过一期的失业后他可能就永远不会再行使这个选择权了。为了理解这一点，回忆方程（6.3.2）中的保留工资 $\bar{w}$ 满足

$$v(\bar{w})=\frac{\bar{w}}{1-\beta}=c+\beta\int v(w')\mathrm{d}F(w') \tag{6.3.7}$$

假定某工人手中有某种工资为 w 的工作。假定在工资 w 遭到拒绝后，工人会采取最优行为，计算与三种相互排斥的对工作机会的反应相对应的终生效用：

A1. 接受这个工资并且永远在此工作岗位上工作：

$$\frac{w}{1-\beta}$$

A2. 接受工资并在 t 时期后辞去此工作：

$$\frac{w-\beta^t w}{1-\beta}+\beta^t\left(c+\beta\int v(w')\mathrm{d}F(w')\right)=\frac{w}{1-\beta}-\beta^t\,\frac{w-\bar{w}}{1-\beta}$$

A3. 拒绝工资：

$$c+\beta\int v(w')\mathrm{d}F(w')=\frac{\overline{w}}{1-\beta}$$

如果 $w<\overline{w}$，则有

$$A1<A2<A3$$

如果 $w>\overline{w}$，则有

$$A1>A2>A3$$

当 $w=\overline{w}$ 时，这三种不同的选择有相同的终生效用。

□ 6.3.4 等待时间

可以直接推导工作机会被接受之前的等待时间的概率分布。设 N 为表示“一直到遇到成功的工作机会的时间长度”的随机变量，如果提供的第一个工作被接受了，则 $N=1$。令 $\lambda=\int_0^{\overline{w}}\mathrm{d}F(w')$ 是工作机会被拒绝的概率，则我们有 $\mathrm{Prob}\{N=1\}=1-\lambda$。事件 $N=2$ 是指第一次提供的工作的工资低于 $\overline{w}$，这种情况发生的概率是 λ，并且第二次提供的工作的工资超过 $\overline{w}$，这种情况发生的概率是 $1-\lambda$。由连续抽取的独立性，我们得到 $\mathrm{Prob}\{N=2\}=(1-\lambda)\lambda$。更一般的形式为 $\mathrm{Prob}\{N=j\}=(1-\lambda)\lambda^{j-1}$，因此等待时间是服从几何分布的。等待时间的均值 $\overline{N}$ 由下式给出：

$$\begin{aligned}\overline{N}=\sum_{j=1}^{\infty}j\cdot\mathrm{Prob}\{N=j\}&=\sum_{j=1}^{\infty}j(1-\lambda)\lambda^{j-1}\\&=(1-\lambda)\sum_{j=1}^{\infty}\sum_{k=1}^{j}\lambda^{j-1}\\&=(1-\lambda)\sum_{k=0}^{\infty}\sum_{j=1}^{\infty}\lambda^{j-1+k}\\&=(1-\lambda)\sum_{k=0}^{\infty}\lambda^{k}(1-\lambda)^{-1}\\&=(1-\lambda)^{-1}\end{aligned}$$

也就是说，成功接受工作机会的等待时间的均值等同于一次尝试就接受了所提供的工作的概率的倒数值。①

为了阐述使用递归方法的威力，我们还可计算平均的等待时间 $\overline{N}$。首先，假定我们的搜寻环境是平稳的，从而与之相联系的是一个不变的保留工资以及一个不变的摆脱失业的概率，这意味着在任一给定的时期，对于所有的失业工人而言，“剩余的”平均等待时间等于 $\overline{N}$，也就是说，所有失业工人面临的剩余的平均等待时间都是 $\overline{N}$，无论至此为止他们所遭受的失业期有多久。其次，平均的等待时间 $\overline{N}$ 必定等于下边两种可能结果的

① 求解平均等待时间的另外一个办法是使用 z 变换的代数式，即 $h(z)=\sum_{j=0}^{\infty}h_jz^j$，且注意 $h'(z)=\sum_{j=1}^{\infty}jh_jz^{j-1}$ 以及 $h'(1)=\sum_{j=1}^{\infty}jh_j$ [关于 z 变换的介绍，可参见 Gabel and Roberts (1973)]。关于序列 $(1-\lambda)\lambda^{j-1}$ 的 z 变换是由 $\sum_{j=1}^{\infty}(1-\lambda)\lambda^{j-1}z^j=(1-\lambda)z/(1-\lambda z)$ 给定的。在给定 $z=1$ 的情况下估计 $h'(z)$ 的值，在作了一些简化后，得 $h'(1)=1/(1-\lambda)$，从而可得，等待时间的均值是由 $(1-\lambda)\sum_{j=1}^{\infty}j\lambda^{j-1}=1/(1-\lambda)$ 给定的。

加权和：要么工人在下一期中以概率 $1-\lambda$ 接受一个工作，要么工人在下一期中以概率 λ 保持失业状态。对于第一种情形，工人将在失业持续一个时期后结束他的失业状态，对于第二种情形，工人将遭受一个时期的失业并将面临剩余的平均等待时间为 $\overline{N}$ 的时期。因此，平均等待时间必定满足如下的递归公式：

$$\overline{N}=(1-\lambda)\cdot 1+\lambda(1+\overline{N}) \Rightarrow \overline{N}=(1-\lambda)^{-1}$$

请读者自己证明，在 F 给定的情况下，等待时间的均值随着失业保险金率 c 的增加而增加。

□ 6.3.5 解雇

我们现在考察对工作搜寻模型进行的修改。在修改的模型中，在第一期之后的每一期，在位工人被解雇的概率都为 α，其中 $1>\alpha>0$。下一期被解雇的概率 α 被假定是独立于任期的。先前失业的工人是从时不变和已知的概率分布 F 中抽取工资。失业工人获得失业保险金 c。工人得到时不变的工资 w，一直到被解雇为止。被解雇的工人在获得新工资之前就已经失业一个时期。只有先前就业的工人才会被解雇。从以前某个时期开始时被解雇的就业工人，不能在那个时期得到新工资，而是必须失业一个时期。

设 $\hat{v}(w)$ 表示先前失业的工人的收入的期望现值，此工人手中握有工资为 w 的工作机会并采取最优行动。如果她拒绝了此工作机会，在这一期她就会得到数量为 c 的失业保险金并且在下一期获得一份提供 w' 的新的工作机会，这份新工作的工资的现值是 $\beta\int\hat{v}(w')\mathrm{d}F(w')$。如果她拒绝此工作机会，就有 $\hat{v}(w)=c+\beta\int\hat{v}(w')\mathrm{d}F(w')$ 成立。如果她接受了此工作机会，这一期她就得到 w，她有 $1-\alpha$ 的概率在下一期不被解雇，因此，今天她得到 $\beta\hat{v}(w)$，她有 α 的概率在下一期被解雇，被解雇后经过一个时期的失业，她会得到一份新的工资，得到 $\beta\left[c+\beta\int\hat{v}(w')\mathrm{d}F(w')\right]$。因此，如果她接受此工作机会，则有 $\hat{v}(w)=w+\beta(1-\alpha)\hat{v}(w)+\beta\alpha\left[c+\beta\int\hat{v}(w')\mathrm{d}F(w')\right]$。因而，贝尔曼方程变为①

$$\hat{v}(w)=\max_{\text{接受、拒绝}}\{w+\beta(1-\alpha)\hat{v}(w)+\beta\alpha[c+\beta E\hat{v}],c+\beta E\hat{v}\}$$

其中 $E\hat{v}=\int\hat{v}(w')\mathrm{d}F(w')$。这里右边出现的 $\hat{v}(w)$ 被认为是，如果工人以期望折现现值 $\hat{v}(w)$ 接受最近时期的工资报价 w，那么问题的平稳性（即 F、α、c 都是固定的）使 $\hat{v}(w)$ 也是与保留接下来时期工作相关的后续值。此方程具有如下形式的解②：

$$\hat{v}(w)=\begin{cases}\dfrac{w+\beta\alpha[c+\beta E\hat{v}]}{1-\beta(1-\alpha)}, & w\geqslant\overline{w}\\ c+\beta E\hat{v}, & w\leqslant\overline{w}\end{cases}$$

---

① 在一个时期开始时被解雇的工人或许在同一时期有机会抽取新的报价，于是贝尔曼方程将是

$$\bar{v}(w)=\max_{\text{接受、拒绝}}\left\{w+\beta(1-\alpha)\bar{v}(w)+\beta\alpha\int\bar{v}(w')\mathrm{d}F(w'),c+\beta\int\bar{v}(w')\mathrm{d}F(w')\right\}$$

② 通过猜测 $\hat{v}(w)$ 是 w 的非递减函数，可以确定它采用的就是这种形式。此猜测隐含着本书中关于 $\hat{v}(w)$ 的方程，其中 $\hat{v}(w)$ 是 w 的非递减函数。给定贝尔曼方程的解的唯一性，此论点证明了 $\hat{v}(w)$ 是非递减的。

其中 $\overline{w}$ 由下式得到：

$$\frac{\overline{w}+\beta\alpha[c+\beta E\,\hat{v}]}{1-\beta(1-\alpha)}=c+\beta E\,\hat{v}$$

将上式重新整理可得：

$$\frac{\overline{w}}{1-\beta}=c+\beta\int\hat{v}(w')\mathrm{d}F(w') \tag{6.3.8}$$

当不存在被解雇的风险时，我们可以对（6.3.8）式中的保留工资与（6.3.7）式中的保留工资进行比较。这两个表达式看起来是一样的，但是保留工资不同，这是因为相应的两个值函数是不一样的。具体而言，必定有 $\hat{v}(w)$ 严格地位于 $v(w)$ 之下 。这正是我们的如下结论的直接含义，即在没有解雇的经济中，如果你接受了严格高于保留工资的工资，则停业搜寻不可能是最优的（参见 6.3.3 节）。因此，甚至当没有解雇的经济中的工人可以模仿允许解雇的经济中的结果，即不时地解雇自身或停业而进入失业状态时，他们也不会选择这样做，因为这将降低他们的期望福利。因为允许解雇的就业工人严格地差于没有解雇的就业工人，由此可知在整个定义域内，$\hat{v}(w)$ 严格地位于 $v(w)$ 之下，因为甚至在被拒绝的工资水平上，值函数也部分地体现了未来的结果，在允许解雇的经济中，这些结果在期望的形式上是不令人满意的。

因为允许解雇的值函数 $\hat{v}(w)$ 严格地位于没有解雇的值函数 $v(w)$ 之下，从而由（6.3.8）式和（6.3.7）式可知，允许解雇的保留工资 $\overline{w}$ 是严格低的。当某一工作被预期将持续一个较短的时期时，就没有理由坚持要求高报酬的工作。也就是说，当与工资收入相联系的收益由于被解雇的概率而下降时，失业工人最优地投资于搜寻方面的部分将减少。

6.4 湖模型

考虑某个由事前相同的工人的连续统构成的经济，这些工人生活在上一节所描述的环境中。这些工人频繁地在失业与就业之间进行转换。每一个就业期的平均持续期为 α^{-1}，而失业期的平均持续期为 $[1-F(\overline{w})]^{-1}$。分布在工人的连续统上的平均失业率 U_t 服从如下差分方程：

$$U_{t+1}=\alpha(1-U_t)+F(\overline{w})U_t$$

其中 α 是脱离就业状态的风险率。$1-F(\overline{w})$ 是摆脱失业的风险率。求解上述差分方程的平稳解，即令 $U_{t+1}=U_t=U$，可得：

$$U=\frac{\alpha}{\alpha+1-F(\overline{w})}\Rightarrow\ U=\frac{\dfrac{1}{1-F(\overline{w})}}{\dfrac{1}{1-F(\overline{w})+\dfrac{1}{\alpha}}} \tag{6.4.1}$$

方程（6.4.1）将平稳的失业率表示为失业的平均持续期占失业和就业的平均持续期之和的比例。因此，每一时刻分布于工人之间的一种平均的失业率反映了工人随着时间的推移所经历的平均结果。这种将某一时点上的经济范围内的平均联系于某一代表性工人的时间序列平均的方式是我们首次接触到的此类有时被称为比利模型的模型，我们将在第18章中深入研究这类模型。

上述失业模型有时被称为湖模型，并可用图6.4.1表示。其中标记为U和$1-U$的两个湖表示了失业和就业的规模，α表示从湖$1-U$到湖U的流动率，$1-F(\overline{w})$表示从湖U到湖$1-U$的流动率。方程（6.4.1）表明，我们可以根据变为失业的风险率α和摆脱失业的风险率$1-F(\overline{w})$来研究失业率的确定。

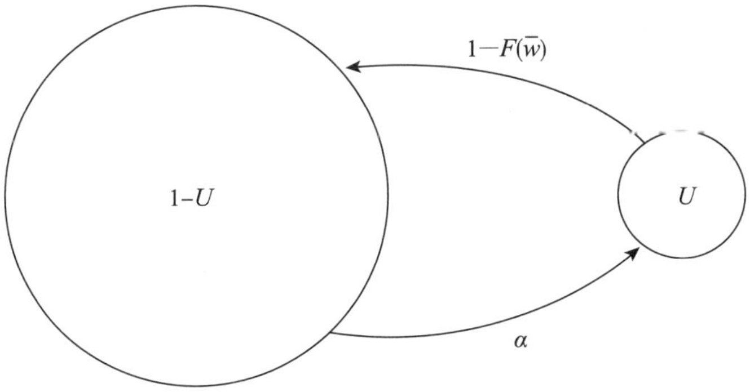

图6.4.1 湖模型：从就业状态$1-U$到失业状态U的流动率为α，而从U到$1-U$的流动率为$1-F(\overline{w})$

6.5 职业选择模型

这一节描述德里克·尼尔（Derek Neal，1999）关于职业选择的模型，他用此模型来研究当时的高中毕业生的就业历史。尼尔尝试解释为什么年轻人频繁换工作或“职业”通常是发生在他们工作经历的早期，之后他们就会固定在某个特定职业上。尼尔的模型可以被视为布莱恩·麦考尔（1991）模型的一个简化形式。

一个工人选择的职业——工作对（θ,ϵ）服从以下条件：不存在失业。工人在t时期的收入等于$\theta_t+\epsilon_t$，其中θ_t表示职业的特有成分，ϵ_t表示工作的特有成分。工人最大化$E\sum_{t=0}^{\infty}\beta^t(\theta_t+\epsilon_t)$。一个职业是从累积分布函数$F$中抽取的$\theta$的一个样本；一个工作是从累积分布函数$G$中抽取的$\epsilon$的一个样本。抽取的各个样本是独立的，并且$G(0)=F(0)=0$，$G(B_\epsilon)=F(B_\theta)=1$。只有当工人选择新工作时才能选择新的职业。然而，工人能自由地保留他现有的职业（θ）并且抽取新的工作（ϵ'）。工人在一个时期的期初决定是留在从过去所继承下来的职业-工作对上，还是留在继承的职业中但抽取一份新的工作，或是选取新的职业-工作对。不存在对过去工作或职业的记忆性。

在一个时期的期初，设$v(\theta,\epsilon)$表示工人当前继承职业-工作对(θ,ϵ)的问题的最优值，该工人将要决定是否接受一份新的工作或职业。贝尔曼方程是

$$v(\theta,\varepsilon)=\max\left\{\theta+\varepsilon+\beta v(\theta,\varepsilon),\theta+\int[\varepsilon'+\beta v(\theta,\varepsilon')]\mathrm{d}G(\varepsilon'),\right.$$
$$\left.\iint[\theta'+\varepsilon'+\beta v(\theta',\varepsilon')]\mathrm{d}F(\theta')\mathrm{d}G(\varepsilon')\right\} \tag{6.5.1}$$

其中的最大化是通过三个可能行动来实现的：(1) 保留当前的工作-职业对；(2) 保留当前的职业但接受一份新的工作；(3) 既接受新工作，又接受新职业。我们可以给这三个选项起别名为“原位不动”“新工作”“新生活”。值函数关于 θ 和 ε 都是递增的。

图 6.5.1 和图 6.5.2 显示了尼尔模型的最优值函数和最优决策规则，其中 F 和 G 对于每一组 θ 和 ε，分别服从 [0,5] 上具有 50 个均匀分布的离散值的离散的均匀分布，且 $\beta=0.95$。我们通过迭代贝尔曼方程直到收敛来计算值函数。最优策略由 $(0,\varepsilon)$ 空间中的三个区域来刻画。对于 $\varepsilon+\theta$ 的足够高的值，工人原位不动；对于高 θ 低 ε，工人保留其职业但搜寻更好的工作；对于 $\theta+\varepsilon$ 的低的值，工人搜寻新的职业以及新的工作。在图 6.5.1 和图 6.5.2 中，保留工作和职业的决定处于状态空间的高 θ、高 ε 区域内；保留职业 θ 而寻找新的工作的决定处于状态空间的高 θ、低 ε 区域内；通过选取新工作 θ 与新职业 ε 来获得“新生活”的决定在低 θ、低 ε 区域内。[①]

当职业-工作对 (θ,ε) 使工人选择原位不动时，方程 (6.5.1) 中的值函数值为 $(\theta+\varepsilon)/(1-\beta)$。当然，这发生在原位不动的决策弱优于其他两个行动的情况下：

$$\frac{\theta+\varepsilon}{1-\beta}\geqslant\max\{C(\theta),Q\} \tag{6.5.2}$$

其中 Q 表示同时寻找一份新工作和一个新职业的值：

$$Q\equiv\iint[\theta'+\varepsilon'+\beta v(\theta',\varepsilon')]\mathrm{d}F(\theta')\mathrm{d}G(\varepsilon')$$

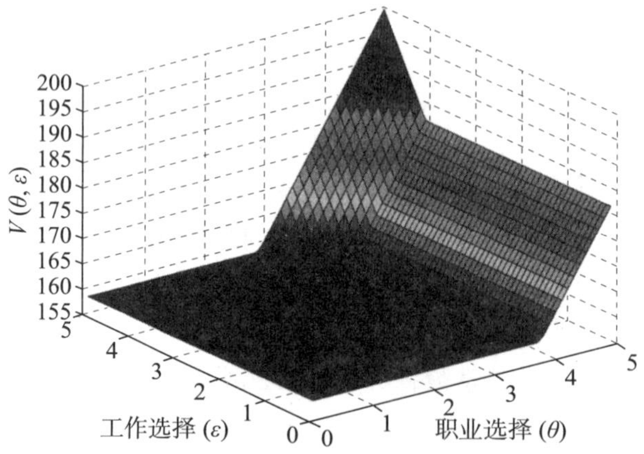

图 6.5.1　当 $\beta=0.95$ 时尼尔模型的最优值函数。在 (θ,ε) 的拒绝区域内值函数是平的；只是在保持职业但寻找新工作的区域内是关于 θ 递增的；在原位不动的区域内关于 θ 和 ε 的值函数都是递增的

① 计算使用的 Matlab 程序是 neal2. m。

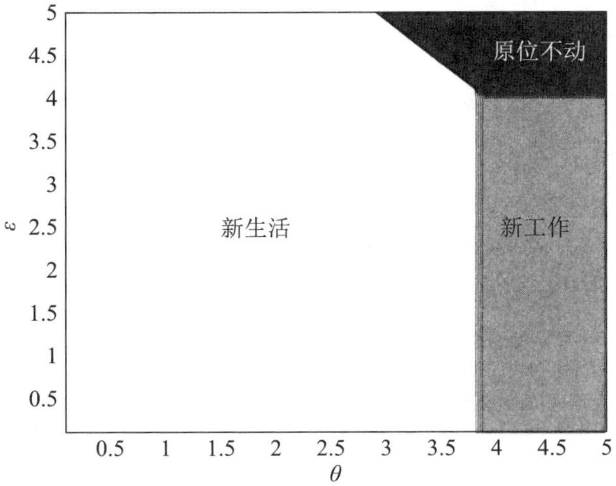

图 6.5.2　尼尔模型的最优决策规则。对于白色区域内的（θ,ε），工人改变工作和职业；在灰色区域内，工人保留职业但寻找新工作；在黑色区域内，工人接受（θ,ε）

而 $C(\theta)$ 表示寻找一份新工作但保持 θ 的值：

$$C(\theta)=\theta+\int[\varepsilon'+\beta v(\theta,\varepsilon')]\mathrm{d}G(\varepsilon')$$

对于给定的职业 θ，工作 $\bar{\varepsilon}(\theta)$ 使方程（6.5.2）中的等号成立。很明显，

$$\bar{\varepsilon}(\theta)=\max[(1-\beta)C(\theta)-\theta,(1-\beta)Q-\theta]$$

对于任何满足 $\varepsilon\geqslant\bar{\varepsilon}(\theta)$的职业-工作对（$\theta,\varepsilon$），原位不动是最优的决策。当此条件没有得到满足时，工人要么会寻找一个新的职业-工作对（θ',ε'），要么只寻找一个新的工作 ε'。当

$$C(\theta)\geqslant Q \tag{6.5.3}$$

时，保留当前职业 θ 的决策是最优的。这里我们可以求解（6.5.3）式满足下式的职业临界值 $\bar{\theta}$：

$$C(\bar{\theta})=Q \tag{6.5.4}$$

因而，独立于 ε，工人将永远不会放弃任何满足$\theta\geqslant\bar{\theta}$ 的职业 θ。因而，接受当前的职业的决策规则为，如果 $\theta\geqslant\bar{\theta}$ 或者当前的职业-工作对（θ,ε）满足$\varepsilon\geqslant\bar{\varepsilon}(\theta)$，那么就接受当前的职业。

对于保持 θ 的区域$\theta\geqslant\bar{\theta}$ 中的临界值 $\bar{\varepsilon}(\theta)$，我们有更多要说的。当 $\theta\geqslant\bar{\theta}$ 时，由于我们知道工人将永远保持 θ 不变，由此可得

$$C(\theta)=\frac{\theta}{1-\beta}+\int J(\varepsilon')\mathrm{d}G(\varepsilon')$$

其中 $J(\varepsilon)$ 表示针对某一个刚确定了 ε，已经决定保持他的职业 θ，并正在决定是否在下一期中尝试一份新工作的工人来说 $\sum_{t=0}^{\infty}\beta^t\varepsilon_t$ 的最优值。关于 J 的贝尔曼方程为：

$$J(\varepsilon)=\max\left\{\frac{\varepsilon}{1-\beta},\varepsilon+\beta\int J(\varepsilon')\mathrm{d}G(\varepsilon')\right\} \tag{6.5.5}$$

此方程类似于基本的麦考尔模型中的最优值函数的贝尔曼方程，只是有一些轻微的改动。最优策略采取保留工作的形式：如果 $\varepsilon\geqslant\bar{\varepsilon}$，则保持工作 ε；否则在下一期中尝试一份新工作。(6.5.5) 式中没有出现 θ 意味着在区域 $\theta\geqslant\bar{\theta}$ 中，$\bar{\varepsilon}$ 是独立于 θ 的。

上述结果解释了图 6.5.1 描绘的值函数的某些特征。在 (θ,ε) 平面中分离"新生活"与"新工作"区域的边界上，方程 (6.5.4) 被满足。在分离"新工作"与"原位不动"区域的边界上，有 $\frac{\theta+\varepsilon}{1-\beta}=C(\theta)=\frac{\theta}{1-\beta}+\int J(\varepsilon')\mathrm{d}G(\varepsilon')$。最后，在"新生活"与"原位不动"的区域之间，有 $\frac{\theta+\varepsilon}{1-\beta}=Q$，此式定义在 (θ,ε) 平面上的一条对角线（参见图 6.5.2)。在获得"新生活"的区域［即那种最优决策是获得新的 (θ,ε) 对的区域］中，值函数取不变值 Q。方程 (6.5.3) 有助于我们理解为什么在图 6.5.2 中存在一个高 θ 值的集合，其中 $v(\theta,\varepsilon)$ 关于 θ 递增，而关于 ε 是平的。

模型最有趣的特征可能在于，有可能取得一个 (θ,ε) 对使得保留职位 (θ) 和选择一个新的工作配置 (ε') 的值既超过停止搜寻的值，又超过重新搜寻一个新的职业-工作对 (θ',ε') 的值。当一个大的 θ 伴随着一个小的 ε 时，此情况就产生了。在这种情况下，$\theta\geqslant\bar{\theta}$ 且 $\varepsilon<\bar{\varepsilon}(\theta)$。

尼尔的模型被作为关于年轻人的标准化模型，此模型告诉他们：不要被一个厂商买断后才找到一个你喜欢的职业。作为一个肯定的模型，它预测工人们在一个职业上安定下来后就不会跳槽。尼尔提供的数据表明，此预测太苛刻，并不完美，只是一个很好的第一近似值。他建议沿着下面 6.8 节所描述的约万诺维奇模型的思路，将此模型扩展到包含学习因素，这将有助于解释他的模型中所没有涉及的后来的职业变换。①

6.6 报价分布未知

考虑下面对麦考尔搜寻模型的修改。失业工人想要使 $\sum_{t=0}^{\infty}\beta^t y_t$ 的期望现值最大化，其中当工人就业时，y_t 等于工资 w，当工人失业时，y_t 等于 c。在每一个时期，工人从两个累积分布函数 F 与 G 之一中接受报价，在工资为 w 时永远工作，其中 $F(0)=G(0)=0$，$F(B)=G(B)=1$ $(B>0)$。在所有日期，自然从相同的分布 F 或者 G 中抽取报价，工人知道这一点，但他（或她）并不知道是 G 还是 F。在 0 时刻抽取工资报价之前，工人以概率 $\pi_{-1}\in(0,1)$ 依附于分布 F。我们假定分布分别具有密度 f 与 g，而且它们具有共同的支集。在 0 时刻抽取工资报价之前，工人认为 w_0 的密度是 $h(w_0;\pi_{-1})=\pi_{-1}f(w_0)+(1-\pi_{-1})$

① 尼尔的模型可以将等待的时间表示为事件 $(\theta\geqslant\bar{\theta})\cup[\varepsilon\geqslant\bar{\varepsilon}(\theta)]$。第一个事件是选择一个永远不放弃的职业。第二个事件是选择一个永久性的工作。尼尔用此模型来拟合和解释观察到的年轻人的职业和工作的转换情况。

$g(w_0)$。在抽取 w_0 之后，工人利用贝叶斯定律推导密度为 $f(w)$的后验概率为[①]

$$\pi_0 = \frac{\pi_{-1} f(w_0)}{\pi_{-1} f(w_0) + (1-\pi_{-1}) g(w_0)}$$

更一般地说，在观察第 t 次抽取 w_t 后，工人认为 w_{t+1}是从分布 F 中抽取的概率是

$$\pi_t = \frac{\pi_{t-1} f(w_t)/g(w_t)}{\pi_{t-1} f(w_t)/g(w_t) + (1-\pi_{t-1})} \tag{6.6.1}$$

w_{t+1}的密度是

$$h(w_{t+1};\pi_t) = \pi_t f(w_{t+1}) + (1-\pi_t) g(w_{t+1}) \tag{6.6.2}$$

注意

$$\begin{aligned} E(\pi_t \mid \pi_{t-1}) &= \int \left[\frac{\pi_{t-1} f(w)}{\pi_{t-1} f(w) + (1-\pi_{t-1}) g(w)} \right] [\pi_{t-1} f(w) + (1-\pi_{t-1}) g(w)] \mathrm{d}w \\ &= \pi_{t-1} \int f(w) \mathrm{d}w \\ &= \pi_{t-1} \end{aligned}$$

所以过程 π_t 是以 0 和 1 为界的鞅。（在上述等式的第一行中，第一个括号中的项刚好是 w_t 的函数 π_t，而第二个括号中的项是以 π_{t-1}为条件的 w_t 的密度。）注意，在这里我们是要在第二个括号中的项所述的主观密度下计算 $E(\pi_t \mid \pi_{t-1})$。由鞅收敛定理（参看第 17 章的附录 A）可以看出，π_t 几乎必然收敛于 [0,1] 中的随机变量。实际上，这意味着所有样本路径 $\{\pi_t\}_{t=0}^{\infty}$收敛的概率为 1。然而，通常各种不同的样本路径会收敛于不同的极限值。因而，当 $t \to +\infty$时，$\{\pi_t\}_{t=0}^{\infty}$的极限点构成了通常具有非平凡分布的随机变量。

假定 $v(w_t,\pi_t)$ 是先前失业的工人的问题的最优值，这个工人刚好抽取到 w，并根据（6.6.1）式更新 π。贝尔曼方程是满足（6.6.1）式与（6.6.2）式的

$$v(w,\pi_t) = \max_{\text{接受、拒绝}} \left\{ \frac{w}{1-\beta}, c + \beta \int v(w', \pi_{t+1}(w')) h(w';\pi_t) \mathrm{d}w' \right\} \tag{6.6.3}$$

状态向量是工人当前抽取获得的 w 与他抽取后概率的估计值，这里的概率的分布为 f。（6.6.3）式右边第二项在接下来的时期的状态向量处，针对工人在接下来的时期抽取 w' 的主观分布 $h(w';\pi_t)$ 积分算出评估的值函数。接下来的时期值函数会确认 π_{t+1}将以依赖于 w'的方式经由贝叶斯定律进行不断更新，这是通过（6.6.1）式所获取的。很明显，最优策略是设定依赖于 π_t 的保留工资 $\overline{w}(\pi_t)$。

举一个例子，我们可通过逆向归纳来计算最优策略，假定 f 是 [0，2] 上的均匀分布，而 g 是具有参数（3，1.2）的 β 分布。[②] 我们设定失业保险金 $c=0.6$，折现因子$\beta=0.95$。[③] 这两个密度已由图 6.6.1 给出，这表明，g 密度比均匀密度 f 为工人提供了更好

---

① 工人的初始信念可导出抽取的潜在无限序列 w_0，w_1，…的联合概率分布。贝叶斯定律仅仅是概率法则的应用，用于计算第 t 个抽取的 w_t 以 [w_0，…，w_{t-1}] 为条件的条件分布。由于我们从一开始就假定决策者知道联合分布和概率法则，一种令人满意的观点是，贝叶斯定律与其说是一种“学习理论”，不如说是关于某些自认为从一开始就知道真相（即联合概率分布）的决策制定者的信息流的结果的陈述。

② w 的贝塔分布可以由密度 $g(w;\alpha,\gamma) \propto w^{\alpha-1}(1-w)^{(\gamma-1)}$来刻画。对比例因子的选择是要使得密度积分为 1。

③ 利用 Matlab 程序 search_learn_francisco_3. m 和 search_learn_beta_2. m 来执行这些计算。

的前景。当工人放置在密度 f 上的后验概率 π 上升时，工人的保留工资下降，这是合乎情理的，这一点已由图 6.6.2 显示出来。

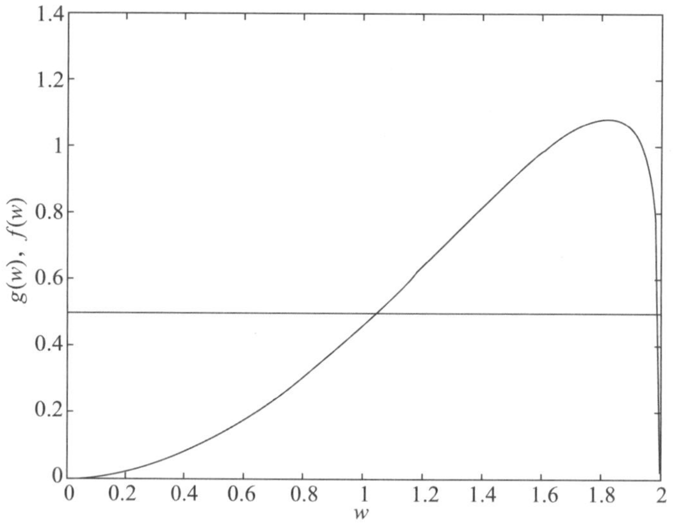

图 6.6.1　工资的两个密度，均匀分布 $f(w)$ 与对应于参数为 3、1.2 的贝塔分布的 $g(w)$

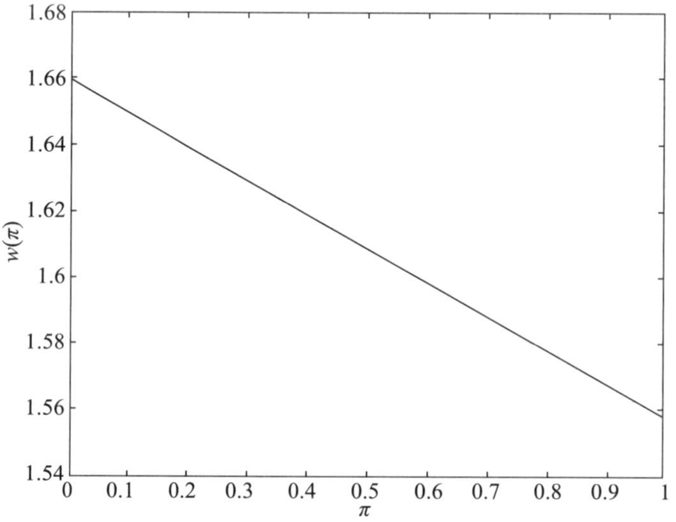

图 6.6.2　保留工资作为后验概率 π 的函数，工人认为工资是从均匀密度 f 中抽取得到的

图 6.6.3 显示了在两个替代假设下，即由均匀分布 F 还是贝塔分布 G 永久控制工资的假设，失业期间和接受工作时间 π 的实证累积分布函数。从信念的共同初始条件 $\pi_{-1}=0.5$ 开始，并假定工人不知道是由均匀密度 $f(w)$ 还是贝塔密度 $g(w)$ 实际控制连续不断的工资抽取，我们借助于在刚给出的参数值上模拟 10 000 次模型来构建这些模型。只有当 π_t 接近 1 时，工人才会知道获得工资的自然方式是从 f 而不是 g 中抽取的。很明显，绝大多数工人很长一段时间都会接受工作，大数定律有足够的时间让他们确定自然是从两个密度中的哪一个抽取工资报价的。因而，工人通常不会收集足够的观察值以便知道哪一个分布控制工资报价。对于两个分图来说，下面的线都表示获得工资的方式是自然从 F 中抽取工资时

的累积分布函数，下面的分图表示获得工资的方式是自然从 G 中抽取时的累积分布函数。[①]

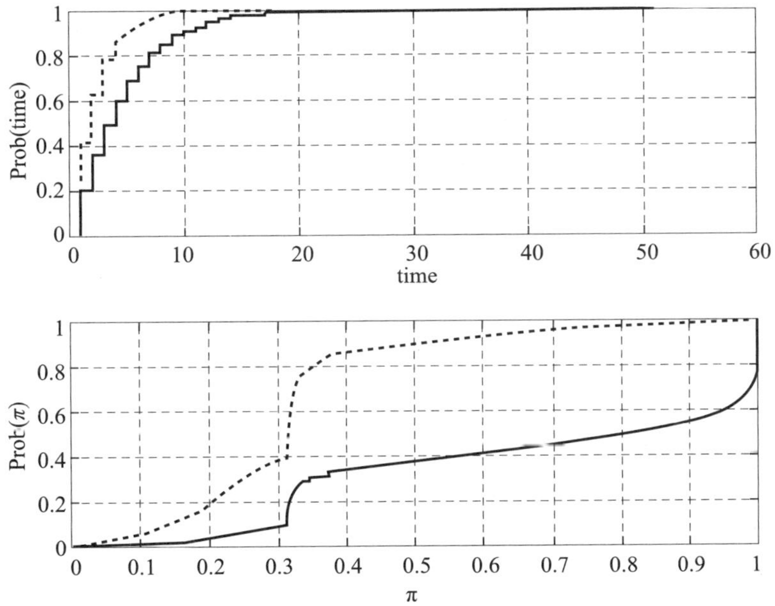

图 6.6.3　上面的分图表示失业期间的累积分布函数；下面的分图表示在工人接受工资并摆脱失业时 π 的累积分布函数。在每一个分图中，当获得工资的方式永远是自然从均匀密度 f 中抽取时，下面的实线是累积分布函数，而当获得工资的方式永远是自然从贝塔密度 g 中抽取时，虚线就是累积分布函数

当获得工资的方式是自然从 F 与 G 中分别抽取时，对累积分布函数加以比较是有启迪作用的。当 G 占优势时，上面的分图中的累积分布函数揭示出工人通常接受工作会更早于 F 占优势时的情况。这就是说，在引言中引用卢卡斯的段落中，当对麦考尔失业工人的询问者说“也许你设想的期望值太高”时，他准会记得这个问题。下面的分图则揭示出，当获得工资的方式永远是自然从 G 中抽取时，就业工人认为他们实际从 G 中抽取样本的概率高于从 F 中抽取样本的概率，而当获得工资的方式永远是自然从 F 中抽取时，则相反的情况成立。

6.7　均衡价格分布

麦考尔的搜寻模型面对着具有给定工资分布的工人。在这一节，我们考察为什么厂商可能会选择用非平凡的工资分布来面对一个事前同质的工人集合。一旦知道工人有保留工资策略，为什么厂商提供的工资报价超过保留工资呢？这个问题促使我们去思考是

① 对于非负的随机变量均值来说，运用公式（6.2.2）是非常有用的，然后观察下面的分图的累积分布函数，它逼近工作时的均值 π_t。

否有可能设想一种设置一致的情况，在这种情况下，寻求利润最大化的厂商以某种方式做出产生一个工资分布的决定是最优的。

在这一节，我们就来讨论这个问题，但由于历史原因，在连续搜寻模型的背景下调查这个问题，其中买方寻求最低价格。[①] 对于从已知价格分布中抽取的每一批额外的 n 个独立抽取的报价，买方可以固定成本 c 从已知价格分布中抽取额外的报价。不论是在同一批批次之内，还是在不同的批次之间，连续抽取是独立的。买方的最佳策略是设定保留价格并继续抽取，直到价格第一次低于所提出的保留价格为止。设 $\tilde{p}$ 是保留价格。

罗斯柴尔德（1973）对模型提出以下挑战，模型有大量相同的买方，其每一个都有保留价格 $\tilde{p}$。如果所有卖方都知道保留价格 $\tilde{p}$，那么为什么他们中的任何一个提出的价格都要低于 $\tilde{p}$ 呢？这个令人信服的问题指出了使价格分布崩溃的力量，即会破坏部分买方的搜寻行为动机。因而，挑战是构建搜寻模型的均衡形式，其中厂商的兴趣在于维持买方搜寻活动的非平凡价格分布。

伯德特和贾德（1983）为了应对挑战创建了如下的环境，即事前相同的买方事后会接受各种不同的价格报价，这些价格是从厂商所设定的共同分布中抽取出来的。他们构建以下均衡，在这个均衡中，使连续统的利润最大化的卖方满足于产生这种价格分布。卖方设定它们自己的价格，以便使每个客户的预期利润最大化。但是卖方不知道潜在客户接受其他报价的数量。买方所接受报价的数量方面的异质性连同卖方对特定客户所接受的数量和性质的无知，造成了每个客户的利润和交易量之间的权衡，使得非退化均衡价格分布成为可能。对索要的价格较高的厂商来说，它们是较低体量的卖方。对索要的价格较低的厂商来说，它们是较大体量的卖方。对于那些希望赚到每一个客户相同利润的所有类型的厂商来说，存在着价格的均衡分布。

□ 6.7.1 伯德特和贾德设置

买方的连续统是从厂商的连续统中的某一家厂商处购买单一商品。每家厂商与潜在买方的某个固定数量 ν 有联系。这些厂商在零边际成本上生产同质性商品。每家厂商将其他厂商索要价格的累积分布函数看成是已知的，并选定一个价格。厂商希望使自己的每个消费者的期望利润最大化。厂商的每个消费者的期望利润等于其价格乘以概率，这个概率是指其价格作为买方所接受的一组可接受报价中最低价格的概率。其他厂商所设定的价格分布会影响到厂商的期望利润，这是因为它影响到买方接受其报价的可能性。

□ 6.7.2 带有噪声搜寻的消费者问题

消费者想要以最低的价格购买商品。厂商给出报价，此时买方可将其看成是从具有累积分布函数 $G(P)=\text{Prob}(p\leqslant P)$ 的非负价格分布中抽取的，其中 $G(\underline{p})=0$，$G(B)=1$。假定 G 是连续可微的，因此具有相关的概率密度。买方的搜寻活动可分为一些批次。在每个批次中，买方接受从相同分布 G 中抽取获得报价的随机数。伯德特和贾德称这种结构为“噪声搜寻”。特别地，以成本 $c>0$ 来执行每个搜寻轮次，买方以概率 $q\in(0,1)$ 接受从 G 中抽取的一个报价，而以概率 $1-q$ 接受两个报价。因而，一个“轮次”由“复合

① 参看伯德特和和莫滕森（Burdett and Mortensen，1998）对工作搜寻模型中类似问题提出的平行分析。

抽签”组成，首先抽取一个随机数，然后从累积分布函数 G 中随机抽取独立同分布的报价。买方可在轮次内回想起报价，但是不能跨越轮次。很明显，$\text{Prob}\{\min(p_1, p_2)\geqslant p\}=(1-G(p))^2$，并且 $\text{Prob}\{\min(p_1, p_2)\leqslant p\}=1-[1-G(p)]^2$。然后，在单一轮次中，抽取的低价格的事前累积分布函数是

$$H(p)=qG(p)+(1-q)(1-(1-G(p))^2) \tag{6.7.1}$$

设 $v(p)$ 表示期望价格，包括已经支付 c，手里持有报价 p，即将决定接受或拒绝报价的客户的未来搜寻成本。贝尔曼方程是

$$v(p)=\min_{\text{接受、拒绝}}\left\{p, c+\int_{\underline{p}}^{B} v(p')\mathrm{d}H(p')\right\} \tag{6.7.2}$$

保留价格满足 $v(\tilde{p})=\tilde{p}=c+\int_{\underline{p}}^{\tilde{p}} p'\mathrm{d}H(p')$，这蕴含着①

$$c=\int_{\underline{p}}^{\tilde{p}} H(p)\mathrm{d}p \tag{6.7.3}$$

一旦将（6.7.3）式与非负随机变量的均值公式 $Ep=\int_{\underline{p}}^{\tilde{p}}(1-H(p))\mathrm{d}p$ 相结合，就意味着保留价格 $\tilde{p}$ 满足

$$\tilde{p}=c+Ep$$

这表明保留价格等于另加一个轮次搜寻的成本加上从多个轮次噪声搜寻中抽取的平均价格。挑战是构建均衡价格分布 G，进而蕴含分布 H，其中绝大多数厂商选择发布低于买方的保留价格 $\tilde{p}$ 的价格。

□ 6.7.3 厂商

为了简单起见，我们将注意力集中在搜寻问题上，我们假定厂商生产商品不需要任何成本。在设定其价格时，我们假定厂商寻求使针对每个客户的期望利润最大化。厂商在并不知道这是否为客户可获得的唯一报价，也不知道已经得到两个报价的客户是否可能有较低的报价的情况下，向客户提供报价。厂商首先计算接受一个报价的客户比例，以及仅接受一个报价的客户比例。设每个批次的潜在买方总数为 ν，这是由每人接受一个报价的人数 νq 与每人接受两个报价的人数 $\nu(1-q)$ 所构成的。很明显，报价的总数是 $\nu(1q+2(1-q))=\nu(2-q)$。显然，由接受一个报价的客户所接受的报价的部分是 $\frac{vq}{v(2-q)}=\frac{q}{2-q}$。这个计算诱使典型厂商相信接受一个报价的客户的一部分是

$$\hat{q}=\frac{q}{2-q} \tag{6.7.4}$$

---

① 贝尔曼方程蕴含着 $\tilde{p}=c+\int_{\underline{p}}^{B} v(p')\mathrm{d}H(p)$，对此进行重新整理可得 $\int_{\underline{p}}^{\tilde{p}}(\tilde{p}-p)\mathrm{d}H(p)=c$。设 $u=\tilde{p}-p$，而 $\mathrm{d}v=\mathrm{d}H(p)$，然后对前面的等式运用分部积分 $\int u\mathrm{d}v=uv-\int v\mathrm{d}u$，得出 $\int_{\underline{p}}^{\tilde{p}} H(p)\mathrm{d}p=c$。

而接受两个报价的客户的一部分是$1-\hat{q}=\frac{2(1-q)}{2-q}$。公司将$\hat{q}$认为是对给定客户仅接受该厂商报价的概率的估计值，而认为其客户的一部分$1-\hat{q}$同样会接受另一家厂商的竞争性报价。

每个厂商都知道其他厂商的具有累积分布函数$G(p)$的给定报价分布，其中$G(\underline{p})=0$，$G(\tilde{p})=1$，这样会产生一个厂商的连续统。假定G是可微的。[①] 这个分布满足如下的结果：在均衡时，没有厂商的报价会超过买方的保留价格$\tilde{p}$。令$Q(p)$是客户将接受报价p的概率，其中$\underline{p}\leqslant p\leqslant\tilde{p}$。很明显，那些接受一个报价$p<\tilde{p}$的客户将会以概率1接受$p$。但只有接受两个报价的$1-G(p)$的客户将会接受报价$p<\tilde{p}$。为什么会出现这种情况呢？因为$1-G(p)$是那些客户的其他报价超过$p$的部分；所以接受报价$p$的有两个报价的客户的一小部分$G(p)$将拒绝它，因为他们所接受的报价小于$p$。因此，随机遇到客户接受报价$p\in[\underline{p},\tilde{p}]$的整体概率是

$$Q(p)=\hat{q}+(1-\hat{q})[1-G(p)] \tag{6.7.5}$$

□ 6.7.4 均衡

考察的对象是典型买方的保留价格$\tilde{p}$与值函数$v(p)$，以及有如下价格的累积分布函数$G(p)$，这里的价格是与单个厂商设定价格的决策相独立的结果，同时此价格是所有买卖双方已知的。

定义：均衡是区域$[\underline{p},\tilde{p}]$上的报价的累积分布函数$G(p)$，针对消费者$H(p)$的每个批次报价的累积分布函数，以及保留价格$\tilde{p}$，使得（i）向买方的报价$H(p)$的累积分布函数满足（6.7.1）式，（ii）$\tilde{p}$是买方的最优保留价格，满足$c=\int_{\underline{p}}^{\tilde{p}}\mathrm{d}H(p)$；（iii）厂商对任何$p\in[\underline{p},\tilde{p}]$都是漠不关心的，因此，厂商通过应用$G(p)$来随机选择$p$。

我们借助猜测-证明法来确认均衡。做出关于均衡累积分布函数$G(p)$的以下猜测。[②] 首先设定

$$\underline{p}=\hat{q}\tilde{p} \tag{6.7.6}$$

然后设

$$G(p)=\begin{cases}0, & p\leqslant\underline{p}\\ 1-\dfrac{\tilde{p}-p}{p}\dfrac{\hat{q}}{1-\hat{q}}, & p\in[\underline{p},\tilde{p}]\\ 1, & p>\tilde{p}\end{cases} \tag{6.7.7}$$

---

① 伯德特和贾德（1983，第959页，引理1）证明，当$q\in(0,1)$并且$\tilde{p}>0$时，均衡G是可微的。他们的论证如下。假定相反，存在正的概率有单一价格$p'\in(0,\tilde{p})$。考察执行收费p'的厂商。当$q<1$时，厂商知道存在一个正概率使潜在客户接受另一个报价p'。如果厂商可使其报价无限小，则可以指望拉拢那个客户，从而增加其期望利润。因此，对收费p'的决定并不能使典型厂商的期望利润最大化。假定G在p'处不连续，则我们可推导出矛盾。

② 我们确信的是，买方的搜寻问题是与通过设置c来验证（6.7.3）式的猜测相一致的。

在这个猜测下，$Q(p)$变成

$$Q(p)=\frac{\tilde{p}\hat{q}}{p}, \forall p \in [\underline{p}, \tilde{p}]$$

因此，对于厂商的每一个客户的期望利润来说，设置价格 $p \in [\underline{p}, \tilde{p}]$ 为

$$pQ(p)=\tilde{p}\hat{q} \tag{6.7.8}$$

很明显，这与厂商在区间 $[\underline{p}, \tilde{p}]$ 中对报价 p 的选择是独立的。厂商对其在此区间上所提供的报价漠不关心。特别是，注意到等式（6.7.8）的右边是厂商的买方接受一个报价的比例 $\hat{q}$ 与保留价格$\tilde{q}$。这是所要保留价格的厂商的每个客户的期望利润。等式（6.7.8）左边是价格 p 与买方将接受价格 p 的概率 $Q(p)$ 的乘积，我们注意到它等于厂商设置价格为 p 时的每个客户的期望利润。

我们假定厂商以如下方式随机选择 p，即使（6.7.7）式所给出的$G(p)$成为价格的累积分布函数。

□ 6.7.5　特殊情况

伯德特和贾德模型将价格分布的力量分解为使价格分布崩溃的力量和能够维持非平凡价格分布的抵消力量。

（1）首先，考虑 $q=1$（因此 $\hat{q}=1$）的特殊情况。这里，$\underline{p}=\tilde{p}$。公式（6.7.7）表明价格分布崩溃。这个案例展现了我们开始所介绍的罗斯柴尔德挑战。

（2）其次，考虑 $q=0$（因此 $\hat{q}=0$）的相反的特殊情况。这里$\underline{p}=0$ 且累积分布函数 $G(p)=1, \forall p \in [\underline{p}, \tilde{p}]$。贝特朗（Bertrand）竞争使所有价格降低到等于生产的边际成本，我们假定它为零。这种情况展示了另一种使价格分布崩溃的力量，这再一次呈现了罗斯柴尔德挑战的精神。

（3）最后，考虑 $q \in (0,1)$的一般情况，因此 $\hat{q} \in (0,1)$。当 q 严格位于 $[\underline{p}, \tilde{p}]$ 的内部时，我们可以维持非平凡价格分布。厂商在成为大量且低价的卖方或高价且小量的卖方之间无差异。均衡价格分布 $G(p)$使厂商的每个潜在客户的期望利润 $pQ(p)$与 p 是独立的。

6.8　约万诺维奇的匹配模型

另一个有趣的面对罗斯柴尔德关于均衡工资（或价格）分布来源的问题的努力源自匹配模型，其中的主要思想是将 w 重新解释为更广泛的刻画个体之间匹配的整个品质的参数，而不是工资。变量 w 被认为是由匹配活动所产生的生产力或效用的总测量。我们可以考虑厂商和工人，男人和女人，房子和主人，或者是人和爱好的这些配对。此观点是用来分析匹配形成的方式或者说是用来分析匹配终止的方式的。它的这种分析是把匹配的双方都看做来自对一个外来的观察者来说在统计上同质的总量，尽管从匹配双方的立场来说此匹配是异质的。

约万诺维奇（1979a）已经使用了这种类型的一个模型，在此模型中增加了匹配的双方会采取最优行为但只能逐渐地得知匹配质量的假定。约万诺维奇的目的是解释劳动市场数据的以下三个特征：（1）平均工资是随工作的任期而上升的，（2）辞职和任期是负相关的（也就是说，在任职的前期发生辞职的概率更高），（3）后来辞职的概率和当前的工资率是负相关的。约万诺维奇认为，这些实证规律中的每一条都可以被解释为对逐渐认识匹配质量的一个反应。我们考虑约万诺维奇匹配模型的一个简化形式。[普雷斯科特和汤森（1980）描述了约万诺维奇模型的一个离散时间版本，此模型在此已经被简化了。]一个市场的双方可以被认为是厂商和工人，或者是男人和女人，或者是业主和租赁人，或者是湖泊和渔民。同约万诺维奇一样，我们在这里采用厂商和工人这种说法。一个未匹配的工人和厂商形成一对，并且共同产生一个服从累积分布函数 $\text{Prob}\{\theta\leqslant s\}=F(s)$ 的随机匹配参数 θ。其中匹配参数反映了匹配中工人的边际生产力。在第一期，在工人决定是在此匹配中工作还是从相同的分布 F 中获得下一期的一个新匹配之前，厂商和工人只能同时观察到 $y=\theta+u$，其中 u 是一个与 θ 无关的随机干扰项。因而在第一期中，工人-厂商这一对匹配只得到了一个关于 θ 的噪声观察。此状况是和市场的双方最初关于匹配质量只形成一个充满错误的印象相一致的。在此噪声观察的基础上，在给定 $\theta+u$ 的条件下，规模收益不变的竞争性厂商在第一期提供给工人 θ 的条件期望，并且知道自己在随后的时期无论匹配双方获得何种信息都将支付给工人 θ 的期望值。[①] 给定厂商的这些策略，工人做出决定是接受这个匹配并且这一期在 $E[\theta|(\theta+u)]$ 的工资水平下进行工作，还是拒绝此工作机会并且得到下一期的一个新的匹配参数 θ' 和关于匹配参数的噪声观察 $\theta'+u'$。如果工人决定接受第一期的工作机会，则在第二期厂商和工人被假定观察到了 θ 的实际值。此状况和匹配双方相互了解并且了解匹配的质量是相符的。在第二期中，厂商提供给工人工资 θ 并且以后一直都提供这个值。下一步工人就要决定是接受此工作机会，还是辞职，在这一期失业并且在下一期获得一个新的匹配参数和关于此匹配参数的一个噪声观察。

我们可以把此过程看做具有三个阶段。第一阶段是“预知”阶段，在此阶段中一个先前失业的工人得到一个匹配参数和噪声观察，这些是他在先前失业了一个时期后有权利得到的。我们记 Q 为一个上一期失业，将在这一期采取最优行动的工人的工资的期望现值。在工人已经得到一个匹配参数，获得关于 θ 的噪声观察 $\theta+u$，并且收到了厂商这一期的工资承诺 $E[\theta|(\theta+u)]$ 后，第二阶段的过程就开始了。在这一阶段，工人决定是否接受这一期的工资和以后所有时期都将得到的期望值 θ。第三阶段在下一期发生，此时工人和厂商知道了 θ 的实际值，并且工人要决定在这一期和随后所有时期是否都在工资 θ 下工作。

我们现在为关于 θ 和 u 的概率分布再增加一些更详细的规定。假定 θ 和 u 是相互独立分布的随机变量。θ 和 u 都是正态分布的，其中 θ 的均值是 μ，方差是 σ_0^2，u 的均值是 0，方差是 σ_u^2。我们写作：

$$\theta\sim N(\mu,\sigma_0^2),\ u\sim N(0,\sigma_u^2) \tag{6.8.1}$$

① 约万诺维奇假定厂商是风险中性的并追求最大化利润的期望现值。它们在提供工资的合同方面与工人竞争。在长期均衡中，每一个厂商的支付的实际值是被充分了解的，并且这一事实支持将隐含合同描述为竞争性均衡。

在第一阶段，在得到了一个 θ 后，工人和厂商都观察到了 θ 的噪声干扰，$y=\theta+u$。给定观察值 $\theta+u$，厂商和工人都很有兴趣做出关于 θ 的预测。假定他们使用贝叶斯法则计算关于 θ 的“后验”概率分布，即建立在 $\theta+u$ 条件下的概率分布。给定 $\theta+u=y$，θ 的概率分布是正态的，均值是 m_0，方差是 σ_1^2。使用第 2 章中的卡尔曼滤波器公式，我们有①

$$m_0=E(\theta|y)=E(\theta)+\frac{\mathrm{cov}(\theta,y)}{\mathrm{var}(y)}[y-E(y)]$$

$$=\mu+\frac{\sigma_0^2}{\sigma_0^2+\sigma_u^2}(y-\mu)\equiv\mu+K_0(y-\mu) \tag{6.8.2}$$

$$\sigma_1^2=E[(\theta-m_0)^2|y]=\frac{\sigma_0^2}{\sigma_0^2+\sigma_u^2}\sigma_u^2=K_0\sigma_u^2$$

在第一阶段得到 θ 和观察到 $y=\theta+u$ 后，假定厂商在第一期提供给工人 $m_0=E[\theta|(\theta+u)]$ 的工资，并且承诺在第二期和以后所有的时期都提供 θ 的工资。工人有权利选择接受或者拒绝此工作机会。

从方程（6.8.2）以及 $y-\mu=\theta+u-\mu$ 服从有着零均值和 $\sigma_0^2+\sigma_u^2$ 方差的正态分布可得，m_0 本身是正态的，具有均值 μ 和方差 $\sigma_0^4/(\sigma_0^2+\sigma_u^2)=K_0\sigma_0^2$：

$$m_0\sim N(\mu,K_0\sigma_0^2) \tag{6.8.3}$$

注意，$K_0\sigma_0^2<\sigma_0^2$，因而 m_0 和 θ 有着相同的均值，但方差比 θ 要小。

□ 6.8.1 递归公式及解

工人寻求最大化工资的期望现值。我们现在通过逆推来求解工人的问题。在第三阶段中，工人了解 θ 并且面对厂商的一个在这一期以及以后各期工资均为 θ 的工作机会。我们记 $J(\theta)$ 为第三阶段中一个持有已知为 θ 的匹配并且采取最优行动的工人的期望工资现值。接受了这一期的匹配的工人在这一期得到了 θ 并且在下一期面临着在相同 θ 下的相同选择（工人可能在下一期辞职，尽管这一期不辞职的工人将永远不会辞职的现象会得到证明）。因此，如果工人接受了匹配，匹配 θ 的价值为 $\theta+\beta J(\theta)$，其中 β 是折现因子。拒绝了此匹配的工人肯定在这一期失业，并且在下一期获得一个新的匹配。一个上一期失业并且采取最优行动的工人的工资的期望现值是 Q。因此，贝尔曼方程是 $J(\theta)=\max\{\theta+\beta J(\theta),\beta Q\}$。此方程在图 6.8.1 中被表示出来了，并且很明显有以下解：

$$J(\theta)=\begin{cases}\theta+\beta J(\theta)=\dfrac{\theta}{1-\beta}, & \theta\geqslant\bar{\theta}\\ \beta Q, & \theta\leqslant\bar{\theta}\end{cases} \tag{6.8.4}$$

最优策略是一个保留工资策略：接受 $\theta\geqslant\bar{\theta}$ 的工作机会和拒绝 $\theta\leqslant\bar{\theta}$ 的工作机会，其中 θ 满足

$$\frac{\bar{\theta}}{1-\beta}=\beta Q \tag{6.8.5}$$

① 在随机变量服从联合正态分布的特殊例子中，线性最小二乘投影等于条件期望。

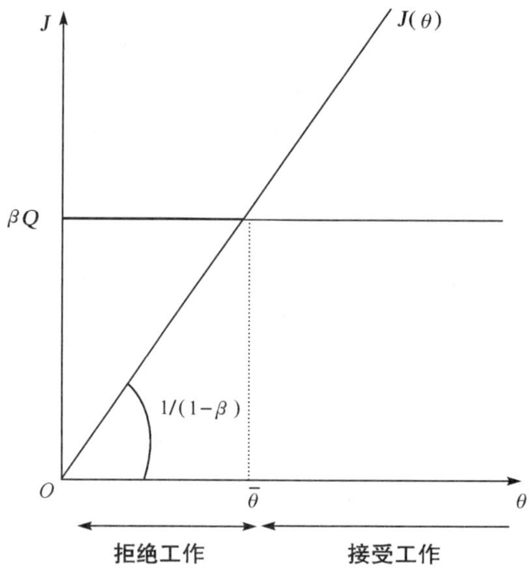

图 6.8.1　函数 $J(\theta)=\max\{\theta+\beta J(\theta),\beta Q\}$ 第三阶段的保留工资 $\bar{\theta}$ 满足 $\bar{\theta}/(1-\beta)=\beta Q$

给定第三阶段的决策规则，现在我们考虑工人在第二阶段的决定。在第二阶段，工人面临着一个当前工资 $m_0=E[\theta|(\theta+u)]$ 和一个条件概率分布函数 $\text{Prob}\{\theta\leqslant s|\theta+u\}=F(s|m_0,\sigma_1^2)$（因为函数的分布是正态的，它可以由 m_0 和 σ_1^2 这两个参数确定）。我们记 $V(m_0)$ 为一个持有能提供工资 m_0 的工作机会并且采取最优行动的工人在第二阶段的工资的期望现值。拒绝此工作机会的工人会在这一期失业，并且会在下一期得到一个新的匹配参数。此选择的期望现值是 βQ。接受了此工作机会的工人这一期会得到一个 m_0 的工资，并且得到一个下一期工资的概率分布 $F(\theta'|m_0,\sigma_1^2)$。此选择的期望现值是 $m_0+\beta\int J(\theta')\mathrm{d}F(\theta'|m_0,\sigma_1^2)$。因此，第二阶段的贝尔曼方程为

$$V(m_0)=\max\left\{m_0+\beta\int J(\theta')\mathrm{d}F(\theta'|m_0,\sigma_1^2),\beta Q\right\} \tag{6.8.6}$$

注意，m_0 和 $\beta\int J(\theta')\mathrm{d}F(\theta'|m_0,\sigma_1^2)$ 都是随 m_0 递增的，而 βQ 是一个常数。由于此原因，一个保留工资策略将成为一个最优选择。此泛函方程明显有解：

$$V(m_0)=\begin{cases}m_0+\beta\int J(\theta')\mathrm{d}F(\theta'|m_0,\sigma_1^2), & m_0\geqslant\bar{m}_0\\ \beta Q, & m_0\leqslant\bar{m}_0\end{cases} \tag{6.8.7}$$

利用方程（6.8.7），得到关于保留工资 $\bar{m}_0$ 的隐函数

$$V(\bar{m}_0)=\bar{m}_0+\beta\int J(\theta')\mathrm{d}F(\theta'|\bar{m}_0,\sigma_1^2)=\beta Q \tag{6.8.8}$$

由方程（6.8.8）和方程（6.8.4）可以证明 $\bar{m}_0<\bar{\theta}$，因此工人随着时间的推移成为厂商的挑选者。此影响使得工资随着任期的延长而上升。

在方程（6.8.8）中反复利用方程（6.8.4）和方程（6.8.5），得到

$$\overline{m}_0+\beta\frac{\bar{\theta}}{1-\beta}\int_{-\infty}^{\bar{\theta}}\mathrm{d}F(\theta'|\overline{m}_0,\sigma_1^2)+\frac{\beta}{1-\beta}\int_{\bar{\theta}}^{\infty}\theta'\mathrm{d}F(\theta'|\overline{m}_0,\sigma_1^2)$$

$$=\frac{\bar{\theta}}{1-\beta}$$

$$=\frac{\bar{\theta}}{1-\beta}\int_{-\infty}^{\bar{\theta}}\mathrm{d}F(\theta'|\overline{m}_0,\sigma_1^2)+\frac{\bar{\theta}}{1-\beta}\int_{\bar{\theta}}^{\infty}\mathrm{d}F(\theta'|\overline{m}_0,\sigma_1^2)$$

重新整理此方程，可以得到

$$\bar{\theta}\int_{-\infty}^{\bar{\theta}}\mathrm{d}F(\theta'|\overline{m}_0,\sigma_1^2)-\overline{m}_0=\frac{1}{1-\beta}\int_{\bar{\theta}}^{\infty}(\beta\theta'-\bar{\theta})\mathrm{d}F(\theta'|\overline{m}_0,\sigma_1^2) \tag{6.8.9}$$

现在注意

$$\bar{\theta}=\int_{-\infty}^{\bar{\theta}}\bar{\theta}\mathrm{d}F(\theta'|\overline{m}_0,\sigma_1^2)+\left(\frac{1}{1-\beta}-\frac{\beta}{1-\beta}\right)\int_{\bar{\theta}}^{\infty}\bar{\theta}\mathrm{d}F(\theta'|\overline{m}_0,\sigma_1^2) \tag{6.8.10}$$

将方程（6.8.10）加到方程（6.8.9）中，可得出

$$\bar{\theta}-\overline{m}_0=\frac{\beta}{1-\beta}\int_{\bar{\theta}}^{\infty}(\theta'-\bar{\theta})\mathrm{d}F(\theta'|\overline{m}_0,\sigma_1^2) \tag{6.8.11}$$

方程（6.3.11）的右端是正的，因此左端也是正的。从而我们证明了

$$\bar{\theta}>\overline{m}_0 \tag{6.8.12}$$

方程（6.8.11）和方程（6.3.3）类似，它们具有一个相关的解释。给定 $\bar{\theta}$ 和 $\overline{m}_0$，右端是一个匹配 $\overline{m}_0$ 的期望收益，也就是说，匹配参数超过预定匹配值 $\bar{\theta}$ 时匹配所具有的期望现值。左端是暂时待在一个支付少于最终预定匹配值 $\bar{\theta}$ 的匹配中的一期成本：一个工人为了获得匹配参数 θ 的工作机会而在一个时期中保持失业时，这个工人已经为获得这个机会进行了一个投资，而为了获得一个新的机会，他必须做出类似的投资。只有关于 θ 的噪声观察 $\theta+u$ 存在，工人才愿意待在一个满足 $\overline{m}_0<m_0<\bar{\theta}$ 的匹配 m_0 中，因为能够做出推测，此匹配比它现在看上去和下一期看上去都要好。

现在直接回到第一阶段，我们已经把 Q 定义为一个上一期失业并将获得一个新匹配参数和噪声观察的工人的工资期望现值。很明显，Q 由

$$Q=\int V(m_0)\mathrm{d}G(m_0|\mu,K_0\sigma_0^2) \tag{6.8.13}$$

给定，其中 $G(m_0|\mu,K_0\sigma_0^2)$ 服从均值为 μ、方差为 $K_0\sigma_0^2$ 的正态分布，这就是我们先前所说的 m_0 的分布。

把上面的一些方程整合在一起，我们看到工人的最优决策是由以下方程决定的：

$$J(\theta)=\begin{cases}\theta+\beta J(\theta)=\dfrac{\theta}{1-\beta}, & \theta\geqslant\bar{\theta}\\ \beta Q, & \theta\leqslant\bar{\theta}\end{cases} \tag{6.8.14}$$

$$V(m_0)=\begin{cases}m_0+\beta\int J(\theta')\mathrm{d}F(\theta'|m_0,\sigma_1^2), & m_0\geqslant\overline{m}_0\\ \beta Q, & m_0\leqslant\overline{m}_0\end{cases} \tag{6.8.15}$$

$$\bar{\theta}-\overline{m}_0=\frac{\beta}{1-\beta}\int_{\bar{\theta}}^{\infty}(\theta'-\bar{\theta})\mathrm{d}F(\theta'|\overline{m}_0,\sigma_1^2) \tag{6.8.16}$$

$$Q=\int V(m_0)\mathrm{d}G(m_0|\mu,K_0\sigma_0^2) \tag{6.8.17}$$

为了正式分析这些方程的解的唯一性和存在性，我们可以依照以下过程进行。使用方程（6.8.14）、方程（6.8.15）和方程（6.8.16）来写出 V 的单一泛函方程：

$$\begin{aligned}V(m_0)=\max\Big\{&m_0+\beta\int\max\Big[\frac{\theta}{1-\beta},\\ &\beta\int V(m_1')\mathrm{d}G(m_1'|\mu,K_0\sigma_0^2)\Big]\mathrm{d}F(\theta|m_0,\sigma_1^2),\\ &\beta\int V(m_1')\mathrm{d}G(m_1'|\mu,K_0\sigma_0^2)\Big\}\end{aligned}$$

表达式的右端定义了一个算子 T，此算子把连续函数 V 映射到了连续函数 TV 上。此泛函方程可以被表示为 $V=TV$。可以直接验证，算子 T 是满足以下两个性质的：(1) 它是单调的，也就是说，对所有的 m，有 $v(m)\geqslant z(m)$，这就意味着对所有的 m，有 $(Tv)(m)\geqslant(Tz)(m)$ 成立；(2) 对于所有的正常数 c，都有 $T(v+c)\leqslant Tv+\beta c$ 成立。这些是泛函方程 $Tv=v$ 有一个唯一连续解的布莱克韦尔（Blackwell）充分条件。参见关于泛函分析的书后附录 A（参看技术附录）。

□ 6.8.2 内生统计量

现在我们继续分析一些有趣的事件及变量的概率和期望。一个先前失业的工人接受一个工作机会的概率由下式给定：

$$\mathrm{Prob}\{m_0\geqslant\overline{m}_0\}=\int_{\overline{m}_0}^{\infty}\mathrm{d}G(m_0|\mu,K_0\sigma_0^2)$$

一个先前失业的工人接受一个工作机会并且在第二期辞职的概率由下式给定：

$$\begin{aligned}&\mathrm{Prob}\{(\theta\leqslant\bar{\theta})\cap(m_0\geqslant\overline{m}_0)\}\\ &=\int_{\overline{m}_0}^{\infty}\int_{-\infty}^{\bar{\theta}}\mathrm{d}F(\theta|m_0,\sigma_1^2)\mathrm{d}G(m_0|\mu,K_0\sigma_0^2)\end{aligned}$$

一个先前失业的工人在第一期接受一个工作机会并且选择在第二期不辞职的概率由下式给定：

$$\mathrm{Prob}\{(\theta\geqslant\bar{\theta})\cap(m_0\geqslant\overline{m})\}=\int_{\overline{m}_0}^{\infty}\int_{\bar{\theta}}^{\infty}\mathrm{d}F(\theta|m_0,\sigma_1^2)\mathrm{d}G(m_0|\mu,K_0\sigma_0^2)$$

就业者在第一期的平均工资由

$$\overline{w}_1=\frac{\int_{\overline{m}_0}^{\infty}m_0\mathrm{d}G(m_0|\mu,K_0\sigma_0^2)}{\int_{\overline{m}_0}^{\infty}\mathrm{d}G(m_0|\mu,K_0\sigma_0^2)} \tag{6.8.18}$$

给定，而就业者在任期第二期的平均工资由

$$\overline{w}_2=\frac{\int_{\overline{m}_0}^{\infty}\int_{\bar{\theta}}^{\infty}\theta \mathrm{d}F(\theta|m_0,\sigma_1^2)\mathrm{d}G(m_0|\mu,K_0\sigma_0^2)}{\int_{\overline{m}_0}^{\infty}\int_{\bar{\theta}}^{\infty}\mathrm{d}F(\theta|m_0,\sigma_1^2)\mathrm{d}G(m_0|\mu,K_0\sigma_0^2)} \tag{6.8.19}$$

给定。

我们接下来证明 $\overline{w}_2>\overline{w}_1$，即工资是随着任期的延长而上升的。在将 $m_0\equiv\int\theta \mathrm{d}F(\theta|m_0,\sigma_1^2)$ 代入方程（6.8.18）之后，可得

$$\begin{aligned}\overline{w}_1&=\frac{\int_{\overline{m}_0}^{\infty}\int_{-\infty}^{\infty}\theta \mathrm{d}F(\theta|m_0,\sigma_1^2)\mathrm{d}G(m_0|\mu,K_0\sigma_0^2)}{\int_{\overline{m}_0}^{\infty}\mathrm{d}G(m_0|\mu,K_0\sigma_0^2)}\\&=\frac{1}{\int_{\overline{m}_0}^{\infty}\mathrm{d}G(m_0|\mu,K_0\sigma_0^2)}\Big\{\int_{\overline{m}_0}^{\infty}\int_{-\infty}^{\bar{\theta}}\theta \mathrm{d}F(\theta|m_0,\sigma_1^2)\mathrm{d}G(m_0|\mu,K_0\sigma_0^2)\\&\quad+\overline{w}_2\int_{\overline{m}_0}^{\infty}\int_{\bar{\theta}}^{\infty}\mathrm{d}F(\theta|m_0,\sigma_1^2)\mathrm{d}G(m_0|u,K_0\sigma_0^2)\Big\}\\&<\frac{\int_{\overline{m}_0}^{\infty}\{\bar{\theta}F(\bar{\theta}|m_0,\sigma_1^2)+\overline{w}_2[1-F(\bar{\theta}|m_0,\sigma_1^2)]\}\mathrm{d}G(m_0|\mu,K_0\sigma_0^2)}{\int_{\overline{m}_0}^{\infty}\mathrm{d}G(m_0|\mu,K_0\sigma_0^2)}\\&<\overline{w}_2\end{aligned}$$

处于任期的第二期的工人的平均工资必定会超过处于任期的第一期的工人的平均工资，这一点是很直观的。前一群体是后一群体的一个子集，后一群体中包括生产率低（$\theta<\bar{\theta}$）的工人。由于在每个群体中，平均工资等于实际平均生产率，这就得出了 $\overline{w}_2>\overline{w}_1$。

于是，此模型表明“工资随着任期的延长而上升”。这同时意味着平均工资随着任期的延长而增加且 $\bar{\theta}>\overline{m}_0$，这说明第二期工资的下界超过了第一期工资的下界。工资随着任期的延长而上升是约万诺维奇要解释的特征 1。

约万诺维奇的模型也解释了特征 2，即辞职发生的可能性与任期是负相关的。模型表明，辞职是在任期的第一期和第二期的期间发生的。已经决定工作两个时期的工人将永远不会辞职。

模型也解释了特征 3，即后来辞职的概率与当前的工资率是负相关的。后来辞职的概率是

$$\mathrm{Prob}\{\theta'<\bar{\theta}|m_0\}=F(\bar{\theta}|m_0,\sigma_1^2)$$

此概率和第一期的工资 m_0 是负相关的。因而，此模型解释了约万诺维奇想要解释的每一个特征。在我们所研究的模型中，一个工人最终以概率 1 被永久地匹配了。如果我们研究固定的工人总数，所有的工人最终都将被吸收到永久匹配的状态中。为了提供一种机制来补充未匹配工人的存量，我们可以把约万诺维奇的模型和 6.3.5 节的“解雇”模型

结合起来考虑。通过让匹配 θ 在每个时期都有 λ 的概率"变坏"，我们可以大概地修改约万诺维奇的模型来证明：在一个固定的总工人人数下，每个时期都会有一部分工人由于先前的匹配的瓦解而处于未匹配状态。

6.9 约万诺维奇模型的长期版本

我们考虑约万诺维奇模型的一个 $T+1$ 期的版本。在此模型中，对匹配质量的学习在匹配质量被"自然"发现之前持续了 T 时期（约万诺维奇假定 $T=\infty$）。我们使用第 2 章中的递归映射技术（卡尔曼滤波器）来处理厂商和工人的连续学习。实际匹配质量的预测则可以简单地被每一个附加的噪声观察所更新。

一个厂商-工人对在匹配开始时期（记为第 0 期）有一个匹配参数 θ。θ 的值只有在匹配的 $T+1$ 期的期初才会被揭示。在已经得到 θ 而匹配未完全完成时，厂商-工人对观察到了 $y_0=\theta+u_0$，其中 u_0 是随机噪声。在匹配的每期开始时，工人-厂商对得到关于匹配参数 θ 的另一个噪声观察 $y_t=\theta+u_t$。然后工人决定在此期中是否继续匹配。令 $y^t=\{y_0,\cdots,y_t\}$为厂商和工人在第 t 期的信息集。我们假定 θ 和 u_t 是相互独立的随机变量，$\theta\sim N(\mu,\sum_0)$，$u_t\sim N(0,\sigma_u^2)$。对于 $t\geqslant 0$，定义 $m_t=E[\theta|y^t]$ 和 $m_{-1}=\mu$。条件期望 m_t 和方差 $E(\theta-m_t)^2=\sum_{t+1}$ 可以通过第 2 章中的卡尔曼滤波器公式计算求得：

$$m_t=(1-K_t)m_{t-1}+K_t y_t \tag{6.9.1a}$$

$$K_t=\frac{\sum_t}{\sum_t+R} \tag{6.9.1b}$$

$$\sum_{t+1}=\frac{\sum_t R}{\sum_t+R} \tag{6.9.1c}$$

其中 $R=\sigma_u^2$ 且 $\sum_0$ 表示 θ 的无条件方差。递归从 $m_{-1}=\mu$ 开始，并且 $\sum_0$ 是给定的。

利用第 2 章中的公式，我们得到，以 y^t 为条件，$m_{t+1}\sim N(m_t,K_{t+1}\sum_{t+1})$ 和 $\theta\sim N(m_t,\sum_{t+1})$，其中 $\sum_0$ 表示 θ 的无条件方差。

□ 6.9.1 贝尔曼方程

对于 $t\geqslant 0$，令 $v_t(m_t)$ 为 t 时期期初工人观察到信息 y^t 之后最优估计匹配值为 m_t 时工人问题的值。在 $T+1$ 时期的开始，我们假定所显示的匹配值是没有错误的。因而，在 T 时期，$\theta\sim N(m_T,\sum_{T+1})$。在 $t=0,\cdots,T$ 时，厂商-工人对通过 m_t 来估计 θ。下面的泛函方程描述了问题的解：

$$v_{T+1}(\theta)=\max\left\{\frac{\theta}{1-\beta},\beta Q\right\} \tag{6.9.2}$$

$$v_T(m)=\max\{m+\beta\int v_{T+1}(\theta)\mathrm{d}F(\theta|m,\sum\nolimits_{T+1}),\beta Q\} \tag{6.9.3}$$

$$v_t(m)=\max\{m+\beta\int v_{t+1}(m')\mathrm{d}F(m'|m,K_{t+1}\sum\nolimits_{t+1}),\beta Q\},\ t=0,\cdots,T-1 \tag{6.9.4}$$

$$Q=\int v_0(m)\mathrm{d}F(m|\mu,K_0\sum\nolimits_0) \tag{6.9.5}$$

其中 K_t 和 $\sum_t$ 来自卡尔曼滤波器。从 v_{T+1} 开始往后推导，很明显，工人的最优策略是设定保留工资 $\overline{m}_t(t=0,\cdots,T)$，它满足

$$\begin{aligned}
&\overline{m}_{T+1}=\bar{\theta}=\beta(1-\beta)Q\\
&\overline{m}_T+\beta\int v_{T+1}(\theta)\mathrm{d}F(\theta\mid\overline{m}_T,\sum\nolimits_{T+1})=\beta Q\\
&\overline{m}_t+\beta\int v_{t+1}(m')\mathrm{d}F(m'\mid\overline{m}_t,K_{t+1}\sum\nolimits_{t+1})=\beta Q,\ t=1,\cdots,T-1
\end{aligned} \tag{6.9.6}$$

为了求出工人问题的解，我们可以定义一个从 Q 到它本身的映射，它具有性质：此映射的不动点是 Q 的最优值。这里提供一个算法：

a. 猜测 Q 的一个值，记作 Q^i，$i=1$。

b. 给定 Q^i，通过方程（6.9.2）～方程（6.9.4）计算值函数。对于 $t=0,\cdots,T$，解表示为 $v^i_{T+1}(\theta)$ 和 $v^i_t(m)$。

c. 给定 $v^i_1(m)$，计算等式（6.9.5），并且把解记为 $\widetilde{Q}^i$。

d. 对于一个固定的“松弛参数” $g\in(0,1)$，从

$$Q^{i+1}=gQ^i+(1-g)\widetilde{Q}^i$$

中推导出 Q 的一个新估计值。

e. 按此方案迭代，直到收敛。

现在我们回到真实的 θ 值永远不会被自然所揭示的情况，也就是说，$T=\infty$。注意，$(\sum_{t+1})^{-1}=(\sigma_u^2)^{-1}+(\sum_t)^{-1}$。因此，当 $t\to\infty$ 时，$\sum_{t+1}<\sum_t$ 且 $\sum_{t+1}\to 0$。换句话说，当信息集 y^t 变大的时候，对 θ 估计的精确性变得任意好了。其结果是，厂商和工人最后知道了真实的 θ 值，“无穷大”的值函数变为

$$v_\infty(\theta)=\max\left\{\frac{\theta}{1-\beta},\ \beta Q\right\}$$

并且任意有限期的贝尔曼方程由方程（6.9.4）给定，而方程（6.9.5）中的 Q 是失业工人的值。最优策略是每一期有一个保留工资 $\overline{m}_t$。事实上，在缺乏 θ 被“自然”所揭示的最后日期 $T+1$ 时，解实际上是一个时不变的策略函数 $\overline{m}(\sigma_t^2)$，在 (m,σ^2) 的空间中有一个接受和拒绝的范围。

为了计算一个 $T=\infty$ 时的数值解，我们还将不得不依靠先前已经列出的建立在有限期内（比如在 $\hat{T}+1$ 时期）真实 θ 被揭示的假设之上的程序。其想法是选择一个足够大的 $\hat{T}$，使得 $\hat{T}$ 时期 θ 的条件方差 $\sigma^2_{\hat{T}}$ 接近于零。然后我们检验 $\sigma^2_{\hat{T}+1}$ 与零的接近程度。也就是说，方程（6.9.2）和方程（6.9.3）是用来对值函数截尾的，否则它将是无限序列。

6.10 结束语

本章所分析的是一个当前失业的工人理性地选择拒绝一个工作机会，宁愿在当前保持失业以换取以后的一个更好的前景的情况。从某种意义上来说，工人是主动失业的，他们选择了拒绝工作分布中提供的当前工作的机会。在此模型中，失业是一个投资活动，此活动的目的是改善将来的境况。失业理论允许我们对选择失业的驱动力进行分析。因而我们可以研究当工作机会的分布、失业保险金率、每个时期的工作机会等条件发生变化时，工人的决策规则对此做出的反应。

第 22 章将研究失业保险金的最优设计。在研究风险中性的个体和不存在外部性的当前章节中，失业保险金的设计的价值不大。政府应该避免采取任何影响工人决策的政策，因为否则就会影响效率，达到分配目标的最优方式是通过一次性转移支付。相比较而言，第 22 章假定个体是风险厌恶的、保险市场是不完全的以及信息是不对称的，这导致了关于提供失业保险的一个复杂的合同设计问题。

第 28 章描述搜寻和匹配的各种均衡模型。我们研究工人在一个岛屿模型中搜寻工作，研究工人和厂商在一个"匹配函数"的模型中形成一个匹配，也研究在货币搜寻模型中交易中介是怎样克服"需求的双重吻合问题"的。

附录 A 动态规划的更多数值例子

此附录利用第 4 章的数值方法描述了多个例子。

□ 6.A.1 例4：搜寻

失业工人的目标是要使 $E_0 \sum_{t=0}^{\infty} \beta^t y_t$ 最大化，其中，如果工人在工资 w 下被雇用了，则有 $y_t = w$；如果工人失业了，则有 $y_t = 0$，并且 $\beta \in (0,1)$。每一期失业工人按转移矩阵为 P 的离散状态的马尔可夫链获得一个正工资。因而，工资依据马尔可夫过程而变化，马尔可夫过程的转移概率为

$$P(i,j) = \text{Prob}(w_{t+1} = \tilde{w}_j \mid w_t = \tilde{w}_i)$$

一旦工人接受了一个工作机会，此工人将永远在此工资下工作。不存在解雇或者辞职。令 v 为一个 $n \times 1$ 的值向量，v_i 代表持有工资为 $w_i (i=1,\cdots,n)$ 的工作机会并且采取最优行动的工人。贝尔曼方程是

$$v_i = \max_{\text{接受、拒绝}} \left\{ \frac{w_i}{1-\beta}, \beta \sum_{j=1}^{n} P_{ij} v_j \right\}$$

或者

$$v=\max\{\tilde{w}/(1-\beta),\beta Pv\}$$

其中 $\tilde{w}$ 表示关于可能工资值的 $n\times 1$ 的向量。此矩阵方程可以用前面所述的数值程序来求解。最优策略取决于马尔可夫链 P 的结构。在 P 的约束下使得 w 是正序列相关的，最优策略有以下的保留工资形式：存在一个 $\bar{w}$，当 $w\geqslant\bar{w}$ 时，工人应该接受这个工资为 w 的工作机会。

□ 6.A.2 例5：约万诺维奇模型

这里介绍的是约万诺维奇（1979a）搜寻模型的简化版本。一个新近失业的工人得到一个服从 $\mu_i=\text{Prob}(w_1=\tilde{w}_i)$ 分布的工作机会，其中 w_1 表示第一期的工资。令 μ 为 $n\times 1$ 的向量，其中第 i 个分量是 μ_i。在获得了一个工作机会后，与工作机会相关的工资服从带有具有时变性的转移矩阵的马尔可夫链：

$$P_t(i,j)=\text{Prob}(w_{t+1}=\tilde{w}_j\,|\,w_t=\tilde{w}_i)$$

$t=1,\cdots,T$。我们假定时间 $t>T$，转移矩阵 $P_t=I$，因此在 T 之后，工作的工资随着时间的推移并不会改变。我们具体规定了 P_t 矩阵后就可以发现：随着时间的推移，工人-厂商对会对匹配的质量了解得更多。比如说，我们可能设置

$$P_t=\begin{bmatrix}1-q^t & q^t & 0 & 0 & \cdots & 0 & 0\\ q^t & 1-2q^t & q^t & 0 & \cdots & 0 & 0\\ 0 & q^t & 1-2q^t & q^t & \cdots & 0 & 0\\ \vdots & \vdots & \vdots & \vdots & \vdots & \vdots & \vdots\\ 0 & 0 & 0 & 0 & \cdots & 1-2q^t & q^t\\ 0 & 0 & 0 & 0 & \cdots & q^t & 1-q^t\end{bmatrix}$$

其中 $q\in(0,1)$。在接下来的数值例子中，我们使用转移矩阵更一般的形式，在此形式中（除了分布的端点）有

$$\begin{aligned}&\text{Prob}(w_{t+1}=\tilde{w}_{k\pm m}\,|\,w_t=\tilde{w}_k)=P_t(k,k\pm m)=q^t\\ &P_t(k,k)=1-2q^t\end{aligned}\tag{6.A.1}$$

其中参数 $m\geqslant 1$ 是一个指引分布扩展的参数。

在每期开始的时候，先前匹配好的工人面临 $\lambda\in(0,1)$ 的概率使得先前的匹配解散。现在对于 $t=1,\cdots,T$，我们就有一系列贝尔曼方程

$$v_t=\max\{\tilde{w}+\beta(1-\lambda)P_t v_{t+1}+\beta\lambda Q,\beta Q+\bar{c}\}\tag{6.A.2a}$$

并且

$$\begin{aligned}&v_{T+1}=\max\{\tilde{w}+\beta(1-\lambda)v_{T+1}+\beta\lambda Q,\beta Q+\bar{c}\}\\ &Q=\mu' v_1\otimes\mathbf{1}\\ &\bar{c}=c\otimes\mathbf{1}\end{aligned}\tag{6.A.2b}$$

其中 $\otimes$ 表示克罗奈克积，$\mathbf{1}$ 表示 $n\times 1$ 维的由 1 组成的向量。这些方程可以通过使用先前

所描述过的计算方法来求解。最优策略是设置一系列的保留工资 $\{\overline{w}_j\}_{j=1}^{T}$。

工资分布

我们可以使用递归方法来计算任期为 $1,2,\cdots,n$ 的工资的概率分布。记任期 j 的保留工资为 $\overline{w}_j \equiv \widetilde{w}_{\rho(j)}$，其中 $\rho(j)$ 是与中止工资相关的指数。对于 $i \geqslant \rho(1)$，定义

$$\delta_1(i) = \text{Prob}\{w_1 = \widetilde{w}_i \mid w_1 \geqslant \overline{w}_1\} = \frac{\mu_i}{\sum\limits_{h=\rho(1)}^{n} \mu_h}$$

则

$$\gamma_2(j) = \text{Prob}\{w_2 = \widetilde{w}_j \mid w_1 \geqslant \overline{w}_1\} = \sum_{i=\rho(1)}^{n} P_1(i,j)\delta_1(i)$$

对于 $i \geqslant \rho(2)$，定义

$$\delta_2(i) = \text{Prob}\{w_2 = \widetilde{w}_i \mid w_2 \geqslant \overline{w}_2 \cap w_1 \geqslant \overline{w}_1\}$$

或者

$$\delta_2(i) = \frac{\gamma_2(i)}{\sum\limits_{h=\rho(2)}^{n} \gamma_2(h)}$$

则

$$\begin{aligned}\gamma_3(j) &= \text{Prob}\{w_3 = \widetilde{w}_j \mid w_2 \geqslant \overline{w}_2 \cap w_1 \geqslant \overline{w}_1\} \\ &= \sum_{i=\rho(2)}^{n} P_2(i,j)\delta_2(i)\end{aligned}$$

下一步，对于 $i \geqslant \rho(3)$，定义

$$\delta_3(i) = \text{Prob}\{w_3 = \widetilde{w}_i \mid (w_3 \geqslant \overline{w}_3) \cap (w_2 \geqslant \overline{w}_2) \cap (w_1 \geqslant \overline{w}_1)\}$$

则有

$$\delta_3(i) = \frac{\gamma_3(i)}{\sum\limits_{h=\rho(3)}^{n} \gamma_3(h)}$$

继续运用这种方法，我们可以定义工资分布 $\delta_1(i),\delta_2(i),\delta_3(i),\cdots$，第 k 期的平均工资为

$$\sum_{i \geqslant \rho(k)} \widetilde{w}_i \delta_k(i)$$

分离概率

拒绝第一期的工作机会的概率是 $Q(1) = \sum_{h<\rho(1)} \mu_h$。在 $j \geqslant 2$ 时期的期初的分离概率是 $Q(j) = \sum_{h<\rho(j)} \gamma_j(h)$。

数值例子

图 6.A.1、图 6.A.2 和图 6.A.3 对于此模型的三种形式给出了一些数值结果。在这三种具体形式中，我们均令 $\beta=0.95$，$c=0$，$q=0.5$ 以及 $T+1=21$。对于这三个例子，我们使用［0，10］上均匀分布的 60 个点的一个工资格。

对于初始分布 μ，我们使用均匀分布。我们利用公式（6. A. 1）形式的一系列转移矩阵，此类矩阵有一个“缺口”参数 m。对于第一个例子，我们令 $m=6$ 和 $\lambda=0$，对于第二个例子，令 $m=10$ 和 $\lambda=0$，对于第三个例子，令 $m=10$ 和 $\lambda=0.1$。

图 6. A. 1 表明了保留工资随着 m 从 6 上升到 10 反而下降了，当被解雇的概率 λ 从 0 上升到 0. 1 时，此保留工资下降得更多了。图 6. A. 2 表明了平均工资的模式相同。图 6. A. 3 表明了最初两个模型中的辞职概率。辞职概率随着任期的延长而下降，而下降的形状和高度在某种程度上依赖于 m、λ。

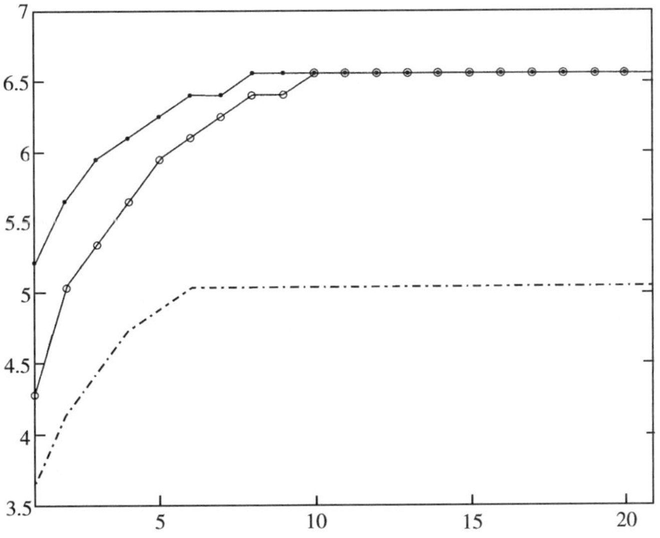

图 6. A. 1 作为任期的函数的保留工资。模型有三种不同的参数设置：[$m=6, \lambda=0$]（带点的线），[$m=10$，$\lambda=0$]（带圈的线），以及 [$m=10$，$\lambda=0.1$]（虚线）

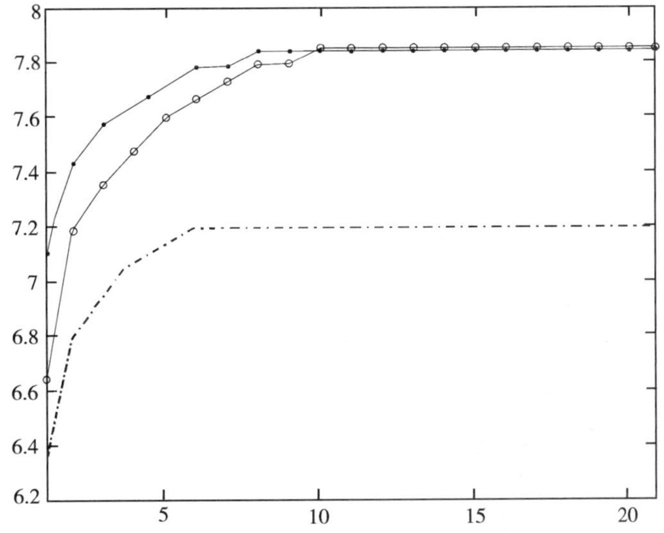

图 6. A. 2 作为任期的函数的平均工资。模型有三种不同的参数设置：[$m=6$，$\lambda=0$]（带点的线），[$m=10$，$\lambda=0$]（带圈的线），以及 [$m=10$，$\lambda=0.1$]（虚线）

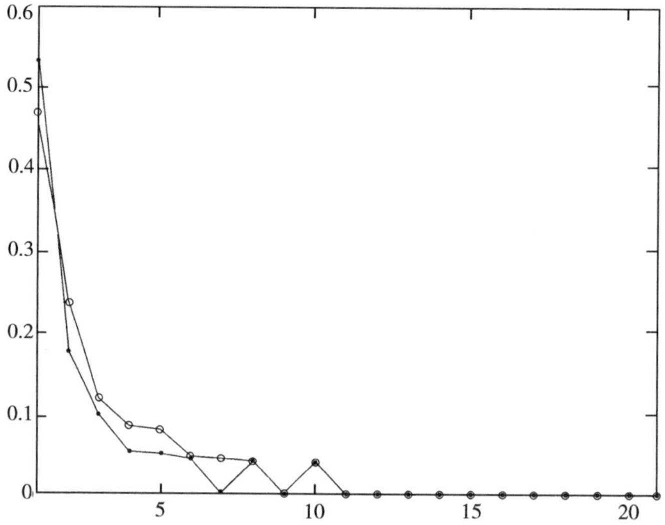

图 6.A.3　约万诺维奇模型中作为任期的函数的辞职概率。其中有两种参数设置：[$m=6$，$\lambda=0$]（带点的线），[$m=10$，$\lambda=0.1$]（带圈的线）

6.11　练习

6.1　面临工作机会时仍保持失业

失业工人根据以下方式获得工作机会：每个时期，有着 ϕ 的概率，其中 $1>\phi>0$，她没有找到工作机会（我们可以把此看做是一个零工资）。她找到一个工作机会并且永远以 w 的工资工作的概率是 $1-\phi$，其中 w 来自累积分布函数 $F(w)$。相继各时期的机会获得是独立同分布的。工人选择一个策略以最大化

$$E\sum_{t=0}^{\infty}\beta^t y_t,\quad 0<\beta<1$$

如果工人被雇用，则 $y_t=w$，如果工人失业，则 $y_t=c$。这里的 c 是失业保险金，w 是工人就业的工资。假定工人一旦在工资 w 下接受了一个工作机会，此工人将永远守着这份工作。

令 $v(w)$ 为一个失业工人的 $\sum_{t=0}^{\infty}\beta^t y_t$ 的期望值，此工人手中有工资为 w 的工作机会并且此工人的行为是最优的。写出关于此工人问题的贝尔曼方程。

6.2　每个时期有两个工作机会

考虑失业工人每个时期都可以获得两个独立同分布且按累积概率分布函数 $F(w)$ 提供工资的工作机会。一旦此工人接受一个工作机会，他将永久地在此工资下工作。在某期失业时，此工人得到失业保险金 c。工人选择一个决策规则以最大化 $E\sum_{t=0}^{\infty}\beta^t y_t$，其中

$y_t=w$ 还是 $y_t=c$ 取决于他是失业还是就业。令 $v(w)$ 为当前手中持有最佳的工资为 w 的工作机会的失业工人的 $E\sum_{t=0}^{\infty}\beta^t y_t$ 的值。

a. 写出关于该工人的问题的贝尔曼方程。

b. 证明工人此时的保留工资要比工人面临相同的 c 并且每期只获得工资服从相同的分布 $F(w)$ 的一个工作机会时的保留工资高。

6.3 每个时期有一个随机数量的工作机会

每个失业工人每个时期面对的工作机会的数量 n 是随机的。工人在给定的时期中接受 n 个工作机会的概率是 π_n，其中，对于 $n\geqslant 1$，有 $\pi_n\geqslant 0$；对于 $N<+\infty$，有 $\sum_{n=1}^{N}\pi_n=1$。每个工作机会都独立地服从相同的分布 $F(w)$。假定工作机会的数量 n 在各个时期是独立分布的。工人在接受一份工作之后就永远在此工资下工作，并且在每个失业期间都获得数量为 c 的失业保险金。他选择一个策略以最大化 $E\sum_{t=0}^{\infty}\beta^t y_t$，其中，如果他失业，$y_t=c$；如果他就业，$y_t=w$。

令 $v(w)$ 为持有最佳的工资为 w 的工作机会并且采取最优行动的失业工人的目标函数的值，用公式表示此工人的贝尔曼方程。

6.4 工作机会数量循环波动

对练习 6.3 进行如下修改，设工作机会的数量 n 服从满足下列条件的马尔可夫链：

$$\text{Prob}\{\text{下一时期工作机会数}=m\mid\text{当前时期工作机会数}=n\}=\pi_{mn}$$
$$m=1,\cdots,N,\ n=1,\cdots,N$$

$$\sum_{m=1}^{N}\pi_{mn}=1,\ n=1,\cdots,N$$

其中 $[\pi_{mn}]$ 表示“随机矩阵”，它可生成马尔可夫链。问题的其他条件与练习 6.3 的一样。工人在每个时期得到 n 个工作机会，其中 n 由马尔可夫链产生，因而工作机会的数目与时间是相关的。

a. 令 $v(w,n)$ 为持有 n 个工作机会且最佳工资为 w 的失业工人的 $E\sum_{t=0}^{\infty}\beta^t y_t$ 的值。用贝尔曼方程来表示此工人的问题。

b. 证明最优策略是根据这个时期所得到的工作机会的数目来设置保留工资 $\bar{w}(n)$。

6.5 工作机会数量的选择

失业工人必须选择所需要的工作机会的数量。在 $k(n)$ 的成本下，工人在这一期会收到 n 个工作机会。对于 $n\geqslant 1$，有 $k(n+1)>k(n)$。工作机会数量 n 必须在某期的开始阶段提前选择好，并且其间不能作修改。工人想要最大化 $E\sum_{t=0}^{\infty}\beta^t y_t$，其中，若她就业了但不搜寻工作机会，$y_t$ 由每期的 w 构成；若她第一期就业了但搜寻 n 个工作机会，y_t 由第一期的 $w-k(n)$ 构成；若她失业了但搜寻并拒绝 n 个工作机会，y_t 由每期的 $c-k(n)$ 构成。工作机会是相互独立地来自 $F(w)$ 的。接受了工作机会的工人会永远在 w 的工资下工作。

设 Q 为一个还没有选择搜寻工作机会的数量的失业工人的问题的值。用公式表示此工人的贝尔曼方程。

6.6 莫滕森（Mortensen）外部性

匹配的双方（比如说，工人和厂商）共同地得到一个服从累积分布函数 $F(\theta)$ 的匹配参数 θ。一旦匹配好了，他们将永远保持在此匹配中，每个人每个时期都将从匹配中得到 θ 的利益。每对未匹配的个体能够以以下方式影响一个时期中所得到的工作机会的数量。工人在每个时期得到 n 个工作机会，$n=f(c_1+c_2)$，其中 c_1 代表工人所投入的用来进行搜寻的资源，而 c_2 代表厂商所投入的用来进行搜寻的资源。相对应地，代表性厂商每个时期都会遇到 n 个寻求工作机会的人，其中$n=f(c_1+c_2)$。（我们将定义状态，因而厂商和工人有相同的预定 θ，从而永远不会存在无报酬的爱。）在进行搜寻之前，在每一期开始的时候 c_1 和 c_2 就必须选择好。厂商和工人有相同的偏好，由匹配参数 θ 的期望现值和净搜寻成本给定。折现因子 β 对于厂商和工人来说是一样的。

a. 考虑一个纳什均衡，在此均衡中 i 方选择 c_i，把 c_j（$j\neq i$）看做是给定的。在 c_i 被选择之前，令 Q_i 为 i 类型的未匹配的个体的值。试构造类型 1 和类型 2 的个体的贝尔曼方程。

b. 考虑相继选择 c_1 和 c_2 的社会计划问题，以最大化 λ 乘以个体 1 的效用加上（$1-\lambda$）乘以个体 2 的效用的值，其中 $0<\lambda<1$。令 $Q(\lambda)$为两个未匹配个体在 c_1 和 c_2 被选择之前的这一问题的值。用公式表示此问题的贝尔曼方程。

c. 比较 a 和 b 中的结果，证明在纳什均衡中，最优数量的资源并没有被用到搜寻中去。

6.7 可变的劳动供给

失业工人每一期都会得到一个工资 w 服从分布 $F(w)$ 的工作机会。工人不得不在接受工作而永远在此工资下工作与搜寻另一个工作机会同时获得 c 数量的失业保险金之间做出选择。决定接受工作的工人必须选择每一期工作的小时数。工人选择策略以最大化

$$E\sum_{t=0}^{\infty}\beta^t u(y_t,l_t),\ 0<\beta<1$$

如果工人失业，则 $y_t=c$；如果工人就业，并且工作 $1-l_t$ 小时，则有 $y_t=w(1-l_t)$。l_t 是闲暇时间，$0\leqslant l_t\leqslant 1$。

分析该工人的问题。证明最优策略有保留工资性质。证明在各个时期中工作的小时数是相等的。

6.8 工资增长率和保留工资

失业工人每一期都会获得一个工资永远为 w_t 的工作机会，其中在第一期有 $w_t=w$，在 t 期之后就有 $w_t=\phi^t w$。假定 $\phi>1$，也就是说，工资随着任期的延长而增加。初始工资从一个时不变分布$F(w)$中得到（进入的工资水平是稳定的）；各期获得工作机会的情况是独立同分布的。

工人的目标函数是最大化

$$E\sum_{t=0}^{\infty}\beta^t y_t,\ 0<\beta<1$$

如果工人就业，则有 $y_t=w_t$，如果工人失业，则有 $y_t=c$，其中 c 是失业保险金。令 $v(w)$ 为手中有工资为 w 的工作机会的失业工人的目标函数的最优值。写出此问题的贝尔曼方程。如果两个经济仅在就业工人的工资增长率上有差异，也就是说 $\phi_1>\phi_2$，证明高工资增长率的经济的保留工资要低。

（注：假定 $\phi_i\beta<1$，$i=1,2$。）

6.9 有限期搜寻问题

考虑在两个时期中存活的工人。如果失业，此工人在每一期都会得到终生工资都为 w 的工作机会，其中 w 服从分布 F。所提供的工资在各期是独立同分布的。工人的目标是最大化 $E\{y_1+\beta y_2\}$，如果工人就业，则 $y_t=w$；如果工人没有就业，则 y_t 等于 c——失业保险金。

分析工人的最优决策规则。特别地，证明最优策略是在每期选择一个保留工资并且接受那些工资至少和此保留工资一样高的工作机会，拒绝工资低于此保留工资的工作机会。说明保留工资是随时间下降的。

6.10 有限期和保均展形

考虑在每个时期都获得工作机会并永远在工资 w 下进行工作的工人。相继的工作机会是独立同分布的，并且工资服从分布 $F_i(w)$，$i=1,2$。假定 F_1 通过一个保均展形从 F_2 中得到。工人的目标是最大化

$$E\sum_{t=0}^{T}\beta^t y_t,\ 0<\beta<1$$

当工人接受工资为 w 的就业机会时，有 $y_t=w$，否则 y_t 为零。假定分布 F_1 和 F_2 有一个相同的上限 B。

a. 证明工人从 F_1 和 F_2 中获得的保留工资在 $t=T$ 和 $t=T-1$ 时相同。

b. 证明对于 $t\leqslant T-2$，从分布 F_1 中得到工资抽样的工人的保留工资要比从 F_2 中得到工资抽样的工人的保留工资高。

c. 现在引入失业保险金：失业的工人得到 c 美元。证明 a 中的结果不再成立：在 $t=T-1$ 时，从分布 F_1 中得到工资的抽样工人的保留工资比从 F_2 中得到工资的抽样工人的保留工资要高。

6.11 皮萨里德斯（Pissarides）关于税收和可变搜寻强度的分析

失业工人在每一期都以 $1-\pi(e)$ 的概率得到零工作机会（或者说没有工作机会）。工人以 $\pi(e)$ 的概率得到提供服从分布 F 的工资 w 的工作机会。这里 e 代表努力程度——对搜寻强度的度量，$\pi(e)$ 随着 e 的增加而增加。一个接受了工作机会的工人以 α 的概率被解雇，其中 $0<\alpha<1$。工人选择一个策略，也就是说，是否接受一个工作机会以及在失业的时候投入多少精力到搜寻中去，以最大化

$$E\sum_{t=0}^{\infty}\beta^t y_t,\ 0<\beta<1$$

如果工人就业，且工资为 w，则 $y_t=w$；如果工人花费 e 单位的闲暇来进行搜寻并且没有得到工作机会，则有 $y_t=1-e+z$。这里 z 是失业保险金。对于进行搜寻并且接受一个工作机会的工人有 $y_t=w-e-T(w)$，即在第一期，工资是净搜寻成本。$T(w)$ 是工人就

业时所支付的税金数额。我们假定 $w-T(w)$ 是关于 w 递增的。假定当 $w=0$ 时有 $w-T(w)=0$，如果 $e=0$，有 $\pi(e)=0$——也就是说，工人没有得到工作机会——并且 $\pi'(e)>0$，$\pi''(e)<0$。

a. 分析工人的问题。证明最优策略是选择一个保留工资。表示说明 e 的最优选择的条件，并且证明保留工资是独立于 e 的。

b. 假定 $T(w)=t(w-a)$，其中 $0<t<1$ 并且 $a>0$。证明 a 的增长会降低保留工资和提高努力水平，增加接受就业的可能性。

c. 说明在什么条件下 t 的变化会导致相反的结果。

6.12 搜寻和金融收入

失业工人每个时期得到一个永远在工资 w 下工作的机会，其中 w 服从分布 $F(w)$。工作机会是独立同分布的。每个个体都有别的收入来源，我们把这种收入表示为 ε_t，并称之为金融收入。在每个时期中所有的个体都获得 ε_t 的一个实际值，ε_t 随时间独立同分布，分布函数为 $G(\varepsilon)$。我们也假定 w_t 和 ε_t 是相互独立的。工人的目标是最大化

$$E\sum_{t=0}^{\infty}\beta^t y_t,\ 0<\beta<1$$

其中，如果工人接受工作机会，且工资为 w，则 $y_t=w+\phi\varepsilon_t$；如果工人保持失业，则有 $y_t=c+\varepsilon_t$。我们假定 $0<\phi<1$，这反映的事实是一个失业工人收获金融收入所花的时间会变少。假定 $1>\text{Prob}\{w\geqslant c+(1-\phi)\varepsilon\}>0$。

分析该工人的问题。写出贝尔曼方程，并请证明保留工资会随着金融收入水平的上升而增加。

6.13 搜寻和资产积累

之前失业的工人会得到一个永远在工资 w 下工作的机会，但只有在他选择这样做的情况下，他才会得到这份工作，其中 w 服从分布 $F(w)$。之前就业的工人不会得到工作机会，但是他们在任意时间可自由辞职，在那个时期接受失业保险金，然后在接下来的一个时期变为之前失业的工人。所提供的工资随时间是独立同分布的。工人最大化

$$E\sum_{t=0}^{\infty}\beta^t(u(c_t)+v(l_t)),\ 0<\beta<1$$

其中 c_t 表示消费，l_t 表示闲暇。假定 $u(c)$ 严格递增、二阶连续可微、有界且严格凹，同时 $v(l)$ 严格递增、二阶连续可微且严格凹，$c_t\geqslant 0$，$l_t\in\{0,1\}$，工人可全职工作（此时 $l_t=0$）或根本不工作（此时 $l_t=1$）。在 t 时期至 $t+1$ 时期资产 a_t 的总收益为 R_{t+1}，它是独立同分布的，累积分布函数为 $H(R)$。如果工人有一个支付为 w_t 的工作，则预算约束为

$$a_{t+1}\leqslant R_{t+1}(a_t+w_t-c_t)$$

随机总收益 R_{t+1} 在 $t+1$ 期初工人选择 n_{t+1}、c_{t+1} 之前被观测到。如果工人失业，则预算约束为 $a_{t+1}\leqslant R_{t+1}(a_t+z-c_t)$ 和 $l_t=1$。这里 z 是失业保险金。假定工人的资产水平 a_t 不能是负的。这是无借贷假定。写出此问题的贝尔曼方程。

6.14 临时性的失业保险金

每个时期失业工人获得并且只获得一个工作机会，此工作机会的工资永远为 w。工资独立同分布且服从累积分布函数 F，其中 $F(0)=0$，$F(B)=1$。工人寻求最大化 $E\sum_{t=0}^{\infty}\beta^t y_t$，其中 y_t 是工资和失业保险金（如果有的话）的总和。工人只有在她失业的第一期才获得数量为$\gamma>0$ 的失业保险金。在一个时期收到失业保险金后，工人就不能再收到失业保险金了。

a. 写出此问题的贝尔曼方程。证明工人的最优策略是一个随时间变化的保留工资策略。

b. 说明工人的保留工资在失业期间是怎样变化的。

c. 说明工人“远离失业的威胁”（也就是说接受一份工作的概率）是怎样在失业期间变化的。

现在假定如果工人辞去了工作，仍旧有获得失业保险金的权利。和前面一样，在第一个失业期间工人收到数量为 γ 的失业保险金，并且在剩下的失业期间收到的数量为零（为了申请失业保险金，工人必须找到一个工作并且至少工作一个时期）。

事件的时间选择如下：在每个时期的开始时刻，先前就业的工人必须决定是否辞职。决定是不能改变的，即辞职者不能重新返回到她先前的工作岗位。如果工人辞职，她就会得到像先前所描述的那样的工作机会，一旦她接受此工作机会，她就不会遭受失业，立即开始挣此收入。

d. 写出此问题的贝尔曼方程。[提示：在一个时期的期初，令$v^e(w)$为先前在工资 w 下就业的工人的值（在当前获取任何工资机会之前）。令 $v_1^u(w')$为持有工资为 w'的工作机会并且若她拒绝此工作机会则可以获得失业保险金的失业工人的值。类似地，令 $v_+^u(w')$为一个持有工资为 w'的工作机会但无权获得失业保险金的失业工人的值。]

e. 描述三个与 d 中的值函数相关的保留工资 $\bar{w}^e$、$\bar{w}_1^u$ 以及 $\bar{w}_+^u$ 的特征。它们是怎样和 γ 相关联的？（提示：其中的两个保留工资的特征是可以直接描述的，而剩下的一个有赖于模型的实际参数值。）

6.15 第Ⅰ季

失业工人寻求最大化 $E\sum_{t=0}^{\infty}\beta^t y_t$，其中 $\beta\in(0,1)$，y_t 是她在 t 时期的收入，并且 E 是数学期望算子。该工人的收入由下列两个部分的其中一部分构成：一是她失业期间的每一期收到的失业保险金 c，一是她就业时收到的固定工资 w。一旦被雇用，工人就在此岗位上永远工作，不会被解雇。在每个奇数时期（也就是 $t=1,3,5,\cdots$），此工人得到一个可以在某个工资下永远工作的机会，此工资服从累积分布函数$F(w)=\text{Prob}(w\leqslant W)$。假定存在 $B>0$，使得 $F(0)=0$ 并且 $F(B)=1$。从 F 中进行相继抽样是独立的。在每个偶数时期（也就是 $t=0,2,4,\cdots$），失业工人得到两个在服从 F 的工资下永远工作的机会。这两个工作机会是相互独立的。

a. 写出失业人员问题的贝尔曼方程。

b. 说明工人的最优策略组合。

6.16 第Ⅱ季

考虑失业工人所面临的以下问题。此工人想要最大化

$$E_0\sum_{0}^{\infty}\beta^t y_t,\ \beta\in(0,1)$$

在工人就业期间，$y_t=w_t$，在工人失业期间，$y_t=c$，其中 w_t 表示工资率，c 表示恒定的失业保险金水平。在每个时期的期初，失业工人得到并且只得到一个提供服从累积分布函数 $F(w)$ 的工资 w 的工作机会，存在 $B>0$，使得 $F(0)=0$，$F(B)=1$。从 F 中的相继抽样是独立同分布的。工人对于先前的工作机会是无记忆的。只有失业工人才能得到工作机会。只要工人仍在做此工作，工资就是固定的。工人离开此工作的唯一可能是她被解雇了。在每个奇数时期（$t=1,3,\cdots$）的期初，先前就业的工人面临着 $\pi\in(0,1)$ 的被解雇的概率。如果工人被解雇了，她立即会得到在工资 w 下工作的新的工作机会。在每个偶数时期（$t=0,2,\cdots$），不存在被解雇的可能性。

a. 写出此工人问题的贝尔曼方程。

b. 说明此工人的最优策略组合。

6.17　新手的吉廷斯（Gittins）指数

在每个时期的期末[①]，工人可以在 A 和 B 两个工作之间转换，以便开始随后时期的工作，其工资将在下一时期的期初从 A 或 B 的特定工资分布中得到。工人的历史工资也根据工作 A 或 B 服从它们的工资分布。在一个时期的期末，在工人得到了这一时期的工资但还不知道下一时期的任何工作的工资之前，此工人必须决定是继续留在此工作岗位还是放弃此工作。任何一个工作的工资是由一个根据工作而不同的 n 个状态的马尔可夫链所确定的。每个时期工人的工作不是 A 就是 B。在一个时期的期末，在观察到下一时期的任意工作的工资之前，他选择下一时期要做的工作。我们用小写字母（$i,j=1,\cdots,n$）来表示工作 A 的状态，用大写字母（$I,J=1,\cdots,n$）来表示工作 B 的状态。不存在失业选项。

令 $w_a(i)$ 为状态 i 发生时工作 A 的工资，$w_b(I)$ 为状态 I 发生时工作 B 的工资。设 $A=[A_{ij}]$为工作 A 的状态之间的一步转移概率矩阵，设 $B=[B_{ij}]$为工作 B 的相应矩阵。如果工人离开了工作并且后来决定再回到此工作中，他就可以从由这个工作的最后工作期间的工资所决定的条件分布中得到一开始的第一时期的工资。

此工人的目标是最大化他一生收入的期望现值 $E_0\sum_{t=0}^{\infty}\beta^t y_t$，其中 $\beta\in(0,1)$表示折现因子，y_t 表示他在 t 时期从事任意一份工作的工资。

a. 考虑以前两个工作都从事过的工人。假定 $w_a(i)$是此工人在工作 A 上得到的最后一期的工资，$w_b(I)$是在工作 B 上得到的最后一期的工资。写出此工人的贝尔曼方程。

b. 假定工人刚进入劳动市场。他第一次从事工作 A 的初始工资的概率分布是 $\pi_a=(\pi_{a1},\cdots,\pi_{an})$。类似地，工作 B 的初始工资的概率分布是 $\pi_b=(\pi_{b1},\cdots,\pi_{bn})$，用公式表示一个新工人的决策问题，此工人必须决定一开始从事哪个工作。[提示：令 $v_a(i)$ 为工人的终生收入的期望现值，此工人最后从事的是状态 i 的工作 A 并且从来没有从事过工作 B；对称地，可以定义 $v_b(I)$。]

6.18　约万诺维奇（1979b）

---

① 关于此问题的更一般的表述可参见 Gittins（1989）。

就业工人在当前工作的 t 期得到了 $w_t=x_t(1-\phi_t-s_t)$ 的工资，其中 x_t 表示依赖于工种的人力资本，$\phi_t\in(0,1)$ 是工人投入在依赖于工种的人力资本中的时间的比例，$s_t\in(0,1)$ 是工人用来搜寻一份新工作的时间比例。如果工人在 t 期投入了 s_t 来进行搜寻，则此工人有 $\pi(s_t)\in(0,1)$ 的概率在 $t+1$ 期的期初得到一个新的工作机会，并且在新的依赖于工种的资本水平 μ' 下开始工作，μ' 服从累积分布函数 $F(\cdot)$。也就是说，搜寻一份新工作就会瞬间加强对依赖于工种的人力资本 μ' 的预期。假定 $\pi'(s)>0$，$\pi''(s)<0$。在一个给定的工种上，依赖于工种的人力资本依下式变动：

$$x_{t+1}=G(x_t,\phi_t)=g(x_t\phi_t)-\delta x_t$$

其中 $g'(\cdot)>0$，$g''(\cdot)<0$，$\delta\in(0,1)$ 是折旧率，$x_0=\mu$，t 是在此工作上的任期，μ 是当前工作的开始阶段所具有的"匹配"参数的值。工人是风险中性的，并且最大化 $E_0\sum_{\tau=0}^{\infty}\beta^{\tau}y_{\tau}$，其中 y_τ 是他在 τ 期的工资。

a. 用公式表示工人的贝尔曼方程。

b. 描述工人的决策规则以决定在下一期开始时是否接受一个在下一期期初为 μ' 的工作机会。

c. 假定对于 $A>0$，$\alpha\in(0,1)$，有 $g(x\phi)=A(x\phi)^{\alpha}$。假定 $\pi(s)=s^{0.5}$。假定 F 是概率为 f_i 的多值离散分布，比如说，令 $f_i=n^{-1}$。编写 Matlab 程序来求解贝尔曼方程。计算 ϕ、s 的最优策略，并且把它们表示出来。

6.19 值函数迭代与策略改进算法，皮埃尔·奥利维尔·魏尔（Pierre-Olivier Weill）提供

本练习旨在在某一特定问题的框架内研究求解动态规划的两种方法：值函数迭代方法与霍华德策略改进算法。考虑麦考尔的跨期工作搜寻模型。失业工人从满足 $F(0)=0$、$F(B)=1$（$B<\infty$）的累积分布函数 F 中随机地获得一个工作机会。如果工人拒绝此机会，则她将获得失业保险金 c 且在下一期中可随机获得新的工作机会；如果她接受此工作，则她将永远在工资水平 w 上工作。工人的目标是最大化其工资收入的期望的折现值。工人的折现因子为 $0<\beta<1$。

a. 写出贝尔曼方程。证明最优策略是保留工资形式。写出关于保留工资 w^* 的方程。

b. 考虑值函数迭代方法。证明在每一次迭代中，最优策略采取保留工资的形式。记 w_n 为第 n 步迭代时的保留工资。推导出 w_n 的递归公式，证明 w_n 以速率 β 收敛为 w^*。

c. 考虑霍华德策略改进算法。证明在每一步迭代中，最优策略采取保留工资的形式。记 w_n 为第 n 步迭代时的保留工资。推导出关于 w_n 的递归公式。证明 w_n 朝向 w^* 的收敛速率是局部二次的。特别地，利用泰勒展开式说明，对于充分接近于 w^* 的 w_n，存在一个常数 K，使得 $w_{n+1}-w^*\cong K(w_n-w^*)^2$。

6.20

各种不同类型的失业工人，除了从不同工资分布中抽取之外其余都是相同的。每个时期，类型 α 的失业工人从累积分布函数 F_α 中抽取一个新的工资为 w 的工作机会并永久工作，这里的 F_α 满足：对于 $w<0$，$F_\alpha(w)=0$，$F_\alpha(0)=\alpha$，$F_\alpha(B)=1$，其中 $B>0$，而且 F_α 是右连续函数的映射，它将 $[0,B]$ 映射到 $[0,1]$。类型 α 的工人的累积分布函数是由下式给出的：

$$F_{\alpha}(w)=\begin{cases}\alpha, & 0\leqslant w\leqslant \alpha B\\ w/B, & \alpha B<w<B-\alpha B\\ 1-\alpha, & B-\alpha B\leqslant w<B\\ 1, & w=B\end{cases}$$

其中 $\alpha\in[0,0.5)$。失业的类型 α 的工人追求使 $\sum_{t=0}^{\infty}\beta^t y_t$ 的期望价值最大化，其中 $\beta\in(0,1)$，如果工人被雇用，则 $y_t=w$，如果工人失业，则 $y_t=c$，其中 $0<c<B$ 表示常值的失业保险金。通过选择接受或拒绝工作机会的策略，对 $\sum_{t=0}^{\infty}\beta^t y_t$ 的期望价值的计算来说，这个工人会影响到分布。工人不能回归过去的工资。如果先前失业的工人接受这个时期的工资水平，那么他就必须永远在这个工资上工作（工人就业时既没有辞职，也没有被解雇，也不会寻找新的工作）。

a. 写出类型 α 的工人的贝尔曼方程。证明此工人的最优策略是设定一个时不变的保留工资。

b. 考虑两种类型的工人，$\alpha=0$ 与 $\alpha=0.3$。阐述哪一种类型的工人具有较高的保留工资。

c. 你认为哪一种类型的工人能更快地找到工作呢？

6.21　搜寻最低的价格

买方想要扣除总搜寻费用后以最低价格购买一件物品。在每件成本 $c>0$ 时，买方可以以 p 购买该物品，其中 p 是从累积分布函数 $F(P)=\text{Prob}(p\leqslant P)$ 得到的，这里的 P 是满足$F(\underline{B})=0$，$F(\bar{B})=1$ 的非递减的右连续函数，其中 $0<\underline{B}<\bar{B}<+\infty$。全部搜寻发生在一个时期。

a. 求出买方的最优策略。

b. 求出扣除总搜寻费用后的购买价格期望值的表达式。

6.22　辞职

在每个时期，失业工人接受一种提供非负工资 w 的工作，其中 w 遵从累积分布函数 F，这里 F 满足 $F(0)=0$ 与 $F(B)=1$（$B>0$）。工人寻求使 $\sum_{t=0}^{\infty}\beta^t y_t$ 的期望价值最大化，其中，如果工人被雇用，则 $y_t=w$，如果工人失业，则 $y_t=c$。在每个时期的开始，前一时期在工资 w 下就业的工人面临着以 $\alpha\in(0,1)$的概率被重新分类工作的情况，这意味着他将被给予新的工资 w'，w'来自 F。被重新分类的工人可以选择在工资 w'下工作，直到再次被重新分类或辞职，接受这一时期的失业保险金 c，并接受下一个时期的新工资。

a. 写出失业工人的贝尔曼方程。

b. 描述先前失业的工人的决策规则。

c. 描述先前就业的工人辞职或保留工作的决策规则。

d. 描述如何计算先前就业的工人将要辞职的概率。

6.23　职业阶梯

在每个时期，先前失业的工人接受一种提供非负工资 w 的工作，其中 w 遵从累积分布函数 F，这里 F 满足 $F(0)=0$ 与 $F(B)=1$（$B>0$）。工人追求使 $\sum_{t=0}^{\infty}\beta^t y_t$ 的期望价值最大化，其中 $\beta \in (0,1)$，如果工人被雇用，则 $y_t = w$，如果工人失业，则 $y_t = c$。前一时期就业工人以 $\alpha \in (0,1)$ 的概率被晋升，这意味着他将获得新工资 γw，其中 $\gamma > 1$。新工资一直持续到下次晋升为止。

a. 写出先前就业的工人的贝尔曼方程。

b. 写出先前失业的工人的贝尔曼方程。

c. 描述失业工人的决策规则。

d. 描述先前就业的工人的决策规则。

6.24 人力资本

先前失业的工人接受一种工资为 wh 的工作，其中 h 表示工人人力资本水平，w 是从累积分布函数 F 中抽取的，F 满足对于 $B>0$，$F(0)=0$，$F(B)=1$。只要他保留当前的工作（或在就业期间），工人就保留 w 而不是 h。在工人接受 w 之前，他知道目前的 h 的水平。随着时间的推移，工资抽取是独立的。当工人就业时，人力资本 h 会依据空间 $[\bar{h}_1, \bar{h}_2, \cdots, \bar{h}_n]$ 上的离散马尔可夫链来演变，此链具有转移密度 H^e，其中 $H^e(i,j) = \text{Prob}[h_{t+1} = \bar{h}_j \mid h_t = \bar{h}_i]$。当工人失业时，人力资本 h 会依据空间 $[\bar{h}_1, \bar{h}_2, \cdots, \bar{h}_n]$ 上的离散马尔可夫链来演变，此链具有转移密度 H^u，其中 $H^u(i,j) = \text{Prob}[h_{t+1} = \bar{h}_j \mid h_t = \bar{h}_i]$。这两个转移矩阵 H^e 与 H^u 使得就业工人的人力资本出现概率方式的增长（这意味着下一个时期的人力资本更可能高于这个时期），失业工人的人力资本出现概率方式的衰落（这意味着下一个时期的人力资本更可能低于这个时期）。失业工人每个时期接受失业保险金 c。工人追求使 $\sum_{t=0}^{\infty} \beta^t y_t$ 的期望价值最大化，其中如果工人被雇用，则 $y_t = wh_t$，如果失业，则 $y_t = c$。在每个时期的开始，就业工人从马尔可夫链 H^e 中获得新的人力资本实现值。然后工人可以辞职，这意味着他们放弃他们以前的 w，保持他们新实现的人力资本水平，但要立即失业，并可以马上从 F 中抽取新的 w。他们可以立即接受新的抽取，否则选择失业至少一个时期，同时等待新机会每个时期从 F 中抽取新的 w。

a. 写出工人问题的一个贝尔曼方程或一组贝尔曼方程。

b. 从定性角度描述工人的最优决策规则。你认为就业工人会决定辞职吗？

c. 描述求解贝尔曼方程的算法。

6.25 马尔可夫工资

在每一个时期，先前失业的工人会接受提供工资为 w 的工作并永远工作。工人想要使 $E\sum_{t=0}^{\infty} \beta^t y_t$ 最大化，其中 $\beta \in (0,1)$，如果工人失业，则 $y_t = c > 0$，如果工人被雇用，则 $y_t = w$。不允许工人辞职，而且工人一旦被雇用就不能被解雇。工资是从具有如下转移概率的马尔可夫链中连续抽取的，此转移概率是 $n \times n$ 的转移矩阵 P 所安排的，P 中的 (i,j) 元素为 $P_{ij} = \text{Prob}(w_{t+1} = \bar{w}_j \mid w_t = \bar{w}_i)$，其中 $\bar{w}_1 < \bar{w}_2 < \cdots < \bar{w}_n$。

a. 建立工人的贝尔曼方程。

b. 你能证明工人的最优策略是设定一个保留工资吗？

c. 假设 $\beta = 0.95$，$c = 1$，$[\bar{w}_1 \quad \bar{w}_2 \quad \cdots \quad \bar{w}_n] = [1 \quad 2 \quad 3 \quad 4 \quad 5]$，

$$P=\begin{bmatrix} 0.8 & 0.2 & 0 & 0 & 0 \\ 0.18 & 0.8 & 0.02 & 0 & 0 \\ 0.25 & 0.25 & 0 & 0.25 & 0.25 \\ 0 & 0 & 0.02 & 0.8 & 0.18 \\ 0 & 0 & 0 & 0.2 & 0.8 \end{bmatrix}$$

请写出 Matlab 或 R 或 C++程序来求解贝尔曼方程。求最优策略函数与值函数。

d. 假定除了 β 之外的所有参数与 c 中的相同，现在 $\beta=0.99$。求最优策略函数和最优值函数。

e. 讨论对于 c 与 d 的解答是否不同、为什么不同、怎样不同。

6.26 带有失业的尼尔模型

考虑对尼尔（1999）模型进行下面的修改。工人根据以下条件来选择职业-工作对 (θ,ε)。如果被雇用，工人在时间 t 的收入等于 $\theta_t+\varepsilon_t$，其中 θ_t 表示职业特有的组成部分，ε_t 表示特定工作特有的组成部分。如果失业，工人得到失业保险金 c。工人追求使 $E\sum_{t=0}^{\infty}\beta^t y_t$ 最大化，其中如果工人被雇用，则 $y_t=\theta_t+\varepsilon_t$，如果工人失业，则 $y_t=c$。职业是从累积分布函数 F 中抽取的，而工作则是从累积分布函数 G 中抽取的。连续不断的抽取是相互独立的，并且 $G(0)=F(0)=0$，$G(B_\varepsilon)=F(B_\theta)=1$。工人只有在接受新的工作时才能接受新的职业。然而，工人可自由保留现有的职业（θ），并在下一时期接受新的工作（ε'）。工人在时期开始时决定是否保留从过去继承的职业-工作对，或者保留继承的职业但在下一时期接受新的工作，或者下一时期接受新的职业-工作对（θ',ε'）。如果工人决定在下一时期接受新的 θ' 或新的 ε'，他（或她）就必须在这个时期失业。

a. 就工人目前有继承职业-工作对（θ,ε）而言，设 $v(\theta,\varepsilon)$ 表示在时期开始时的问题最优值，工人将决定是否为在下一时期接受新职业与（或）新工作而处于失业状态。写出贝尔曼方程。

b. 描述工人的最优策略。

第Ⅲ部分

竞争性均衡与应用

第7章 递归的（局部）均衡

7.1 均衡的概念

这一章阐述一些动态框架中的竞争性均衡和寡头垄断均衡。到现在为止，我们已经研究了单个个体的问题，其中状态向量的各个分量并不在个体的控制之下，而是被视为是给定的。在本章中，我们描述多个个体的问题，其中对于某个个体而言是外生给定的状态向量的分量实际上是由其他个体的决策所决定的。我们研究局部均衡模型，这是微观经济学中经常会用到的一种均衡模型。[①] 我们将介绍和此类模型密切相关的两个均衡概念：理性预期或者递归竞争性均衡，以及马尔可夫完美均衡。第一个均衡概念同时限制了贝尔曼方程及在贝尔曼方程中被视作给定的转移规律。第二个均衡概念导出了一对（双寡头垄断市场下）或一组（寡头垄断市场下）贝尔曼方程和转移方程，它们可以通过逆向归纳求解。

尽管本章所介绍的均衡概念明显地超出了线性二次的规定，但是我们在文中选择用线性二次的例子来介绍它们。这使贝尔曼方程易于处理。

7.2 例：调整成本

这一节描述一个面临调整成本的厂商的竞争性市场模型。[②] 在阐述过程中，我们引入

① 比如说，参看 Rosen and Topel（1988）；Rosen，Murphy and Scheinkman（1994）。

② 此模型是卢卡斯和普雷斯科特（1971）和萨金特（1987a）所分析的模型的一种变形。递归竞争性均衡概念由卢卡斯和普雷斯科特（1971）提出，普雷斯科特和梅拉（Prescott and Mehra，1980）作了进一步的发展。

并运用“大”k、“小”k，这种方式广泛应用于宏观经济学和应用经济动态学中。[1] 该模型由 n 个相同的厂商构成，它们的利润函数使得它们需要预测和它们一样的其他厂商的总产出决策，从而决定它们自己的产出。我们假定 n 是一个很大的数，使得单个厂商的产出对总产出的影响可以忽略不计，因而厂商在确定总产出的预测时被认为没有受到它们自身的产出决策的影响。于是，n 个竞争性厂商中的任何一个可以销售产出 y_t 并且选择一个生产计划以最大化

$$\sum_{t=0}^{\infty}\beta^t R_t \tag{7.2.1}$$

其中

$$R_t=p_t y_t-0.5d(y_{t+1}-y_t)^2 \tag{7.2.2}$$

它满足给定的初始条件 y_0。这里 $\beta\in(0,1)$ 表示折现因子，$d>0$ 表示对调整产出率的成本的度量。厂商是价格接受者。价格 p_t 取决于反需求曲线

$$p_t=A_0-A_1 Y_t \tag{7.2.3}$$

其中 $A_0>0$，$A_1>0$，Y_t 是整个市场的产出水平，即 n 个相同厂商的产出的总和。厂商相信市场的产出水平满足运动规律

$$Y_{t+1}=H_0+H_1 Y_t\equiv H(Y_t) \tag{7.2.4}$$

其中 Y_0 表示已知的初始条件。信念参数 H_0、H_1 表示均衡目标，但现在我们相信此信念并假定它们是给定的。厂商在选择 y_{t+1}时已知 t 时期的 y_t 和 Y_t。调整成本 $d(y_{t+1}-y_t)^2$ 给出厂商预测市场价格的激励，但是由于市场价格是借助于需求方程（7.2.3）的市场产出 Y_t 的函数，这反过来刺激厂商预测 Y 的未来值。要完整地表述厂商的最优化问题，需要我们设定所有状态变量的运动规律，包括感兴趣的但不一定要控制的像 Y 那样的变量。由于这个原因，关于 Y 的感知运动规律（7.2.4）就是厂商所要面对的多个约束之一。

把方程（7.2.3）代入方程（7.2.2）中得到

$$R_t=(A_0-A_1 Y_t)y_t-0.5d(y_{t+1}-y_t)^2$$

厂商预测市场价格的激励转化为了预测市场产出水平 Y 的激励。我们可以把厂商的贝尔曼方程写为

$$v(y,Y)=\max_{y'}\{A_0 y-A_1 yY-0.5d(y'-y)^2+\beta v(y',Y')\} \tag{7.2.5}$$

其中最大化满足感知运动规律 $Y'=H(Y)$。这里“ $'$ ”表示变量的下一时期的值。厂商问题的欧拉方程是

$$-d(y'-y)+\beta v_y(y',Y')=0 \tag{7.2.6}$$

注意，此问题的控制变量是 y'，应用第 3 章中的本维尼斯特-沙因克曼公式得到

---

① 也可参看第 12 章的 12.8 节。

$$v_y(y,Y)=A_0-A_1Y+d(y'-y)$$

将此方程代入方程（7.2.6）得到

$$-d(y_{t+1}-y_t)+\beta[A_0-A_1Y_{t+1}+d(y_{t+2}-y_{t+1})]=0 \tag{7.2.7}$$

在求解贝尔曼方程的过程中，厂商将方程（7.2.4）视为给定，并设定一条满足方程（7.2.7）、初始条件（y_0,Y_0）以及一个额外的终结条件的产出路径。此终结条件是

$$\lim_{t\to\infty}\beta^t y_t v_y(y_t,Y_t)=0 \tag{7.2.8}$$

上述条件被称为横截条件，它扮演“无穷远处”的一阶必要条件。厂商问题的解正是差分方程（7.2.7）在给定初始条件 y_0 和终结条件（7.2.8）下的解。通过逆向归纳法来求解贝尔曼方程（7.2.5）将必然要合并方程（7.2.7）和方程（7.2.8）。

厂商的最优策略函数为

$$y_{t+1}=h(y_t,Y_t) \tag{7.2.9}$$

对于 n 个相同的厂商，令 $Y_t=ny_t$，使得市场产出的实际运动规律为

$$Y_{t+1}=nh(Y_t/n,Y_t) \tag{7.2.10}$$

因而，当厂商相信市场范围的产出运动规律是方程（7.2.4）时，它们的最优化行为使得实际的运动规律为方程（7.2.10）。

对于此模型，我们采用下面的定义。

定义：带有调整成本的模型的递归竞争性均衡[①]是由下面的值函数 $v(y,Y)$、最优策略函数 $h(y,Y)$ 以及运动规律 $H(Y)$ 构成的：

a. 给定 H，$v(y,Y)$ 满足厂商的贝尔曼方程，并且 $h(y,Y)$ 是最优策略函数。

b. 运动规律 H 满足 $H(Y)=nh(Y/n,Y)$。

递归竞争性均衡等于实际感知运动规律（7.2.4）与（7.2.10）。厂商的最优化问题导致了一个从产出 H 的感知运动规律到实际运动规律 $\mathcal{M}(H)$ 的映射 $\mathcal{M}$。方程（7.2.10）表示了此映射。理性预期均衡的成分 H 正是算子 $\mathcal{M}$ 的不动点。

上面定义的均衡是递归竞争性均衡的特例，我们将在 7.3 节中对此进行更一般的定义。我们怎样找出均衡呢？映射 $\mathcal{M}$ 不是压缩的，所以不能保证 $\mathcal{M}$ 上的直接迭代将是收敛的。[②] 实际上，在许多场合，包括此处所述的情况，存在在 $\mathcal{M}$ 上迭代发散的许多参数值。下一小节证明另一个可以求解相应的计划问题的均衡方法。为了方便起见，从现在开始我们将假设厂商的数量是一家，同时保留其作为价格接受者的假定。

---

① 这通常也被称为理性预期均衡。

② 研究在学习收敛到理性预期均衡的个体中很流行的模型的文献说明了在修改后的映射 $\mathcal{M}$ 上的迭代，这里的修改后的映射 $\mathcal{M}$ 可近似为 $\gamma\mathcal{M}+(1-\gamma)I$，其中 I 表示恒等算子，$\gamma\in(0,1)$ 表示松弛参数。参看 Marcet and Sargent (1989)，Evans and Honkapohja (2001)，它们对这个方法进行了阐述及应用，目的是建立使用最小二乘学习的自适应个体集合收敛于理性期望等式的条件。马塞特-萨金特-埃文斯-洪卡波希亚（Marcet-Sargent-Evans-Honkapohja）方法给出了此方法的基础，克鲁塞尔和史密斯（Krusell and Smith，1998）运用了不完全市场经济的近似理性预期均衡。参看第 18 章。

□ 7.2.1 计划问题

我们计算均衡的方法是将市场问题的欧拉方程和如下计划问题联系在一起，此计划问题可以产生单个个体的动态规划问题。来自计划问题的最优数量也是递归竞争性均衡的数量，并且均衡价格是计划问题的影子价格。

为了阐述方便，我们设 $n=1$。为了构建计划问题，我们首先计算 t 时期消费者剩余与生产者剩余的总和 S_t，并将其定义为

$$S_t = S(Y_t, Y_{t+1}) = \int_0^{Y_t} (A_0 - A_1 x)\mathrm{d}x - 0.5d(Y_{t+1} - Y_t)^2 \tag{7.2.11}$$

上式中的第一项是需求曲线以下的面积。计划问题是选择一个生产计划以最大化

$$\sum_{t=0}^{\infty} \beta^t S(Y_t, Y_{t+1}) \tag{7.2.12}$$

且满足初始条件 Y_0。计划问题的贝尔曼方程是

$$V(Y) = \max_{Y'} \left\{ A_0 Y - \frac{A_1}{2} Y^2 - 0.5d(Y' - Y)^2 + \beta V(Y') \right\} \tag{7.2.13}$$

欧拉方程是

$$-d(Y' - Y) + \beta V'(Y') = 0 \tag{7.2.14}$$

应用本维尼斯特-沙因克曼公式可得

$$V'(Y) = A_0 - A_1 Y + d(Y' - Y) \tag{7.2.15}$$

将此式代入方程（7.2.14）并且整理可得

$$\beta A_0 + dY_t - [\beta A_1 + d(1+\beta)]Y_{t+1} + d\beta Y_{t+2} = 0 \tag{7.2.16}$$

回到方程（7.2.7）并且对于所有的 t，令 $y_t = Y_t$。（回忆一下我们已经令 $n=1$，当 $n \neq 1$时，我们必须调整关于 n 的讨论。）注意，当 $y_t = Y_t$ 时，方程（7.2.16）和方程（7.2.7）是等同的。计划问题的欧拉方程匹配二阶差分方程，此二阶差分方程是我们通过首先求出代表性厂商的欧拉方程，并将它代入表达式 $Y_t = ny_t$ 而得到的，这里的表达式“使代表性厂商具有代表性”。因而，如果对这两个差分方程应用相同的终结条件是适宜的，那么我们就验证了计划问题的解也是一个均衡。在方程（7.2.7）中令 $y_t = Y_t$，不再讨论方程（7.2.4），取而代之的是求解使得 $y_t = Y_t$ 成立的系数 H_0 和 H_1，将它们联合起来求解出方程（7.2.4）和方程（7.2.7）。

对于此例子，随后我们可以通过构造对应于贝尔曼方程（7.2.13）的最优线性调节器问题来计算均衡。此问题的最优策略函数是运动规律 $Y' = H(Y)$，即厂商在理性预期均衡中所面对的。①

---

① 卢卡斯和普雷斯科特（1971）运用了这一节的方法。此方法探索了福利经济学基本定理所述的均衡和帕累托最优性之间的联系。参看 Mas-Colell，Whinston and Green（1995）。

7.3 递归竞争性均衡

上一节所述均衡概念已被广泛地使用。根据普雷斯科特和梅拉（1980）的研究，将均衡概念更一般地定义为递归竞争性均衡是有用的。令 x 为在代表性个体控制下的由状态变量组成的向量，令 X 为由“市场”选择的相同的变量所组成的向量。令 Z 为其他由“自然”选择的，即由模型之外的因素决定的变量所组成的向量。代表性个体的问题可以由下述贝尔曼方程来刻画：

$$v(x,X,Z)=\max_{u}\{R(x,X,Z,u)+\beta v(x',X',Z')\} \tag{7.3.1}$$

其中“$'$”表示下一时期的值，这里的最大化满足下面的约束：

$$x'=g(x,X,Z,u) \tag{7.3.2}$$

$$X'=G(X,Z) \tag{7.3.3}$$

$$Z'=\zeta(Z) \tag{7.3.4}$$

其中 g 描述了代表性个体的控制变量 u 对状态变量 x' 的影响；G 和 ζ 描述了他所相信的总量状态的演化。代表性个体问题的解是一个决策规则：

$$u=h(x,X,Z) \tag{7.3.5}$$

为了使代表性个体具有代表性，我们增加了 $X=x$ 条件，但这只有在我们求解个体的决策问题“之后”才发挥作用。将方程（7.3.5）和 $X=x_t$ 代入方程（7.3.2）就得到实际的运动规律：

$$X'=G_A(X,Z) \tag{7.3.6}$$

其中 $G_A(X,Z)\equiv g[X,X,Z,h(X,X,Z)]$。我们接下来给出一个定义：

定义：递归竞争性均衡由满足下列条件的策略函数 h、实际总量运动规律 G_A 以及感知总量规律 G 构成：（a）给定 G，h 解答了代表性个体的最优化问题；（b）h 蕴含着 $G_A=G$。

这个均衡概念有时候也被称为理性预期均衡。均衡概念使得 G 成为分析的结果。因为此函数给出了代表性个体对于无自由参数时的总量状态变量的期望，从而是分析的结果。不存在刻画期望的自由参数。[①]

7.4 均衡的人力资本积累

举一个递归竞争性均衡的例子，我们计划使用我们认为是由舍温·罗森（Sherwin

① 这就是理性预期模型使得模型中不出现预期的含义。

Rosen）所用的受教育模型形式。家庭选择一定数量的劳动力，然后将其送至需要四个时期来培养受教育的工人的学校。时间是教育技术的主要投入。

□ 7.4.1 计划问题

计划者为新进入者 n_t 选择一个随机计划，目的是使

$$E_0\sum_{t=0}^{\infty}\beta^t\left\{f_0+(f_1+\theta_t)N_t-\frac{f_2}{2}N_t^2-\frac{d}{2}n_t^2\right\}$$

最大化，且满足运动规律

$$\begin{aligned}\theta_{t+1}&=\rho\theta_t+\sigma_\theta\varepsilon_{t+1}\\ N_{t+1}&=\delta N_t+n_{t-3}\end{aligned}\tag{7.4.1}$$

其中 N_t 表示在 t 时受教育劳动力的存量，n_t 表示在 t 时新接受教育的数量，$\delta\in(0,1)$ 表示 1 减去折旧率，θ_t 表示技术冲击，ε_{t+1} 表示服从分布 $N(0,1)$ 的独立同分布的随机过程。计划者所面临的初始条件为 $\theta_0,N_0,n_{-1},n_{-2},n_{-3}$。注意（7.4.1）式是如何将四个时期整合起来构建劳动力中的存量的。计划者问题可系统表示成随机折现的最优线性调节器问题，即第 5 章所研究的线性二次动态规划问题的形式。我们要求读者验证，只需取 $X_t=\begin{bmatrix}\theta_t\\ N_{t+3}\end{bmatrix}$ 作为计划者问题的状态就足够了。于是，计划者问题的求解是运动规律 $X_{t+1}=(A-BF)X_t+C\varepsilon_{t+1}$ 及决策规则 $n_t=-FX_t$。

为了定义递归竞争性均衡，注意到也可以更广泛地将计划者问题的状态定义成 $\widetilde{X}_t=[\theta\quad N_t\quad n_{t-1}\quad n_{t-2}\quad n_{t-3}]'$，它具有相关决策规则 $n_t=-\widetilde{F}\widetilde{X}_t$ 和运动规律

$$\widetilde{X}_{t+1}=(\widetilde{A}-\widetilde{B}\widetilde{F})\widetilde{X}_t+\widetilde{C}\varepsilon_{t+1}\tag{7.4.2}$$

我们可运用这个表示式将影子工资 $\widetilde{w}_t=f_1-f_2N_t+\theta_t$ 表示成 $\widetilde{w}_t=S_w\widetilde{X}_t$。

□ 7.4.2 分散化

在递归竞争性均衡中，厂商和代表性家庭是价格的接受者。厂商作为价格接受者，面临竞争性工资过程 $\{w_t\}_{t=0}^{\infty}$，并选择或有计划 $\{N_t\}_{t=0}^{\infty}$，以使

$$E_0\sum_{t=0}^{\infty}\beta^t\left\{f_0+(f_1+\theta_t)N_t-\frac{f_2}{2}N_t^2-w_tN_t\right\}$$

最大化。厂商问题的一阶条件是

$$w_t=f_1-f_2N_t+\theta_t\tag{7.4.3}$$

我们可将其看成劳动力存量的反需求函数。

代表性家庭选择或有计划 $\{n_t,N_{t+4}\}_{t=0}^{\infty}$，以使

$$E_0\sum_{t=0}^{\infty}\beta^t\left\{w_tN_t-\frac{d}{2}n_t^2\right\}\tag{7.4.4}$$

最大化，并且满足（7.4.1）式以及对于 $t=0,1,2,3$ 关于 N_t 的给定值的初始条件。为了

推导这个问题的一阶条件，首先注意到（7.4.1）式意味着对于 $j\geqslant 4$，

$$N_{t+j}=\delta^{j-3}N_{t+1}+\delta^{j-4}n_t+\delta^{j-3}n_{t+1}+\cdots+\delta n_{t+j-5}+n_{t+j-4} \tag{7.4.5}$$

所以

$$\frac{\partial\sum_{j=0}^{\infty}\beta^j w_{t+j}N_{t+j}}{\partial n_t}=\beta^4\sum_{j=0}^{\infty}(\beta\delta)^j w_{t+j+4}$$

由此可得，满足（7.4.1）式使（7.4.4）式最大化的一阶条件是

$$n_t=d^{-1}E_t\beta^4\sum_{j=0}^{\infty}(\beta\delta)^j w_{t+j+4},\quad t\geqslant 0 \tag{7.4.6}$$

我们可将（7.4.6）式看成获得受教育技术的新进入者的供给曲线。它将受教育的新进入者的供给 n_t 表述成了期望工资现值的线性函数。

理性预期均衡是一种随机过程 $\{w_t,N_t,n_t\}$，满足（a）给定 w_t 过程，N_t、n_t 可求解家庭问题，（b）给定 w_t 过程，N_t 可求解厂商问题。很明显，理性预期均衡也可以刻画如下 $\{w_t,N_t,n_t\}$ 过程，此过程使劳动力需求［方程（7.4.3）］等于劳动力供给［方程（7.4.5）及（7.4.6）］。

为在递归竞争性均衡中系统表述厂商和家庭问题，我们可以猜测上述提及的影子工资 $\widetilde{w}_t$ 等于竞争性均衡工资。然后，我们面对带有外生工资的家庭，此外生工资由关于 w_t 的随机过程所控制，而 w_t 则由状态空间表示式

$$\widetilde{X}_{t+1}=(\widetilde{A}-\widetilde{B}\widetilde{F})\widetilde{X}_t+\widetilde{C}\varepsilon_{t+1}$$
$$w_t=S_w\widetilde{X}_t$$

刻画。

7.5 均衡职业选择

现在举另一个递归竞争性均衡的例子，我们系统阐述专注于职业选择的罗森受教育模型的改进形式。[①] 像上一节的模型一样，这个模型聚焦于通过时间构建技术获取人力资本的成本。投资于各个职业的时间会有所不同。

单一商品的产出量是通过以下生产函数来生产的：

$$Y_t=f_0+f_1\begin{bmatrix}U_t\\S_t\end{bmatrix}-\begin{bmatrix}U_t\\S_t\end{bmatrix}'f_2\begin{bmatrix}U_t\\S_t\end{bmatrix} \tag{7.5.1}$$

其中 U_t 表示熟练劳动力的存量，S_t 表示非熟练劳动力的存量，f_2 表示半正定矩阵，参数化体现熟练和非熟练劳动力是不是生产中的补充或替代品。这两种形式的劳动力的存量

① 这方面的应用请参看 Siow（1984），Ryoo and Rosen（2004）。

根据下面的运动规律进行演变：

$$U_{t+1}=\delta_U U_t+n_{U_t}$$
$$S_{t+1}=\delta_S S_t+n_{S_{t-2}} \tag{7.5.2}$$

其中加入的两种类型的劳动力的流量服从

$$n_{U_t}+n_{S_t}=n_t \tag{7.5.3}$$

的限制，其中 n_t 表示进入劳动力市场的新进入者的外生流，这服从随机过程

$$n_{t+1}=\mu_n(1-\rho)+\rho n_t+\sigma_n\varepsilon_{t+1} \tag{7.5.4}$$

其中 ε_{t+1} 是独立同分布的标量随机过程，它的 $t+1$ 时的分量的分布服从 $N(0,1)$。方程 (7.5.2)、(7.5.3)、(7.5.4) 表示了将新进入者 n_t 转变为非熟练劳动力存量（这需要等待一个时期）以及熟练劳动力存量（这需要等待三个时期）的一个时间构建和教育技术。熟练劳动力与非熟练劳动力存量会发生折旧，比如说分别以 $1-\delta_S$ 、$1-\delta_U$ 的比率死亡或退休，其中 $\delta_S\in(0,1)$，$\delta_U\in(0,1)$。此外，我们假定将新工人（或“学生”）培训成熟练工人的产出成本是 $\frac{e}{2}n_{St}^2$ 。

□ 7.5.1 计划问题

我们从计划问题开始讨论，然后构建竞争性均衡。给定初始条件（$U_0, S_0, n_{S,-1}, n_{S,-2}, n_0$），计划者选择 n_{St} 和 n_{Ut} ，以使

$$E_0\sum_{t=0}^{\infty}\beta^t\left\{f_0+f_1\begin{bmatrix}U_t\\S_t\end{bmatrix}-0.5\begin{bmatrix}U_t\\S_t\end{bmatrix}' f_2\begin{bmatrix}U_t\\S_t\end{bmatrix}-\frac{e}{2}n_{St}^2\right\} \tag{7.5.5}$$

最大化，且满足（7.5.2）式、（7.5.3）式和（7.5.4）式。这是随机折现的最优线性调节器问题。将状态定义为 $X_t=[U_t \quad S_t \quad 1 \quad n_{S,t-1} \quad n_{S,t-2} \quad n_t]$，将控制定义为 n_{St} 。最优决策规则具有 $n_{St}=-FX_t$ 的形式，在最优决策下状态的运动规律为

$$X_{t+1}=(A-BF)X_t+C\varepsilon_{t+1} \tag{7.5.6}$$

将影子工资定义为

$$\begin{bmatrix}\widetilde{w}_{Ut}\\\widetilde{w}_{St}\end{bmatrix}=f_1-f_2\begin{bmatrix}U_t\\S_t\end{bmatrix}\equiv\begin{bmatrix}S_U\\S_S\end{bmatrix}X_t \tag{7.5.7}$$

其中 S_U 与 S_S 是适当的选择器向量。很明显，受教育并成为非熟练工人的期望现值是

$$E_t\beta\sum_{j=0}^{\infty}(\beta\delta_U)^{j-1}\widetilde{w}_{U,t+j}=\beta S_U[I-(A-BF)\beta\delta_U]^{-1}(A-BF)X_t$$

以及受教育并成为熟练工人的期望现值是

$$E_t\beta^3\sum_{j=3}^{\infty}(\beta\delta_S)^{j-3}\widetilde{w}_{S,t+j}=\beta^3 S_S[I-(A-BF)\beta\delta_S]^{-1}(A-BF)^3X_t$$

□ 7.5.2 分散化

我们可通过求出递归竞争性均衡来分散规划问题，这里递归竞争性均衡的配置匹配了与计划问题有关的资源。竞争性厂商在每一时期以竞争性工资 w_{St} 和 w_{Ut} 雇用一定存量的熟练工人和非熟练工人。当那些工资已知的时候，该问题就是选择 S_t 和 U_t，使

$$E_0\sum_{t=0}^{\infty}\beta^t\left\{f_0+f_1\begin{bmatrix}U_t\\S_t\end{bmatrix}-0.5\begin{bmatrix}U_t\\S_t\end{bmatrix}'f_2\begin{bmatrix}U_t\\S_t\end{bmatrix}-w_{Ut}U_t-w_{St}S_t\right\} \tag{7.5.8}$$

最大化。注意，这个问题如果缺少跨期联系，就会成为一系列静态问题。厂商不必知道工资的运动规律。厂商会使每种类型劳动力的边际产品等于此类型的工资。

作为价格接受者，代表性家庭面对工资 $\{w_{St},w_{Ut}\}$，并选择或有计划 $\{n_{St},U_{t+1},S_{t+1}\}_{t=0}^{\infty}$，使

$$E_0\sum_{t=0}^{\infty}\beta^t\left\{w_{Ut}U_t+w_{st}S_t-\frac{e}{2}n_{St}^2\right\} \tag{7.5.9}$$

最大化，且满足 w_{Ut} 和 w_{St} 的感知运动规律

$$\begin{aligned}\begin{bmatrix}w_{Ut}\\w_{St}\end{bmatrix}&=U_w\widetilde{X}_t\\ \widetilde{X}_{t+1}&=\widetilde{A}\widetilde{X}_t+\widetilde{C}\varepsilon_{t+1}\end{aligned} \tag{7.5.10}$$

以及（7.5.2）式和（7.5.3）式。根据（7.5.9）式，家庭在 n_{Ut} 和 n_{St} 之间配置 n_t，以使两种劳动力类型的期望收入现值减去"调整成本"$\frac{e}{2}n_{St}^2$ 的现值最大化。代表性家庭所面对的状态向量是 $[U_t\quad S_t\quad \widetilde{X}_t]$，其中 $\widetilde{X}_t$ 的维数与 X_t 相当；$\widetilde{A}X+C\varepsilon$ 是 $\widetilde{X}$ 的感知运动规律。在递归竞争性均衡中，可以证明 $\widetilde{A}=A-BF$，其中 $A-BF$ 表示从计划问题获得的最优运动规律。

沿着肖（Siow，1984）和罗森的思想，研究 $e=0$ 的特殊情况是十分有趣的。此处竞争性均衡刻画了如下结果：

$$\beta E_t\sum_{j=1}^{\infty}(\beta\delta_U)^j w_{U,t+j}=E_t\beta^3\sum_{j=3}^{\infty}(\beta\delta_S)^{j-3}w_{S,t+j} \tag{7.5.11}$$

这个条件表明，家庭对新进入者进行配置，以使各个不同职业所赚得的工资现值相等，这样的计算要考虑到某些职业培训比其他职业培训需要更长时间。竞争性均衡的运动规律会对两个职业的工资现值进行调整，使其相等。

7.6 马尔可夫完美均衡

考虑动态的双寡头模型是有益的。现在我们假设市场中有两个厂商。每个厂商都意识到了它的产出决策将会影响到总产出，从而影响市场价格。也就是说，我们放宽关于

价格接受行为的假设。[①] 厂商 i 的单期收益函数是

$$R_{it}=p_t y_{it}-0.5d(y_{it+1}-y_{it})^2 \tag{7.6.1}$$

存在一个需求函数

$$p_t=A_0-A_1(y_{1t}+y_{2t}) \tag{7.6.2}$$

将需求函数代入方程（7.6.1）中，我们可以把收益函数表示为

$$R_{it}=A_0 y_{it}-A_1 y_{it}^2-A_1 y_{it} y_{-i,t}-0.5d(y_{it+1}-y_{it})^2 \tag{7.6.3}$$

其中 $y_{-i,t}$ 表示除了厂商 i 之外的其他厂商的产出。厂商 i 选择了一个决策规则，使得 y_{it+1} 作为（y_{it}，$y_{-i,t}$）的函数，并且最大化

$$\sum_{t=0}^{\infty}\beta^t R_{it}$$

暂时假定最大化决策规则是 $y_{it+1}=f_i(y_{it},y_{-i,t})$。

给定函数 f_{-i}，厂商 i 的贝尔曼方程是

$$v_i(y_{it},y_{-i,t})=\max_{y_{it+1}}\{R_{it}+\beta v_i(y_{it+1},y_{-i,t+1})\} \tag{7.6.4}$$

其中的最大化满足其他厂商的感知决策规则

$$y_{-i,t+1}=f_{-i}(y_{-i,t},y_{it}) \tag{7.6.5}$$

对于 $i=1,2$，注意两个问题间的交叉影响。我们给出下面的定义：

定义：马尔可夫完美均衡由满足下列条件的一对值函数 v_i 和一对策略函数 $f_i(i=1,2)$ 构成：

a. 给定 f_{-i}，v_i 满足贝尔曼方程（7.6.4）。

b. 策略函数 f_i 满足贝尔曼方程（7.6.4）的右端。

马尔可夫作为限定词表明，均衡决策规则只取决于状态变量 y_{it} 的当前值，而不取决于其历史值。完美的意思是均衡由逆向归纳所构建，因而是建立在每个厂商的关于所有可能的将来状态的最优行为之上的，其中包括很多在向前迭代均衡策略 f_i 对的过程中没有被意识到的状态。

□ 7.6.1 计算

如果存在马尔可夫完美均衡，则可通过迭代贝尔曼方程（7.6.4）直至收敛来计算它。特别地，记 v_i^j 和 f_i^j 为厂商 i 在第 j 期迭代中的值函数和策略函数。于是可按照如下设想来构造迭代方程：

$$v_i^{j+1}(y_{it},y_{-i,t})=\max_{y_{i,t+1}}\{R_{it}+\beta v_i^j(y_{it+1},y_{-i,t+1})\} \tag{7.6.6}$$

---

① 偏离价格接受框架的一个后果是市场产出不再是由消费者剩余和生产者剩余之和表示的最大化福利。参看练习 7.4 中的垄断情形。

其中最大化满足

$$y_{-i,t+1}=f_{-i}^{j}(y_{-i,t},y_{it}) \tag{7.6.7}$$

一般来说，上述迭代是很困难的。[①] 在下一节中，我们将描述在报酬函数为二次函数、转移规律是线性方程的情况下计算是怎样被简化的。

7.7 线性马尔可夫完美均衡

在这一节中，我们将说明最优线性调节器是怎样被用来求解前一节所介绍的模型的。应该考察的模型是动态博弈的例子。动态博弈由三个要素组成：(a) 一组参与人；(b) 一系列时间和每个参与人在每个时间上可以采取的行动；(c) 每个参与人的所得，它可表示为所有参与人的行动的函数。

最优线性调节器是概括和求解动态博弈问题的一个有用的工具。在这些博弈中的标准均衡概念——子博弈完美均衡——要求每个参与人的策略通过逆向归纳来获得。这会得到一对相互联系的贝尔曼方程。在线性二次动态博弈中，这些“堆栈式贝尔曼方程”变成了有着易处理的数学结构的“堆栈式黎卡提方程”。

现在我们考虑以下具有两个参与人的线性二次动态博弈。一个$n\times 1$的状态向量x_t依照下列转移方程变化：

$$x_{t+1}=A_t x_t+B_{1t}u_{1t}+B_{2t}u_{2t} \tag{7.7.1}$$

其中u_{jt}表示参与人j的$k_j\times 1$的控制向量。我们从一个有限期的公式开始，其中t_0是初始时间，t_1是终结时间，并且两个参与人具有相同的时间界限。参与人 1 最大化

$$-\sum_{t=t_0}^{t_1-1}(x_t^T R_1 x_t+u_{1t}^T Q_1 u_{1t}+u_{2t}^T S_1 u_{2t}) \tag{7.7.2}$$

其中R_1和S_1是半正定的，而Q_1是正定的。参与人 2 最大化

$$-\sum_{t=t_0}^{t_1-1}(x_t^T R_2 x_t+u_{2t}^T Q_2 u_{2t}+u_{1t}^T S_2 u_{1t}) \tag{7.7.3}$$

其中R_2和S_2是半正定的，而Q_2是正定的。

我们用下列公式表示马尔可夫完美均衡。参与人j应用线性决策规则

$$u_{jt}=-F_{jt}x_t,\quad t=t_0,\cdots,t_1-1$$

其中F_{jt}表示$k_j\times n$的矩阵。假定参与人i知道$\{F_{-i,t};t=t_0,\cdots,t_1-1\}$，则参与人 1 的问题是在已知运动规律（7.7.1）和参与人 2 的控制规则$u_{2t}=-F_{2t}x_t$的条件下最大化表达式（7.7.2）。对称地，参与人 2 的问题是在方程（7.7.1）和$u_{1t}=-F_{1t}x_t$的约束下最大

① 参看 Levhari and Mirman（1980），其中阐述了在对数收益和柯布-道格拉斯转移规律情形中马尔可夫完美均衡是如何被方便快捷地计算的。莱维里（Levhari）和米尔曼构建了一个鱼和渔夫的模型。

化表达式（7.7.3）。一个马尔可夫完美均衡是序列对 $\{F_{1t}, F_{2t}; t=t_0, t_0+1, \cdots, t_1-1\}$，其中，给定$\{F_{2t}\}$，$\{F_{1t}\}$解决参与人 1 的问题；给定 $\{F_{1t}\}$，$\{F_{2t}\}$ 解决参与人 2 的问题。我们已经限定每个参与人的策略只依赖于 x_t，而不依赖于历史值 $h_t=\{(x_s, u_{1s}, u_{2s}), s=t_0, \cdots, t\}$。策略空间的此约束解释了“马尔可夫完美均衡”中的限定词“马尔可夫”的含义。

参与人 1 的问题是最大化

$$-\sum_{t=t_0}^{t_1-1}\left[x_t^T(R_1+F_{2t}^T S_1 F_{2t})x_t+u_{1t}^T Q_1 u_{1t}\right]$$

约束条件为

$$x_{t+1}=(A_t-B_{2t}F_{2t})x_t+B_{1t}u_{1t}$$

这是最优线性调节器问题，可通过逆向推导求解。很明显，参与人 2 的问题也是最优线性调节器问题。

参与人 1 的问题的解由下式给出：

$$F_{1t}=(B_{1t}^T P_{1t+1}B_{1t}+Q_1)^{-1}B_{1t}^T P_{1t+1}(A_t-B_{2t}F_{2t}) \qquad (7.7.4)$$
$$t=t_0, t_0+1, \cdots, t_1-1$$

其中 P_{1t}是以下矩阵黎卡提差分方程的解，终结条件为 $P_{1t_1}=0$：

$$\begin{aligned}P_{1t}=&(A_t-B_{2t}F_{2t})^T P_{1t+1}(A_t-B_{2t}F_{2t})+(R_1+F_{2t}^T S_1 F_{2t})\\&-(A_t-B_{2t}F_{2t})^T P_{1t+1}B_{1t}(B_{1t}^T P_{1t+1}B_{1t}\\&+Q_1)^{-1}B_{1t}^T P_{1t+1}(A_t-B_{2t}F_{2t})\end{aligned} \qquad (7.7.5)$$

参与人 2 的问题的解是

$$F_{2t}=(B_{2t}^T P_{2t+1}B_{2t}+Q_2)^{-1}B_{2t}^T P_{2t+1}(A_t-B_{1t}F_{1t}) \qquad (7.7.6)$$

其中 P_{2t}是以下矩阵黎卡提差分方程的解，终结条件为 $P_{2t_1}=0$：

$$\begin{aligned}P_{2t}=&(A_t-B_{1t}F_{1t})^T P_{2t+1}(A_t-B_{1t}F_{1t})+(R_2+F_{1t}^T S_2 F_{1t})\\&-(A_t-B_{1t}F_{1t})^T P_{2t+1}B_{2t}(B_{2t}^T P_{2t+1}B_{2t}\\&+Q_2)^{-1}B_{2t}^T P_{2t+1}(A_t-B_{1t}F_{1t})\end{aligned} \qquad (7.7.7)$$

均衡序列$\{F_{1t}, F_{2t}; t=t_0, t_0+1, \cdots, t_1-1\}$ 可以从黎卡提差分方程（7.7.5）和方程（7.7.7）中求解出来。特别地，我们使用方程(7.7.4)、方程(7.7.5)、方程(7.7.6)和方程(7.7.7)，从 t_1-1 开始“逆向推导”。注意，对于给定的 P_{1t+1}和 P_{2t+1}，方程（7.7.4）和方程（7.7.6）是 $(k_2\times n)+(k_1\times n)$ 元线性方程，而在矩阵 F_{1t}和 F_{2t}中恰有 $(k_2\times n)+(k_1\times n)$ 个元素是未知的。

注意，j 的控制规则 F_{jt}是关于 $\{F_{is}, s\geqslant t, i\neq j\}$的函数。因而，个体 i 关于 $\{F_{it}; t=t_0, \cdots, t_1-1\}$ 的选择影响了个体 j 对控制规则的选择。然而，在此博弈的马尔可夫完美

均衡中，假定每个个体可忽略其选择对其他个体的影响。[①]

我们经常需要计算此博弈在无限期情形下的解，希望决策规则 F_{it} 在 $t_1 \to +\infty$ 时是时不变的。在实际应用中，我们经常通过固定 t_1 并且令 $t_0 \to -\infty$ 来导出无限期博弈的均衡。贾德在下面的例子中运用了此方法。

□ 7.7.1　一个例子

本节介绍由贾德（1990）提出的无限期的线性二次博弈的马尔可夫完美均衡。均衡是借助于将两个厂商的选择问题所定义的黎卡提方程迭代直至收敛而计算出来的。每个厂商求解给定其他参与人的线性决策规则序列条件下的线性二次最优化问题。厂商设置两种商品的价格和产量，这两种商品是通过它们的需求曲线相互关联的。不存在不确定性。相关变量的定义如下：

I_{it} =厂商 i 在 t 时期的期初存货。

q_{it} =厂商 i 在 t 时期的产出。

p_{it} =厂商 i 在 t 时期所索要的价格。

S_{it} =厂商 i 在 t 时期的销售量。

E_{it} =厂商 i 在 t 时期的生产成本。

C_{it} =厂商 i 在 t 时期贮存存货的成本。

厂商的成本函数是

$$C_{it} = c_{i1} + c_{i2} I_{it} + 0.5 c_{i3} I_{it}^2$$
$$E_{it} = e_{i1} + e_{i2} q_{it} + 0.5 e_{i3} q_{it}^2$$

其中 e_{ij} 、c_{ij} 表示正的标量。

存货满足运动规律

$$I_{i,t+1} = (1-\delta) I_{it} + q_{it} - S_{it}$$

需求由以下线性规则表示：

$$S_t = d p_{it} + B$$

其中 $S_t = [S_{1t} \quad S_{2t}]'$，$d$ 是 2×2 的负定矩阵，B 是常数向量。厂商 i 最大化无折现的利润总和

$$\lim_{T\to\infty} \frac{1}{T} \sum_{t=0}^{T} (p_{it} S_{it} - E_{it} - C_{it})$$

此最大化是通过选择具有如下形式的关于价格和产量的决策规则来达到的：

$$u_{it} = -F_i x_t$$

其中 $u_{it} = [p_{it} \ q_{it}]'$，而状态是 $x_t = [I_{1t} \ I_{2t}]$。

在有关本书的网站中，我们提供了一个 Matlab 程序 nnash. m，此程序可以求解线性

① 在斯塔克尔伯格或者占优参与人博弈的均衡中，因为移动的时间选择是相对于当前博弈而变动的，所以其中的一个参与人作为领导者需要考虑他的选择对其他参与人选择的影响。参看第 19 章。

二次动态博弈的马尔可夫完美均衡，其中博弈者 i 最大化

$$-\sum_{t=0}^{\infty}\{x'_t r_i x_t + 2x'_t w_i u_{it} + u'_{it} q_i u_{it} + u'_{jt} s_i u_{jt} + 2u'_{jt} m_i u_{it}\}$$

约束为运动规律

$$x_{t+1}=ax_t+b_1 u_{1t}+b_2 u_{2t}$$

以及关于其他参与人的控制规则 $u_{jt}=-f_j x_t$；这里 a 是 $n\times n$ 的矩阵；b_1 是$n\times k_1$的矩阵；b_2 是 $n\times k_2$ 的矩阵；r_1 是 $n\times n$ 的矩阵；r_2 是 $n\times n$ 的矩阵；q_1 是 $k_1\times k_1$ 的矩阵；q_2 是 $k_2\times k_2$ 的矩阵；s_1 是 $k_2\times k_2$ 的矩阵；s_2 是 $k_1\times k_1$ 的矩阵；w_1 是 $n\times k_1$ 的矩阵；w_2 是 $n\times k_2$ 的矩阵；m_1 是 $k_2\times k_1$ 的矩阵；m_2 是 $k_1\times k_2$ 的矩阵。贾德模型的均衡可以通过适当地填充矩阵而计算出来。在 Matlab 指南中，judd. m 使用 nnash. m 来计算此均衡。

7.8 结束语

这一章介绍了两个均衡概念，并且阐明了动态规划的算法是怎样被嵌入每个均衡概念中去的。在我们所列举的线性模型中，动态规划问题转化成了最优线性调节器问题，从而即使对于较大的状态空间也易于计算均衡。我们选择微观经济学比宏观经济学应用得多的局部均衡框架来定义这些均衡概念。在下一章中，我们使用递归均衡概念来分析一个禀赋经济中的一般均衡。那一框架是讨论各种宏观问题时的一个自然出发点。

7.9 练习

下列问题的目的是想要使大家知道：（1）把问题转化为递归形式，（2）区分不同的均衡概念，（3）使用 Matlab。计算机程序可以从有关本书的网站上下载。[①]

7.1 竞争性厂商

竞争性厂商寻求最大化

$$\sum_{t=0}^{\infty}\beta^t R_t \tag{1}$$

其中 $\beta\in(0,1)$，并且 t 时刻的收入 R_t 是

$$R_t=p_t y_t-0.5d(y_{t+1}-y_t)^2,\ d>0 \tag{2}$$

其中 p_t 表示产出的价格，y_t 表示 t 时刻厂商的产出。这里的 $0.5d(y_{t+1}-y_t)^2$ 度量厂商调整其产出率的成本。厂商从一个给定的初始产出水平 y_0 开始。价格取决于市场需求

① 网址是 https：//files. nyu. edu/ts43/public/books. html。

曲线

$$p_t=A_0-A_1Y_t,A_0,A_1>0 \tag{3}$$

其中 Y_t 表示市场的产出水平，厂商把它作为外生变量，并且厂商相信 Y_t 满足运动规律

$$Y_{t+1}=H_0+H_1Y_t \tag{4}$$

Y_0 表示固定的初始状态。

a. 用公式表示厂商问题的贝尔曼方程。

b. 用公式将此厂商问题表示为最优线性调节器问题。注意描述所有必要要素。此厂商问题的状态向量是什么？

c. 对于以下参数值，$A_0=100$，$A_1=0.05$，$\beta=0.95$，$d=10$，$H_0=95.5$ 以及 $H_1=0.95$，使用 Matlab 程序 olrp. m 来求解厂商的问题。将厂商问题的解表达为

$$y_{t+1}=h_0+h_1y_t+h_2Y_t \tag{5}$$

并给出 h_j 的值。

d. 如果存在 n 个相同的竞争性厂商，它们的行为都满足方程（5），则方程（5）对于市场供给 Y 的实际运动规律（4）意味着什么？

e. 用公式表示厂商问题的欧拉方程。

7.2　理性预期

现在假定问题 1 中的厂商是“具有代表性的”。我们可以通过令$n=1$来贯彻此观点。在均衡中，我们将要求 $y_t=Y_t$，但我们不想在厂商处于最优过程时强加此条件（因为我们想要保持行为的竞争性）。把理性预期均衡定义为数组(H_0,H_1)，使得如果代表性厂商解决了问题 1 中属于它的问题，则由方程（5）给出的厂商的最优行动意味着 $y_t=Y_t(\forall t\geqslant 0)$。

a. 使用你为练习 7.1 编写的程序来确定以下哪一个数组（H_0,H_1）是理性预期均衡：（ⅰ）(94.088 8，0.921 1)；（ⅱ）(93.22，0.943 3)；（ⅲ）(95.081 874 592 150 24，0.952 459 062 703 92)。

b. 描述一个迭代算法，此算法可使用你为练习 7.1 编写的程序来计算理性预期均衡。(并不是要求你必须实际使用这里所建议的算法。)

7.3　福利最大化

计划者寻求最大化福利标准

$$\sum_{t=0}^{\infty}\beta^tS_t \tag{1}$$

其中 S_t 是“消费者剩余加上生产者剩余”，定义为

$$S_t=S(Y_t,Y_{t+1})=\int_0^{Y_t}(A_0-A_1x)\mathrm{d}x-0.5d(Y_{t+1}-Y_t)^2$$

a. 用公式表示计划者的贝尔曼方程。

b. 用公式将计划者问题表示为最优线性调节器问题，并且使用 Matlab 程序 olrp. m 来求解它。将解以 $Y_{t+1}=s_0+s_1Y_t$ 的形式表示出来。

c. 比较你在 b 中得出的答案和你在练习 7.2 的 a 中得出的答案。

7.4　垄断

一个垄断者面临产业需求曲线（3）并且选择 Y_t 以最大化 $\sum_{t=0}^{\infty}\beta^t R_t$，其中 $R_t=p_tY_t-0.5d(Y_{t+1}-Y_t)^2$，并且 Y_0 是给定的。

a. 用公式表示厂商的贝尔曼方程。

b. 对于练习 7.1 中列出的参数值，用 olrp. m 来求解厂商的问题。

c. 将 b 中得到的答案和练习 7.3 的 b 中得到的答案进行比较。

7.5　双寡头垄断

一个产业由两个厂商所组成，这两个厂商共同面临产业范围的逆向需求曲线 $p_t=A_0-A_1Y_t$，其中 $Y_t=y_{1t}+y_{2t}$。厂商 $i(i=1,2)$最大化

$$\sum_{t=0}^{\infty}\beta^t R_{it} \tag{1}$$

其中 $R_{it}=p_ty_{it}-0.5d(y_{i,t+1}-y_{it})^2$。

a. 定义此产业的马尔可夫完美均衡。

b. 用公式表示每一个厂商的贝尔曼方程。

c. 使用 Matlab 程序 nash. m 来计算出一个均衡，假定参数值如练习 7.1 中所示。

7.6　自我控制

这是关于具有时间不一致偏好的人的模型，此模型是由费尔普斯和波拉克（Phelps and Pollak，1968）提出的，雷伯森（Laibson，1994）曾使用过。① 这类人存活期为 $t=0,\cdots,T$。考虑这类人实际上是由 $T+1$ 个人所组成的，每个人存活一期。每个人是一个不同的个体（也就是说，他们具有不同的效用函数和约束集）。个人 T 的偏好由 $u(c_T)$ 表示，$t<T$ 的个人偏好为

$$u(c_t)+\delta\sum_{j=1}^{T-t}\beta^j u(c_{t+j})$$

其中 $u(\cdot)$关于单个商品的消费是二阶连续可微的、递增的和严格凹的；$\beta\in(0,1)$，并且 $\delta\in(0,1]$。当 $\delta<1$ 时，个人序列的偏好是时间不一致的（也就是说，是非递归的）。在 t 时期，存在一个储蓄技术

$$k_{t+1}+c_t\leqslant f(k_t)$$

其中 f 是生产函数，它满足：$f'>0$，$f''\leqslant 0$。

a. 为上述 $T+1$ 个人定义马尔可夫完美均衡。

b. 证明马尔可夫完美均衡可以通过迭代以下的泛函方程得到：

$$V_{j+1}(k)=\max_c\{u(c)+\beta\delta W_j(k')\}$$
$$W_{j+1}(k)=u[c_{j+1}(k)]+\beta W_j[f(k)-c_{j+1}(k)]$$

其中 $c_{j+1}(k)$ 是第一个方程的右端在 $j+1$ 时期［从 $W_0(k)=u[f(k)]$ 开始］的最大化

① 参看 Gul and Pesendorfer（2000），其中阐述了呈现出诱惑和自我控制的单个个体的偏好的递归表达式。

解。这里 $W_j(k)$ 是给定决策规则 $c_h(k)(h=0,1,\cdots,j)$ 时，$u(c_{T-j})+\beta u(c_{T-j+1})+\cdots+\beta^{T-j}u(c_T)$的值。

c. 说明 0 时刻的个人最优化问题，此人被授予了规定所有后续者的选择的权力。写出此问题的贝尔曼方程。在此问题中，处于 0 时刻的此人拥有“自我控制”的承诺技术。

7.7 均衡搜寻

某经济由先前相同工人的连续统组成，每个工人或者就业，或者失业。工人想要使 $\sum_{t=0}^{\infty}\beta^t y_t$ 的期望值最大化，其中 $\beta\in(0,1)$，同时

$$y_t=\begin{cases} w, & \text{当就业时} \\ c(U), & \text{当失业时}\end{cases}$$

每一时期，失业工人抽取唯一的工资报价，在工资 w 下工作（一直工作到被解雇），工资是从累积分布函数 $F(W)=\text{Prob}(w\leqslant W)$ 中抽取得到的，其中对于 $B>0$，$F(0)=0$，$F(B)=1$。来自 F 的连续不断抽取都是独立同分布的。如果工人接受工作，则他在这个时期赚得 w，并在下一时期开始进入“就业”阶段。在每个时期开始时，每个先前就业的工人都以概率 $\lambda\in(0,1)$ 面临被解雇；以概率 $1-\lambda$ 没有被解雇，并再次接受以前抽取的 w 作为工资。如果工人被解雇了，则工人成为新的失业者，而且和所有其他失业工人具有同样的机会，从累积分布函数 F 中抽取 w。如果失业工人拒绝那个工资报价，则他会得到失业保险金 $c(U)=c[\frac{1}{1+\exp(-6U)}-0.5]$，从而进入下一时期失业。这个 U 表示时期开始时的总失业率。明天的失业率 U^* 是通过以下运动规律

$$U^*=\lambda(1-U)+[1-\phi(U)]U$$

与今天的失业率有关的，其中 $\phi(U)$ 表示这一时期接受工资报价的失业工人比例。

a. 写出失业工人的贝尔曼方程式。

b. 描述失业工人最优决策规则的形式。

c. 描述典型工人最优决策规则如何蕴含着 $\phi(U)$。

d. 定义这个经济环境的递归竞争性均衡。

第8章 完全市场的均衡

8.1 0时刻与序列交易

这一章描述无限期的具有随机禀赋的纯交换经济的竞争性均衡。这些有助于研究风险分散、资产定价和消费。我们描述了两个市场系统：一个有着在0时刻的所有交易都标注了时间的或有权益的完全市场的阿罗-德布鲁结构，以及一个有着单期完全阿罗证券的序列交易结构。这两个结构有不同的资产结构和交易时间，但它们具有相同的消费分配。这两个结构都是作为完全市场经济来研究的，它们比第17章和第18章研究的不完全市场经济以及第20章和第21章研究的不完全执行或不完全信息经济允许更为复杂的风险分散。

8.2 自然框架：偏好和禀赋

在每个时期 $t \geqslant 0$，有一个随机事件的实现 $s_t \in S$。记 t 之前的事件历史为 $s^t = [s_0, s_1, \cdots, s_t]$，观测事件 s^t 的特定序列的无条件概率由概率测度 $\pi_t(s^t)$ 给出。对于 $t > \tau$，我们将以 s^τ 的实现为条件观察 s^t 的概率写成 $\pi_t(s^t \mid s^\tau)$。在这一章中我们假定交易发生在观察 s_0 之后，因此设定对给定的初始值 s_0 有 $\pi_0(s_0) = 1$。①

① 只要交易不是在 s_0 实现之前发生，大多数公式就是有效的，条件是在最初的状态上假设一个非退化的概率分布 $\pi_0(s_0)$。

在 8.9 节中，我们将遵循大多数宏观经济学和计量经济学文献的做法，假定 $\pi_t(s^t)$ 是马尔可夫过程。但是我们一直到 8.9 节前不引入此特殊的假定，因为部分重要的结论并不需要此条件。

假定存在 I 个个体，记为 $i=1,\cdots,I$。个体 i 拥有某一物品的随机禀赋 $y_t^i=(s^t)$ 依赖于历史 s^t。历史 s^t 是公众可以观测到的。家庭 i 购买一个依赖于历史的消费计划 $c^i=\{c_t^i(s^t)\}_{t=0}^{\infty}$。此家庭通过①

$$U(c^i)=\sum_{t=0}^{\infty}\sum_{s^t}\beta^t u[c_t^i(s^t)]\pi_t(s^t) \tag{8.2.1}$$

来确定消费流，其中 $0<\beta<1$。右端等于 $E_0\sum_{t=0}^{\infty}\beta^t u(c_t^i)$，其中 E_0 表示以 s_0 为条件的数学期望算子。这里 $u(c)$ 是关于商品消费 $c\geqslant 0$ 的递增且二阶可微的严格凹函数。效用函数满足稻田（Inada）条件②：

$$\lim_{c\downarrow 0}u'(c)=+\infty$$

注意在假定（8.2.1）式时，我们施加了针对各种不同个体 i 的相同偏好序，这可用具有共同 β、共同效用函数 $u(\cdot)$ 及共同概率分布 $\pi_t(s^t)$ 的折现期望效用来表示。随着我们这一章的继续探索，如果允许 β、$u(\cdot)$ 或 $\pi_t(s^t)$ 依赖于 i，那么就要密切关注其所发挥的作用。

一种可行的分配对所有 t 和 s^t 满足

$$\sum_i c_t^i(s^t)\leqslant\sum_i y_t^i(s^t) \tag{8.2.2}$$

8.3 不同的交易安排

对于一个两事件随机过程 $s_t\in S=\{0,1\}$，图 8.3.1 和图 8.3.2 中的树给出了展示历史 s^t 的演变的两种方式。给定 $s_0=0$，从时刻 0 来看，图 8.3.1 给出了到时刻 3 为止的所有的可能路径。图 8.3.2 给出了到时刻 2 为止经济确实遵循的一条特定的历史路径，以及在此历史之后可能发生的时刻 3 的两种可能的单期后续值。

这一章我们将分别学习图 8.3.1 和图 8.3.2 所对应的两种不同的交易安排。第一种

---

① 在练习 8.13～8.17 中，考虑我们用

$$U^i(c^i)=\sum_{t=0}^{\infty}\sum_{s^t}\beta^t u[c_t^i(s^t)]\pi_t^i(s^t)$$

替换（8.2.1）式的几个例子，其中 $\pi^i(s^t)$ 表示个体 i 的概率分布。布卢姆和伊斯利（Blume and Easley，2006）研究了这样的设置，特别研究了个体的信念最终影响配置和价格的尾部。在这一章的大部分内容中，我们采用大部分宏观经济学中通常使用的假设，即所有个体共享概率。

② 这个稻田条件的作用之一是，使每个个体的消费在每个日期-历史对中都是严格正的。相关作用是在带有阿罗证券序列交易的经济中提供对各个状态的借入限制。

被称为阿罗-德布鲁结构。市场在 0 时刻交易关于所有时刻$t>0$的消费的权益，并且这些权益对直至时刻 t 的历史 s^t 而言是未定的。在这个经济中，在 0 时刻且对于所有的 $t\geqslant 1$，家庭交易在 t 时刻所有结点 s^t 上的商品，在 0 时刻之后就没有交易发生了。另一种经济具有提前一期的状态或有的序列交易，在 $t\geqslant 0$ 的每个时刻都会发生交易。$t+1$ 时刻商品交易的历史 s^{t+1} 只有在特定的 t 时刻的历史 s^t 已经实现后才会出现，如图 8.3.2 所示。可以证明，这两种交易结构支持相同的均衡配置。这些配置的显著性质是它们仅仅是总禀赋实现值 $\sum_{i=1}^{I} y_t^i(s^t)$ 的函数，时不变参数刻画了财富的初始分布。

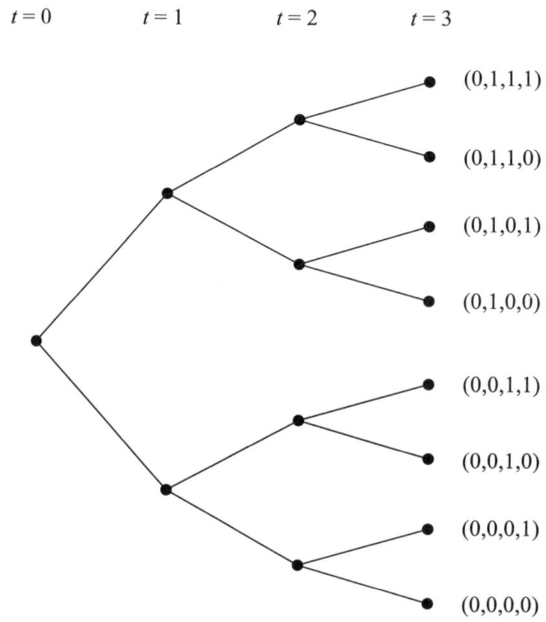

图 8.3.1　两个状态的马尔可夫链的阿罗-德布鲁商品空间。在 0 时刻，存在 $t=3$ 时刻的所有交易可能，$t=3$ 时刻的所有八个结点中的每一个都表明了从 0 时刻的结点开始可能达到的历史

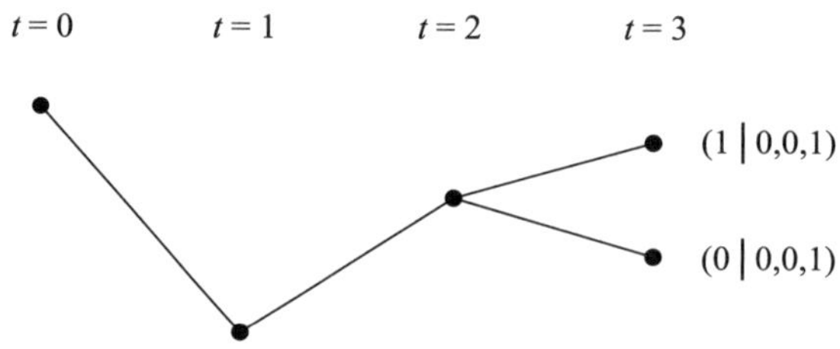

图 8.3.2　带有阿罗证券的商品空间，在 $t=2$ 时刻，仅存在在 $t=3$ 时刻的商品交易，$t=3$ 的结点是从 $t=2$ 实现的历史（0,0,1）出发可达到的

□ 8.3.1　历史依赖性

在交易之前，家庭 i 在 t 时刻的状况依赖于历史 s^t。衡量家庭情况的一个比较自然的指标是$\{y_0^i(s_0), y_1^i(s^1), \cdots, y_t^i(s^t)\}$，很明显，这通常依赖于历史 s^t。本章和第 18 章及第 20 章将产生一个问题：交易之后，家庭在 t 时刻的消费配置是否也依赖于历史。值得注意的是，在这一章的完全竞争市场中，家庭在 t 时刻的消费配置不仅依赖于 t 时刻的总禀赋，而且依赖于刻画 0 时刻财富的初始分布的一些时不变参数。而在第 18 章所讨论的不完全竞争市场和第 20 章具有信息和执行摩擦的市场中，这个结论将被打破，历史依赖性将被引入均衡配置中。

8.4 帕累托问题

作为衡量一个市场经济的配置的基准，我们寻找有效配置。一个配置被称为有效，如果它是帕累托最优的，即具有这样的属性，如果再使得其中某个家庭的境况严格变优，必然有一个家庭的境况变差。我们可以通过虚拟政府计划者的一个帕累托问题来寻求有效配置。计划者对每个消费者的效用赋予一个非负的帕累托权重 λ_i（$i=1,\cdots,I$），选择配置c^i（$i=1,\cdots,I$），在约束条件（8.2.2）下最大化

$$W=\sum_{i=1}^{I}\lambda_i U(c^i) \tag{8.4.1}$$

如果配置对于某些非负的 λ_i 的集能解决这个问题，我们称之为有效的配置。令$\theta_t(s^t)$是在 t 时刻和历史 s^t 下，可行性约束（8.2.2）对应的非负拉格朗日乘子，构造拉格朗日等式：

$$L=\sum_{t=0}^{\infty}\sum_{s^t}\left\{\sum_{i=1}^{I}\lambda_i\beta^t u(c_t^i(s^t))\pi_t(s^t)+\theta_t(s^t)\sum_{i=1}^{I}\left[y_t^i(s^t)-c_t^i(s^t)\right]\right\}$$

在最大化 L 时，关于 $c_t^i(s^t)$ 的一阶条件为

$$\beta^t u'(c_t^i(s^t))\pi_t(s^t)=\lambda_i^{-1}\theta_t(s^t) \tag{8.4.2}$$

它对所有的 i、t、s^t 都成立。将消费者 i 和消费者 1 的（8.4.2）式相比可得

$$\frac{u'(c_t^i(s^t))}{u'(c_t^1(s^t))}=\frac{\lambda_1}{\lambda_i}$$

这意味着

$$c_t^i(s^t)=u'^{-1}(\lambda_i^{-1}\lambda_1 u'(c_t^1(s^t))) \tag{8.4.3}$$

将（8.4.3）式代入可行性条件（8.2.2）可得等价条件

$$\sum_i u'^{-1}(\lambda_i^{-1}\lambda_1 u'(c_t^1(s^t)))=\sum_i y_t^i(s^t) \tag{8.4.4}$$

（8.4.4）式是人们未知的 $c_t^1(s^t)$ 的一个等式。等式（8.4.4）右侧是实际总禀赋，因此其左侧是关于总禀赋的函数。因而，已知 $\{\lambda_j\}_{i=1}^{I}$，$c_t^1(s^t)$ 取决于当前总禀赋的实现，而不是单独地取决于日期 t 或者特定历史 s^t，这会导致总禀赋或个体禀赋横截面分布在 t 时实现。等式（8.4.3）说明对所有的 i，$c_t^i(s^t)$ 仅取决于总禀赋的实现。因此我们有：

命题 1：有效配置是已实现总禀赋的函数，而不是单独地取决于特定历史路径 s^t，这会导致总禀赋或者个体禀赋横截面分布在 t 时实现，即对满足 $\sum_j y_t^j(s^t)=\sum_j y_\tau^j(\tilde{s}^\tau)$ 的 s^t 和 $\tilde{s}^\tau$ 有 $c_t^i(s^t)=c_\tau^i(\tilde{s}^\tau)$ 成立。

为了计算出最优配置，先求解条件（8.4.4）得出 $c_t^1(s^t)$，然后求解条件（8.4.3）得出 $c_t^i(s^t)$。从条件（8.4.3）可知只有帕累托权重之比起作用，因此我们可以标准化权重，使得 $\sum_i \lambda_i=1$。

□ 8.4.1 帕累托权重的时不变性

由（8.4.3）式和（8.4.4）式可知，对消费者 i 指派的配置 $c_t^i(s^t)$ 取决于时不变的总禀赋 $\sum_j y_t^j(s^t)$。消费者 i 的总禀赋份额直接随它的帕累托权重而变化。在第 20 章中，我们可以发现帕累托权重$\{\lambda_j\}_{j=1}^I$随时间不变意味着经济中没有与执行和信息等有关的激励问题。当我们在第 20 章将那些缺点引入环境中时，帕累托权重的时不变性就消失了。

8.5 0 时刻交易：阿罗-德布鲁证券

我们现在来阐述具有阿罗-德布鲁时间选择的竞争性均衡是如何得到最优配置的。家庭交易标注了关于消费的或有权益的日期。存在一个证券的完全集合。交易在 0 时刻发生，并且在 s_0 实现之后发生。在 $t=0$ 时刻，家庭可以交换在历史状态 s^t 下的价格为 $q_t^0(s^t)$的关于 t 时刻的消费的或有权益，以账户的某些单位度量。上标 0 表示交易发生的时期，而下标 t 指的是交割的时期。此家庭的预算约束是

$$\sum_{t=0}^{\infty}\sum_{s^t} q_t^0(s^t)c_t^i(s^t)\leqslant\sum_{t=0}^{\infty}\sum_{s^t} q_t^0(s^t)y_t^i(s^t) \tag{8.5.1}$$

家庭的问题是在不等式(8.5.1)下选择 c^i 来最大化表达式(8.2.1)。

单个预算约束条件（8.5.1）隐含的事实是多边贸易有可能通过一个记录净权益的清算操作来实现。① 所有的交易都发生在 0 时刻。在 0 时刻之后，在 0 时刻所达成的交易被执行，并且没有其他更多的交易发生。

对每个家庭预算约束条件(8.5.1)均设有一个拉格朗日乘子 μ_i，对于所有的 i、t、s^t，我们得到家庭问题的一阶条件：

$$\frac{\partial U(c^i)}{\partial c_t^i(s^t)}=\mu_i q_t^0(s^t) \tag{8.5.2}$$

左端是总效用关于 t 时刻历史 s^t 消费成分的微分。每个家庭都有自己的拉格朗日乘子 μ_i，且独立于时间。对于效用函数（8.2.1）的设定来说，我们得到

① 在现代支付系统的语言中，这是一个关于贸易的净结算而不是总结算的系统。

$$\frac{\partial U(c^i)}{\partial c_t^i(s^t)}=\beta^t u'[c_t^i(s^t)]\pi_t(s^t) \tag{8.5.3}$$

此表达式意味着方程（8.5.2）可以被写为

$$\beta^t u'[c_t^i(s^t)]\pi_t(s^t)=\mu_i q_t^0(s^t) \tag{8.5.4}$$

我们使用以下定义：

定义： 价格体系是一个函数序列 $\{q_t^0(s^t)\}_{t=0}^{\infty}$。一个配置是一个函数序列 $c^i=\{c_t^i(s^t)\}_{t=0}^{\infty}$（对于每个 i）。

定义： 竞争性均衡是一个可行配置和一个价格体系，给定价格体系，该配置是每个家庭问题的最优解。

注意，方程（8.5.4）隐含着

$$\frac{u'[c_t^i(s^t)]}{u'[c_t^j(s^t)]}=\frac{\mu_i}{\mu_j} \tag{8.5.5}$$

对于所有的（i，j）对都成立。因而，个体之间的边际效用比率在所有时间和历史下都是不变的。

一个均衡的配置是方程（8.2.2）、方程（8.5.1）和方程（8.5.5）的解。注意，方程（8.5.5）意味着

$$c_t^i(s^t)=u'^{-1}\left\{u'[c_t^1(s^t)]\frac{\mu_i}{\mu_1}\right\} \tag{8.5.6}$$

将此式代入（8.2.2）式中可得

$$\sum_i u'^{-1}\left\{u'[c_t^1(s^t)]\frac{\mu_i}{\mu_1}\right\}=\sum_i y_t^i(s^t) \tag{8.5.7}$$

方程（8.5.7）的右端是目前总禀赋的实现。因此，方程左端，进而 $c_t^1(s^t)$ 也必然只取决于当前总禀赋以及比值 $\frac{\mu_i}{\mu_1}$。于是，由方程（8.5.6）得，每个时期对于每个 i 的均衡配置 $c_t^i(s^t)$ 都只依赖于当前总禀赋以及 $\frac{\mu_i}{\mu_1}$。我们把此分析总结为以下命题：

命题 2： 竞争性均衡配置是已实现总禀赋的函数，不取决于时间 t 或特定历史，也不取决于禀赋的横截面分布，对于所有历史 s^t 与 $\tilde{s}^\tau$，有 $c_\tau^i(s^t)=c_\tau^i(\tilde{s}^\tau)$，且满足 $\sum_j y_t^j(s^t)=\sum_j y_\tau^j(\tilde{s}^\tau)$。

□ 8.5.1 均衡定价函数

假定 $c^i(i=1,\cdots,I)$ 是一个均衡配置。对于任何 i，边际条件（8.5.2）或条件（8.5.4）可以被认为用于确定价格体系 $q_t^0(s^t)$，其中 $q_t^0(s^t)$ 是分配给家庭 i 的均衡配置函数。但是，为了在计算中充分利用这个事实，我们需要在没有同时计算价格的条件下首先计算出均衡配置的一种方法。正如我们将要看到的，求解计划问题提供了这样做的方便途径。

由于价格体系的单位是任意的，所以在任何正值上价格中的某一个可以被标准化。我们将设 $q_0^0(s_0)=1$，使价格体系处于 0 时刻商品的单位上。这样选择意味着，对于所有 i，$\mu_i=u'[c_0^i(s_0)]$。

□ 8.5.2 均衡配置的最优性

竞争性均衡配置是特殊的帕累托最优配置，设定帕累托权重$\lambda_i=\mu_i^{-1}$，这些权重在乘以一个正的标量之前是唯一的。进一步地，在竞争性均衡配置中，相关计划问题的影子价格 $\theta_t(s^t)$ 等于阿罗-德布鲁竞争性均衡中在 t 时刻历史 s^t 下交割的商品的价格 $q_t^0(s^t)$。计划问题的配置和竞争性均衡一起反映了福利经济学的两个基本定理［参见 Mas-Colell, Whinston and Green (1995)］。第一福利定理表明，竞争性均衡配置是有效的。第二福利定理表明，任何有效配置可以由具有适当初始财富分布的竞争性均衡来支撑。

□ 8.5.3 交易安排的解释

在完全均衡时，一个市场上的所有交易都发生在 $t=0$ 时，而交割发生在 $t=0$ 之后，但不再有更多交易发生。巨大的清算或信用体系在 $t=0$ 时运作。此信用体系确保条件 (8.5.1) 对于每个家庭 i 均成立。一劳永逸且净额结算交易安排的特征是，每个家庭要面对下面的一个预算约束，该预算约束解释所有日期与历史上的交易。

在 8.8 节，我们将阐述另一种形式的交易安排，即带有更多交易日且每个交易日有较少证券的交易。

□ 8.5.4 均衡的计算

为了计算均衡，我们必须先知道如何计算 (8.5.6) 式和 (8.5.7) 式中出现的拉格朗日乘子的比 $\mu_i/\mu_1(i=1,\cdots,I)$。接下来的根岸 (Negishi) 算法实现了这一点。①

(1) 固定某个 μ_i 的正值，比如说 μ_1，猜测其他 μ_i 的某些正值，然后求解 (8.5.6) 式和 (8.5.7) 式得出参考消费配置 $c^i(i=1,\cdots,I)$。

(2) 对每个家庭 i 运用 (8.5.4) 式求解价格体系 $q_t^0(s^t)$。

(3) 对 $i=1,\cdots,I$ 确认预算约束 (8.5.1)。对于消费成本大于禀赋的 i，提高 μ_i；对于那些相反不等式成立的 i，则降低 μ_i。

(4) 继续第 (1) ～ (3) 步进行迭代。

对每个 μ_i 乘以正的标量仅仅改变了价格体系的单位，这就是为什么我们在第 (1) 步开始的时候可以随意标准化。

通常，均衡价格体系与财富分布是相互决定的。连同均衡配置，它们可以求解大量联立方程组。Negishi 算法提供了求解那些方程的一种途径。在应用时，它执行起来会错综复杂。因此，为了简化计算，这一章的大多数例子和练习都是以一种消除均衡价格对财富分布的依赖性的方式对偏好加以设定的。

---

① 参见 Negishi (1960)。

8.6 比较简单的计算算法

下面例子中的偏好设定使我们避免对帕累托权重进行迭代，就如同 Negishi 算法一样。

□ 8.6.1 例 1：风险分担

假定单期效用函数具有常数相对风险厌恶（CRRA）形式

$$u(c)=(1-\gamma)^{-1}c^{1-\gamma},\ \gamma>0$$

方程（8.5.5）意味着

$$[c_t^i(s^t)]^{-\gamma}=[c_t^j(s^t)]^{-\gamma}\frac{\mu_i}{\mu_j}$$

或

$$c_t^i(s^t)=c_t^j(s^t)\left(\frac{\mu_i}{\mu_j}\right)^{-\frac{1}{\gamma}} \tag{8.6.1}$$

方程（8.6.1）表明，t 时刻对不同个体的消费配置的部分是另一个个体的一个固定部分。在一个幂效用函数下，它意味着个体消费和总禀赋或总消费是完全相关的。[①]

分配给每个个体的总禀赋比例是独立于 s^t 的实现值的。因此，存在着广泛的交叉历史和交叉时间消费分担。消费的常数百分比特征来自理论的两个方面：(1) 完全市场，(2) 位似的单期效用函数。

□ 8.6.2 均衡计算的含义

方程（8.6.1）与定价公式（8.5.4）意味着均衡价格向量满足

$$q_t^0(s^t)=\mu_i^{-1}\alpha_i^{-\gamma}\beta^t(\bar{y}_t(s^t))^{-\gamma}\pi_t(s^t) \tag{8.6.2}$$

其中 $c_t^i(s_t)=\alpha_i\bar{y}_t(s^t)$，$\bar{y}_t(s^t)=\sum_i y_t^i(s^t)$，$\alpha_i$ 表示消费者 i 的总禀赋的固定消费份额。我们可以借助于对一个消费者设置 $\mu_i\alpha_i^{-\gamma}$ 为任意正数来标准化价格体系。

会导致方程（8.6.2）的相同的 CRRA 偏好设定允许我们利用下述步骤计算均衡：

（1）利用（8.6.2）式计算均衡价格体系。

（2）利用这个价格体系与消费者 i 的预算约束计算

$$\alpha_i=\frac{\sum_{t=0}^{\infty}\sum_{s^t}q_t^0(s^t)y_t^i(s^t)}{\sum_{t=0}^{\infty}\sum_{s^t}q_t^0(s^t)\bar{y}_t(s^t)}$$

因而，消费者 i 的固定消费份额 α_i 等于其在竞争性均衡价格向量处所拥有的总财富的份额。

---

① 方程（8.6.1）暗示在 t 时刻历史 s^t 条件上的消费 $c_t^i(s^t)$ 独立于 t 时刻历史 s^t 条件上的家庭个人支出 $y_t^i(s^t)$。Mace（1991）、Cochrane（1991）和 Townsend（1994）检验并拒绝了这个条件独立假设的各种形式。在第 20 章中我们将学习怎样用特定的对交易的阻碍来解释这种拒绝。

□ 8.6.3　例 2：没有总的不确定性

在这个例子中，禀赋结构足够简单，以致我们在不假定位似的单期效用函数的条件下可以计算均衡。令随机事件 s^t 在单位区间［0，1］内取值。存在两个家庭，$y_t^1(s^t)=s^t$ 和 $y_t^2(s^t)=1-s^t$。注意，总禀赋 $\sum_i y_t^i(s^t)=1$。公式（8.5.7）意味着 $c_t^1(s^t)$ 是与时间和历史无关的常数，公式（8.5.6）意味着 $c_t^2(s^t)$ 也是常数。因此均衡配置满足 $c_t^i(s^t)=\bar{c}^i(i=1,2)$对所有 t 和 s^t 都成立。从方程（8.5.4）中可得

$$q_t^0(s^t)=\beta^t\pi_t(s^t)\frac{u'(\bar{c}^i)}{\mu_i} \tag{8.6.3}$$

对所有 t 和 $s^t(i=1,2)$ 都成立。家庭 i 的预算约束为

$$\frac{u'(\bar{c}^i)}{\mu_i}\sum_{t=0}^{\infty}\sum_{s^t}\beta^t\pi_t(s^t)[\bar{c}^i-y_t^i(s^t)]=0$$

求解此方程中的 $\bar{c}^i$ 就得出了

$$\bar{c}^i=(1-\beta)\sum_{t=0}^{\infty}\sum_{s^t}\beta^t\pi_t(s^t)y_t^i(s^t) \tag{8.6.4}$$

加总方程（8.6.4）可证 $\bar{c}^1+\bar{c}^2=1$。①

□ 8.6.4　例 3：周期的禀赋过程

考虑先前例子中的特殊情况，其中 s_t 是确定性的，可以取值 0 或 1，$s_0=1$；对所有奇数 t，$s_t=0$，而对所有偶数 t，$s_t=1$。禀赋过程是完美可预测序列，对于第一个厂商此序列是（1,0,1,…），对于第二个厂商此序列是（0,1,0,…）。令 $\tilde{s}^t$ 为（1,0,1,…)一直到 t 时刻的历史值。很明显，$\pi_t(\tilde{s}^t)=1$，并且分配给其他所有一直到 t 时刻的历史值的概率是零。于是，均衡价格体系是

$$q_t^0(s^t)=\begin{cases}\beta^t, & s^t=\tilde{s}^t\\ 0, & \text{其他}\end{cases}$$

当把 0 时刻的商品作为计算标准时，就有 $q_0^0(\bar{s}_0)=1$。从方程（8.6.4）中我们得到

$$\bar{c}^1=(1-\beta)\sum_{j=0}^{\infty}\beta^{2j}=\frac{1}{1+\beta} \tag{8.6.5a}$$

$$\bar{c}^2=(1-\beta)\beta\sum_{j=0}^{\infty}\beta^{2j}=\frac{\beta}{1+\beta} \tag{8.6.5b}$$

---

① 如果我们让 $\beta^{-1}=1+r$，其中 r 可以理解为无风险利率，则注意方程（8.6.4）可以表示为：

$$\bar{c}^i=\left(\frac{r}{1+r}\right)E_0\sum_{t=0}^{\infty}(1+r)^{-t}y_t^i(s^t)$$

因此，方程（8.6.4）是弗里德曼的永久收入模型的一种版本，这种模型表明一个有零金融资产的家庭消费人力财富的年金，这种人力财富被定义为劳动收入［为了现在的目的，我们让它为 $y_t^i(s^t)$］的折现值。当然，在现在这个例子里，家庭完全在时间和历史上平滑了其消费，这是在弗里德曼的模型中的家庭不能做到的。见第 17 章。

因为消费者 1 较早地拥有禀赋，所以相对比较富裕，从而也会在每一期消费得更多。

□ 8.6.5　例 4

在这个例子中，我们假定单期效用函数是$\frac{c^{1-\gamma}}{1-\gamma}$，存在两个消费者 $i=1,2$。对于 $t=0,1$，他们的禀赋是 $y_t^1=y_t^2=0.5$；对于 $t\geqslant 2$，$y_t^1=s_t$，$y_t^2=1-s_t$。状态空间 $s_t=\{0,1\}$，s_t 遵从如下马尔可夫链：对于初始状态，有概率 $\pi(s_0=1)=1$，而且时不变转移概率 $\pi_1(s_1=1|s_0=1)=1$，$\pi_2(s_2=1|s_1=1)=\pi_2(s_2=0|s_1=1)=0.5$，$\pi_t(s_t=1|s_{t-1}=1)=1$，$\pi_t(s_t=0|s_{t-1}=0)=1(t>2)$。这意味着 $\pi_t(1,1,\cdots,1,1,1)=0.5$，$\pi_t(0,0,\cdots,0,1,1)=0.5(t\geqslant 2)$。

我们可以应用 8.6.2 节的方法来计算均衡。对于所有 t 与所有 s^t，总禀赋是 $\bar{y}_t(s^t)=1$。因此，均衡价格向量为 $q_1^0(1,1)=\beta$，$q_2^0(0,1,1)=q_2^0(1,1,1)=0.5\beta^2$，而 $q_t^0(1,1,\cdots,1,1)=q_t^0=(0,0,\cdots,1,1)=0.5\beta^t(t>2)$。运用这些价格计算个体 i 的禀赋值：$\sum_t\sum_{s^t}q_t^0(s^t)y_t^i(s^t)=\sum_t\beta^t 0.5[0.5+0.5+0+\cdots+0]+\sum_t\beta^t 0.5[0.5+0.5+1+\cdots+1]=2\sum_t\beta^t 0.5[0.5+0.5+\cdots+0.5]=0.5\sum_t\beta^t=\frac{0.5}{1-\beta}$。消费者 i 的预算约束在下面的情况下才会得以满足，即对于所有 t 和所有 s^t，消费者在每个时期每个状态的消费为常值：$c_t^i(s^t)=0.5$。

在 8.9.4 节中，我们将使用这个例子中来自阿罗-德布鲁经济的均衡配置形成序列交易经济中的均衡。

8.7　资产定价入门

许多资产定价模型假定完全市场和通过把一项资产细化为一系列的历史或有权益而对其进行定价，以相关的"状态价格紧缩因子"$q_t^0(s^t)$ 来估计序列中每一部分的值，然后将这些值加起来。资产在下面的意义下是多余的，即资产提供了一系列标注日期的历史或有权益，其中的每个组成部分都已经被市场定价了。尽管我们将用第 13 章和第 14 章来讨论资产定价理论，但我们在这一点上提出一些定价公式是十分有用的，它有助于描述完全市场的竞争性结构。

□ 8.7.1　多余资产的定价

令$\{d_t(s^t)\}_{t=0}^{\infty}$为 t 时期历史 s^t 条件下的一组权益，其中 $d_t(s^t)$ 表示 s^t 的可测函数。对这组权益命名的资产的价格一定是

$$p_0^0(s_0)=\sum_{t=0}^{\infty}\sum_{s^t}q_t^0(s^t)d_t(s^t) \tag{8.7.1}$$

如果此方程不被满足，一些人可以通过买入或卖出标注日期的状态或有商品而合成此资产，然后再卖出或买入该资产来获得无界利润。在下面以及后面关于资产定价的第 13 章中我们将详细阐述这种套利观点。

□ 8.7.2 无风险统一公债

举个例子，考虑无风险统一公债（riskless consol）的价格，它是一项每个时期支付1单位消费的资产。对于所有的 t 和 s^t，$d_t(s^t)=1$，此资产的价格是

$$\sum_{t=0}^{\infty}\sum_{s^t} q_t^0(s^t) \tag{8.7.2}$$

□ 8.7.3 无风险带

举另一个例子，考虑关于无风险统一公债的一系列支付带。t 时期的带就是支付过程 d_τ：当 $\tau=t\geqslant 0$ 时，$d_\tau=1$；否则就有 $d_\tau=0$。因此，这个带中的所有者仅获得 t 时期的息票。t 时期的带在0时刻的价值很明显是

$$\sum_{s^t} q_t^0(s^t)$$

将此结果与统一公债的价格（8.7.2）作对比。当然我们可以将 t 时期的无风险带简单看做一个 t 时期零息债券。关于该债券收益的相关模型可以参考第14章附录B。

□ 8.7.4 尾部资产

回到由方程(8.7.1)定价的资产所产生的股息流 $\{d_t(s^t)\}_{t\geqslant 0}$。对于 $\tau\geqslant 1$，假定我们剥离了前 $\tau-1$ 期的股息并且想要得到剩下的股息流 $\{d_t(s^t)\}_{t\geqslant \tau}$ 在0时刻的价值。特别地，我们为特定可能的 s^τ 的实现值寻求此资产的价值。令 $p_\tau^0(s^\tau)$ 为一个实际历史状态为 s^τ 时股息流 $\{d_t(s^t)\}_{t\geqslant \tau}$ 在0时刻的价格：

$$p_\tau^0(s^\tau)=\sum_{t\geqslant \tau}\sum_{s^t|s^\tau} q_t^0(s^t)d_t(s^t) \tag{8.7.3}$$

其中关于 $s^t|s^\tau$ 求和指的是对所有满足 $\tilde{s}^\tau=s^\tau$ 的可能历史 $\tilde{s}^t$ 加总。当价格的单位是0时刻 s_0 状态的商品时，则标准化为 $q_0^0(s_0)=1$。为了把价格转化为 τ 时刻、历史 s^τ 时的消费品，上式除以 $q_\tau^0(s^\tau)$ 得

$$p_\tau^\tau(s^\tau)\equiv\frac{p_\tau^0(s^\tau)}{q_\tau^0(s^\tau)}=\sum_{t\geqslant \tau}\sum_{s^t|s^\tau}\frac{q_t^0(s^t)}{q_\tau^0(s^\tau)}d_t(s^t) \tag{8.7.4}$$

注意①

$$\begin{aligned} q_t^\tau(s^t)\equiv\frac{q_t^0(s^t)}{q_\tau^0(s^\tau)}&=\frac{\beta^t u'[c_t^i(s^t)]\pi_t(s^t)}{\beta^\tau u'[c_\tau^i(s^\tau)]\pi_t(s^\tau)} \\ &=\beta^{t-\tau}\frac{u'[c_t^i(s^t)]}{u'[c_\tau^i(s^\tau)]}\pi_t(s^t|s^\tau) \end{aligned} \tag{8.7.5}$$

其中，$q_t^\tau(s^t)$ 表示日期 τ、历史 s^τ 时的消费品在 t 时刻、历史 s^t 时交割的1单位消费的价格；$\pi_t(s^t|s^\tau)$ 表示以日期 τ 的历史 s^τ 为条件的历史 s^t 的概率。因而，在 τ 时刻、历史 s^τ

① 因为边际条件对所有的消费者都是成立的，此条件对所有的 i 都是成立的。

时“尾部资产”的价格是

$$p_\tau^\tau(s^\tau) = \sum_{t\geqslant\tau}\sum_{s^t|s^\tau} q_t^\tau(s^t)d_t(s^t) \tag{8.7.6}$$

我们使用“尾部资产”定价公式（8.7.6）来创建一个股权价格序列。τ 时刻购买的股权给予所有者得到 τ 时刻之后的股息的权利。我们的公式(8.7.6)给出了以 τ 时刻、历史 s^τ 时的商品的价格为计价标准的资产价格。

□ 8.7.5 单期收益

方程（8.7.5）的单期形式是

$$q_{\tau+1}^\tau(s^{\tau+1})=\beta\frac{u'[c_{\tau+1}^i(s^{\tau+1})]}{u'[c_\tau^i(s^\tau)]}\pi_{\tau+1}(s^{\tau+1}|s^\tau)$$

方程的右端是在 τ 时刻的单期定价核。如果我们想找出 τ 时刻、历史 s^τ 时关于随机支付 $w(s_{\tau+1})$的权益的价格，我们使用

$$p_\tau^\tau(s^\tau) = \sum_{s_{\tau+1}} q_{\tau+1}^\tau(s^{\tau+1})\omega(s_{\tau+1})$$

或者

$$p_\tau^\tau(s^\tau)=E_\tau\left[\beta\frac{u'(c_{\tau+1})}{u'(c_\tau)}\omega(s_{\tau+1})\right] \tag{8.7.7}$$

其中 E_τ 表示条件期望算子。由于方程（8.7.7）对任意的消费者 i 都成立，因此，我们省略了消费的上标 i；我们也把 c_τ 简化为不显式依赖于 s^τ 的形式。

令 $R_{\tau+1}\equiv\omega(s_{\tau+1})/p_\tau^\tau(s^\tau)$为资产的单期总收益。对于任意的资产，方程（8.7.7）意味着

$$1=E_\tau\left[\beta\frac{u'(c_{\tau+1})}{u'(c_\tau)}R_{\tau+1}\right]\equiv E_\tau[m_{\tau+1}R_{\tau+1}] \tag{8.7.8}$$

将 $m_{\tau+1}\equiv\beta u'(c_{\tau+1})/u'(c_\tau)$函数称为随机折现因子。与 $R_{\tau+1}$一样，给定 s^τ，它是关于 $s_{\tau+1}$ 的可测的随机变量。方程（8.7.8）是对收益和 m_{t+1}的条件矩的约束。把迭代期望法则应用到方程（8.7.8）中就得到了无条件矩约束：

$$1=E\left[\beta\frac{u'(c_{\tau+1})}{u'(c_\tau)}R_{\tau+1}\right]\equiv E[m_{\tau+1}R_{\tau+1}] \tag{8.7.9}$$

在第 13 章和第 14 章，我们将给出此方程的更多例子。

在下一节中，我们阐述另外一个市场结构，在此结构中单期定价核$q_{t+1}^t(s^{t+1})$仍旧起着决定性的作用。此结构运用著名的单期“阿罗证券”，单期阿罗证券的序列交易代替了长期权益在 0 时刻的复杂交易。

8.8 序列交易：阿罗证券

这一节描述另一种市场结构，此市场结构保留了均衡配置关键的单期资产定价公式

(8.7.7)。

□ 8.8.1 阿罗证券

我们基于阿罗（1964）的观点，即假如新的单期市场为每个时期的交易重新开放，同时，假如 t 时刻、历史 s^t 的财富得以适当地被指派给每一个个体，则单期的证券足够构建完全市场。因此，在 $t \geqslant 0$ 的每个日期，但只在历史 s^t 确实实现时，交易发生在一组前一时期的状态或有消费的权益上。我们描述了此序列交易经济的一个竞争性均衡。在对前一时期的权益的全排列下，序列交易安排获得了和我们前面所讨论的竞争性均衡相同的配置。

□ 8.8.2 金融财富作为内生状态变量

在建立序列交易安排时，关键步骤是识别作为日期 t 时家庭的值函数的状态的变量。我们借助于采用（阿罗-德布鲁）0 时刻交易结构的均衡配置和价格体系，同时应用猜测-证明法来求出这个状态。我们现在以下述问题开始讨论。在所有交易都发生在 0 时刻的竞争性均衡中，家庭 i 在 t 时刻、历史 s^t 之后但在增加其 t 时刻、历史 s^t 的禀赋 $y_t^i(s^t)$ 之前的隐含持续财富是多少呢？为了回答此问题，在时期 t 以历史 s^t 为条件，我们加总家庭所购买的当前或未来的商品的或有权益并减去其未偿债务。由于历史 s^t 已经实现，所以我们放弃历史 $\tilde{s}^t \neq s^t$ 的未实现的所有权益及债务。家庭 i 在未来时期 $\tau \geqslant t$ 视历史 $\tilde{s}^\tau$（其 t 时刻的部分历史 $\tilde{s}^t = s^t$）而定的商品交割的净权益是 $c_\tau^i(\tilde{s}^\tau) - y_t^i(\tilde{s}^\tau)$。因而，家庭的金融财富或者所有的当前和未来的净权益可依据在日期 t、历史 s^t 时的消费品表示出来，即

$$\Upsilon_t^i(s^t) = \sum_{\tau=t}^{\infty} \sum_{s^\tau | s^t} q_\tau^t(s^\tau)[c_\tau^i(s^\tau) - y_\tau^i(s^\tau)] \tag{8.8.1}$$

注意，可行性约束条件（8.2.2）取等号时意味着

$$\sum_{i=1}^{I} \Upsilon_t^i(s^t) = 0, \forall t, s^t$$

□ 8.8.3 金融财富和非金融财富

将 $\gamma_t^i(s^t)$ 定义为金融财富，而将 $\sum_{\tau=t}^{\infty} \sum_{s^\tau | s^t} q_\tau^t(s^\tau) y_\tau^i(s^\tau)$ 定义为非金融财富。① 依据这些概念，(8.8.1) 式意味着

$$\Upsilon_t^i(s^t) + \sum_{\tau=t}^{\infty} \sum_{s^\tau | s^t} q_\tau^t(s^\tau) y_\tau^i(s^\tau) = \sum_{\tau=t}^{\infty} \sum_{s^\tau | s^t} q_\tau^t(s^\tau) c_\tau^i(s^\tau) \tag{8.8.2}$$

这表明在每个时间与每个历史，金融财富与非金融财富之和等于当前消费及未来消费权益的现值。在 0 时刻，我们对于所有 i，有集合 $\Upsilon_t^i(s^0)=0$。对于 $t>0$，对于各个 i 来说，金融财富 $\Upsilon_t^i(s^t)$通常不为零，但是其和为 0。

① 在一些应用中，金融财富也被称为“非人力财富”，非金融财富也被称为“人力财富”。

□ 8.8.4 重开市场

公式（8.7.5）采用完全市场经济的定价函数形式，此经济中有日期及历史依赖的商品，这些商品的市场被当做在日期 τ、历史 s^τ 处重新开放，从针对最初在 $t=0$ 时所聚集的完全市场经济来说的每个家庭的禀赋与消费流的尾部所隐含的财富水平开始。这样市场可以被认为在日期 τ_1、历史 s^τ 处重新开放。我们将证明下述命题的任务留给读者。

命题 3： 由 0 时刻的阿罗-德布鲁均衡隐含的 t 时刻、历史 s^t 的财富的分布开始，如果市场在历史 s^t 之后的日期 t 重新开放，则没有交易发生。也就是说，给定价格体系（8.7.5），所有家庭选择保持它们的初始消费计划的尾部。

□ 8.8.5 债务限制

在从阿罗-德布鲁经济转向具有序列交易的经济时，我们提出将源自阿罗-德布鲁经济由方程（8.8.2）所计算的均衡尾部财富 $\Upsilon_t^i(s^t)$ 和序列经济中家庭的 t 时刻、历史 s^t 的财富相匹配。但是，我们应先说明一下某些债务限制，作为阿罗-德布鲁经济中 0 时刻时所隐含的预算约束（8.5.1）的特征。在转向序列交易公式时，我们要对资产交易加以限制，以防出现庞氏骗局。我们打算尽可能弱化约束。我们综合了从阿罗-德布鲁经济（含 0 时刻的市场）的均衡配置开始发挥作用的约束，找出某些支撑均衡配置的每个状态债务限制，此均衡配置是在序列交易安排下阿罗-德布鲁经济中所出现的。我们通常将这些最弱的可能债务限制称为“自然债务限制”。这些限制来源于以下常识要求：在每一种可能状态，每一个消费者偿还其状态或有债务，这必须是可行的。连同我们的假设——$c_t^i(s^t)$必须是非负的，可行性要求导致自然债务限制。

令 $q_\tau^t(s^\tau)$为阿罗-德布鲁价格，以 t 时刻、历史 s^t 时的消费品的单位标价。考虑个体 i 在 t 时刻、历史 s^t 时的禀赋序列的尾部价值：

$$A_t^i(s^t) = \sum_{\tau=t}^{\infty}\sum_{s^\tau|s^t} q_\tau^t(s^\tau)\, y_\tau^i(s^\tau) \tag{8.8.3}$$

我们称 $A_t^i(s^t)$为 t 时刻、历史 s^t 下的自然债务限制。假定个体的消费永远是零，这是个体 i 从那个时期开始所能偿还的最大价值。对序列交易来说，我们将要求 $t-1$ 时刻、历史 s^{t-1}时的家庭 i 不承诺超过在明天 s^t 实现的条件下$A_t^i(s^t)$的支付，因为对它们来说偿还更多是不可行的。家庭 i 在 $t-1$ 时刻对明天 s_t 的每个可能的实现面临这个债务限制。

□ 8.8.6 序列交易

对于前一时期的状态或有权益来说，存在一系列市场。在 $t\geqslant 0$ 的每个日期，家庭交易日期 $t+1$ 消费的权益，其支付视 s_{t+1}的实现而定。设 $\tilde{a}_t^i(s^t)$ 是 t 时刻消费的权益，而不是家庭 i 在 t 时刻、历史 s^t 下的 t 时刻的禀赋 $y_t^i(s^t)$。假定 $\tilde{Q}_t(s_{t+1}|s^t)$ 是可给出如下解释的定价核，$\tilde{Q}_t(s_{t+1}|s^t)$ 是视 $t+1$ 时刻 s_{t+1}的实现而定的 $t+1$ 时刻消费的单位的价格。对于 $t\geqslant 0$，此家庭面临着一系列预算约束序列，其中 t 时刻、历史 s^t 的预算约束是

$$\tilde{c}_t^i(s^t) + \sum_{s_{t+1}} \tilde{a}_{t+1}^i(s_{t+1}, s^t)\tilde{Q}_t(s_{t+1}|s^t) \leqslant y_t^i(s^t) + \tilde{a}_t^i(s^t) \tag{8.8.4}$$

在 t 时刻，家庭选择 $\tilde{c}_t^i(s^t)$ 和 $\{\tilde{a}_{t+1}^i(s_{t+1},s^t)\}$，其中 $\{\tilde{a}_{t+1}^i(s_{t+1},s^t)\}$ 是关于 $t+1$ 时消费的权益的向量，存在由 $t+1$ 时刻 s_{t+1} 实现的每一个值组成的向量的一个元素。为了排除庞氏骗局，我们施加各个状态之间的借贷约束

$$-\tilde{a}_{t+1}^i(s^{t+1})\leqslant A_{t+1}^i(s^{t+1}) \tag{8.8.5}$$

其中 $A_{t+1}^i(s^{t+1})$ 由方程（8.8.3）计算。

设 $\eta_t^i(s^t)$ 和 $\upsilon_t^i(s^t;s_{t+1})$ 分别为 t 时刻、历史 s^t 条件下预算约束（8.8.4）与借贷约束（8.8.5）的非负拉格朗日乘子，则对于给定的初始财富 $\tilde{a}_0^i(s_0)$，拉格朗日函数可写为：

$$\begin{aligned} L^i = \sum_{t=0}^{\infty}\sum_{s^t}\{&\beta^t u(\tilde{c}_t^i(s^t))\pi_t(s^t) \\ &+\eta_t^i(s^t)\Big[y_t^i(s^t)+\tilde{a}_t^i(s^t)-\tilde{c}_t^i(s^t)-\sum_{s_{t+1}}\tilde{a}_{t+1}^i(s_{t+1},s^t)\widetilde{Q}_t(s_{t+1}|s^t)\Big] \\ &+\sum_{s_{t+1}}\upsilon_t^i(s^t;s_{t+1})[A_{t+1}^i(s^{t+1})+\tilde{a}_{t+1}^i(s^{t+1})]\} \end{aligned}$$

最大化关于 $\tilde{c}_t^i(s^t)$ 和 $\{\tilde{a}_{t+1}^i(s_{t+1},s^t)\}s_{t+1}$ 的 L^i 的一阶条件为：对于所有 s_{t+1}，t，s^t，有

$$\beta^t u'(\tilde{c}_t^i(s^t))\pi_t(s^t)-\eta_t^i(s^t)=0 \tag{8.8.6a}$$

$$-\eta_t^i(s^t)\widetilde{Q}_t(s_{t+1}|s^t)+\upsilon_t^i(s^t;s_{t+1})+\eta_{t+1}^i(s_{t+1},s^t)=0 \tag{8.8.6b}$$

在此问题的最优解中，自然债务限制（8.8.5）将不构成约束，从而由下面的原因可知所有拉格朗日乘子 $\upsilon_t^i(s^t;s_{t+1})$ 都等于零：如果存在任何导致一个有约束力的自然债务限制的历史 s^{t+1}，则从此之后家庭将不得不将消费设定为零以履行其债务。由于家庭的效用函数满足稻田条件 $\lim_{c\downarrow o}u'(c)=+\infty$，这将意味着所有未来的边际效用是无穷大的。因此，寻找另一种可行配置是容易的，此配置通过推迟早期的消费至这样一种有约束力的限制之后而产生较高的期望效用。

在方程（8.8.6b）中设定 $\upsilon_t^i(s^t;s_{t+1})=0$ 之后，一阶条件意味着如下关于最优选择消费配置的条件：对于所有 s_{t+1}，t，s^t，有

$$\widetilde{Q}_t(s_{t+1}|s^t)=\beta\frac{u'(\tilde{c}_{t+1}^i(s^{t+1}))}{u'(\tilde{c}_t^i(s^t))}\pi_t(s^{t+1}|s^t) \tag{8.8.7}$$

定义：财富分布是满足 $\sum_i \tilde{a}_t^i(s^t)=0$ 的向量 $\vec{a}_t(s^t)=\{\tilde{a}_t^i(s^t)\}_{i=1}^I$。

定义：带有单期阿罗证券的序列交易的竞争性均衡是一个初始财富分布 $\vec{a}_0(s_0)$，一个对于所有 i 和所有 t 满足（8.8.3）式的借入限制集合 $\{A_t^i(s^t)\}$，以及对于所有 s^t 的一个可行配置 $\{\tilde{c}^i\}_{i=1}^I$，以及使得下面两条成立的定价核 $\widetilde{Q}_t(s_{t+1}|s^t)$：

(a) 对于所有 i，给定 $\tilde{a}_0^i(s_0)$，借入限制 $\{A_t^i(s^t)\}$、定价核、消费配置 $\tilde{c}^i$ 是针对所有家庭 i 问题的解；

(b) 对于 $\{s^t\}_{t=0}^{\infty}$ 的所有实现，对于所有 s_{t+1}，家庭的消费配置与隐含投资组合 $\{\tilde{c}_t^i(s^t),\{\tilde{a}_{t+1}^i(s_{t+1},s^t)\}s_{t+1}\}_i$ 满足 $\sum_i\tilde{c}_t^i(s^t)=\sum_i y_t^i(s^t)$，$\sum_i\tilde{a}_{t+1}^i(s_{t+1},s^t)=0$。

此定义让初始财富分布得以公开。我们将对初始财富分布表述更多的内容。

□ 8.8.7 配置的等价性

通过对定价核的形式作一个合适的猜测，很容易证明 0 时刻交易的完全市场的竞争性均衡配置同时也是带有单期阿罗证券（它带有一个特殊的初始财富分布）的序列交易的竞争性均衡配置。因此，从阿罗-德布鲁均衡中把 $q_t^0(s^t)$看做是既定的，并且假设定价核 $\tilde{Q}_t(s_{t+1}|s^t)$ 使得以下的递归成立：

$$q_{t+1}^0(s^{t+1})=\tilde{Q}_t(s_{t+1}|s^t)q_t^0(s^t)$$

或者

$$\tilde{Q}_t(s_{t+1}|s^t)=q_{t+1}^t(s^{t+1}) \tag{8.8.8}$$

其中回顾

$$q_{t+1}^t(s^{t+1})=\frac{q_{t+1}^0(s^{t+1})}{q_t^0(s^t)}$$

令$\{c_t^i(s^t)\}$为阿罗-德布鲁经济中的一个竞争性均衡配置。如果方程（8.8.8）成立，则此分配是一个序列的竞争性均衡配置。为了证明这一结论，从相继两个时期中得到阿罗-德布鲁经济中家庭的一阶条件（8.5.4），并且用其中的一个除以另外一个可得

$$\frac{\beta u'[c_{t+1}^i(s^{t+1})]\pi(s^{t+1}|s^t)}{u'[c_t^i(s^t)]}=\frac{q_{t+1}^0(s^{t+1})}{q_t^0(s^t)}=\tilde{Q}_t(s_{t+1}|s^t) \tag{8.8.9}$$

如果定价核满足方程（8.8.8），此方程就等价于序列竞争性均衡经济的一阶条件（8.8.7）。留待我们来选择的是序列交易均衡的初始财富，因而序列交易竞争性均衡复制了阿罗-德布鲁竞争性均衡配置。

我们猜测序列交易经济的初始财富向量$\vec{a}_0(s_0)$只能取零向量。这是一个自然猜测，因为这意味着每个家庭必须依赖于它自己的禀赋流去“资助”其消费。同样的道理，在阿罗-德布鲁经济中，家庭在 0 时刻为未来购买历史或有权益进行融资时也是受到约束的。为了证明猜测是正确的，我们必须证明这个零初始财富向量使得家庭 i 有资金支付$\{c_t^i(s^t)\}$并且不给任何时期任何历史之后的未来消费的增长留下空间。

证明是依以下的过程进行的：猜测在 $t\geqslant 0$、历史 s^t，对于所有的 s_{t+1}，家庭 i 选择一个由$\tilde{a}_{t+1}^i(s_{t+1},s^t)=\Upsilon_{t+1}^i(s^{t+1})$决定的组合。用 t 时刻、历史 s^t 下的消费品来表示的此组合的价值是

$$\begin{aligned}\sum_{s_{t+1}}\tilde{a}_{t+1}^i(s_{t+1},s^t)\tilde{Q}_t(s_{t+1}|s^t) &= \sum_{s^{t+1}|s^t}\Upsilon_{t+1}^i(s^{t+1})q_{t+1}^t(s^{t+1})\\ &= \sum_{\tau=t+1}^{\infty}\sum_{s^\tau|s^t}q_\tau^t(s^\tau)[c_\tau^i(s^\tau)-y_\tau^i(s^\tau)]\end{aligned} \tag{8.8.10}$$

其中我们运用了（8.8.2）式和（8.8.8）式。[①] 为了证明家庭 i 能够承担得起执行此组合

---

① 我们也使用以下恒等式：

$$q_\tau^{t+1}(s^\tau)q_{t+1}^t(s^{t+1})=\frac{q_\tau^0(s^\tau)}{q_{t+1}^0(s^{t+1})}\frac{q_{t+1}^0(s^{t+1})}{q_t^0(s^t)}=q_\tau^t(s^\tau),\ \tau>t$$

策略的费用，我们现在使用预算约束条件（8.8.4）来推算潜在的消费计划$\{\tilde{c}_\tau^i(s^\tau)\}$。首先，在 $t=0$，$\tilde{a}_0^i(s_0)=0$ 的初始时期，把方程（8.8.10）代入预算约束条件（8.8.4）的等式中，得到

$$\tilde{c}_0^i(s_0)+\sum_{t=1}^{\infty}\sum_{s^t}q_t^0(s^t)[c_t^i(s^t)-y_t^i(s^t)]=y_t^i(s_0)+0$$

此表达式和预算约束条件(8.5.1)取等号意味着 $\tilde{c}_0^i(s_0)=c_0^i(s_0)$。换句话说，所提出的组合是 0 时期可支付的，相应的消费计划和阿罗-德布鲁经济的竞争性均衡中的是一样的。在 $t>0$ 的所有的未来时期和历史状态 s^t，我们用$\Upsilon_t^i(s^t)$来替代约束条件（8.8.4）中的$\tilde{a}_t^i(s^t)$,之后就可发现方程（8.8.10）中的组合值可以写为

$$\sum_{s_{t+1}}\tilde{a}_{t+1}^i(s_{t+1},s^t)\tilde{Q}_t(s_{t+1}|s^t)=\Upsilon_t^i(s^t)-[c_t^i(s^t)-y_t^i(s^t)] \tag{8.8.11}$$

由条件（8.8.4）可得，对于所有的时期和历史状态有 $\tilde{c}_t^i(s^t)=c_t^i(s^t)$。

我们已经证明所提出的资产组合策略和阿罗-德布鲁经济中的竞争性均衡获得了相同的消费计划，但是，是什么阻止家庭 i 通过进一步减少部分资产组合来增加当前消费的?答案在于家庭必须遵循的债务限制约束。特别地，家庭想要确保消费计划$\{c_\tau^i(s^\tau)\}$能在下一时期所有可能的状态下实现，则此家庭应该把用于将来消费的承诺值从（8.8.3）式的自然债务限制中减去。因而，此家庭面临一个各个状态的借贷约束，此借贷约束比条件（8.8.5）的约束要更强：对于任意一个 s^{t+1}，

$$-\tilde{a}_{t+1}^i(s^{t+1})\leqslant A_{t+1}^i(s^{t+1})-\sum_{\tau=t+1}^{\infty}\sum_{s^\tau|s^{t+1}}q_\tau^{t+1}(s^\tau)c_\tau^i(s^\tau)=-\Upsilon_{t+1}^i(s^{t+1})$$

或者

$$\tilde{a}_{t+1}^i(s^{t+1})\geqslant\Upsilon_{t+1}^i(s^{t+1})$$

因此，家庭 i 并不想通过减少下一时期的财富水平使它小于$\Upsilon_{t+1}^i(s^{t+1})$来增加 t 时刻的消费，因为那将危害在所有的未来时期和历史下都满足一阶条件（8.8.7）的最优消费计划的实现。

8.9 递归竞争性均衡

我们已经得出了这样的结论：标注了时间的或有权益均在 0 时刻交易的具有完全市场的阿罗-德布鲁经济和具有单期阿罗证券完全集合的序列交易经济的均衡配置是一样的。这个结论对任何关于历史 s^t 可测的个人禀赋函数$\{y_t^i(s^t)\}_i$ 都成立，从而受到某些任意的概率测度 $\pi_t(s^t)$ 的控制。在此，序列交易经济中的定价核 $\tilde{Q}_t(s_{t+1}|s^t)$ 和财富配置 $\vec{a}_t(s^t)$均取决于历史 s^t，因此，这些量都是过去历史$\{s_\tau\}_{\tau=0}^t$随时间可变的函数。这使我们很难从实证观察中得出一个经济模型。我们想要得到一个经济产出是一个总结过去历史和现在信息的有限个状态变量的函数。这使得我们做出下列特殊化：外生给定一个序列

交易均衡的递归公式。

□ 8.9.1　禀赋满足马尔可夫过程

令 $\pi(s'|s)$为给定初始分布为 $\pi_0(s)$的马尔可夫链，状态 $s\in S$。$\text{Prob}(s_{t+1}=s'|s_t=s)=\pi(s'|s)$且 $\text{Prob}(s_0=s)=\pi_0(s)$。正如我们在第 2 章中所看到的，通过如下递归公式，马尔可夫链导出了一系列关于历史 s^t 的概率测度 $\pi_t(s^t)$：

$$\pi_t(s^t)=\pi(s_t|s_{t-1})\pi(s_{t-1}|s_{t-2})\cdots\pi(s_1|s_0)\pi_0(s_0) \tag{8.9.1}$$

在这一章中我们假定交易是在已经观察到 s_0 之后才发生的，我们通过设置 $\pi_0(s_0)=1$ 来获得 s_0 的初始给定值。

根据马尔可夫链的属性，条件概率 $\pi_t(s^t|s^\tau)(t>\tau)$取决于时刻 τ 的状态 s_τ，而与 τ 之前的历史无关：

$$\pi_t(s^t|s^\tau)=\pi(s_t|s_{t-1})\pi(s_{t-1}|s_{t-2})\cdots\pi(s_{\tau+1}|s_\tau) \tag{8.9.2}$$

进而我们假设 t 时期家庭禀赋是关于 s_t 的时不变的可测函数$y_t^i(s^t)=y^i(s^t)$，它对每个 i 都成立。当然，之前所有的结论都继续成立，但是关于 s_t 的马尔可夫假定能导出更多均衡的结构。

□ 8.9.2　继承马尔可夫性的均衡结果

命题 2 给出了在关于禀赋的任意随机过程下均衡配置的一种特殊的历史依赖性。特别地，每个人的消费是关于当前总禀赋实现的函数，而不依赖于得出该结果的特殊路径。[①] 在我们当前对于每个 i 的假设 $y_t^i(s^t)=y^i(s_t)$下，可立即得到

$$c_t^i(s^t)=\bar{c}^i(s_t) \tag{8.9.3}$$

将方程（8.9.2）和方程（8.9.3）代入方程（8.8.7），可以证明序列交易均衡中的定价核也是当前状态的函数：

$$\widetilde{Q}_t(s_{t+1}|s^t)=\beta\frac{u'(\bar{c}^i(s_{t+1}))}{u'(\bar{c}^i(s_t))}\pi(s_{t+1}|s_t)\equiv Q(s_{t+1}|s_t) \tag{8.9.4}$$

对方程（8.7.5）进行类似的代入之后，我们同样可以建立阿罗-德布鲁经济中相对价格的历史独立性：

命题 4： 如果 t 时刻的禀赋是马尔可夫状态 s_t 的函数，日期 $t\geqslant 0$、历史 s^t 下消费品的阿罗-德布鲁均衡价格是历史独立的，这些消费品用日期$\tau(0\leqslant\tau\leqslant t)$、历史 s^τ 下的消费品表示：$q_t^\tau(s^t)=q_k^j(\tilde{s}^k)$对所有 j、$k\geqslant 0$ 成立，满足 $t-\tau=k-j$ 且$[s_\tau,s_{\tau+1},\cdots,s_t]=[\tilde{s}_j,\tilde{s}_{j+1},\cdots,\tilde{s}_k]$。

利用这个命题，我们可以证明自然债务限制（8.8.3）和家庭财富水平（8.8.2）也具有历史独立性。

---

① 当然，均衡配置也取决于各个不同个体 i 的 $\{y_t^i(s^t)\}$ 过程的分布，这些已由拉格朗日乘数 μ_i 的相对值所反映。

$$A_t^i(s^t)=\overline{A}^i(s_t) \tag{8.9.5}$$

$$\Upsilon_t^i(s^t)=\overline{\Upsilon}^i(s_t) \tag{8.9.6}$$

关于财富水平（8.9.6）的结果传达了一个对序列交易竞争性均衡是如何获得最优结果的有用的见解，其中特异性风险不用由家庭来负担。特别地，每一个家庭以一种独立于其禀赋的过去实现的财富水平进入每一个时期。也就是说，它过去的交易完全保证其禀赋的特异性结果。并且对每一个一样的保险动机，家庭现在能带着一个作为现在状态 s_t 函数的财富水平进入当前时期。这是由家庭在上一个时期 $t-1$ 所选取的状态或有的财富水平，并且这种财富将刚好充分地让其继续之前采用的对抗未来特异性风险的交易策略。财富的最优持有只是 s_t 的函数，因为现在的状态 s_t 决定了现在的禀赋和定价核并且含有所有预测未来家庭禀赋过程的实现和未来价格的信息。可以证明，对于下一期的某些状态，家庭倾向于选择较高的财富水平，这些状态要么使得家庭下一期的禀赋较低，要么更一般地，预示了家庭禀赋在未来的贫困前景。当然，个体的这些倾向可以通过经济的总禀赋在各种状态之间的差异来缓和（正如均衡资产价格所反映的那样）。总冲击并不能被分散掉，但是必须由所有的家庭来承担。定价核 $Q(s_t|s_{t-1})$ 以及假定所有市场出清创造了“看不见的手”，这种“看不见的手”可以某种方式协调家庭在 $t-1$ 时期的交易，在这种方式中，需要家庭承担的只有总风险而没有特异性风险。

□ 8.9.3 最优化和均衡的递归公式

定价核 $Q(s'|s)$和禀赋 $y^i(s)$是马尔可夫过程 s 的函数的事实激励我们去寻求关于家庭最优化问题的递归公式。家庭 i 在 t 时刻的状态就是它的财富 a_t^i 和当前 s_t 的实现。我们寻找一对最优策略函数 $h^i(a,s)$和 $g^i(a,s,s')$，使得家庭的最优决策是

$$c_t^i=h^i(a_t^i,s_t) \tag{8.9.7a}$$

$$a_{t+1}^i(s_{t+1})=g^i(a_t^i,s_t,s_{t+1}) \tag{8.9.7b}$$

设 $v^i(a,s)$ 是开始于状态（a,s）的家庭 i 问题的最优值，$v^i(a,s)$ 是拥有当前财富 a 的家庭 i 在状态 s 下可获得的最大期望折现效用。家庭问题的贝尔曼方程为

$$v^i(a,s)=\max_{c,\hat{a}(s')}\{u(c)+\beta\sum_{s'}v^i[\hat{a}(s'),s']\pi(s'|s)\} \tag{8.9.8}$$

其中最大化满足约束条件（8.8.4）的下列形式：

$$c+\sum_{s'}\hat{a}(s')Q(s'|s)\leqslant y^i(s)+a \tag{8.9.9}$$

而且

$$c\geqslant 0 \tag{8.9.10a}$$

$$-\hat{a}(s')\leqslant\overline{A}^i(s'),\forall s' \tag{8.9.10b}$$

设最优决策规则是

$$c=h^i(a,s) \tag{8.9.11a}$$

$$\hat{a}(s')=g^i(a,s,s') \tag{8.9.11b}$$

注意，贝尔曼方程的解隐含地取决于 $Q(\cdot\mid\cdot)$，因为它在约束条件（8.9.9）中出现。特别地，对于方程（8.9.8）右端的问题使用一阶条件和本维尼斯特-沙因克曼公式并整理可得

$$Q(s_{t+1}|s_t)=\frac{\beta u'(c_{t+1}^i)\pi(s_{t+1}|s_t)}{u'(c_t^i)} \tag{8.9.12}$$

其中，已知 $c_t^i=h^i(a_t^i,s_t)$，$c_{t+1}^i=h^i(a_{t+1}^i(s_{t+1}),s_{t+1})=h^i(g^i(a_t^i,s_t,s_{t+1}),s_{t+1})$。

定义：递归竞争性均衡由初始财富分配 $\vec{a}_0$、借入限制 $\{\overline{A}^i(s)\}_{i=1}^I$ 的集合、定价核 $Q(s'|s)$、值函数集 $\{v^i(a,s)\}_{i=1}^I$ 和决策规则 $\{h^i(a,s),g^i(a,s,s')\}_{i=1}^I$ 构成，它使得下列两条成立：

（a）各个状态借贷约束满足递归形式

$$\overline{A}^i(s)=y^i(s)+\sum_{s'}Q(s'|s)\overline{A}^i(s'|s) \tag{8.9.13}$$

（b）对所有 i，给定 a_0^i、$\overline{A}^i(s)$ 和定价核，值函数与决策规则是家庭问题的解；

（c）对 $\{s_t\}_{t=0}^{\infty}$ 的所有实现值，决策规则导出的消费和资产组合 $\{\{c_t^i,\{\hat{a}_{t+1}^i(s')\}_{s'}\}_i\}_t$ 满足所有 t 和 s'，$\sum_i c_t^i=\sum_i y^i(s_t)$ 和 $\sum_i \hat{a}_{t+1}^i(s')=0$。

我们在第 13 章资产定价的讨论中将不断地用到递归竞争性均衡的概念。

□ 8.9.4 计算带有阿罗证券的序列交易的均衡

我们利用 8.6.5 节的例 4 来说明如何运用下述算法计算带有阿罗证券完全集合的序列交易的经济中的均衡。

（1）计算带有 0 时刻交易的阿罗-德布鲁经济的均衡。

（2）设序列交易经济的均衡配置为带有阿罗-德布鲁 0 时刻交易的经济的均衡配置。

（3）用公式（8.9.12）计算马尔可夫经济的均衡价格，或用公式（8.8.9）计算非马尔可夫经济的均衡价格。

（4）用（8.9.13）式计算债务限制。

（5）首先借助（8.8.2）式算出隐含 t 时刻、历史 s^t 的财富 $\Upsilon_t^i(s^t)$ 在阿罗-德布鲁均衡价格处的单期阿罗证券的组合，然后令 $a_t^i(s_t)=\Upsilon_t^i(s^t)$。

将此程序应用于 8.6.5 节的例 4，可以得出价格体系 $Q_0(s_1=1|s_0=1)=\beta$，$Q_0(s_1=0|s_0=1)=0$，$Q_1(s_2=1|s_1=1)=0.5\beta$，$Q_1(s_2=0|s_1=0)=0.5\beta$，$Q_t(s_{t+1}=1|s_t=1)=Q_t(s_{t+1}=0|s_t=0)=\beta(t\geqslant 2)$。对于 $i=1,2$ 和 $t=0,1$ 来说，$\Upsilon_t^i(s^t)=0$。对于 $t\geqslant 2$，$\Upsilon_t^1(s_t=1)=\sum_{\tau\geqslant t}\beta^{\tau-t}[0.5-1]=\frac{-0.5}{1-\beta}$，而 $\Upsilon_t^2(s_t=1)=\sum_{\tau\geqslant t}\beta^{\tau-t}[0.5-0]=\frac{0.5}{1-\beta}$。因此，在第 1 个时期，第一个消费者交易阿罗证券的数量 $a_2^1(s_2=1)=\frac{-0.5}{1-\beta}$，$a_2^1(s_2=0)=\frac{0.5}{1-\beta}$，而第 2 个消费者交易阿罗证券的数量 $a_2^1(s_2=1)=\frac{0.5}{1-\beta}$，$a_2^1(s_2=0)=\frac{-0.5}{1-\beta}$。在第 2 个时期后，消费者最终使他们的债务或资产以 $\frac{0.5}{1-\beta}$ 或 $\frac{-0.5}{1-\beta}$ 变化。

8.10 *J* 步定价核

我们有时候会对 $\tau>t$ 时期依赖于 τ 时刻、状态 s_τ 的 1 单位消费在 t 时刻的价格感兴趣，而不考虑哪一个 s_τ 是在 τ 时刻达到的特定历史。我们令 $Q_j(s'|s)$ 为 j 步定价核，对其的解释如下：给定当前的状态为 s，$Q_j(s'|s)$ 给出了在将来时期取决于状态 s' 的 1 单位消费在 j 时期前的价格。比如说，$j=1$ 对应着一步定价核 $Q(s'|s)$。

在所有可能的提前 j 时期的状态或有权益市场中，在 t 时刻，由约束条件（8.8.4）变换得来的家庭预算约束是

$$c_t^i+\sum_{j=1}^{\infty}\sum_{s_{t+j}}Q_j(s_{t+j}|s_t)z_{t,j}^i(s_{t+j})\leqslant y^i(s_t)+a_t^i \tag{8.10.1}$$

其中 $z_{t,j}^i(s_{t+j})$ 是家庭 i 在 t 时期末所持有的状态或有权益，此状态或有权益在日期 $t+j$ 之前的 j 期根据日期 $t+j$ 时的状态 s_{t+j} 支付 1 单位消费。此家庭下一时期的财富取决于资产组合的选择和 s_{t+1} 的实现：

$$a_{t+1}^i(s_{t+1})=z_{t,1}^i(s_{t+1})+\sum_{j=2}^{\infty}\sum_{s_{t+j}}Q_{j-1}(s_{t+j}|s_{t+1})z_{t,j}^i(s_{t+j})$$

s_{t+1} 的实现同时决定两个元素，一个是要在 $t+1$ 时刻结清的前一时期权益 $\{z_{t,1}^i(s_{t+1})\}$，另一个是资本的损益，此资本损益由均衡价格 $Q_j(s_{t+j+1}|s_{t+1})$ 下的长期权益的持有形成。

对于 $j>1$ 时的 $z_{t,j}^i(s_{t+j})$，对方程(8.9.8)右端的问题使用一阶条件和本维尼斯特-沙因克曼公式并整理可得

$$Q_j(s_{t+j}|s_t)=\sum_{s_{t+1}}\frac{\beta u'[c_{t+1}^i(s_{t+1})]\pi(s_{t+1}|s_t)}{u'(c_t^i)}Q_{j-1}(s_{t+j}|s_{t+1}) \tag{8.10.2}$$

此表达式给出了竞争性均衡中的消费配置，描述了两个相邻的定价核。① 连同一阶条件(8.9.12)，公式（8.10.2）意味着核 $Q_j(j=2,3,\cdots)$ 可以被递归地计算出来：

$$Q_j(s_{t+j}|s_t)=\sum_{s_{t+1}}Q_1(s_{t+1}|s_t)Q_{j-1}(s_{t+j}|s_{t+1}) \tag{8.10.3}$$

□ 8.10.1 无套利定价

简短地描述无套利定价理论怎样通过多余资产的预算集来推导出资产价格约束将是非常有用的。在上文中，我们通过利用消费配置均衡中所确定的家庭的一阶条件来建立约束条件（8.10.3），现在我们讲述一个利用无套利观点来引出约束条件（8.10.3）的另一种方法。除了提前 j 步的状态或有权益外，我们通过让消费者交易不包括红利的卢卡斯树（Lucas tree）以增加阿罗证券经济中的交易机会进而阐明套利定价理论。由于市场早就是完全的了，这些额外的资产就是多余的了，它们必须在预算约束集不改变的情况

① 根据方程（8.9.3），均衡的消费分配不依赖于历史，从而 $(c_t^i,\{c_{t+1}^i(s_{t+1})\}_{s_{t+1}})=(\bar{c}^i(s_t),\{\bar{c}^i(s_{t+1})\}_{s_{t+1}})$。因为边际条件对所有的家庭都有效，所以(8.10.2)式中的定价核的特征也对所有的 i 都成立。

下被定价。[①]

假设在 t 时刻消费者除了购买了 $z_{t,j}(s_{t+j})$ 数量的提前 j 期在 $t+j$ 时刻、状态 s_{t+j} 下可获得 1 单位支付的 $t+j$ 时期的状态或有权益之外，还可以购买 N_t 单位股票或卢卡斯树。令 t 时刻不包括股息的卢卡斯树价格为 $p(s_t)$。下一期，卢卡斯树根据状态 s_{t+1} 支付股息 $d(s_{t+1})$。N_t 单位卢卡斯树的所有权在 $t+1$ 时期的期初赋予了消费者在 $t+1$ 时期消费 $N_t[p(s_{t+1})+d(s_{t+1})]$ 数量的权利。[②] 和前面一样，令 a_t 为消费者的财富而不是禀赋 $y(s_t)$。在此设定下，消费者的预算约束是约束条件（8.10.1）的扩展形式：

$$c_t+\sum_{j=1}^{\infty}\sum_{s_{t+j}}Q_j(s_{t+j}|s_t)z_{t,j}(s_{t+j})+p(s_t)N_t\leqslant a_t+y(s_t) \tag{8.10.4a}$$

以及

$$\begin{aligned}a_{t+1}(s_{t+1})=&\ z_{t,1}(s_{t+1})+[p(s_{t+1})+d(s_{t+1})]N_t\\&+\sum_{j=2}^{\infty}\sum_{s_{t|j}}Q_{j-1}(s_{t+j}|s_{t+1})z_{t,j}(s_{t+j})\end{aligned} \tag{8.10.4b}$$

用 $Q_1(s_{t+1}|s_t)$乘以方程（8.10.4b），关于 s_{t+1}求和，得到 $\sum_{s_{t+1}}Q_1(s_{t+1}|s_t)z_{t,1}(s_t)$，并把它代入(8.10.4a)式得

$$\begin{aligned}&c_t+\Big\{p(s_t)-\sum_{s_{t+1}}Q_1(s_{t+1}|s_t)[p(s_{t+1})+d(s_{t+1})]\Big\}N_t\\&+\sum_{j=2}^{\infty}\sum_{s_{t+j}}\Big\{Q_j(s_{t+j}\,|\,s_t)-\sum_{s_{t+1}}Q_{j-1}(s_{t+j}|s_{t+1})Q_1(s_{t+1}|s_t)\Big\}z_{t,j}(s_{t+j})\\&+\sum_{s_{t+1}}Q_1(s_{t+1}|s_t)a_{t+1}(s_{t+1})\leqslant a_t+y(s_t)\end{aligned} \tag{8.10.5}$$

如果两对大括号中的项均不为零，则消费者可以通过购买或抛售股票（如果第一对大括号中的项不为零）或通过购买或抛售状态或有权益（如果第二对大括号中的任意一项不为零）来获得无限的消费和未来财富。因此，在任一均衡中，只要效用函数没有饱和点，大括号中的各项就必为零。因而我们就有了套利定价公式：

$$p(s_t)=\sum_{s_{t+1}}Q_1(s_{t+1}|s_t)[p(s_{t+1})+d(s_{t+1})] \tag{8.10.6a}$$

$$Q_j(s_{t+j}|s_t)=\sum_{s_{t+1}}Q_{j-1}(s_{t+j}|s_{t+1})Q_1(s_{t+1}|s_t) \tag{8.10.6b}$$

这些公式之所以被称为无套利定价公式，是因为如果这些公式不成立，就将存在套利。套利被定义为获得正利润的一个无风险交易。

8.11 帕累托问题的递归形式

在这一章开头，我们描述了帕累托最优配置。这一节我们考虑如何递归地描述帕累

① 额外的资产是多余的这一点是从交易阿罗证券对于完全市场已经足够了这个事实中得出来的。

② 我们在第 13 章用一种不同的方法来计算此资产的价格。

托问题，这将是第 20 章和第 23 章中的某些内容的预演。出于这个目的，我们讨论一个特殊的案例——之前 8.6.3 节例 2 描述的具有常数总禀赋和两类家庭 $y_t^1=s_t$，$y_t^2=1-s_t$ 的经济。假定 s_t 是独立同分布的过程，因此有 $\pi_t(s^t)=\pi(s_t)\pi(s_{t-1})\cdots\pi(s_0)$。同时，假定 s_t 具有一个离散的分布，$s_t\in[\bar{s}_1,\cdots,\bar{s}_S]$，$\Pi_i=\text{Prob}(s_t=\bar{s}_i)$，其中 $\bar{s}_{i+1}>\bar{s}_i$，$\bar{s}_1\geqslant 0$ 且 $\bar{s}_S\leqslant 1$。

在我们的递归公式中，每一时期计划者都将通过对今天指派一个状态或有消费配置，提供一对以前承诺的折现效用流和一对从明天开始的状态或有承诺折现效用流。不论是今天的状态或有消费，还是明天的承诺折现效用，两者都是最初承诺折现效用水平的函数。

定义 v 为类型 1 个人的期望折现效用，$P(v)$ 为在类型 1 个人效用给定为 v 时，类型 2 个人所能获得的最大期望折现效用。这些期望值都是在初始时刻实际状态发生前被估计的。

帕累托问题可以表述为在约束 $\sum_{t=0}^{\infty}\sum_{s^t}\beta^t u(c_t^1(s^t))\pi_t(s^t)\geqslant v$ 和 $c_t^1(s^t)+c_t^2(s^t)=1$ 下选择随机过程 $\{c_t^1(s^t),c_t^2(s^t)\}_{t=0}^{\infty}$ 来最大化 $P(v)$。和 8.6.3 节例 2 经济中计算的竞争性均衡配置的符号一样，令 $\bar{c}=\bar{c}^1$ 和 $1-\bar{c}=\bar{c}^2$ 分别为分配给类型 1 和类型 2 两种人的固定的消费。我们知道竞争性均衡配置是一个帕累托最优配置，因此我们就知道了帕累托前沿 $P(v)$ 上的一点。特别地，当类型 1 个人效用为 $v=u(\bar{c})/(1-\beta)$ 时，类型 2 个人效用为 $P(v)=u(1-\bar{c})/(1-\beta)$。

我们可以递归地将折现值 v 与 $P(v)$[①] 表示成

$$v=\sum_{i=1}^{S}[u(c_i)+\beta\omega_i]\,\Pi_i$$

$$P(v)=\sum_{i=1}^{S}[u(1-c_i)+\beta P(\omega_i)]\,\Pi_i$$

其中 c_i 表示类型 1 个人在状态 i 的消费，ω_i 表示类型 1 个人在状态 i 指派的后续值；$1-c_i$ 表示类型 2 个人在状态 i 的消费，$P(\omega_i)$ 表示类型 2 个人在状态 i 指派的后续值。假定后续值 $\omega_i\in V$，其中 V 是折现效用的可行集。在本节中我们假定 $V=[u(\varepsilon)/(1-\beta),u(1)/(1-\beta)]$，其中 $\varepsilon\in(0,1)$ 是任意小数值。

事实上，在当前状态实现之前，在状态 i，一个帕累托最优配置给类型 1 个人一个状态或有消费向量 c_i 和一个状态或有后续值 ω_i，其中 ω_i 本身是未来单期效用现值。用配对值 $(v, P(v))$ 可以将帕累托问题递归地表述成

$$P(v)=\max_{\{c_i,\omega_i\}_{i=1}^{S}}\sum_{i=1}^{S}[u(1-c_i)+\beta P(\omega_i)]\,\Pi_i \tag{8.11.1}$$

其中最大化必须满足约束

① 这是我们“动态规划平方”的第一个例子。我们之所以这样称呼，原因在于出现在 $P(v)$ 的贝尔曼方程中的状态变量 v 本身满足另一个贝尔曼方程。

$$\sum_{i=1}^{S}[u(c_i)+\beta\omega_i]\Pi_i\geqslant v \tag{8.11.2}$$

其中，$c_i\in[0,1]$，$\omega_i\in V$。

为了求解帕累托问题，构造拉格朗日等式

$$L=\sum_{i=1}^{S}\Pi_i[u(1-c_i)+\beta P(\omega_i)+\theta(u(c_i)+\beta\omega_i)]-\theta v$$

其中 θ 是约束条件（8.11.2）上的拉格朗日乘子。关于 c_i 和 ω_i 的一阶条件分别是

$$-u'(1-c_i)+\theta u'(c_i)=0 \tag{8.11.3a}$$

$$P'(\omega_i)+\theta=0 \tag{8.11.3b}$$

边界条件是 $P'(v)=-\theta$。因此条件（8.11.3b）变为 $P'(\omega_i)=P'(v)$。由于$P(v)$是严格凹的，因此该等式意味着 $\omega_i=v$，所以帕累托问题的任何解使得后续值 ω_i 和状态 i 相互独立。等式（8.11.3a）意味着

$$u'(1-c_i)/u'(c_i)=-P'(v) \tag{8.11.4}$$

由于（8.11.4）式右边独立于状态 i，左边也是如此，因此 c 也独立于状态 i。由于 v 随时间不变（因为 $\omega_i=v$ 对所有 i 都成立），所以 c 也是随时间不变的常数。

从（8.11.4）式中可以发现，$P'(v)$ 相当于类型 1 个人的一个相对帕累托权重。$P'(\omega_i)=P'(v)$表明递归公式导出了相对帕累托权重随时间不变，并且独立于 s_t 的实现值。计划者使得市场风险完全共担。

在第 20 章中我们会再次碰到递归公式。以执行或信息约束形式出现的对风险共担的妨碍可能会迫使计划者针对对当前禀赋或者偏好的冲击的实现制定后续值。

8.12 结束语

这一章的框架是许多宏观经济学理论的基础或基准。它是对资产定价和风险分担进行更深一步分析的文献的基础。我们在第 13 章和第 14 章中对资产定价的文献描述得更为详细。此模型也作为很多模型的基准或者偏离点，那些模型是被设计来处理那些看上去不符合完全市场的观察资料的。特别地，关于那些被外生地指定为不完全市场的模型，参见第 17 章的预防性储蓄和第 18 章的不完全市场模型。关于那些内生不完全市场的模型，参见第 20 章和第 21 章的执行和信息问题。关于货币模型参见第 26 章和第 27 章。以货币理论为例，完全市场模型能够满足对货币的任意需求，因为完全市场模型有一个有效率的多边交易机制，权益网非常庞大，以至于不需要任何交易媒介来推动双边交易。任何一个现代货币模型都引入了使完全市场失效的某种摩擦。一些货币模型［比如说，卢卡斯的预付现金模型（1981）］对完全市场施加了最小障碍，以保全完全市场模型的很多资产定价含义，与此同时，它也允许像货币数量论这样的古典货币理论的存在。第 26 章中的购物时间模型也是这样构建的。其他的货币模型，比如说第 27 章中的汤森大道模

型或者第 26 章中的青泷-赖特（Kiyotaki-Wright）搜寻模型，在多边贸易上施加了更多的摩擦，它们离完全市场模型越来越远了。但在结束完全市场模型的讨论以前，我们将在接下来几章中更进一步地应用它。

附录 A　高斯资产定价模型

这一章的理论很容易被改编成经济状态的发展满足一个连续状态马尔可夫过程的框架。在第 14 章中我们将使用这一框架。这里我们来体验一下这样的改编是如何通过描述一种经济来实现的，在这一经济中，状态满足高斯扰动所驱动的线性随机差分方程。如果我们用偏好是二次的设定来对此做出补充，则我们可以得到一个资产价格可以被立即计算出来的框架。

假定状态是依照随机差分方程

$$s_{t+1}=As_t+Cw_{t+1} \tag{8. A. 1}$$

而变化的，其中 A 是一个矩阵，其特征值的模有上界 $1/\sqrt{\beta}$，w_{t+1}是一个与 s_t 的历史值相适应的高斯鞅差分序列。假定 $Ew_{t+1}w'_{t+1}=I$。s_{t+1}的条件密度是高斯的：

$$\pi(s_t|s_{t-1})\sim N(As_{t-1},CC') \tag{8. A. 2}$$

更精确地说，

$$\pi(s_t|s_{t-1})=K\exp\{-0.5(s_t-As_{t-1})(CC')^{-1}(s_t-As_{t-1})\} \tag{8. A. 3}$$

其中 $K=(2\pi)^{-k/2}\det(CC')^{-1/2}$，且 s_t 是 $k\times1$ 的向量。我们也假定 $\pi_0(s_0)$是高斯的。①

如果$\{c_t^i(s_t)\}_{t=0}^{\infty}$是对个体 i 的均衡配置，并且此个体的偏好由(8. 2. 1)式所表示，则均衡价格函数满足

$$q_t^0(s^t)=\frac{\beta^t u'[c_t^i(s_t)]\pi(s^t)}{u'[c_0^i(s_0)]} \tag{8. A. 4}$$

再一次，令$\{d_t(s_t)\}_{t=0}^{\infty}$为关于消费的权益流。带有此红利流的资产在 0 时刻的价格是

$$p_0=\sum_{t=0}^{\infty}\int_{s^t}q_t^0(s^t)d_t(s_t)\mathrm{d}s^t$$

把方程(8. A. 4)代入前面的方程可得

$$p_0=\sum_t\int_{s^t}\beta^t\frac{u'[c_t^i(s_t)]}{u'[c_0^i(s_0)]}d_t(s_t)\pi(s^t)\mathrm{d}s^t$$

或者

$$p_0=E\sum_{t=0}^{\infty}\beta^t\frac{u'[c_t(s_t)]}{u'[c_0(s_0)]}d_t(s_t) \tag{8. A. 5}$$

---

① 如果 s_t 是平稳的，则 $\pi_0(s_0)$可以被确定为关于过程的平稳分布。

此公式把 0 时刻的资产价格表示为一个折现边际效用过程和一个红利过程的内积。[①]

在单期效用函数 $u(c)$ 是二次函数的情况下，此公式变得特别有用，因为边际效用函数是线性函数，并且红利过程 d_t 是关于 s_t 的线性函数。特别地，假定

$$u(c_t)=-0.5(c_t-b)^2 \tag{8. A. 6}$$
$$d_t=S_d s_t \tag{8. A. 7}$$

其中 $b>0$ 是极度幸福的消费水平。更进一步，假定个体 i 的均衡配置是

$$c_t^i=S_{ci} s_t \tag{8. A. 8}$$

其中 S_{ci} 是与 s_t 相容的向量。

效用函数（8. A. 6）意味着 $u'(c_t^i)=b-c_t^i=b-S_{ci}s_t$。假定效用是状态空间 s_t 的一个元素，我们可以表示为 $b=S_p s_t$。于是 $b-c_t=S_f s_t$，其中 $S_f=S_b-S_{ci}$，并且资产定价公式变为

$$p_0=\frac{E_0\sum_{t=0}^{\infty}\beta^t s_t' S_f' S_d s_t}{S_f s_0} \tag{8. A. 9}$$

为了对资产进行定价，我们必须计算状态变量中折现的二次型的总和的期望值。通过使用第 2 章中的结果，我们很容易就可以做到这一点。

在第 2 章中，我们对二次型的几何和求条件期望：

$$\alpha_0=E_0\sum_{t=0}^{\infty}\beta^t s_t' S_f' S_d s_t$$

我们发现它可以被写成如下形式：

$$\alpha_0=s_0'\mu s_0+\sigma \tag{8. A. 10}$$

其中 μ 是一个 $n\times n$ 的矩阵，σ 是一个标量，并且满足

$$\mu=S_f'S_d+\beta A'\mu A$$
$$\sigma=\beta\sigma+\beta\mathrm{trace}(\mu CC') \tag{8. A. 11}$$

（8. A. 11）式的第一个方程是方阵 μ 中的一个离散的李雅普诺夫方程，并且可以使用几种算法来求解。[②] 在 μ 被计算出来后，第二个方程能够解出标量 σ。

附录 B　持久收入模型再讨论

这个附录是关于“许多单个个体模型可被重新解释为一般均衡模型”专题的变形。

---

① 对于二元标量随机过程 x、y，内积被定义为 $<x,y>=E\sum_{t=0}^{\infty}\beta^t x_t y_t$。

② Matlab的控制工具包中有一个 dlyap. m 程序，也可以参考 doublej. m 程序。

□ 8.B.1 重新解释单个个体模型

在这个附录中，我们将第 2 章 2.11 节单个个体的线性二次永久收入模型作为带有 0 时刻历史或有证券完全集合的交易的竞争性均衡。首先，我们将前面那一章的模型重新定义为计划问题。计划者具有如下效用函数：

$$E_0 \sum_{t=0}^{\infty} \beta^t u(\bar{c}_t) \tag{8.B.1}$$

其中 E_t 表示以消费者 t 时刻的信息为条件的数学期望，$\bar{c}_t$ 表示 t 时刻的消费，$u(c)=-0.5(\gamma-\bar{c}_t)^2$，$\beta\in(0,1)$ 是折现因子。计划者通过选择消费、借贷计划 $\{\bar{c}_t, b_{t+1}\}_{t=0}^{\infty}$，在满足预算约束序列条件

$$\bar{c}_t + b_t = R^{-1} b_{t+1} + y_t \tag{8.B.2}$$

的情况下使（8.B.1）式最大化，其中 y_t 表示外生平稳的禀赋过程，R 表示常数无风险利率，$-R^{-1}b_t \equiv \bar{k}_t$ 表示那种单期无风险总收益为 R 的资产的存量，而 b_0 表示给定的初始条件。我们假设 $R^{-1}=\beta$，同时禀赋过程具有状态空间表达式

$$z_{t+1}=A_{22}z_t+C_2 w_{t+1} \tag{8.B.3a}$$

$$y_t=U_y z_t \tag{8.B.3b}$$

其中 w_{t+1} 表示独立同分布的具有零均值且相同的同期的协方差矩阵的过程，A_{22}是稳定矩阵，其特征值的模严格小于 1，U_y 表示用 z_t 的特定线性组合识别 y 的选择向量。如第 2 章所述，现在我们将计划问题的求解方案重新解释成下面方程（2.11.9）和（2.11.20）的形式，这两个方程分别是

$$\bar{c}_t=(1-\beta)[U_y(I-\beta A_{22})^{-1}z_t-R\bar{k}_t] \tag{8.B.4}$$

$$\bar{k}_{t+1}=\bar{k}_t+RU_y(1-\beta A_{22})^{-1}(A_{22}-I)z_t \tag{8.B.5}$$

我们可将最优消费、资本积累路径以紧凑形式表述成

$$\begin{bmatrix}\bar{k}_{t+1}\\ z_{t+1}\end{bmatrix}=A\begin{bmatrix}\bar{k}_t\\ z_t\end{bmatrix}+\begin{bmatrix}0\\ C_2\end{bmatrix}w_{t+1} \tag{8.B.6}$$

$$\bar{c}_t=S_c\begin{bmatrix}\bar{k}_t\\ z_t\end{bmatrix} \tag{8.B.7}$$

其中矩阵 A 和 S_c 可以容易地从刚才提到的求解方案和设定中构造出来。另外，利用消费过程 $p_t^0\equiv(\gamma-\bar{c}_t)$ 的边际效用是十分有用的，它可表述成

$$p_t^0(z^t)=S_p\begin{bmatrix}\bar{k}_t\\ z_t\end{bmatrix} \tag{8.B.8}$$

其中 S_p 很容易从 S_c 中构造出来。递归地求解方程（8.B.5）表明 k_{t+1} 是历史 z^t 的函数 $k_{t+1}(z^t;k_0)$。在等式（8.B.8）中，k_t 对 $p_t^0(z^t)$ 的历史依赖性进行编码。

可以证明，方程（8.B.6）、（8.B.7）、（8.B.8）以及下面将要解释的方程 $r_t^0=\alpha$ 一起成为在竞争性均衡中的价格体系表示，这个内容我们以后再研究。

□ 8.B.2　分散化和标度价格

设 $q_t^0(z^t)$ 是在历史 z^t 下 1 单位 t 时刻消费的 0 时刻价格，设 $\pi_t(z^t)$ 是由状态空间表达式（8.B.3）所推导的历史 z^t 的概率密度。定义通过折现与概率标度调整的阿罗-德布鲁价格为

$$p_t^0(z^t) = \frac{q_t^0(z^t)}{\beta^t \pi_t(z^t)} \tag{8.B.9}$$

我们发现依据这些调整的阿罗-德布鲁价格来表述代表性消费者问题和代表性厂商问题是方便的。

很明显，例如消费的现值可以被表述成

$$\begin{aligned}\sum_{t=0}^{\infty}\sum_{z^t} q_t^0(z^t)c_t(z^t) &= \sum_{t=0}^{\infty}\sum_{z^t}\beta^t p_t^0(z^t)c_t(z^t)\pi_t(z^t)\\ &= E_0\sum_{t=0}^{\infty}\beta^t p_t(z^t)c_t(z^t)\end{aligned}$$

对于我们来说，一种非常方便的做法是将现值作为折现之和的条件期望，第二行就是这样做的。

我们设 $r_t^0(z^t)$ 是资本租金率，同样可以类似于（8.B.9）式那样进行标度处理。不论是消费者还是厂商，都将这些过程作为已知的。

消费者自己拥有和经营着用于积累资本的技术。消费者自己拥有禀赋过程 $\{y_t\}_{t=0}^{\infty}$，它可以被卖给经营生产技术的厂商。消费者将资本租给厂商。厂商运用禀赋与资本来生产产品，并以竞争性价格卖给消费者。消费者在 t 时刻将自己的购买分为消费 c_t 与总投资 x_t。

8.B.2.1　消费者

设 $\{p_t^0(z^t), r_t^0(z^t)\}_{t=0}^{\infty}$ 是价格体系，它的每一个分量都取自“标度的阿罗-德布鲁价格”（如同前一节，可通过 0 时刻阿罗-德布鲁价格除以折现因子乘以概率而得到）。代表性消费者的问题是选择过程 $\{c_t, k_{t+1}\}_{t=0}^{\infty}$，使

$$-0.5E_0\sum_{t=0}^{\infty}\beta^t(\gamma - c_t)^2 \tag{8.B.10}$$

最大化，满足

$$E_0\sum_{t=0}^{\infty}\beta^t p_t^0(z^t)o_t(z^t) = E_0\sum_{t=0}^{\infty}\beta^t(p_t^0(z^t)y_t + r_t^0(z^t)k_t(z^t)) \tag{8.B.11}$$

$$k_{t+1} = (1-\delta)k_t + x_t \tag{8.B.12}$$

$$o_t(z^t) = c_t(z^t) + x_t(z^t) \tag{8.B.13}$$

其中 k_0 表示给定的初始条件。这里 x_t 表示总投资，k_t 表示家庭拥有的和租给厂商的实物资本。消费者从竞争性厂商斯塔克尔伯格那里购买产品 $o_t = c_t + x_t$。消费者卖出自己的禀赋 y_t 并将资本 k_t 租给厂商，价格分别为 $p_t^0(z^t)$ 与 $r_t^0(z^t)$。

方程（8.B.12）是实物资本的运动规律，其中 $\delta \in (0,1)$ 是折旧率。

8.B.2.2 厂商

竞争性代表性厂商选择过程 $\{k_t, c_t, x_t\}_{t=0}^{\infty}$，使

$$E_0 \sum_{t=0}^{\infty} \beta^t \{p_t^0(z^t) o_t(z^t) - p_t^0(z^t) y_t - r_t^0(z^t) k_t\} \tag{8.B.14}$$

最大化，满足实物技术

$$o_t(z^t) = \alpha k_t + y_t(z_t) \tag{8.B.15}$$

其中 $\alpha>0$。由于资本的边际生产率为 α，所以一个很好的推测是

$$r_t^0(z^t) = \alpha \tag{8.B.16}$$

□ 8.B.3 匹配均衡和规划配置

我们施加条件

$$\alpha + (1-\delta) = R \tag{8.B.17}$$

这使投资的总收益率在规划与分散化经济的情况下相同。特别地，如果将方程（8.B.12）代入方程（8.B.15），并记住 $b_t \equiv Rk_t$，则得到（8.B.2）式。

可以直接证明，求解规划问题的配置 $\{\bar{k}_{t+1}, \bar{c}_t\}_{t=0}^{\infty}$ 就是竞争性均衡配置。

和第 7 章一样，我们区分了决定 8.B.1 节中所定义的均衡价格函数的规划配置 $\{\bar{k}_{t+1}, \bar{c}_t\}_{t=0}^{\infty}$ 与面对那些价格作为价格接受者的代表性厂商和代表性消费者所选择的配置。这是第 7 章中“大 K、小 k”设置情况的另一个例子。

□ 8.B.4 解释

正如我们在第 2 章 2.11 节所看到的，以及这里所表述的（8.B.4）式和（8.B.5）式，现在的均衡消费就是随机游走的。为什么尽管代表性消费者偏好平滑消费路径，但仍接受消费波动呢？在这个附录的完全市场经济中，消费者认为，他可通过购买和销售历史或有权益来完全平滑不同时间及跨越不同历史的消费。但是，消费者在面对均衡价格的条件下，倾向于容忍不同时间及跨越不同历史的波动。

8.13 练习

8.1 代表性消费者的存在性

假定家庭 1 和家庭 2 各自的单期效用函数为 $u(c^1)$ 和 $w(c^2)$，其中 u 和 w 都是具有标量消费率的递增、严格凹的二阶可微函数。考虑帕累托问题：

$$v_\theta(c) = \max_{\{c^1, c^2\}} [\theta u(c^1) + (1-\theta) w(c^2)]$$

此问题满足约束 $c^1+c^2=c$。证明此问题的解具有凹的效用函数 $v_\theta(c)$ 的形式，此函数取决于帕累托权重 θ。$v_\theta'(c)=\theta u'(c')=(1-\theta)w'(c^2)$。

函数 $v_\theta(c)$ 是关于代表性消费者的效用函数。这样代表性消费者总是存在于完全市场的竞争性均衡中，即使他有异质的偏好。在竞争性均衡中，此代表性个体的边际效用与每一个体都是成比例的。

8.2 利率的期限结构

考虑存在单个消费者的经济。此经济中有一种商品，它以一种外生的禀赋形式存在，且满足①

$$y_{t+1}=\lambda_{t+1}y_t$$

其中 y_t 表示 t 时刻的禀赋，而 $\{\lambda_{t+1}\}$ 由有转移矩阵

$$P=\begin{bmatrix} p_{11} & 1-p_{11} \\ 1-p_{22} & p_{22} \end{bmatrix}$$

和初始分布 $\pi_\lambda=[\pi_0 \quad 1-\pi_0]$ 的两个状态的马尔可夫过程所决定。λ_t 的值在状态 1 中为 $\bar{\lambda}_1=0.98$，在状态 2 中为 $\bar{\lambda}_2=1.03$。假定一直到 t 时刻的 y_s、λ_s 的历史值在 t 时刻被观察到。假定消费者拥有禀赋 $\{y_t\}$ 和在消费流上有偏好，消费流由

$$E_0\sum_{t=0}^{\infty}\beta^t u(c_t)$$

所界定，其中 $\beta\in(0,1)$，并且 $u(c)=\frac{c^{1-\gamma}}{1-\gamma}$，其中 $\gamma\geqslant 1$。

a. 定义竞争性均衡，仔细地对它所包含的每一项进行命名。

b. 阐述怎样计算竞争性均衡。对于此问题的其他条件，假定 $p_{11}=0.8$，$p_{22}=0.85$，$\pi_0=0.5$，$\beta=0.96$ 以及 $\gamma=2$。假定经济从 $\lambda_0=0.98$ 和 $y_0=1$ 开始。

c. 在有观察值 λ_0 之前，计算消费的（无条件）平均增长率。

d. 计算三个无风险折现债券的 0 时刻价格，特别地，这些债券承诺对 $j=0,1,2$ 分别支付 1 单位 j 时刻消费。

e. 计算三个债券的 0 时刻价格，特别地，这些债券承诺对 $j=0,1,2$ 分别支付 1 单位视 $\lambda_j=\bar{\lambda}_1$ 而定的 j 时刻消费。

f. 计算三个债券的 0 时刻价格，特别地，这些债券承诺对 $j=0,1,2$ 分别支付 1 单位视 $\lambda_j=\bar{\lambda}_2$ 而定的 j 时刻消费。

g. 比较你在 d、e 和 f 中计算出来的价格。

8.3 某经济由无限存活的两个消费者组成，记为 $i=1$，2。存在一种不可储存的消费商品。消费者 i 在 t 时刻的消费为 c_t^i，消费者 i 对消费流的排序由下式

$$\sum_{t=0}^{\infty}\beta^t u(c_t^i)$$

描述，其中 $\beta\in(0,1)$，$u(c)$ 是递增、严格凹的二阶连续可微函数。消费者 1 被赋予的消

① 这样的设定是由梅拉和普雷斯科特（1985）做出的。

费品的消费流是 $y_t^i=1,0,0,1,0,0,1,\cdots$，消费者 2 被赋予的消费品的消费流是 $0,1,1,0,1,1,0,\cdots$。假定 0 时刻交易的完全市场存在。

a. 定义竞争性均衡。

b. 计算竞争性均衡。

c. 假定消费者市场中的衍生资产承诺在每一期支付 0.05 单位消费，那这个资产的价格是多少呢？

8.4 考虑有单个代表性消费者的纯禀赋经济；$\{c_t,d_t\}_{t=0}^{\infty}$ 分别是消费和禀赋过程。可行的配置满足

$$c_t \leqslant d_t$$

禀赋过程由

$$d_{t+1}=\lambda_{t+1}d_t$$

来定义。[1] 增长率 λ_{t+1} 由转移概率为

$$P_{ij}=\text{Prob}(\lambda_{t+1}=\bar{\lambda}_j \mid \lambda_t=\bar{\lambda}_i)$$

的两个状态的马尔可夫过程来描述。假定

$$P=\begin{bmatrix}0.8 & 0.2\\0.1 & 0.9\end{bmatrix}$$

和

$$\bar{\lambda}=\begin{bmatrix}0.97\\1.03\end{bmatrix}$$

此外，$\lambda_0=0.97$ 和 $d_0=1$ 在 0 时刻都是已知的。消费者对消费的偏好由

$$E_0\sum_{t=0}^{\infty}\beta^t\frac{c_t^{1-\gamma}}{1-\gamma}$$

来衡量，其中 E_0 是在 0 时刻已知信息条件下的数学期望算子，$\gamma=2$，$\beta=0.95$。

第Ⅰ部分

在 0 时刻，在知道 d_0 和 λ_0 后，存在具有日期及状态或有权益的完全市场。市场价格是以 0 时刻的消费品为单位的。

a. 定义竞争性均衡，仔细地说明组成均衡的所有对象。

b. 计算第 5 期时 1 单位消费的均衡价格，以 0 时刻消费单位标价，增长率的历史值如下：$(\lambda_1,\lambda_2,\cdots,\lambda_5)=(0.97,0.97,1.03,0.97,1.03)$，请给出一个数值答案。

c. 计算第 5 期时 1 单位消费的均衡价格，以 0 时刻消费单位标价，增长率的历史值如下：$(\lambda_1,\lambda_2,\cdots,\lambda_5)=(1.03,1.03,1.03,1.03,0.97)$。

d. 对 0 时刻所有禀赋序列的权益价格给出一个公式。

e. 增长率 λ_5 为 0.97（不考虑中间增长率），给出第 5 期消费权益在 0 时刻的价格的

[1] 参看 Mehra and Prescott（1985）。

公式。

第Ⅱ部分

现在假定有不同的市场结构。假定在 $t\geqslant 0$ 的每个日期存在一个提前一期的阿罗证券的完全集合。

f. 定义带有阿罗证券的（递归的）竞争性均衡，仔细命名构成这样一个均衡的所有对象。

g. 对于此经济中的代表性消费者，对每个状态计算出约束状态或有借贷的“自然债务限制”。

h. 计算带有阿罗证券的竞争性均衡。特别地，同时计算出定价核和配置。

i. 厂商进入了这个经济并且打算在每个时期发行一种新的有价证券，也就是说，发行一种无风险的两期债券。这样的一种债券在 t 时期发行，并且承诺在 $t+1$ 时刻确定支付 1 单位的消费。求出这一新债券在 t 时期依赖于 λ_t 的价格。

8.5 某经济由两个消费者组成，记为 $i=1,2$。此经济存在于 $t\geqslant 0$ 时期的离散时间里。此经济中有一种商品，此商品不可储存，并且以每个消费者所拥有的禀赋流的形式存在。消费者 $i=1,2$ 的禀赋是

$$y_t^1=s_t$$
$$y_t^2=1$$

其中 s_t 是服从两个状态的马尔可夫链的随机变量，它的值是 $s_t=\bar{s}_1=0$ 或者 $s_t=\bar{s}_2=1$。马尔可夫链所具有的不随时间变化的转移概率由 $\pi(s_{t+1}=s'|s_t=s)=\pi(s'|s)$ 表示，并且初始状态的概率分布是 $\pi_0(s)$。t 时刻的总禀赋是 $Y(s_t)=y_t^1+y_t^2$。

令 c^i 为个体 i 进行消费的随机过程。家庭 i 依照下式确定消费流：

$$U(c^i)=\sum_{t=0}^{\infty}\sum_{s^t}\beta^t\ln[c_t^i(s^t)]\pi(s^t)$$

其中 $\pi_t(s^t)$ 是历史状态 $s^t=(s_0,s_1,\cdots,s_t)$ 的概率。

a. 给出 $\pi_t(s^t)$ 的公式。

b. 令 $\theta\in(0,1)$ 为家庭 1 的帕累托权重。考虑计划问题

$$\max_{c^1,c^2}\{\theta\ln(c^1)+(1-\theta)\ln(c^2)\}$$

且满足约束条件

$$c_t^1(s^t)+c_t^2(s^t)\leqslant Y(s_t)$$

求解此帕累托问题，把 θ 看做参数。

c. 定义带有历史依赖性的阿罗-德布鲁证券的竞争性均衡，此证券永远在 0 时刻进行交易。仔细地定义竞争性均衡所包含的所有对象。

d. 计算此竞争性均衡的价格体系（也就是说，求出所有阿罗-德布鲁证券的价格）。

e. 说明帕累托问题的解（由 θ 所表示）和竞争性均衡配置之间的关系。如果你愿意，可以查阅两个福利经济学定理。

f. 在你计算出竞争性配置之前，简单地说明怎样计算竞争性均衡价格体系。

g. 现在定义在每一期进行单期阿罗证券交易的递归竞争性均衡。对构成这样的均衡的所有对象进行定义。(请用 t 时刻消费来表示单期的 $t+1$ 时刻状态或有阿罗证券的价格。）对每个消费者在每个状态下的“自然借入限制”进行定义。说明怎样计算这些自然借入限制。

h. 说明怎样计算单期阿罗证券的价格。存在多少种价格（也就是说，你必须计算的价格的数量是多少）？计算 $\beta=0.95$ 和 $\pi(s_j|s_i)=P_{ij}$ 时的这些价格，其中 $P=\begin{bmatrix}0.8 & 0.2\\0.3 & 0.7\end{bmatrix}$。

i. 在单期阿罗证券经济中，引入一个新的资产。其中一个家庭决定把一个提前一期的无风险证券和 1 单位消费（一个单期的真实票据）相交换。当 $s_t=0$ 和 $s_t=1$ 时，计算此证券的均衡价格。用第一个定理证明你的这些价格公式是正确的。

j. 在单期阿罗证券均衡中，引入一个新的资产。其中一个家庭决定把一个提前两期的无风险证券和 1 单位消费（一个两期的真实票据）相交换。当 $s_t=0$ 和 $s_t=1$ 时，计算此证券的均衡价格。

k. 在单期阿罗证券均衡中，引入一个新的资产。其中一个家庭决定在 t 时刻把一个提前 5 期的证券和依赖于 s_{t+5} 的值的 $t+5$ 时刻的消费相交换。当 $s_t=0$、$s_t=1$、$s_{t+5}=0$ 和 $s_{t+5}=1$ 时，计算这些证券的均衡价格。

8.6 最优税收

某小国的政府必须对政府支出 $\{g_t\}_{t=0}^{\infty}$ 寻求外部融资来源，假设 g_t 是一个有转移矩阵 P 和初始分布 π_0 的离散马尔可夫链。$\pi_t(g^t)$ 是基于 g_0 的 $g^t=g_t,g_{t-1},\cdots,g_0$ 的历史条件概率。经济的情况完全可以由 g^t 描述。在基于日期-历史的商品的权益上存在一个完全市场。在 0 时刻，g_0 实现后，政府可以以 $p_t^0(g^t)=\beta^t\pi_t(g^t)$［其中 $\beta\in(0,1)$］的价格购买或者出售对 t 时刻商品的权益，这一权益取决于历史 g^t 的值。日期-状态价格对于该小国来说是外生变量。政府用提高 t 时刻的历史或有税收 $R_t=R_t(g^t)$ 的方法来为支出融资。支出的现值不能超过收入的现值。

用税收来增加收入是扭曲的。政府面临着无谓损失，该损失可以由函数 $W(R_t)$ 来表示，该函数度量了 t 时刻由税收带来的扭曲程度。假设 W 是一个递增、二阶可微、严格凸的函数，满足 $W(0)=0$，$W'(0)=0$，$W'(R)>0(R>0)$，$W''(R)>0(R\geqslant 0)$。政府设计一个状态或有税收和借贷计划来使下式最小化：

$$E_0\sum_{t=0}^{\infty}\beta^t W(R_t) \tag{1}$$

其中 E_0 为基于 g_0 的条件数学期望。

假设 g_t 有两种可能的取值，$\bar{g}_1=0.2$（和平），$\bar{g}_2=1$（战争）且 $P=\begin{bmatrix}0.8 & 0.2\\0.5 & 0.5\end{bmatrix}$。假设 $g_0=0.2$，$W(R)=0.5R^2$。

a. 按照在适当的概率分布上求和的形式，写出数学期望 E_0 的显函数表达式。

b. 计算最优税收和借贷计划，特别地，对于所有 t 和 g^t，给出 $R_t=R_t(g^t)$ 的解析式。

c. 假设存在一个政府每期可以买卖单期阿罗证券的均衡市场，找出单期阿罗证券在 t 时刻的价格，用 t 时刻的商品的单位作为计价单位。

d. 假设 $B_t(g_t)$ 是政府在 $t-1$ 时刻为状态 g_t 发行的 t 时刻的单期阿罗证券。当 $t>0$ 时，分别计算 $g_t=\bar{g}_1$ 和 $g_t=\bar{g}_2$ 时的 $B_t(g_t)$。

e. 用你在 b 和 d 中的答案，描述政府在税收和借贷方面的最优政策。

8.7 竞争性均衡

某纯禀赋经济由两类消费者构成，第一类消费者根据以下式子管理他们对一种商品的消费流：

$$\sum_{t=0}^{\infty}\beta^t c_t^1$$

第二种消费者则根据以下式子进行管理：

$$\sum_{t=0}^{\infty}\beta^t \ln(c_t^2)$$

其中 $c_t^i\geqslant 0$ 表示第 i 类消费者的消费，$\beta\in(0,1)$ 表示共同的折现因子。消费品可以交换但不可以储存，两类消费者的人数是相同的。第一类消费者拥有以下消费序列：

$$y_t^1=\mu>0,\quad \forall\, t\geqslant 0$$

第二类消费者拥有以下消费序列：

$$y_t^2=\begin{cases}0, & \text{当 } t\geqslant 0 \text{ 且为偶数时}\\ \alpha, & \text{当 } t\geqslant 0 \text{ 且为奇数时}\end{cases}$$

其中 $\alpha=\mu(1+\beta^{-1})$。

a. 定义 0 时刻的竞争性均衡，注意包括竞争性均衡中所有对象的定义。

b. 计算 0 时刻交易时的竞争性均衡配置。

c. 用竞争性均衡价格计算 0 时刻两种消费者的财富。

d. 定义阿罗证券的序列交易的竞争性均衡。

e. 计算阿罗证券的序列交易的竞争性均衡。

8.8 角解

某纯禀赋经济由两类消费者构成，第一类消费者根据以下式子管理他们的一种商品的消费流：

$$\sum_{t=0}^{\infty}\beta^t c_t^1$$

第二类消费者则根据以下式子进行管理：

$$\sum_{t=0}^{\infty}\beta^t \ln(c_t^2)$$

其中 $c_t^i\geqslant 0$ 表示第 i 类消费者的消费，$\beta\in(0,1)$ 表示共同的折现因子。请注意对每个人的消费的非负限制（这是因为 c_t^i 是消费而不是生产）。消费品可以交换但不可以储存，两类消费者的数量相同。第一类消费者拥有以下消费序列：

$$y_t^1 = \mu > 0, \forall t \geqslant 0$$

第二类消费者拥有以下消费序列：

$$y_t^2 = \begin{cases} 0, & \text{当 } t \geqslant 0 \text{ 且为偶数时} \\ \alpha, & \text{当 } t \geqslant 0 \text{ 且为奇数时} \end{cases}$$

其中

$$\alpha = \mu(1 + \beta^{-1}) \tag{1}$$

a. 定义 0 时刻交易的竞争性均衡，注意包括竞争性均衡中所有对象的定义。

b. 计算 0 时刻交易的竞争性均衡配置以及均衡价格体系，同时计算单期的总利率序列。它们在奇数期和偶数期是不是不同的?

c. 用竞争性均衡价格计算 0 时刻两种消费者的财富。

d. 现在考虑一个除了一个方面不同，其他与之前相同的经济。消费者 1 各个时期的禀赋仍然是 1，但我们假设消费者 2 各个时期的禀赋要更大（尽管它在每个偶数期仍然是零）。特别地，我们改变条件（1）下的禀赋为：

$$\alpha > \mu(1 + \beta^{-1})$$

计算该经济的竞争性均衡配置和价格体系。

e. 计算在 d 中你所得到的均衡价格体系中隐含的单期利率序列。利率水平和你在 b 中得出的相比是高还是低?

8.9 等价鞅测度

设 $\{d_t(s_t)\}_{t=0}^{\infty}$ 是一组收益流。假设市场是完全的。从（8.5.4）式和（8.7.1）式可知，在 0 时刻，带来这组收益流的权益的价格为：

$$a_0 = \sum_{t=0} \sum_{s^t} \beta^t \frac{u'(c_t^i(s^t))}{\mu_i} \pi_t(s^t) d_t(s_t)$$

试证此处的 a_0 也可以表示为：

$$a_0 = \sum_t b_t \sum_{s^t} d_t(s_t) \tilde{\pi}_t(s^t) = \tilde{E}_0 \sum_{t=0}^{\infty} b_t d_t(s_t) \tag{1}$$

其中 $\tilde{E}$ 是在扭曲测度 $\tilde{\pi}_t(s^t)$ 下计算的数学期望，$\tilde{\pi}_t(s^t)$ 的定义如下：

$$\tilde{\pi}_t(s^t) = b_t^{-1} \beta^t \frac{u'(c_t^i(s^t)) \pi_t(s^t)}{\mu_i}$$

$$b_t = \sum_{s^t} \beta^t \frac{u'(c_t^i(s^t)) \pi_t(s^t)}{\mu_i}$$

请证明 $\tilde{\pi}_t(s^t)$ 是概率测度。截距 b_t 本身可解释为某特定资产的价格。注意：$\tilde{\pi}_t(s^t)$ 叫做“等价鞅测度”，参看第 13 章和第 14 章。

8.10 哈里森-克雷普斯（Harrison-Kreps）价格

试证前一个练习（1）式中的资产价格也可以表达成如下形式：

$$a_0 = \sum_{t=0}^{\infty} \sum_{s^t} \beta^t p_t^0(s^t) d_t(s^t) \pi_t(s^t) = E_0 \sum_{t=0}^{\infty} \beta^t p_t^0 d_t$$

其中

$$p_t^0(s^t) = q_t^0(s^t) / [\beta^t \pi_t(s^t)]$$

8.11 早期不确定性研究

假设某经济体由 $i=1,2$ 两个家庭组成。每个家庭按照 $\sum_{t=0}^{\infty} \sum_{s^t} \beta^t u[c_t^i(s^t)] \pi_t(s^t)$ 来评估单个商品的消费流。这里，$u(c)$ 是关于商品消费数量 c 的一个递增的、二阶连续可微的严格凹函数。该效用函数满足稻田条件：$\lim_{c \downarrow 0} u'(c) = +\infty$。可行的配置需满足：$\sum_i c_t^i(s^t) \leqslant \sum_i y^i(s_t)$。两个家庭拥有的商品（不可储存）的禀赋数量都是状态变量 s_t 的函数，其中 $s_t \in S = \{0,1,2\}$。s_t 可以由一个不随时间变化且初始分布为 $\pi_0 = [0 \quad 1 \quad 0]'$ 的马尔可夫链来描述，转移密度是如下的随机矩阵：

$$P = \begin{pmatrix} 1 & 0 & 0 \\ 0.5 & 0 & 0.5 \\ 0 & 0 & 1 \end{pmatrix}$$

两个家庭各自的禀赋分别为：

$$y_t^1 = s_t / 2$$
$$y_t^2 = 1 - s_t / 2$$

a. 用阿罗证券定义竞争性均衡。

b. 用阿罗证券计算竞争性均衡。

c. 手工模拟这个经济。特别地，对于任何可能的 s^t 的历史实现轨迹，描述 c_t^1、c_t^2 的时间序列以及每个家庭的财富水平 a_t^i。（注意：通常情况下，这项任务不可能手工完成，但是，由于本题目的特殊设计，这项任务可以手工完成。）

8.12 由皮埃尔，奥利维尔和魏尔提供

假设某经济是由无限存活的消费者的连续统组成，消费者类型 $j \in \{0,1\}$，每个类型都有一个度量值。存在一种不可储存的消费品，以每个消费者拥有的禀赋流的形式表示。特别地，消费者的禀赋为：

$$y_t^0(s_t) = (1 - s_t)\, \bar{y}^0$$
$$y_t^1(s_t) = s_t\, \bar{y}^1$$

其中 s_t 表示在 $\{0,1\}$ 上取值的两状态的时不变的马尔可夫链，且 $\bar{y}^0 < \bar{y}^1$。初始状态为 $s_0 = 1$。$\pi(s' | s)$ 为转移概率，$(s' | s) \in \{0,1\}^2$，其中 “$'$” 代表下一时期的值。总禀赋 $y_t(s_t) \equiv (1 - s_t)\bar{y}^0 + s_t \bar{y}^1$。因此，该经济在衰退 $y_t(0) = \bar{y}^0$ 和繁荣 $y_t(1) = \bar{y}^0$ 这两种状态间随机波动。衰退时，第 0 类消费者拥有所有禀赋，繁荣时，第 1 类消费者拥有所有禀赋。消费者按照下列式子安排其消费流：

$$U(c^j) = \sum_{t=0}^{\infty} \sum_{s^t} \beta^t \pi(s^t | s_0) \frac{c_t^j(s^t)^{1-\gamma}}{1 - \gamma}$$

其中 $s^t=(s_t, s_{t-1}, \cdots, s_0)$ 表示 t 时刻之前（包含 t 时刻）的历史状态，$\beta\in(0,1)$ 为折现因子，$\gamma>0$ 为相对风险厌恶系数。

a. 定义 0 时刻交易的竞争性均衡。计算价格体系 $\{q_t^0(s^t)\}_{t=0}^{\infty}$ 和均衡配置 $\{c^j(s^t)\}_{t=0}^{\infty}$，$j\in\{0,1\}$。

b. 求出效用函数 $\overline{U}(c)=E_0(\sum_{t=0}^{\infty}\beta^t u(c_t))$，使得价格体系 $q_t^0(s^t)$ 和总禀赋 $y_t(s_t)$ 满足单个消费者经济 $(\overline{U},\{y_t(s_t)\}_{t=0}^{\infty})$ 的均衡配置。你的答案如何依赖于禀赋 $y_t^j(s^t)$ 在两类不同消费者 $j\in\{0,1\}$ 之间的配置？你将怎样为这个经济中的代表性消费者假设辩护？

c. 描述下列三种市场结构下的均衡配置：(1) 在每个结点 s^t 上，消费者只能交易其整个禀赋流上的权益；(2) 在每个结点 s^t 上，存在一个提前一期的阿罗证券的完全集合；(3) 在每个结点 s^t 上，消费者只能买卖两种无风险资产，例如，在 $t+1$ 时刻确定支付 1 单位消费品的单期零息票债券，以及在 $t+2$ 时刻确定支付 1 单位消费品的两期零息票债券。当不存在总的不确定性时，你的答案又将是什么？

d. 假设 $\pi(1\mid 0)=1$，$\pi(0\mid 1)=1$，$s_0=1$。计算 0 时刻交易的均衡配置。第 $j=1$ 类消费者是否消费了最大份额的总禀赋。它是怎样依赖于参数的值的？给出你的答案的经济学含义。

e. 假设 $\pi(1\mid 0)=1$，$\pi(0\mid 1)=1$，记住 $s_0=1$。在 $t=1$ 时，消费者 $j=0$ 拥有对其金融债务违约的权利。例如，在一个 0 时刻交易的经济中，这些债务是商品的交割。假设发生违约时，这个消费者将被从市场中剔除并且她只能一直消费她自己的禀赋。那么这个消费者会执行她违约的权利吗？

8.13 不同的信念 I

某纯禀赋经济是由两个消费者组成的。消费者 i 具有依历史或有消费序列 $\{c_t^i(s^t)\}$ 而定的偏好，此偏好服从

$$\sum_{t=0}^{\infty}\sum_{s^t}\beta^t u(c_t^i(s^t))\pi_t^i(s^t)$$

其中 $u(u)=\ln(c)$，$\pi_t^i(s^t)$ 表示消费者 i 被指派给历史 s^t 的密度。状态空间是时不变的。特别地，对于所有 $t\geqslant 0$，$s_t\in S=\{0, 0.5, 1\}$。对于 $t=0,1,2,\cdots$，只有两个历史是可能发生的：

历史 1：0.5，1，1，1，1
历史 2：0.5，0，0，0，0

消费者 1 被指派给历史 1 的概率为 1/3，消费者 1 被指派给历史 2 的概率为 2/3，而消费者 2 被指派给历史 1 的概率为 2/3，消费者 2 被指派给历史 2 的概率为 1/3。一种自然指派方式是对两个历史赋予相等的概率。于是，这两个消费者的禀赋是：

$$y_t^1=s_t$$
$$y_t^2=1-s_t$$

a. 定义单期阿罗证券的完全集合的序列交易的竞争性均衡。

b. 计算单期阿罗证券的完全集合的序列交易的竞争性均衡。

c. 此均衡配置是不是帕累托最优的?

8.14　不同的信念Ⅱ

考虑下述存在 I 个人的纯禀赋经济。对于所有 $t\geqslant 0$，存在状态变量 $s_t\in S$。设 s^t 表示从 0 到 t 的历史。t 时刻的总禀赋是历史的函数，所以 $Y_t=Y_t(s^t)$。个体 i 将个人概率 $\pi_t^i(s^t)$ 附加到历史 s^t 上。在 t 时刻，所有 I 个人都可观察到历史 s^t 。假设对于所有 i，$\pi_t^i(s_t)>0$ 当且仅当 $\pi_t^1(s_t)>0$ 时（所以，消费者认为历史会以正概率发生）。消费者 i 可对消费计划 $c_t^i(s^t)$ 加以排序，它是通过以下预期效用函数可测的历史的函数：

$$\sum_{t=0}^{\infty}\sum_{s^t}\beta^t\ln(c_t^i(s^t))\pi_t^i(s^t) \tag{1}$$

经济的所有制结构尚未确定。

计划者将正的帕累托权重 $\lambda_i>0$ 赋予消费者 $i=1,\cdots,I$，然后求解在满足每一位消费者偏好条件下由（1）式所刻画的 0 时刻的帕累托问题。

a. 表示如何求解帕累托最优配置。给出 $c_t^i(s^t)$ 作为 $Y_t(s^t)$ 和其他相关变量函数的表达式。

b. 在什么条件下，帕累托计划意味着在 I 个消费者之间完全分散风险?

c. 在什么条件下，帕累托计划意味着均衡配置不依赖于历史?“不依赖于历史”意味着 $Y_t(s^t)=Y_t(\tilde{s}^t)$ 在 t 时刻有相同的配置。

d. 对于给定的帕累托权重集，求出相关均衡价格向量与 I 个消费者之间的财富初始配置，以使帕累托配置成为与 0 时刻消费的历史或有权益的竞争性均衡有关的配置。

e. 依据均衡数量和消费者的信念，求出均衡价格向量公式。

f. 假定 $I=2$。证明随着 $\lambda_2/\lambda_1\rightarrow+\infty$，计划者将依据如下方式配置初始财富，即使消费者 2 的信念越来越多地在确定均衡价格方面有影响力。

8.15　不同的信念Ⅲ

某经济是由两个消费者组成的，消费者用 $i=1,2$ 表示。每个消费者根据下式评估单一不可储存消费品的消费流：

$$\sum_{t=0}^{\infty}\sum_{s^t}\beta^t\ln[c_t^i(s^t)]\pi_t^i(s^t)$$

这里 $\pi_t^i(s^t)$ 表示消费者 i 对历史 s^t 的主观概率。对于所有 $t\geqslant 0$ 和所有 s^t ，可行配置满足 $\sum_i c_t^i(s^t)\leqslant\sum_i y^i(s^t)$ 。消费者的单个商品禀赋是状态变量 $s_t\in S=\{0,1,2\}$ 的函数。实际上 s_t 由具有初始分布 $\pi_0=[0\quad 1\quad 0]'$，且转移密度由下面的随机矩阵

$$P=\begin{bmatrix}1 & 0 & 0\\ 0.5 & 0 & 0.5\\ 0 & 0 & 1\end{bmatrix}$$

所定义的时不变马尔可夫链来描述，其中对于 $i=1,2,3$ 与 $j=1,2,3$，$P_{ij}=\text{Prob}[s_{t+1}=j-1\mid s_t=i-1]$。这两个消费者的禀赋是

$$y_t^1=s_t/2$$

$$y_t^2 = 1 - s_t/2$$

在第Ⅰ部分中，两个消费者都知道历史 s^t 的真实概率（即他们知道 π_0 和 P）。在第Ⅱ部分中，两个消费者具有不同的主观概率。

第Ⅰ部分

假定两个消费者都知道 (π_0, P)，对于所有 $t \geqslant 0$ 和所有 s^t，$\pi_t^1(s^t) = \pi_t^2(s^t)$。

a. 说明如何从 (π_0, P) 推导出 $\pi_t^i(s^t)$。

b. 定义带有阿罗证券的序列交易的竞争性均衡。

c. 计算带有阿罗证券的序列交易的竞争性均衡。

d. 用手工计算模拟经济。特别地，对于每一个可能的历史 s^t 的实现，描述两个消费者的 c_t^1 和 c_t^2 的时间序列以及财富水平。

第Ⅱ部分

现在假定消费者 1 知道 (π_0, P)，而消费者 2 知道 π_0，但认为 P 是

$$\hat{P} = \begin{bmatrix} 1 & 0 & 0 \\ 0.4 & 0 & 0.6 \\ 0 & 0 & 1 \end{bmatrix}$$

e. 对于所有 $t \geqslant 0$ 和所有 s^t，从 $(\pi_0, \hat{P})$ 推导出 $\pi_t^2(s^t)$。

f. 写出这个经济的帕累托问题的公式并求解。

g. 定义带有阿罗-德布鲁历史或有证券的完全集合的 0 时刻交易的均衡。

h. 计算带有阿罗-德布鲁历史或有证券的完全集合的 0 时刻交易的均衡。

i. 计算带有阿罗证券序列交易的均衡。对于所有 $t \geqslant 0$ 时 s^t 的所有可能实现，描述两个消费者 c_t^1 和 c_t^2 的时间序列以及财富水平。

8.16 不同的信念Ⅳ

某纯交换经济由两个消费者组成。消费者 i 具有由历史或有消费序列 $\{c_t^i(s^t)\}$ 确定的偏好，此偏好服从

$$\sum_{t=0}^{\infty} \sum_{s^t} \beta^t u(c_t^i(s^t)) \pi_t^i(s^t)$$

其中 $u(c) = \ln(c)$，$\beta \in (0, 1)$，而 $\pi_t^i(s^t)$ 表示消费者 i 被指派给历史 s^t 的密度。状态空间是时不变的。特别地，对于所有 $t \geqslant 0$，$s_t \in S = \{0, 0.5, 1\}$。对于 $t = 0, 1, 2, \cdots$，只有两个历史是可能发生的：

历史 1：0.5，1，1，1，1

历史 2：0.5，0，0，0，0

消费者 1 被指派给历史 1 的概率为 1，消费者 1 被指派给历史 2 的概率为 0，而消费者 2 被指派给历史 1 的概率为 0，消费者 2 被指派给历史 2 的概率为 1。一种自然指派方式是对两个历史赋予相等的概率。于是，这两个消费者的禀赋是：

$$y_t^1 = s_t$$
$$y_t^2 = 1 - s_t$$

a. 用公式表述并求解这个经济的帕累托问题。

b. 定义带有单期阿罗证券的完全集合的序列交易的竞争性均衡。

c. 对于这个经济，是否存在带有单期阿罗证券的完全集合的序列交易的竞争性均衡？如果存在，则计算它。如果不存在，解释为什么。

8.17 不同的信念Ⅴ

某纯交换经济是由两个消费者组成。消费者 i 具有由历史或有消费序列 $\{c_t^i(s^t)\}$ 确定的偏好，此偏好服从

$$\sum_{t=0}^{\infty}\sum_{s^t}\beta^t u(c_t^i(s^t))\pi_t^i(s^t)$$

其中 $u(u)=\ln(c)$，$\beta\in(0,1)$，$\pi_t^i(s^t)$ 表示消费者 i 被指派给历史 s^t 的密度。状态空间是时不变的。特别地，对于所有 $t\geqslant0$，$s_t\in S=\{0,\ 0.5,\ 1\}$。对于 $t=0,1,2,\cdots$，只有两个历史是可能发生的：

历史 1：0.5，1，1，1，1

历史 2：0.5，0，0，0，0

消费者 1 被指派给历史 1 的概率为 1，消费者 1 被指派给历史 2 的概率为 0，而消费者 2 被指派给历史 1 的概率为 0，消费者 2 被指派给历史 2 的概率为 1。一种自然指派方式是对两个历史赋予相等的概率。于是，这两个消费者的禀赋是：

$$y_t^1 = 1-s_t$$
$$y_t^2 = s_t$$

a. 用公式表述并求解这个经济的帕累托问题。

b. 定义带有单期阿罗证券的完全集合的序列交易的竞争性均衡。

c. 对于这个经济，是否存在带有单期阿罗证券的完全集合的序列交易的竞争性均衡？如果存在，则计算它。如果不存在，解释为什么。

8.18 无风险债券

某经济由单一代表性消费者组成，消费者对不可储存的消费品的消费流依据如下方式排序：$\sum_{t=0}^{\infty}\sum_{s^t}\beta^t\ln[c_t(s^t)]\pi_t(s^t)$，这里 $\pi_t(s^t)$ 表示消费者服从马尔可夫状态 s_t 的历史 s^t 的主观概率，其中 $s_t\in\{1,\ 2\}$。假设主观概率 $\pi_t(s^t)$ 等于客观概率。这个纯禀赋经济的可行性由条件 $c_t\leqslant y_t$ 表示，其中 y_t 表示 t 时刻的禀赋。禀赋是外生的，它由

$$y_{t+1} = \lambda_{t+1}\lambda_t\cdots\lambda_1 y_0$$

控制，$t\geqslant0$，$y_0>0$。这里 λ_t 是马尔可夫状态 s_t 的函数。假设当 $s_t=1$ 时，$\lambda_t=1$，当 $s_t=2$ 时，$\lambda_t=1+\zeta$，其中 $\zeta>0$。在 t 时刻，状态 $s^t=[s_t,\cdots,s_0]$ 是已知的，但是未来状态未知。状态 s_t 由如下时不变马尔可夫链来描述，此马尔可夫链具有初始概率分布 $\pi_0=[1\quad 0]'$ 且转移密度由随机矩阵

$$P=\begin{bmatrix}P_{11} & P_{12}\\ P_{21} & P_{22}\end{bmatrix}$$

所定义，对于 $i=1,2$ 与 $j=1,2$，$P_{ij}=\text{Prob}[s_{t+1}=j|s_t=i]$。假定对于所有$(i,j)$对，$P_{ij}\geqslant 0$。

a. 说明如何从（π_0,P）推导出 $\pi_t(s^t)$。

b. 定义带有阿罗证券的序列交易的竞争性均衡。

c. 计算带有阿罗证券的序列交易的竞争性均衡。

d. 假定 p_t^b 表示 $t+1$ 时刻 1 单位消费的无风险权益在 t 时刻的价格。定义提前一期的消费的无风险权益的序列交易的竞争性均衡。

e. 设 $R_t=(p_t^b)^{-1}$ 是单期无风险总利率。给出 R_t 的公式并阐述它是如何依赖于历史 s^t 的。

f. 假定 $\beta=0.95$，$\zeta=0.02$，$P=\begin{bmatrix}1 & 1\\ 0.5 & 0.5\end{bmatrix}$。当 $s_t=1$ 时，计算 R_t。当 $s_t=2$ 时，计算 R_t。

g. 你所给出解答的哪个部分取决于假设主观概率 $\pi_t(s^t)$ 等于客观概率？

第 9 章 世代交叠模型

这一章介绍保罗·萨缪尔森（1958）的纯交换经济的世代交叠模型。我们先给出这个模型的抽象描述，即将世代交叠模型当做第 8 章的带有完全市场和所有交易发生在 0 时刻的一般均衡模型的特殊情况。个体之间的一种奇特的异质性，使得这个模型与众不同。每个个体只关心紧接着的两期的消费，在这些关注特定时期消费的个体集合中，一些人关注前一期的消费，另一些人则关注后一期的消费。我们将研究这些特殊的偏好和人口类型怎样影响第 8 章模型中的某些结果。

在世代交叠模型中，虽然允许交易发生在 0 时刻的完全市场有利于揭示模型的基本结构，但它过度要求诚信。形式主义认为，均衡价格序列和数量序列都是在 0 时期设定的，也就是说，在从事这些交易的参与者出生以前就已经决定了。由于这个原因，和第 8 章所描述的阿罗证券中的序列交易一样，大多数关于世代交叠模型的应用工作都采用序列交易安排。序列交易安排使得所有交易由经济中现有的人执行。然而，在这两种交易安排中，均衡数量和跨期价格是等价的。因此，一种设定下的分析结果可以转化为另一种设定下的分析结果。

在这一章的后面，我们将使用模型的序列交易形式分析世代交叠模型怎样为一些均衡问题提供一种框架，这些均衡问题包括，政府债务和/或有价值的法定货币的均衡、跨代转移支付的均衡以及财政政策的均衡。

9.1 禀赋和偏好

时间是离散的，从 $t=1$ 开始并永远持续下去，所以 $t=1,2,\cdots$。存在无限多个个体，

将他们命名为 $i=0,1,\cdots$。我们也认为 i 是个体的出生时期。每一期只有一种单一的商品。商品不可储存。没有不确定性。每一个个体有严格凹的、二阶连续可微的单期效用函数 $u(c)$，它对单个商品的消费 c 是严格递增的。个体 i 的消费向量为 $c^i=\{c_t^i\}_{t=1}^{\infty}$，并且有下面这种特殊的效用函数：

$$U^i(c^i)=u(c_i^i)+u(c_{i+1}^i), \quad i\geqslant 1 \tag{9.1.1a}$$

$$U^0(c^0)=u(c_1^0) \tag{9.1.1b}$$

注意，个体 i 只想要第 i 期和第 $i+1$ 期的消费品。方程（9.1.1）可以解释为，个体 i 只生活在第 i 期和第 $i+1$ 期，并且他只希望在活着的时候消费商品。

对于任意 $t\neq i$ 或 $i+1$，每一个家庭的禀赋序列 y^i 满足 $y_i^i\geqslant 0$，$y_{i+1}^i\geqslant 0$，$y_t^i=0$。因而，家庭成员只有在他们活着的时候才被赋予商品。

9.2 0 时刻交易

我们使用第 8 章的竞争性均衡的定义。因此我们暂时延缓怀疑，继续沿用德布鲁(1959) 的 0 时刻交易的形式。特别地，我们假设在第 0 期有一个“清算所”，在那里汇集了各种价格以及这些价格决定的不同时期的总供给和总需求。均衡价格向量使得市场对所有 $t\geqslant 2$ 出清，但在第 1 期可能有剩余供给，也就是说，清算所在第 1 期可能留有商品。第 1 期的剩余供给可以给初始时期的上一代，这不会对均衡价格向量产生任何影响，原因在于，这些老年人的最优选择是在第 1 期消费掉他们所有的财富，他们并不想买进未来期的商品。下面我们将清楚地看到我们对第 1 期进行这种特殊处理的原因。

因而，在日期 0 存在 t 时刻消费品的完全市场，其 0 时刻价格为 q_t^0。家庭的预算约束是

$$\sum_{t=1}^{\infty} q_t^0 c_t^i \leqslant \sum_{t=1}^{\infty} q_t^0 y_t^i \tag{9.2.1}$$

令 μ^i 为消费者 i 预算约束的乘子，消费者的一阶条件为

$$\mu^i q_i^0 = u'(c_i^i) \tag{9.2.2a}$$

$$\mu^i q_{i+1}^0 = u'(c_{i+1}^i) \tag{9.2.2b}$$

$$c_t^i = 0 \ , \ t\notin\{i,i+1\} \tag{9.2.2c}$$

很明显，配置是可行的，如果对所有的 $t\geqslant 1$，有

$$c_t^t + c_t^{t-1} \leqslant y_t^t + y_t^{t-1} \tag{9.2.3}$$

定义： 如果对于任意 $i\geqslant 1$，满足 $c_{i+1}^i=c_o$，$c_i^i=c_y$，则称配置是**稳定的**。

这里下标 o 表示老年人，y 表示年轻人。注意我们没有要求 $c_1^0=c_o$。我们称具有稳定配置的均衡为稳定均衡。

□ 9.2.1 均衡的例子

令 ε∈(0，0.5)。禀赋为

$$\begin{aligned}&y_i^i=1-\varepsilon,\ \forall i\geqslant 1\\&y_{i+1}^i=\varepsilon,\ \forall i\geqslant 0\\&y_t^i=0,\ 其他\end{aligned}\tag{9.2.4}$$

这个经济中有许多均衡。我们现在描述两个稳定均衡，后面我们还要描述几个非稳定均衡。我们使用猜测-证明法来验证下面两个均衡：

(1) 均衡 H：高利率均衡。令 $q_t^0=1$ ($\forall t\geqslant 1$)，对所有 $i\geqslant 1$，令 $c_i^i=c_{i+1}^i=0.5$，且 $c_1^0=\varepsilon$。为了验证这是一个均衡，注意它使得每个家庭的一阶条件被满足，并且这个配置还是可行的。这里存在广泛的跨代交易，它发生在 0 时刻，并且均衡价格向量为 q_t^0。约束条件 (9.2.3) 对所有 $t\geqslant 2$ 等号成立，但对$t=1$严格不等式成立。$t=1$ 期的部分消费品没有被消费掉。

(2) 均衡 L：低利率均衡。令 $q_1^0=1$，$\dfrac{q_{t+1}^0}{q_t^0}=\dfrac{u'(\varepsilon)}{u'(1-\varepsilon)}=\alpha>1$。对所有的 i 与 t，令 $c_t^i=y_t^i$。这个均衡是自给自足的，价格被用来排除所有的交易。

□ 9.2.2 与福利定理的关系

正如稍后我们将详细解释的，均衡 H 帕累托占优于均衡 L。均衡 H 与均衡 L 相比，初始老年人以后的每一代的境况都变得更好，并且没有人的境况变糟。均衡 H 的配置有一点特别，因为有一部分第 1 期的商品没有被消费掉。因此可以对初始老年人设置一个赠品计划，使他们过得更好，且不会牺牲后代的利益。我们后面将看到永久性政府债务或法定货币制度如何达到这个目的。①

均衡 L 是竞争性均衡，它明显违背了福利经济学第一定理所需的一个假设条件。福利经济学第一定理指出，在某些假设下，竞争性均衡配置是帕累托最优的。② 均衡 L 违背了此定理的一条假设：在均衡价格下，总禀赋的价值是有限的。③

□ 9.2.3 非稳定均衡

我们的经济例子有更多的均衡。为了构造更多的均衡，我们按照提供曲线（offer curve）来概括偏好和消费决策。我们将使用由戴维·盖尔（David Gale，1973）提出的后来由威廉·布罗克（William Brock，1990）进一步应用的图形工具。

定义： 家庭的提供曲线是 (c_i^i, c_{i+1}^i) 的轨迹，它是

$$\max_{\{c_i^i, c_{i+1}^i\}} U(c^i)$$

---

① 参见卡尔·谢尔（1971）的一项研究，它说明了为什么世代交叠模型中的某些竞争性均衡不是帕累托最优的。谢尔援引了更早的研究，这些研究指出了在世代交叠结构中福利定理失效的原因。

② 参见 Mas-Colell，Whinston and Green（1995）；Debreu（1954）。

③ 注意，如果经济的期限是有限的，那么均衡 H 的对应结果将不存在，均衡 L 的对应配置是帕累托最优的。

的解，满足

$$c_i^i+\alpha_i c_{i+1}^i \leqslant y_i^i+\alpha_i y_{i+1}^i$$

其中，$\alpha_i \equiv \frac{q_{i+1}^0}{q_i^0}$是从 i 期到 $i+1$ 期的单期总收益率的倒数，这里它被看成参数。

很明显，提供曲线求解了下面这对方程：

$$c_i^i+\alpha_i c_{i+1}^i = y_i^i+\alpha_i y_{i+1}^i \tag{9.2.5a}$$

$$\frac{u'(c_{i+1}^i)}{u'(c_i^i)}=\alpha_i \tag{9.2.5b}$$

其中 $\alpha_i>0$。我们将提供曲线表示为

$$\Psi(c_i^i, c_{i+1}^i)=0$$

提供曲线的图形构造如图 9.2.1 所示。我们在家庭问题中变化 α_i，得到家庭的无差异曲线与预算线的切点，进而得到提供曲线。得到的轨迹依赖于禀赋向量，且位于穿过禀赋向量的无差异曲线之上。由图形构造知道下面的性质也成立：在提供曲线与经过禀赋点的直线的交点处，有一条无差异曲线与该直线相切。[①]

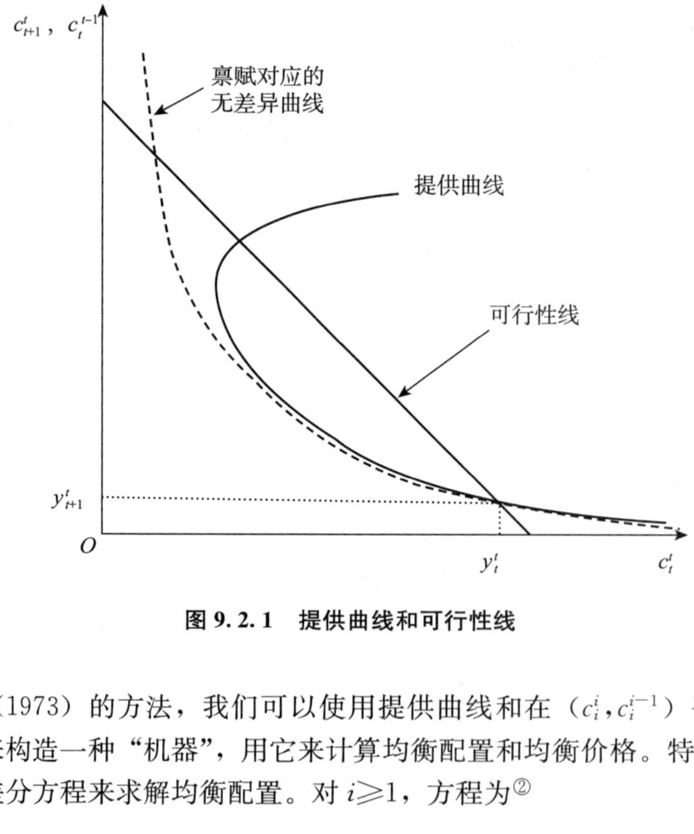

图 9.2.1　提供曲线和可行性线

采用盖尔（1973）的方法，我们可以使用提供曲线和在（c_i^i, c_i^{i-1}）平面上表示可行性的一条直线来构造一种“机器”，用它来计算均衡配置和均衡价格。特别地，我们可以使用下面这对差分方程来求解均衡配置。对 $i \geqslant 1$，方程为[②]

---

① 给定我们关于偏好和禀赋的假设，细心的读者会发现图 9.2.1 是扭曲的，因为提供曲线没有与可行性线沿着 45°线 $c_t^t=c_{t+1}^t$（也就是均衡 H 的配置）相交。

② 让（9.2.6b）式取等式，我们就隐含地包含了一个对初始老年人的赠品计划。

$$\Psi(c_i^i, c_{i+1}^i)=0 \tag{9.2.6a}$$

$$(c_i^i+c_i^{i-1})=y_i^i+y_i^{i-1} \tag{9.2.6b}$$

我们取 c_i^1 为初始条件。当计算出配置以后，均衡价格体系可以根据下面的式子计算出来：

$$q_i^0=u'(c_i^i)$$

它对所有 $i\geqslant 1$ 都成立。

□ 9.2.4 计算均衡

例 1 盖尔的均衡计算机器：构造均衡的过程如图 9.2.2 所示，它重现戴维·盖尔(1973) 中的图形的一种形式。从某个设定的 c_1^1 以及初始年轻人在 1 时刻的配置开始，然后利用可行性线找出 c_0^1 的最大可能值以及初始老年人在 1 时刻的配置。在阿罗-德布鲁均衡中，初始老年人的配置小于前面的最大值，从而 1 时刻中的部分商品将被去掉。导致这种情形的原因是初始老年人的预算约束 $q_1^0(c_1^0-y_1^0)\leqslant 0$ 意味着 $c_1^0=y_1^0$。① 于是，备选的 1 时刻的配置是可行的，但是，1 时刻的年轻人只有在价格 α_1 使得 (c_2^1, c_1^1) 位于提供曲线上时才选择 c_1^1。因此，我们可以通过提供曲线与经过 c_1^1 的垂直线的交点来确定 c_2^1。然后我们继续找 c_2^2，它是经过 c_2^1 的水平线与可行性线的交点。我们可以按照这种方法继续递归地进行，通过可行性线与经过 c_i^{i-1} 的水平线的交点来选择 c_i^i，然后通过提供曲线与经过 c_i^i 的垂直线的交点来选择 c_{i+1}^i。我们可以构造由经过禀赋点的直线的斜率值组成的 α_i 序列，以及位于提供曲线上的 (c_i^i, c_{i+1}^i) 序列对。

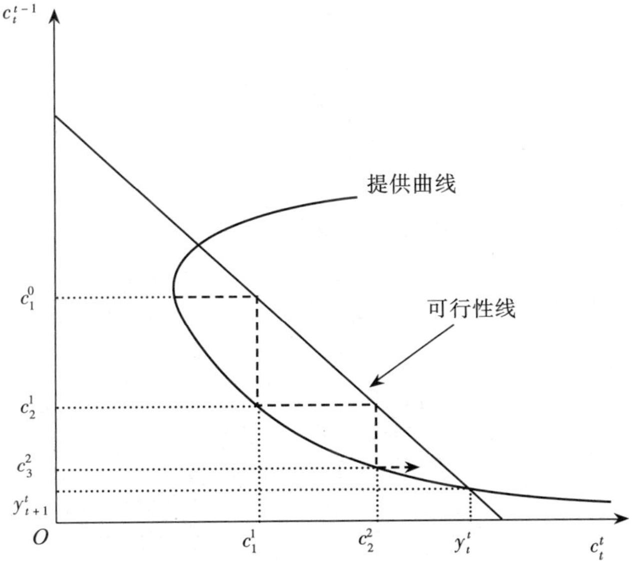

图 9.2.2 非稳定均衡配置

① 稍后我们讨论另一种市场结构，其中通过提供一种特殊的零红利的无限耐用资产来增加初始老年人的禀赋，从而可以避免丢弃任何的初始禀赋。

如果提供曲线具有图 9.2.2 中的形状，那么在提供曲线和可行性线的上面的交点与下面的交点之间的任何 c_1^1，都是 c_1^1 的均衡设定。每一个这样的 c_1^1 对应一个不同的配置和 α_i 序列，它们中除一个以外，其余的都收敛到低利率稳定均衡配置和相应的利率。

例 2 在 $+\infty$ 处有禀赋：采用前面例子的偏好和禀赋结构，只改变一个特征。将初始老年人的禀赋改为 $y_1^0=\varepsilon>0$，且“在 $t=+\infty$ 的时候有 $\delta=1-\varepsilon>0$ 单位消费品”，这里我们取

$$\sum_t q_t^0 y_t^0 = q_1^0\varepsilon + \delta \lim_{t\to\infty} q_t^0$$

容易验证，这个特定禀赋经济中的竞争性均衡有 $q_t^0=1$（$\forall t\geqslant 1$），因而 $\alpha_t=1$（$\forall t\geqslant 1$）。原因在于，在我们已经描述过的所有“低利率”均衡中，都对初始老年人的禀赋指定了一个无穷值。当初始老年人面对这些价格时，他们具有无限消费需求。而满足这种消费需求是不可行的。因此，那种价格体系不能成为均衡。

例 3 卢卡斯树：采用前面例 1 中相同的偏好和禀赋结构，只改变一个特征。赋予初始老年人一棵“卢卡斯树”，也就是说，对每个 $t\geqslant 1$，他们都有常值 $d>0$ 单位消费的权益。[①] 因而，初始老年人的预算约束现在变成了

$$q_1^0 c_1^0 = d\sum_{t=1}^{\infty} q_t^0 + q_1^0 y_1^0$$

每一个年轻人的提供曲线与以前一样，但现在的可行性线是

$$c_i^i + c_i^{i-1} = y_i^i + y_i^{i-1} + d$$

对于所有 $i\geqslant 1$ 都成立。注意，年轻个体的禀赋在可行性线下面。在图 9.2.3 中，看起来

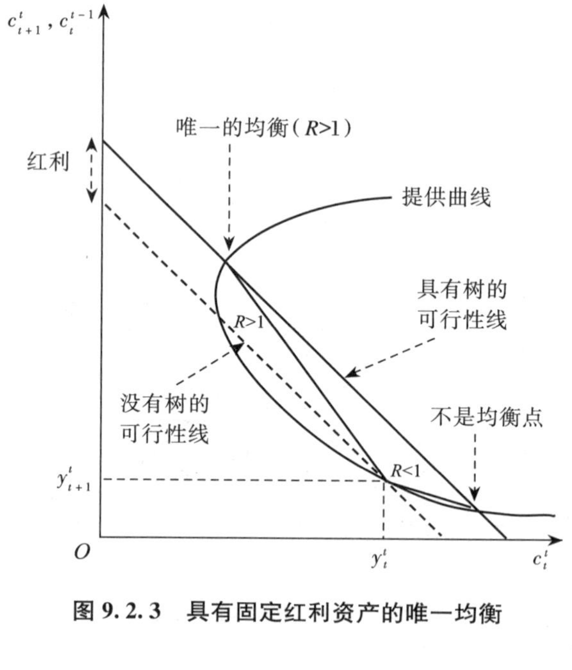

图 9.2.3 具有固定红利资产的唯一均衡

① 这是布罗克（1990）研究的一个例子。在卢卡斯（1978）所研究的纯交换经济中，“卢卡斯树”将红利解释为从“树”上掉下来的“果实”，见第 13 章。

现在有两个备选稳定均衡，一个具有常数 $\alpha<1$，另一个具有常数 $\alpha>1$。$\alpha<1$ 的那个对应图 9.2.3 中较陡的预算线。然而，由类似例 2 中的原因可以知道，$\alpha>1$ 所对应的备选的稳定均衡不能成为均衡，因为 $\alpha>1$ 对应的价格体系使得初始老年人的财富无限，这使得初始老年人想要消费无穷大的量，但这是不可行的。这些论证不仅排除了 $\alpha>1$ 的稳定均衡，而且排除了所有的非稳定备选均衡收敛到那个常数 α 的可能性。因此，存在唯一的均衡，它是稳定的，并且有 $\alpha<1$。

如果我们将卢卡斯树的总收益率解释成 $\alpha^{-1}=\frac{p+d}{p}$，其中 $p=\sum_{t=1}^{\infty}q_t^0 d$，我们可以计算 $p=\frac{d}{R-1}$，其中 $R=\alpha^{-1}$。这里 p 表示卢卡斯树的价格。

依据下面对数偏好的例 5，差分方程（9.2.9）经过修正后变成

$$\alpha_i=\frac{1+2d}{\varepsilon}-\frac{\varepsilon^{-1}-1}{\alpha_{i-1}} \tag{9.2.7}$$

例 4　政府支出：采用如同例 1 一样的偏好和禀赋结构，但是现在可行性线变成

$$c_i^i+c_i^{i-1}+g=y_i^i+y_i^{i-1}$$

对于所有 $i\geqslant1$ 成立，其中 $g>0$ 是正的政府购买水平。现在"清算所"要寻找一个均衡价格向量，使得可行性约束被满足。我们假设政府购买不产生效用。提供曲线和可行性线如图 9.2.4 所示。注意，现在禀赋点 (y_i^i,y_{i+1}^i) 位于相应的可行性线的外部。形式上，这个图看起来像例 3，但是具有"负的红利 d"。现在有 $\alpha>1$ 的两个稳定均衡，并且有一个收敛到较大的 α 的均衡（即斜率 α^{-1} 较小的预算线对应的均衡）的连续统。现在不能用例 3 中的论证排除 $\alpha>1$ 所对应的均衡，因为当 $\alpha>1$ 时，没有人的禀赋序列有无穷大的值。

稍后，我们还要在政府通过发行货币或在负的实际净利率下借入资金来为既定赤字融资的情况下解释这个例子。我们将在序列交易设定下讨论这个例子和其他例子。

例 5　对数效用：假设 $u(c)=\ln c$，禀赋由方程（9.2.4）给出，那么提供曲线由递归公式 $c_i^i=0.5(1-\varepsilon+\alpha_i\varepsilon)$ 和 $c_{i+1}^i=\alpha_i^{-1}c_i^i$ 给出。令 α_i 为 i 时期的年轻人面临的总收益率，那么由 i 时期的可行性线和提供曲线可推出

$$\frac{1}{2\alpha_{i-1}}(1-\varepsilon+\alpha_{i-1}\varepsilon)+0.5(1-\varepsilon+\alpha_i\varepsilon)=1 \tag{9.2.8}$$

从而推出差分方程

$$\alpha_i=\varepsilon^{-1}-\frac{\varepsilon^{-1}-1}{\alpha_{i-1}} \tag{9.2.9}$$

如图 9.2.2 所示。均衡 α_i 序列必须满足方程（9.2.8），且对所有 i 有 $\alpha_i>0$。很明显，对所有 $i\geqslant1$，$\alpha_i=1$ 是一个均衡 α 序列。任意满足方程（9.2.8）且 $\alpha_1\geqslant1$ 的 α_i 序列也是均衡 α 序列。$\alpha_1<1$ 的序列不能成为一个均衡 α 序列，因为方程（9.2.8）意味着 $\{\alpha_i\}$ 的尾部是一个无界的负数序列。对于任意 $\alpha_1>1$，α_i 的极限为 $\frac{1-\varepsilon}{\varepsilon}=u'(\varepsilon)/u'(1-\varepsilon)$，它是稳定的自给自足均衡对应的利息因子。注意，图 9.2.2 表明平稳的 $\alpha_i=1$ 的均衡不是稳定

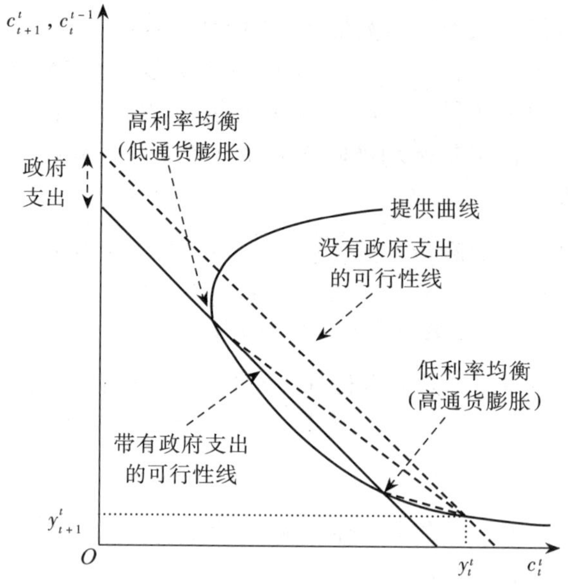

图 9.2.4　用债务或货币为政府赤字融资的均衡

的，而自给自足均衡却是稳定的。

9.3　序列交易

我们现在改变交易安排，就可以得到世代交叠模型的标准表述。我们略去 0 时刻的完全市场交易安排，取而代之的是序列交易，交易一种耐用资产，它可以是政府债务、法定货币或是卢卡斯树上的权益，可从老年人传给年轻人。代与代之间的转移支付除了通过资产的自愿交换来融资以外，也可通过政府税收和转移计划来融资。

9.4　货币

我们现在描述这个模型的萨缪尔森（1958）版本。交易通过一种交换媒介序列发生，这种媒介是不能兑换的（或“法定”）货币。在萨缪尔森的模型中，偏好和禀赋与前面描述的一致，但还有另外一种重要的附加禀赋元素。在 $t=1$ 时，赋予老年人总量为 $M>0$ 单位的货币，该货币在本质上是没有价值的。通货并没有获得任何政府承诺以兑现为商品，但是萨缪尔森证明了，存在一种预期体系可以使得货币具有价值。如果人们预期货币将来会有价值，则它现在就具有价值。因此，萨缪尔森想象的是通货由预期而非承诺来支持的情形。

对于 $t \geqslant 1$ 的每个日期，年轻人买进 m_t^i 单位的货币，它的价格为 $1/p_t$ 单位 t 时刻消费品。其中 $p_t \geqslant 0$ 是 t 时刻的价格水平。在 $t \geqslant 1$ 的每个日期，老年人用他持有的货币换取 t 时刻的消费品。在 $i \geqslant 1$ 时期出生的年轻人的预算约束为

$$c_i^i + \frac{m_i^i}{p_i} \leqslant y_i^i \tag{9.4.1}$$

$$c_{i+1}^i \leqslant \frac{m_i^i}{p_{i+1}} + y_{i+1}^i \tag{9.4.2}$$

$$m_i^i \geqslant 0 \tag{9.4.3}$$

如果 $m_i^i \geqslant 0$，由（9.4.1）式和（9.4.2）式可推出

$$c_i^i + c_{i+1}^i \left(\frac{p_{i+1}}{p_i}\right) \leqslant y_i^i + y_{i+1}^i \left(\frac{p_{i+1}}{p_i}\right) \tag{9.4.4}$$

注意，只要令

$$\frac{p_{i+1}}{p_i} = \alpha_i = \frac{q_{i+1}^0}{q_i^0}$$

这个预算集就与方程（9.2.1）的预算集相同。

我们使用下面的定义：

定义： 名义价格序列是正的 $\{p_i\}_{i \geqslant 1}$ 序列。

定义： 带有有价值法定货币的均衡是由一个可行配置序列和一个对所有 t 都满足 $p_t < +\infty$ 的名义价格序列构成的，其中，给定价格序列，对每一个 $i \geqslant 1$，配置求解了家庭问题。

对所有 t，$p_t < +\infty$ 的限定意味着法定货币是有价值的。有时，我们将带有有价值法定货币的均衡称为“货币均衡”。当 $1/p_t = +\infty$ 时，我们有时称之为“非货币均衡”。

□ 9.4.1　计算更多的带有有价值法定货币的均衡

家庭的最优化问题用储蓄函数来概括：

$$y_i^i - c_i^i = s(\alpha_i; y_i^i, y_{i+1}^i) \tag{9.4.5}$$

那么这个模型的均衡条件是

$$\frac{M}{p_i} = s(\alpha_i; y_i^i, y_{i+1}^i) \tag{9.4.6a}$$

$$\alpha_i = \frac{p_{i+1}}{p_i} \tag{9.4.6b}$$

其中已知 $c_{i+1}^i = y_{i+1}^i + \frac{M}{p_{i+1}}$。方程（9.4.6a）表明，在 i 时刻第 i 代人的储蓄净额（等式右边）等于第 $i-1$ 代人的净损失（等式左边）。为了求解这个模型，我们求解差分方程（9.4.6）得到 $\{p_i\}_{i=1}^{\infty}$，然后在实际余额的均衡水平下，把家庭的预算约束取成等式，从而得到配置。作为例子，假定 $u(c) = \ln(c)$，$(y_i^i, y_{i+1}^i) = (w_1, w_2)$，其中 $w_1 > w_2$。那么

储蓄函数为 $s(\alpha_i)=0.5(w_1-\alpha_i w_2)$，方程（9.4.6a）变成了

$$0.5\left(w_1-w_2\frac{p_{t+1}}{p_t}\right)=\frac{M}{p_t}$$

或

$$p_t=2M/w_1+\left(\frac{w_2}{w_1}\right)p_{t+1} \tag{9.4.7}$$

这是一个差分方程，具有正的价格水平的解为

$$p_t=\frac{2M}{w_1\left(1-\frac{w_2}{w_1}\right)}+c\left(\frac{w_1}{w_2}\right)^t \tag{9.4.8}$$

对于任意的标量 $c>0$。[①] $c=0$ 所对应的解是唯一的稳定解。$c>0$ 所对应的解的价格水平完全高于 $c=0$ 所对应的价格水平，并且当 $t\to+\infty$ 时，货币的价值趋近于零。

□ 9.4.2 均衡的等价性

我们简要地回顾一下 0 时刻交易的均衡就会发现，在 0 时刻交易和序列交易下，均衡配置是一样的。因此下面的命题断言，只要对禀赋及配置给初始老年人的消费进行调整，0 时刻交易的竞争性均衡配置就是法定货币经济（带有序列交易）中的均衡配置。

命题： 用 $\bar{c}^i$ 表示一个（0 时期交易的）竞争性均衡配置，假定它满足 $\bar{c}_1^1<y_1^1$，那么存在一个（带有序列交易的）货币经济的均衡，并且对所有 $i\geqslant 1$，它的配置满足 $c_i^i=\bar{c}_i^i$，$c_{i+1}^i=\bar{c}_{i+1}^i$。

证明： 取上述竞争性均衡配置和它的价格体系，形成 $\alpha_i=q_{i+1}^0/q_i^0$。令 $m_i^i/p_i=y_i^i-\bar{c}_i^i$。对所有 $i\geqslant 1$，令 $m_i^i=M$，并且由 $\dfrac{M}{p_1}=y_1^1-\bar{c}_1^1$ 得出 p_1。只要 $y_1^1-\bar{c}_1^1>0$，那么最后一个方程就决定了一个正的初始价格水平 p_1。由 $p_{i+1}=\alpha_i p_i$ 决定后面的价格水平。由 $c_1^0=y_1^0+\dfrac{M}{p_1}=y_1^0+(y_1^1-\bar{c}_1^1)$ 决定初始老年人的分配。■

在这个货币均衡中，t 时刻的实际余额等于年轻人的人均储蓄减去老年人动用的人均储蓄。在货币均衡中，对所有 $t\geqslant 1$，这两个量都是正的。

命题的逆命题也成立。

命题： 令 $\bar{c}^i$ 是法定货币经济的均衡配置，倘若有一个来自“清算所”的特定转移支付，它使得初始老年人的禀赋增加，那么就存在一个具有相同配置的 0 时刻交易的竞争性均衡。

为了验证这个命题，我们必须将必要的转移支付从清算所转移给初始的老年人。显然它等于 $y_1^1-\bar{c}_1^1$。我们请读者完成剩下的证明。

---

① 见第 2 章的附录。

9.5 赤字财政

对本章的剩余部分，我们假定序列交易。本节利用法定货币的序列交易来重新解释前面的 0 时刻交易的一个例子，即带有政府支出的例子。

考虑下面的世代交叠模型：人口是常量。在 $t\geqslant 1$ 的每期，N 个相同的年轻人的禀赋为$(y_t^t, y_{t+1}^t)=(w_1, w_2)$，其中 $w_1>w_2>0$。在 $t\geqslant 1$ 的每期，政府对每个年轻人征收 τ_1 的总量税，对每个活着的老年人征收 τ_2 的总量税。在第 1 期有 N 个老年人，赋予他们每人 w_2 单位消费品和 $M_0>0$ 单位完全耐用的不可兑换的法定货币。初始老年人的效用函数是 c_1^0。年轻人的效用函数是 $u(c_t^t)+u(c_{t+1}^t)$。在 $t\geqslant 1$ 的每期，政府通过下式来增加货币供给：

$$M_t-M_{t-1}=p_t(g-\tau_1-\tau_2) \tag{9.5.1}$$

其中 g 是人均的政府支出流，为常值，$0<p_t\leqslant+\infty$是价格水平。如果 $p_t=+\infty$，我们将方程（9.5.1）解释为

$$g=\tau_1+\tau_2 \tag{9.5.2}$$

在 $t\geqslant 1$ 的每期，每一个年轻人的行为可概括为

$$s_t=f(R_t;\tau_1,\tau_2)=\arg\max_{s\geqslant 0}[u(w_1-\tau_1-s)+u(w_2-\tau_2+R_t s)] \tag{9.5.3}$$

定义：带有有价值的法定货币的均衡是指正序列对$\{M_t, p_t\}$，它满足：(a) 给定价格水平序列，$M_t/p_t=f(R_t)$（理解为依赖于 τ_1, τ_2）；(b)$R_t=p_t/p_{t+1}$；(c)对所有 $t\geqslant 1$，政府预算约束条件（9.5.1）均被满足。

条件 $f(R_t)=M_t/p_t$ 可以写成 $f(R_t)=M_{t-1}/p_t+(M_t-M_{t-1})/p_t$。左边是年轻人的储蓄，右边的第一项是老年人动用的储蓄（货币的实际价值，可以用来交换 t 时刻的消费品)。右边的第二项是政府动用的储蓄（它的赤字），它是 t 时刻政府印制的额外货币的实际价值，政府利用它从年轻人那里买来 t 时刻的消费品。

为了计算均衡，定义 $d=g-\tau_1-\tau_2$，并且对于 $t\geqslant 2$，将方程（9.5.1）写成

$$\frac{M_t}{p_t}=\frac{M_{t-1}}{p_{t-1}}\frac{p_{t-1}}{p_t}+d$$

对于 $t=1$ 为

$$\frac{M_1}{p_1}=\frac{M_0}{p_1}+d$$

将 $M_t/p_t=f(R_t)$代入这些方程中得到：对于 $t\geqslant 2$，有

$$f(R_t)=f(R_{t-1})R_{t-1}+d \tag{9.5.4a}$$

且

$$f(R_1)=\frac{M_0}{p_1}+d \tag{9.5.4b}$$

给定 p_1，方程（9.5.4b）决定了初始的 R_1，方程（9.5.4）构成了 R_t 的自治差分方程（autonomous difference equation）。运用合适的变量交换，这个方程组可用图 9.2.4 来求解。

□ 9.5.1 稳定状态和拉弗曲线

我们来寻找方程（9.5.4）的稳定解，因为 $f(R_t)$ 不随时间变化（因为禀赋和税收模式以及政府的财政赤字 d 不随时间变化），所以这种寻找是合理的。对 $t\geqslant 1$ 猜想 $R_t=R$，那么方程（9.5.4）变为

$$f(R)(1-R)=d \tag{9.5.5a}$$

$$f(R)=\frac{M_0}{p_1}+d \tag{9.5.5b}$$

例如，假设 $u(c)=\ln(c)$，那么 $f(R)=\frac{w_1-\tau_1}{2}-\frac{w_2-\tau_2}{2R}$。我们将 $f(R)(1-R)$ 和 d 的关系图画在图 9.5.1 中。注意，如果方程（9.5.5a）有解，那么它至少有两个解。

这里 $1-R$ 可以解释为实际余额的税率，$f(R)(1-R)$ 是关于通货膨胀税税率的拉弗曲线。高收益（低税收）$R=\bar{R}$ 对应“好的”（good）拉弗曲线稳定均衡，低收益（高税收）$R=\underline{R}$ 对应“坏的”（bad）拉弗曲线稳定均衡。一旦 R 被确定了，我们可以由方程（9.5.5b）确定 p_1。

图 9.5.1 与图 9.2.4 是同构的。储蓄率函数 $f(R)$ 可以由提供曲线导出。因而，可以用图 9.2.4 来求解差分方程（9.5.4a）。如果我们那样做，我们就会发现方程（9.5.4a）有一系列连续统的非稳定解，在所有这些解中，除了一个以外，其余的当 $t\to\infty$ 时都有 $R_t\to\underline{R}$。因此，“坏的”拉弗曲线均衡是稳定的。

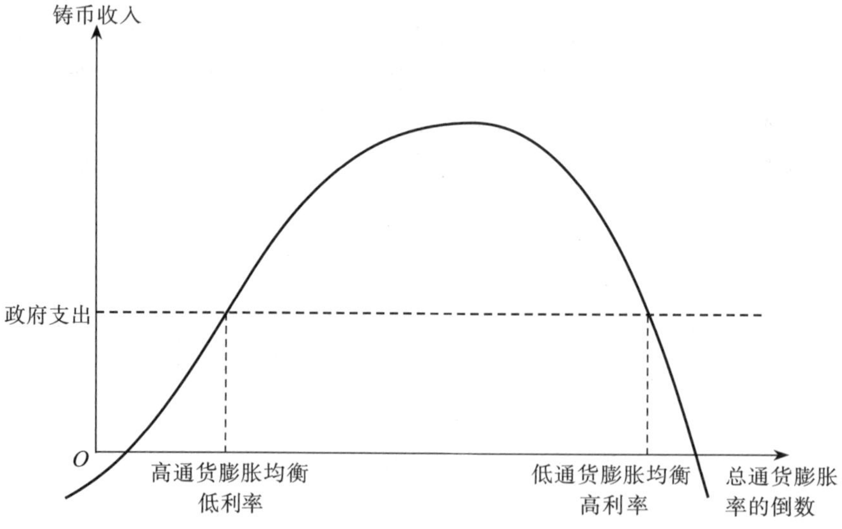

图 9.5.1 拉弗曲线与来自通货膨胀税的收益

"坏的"拉弗曲线均衡的稳定性出现于动态学的完全预测。布鲁诺和费希尔（Bruno and Fischer，1990）以及马塞特和萨金特（1989）分析了这个系统在两类不同的适应性动态学下的行为。他们发现，无论是在适应性预期的原始形式下，还是在最小二乘学习机制下，R_t都收敛于$\bar{R}$。这个结论很令人欣慰，因为在$\bar{R}$处，比较动态好像更有道理（大量赤字产生更高的通货膨胀）。此外，马里蒙和森德（Marimon and Sunder，1993）给出了实验性证据，赞同适应性动态学的选择。马塞特和尼科利尼（2003）建立并校准了几个拉丁美洲国家的超级通货膨胀的适应性模型，它们的通货膨胀率就是依赖这个选择的。萨金特、威廉斯和查（Sargent，Williams and Zha，2009）扩展和评估了此模型。

9.6 等价的设置

本节描述另外几种资产结构和交易安排，它们支持同样的均衡配置。我们取政府赤字的模型，说明它如何在政府债券的序列交易、法定货币的序列交易或阿罗-德布鲁到期证券的0时刻交易的情况下成立。

□ 9.6.1 经济

考虑某世代交叠经济，在每个日期t（$t\geqslant 1$）有一个个体出生，在日期$t=1$有一个初始老年人。日期t出生的年轻个体的禀赋形式为(y_t^t, y_{t+1}^t)，效用函数如前所述。赋予初始老年人M_0（$M_0>0$）单位无担保的货币和y_1^0单位消费品。存在关于每个年轻人的政府购买流$\{g_t\}$。

定义： 用货币为政府赤字融资的均衡为序列$\{M_t, p_t\}_{t=0}^{\infty}$，其中$0<p_t<+\infty$，$M_t>0$，并满足

(a) 给定$\{p_t\}$，

$$M_t=\arg\max_{\widetilde{M}\geqslant 0}[u(y_t^t-\widetilde{M}/p_t)+u(y_{t+1}^t+\widetilde{M}/p_{t+1})] \tag{9.6.1a}$$

(b)

$$M_t-M_{t-1}=p_t g_t \tag{9.6.1b}$$

现在考虑同一经济的另一个版本，经济中没有货币，但是有与物价指数挂钩的政府债券。经济中的人口和禀赋与前面的经济相同，但现在赋予每个初始老年人B_1单位到期债券，以1时刻的消费品为度量单位。在t期，政府卖出新的单期债券给年轻人，用这些融资来支付t时刻的政府购买g_t和赎回t时刻的单期到期债券。令$R_t>0$是t期到$t+1$期的政府债券的单期实际总收益率。

定义： 用债券为政府赤字融资的均衡是序列$\{B_{t+1}, R_t\}_{t=0}^{\infty}$，满足

(a) 给定$\{R_t\}$，

$$B_{t+1}=\arg\max_{\widetilde{B}}[u(y_t^t-\widetilde{B}/R_t)+u(y_{t+1}^t+\widetilde{B})] \tag{9.6.2a}$$

(b)

$$B_{t+1}/R_t=B_t+g_t \tag{9.6.2b}$$

其中 $B_1 \geqslant 0$ 给定。

从下面这种意义上来说，这两类均衡是同构的：可将用货币为政府赤字融资的经济的均衡按如下方式转换为用债券为政府赤字融资的经济的均衡：令 $B_t=M_{t-1}/p_t$，$R_t=p_t/p_{t+1}$。可以直接验证，这种债券和利率的设定以及初始消费分配一起，构成了用债券为政府赤字融资的经济的均衡。

显然上面两类均衡中的每一类都与下面这种用 0 时刻市场表述的均衡同构。

定义：用 B_1^g 表示政府欠 1 时期老年人的 1 时刻消费品的权益。带有 0 时刻交易的均衡是指政府的初始债务水平 B_1^g、价格体系 $\{q_t^0\}_{t=1}^{\infty}$ 和序列 $\{s_t\}_{t=1}^{\infty}$，满足

(a) 给定价格体系，

$$s_t=\arg\max_{\tilde{s}}\left\{u(y_t^t-\tilde{s})+u\left[y_{t+1}^t+\left(\frac{q_t^0}{q_{t+1}^0}\right)\tilde{s}\right]\right\}$$

(b)

$$q_1^0 B_1^g+\sum_{t=1}^{\infty} q_t^0 g_t=0 \tag{9.6.3}$$

条件（b）是政府预算约束的阿罗-德布鲁形式。条件（a）是 t 代年轻人的跨期消费决策的最优性条件。

条件（b）中的政府预算约束可以递归地表示为

$$q_{t+1}^0 B_{t+1}^g=q_t^0 B_t^g+q_t^0 g_t \tag{9.6.4}$$

如果我们向前求解方程（9.6.4），并且施加条件 $\lim_{T\to 0} q_{t+T}^0 B_{t+T}^g=0$，我们就可以得到 $t=1$ 时的预算约束条件（9.6.3）。显然条件（9.6.3）使得在 $\sum_{t=1}^{\infty} q_t^0 g_t>0$ 时，$B_1^g<0$，因此政府有负的净值。负的净值对应无担保的权益，它是这个模型在序列交易情形中的市场值。

□ 9.6.2 增长

很容易将这些模型扩展到有人口增长的情形。令 $N_t=nN_{t-1}$ 为 t 时刻的“无差异”的年轻人的数量，其中 $n>0$。例如，考虑用货币为政府赤字融资的经济。总的货币供给量为 $N_t M_t$，政府的预算约束为

$$N_t M_t-N_{t-1}M_{t-1}=N_t p_t g$$

其中 g 是每个年轻人的政府购买量。把预算约束两边同时除以 N_t 并整理得到

$$\frac{M_t}{p_{t+1}}\frac{p_{t+1}}{p_t}=n^{-1}\frac{M_{t-1}}{p_t}+g \tag{9.6.5}$$

这个方程取代了用货币为政府赤字融资的均衡的定义中的方程（9.6.1b）。（注意在稳定状态，$R=n$是高利率均衡。）类似地，在用债券为政府赤字融资的经济中，政府的预算

约束变成了

$$\frac{B_{t+1}}{R_t}=n^{-1}B_t+g_t$$

要做一些修改也很容易，可以允许政府对 t 时刻的年轻人和老年人征税。在这种情况下，用政府债券融资的政府预算约束就变成了

$$\frac{B_{t+1}}{R_t}=n^{-1}B_t+g_t-\tau_t^t-n^{-1}\tau_t^{t-1}$$

其中 τ_t^s 是对出生在 s 时期的人在 t 时刻征收的税收。

9.7 货币均衡的最优性和存在性

华莱士（1980）讨论了不带有有价值货币的均衡的非最优解与货币均衡的存在性之间的联系。我们采用他关于储存技术的假设来研究这个方法在纯禀赋经济中的应用。设定如下：在任意的日期 t，人口由 N_t 个年轻人和 N_{t-1} 个老年人组成，其中 $N_t=nN_{t-1}$ 且 $n>0$。赋予每个年轻人 $y_1(y_1>0)$ 单位商品，赋予每个老年人 $y_2(y_2>0)$ 的禀赋。t 时刻年轻人的偏好由效用函数 $u(c_t^t,c_{t+1}^t)$ 给出，它是二阶可微的，并且使得无差异曲线凸向原点。效用函数中的两种商品都是正常品，且

$$\theta(c_1,c_2)\equiv u_1(c_1,c_2)/u_2(c_1,c_2)$$

即边际替代率函数，当 c_2/c_1 趋向无穷时它趋向无穷；当 c_2/c_1 趋向零时它趋向零。1 时刻初始老年人的福利对 c_1^0 是严格递增的，赋予他们中的每一个 y_2 单位商品和 $m_0^0>0$ 单位法定货币。因此，在第 1 期期初，总的名义货币余额为 $M_0=N_0m_0^0$。

对于所有的 $t\geqslant1$，t 时刻转移支付之后的法定货币存量 M_t 服从 $M_t=zM_{t-1}$，其中 $z>0$。将 t 时刻的转移支付（或税收）$(z-1)M_{t-1}$ 在 t 时刻的 N_{t-1} 个老年人中平均分配。转移支付（或税收）可以被完全预期到并且被视为是定量的：它们不依赖于消费和储蓄行为。出生在 t 期的年轻人的预算约束为

$$c_t^t+\frac{m_t^t}{p_t}\leqslant y_1 \tag{9.7.1}$$

$$c_{t+1}^t\leqslant y_2+\frac{m_t^t}{p_{t+1}}+\frac{(z-1)}{N_t}\frac{M_t}{p_{t+1}} \tag{9.7.2}$$

$$m_t^t\geqslant0 \tag{9.7.3}$$

其中 $p_t>0$ 是 t 时刻的价格水平。在非货币均衡中，价格水平无穷大，所以货币持有和转移支付的实际价值是零。因为每代人中所有的成员都是相同的，所以非货币均衡是自给自足的，其边际替代率等于

$$\theta_{aut}\equiv\frac{u_1(y_1,y_2)}{u_2(y_1,y_2)}$$

我们现在要问两个关于该经济的问题：在什么条件下货币均衡存在？如果它存在，在什么条件下可以改善问题？

用 $\hat{m}_t$ 表示 t 时刻年轻人的均衡实际货币余额，$\hat{m}_t \equiv M_t/(N_t p_t)$。把均衡货币持有量代入预算约束条件（9.7.1）和条件（9.7.2）取等号的情形中，得到 $c_t^t = y_1 - \hat{m}_t$ 和 $c_{t+1}^t = y_2 + n\hat{m}_{t+1}$。在货币均衡中，对于所有 t 有 $\hat{m}_t > 0$，并且边际替代率 $\theta(c_t^t, c_{t+1}^t)$ 满足

$$\theta(y_1 - \hat{m}_t, y_2 + n\hat{m}_{t+1}) = \frac{p_t}{p_{t+1}} > \theta_{aut}, \quad \forall t \geqslant 1 \tag{9.7.4}$$

（9.7.4）式的等式部分是均衡配置下，t 时期出生的个体的货币持有量的一阶条件。因为在货币均衡中有 $c_t^t < y_1$ 和 $c_{t+1}^t > y_2$，所以（9.7.4）式中的不等式源于效用函数中两种商品是正常品的假设。

货币的均衡收益率 p_t/p_{t+1} 的另外一个有用的特征可以用如下方式得到。由 M_t 的产生法则和均衡条件 $M_t/p_t = N_t\hat{m}_t$，对于所有 t，我们有

$$\frac{p_t}{p_{t+1}} = \frac{M_{t+1}}{zM_t}\frac{p_t}{p_{t+1}} = \frac{N_{t+1}\hat{m}_{t+1}}{zN_t\hat{m}_t} = \frac{n}{z}\frac{\hat{m}_{t+1}}{\hat{m}_t} \tag{9.7.5}$$

我们现在准备解决第一个问题：在什么条件下货币均衡存在？

命题： $\theta_{aut}z < n$ 是至少有一个货币均衡存在的充分必要条件。

证明： 我们首先证明必要性。假设其反面，如果存在一个货币均衡且 $\theta_{aut}z/n \geqslant 1$，那么由（9.7.4）式中的不等式和表达式（9.7.5），对于所有 t 我们有

$$\frac{\hat{m}_{t+1}}{\hat{m}_t} > \frac{z\theta_{aut}}{n} \geqslant 1 \tag{9.7.6}$$

如果 $z\theta_{aut}/n > 1$，那么 1 加上 $\hat{m}_t$ 的净增长率是在 1 以上一致有界的，从而 $\{\hat{m}_t\}$ 是无界的，但这与均衡不一致，因为人均的实际货币余额不能超过年轻人的禀赋 y_1。如果 $z\theta_{aut}/n = 1$，（9.7.6）式中的严格递增序列 $\{\hat{m}_t\}$ 可能有界，并收敛到某个常数 $\hat{m}_\infty$。由（9.7.4）式和（9.7.5）式，边际替代率将收敛到 n/z，由假设知它现在等于 θ_{aut}，即自给自足的边际替代率。因此，在极限点处实际余额必为零，但与（9.7.6）式存在一个正的、严格递增的实际余额序列矛盾。

为了证明充分性，我们证明当 $\theta_{aut}z < n$ 时，存在唯一的均衡，它有为常值的人均实际货币余额。将备选均衡 $\hat{m}_t = \hat{m}_{t+1} = \hat{m}$ 代入（9.7.4）式和（9.7.5）式，得到两个均衡条件：

$$\theta(y_1 - \hat{m}, y_2 + n\hat{m}) = \frac{n}{z} > \theta_{aut}$$

在命题的参数约束下，不等式部分被满足，现在我们只需要证明存在 $\hat{m} \in [0, y_1]$ 满足上面的等式。但 $\hat{m}$ 的存在性（还有唯一性）是显然的。这是因为当 $\hat{m} = 0$ 时，等式左边的边际替代率等于 θ_{aut}。另外，根据我们对偏好的假设可推出边际替代率对 $\hat{m}$ 是严格递增的，且当 $\hat{m}$ 趋近于 y_1 时它趋向于无穷。∎

我们称证明中的稳定货币均衡为 $\hat{m}$ 均衡。一般来说，当命题中的参数条件被满足

时，还存在其他的非稳定货币均衡。例如，在对数偏好和常数人口的情形中，有表达式（9.4.8）式那种与标量 $c>0$ 有挂钩的连续统均衡。但现在我们只关注稳定均衡 $\hat{m}$ 和它的福利含义。我们将用帕累托标准来比较均衡 $\hat{m}$ 和其他可行配置。显然，一个配置 $C=\{c_1^0;(c_t^t,c_{t+1}^t),t\geqslant 1\}$ 在下面的条件成立时是可行的：

$$N_t c_t^t+N_{t-1}c_t^{t-1}\leqslant N_t y_1+N_{t-1}y_2,\quad \forall t\geqslant 1$$

或等价地

$$nc_t^t+c_t^{t-1}\leqslant ny_1+y_2,\quad \forall t\geqslant 1 \tag{9.7.7}$$

帕累托最优的定义为：

定义： 如果不存在另外的可行配置 $\widetilde{C}$ 满足

$$\tilde{c}_1^0\geqslant c_1^0$$
$$u(\tilde{c}_t^t,\tilde{c}_{t+1}^t)\geqslant u(c_t^t,c_{t+1}^t),\quad \forall t\geqslant 1$$

并且这些弱不等式中至少有一个是严格不等式，则称可行配置 C 是帕累托最优的。

我们首先考察在什么条件下，非货币均衡（自给自足）是帕累托最优的。

命题： $\theta_{aut}\geqslant n$ 是非货币均衡（自给自足）的最优性的充分必要条件。

证明： 为了证明充分性，用反证法假设存在另外一个可行配置 $\widetilde{C}$，它帕累托优于自给自足，且 $\theta_{aut}\geqslant n$。不失一般性，假设可行配置 $\widetilde{C}$ 满足（9.7.7）式中的等式［给定一个帕累托优于自给自足的配置，如果它不满足（9.7.7）式中的等式，那么可以很容易地构造另一个配置，它帕累托优于给定的配置，因此它更优于自给自足］。设 t 时期是另一个配置 $\widetilde{C}$ 首次不同于自给自足配置的时期。在这一时期，老年人的境况不能比原来更糟，要求 $\tilde{c}_t^{t-1}\geqslant y_2$，从而推出对自给自足的第一次偏离必须满足 $\tilde{c}_t^t<y_1$，这又意味着 $\tilde{c}_{t+1}^t>y_2$。进而又推出年轻人在 $t+1$ 时期的消费必须在 y_1 以下，我们定义

$$\varepsilon_{t+1}\equiv y_1-\tilde{c}_{t+1}^{t+1}>0 \tag{9.7.8}$$

现在给定 $\tilde{c}_{t+1}^{t+1}$，我们可计算满足下式的最小的 c_{t+2}^{t+1}：

$$u(\tilde{c}_{t+1}^{t+1},c_{t+2}^{t+1})\geqslant u(y_1,y_2)$$

令 $\hat{c}_{t+2}^{t+1}$ 为这个问题的解。由于配置 $\widetilde{C}$ 帕累托优于自给自足，所以我们有 $\tilde{c}_{t+2}^{t+1}\geqslant\hat{c}_{t+2}^{t+1}$。在利用这个不等式以前，我们想给 $\hat{c}_{t+2}^{t+1}$ 找一个简洁的表达式。

考虑具有给定效用 $u(y_1,y_2)$ 的无差异曲线 $u(c_1,c_2)$。通常，沿着无差异曲线有 $c_2=h(c_1)$，且有 $h'=-u_1/u_2=-\theta$ 和 $h''>0$。因此，对 h 利用中值定理，有

$$h(c_1)=h(y_1)+(y_1-c_1)[-h'(y_1)+f(y_1-c_1)] \tag{9.7.9}$$

其中函数 f 是严格递增的，且 $f(0)=0$。

现在既然 $(\tilde{c}_{t+1}^{t+1},\hat{c}_{t+2}^{t+1})$ 与 (y_1,y_2) 在同一条无差异曲线上，利用（9.7.8）式和（9.7.9）式有

$$\hat{c}_{t+2}^{t+1}=y_2+\varepsilon_{t+1}[\theta_{aut}+f(\varepsilon_{t+1})]$$

利用 $\tilde{c}_{t+2}^{t+1} \geqslant \bar{c}_{t+2}^{t+1}$，我们得到

$$\tilde{c}_{t+2}^{t+1} - y_2 \geqslant \varepsilon_{t+1}[\theta_{aut} + f(\varepsilon_{t+1})] \tag{9.7.10}$$

又由于 $\tilde{C}$ 满足（9.7.7）式中的等式，我们也有

$$\varepsilon_{t+2} \equiv y_1 - \tilde{c}_{t+2}^{t+2} = \frac{\tilde{c}_{t+2}^{t+1} - y_2}{n} \tag{9.7.11}$$

把（9.7.10）式代入（9.7.11）式得到

$$\varepsilon_{t+2} \geqslant \varepsilon_{t+1} \frac{\theta_{aut} + f(\varepsilon_{t+1})}{n} > \varepsilon_{t+1} \tag{9.7.12}$$

其中严格不等式成立是因为 $\theta_{aut} \geqslant n$ 且 $f(\varepsilon_{t+1}) > 0$（因为 $\varepsilon_{t+1} > 0$）。利用上式继续计算 ε_{t+k} 得到

$$\varepsilon_{t+k} \geqslant \varepsilon_{t+1} \prod_{j=1}^{k-1} \frac{\theta_{aut} + f(\varepsilon_{t+j})}{n} > \varepsilon_{t+1} \left[\frac{\theta_{aut} + f(\varepsilon_{t+1})}{n}\right]^{k-1}, \quad k > 2$$

其中的严格不等式成立是因为 $\{\varepsilon_{t+j}\}$ 是严格递增的序列。因此 ε 序列以一个严格递增的指数序列为下界，故它是无界的。但无界序列违背了可行性，因为 ε 不能超过年轻人的禀赋 y_1，所以我们排除了帕累托更优的分配 $\tilde{C}$ 的存在性，所以得到了 $\theta_{aut} \geqslant n$ 是自给自足最优的充分条件。

证明必要性。我们证明当 $\theta_{aut} < n$ 时，存在另一个可行配置 $\hat{C}$，它帕累托优于自给自足的配置。首先，取一个充分小的 $\varepsilon > 0$，使得

$$\theta_{aut} + f(\varepsilon) \leqslant n \tag{9.7.13}$$

其中 f 由方程（9.7.9）隐含地定义了。接下来，令 $\hat{c}_t^t = y_1 - \varepsilon \equiv \hat{c}_1$ 且

$$\hat{c}_{t+1}^t = y_2 + \varepsilon[\theta_{aut} + f(\varepsilon)] \equiv \hat{c}_2, \quad \forall t \geqslant 1 \tag{9.7.14}$$

也就是说，我们已经构造了一个消费束 $(\hat{c}_1, \hat{c}_2)$，它与（y_1, y_2）位于同一条无差异曲线上，并且由方程（9.7.13）和方程（9.7.14）有

$$\hat{c}_2 \leqslant y_2 + n\varepsilon$$

它使得可行性条件（9.7.7）对 $t \geqslant 2$ 被满足。通过令 $\hat{c}_1^0 = y_2 + n\varepsilon$，第 1 期的可行性条件也被满足，并且在新的配置 $\hat{C}$ 下，初始老年人的境况严格地比原来更好了。▮

当名义货币供给为常数，即 $z=1$ 时，这两个命题证明了存在货币均衡的充要条件是：非货币均衡是次优的。在那种情况下，下面的命题证明了稳定均衡 $\bar{m}$ 是最优的。

命题： 给定 $\theta_{aut} z < n$，那么 $z \leqslant 1$ 是使稳定货币均衡 $\bar{m}$ 最优的充分必要条件。

证明： 对 $t \geqslant 1$，这类可行的稳定配置 $(c_t^t, c_{t+1}^t) = (c_1, c_2)$ 由下面的式子给出：

$$c_1 + \frac{c_2}{n} \leqslant y_1 + \frac{y_2}{n} \tag{9.7.15}$$

即（9.7.7）式中的可行性条件。这说明均衡 $\bar{m}$ 满足（9.7.15）式中的等式，我们将对

应的 $t\geqslant 1$ 时刻出生的人的消费配置表示为$(\hat{c}_1, \hat{c}_2)$。$(\hat{c}_1, \hat{c}_2)$在预算约束（9.7.1）式和（9.7.2）式下最大化个体的效用。我们将这两个约束条件合并在一起，得到

$$c_1+\frac{z}{n}c_2\leqslant y_1+\frac{z}{n}y_2+\frac{z}{n}\frac{(z-1)}{N_t}\frac{M_t}{p_{t+1}} \tag{9.7.16}$$

这里我们利用了（9.7.5）式中的稳定收益率 $p_t/p_{t+1}=n/z$。利用 $zM_t=M_{t+1}$，$n=N_{t+1}/N_t$ 和均衡条件 $M_{t+1}/(p_{t+1}N_{t+1})=\hat{m}$ 以后，表达式（9.7.16）简化为

$$c_1+\frac{z}{n}c_2\leqslant y_1+\frac{z}{n}y_2+(z-1)\hat{m} \tag{9.7.17}$$

证明必要性。当不满足 $z\leqslant 1$ 时，假设 $z>1$，图 9.7.1 画出了两条曲线［即可行性线和预算线，分别代表条件（9.7.15）与条件（9.7.17）］。在约束条件（9.7.15）下，使效用最大化的点为$(\bar{c}_1, \bar{c}_2)$。由偏好的传递性和预算线比可行性线平坦可推出$(\hat{c}_1, \hat{c}_2)$在$(\bar{c}_1, \bar{c}_2)$的东南方。由显示偏好知道$(\bar{c}_1, \bar{c}_2)$优于$(\hat{c}_1, \hat{c}_2)$，并且所有在 $t\geqslant 1$ 时出生的人的境况在配置 $\bar{C}$ 下更好了。初始老年人的境况在这种配置下也更好了，因为把他们的消费严格地增加到下面的量是可行的：

$$\bar{c}_1^0=y_2+n(y_1-\bar{c}_1^1)>y_2+n(y_1-\hat{c}_1^1)=\hat{c}_1^0$$

因此我们已经证明了，$z\leqslant 1$ 是使货币稳定均衡 $\hat{m}$ 最优的必要条件。

为了证明充分性，由（9.7.4）式、（9.7.5）式以及 $z\leqslant 1$ 可推出

$$\theta(\hat{c}_1, \hat{c}_2)=\frac{n}{z}\geqslant n$$

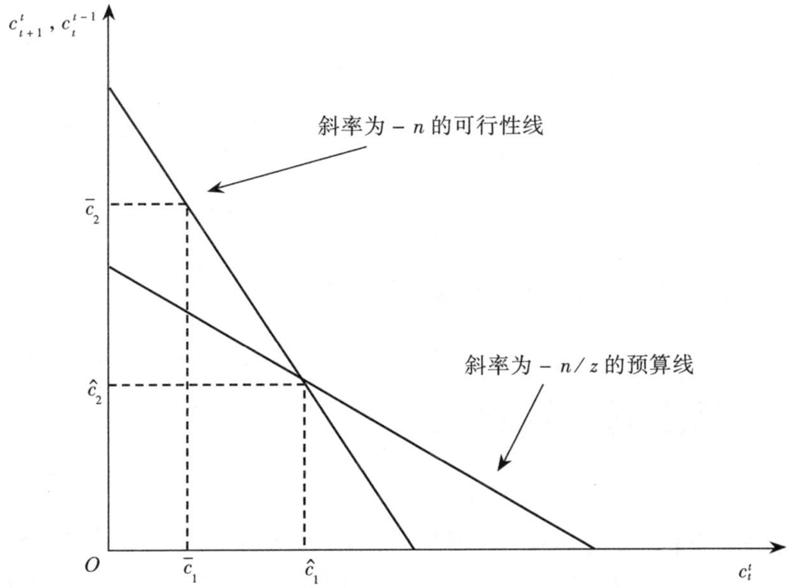

图 9.7.1　$z>1$ 时的可行性线（9.7.15）式和预算线（9.7.17）式。在货币均衡中的消费配置为$(\hat{c}_1, \hat{c}_2)$，在可行性线下最大化效用的点为$(\bar{c}_1, \bar{c}_2)$

我们可以采用与证明前一命题的充分性相类似的方法，构造一个变量来完成证明。∎

正如华莱士（1980）所指出的，命题表明在均衡 $\hat{m}$ 中价格水平的路径和最优性没有联系。因此可能存在一个最优货币均衡，它有正的通货膨胀率，例如当 $\theta_{aut}<n<z\leqslant 1$ 的时候；也可能存在非最优的货币均衡，它有为常值的价格水平，例如当 $z=n>1>\theta_{aut}$ 的时候。起作用的是法定货币的名义数量。命题建议货币的数量不应当增加。特别地，当 $z\leqslant 1$ 时，只要非货币均衡不是最优的，就存在一个最优的 $\hat{m}$ 均衡。

□ 9.7.1 巴拉斯科-谢尔最优性判别法

对于常量人口的情况，巴拉斯科和谢尔（Balasko and Shell，1980）设计了一般判别法，用它可以方便地验证分配是不是最优的。① 巴拉斯科和谢尔允许禀赋(w_t^{th},w_{t+1}^{th})和效用函数 $u^{th}(c_t^{th},c_{t+1}^{th})$存在多样性，其中 w_s^{th} 是出生在 t 时刻的名为 h 的个体在 s 时刻的禀赋，c_s^{th} 是出生在 t 时刻的名为 h 的个体在 s 时刻的消费。巴拉斯科和谢尔假设 h 类人口的数量对时间是固定的。他们使用了几个技术条件来排除可能的反常情况。其中主要有下面两个：首先他们假设无差异曲线没有平坦的部分和打结的地方，从而也就排除了对既定的 h，当$t\to\infty$时无差异曲线序列的极限会出现平坦的部分或打结的现象。其次，他们假定总的禀赋 $\sum_h(w_t^{th}+w_t^{t-1,h})$ 一致有上界，并且存在一个 $\varepsilon>0$，对于所有 s、h 及 $t\in\{s,s+1\}$有 $w_t^{sh}>\varepsilon$。他们考虑消费配置远离坐标轴一致有界的情况。在这些条件下，巴拉斯科和谢尔考虑了下面这类配置，其中所有 t 时刻的年轻个体有共同的边际替代率 $1+r_t\equiv u_1^{th}(c_t^{th},c_{t+1}^{th})/u_2^{th}(c_t^{th},c_{t+1}^{th})$，并且所有的禀赋被消费掉了。巴拉斯科和谢尔证明了一个配置帕累托最优的充要条件是

$$\sum_{t=1}^{\infty}\prod_{s=1}^{t}[1+r_s]=+\infty \tag{9.7.18}$$

也就是说，当且仅当 t 期的总利率的无限和$\prod_{s=1}^{t}[1+r_s]$发散时。

巴拉斯科-谢尔判别法简要地说明了低利率经济不是最优的。我们已经遇到了很多这类例子，在带有有价值货币的均衡存在以前，不带有有价值货币的均衡必为低利率经济，它与巴拉斯科-谢尔判别法的结果一样。此外，应用巴拉斯科-谢尔判别式（9.7.18），或利用它允许正的净人口增长率 n 存在的推广情形，我们可以证明，在带有有价值货币的均衡中，只有使货币具有高收益率的均衡才是最优的。

9.8 同代之间的异质性

本节描述一个世代交叠模型，其中同代之间的禀赋具有异质性。我们采用萨金特和华莱士（1982）以及史密斯（1988）的方法，他们把这种模型作为一种工具，来讨论货币理论中的一些问题，这些问题要求政府发行的货币与私人借据共存，并且要求它对私

① 巴拉斯科和谢尔认为他们的判别法的一种形式应归功于戴维·卡斯（1973）。

人借据（private IOU）是一种或多或少的替代。

现在假设在 $t \geqslant 1$ 时刻出生的每代人中有 J 组个体。第 j 组个体中有固定的 N_j 个个体。第 j 组中的个体在年轻的时候得到 $w_1(j)$ 单位的禀赋，在年老的时候得到 $w_2(j)$ 单位。出生在 t 时刻的第 j 组个体的储蓄函数求解了问题（9.5.3）在 t 时刻的情形。我们把储蓄函数表示为 $f(R_t, j)$。如果我们假设 t 代所有家庭有偏好 $U^t(c^t) = \ln c_t^t + \ln c_{t+1}^t$，那么储蓄函数为

$$f(R_t, j) = 0.5\left(w_1(j) - \frac{w_2(j)}{R_t}\right)$$

在 $t=1$ 时，赋予老年人总量为 $H=H(0)$ 单位的不可兑换的货币。

例如，假设 $J=2$，$(w_1(1), w_2(1)) = (\alpha, 0)$，$(w_1(2), w_2(2)) = (0, \beta)$，其中 $\alpha>0$，$\beta>0$。第一类人是借出者，而第二类人是借入者。对于对数偏好，我们有储蓄函数 $f(R,1)=\alpha/2$，$f(R,2)=-\beta/(2R)$。

□ 9.8.1 非货币均衡

非货币均衡是由收益率序列 R 和储蓄率序列 s_j 组成的 (R, s_j)，其中 $j=1,\cdots,J$。它对于 $t \geqslant 1$ 满足：(1) $s_{tj} = f(R_t, j)$；(2) $\sum_{j=1}^{J} N_j f(R_t, j) = 0$。条件（1）建立了家庭的最优化行为；条件（2）说明，总的净储蓄等于零（借入等于借出）。

对于禀赋、偏好和每组人的数量都关于时间不变的情形，利率由总储蓄函数与 R 轴的交点决定，如图 9.8.1 所示的 R_1。在非货币均衡中，没有跨代的转移支付。均衡由分离的两期纯消费借贷经济序列组成，欧文·费雪（Irving Fisher，1907）分析了这类经济。

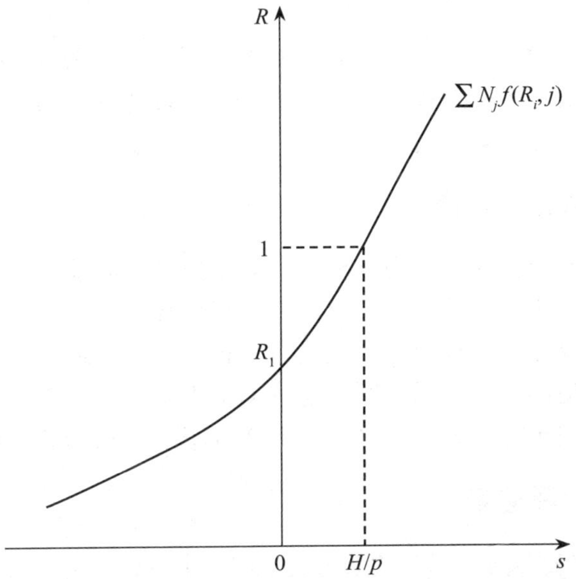

图 9.8.1 总储蓄函数和水平线 $R=1$ 的交点决定了价格水平的稳定均衡值（如果它是正数的话）

□ 9.8.2 货币均衡

在带有有价值法定货币的均衡中，在每个 $t\geqslant 1$ 的日期，老年人用货币存量 H 从年轻人那里交换到商品。对于任意的变量 x，令 $\vec{x}=\{x_t\}_{t=1}^{\infty}$。带有有价值法定货币的均衡是序列 $\vec{R}$、$\vec{p}$、$\vec{s}$ 对于任意的 j 满足：(1) $\vec{p}$ 是一个正的序列；(2) $R_t=p_t/p_{t+1}$；(3) $s_{jt}=f(R_t,j)$；(4) $\sum_{j=1}^{J}N_jf(R_t,j)=\dfrac{H}{p_t}$。条件（1）说明货币在每期都是有价值的；条件（2）说明货币和消费借贷是完美替代的；条件（3）要求储蓄决策是最优的；条件（4）要求年轻人的净储蓄（左边）等于老年人动用的储蓄（右边）。老年人的货币供给是无弹性的。

我们可以用图像法确定稳定均衡。稳定均衡对于所有的 t 都满足 $p_t=p$，这就推出$R=1$ 对所有的 t 都成立。因而，如果稳定均衡存在，那么它对于正的价格水平求解了方程

$$\sum_{j=1}^{J}N_jf(1,j)=\frac{H}{p} \tag{9.8.1}$$

如图 9.8.1 所示。很明显，对于 $R=1$，如果年轻人的净储蓄为正，那么稳定货币均衡存在。

对于对数偏好和两类年轻人的特别情形，年轻人的总储蓄函数是不随时间变化的，它等于

$$\sum_{j}f(R,j)=0.5\left(N_1\alpha-N_2\frac{\beta}{R}\right)$$

注意均衡条件（9.8.1）可以写成

$$0.5N_1\alpha=0.5N_2\frac{\beta}{R}+\frac{H}{p}$$

左边是储蓄的需求或对“货币”的需求，右边是供给，它由私人发行的借据（第一项）和政府发行的货币组成。因此右边是所谓的 M1 的抽象情形，它是私人发行的借据（存款需求）和政府发行的储备金以及通货之和。

□ 9.8.3 非稳定的均衡

从数学上来看，对数偏好和两类人模型的均衡条件，与前面的方程（9.4.7）、方程（9.4.8）分析过的模型有相同的结构，只需要重新解释一下参数。我们在这里和在练习中让读者证明：如果存在带有有价值法定货币的稳定均衡，那么存在一系列连续统的均衡，它们都带有有价值的法定货币，所有这些均衡中除了一个以外，其他都使得政府货币的实际价值渐近趋向于零。类似方程（9.4.7）的线性差分方程支持这个结论。

□ 9.8.4 实际票据学说

在 19 世纪的欧洲和美国联邦储备系统的早期，中央银行引导公开市场操作不是通过购买政府发行的债券，而是通过购买安全的（无风险）短期私人借据来进行的。我们现在分析这种老式的公开市场操作。我们允许政府在每期发行额外的货币，并使用收益来专门购买私人借据（向私人贷款），设 t 时刻的数量为 L_t。这种公开市场操作受下面的限

制序列约束：

$$L_t = R_{t-1}L_{t-1} + \frac{H_t - H_{t-1}}{p_t} \tag{9.8.2}$$

其中 $t \geqslant 1$，且 $H_0 = H > 0$ 给定，$L_0 = 0$。这里 L_t 表示从时期 t 到时期 $t+1$ 政府供给私人部门的 t 时刻的消费品数量。方程（9.8.2）表明政府以两种方式为这些贷款融资：首先，滚动增加来自上一期贷款偿还的收益 $R_{t-1}L_{t-1}$，其次，注入新通货数量 $H_t - H_{t-1}$。随着政府在每期以这种方式注入新货币和购买贷款，借贷市场的均衡条件变成了

$$\sum_{j=1}^{J} N_j f(R_t, j) + L_t = \frac{H_{t-1}}{p_t} + \frac{H_t - H_{t-1}}{p_t} \tag{9.8.3}$$

其中右边的第一项是 t 时刻的老年人动用的实际储蓄（他们的实际余额），第二项是货币权威部门新印制的货币的实际价值，用它来为 t 时刻年轻人发行的私人借据融资。左边是年轻人的净储蓄加上政府的储蓄。

在一些假象下，这种公开市场操作的效果是几个世纪以来货币经济学家一直关心的问题。[①] 我们可以陈述下面的命题：

公开市场操作的无效性：公开市场操作是无效的，任何满足约束条件（9.8.2）的正的序列 $\{L_t, H_t\}_{t=0}^{\infty}$ 都对应相同的均衡配置、利率和价格水平序列。

证明：很明显，我们可以将均衡条件（9.8.3）写成

$$\sum_{j=1}^{J} N_j f(R_t, j) + L_t = \frac{H_t}{p_t} \tag{9.8.4}$$

对于 $t \geqslant 1$，把条件（9.8.2）迭代一次，并利用 $R_{t-1} = \frac{p_{t-1}}{p_t}$ 得到

$$L_t = R_{t-1}R_{t-2}L_{t-2} + \frac{H_t - H_{t-2}}{p_t}$$

一直迭代到 0 时刻，并利用 $L_0 = 0$ 得到

$$L_t = \frac{H_t - H_0}{p_t} \tag{9.8.5}$$

将（9.8.5）式代入（9.8.4）式得到

$$\sum_{j=1}^{J} N_j f(R_t, j) = \frac{H_0}{p_t} \tag{9.8.6}$$

这与没有公开市场操作，即对于所有 $t \geqslant 1$，$L_t \equiv 0$ 的经济的均衡条件相同。对任意满足条件（9.8.2）的 L_t 序列，求解了（9.8.6）式的价格水平和收益率序列，从而也就求解了（9.8.3）式。∎

① 其中的一个问题有关允许银行发行私人银行票据对价格水平的影响。注意，在我们的设定中，没有严格要求 H_t 是由政府发行的，我们可以把它们想成是由私人银行发行的。

这个命题包含了亚当·斯密的实际票据学说的思想。这个学说认为，如果政府发行票据来购买私人债务的安全凭据，那么没有通货膨胀。萨金特和华莱士（1982）扩展了这些讨论，他们用某些法律限制把货币市场与信贷市场分离开来，法律用来抑制调解。这样，公开市场操作就不再没有效果了，因为它可以被用来放松法律的部分限制。萨金特和华莱士给出了怎样利用这些法律限制帮助稳定价格水平，它以牺牲经济的效率为代价。卡恩和罗贝兹（1998）把这个设定推广以用于研究规范电子付款系统方面的问题。

9.9 礼物赠送均衡

米基海罗·坎多里（Michihiro Kandori，1992）和朗斯·史密斯（Lones Smith，1992）利用了一些文献中关于声誉（参见第 23 章）的思想来研究是否存在历史依赖的支持最优配置的礼物序列。他们的观点是将经济设置为一个有一个博弈者序列的博弈。我们简单地描述一个世代交叠模型的礼物赠送博弈，其中自愿的跨代礼物支持最优配置。

假定初始老年人的消费为

$$c_1^0 = y_1^0 + s_1$$

且每个年轻人的效用是

$$u(y_i^i - s_i) + u(y_{i+1}^i + s_{i+1}),\quad i \geqslant 1 \tag{9.9.1}$$

其中 $s_i \geqslant 0$ 是 i 时刻的年轻人给予 i 时刻老年人的礼物。假设禀赋结构为 $y_i^i = 1-\varepsilon$，$y_{i+1}^i = \varepsilon$，其中 $\varepsilon \in (0, 0.5)$。

考虑下面的预期系统，年轻人要选择是否遵守它

$$s_i = \begin{cases} 0.5-\varepsilon, & v_i = \bar{v} \\ 0, & \text{其他} \end{cases} \tag{9.9.2a}$$

$$v_{i+1} = \begin{cases} \bar{v}, & v_i = \bar{v} \text{ 且 } s_i = 0.5-\varepsilon \\ \underline{v}, & \text{其他} \end{cases} \tag{9.9.2b}$$

其中，我们可以自由地选取 $\bar{v} = 2u(0.5)$ 和 $\underline{v} = u(1-\varepsilon) + u(\varepsilon)$。它们是“承诺效用”。我们将它们作为“状态变量”来概括跨代礼物赠送的历史。为了能够处理，我们还需要一个初始值 v_1。方程（9.9.2）可以被视为年轻人依据（9.9.1）式选择 s_i 时的转移规律。

初始条件 v_1 和法则（9.9.2）是一个预期系统，它说明了预期每一代的年轻人给予多少。他把他的礼物立即给一个老年人。如果对每一个 $i \geqslant 1$，每个年轻人都选择遵从预期系统，那么称这个预期系统为一个均衡。

我们马上就可以计算出两个均衡的预期系统。第一个是“自给自足”均衡：不给别人任何东西，也不期望从后代那里得到任何东西。为了用方程（9.9.2）表示这个均衡，可令 $v_1 \neq \bar{v}$。很容易验证，每个年轻人都会遵从均衡中别人对他的预期。因为后代不会给出礼物，所以每个年轻人都会选择不给出礼物。

第二个均衡是令 $v_1=\bar{v}$。这时每个家庭选择给出预期的量，因为如果不这样做，将会导致下一代的年轻人也不会这样做，因此遵从预期的给出把预期传给了下一代，并一直传下去。上面的每一个均衡都是可信的，从某种意义上说是子博弈完美的，我们将在第 23 章详细地研究。

纳拉亚纳·科切拉科塔（1998）在各种环境中比较了礼物赠送均衡和货币均衡，并且利用比较给出了用“金钱”代替“记忆”的精确认识。

9.10 结束语

世代交叠模型在分析公共财政学、福利经济学和人口统计学中起着重要的作用。戴蒙德（1965）利用具有新古典生产函数的这个模型的一种形式研究了一些财政政策问题。他证明了由于不同的偏好和生产函数的参数，这个模型的均衡具有太多的资本；但这种资本过度积累可以依靠政府滚动发行无担保的债务来纠正。[①] 奥尔巴赫和科特里克夫（Auerbach and Kotlikoff，1987）建立了长时间生存的世代交叠模型，它包括资本、劳动、生产和各种税收。他们利用这个模型研究了许多财政问题。里奥斯-鲁尔（Rios-Rull，1994a）利用校准了的世代交叠增长模型来定量地研究市场的不完全性在对付总的风险中的重要性。可参考阿塔纳西奥（Attanasio，2000）的生命周期模型中的消费理论和证据的总结。

几个作者在琼·卡雷肯和尼尔·华莱士于 1980 年编辑的书中，通过例子说明了世代交叠模型在分析各种货币经济学问题中是非常有用的。我们参考了那本书，以及麦坎德利斯和华莱士（McCandless and Wallace，1992）、钱普和弗里曼（Champ and Freeman，1994）、布罗克（1990）和萨金特（1987b），他们的研究都是世代交叠模型在一些货币经济学问题中的各种应用。

9.11 练习

9.1 对于在 $t\geqslant 1$ 的每个日期，经济由常数 N 个两期存活世代交叠个体组成。t 时刻出生的年轻个体在单个商品流上的消费偏好为 $u(c_t^t)+u(c_{t+1}^t)$，其中 $u(c)=c^{1-\gamma}/(1-\gamma)$，$c_t^i$ 是 i 时刻出生的个体在 t 时刻的消费。可认为 $\gamma>0$，当 $\gamma=1$ 时，$u(c)=\ln c$。每一个在 $t\geqslant 1$ 时刻出生的年轻个体有相同的偏好和禀赋结构 (w_1, w_2)，其中 w_1 是年轻时的禀赋，w_2 是年老时的禀赋。假定 $0<w_2<w_1$。此外，还有在 1 时刻的初始老年人，它们的禀赋为 w_2 单位 1 时刻的消费品，它们通过 c_1^0 安排消费流。初始老年人（即 $t=1$ 的老年人）

① 阿贝尔、曼昆、萨默斯和泽克豪泽（Abel，Mankiw，Summers and Zeckhauser，1989）对美国经济是否存在资本的过度积累作了一个经验检验，结论是不存在。

还有 M 单位无担保的法定货币。货币存量是常数，不随时间变化。

a. 求出年轻个体的储蓄函数。

b. 定义带有有价值法定货币的均衡。

c. 定义带有有价值法定货币的稳定均衡。

d. 计算带有有价值法定货币的稳定均衡。

e. 说明存在几个带有有价值法定货币的稳定均衡。(不必把它们计算出来。)

f. 在每个具有有价值法定货币的非稳定均衡中，当 $t\to+\infty$时，计算货币收益率的极限值。证明你的计算。

9.2 考虑某个世代交叠经济，它由偶数的 N 个两期存活的个体组成。年轻人在 $t\geqslant 1$ 时出生，一半年轻人年轻时的禀赋为 w_1，年老时为 0；另一半年轻人年轻时的禀赋为 0，年老时为 w_2。假定 $0<w_2<w_1$。所有个体的偏好与练习 9.1 中一样，取 $\gamma=1$。N 个初始老年人，一半的禀赋为 w_2 单位消费品，另一半什么都没有。每个初始老年人通过 c_1^0 安排消费流。赋予 $t=1$ 的每个老年人 M 单位无担保的法定货币。后代没有法定货币的禀赋。法定货币存量在每期都是不变的。

a. 对 $t\geqslant 1$，找出两类年轻人各自的储蓄函数。

b. 定义不带有有价值法定货币的均衡。计算出所有这种均衡。

c. 定义带有有价值法定货币的均衡。

d. 计算所有带有有价值法定货币的（非随机）均衡。

e. 证明存在唯一的带有有价值法定货币的稳定均衡。

f. 按照帕累托标准，这些带有有价值法定货币的均衡该怎样排序?

9.3 采用练习 9.1 中的经济，但作一处改变。给初始老年人一棵“树”，它对每个 $t\geqslant 1$，有固定红利 $d>0$ 单位的消费品。

a. 计算所有的带有有价值法定货币的均衡。

b. 计算所有的不带有有价值法定货币的均衡。

c. 如果你愿意，用下面的特殊数值例子回答上面两个问题，其中

$$w_1=10,\ w_2=5,\ d=0.000\,001$$

9.4 采用练习 9.1 中的经济，作下面两处改变。首先，假定 $\gamma=1$。其次，假定 t 时出生的年轻人的数量为 $N(t)=nN(t-1)$，其中 $N(0)>0$ 给定且 $n\geqslant 1$。经济中的其他条件保持不变。

a. 计算出一个不带有有价值法定货币的均衡。

b. 计算出一个带有有价值法定货币的稳定均衡。

9.5 考虑一个由两期存活的消费者组成的世代交叠经济。在每个 $t\geqslant 1$ 时，都有 $N(t)$个相同的年轻人出生，在他们年轻的时候，赋予每人 w_1 单位单一的消费品，在他们年老的时候，赋予每人 w_2 单位单一的消费品。假定 $w_2<w_1$。消费品是不能储存的。年轻人的数量由 $N(t)=nN(t-1)$ 描述，其中 $n>0$。t 时刻出生的年轻人通过 $\ln(c_t^t)+\ln(c_{t+1}^t)$安排效用流，其中 c_t^i 是出生在 i 时刻的个体在 t 时刻的消费。此外，在 1 时刻有 $N(0)$ 个老年人，赋予他们每人 w_2 单位 1 时刻的商品。同时还赋予每个 $t=1$ 时的老年人 1 单位无担保的纸币，它是无限耐用且本质上无用的法定货币。

a. 定义不带有有价值法定货币的均衡，并计算这样的均衡。

b. 定义带有有价值法定货币的均衡。

c. 计算所有带有有价值法定货币的均衡。

d. 对你在 c 中找出的每个均衡，求出当 $t\to\infty$ 时货币收益率的极限值。比较它们与 a 中均衡的单期利率。

e. 按照帕累托标准，c 中的均衡可以被排序吗？

9.6 汇率的确定

世界由两个经济组成，名为 $i=1,2$，它们除了政府政策以外，其他都相同。在 $t\geqslant1$ 的每个日期都有一种消费品，它是可以储存的，但只有富人可以储存。每个经济都由两期存活的世代交叠个体组成。对每个 $t\geqslant1$，经济 i 中有 N 个穷人和 N 个富人出生。令 $c_t^h(s)$、$y_t^h(s)$分别是在 t 时刻出生的类型 h 的个体在 s 时刻的（消费，禀赋）。赋予穷人 $[y_t^h(t),y_t^h(t+1)]=(\alpha,0)$，赋予富人$[y_t^h(t),y_t^h(t+1)]=(\beta,0)$，其中 $\beta\gg\alpha$。每个国家都有 $2N$ 个初始老年人，一共赋予他们 $H_i(0)$ 单位无担保的货币和 $2N\varepsilon$ 单位 1 时刻的消费品。如果富人储存 k 单位t 时刻的消费品，那么他得到Rk 单位$t+1$ 时刻的消费品，其中 $R>1$ 为储存的固定总收益率。富人通过储存或通过政府债券把钱借给任何一个国家的政府都得到 R 的收益率。我们假定穷人不能储存资本和持有政府债券，原因在于萨金特和华莱士（1982）描述的分类和仲裁限制。

对于每个 $t\geqslant1$，所有的年轻个体通过 $\ln c_t^h(t)+\ln c_t^h(t+1)$来安排他们的消费流。

对于 $t\geqslant1$，第 i 个国家的政府根据下面的预算约束来为政府购买（打算丢入大海）$G_i(t)$融资，约束为：

$$G_i(t)+RB_i(t-1)=B_i(t)+\frac{H_i(t)-H_i(t-1)}{p_i(t)}+T_i(t) \tag{1}$$

其中 $B_i(0)=0$；$p_i(t)$是国家 i 的价格水平；$T_i(t)$是政府在 t 时刻对年轻的富人征收的总量税；$H_i(t)$是在 t 时期末国家 i 的法定货币存量；$B_i(t)$是支付利息的政府债券量（由两个国家的富人持有）。政府不公开地对穷人征税，它可能通过通货膨胀税来征税。每个政府对它自己国家的每个年轻富人征收 $T_i(t)/N$ 的总量税。

两个国家的穷人可以按照他们的意愿自由地持有两种货币；富人可以持有任何一个政府的债券，也可进行储存；储存和持有两种政府债券的收益率都是 R。

a. 定义带有有价值法定货币的均衡（对两个国家）。

b. 在非随机均衡中，验证下面的命题：如果存在一个使得两种货币都带有有价值法定货币的均衡，那么两个国家间的汇率对时间是常数。

c. 假定每个国家的政府政策由下面的外生水平决定：$G_i(t)=G_i$，$T_i(t)=T_i$，$B_i(t)=0,\forall t\geqslant1$。（调整政府政策中剩下的元素以满足政府的预算约束。）假定这个外生的政府政策使得两种货币带有有价值法定货币的均衡存在。证明在这种政策下，均衡汇率是不确定的。

d. 假定每个国家的政府政策如下：$G_i(t)=G_i$，$T_i(t)=T_i$，$H_i(t+1)=H_i(1)$，$B_i(t)=B_i(1)$，$\forall t\geqslant1$。证明如果使得两种货币带有有价值法定货币的均衡存在，那么两个国家间的汇率是确定的。

e. 假定国家 1 的政府政策由下面的外生水平决定：$s_1=[H_1(t)-H_1(t-1)]/p_1(t)$，$\forall t\geqslant2$ 且 $G_1(t)=G_1,\forall t\geqslant1$。对国家 2，政府政策由下面的外生水平决定：$B_2(t)=$

$B_2(1)$，$G_2(t)=G_2$，$\forall t\geqslant 1$。证明如果使得两种货币带有有价值法定货币的均衡存在，那么两个国家间的汇率是确定的。

9.7 信用控制

考虑下面的世代交叠模型。在每个 $t\geqslant 1$ 时，都出现 N 个两期存活的年轻人，称为第 t 代人，他们在 t 期至 $t+1$ 期生存并消费。$t=1$ 时有 N 个老年人，一共赋予他们 $H(0)$ 单位被称为“美元”的纸币，他们用这些纸币无弹性地与第 1 代年轻人交换商品。令 $p(t)$ 为模型中 1 单位商品的价格，用每单位 t 时刻商品的美元数来衡量。对每个 $t\geqslant 1$，$N/2$ 个第 t 代成员在 t 时刻被赋予 $y>0$ 单位商品且在 $t+1$ 时刻为 0；剩下的 $N/2$ 个第 t 代成员在 t 时刻被赋予 0 且在年老时被赋予 $y>0$ 单位商品。每代人的每个成员都有下面相同的效用函数：

$$u[c_t^h(t),c_t^h(t+1)]=\ln c_t^h(t)+\ln c_t^h(t+1)$$

其中 $c_t^h(s)$ 是第 t 代的个体 h 在 s 期的消费。$t=1$ 时的老年人最大化 $c_0^h(1)$。消费品是不能储存的。货币供给量不随时间变化，是常数，所以 $H(t)=H(0)$，$t\geqslant 1$。

a. 定义这个模型不带有有价值法定货币的竞争性均衡。谁跟谁做什么交易？

b. 在不带有有价值法定货币的均衡中，计算消费借贷的总收益的竞争性均衡值、$t=1$ 时刻的老年人的消费配置以及 $t\geqslant 1$ 时刻的“借入者”和“借出者”的消费配置。

c. 定义带有有价值法定货币的竞争性均衡。谁跟谁做什么交易？

d. 证明这个经济不存在带有有价值法定货币的竞争性均衡。

e. 现在假定政府加上 $l_t^h(t)[1+r(t)]\geqslant -y/4$ 这个限制，其中 $l_t^h(t)[1+r(t)]$ 表示 t 代的个体 h 买进（如果它是正的）或卖出（如果它是负的）的 $t+1$ 期的消费权益。这是对借贷量的限制。对不带有有价值货币的均衡，计算消费配置和消费借贷的总收益率。

f. 在 e 中的设定下，证明存在带有有价值货币的均衡，并且它的价格水平服从数量理论方程 $p(t)=qH(0)/N$。找出待定系数 q 的公式。计算消费配置和消费借贷的均衡收益率。

g. 借出者是经济 b 中的更好还是经济 f 中的更好？借入者呢？第 1 期的老年人（第 0 代）呢？

9.8 内部货币和实际票据

考虑下面的由两期存活的人组成的世代交叠经济。在 $t\geqslant 1$ 的每个日期有 N_1 个类型 1 的个体和 N_2 个类型 2 的个体出生，类型 1 的个体在年轻的时候被赋予 $y>0$ 单位消费品，在年老时为 0；类型 2 的个体在年轻的时候禀赋为 0，在年老时为 $Y>0$ 单位消费品。消费品是不能储存的。在 $t=1$ 时刻有 N 个老年人，他们都相同且每个人的禀赋为 0 单位消费品和 N_0/N 单位无担保的纸币，称为“法定货币”。类型 1 和类型 2 的数量 N_1 和 N_2 对 $t\geqslant 1$ 是常数。每代的年轻人有相同的偏好，并且最大化效用函数 $\ln c_t^h(t)+\ln c_t^h(t+1)$，其中 $c_t^h(s)$ 是第 t 代的个体 h 在第 s 期的消费。

a. 考虑不带有有价值法定货币的均衡（也就是代与代之间没有交易的均衡）。令 $1+r(t)$ 为消费借贷的总收益率。找出一个公式，把 $1+r(t)$ 表示成 N_1、N_2、y 和 Y 的函数。

b. 在不带有有价值法定货币的均衡中，假定 N_1、N_2、y 和 Y 使得 $1+r(t)>1$。证明不存在数量理论模式均衡，使得法定货币是有价值的且价格水平 $p(t)$ 服从数量理论方程 $p(t)=q\cdot H_0$，其中 q 是一个正的常数，$p(t)$ 是单位商品的货币量。

c. 在不带有有价值法定货币的均衡中，假定 N_1、N_2、y 和 Y 使得 $1+r(t)<1$。证明存在一个均衡，它使得法定货币是有价值的且有数量理论方程 $p(t)=q\cdot H_0$，其中 q 是一个常数。设计一个证明过程，证明带有有价值法定货币的均衡不是帕累托优于不带有有价值法定货币的均衡。

d. 假定 N_1、N_2、y 和 Y 使得在前面不带有有价值法定货币的经济中 $1+r(t)<1$，且存在一个均衡使得法定货币有价值。令 $\bar{p}$ 是那个经济的稳定价格水平。现在考虑另外一个经济，它除了下面的特征不同外，其他方面均与前面的经济完全相同：政府每期购买一个为常量 L_g 的消费贷款，并通过发行债券来支付它，债券称为“内部货币”M_I，它的量为 $M_I(t)=L_g\cdot p(t)$。政府不赎回内部货币，它用前一期的贷款来为下一期新的消费贷款融资。外部货币即通货的数量保持为 H_0，因而现在的“总的高性能的货币(total - high-power money)”为 $H_0+M_I(t)$。

（ⅰ）证明这个经济中存在带有有价值货币的均衡，且其中的价格水平对时间是常数，$p(t)=\bar{p}$，或等价地说 $\bar{p}=qH_0$，其中 q 在 c 中定义。

（ⅱ）在这个经济中，解释为什么政府购买的私人债券没有通货膨胀倾向。

（ⅲ）在标准的宏观经济模型中，政府对私人债券一劳永逸的公开市场操作一般会影响实际变量和/或价格水平。是什么造成了这些模型与练习中的模型的不同？

9.9　社会保障和价格水平

考虑一个由两期存活的人组成的世代交叠经济（“经济Ⅰ”）。在 $t\geqslant1$ 的每个日期，有常数量 N 个年轻人出生，他们在年轻时(t 期)和年老时($t+1$ 期）渴望消费。每个年轻人有效用函数 $\ln c_t(t)+\ln c_t(t+1)$，其中 $c_s(t)$ 是 s 期出生的个体在 t 时刻的消费。对所有 $t\geqslant1$，年轻人在年轻的时候被赋予 $y>0$ 单位的不能储存的消费品，在年老时为 0。此外在 $t=1$ 期有 N 个老年人，一共赋予他们 H 单位无担保的法定货币。令 $p(t)$ 为 t 时刻的名义价格水平，用每个 t 时刻商品的美元数表示。

a. 定义并计算这个经济的带有有价值法定货币的均衡。证明如果存在，那么它唯一。现在考虑第二个经济（“经济Ⅱ”），它除了有一个社会保障系统外其他的与经济Ⅰ相同。特别地，在 $t\geqslant1$ 的每个日期，政府对每个年轻人征收 $\tau>0$ 单位 t 时刻的消费品，同时把这 τ 单位 t 时刻的消费品给那时活着的每一个老年人。

b. 经济Ⅱ存在带有有价值法定货币的均衡吗？说明为了确保这种均衡存在，需要对参数 τ 加上什么限制。

c. 如果带有有价值法定货币的均衡存在，那么它是唯一的吗？

d. 考虑带有有价值法定货币的稳定均衡，它是唯一的吗？描述货币的价值或价格水平随着社会保障系统的规模怎样变化，社会保障系统的规模用 τ 度量。

9.10　铸币税

考虑一个由两期存活的个体组成的世代交叠经济。在 $t\geqslant1$ 的每个日期，有 N_1 个“借出者”出生，他们年轻时的禀赋为 $\alpha>0$ 单位单一的消费品，年老时为 0。在 $t\geqslant1$ 的每个日期，还有 N_2 个“借入者”出生，他们年轻时的禀赋为 0，年老时为 $\beta>0$ 单位的消费品。商品是不能储存的，N_1 和 N_2 不随时间变化，都是常数。经济从 1 时刻开始，此时有 N 个老年人，他们总的禀赋为 $H(0)$单位无担保的本质上无用的纸币（称为美元）。假定 α、β、N_1 和 N_2 满足

$$\frac{N_2\beta}{N_1\alpha}<1$$

假定每个人都有偏好

$$u[c_t^h(t),c_t^h(t+1)]=\ln c_t^h(t)+\ln c_t^h(t+1)$$

其中 $c_t^h(s)$是出生在 t 时刻的个体 h 在 s 期的消费。

a. 在不带有有价值法定货币的均衡中，计算消费贷款的均衡利率。

b. 构造一个简洁的论证，用它来验证不带有有价值法定货币的均衡是不是帕累托最优的。

假定经济中还有一个政府，它在 t 期购买并销毁 G_t 单位消费品，$t\geqslant 1$。政府完全靠发行新货币来为政府购买融资。也就是说，在 t 时刻，

$$G_t=\frac{H(t)-H(t-1)}{p(t)}$$

其中 $H(t)-H(t-1)$是政府在 t 时刻印制的新货币，$p(t)$是 t 时刻的价格水平。假定政府通过下式增加 $H(t)$：

$$H(t)=zH(t-1),\quad z\geqslant 1$$

其中 z 对所有的 $t\geqslant 1$ 都是常数。

在 t 时刻，$t-1$ 期至 t 期持有 $H(t-1)$美元的老年人用$H(t-1)$美元交换 t 时刻的商品。政府在 t 时刻也用 $H(t)-H(t-1)$交换商品，所以 $H(t)$是 t 时刻总的货币供给量，并且年轻人将把它带入 $t+1$ 时刻。

c. 假定 $1/z>N_2\beta/N_1\alpha$。证明在这个假设下，存在一系列连续统的均衡，它们都带有有价值法定货币。

d. 用数量理论方程的形式，表示这个唯一的带有有价值法定货币的稳定均衡。计算货币的均衡收益率和消费贷款的均衡收益率。

e. 证明如果 $1/z<N_2\beta/N_1\alpha$，那么不存在带有有价值法定货币的均衡。（提示：注意不带有有价值法定货币的均衡中的消费贷款的收益率。）

f. 求出稳定均衡中最大化政府的 G_t 的 z 值。比较它与使得带有有价值法定货币的均衡存在的最大的 z 值。

9.11 不合意的货币主义者算术

考虑某经济，对于 $t\geqslant 1$，政府货币的总需求由$[M(t)p(t)]^d=g[R_1(t)]$给出，其中 $R_1(t)$是在 t 期至 $t+1$ 期货币的总收益率，$M(t)$是 t 时刻的货币存量，$p(t)$是用 t 时刻商品来衡量的货币价值（价格水平的倒数）。函数 $g(R)$满足

$$g(R)(1-R)=h(R)>0,\qquad R\in(\underline{R},1) \tag{1}$$

其中，

$h(R)\leqslant 0$，当$R<\underline{R}$，$R\geqslant 1$，$\underline{R}>0$ 时

$h'(R)<0$，当 $R>R_m$ 时

$h'(R)>0$，当 $R<R_m$，$h(R_m)>D$ 时

其中 D 是一个即将简略定义的正数。

对政府支付利息的债券的需求是有无限弹性的，债券有时不变的总利率 $R_2>1$。政府为预算赤字 D 融资，D 被定义为政府购买减去公开税收，它不随时间变化。政府的预算约束为

$$D=p(t)[M(t)-M(t-1)]+B(t)-B(t-1)R_2, \quad t\geqslant 1 \tag{2}$$

受约束于 $B(0)=0$，$M(0)>0$。均衡时，

$$M(t)p(t)=g[R_1(t)] \tag{3}$$

政府可以在约束条件(2)和(3)下自由选择 $M(t)$ 与 $B(t)$ 的路径。

a. 证明如果对所有的 $t>0$ 都有 $B(t)=0$，那么这个模型存在两个稳定均衡。

b. 证明存在 $B>0$，使得存在稳定均衡满足 $B(t)=B$，$M(t)p(t)=Mp$。

c. 证明下面的命题：在稳定均衡中，B 的值越小，则它对应的均衡的稳定通货膨胀率越低。(需要对拉弗曲线效应做一个假设才能得到这个命题。)

这个模型显示了萨金特和华莱士（1981）的某些观点。他们说，在类似导出 c 中命题的某些假设下，今天的货币越“松”[即 $M(1)$ 越高，$B(1)$ 越低]，稳定通货膨胀率就越低。

9.12 格朗蒙-霍尔

考虑具有一种商品的世代交叠模型的非随机经济，在 $t\geqslant 1$ 的每个日期都有两期存活的年轻人出生。$t=1$ 时有一群初始老年人，在第 1 期期初，赋予他们 $H(0)>0$ 单位无担保的货币。模型中的商品是不能储存的。令年轻人的第 1 期总储蓄函数不随时间变化，把它表示为 $f[1+r(t)]$，其中 $1+r(t)$ 是 t 期至 $t+1$ 期的消费贷款的总收益率。假定储蓄函数满足 $f(0)=-\infty$，$f'(1+r)>0$，$f(1)>0$。

政府从第 2 期开始对货币支付利息（第 2 期对第 1 期和第 2 期的货币持有者支付利息）。政府对货币支付的名义利率为 $[1+r(t)]p(t+1)/\bar{p}$，其中 $1+r(t)$ 是消费借贷的实际总收益率，$p(t)$ 是 t 时刻的价格水平，$\bar{p}$ 是被选来满足下式的目标价格水平：

$$\bar{p}=H(0)/f(1)$$

政府通过印制新货币来为利息支付融资，因此政府的预算约束为

$$H(t+1)-H(t)=\left\{[1+r(t)]\frac{p(t+1)}{\bar{p}}-1\right\}H(t), \quad t\geqslant 1$$

$H(1)=H(0)>0$ 给定。这个经济中消费贷款的总收益率为 $1+r(t)$。均衡时，$1+r(t)$ 至少与货币的实际收益率一样大。

$$1+r(t)\geqslant[1+r(t)]p(t)/\bar{p}=[1+r(t)]\frac{p(t+1)}{\bar{p}}\frac{p(t)}{p(t+1)}$$

如果货币是有价值的，那么

$$1+r(t)=[1+r(t)]p(t)/\bar{p}, \quad 0<p(t)<\infty$$

这个经济的借贷市场出清条件为

$$f[1+r(t)]=H(t)/p(t)$$

a. 定义均衡。

b. 证明这个经济中存在唯一的货币均衡，并把它计算出来。

9.13 布赖恩特-凯恩斯-华莱士

考虑一个由两期存活的个体组成的世代交叠经济。在 $t\geqslant 1$ 的每个日期有固定量 N 个年轻人出生。有一种不能储存的单一消费品。在$t\geqslant 1$时出生的年轻人中，每个人年轻时有 w_1 单位消费品并且在年老时得到 w_2，其中 $0<w_2<w_1$。每个在 $t\geqslant 1$ 时出生的个体有相同的偏好 $\ln c_t^h(t)+\ln c_t^h(t+1)$，其中 $c_t^h(s)$是 t 时刻出生的个体 h 在 s 时刻的消费。此外，在 1 时刻有 N 个老年人，赋予他们 $H(0)$单位无担保的纸币，他们最大化 1 时刻商品的消费。

对于 $t\geqslant 1$，政府试图印制新货币来为常数水平的政府购买$G(t)=G>0$ 融资。政府的预算约束为

$$G=[H(t)-H(t-1)]/p(t)$$

其中 $p(t)$是 t 时刻的价格水平，$H(t)$是 t 时刻出生的个体从 t 期带入$t+1$期的货币量。令 $g=G/N$ 是每个人的政府购买。假定购买$G(t)$对个体不产生效用。

a. 定义带有有价值法定货币的均衡。

b. 证明对充分小的 g，存在带有有价值法定货币的稳定均衡。

c. 证明在通常情况下，如果存在带有有价值法定货币的稳定均衡，其中货币的收益率 $1+r(t)=1+r_1$，那么至少还存在另一个带有有价值法定货币的稳定均衡，使得 $1+r(t)=1+r_2\neq 1+r_1$。

d. 说明 b 和 c 中描述的均衡是不是帕累托最优的，每期政府拿走$G(t)=G$ 后，私人个体的配置中还剩下了什么。(这里不要求证明，给出非正式的论证即可。)

现在让政府建立一个强制储蓄计划，它具有下面的形式。在 1 时刻，政府用政府债券赎回外面的货币存量 $H(0)$。对 $t\geqslant 1$，政府要求每个年轻人用债券的形式至少储蓄价值 F 的 t 时刻消费品，储蓄有固定收益率 $1+r_2$。有一项禁止私人仲裁的法律阻止两个或两个以上的私人个体分享一份债券。$t\geqslant 2$ 时政府的预算约束为

$$G/N=B(t)-B(t-1)(1+r_2)$$

其中 $B(t)\geqslant F$。这里 $B(t)$是 t 时刻的年轻个体的储蓄。$t=1$ 时政府的预算约束为

$$G/N=B(1)-\frac{H(0)}{Np(1)}$$

其中 $p(1)$是 $t=1$ 时赎回初始货币存量的价格水平。政府设定 F 和 r_2。

考虑稳定均衡，它使得 $B(t)=B$ ($t\geqslant 1$)，且 r_2 和 F 是常数。

e. 证明假如 g 足够小，使得 a 中描述的那类均衡存在，那么强制储蓄的稳定均衡存在。(图形证明和数学证明均可。)

f. 给定 g，求出最大化 $t\geqslant 1$ 时的代表性年轻个体效用的 F 和 r_2。

g. 在所有 $t\geqslant 1$ 时使政府产生 $G(t)=G$ 的配置中，f 中的 F 和$1+r_2$ 对应的均衡配置是最优的吗？(给出非正式的论证即可。)

第10章 李嘉图等价性

10.1 借入限制和李嘉图等价性

这一章研究税收的时间选择是否重要的问题。在某些假设下，税收的时间选择是重要的，而在其他的假设下却是不重要的。李嘉图定理描述了使得总量税的时间选择不重要的假设。在这一章中，我们将研究税收的时间选择是怎样与家庭的借款能力约束相互作用的。我们将在两类等价的设定中研究该问题：（1）具有无限存活代表性个体的无限期经济；（2）具有存活一期个体序列的无限期经济，并且个体关心其下一代。我们假定利率是外生给定的。例如，对于一个开放的小国经济，其利率由国际资本市场决定。第 11 章与第 13 章将阐述李嘉图定理的一般均衡分析，其中利率由模型决定。

本章的重要发现是，在无限期模型中，在前面称为自然借入限制的条件下，李嘉图等价性成立，但是，如果施加更加严格的条件，李嘉图等价性就不再成立。自然借入限制是指家庭的借款数额不能超过其禀赋序列的资本化价值。这些结果限制了世代交叠模型中的对应物，因为世代交叠模型等价于无借入约束（no-borrowing constraint）的无限期模型。[①] 在世代交叠模型中，无借入约束可转变成遗赠（bequest）非负的要求。因而，至少相对于基于自然借入限制的无限期模型而言，世代交叠模型中的李嘉图命题的定义域是受到约束的。

① 这是巴罗（1974）流行的一篇论文中的观点，它重新点燃了现代对李嘉图等价性的兴趣。

10.2 无限存活个体经济

假定经济中存在 N 个相同的家庭，每个家庭对商品的消费流做出排序，这由下式表示：

$$\sum_{t=0}^{\infty}\beta^t u(c_t) \tag{10.2.1}$$

其中 $\beta\in(0,1)$，$u(\cdot)$是严格递增、严格凹的、二阶可微的单期效用函数。我们假定该函数满足稻田条件

$$\lim_{c\downarrow 0}u'(c)=+\infty$$

该条件很重要，因为我们要强调 $c\geqslant 0$ 这一属性。经济中没有不确定性。家庭可以投资于单一的无风险资产，并且各期的总收益率均为 R，其中 $R>1$。无风险资产可以是给政府或国外居民的无风险贷款。在 t 时刻，家庭面临如下预算约束

$$c_t+R^{-1}b_{t+1}\leqslant y_t+b_t \tag{10.2.2}$$

其中 b_0 是给定的。本章自始至终假定 $R\beta=1$。此处$\{y_t\}_{t=0}^{\infty}$是给定的非随机的非负禀赋序列，并且$\sum_{t=0}^{\infty}\beta^t y_t<\infty$。

我们将研究关于资产持有 $\{b_t\}_{t=0}^{\infty}$的两个截然不同的约束。一个是对于所有的 $t\geqslant 0$，有 $b_t\geqslant 0$。该约束表明，家庭可以借出但不能借入。另外一个约束则允许家庭借入，但是不能超过可行的偿还数量。为了找出这个数量，针对公式（10.2.2）中的任意 t 设定 $c_t=0$，并向前递归求解 b_t，可得

$$\tilde{b}_t=-\sum_{j=0}^{\infty}R^{-j}y_{t+j} \tag{10.2.3}$$

此处我们为了排除庞氏骗局而施加了如下横截条件：

$$\lim_{T\to\infty}R^{-T}b_{t+T}=0 \tag{10.2.4}$$

根据艾亚加里（Aiyagari，1994）的著述，我们称$\tilde{b}_t$为自然债务限制（natural debt limit）。[①] 因而，我们关于资产的另外一个约束是

$$b_t\geqslant\tilde{b}_t \tag{10.2.5}$$

很明显，这比 $b_t\geqslant 0$ 要弱。[②]

□ 10.2.1 当 $b_{t+1}\geqslant 0$ 时的最优消费/储蓄决定

考虑对于所有 t，针对初始资产 b_0，在满足给定初始条件、预算约束（10.2.2）及

---

① 即使 $c_t=0$，消费者不能偿还超过 $\tilde{b}_t$ 的量。

② 在第 8 章讨论阿罗证券时，我们遇到了公式（10.2.5）的更一般的形式。

$b_{t+1} \geqslant 0$ 的条件下，家庭如何选择$\{c_t, b_{t+1}\}_{t=0}^{\infty}$，目的是使表达式（10.2.1）最大化。这个问题的一阶条件是

$$u'(c_t) \geqslant \beta R u'(c_{t+1}), \quad \forall t \geqslant 0 \tag{10.2.6a}$$

以及

$$u'(c_t) > \beta R u'(c_{t+1}) \text{意味着 } b_{t+1} = 0 \tag{10.2.6b}$$

因为 $\beta R = 1$，由上述条件和约束条件（10.2.2）可推出，当 $b_{t+1} > 0$ 时有 $c_{t+1} = c_t$；但当消费者受到借入约束时，$b_{t+1} = 0$ 且 $y_t + b_t = c_t < c_{t+1}$。很明显，最优消费计划明显依赖于路径 $\{y_t\}$，下面的几个例子说明了这一点。

例 1 假定 $b_0 = 0$，禀赋路径为$\{y_t\}_{t=0}^{\infty} = \{y_h, y_l, y_h, y_l, \cdots\}$，其中 $y_h > y_l > 0$。家庭禀赋的现值为

$$\sum_{t=0}^{\infty} \beta^t y_t - \sum_{t=0}^{\infty} \beta^{2t}(y_h + \beta y_l) = \frac{y_h + \beta y_l}{1 - \beta^2}$$

家庭每年消费相同数量 $\bar{c}$，并且其总现值等于家庭禀赋的现值。由此得到

$$\frac{\bar{c}}{1-\beta} = \frac{y_h + \beta y_l}{1 - \beta^2} \quad \text{或} \quad \bar{c} = \frac{y_h + \beta y_l}{1 + \beta}$$

因此，对于所有 $t \geqslant 0$，家庭最优化问题的解是常数消费流 $c_t = \bar{c}$。利用预算约束条件（10.2.2），我们可以得到相应的储蓄计划，对偶数时期的 t 有 $b_{t+1} = (y_h - y_l)/(1+\beta)$，对奇数时期的 t 有 $b_{t+1} = 0$。消费者没有受到借入约束。①

例 2 假定 $b_0 = 0$，禀赋路径为$\{y_t\}_{t=0}^{\infty} = \{y_l, y_h, y_l, y_h, \cdots\}$，其中 $y_h > y_l > 0$。最优路径是 $c_0 = y_l$ 和 $b_1 = 0$，第 1 期以后的解与例 1 的相同。因此，消费者只在第 1 期受到借入约束。②

例 3 假定 $b_0 = 0$，$y_t = \lambda^t$，其中 $1 < \lambda < R$。注意，$\lambda\beta < 1$。对于所有 $t \geqslant 0$，在借入约束 $b_t \geqslant 0$ 的条件下，解是 $c_t = \lambda^t$，$b_t = 0$。此消费者总是受到借入约束。

□ 10.2.2 当 $b_{t+1} \geqslant \tilde{b}_{t+1}$ 时的最优消费/储蓄决定

例 4 关于 b_0 和禀赋序列 $y_t = \lambda^t$ 的假设与例 3 相同，但是现在加入自然借入约束条件（10.2.5）。家庭禀赋的现值是

$$\sum_{t=0}^{\infty} \beta^t \lambda^t = \frac{1}{1 - \lambda\beta}$$

如果消费水平 $\hat{c}$ 不变且满足

$$\frac{\hat{c}}{1-\beta} = \frac{1}{1-\lambda\beta} \quad \text{或} \quad \hat{c} = \frac{1-\beta}{1-\lambda\beta}$$

---

① 注意，$b_t = 0$ 并不表示消费者受到借入约束。在 $b_t \geqslant 0$ 的条件下拉格朗日乘子不为 0，消费者才受到借入约束。

② 例 1 和例 2 阐述了第 17 章中的一般性结论。给定一个借入约束和一个非随机的禀赋流，借入约束的影响直到家庭实现了剩余禀赋流的最高年金时才会消失。

则家庭的预算约束在每一时期都被满足，将此消费率代入公式（10.2.2），向前递归求解可得

$$b_t=\frac{1-\lambda^t}{1-\beta\lambda} \tag{10.2.7}$$

随着时间的推移，消费者积累越来越多的债务，并利用不断增加的禀赋来偿还。消费者的债务总是满足 t 时刻的自然债务限制，特别地，$b_t>\tilde{b}_t=-\lambda^t/(1-\beta\lambda)$。

例 5 采用和例 3 相同的设定，但是令 $\lambda<1$。注意，由解（10.2.7）可推出 $b_t\geqslant 0$。因此，即使加入借入约束 $b_t\geqslant 0$，例 4 中的常值消费路径 $c_t=\hat{c}$ 仍然是问题的解。

10.3 政府

现在以一种让消费者对消费计划的偏好继续由（10.2.1）式排序的方式，将政府加入模型中。假定政府对每个家庭的购买流是 $\{g_t\}_{t=0}^{\infty}$。这个流并没有出现在消费者的效用函数中。对每个家庭征收的总量税为 $\{\tau_t\}_{t=0}^{\infty}$，满足预算约束序列

$$B_t+g_t=\tau_t+R^{-1}B_{t+1} \tag{10.3.1}$$

此处 B_t 是 t 时刻到期的单期债务，以 t 时刻的消费品为单位，该债务是政府欠家庭或者国外投资者的。注意，尽管在某些前面的设定情况（如例 1、例 2、例 3）中我们不允许家庭借入，但我们允许政府借入。（若 $B_t<0$，则政府借钱给家庭或者国外投资者。）向前递归求解政府的预算约束，得到跨期约束

$$B_t=\sum_{j=0}^{\infty}R^{-j}(\tau_{t+j}-g_{t+j}) \tag{10.3.2}$$

对于 $t\geqslant 0$，我们通过使用如下横截条件来排除庞氏骗局，即

$$\lim_{T\to\infty}R^{-T}B_{t+T}=0$$

10.3.1 对家庭的影响

我们现在从（10.2.2）式的家庭禀赋中减去 τ_t，得到

$$c_t+R^{-1}b_{t+1}\leqslant y_t-\tau_t+b_t \tag{10.3.3}$$

向前递归求解这个税收调整后的预算约束条件，并使用横截条件（10.2.4）可得

$$b_t=\sum_{j=0}^{\infty}R^{-j}(c_{t+j}+\tau_{t+j}-y_{t+j}) \tag{10.3.4}$$

对于任意 t，令（10.3.4）式中 $c_t=0$，可以得到自然债务限制

$$\tilde{b}_t\geqslant\sum_{j=0}^{\infty}R^{-j}(\tau_{t+j}-y_{t+j}) \tag{10.3.5}$$

我们比较（10.2.3）式和（10.3.5）式可以揭示税收如何影响 $\tilde{b}_t$。

我们使用如下定义：

定义： 给定初始条件(b_0, B_0)，均衡是指满足以下条件的家庭计划$\{c_t, b_{t+1}\}_{t=0}^{\infty}$和政府政策$\{g_t, \tau_t, B_{t+1}\}_{t=0}^{\infty}$：(a) 政府政策满足政府预算约束（10.3.1），(b) 给定 $\{\tau_t\}_{t=0}^{\infty}$，家庭计划是最优的。

现在我们可以陈述在自然债务限制条件下的李嘉图命题。

命题 1 假定存在自然债务限制极限约束。给定初始条件(b_0, B_0)，令$\{\bar{c}_t, \bar{b}_{t+1}\}_{t=0}^{\infty}$和$\{\bar{g}_t, \bar{\tau}_t, \bar{B}_{t+1}\}_{t=0}^{\infty}$是一个均衡。如果另一个税收政策 $\{\hat{\tau}_t\}_{t=0}^{\infty}$满足

$$\sum_{t=0}^{\infty} R^{-t}\hat{\tau}_t = \sum_{t=0}^{\infty} R^{-t}\bar{\tau}_t \tag{10.3.6}$$

那么$\{\bar{c}_t, \hat{b}_{t+1}\}_{t=0}^{\infty}$和$\{\bar{g}_t, \hat{\tau}_t, \hat{B}_{t+1}\}_{t=0}^{\infty}$也是一个均衡，其中

$$\hat{b}_t = \sum_{j=0}^{\infty} R^{-j}(\bar{c}_{t+j} + \hat{\tau}_{t+j} - y_{t+j}) \tag{10.3.7}$$

$$\hat{B}_t = \sum_{j=0}^{\infty} R^{-j}(\hat{\tau}_{t+j} - \bar{g}_{t+j}) \tag{10.3.8}$$

证明： 命题的第一点是在同样的消费计划 $\{\bar{c}_t\}_{t=0}^{\infty}$和经调整的借入计划 $\{\hat{b}_{t+1}\}_{t=0}^{\infty}$的情况下，求解家庭在新税收计划条件下的最优化问题。在自然债务限制下，家庭实际上面临单一跨期预算约束（10.3.4）。在0时刻，家庭可以被认为是在单一约束条件下选择最优消费计划，即

$$b_0 = \sum_{t=0}^{\infty} R^{-t}(c_t - y_t) + \sum_{t=0}^{\infty} R^{-t}\tau_t$$

因而，家庭的预算集和最优计划都不取决于税收的时间选择，而只与税收的现值有关。新的税收计划不改变家庭的跨期预算集，因而不影响家庭的最优消费计划。接着，我们向前递归求解预算约束（10.3.3）来构造供调整的借入计划 $\{\hat{b}_{t+1}\}_{t=0}^{\infty}$，得到式(10.3.7)。[①] 因为消费计划$\{\bar{c}_t\}_{t=0}^{\infty}$是非负序列，所以调整的借入计划在每一时期满足（调

---

① 可以直接验证所调整的借入计划 $\{\hat{b}_{t+1}\}_{t=0}^{\infty}$必定满足横截条件（10.2.4）。在任意时期 $k-1\geqslant 0$，向后求解预算约束（10.3.3）可得

$$b_k = \sum_{j=1}^{k} R^j[y_{k-j} - \tau_{k-j} - c_{k-j}] + R^k b_0$$

显然，初始均衡中的$\bar{b}_k$ 与$\hat{b}_k$ 之差等于

$$\bar{b}_k - \hat{b}_k = \sum_{j=1}^{k} R^j[\hat{\tau}_{k-j} - \bar{\tau}_{k-j}]$$

两边乘以 R^{1-k}，有

$$R^{1-k}(\bar{b}_k - \hat{b}_k) = R\sum_{t=0}^{k-1} R^{-t}[\hat{\tau}_t - \bar{\tau}_t]$$

由于条件（10.3.6），当k趋向无穷时，上式右边的极限为0。因此，如果均衡的借入计划$\{\bar{b}_{t+1}\}_{t=0}^{\infty}$满足横截条件(10.2.4)，那么$\{\hat{b}_{t+1}\}_{t=0}^{\infty}$必定也满足。

整的）自然债务限制。

命题的第二点是变化后的政府税收和借入计划仍然满足政府的预算约束。特别地，我们发现政府在 0 时刻的预算约束集不依赖于税收的时间选择，而只依赖于其现值

$$B_0=\sum_{t=0}^{\infty}R^{-t}\tau_t-\sum_{t=0}^{\infty}R^{-t}g_t$$

因而，在税收现值不变而税收计划改变时，政府可以针对同一个支出计划 $\{\bar{g}_t\}_{t=0}^{\infty}$ 进行融资。调整后的借入计划 $\{\hat{B}_{t+1}\}_{t=0}^{\infty}$ 同样可以通过以上类似方法计算得到式（10.3.8）。∎

这个命题依赖于比家庭无借入约束更弱的自然债务限制这一条件。在无借入约束条件下，t 时刻的资产选择 b_{t+1} 非负且满足预算约束（10.3.3）。也就是说，在无借入约束条件下，我们不得不检查家庭在 0 时刻的跨期预算约束之外的约束条件。改变满足方程（10.3.6）的税收的时间选择显然改变了（10.3.3）式的右边，并可以使先前的借入约束不再是约束，反过来也是一样。在初始的 $\{\bar{\tau}_t\}_{t=0}^{\infty}$ 均衡或者新的 $\{\hat{\tau}_t\}_{t=0}^{\infty}$ 均衡中，具有约束力的借入约束使李嘉图命题不像命题 1 那样一般化。当借入约束在两个正在被比较的均衡中有约束力时，命题的更多有约束力的变形在严格等价税类中显然成立。

命题 2 考虑带有消费路径 $\{\bar{c}_t\}_{t=0}^{\infty}$ 的初始均衡，其中对于所有 $t\geqslant 0$ 有 $b_{t+1}>0$。令 $\{\bar{\tau}_t\}_{t=0}^{\infty}$ 是初始均衡的税率，$\{\hat{\tau}_t\}_{t=0}^{\infty}$ 是其他任意税率序列，对于所有 $t\geqslant 0$ 满足

$$\hat{b}_t=\sum_{j=0}^{\infty}R^{-j}(\bar{c}_{t+j}+\hat{\tau}_{t+j}-y_{t+j})\geqslant 0$$

那么 $\{\bar{c}_t\}_{t=0}^{\infty}$ 也是对税收序列 $\{\hat{\tau}_t\}_{t=0}^{\infty}$ 的均衡配置。

我们将这个命题的证明留给读者。

10.4 代代相连的解释

前面关于借入约束的大部分分析都可以应用于代代相连的由遗赠动机联系起来的世代交叠模型。假定存在只存活单期的个体序列。在 $t>0$ 的每个日期，存活单期的个体关心他的消费和他的直接后代的效用，此处的直接后代是指 $t+1$ 时刻的年轻人。t 时刻的年轻人的偏好为

$$u(c_t)+\beta V(b_{t+1})$$

其中 $u(c)$ 是与前一节相同的效用函数，$b_{t+1}\geqslant 0$ 是 t 时刻个体对 $t+1$ 时刻个体的遗赠，$V(b_{t+1})$ 是 $t+1$ 时刻个体的最大化的效用函数。最大化的效用函数可以递归定义如下：

$$V(b_t)=\max_{c_t,b_{t+1}}\{u(c_t)+\beta V(b_{t+1})\}_{t=0}^{\infty} \tag{10.4.1}$$

其中，最大化满足

$$c_t+R^{-1}b_{t+1}\leqslant y_t-\tau_t+b_t \tag{10.4.2}$$

且 $b_{t+1}\geqslant 0$。约束条件 $b_{t+1}\geqslant 0$ 要求遗赠不能为负。注意，每一个个体关心他的直接后代，但反过来则不成立。我们继续假定存在无限存活的政府，其税收、购买和借入策略与前面的描述一致。

就消费结果而言，此模型等价于前面的带有无借入约束的模型。此处的遗赠扮演了前面模型中储蓄 b_{t+1} 的角色。而前面模型中的正储蓄条件 $b_{t+1}>0$ 则变成了世代交叠模型中的"可运作的遗赠动机"(operational bequest motive)。

于是，我们可以得到如同命题 2 的受约束的李嘉图等价性命题。命题成立的条件是，初始均衡必须对所有 $t\geqslant 0$ 有一个可运作的遗赠动机，并且新税收政策不能偏离最初情况变化太大，以免导致遗赠动机不起作用。

10.5 结束语

这一章模型中的利率是外生给定的，且资本市场也处于模型之外。当我们讨论由于家庭面临无借入约束而引起李嘉图等价性可能失灵时，我们也在隐含地考虑政府的外部资产头寸的变化。例如，考虑满足(10.3.6)式的税收调整计划 $\{\hat{\tau}_t\}_{t=0}^{\infty}$，该计划将未来的税收提前到现在。只要调整幅度足够大，就可以确保政府在较早时期是借出者。但是，由于不允许家庭为负债的，所以政府只能借钱给国外投资者，因而我们可以证明李嘉图等价性失灵。

读者也许能够猜到第 13 章中李嘉图等价性的一般均衡证明的特征。首先，私人消费和政府支出必定与每一时期的总禀赋相一致，即 $c_t+g_t=y_t$，这说明只要政府支出不变，改变后的税收计划就不会影响消费分配。其次，利率由均衡消费分配的跨期边际替代率决定，这与第 8 章的研究一致。因此，消费分配不变，利率也就不变。再次，在所有的这些利率水平下，家庭所持有的资产头寸将刚好抵消由于税收计划的改变而引起的政府对资产持有的任何改变。例如，在前面一段关于税收调整的讨论中，家庭所需要的贷款的数额刚好等于早期预算盈余所产生的政府可贷数额的增加额。家庭将使用这些贷款以适应更高的税收，因而能够维持不变的消费计划。

无限存活个体模型中的李嘉图等价性的研究结果是识别基于那些不同假定在不相关结果条件下可能失灵的有用起点。[①] 比如，借入约束比自然债务限制要更强。如同戴蒙德(1965)和布兰查德(1985)所分析的，对基准模型的另一个偏离是有限期存活的个体。但是，巴罗(1974)和本章的分析已经指出，如果个体对其后代是利他主义的，并且存在一个可运作的遗赠动机，那么李嘉图等价性将仍然成立。伯恩海姆和巴格韦尔(Bernheim and Bagwell，1988)将这一论述推广到极端情形，并建立了一个模型。在这个模型中，所有个体由于动态家庭之间的关联而相互联系，这将使得包括扭曲性税收在内的所有再分配政策都是中性的。但是，一般地，将总量税改为扭曲性税收是一种破坏李嘉图等价性的方法，参见巴斯基、曼昆和扎德斯(Barsky，Mankiw

① 西特(Seater，1993)回顾了李嘉图等价性的理论和经验证据。

and Zeldes，1986）的研究。我们将在第 16 章回到扭曲性税收的时间选择问题。金博尔和曼昆（Kimball and Mankiw，1989）介绍了不完全市场如何使得税收的时间选择与预防性储蓄动机以一种与李嘉图等价性无关的方式相互影响。我们将在第 17 章和第 18 章中讨论预防性储蓄和不完全市场。最后，通过允许扭曲税是历史依赖的，巴塞托和科切拉科塔（2004）对于各种税都得到了李嘉图等价性的结果。

第11章 增长模型中的财政政策

11.1 简介

本章将在非随机增长模型的框架内讨论技术冲击和财政冲击对均衡产出的影响。我们将陈述一些关于各种税收的效果方面的经典结果，我们也将利用模型来阐明一些近似计算均衡的数值方面的技巧，并且揭示出那些在其中决策制定者对于未来的政府决策具有完美预见的动态模型的结构。预见的形成对价格和配置的影响领先于那些引发了这些影响的政府行动。

按照霍尔（1971）的方法，我们将在标准的增长模型的一个非随机版本中引入政府的角色，此政府购买一个商品流，并且通过一系列扭曲的单一税来给自己融资。我们假定政府的行为是外生的[①]，这就意味着，对于我们来说，政府可以被简单地看做是由政府购买序列 $\{g_t\}_{t=0}^{\infty}$ 和税收序列 $\{\tau_{ct},\tau_{kt},\tau_{nt},\tau_{ht}\}_{t=0}^{\infty}$ 组成的一个清单。这里 τ_{ct}、τ_{kt} 和 τ_{nt} 分别表示关于消费、资本收益和劳动收入的随时间可变的统一税率；而 τ_{ht} 表示总量税（即人头税）。

扭曲性税收使得无法通过计算计划者问题来得到竞争性均衡配置。因此，为了计算出均衡配置和价格体系，我们需要求解一个由决策制定者的一阶条件以及一些其他的均衡条件组成的非线性差分方程系统。我们首先利用一种所谓的射击（shooting）算法，这一算法可以得到精确的近似。还有一些不太精确但是有时更能展示近似程度的算法，它们是霍尔（1971）发现的那些方法，霍尔（1971）求解了均衡条件的一个线性近似。我

① 在第 16 章中，我们将讨论这个模型的另一个版本，其中政府通过选择税收来最大化代表性消费者的效用。

们利用第 2 章的附录 A 中介绍的滞后算子来搜寻并且将解表示出来，这种表示方式在揭示那些完美预见到的税收和花费的改变的动态效果以及内生变量的当前值是如何依赖于未来外生变量的路径时特别有效。[①]

11.2 经济

□ 11.2.1 偏好、技术、信息

假定不存在不确定性，并且决策制定者具有完美预见。代表性家庭关于单一消费品的非负的消费流 c_t 和闲暇 $1-n_t$ 的偏好刻画如下：

$$\sum_{t=0}^{\infty}\beta^t U(c_t,1-n_t),\quad \beta\in(0,1) \tag{11.2.1}$$

其中 U 关于 c_t 和 $1-n_t$ 严格递增，并且是二阶连续可微和严格凹的。我们要求 $c_t\geqslant 0$ 且 $n_t\in[0,1]$。通常地，我们假定 $U(c,1-n)=u(c)+v(1-n)$。而在实际经济周期的文献中，另一些通常的假定是 $U(c,1-n)=\log c+\zeta\log(1-n)$ 和 $U(c,1-n)=\log c+\zeta(1-n)$。[②]我们还将重点讨论另一种经常被研究的特殊情形，即 $v=0$ 从而 $U(c,1-n)=u(c)$。

技术满足：

$$g_t+c_t+x_t\leqslant F(k_t,n_t) \tag{11.2.2a}$$

$$k_{t+1}=(1-\delta)k_t+x_t \tag{11.2.2b}$$

其中 $\delta\in(0,1)$ 表示折旧率，k_t 表示实物资本存量，x_t 表示总投资，$F(k,n)$ 表示线性齐次的生产函数，并且具有关于资本和劳动的正且递减的边际产品。[③] 为简单起见，有时候将 x_t 从（11.2.2）式中去除掉，从而技术可表示为：

$$g_t+c_t+k_{t+1}\leqslant F(k_t,n_t)+(1-\delta)k_t \tag{11.2.3}$$

□ 11.2.2 竞争性均衡的构成

存在一个所有的交易都在 0 时刻发生的竞争性均衡。家庭拥有资本，进行投资决策，并且将资本和劳动租给代表性的生产厂商。代表性厂商利用资本和劳动来生产产品，其生产函数是 $F(k_t,n_t)$。所谓的价格体系是一个三元的序列 $\{q_t,\eta_t,w_t\}_{t=0}^{\infty}$，其中 q_t 表示 t 时刻的 1 单位投资或者消费（x_t 或 c_t）在 0 时刻的税前价格，η_t 表示家庭在 t 时刻出租资本给厂商，从而在 t 时刻获得的税前价格，而 w_t 表示家庭在 t 时刻出租劳动给厂商，从

① 参见萨金特（1987a）关于滞后算子的更详细的解释。利用滞后算子，我们可以将霍尔的结果扩展为包括任意的财政政策路径。

② 参见汉森（1985）对于这两种设定所进行的比较。这两种设定都满足金、普洛瑟和雷贝洛（King，Plosser and Rebelo，1988）给出的关于平衡增长路径存在的必要条件，这一条件要求收入效应和替代效应相互抵消。

③ 在 11.11 节中，我们将修正生产函数的形式，以允许劳动增进型的技术进步，这种形式符合金、普洛瑟和雷贝洛（1988）关于平衡增长路径的存在性的必要条件。

而在 t 时刻获得的税前价格。价格 w_t 和 η_t 以 t 时刻的商品来表示，而 q_t 则以 0 时刻的价值标准来表示。

我们将第 8 章中关于竞争性均衡的定义扩展一下，从而可以把政府行动包括进来。我们将满足预算约束的政府花费和税收计划称为是预算上可行的（budget feasible）。所谓的竞争性均衡的集合正是与那些预算上可行的政府政策相挂钩的。

家庭面临的预算约束是：

$$\begin{aligned}&\sum_{t=0}^{\infty} q_t\{(1+\tau_{ct})c_t+[k_{t+1}-(1-\delta)k_t]\}\\&\leqslant \sum_{t=0}^{\infty} q_t\{\eta_t k_t-\tau_{kt}(\eta_t-\delta_t)k_t+(1-\tau_{nt})w_t n_t-\tau_{ht}\}\end{aligned} \tag{11.2.4}$$

这里我们假定政府对于资本总租金 $\eta_t k_t$ 给予数额为 δk_t 的折旧补贴，从而在资本租金上获得的税收为 $\tau_{kt}(\eta_t-\delta)k_t$。政府面临的预算约束是：

$$\sum_{t=0}^{\infty} q_t g_t \leqslant \sum_{t=0}^{\infty} q_t\{\tau_{ct}c_t+\tau_{kt}(\eta_t-\delta)k_t+\tau_{nt}w_t n_t+\tau_{ht}\} \tag{11.2.5}$$

现在的一种感觉是，我们允许政府征收太多种类的税收了。因为当总量税可行的时候，政府不应使用任何扭曲性税种。正如霍尔（1971）一样，我们之所以考虑所有的这些税种，是因为我们希望获得一个充分一般化的框架，使得我们可以分析各种类型的税收是如何扭曲生产和消费决策的。

11.3 利率的期限结构

价格体系 $\{q_t\}_{t=0}^{\infty}$ 之中显然蕴含着一种利率的期限结构。为方便起见，将 q_t 表示为：

$$\begin{aligned}q_t &= q_0\frac{q_1}{q_0}\frac{q_2}{q_1}\cdots\frac{q_t}{q_{t-1}}\\&= q_0 m_{0,1}m_{1,2}\cdots m_{t-1,t}\end{aligned}$$

其中 $m_{t,t+1}=\dfrac{q_{t+1}}{q_t}$。我们可以将单期的折现因子 $m_{t,t+1}$ 表示为：

$$m_{t,t+1}=R_{t,t+1}^{-1}=\frac{1}{1+r_{t,t+1}}\approx \exp(-r_{t,t+1}) \tag{11.3.1}$$

这里，$R_{t,t+1}$ 是 t 期至 $t+1$ 期的单期利率，$r_{t,t+1}$ 是 t 期至 $t+1$ 期的净单期利率。注意，q_t 也可以表示为：

$$\begin{aligned}q_t &= q_0\exp(-r_{0,1})\exp(-r_{1,2})\cdots\exp(-r_{t-1,t})\\&= q_0\exp(-(r_{0,1}+r_{1,2}+\cdots+r_{t-1,t}))\\&= q_0\exp(-tr_{0,t})\end{aligned}$$

其中

$$r_{0,t}=t^{-1}(r_{0,1}+r_{1,2}+\cdots+r_{t-1,t}) \tag{11.3.2}$$

这里 $r_{0,t}$ 表示 0 期至 t 期的净 t 期利率。由于 q_t 表示 1 单位 t 时刻的消费在 0 时刻的价格，故 $r_{0,t}$ 可以被认为是在 t 时刻到期的“无息债券”所获得的到期收益。无息债券不承诺到期日之前的利息，只是在到期日归还本金。方程（11.3.2）表达的是利率的期限结构的预期理论，根据这一理论，t 期的（长期）贷款的利率是在长期贷款的有效期内预期可存在的单期的（短期）贷款的利率的平均。更一般地，t 时刻的 s 期的长期利率可表示为：

$$r_{t,t+s}=\frac{1}{s}(r_{t,t+1}+r_{t+1,t+2}+\cdots+r_{t+s-1,t+s}) \tag{11.3.3}$$

$r_{t,t+s}$ 关于 s（$s=1,2,\cdots,S$）的图形被称为 t 时刻的（实际）收益曲线。

关于利率的期限结构的预期理论的一种理解，可以通过计算期限为 $1,2,\cdots$ 的无息债券单期持有期总收益来获得。考虑某人在 0 时刻以 q_t 单位的价值标准购买 1 单位 t 时刻的消费品、然后在 1 时刻卖掉所获得的总收益。此人支付 $\frac{q_t}{q_0}$ 单位 0 时刻的消费品，获得 $\frac{q_t}{q_1}$ 单位 1 时刻的消费品。在这一交易中，以每单位 0 时刻的消费品的 1 时刻消费品度量的总收益率是 $\frac{q_0}{q_1}$，这一收益率并不依赖于在 0 时刻购买、1 时刻卖掉的商品的日期 t。显然，所有期限 $t\geqslant 1$ 的纯折价债券在 0 时刻的单期收益都是等同的。更一般地，所有期限的无息债券在 t 时刻的单期持有总收益都等于 $\frac{q_t}{q_{t+1}}$。

描述利率的期限结构的预期理论的一种方式是，要求无息债券的价格向量 $\{q_t\}_{t=0}^{\infty}$ 必须使得对于所有期限的无息债券而言，单期持有收益都是相等的。或者，也可以说，价格体系 $\{q_t\}_{t=0}^{\infty}$ 包含了在所有日期 t 所有期限的无息债券的单期持有收益的预测。

在接下来的各节内容中，我们将说明带有税收和政府支出的增长模型如何通过利率的期限结构与政府的财政政策联系在一起。

11.4 题外话：政府预算约束的序列形式

之前我们使用的是第 8 章中介绍的 0 时刻交易的模式。此外，单期无风险债券的序列交易模式也可以支撑本章将要研究的均衡配置。明确地描述出隐含在均衡的税收政策之中的单期政府债券序列将会有很大的帮助。

我们假定政府在 0 时期进入，此时没有政府债券。[①] 定义总税收为：

$$T_t=\tau_{ct}c_t+\tau_{kt}(\eta_t-\delta)k_t+w_t\tau_{nt}n_t+\tau_{ht}$$

则政府的预算约束可表示为：

① 如果令 $B_{-1}=0$ 为 −1 时刻的政府债券，则我们也可以在 $t=0$ 时应用方程（11.4.2）。

$$\sum_{t=0}^{\infty} q_t(g_t - T_t) = 0 \tag{11.4.1}$$

上式可写成：

$$g_0 - T_0 = \sum_{t=1}^{\infty} \frac{q_t}{q_0}(T_t - g_t)$$

上式表明，0 时刻的政府赤字 $g_0 - T_0$ 等于未来政府盈余的现值。这里，$B_0 \equiv \sum_{t=1}^{\infty} \frac{q_t}{q_0}(T_t - g_t)$ 表示以 0 时刻的消费品标价的、0 时刻的政府债券的价值。我们可以利用 B_0 的这一定义推导出

$$B_0 = \frac{q_0}{q_1} = T_1 - g_1 + \sum_{t=2}^{\infty} \frac{q_t}{q_1}(T_t - g_t)$$

或者回忆一下，在上一节中，$R_{0,1} \equiv \frac{q_0}{q_1}$ 表示的是 0 时刻和 1 时刻之间总的单期的实际利率，于是

$$B_0 R_{0,1} = T_1 - g_1 + B_1$$

现在，这里的

$$B_1 \equiv \sum_{t=2}^{\infty} \frac{q_t}{q_1}(T_t - g_t)$$

表示在时期 1 发行的、以 1 时刻的消费品为单位的政府债券的价值。向前迭代上述方程，我们可得到一个逐期的政府预算约束序列：对于 $t \geqslant 1$，有

$$g_t + R_{t-1,t} B_{t-1} = T_t + B_t \tag{11.4.2}$$

其中 $R_{t-1,t} = \frac{q_{t-1}}{q_t}$，并且

$$B_t \equiv \sum_{s=t+1}^{\infty} \frac{q_s}{q_t}(T_s - g_s) \tag{11.4.3}$$

方程（11.4.2）的左端表示包括了政府债券的本金和利息的 t 时刻的政府支出，右端表示包括了发行新的数量为 B_t 的单期债券的总收益。

于是，满足（11.2.5）式的政府政策蕴含的是满足（11.4.3）式的一系列单期政府债券。政府债券在 t 时刻的价值就是从日期 $t+1$ 开始的政府盈余的现值。方程（11.4.3）表明，t 时刻的政府债券预示了未来的盈余。

方程（11.4.2）可以被表示为：

$$B_t - B_{t-1} = g_t - T_t + r_{t-1,t} B_{t-1} \tag{11.4.4}$$

这里的 $g_t - T_t$ 就是通常所谓扣除利息的政府赤字，或经营政府赤字，或基本政府赤字，其中 $r_{t-1,t} B_{t-1}$ 表示政府债券的净利息支付，$g_t - T_t + r_{t-1,t} B_{t-1}$ 表示包括利息的总的政府赤字。方程（11.4.4）表明，政府债券的变化等于包括利息的总的政府赤字。

沿着政府债券的路径 $\{B_t\}$，阿罗-德布鲁预算约束（11.4.1）自动地满足“非庞氏

骗局”的条件。为了看到这一点，首先回忆一下 $\frac{q_s}{q_t}=R_{t,t+1}^{-1}\cdots R_{s-1,s}^{-1}$，并且将（11.4.3）式写为：

$$B_t=\sum_{s=t+1}^{T}\frac{q_s}{q_t}(T_s-g_s)+\sum_{s=T+1}^{\infty}\frac{q_s}{q_t}(T_s-g_s)$$

或者

$$B_t\equiv\sum_{s=t+1}^{T}\frac{q_s}{q_t}(T_s-g_s)+\frac{q_T}{q_t}B_T$$

或者

$$B_t\equiv\sum_{s=t+1}^{T}\frac{q_s}{q_t}(T_s-g_s)+R_{t,t+1}^{-1}\cdots R_{T-1,T}^{-1}B_T$$

利用类似于 11.5.1 节中的讨论，可以证明在均衡的时候，$\lim\limits_{T\to+\infty}q_T B_{T+1}=0$。

□ 11.4.1 政府债券的期限结构的无关性

在 t 时刻，政府发行一系列债券，并在总量上承诺在时刻 $s>t$ 支付商品流 $\{\xi_s^t\}_{s=1}^{\infty}$，即满足下式：

$$B_t=\sum_{s=t+1}^{\infty}\frac{q_s}{q_t}\xi_s^t \tag{11.4.5}$$

我们的模型对于支付流 $\{\xi_s^t\}_{s=1}^{\infty}$ 的期限结构的唯一要求是其必须满足：

$$\sum_{s=t+1}^{\infty}\frac{q_s}{q_t}\xi_s^t=\sum_{s=t+1}^{\infty}\frac{q_s}{q_t}(T_s-g_s)\equiv B_t \tag{11.4.6}$$

本章的模型断言，满足（11.4.6）式的支付流 $\{\xi_s^t\}_{s=t+1}^{\infty}$ 与任何其他的支付安排都是一样好的。在每一个 t 时刻，这一模型限定了不断延续的政府借据流 $\{\xi_s^t\}_{s=t+1}^{\infty}$ 的总价值，但是对于支付流的期限结构，无论早晚，却未决定。[①] 关于政府债券的期限结构的两个极端的例子如下：

（1）所有的债务由单期的纯折现债券组成，这些债券在每一期中滚动：

$$\xi_s^t=\begin{cases}\bar{\xi}^t, & s=t+1\\ 0, & s\geqslant t+2\end{cases}$$

其中 $\bar{\xi}^t$ 满足 $\frac{q_{t+1}}{q_t}\bar{\xi}^t=B_t$。

（2）所有债券由统一公债组成，在总量上承诺在时刻 $s\geqslant t+1$ 支付固定的总利息 $\hat{\xi}^t$，其中 $\hat{\xi}^t$ 满足：

① 相较于我们本章的分析，对政府债券的期限结构施加了更多不完美性的模型可参见 Lucas and Stokey (1983)、Angeletos (2002)、Buera and Nicolini (2004) 和 Shin (2007)。卢卡斯和斯托基阐明了如何通过一种可以诱使当局主动地、按序列地选择关于劳动的单一税来执行拉姆齐计划的方法，设定债券支付的期限结构。Angeletos (2002)、Buera and Nicolini (2004) 以及 Shin (2007) 利用无风险政府债券的期限结构随着时间的变化来完全化市场。

$$\hat{\xi}^t \sum_{s=t+1}^{\infty} \frac{q_s}{q_t} = B_t$$

政府债券 $\{r_{t,t+1}B_t\}_{t=0}^{\infty}$ 的逐期净收益序列独立于政府对于序列 $\{\{\xi_s^t\}_{s=t+1}^{\infty}\}_{t=0}^{\infty}$ 的选择。

11.5 具有扭曲性税收的竞争性均衡

代表性家庭选择序列 $\{c_t, n_t, k_{t+1}\}_{t=0}^{\infty}$ 来最大化（11.2.1）式，并满足条件（11.2.4）。代表性厂商选择 $\{k_t, n_t\}_{t=0}^{\infty}$ 来最大化 $\sum_{t=0}^{\infty} q_t[F(k_t, n_t) - \eta_t k_t - w_t n_t]$。[①] 一个预算上可行的政府政策是指满足（11.2.5）式的一个支出计划 $\{g_t\}_{t=0}^{\infty}$ 和一个税收计划。一个可行的配置是指满足(11.2.3)式的序列$\{c_t, x_t, n_t, k_t\}_{t=0}^{\infty}$。

定义：一个具有扭曲性税收的竞争性均衡是指一个预算上可行的政策、一个可行的配置以及一个价格体系，使得对于给定的价格体系和政府政策，此配置总是求解出家庭的问题和厂商的问题。

□ 11.5.1 家庭：无套利和资产定价公式

我们使用无套利方法来推导出关于价格和税率的一个跨时的限制条件，由此条件可得到一个"资本的使用者成本"的公式（参见 Hall and Jorgenson，1967）。将类似日期的资本存量的各项合并，则家庭的预算约束（11.2.4）可改写为：

$$\begin{aligned} \sum_{t=0}^{\infty} q_t[(1+\tau_{ct})c_t] \leqslant & \sum_{t=0}^{\infty} q_t(1-\tau_{nt})w_t n_t - \sum_{t=0}^{\infty} q_t \tau_{ht} \\ & + \sum_{t=1}^{\infty}[((1-\tau_{kt})(\eta_t-\delta)+1)q_t - q_{t-1}]k_t \\ & + [(1-\tau_{k0})(\eta_0-\delta)+1]q_0 k_0 - \lim_{T\to\infty} q_T k_{T+1} \end{aligned} \tag{11.5.1}$$

其中$[(1-\tau_{k0})(\eta_0-\delta)+1]q_0 k_0$ 和$-\lim_{T\to\infty} q_T k_{T+1}$两项是在创建了 $t \geqslant 1$ 的各项 k_t 的加权和之后剩余下来的。

家庭继承一个给定的 k_0 并将其作为初始条件，然后在所有的价格和税率都给定的条件下自由选择满足（11.5.1）式的任何序列 $\{c_t, n_t, k_{t+1}\}_{t=0}^{\infty}$。家庭的目标是最大化其生命期的效用（11.2.1）式，这是一个关于消费 $\{c_t\}_{t=0}^{\infty}$ 的递增函数，并且对于下面我们设定的一种偏好，它还是关于闲暇 $\{1-n_t\}_{t=0}^{\infty}$ 的递增函数。

如果其他条件保持不变，家庭希望获得（11.5.1）式右端一个更大的值，最好能够叠加到无穷远，这样家庭就能够购买无限数量的消费品。但是由于资源是有限的，我们知道在均衡的时候家庭的预算约束的右端一定是有界的。这一事实将会导致关于价格和

① 注意一下这里的结构和第 12 章中的结构的区别，那里涉及两种类型的厂商。这里我们将实物资本的投资决策安排给家庭，而在第 12 章中这一决策由类型Ⅱ的厂商做出。

税收序列的一个重要的限制条件。如果家庭的预算约束的右端是有界的，则对于 $t\geqslant 1$，乘以 k_t 的各项都必定等于零。这是因为，如果对于某个时刻 t，这些项当中的任何一个是严格正（负）的，则家庭可以选择 k_t 的一个任意大的正（负）值来使得（11.5.1）式的右端成为任意大的正数。一方面，如果在某一时刻 t 存在一个严格正的项，则家庭可以以现值成本 $q_{t-1}k_t$ 购买在时刻 $t-1$ 累积的一个任意大的资本存量，然后将资本出租服务售卖出去，则资本存量的未折旧部分将在时刻 t 起作用，并带来 $[(1-\tau_{kt})(\eta_t-\delta)+1]q_tk_t$ 的现值收入。如果这样的交易能够产生一个严格正的利润，则它就构成了一个纯粹的套利，并且（11.5.1）式的右端将变成是无界的。另一方面，如果在某一时刻 t 存在一个乘以 k_t 的项是严格负的，则家庭可以通过"卖空"资本（设置 $k_t<0$）来使得（11.5.1）式的右端任意大并且是正的。在此情形中，家庭转向时刻 $t-1$ 累积的资本的购买者，并将"虚构"数量的资本售卖给他们。也就是说，这样的交易并不涉及任何实物资本，家庭仅需保证交易使得交易的另一方享受到与 $t-1$ 时刻累积的购买资本一样的成本和收入。如果这样一种关于资本的卖空行为能够获得严格正的利润，则它就构成了一个纯粹的套利，并且（11.5.1）式的右端将变成是无界的。综上，对于所有的 $t\geqslant 1$，那些乘以 k_t 的项必定等于零，从而对于所有的 $t\geqslant 0$，有：

$$\frac{q_t}{q_{t+1}}=(1-\tau_{kt+1})(\eta_{t+1}-\delta)+1 \tag{11.5.2}$$

上述条件被称为零利润条件或者无套利条件。在推导这些条件的过程中，我们只使用到 $U(c,1-n)$ 的一个较弱的性质，即它关于消费是递增的（这意味着家庭总是偏好更多而不是更少的消费）。

剩下的问题是，家庭如何确定（11.5.1）式右端的最后一项 $-\lim\limits_{T\to\infty}q_Tk_{T+1}$。按照我们在前面的讨论，家庭将不会购买资本以使得最后一项极限是严格负的，因为这将会降低（11.5.1）式右端的值，从而减少家庭可用于消费的资源。作为替代，家庭将使得最后一项是严格正的并且是无界的，这样家庭就可以购买无限数量的消费品。但是从极限的角度来看，市场将阻止家庭采取这样的卖空行为，因为没有任何组织愿意成为这种交易的另一方。如果我们考虑的是有限期模型，这一点就是明显的。因为在这样的模型中，每一个人都希望在最后一期当中卖空资本，因为这里不存在下一期，从而也就不需要履行这些卖空行为的债务。于是，在无限期模型中，我们将附加上终结条件 $-\lim\limits_{T\to\infty}q_Tk_{T+1}=0$，将其作为一个最优性条件。一旦我们承认公式（11.5.5a），并且将 q_t 联系于 U_{1t}，则上述的终结条件将会给均衡配置提出如下限制条件：

$$-\lim_{T\to\infty}\beta^T\frac{U_{1T}}{1+\tau_{cT}}k_{T+1}=0 \tag{11.5.3}$$

家庭的初始资本存量是给定的，按照（11.5.1）式，它的价值是 $[(1-\tau_{k0})(\eta_0-\delta)+1]q_0k_0$。

□ 11.5.2　资本的使用者成本的公式

无套利条件（11.5.2）可以改写为如下关于"资本的使用者成本" η_{t+1} 的形式：

$$\eta_{t+1}=\delta+\left(\frac{1}{1-\tau_{kt+1}}\right)\left(\frac{q_t}{q_{t+1}}-1\right) \tag{11.5.4}$$

回忆一下，由（11.3.1）式可得 $m_{t,t+1}^{-1}=R_{t,t+1}=1+r_{t,t+1}=\frac{q_t}{q_{t+1}}$，从而方程（11.5.4）可写为：

$$\eta_{t+1}=\delta+\frac{r_{t,t+1}}{1-\tau_{kt+1}}$$

资本的使用者成本包括了资本收益的税率、t 时刻至 $t+1$ 时刻资本的收益或损失以及折旧成本。①

□ 11.5.3 家庭的一阶条件

到目前为止，只要无套利条件（11.5.2）成立，则家庭拥有多少资本是无差异的。回忆一下，单期效用函数是 $U(c,1-n)$，记 $U_1=\frac{\partial U}{\partial c}$、$U_2=\frac{\partial U}{1-n}$，则 $\frac{\partial U}{\partial n}=-U_2$，于是，家庭关于 c_t、n_t 的一阶条件分别是：

$$\beta^t U_{1t}=\mu q_t(1+\tau_{ct}) \tag{11.5.5a}$$

$$\beta^t U_{2t}\leqslant \mu q_t w_t(1-\tau_{nt}),\quad \text{当 } n_t<1 \text{ 时取等号} \tag{11.5.5b}$$

其中 μ 是关于家庭的预算约束条件（11.2.4）的非负的拉格朗日乘子。只要简单地将价格体系乘以某个正数就可以重新度量乘子 μ，因此我们可以通过将 μ 设定为某一个任意的正数来确立一个价值标准。

□ 11.5.4 利率的期限结构理论

方程（11.5.5a）允许我们将 q_t 作为关于消费的函数求解：

$$\mu q_t=\beta^t U_{1t}/(1+\tau_{ct}) \tag{11.5.6a}$$

或者，对于特别的情形 $U(c_t,1-n_t)=u(c_t)$，有

$$\mu q_t=\beta^t u'(c_t)/(1+\tau_{ct}) \tag{11.5.6b}$$

与 11.3 节中的观察相结合，上述公式将利率的期限结构联系于 c_t 和 τ_{ct} 的路径。政府政策 $\{g_t,\tau_{ct},\tau_{nt},\tau_{kt},\tau_{ht}\}_{t=0}^{\infty}$ 通过 τ_{ct} 直接地影响、通过其对 $\{c_t\}_{t=0}^{\infty}$ 的路径的冲击间接地影响利率的期限结构。

□ 11.5.5 厂商

关于代表性厂商的零利润条件对均衡的价格和数量提出了额外的限制条件。厂商利润的现值是：

$$\sum_{t=0}^{\infty} q_t[F(k_t,n_t)-w_t n_t-\eta_t k_t]$$

---

① 这是由霍尔和乔根森（Hall and Jorgenson，1967）推导出的连续时间公式的一个离散时间版本。

将关于线性齐次函数的欧拉定理应用于 $F(k,n)$，则厂商的现值为：

$$\sum_{t=0}^{\infty} q_t[(F_{kt}-\eta_t)k_t+(F_{nt}-w_t)n_t]$$

无套利（或零利润）条件是：

$$\begin{aligned}\eta_t &= F_{kt}\\ w_t &= F_{nt}\end{aligned} \tag{11.5.7}$$

11.6 计算均衡

竞争性均衡的定义以及我们所假定的关于偏好的凹性条件意味着均衡能够求解由方程（11.2.3）、（11.5.2）、（11.5.5）和（11.5.7）组成的非线性差分方程系统的一个价格体系 $\{q_t,\eta_t,w_t\}$、一个预算上可行的政府政策 $\{g_t,\tau_t\}\equiv\{g_t,\tau_{ct},\tau_{nt},\tau_{kt},\tau_{ht}\}$ 以及一个配置 $\{c_t,n_t,k_{t+1}\}$，并且满足给定的初始条件 k_0 和终结条件（11.5.3）。在本章中，我们做一些简化，假定 $\{g_t,\tau_t\}\equiv\{g_t,\tau_{ct},\tau_{nt},\tau_{kt}\}$ 是外生的，并将 $\sum_{t=0}^{\infty} q_t\tau_{ht}$ 作为可供我们选择以平衡政府预算的一个松弛变量。现在我们就来研究如何求解这样的差分方程系统。

11.6.1 无弹性的劳动供给

我们将从下面的一种特殊情形开始。（一般的情形要稍微复杂一点，我们稍后讨论。）令 $U(c,1-n)=u(c)$，即家庭没有来自闲暇的效用，故可令 $n=1$。我们令 $f(k)=F(k,1)$，并且将可行性约束表示为：

$$k_{t+1}=f(k_t)+(1-\delta)k_t-g_t-c_t \tag{11.6.1}$$

注意，$F_k(k,1)=f'(k)$，$F_n(k,1)=f(k)-f'(k)k$。将（11.5.5a）式、（11.5.7）式以及（11.6.1）式代入（11.5.2）式可得：

$$\begin{aligned}&\frac{u'(f(k_t)+(1-\delta)k_t-g_t-k_{t+1})}{1+\tau_{ct}}\\ &-\beta\frac{u'(f(k_{t+1})+(1-\delta)k_{t+1}-g_{t+1}-k_{t+2})}{1+\tau_{ct+1}}\\ &\times[(1-\tau_{kt+1})(f'(k_{t+1})-\delta)+1]=0\end{aligned} \tag{11.6.2}$$

给定政府的政策序列，（11.6.2）式是关于资本的二阶差分方程。我们也可以将（11.6.2）式表示为：

$$u'(c_t)=\beta u'(c_{t+1})\frac{1+\tau_{ct}}{1+\tau_{ct+1}}[(1-\tau_{kt+1})(f'(k_{t+1})-\delta)+1] \tag{11.6.3}$$

为了计算均衡，我们就必须找到差分方程（11.6.2）满足两个边界条件的解。正如上面提到的，一个边界条件是给定的资本水平 k_0，另一个则是（11.5.3）式。为了得到一个具体

的终结值 k_∞，我们限制政府的政策路径以使得它是收敛的，这正是（11.5.3）式所要求的。

□ 11.6.2 均衡的稳态

在差分方程（11.6.1）和（11.6.3）中，税率和政府支出是起主导作用的函数。令 $z_t=[g_t \quad \tau_{kt} \quad \tau_{ct}]'$，并将（11.6.2）式写为：

$$H(k_t,k_{t+1},k_{t+2};z_t,z_{t+1})=0 \tag{11.6.4}$$

为了保证稳态的收敛性，我们假定政府的政策最终是不变的，即满足：

$$\lim_{t\to\infty} z_t=\bar{z} \tag{11.6.5}$$

在实际求解模型的过程中，我们将设定一个日期 T，在此日期之后，所有起主导作用的序列元素（它们组成了 z_t）都将是常数。显然，终结的稳态资本存量 $\bar{k}$ 是下式的解：

$$H(\bar{k},\bar{k},\bar{k},\bar{z},\bar{z})=0 \tag{11.6.6}$$

对于我们的模型而言，利用手算就可以求解（11.6.6）式。在稳态中，（11.6.3）式变为：

$$1=\beta[(1-\bar{\tau}_k)(f'(\bar{k})-\delta)+1]$$

注意，最终不变的消费税 $\bar{\tau}_c$ 并不会扭曲 $\bar{k}$，它的值仍和没有扭曲性税收的经济中的值一样。令 $\beta=\dfrac{1}{1+\rho}$，我们可将上式表示为：

$$\delta+\frac{\rho}{1-\tau_k}=f'(\bar{k}) \tag{11.6.7}$$

当 $\tau_k=0$ 时，方程（11.6.7）变为 $\rho+\delta=f'(\bar{k})$，这是一个著名的公式，被称为资本-劳动比的"修正的黄金律"。

如果外生的序列 $\{g_t\}_{t=0}^{\infty}$ 收敛，则满足 $\rho+\delta=f'(\bar{k})$ 的稳态资本-劳动比将是一个仁慈的计划者将会选择的资本-劳动比的渐近值，这一计划者在 k_0 给定并满足约束序列 $c_t+k_{t+1}+g_t\leqslant f(k_t)+(1-\delta)k_t$ 的条件下，通过选择 $\{c_t,k_{t+1}\}_{t=0}^{\infty}$ 来最大化 $\sum\limits_{t=0}^{\infty}\beta^t u(c_t)$。

□ 11.6.3 利用射击算法来计算均衡路径

在计算出终结的稳态值之后，我们现在就可以在假定一条可行并且随时间可变的政府政策的路径的前提下，利用射击算法来计算从任意的初始条件 k_0 开始的均衡路径。① 射击算法求解我们的两点边值问题的方法是搜寻一个初始值 c_0，以使得由欧拉方程（11.6.2）和可行性条件（11.2.3）就可以得到 $k_S\approx\bar{k}$，这里的 S 是用来近似无穷远的一个有限但是充分大的一个时间指标，$\bar{k}$ 是相应于所分析政策的终结的稳态值。我们记在

---

① 我们推荐一套名为"dynare"的计算机程序。我们利用 dynare 来进行本章中介绍的数值实验。参见 Barillas，Bhandari，Bigio，Colacito，Juillard，Kitao，Matthes，Sargent and Shin（2012），其中包含了关于本章的计算以及一些其他计算的 dynare 代码。参见 http：//www. dynare. org。

其后 z_t 的所有元素都保持不变的时刻 t 的数值为 T。这一算法的步骤如下[①]：

(1) 求解（11.6.4）式以得到与持久政策向量 $\bar{z}$ 有关的终结稳态值 $\bar{k}$［即找出（11.6.7）式的解］。

(2) 选择一个充分大的时间指标 $S \gg T$，并猜测一个初始的消费率 c_0。(可利用我们在 11.10 节中介绍的线性近似来获得一个好的猜测。）计算 $u'(c_0)$，并关于 k_1 求解（11.6.1）式。

(3) 对于 $t=0$，利用（11.6.3）式来求解 $u'(c_{t+1})$。然后考虑 u' 的逆，并计算出 c_{t+1}。利用（11.6.1）式来计算 k_{t+2}。

(4) 按照第 3 步进行迭代，并计算出备选值 $\hat{k}_t$，$t=1,\cdots,S$。

(5) 计算 $\hat{k}_S-\bar{k}$。

(6) 如果 $\hat{k}_S>\bar{k}$，则提高 c_0，并计算出新的值 $\hat{k}_t$，$t=1,\cdots,S$。

(7) 如果 $\hat{k}_S<\bar{k}$，则降低 c_0。

(8) 按照这种方式，寻找出 c_0 的值以使得 $\hat{k}_S \approx \bar{k}$。

(9) 计算以等式形式满足政府预算约束的 $\sum_{t=0}^{\infty} q_t \tau_{ht}$。

□ 11.6.4 其他的均衡解

在求解（11.6.2）式得到均衡序列 $\{k_t\}$ 之后，我们就可以利用下面的方程来得到其他的均衡数值解和价格：

$$c_t = f(k_t) + (1-\delta)k_t - k_{t+1} - g_t \tag{11.6.8a}$$

$$q_t = \beta^t u'(c_t)/(1+\tau_{ct}) \tag{11.6.8b}$$

$$\eta_t = f'(k_t) \tag{11.6.8c}$$

$$w_t = f(k_t) - k_t f'(k_t) \tag{11.6.8d}$$

$$\begin{aligned}\bar{R}_{t+1} &= \frac{(1+\tau_{ct})}{(1+\tau_{ct+1})}[(1-\tau_{kt+1})(f'(k_{t+1})-\delta)+1] \\ &= \frac{1+\tau_{ct}}{1+\tau_{ct+1}} R_{t,t+1}\end{aligned} \tag{11.6.8e}$$

$$R_{t,t+1}^{-1} = m_{t,t+1} = \beta \frac{u'(c_{t+1})}{u'(c_t)} \frac{(1+\tau_{ct})}{(1+\tau_{ct+1})} \tag{11.6.8f}$$

$$r_{t,t+1} \equiv R_{t,t+1} - 1 = (1-\tau_{k,t+1})(f'(k_{t+1})-\delta) \tag{11.6.8g}$$

为方便起见，将（11.6.3）式表述如下：

$$u'(c_t) = \beta u'(c_{t+1}) \bar{R}_{t+1} \tag{11.6.8h}$$

或者

$$\bar{R}_{t+1}^{-1} = \beta u'(c_{t+1})/u'(c_t)$$

上述方程的左端表示市场和税收体系允许家庭用 t 时刻的消费来替代 $t+1$时刻的消费的

① 这一算法遵循的是用于求解最优线性调节器问题的一阶条件的不变子空间方法的思路（通过舒尔分解来实现），我们曾在第 5 章的 5.5 节中介绍过这一方法。

比率，右端表示家庭愿意用 t 时刻的消费来替代 $t+1$ 时刻的消费的比率。

均衡解必定满足（11.6.8）式。对于常数相对风险厌恶（CRRA）效用 $u(c)=(1-\gamma)^{-1}c^{1-\gamma}$，$\gamma\geqslant 1$ 的情形，（11.6.8h）式意味着：

$$\log\left(\frac{c_{t+1}}{c_t}\right)=\gamma^{-1}\log\beta+\gamma^{-1}\log\bar{R}_{t+1} \tag{11.6.9}$$

上式表明，消费增长的对数直接地随着 $\bar{R}_{t+1}$ 的变化而变化。正如我们稍后介绍的几个实验一样，上式也表明，扭曲性税收的变化对消费和投资的影响是间接性的。

□ 11.6.5 稳态的 $\bar{R}$

利用（11.6.7）式和（11.6.8e）式，我们可以确定稳态的 $\bar{R}_{t+1}$ ①：

$$\bar{R}_{t+1}=1+\rho \tag{11.6.10}$$

□ 11.6.6 可获得总量税的情形

如果政府可以征收总量税，则我们可以就特别的 g、τ_k、τ_c 执行射击算法，求解出均衡的价格和数值解，从而找到相应的可以平衡政府预算的值 $q\cdot\tau_h=\sum_{t=0}^{\infty}q_t\tau_{ht}$。这种计算方法将总量税的现值处理成可以平衡政府预算的一个残差。在本章后面要介绍的计算中，我们将假定总量税是可得的，因此可以利用这里的程序。

□ 11.6.7 不可获得总量税的情形

如果总量税是不可获得的，则为了计算均衡还需要一个附加的步骤。具体而言，我们必须保证，在对于所有的 $t\geqslant 0$ 有 $\tau_{ht}=0$ 的均衡价格体系处，税收和花费要使得政府的预算约束（11.2.5）成立。布朗（Braun，1994）和麦格雷登（1994b）通过引入一个不断改变某个特殊的扭曲性税收直至（11.2.5）式被满足的迭代算法完成了此项工作。这里的想法是，首先计算出对应于任意税收政策的一个备选的均衡，然后再检查政府的预算约束是否被满足。通常我们会发现，在这种备选均衡中，征收的总量税必须平衡政府的预算约束。为了找到总量税为零的均衡，我们按照如下方法操作。如果从现值来看，在没有总量税的情况下，政府的预算存在赤字（即在备选的均衡中，如果总量税的现值是正的），则要么降低政府支出序列中的某些组成部分，要么增加税收序列中的某些组成部分，然后再进行检查。由于存在许多均衡，因此税收和支出过程的种类必须被严格地选择以缩小均衡的搜寻范围。②

11.7 题外话：向后求解法

射击算法将序列 g_t 和各种税率视作是给定的，进而寻找能够求解由（11.6.3）式和

① 为了计算出稳态，我们假定从某个时刻 T 开始，所有的税率以及政府支出都是不变的。

② 参见第 16 章中关于如何从社会最优的角度来选择税收的各种理论。

(11.6.8）式构成的差分方程系统的配置 $\{c_t, k_{t+1}\}_{t=0}^{\infty}$ 的路径以及价格体系。因此，射击算法将政府的政策看做是外生的，而将价格体系和配置看做是内生的。西姆斯（Sims，1989）提出了另一种求解增长模型的方法，此算法转变了部分外生变量和内生变量的角色。具体而言，西姆斯的向后求解法将路径 $\{c_t\}_{t=0}^{\infty}$ 视作是给定的，然后按下面的步骤进行。

步骤 1：给定 k_0 和关于各种税率的序列，求解（11.6.3）式得到序列 $\{k_{t+1}\}$。

步骤 2：给定序列 $\{c_t, k_{t+1}\}$，求解可行性条件（11.6.8a）得到政府支出序列 $\{g_t\}_{t=0}^{\infty}$。

步骤 3：求解公式（11.6.8b）～(11.6.8e)，得到均衡的价格体系。

本章的模型可以用来阐述向后求解法的其他应用。举例来说，我们可以从一个给定的过程 $\{q_t\}$ 开始，利用（11.6.8b）式来求解 $\{c_t\}$，然后按照前面介绍的步骤 1 和步骤 2 来决定过程 $\{k_{t+1}\}$ 和 $\{g_t\}$，最后利用（11.6.8）式中尚未使用的方程来计算其余的价格。

西姆斯推荐此方法是因为它对于外生变量和内生变量采取了弹性的或者“对称的”态度。迪亚兹-希门尼斯、普雷斯科特、菲茨杰拉德和阿尔瓦雷斯（Diaz-Giménez，Prescott，Fitzgerald and Alvarez，1992），萨金特和史密斯（Sargent and Smith，1997）以及萨金特和费尔德（Sargent and Velde，1999）都曾使用此方法。我们在本章的余下部分将不使用此方法，但是需要记住在我们的工具箱中有这样一个有用的方法。[①]

11.8 均衡配置和价格的税收效应

现在我们利用前面介绍的模型来分析政府支出和税收序列的效应。家庭可以通过改变决策来改变其扭曲性税收支付，但是家庭不能够改变非扭曲性税收支付。在现在的模型中，τ_k、τ_c、τ_n 是扭曲性的税收，而总量税 τ_h 是非扭曲性的。利用（11.6.8）式和（11.6.7）式我们可以推导出如下结论：

（1）总量税和李嘉图等价性。假定所有的扭曲性税收都是零，只有总量税可被用来增加政府的收益，则均衡配置与某种形式的社会计划者问题的解是一致的，在这个计划者问题中，g_t 被当做是从产出中扣除的一个外生的支出流。为了证实这个结论，只需注意到总量税并不出现在公式（11.6.8）中，并且（11.6.8）式中的各个方程和计划者问题的一阶条件以及可行性条件都是一样的。至于总量税的时间问题则是无所谓的，因为只有税收的现值 $\sum_{t=0}^{\infty} q_t \tau_{ht}$ 出现在政府和家庭的预算约束当中。

（2）当劳动供给无弹性时，常数税率 τ_c 和 τ_n 是非扭曲性的。当劳动供给无弹性时，τ_n 是非扭曲性的税收，而常数水平的 τ_c 也是非扭曲性的。

（3）随时间可变的 τ_c 是扭曲性的。它们将通过方程（11.6.8g）影响到资本和消费

① 康斯坦丁尼德斯和达菲（Constantinides and Duffie，1996）利用向后求解法逆向地改变了禀赋过程的截面性质，这将使得在不完全市场中，对于一个给定的关于资产价格的随机过程，家庭将更快地消费其禀赋。

的路径。

(4) 资本税是扭曲性的。常数水平的资本税 τ_k 是扭曲性的［参见(11.6.8g)式和(11.6.7)式］。

11.9 带有无弹性劳动供给的转移实验

我们继续考察特殊情形 $U(c,1-n)=u(c)$ 。图 11.9.1 至图 11.9.5 显示了利用射击算法来考察某个经济的结果，在此经济中，$u(c)=(1-\gamma)^{-1}c^{1-\gamma}$，$f(k)=k^{\alpha}$，参数值 $\alpha=0.33$，$\delta=0.2$，$\beta=0.95$，并且 g 的初始水平为常数 0.2。除了图 11.9.2 描述的实验外，其余的实验均假定关键的效用曲率参数 $\gamma=2$。在下面的各项实验中，我们从设定所有的扭曲性税收为零开始，进而考察它们的扰动。

图 11.9.1 至图 11.9.5 显示了当 $t=0$ 是初始时刻时，对于预见到的在 $T=10$ 时刻 g、τ_c 以及 τ_k 的一次永久性增加的反应。价格引致的效应领先于引发这些效应的政策变化。我们将从一个初始的稳态开始来讨论所有的实验，这一稳态对于所有的政府政策变量的事前跳跃(pre-jump)结构是适合的。在每一幅图形当中，虚线表示的是对应于政策向量的初始值处的稳态的数值，而实线表示的是新政策下的均衡路径。从 $t=10$ 时刻宣布政策变化之前的初始稳态所对应的数值开始，在时刻 $t=T=10$ 之前，每一个变量的反应完全来自对未来政策变化的预期，而在 $t=10$ 之后，每一个变量的反应则代表了一种纯粹的对于以外生政策变量形式出现的“驱动”函数的新稳态水平的瞬时反应。也就是说，在 $t=T$ 之前，驱动函数是随着 T 的临近而不断变化的，而在 T 之后，政策向量达到了它的新的持久水平，因此能够产生动态行为的唯一源泉是暂时性的。

财政政策变量经过折现的未来值将会影响到当前的结果，其中所用到的折现率在下述意义上是内生的，即资本存量水平与其最终的稳态水平值之间的差距形成了一种力量，这种力量使得折现率以某个速率递减趋向其稳态值。这两种力量，即对未来的折现和朝向最终稳态的暂时的递减，可以在图 11.9.1 至图 11.9.5 所示的实验中轻易地看出来。在 11.10.6 节中，我们将递减率表示成单期效用函数 $u(c)=(1-\gamma)^{-1}c^{1-\gamma}$ 中的关键的曲率参数 γ 的函数，并且我们指出，未来的财政政策变量折现所用到的内生折现率与这个递减率是紧密联系的。

可预见到的 g_t 跳跃。图 11.9.1 显示了通过增加总量税来支持的 g 在时刻 $t=T=10$ 的一次可预见到的永久性增加所带来的效应。虽然资本存量的稳态值未受影响［这可由在欧拉方程(11.6.2)的稳态版本中并未出现 g 这一事实得到］，但是消费者将随着时间不断改变资本存量。消费者的选择是立即增加他们的储蓄，以应对他们将承受的为持久且较高的政府支出水平融资的总量税的增加所带来的逆向财富效应。政府消费得越多，则家庭必定消费得越少。这种逆向财富效应在政府支出实际上升之前就发生了，因为消费者关心的是总量税的现值，而对于其出现的时间是无所谓的。因为总量税的现值立即跳跃，于是，由于预期到的政府支出增加，消费也立即下降。这将导致在时刻 0 和 T 之间资本逐渐积累，接着在时刻 T 之后资本逐渐减少。资本的随时间变化有助于消费的跨

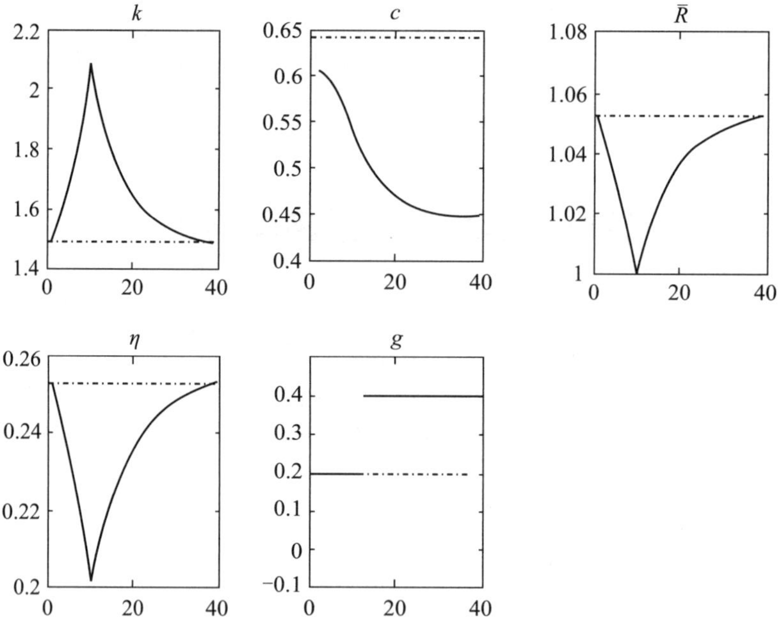

图 11.9.1　对于可预见到的在 $t=10$ 时刻 g 的一次永久性增加的反应。从左至右、从上至下分别是：k，c，$\bar{R}$，η，g。虚线表示最初的稳态

时平滑，因此这里的主要驱动力量是由米尔顿·弗里德曼的持久收入理论刻画的消费平滑动机。$\bar{R}$ 随时间变化，这将使得消费者与一条并非完全平滑的消费路径相一致。按照（11.6.9）式，资本的逐渐增加及随后的下降逆向对应于总利率的变化，这使得家庭遵从一条随时间变化的消费路径。

图 11.9.2 比较了两种经济在 $t=10$ 时刻 g 增加的反应，我们的原始经济假定 $\gamma=2$，以实线表示，另一种经济除了 $\gamma=0.2$ 之外，其余均与原始经济相同，以点虚线表示。效用曲率参数 γ 决定了家庭跨时替代消费的意愿，降低 γ 可以提高家庭跨时替代消费的意愿。这一性质显示在图 11.9.2 的均衡结果之中。对于 $\gamma=0.2$ 的情形，消费相较于 $\gamma=2$ 的情形而言更加不平滑，并且更加接近于成为政府支出路径的镜像，直至 $t=10$ 时刻政府支出增加，一直保持着较高的水平。在此情形中，资本涨落的幅度要小得多，这导致了 $\bar{R}$ 和 η 的更小幅度的波动。这两个实验揭示出了两种效应，即“负反馈”预期效应和“正反馈”瞬时效应，它们减弱初始条件对 γ 的数值大小的依赖。稍后，在 11.10.6 节中，我们将借助于方程（11.10.16）来更加详细地讨论这一点。

再次回到 $\gamma=2$ 的情形，图 11.9.3 描绘的是 q_t 以及利率的期限结构对于可预见到的 $t=10$时刻 g_t 的增加的反应。上方的第二幅图比较的是初始稳态的 q_t 和在 $t=0$ 时预见到 g 的增加之后的 q_t。第三幅图比较的是隐含的短期利率，可利用 11.3 节中的公式 $r_{t,t+1}=-\log(q_{t+1}/q_t)=-\log\left[\beta\frac{u'(c_{t+1})}{u'(c_t)}\frac{(1+\tau_{ct})}{(1+\tau_{c,t+1})}\right]$ 来计算。第四幅图报告了利率的期限结构 $r_{t,t+s}$，通过公式（11.3.3）计算$t=0$、10 以及 $t=60$ 的结果，得到对应于这三个日期的三条不同的收益曲线。在这幅图中，x 轴表示的是到期期限 s，而在其余的图中，x 轴表示的是日历时间 t。在本章的模型中，$q_t=\beta^t c_t^{-\gamma}$ 且 $r_{t,t+1}=-\log\beta\left(\frac{c_{t+1}}{c_t}\right)^{-\gamma}$，故利率的期限

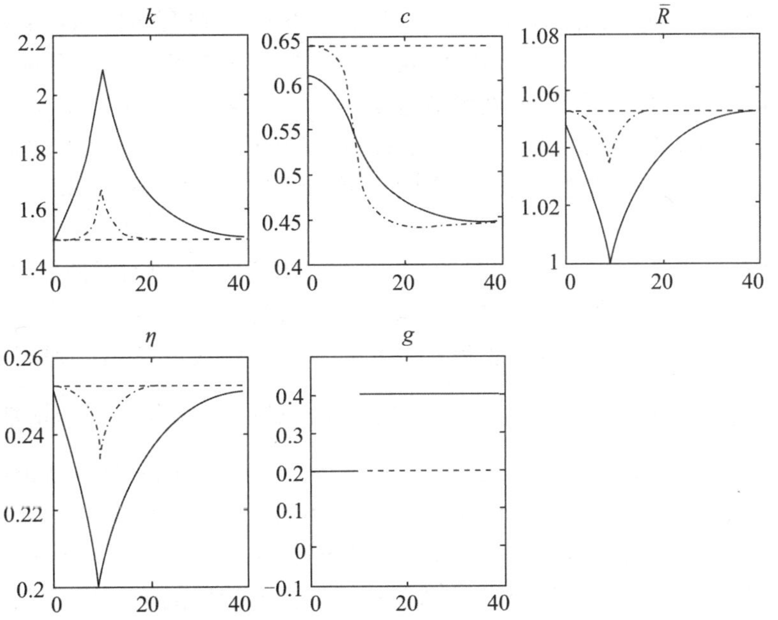

图 11.9.2　对于可预见到的在 $t=10$ 时刻 g 的一次永久性增加的反应。从左至右、从上至下分别是：k，c，$\bar{R}$，η，g。虚线表示最初的稳态。实线对应于 $\gamma=2$ 的情形，点虚线对应于 $\gamma=0.2$ 的情形

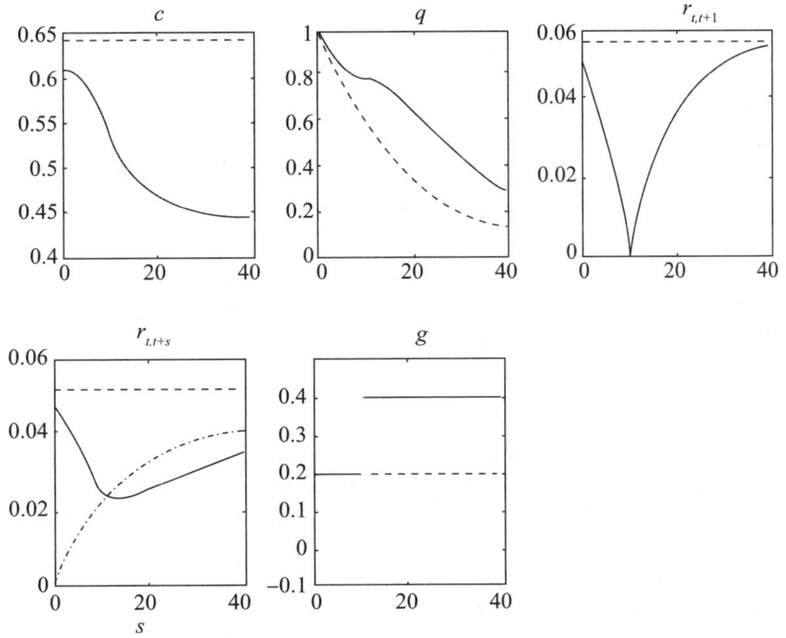

图 11.9.3　对于可预见到的在 $t=10$ 时刻 g 的一次永久性增加的反应。从左至右、从上至下分别是：c，q，$r_{t,t+1}$，$t=0$（实线）、$t=10$（点虚线）和 $t=60$（虚线）时的收益曲线 $r_{t,t+s}$，以及 g。对于收益曲线，x 轴表示到期期限 s，而其余图中的 x 轴表示时间 t

结构反映的是 $\{c_t\}_{t=0}^{\infty}$ 的均衡路径。当 $t=60$ 时，系统收敛到新的稳态，从而利率的期限结构是平的。在 $t=10$ 时，利率的期限结构向右上倾斜，这是因为，正如左上方图中描绘的消费所揭示的，消费的增长率被预期将随着时间的推移而增加。在 $t=0$ 时，利率的期限结构是 U 形的，即直至期限 10 时，一直是下降的 ，然后对于更长的期限，则是上升的。这种模式反映了消费增长的模式，即直至 $t=10$，以递增的速率下降，随后以递减的速率下降。

可预见到的 τ_c 跳跃。图 11.9.4 显示了可预见到的消费税增加所带来的影响。正如我们已经提到的，如果劳动供给是无弹性的，则欧拉方程（11.6.2）和其他的均衡条件表明，常数水平的消费税并不会扭曲决策，但是对于此项税收的可预见到的变化是扭曲性的。事实上，（11.6.2）式或（11.6.3）式表明，τ_{ct} 的一次可预见到的增加（即 $\frac{1+\tau_{ct}}{1+\tau_{ct+1}}$ 的减少）就好像 τ_{kt} 的增加一样。注意一下，尽管图 11.9.4 中的所有变量最终都将返回到它们的初始稳态值，然而预见到的 τ_{ct} 的增加首先会引起消费在时刻 0 的即时上升，消费的这种增加接着会导致资本存量的向下调整，直至时刻 $t=T=10$，那时 τ_{ct} 上升。资本的下降会引起 $\bar{R}$ 随时间上升，这通过（11.6.9）式将要求消费的增长率上升直至 $t=T$。τ_c 在 $t=T=10$ 时刻的跳跃会导致 $\bar{R}$ 下降到 1 以下，这通过（11.6.9）式将使得消费在 $t=10$ 时剧烈地下降。从时刻 $t=T$ 开始，源自 τ_{ct} 波动的那种可预见到的扭曲效应就结束了，经济将由联系于某资本存量的暂时动态响应所控制，而此资本存量现在是位于恰当的终结稳态资本存量之下的。从时刻 T 开始，资本将上升。这就要求某种节约的行为：消费将在 $t=T=10$ 时刻骤然跌落。然后，随着利率的逐渐下降，消费将沿着通向终结稳态的路径以递减的速率增长。

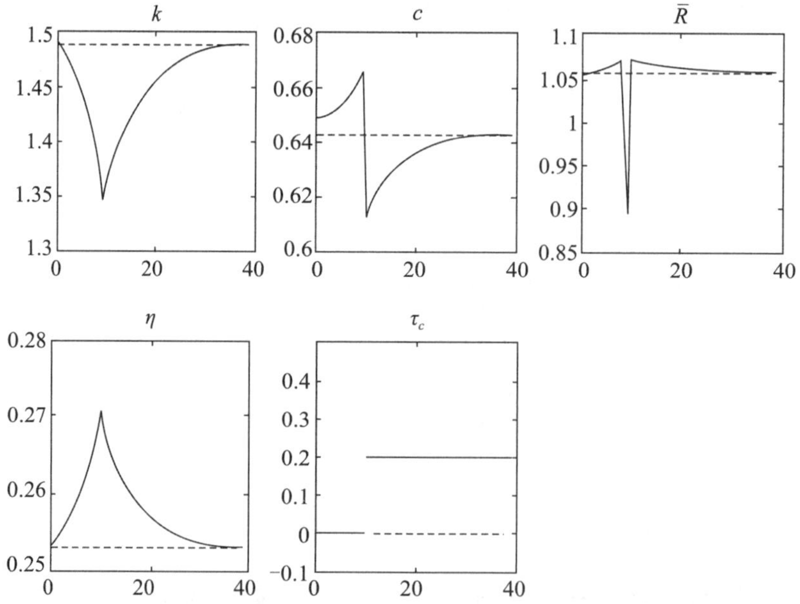

图 11.9.4　对于可预见到的在 $t=10$ 时刻 τ_c 的一次永久性增加的反应。从左至右、从上至下分别是：k，c，$\bar{R}$，η，τ_c

可预见到的 τ_{kt} 跳跃。图 11.9.5 显示的是，对于 γ 的两个取值，2 和 0.2，可预见到的 $t=T=10$ 时刻 τ_{kt} 的一次永久性增加所带来的效应。由于政府支出的路径是给定的，从而 τ_{kt} 的增加就意味着总量税的现值的下降，这样才能保持政府预算的平衡。τ_{kt} 的增加所带来的效应有些是在其增加之前就发生的。由于当前消费的立即上升和消费流的增长，资本开始迅速地下降。资本的税后总收益率从时刻 $t=0$ 开始上升，并一直增加直至 $t=9$。由于 τ_k 的可预见到的增加，这一收益率在时刻 $t=10$ 将骤然下降［参见公式 (11.6.8e)］。在这之后，$\bar{R}$ 将上升，这是推动 k_t 趋向其自身的新的较低稳态的转移动态行为所要求的。在新的稳态水平上，消费水平变低了，这是因为新的较低的稳态资本存量水平生产出来的产出变少了。较 $\gamma=0.2$ 的情形，$\gamma=2$ 时的消费更加平滑。$\bar{R}$ 的改变总是伴随着 $t=10$ 时税收的增加对这一时刻之前以及这一时刻之后的消费的影响。

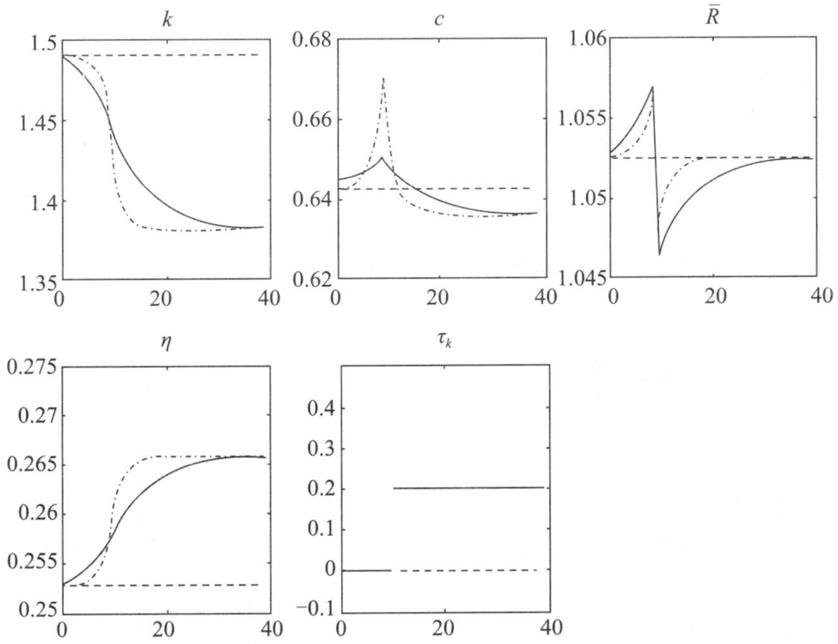

图 11.9.5　对于可预见到的在 $t=10$ 时刻 τ_k 的增加的反应。从左至右、从上至下分别是：k，c，$\bar{R}$，η，τ_k。实线描绘的是 $\gamma=2$ 时的均衡结果，点虚线描绘的是 $\gamma=0.2$ 时的均衡结果

到目前为止，我们已经考察了可预见到的政府政策的一次永久性改变所带来的效应。接下来我们介绍另一些实验，其中涉及政策变量可预见到的一次性变化（即“冲击”）。

可预见到的 g_{10} 的一次性变化。图 11.9.6 显示了 g_t 在时刻 $t=10$ 的可预见到的一次性增加（这一增加完全通过总量税的改变来融资）所带来的效应。消费将即时下降，并且由于预期到 g 的一次性增加，消费随着时间的推移还会进一步下降。资本在时刻 $t=10$ 之前不断积累，而在时刻 $t=T=10$ 向下调整，这是因为政府要消费资本。资本的减少伴随着 $\bar{R}$ 跳跃到其稳态值之上。然后，总收益率 $\bar{R}$ 将下降并趋向其稳态水平，而消费则以递减的速率上升并趋向其稳态水平。这一实验所强调的内容，看起来又像是持久收入理论对于可供公众花费的资源的可预见到的减少（这正是 g 增加的含义）的反应的一种形式，只是其中的效应由于总收益率 $\bar{R}$ 的一般均衡调整而作了适当修改。

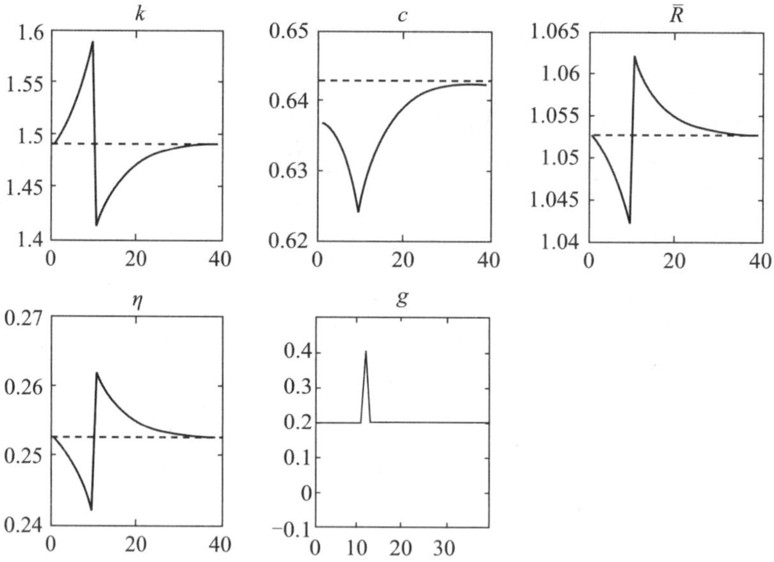

图 11.9.6　对于可预见到的在 $t=10$ 时刻 g 的一次性增加的反应。从左至右、从上至下分别是：k，c，$\bar{R}$，η，g

11.10　线性近似

前面讨论的模型是比较简单的，从而可以轻易地应用射击算法。但是对于具有较大状态空间的模型，要应用这一方法就会非常困难。对于这种模型，一种常用的办法是计算关于资本的差分方程在稳态附近的线性或对数线性近似，然后求解此线性方程以获得在稳态附近的动态行为的一个近似解。要说明如何构造这样一个线性近似解，前面讨论过的模型是一个很好的例子。进一步地，除了提供近似求解的简便方法之外，这一工具还把解划分为以下两个部分来阐明一些重要的性质[①]：(1)“正反馈”(feedback) 部分阐明了系统对于某个远离渐近稳态的初始条件的瞬时反应，而 (2)“负反馈”(feedforward) 部分则阐明了可预见到的税收和支出所带来的当前效应。[②]

为了获得解的一个线性近似，可按照以下步骤进行[③]：

(1) 给定政府政策 $z_t=\bar{z}$ 为一个固定水平，求解 $H(\bar{k},\bar{k},\bar{k},\bar{z},\bar{z})=0$，得到稳态 $\bar{k}$。

(2) 在 $(\bar{k},\ \bar{z})$ 附近作泰勒展开并取一阶近似：

$$\begin{aligned}&H_{k_t}(k_t-\bar{k})+H_{k_{t+1}}(k_{t+1}-\bar{k})+H_{k_{t+2}}(k_{t+2}-\bar{k})\\&+H_{z_t}(z_t-\bar{z})+H_{z_{t+1}}(z_{t+1}-\bar{z})=0\end{aligned}\qquad(11.10.1)$$

① 霍尔 (1971) 利用线性近似方法部分地研究了这种结构。

② 向量自回归同时考虑到了对政府政策的回顾性（瞬时性）反应和前瞻性（预见性）反应所带来的影响。

③ 对于滞后算子及其应用的深入讨论参见萨金特 (1987a)。

（3）将上述系统记为：

$$\phi_0 k_{t+2} + \phi_1 k_{t+1} + \phi_2 k_t = A_0 + A_1 z_t + A_2 z_{t+1} \tag{11.10.2}$$

或者

$$\phi(L) k_{t+2} = A_0 + A_1 z_t + A_2 z_{t+1} \tag{11.10.3}$$

这里 L 是按照 $Lx_t = x_{t-1}$ 定义的滞后算子（亦称后向移动算子）。将左端的特征多项式分解因式为：

$$\phi(L) = \phi_0 + \phi_1 L + \phi_2 L^2 = \phi_0(1-\lambda_1 L)(1-\lambda_2 L) \tag{11.10.4}$$

对于我们将要研究的大多数问题，可以发现 λ_i 当中的一个大于单位 1，而另一个小于单位 1。我们采取习惯的记法，将其表示为 $|\lambda_1|>1$ 和 $|\lambda_2|<1$。就目前而言，我们只是要求读者接受 λ_i 的值可以如此划分，我们将在 11.10.2 节中说明为什么如此。注意到方程（11.10.4）意味着 $\phi_2=\lambda_1\lambda_2\phi_0$。为得到因式分解（11.10.4）式，我们按照下述方式进行。注意到 $(1-\lambda_i L)=-\lambda_i\left(L-\frac{1}{\lambda_i}\right)$，因此，由于 $\phi_2=\lambda_1\lambda_2\phi_0$，有

$$\phi(L) = \lambda_1\lambda_2\phi_0\left(L-\frac{1}{\lambda_1}\right)\left(L-\frac{1}{\lambda_2}\right) = \phi_2\left(L-\frac{1}{\lambda_1}\right)\left(L-\frac{1}{\lambda_2}\right) \tag{11.10.5}$$

方程（11.10.5）意味着 $\frac{1}{\lambda_1}$、$\frac{1}{\lambda_2}$ 是多项式 $\phi(\zeta)$ 的零解，即 $\lambda_i=\zeta_0^{-1}$，这里 $\phi(\zeta_0)=0$。[①] 我们希望将（11.10.3）式的两端都乘以 $1-\lambda_1 L$ 的逆，但是这个逆是后向不稳定的［即幂级数 $\sum_{j=0}^{\infty}\lambda_1^j L^j$ 的系数对于较高阶的 $1-\lambda_1 L$ 是发散的］。幸运的是，$1-\lambda_1 L$ 可以被认为具有一个前向的稳定的逆，即在前向移动算子 L^{-1} 的意义上。[②] 特别地，注意到 $(1-\lambda_1 L)=-\lambda_1 L(1-\lambda_1^{-1}L^{-1})$。[③] 利用这一结果以及 $\phi_2=\lambda_1\lambda_2\phi_0$，我们可将 $\phi(L)$ 重写为[④]：

$$\phi(L) = -\frac{1}{\lambda_2}\phi_2(1-\lambda_1^{-1}L^{-1})(1-\lambda_2 L)L$$

方程（11.10.2）也可重新表示为：

$$-\lambda_2^{-1}\phi_2 L(1-\lambda_1^{-1}L^{-1})(1-\lambda_2 L)k_{t+2} = A_0 + A_1 z_t + A_2 z_{t+1} \tag{11.10.6}$$

将（11.10.6）式的两端同时乘以 $-(\phi_2/\lambda_2)^{-1}(1-\lambda_1^{-1}L^{-1})^{-1}$ 可以得到下面的表达式[⑤]：

$$(1-\lambda_2 L)k_{t+1} = \frac{-\lambda_2\phi_2^{-1}}{1-\lambda_1^{-1}L^{-1}}[A_0 + A_1 z_t + A_2 z_{t+1}] \tag{11.10.7}$$

至此完成了线性近似的程序。

---

① Matlab 的根命令 roots(phi) 可以求多项式的零点，但是必须将多项式设为 $\phi=[\phi_2 \quad \phi_1 \quad \phi_0]$。

② 参见第 2 章的附录 A。

③ 注意，我们可以将 $(1-\lambda_1 L)^{-1}=-\lambda_1^{-1}L^{-1}(1-\lambda^{-1}L^{-1})^{-1}$ 表示为 $-\lambda_1^{-1}L^{-1}\sum_{j=0}^{\infty}\lambda_1^{-j}L^{-j}$。

④ 萨金特（1987a）详细解释了按照这些步骤进行的理由，严格的讨论可参见 Gabel and Roberts (1973)。

⑤ 我们由此得到的是后向的稳定的根和前向的不稳定的根。

方程（11.10.7）就是我们要找的均衡序列 k_t 的线性近似。它可以表示为：

$$k_{t+1}=\lambda_2 k_t-\lambda_2\phi_2^{-1}\sum_{j=0}^{\infty}(\lambda_1)^{-j}[A_0+A_1 z_{t+j}+A_2 z_{t+j+1}] \tag{11.10.8}$$

我们可以将上述这个寻找近似解的过程总结为寻求后向的稳定的根和前向的不稳定的根。求解前向的不稳定的根利用了终结条件（11.5.3）。这一步骤正好对应于射击算法中调整初始的投资率以保证资本存量最终趋于终结稳态资本存量的相应步骤。[①]

$\lambda_2 k_t$ 项有时被称为“正反馈”部分。具体来说，如果资本开始时是偏离某个稳态的，则系数 λ_2 度量了资本回归到此稳态的瞬时反应率。（11.10.8）式的右端余下来的各项有时被称为“负反馈”部分。它们依赖于外生的 z_t（对于我们而言，这包含了政府政策的因素）在无穷远的将来的状况，并且度量的是可以完全预见到的财政政策路径给当前资本存量带来的影响。衰减参数 λ_1^{-1} 度量了相对于给当前的投资决策带来的影响而言，对于未来财政政策的预期的折现率。对于一个线性近似而言，每一个理性预期模型都嵌入了正反馈部分和负反馈部分。正反馈部分和负反馈部分的衰减参数 λ_2 和 λ_1^{-1} 由特征多项式的根来确定。于是，方程（11.10.8）很好地体现了我们用图 11.9.1 至图 11.9.5 阐明的例子中所反映出来的纯粹的预见效应和纯粹的瞬时反应的那种混合，其中正反馈部分捕捉的是纯粹的瞬时反应，而负反馈部分捕捉的是完美预见部分。

□ 11.10.1　λ_i 之间的关系

一个值得注意的事实是，如果找到了计划问题的均衡解，则特征值之间的关系为 $\lambda_1=\frac{1}{\beta\lambda_2}$，其中 $\beta\in(0,1)$ 表示计划者的折现因子。[②] 在此情形中，负反馈的衰减率 $\lambda_1^{-1}=\beta\lambda_2$。于是，如果找到了计划问题的均衡配置解，则特征值 λ_i 的其中一个小于$\frac{1}{\sqrt{\beta}}$，另一个大于$\frac{1}{\sqrt{\beta}}$（这是由于 $\lambda_1\lambda_2=\frac{1}{\beta}$）。[③] 由此可知，$\lambda_i$ 当中的一个，比如说 λ_1，满足 $\lambda_1>\frac{1}{\sqrt{\beta}}>1$，而另一个 λ_i，比如说 λ_2，则满足 $\lambda_2<\frac{1}{\sqrt{\beta}}$。因此，当 β 接近 1 时，条件 $\lambda_1\lambda_2=\frac{1}{\beta}$ 几乎就意味着我们之前提到的假定 $\lambda_1\lambda_2=1$，但并非总是如此。要求 $\lambda_2<\frac{1}{\sqrt{\beta}}$ 已经足以保证对于所有满足 $\sum_{t=0}^{\infty}\beta^t z_t\cdot z_t<+\infty$ 的 z_t 序列，我们求得的关于 k_t 的线性近似满足 $\sum_{t=0}^{\infty}\beta^t k_t^2<+\infty$。

在图 11.9.2 描绘的实验中，负反馈和正反馈的衰减率之间的关系是明显的。具体而言，当效用曲率参数 $\gamma=2$ 时，在 $t=10$ 之前影响结果的用于折现未来事件的比率以及在 $t=10$ 之后收敛回到稳态的速率，都要低于 $\gamma=0.2$ 的情形中的相应数值。

---

① 第 5 章中介绍的不变子空间方法也可用于求解后向的稳定的根和前向的不稳定的根。

② 参见萨金特（1987a，第 11 章）的相关讨论。

③ 注意，这意味着对于那些发散的过程 z_t，只要它们满足 $\sum_{t=0}^{\infty}\beta^t z_{jt}^2<+\infty$，则解(11.10.8)式仍然是有效的。

□ 11.10.2 存在性和唯一性的条件

对于那些不能够求解计划问题的均衡配置，$\lambda_1\lambda_2=\frac{1}{\beta}$就不再成立了。在这种情形中，特征多项式的零根的位置可以被用来判断甚至是用线性近似表示的均衡的存在性和唯一性。如果 λ_i 都是大于$\frac{1}{\sqrt{\beta}}$的，则不存在满足 $\sum_{t=0}^{\infty}\beta^t k_t^2<\infty$ 的均衡配置。如果 λ_i 都是小于$\frac{1}{\sqrt{\beta}}$的，则存在满足上述不等式的均衡的连续统。如果 λ_i 可以区分为一个大于，而另一个小于$\frac{1}{\sqrt{\beta}}$，则存在唯一的均衡。

□ 11.10.3 一次永久性的跳跃

接下来我们将（11.10.7）式具体应用于一些之前我们已经研究过的关于可预见的政策变化的例子。考虑霍尔（1971）研究过的一种特殊情形，其中 z_t 的第 j 个分量遵循如下路径：

$$z_{jt}=\begin{cases}0,\ t\leqslant T-1\\ \bar{z}_j,\ t\geqslant T\end{cases}\tag{11.10.9}$$

我们定义

$$v_t\equiv\sum_{i=0}^{\infty}\lambda_1^{-i}z_{t+i,j}=\begin{cases}\dfrac{\left(\dfrac{1}{\lambda_1}\right)^{T-t}\bar{z}_j}{1-\dfrac{1}{\lambda_1}},\ t\leqslant T\\[2ex] \dfrac{1}{1-\dfrac{1}{\lambda_1}}\bar{z}_j,\ t\geqslant T\end{cases}\tag{11.10.10}$$

$$h_t\equiv\sum_{i=0}^{\infty}\left(\frac{1}{\lambda_1}\right)^i z_{t+i+1,j}=\begin{cases}\dfrac{\left(\dfrac{1}{\lambda_1}\right)^{T-(t+1)}\bar{z}_j}{1-\dfrac{1}{\lambda_1}},\ t\leqslant T-1\\[2ex] \dfrac{1}{1-\dfrac{1}{\lambda_1}}\bar{z}_j,\ t\geqslant T-1\end{cases}\tag{11.10.11}$$

利用上述公式，并令向量 z_t 遵循如下路径：

$$z_t=\begin{cases}0,\ t\leqslant T-1\\ \bar{z},\ t\geqslant T\end{cases}$$

其中 $\bar{z}$ 是一个常数向量。然后，将（11.10.10）式和（11.10.11）式应用于（11.10.7）式，可得公式：

$$k_{t+1}=\begin{cases}\lambda_2 k_t-\dfrac{(\phi_0\lambda_1)^{-1}A_0}{1-\dfrac{1}{\lambda_1}}-\dfrac{(\phi_0\lambda_1)^{-1}\left(\dfrac{1}{\lambda_1}\right)^{T-t}}{1-\dfrac{1}{\lambda_1}}(A_1+A_2\lambda_1)\bar{z}\ , & t\leqslant T-1\\ \lambda_2 k_t-\dfrac{(\phi_0\lambda_1)^{-1}}{1-\dfrac{1}{\lambda_1}}[A_0+(A_1+A_2)\bar{z}], & t\geqslant T\end{cases}$$

□ 11.10.4 公式的简化

通过应用下面的技巧，上述公式可以被同时一般化和简化。记 z_t 遵循下述的状态空间系统：

$$\bar{x}_{t+1}=A_x\bar{x}_t \tag{11.10.12a}$$

$$z_t=G_z\bar{x}_t \tag{11.10.12b}$$

其中初始条件 x_0 是给定的。在第 2 章中，我们曾看到许多有限维的线性时间序列模型可以被表示成这种形式，以至于我们可以在模型中研究大量的税收和支出过程。于是，注意到

$$\left(\frac{A_1}{1-\lambda_1^{-1}L^{-1}}\right)z_t=A_1G_z(I-\lambda_1^{-1}A_x)^{-1}\bar{x}_t \tag{11.10.13a}$$

$$\left(\frac{A_2}{1-\lambda_1^{-1}L^{-1}}\right)z_{t+1}=A_2G_z(I-\lambda_1^{-1}A_x)^{-1}A_x\bar{x}_t \tag{11.10.13b}$$

将上述表达式代入（11.10.8）式可得：

$$\begin{aligned}k_{t+1}=\lambda_2 k_t-\lambda_2\phi_2^{-1}[&(1-\lambda_1^{-1})^{-1}A_0+A_1G_z(I-\lambda_1^{-1}A_x)^{-1}\bar{x}_t\\&+A_2G_z(I-\lambda_1^{-1}A_x)^{-1}A_x\bar{x}_t]\end{aligned} \tag{11.10.13c}$$

总的来说，系统（11.10.13）给出了由外生状态变量 $\bar{x}_t$ 驱动的 z_t（这是我们的政府政策变量）和资本存量的联合变化过程的一个完整描述。系统（11.10.13）简洁地给出了作为理性预期模型基石的交叉方程约束：关于内生状态变量的均衡表示（11.10.13c）式中出现的外生过程的运动规律涉及的 G_z、A_x 所包含的参数的非线性函数。

我们可以轻易地应用状态空间系统（11.10.13）来研究特殊情形（11.10.9）。具体来说，记 $\bar{x}_{j,t+1}=\bar{x}_{j+1,t}$，令 $T\times T$ 的矩阵 A 为

$$A=\begin{bmatrix}0_{T-1\times 1} & I_{T-1\times T-1}\\ 0_{1\times T-1} & 1\end{bmatrix} \tag{11.10.14}$$

然后将初始条件取为 $\bar{x}_0=[0\quad 0\quad \cdots\quad 0\quad 1]'$。为了表示 z_t 中那个在时刻$T=0$进行了一次从 0 到 $\bar{z}_j$ 的永久性跳跃的元素，令 G_z 的第 j 个分量为$G_{zj}=[\bar{z}_j\quad 0\quad \cdots\quad 0]$。

□ 11.10.5 一次性的刺激

我们可以通过修改转移矩阵（11.10.14）来刻画 z_t 中的元素在并且仅在时刻 $t=T$ 发生的一次性刺激。为了达到这个目的，我们只需简单地令

$$A=\begin{bmatrix}0_{T-1\times 1} & I_{T-1\times T-1}\\ 0_{1\times T-1} & 0\end{bmatrix} \tag{11.10.15}$$

□ 11.10.6 收敛率和预期率

方程（11.10.8）表明，对于一个线性近似来说，正反馈系数 λ_2 等于在经历一个瞬时的稳态偏离之后，模型重新回到稳态的几何速率。利用我们为其他参数设定的基准值 $\delta=0.2$，$\beta=0.95$，$\alpha=0.33$，并将所有的扭曲性税收假定为零，我们可以通过计算得知，λ_2 是出现在 $u(c)=(1-\gamma)^{-1}c^{1-\gamma}$ 中的效用曲率参数 γ 的如下形式的函数①：

$$\lambda_2=\frac{\gamma}{a_1\gamma^{-1}+a_2+a_3(\gamma^{-1}+a_4\gamma^{-2}+a_5)^{1/2}} \tag{11.10.16}$$

其中 $a_1=0.975$，$a_2=0.0329$，$a_3=0.0642$，$a_4=0.00063$，$a_5=0.0011$。图 11.10.1 描绘了这个函数。当 $\gamma=0$ 时，周期效用函数是线性的，并且家庭的消费跨期替代意愿是无限的。在此情形中，$\lambda_2=0$，这就意味着对于资本存量偏离稳态的扰动，重新回到稳态是瞬时的。进一步地，正如前面所提到的，由于在初始稳态的时候不存在扭曲性税收，我们可知 $\lambda_1=\frac{1}{\beta\lambda_2}$，于是按照（11.10.8）式，对于未来的 z 的负反馈是一个以速率 $\beta\lambda_2$ 衰减的折现和。因此，当 $\gamma=0$ 时，对于未来的 z 的预期将对当前的 k 没有影响。这正是有关正反馈部分的瞬时调整这一效应的另一方面。

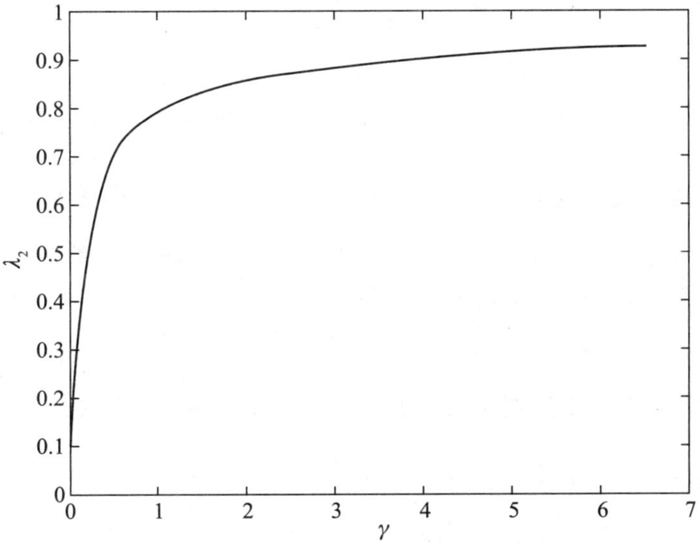

图 11.10.1 作为 γ 的函数的反馈系数 λ_2，在 $\alpha=0.33$，$\beta=0.95$，$\delta=0.2$，$g=0.2$ 处估值

当曲率参数 γ 递增时，λ_2 递增，开始时比较快，然后比较缓慢。随着 γ 的增加，家庭对于光滑消费路径的评价越来越高。更高的 γ 的值赋予了均衡的资本序列两种效应，一种是更缓慢的反馈效应，另一种则是给更远的将来的 z 的预期值相对多的权重的负反

① 我们利用了 Matlab 符号工具箱来计算这个表达式。

馈效应。

□ 11.10.7 关于精确度的一个注记：欧拉方程误差

估计近似的精确度是重要的。一个简单的诊断方法是将关于序列 c_t、k_{t+1} 的一个备选解代入两个欧拉方程（11.12.1）和（11.12.2）之中，方程左端和右端之间的差额被称为欧拉方程误差。[①] 一个精确的方法应该使得误差尽量小。[②]

11.11 增长

我们可以直接修改前面的模型从而将外生增长考虑进来，将生产函数修改为：

$$Y_t = F(K_t, A_t n_t) \tag{11.11.1}$$

其中 Y_t 表示总产出，N_t 表示总就业，A_t 表示劳动增进型技术进步，而 $F(K,AN)$ 和前面一样，是线性齐次的生产函数。我们假定 A_t 遵循下面的过程：

$$A_{t+1} = \mu_{t+1} A_t \tag{11.11.2}$$

通常地（但并不总是），假定 $\mu_{t+1}=\bar{\mu}>1$。我们利用（11.11.1）式的线性齐次性可以将生产函数表示为：

$$y_t = f(k_t) \tag{11.11.3}$$

其中 $f(k)=F(k,1)$，并且现在 $k_t=\dfrac{K_t}{n_t A_t}$，$y_t=\dfrac{Y_t}{n_t A_t}$。我们称 k_t 和 y_t 是按照每单位的"有效劳动" $A_t n_t$ 来度量的。我们也令 $c_t=\dfrac{C_t}{A_t n_t}$ 和 $g_t=\dfrac{G_t}{n_t A_t}$，其中 C_t 和 G_t 分别表示总消费和总的政府支出。我们考虑一种特殊的情形，其中劳动是无弹性供给的。于是，生产可能性被概括在如下的（11.6.1）式的修正版本中：

$$k_{t+1} = \mu_{t+1}^{-1}[f(k_t)+(1-\delta)k_t - g_t - c_t] \tag{11.11.4}$$

注意到人均消费是 $c_t A_t$，则我们可得到方程（11.6.3）的另一形式：

$$u'(c_t A_t) = \beta u'(c_{t+1}A_{t+1})\frac{1+\tau_{ct}}{1+\tau_{ct+1}}[(1-\tau_{kt+1})(f'(k_{t+1})-\delta)+1] \tag{11.11.5}$$

我们假定幂级数形式的效用函数 $u'(c)=c^{-\gamma}$，这意味着欧拉方程变为：

$$(c_t A_t)^{-\gamma} = \beta(c_{t+1}A_{t+1})^{-\gamma}\bar{R}_{t+1}$$

---

① 关于这一方法的更多讨论，可参见 Den Haan and Marcet（1994）以及 Judd（1998）。

② 关于欧拉方程误差的计算，尽管是为了不同的目的，却可以回溯到很久以前。在《就业、利息和货币通论》的第 2 章中，约翰·梅纳德·凯恩斯指出，如果在（11.12.2）式中代入数据（而不是备选的模拟）的话，将导致巨大的残差，凯恩斯因此认为（11.12.2）式并不成立（"工人们并不位于他们的劳动供给曲线上"）。

其中 $\bar{R}_{t+1}$ 继续沿用（11.6.8e）式的定义，只是现在 k_t 是按有效劳动单位平均的资本。上述方程也可以表示为：

$$\left(\frac{c_{t+1}}{c_t}\right)^{\gamma} = \beta\mu_{t+1}^{-\gamma}\bar{R}_{t+1} \tag{11.11.6}$$

在稳态中，$c_{t+1}=c_t$。于是，欧拉方程（11.11.5）的稳态版本是：

$$1 = \mu^{-\gamma}\beta[(1-\tau_k)(f'(k)-\delta)+1] \tag{11.11.7}$$

由此方程可以求解出稳态的资本存量。容易计算得到，按有效劳动单位平均的资本的稳态水平满足：

$$f'(k) = \delta + \frac{(1+\rho)\mu^{\gamma}-1}{1-\tau_k} \tag{11.11.8}$$

并且

$$\bar{R} = (1+\rho)\mu^{\gamma} \tag{11.11.9}$$

方程（11.11.9）立即表明，在其他条件相同的情况下，技术进步率的跳跃提高了 $\bar{R}$。

接下来我们利用射击算法来计算均衡。我们将驱动变量的向量 z_t 推广以包括 μ_t，于是这一向量变为 $z_t=[g_t \quad \tau_{kt} \quad \tau_{ct} \quad \mu_t]'$，其中 g_t 应当被理解为是按照有效劳动单位度量的，然后再按照之前介绍过的步骤进行操作。

生产率的增长率在 $t=10$ 时的可预见的跳跃。 图 11.11.1 显示了生产率的总增长率 μ_t 在时刻 $t=10$ 从 1.02 到 1.025 的一次永久性增加所带来的效应。这一图形和图 11.11.2 现在都是按照有效劳动单位来度量 c 和 k 的。稳态欧拉方程（11.11.7）表明了这个实验的结果的主要特征，并且意味着 μ 的永久性增加将会导致按照有效劳动单位平

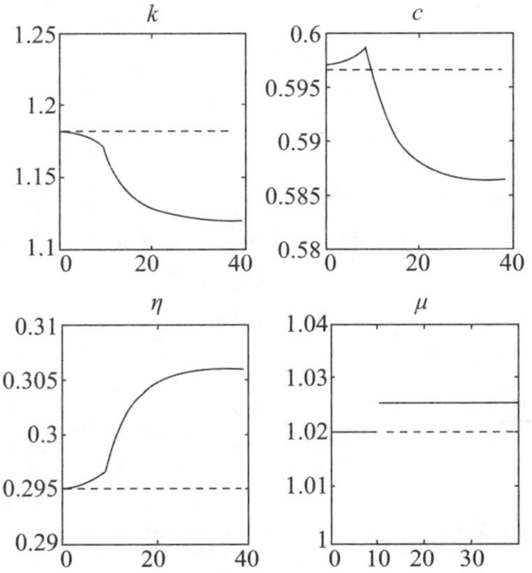

图 11.11.1　对于可预见的在 $t=10$ 时生产率的增长率 μ 的一次永久性增加的反应。从左至右、从上至下分别是：k，c，$\bar{R}$，η，μ，其中 k 和 c 按照有效劳动单位来度量

均的资本的稳态值下降。由于资本变得更加有效（甚至不是如此时），人均消费将可以提升，而这正是个体所关心的事情。由于人们变得更加富有，消费会立即增加。由 μ 的增加所导致的资本生产率的增加将会使得总收益率 $\bar{R}$ 上升。完美预见性将使得资本增长方面的这种上升效应提前发生。

生产率的增长率在 $t=0$ 时的（不可预见的）瞬时跳跃。图 11.11.2 显示了 μ 在时刻 $t=0$ 的瞬时增加所带来的效应。对此情形与图 11.11.1 中所显示的可预见的增加所带来的效应作一个比较是有启发性的。在图 11.11.2 中，所有变量的路径完全由解的正反馈部分决定，而在图 11.11.1 中，在时刻 $t=10$ 之前，这些路径会受到负反馈部分的影响。在图 11.11.2 中，由于负反馈效应的缺失，所有变量的路径都是光滑的。随着经济趋于一个更低的按有效劳动单位平均的资本的水平，按有效劳动单位平均的消费将立即平滑地下降，并趋于其自身的稳态水平。再次地，税后总收益率 $\bar{R}$ 与消费增长率协同变化，这恰好证实了欧拉方程（11.11.7）。

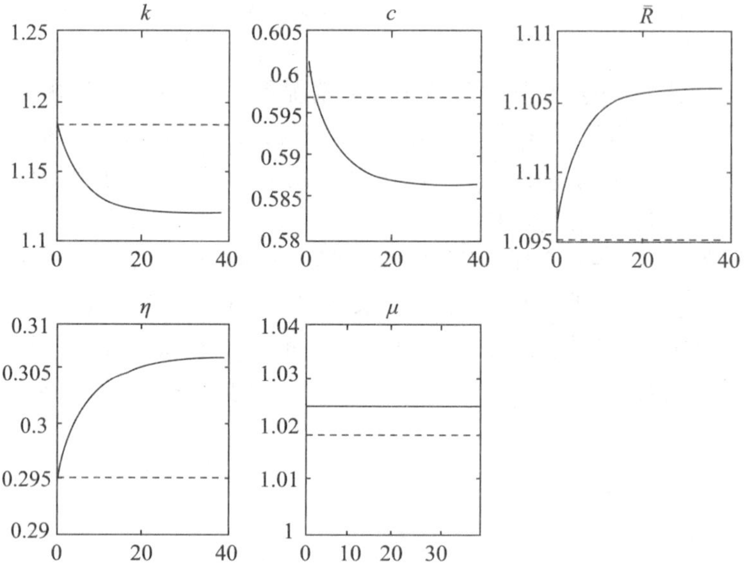

图 11.11.2　对于 $t=0$ 时生产率的增长率 μ 的增加的反应。从左至右、从上至下分别是：k，c，$\bar{R}$，η，μ，其中 k 和 c 按照有效劳动的单位来度量

11.12　弹性劳动供给

现在我们再次通过设定总生产率的增长率 $\mu=1$ 来剔除生产率的增长，但是我们通过假定 $U(c,1-n)$ 包含一个关于闲暇的偏好，允许一个可能非零的劳动供给弹性。再次地，我们记 U_i 为 U 关于其第 i 个自变量的偏微分。我们假定存在内部解 $n\in(0,1)$。现在我们必须同时给出关于资本的跨期演化和劳动-闲暇选择的均衡条件，它们是下面的两个差分方程：

$$\frac{1}{1+\tau_{ct}}U_1(F(k_t,n_t)+(1-\delta)k_t-g_t-k_{t+1},1-n_t)$$
$$=\beta(1+\tau_{ct+1})^{-1}U_1(F(k_{t+1},n_{t+1})+(1-\delta)k_{t+1}-g_{t+1}-k_{t+2},1-n_{t+1})$$
$$\times[(1-\tau_{kt+1})(F_k(k_{t+1},n_{t+1})-\delta)+1] \qquad (11.12.1)$$

$$\frac{U_2(F(k_t,n_t)+(1-\delta)k_t-g_t-k_{t+1},1-n_t)}{U_1(F(k_t,n_t)+(1-\delta)k_t-g_t-k_{t+1},1-n_t)}$$
$$=\frac{(1-\tau_{nt})}{(1+\tau_{ct})}F_n(k_t,n_t) \qquad (11.12.2)$$

对于这种更一般的模型设定，线性近似方法同样有效，只是还需要一个额外的步骤。对于这个动态系统，我们可按照下面的步骤获得一个线性近似。首先，求解方程（11.12.1）和（11.12.2）的稳态版本以获得稳态值（$\bar{k},\bar{n}$）[现在（$\bar{k},\bar{n}$）分别表示人均资本和人均劳动供给的稳态值]；然后，在稳态值附近分别计算方程（11.12.1）和（11.12.2）如下形式的线性近似：

$$H_{k_t}(k_t-\bar{k})+H_{k_{t+1}}(k_{t+1}-\bar{k})+H_{n_{t+1}}(n_{t+1}-\bar{n})+H_{k_{t+2}}(k_{t+2}-\bar{k})$$
$$+H_{n_t}(n_t-\bar{n})+H_{z_t}(z_t-\bar{z})+H_{z_{t+1}}(z_{t+1}-\bar{z})=0 \qquad (11.12.3)$$
$$G_k(k_t-\bar{k})+G_{n_t}(n_t-\bar{n})+G_{k_{t+1}}(k_{t+1}-\bar{k})+G_z(z_t-\bar{z})=0 \qquad (11.12.4)$$

在（11.12.4）式中将 $n_t-\bar{n}$ 看做是其余项的函数，将其求解出来并代入（11.12.3）式就得到了方程（11.10.2）的一种形式，然后按照前面介绍的方法进行操作，只是这里的差分方程具有（11.6.4）式的形式。

□ 11.12.1 稳态的计算

为了计算出这种类型的模型的稳态，假定政府支出和所有单一税都是随时间不变的。（11.12.1）式和（11.12.2）式的稳态版本是：

$$1=\beta[1+(1-\tau_k)(F_k(\bar{k},\bar{n})-\delta)] \qquad (11.12.5)$$
$$\frac{U_2(\bar{c},1-\bar{n})}{U_1(\bar{c},1-\bar{n})}=\frac{(1-\tau_n)}{(1+\tau_c)}F_n(\bar{k},\bar{n}) \qquad (11.12.6)$$

可行性条件（11.2.2）的稳态版本是：

$$\bar{c}+\bar{g}+\delta\bar{k}=F(\bar{k},\bar{n}) \qquad (11.12.7)$$

$F(k,n)$ 的线性齐次性意味着方程（11.12.5）自身就可以确定稳态的资本-劳动比$\frac{\bar{k}}{\bar{n}}$。具体而言，记 $\tilde{k}=\frac{k}{n}$，并注意到 $F(k,n)=nf(\tilde{k})$ 以及 $F_k(k,n)=f'(\tilde{k})$，利用这些结果可以将（11.12.7）式写成：

$$\frac{\bar{c}+\bar{g}}{\bar{n}}=f(\tilde{k})-\delta\tilde{k} \qquad (11.12.8)$$

接下来，令 $\beta=\frac{1}{1+\rho}$，则（11.12.5）式可表示为

$$\delta + \frac{\rho}{1-\tau_k} = f'(\tilde{k}) \tag{11.12.9}$$

上述方程可确定稳态的资本-劳动比 $\tilde{k}$ 。$\frac{1}{1-\tau_k}$的增加将会降低这一资本-劳动比，但是稳态的资本-劳动比独立于 τ_c 和 τ_n 的稳态值。不过，对于给定的 $\tilde{k}$ 的稳态值，消费和劳动收入的单一税将会通过稳态方程（11.12.6）和（11.12.7）影响消费和劳动的稳态水平。公式（11.12.6）显示了 τ_c 和 τ_n 如何扭曲了相同的劳动-闲暇边际。

如果我们定义 $\check{\tau}_c = \frac{\tau_n + \tau_c}{1+\tau_c}$ 和 $\check{\tau}_k = \frac{\tau_k}{1-\tau_k}$，则可得到$\frac{1-\tau_n}{1+\tau_c} = 1 - \check{\tau}_c$ 和$\frac{1}{1-\tau_k} = 1 + \check{\tau}_k$。楔子 $1-\check{\tau}_c$ 通过(11.12.6)式扭曲了稳态的劳动-闲暇决策，而楔子 $1+\check{\tau}_k$ 通过（11.12.9）式扭曲了稳态的资本-劳动比。

□ 11.12.2 一些实验

为使得讨论具体化，我们采用经由汉森（1985）和罗杰森（1988）推广的一种偏好设定：

$$U(c, 1-n) = \ln c + B(1-n) \tag{11.12.10}$$

这里我们假定 B 远远大于 1，以保证关于劳动供给的内部解 $n \in (0,1)$ 。具体而言，在下面的实验中，我们令 $B=3$。按照稳态值的形式，方程（11.12.6）变为

$$B\bar{c} = \frac{1-\tau_n}{1+\tau_c}[f(\tilde{k}) - \tilde{k}f'(\tilde{k})] \tag{11.12.11}$$

将方程（11.12.9)、(11.12.11）和（11.12.8）合并成下面的系统是有益的，这一系统可以递归地决定随后的实验中 $\tilde{k}$、$\bar{c}$ 和 $\bar{n}$ 的稳态值：

$$\delta + \frac{\rho}{1-\tau_k} = f'(\tilde{k}) \tag{11.12.12}$$

$$B\bar{c} = \frac{1-\tau_n}{1+\tau_c}[f(\tilde{k}) - \tilde{k}f'(\tilde{k})] \tag{11.12.13}$$

$$\bar{c} = \bar{n}(f(\tilde{k}) - \delta\tilde{k}) - \bar{g} \tag{11.12.14}$$

未预见到的 g 的跳跃。图 11.12.1 描绘的是未预见到的在 $t=0$ 时 g 的永久性跳跃的影响，这一跳跃完全由总量税的调整来融资。方程（11.12.12）决定了不变的 $\tilde{k}$ ，然后方程（11.12.13）意味着 $\bar{c}$ 是不变的。方程（11.12.14）决定了 $\bar{k}$ 和 $\bar{n}$ ，它们的比率已由(11.12.12）式决定。g 的一次未预见到的增加所带来的后果显著地不同于那些我们之前分析过的、其中劳动供给弹性等于零的情形。在之前的情形中，后果是人均消费立即地并且永久性地降低了，其数额等于人均政府购买的增加额。而现在的后果是，稳态的人均消费和人均资本-劳动比都保持不变。这一后果是通过同时增加资本和劳动供给的稳态水平来实现的。因此，在现在的情形中，g 的增加的影响是充分地“提升经济”，最终使得消费在 g 增加的情况下仍保持不变。

这些渐近结果直接来自我们的稳态方程组。g 的增加伴随着 k 和 n 的增加，而按照方程（11.12.9）的要求，稳态的资本-劳动比保持不变。然后，方程（11.12.11）表明，稳态的人均消费也保持不变。

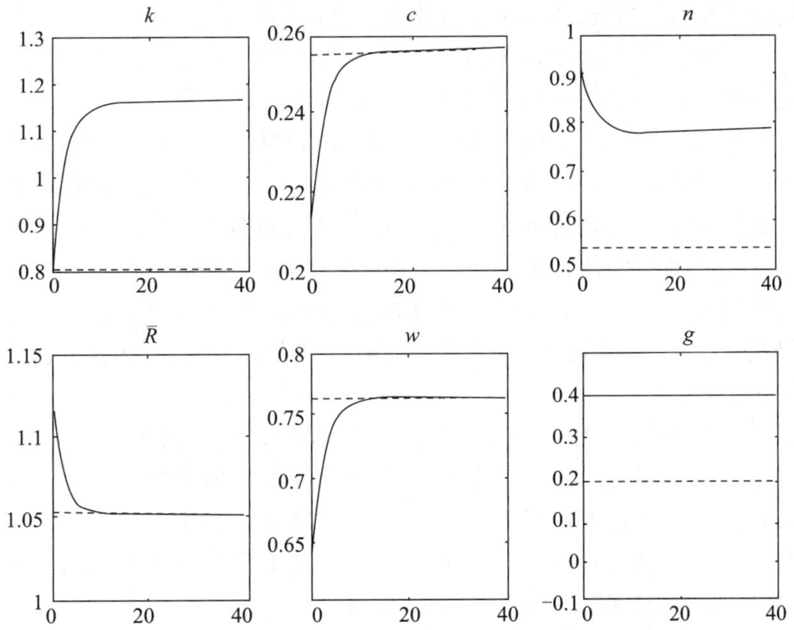

图 11.12.1　弹性劳动供给：未预见到的在 $t=0$ 时 g 的增加的反应。从左至右、从上到下：k，c，n，$\bar{R}$，w，g。虚线表示初始的稳态

未预见到的τ_n的跳跃。图 11.12.2 描绘的是未预见到的劳动边际税率 τ_n 的增加的影响。此时的效果是收缩了经济。方程（11.12.9）要求稳态的资本-劳动比保持不变，但是方程（11.12.11）要求稳态的人均消费响应于 τ_n 的增加而下降。在新的稳态中，劳动供给 n 和资本都是下降的。

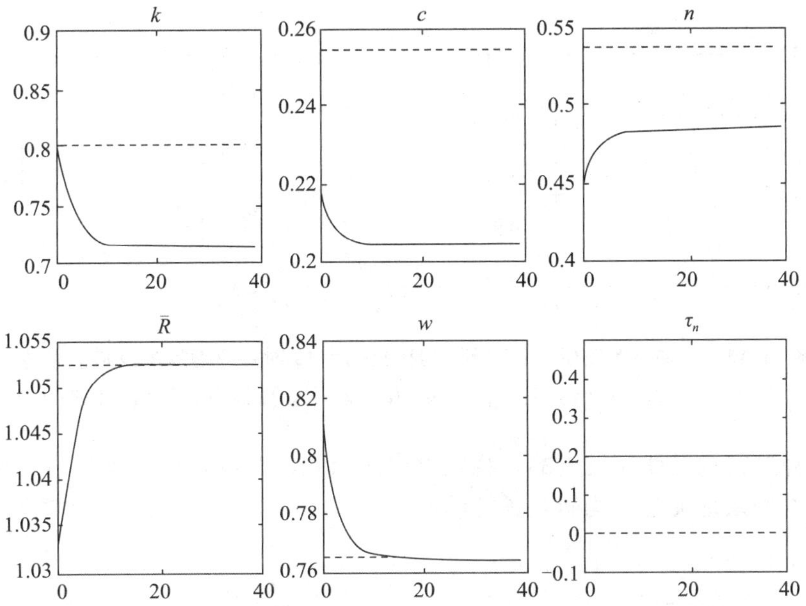

图 11.12.2　弹性劳动供给：未预见到的在 $t=0$ 时τ_n的增加的反应。从左至右、从上到下：k，c，n，$\bar{R}$，w，τ_n。虚线表示初始的稳态

普雷斯科特（2002）提出的相互抵消效应。之前的两个实验孤立地讨论了两种力量，而普雷斯科特（2002）则将这两种力量组合在一起并得出结论：相对于美国而言，欧洲经济表现出衰落是由其税率一直较高所致。普雷斯科特的数值计算显示的是之前我们的第二个实验中收缩经济的那种力量，其中 τ_n 增加，同时由更大的 g 蕴含的能够提升经济的力量却停滞了。具体而言，普雷斯科特考虑将第二个实验应用于跨国的情形，其中一揽子转移支付被用于退税，此时的税收收益由于更大的劳动税税率τ_n而被提高了，普雷斯科特认为这正是欧洲的普遍情形。反之，如果我们转而假定欧洲更高的税收被用于支付更大的人均政府购买，则我们在第一个实验中识别出的提升经济的力量就会被释放出来，从而使得相较于普雷斯科特计算的情形而言，欧洲较大的 τ_n 和 g 对经济活动水平的负向影响要弱化很多。

可预见到的 τ_n 的跳跃。图 11.12.3 描绘的是可预见到的发生在 $t=10$ 时的τ_n的增加的影响。尽管最终的结果与之前介绍的那些实验是相同的，但是瞬时的结果不同。可预见到的τ_n的增加的瞬时影响是刺激就业和资本积累的暴涨，同时在 $t=10$ 之前保持消费不变。人们工作得更多，以应对可预期到的在 $t=10$ 时工作收益的永久性下降。因此，可预见到的 τ_n 的增加刺激了就业和投资的临时性暴涨。

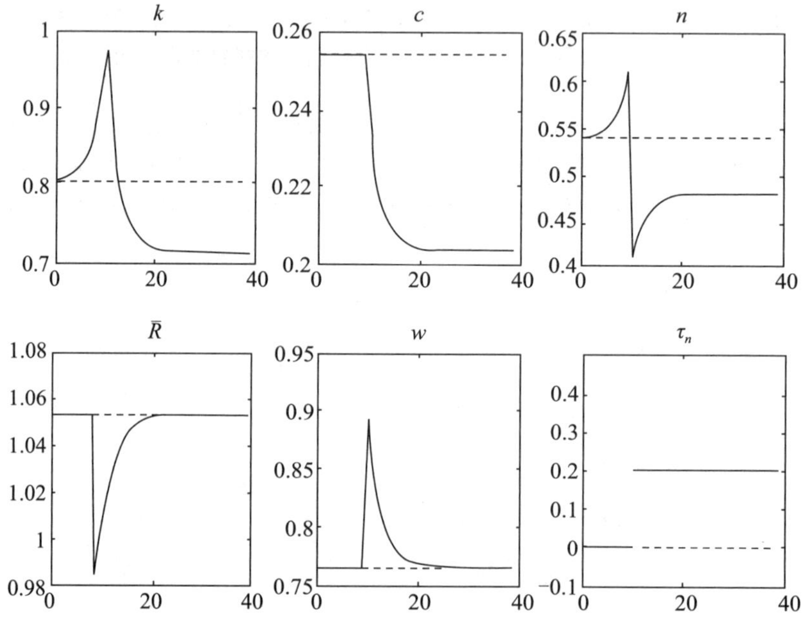

图 11.12.3　弹性劳动供给：可预见到的在 $t=10$ 时τ_n的增加的反应。从左至右、从上到下：k，c，n，$\bar{R}$，w，τ_n。虚线表示初始的稳态

为了解释这究竟是如何发生的，我们首先注意到，在偏好设定（11.12.10）式之下，如下的差分方程系统决定了均衡配置的动态：

$$c_{t+1}=\beta\bar{R}_{t+1}c_t \tag{11.12.15a}$$

$$\bar{R}_{t+1}=\frac{1+\tau_{ct}}{1+\tau_{ct+1}}[1+(1-\tau_{kt+1})(f'(k_{t+1}/n_{t+1})-\delta)] \tag{11.12.15b}$$

$$Bc_t = \frac{1-\tau_{nt}}{1+\tau_{ct}} F_n(k_t, n_t) \tag{11.12.15c}$$

$$k_{t+1} = F(k_t, n_t) + (1-\delta)k_t - g_t - c_t \tag{11.12.15d}$$

上述方程告诉我们，可预见到的 τ_n 的增加刺激了家庭在如何跨时分配其工作方面的重大调整。τ_n 在 $t=10$ 时的永久性增加的影响是降低了 $t=10$ 之后的税后工资，尽管一开始的时候，实际工资下降的幅度要小于 $1-\tau_n$ 下降的幅度，这是因为在 $t=10$ 的时候 n 的剧烈下降引起了资本-劳动比的上升。最终，随着税前实际工资 w 回归其初始值，实际工资下降的数额正好是 $1-\tau_n$ 下降的幅度。税后工资在 $t=10$ 之后的下降使得在 $t=10$ 之前工作更加具有吸引力，于是，n_t 在 $t=10$ 之前上升至其初始稳态值之上。家庭利用额外的收入来购买充足的资本，以使得在前 9 期当中，资本-劳动比和消费保持在它们各自的初始稳态值处。这一力量在 $t=10$ 之前的各时期中可以提升 n_t 。资本在 $t=0$ 之前的时期中的积累可以减弱在 $t=10$ 时发生的税后工资下降的幅度，这是因为，相比于资本停留在其初始稳态值时劳动的均衡边际产品应有的水平，这一边际产品已经被提高至一个更高的水平。从 $t=10$ 开始，资本存量被拉低，同时劳动的边际产品下降，这使得税前的实际工资最终回归到其初始的稳态值处。

莫滕斯和拉文（Mertens and Ravn，2011）利用上述结果来解释里根的减税政策的紧缩效应，这导致了 20 世纪 80 年代早期的美国的衰退。

11.13 一个两国模型

本节介绍本章的基本模型的一个两国版本。模型的结构类似于国际实际经济周期的相关文献中的形式［例如 Backus，Kehoe and Kydland (1992)］，并且按照门多萨和特萨(Mendoza and Tesar，1998）的思路进行扭曲性税收的分析，但是我们的模型表述与他们的都有所不同。我们同时考虑两个国家，允许它们之间进行商品及对于未来商品的权益的自由贸易，但不允许劳动的自由贸易。在设定非本国居民收益的税收方面，我们必须仔细处理。

现在我们在之前各节讨论的模型中引入两个国家。关于第一个国家的各个变量不带星号，关于第二个国家的各个变量带有星号。在商品、资本和债务方面存在国际贸易，但是在劳动方面不存在。我们假定闲暇在两个国家中都不带来效用。在两个国家中，关于消费流的效用分别是 $\sum_{t=0}^{\infty} \beta^t u(c_t)$ 和 $\sum_{t=0}^{\infty} \beta^t u(c_t^*)$ ，其中 $u(c) = \frac{c^{1-\gamma}}{1-\gamma}, \gamma > 0$ 。关于世界经济的可行性条件是：

$$\begin{aligned}&(c_t + c_t^*) + (g_t + g_t^*) + (k_{t+1} - (1-\delta)k_t) + (k_{t+1}^* - (1-\delta)k_t^*) \\ &= f(k_t) + f(k_t^*)\end{aligned} \tag{11.13.1}$$

其中 $f(k)=Ak^{\alpha}$，$\alpha \in (0,1)$。

某一个国家的消费者可以在两个国家中都持有资本，但是必须按照外国设定的税率给持有外国资本的租金收益纳税。在 0 时刻，两个国家中的居民都可以相同的阿罗-德布

鲁价格 q_t 购买日期 t 时的消费品。记 $\tilde{k}_t$ 为国家 1 中的一个代表性消费者在国家 2 中持有的资本。仅在本段中，临时地记 k_t 为国内的消费者拥有的国内资本的数量。（在所有其他段落关于两国模型的表述中，k_t 表示的是国家 1 的资本数量。）记 B_t^f 为通过向代表性的外国消费者发行单期债券，代表性的国内消费者获得的 t 时刻的商品的数量，因此，$B_t^f>0$ 表示国内消费者在 t 时刻从国外借款，而 $B_t^f<0$ 表示国内消费者在 t 时刻向国外贷款。对于 $t\geqslant 1$，记 $R_{t-1,t}$ 为从时期 $t-1$ 到时期 t 的单期贷款的总收益。定义 $R_{-1,0}\equiv 1$，并且记国内消费者欠国外消费者的初始债务为 $R_{-1,0}B_{-1}^f$。我们假定在两个国家中贷款的收益都无须纳税。国家 1 中的一个消费者的预算约束为：

$$\begin{aligned}&\sum_{t=0}^{\infty}q_t(c_t+(k_{t+1}-(1-\delta)k_t)+(\tilde{k}_{t+1}-(1-\delta)\tilde{k}_t)+R_{t-1,t}B_{t-1}^f)\\&\leqslant\sum_{t=0}^{\infty}q_t((\eta_t-\tau_{kt}(\eta_t-\delta))k_t+(\eta_t^*-\tau_{kt}^*(\eta_t^*-\delta))\tilde{k}_t+(1-\tau_{nt})w_tn_t\\&\quad-\tau_{ht}+B_t^f)\end{aligned}\tag{11.13.2}$$

关于 k_0 和 $\tilde{k}_0$ 的无套利条件是：

$$(1-\tau_{k0})\eta_0+\delta\tau_{k0}=(1-\tau_{k0}^*)\eta_0^*+\delta\tau_{k0}^*$$

关于 $t\geqslant 1$ 时 k_t 和 $\tilde{k}_t$ 的无套利条件意味着：

$$\begin{aligned}q_{t-1}&=[(1-\tau_{kt})(\eta_t-\delta)+1]q_t\\q_{t-1}&=[(1-\tau_{kt}^*)(\eta_t^*-\delta)+1]q_t\end{aligned}\tag{11.13.3}$$

上述两个方程意味着资本的税后租金率在两个国家之间是相等的：

$$(1-\tau_{kt}^*)(\eta_t^*-\delta)=(1-\tau_{kt})(\eta_t-\delta)\tag{11.13.4}$$

关于 $t\geqslant 0$ 时 B_t^f 的无套利条件是：$q_t=q_{t+1}R_{t,t+1}$，这意味着对于 $t\geqslant 1$，有

$$q_{t-1}=q_tR_{t-1,t}\tag{11.13.5}$$

由（11.13.4）式和（11.13.5）式的特点可知，国内资本、国外资本和消费贷款承担相同的收益率，从而投资组合是不确定的。如果我们允许 B_t^f 非零，则在每一个国家中，我们可以自由地设定国外资本的持有等于零。按照这种方式来解决投资组合的不确定性问题是有利的，因为这可以减少我们必须设定的初始条件的数目。因此，在每一个国家中，我们设定国外资本的持有等于零。对于给定的本国欠外国 * 的初始债务水平 B_{-1}^f，这里 $R_{t-1,t}=\frac{q_{t-1}}{q_t}$，国际的债务动态满足：

$$B_t^f=R_{t-1,t}B_{t-1}^f+c_t+(k_{t+1}-(1-\delta)k_t)+g_t-f(k_t)\tag{11.13.6}$$

以及

$$c_t^*+(k_{t+1}^*-(1-\delta)k_t^*)+g_t^*-R_{t-1,t}B_{t-1}^f=f(k_t^*)-B_t^f\tag{11.13.7}$$

两个国家中关于厂商的一阶条件是：

$$\eta_t=f'(k_t),\quad w_t=f(k_t)-k_tf'(k_t)$$

$$\eta_t^* = f'(k_t^*), w_t^* = f(k_t^*) - k_t^* f'(k_t^*) \tag{11.13.8}$$

关于商品的国际贸易意味着

$$\frac{q_t}{\beta^t} = \frac{u'(c_t)}{1+\tau_{ct}} = \mu^* \frac{u'(c_t^*)}{1+\tau_{ct}^*} \tag{11.13.9}$$

其中 μ^* 表示一个非负的数，是关于国家 * 中消费者的预算约束的拉格朗日乘子的函数，这里我们已将本国预算约束的拉格朗日乘子标准化，即将本国相应的 μ 设定为 1。均衡要求 $t \geqslant 0$ 时如下两个国家的欧拉方程被满足：

$$u'(c_t) = \beta u'(c_{t+1})[(1-\tau_{kt+1})(f'(k_{t+1})-\delta)+1]\left[\frac{1+\tau_{ct+1}}{1+\tau_{ct}}\right] \tag{11.13.10}$$

$$u'(c_t^*) = \beta u'(c_{t+1}^*)[(1-\tau_{kt+1}^*)(f'(k_{t+1}^*)-\delta)+1]\left[\frac{1+\tau_{ct+1}^*}{1+\tau_{ct}^*}\right] \tag{11.13.11}$$

由于方程（11.13.9）对于所有的 $t \geqslant 0$ 均成立，故方程（11.13.10）和方程（11.13.11）之中必有一个是多余的。

□ 11.13.1 初始条件

我们给定的初始条件是，国际贸易前的跨国资本配置 $(\tilde{k}_0, \tilde{k}_0^*)$ 以及不带星号的国家（本国）欠带有星号的国家（外国）的国际债务的初始水平 $B_{-1}^f = 0$。

□ 11.13.2 均衡的稳态值

下面两个方程决定了 k 和 k^* 的稳态值：

$$f'(\bar{k}) = \delta + \frac{\rho}{1-\tau_k} \tag{11.13.12}$$

$$f'(\bar{k}^*) = \delta + \frac{\rho}{1-\tau_k^*} \tag{11.13.13}$$

给定稳态资本-劳动比 $\bar{k}$ 和 $\bar{k}^*$，下面两个方程决定了国内消费和国外消费的稳态值 $\bar{c}$ 和 $\bar{c}^*$，它们都是本国欠外国 * 的债务的稳态值 $\bar{B}^f$ 的函数：

$$\bar{c} + \bar{c}^* = f(\bar{k}) + f(\bar{k}^*) - \delta(\bar{k} + \bar{k}^*) - (\bar{g} + \bar{g}^*) \tag{11.13.14}$$

$$\bar{c} = f(\bar{k}) - \delta\bar{k} - \bar{g} - \rho\bar{B}^f \tag{11.13.15}$$

方程（11.13.14）是稳态值处的可行性条件，而方程（11.13.15）是稳态值处包括利息支付在内的贸易平衡条件。

□ 11.13.3 初始的均衡值

关于实物资本的贸易以及时刻 0 的债务都是在关于时刻 0 的其他物品的生产和贸易发生之前就已存在的。我们总是将国际债务初始化为零：$B_{-1}^f = 0$，这一条件用于表示从时刻 0 开始的资本的国际贸易。给定初始的世界范围内总的资本存量 $\check{k}_0 + \check{k}_0^*$，$k_0$ 和 k_0^* 的初始值满足：

$$k_0 + k_0^* = \check{k}_0 + \check{k}_0^* \tag{11.13.16}$$

$$(1-\tau_{k0})f'(k_0) + \delta\tau_{k0} = (1-\tau_{k0}^*)f'(k_0^*) + \delta\tau_{k0}^* \tag{11.13.17}$$

在时刻 0，任一国家中 1 单位资本的价格为：

$$p_{k0} = [(1-\tau_{k0})f'(k_0) + (1-\delta) + \delta\tau_{k0}] \tag{11.13.18}$$

由此可得：

$$B_{k0} = p_{k0}[k_0 - \check{k}_0] \tag{11.13.19}$$

上式表明，本国通过从外国 * 借债来为从国外进口实物资本融资。

□ 11.13.4 射击算法

为了应用射击算法，我们需要搜寻 c_0 和 μ^* ，由此可得作为方程（11.13.16）、（11.13.17）、（11.13.18）、（11.13.19）、（11.13.6）、（11.13.9）和（11.13.18）的解的二元组 (k_0, k_0^*) 以及路径 $\{c_t, c_t^*, k_t, k_t^*, B_t^f\}_{t=0}^T$ 。射击算法的“目标”是满足稳态方程（11.13.12）和（11.13.13）的 $(\bar{k}, \bar{k}^*)$ 。

□ 11.13.5 转移实验

在本章之前关于一国的练习中，新政策的宣布总是发生在 0 时刻。在接下来关于两国的练习中，我们假定新的税率和/或支出路径或贸易制度的宣布都发生在 1 时刻。我们这样做是为了显示，响应于宣布某些将在 10 时刻及其后发生的变化，一些特殊的变量在 1 时刻发生了剧烈的跳跃。描述 0 时刻和 1 时刻的变量有利于显示出一些稍后我们将要重点讨论的结果。生产函数是：$f(k) = Ak^{\alpha}$ 。各参数取值为 $\beta = 0.95$，$\gamma = 2$，$\delta = 0.2$，$\alpha = 0.33$，$A = 1$；开始的时候，g 在两个国家中都是 0.2，扭曲性税收在两个国家中都是 0。

我们通过介绍三种练习中的结果来阐明两种经济力量。第一种力量是消费者跨时平滑消费的愿望，这表现在家庭的消费欧拉方程中。第二种力量是均衡的结果必须不提供套利的机会，这表现在那些要求在两个国家中关于债券和资本的收益率必须相等的方程中。

在前两个实验中，两个国家中所有的税都是总量税。在第三个实验中，我们在国内引入一种资本税，但是国外没有。在所有的实验中，我们允许所有国家中的总量税进行调整，以满足所有国家中的政府预算约束。

1. 开放国际流动

在第一个例子中，我们研究当新生产出来的产出和资本存量，但不包括劳动，在时期 1 突然变成可国际流动时两个国家的转移动态。除了如下这一方面，两个国家开始时在所有方面都是等同的：我们假定本国经济开始时处于自给自足的稳态，而外国经济开始时的资本存量低于其自给自足的水平。由于没有关于实物资本收益的扭曲性税收，故在两个经济中，资本存量将收敛于相同的水平。

在这一实验中，本国处于其稳态资本存量水平，而外国稍穷，其资本存量低 50%。这意味着一开始的时候，即贸易在 $t=1$ 时被开放之前，外国的资本的边际产品要高于本国的资本的边际产品，外国的利率 $R_{0,1}^*$ 高于本国的利率 $R_{0,1}$ ，从而外国的消费增长率高于本国的消费增长率。在贸易开放之前，利率之间的差异是一种力量，一旦贸易在 $t=1$ 时开放，这一力量将使得实物资本从国内流向国外。图 11.13.1 描绘了各种转移动态。在 1 时期，随着国家间在商品和资本方面贸易的开放，立即就会发生从资本富裕的本国向资本贫乏的外国的资本再配置。这种资本转移必定会发生，因为如果不发生的话，不同国家的资本获得不同的收益，从而为两个国家中的消费者提供了套利的机会。在均衡时，这样的结果不可能出现。

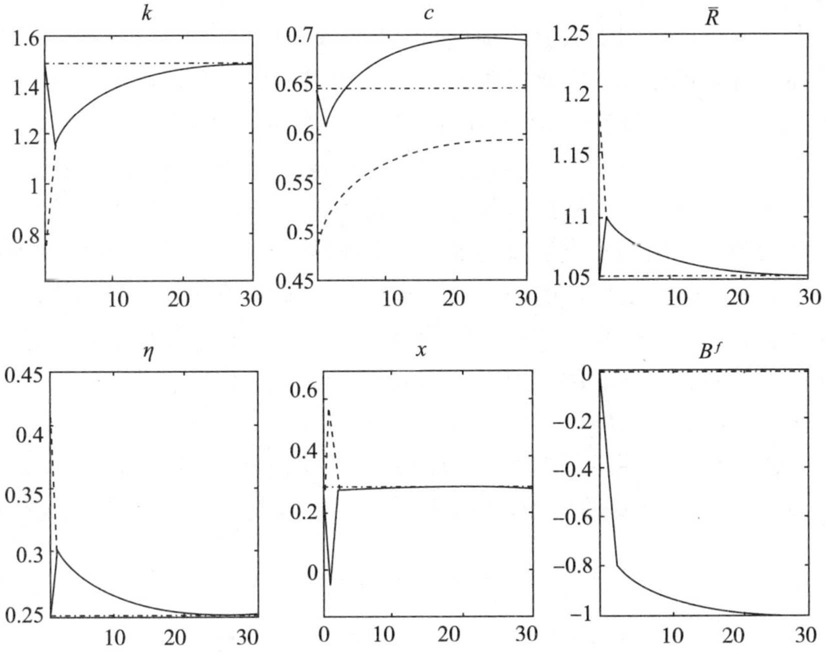

图 11.13.1　对于未预见到的 1 时刻的贸易开放的反应。从左至右、从上到下：k，c，$\bar{R}$，η，x 和 B^f。实线表示本国经济，虚线表示外国经济，点虚线表示初始的稳态

在国际贸易开放之前，由于资本的边际产品以及消费的增长率不同，各国的资本租金率和利率是不一样的。一旦贸易在 1 时刻开放，资本在各国间的重新配置就会使得收益相等，则本国的利率在 1 时刻发生跳跃。由于 $\gamma=2$，这意味着本国的消费 c 必定下降。对于外国而言，情形恰好相反。此外，我们注意到，图 11.13.1 表明，在国内投资大幅下降的同时，国外经历着一个投资高峰。这一现象的发生是因为，资本从本国重新配置到外国。由于资本投资是可逆的，故这一转移是可行的。外国通过从本国借入资本来为实物资本的这一进口融资，从而 $-B^f$ 上升。只要两国经济平滑地收敛于 $-\bar{B}^f$ 的水平为正的稳态，则外国债务 $-B^f$ 将持续上升。最终地，这些差异可以解释稳态消费方面的差异 $2\rho\bar{B}^f$。

在 1 时刻开放商品和资本方面的贸易使得两个经济中的消费者同时受益。通过资本流动的开放，外国将加速地收敛于一个稳态消费水平。这一稳态消费率低于经济保持封闭时可能达到的水平，但是，长期消费的这一下降会被短期中消费和产出的迅速增加超额补偿。与此形成对照的是，由于贸易允许国内消费者积累国外资产，短期中的国内消费将下降，这最终将导致一个更高的稳态消费水平。

这一实验表明了研究转移动态对于福利分析的重要性。在这一例子中，我们仅仅关注了稳态消费水平，这有可能导致错误的结论，即开放市场对于贫穷的经济是有害的。

2. 可预见到的 g 的增加

图 11.13.2 描绘的是 10 期之前就已宣布的本国的 g 从 0.2 增加至 0.4 之后的各种转移动态。我们假定两个经济都从 $B_0^f=0$ 的稳态开始。一旦新的 g 的路径在 1 时刻被宣布，消费平滑动机将诱使国内家庭增加储蓄，以应对国内私人财富面临的不利冲击，这一冲击是由在 1 时刻预见到国内政府购买 g 的增加而引发的。国内家庭计划用增加的储蓄来缓解 10 期之后 g 增加导致的消费在各个时期中将面临的冲击。家庭的储蓄部分地通过在短期中积累更多的国内资本来实现，在本实验的封闭经济版本中，这是唯一的资产来源。在一个开放经济中，家庭拥有其他的储蓄方式，即贷款给外国。无套利条件可以协调两种类型的储蓄：国内家庭增加储蓄将会降低外国经济中债券和资本的均衡收益，这可以阻止套利的机会。更新过的利率路径现在以更低的利率开始，面临此路径的国外家庭将会提高它们的消费率和实物资本的投资。国外吸收的这种增加将通过提高国外消费者的外部债务来融资。在 g 的增加被宣布之后，由于无套利条件会均等化它们的消费的边际效用比，故所有国家的消费（和投资）路径都遵循相同的模式。所有国家持续累积资本直至 g 的增加确实发生。随后，国内家庭开始消费它们的部分资本。再一次地，由于无套利条件，一旦 g 真的增加，所有国家均会降低它们的投资率。接下来，国内经

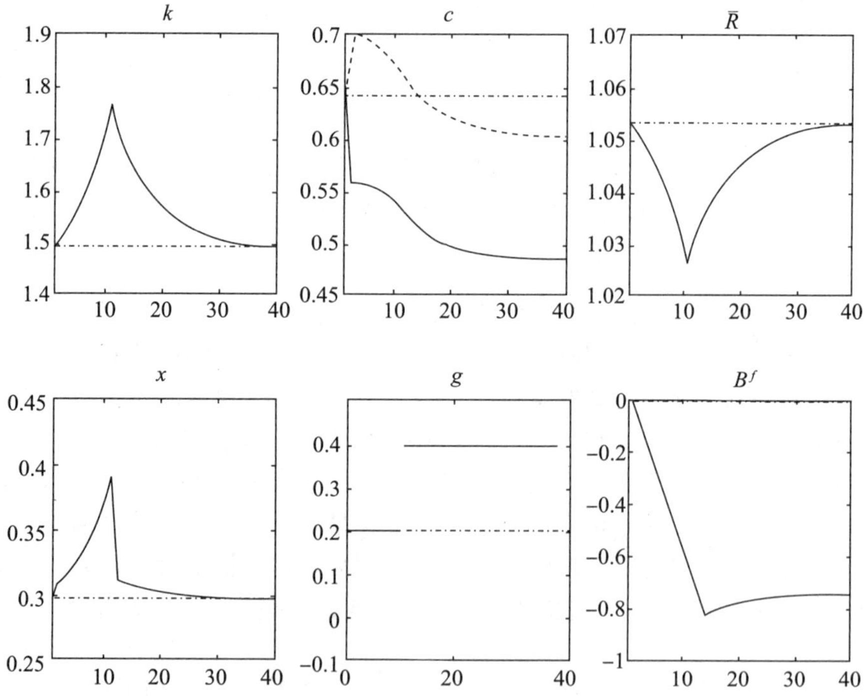

图 11.13.2　对于 1 时刻预见到的 10 时刻的 g 的增加的反应。从左至右、从上到下：k，c，$\bar{R}$，x，g，B^f。点虚线表示本国的初始稳态，虚线表示外国经济

济开始运行经常项目赤字来部分地为 g 的增加融资。这意味着国外家庭将开始通过降低它们的资本存量来部分地偿还它们的外部债务。尽管没有在图 11.13.2 中标示出来，实际上，一旦 g 增加，总投资 x 在所有国家中都将剧烈下降。在 $t=10$ 之后，所有变量平滑地收敛到新的稳态，其中国内经济保持正的资产持有 $-B^f$ 。最终，这一结果可以解释为什么相较于初始稳态而言，外国将以更低的稳态消费结束。在新的稳态中，两国的消费率的下降值之和的相反数等于本国的稳态政府支出的增加值。①

本实验给我们提供了若干个有价值的经济方面的经验。首先，本实验阐明了可预见到的 g 的增加的后果是如何在各个时期和各个家庭之间分布的。其次，本实验还告诉我们这一分布是如何形成的：在各个时期是通过积累或者降低资本存量而形成的，在不同国家的各个家庭之间是通过运行经常项目赤字或盈余而形成的。

3. 预见到的τ_k的增加

我们现在来探讨在 $t=1$ 宣布的 10 期之后，本国经济中资本税的增加的影响。图 11.13.3 描绘了均衡结果。一旦 τ_k 的增加被宣布，国内家庭就会意识到国内的资本存量最终将会下降以增加总收益，从而均等化各国间的税后收益，尽管国内关于资本收益的税率更高一些。通过增加消费率，国内家庭将会降低它们的资本存量。由此导致的更高的均衡世界利率还会诱使国外家庭增加消费。在 τ_k 增加之前，本国运行经常项目赤字。

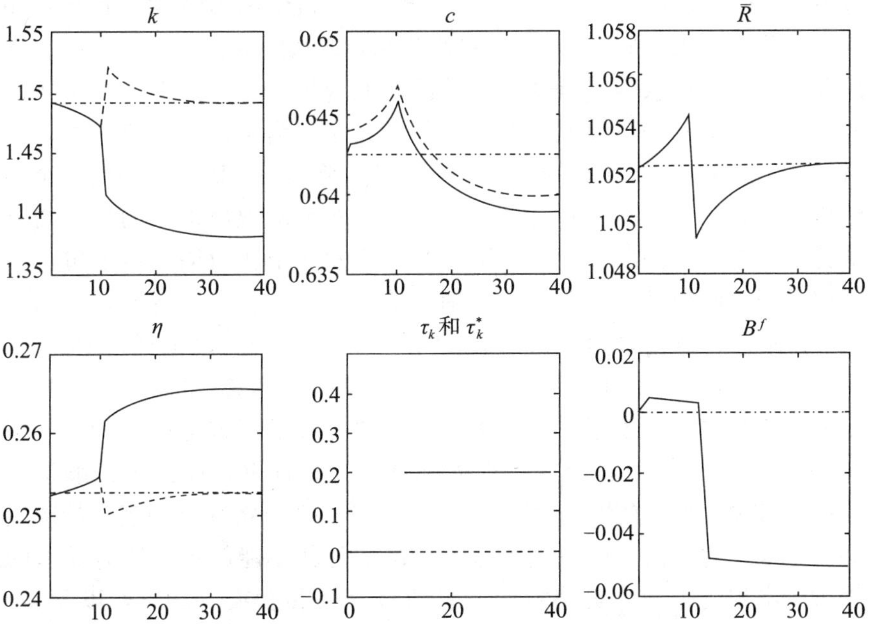

图 11.13.3　对于 $t=1$ 时刻预见到的 $t=10$ 时 τ_k 的一次性增加的反应。从左至右、从上到下：k，c，$\bar{R}$，η，τ_k和$\tau_k{}^*$ 以及 B^f。实线表示本国经济，虚线表示外国经济，点虚线表示稳态值

① 尽管稳态消费水平下降了，但是相对于旧的均衡而言，在新的均衡中我们计算得到的 $\sum_{t=0}^{\infty}\beta^t u(c_t^*)$ 更高了。

当 τ_k 终于增加时，资本迅速地被重新配置，穿越国家的边界以排除套利机会，导致一个较低的债券利率。之所以出现债券收益下降，既是因为本国的资本收益税 τ_k 会降低资本的税后收益，也是因为外国经济具有一个较高的资本存量。通过外部债务的剧烈上升，外国家庭为大规模的资本购买进行融资，这可以解释为一种经常项目赤字。在 τ_k 增加之后，经济平滑地收敛于一个新的稳态，其特征是所有国家都具有较低的消费率，同时资本存量方面的差异可以均等化税后收益。值得指出的是，外国经济中的稳态消费要高于本国经济中的稳态消费，而本国经济永久性拥有正的债权。这一结果的出现是因为外国的产出较大，而这又是因为外国持有的资本存量较高。

本节的例子表明了通过无套利条件，所有国家是如何分担冲击的影响，以及资本存量的波动是如何随着时间的推移平滑所有国家中的消费的调整的。

11.14 结束语

在第 12 章中，我们将介绍基本增长模型的一个随机版本以及表示此模型的竞争性均衡的另一种方法。[①] 在总量经济中，增长模型的随机和非随机版本被广泛地运用来研究各种政策问题。布罗克和米尔曼（1972）、基德兰德和普雷斯科特（1982）以及许多其他研究者曾利用此模型的随机版本来近似刻画经济周期的特征。在许多关于实际经济周期模型的早期文献中，术语“经济周期的特征”的含义是“为了消除趋势因素，已经用某种特殊方法过滤了的某些总量时间序列的特定的矩”。卢卡斯（1990）利用一个类似于本章模型的非随机模型对降低资本税同时提高消费税或者劳动税所带来的最终结果进行了大致的数值估计。普雷斯科特（2002）利用本章介绍的那个在效用函数中包含闲暇的模型的一种版本以及一个阐释性的（高的）劳动供给弹性建立了一个论断，即相对于美国而言，欧洲的经济活动的衰落是因为相对于美国而言，欧洲对劳动的征税更高。英格拉姆、科切拉科塔和萨文（Ingram，Kocherlakota and Savin，1994）以及霍尔（1997）利用实际的数据对适用于基本增长模型的随机版本的欧拉方程的误差进行了计算，并且没有像 11.10.7 节中所推荐的程序那样将这一误差解释为计算误差，而是将其解释为对使基本模型符合数据而必须附加上的额外冲击的度量。在第 12 章将介绍的基本的随机增长模型中，技术冲击是唯一的冲击，但是仅靠这一冲击本身并不能解释使所有模型的欧拉方程都符合数据时所出现的差异。英格拉姆、科切拉科塔和萨文（1994）以及霍尔（1997）提供的一种说法是，为了解释数据，我们需要更多形式的冲击。文（Wen，1998）和奥特罗克（Otrok，2001）构造了具有更多形式的冲击以及额外的动态特征的增长模型，并且利用基于似然函数的方法将这些模型用于拟合美国的时间序列数据，他们指出，为了符合数据，仍然需要更多的冲击和数据来源。参阅克里斯蒂亚诺、艾肯鲍姆和埃文斯（Christiano，Eichenbaum，and Evans，2003）以及克里斯蒂亚诺、莫托和罗斯塔尼奥

① 其中让人特别感兴趣的是，如何找到一个用来定义均衡的状态向量的合适形式，并由此获得均衡的一种递归表示。由于增长模型中的状态变量是内生的，因此我们必须扩展第 8 章中的方法。

(Christiano，Motto and Rostagno，2003)，这些文章讨论了大量的额外形式的冲击，并且度量了这些冲击的重要性。格林伍德、霍格维兹和克鲁塞尔（Greenwood，Hercowitz and Krusell，1997）介绍了一种似乎重要的额外冲击，其具有技术冲击的形式，并且对投资品的相对价格具有明显的直接影响。乔纳斯·费希尔（Jonas Fisher，2003）考察了一些计量方面的证据，证实了这种冲击在解释总量波动方面的重要性。达维、利珀和沃克（Davig，Leeper and Walker，2012）利用本章讨论的各种模型的随机版本来研究跨期财政平衡问题。

施密特-格罗赫和乌里韦（Schmitt-Grohe and Uribe，2004b）以及基姆和基姆（Kim and Kim，2003）指出，将本章所介绍的线性和对数线性方法用于比较其他形式经济政策（比如本章描述过的一些政策，其中扭曲性会使得均衡配置偏离最优水平）的福利效果可能会是有问题的。他们介绍了一些可以进行局部的、更精确的福利比较的方法，即引入决策规则和福利函数的更高阶的近似。

附录 A　对数线性近似

按照克里斯蒂亚诺（1990）的介绍，一种在实际中被广泛采用的方法是求取对数线性近似，而不是线性近似。下面我们给出求取本章模型的对数线性近似的方法。

令 $\log k_t=\tilde{k}_t$，因此 $k_t=\exp\tilde{k}_t$；类似地，令 $\log g_t=\tilde{g}_t$。将 z_t 表示为 $z_t=[\exp(\tilde{g}_t)\ \ \tau_{kt}\ \ \tau_{ct}]'$（注意这里只有 g_t 替换成了它的对数形式）。然后，按照下面的步骤操作就可以得到一个对数线性近似。

（1）按照已经介绍过的方法计算稳态值。假定政府的政策是常数水平，$z_t=\bar{z}$。求解方程 $H(\exp(\tilde{k}_\infty),\exp(\tilde{k}_\infty),\exp(\tilde{k}_\infty),\bar{z},\bar{z})=0$，得到稳态 $\tilde{k}_\infty$。（当然，这样得到的稳态值和我们早些时候考虑原始的非对数形式的变量时得到的稳态是一样的。）

（2）取（$\tilde{k}_\infty$，$\bar{z}$）附近的一阶泰勒展开作为近似：

$$H_{\tilde{k}_t}(\tilde{k}_t-\tilde{k}_\infty)+H_{\tilde{k}_{t+1}}(\tilde{k}_{t+1}-\tilde{k}_\infty)+H_{\tilde{k}_{t+2}}(\tilde{k}_{t+2}-\tilde{k}_\infty)$$
$$+H_{z_t}(z_t-\bar{z})+H_{z_{t+1}}(z_{t+1}-\bar{z})=0 \tag{11. A. 1}$$

（但是，请记住上式中 z_t 的第一个分量现在是 $\tilde{g}_t$。）

（3）将得到的系统记为：

$$\phi_0\tilde{k}_{t+2}+\phi_1\tilde{k}_{t+1}+\phi_2\tilde{k}_t=A_0+A_1z_t+A_2z_{t+1} \tag{11. A. 2}$$

或者

$$\phi(L)\tilde{k}_{t+2}=A_0+A_1z_t+A_2z_{t+1} \tag{11. A. 3}$$

其中 L 是滞后算子（亦称为后向移动算子）。然后完全按照之前介绍的方法求解线性差分方程（11. A. 3），只是这里要寻找的序列是 $\{\tilde{k}_{t+1}\}$。

（4）计算 $k_t=\exp(\tilde{k}_t)$，并且记住要指数化 $\tilde{g}_t$，然后利用方程（11. 6. 8）来计算相关的价格和数量。至于欧拉方程的误差的计算和从前一样。

11.15 练习

11.1 税改：Ⅰ

考虑下述的由一个政府和一个代表性家庭构成的经济。此经济中没有不确定性，并且其中的代表性家庭和政府都是永恒存在的。政府的消费是常数 $g_t = g > 0$，$t \geqslant 0$，并且政府确定两种类型的税收序列 $\{\tau_{ct}, \tau_{ht}\}_{t=0}^{\infty}$。这里 τ_{ct} 和 τ_{ht} 分别表示可能随时间改变的消费的单一税和随时间改变的总量税或“人头税”。家庭的偏好由下式给出：

$$\sum_{t=0}^{\infty} \beta^t u(c_t)$$

其中 $\beta \in (0,1)$，$u(\cdot)$ 是递增且二阶连续可微的严格凹函数。经济的可行性条件是：

$$g_t + c_t + k_{t+1} \leqslant f(k_t) + (1-\delta) k_t$$

其中 k_t 表示家庭在初始时刻 t 所拥有的资本存量，$\delta \in (0,1)$ 表示折旧率。在 0 时刻，存在一个标注了时间的商品的完全市场。家庭面临的预算约束是：

$$\sum_{t=0}^{\infty} \{q_t[(1+\tau_{ct})c_t + k_{t+1} - (1-\delta)k_t]\} \leqslant \sum_{t=0}^{\infty} q_t \{\eta_t k_t + w_t - \tau_{ht}\}$$

这里我们假定家庭无弹性地供给 1 单位劳动，q_t 表示以 0 时刻的价值标准度量的日期 t 时的消费品的价格，η_t 表示以 t 时刻的消费品度量的日期 t 时的资本的租金率，w_t 表示以 t 时刻的消费品度量的日期 t 时的劳动的工资率。资本既不被征税，也不被补贴。

生产厂商租用资本和劳动，生产函数是 $f(k)n$，其中 $f' > 0$，$f'' < 0$。厂商的价值是：

$$\sum_{t=0}^{\infty} q_t [f(k_t) n_t - w_t n_t - \eta_t k_t]$$

这里 k_t 表示厂商的资本-劳动比，n_t 表示厂商雇用的劳动数量。

政府外生地设定 g_t，并且设定 τ_{ct} 和 τ_{ht} 以满足预算约束：

$$\sum_{t=0}^{\infty} q_t (\tau_{ct} c_t + \tau_{ht}) = \sum_{t=0}^{\infty} q_t g_t \tag{1}$$

a. 定义一个竞争性均衡。

b. 假定从历史的情况看，政府可以无限制地征收总量税，并且实际中使用的也正是这种方式。于是，此经济在很长的一段时间内满足 $g_t = \bar{g} > 0$，$\tau_{ct} = 0$。假定这种情形被预期可以永久地持续下去。说明如何求出此经济的一个稳态的资本-劳动比。

c. 试证明在 b 所描述的经济中，总量税的征收时间是无关紧要的。

d. 记 $\bar{k}_0$ 为你在 b 中所求出的 k_t 的稳态值。假设这一数值就是资本在时刻 $t=0$ 的初始值，考虑如下实验：突然地，并且是意料之外地，一项法规裁定总量税是非法的，并且从时刻 $t=0$ 开始，政府必须利用消费税 τ_{ct} 来为政府支出融资。g_t 仍然保持常数水平

$\bar{g}$。1号政策顾问提出如下的税收政策：找到一个满足预算约束（1）的不变消费税，并且从时刻0开始征收此税。请计算在此政策下 k_t 的新稳态值。此外，尽你所能，分析一下从旧稳态到新稳态的转移路径。

e. 2号政策顾问提出如下不同的政策：不要突然地增加 τ_{ct}，而将这一增加推迟到10年之后，以减缓这种痛苦。因此，他/她建议对于 $t=0,\cdots,9$，设定 $\tau_{ct}=0$，然后对于 $t\geqslant 10$，设定 $\tau_{ct}=\bar{\tau}_c$。请计算联系于这种政策的资本的稳态水平。你能谈一下在这种政策下，关于朝向新稳态 k_t 的转移路径方面的事情吗？

f. 就d和e中所推荐的政策而言，哪一种更好？

11.2 税改：Ⅱ

考虑下述的由一个政府和一个代表性家庭构成的经济。此经济中没有不确定性，并且此经济以及其中的代表性家庭和政府都是永恒存在的。政府的消费水平是常数 $g_t=g>0$，$t\geqslant 0$，并且政府确定两种类型的税收序列 $\{\tau_{ct},\ \tau_{kt}\}_{t=0}^{\infty}$。这里 τ_{ct} 和 τ_{kt} 分别表示可能随时间改变的消费的单一税和随时间改变的对资本所得征收的单一税。家庭的偏好由下式给出：

$$\sum_{t=0}^{\infty}\beta^t u(c_t)$$

其中 $\beta\in(0,1)$，$u(\cdot)$ 是递增且二阶连续可微的严格凹函数。经济的可行性条件是：

$$g_t+c_t+k_{t+1}\leqslant f(k_t)+(1-\delta)k_t$$

其中 k_t 表示家庭在初始时刻 t 所拥有的资本存量，$\delta\in(0,1)$ 表示折旧率。在时刻0的时候，存在一个标注了时间的商品的完全市场。家庭面临的预算约束是：

$$\sum_{t=0}^{\infty}\{q_t[(1+\tau_{ct})c_t+k_{t+1}-(1-\delta)k_t]\}$$
$$\leqslant\sum_{t=0}^{\infty}q_t\{\eta_t k_t-\tau_{kt}(\eta_t-\delta)k_t+w_t\}$$

这里我们假定家庭无弹性地供给1单位的劳动，q_t 表示以时刻0的价值标准度量的日期 t 时的消费品的价格，η_t 表示以时刻 t 的消费品度量的日期 t 时的资本品的租金率，w_t 表示以时刻 t 的消费品度量的日期 t 时的劳动的工资率。

生产厂商租用资本和劳动。厂商的价值是：

$$\sum_{t=0}^{\infty}q_t[f(k_t)n_t-w_t n_t-\eta_t k_t n_t]$$

这里 k_t 表示厂商的资本-劳动比，n_t 表示厂商雇用的劳动数量。

政府外生地设定 $\{g_t\}$，并且需要设定 $\{\tau_{ct},\ \tau_{kt}\}$ 以满足预算约束：

$$\sum_{t=0}^{\infty}q_t[\tau_{ct}c_t+\tau_{kt}(\eta_t-\delta)k_t]=\sum_{t=0}^{\infty}q_t g_t \tag{1}$$

a. 定义一个竞争性均衡。

b. 假定这样的一种初始状态，即从时刻 $t\geqslant 0$ 开始，政府对于一个不变的支出流 $g_t=\bar{g}$ 的融资措施是对资本征收一个不变税率为 τ_k 的税收，并且不征收消费税。请说明如何求出资本、消费以及资本收益率的稳态水平。

c. 记 $\bar{k}_0$ 为你在 b 中所求出的 k_t 的稳态值。假设这一数值就是资本在时刻 $t=0$ 的初始值，考虑如下实验：突然地，并且是意料之外地，一个新的政党开始执政，撤销了资本税，永久地设定 $\tau_k=0$，并且利用消费的单一税来为相同的 $\bar{g}$ 的常数水平融资。请说明这对资本、消费以及资本收益率的新稳态水平有什么影响。

d. 有人建议比较下列两种不同的政策：(1) 完全依赖于资本税，即开始的均衡状态；(2) 完全依赖于消费税，即我们所描述的第二种均衡。进行比较的是稳态中的消费的折现效用，即比较两种均衡中的 $\frac{1}{1-\beta}u(\bar{c})$，其中 $\bar{c}$ 表示消费的稳态值。对于一种政策相对于另一种政策的优劣而言，这种比较是一种好的方法吗？

11.3 预期到的生产率提升

一个无限存活的代表性家庭基于单一物品的消费流的偏好由下式给出：

$$\sum_{t=0}^{\infty}\beta^t u(c_t),\quad \beta\in(0,1)$$

其中 u 是严格凹且二阶连续可微的单期效用函数，β 是折现因子，c_t 表示时刻 t 的消费。技术由下式给出：

$$c_t+x_t\leqslant f(k_t)n_t$$
$$k_{t+1}=(1-\delta)k_t+\psi_t x_t$$

其中对于 $t\geqslant 1$，有：

$$\psi_t=\begin{cases}1,\ t<4\\ 2,\ t\geqslant 4\end{cases}$$

这里 $f(k_t)n_t$ 表示产出，$f>0$，$f'>0$，$f''<0$，k_t 是按每单位劳动投入资本，而 n_t 表示劳动投入。家庭无弹性地供给 1 单位劳动。初始资本存量 k_0 是给定的，并且由代表性家庭所拥有。特别地，在给定 ψ_t 永远等于 1 的前提下，k_0 位于 k 的最优的稳态值处。没有不确定性。没有政府。

a. 请写出此经济序列形式的计划者问题，并给出相关的拉格朗日函数。试求出资本的最优稳态水平的表达式。ψ 的一次永久性的增加会如何影响到 k、c 和 x 的稳态值？

b. 请写出此经济递归形式的计划者问题（即赋予计划者一个贝尔曼方程）。给出相关的状态向量的一个完整描述及其运动规律。（“寻找状态是一门艺术。”）

c. 假定如下的分散化经济结构，试求出具有 0 时刻交易的（阿罗-德布鲁）竞争性均衡。假定家庭拥有资本存量和劳动存量，并且在每一期的时候都将这些资源出租给厂商。家庭在每一期中选择投资率。试定义一个适当的价格体系，并计算家庭和厂商的一阶必要条件。

d. 计划者问题的解和 c 中的竞争性均衡的联系是什么？请指出 c 中的价格在计划者问题中的对等物。

e. 假定 k_0 位于在假定 ψ_t 永远等于 1，并且也被期望永远保持为 1 的前提下的稳态值处，请定性地描述从时刻 0 开始经济的发展状态。如果 ψ 在 $t=4$ 时发生跳跃，这对之前经济的发展状态有什么影响？

11.4 资本征税

一个非随机的经济生产一种商品，此商品可以在消费 c_t 、政府购买 g_t 和总投资 x_t 之间进行配置。经济范围内的资源约束是：

$$c_t + g_t + x_t \leqslant f(k_t)$$
$$k_{t+1} = (1-\delta)k_t + x_t$$

其中 $\delta \in (0,1)$ 是折旧率，k_t 是资本存量，$f(k_t)$ 将生产表示成资本的函数，这里 $f(k) = Ak^{\alpha}$ ，$\alpha \in (0,1)$ 。单一的代表性消费者拥有资本存量和 1 单位劳动。在每一期中，消费者将资本和劳动出租给一个竞争性厂商。消费者依照以下目标来排列消费计划：

$$\sum_{t=0}^{\infty} \beta^t u(c_t)$$

其中 $u(c) = \dfrac{c^{1-\gamma}}{1-\gamma}$ ，$\gamma \geqslant 1$ 。在每一期中，家庭无弹性地供给 1 单位劳动。

政府只有一种可以任意支配的税种，即一次性的资本税，借此政府可以从私人部门征用部分资本存量。我们假定，政府征收资本税的方式是向家庭发放一个税单，数额为期初资本存量的 ϕ 比例。接下来，要求你比较在 $T=0$ 期初或在 $T=10$ 期初征收此税的不同效果。为了为政府预算融资，税收的比例可以超过 1。政府不再征收其他税种。特别地，政府不能够征收直接的总量税或“人头税”。

a. 定义基于 0 时刻交易的竞争性均衡。

b. 假定在 0 时刻之前经济处于稳态，其中 g 总是等于 0，并且也总是被期望等于 0。试求基于 0 时刻交易的竞争性均衡中的初始资本存量的表达式。记此数值为 $\bar{k}_0$ 。

c. 在 0 时刻，每一个个体突然意识到，从 0 时刻开始，政府支出将是 $\bar{g} > 0$ ，这里 $\bar{g} + \delta\bar{k}_0 < f(\bar{k}_0)$ ，这意味着新的政府支出水平在旧稳态中也是可行的。假定政府在时刻 $T=0$ 通过征收资本税来为新的支出路径融资。政府征收资本税的方式是向家庭发放税单，要求指定日期的资本价值的一个比例。试求竞争性均衡中的资本存量的新的稳态值。试给出一个算法，以计算政府为了给其预算融资，在 0 时刻必须以税的形式征收的资本存量的比例。试求在新的均衡中，从 $t=0$ 到 $t=+\infty$ ，资本、消费和利率的时间路径，并与初始的 $g_t \equiv 0$ 的均衡中的相应路径进行比较。

d. 假定与 c 中相同的新的政府支出路径，但是现在假定政府在 $T=10$ 时刻征收一次性的资本税，并且这一税收在 0 时刻是可预见的。试求对应于这一税收政策的竞争性均衡中资本存量的新的稳态值。试给出一个算法，以计算政府为了给其预算融资，在 $T=10$ 时刻必须以税的形式征收的资本存量的比例。试求在新的均衡中，资本、消费和利率的时间路径，并与 b 中和初始的 $g_t \equiv 0$ 的均衡中的相应路径进行比较。

e. 定义基于单期阿罗证券的序列交易的竞争性均衡。请介绍如何计算这一均衡。试求在 d 中假定的政府税收政策下，在基于单期阿罗证券的竞争性均衡中，单期证券的消费者持有的时间路径。试描述政府债券的时间路径。

11.5 代表性消费者的偏好定义如下：

$$\sum_{t=0}^{\infty} \beta^t \log(c_t),\ 0 < \beta < 1$$

其中 $\beta=\dfrac{1}{1+\rho}$，$\rho>0$，c_t 表示每个工人的消费。技术如下：

$$y_t=f(k_t)=zk_t^\alpha,\ 0<\alpha<1,\ z>0$$

其中 y_t 表示每单位劳动的产出，k_t 表示每单位劳动的资本：

$$y_t=c_t+x_t+g_t$$
$$k_{t+1}=(1-\delta)k_t+x_t,\ 0<\delta<1$$

这里 x_t 表示每单位劳动的总投资，g_t 表示每单位劳动的政府支出。假定存在价格体系 $\{q_t,r_t,w_t\}_{t=0}^\infty$ 和政府政策 $\{g_t,\tau_{ht}\}_{t=0}^\infty$ 支持的竞争性均衡。

假定政府通过征收总量税来为其支出融资。不存在税收扭曲。假定在 0 时刻，经济以每单位劳动的资本为 k_0 开始，这一资本存量恰好等于当 g_t 永远等于 0 时的经济的稳态值。

a. 试求当 $g_t=0$（对于任意的 t）时稳态资本存量的表达式。

b. 比较竞争性均衡中的稳态资本-劳动比 $\bar{k}$ 和最大化稳态人均消费的资本-劳动比 $\tilde{k}$，这里的$\tilde{k}$是下述问题的解：

$$\tilde{c}=\max_k(f(k)-\delta k)$$

$\tilde{k}$ 大于还是小于$\bar{k}$？如果这二者有差异，这是为什么？$\tilde{c}$ 大于还是小于$\bar{c}=f(\bar{k})-\delta\bar{k}$？请解释为什么。

c. 现在假定，在 0 时刻，g_t突然跳跃到$g=\dfrac{1}{2}\bar{c}$，其中 $\bar{c}$ 表示g 永远等于 0 的初始的稳态中人均消费的值。从旧的 $g=0$ 的稳态对应的$k_0=\bar{k}$ 开始，试求对应于新的人均政府支出路径 $g_t=g>0$（对于任意的 t）的时间路径$\{c_t,\ k_{t+1}\}_{t=0}^\infty$。此外，请给出$\bar{R}_{t+1}\equiv(1-\delta)+f'(k_{t+1})$ 的时间路径，并解释新的路径为何如此。

11.6 贸易和增长

第 I 部分

考虑一个小型经济中的计划者问题。经济对于国际贸易是封闭的，计划者选择 $\{c_t,k_{t+1}\}_{t=0}^\infty$以最大化：

$$\sum_{t=0}^\infty\beta^t u(c_t)$$

其中 $0<\beta<1$，$\beta=\dfrac{1}{1+\rho}$，$\rho>0$，满足约束条件：

$$c_t+k_{t+1}=f(k_t)+(1-\delta)k_t,\ \delta\in(0,1)$$

其中 $u(c_t)=\dfrac{c_t^{1-\gamma}}{1-\gamma}$，$\gamma>0$，$f(k_t)=zk_t^\alpha$，$0<\alpha<1$。

记 $\bar{k}$ 为最优计划中 k_t 的稳态值。

a. 试求 $\bar{k}$ 的表达式。

b. 假定 $k_0<\bar{k}$，试给出 $\{c_t,k_{t+1}\}_{t=0}^\infty$ 和 $\bar{R}_{t+1}=(1-\delta)+f'(k_{t+1})$ 的时间路径。

c. $\bar{R}_{t+1}$ 的稳态值是什么？

d. 当 $k_{t+1}<\bar{k}$ 时，$\bar{R}_{t+1}$ 是大于还是小于其稳态值？

第Ⅱ部分

现在假定经济对于资本和金融资产的国际贸易是开放的。假定世界的总收益率 $R=\beta^{-1}$ 是固定的，计划者可以这一利率借入或借出，这正是通常所谓“小型开放经济”的假定。计划者可以通过资金借贷来购买国际市场上的物品，这些物品可用于增加资本或消费。

记 $\bar{k}_0$ 为 0 时刻国家开放贸易之前的初始的资本水平（$\bar{k}_0<\bar{k}$），$\bar{k}_0$ 是 a～d 中讨论过的相同的初始人均资本，$\bar{k}_0<\bar{k}$ 。

在 $t=-1$ 时刻，$\bar{k}_0$ 设定之后，贸易开放。在 $t=-1$ 时刻，计划者可以发行数量为 B_{-1} 的借据或债券，并用相应收益购买资本，从而满足

$$k_0=\bar{k}_0+B_{-1}$$

其中 B_{-1} 以 -1 时刻的消费品计价。债券的期限是单期，并且利率是不变的世界总利率 $R=\beta^{-1}$ 。对于 $t\geqslant 0$ ，计划者面临如下约束：

$$c_t+k_{t+1}+RB_{t-1}=f(k_t)+(1-\delta)k_t+B_t$$

这里 RB_{t-1} 表示 $t-1$ 时刻发行的债券的本利和，B_t 表示 $t-1$ 时刻发行的单期债券的数量。

小型开放经济中的计划者问题是在给定 $\bar{k}_0$ 的条件下，选择 $\{c_t,k_{t+1},B_t\}_{t=0}^{\infty}$ 和 B_{-1}。（注意，k_0 是选择变量，而 $\bar{k}_0$ 是初始条件。）请求解此小型开放经济中的计划者问题，比较所得的解与封闭经济中的相应的解。在“开放”还是“封闭”的经济中，福利 $\sum\limits_{t=0}^{\infty}\beta^t u(c_t)$ 更高一些？

接下来的几个问题将假定如下的环境。代表性消费者的偏好设定如下：

$$\sum_{t=0}^{\infty}\beta^t u(c_t),\quad 0<\beta<1,\quad \beta=\frac{1}{1+\rho},\quad \rho>0$$

其中 c_t 表示每个工人的消费，并且

$$u(c)=\begin{cases}\dfrac{c^{1-\gamma}}{1-\gamma},\ \gamma>0\ 且\ \gamma\neq 1\\ \log(c),\ \gamma=1\end{cases}$$

技术是 $y_t=f(k_t)=zk_t^{\alpha}$ ，$0<\alpha<1$ ，$z>0$ ，其中 y_t 表示每单位劳动的产出，k_t 表示每单位劳动的资本，并且

$$y_t=c_t+x_t+g_t$$
$$k_{t+1}=(1-\delta)k_t+x_t,\quad 0<\delta<1$$

其中 x_t 表示每单位劳动的总投资，g_t 表示每单位劳动的政府支出。政府通过一个税收组合来为其支出融资，包括关于 t 时刻购买的消费品的价值的单一税 τ_{ct} ，关于 t 时刻的劳动收入的价值的单一税 τ_{nt} ，关于 t 时刻资本所得的单一税 τ_{kt} ，以及在 t 时刻征收的关于 t 时刻每个工人的消费品的总量税 τ_{ht} 。

记 $\{q_t,r_t,w_t\}_{t=0}^{\infty}$ 为价格体系。

11.7 考虑某经济，其中 $g_t=\bar{g}>0$（对于任意的 t），并且在一开始的时候，政府通过总量税为其所有的支出融资。

a. 试求此经济中稳态资本-劳动比 k_t 的表达式。试求 c_t 和 $\bar{R}_t=[(1-\delta)+(1-\tau_{kt+1})f'(k_{t+1})]$ 的稳态水平的表达式。

b. 现在假定从$k_0=\bar{k}$（即你在 a 中计算得到的稳态）开始，政府突然增加资本所得税至一个不变的水平 $\tau_k>0$ 。政府调整总量税以保持政府预算平衡。请给出关于c_t、k_{t+1}、$\bar{R}_t$的竞争性均衡时间路径，以及它们与 a 中得到的旧稳态中的相应路径之间的关系。

c. 请解释 b 中求出的路径的图形特征如何依赖于效用函数 $u(c)=\dfrac{c^{1-\gamma}}{1-\gamma}$ 中的曲率参数γ 。较高的γ值意味着较高的曲率，以及对于消费路径波动的更多的厌恶。较高的γ值意味着消费者对于平滑消费路径的评价更高。

d. 从你在 a 中计算得到的稳态 $\bar{k}$ 开始，现在考虑这样一种情形，其中政府在 0 时刻宣布，在第 10 期，资本所得税从 τ_k 永久性地提高至$\bar{\tau}_k>0$ 。政府调整其总量税以平衡预算。

i）试求k_t、c_t、$\bar{R}_t$的新稳态值。

ii）请描述k_t、c_t、$\bar{R}_t$从初始稳态至新稳态的转移路径的图形特征。

iii）请解释转移路径的图形特征如何依赖于效用函数 $u(c)$ 中的曲率参数 γ 。

提示：γ 越大，消费者越强烈地偏好更平滑的消费路径。回忆一下 11.10.6 节中公式（11.10.16）背后的力量。

11.8 贸易和增长，版本Ⅱ

第Ⅰ部分

考虑一个小型经济中的计划者问题。经济对于国际贸易是封闭的，计划者选择$\{c_t,k_{t+1}\}_{t=0}^{\infty}$ 以最大化

$$\sum_{t=0}^{\infty}\beta^t u(c_t),\quad 0<\beta<1,\quad \beta=\frac{1}{1+\rho},\quad \rho>0$$

它满足约束条件：

$$c_t+k_t+1=f(k_t)+(1-\delta)k_t,\quad \delta\in(0,1)$$

其中 $\bar{k}$ 为最优计划中 k_t 的稳态值。

a. 试求 $\bar{k}$ 的公式。

b. 假定 $k_0>\bar{k}$ ，试给出 $\{c_t,k_{t+1}\}_{t=0}^{\infty}$ 和 $\bar{R}_{t+1}=(1-\delta)+f'(k_{t+1})$ 的时间路径。

c. $\bar{R}_{t+1}$ 的稳态值是什么？

d. 当 $k_{t+1}>\bar{k}$ 时，$\bar{R}_{t+1}$ 是大于还是小于其稳态值？

第Ⅱ部分

e. 现在假定经济对于资本和金融资产的国际贸易是开放的。假定世界的总收益率 $R=\beta^{-1}$ 是固定的，计划者可以这一利率借入或借出。特别地，计划者可以自由使用如下计划：计划者可以售卖其所有的资本 $\bar{k}_0$ ，并简单地只是消费其利息收益。记 $\bar{k}_0$ 为 0 时刻国家开放贸易之前的初始资本水平（$\bar{k}_0>\bar{k}$）。$\bar{k}_0$ 是 a～d 中讨论过的初始人均资本，$\bar{k}_0>\bar{k}$ 。在 $t=-1$ 时刻，$\bar{k}_0$ 设定之后，贸易开放。在 $t=-1$ 时刻，计划者可以通过售卖 $\bar{k}_0$ 来与世界的其余部分交换数量为 $A_{-1}=\bar{k}_0$ 的借据或债券。

债券 A_{-1} 的期限是单期，并且利率是不变的世界总利率 $R=\beta^{-1}$ 。在售卖 $\bar{k}_0=A_{-1}$

之后，计划者的资本为零，从而技术关停。取而代之的是，计划者利用资产市场来平滑消费。计划者选择 $\{A_{t+1}, c_t\}$ 以最大化

$$\sum_{t=0}^{\infty} \beta^t u(c_t), \quad 0<\beta<1, \quad \beta=\frac{1}{1+\rho}, \quad \rho>0$$

并满足约束条件：$c_t+\beta A_{t+1}=A_t$，$A_0=\bar{k}_0$。请求出消费 $\{c_t\}$ 的最优路径。

f. 试比较你在 a～d 中计算得到的“无贸易”情形中的 $(c_t, k_{t+1}, \bar{R}_t)$ 的路径与在 e 中计算得到的“有贸易”并且政府完全靠国外资产的收益维持的情形中的路径。你能判断代表性消费者更偏好哪一条路径吗？

g. 现在回到 e 中的经济，其中 $\bar{k}_0>\bar{k}$ 来自 d。如前，假定计划者可以固定的总利率 $\beta^{-1}=1+\rho$ 自由地借入或借出资本。但是，现在假定计划者选择 $\bar{k}_0$ 的最优数量来售卖，从而不必售卖全部的$\bar{k}_0$，这就可能继续运营技术。

i）求解此计划者问题。

ii）请解释为什么不关停技术是最优的。提示：从关停技术开始，考虑将一个很小数量的资本 ε 放入技术中，其收益为 $z\varepsilon^{\alpha}$，成本为 $\rho\varepsilon$（以之前的利息衡量）。因为对于很小的 ε，有 $0<\alpha<1$，$\rho\varepsilon<z\varepsilon^{\alpha}$，从而技术对于很小的 ε 是非常具有生产力的，因此使用这一技术是有效的。

11.9 考虑某消费者，他希望选择 $\{c_t\}_{t=0}^{T}$ 来最大化

$$\sum_{t=0}^{T} \beta^t c_t, \quad 0<\beta<1$$

且满足如下的跨期约束条件：

$$\sum_{t=0}^{T} R^{-t}[c_t-y_t]=0, \quad R>1$$

其中 $c_t\geqslant 0$，$y_t>0\,(t=0,\cdots,T)$。这里 $R>1$ 表示总利率 $1+r$，$r>0$。假定 R 是常数。这里 $\{y_t\}_{t=0}^{T}$ 是外生的“劳动收入”序列。

a. 假定 $\beta R<1$，试求最优路径 $\{c_t\}_{t=0}^{T}$。

b. 假定 $\beta R>1$，试求最优路径 $\{c_t\}_{t=0}^{T}$。

c. 假定 $\beta R=1$，试求最优路径 $\{c_t\}_{t=0}^{T}$。

11.10 利率的期限结构

本练习假定如下环境。代表性消费者的偏好设定如下：

$$\sum_{t=0}^{\infty} \beta^t u(c_t), \quad 0<\beta<1, \quad \beta=\frac{1}{1+\rho}, \quad \rho>0$$

其中 c_t 表示每个工人的消费，并且

$$u(c)=\begin{cases}\dfrac{c^{1-\gamma}}{1-\gamma}, & \gamma>0 \text{ 且 } \gamma\neq 1\\ \log(c), & \gamma=1\end{cases}$$

技术是：

$$y_t = f(k_t) = zk_t^{\alpha}, \quad 0 < \alpha < 1, \quad z > 0$$

其中 y_t 表示每单位劳动的产出，k_t 表示每单位劳动的资本：

$$y_t = c_t + x_t + g_t$$
$$k_{t+1} = (1-\delta)k_t + x_t, \quad 0 < \delta < 1$$

其中 x_t 表示每单位劳动的总投资，g_t 表示每单位劳动的政府支出。政府通过一个税收组合来为其支出融资，包括关于 t 时刻购买的消费品的价值的单一税 τ_{ct} ，关于 t 时刻的劳动收入的价值的单一税 τ_{nt} ，关于 t 时刻资本所得的单一税 τ_{kt} ，以及在 t 时刻征收的关于 t 时刻每个工人的消费品的总量税 τ_{ht} 。定义 $\bar{R}_{t+1} = \frac{1+\tau_{ct}}{1+\tau_{ct+1}}[1+(1-\tau_{kt+1})(f'(k_{t+1})-\delta)]$ 。

a. 回忆一下，我们可如下表示：

$$q_t^0 = q_0^0 m_{0,1} m_{1,2} \cdots m_{t-1,t}$$

其中 $m_{t-1,t} = \frac{q_t^0}{q_{t-1}^0}$ ，$m_{t-1,t} \equiv \exp(-r_{t-1,t}) \approx \frac{1}{1+r_{t-1,t}}$ 。进一步地，回忆一下，t 期的收益满足：$q_t^0 = \exp(-tr_{0,t})$ ，而 $r_{0,t} = \frac{1}{t}[r_{0,1} + r_{1,2} + \cdots + r_{t-1,t}]$ 。现在假定，在时刻$t=0$，$k_0 = \bar{k}$，这里 $\bar{k}$ 表示具有不变的 $g_t = \bar{g} > 0$ 的经济的稳态值；所有的支出都通过总量税来融资。试求此经济的 q_t^0 。

b. 对于 $t=1,2,\cdots,10$，绘制此经济的 $r_{t-1,t}$ 。

c. 对于 $t=1,2,\cdots,10$，绘制此经济的 $r_{0,t}$ [这是所谓的布鲁姆伯格（Bloomberg）描点图]。

d. 现在假定，在 0 时刻，从你在 a 中计算得到的稳态 $k_0 = \bar{k}$ 开始，政府不可预见地、永久性地将资本收入税税率 $\tau_{kt} = \tau_k > 0$ 提升一个正的水平。

i）对于 $t=1,2,\cdots,10$，绘制此经济的$r_{t-1,t}$。解释你所得到的结果。

ii）对于 $t=1,2,\cdots,10$，绘制此经济的$r_{0,t}$。解释你所得到的结果。

11.11 本练习假定与之前的练习即有财政政策的“增长模型”相同的经济环境。假定你观察到如图 11.1 所示的人均消费路径。说说 k_t、$\bar{R}_t = [1+(1-\tau_{kt})(f'(k_t)-\delta)]$、$g_t$和$\tau_{kt}$的可能的跨时行为。（你可以任意构造与此模型相符的故事。）

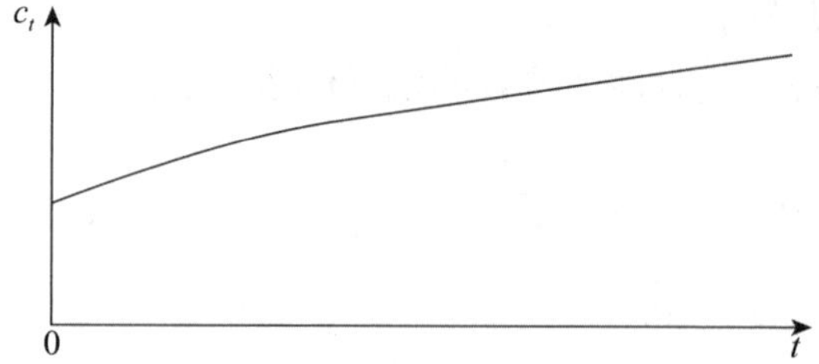

图 11.1　人均消费

11.12 假定与之前的两个练习相同的经济环境。假定某个体已经观察到如图 11.2 中的 c_t 所示的时间路径。

a. 试给出能够解释 c_t 的时间路径的关于财政政策的一个一致的假设条件集。为完成这一任务，请仔细地将税收和支出的变化区分为可预见的和不可预见的。

b. 请描述k_t、$\bar{R}_t$和g_t的跨时行为。为得到一个完整且一致的故事，你可以引入任何假定。这里的“一致”的意思是“与我们已经假定的经济环境相一致”。

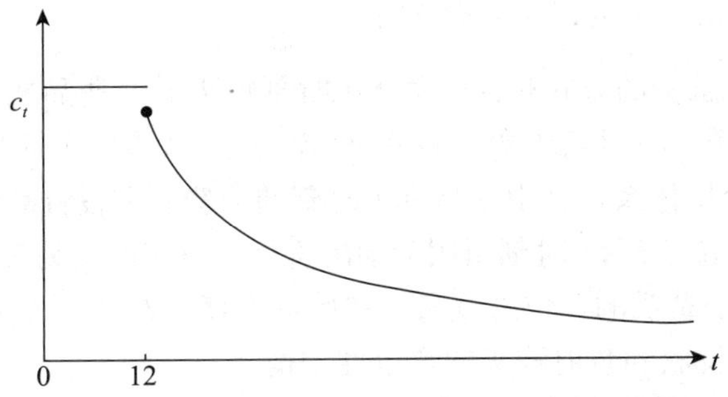

图 11.2　人均消费

11.13　考虑具有下述偏好的代表性消费者的最优增长模型：

$$\sum_{t=0}^{\infty}\beta^t c_t,\quad 0<\beta<1$$

技术为：

$$c_t+k_{t+1}=f(k_t)+(1-\delta)k_t,\quad \delta\in(0,1)$$
$$c_t\geqslant 0,\quad k_0>0$$

假定

$$f'>0,\quad f''<0,\ \lim_{k\to 0}f'(k)=+\infty,\quad \lim_{k\to+\infty}f'(k)=0$$

记$\bar{k}$为最优计划者问题的稳态资本存量。

a. 给定k_0，构造并求解最优计划者问题。

b. 对于$k_0>\bar{k}$，试给出$\{c_t,k_{t+1}\}_{t=0}^{\infty}$的时间路径。

c. 对于$k_0<\bar{k}$，试给出$\{c_t,k_{t+1}\}_{t=0}^{\infty}$的时间路径。

d. 定义储蓄率s_t满足：

$$k_{t+1}=s_t f(k_t)+(1-\delta)k_t$$

一般地，这里的s_t沿着$\{c_t,k_{t+1}\}$序列变化。说说s_t作为k_t的函数将如何变化。

11.14　代表性消费者关于消费流的偏好由下式给定：$\sum_{t=0}^{\infty}\beta^t u(c)$，$0<\beta<1$，这里$\beta\equiv\dfrac{1}{1+\rho}$，$c_t$表示每个工人的消费，$\gamma>0$，并且

$$u(c)=\begin{cases}\dfrac{c^{1-\gamma}}{1-\gamma}, & \gamma>0 \text{ 且 } \gamma\neq 1\\ \log(c), & \gamma=1\end{cases}$$

消费者无弹性地供给1单位劳动。技术是：

$$y_t=f(k_t)=zk_t^{\alpha},\quad 0<\alpha<1$$

其中y_t 表示每单位劳动的产出，k_t 表示每单位劳动的资本，x_t 表示每单位劳动的总投资，g_t 表示每单位劳动的政府支出，并且

$$y_t = c_t + x_t + g_t$$
$$k_{t+1} = (1-\delta)k_t + x_t, \quad 0 < \delta < 1$$

政府为其支出流 $\{g_t\}$ 融资的方式是征收关于 t 时刻购买的消费品的价值的单一税税收流 $\{\tau_{ct}\}$ 、关于 t 时刻资本所得的单一税税收流 $\{\tau_{kt}\}$ 以及总量税税收流 $\{\tau_{ht}\}$ 。记 $\{q_t, q_t\eta_t, q_tw_t\}_{t=0}^{\infty}$ 为价格体系，其中 q_t 表示 t 时刻的消费品和投资品的价格，$q_t\eta_t$ 表示 t 时刻租用资本的价格，q_tw_t 表示 t 时刻租用劳动的价格。所有的交易都在 0 时刻发生，所有的价格均以 0 时刻的消费品的单位来度量。初始资本存量 k_0 是给定的。

a. 定义一个带有税收和政府购买的竞争性均衡。

b. 假定 $g_t = 0$（对于所有的 t），并且所有的税收也都等于 0。试求每个工人的稳态资本的值 $\bar{k}$ 。试求在资本存量的稳态值处储蓄率 $\frac{x_t}{f(k_t)}$ 的表达式。

c. 假定初始资本存量 $k_0 = 0.5\bar{k}$ ，即经济从低于其稳态值的位置开始。请描述（即画图表示）$\{c_t, k_{t+1}, \bar{R}_{t+1}\}_{t=0}^{\infty}$的时间路径，其中 $\bar{R}_{t+1} \equiv [(1-\delta) + f'(k_{t+1})]$ 。

d. 从与 c 中相同的初始 k_0 开始，现在假定 $g_t = \bar{g} = \phi f(k_0) > 0$（对于所有的 t），其中 $\phi \in (0, 1-\delta)$ 。假定政府通过征收总量税来为其购买融资。请描述（即画图表示）$\{c_t, k_{t+1}, \bar{R}_{t+1}\}_{t=0}^{\infty}$ 的时间路径，并与 c 中得到的结果进行比较。两种结果的差异是什么？如果有的话，什么结果对于两种经济是一样的？请解释。

e. 从与 c 中相同的初始 k_0 开始，现在假定 $g_t = \bar{g} = \phi f(k_0) > 0$（对于所有的 $t>0$），其中 $\phi \in (0, 1-\delta)$ 。现在假定政府必须在每一期中通过征收一个时不变的资本税率 $\bar{\tau}_k$ 来为其购买融资，并且政府不能够通过征收总量税或任何其他的税种来平衡其预算。请解释如何找到一个竞争性均衡。

11.15 经济的结构与练习 11.14 中介绍的相同。记 $r_{0,t}$ 为一个 t 期的债券在 0 时刻的到期收益（$t = 1,2,\cdots$）。在 0 时刻，布鲁姆伯格图描绘了利率的期限结构，如图 11.3 所示。请说说此经济中的 $\{c_t, k_{t+1}\}$ 的演化。为使得你的答案是内在一致的，可以自

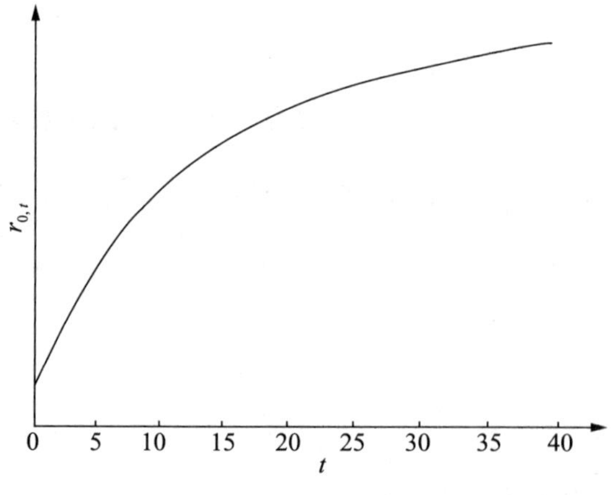

图 11.3 作为期限 t 的函数的 0 时刻的到期收益$r_{0,t}$

由引入任何关于财政政策 $\{g_t, \tau_{kt}, \tau_{ct}, \tau_{ht}\}_{t=0}^{\infty}$ 的假定。

11.16 经济的结构与练习 11.14 中介绍的相同。假定 $\{g_t, \tau_{ct}, \tau_{kt}\}_{t=0}^{\infty}$ 都是常数序列(即它们的数值不随时间变化)。在本练习中，请推断两种经济的差异，这两种经济除了效用函数中的参数 γ 之外，其他方面都是一样的。[①] 在这两种经济中，都有 $\gamma>0$ 。$\gamma>0$ 的值在其中一种经济中较高，而在另一种经济中较低。这两种经济的其他特征都是一样的，包括具有相同的政府政策和相同的初始资本存量。

a. 请参看图 11.4。回答在关于 $\{k_{t+1}\}_{t=0}^{\infty}$ 的结果中，哪一幅描绘的是 γ 较低的经济，哪一幅描绘的是 γ 较高的经济。请解释你的理由。

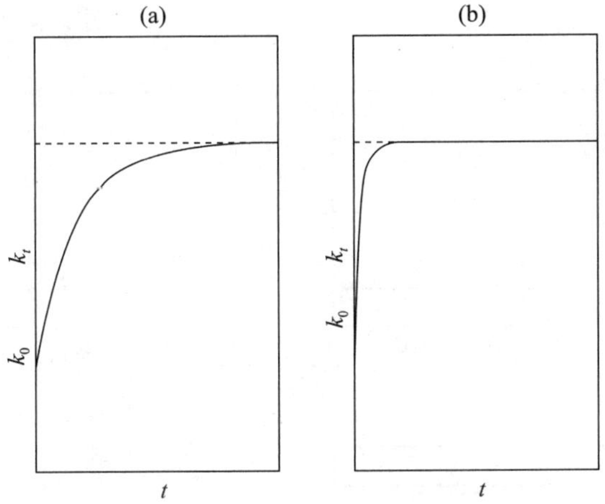

图 11.4　在具有不同的 γ 值的两种经济中，作为时间的函数的资本存量

b. 请参看图 11.5。回答在关于 $\{f'(k_t)\}_{t=0}^{\infty}$ 的结果中，哪一幅描绘的是 γ 较低的经济，哪一幅描绘的是 γ 较高的经济。请解释你的理由。

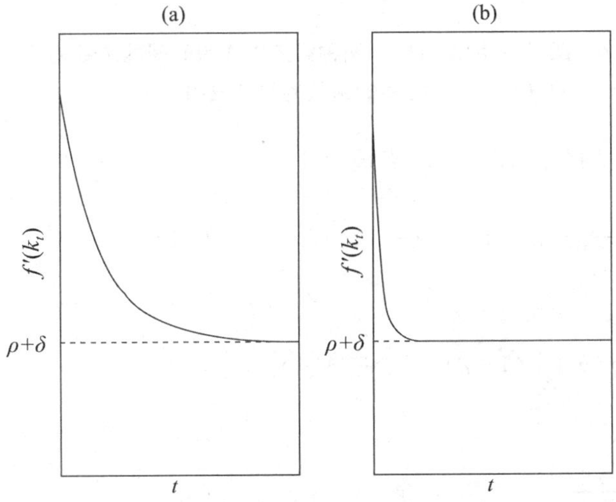

图 11.5　在具有不同的 γ 值的两种经济中，作为时间的函数的资本的边际产品

① 两种经济中的总量税也可以是不同的。假定总量税可调整以平衡政府预算。

c. 请描绘 γ 较低和 γ 较高的经济的消费的时间路径图。

11.17 经济的结构与练习 11.16 中介绍的相同。假定 $\{\tau_{ct},\tau_{kt}\}_{t=0}^{\infty}$ 是常数序列（即它们的数值不随时间变化），但是 $\{g_t\}_{t=0}^{\infty}$ 遵循图 11.6 中的图（c）所描绘的路径，即在 $t=10$ 时经历一次永久性的跳跃。总量税可调整以平衡政府预算。图（a）和图（b）给出的是两种经济的消费路径，这两种经济除了某一方面之外都是相同的。在一种经济中，g 在 10 时刻的跳跃是从 0 时刻起就已经被预期到的，而在另一种经济中，发生在 10 时刻的 g 的跳跃在 10 时刻是完全没有被预期到的，请说明关于 g_t 的路径的这两种新的设定分别对应于哪一幅图。请尽量说说在这两种经济中，$\{k_{t+1}\}_{t=0}^{\infty}$ 以及利率的行为如何变化。

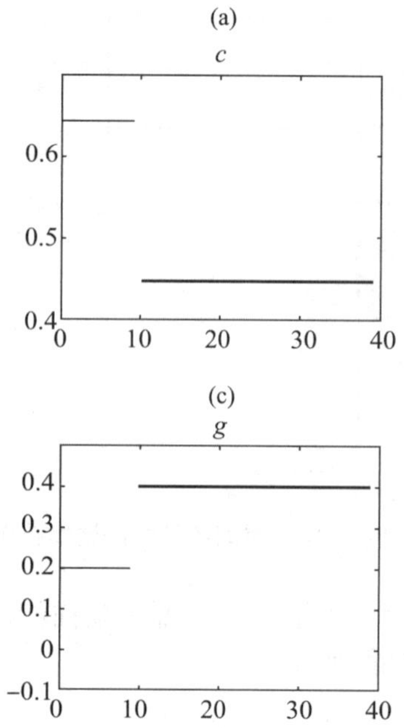

图 11.6　图（a）和图（b）：两种经济中作为时间的函数的消费 c_t
图（c）：作为时间的函数的政府支出 g_t

11.18 计划者选择 $\{c_t,k_{t+1}\}_{t=0}^{\infty}$ 来最大化

$$\sum_{t=0}^{\infty}\beta^t u(c_t-\alpha c_{t-1}),\quad \alpha\in(-1,1),\quad \beta\in(0,1)$$

满足约束条件：

$$k_{t+1}+c_t=f(k_t)+(1-\delta)k_t,\ \delta\in(0,1),\ c_t\geqslant 0$$

其中

$$u(x)=\begin{cases}\dfrac{x^{1-\gamma}}{1-\gamma},\ \gamma>0\text{ 且 }\gamma\neq 1\\ \log(x),\ \gamma=1\end{cases}$$

(k_0,c_{-1}) 是给定的初始条件。这里 $u'>0$，$u''<0$，$\lim_{c\downarrow 0}u'(c)=0$。如果 $\alpha>0$，则意味着消费者具有某种“习惯”；如果 $\alpha<0$，则意味着消费品在某种程度上是耐用品。

a. 请给出计划者问题的一阶条件的完全集合。

b. 定义最优稳态。

c. 试求 $(k, f'(k), c)$ 的最优稳态值。

d. 对于给定的初始条件 (k_0, c_{-1})，请你尽量完整地描述一种算法，用以计算可求解计划者问题的路径 $\{c_t, k_{t+1}\}_{t=0}^{\infty}$ 。

第12章 递归竞争性均衡

12.1 内生的总量状态变量

对于随机的纯禀赋经济，第 8 章介绍了两种类型的竞争性均衡，一种类型具有阿罗-德布鲁结构，即市场在 0 时刻出现，并且交易一个历史或有证券的完全集合；另一种类型则是在每一期都出现一个市场，并且交易一个提前一期的状态或有证券（称为阿罗证券）的完全集合。尽管这两种类型的均衡具有不同的价格体系和交易安排，但是它们支持相同的均衡配置。第 8 章介绍了将阿罗-德布鲁价格体系转换成另一个可以为阿罗证券定价的体系的方法。在这样一个将针对 0 时刻交易的均衡转换为针对序列交易的均衡的过程中，一个关键的步骤是要解释在 0 时刻交易的经济中，个体的财富如何随着时间的推移而变化。在 0 时刻交易的经济中，个体除了在 0 时刻进行的交易之外，并不进行任何其他的交易，但是那些资产的现值会随着时间的推移和不确定性的出现而发生变化。因此，当在 t 时期面临某一历史状态 s^t 时，我们用阿罗-德布鲁价格来计算每个个体所购买的关于当前和未来商品的权益在剔除掉未偿债务之后的价值，然后我们就可以说明这样的财富水平（以及相关的消费选择）也可以在一个序列交易经济中达到，而在序列交易经济中，只存在可以交易单期阿罗证券并且在每一期重复出现的市场。

在第 8 章中，我们也阐明了如何获得一个针对序列交易的均衡的递归结构。这就要求我们假定个体的禀赋由一个马尔可夫过程决定。在这样的假定之下，我们可以找到一个状态向量，阿罗证券就是基于此状态向量构造出来的。接下来，这个（总量）状态向量又是每一个关于个体的问题的状态向量的一个分量。关于价格体系的转换，对于第 8 章中所介绍的纯交换经济而言是容易的，这是因为在均衡当中，相关的状态变量，即财富，仅仅是依赖于外生的马尔可夫状态变量的当前实现值的函数；而对于其中部分总量状态内生的经济而言，这样的转换就会稍微复杂一些，这里所说的内生的含义是指，总量状态来自均衡当中个体决策相互影响的历史。在本章中，我们将基本的随机增长模型（有时候也称之为实际经济周期模型）作为工具来把针对0时刻交易的均衡变为针对阿罗证券交易的序列均衡。① 我们也将利用宏观经济学中经常使用的“大 K，小 k”技巧来给出针对阿罗证券交易的递归竞争性均衡的公式。

12.2 随机增长模型

首先我们给出随机增长模型的基本要件：偏好、禀赋、技术和信息。除了现在我们允许一个随机的技术水平之外，模型所适用的环境和第11章中的一样。在 $t\geqslant 0$ 的每个时期，都有随机事件 $s_t\in S$ 的一个实现值。记到 t 时刻为止所发生的事件的历史为 $s^t=[s_t,s_{t-1},\cdots,s_0]$。观测到事件 s^t 的一个特定序列的无条件概率由概率测度 $\pi_t(s^t)$ 给出。我们将条件概率记为 $\pi_\tau(s_\tau^\tau|s^t)$，这表示的是在已知 s^t 的实现值的条件之下观测到 s^τ 的概率。在本章中，我们假定0时期的状态 s_0 是非随机的，于是对于给定的 $s_0\in S$ 有 $\pi_0(s_0)=1$。我们也将 s^t 考虑为一个商品空间，其中的商品可以按历史状态来区分。

代表性家庭基于非负的消费流 $c_t(s^t)$ 和闲暇流 $l_t(s^t)$ 的偏好由下式给出：

$$\sum_{t=0}^{\infty}\sum_{s^t}\beta^t u[c_t(s^t),\ell_t(s^t)]\pi_t(s^t) \tag{12.2.1}$$

其中 $\beta\in(0,1)$，u 关于其自身的两个自变量是严格递增、二阶连续可微和严格凹的，并且满足稻田条件：

$$\lim_{c\to 0}u_c(c,l)=\lim_{l\to 0}u_l(c,l)=\infty$$

在每一期当中，代表性家庭被赋予1单位时间，这一时间可用于闲暇 $l_t(s^t)$ 或者劳动 $n_t(s^t)$：

$$1=\ell_t(s^t)+n_t(s^t) \tag{12.2.2}$$

唯一的其他的禀赋是0时期期初的资本存量 k_0。

技术由下式给出：

$$c_t(s^t)+x_t(s^t)\leqslant A_t(s^t)F(k_t(s^{t-1}),n_t(s^t)) \tag{12.2.3a}$$

$$k_{t+1}(s^t)=(1-\delta)k_t(s^{t-1})+x_t(s^t) \tag{12.2.3b}$$

① 随机增长模型最初由布罗克和米尔曼（1972）构造出来，并进行了完整的分析。这一模型是研究宏观经济波动的重要工具。基德兰德和普雷斯科特（1982）利用这一框架从数量上研究了持久的技术冲击对于经济周期波动的重要性。其他研究者在探讨在一个无摩擦的环境中注入各种摩擦因素所带来的影响时，也将随机增长模型作为一个研究的出发点。

其中 F 是二阶连续可微、规模收益不变的生产函数，生产要素投入为资本$k_t(s^{t-1})$和劳动 $n_t(s^t)$，而 $A_t(s^t)$ 是关于哈罗德中性技术冲击的随机过程。产出包括消费品 $c_t(s^t)$ 和投资品 $x_t(s^t)$。在方程（12.2.3b）当中，投资品可以增加资本存量，而资本存量以速率 δ 折旧。$x_t(s^t)$ 可以取负值，这意味着资本存量重新转化为消费品。

我们假定生产函数满足标准的假定，即具有正但是递减的边际产品：

$$F_i(k,n)>0,\quad F_{ii}(k,n)<0,\quad \text{其中 } i=k,n$$

并且还满足稻田条件：

$$\lim_{k\to 0}F_k(k,n)=\lim_{n\to 0}F_n(k,n)=\infty$$
$$\lim_{k\to \infty}F_k(k,n)=\lim_{n\to \infty}F_n(k,n)=0$$

由于生产函数是规模收益不变的，我们可以定义

$$F(k,n)\equiv nf(\hat{k}),\quad \hat{k}\equiv\frac{k}{n} \tag{12.2.4}$$

线性齐次生产函数 $F(k,n)$ 的另一个性质是，它的一阶导数是零次齐次的，从而这个一阶导数仅仅是比例 $\hat{k}$ 的函数。具体地，我们有

$$F_k(k,n)=\frac{\partial nf(k/n)}{\partial k}=f'(\hat{k}) \tag{12.2.5a}$$

$$F_n(k,n)=\frac{\partial nf(k/n)}{\partial n}=f(\hat{k})-f'(\hat{k})\hat{k} \tag{12.2.5b}$$

12.3 计划者问题的拉格朗日公式

计划者通过选择配置$\{c_t(s^t),l_t(s^t),x_t(s^t),n_t(s^t),k_{t+1}(s^t)\}_{t=0}^{\infty}$来最大化方程（12.2.1），满足约束条件（12.2.2）和条件（12.2.3）、初始的资本存量 k_0 以及关于技术水平$A_t(s^t)$的随机过程。为了求解这个计划者问题，我们构造拉格朗日函数

$$\begin{aligned}L=\sum_{t=0}^{\infty}\sum_{s^t}\beta^t\pi_t(s^t)\{&u(c_t(s^t),1-n_t(s^t))\\&+\mu_t(s^t)[A_t(s^t)F(k_t(s^{t-1}),n_t(s^t))+(1-\delta)k_t(s^{t-1})-c_t(s^t)-k_{t+1}(s^t)]\}\end{aligned}$$

其中 $\mu_t(s^t)$ 是关于技术约束的拉格朗日乘子的过程。关于 $c_t(s^t)$、$n_t(s^t)$ 和 $k_{t+1}(s^t)$ 的一阶条件分别是

$$u_c(s^t)=\mu_t(s^t) \tag{12.3.1a}$$
$$u_\ell(s^t)=u_c(s^t)A_t(s^t)F_n(s^t) \tag{12.3.1b}$$
$$u_c(s^t)\pi_t(s^t)=\beta\sum_{s^{t+1}|s^t}u_c(s^{t+1})\pi_{t+1}(s^{t+1})[A_{t+1}(s^{t+1})F_k(s^{t+1})+(1-\delta)] \tag{12.3.1c}$$

其中关于 $s^{t+1}|s^t$ 的求和意味着我们应针对所有使得 $\tilde{s}^t=s^t$ 的可能历史 $\tilde{s}^{t+1}$来进行求和。

12.4 0时刻交易：阿罗-德布鲁证券

在阿罗-德布鲁类型的经济中，我们可以通过一个竞争性均衡来支持能够求解计划者问题的配置，此均衡针对在0时刻交易一个日期和历史或有证券的完全集合的情形。这里的交易在一个代表性家庭和两种类型的代表性厂商之间发生。①

我们将价格体系记为 $[q^0, w^0, r^0, p_{k0}]$，其中 p_{k0} 是1单位初始资本存量的价格，而 q^0、w^0 和 r^0 则分别表示产出、租用劳动和资本的价格的随机过程，并且每一个价格中的时间指标 t 都是按照历史状态 s^t 来标记的。代表性家庭从类型Ⅰ的厂商处购买消费品，并且向类型Ⅰ的厂商出售劳动，而类型Ⅰ的厂商按照生产技术（12.2.3a）来运作。家庭拥有初始资本存量 k_0，并且在0时刻将其出售给类型Ⅱ的厂商。类型Ⅱ的厂商按照资本储存技术（12.2.3b）来进行运作，从类型Ⅰ的厂商处购买新的投资品 x_t，并且将资本存量回租给类型Ⅰ的厂商。

下面我们开始介绍0时刻交易的经济中的代表性家庭和两种类型的厂商所面临的问题。

□ 12.4.1 家庭

家庭最大化

$$\sum_t \sum_{s^t} \beta^t u[c_t(s^t), 1 - n_t(s^t)] \pi_t(s^t) \tag{12.4.1}$$

满足约束

$$\sum_{t=0}^{\infty} \sum_{s^t} q_t^0(s^t) c_t(s^t) \leqslant \sum_{t=0}^{\infty} \sum_{s^t} w_t^0(s^t) n_t(s^t) + p_{k0} k_0 \tag{12.4.2}$$

关于 $c_t(s^t)$ 和 $n_t(s^t)$ 的一阶条件分别是

$$\beta^t u_c(s^t) \pi_t(s^t) = \eta q_t^0(s^t) \tag{12.4.3a}$$

$$\beta^t u_\ell(s^t) \pi_t(s^t) = \eta w_t^0(s^t) \tag{12.4.3b}$$

其中 $\eta > 0$ 是关于预算约束（12.4.2）的乘子。

□ 12.4.2 类型Ⅰ的厂商

代表性的类型Ⅰ的厂商按照生产技术（12.2.3a）运作，其中的资本和劳动按照市场价格租用。对于每一个时期 t 和历史 s^t 的每一个实现值，厂商都是在0时刻签订一个状态或有合同，以租用资本 $k_t^I(s^t)$ 和劳动服务 $n_t(s^t)$。类型Ⅰ的厂商寻求最大化

① 我们也可以利用一个分散化程度低一些的结构来支持一个能够求解计划者问题的配置，在这个结构中，只涉及我们将讨论的两种类型厂商中的第一种，并且关于实物资本投资的决策安排给家庭来完成。这里我们之所以将投资决策安排给第二种类型的厂商，是希望给更多变量定价（特别地，给资本存量定价）。

$$\sum_{t=0}^{\infty}\sum_{s^t}\{q_t^0(s^t)[c_t(s^t)+x_t(s^t)]-r_t^0(s^t)k_t^I(s^t)-w_t^0(s^t)n_t(s^t)\} \tag{12.4.4}$$

满足约束

$$c_t(s^t)+x_t(s^t)\leqslant A_t(s^t)F(k_t^I(s^t),n_t(s^t)) \tag{12.4.5}$$

将（12.4.5）式代入（12.4.4）式，并利用（12.2.4）式，厂商的目标函数也可以被表示为

$$\sum_{t=0}^{\infty}\sum_{s^t}n_t(s^t)\{q_t^0(s^t)A_t(s^t)f(\hat{k}_t^I(s^t))-r_t^0(s^t)\hat{k}_t^I(s^t)-w_t^0(s^t)\} \tag{12.4.6}$$

并且最大化问题可以被分为两个部分。首先，以在 t 时期和历史 s^t 运作的生产技术为条件，厂商求解出利润最大化的资本-劳动比，记为 $k_t^{I^*}(s^t)$。其次，给定资本-劳动比 $k_t^{I^*}(s^t)$，厂商通过寻求最优的劳动雇用数量，记为 $n_t^*(s^t)$，来确定其生产的利润最大化水平。

通过最大化（12.4.6）式中大括号内的表达式，厂商可以得到利润最大化的资本-劳动比。关于 $\hat{k}_t^I(s^t)$ 的一阶条件是

$$q_t^0(s^t)A_t(s^t)f'(\hat{k}_t^I(s^t))-r_t^0(s^t)=0 \tag{12.4.7}$$

在满足（12.4.7）式的最优资本-劳动比 $\hat{k}_t^{I^*}(s^t)$ 处，厂商需考察（12.4.6）式中的大括号内的表达式，以确定劳动雇用数量 $n_t(s^t)$ 的最优水平。特别地，如果（12.4.6）式中大括号内的表达式是严格负的或者严格正的，则最优的$n_t(s^t)$应分别地被设定为零或者无穷大。但是，如果大括号内的表达式对于某个 t 时期和历史 s^t 取值为零，则厂商对于$n_t(s^t)$的各个水平应该是无差异的，这是因为在这样的时刻和历史状态之下，对于生产运作的各种可能情况而言，利润都将是零。在此，我们利用方程（12.4.7）来消除方程（12.4.6）的大括号内的表达式中的 $r_t^0(s^t)$，从而可以将最优的劳动雇用决策总结如下：

$$\text{如果}\ \{q_t^0(s^t)A_t(s^t)[f(\hat{k}_t^{I^*}(s^t))-f'(\hat{k}_t^{I^*}(s^t))\hat{k}_t^{I^*}(s^t)]-w_t^0(s^t)\}\begin{cases}<0,\ \text{则}\ n_t^*(s^t)=0\\=0,\ \text{则}\ n_t^*(s^t)\text{是不确定的}\\>0,\ \text{则}\ n_t^*(s^t)=\infty\end{cases} \tag{12.4.8}$$

在均衡中，$k_t^I(s^t)$ 和 $n_t(s^t)$ 都是严格正和有限的，因此由表达式（12.4.7）和（12.4.8）可得到如下的均衡价格：

$$q_t^0(s^t)A_t(s^t)F_k(s^t)=r_t^0(s^t) \tag{12.4.9a}$$

$$q_t^0(s^t)A_t(s^t)F_n(s^t)=w_t^0(s^t) \tag{12.4.9b}$$

这里我们已经利用了（12.2.5）式的结果。

□ 12.4.3 类型Ⅱ的厂商

类型Ⅱ的代表性厂商按照（12.2.3b）式所描述的技术将产出转化为资本。在 0 时刻，类型Ⅱ的厂商从家庭部门购买资本，然后将其投资于新的资本项目，并且通过把资

本租给类型Ⅰ的厂商来获得收益。类型Ⅱ的厂商最大化

$$-p_{k0}k_0^{\mathrm{II}}+\sum_{t=0}^{\infty}\sum_{s^t}\{r_t^0(s^t)k_t^{\mathrm{II}}(s^{t-1})-q_t^0(s^t)x_t(s^t)\} \tag{12.4.10}$$

满足约束条件

$$k_{t+1}^{\mathrm{II}}(s^t)=(1-\delta)k_t^{\mathrm{II}}(s^{t-1})+x_t(s^t). \tag{12.4.11}$$

需要注意的是，厂商在 0 时期的资本存量 k_0^{II} 并没有涉及任何有关当期的租金价格方面的不确定性，而对于将来的某时期 t 的资本方面的投资 $k_t^{\mathrm{II}}(s^{t-1})$ 是要依赖于历史的实现值 s^{t-1} 的。因此，类型Ⅱ的厂商需要管理的是与技术约束（12.2.3b）相关的风险，此约束表明资本必须在成为生产的一个投入之前的时期就归总起来。与此相对照的是，在上一小节中介绍的类型Ⅰ的厂商却可以在时期 t 的时候根据历史状态 s^t 来决定出租多少数量的资本 $k_t^{\mathrm{I}}(s^t)$。

将方程（12.4.11）代入方程（12.4.10）并进行整理，则类型Ⅱ的厂商的目标函数可以写成

$$\begin{aligned}&k_0^{\mathrm{II}}\{-p_{k0}+r_0^0(s_0)+q_0^0(s_0)(1-\delta)\}+\sum_{t=0}^{\infty}\sum_{s^t}k_{t+1}^{\mathrm{II}}(s^t)\\&\cdot\left\{-q_t^0(s^t)+\sum_{s^{t+1}|s^t}[r_{t+1}^0(s^{t+1})+q_{t+1}^0(s^{t+1})(1-\delta)]\right\}\end{aligned} \tag{12.4.12}$$

其中厂商的利润是关于资本投资的线性函数。表达式（12.4.12）中资本存量的利润最大化水平 $k_{t+1}^{\mathrm{II}}(s^t)$ 将等于零或者无穷大，取决于大括号中相应的乘积项是严格负的还是严格正的。但是，如果（12.4.12）式中大括号内的表达式等于零的话，则厂商对于 $k_{t+1}^{\mathrm{II}}(s^t)$ 的水平是无差异的，因为此时利润对于所有的投资水平都将为零。在均衡的时候，k_0^{II} 和 $k_{t+1}^{\mathrm{II}}(s^t)$ 是严格正且有限的，因此（12.4.12）式中大括号内的每一个表达式都必须等于零，从而均衡价格必定满足

$$p_{k0}=r_0^0(s_0)+q_0^0(s_0)(1-\delta) \tag{12.4.13a}$$

$$q_t^0(s^t)=\sum_{s^{t+1}|s^t}[r_{t+1}^0(s^{t+1})+q_{t+1}^0(s^{t+1})(1-\delta)] \tag{12.4.13b}$$

□ 12.4.4　均衡的价格和数量

按照均衡条件（12.4.9），生产技术中的每一项投入都获得了其边际产品作为报酬，从而类型Ⅰ的厂商的利润最大化保证了劳动投入和资本的有效配置。但是，这里并没有关于劳动和资本的均衡数量的任何信息。类型Ⅱ的厂商的利润最大化施加了一个关于价格 p_{k0} 和 $\{r_t^0(s^t),q_t^0(s^t)\}$ 的无套利约束条件(12.4.13)，但是并没有关于单独价格的特定均衡值的信息。为了求解均衡的价格和数量，我们需要讨论代表性家庭的一阶条件（12.4.3）。

将方程（12.4.9b）代入家庭的一阶条件（12.4.3b），我们得到

$$\beta^t u_\ell(s^t)\pi_t(s^t)=\eta q_t^0(s^t)A_t(s^t)F_n(s^t) \tag{12.4.14a}$$

然后再将方程（12.4.13b）和方程（12.4.9a）代入方程（12.4.3a）：

$$\beta^t u_c(s^t)\pi_t(s^t) = \eta\sum_{s^{t+1}|s^t}[r_{t+1}^0(s^{t+1}) + q_{t+1}^0(s^{t+1})(1-\delta)]$$

$$= \eta\sum_{s^{t+1}|s^t} q_{t+1}^0(s^{t+1})[A_{t+1}(s^{t+1})F_k(s^{t+1}) + (1-\delta)] \qquad (12.4.14b)$$

接下来，我们利用家庭的一阶条件（12.4.3a）所给出的 $q_t^0(s^t)=\beta^t u_c(s^t)\pi_t(s^t)/\eta$ 以及相应的关于 $q_{t+1}^0(s^{t+1})$ 的表达式，并将它们分别代入方程（12.4.14a）和方程（12.4.14b）中，这一步骤将分别得到与计划者的一阶条件（12.3.1b）和（12.3.1c）一样的表达式。按照这种方法，我们已经证明了，0 时刻交易的竞争性均衡中的配置和求解计划者问题的配置是一样的。

给定配置的这种等价性，标准的计算竞争性均衡配置的方法就变成了求解计划者问题，因为后一问题相对简单一些。我们可将计划者问题的配置代入家庭和厂商的一阶条件当中，从而计算出均衡价格。于是，所有的相对价格都可以确定下来，而为了确定绝对的价格，我们就必须选择一个价值标准。任何这种关于价格的标准化过程，即将关于家庭的现值预算约束的乘子 η 设定为一个任意的正常数，都具有相同的效果。举例来说，如果我们设定 $\eta=1$，就是以时刻 0 的消费品的边际效用为单位来度量价格。或者，我们也可以通过设定 $\eta=u_c(s_0)$ 来令 $q_0^0(s_0)=1$，然后可以通过方程（12.4.3a）计算 $q_t^0(s^t)$，通过方程（12.4.3b）计算 $w_t^0(s^t)$，通过方程（12.4.9a）计算 $r_t^0(s^t)$，最后，通过方程（12.4.13a）计算出 $p_{k0}=r_0^0(s_0)+q_0^0(s_0)(1-\delta)$。

□ 12.4.5 隐含的财富动态

尽管在阿罗-德布鲁市场结构中，交易只是在 0 时刻发生，但是我们仍然可以研究代表性家庭的财富是如何随时间演变的。为了达到这个目的，在给定了历史 s^t 之后，我们必须将所有与当前的和未来的状态相关的价格、工资和租金率转换为以时刻 t、历史 s^t 的消费品来表达，即我们改变了价值标准：

$$q_\tau^t(s^\tau) \equiv \frac{q_\tau^0(s^\tau)}{q_t^0(s^t)} = \beta^{\tau-t}\frac{u_c(s^\tau)}{u_c(s^t)}\pi_\tau(s^\tau|s^t) \qquad (12.4.15a)$$

$$w_\tau^t(s^\tau) \equiv \frac{w_\tau^0(s^\tau)}{q_t^0(s^t)} \qquad (12.4.15b)$$

$$r_\tau^t(s^\tau) \equiv \frac{r_\tau^0(s^\tau)}{q_t^0(s^t)} \qquad (12.4.15c)$$

在第 8 章中我们曾问过这样的问题：如果不考虑禀赋流，则在时刻 t 面临给定的历史 s^t 的家庭隐含的财富是什么？这里我们也要问类似的问题，只是现在排除的不是禀赋，而是劳动的价值。举例来说，家庭在未来某时期 $\tau\geqslant t$ 交付物品的净权益（此权益是取决于历史 s^τ 的或有权益）由$[q_\tau^t(s^\tau)c_\tau(s^\tau) - w_\tau^t(s^\tau)n_\tau(s^\tau)]$给出，并且是按照时刻 t、历史 s^t 的消费品来表示的。因此，家庭的财富，或者说其所有当前的和未来的净权益的价值，如果按照日期 t、历史 s^t 的消费品来表示，就是

$$\Upsilon_t(s^t) \equiv \sum_{\tau=t}^{\infty}\sum_{s^\tau|s^t}\{q_\tau^t(s^\tau)c_\tau(s^\tau) - w_\tau^t(s^\tau)n_\tau(s^\tau)\}$$

$$
\begin{aligned}
&= \sum_{\tau=t}^{\infty}\sum_{s^\tau|s^t}\{q_\tau^t(s^\tau)[A_\tau(s^\tau)F(k_\tau(s^{\tau-1}),n_\tau(s^\tau))+(1-\delta)k_\tau(s^{\tau-1})\\
&\quad -k_{\tau+1}(s^\tau)]-w_\tau^t(s^\tau)n_\tau(s^\tau)\}\\
&= \sum_{\tau=t}^{\infty}\sum_{s^\tau|s^t}\{q_\tau^t(s^\tau)[A_\tau(s^\tau)(F_k(s^\tau)k_\tau(s^{\tau-1})+F_n(s^\tau)n_\tau(s^\tau))+\\
&\quad (1-\delta)k_\tau(s^{\tau-1})-k_{\tau+1}(s^\tau)]-w_\tau^t(s^\tau)n_\tau(s^\tau)\}\\
&= \sum_{\tau=t}^{\infty}\sum_{s^\tau|s^t}\{r_\tau^t(s^\tau)k_\tau(s^{\tau-1})+q_\tau^t(s^\tau)[(1-\delta)k_\tau(s^{\tau-1})-k_{\tau+1}(s^\tau)]\}\\
&= r_t^t(s^t)k_t(s^{t-1})+q_t^t(s^t)(1-\delta)k_t(s^{t-1})\\
&\quad +\sum_{\tau=t+1}^{\infty}\sum_{s^{\tau-1}|s^t}\Big\{\sum_{s^\tau|s^{\tau-1}}[r_\tau^t(s^\tau)+q_\tau^t(s^\tau)(1-\delta)]-q_{\tau-1}^t(s^{\tau-1})\Big\}k_\tau(s^{\tau-1})\\
&= [r_t^t(s^t)+(1-\delta)]k_t(s^{t-1}) \qquad (12.4.16)
\end{aligned}
$$

其中，第一个等式利用了每一时期中的消费都等于生产和投资之间的差额这一均衡性质，第二个等式可通过关于线性齐次函数的欧拉定理得到①，第三个等式利用了（12.4.9）式中的均衡投入价格，第四个等式只是进行了各项的整理，最后，第五个等式成立是由于 $q_t^t(s^t)=1$ 以及均衡价格条件（12.4.13b）使得大括号内的每一项都等于零。

12.5 序列交易：阿罗证券

和第 8 章一样，我们现在基于另一种市场结构来讨论关于单期阿罗证券的序列交易问题，此市场可以保存自 0 时刻交易均衡开始的配置。在具有序列交易的生产经济中，我们还必须考虑关于劳动和资本服务的市场。这些市场在每一期当中都重复开放。

我们猜测，在给定历史状态 s^t 的时刻 t，存在一个工资率 $\tilde{w}_t(s^t)$、一个租金率 $\tilde{r}_t(s^t)$ 以及阿罗证券的价格 $\tilde{Q}_t(s_{t+1}|s^t)$。这里的定价核 $\tilde{Q}_t(s_{t+1}|s^t)$ 可解释如下：给定 t 时刻的历史 s^t，$\tilde{Q}_t(s_{t+1}|s^t)$ 表示的是 1 单位 $t+1$ 时刻消费的价格，此价格取决于 s_{t+1} 在 $t+1$ 时刻的实现值。

□ 12.5.1 家庭

在给定历史 s^t 的每个日期 $t\geqslant 0$，代表性家庭购买消费品 $\tilde{c}_t(s^t)$，出售劳动服务 $\tilde{n}_t(s^t)$，并且交易日期 $t+1$ 的消费的权益，此权益的收益是未定的，取决于 s_{t+1} 的实现值。记 $\tilde{a}_t(s^t)$ 为家庭在历史为 s^t 的时刻 t 所拥有的 t 时刻消费的权益，于是，对于 $t\geqslant 0$，家庭面临一系列预算约束，其中 t 时刻、历史 s^t 的预算约束是：

$$\tilde{c}_t(s^t)+\sum_{s_{t+1}}\tilde{a}_{t+1}(s_{t+1},s^t)\tilde{Q}_t(s_{t+1}\mid s^t)\leqslant \tilde{w}_t(s^t)\tilde{n}_t(s^t)+\tilde{a}_t(s^t) \qquad (12.5.1)$$

① 按照关于线性齐次函数的欧拉定理，我们的规模收益不变的生产函数满足

$$F(k,n)=F_k(k,n)k+F_n(k,n)n$$

这里$\{\tilde{a}_{t+1}(s_{t+1},s^t)\}$是由 $t+1$ 时刻消费的权益组成的向量，此向量的每一分量对应于 s_{t+1} 在 $t+1$ 时刻的每一个实现值。

为了排除庞氏骗局，我们必须对家庭的资产头寸施加借入约束。我们可以按照第 8 章中的方法，计算出状态或有的自然债务限制，其中原来关于家庭禀赋流的现值部分将变换成关于家庭的时间禀赋的现值。这里我们将采取另一种方法，即假定家庭在下一期的任何状态下的债务$-\tilde{a}_{t+1}(s_{t+1},s^t)$ 都是有界的，受限于某个任意大的常数。基于下面的理由，这样的一种任意的债务限制将运行得很好。只要家庭受到约束从而不能够执行一个具有无界预算约束的庞氏骗局，则均衡的力量就可以保证代表性家庭愿意持有市场的投资组合。在我们所要讨论的问题中，比如说，我们可以将这个任意的债务限制设定为零，这一点将会随着问题的深入而逐渐清晰起来。

在 t 时刻、历史 s^t 下，记 $\eta_t(s^t)$ 和 $v_t(s^t;s_{t+1})$ 分别表示关于预算约束（12.5.1）和具有为零的债务限制的借入约束的非负的拉格朗日乘子。于是，对于某个给定的初始财富水平 $\tilde{a}_0$，拉格朗日函数可构造如下：

$$\begin{aligned}L = \sum_{t=0}^{\infty}\sum_{s^t}\{&\beta^t u(\tilde{c}_t(s^t),1-\tilde{n}_t(s^t))\pi_t(s^t)\\&+\eta_t(s^t)[\tilde{w}_t(s^t)\tilde{n}_t(s^t)+\tilde{a}_t(s^t)-\tilde{c}_t(s^t)-\sum_{s_{t+1}}\tilde{a}_{t+1}(s_{t+1},s^t)\tilde{Q}_t(s_{t+1}|s^t)]\\&+v_t(s^t;s_{t+1})\tilde{a}_{t+1}(s^{t+1})\}\end{aligned}$$

由于假定了稻田条件，在均衡的时候，代表性家庭将选择$\{\tilde{c}_t(s^t),\tilde{n}_t(s^t)\}_{t=0}^{\infty}$的内部解。关于效用函数的稻田条件保证了家庭既不会将 $\tilde{c}_t(s^t)$ 设定为零，也不会将 $l_t(s^t)$ 设定为零，即 $\tilde{n}_t(s^t)<1$。关于生产函数的稻田条件则保证了家庭总是愿意提供一定数量的劳动，$\tilde{n}_t(s^t)>0$。给定内部解的情形，则对于所有的 s_{t+1}、t 和 s^t，关于 $\tilde{c}_t(s^t)$、$\tilde{n}_t(s^t)$ 和$\{\tilde{a}_{t+1}(s_{t+1},s^t)\}_{s_{t+1}}$ 最大化 L 的一阶条件是

$$\beta^t u_c(\tilde{c}_t(s^t),1-\tilde{n}_t(s^t))\pi_t(s^t)-\eta_t(s^t)=0 \tag{12.5.2a}$$

$$-\beta^t u_\ell(\tilde{c}_t(s^t),1-\tilde{n}_t(s^t))\pi_t(s^t)+\eta_t(s^t)\tilde{w}_t(s^t)=0 \tag{12.5.2b}$$

$$-\eta_t(s^t)\tilde{Q}_t(s_{t+1}|s^t)+v_t(s^t;s_{t+1})+\eta_{t+1}(s_{t+1},s^t)=0 \tag{12.5.2c}$$

接下来，我们基于任意的为零的债务限制中的等号并不成立的猜想来继续讨论，此时所有的拉格朗日乘子 $v_t(s^t;s_{t+1})$ 都等于零。在方程（12.5.2c）中将这些乘子设为零，则对于所有的 t、s^t 和 s_{t+1}，一阶条件都意味着关于消费和劳动的最优选择的下述条件：

$$\tilde{w}_t(s^t)=\frac{u_\ell(\tilde{c}_t(s^t),1-\tilde{n}_t(s^t))}{u_c(\tilde{c}_t(s^t),1-\tilde{n}_t(s^t))} \tag{12.5.3a}$$

$$\tilde{Q}_t(s_{t+1}|s^t)=\beta\frac{u_c(\tilde{c}_{t+1}(s^{t+1}),1-\tilde{n}_{t+1}(s^{t+1}))}{u_c(\tilde{c}_t(s^t),1-\tilde{n}_t(s^t))}\pi_t(s^{t+1}|s^t) \tag{12.5.3b}$$

□ 12.5.2　类型Ⅰ的厂商

在给定历史 s^t 的每一时刻 $t\geq0$，类型Ⅰ的厂商是一个生产厂商，它需要选择四元组$\{\tilde{c}_t(s^t),\tilde{x}_t(s^t),\tilde{k}_t^I(s^t),\tilde{n}_t(s^t)\}$来求解下面的静态最优化问题：

$$\max\{\tilde{c}_t(s^t)+\tilde{x}_t(s^t)-\tilde{r}_t(s^t)\tilde{k}_t^I(s^t)-\tilde{w}_t(s^t)\tilde{n}_t(s^t)\} \tag{12.5.4}$$

满足约束条件：

$$\tilde{c}_t(s^t)+\tilde{x}_t(s^t)\leqslant A_t(s^t)F(\tilde{k}_t^I(s^t),\tilde{n}_t(s^t)) \tag{12.5.5}$$

零利润条件是

$$\tilde{r}_t(s^t)=A_t(s^t)F_k(s^t) \tag{12.5.6a}$$
$$\tilde{w}_t(s^t)=A_t(s^t)F_n(s^t) \tag{12.5.6b}$$

如果条件（12.5.6）不被满足，则要么类型Ⅰ的厂商通过雇用无限的资本和劳动，从而获得无穷大的利润，要么对于任意的正的产出水平，厂商的利润是负的，从而停止生产。如果条件（12.5.6）被满足，则厂商的利润为零，但是厂商的规模是未定的。在条件（12.5.6）被满足的前提下，类型Ⅰ的厂商愿意生产任何数量的 $\tilde{c}_t(s^t)$ 和 $\tilde{x}_t(s^t)$ 来满足市场的需求。

□ 12.5.3 类型Ⅱ的厂商

类型Ⅱ的厂商需要将产出转化为资本，储存资本，并且通过将资本出租给类型Ⅰ的厂商来获得收益。由于我们的技术假定是资本可以被重新转化为消费品，不失一般性，我们可以只考虑一个两期的最优化问题，其中类型Ⅱ的厂商在给定历史 s^t 的条件下，需要决定在 t 时期结束的时候储存多少资本 $\tilde{k}_{t+1}^{\mathrm{II}}(s^t)$，以期在下一期当中获得一个随机的租金收益 $\tilde{r}_{t+1}(s^{t+1})\tilde{k}_{t+1}^{\mathrm{II}}(s^t)$ 和清算值$(1-\delta)\tilde{k}_{t+1}^{\mathrm{II}}(s^t)$。厂商通过出售状态或有债务给家庭来为自己融资，从而可利用价格 $\tilde{Q}_t(s_{t+1}\mid s^t)$ 将未来的收入流表示为今天的价值形式。因此，在给定历史 s^t 的每一时刻$t\geqslant 0$，类型Ⅱ的厂商需要选择 $\tilde{k}_{t+1}^{\mathrm{II}}(s^t)$ 来求解最优化问题：

$$\max \tilde{k}_{t+1}^{\mathrm{II}}(s^t)\left\{-1+\sum_{s_{t+1}}\tilde{Q}_t(s_{t+1}|s^t)[\tilde{r}_{t+1}(s^{t+1})+(1-\delta)]\right\} \tag{12.5.7}$$

零利润条件是

$$1=\sum_{s_{t+1}}\tilde{Q}_t(s_{t+1}|s^t)[\tilde{r}_{t+1}(s^{t+1})+(1-\delta)] \tag{12.5.8}$$

类型Ⅱ的厂商的规模是未定的。只要条件（12.5.8）被满足，则对于 $\tilde{k}_{t+1}^{\mathrm{II}}(s^t)$ 的任何水平，厂商都是收支平衡的。如果条件（12.5.8）不被满足，则要么厂商可以通过将 $\tilde{k}_{t+1}^{\mathrm{II}}(s^t)$ 设定为任意大（此时等式的右端超过左端），从而赚取无穷大的利润，要么对于资本的任何正的水平，厂商的利润都是负的（此时等式的右端小于左端），从而只能选择停止生产。

□ 12.5.4 均衡的价格和数量

我们将如下的问题留给读者：利用第 8 章中的方法来证明在序列均衡中得到的配置和在 0 时刻均衡中得到的配置是等价的，即

$$\begin{aligned}&\{\tilde{c}_t(s^t),\tilde{l}_t(s^t),\tilde{x}_t(s^t),\tilde{n}_t(s^t),\tilde{k}_{t+1}(s^t)\}_{t=0}^{\infty}\\&=\{c_t(s^t),l_t(s^t),x_t(s^t),n_t(s^t),k_{t+1}(s^t)\}_{t=0}^{\infty}\end{aligned}$$

这里要用到的技巧是猜测序列均衡中的价格满足

$$\widetilde{Q}_t(s_{t+1}|s^t)=q_{t+1}^t(s^{t+1}) \tag{12.5.9a}$$
$$\widetilde{w}_t(s^t)=w_t^t(s^t) \tag{12.5.9b}$$
$$\tilde{r}_t(s^t)=r_t^t(s^t) \tag{12.5.9c}$$

另一组需要进行的猜测是，对于所有的 s_{t+1}，代表性家庭都选择由$\tilde{a}_{t+1}(s_{t+1},s^t)=\Upsilon_{t+1}(s^{t+1})$给定的资产组合。在证明了家庭可以承受这样的资产组合以及相应的消费和闲暇的数量之后，我们将发现问题所要求的初始财富是

$$\tilde{a}_0=[r_0^0(s_0)+(1-\delta)]k_0=p_{k0}k_0$$

也就是说，序列均衡中的家庭在0时期开始的时候拥有上述初始资本存量，然后这一资本以和0时期交易均衡中一样的竞争性价格被出售给类型Ⅱ的厂商。

□ 12.5.5 类型Ⅱ的厂商的融资

类型Ⅱ的厂商的融资策略是，在给定历史 s^t 的每一时刻t，通过出售单期的状态或有权益来购买 $\tilde{k}_{t+1}^{\mathrm{II}}(s^t)$ 单位的资本。此权益承诺在明天面临状态 s_{t+1}时支付数量为

$$[\tilde{r}_{t+1}(s^{t+1})+(1-\delta)]\cdot\tilde{k}_{t+1}^{\mathrm{II}}(s^t)$$

的消费品。按照今天的 t 时刻的消费品来衡量，这一支付的价值是［利用（12.5.8）式］：

$$\sum_{s_{t+1}}\widetilde{Q}_t(s_{t+1}|s^t)[\tilde{r}_{t+1}(s^{t+1})+(1-\delta)]\tilde{k}_{t+1}^{\mathrm{II}}(s^t)$$

通过出售这些权益，厂商收支平衡。因此，类型Ⅱ的厂商完全由其债权人家庭所拥有，并且其利润为零。

注意，在 t 时刻、历史 s^t 条件下，体现在 $\tilde{k}_{t+1}^{\mathrm{II}}(s^t)$ 中的经济的期末财富是代表性家庭愿意持有的。这一结论可由下面的事实轻易得到，即家庭愿意持有的期初财富在下一期的值由 $\tilde{a}_{t+1}(s^{t+1})$给定，并且等于 $\Upsilon_{t+1}(s^{t+1})$，正如（12.4.16）式所示。因此，均衡价格使得代表性家庭在进入未来的每一时期的时候，都有一个严格正的净资产水平，而这一水平恰好等于类型Ⅱ的厂商的价值。于是，我们已经证实了之前的猜想的正确性，即任意的为零的债务限制并没有影响到家庭的最优化问题。

12.6 递归公式

按照第8章中的方法，我们已经证明了，均衡配置在0时刻具有完全市场的阿罗-德布鲁经济中和在具有完全的单期阿罗证券的序列交易经济中是一样的。这一结果对于任意的技术过程 $A_t(s^t)$ 都是成立的，此技术过程被定义为关于事件的历史 s^t 的一个可测函数，从而是由某个任意的概率测度$\pi_t(s^t)$决定的。在这样一般性的假定之下，序列交易经济中的所有价格$\{\widetilde{Q}_t(s_{t+1}|s^t),\widetilde{w}_t(s^t),\tilde{r}_t(s^t)\}$ 以及资本存量 $k_{t+1}(s^t)$ 都依赖于历史 s^t。也就是说，这些变量都是关于过去所有事件 $\{s_\tau\}_{\tau=0}^t$的时变函数。

为了获得一个递归的公式以及求出社会计划者问题和序列交易均衡的解，我们对于控制技术水平的外生过程进行如下设定。

□ 12.6.1 技术由马尔可夫过程决定

记马尔可夫过程$[s\in S,\pi(s'|s),\pi_0(s_0)]$决定的随机事件为$s_t$。我们保持先前的假定，即时期 0 的状态$s_0$是非随机的，从而对于某个具体的$s_0\in S$有$\pi_0(s_0)=1$。关于历史$s^t$的概率测度序列$\pi_t(s^t)$由马尔可夫过程通过如下的递归关系式给出：

$$\pi_t(s^t)=\pi(s_t|s_{t-1})\pi(s_{t-1}|s_{t-2})\cdots\pi(s_1|s_0)\pi_0(s_0)$$

接下来，我们假定时期t的总技术水平$A_t(s^t)$是关于其自身上一期的值和当前的随机事件的时不变函数，即$A_t(s^t)=A(A_{t-1}(s^{t-1}),s_t)$。例如，本章中我们将使用如下的乘积形式：

$$A_t(s^t)=s_tA_{t-1}(s^{t-1})=s_0s_1\cdots s_tA_{-1}$$

其中的初始值A_{-1}是给定的。

□ 12.6.2 经济的总量状态

关于技术过程的这种设定使得我们可以采用第 8 章中的递归结构来讨论经济的状态中的那些额外的元素。为了确定当前的技术水平sA以及预测未来的技术水平，除了关于随机事件s的当前值方面的信息之外，我们还需要知道上一期的技术水平（记为A）。对于我们已经在第 8 章中进行过的讨论而言，在总量状态向量中新增的这个元素A并没有带来任何概念上的变化。我们需要做的仅仅是再引入一个状态变量，此变量直接由外生的随机事件产生，并且不依赖于任何的内生结果。

但是，我们同时还需要利用经济状态中的一个内生元素来拓展总量状态向量，此元素就是期初的资本存量K。给定新的状态向量$X\equiv[K\quad A\quad s]$，我们现在就可以来探讨计划者问题和序列交易均衡的递归公式了。这一状态向量是关于经济的当前信息的完全总结。它既是计划者为了计算最优的配置所需的全部信息，也是“看不见的手”为了寻求价格，从而将最优的配置变为竞争性均衡所需的全部信息。

我们将按照如下的步骤来进行讨论。首先，我们给出关于计划者问题的递归公式的贝尔曼方程。其次，我们在引入了阿罗证券且具有序列交易的竞争性经济中使用和计划者问题中一样的状态向量X。再次，我们定义一个竞争性均衡，并且说明序列均衡的价格是如何被嵌入计划者问题的决策规则和值函数当中的。

12.7 计划者问题的递归公式

我们利用大写字母C、N、K来表示计划者问题中的变量，这些变量在家庭和厂商的问题中的对应物分别为c、n、k。尽管最终我们可以说明它们是相等的，但是在那之前我们必须推导出一个关于家庭和厂商问题的递归竞争性均衡的公式。计划者问题的贝尔

曼方程是

$$v(K,A,s)=\max_{C,N,K'}\left\{u(C,1-N)+\beta\sum_{s'}\pi(s'|s)v(K',A',s')\right\} \tag{12.7.1}$$

满足约束：

$$K'+C\leqslant AsF(K,N)+(1-\delta)K \tag{12.7.2a}$$

$$A'=As \tag{12.7.2b}$$

利用状态向量 $X=[K\quad A\quad s]$ 的定义，我们可以将最优的策略函数记为

$$C=\Omega^C(X) \tag{12.7.3a}$$

$$N=\Omega^N(X) \tag{12.7.3b}$$

$$K'=\Omega^K(X) \tag{12.7.3c}$$

由方程（12.7.2b）、（12.7.3c）以及马尔可夫转移密度 $\pi(s'|s)$ 可得到关于状态 X 的转移密度 $\Pi(X'|X)$。

为方便起见，定义函数：

$$U_c(X)\equiv u_c(\Omega^C(X),1-\Omega^N(X)) \tag{12.7.4a}$$

$$U_\ell(X)\equiv u_\ell(\Omega^C(X),1-\Omega^N(X)) \tag{12.7.4b}$$

$$F_k(X)\equiv F_k(K,\Omega^N(X)) \tag{12.7.4c}$$

$$F_n(X)\equiv F_n(K,\Omega^N(X)) \tag{12.7.4d}$$

计划者问题的一阶条件可表示为①：

$$U_\ell(X)=U_c(X)AsF_n(X) \tag{12.7.5a}$$

$$1=\beta\sum_{X'}\Pi(X'|X)\frac{U_c(X')}{U_c(X)}[A's'F_K(X')+(1-\delta)] \tag{12.7.5b}$$

12.8 序列交易的递归公式

我们寻求的是提前一期的状态或有证券（即阿罗证券）的序列交易的一个竞争性均衡。为了达到这个目的，我们必须利用第 7 章中所使用过的所谓的“大 K，小 k”技巧。

□ 12.8.1 “大 K，小 k”技巧

按照第 8 章中介绍的框架，我们已经把经济在 t 时刻的状态扩展到包括上一期的技术水平 A_{t-1} 和内生的状态变量 K_t 在当期的总量值。我们假定决策制定者的行为方式是，好像他们的决策并不会影响到当前的和未来的价格。在一个序列市场设定中，价格依赖于状态，而 K_t 只是状态的一部分。当然，从总量的角度来看，是决策的制定者选择了 K_t 的运动，因此我们需要一种方法来使得他们在求解自己的决策问题时可以忽略这个事

① 这里我们用到了包络条件：$v_K(K,A,s)=U_c(X)[AsF_k(X)+(1-\delta)]$。

实（我们希望他们是完美的竞争性价格的接受者，而不是垄断者）。正是这种考虑，使得我们在计算过程中同时使用了“大K”和“小k”。大K作为用于预测价格的指标，是一个内生的状态变量。[1] 大K同时也是个体在求解他们的最优化问题时，被认为是在他们控制之外的状态中的一个元素。小k的值由厂商和消费者来选择。尽管我们在提出家庭和厂商的决策问题时区分K和k，但是在厂商和消费者已经最优化之后，为了获得均衡，我们将设定$K=k$。

□ 12.8.2 价格体系

为了得到用单期的阿罗证券表示的分散化经济，我们需要一个关于总状态向量的描述，在此描述中，单期的状态或有支付被定义。我们的办法是，猜测关于状态的合适描述恰好就是计划者问题中用于描述状态的那个向量X。我们暂时忽略计划者问题中的最优策略函数的问题，而专注于具有序列交易以及依赖于X的单期价格的分散化经济。我们将价格函数设为$r(X)$、$w(X)$和$Q(X'|X)$，它们分别表示资本的租金价格、劳动的工资率以及当本期的状态为X、下一期的状态为X'的时候，下一期中的1单位消费的权益的价格。（读者要原谅我们这里再次使用了记号r和w，它们在上一节中关于具有商品空间s^t的历史依赖性的竞争性均衡的公式中出现过。）所有的价格都按照本期消费品的单位来度量。此外，关于K的运动规律，我们给出如下的一般形式：

$$K'=G(X) \tag{12.8.1}$$

方程（12.8.1）加上方程（12.7.2b），以及一个给定的客观的转移密度$\hat{\pi}(s'|s)$，可得到关于状态X的一个客观的转移密度$\hat{\Pi}(X'|X)$。到目前为止，G和$\hat{\pi}(s'|s)$都是任意的。稍后我们才会施加一些其他的均衡条件，包括以关于G和$\hat{\pi}$的约束条件的形式出现的理性预期。

□ 12.8.3 家庭的问题

我们给定的关于K的运动规律（12.8.1）以及推导出的转移概率密度$\hat{\Pi}(X'|X)$描述了代表性家庭的信条。家庭的贝尔曼方程是

$$J(a,X)=\max_{c,n,\bar{a}(X')}\left\{u(c,1-n)+\beta\sum_{X'}J(\bar{a}(X'),X')\hat{\Pi}(X'|X)\right\} \tag{12.8.2}$$

满足约束：

$$c+\sum_{X'}Q(X'\mid X)\bar{a}(X')\leqslant w(X)n+a \tag{12.8.3}$$

其中a是以当前消费品为单位表示的家庭财富，$\bar{a}(X')$是以下一期的消费品为单位表示的下一期的家庭财富。记家庭的最优策略函数为

$$c=\sigma^c(a,X) \tag{12.8.4a}$$

$$n=\sigma^n(a,X) \tag{12.8.4b}$$

---

① 更一般地说，大K可以是一个由对均衡价格有明显影响的内生状态变量所组成的向量。

$$\overline{a}(X')=\sigma^{a}(a,X;X') \tag{12.8.4c}$$

令

$$\overline{u}_c(a,X)\equiv u_c(\sigma^c(a,X),1-\sigma^n(a,X)) \tag{12.8.5a}$$

$$\overline{u}_\ell(a,X)\equiv u_\ell(\sigma^c(a,X),1-\sigma^n(a,X)) \tag{12.8.5b}$$

于是，我们可将家庭问题的一阶条件表示为

$$\overline{u}_\ell(a,X)\equiv\overline{u}_c(a,X)w(X) \tag{12.8.6a}$$

$$Q(X'|X)=\beta\frac{\overline{u}_c(\sigma^a(a,X;X'),X')}{\overline{u}_c(a,X)}\hat{\Pi}(X'|X) \tag{12.8.6b}$$

□ 12.8.4　类型Ⅰ的厂商

回忆一下在 12.5.2 节所讨论的序列均衡中，类型Ⅰ的厂商所面临的静态最优化问题。在那个均衡的递归公式中，类型Ⅰ的厂商的最优化问题可写为

$$\max_{c,x,k,n}\{c+x-r(X)k-w(X)n\} \tag{12.8.7}$$

满足约束：

$$c+x\leqslant AsF(k,n) \tag{12.8.8}$$

零利润条件是

$$r(X)=AsF_k(k,n) \tag{12.8.9a}$$

$$w(X)=AsF_n(k,n) \tag{12.8.9b}$$

□ 12.8.5　类型Ⅱ的厂商

回忆一下在 12.5.3 节所讨论的序列均衡中，类型Ⅱ的厂商所面临的最优化问题。在关于均衡的递归公式中，类型Ⅱ的厂商的最优化问题可写为

$$\max_{k'}k'\{-1+\sum_{X'}Q(X'|X)[r(X')+(1-\delta)]\} \tag{12.8.10}$$

零利润条件是

$$1=\sum_{X'}Q(X'|X)[r(X')+(1-\delta)] \tag{12.8.11}$$

12.9　递归竞争性均衡

到目前为止，我们一直将价格函数 $r(X)$、$w(X)$ 和 $Q(X'|X)$，观察到的关于 K' 的运动规律（12.8.1）以及由此推导出的状态转移概率 $\hat{\Pi}(X'|X)$ 看成是任意给定的。现

在我们给这些函数施加均衡条件，从而得到关于这些函数的解析解。①

在求解最优化问题的时候，家庭和厂商将内生的状态变量 K 看成是给定的。但是，我们希望 K 是通过家庭和厂商的均衡的相互作用来决定的。因此，在求解了家庭以及两种类型的厂商的最优化问题之后，我们设定 $K=k$。在施加了这一等式约束之后，家庭和厂商都变成了价格的接受者。

□ 12.9.1 关于决策规则的均衡约束条件

稍后，我们将均衡定义为由价格函数、假定的关于 K' 的运动规律以及一个相关的 $\hat{\Pi}(X'|X)$ 组成的集合，在厂商和家庭将这些因素作为已知条件的情况下，家庭和厂商的决策规则就意味着在将 $k=K$ 以及其他的市场出清条件代入（12.8.1）式后所得到的关于 K 的运动规律。接下来我们将放弃 G 和 $\hat{\pi}$ 从而 $\hat{\Pi}$ 的特征方面的任意属性，然后施加理性预期的假设。

现在我们可以开始讨论均衡这一概念对个体的决策规则、定价函数以及假定的运动规律（12.8.1）所带来的约束。如果类型Ⅱ的厂商所发行的状态或有债券恰好满足家庭的需求，则我们必定有

$$\bar{a}(X')=[r(X')+(1-\delta)]K' \tag{12.9.1a}$$

从而位于家庭的预算约束（12.8.3）式内的期初资产必须满足

$$a=[r(X)+(1-\delta)]K \tag{12.9.1b}$$

将方程（12.9.1）代入家庭的预算约束（12.8.3），我们得到

$$\begin{aligned}&\sum_{X'}Q(X'|X)[r(X')+(1-\delta)]K'\\&=[r(X)+(1-\delta)]K+w(X)n-c\end{aligned} \tag{12.9.2}$$

接下来，回忆一下均衡条件（12.8.11）以及在进入下一期的时候 K' 是一个预先确定的变量这一事实，我们可知（12.9.2）式的左端等于 K'。在将均衡价格（12.8.9）式代入（12.9.2）式的右端之后，我们得到

$$\begin{aligned}K'&=[AsF_k(k,n)+(1-\delta)]K+AsF_n(k,n)n-c\\&=AsF(K,\sigma^n(a,X))+(1-\delta)K-\sigma^c(a,X)\end{aligned} \tag{12.9.3}$$

其中第二个等式利用了关于线性齐次函数的欧拉定理以及均衡条件 $K=k$、$N=n=\sigma^n(a,X)$ 和 $C=c=\sigma^c(a,X)$。为了将方程（12.9.3）的右端唯一地表示成当前的总量状态 $X=[K\quad A\quad s]$ 的函数，我们还需要施加均衡条件（12.9.1b），从而得到

$$\begin{aligned}K'=&AsF(K,\sigma^n([r(X)+(1-\delta)]K,X))\\&+(1-\delta)K-\sigma^c([r(X)+(1-\delta)]K,X)\end{aligned} \tag{12.9.4}$$

任意给定一个假想的关于 K' 的运动规律（12.8.1），它影响家庭的最优化问题，则

① 理性预期假设的一种重要功能是从模型的那些自由参数当中剔除以 $\hat{\pi}$ 和 $\hat{\Pi}$ 的形式出现的个体的预期。

(12.9.4）式的右端就是由家庭和厂商的最优决策所决定的关于 K' 的实际的运动规律。在均衡的时候，我们希望（12.8.1）式中的 G 不是任意的，而是作为一种结果的形式出现。我们希望找到一个均衡的并且也是假想的运动规律（12.8.1）。通过引入理性预期的方法，我们要求假想的运动规律和实际的运动规律是一样的。令（12.9.4）式的右端和假想的运动规律（12.8.1）相等可得

$$G(X)=AsF(K,\sigma^n([r(X)+(1-\delta)]K,X)) \\ +(1-\delta)K-\sigma^c([r(X)+(1-\delta)]K,X) \tag{12.9.5}$$

请注意，上述方程的右端本身就是一个关于 G 的隐函数，因此（12.9.5）式可以被认为是一个在引导我们去发现从假想 G 和价格体系到实际的 G 的映射的不动点的方程。这样的函数方程要求假想的关于资本存量 $G(X)$ 的运动规律等于资本存量的实际运动规律，而实际运动规律是由竞争性均衡中家庭和厂商的决策规则共同决定的。

定义： 带有阿罗证券的递归竞争性均衡由如下元素组成：价格体系 $r(X)$、$w(X)$、$Q(X'|X)$，一个假想的运动规律 $K'=G(X)$ 及由此引致的转移概率 $\hat{\Pi}(X'|X)$，家庭的值函数 $J(a,X)$，以及决策规则 $\sigma^c(a,X)$、$\sigma^n(a,X)$、$\sigma^a(a,X;X')$，并且满足：

a. 给定 $r(X)$、$w(X)$、$Q(X'|X)$、$\hat{\Pi}(X'|X)$，函数 $\sigma^c(a,X)$、$\sigma^n(a,X)$、$\sigma^a(a,X;X')$ 和值函数 $J(a,X)$ 是家庭的最优化问题的解；

b. 对于所有的 X，$r(X)=AF_k(K,\sigma^n([r(X)+(1-\delta)]K,X))$，以及 $w(X)=AF_n(K,\sigma^n([r(X)+(1-\delta)]K,X))$；

c. $Q(X'|X)$ 和 $r(X)$ 满足方程（12.8.11）；

d. 函数 $G(X)$、$r(X)$、$\sigma^c(a,X)$、$\sigma^n(a,X)$ 满足方程（12.9.5）；

e. $\hat{\pi}=\pi$。

条件 a 在给定家庭面临的价格和家庭的预期的情况下，保证了家庭的优化行为。条件 b 要求类型Ⅰ的厂商在家庭所选择的每一个资本存量水平和劳动供给水平上都是收支平衡的。条件 c 要求类型Ⅱ的厂商是收支平衡的。条件 d 要求假定的资本运动规律和实际的资本运动规律是一样的，这就意味着市场是出清的。条件 e 以及假定的和实际的 G 是一样的意味着 $\hat{\Pi}=\Pi$。因此，条件 d 和条件 e 施加了理性预期的假定。

□ 12.9.2 利用计划者问题

接下来，我们将采用的方法不是直接求解不动点问题（12.9.5）（这一问题是关于均衡的定义的核心），而是猜测 G 以及价格体系的一种待定的形式，然后再来说明它们是如何形成一个均衡的。对于 G 的待定形式，我们将采用计划者问题中关于 K' 的决策规则（12.7.3c）；至于定价函数的待定形式的来源，我们仍然利用计划者问题，并且选择

$$r(X)=AF_k(X) \tag{12.9.6a}$$

$$w(X)=AF_n(X) \tag{12.9.6b}$$

$$Q(X'|X)=\beta\Pi(X'|X)\frac{U_c(X')}{U_c(X)}[A's'F_K(X')+(1-\delta)] \tag{12.9.6c}$$

可以证明，在均衡的时候，家庭关于消费和劳动供给的决策规则与计划者所选择的如下决策规则是一致的[①]：

$$\Omega^C(X)=\sigma^c([r(X)+(1-\delta)]K,X) \tag{12.9.7a}$$

$$\Omega^N(X)=\sigma^n([r(X)+(1-\delta)]K,X) \tag{12.9.7b}$$

证实上述这些猜测的办法在于说明，对于这些猜测而言，两种类型的厂商以及家庭的一阶条件都是被满足的。我们将这些细节留作练习。我们需要研究的是福利定理的某些含义，只是现在可以将研究框架变成一个具有内生的总量状态变量的递归结构。

12.10 结束语

递归竞争性均衡的概念是由卢卡斯和普雷斯科特（1971）以及梅拉和普雷斯科特（Mehra and Prescott，1979）引入的。本章的内容秉承了这些论文的宗旨，但是在细节上有很大的不同。具体来说，这些论文都没有讨论到阿罗证券的内容，而本章的重点正是构造一个内生的状态向量，借助于此，我们就可以方便地引入阿罗证券。

① 系统（12.9.7）中的两个方程给出了一个递归竞争性均衡对于家庭的决策规则 σ 和计划者的决策规则 Ω 所施加的限制条件。

第13章

资产定价理论

13.1 引言

第 8 章说明了在具有完全市场模型的经济中，如何利用均衡价格体系来确定多余资产的价格。该方法允许我们对任意资产定价，只要该资产的回报是经济状态的可测函数即可。我们可以使用阿罗-德布鲁 0 时刻价格或者单期阿罗证券价格对多余资产定价。

在本章的后面部分和第 14 章，我们将再次使用这个完全市场方法。不过，我们先从另外一种经常使用的方法开始阐述，它不需要假定存在完全市场。这个方法描述了较少的经济特征，假定了较少的市场，但是给出了可检验的关于不同资产的价格和收益，以及价格、收益和消费分配之间关系的跨期约束。这个方法只使用了效用最大化消费者的欧拉方程，并采用了严格的限制，而没有详细给出完整的一般均衡模型。事实上，这个方法只是讨论了完全市场模型的所有约束的一个子集。但正如我们将在第 14 章中看到的，即使是这些约束也很难与数据一致，其中股票溢价是一个被广泛讨论的例子。

在宏观经济学中，资产定价思想有不同的流派。在本章中，我们将描述其中的一些思想，包括重要的莫迪利亚尼-米勒定理，该定理指出了厂商资产结构的无关性。我们描述与李嘉图等价性命题密切相关的一个命题。①

① 对离散和连续时间资产定价理论的复杂处理参见 Duffie (1996)。对近期经验实现性的工作的总结参见 Campbell, Lo, and MacKinlay (1997)。

13.2 资产欧拉方程

我们现在考虑单个个体的最优化问题，该个体可以交易两种资产。根据汉森和辛格尔顿（1983）的论述，家庭的最优化行为受到其消费和资产持有数量的约束。即使个体可以获得新的资产，这些约束仍然存在，因而不必完全地详细刻画市场的结构。以后我们将研究具有大量相同个体的一般均衡模型。构造一个一般均衡模型可能会增加额外的约束，但是将保留完整的各个特定的版本。

假定个体在 t 时刻有财富 $A_t>0$，且希望使用该财富最大化期望终生效用

$$E_t\sum_{j=0}^{\infty}\beta^j u(c_{t+j}),\ 0<\beta<1 \tag{13.2.1}$$

此处，E_t 表示基于 t 时刻已知信息的数学期望，β 是主观折现因子，c_{t+j} 是个体在 $t+j$ 时期的消费。效用函数 $u(\cdot)$是凹的、严格递增和二阶连续可微的。

为了给未来消费融资，个体通过持有债券和股票来跨期转移其财富。单期债券的无风险实际总利率为 R_t，R_t 按照每单位 t 时刻消费品所对应的 $t+1$ 时刻消费品的单位来计算。令 L_t 表示 t 时期至 $t+1$ 时期个体持有债券得到的总回报，它是在 $t+1$ 时期以 t 时刻 $R_t^{-1}L_t$ 的现值应付的量。如果个体发行债券从而借入资金，则 L_t 为负。个体在 t 时期至 $t+1$ 时期持有的股票数量为 N_t。若 N_t 为负，则表示个体卖空股票。我们施加如下借入约束：$L_t\geqslant -b_L$ 且 $N_t\geqslant -b_N$，其中 $b_L\geqslant 0$，$b_N\geqslant 0$。[①] 一份股票带给持有者随机的红利流 y_t。令 p_t 表示每份股票在 t 时期除去该时期红利后的价格。个体的预算约束为

$$c_t+R_t^{-1}L_t+p_tN_t\leqslant A_t \tag{13.2.2}$$

下一期的财富为

$$A_{t+1}=L_t+(p_{t+1}+y_{t+1})N_t \tag{13.2.3}$$

随机红利是外生的基本不确定性的唯一来源，后面将会进一步刻画其性质。个体的最优化问题是一个关于 t 时刻的状态变量 A_t、现在和过去的 y[②] 以及控制变量 L_t 和 N_t 的动态规划问题。在内点解处，控制变量 L_t 和 N_t 的欧拉方程为

$$u'(c_t)R_t^{-1}=E_t\beta u'(c_{t+1}) \tag{13.2.4}$$

$$u'(c_t)p_t=E_t\beta(y_{t+1}+p_{t+1})u'(c_{t+1}) \tag{13.2.5}$$

这些欧拉方程可以帮助我们理解资产价格和消费。在研究这个问题之前，我们首先注意个体的最大化问题的最优解必须满足如下横截条件[③]：

$$\lim_{k\to\infty}E_t\beta^k u'(c_{t+k})R_{t+k}^{-1}L_{t+k}=0 \tag{13.2.6}$$

---

① 关于自然约束和特别借款约束的更多讨论参见第 8 章和第 18 章。

② 现在和过去的 y 作为信息变量被引入。有多少过去的 y 出现在贝尔曼方程中依赖于 y 的随机过程。

③ 对横截条件的讨论参见 Benveniste and Scheinkman（1982）和 Brock（1982）。

$$\lim_{k\to\infty}E_t\beta^k u'(c_{t+k})p_{t+k}N_{t+k}=0 \tag{13.2.7}$$

直观上，如果方程（13.2.6 ）和方程（13.2.7）中的表达式是严格正的，那么个体将会增加资产的持有数量，从而通过例如增加今天的消费来达到更高的期望终生效用。在有限期模型中，非最优的表现是个体死亡时还持有正数量的资产。原因是在有限期模型中，如果条件（13.2.6）和条件（13.2.7）被违反，个体将会快乐。但是市场将通过积累与违反条件（13.2.6）和条件（13.2.7）相关的债务来阻止个体为其消费融资。没有别的个体愿意贷款给他。

13.3 消费和股票价格的鞅理论

在这一节，我们将简要地回顾有关资产价格和消费的早期理论。这些理论都可以通过对方程（13.2.4）和方程（13.2.5）中的 R_t 和 $u'(c)$ 做特殊的假定而得到。虽然这些假定太强以至于与经验证据不一致，但是它们为进一步研究提供了基础。

首先，假定无风险利率是随时间不变的常数，对任意的 t 有 $R_t=R>1$。那么，由方程（13.2.4）可以推出

$$E_t u'(c_{t+1})=(\beta R)^{-1}u'(c_t) \tag{13.3.1}$$

这是罗伯特·霍尔（1978）的结论：消费的边际效用服从单变量的一阶线性马尔可夫过程，从而一旦滞后的 $u'(c_t)$ 被包括进来，信息集中的其他变量都对预测 $u'(c_{t+1})$（的格兰杰原因）没有帮助。[①]

下面举例说明。取常数相对风险厌恶效用函数 $u(c_t)=\frac{c_t^{1-\gamma}}{1-\gamma}$，方程（13.3.1）变为

$$(\beta R)^{-1}=E_t\left(\frac{c_{t+1}}{c_t}\right)^{-\gamma}$$

使用总量数据，霍尔通过验证其他变量对 c_t 没有格兰杰因果关系来检验方程（13.3.1）对于二次效用函数的特殊情况的含义。

有效股票市场有时意味着股票价格应该是鞅。对欧拉方程（13.2.5）做一些简化，可以得到股票价格的鞅性质。我们可以把欧拉方程转化为

$$E_t\beta(y_{t+1}+p_{t+1})\frac{u'(c_{t+1})}{u'(c_t)}=p_t$$

只要注意到对任意两个随机变量 x 和 z，我们有公式 $E_txz=E_txE_tz+\mathrm{cov}_t(x,z)$，其中 $\mathrm{cov}_t(x,z)\equiv E_t(x-E_tx)(z-E_tz)$。这个公式定义了条件协方差 $\mathrm{cov}_t(x,z)$。将此公式应用于前一个方程，可得

---

① 关于格兰杰对因果关系的定义参见 Granger（1969）。如果 $E(x_{t+1}|x_t,x_{t-1},\cdots,z_t,z_{t-1},\cdots)=E(x_{t+1}|x_t,x_{t-1},\cdots)$，则称随机过程 z_t 不是随机过程 x_t 的格兰杰原因。格兰杰因果关系可以通过几种方法检测。一种直接的方法是计算之前定义中提到的两种回归，检测它们是否等价。另一种检测参见 Sims(1972)。

$$\beta E_t(y_{t+1}+p_{t+1})E_t\frac{u'(c_{t+1})}{u'(c_t)}+\beta\mathrm{cov}_t\left[(y_{t+1}+p_{t+1}),\frac{u'(c_{t+1})}{u'(c_t)}\right]=p_t \tag{13.3.2}$$

为了得到股票价格的鞅理论，首先必须假定 $E_tu'(c_{t+1})/u'(c_t)$是常数，其次假定

$$\mathrm{cov}_t\left[(y_{t+1}+p_{t+1}),\frac{u'(c_{t+1})}{u'(c_t)}\right]=0$$

显然，这些条件非常严格，只在非常特殊的情况下才会成立。例如，一个充分性假定是，个体是风险中性的，所以 $u(c_t)$是 c_t 的线性函数，并且 $u'(c_t)$与 c_t 无关。此时，由方程（13.3.2）可推出

$$E_t\beta(y_{t+1}+p_{t+1})=p_t \tag{13.3.3}$$

方程（13.3.3）表明，经过红利调整和效用折现后，股票价格服从一阶单变量的马尔可夫过程，并且其他变量都不是股票价格的格兰杰原因。这些含义在关于有效市场的文献中已经被广泛地检验了。①

我们也注意到随机差分方程（13.3.3）的解为

$$p_t=E_t\sum_{j=1}^{\infty}\beta^jy_{t+j}+\xi_t\left(\frac{1}{\beta}\right)^t \tag{13.3.4}$$

此处 ξ_t 是满足 $E_t\xi_{t+1}=\xi_t$ 的任意随机过程（也就是说 ξ_t 是鞅）。方程（13.3.4）将股票价格 p_t 表示为两部分，一部分是未来任何的期望值的折现之和，另外一部分是与任何基本面无关的“泡沫项”。在我们将要描述的一般均衡模型中，这个泡沫项总是等于 0。

13.4 等价鞅测度

本节将说明，对风险和红利进行调整以后，可以将资产价格转化为鞅。我们回到第 8 章中的设定，假定状态 s_t 服从马尔可夫链，其转移概率为$\pi(s_{t+1}|s_t)$。令资产的红利流为$\{d(s_t)\}_{t\geqslant 0}$。该资产在 t 时刻的附有红利（cum-dividend）的价格② $a(s_t)$可以递归地被描述为

$$a(s_t)=d(s_t)+\beta\sum_{s_{t+1}}\frac{u'[c_{t+1}^i(s_{t+1})]}{u'[c_t^i(s_t)]}a(s_{t+1})\pi(s_{t+1}|s_t) \tag{13.4.1}$$

c_t^i 表示每一个个体 i 在日期 t 时的消费。等式对于每一个个体 i 都成立。方程（13.4.1）可以被写为：

$$a(s_t)=d(s_t)+R_t^{-1}\sum_{s_{t+1}}a(s_{t+1})\tilde{\pi}(s_{t+1}|s_t) \tag{13.4.2}$$

---

① 对于这种文献的研究，参见 Fama（1976a）。这个理论可参见 Samuelson（1965）。利率的期限结构的运用参见 Doll（1970）。

② 附有红利意味着 t 期结束时拥有资产的人获得 t 时刻的红利。没有红利意味着在时期末拥有资产的人没有收到 t 时刻的红利。

或者

$$a(s_t)=d(s_t)+R_t^{-1}\widetilde{E}_t a(s_{t+1}) \tag{13.4.3}$$

此处注意，R_t^{-1} 是单期无风险总利率的倒数。

$$R_t^{-1}=R_t^{-1}(s_t)\equiv\beta\sum_{s_{t+1}}\frac{u'[c_{t+1}^i(s_{t+1})]}{u'[c_t^i(s_t)]}\pi(s_{t+1}|s_t) \tag{13.4.4}$$

(13.4.3) 式中的 $\widetilde{E}$ 是关于如下扭曲的转移密度的数学期望：

$$\tilde{\pi}(s_{t+1}|s_t)=R_t\beta\frac{u'[c_{t+1}^i(s_{t+1})]}{u'[c_t^i(s_t)]}\pi(s_{t+1}|s_t) \tag{13.4.5a}$$

转换的转移概率的分配可通过在方程（13.4.5a）中乘以 βR_t 来完成。（满足概率之和等于1）。转换的或“扭曲的”转移概率$\tilde{\pi}(s_{t+1}|s_t)$可以用来定义如下扭曲测度：

$$\tilde{\pi}_t(s^t)=\tilde{\pi}(s_t|s_{t-1})\cdots\tilde{\pi}(s_1|s_0)\tilde{\pi}(s_0) \tag{13.4.5b}$$

例如

$$\tilde{\pi}(s_{t+2},s_{t+1}|s_t)=R_t(s_t)R_{t+1}(s_{t+1})\beta^2\frac{u'[c_{t+2}^i(s_{t+2})]}{u'[c_t^i(s_t)]}\pi(s_{t+2}|s_{t+1})\pi(s_{t+1}|s_t)$$

扭曲测度 $\tilde{\pi}_t(s^t)$被称为等价鞅测度（equivalent martingale measure）。下面我们解释两个形容词的含义。“等价”是指，如果某事件在测度 $\tilde{\pi}$ 下具有正的概率，那么在测度 π 下的概率也为正，反过来也一样。方程（13.4.5a）中的假定 $u'(c)>0$ 可以保证 π 和 $\tilde{\pi}$ 的等价性。①

我们现在来看形容词“鞅”。② 为了理解为什么该词会被用于 $\tilde{\pi}_t(s^t)$，可以考虑一种特别资产，其红利流为 $d_T=d(s_T)$ 且 $d_t=0$ ($t\neq T$)。使用第 8 章中的方法，或者对方程（13.4.1）进行迭代，该资产附有红利的价格为

$$a_T(s_T)=d(s_T) \tag{13.4.6a}$$

$$a_{T-1}(s_{T-1})=R_{T-1}^{-1}\widetilde{E}_{T-1}a_T(s_T) \tag{13.4.6b}$$

$$\vdots \qquad \vdots$$

$$a_t(s_t)=R_t^{-1}\widetilde{E}_t R_{T+1}^{-1}R_{T+2}^{-1}\cdots R_{T-1}^{-1}a_T(s_t) \tag{13.4.6c}$$

此处 $\widetilde{E}_t$ 表示在概率测度 $\tilde{\pi}$ 下的条件期望。现在固定 $t<T$，定义如下“紧缩的”（deflated）或者“利率调整的”资产定价过程：

$$\tilde{a}_{t,t+j}=\frac{a_{t+j}}{R_tR_{t+1}\cdots R_{t+j-1}} \tag{13.4.7}$$

其中 $j=1,\cdots,T-t$。从方程（13.4.6c）可推出

---

① 等价鞅测度的存在意味着存在正的随机折现因子［参见本章对汉森和贾甘纳坦（Jagannathan）界限的讨论］和不存在套利机会，参见 Kreps（1979）和 Duffie（1996）。

② 另一个看法是似然比 $L(s^t)\equiv\frac{\tilde{\pi}_t(s^t)}{\pi_t(s^t)}$是有关测度 $\pi_t(s^t)$的鞅。为了验证这点，注意 $L(s^t)=\frac{\tilde{\pi}(s_t|s_{t-1})}{\pi(s_t|s_{t-1})}L(s^{t-1})$。所以 $E[L(s^t)|s^{t-1}]=L(s^{t-1})E\left[\frac{\tilde{\pi}(s_t|s_{t-1})}{\pi(s_t|s_{t-1})}\middle|s^{t-1}\right]$。但是 $E\left[\frac{\tilde{\pi}(s_t|s_{t-1})}{\pi(s_t|s_{t-1})}\middle|s^{t-1}\right]=\sum_{s_{t+1}\in S}\frac{\tilde{\pi}(s_t|s_{t-1})}{\pi(s_t|s_{t-1})}\cdot\pi(s_t|s_{t-1})=1$，所以 $E[L(s^t)|s^{t-1}]=L(s^{t-1})$，所以似然比是鞅。

$$\widetilde{E}_t \, \widetilde{a}_{t,t+j} = a_t(s_t) \equiv \widetilde{a}_{t,t} \tag{13.4.8}$$

方程（13.4.8）表明，利率调整后的股票价格是关于扭曲测度 $\widetilde{\pi}$ 的鞅。也就是说，使用扭曲测度，对未来利率调整后资产价格的最好预测就是该资产的现有价值。

因此，当等价鞅测度用于资产定价时，我们得到所谓的风险中性定价。注意，在方程（13.4.2）中，对风险的调整在扭曲转移测度中予以考虑。我们可以将方程（13.4.8）写为

$$\widetilde{E}[a(s_{t+1}) \mid s_t] = R_t[a(s_t) - d(s_t)] \tag{13.4.9}$$

此处 $\widetilde{E}$ 是关于扭曲转移测度的期望算子。方程（13.4.9）用另外一种方法表明，经过无风险利率和红利的调整以后，资产价格是关于等价鞅测度的鞅。

基于等价鞅测度，资产定价可以用来计算资产所承诺的红利流的条件期望。例如，考虑一个欧式看涨期权，其标的资产可由方程（13.4.6）定价。该看涨期权的持有者有权但不是必须在 T 时刻以价格 K 购买标的资产。当且仅当 $a_T \geqslant K$ 时，持有者实施该看涨期权。在 T 时刻，期权的价值为 $Y_T = \max(0, a_T - K) \equiv (a_T - K)^+$。当 $t < T$ 时，期权的价格为

$$Y_t = \widetilde{E}_t\left[\frac{(a_T - K)^+}{R_t R_{t+1} \cdots R_{t+T-1}}\right] \tag{13.4.10}$$

布莱克和斯科尔斯（Black and Scholes，1973）使用了 $\widetilde{\pi}$ 的一个特殊的连续时间形式，并求得方程（13.4.10）关于 Y_t 的分析解。他们的解就是著名的布莱克-斯科尔斯期权定价公式。

13.5 均衡资产定价

前面关于方程（13.2.4）和方程（13.2.5）的讨论没有说明经济是怎样产生霍尔的工作中假定的常数利率的。现在，我们在一个简单的代表性个体禀赋经济中研究均衡资产定价，也就是卢卡斯的资产定价模型。[①] 我们假设经济中存在大量的相同个体，其偏好结构如表达式（13.2.1）所示。经济中唯一的耐用品是许多相同的“树”，平均每人一棵。在 t 期期初每棵树产生果实或者红利，数量为 y_t。果实不能储存，但是树可以被完好保存。每个个体在生命之初，即 0 时刻，拥有一棵树。

假定分红 y_t 服从马尔可夫过程，并且分红是经济中唯一的状态变量 s_t，即 $s_t = y_t$。时不变的转移概率分布函数由 $\text{Prob}\{s_{t+1} \leqslant s' \mid s_t = s\} = F(s', s)$ 给定。

所有的个体都最大化表达式（13.2.1），受约束于预算约束条件(13.2.2)和(13.2.3)和横截条件(13.2.6)和(13.2.7)。在均衡条件下，资产价格使得市场出清。也就是说，所有个体所持有的债券之和等于 0，所持有的股票数量之和等于股份总数。为了标准化，令每棵树对应一份股票。

---

① 参见 Lucas（1978）。早期的重要工作也可参见 Stephen LeRoy（1971，1973）。关于基于消费的资本资产定价模型的早期工作可参见 Breeden（1979）。

由于所有个体的偏好和禀赋都是相同的，所以我们考虑代表性个体。[1]卢卡斯的模型和其他的代表性个体资产定价模型（例如 Brock，1982；Altug，1989）具有相同的特征。这些模型使用随机最优增长模型进行消费分配并对资产进行定价。

这些资产定价模型可以通过如下步骤来构造：

（1）描述动态经济中的偏好、技术和禀赋，并求解得到均衡跨期消费分配。有时存在一个特定的计划问题，其解等于竞争性分配。

（2）设立一个某些特殊资产的竞争性市场，这些资产代表对未来消费品的权益。允许个体在特定的借入约束和卖空约束下以均衡价格买卖资产。找到个体关于此资产的欧拉方程，它们与方程（13.2.4）和方程（13.2.5）类似。

（3）令由第 2 步得到的欧拉方程中的消费等于由第 1 步得到的均衡消费。这个过程将使得资产在 t 时刻的价格是经济在 t 时刻状态的函数。

在我们的禀赋经济中，对所有个体一视同仁的计划者在 $c_t \leqslant y_t$ 的条件下最大化 $E_0 \sum_{t=0}^{\infty} \beta^t u(c_t)$。显然，这个计划问题的解就是 $c_t = y_t$。将此消费分配代入方程（13.2.4）和方程（13.2.5），我们得到无风险利率和股票价格的表达式：

$$u'(y_t) R_t^{-1} = E_t \beta u'(y_{t+1}) \tag{13.5.1}$$

$$u'(y_t) p_t = E_t \beta (y_{t+1} + p_{t+1}) u'(y_{t+1}) \tag{13.5.2}$$

13.6 没有泡沫的股票价格

递归使用方程（13.5.2），并使用迭代期望法则［该法则说明 $E_t E_{t+1}(\cdot) = E_t(\cdot)$］，我们得到如下均衡股票价格的表达式：

$$u'(y_t) p_t = E_t \sum_{j=1}^{\infty} \beta^j u'(y_{t+j}) y_{t+j} + E_t \lim_{k \to \infty} \beta^k u'(y_{t+k}) p_{t+k} \tag{13.6.1}$$

此外，均衡股票价格必须与市场出清时的价格一致。也就是说，个体必须愿意永久性地持有他们的树的禀赋。那么立即可以推出，方程（13.6.1）中的最后一项必定等于 0。如果此项是严格正的，那么出售股票所得到的边际效用 $u'(y_t) p_t$ 大于永久持有该股票并消费未来红利流时所损失的边际效用 $E_t \sum_{j=1}^{\infty} \beta^j u'(y_{t+j}) y_{t+j}$。因此，所有个体都将会出售一部分股票，因而，股票的价格将会下降。同理，如果方程（13.6.1）中的最后一项是严格负的，那么所有个体都将会购买股票，因而，股票的价格将会上升。因此，均衡股票价格必定满足

$$p_t = E_t \sum_{j=1}^{\infty} \beta^j \frac{u'(y_{t+j})}{u'(y_t)} y_{t+j} \tag{13.6.2}$$

① 在第 8 章中，我们展示了一些异质性也和代表性个体的定义一致。

该方程扩展了方程（13.3.4），股票价格是未来红利流的期望折现值，但此时的折现率是随时间变化的和随机的。

注意，也可以直接使用横截条件（13.2.7）和市场出清条件来消除资产泡沫。在均衡中，代表性个体持有人均已发行股份数（我们已经假定了每人有一棵树，并且每棵树对应一份股票）。用横截条件（13.2.7）除以固定的时不变的股份数，并且将 c_{t+k} 替换为均衡消费 y_{t+k}，我们就可以发现方程（13.6.1）中的最后一项必须为 0。[①]

进一步地，在引入我们的禀赋服从马尔可夫过程的假定之后，可知方程（13.6.2）中的均衡价格可以表示为当前状态 s_t 的函数：

$$p_t = p(s_t) \tag{13.6.3}$$

13.7 计算资产价格

我们现在转而研究三个例子。这些例子表明通过求解期望差分方程（13.5.2）很容易推算出资产定价函数。

□ 13.7.1 例 1：对数偏好

取在 $u(c_t)=\ln c_t$ 时出现的方程（13.6.2）的特殊形式。那么方程（13.6.2）变为

$$p_t=\frac{\beta}{1-\beta}y_t \tag{13.7.1}$$

方程（13.7.1）是我们的资产定价函数。该函数将 t 时刻的经济状态变量 y_t 映射为 t 时刻的卢卡斯树的价格。

□ 13.7.2 例 2：有限状态情形

梅拉和普雷斯科特（1985）研究了卢卡斯树模型的离散状态情形。假定红利取 n 个不同的值$[\sigma_1,\sigma_2,\cdots,\sigma_n]$。令红利服从马尔可夫链，其转移概率为

$$\text{Prob}\{y_{t+1}=\sigma_l \mid y_t=\sigma_k\}=P_{kl}>0$$

称 $n\times n$ 的矩阵 P 为随机矩阵，其中的元素记为 P_{kl}。该矩阵对任意 k 满足 $\sum_{l=1}^{n}P_{kl}=1$。将卢卡斯模型的方程（13.5.2）表达为

$$p_t u'(y_t)=\beta E_t p_{t+1}u'(y_{t+1})+\beta E_t y_{t+1}u'(y_{t+1}) \tag{13.7.2}$$

① 布罗克（1982）和梯若尔（Tirole，1982）利用横截条件证明了资产泡沫不可能存在于有固定数量无限存活个体的经济中。但是，梯若尔（1985）表明资产泡沫可以存在于动态低效的世代交叠模型的均衡中，即当经济增长率超过均衡收益率时。奥康奈尔（O' Connell）和扎德斯（1988）对一个动态低效的经济得出了相同的结果，这个经济中有越来越多的无限存活个体。阿贝尔、曼昆、萨默斯和泽克豪泽（1989）提供的国际证明表明，动态低效在实践中不是一个问题。

将 t 时刻的价格表示为 t 时刻状态 σ_k 的函数，即 $p_t=p(\sigma_k)$。定义 $p_t u'(y_t)=p(\sigma_k)u'(\sigma_k)\equiv v_k(k=1,\cdots,n)$。同时定义 $\alpha_k=\beta E_t y_{t+1}u'(y_{t+1})=\beta\sum_{l=1}^{n}\sigma_l u'(\sigma_l)P_{kl}$。那么方程（13.7.2）可以被表示为

$$p(\sigma_k)u'(\sigma_k)=\beta\sum_{l=1}^{n}p(\sigma_l)u'(\sigma_l)P_{kl}+\beta\sum_{l=1}^{n}\sigma_l u'(\sigma_l)P_{kl}$$

或者

$$v_k=\alpha_k+\beta\sum_{l=1}^{n}P_{kl}v_l$$

或者用矩阵形式，$v=\alpha+\beta Pv$，此处 v 和 α 均为列向量。该方程可以被表示为 $(I-\beta P)v=\alpha$。此方程的唯一解为①

$$v=(I-\beta P)^{-1}\alpha \tag{13.7.3}$$

资产在状态 σ_k 时的价格——记为 p_k——为：$p_k=v_k/[u'(\sigma_k)]$。注意，可以将方程（13.7.3）表示为

$$v=(I+\beta P+\beta^2P^2+\cdots)\alpha$$

或者

$$p(\sigma_k)=p_k=\sum_l(I+\beta P+\beta^2P^2+\cdots)_{kl}\frac{\alpha_l}{u'(\sigma_k)}$$

此处 $(I+\beta P+\beta^2P^2+\cdots)_{kl}$ 是矩阵 $(I+\beta P+\beta^2P^2+\cdots)$ 中的 (k,l) 元素。请读者用未来变量的期望几何和来解释这个公式。

□ 13.7.3 例 3：带增长的资产定价

我们对纯禀赋经济中的卢卡斯树进行定价，其中 $c_t=y_t$，$y_{t+1}=\lambda_{t+1}y_t$，此处 λ_t 是转移矩阵为 P 的马尔可夫过程。令 p_t 为卢卡斯树的无红利价格。假定 CRRA 效用函数为 $u(c)=c^{1-\gamma}/(1-\gamma)$。显然，卢卡斯树的价格满足

$$p_t=E_t\left[\beta\left(\frac{c_{t+1}}{c_t}\right)^{-\gamma}(p_{t+1}+y_{t+1})\right]$$

两边除以 y_t 并变形得到

$$\frac{p_t}{y_t}=E_t\left[\beta(\lambda_{t+1})^{1-\gamma}\left(\frac{p_{t+1}}{y_{t+1}}+1\right)\right]$$

或者

$$w_i=\beta\sum_j P_{ij}\lambda_j^{1-\gamma}(w_j+1) \tag{13.7.4}$$

此处 w_i 表示价格-红利比。梅拉和普雷斯科特使用了方程（13.7.4）来计算均衡价格。

---

① 唯一性源于这样一个事实，因为 P 是一个每一行的和都等于 1 的非负矩阵，P 的最大模的特征值有模数 1。然后 βP 最大的特征值有模数 β［这一点从费洛比尼斯（Frobenius）定理可以得到］。这意味着 $(I-\beta p)^{-1}$ 存在，扩展式 $I+\beta p+\beta^2p^2+\cdots$ 收敛且等于 $(I-\beta p)^{-1}$。

13.8 利率的期限结构

我们现在通过对不同到期日的债券定价来研究利率的期限结构。① 继续假定经济在 t 时刻的状态变量是卢卡斯树的当前红利 $y_t=s_t$，该红利是转移概率分布为 $F(s',s)$ 的马尔可夫过程。t 时期至 $t+j$ 时期的无风险实际总收益率记为 R_{jt}，测量单位是与 t 时刻每单位消费品相对应的 $t+j$ 时刻的消费品。因此，R_{1t} 取代了以前的单期无风险总利率记号 R_t。在 t 期期初，收益率 R_{jt} 是已知的，且对个体而言是无风险的。也就是说，在 t 时刻，R_{jt}^{-1} 是 $t+j$ 时刻的 1 单位消费品的完全确定的权益价格。为了简便，我们只考虑零息票债券。总收入 L_{jt} 的下标 j 现在表示到期期限，下标 t 仍然表示个体在 t 时期至 $t+1$ 时期决定持有的资产。

作为含有一期和二期无风险债券的例子，预算约束（13.2.2）和财富运动方程（13.2.3）可扩展为

$$c_t+R_{1t}^{-1}L_{1t}+R_{2t}^{-1}L_{2t}+p_tN_t\leqslant A_t \tag{13.8.1}$$

$$A_{t+1}=L_{1t}+R_{1t+1}^{-1}L_{2t}+(p_{t+1}+y_{t+1})N_t \tag{13.8.2}$$

即使无风险债券代表对未来消费品的确定性权益，这些资产在到期之前也仍然存在价格风险。例如，从财富表达式（13.8.2）可以看出，t 时期发行的两期债券——L_{2t}——在 $t+1$ 时期的交易价格为 R_{1t+1}^{-1}。在 t 时刻，由于 R_{1t+1}^{-1} 是未知的，所以持有两期债券并计划于下一期出售它们的个体所得到的收益是不确定的。用简单的套利方法可以确定 R_{1t+1}^{-1}，因为在 $t+1$ 时期，这些资产代表对 $t+2$ 时刻的消费品与 $t+1$ 时期新发行的单期债券相同的确定性权益。变量 L_{jt} 可以被理解为个体对 t 时期至 $t+1$ 时期的债券的净持有量，该债券在 $t+j$ 时刻回报 1 单位消费品，而无须指出该债券的初始发行时间。

给定财富 A_t 和当前红利 $y_t=s_t$，令 $v(A_t,s_t)$ 为表达式（13.2.1）的最大值，约束条件为方程（13.8.1）、方程（13.8.2）、树的资产定价方程 $p_t=p(s_t)$、随机过程 $F(s_{t+1},s_t)$ 以及 R_{1t} 和 R_{2t} 的随机过程。贝尔曼方程可以记为

$$\begin{aligned}v(A_t,s_t)=\max_{L_{1t},L_{2t},N_t}&\{u[A_t-R_{1t}^{-1}L_{1t}-R_{2t}^{-1}L_{2t}-p(s_t)N_t]\\&+\beta E_tv(L_{1t}+R_{1t+1}^{-1}L_{2t}+[p(s_{t+1})+s_{t+1}]N_t,s_{t+1})\}\end{aligned}$$

此处我们已经分别使用方程（13.8.1）和方程（13.8.2）将消费 c_t 和财富 A_{t+1} 替换了。对 L_{1t} 和 L_{2t} 的一阶必要条件是

$$u'(c_t)R_{1t}^{-1}=\beta E_tv_1(A_{t+1},s_{t+1}) \tag{13.8.3}$$

$$u'(c_t)R_{2t}^{-1}=\beta E_t[v_1(A_{t+1},s_{t+1})R_{1t+1}^{-1}] \tag{13.8.4}$$

① 关于利率的期限结构的资产定价理论已被发展了，参见 Cox，Ingersoll and Ross（1985a，1985b）和 LeRoy（1982）。

使用本维尼斯特和沙因克曼的结论以及均衡配置 $c_t = y_t (= s_t)$，我们得到如下均衡收益率：

$$R_{1t}^{-1} = \beta E_t \left[\frac{u'(s_{t+1})}{u'(s_t)} \right] \equiv R_1(s_t)^{-1} \tag{13.8.5}$$

$$R_{2t}^{-1} = \beta E_t \left[\frac{u'(s_{t+1})}{u'(s_t)} R_{1t+1}^{-1} \right] = \beta^2 E_t \left[\frac{u'(s_{t+2})}{u'(s_t)} \right] \equiv R_2(s_t)^{-1} \tag{13.8.6}$$

其中，方程（13.8.6）中的第二个等式是通过方程（13.8.5）和迭代期望法则得出来的。根据马尔可夫假定，利率可以记为当前状态 s_t 的时不变函数。若某债券在 $t+j$ 时期会带来 1 单位消费品，那么该债券在 t 时刻的价格的一般表达式为

$$R_{jt}^{-1} = \beta^j E_t \left[\frac{u'(s_{t+j})}{u'(s_t)} \right] \tag{13.8.7}$$

利率的期限结构通常被定义为具有不同到期日的债券的到期收益的集合。零息票债券的到期收益可简单表示为

$$\widetilde{R}_{jt} \equiv R_{jt}^{1/j} = \beta^{-1} \{ u'(s_t) [E_t u'(s_{t+j})]^{-1} \}^{1/j} \tag{13.8.8}$$

作为例子，假定红利是独立同分布的。那么，j 期债券和 k 期债券的到期收益之间的关系为

$$\widetilde{R}_{jt} = \widetilde{R}_{kt} \{ u'(s_t) [E u'(s)]^{-1} \}^{\frac{k-j}{kj}}$$

当 $u'(s_t) < Eu'(s)$时，利率的期限结构在图形上是向上倾斜的。也就是说，当今天的消费水平相对较高时，边际效用较低，此时个体愿意为了未来而进行储蓄。在均衡中，如果随着时间的推移边际替代率递减，或者如现在的模型，不存在投资技术，那么短期利率将被压低。

利率的期限结构的一个经典理论是长期利率应该由未来短期利率的期望值来确定。例如，纯预期理论（pure expectations theory）假定$R_{2t}^{-1} = R_{1t}^{-1} E_t R_{1t+1}^{-1}$。下面，我们考察在一般均衡模型中该关系式是否成立。由表达式（13.8.6），并使用表达式（13.8.5），我们得到

$$\begin{aligned} R_{2t}^{-1} &= \beta E_t \left[\frac{u'(s_{t+1})}{u'(s_t)} \right] E_t R_{1t+1}^{-1} + \text{cov}_t \left[\beta \frac{u'(s_{t+1})}{u'(s_t)}, R_{1t+1}^{-1} \right] \\ &= R_{1t}^{-1} E_t R_{1t+1}^{-1} + \text{cov}_t \left[\beta \frac{u'(s_{t+1})}{u'(s_t)}, R_{1t+1}^{-1} \right] \end{aligned} \tag{13.8.9}$$

这是纯预期理论的一般形式，其中多了风险溢价项 $\text{cov}_t[\beta u'(s_{t+1})/u'(s_t), R_{1t+1}^{-1}]$。该公式说明纯预期理论只在特殊情形下才成立。第一种特殊情形是效用函数为消费的线性函数，即 $u'(s_{t+1})/u'(s_t) = 1$。那么由方程（13.8.5）可知，R_{1t}是等于β^{-1}的常数，因而，协方差项等于 0。第二种特殊情形在不存在不确定性时出现，因而协方差项等于 0。回忆一下，在风险中性的第一种特殊情形中，这些条件同样也可以消除方程（13.3.2）中的风险溢价项，从而得到股票价格的鞅理论。

13.9 状态或有价格

到目前为止，本章的资产定价方法与第 8 章所采用的方法是不同的。在第 8 章中我们描述了两种完全市场模型，一种是研究具有日期和历史或有权益的 0 时刻交易经济的模型，其中，交易是一劳永逸的；另外一种是研究带有单期阿罗证券的完全集合的序列交易的模型。在得到这些状态或有价格后，只要这些资产的回报是基本的状态或有商品的线性组合，我们就可以通过加权求和对资产进行定价。这个方法可以用于卢卡斯树经济，因为从其关于代表性个体的简单结构来看，它可被视为完全市场经济。只要调整描述经济状态的马尔可夫过程，第 8 章得到的定价公式就可以应用于卢卡斯树经济。

在第 8 章中，我们给出了状态或有权益的 j 步定价核。使用本章的记号，我们称 $Q_j(s_{t+j}|s_t)$是与 t 时期状态 s_t 相对应的状态 s_{t+j}下的 1 单位消费品的价格。本章选取状态变量服从连续状态的马尔可夫过程。但是我们仍然使用记号 $Q_j(s_j|s)$表示向前 j 步的状态或有价格，于是，可以得到第 8 章中关于 j 期或有权益的公式的如下表达式：

$$Q_j(s_j|s)=\beta^j\frac{u'(s_j)}{u'(s)}f^j(s_j,s) \tag{13.9.1}$$

其中 j 步转移概率密度函数满足

$$f^j(s_j,s)=\int f(s_j,s_{j-1})f^{j-1}(s_{j-1},s)\mathrm{d}s_{j-1} \tag{13.9.2}$$

和

$$\mathrm{Prob}\{s_{t+j}\leqslant s'|s_t=s\}=\int_{-\infty}^{s'}f^j(w,s)\mathrm{d}w$$

在以下几节中，我们使用状态或有价格来说明包括莫迪利亚尼-米勒定理和李嘉图定理在内的几个重要研究。

□ 13.9.1 保费

我们使用或有权益价格构造保险模型。令 $q_\alpha(s)$表示事件“下一期的红利小于 α”发生时，下一期 1 单位消费品用本期消费品度量的价格。可以将要定价的资产理解为“农作物保险”，当下一期每棵树收获的农作物少于 α 时，该资产代表一种消费权益。

由上所述，我们有

$$q_\alpha(s)=\beta\int_0^\alpha\frac{u'(s')}{u'(s)}f(s',s)\mathrm{d}s' \tag{13.9.3}$$

注意

$$\int_0^\alpha u'(s')f(s',s)\mathrm{d}s'=\mathrm{Prob}\{s_{t+1}\leqslant\alpha|s_t=s\}E\{u'(s_{t+1})|s_{t+1}\leqslant\alpha,s_t=s\}$$

我们可以将前面的方程表示为

$$q_\alpha(s)=\frac{\beta}{u'(s)}\mathrm{Prob}\{s_{t+1}\leqslant\alpha|s_t=s\}E\{u'(s_{t+1})|s_{t+1}\leqslant\alpha,s_t=s\} \tag{13.9.4}$$

注意，在风险中性的特殊情形下[$u'(s)$是常数]，方程（13.9.4）变为

$$q_\alpha(s)=\beta \text{Prob}\{s_{t+1}\leqslant\alpha \mid s_t=s\}$$

直观上，该公式是对应风险中性情形的合理公式。当 $u''<0$ 且 $s_t\geqslant\alpha$ 时，由方程（13.9.4）可推出 $q_\alpha(s)>\beta\text{Prob}\{s_{t+1}\leqslant\alpha \mid s_t=s\}$（因为对于 $s_t\geqslant\alpha$，有$E\{u'(s_{t+1})\mid s_{t+1}\leqslant\alpha, s_t=s\}>u'(s_t)$）。换句话说，如果代表性个体是风险厌恶的($u''<0$)且 $s_t\geqslant\alpha$，那么农作物保险价格 $q_\alpha(s)$就高于“精算公平”价格$\beta\text{Prob}\{s_{t+1}\leqslant\alpha \mid s_t=s\}$。

方程（13.9.3）的另一种更容易得到经验检验的表示法是

$$1=\frac{\beta}{u'(s_t)}E[u'(s_{t+1})R_t(\alpha)\mid s_t] \tag{13.9.5}$$

此处

$$R_t(\alpha)=\begin{cases}0, & s_{t+1}>\alpha\\ 1/q_\alpha(s_t), & s_{t+1}\leqslant\alpha\end{cases}$$

□ 13.9.2 人造不确定性

除了可以对自然决定风险收益的资产进行定价之外，我们还可以使用模型对任意的人造彩票（man made lottery）定价，正如卢卡斯（1982）所阐明的。假定存在单期彩票市场，彩票在下一期回报随机奖金 ω，令 $h(\omega,s',s)$是 ω 的概率密度函数，该函数基于 s' 和 s。彩票在状态 s 的价格为 $q_L(s)$。为了得到该价格的均衡表达式，我们采用 13.5 节中的步骤，并在个体的预算约束中引入彩票的购买。（如果个体是彩票的出售者，那么购买数量是负的。）那么使用产生第 8 章套利定价公式的方法，我们得到彩票定价公式：

$$q_L(s)=\beta\iint\frac{u'(s')}{u'(s)}\omega h(\omega,s',s)f(s',s)\mathrm{d}\omega\,\mathrm{d}s' \tag{13.9.6}$$

注意，如果 ω 和 s' 是独立的，那么方程（13.9.6）中的积分可以分解，使用方程（13.8.5），我们得到

$$\begin{aligned}q_L(s)&=\beta\int\frac{u'(s')}{u'(s)}f(s',s)\mathrm{d}s'\cdot\int\omega h(\omega,s)\mathrm{d}\omega\\&=R_1(s)^{-1}E\{\omega\mid s\}\end{aligned} \tag{13.9.7}$$

因此，彩票的价格就是下一期 1 单位消费品的确定性权益的价格乘以彩票的期望回报。此时不存在风险溢价，因为在竞争性市场中没有人能够将风险转嫁给其他人，因而不承担风险就不需要收取溢价。

□ 13.9.3 莫迪利亚尼-米勒定理

莫迪利亚尼-米勒定理[①]断言存在一个环境（circumstance），在这个环境中，厂商的总价值独立于其融资结构，也就是厂商的债务和股票。根据赫舒拉发（Hirshleifer, 1966）和斯蒂格利茨（1969）的有关论述，莫迪利亚尼-米勒定理可在完全状态或有市场

---

① 参见 Modigliani and Miller（1958）。

中很直接地被证明。

假定个体在 t 时刻开始经营一个厂商，一棵树是其唯一的资产。同时，个体通过发行 N 份股票和 B 份债券，将厂商出售给公众。每一份债券承诺每一期回报 r，选择 r 使得 rB 小于未来收获物的所有可能实现值 $y_{t+j}(s_{t+j})$，因此 $y_{t+j}-rB$ 为正值的概率为 1。偿还债券持有者之后，股票持有者得到剩下的收获物。因此，一份股票在 $t+j$ 时期的红利等于 $(y_{t+j}-rB)/N$。令 p_t^B 和 p_t^N 分别表示一份债券和一份股票的均衡价格，通过使用或有权益价格得到这两种均衡价格：

$$p_t^B=\sum_{j=1}^{\infty}\int rQ_j(s_{t+j}|s_t)\mathrm{d}s_{t+j} \tag{13.9.8}$$

$$p_t^N=\sum_{j=1}^{\infty}\int \frac{y_{t+j}-rB}{N}Q_j(s_{t+j}|s_t)\mathrm{d}s_{t+j} \tag{13.9.9}$$

债券和股票的总价值为

$$p_t^BB+p_t^NN=\sum_{j=1}^{\infty}\int y_{t+j}Q_j(s_{t+j}|s_t)\mathrm{d}s_{t+j} \tag{13.9.10}$$

由方程（13.6.2）和方程（13.9.1）可知，这等于树的初始价值 p_t。方程（13.9.10）表示了莫迪利亚尼-米勒定理：厂商的价值，即债券和股票的总价值，独立于债券 B 的份数。厂商的总价值也独立于息票率 r。

厂商的总价值独立于融资机制，因为债券和股票的均衡价格已经反映了任何混合责任中的风险。为了说明这些均衡效应，我们假定 $u(c_t)=\ln c_t$ 和 y_{t+j} 独立同分布，因此 $E_t(y_{t+j})=E(y)$，并且对于 $j\geqslant 1$，$\frac{1}{y_{t+j}}$ 也是独立同分布的。使用对数偏好我们可以定义一个随机的折现因子，形如 $m_{t+1}\equiv\beta\left(\frac{c_t}{c_{t+1}}\right)$，并且将欧拉方程表示为如（13.2.4）式和（13.2.5）式的标准形式。

$$Em_{t+1}R_{j,t+1}=1 \tag{13.9.11}$$

其中 $R_{j,t+1}$ 为 t 时期至 $t+1$ 时期资产 j 的单期总收益率。根据对数偏好，树的价格 p_t 由（13.7.1）式给出，而另外两种资产价格现在是

$$p_t^B=\sum_{j=1}^{\infty}E_t\left[r\beta^j\frac{u'(s_{t+j})}{u'(s_t)}\right]=\frac{\beta}{1-\beta}rE(y^{-1})y_t \tag{13.9.12}$$

$$\begin{aligned}p_t^N&=\sum_{j=1}^{\infty}E_t\left[\frac{y_{t+j}-rB}{N}\beta^j\frac{u'(s_{t+j})}{u'(s_t)}\right]\\&=\frac{\beta}{1-\beta}[1-rBE(y^{-1})]\frac{y_t}{N}\end{aligned} \tag{13.9.13}$$

其中，我们已经使用了方程（13.9.8）、方程（13.9.9）、方程（13.9.1）和$y_t=s_t$。（表达式 $1-rBE(y^{-1})$是正的，因为 rB 小于 y 的最小可能实现值。）正如我们所看到的，股票价格与债券份数 B、息票率 r 以及股票份数 N 负相关。下面我们转而研究不同资产的期望收益率，它与资产的风险有关。首先，注意，在我们的特殊假定下，债券和股票的

期望资本收益都等于基础树资产的期望资本收益：

$$E_t\left[\frac{p_{t+1}^B}{p_t^B}\right]=E_t\left[\frac{p_{t+1}^N}{p_t^N}\right]=E_t\left[\frac{p_{t+1}}{p_t}\right]=E_t\left[\frac{y_{t+1}}{y_t}\right] \tag{13.9.14}$$

由此可推出，各项资产之间期望总收益率的差异必定来自下一期红利和利息的期望回报。由方程（13.7.1）、方程（13.9.12）和方程（13.9.13）得到

$$\begin{aligned}\frac{r}{p_t^B}&=\{[1-E_t(y_{t+1})E_t(y_{t+1}^{-1})]+E_t(y_{t+1})E_t(y_{t+1}^{-1})\}\frac{r}{p_t^B}\\&=\frac{1-E(y)E(y^{-1})}{E(y^{-1})p_t}+\frac{E_t(y_{t+1})}{p_t}<E_t\left[\frac{y_{t+1}}{p_t}\right]\end{aligned} \tag{13.9.15}$$

$$\begin{aligned}&E_t\left[\frac{(y_{t+1}-rB)/N}{p_t^N}\right]\\&=\{[1-rBE(y^{-1})]+rBE(y^{-1})\}E_t\left[\frac{(y_{t+1}-rB)/N}{p_t^N}\right]\\&=\frac{E_t(y_{t+1}-rB)}{p_t}+\frac{rBE(y^{-1})E_t(y_{t+1}-rB)}{[1-rBE(y^{-1})]p_t}\\&=\frac{E_t(y_{t+1})}{p_t}+\frac{rB[E(y^{-1})E(y)-1]}{[1-rBE(y^{-1})]p_t}>E_t\left[\frac{y_{t+1}}{p_t}\right]\end{aligned} \tag{13.9.16}$$

此处两个不等式来自詹森不等式（Jensen's inequality），它表明对于任意非平凡随机变量 y（也就是方差为正的随机变量），$E(y^{-1})>[E(y)]^{-1}$。因此，从方程（13.9.14）～方程（13.9.16）我们可以得出，相对基础树资产而言，股票（债券）的期望收益率更高（更低）。此外，方程（13.9.16）说明，股票的期望收益率与债券的回报 rB 正相关。换言之，因为更高杠杆的公司的股票的持有者承受了更高的风险，所以需要更高的期望收益。因此，即使欧拉方程（13.9.11）对于股票和债券都成立，事实上股票的期望收益依然高于无风险债券的期望收益。

13.10 政府债务

13.10.1 李嘉图命题

我们现在使用卢卡斯树模型的一种形式来描述李嘉图命题，该命题声称，在给定政府支出流的条件下，税收融资和债券融资是等价的。[①] 该命题可以被视为是莫迪利亚尼-米勒定理在政府财政中的应用，并且在一定的环境下成立，在这个环境下政府就像一个面临约束的需要做出融资决策的厂商。

我们在卢卡斯模型中增加一个政府，该政府的支出服从非负随机过程$\{g_t\}$，对所有 t

① 罗伯特·巴罗（1974）的一篇文章引起了人们对李嘉图命题的浓厚兴趣。巴罗对于这个命题的描述不同于当前的命题，但是与之密切相关。巴罗使用了一个世代交叠模型，但是假定利他主义的个体关心其后代。为确保可运作的遗赠动机而限制偏好，巴罗描述了一个世代交叠模型，它相当于一个具有一个无限存活的代表性个体的模型。更多关于李嘉图等价性的内容参见第10章。

有 $g_t<y_t$。变量 g_t 表示 t 时刻的人均政府支出。为了分析方便，我们假定 g_t 可以不予考虑，也即假定它对私人个体没有效用。经济中的状态 $s_t=\{y_t,g_t\}$ 是一个向量，包括红利 y_t 和政府支出 g_t。我们假定 y_t 和 g_t 可以被描述为联合马尔可夫过程，其转移概率密度函数为 $f(s_{t+1},s_t)=f(\{y_{t+1},g_{t+1}\},\{y_t,g_t\})$，此处

$$\text{Prob}\{y_{t+1}\leqslant y',g_{t+1}\leqslant g'\mid y_t=y,g_t=g\}=\int_0^{y'}\int_0^{g'}f(\{z,w\},\{y,g\})\mathrm{d}w\mathrm{d}z$$

为了强调红利 y_t 和政府支出 g_t 唯一依赖的变量就是当前状态 s_t，我们将使用记号 $y_t=y(s_t)$ 和 $g_t=g(s_t)$。

政府为自己的支出融资的方式包括：发行单期的且可以是状态或有的债券，征收人均总量税流 $\{\tau_t\}$，它是 t 时刻 $s_t=(y_t,g_t)$ 和任何上一期债务的函数，被我们假定为一个符合随机过程的收入流。为了表明税收和新发行的债券是依赖于当前状态 s_t 和政府在期初的债务的，一种一般的方式是将所有的政府工具用所有过去的历史状态 $s^t=[s_0,s_1,\cdots,s_t]$ 标示出来。可是，$\tau_t(s^t)$ 表示在给定历史 s^t 的条件下，时期 t 的人均总量税，而 $b_t(s_{t+1}\mid s^t)$ 表示在给定经济在 $t+1$ 时刻处于状态 s_{t+1} 的条件下，政府承诺在 t 时刻提供的 $t+1$ 时刻商品的数量，其中债券的发行也是用历史 s^t 来标示。换句话说，我们正在采用的是"商品空间" s^t，正如第 8 章使用的方法。举例来说，我们令 $c_t(s^t)$ 表示在给定历史 s^t 之后，代表性个体在 t 时刻的消费。

我们可以通过前面列出的三个步骤来确定均衡价格。因为税收是总量的而不具有任何扭曲效应，所以竞争性均衡的消费配置仍然等于计划问题中的消费配置，其中计划者分配给每个个体相同的帕累托权重。因此，社会最优问题是，在约束条件为 $c_t\leqslant y_t-g_t$ 的情况下最大化 $E_0\sum_{t=0}^{\infty}\beta^t u(c_t)$。这个问题的最优解是 $c_t=y_t-g_t$，也可写为 $c_t(s^t)=y(s_t)-g(s_t)$。采用前面几节的方法，均衡股票价格、利率和状态或有权益价格可表述为

$$p(s_t)=E_t\sum_{j=1}^{\infty}\beta^j\frac{u'(y(s_{t+j})-g(s_{t+j}))}{u'(y(s_t)-g(s_t))}y(s_{t+j}) \tag{13.10.1}$$

$$R_j(s_t)^{-1}=\beta^j E_t\frac{u'(y(s_{t+j})-g(s_{t+j}))}{u'(y(s_t)-g(s_t))} \tag{13.10.2}$$

$$Q_j(s_{t+j}\mid s_t)=\beta^j\frac{u'(y(s_{t+j})-g(s_{t+j}))}{u'(y(s_t)-g(s_t))}f^j(s_{t+j},s_t) \tag{13.10.3}$$

此处 $f^j(s_{t+j},s_t)$ 是向前 j 步的转移函数，且对 $j\geqslant 2$，该函数满足方程（13.9.2）。计算出来自第 8 章的另一类状态或有权益价格也是有益的：

$$\begin{aligned}q_{t+j}^t(s^{t+j})&=Q_1(s_{t+j}|s_{t+j-1})Q_1(s_{t+j-1}|s_{t+j-2})\cdots Q_1(s_{t+1}|s_t)\\&=\beta^j\frac{u'(y(s_{t+j})-g(s_{t+j}))}{u'(y(s_t)-g(s_t))}f(s_{t+j},s_{t+j-1})\\&\quad\cdot f(s_{t+j-1},s_{t+j-2})\cdots f(s_{t+1},s_t)\end{aligned} \tag{13.10.4}$$

其中 $q_{t+j}^t(s^{t+j})$ 表示给定历史 s^{t+j}，在 $t+j$ 时刻提供的，以 t 时刻、历史 s^t 的消费品表示的 1 单位消费的价格。表达式（13.10.4）可通过套利分析或在均衡配置处赋值的欧拉方程推导出来。注意，均衡价格（13.10.1）～（13.10.4）是独立于政府的税收和债务政策

的。我们证明李嘉图等价性的下一步是说明私人个体的预算集相对于政府的融资决策也是不变的。

首先回到政府的预算约束，我们有

$$g(s_t)=\tau_t(s^t)+\int Q_1(s_{t+1}|s_t)b_t(s_{t+1}|s^t)\mathrm{d}s_{t+1}-b_{t-1}(s_t|s^{t-1}) \tag{13.10.5}$$

此处 $b_t(s_{t+1}|s^t)$ 是当经济在 $t+1$ 时刻状态为 s_{t+1} 时，政府在 t 时刻承诺要回报的 $t+1$ 时刻的商品数量。例如，如果政府决定只发行单期无风险债券，则对所有 s_{t+1}，我们有 $b_t(s_{t+1}|s^t)=b_t(s^t)$，从而

$$\begin{aligned}\int Q_1(s_{t+1}|s_t)b_t(s^t)\mathrm{d}s_{t+1}&=b_t(s^t)\int Q_1(s_{t+1}|s_t)\mathrm{d}s_{t+1}\\&=b_t(s^t)/R_1(s_t)\end{aligned}$$

方程（13.10.5）变为

$$g(s_t)=\tau_t(s^t)+b_t(s^t)/R_1(s_t)-b_{t-1}(s^{t-1}) \tag{13.10.6}$$

方程（13.10.6）是确定性条件下政府预算约束的标准形式。

我们可以把预算约束（13.10.5）式写为

$$b_{t-1}(s_t|s^{t-1})=\tau_t(s^t)-g(s_t)+\int Q_1(s_{t+1}|s_t)b_t(s_{t+1}|s^t)\mathrm{d}s_{t+1} \tag{13.10.7}$$

然后我们将相应的 $t+1$ 期的预算约束乘以 $Q_1(s_{t+1}|s_t)$，并在 s_{t+1} 上积分，得到

$$\begin{aligned}\int Q_1(s_{t+1}|s_t)b_t(s_{t+1}|s^t)\mathrm{d}s_{t+1}&=\int Q_1(s_{t+1}|s_t)[T_{t+1}(s^{t+1})-g(s_{t+1})]\mathrm{d}s_{t+1}\\&\quad+\iint Q_1(s_{t+1}|s_t)Q_1(s_{t+2}|s_{t+1})b_{t+1}(s_{t+2}|s^{t+1})\mathrm{d}s_{t+2}\mathrm{d}s_{t+1}\\&=\int q_{t+1}^t(s^{t+1})[\tau_{t+1}(s^{t+1})-g(s_{t+1})]\mathrm{d}(s^{t+1}\mid s^t)\\&\quad+\int q_{t+2}^t(s^{t+2})b_{t+1}(s_{t+2}|s^{t+1})\mathrm{d}(s^{t+2}|s^t)\end{aligned} \tag{13.10.8}$$

其中我们已经使用了如下记号来表示多重积分：

$$\int x(s^{t+j})\mathrm{d}(s^{t+j}|s^t)\equiv\iint\cdots\int x(s^{t+j})\mathrm{d}s_{t+j}\mathrm{d}s_{t+j-1}\cdots\mathrm{d}s_{t+1}$$

表达式（13.10.8）可代入预算约束（13.10.7）以消掉债券项 $\int Q_1(s_{t+1}|s_t)b_t(s_{t+1}|s^t)\mathrm{d}s_{t+1}$。通过重复地替代相继的预算约束，我们最终得到现值的预算约束[①]

$$\begin{aligned}b_{t-1}(s_t|s^{t-1})&=\tau_t(s^t)-g(s_t)\\&\quad+\sum_{j=1}^{\infty}\int q_{t+j}^t(s^{t+j})[\tau_{t+j}(s^{t+j})-g(s_{t+j})]\mathrm{d}(s^{t+j}|s^t)\end{aligned}$$

---

① 第 2 个等式是根据向前 j 步的或有权益的定价函数的表达式（13.10.3）和（13.10.4）得来的，并且交换积分顺序。

$$= \tau_t(s^t) - g(s_t) - \sum_{j=1}^{\infty}\int Q_j(s_{t+j}|s_t)g(s_{t+j})\mathrm{d}s_{t+j}$$
$$+ \sum_{j=1}^{\infty}\int q_{t+j}^t(s^{t+j})\tau_{t+j}(s^{t+j})\mathrm{d}(s^{t+j}|s^t) \tag{13.10.9}$$

只要

$$\lim_{k\to\infty}\int q_{t+k+1}^t(s^{t+k+1})b_{t+k}(s_{t+k+1}|s^{t+k})\mathrm{d}(s^{t+k+1}|s^t) = 0 \tag{13.10.10}$$

使用有关私人个体的政府债券持有量［我们记为 $b_t^d(s_{t+1}|s^t)$，上标 d 表示需求，与政府的债券供给变量相区别］的横截条件，可以排除方程（13.10.10）的严格正的极限。接下来，我们简单假定表达式（13.10.10）严格负的极限不存在，因为负的极限对应于一个没有意义的情形，其中政府将通过征收高于融资目的所需要的税收来积累对私人部门的“票据收益权”。因此，方程（13.10.9）表明了 t 时刻到期的政府债券的价值等于政府剩余流的现值。

政府的现值预算约束（13.10.9）的一个关键含义是，所有政府债券都必须由未来的基本剩余 $\tau_{t+j}(s^{t+j})-g(s_{t+j})$ 来支持，即政府债券是政府的不包括利息的剩余的资本化价值。以一个正的债务水平开始运行的政府必须在未来的某些时期中在某些状态上实现基本剩余。这就是此经济事实上动态有效的含义之一。①

现在我们转向私人个体在 t 时刻的预算约束：

$$c_t(s^t)+\tau_t(s^t)+p(s_t)N_t(s^t)+\int Q_1(s_{t+1}|s_t)b_t^d(s_{t+1}|s^t)\mathrm{d}s_{t+1}$$
$$\leqslant[p(s_t)+y(s_t)]N_{t-1}(s^{t-1})+b_{t-1}^d(s_t|s^{t-1}) \tag{13.10.11}$$

我们将相应的 $t+1$ 时期的预算约束乘以 $Q_1(s_{t+1},s_t)$，并对 s_{t+1} 进行积分。将所得到的表达式代入方程（13.10.11），以消除 t 时期政府债券的购买数量。将两个预算约束合并得到

$$c_t(s^t)+\tau_t(s^t)+\int[c_{t+1}(s^{t+1})+\tau_{t+1}(s^{t+1})]Q_1(s_{t+1}|s_t)\mathrm{d}s_{t+1}$$
$$+\left\{p(s_t)-\int[p(s_{t+1})+y(s_{t+1})]Q_1(s_{t+1}|s_t)\mathrm{d}s_{t+1}\right\}N_t(s^t)$$
$$+\int p(s_{t+1})N_{t+1}(s^{t+1})Q_1(s_{t+1}|s_t)\mathrm{d}s_{t+1}$$
$$+\iint Q_1(s_{t+1}|s_t)Q_1(s_{t+2}|s_{t+1})b_{t+1}^d(s_{t+2}|s^{t+1})\mathrm{d}s_{t+2}\mathrm{d}s_{t+1}$$
$$\leqslant[p(s_t)+y(s_t)]N_{t-1}(s^{t-1})+b_{t-1}^d(s_t|s^{t-1}) \tag{13.10.12}$$

使用套利方法可以知道上式大括号中的表达式等于 0。通过不断合并所有未来的预算约束，我们最终发现

① 相反，我们在第 9 章的分析中论证了在经济动态低效的情况下，无担保的政府债券或法定货币可以由私人个体估价。这些不同的发现与是否存在资产泡沫的问题有关。参见本章第 12 个脚注。

$$c_t(s^t)+\tau_t(s^t)+\sum_{j=1}^{\infty}\int[c_{t+j}(s^{t+j})+\tau_{t+j}(s^{t+j})]q_{t+j}^t(s^{t+j})\mathrm{d}(s^{t+j}\mid s^t)$$
$$\leqslant[p(s_t)+y(s_t)]N_{t-1}(s^{t-1})+b_{t-1}^d(s_t\mid s^{t-1}) \tag{13.10.13}$$

此处我们已经利用了当 k 趋于无穷时含有 $N_{t+k}(s^{t+k})$ 和 $b_{t+k}^d(s_{t+k+1}\mid s^{t+k})$ 的两项的极限等于 0 这一结论。这两项消失了是因为横截条件以及前面段落中的推导。因此，(13.10.13) 式指出，消费流和税收的现值不能超过个体在 t 时刻的初始财富。

最后，我们通过消除税收的现值，将政府的现值预算约束（13.10.9）代入代表性个体的预算约束（13.10.13）。然后我们使用市场出清条件 $N_{t-1}(s^{t-1})=1$ 和 $b_{t-1}^d(s_t\mid s^{t-1})=b_{t-1}(s_t\mid s^{t-1})$，并使用价格（13.10.1）和价格（13.10.3）的均衡表达式将 $p(s_t)$ 表示为所有未来红利经过向前 j 步定价核 $Q_j(s_{t+j}\mid s_t)$ 折现的和。结果是

$$c_t(s^t)+\sum_{j=1}^{\infty}\int c_{t+j}(s^{t+j})q_{t+j}^t(s^{t+j})\mathrm{d}(s^{t+j}|s^t)$$
$$\leqslant y(s_t)-g(s_t)+\sum_{j=1}^{\infty}\int[y(s_{t+j})-g(s_{t+j})]Q_j(s_{t+j}|s_t)\mathrm{d}s_{t+j} \tag{13.10.14}$$

由于已经说明了均衡价格独立于政府的税收和债券政策，公式（13.10.14）的含义是代表性个体的预算集不随政府的融资决策改变。由于税收和政府债券对价格和私人个体的预算约束没有影响，所以对私人消费决策也没有影响。①

我们可将以上讨论总结为如下命题：

李嘉图命题： 均衡消费和价格只依赖于产出 y_t 和政府支出 g_t 的随机过程。特别地，消费和状态或有价格都独立于税收 τ_t 的随机过程。

在这个模型中，税收和政府债券的时间模式的选择对任何相关的均衡价格和数量都没有影响。原因在于，正如方程（13.10.5）和方程（13.10.9）所表明的，更大的赤字 $g_t-\tau_t$ 伴随着更高的政府债券价值 $b_t(s_{t+1})$，即未来的政府剩余。模型中的个体积累这些政府债券，希望使用所得到的收益偿还未来的税收，而这些税收是用来支持政府债券的价值的。注意，给定 (y_t,g_t) 的随机过程，政府为赤字融资（或者投资它的剩余）的方式是不相关的。因此，政府通过短期、长期、无风险还是有风险的借款来融资是不重要的。这个融资的不相关性是莫迪利亚尼-米勒定理的一个应用。方程（13.10.9）可以被解释为政府的现值独立于其融资决策。

在下一节我们将看到，即使政府选择只发行无风险债券，方程（13.10.9）中的未来政府剩余也不是来自无风险利率，而是来自或有权益价格折现，下一节将讨论它的重要

---

① 我们根据历史 s^t 对选择变量进行了索引，历史 s^t 是该经济的商品空间。验证私人个体在面对均衡价格（13.10.4）时不会选择历史依赖的消费是有意义的。在 t 时刻、历史 s^t 之后，个体相对于 $c_{t+j}(s^{t+j})$ 的一阶条件由下式给出：

$$u^1(c_t(s^t))q_{t+j}^t(s^{t+j})=\beta^j\mu'(c_{t+j}(s^{t+j}))f(s_{t+j},s_{t+j-1})\cdot f(s_{t+j-1},s_{t+j-2})\cdots f(s_{t+1},s_t)$$

在 $\tilde{s}^t=s^t$ 和 $\tilde{s}_{t+j}=s_{t+j}$ 的时候用该式除以相对于 $c_{t+j}(\tilde{s}^{t+j})$ 的相关一阶条件，引用（13.10.4）式，我们得到

$$1=\frac{u'(c_{t+j}(s^{t+j}))}{u'(c_{t+j}(\tilde{s}^{t+j}))}\Rightarrow c_{t+j}(s^{t+j})=c_{t+j}(\tilde{s}^{t+j})$$

因此个体发现当 $s_{t+j}=\tilde{s}_{t+j}$ 时选择 $c_{t+j}(s^{t+j})=c_{t+j}(\tilde{s}^{t+j})$ 是最优的，不管该状态在 $t+j$ 时期之前的历史记录如何。

性。这个区别很清楚，利用方程（13.10.4）和方程（13.10.2）可以将方程（13.10.9）改写为

$$b_{t-1}(s_t)=\tau_t-g_t+\sum_{j=1}^{\infty}E_t\left[\beta^j\frac{u'(y_{t+j}-g_{t+j})}{u'(y_t-g_t)}(\tau_{t+j}-g_{t+j})\right]$$

$$=\tau_t-g_t+\sum_{j=1}^{\infty}\left\{R_{jt}^{-1}E_t[\tau_{t+j}-g_{t+j}]\right.$$

$$\left.+\mathrm{cov}_t\left[\beta^j\frac{u'(y_{t+j}-g_{t+j})}{u'(y_t-g_t)},\tau_{t+j}-g_{t+j}\right]\right\} \tag{13.10.15}$$

□ 13.10.2 没有庞氏骗局

博恩（Bohn，1995）考虑了卢卡斯树经济的一种非稳定离散状态空间情形，用以说明在评价财政政策的长期承受能力时，也就是，在早期模型的方程（13.10.9）和方程（13.10.10）中，在确定政府的现值预算约束和相应的横截条件是否得到满足时，选择合适的准则的重要性。现值预算约束指出，在 t 时刻的任何债券必定要用未来的剩余来偿还，因为横截条件排除了庞氏骗局——使用利息滚动循环偿还初始债券的金融交易策略。

在任意 t 时期，存在有限个自然状态，s^t 是包括现在和过去所有实现了的状态的历史值。令 $\pi_{t+j}(s^{t+j}|s^t)$ 为历史值 s^{t+j} 的概率，此概率基于到 t 时刻已经实现的历史值 s^t。树在 t 时期的红利可表示为 $y_t(s^t)>0$，它依赖于自然状态的整个历史。此随机过程使得对于红利流 $y_t(s^t)$ 的任意固定的比例 $c\in(0,1]$，私人个体的期望效用都是有界的，即意味着

$$\lim_{j\to\infty}E_t\beta^j u'(c_{t+j})c_{t+j}=0 \tag{13.10.16}$$

其中 $c_t=c\cdot y_t(s^t)$。①

博恩（1995）考察了下面的政府政策。政府支出占收入的比例是固定的，即 $1-c=g_t/y_t$。政府发行无风险的单期债券，使得期末债券占收入的比例是常数 $b=R_{1t}^{-1}b_t/y_t$，即 $b_t(s^t)=R_{1t}by_t(s^t)$。给定初始债券，可以通过预算约束（13.10.6）计算税收。从直觉上看，很清楚，这个政府政策能够长久支撑，但是，我们要求对政府的横截条件在任意时期 t 都成立给出正式的证明。给定历史 s^t，有

$$\lim_{j\to\infty}\sum_{s^{t+j+1}|s^t}\tilde{q}^t_{t+j+1}(s^{t+j+1})b_{t+j}(s^{t+j})=0 \tag{13.10.17}$$

上面关于 $s^{t+j}\mid s^t$ 的求和意味着我们是对所有满足 $\tilde{s}^t=s^t$ 的可能的历史 $\tilde{s}^{t+j}$ 求和，并且 $\tilde{q}^t_{t+j}(s^{t+j})$ 表示在给定的历史 s^t，依赖于历史 s^{t+j} 的实现值，在 $t+1$ 时期被提供的 1 单位消费品在 t 时期的价格。在均衡中，我们有

① 如果剩余序列都收敛至 0，则期望终生效用是有界的：

$$0=\lim_{k\to\infty}E_t\sum_{j=k}^{\infty}\beta^j u(c_{t+j})\geqslant\lim_{k\to\infty}E_t\sum_{j=k}^{\infty}\beta^j\{u'(c_{t+j})c_{t+j}\}\geqslant 0$$

第一个等式由 $u(\cdot)$ 的凹性推导出。由于在所有日期 $u'(c_{t+j})c_{t+j}$ 都是正的，我们获得（13.10.16）式。

$$\tilde{q}_{t+j}^{t}(s^{t+j})=\beta^{j}\frac{u'[c\cdot y_{t+j}(s^{t+j})]}{u'[c\cdot y_{t}(s^{t})]}\pi_{t+j}(s^{t+j}\mid s^{t}) \tag{13.10.18}$$

将方程（13.10.18）、信贷政策和 $c_t=c\cdot y_t$ 代入方程（13.10.17）的左边，可以得到

$$\begin{aligned}&\lim_{j\to\infty}E_t\left[\beta^{j+1}\frac{u'(c_{t+j+1})}{u'(c_t)}R_{1,t+j}b\,\frac{c_{t+j}}{c}\right]\\&=\lim_{j\to\infty}E_tE_{t+j}\left[\beta^{j}\frac{u'(c_{t+j})}{u'(c_t)}\beta\frac{u'(c_{t+j+1})}{u'(c_{t+j})}R_{1,t+j}b\,\frac{c_{t+j}}{c}\right]\\&=\frac{b}{cu'(c_t)}\lim_{j\to\infty}E_t[\beta^{j}u'(c_{t+j})c_{t+j}]=0\end{aligned}$$

其中第一个等式使用了迭代期望法则；第二个等式使用了单期利率的均衡表达式，它仍然由表达式（13.10.2）给出；最后的等式可以根据表达式（13.10.16）推出。这样，我们就证明了政府的横截条件和现值预算约束都得到了满足。

博恩（1995）提醒我们，如果我们转而使用无风险利率计算现值，这个关于财政政策的可持续性的结论就有可能被错误地拒绝。为了得到无风险利率的表达式，我们假定偏好由常数相对风险厌恶效用函数 $u(c_t)=(c_t^{1-\gamma}-1)/(1-\gamma)$ 给出，并且红利 y_t 的增长率 $\bar{y}_t=y_t/y_{t-1}$ 是独立同分布的，均值为 $E(\bar{y})$。因此，由方程（13.10.2）给出的无风险利率变为

$$R_{jt}^{-1}=E_t\left[\beta^{j}\left(\prod_{i=1}^{j}\bar{y}_{t+i}\right)^{-\gamma}\right]=\prod_{i=1}^{j}E(\beta\bar{y}^{-\gamma})=R_1^{-j}$$

此处 R_1 是时不变的单期无风险利率。也就是说，利率的期限结构遵循纯预期理论，因为利率是非随机的。［因此，此经济中类似于表达式（13.8.9）的表达式的协方差项等于 0。］

基于以上讨论，我们现在计算按无风险利率进行折现的未来政府债券的期望值，取极限

$$\begin{aligned}\lim_{j\to\infty}E_t\left(\frac{b_{t+j}}{R_{j+1,t}}\right)&=\lim_{j\to\infty}E_t\left(\frac{R_{1,t+j}by_{t+j}}{R_{j+1,t}}\right)=\lim_{j\to\infty}E_t\left(\frac{R_1by_t\prod_{i=1}^{j}\bar{y}_{t+i}}{R_1^{j+1}}\right)\\&=by_t\lim_{j\to\infty}\left[\frac{E(\bar{y})}{R_1}\right]^{j}=\begin{cases}0, & R_1>E(\bar{y})\\ by_t, & R_1=E(\bar{y})\\ \infty, & R_1<E(\bar{y})\end{cases}\end{aligned} \tag{13.10.19}$$

如果红利的期望增长率 $E(\bar{y})$ 超过无风险利率 R_1，则极限为无穷大。无风险利率水平依赖于风险厌恶系数和红利增长率的方差。这种依赖性最好通过例子来说明。假定红利增长率存在两种等概率发生的状态，其均值等于 0.01，即 $E(\bar{y})-1=0.01$，同时令主观折现因子为 $\beta=0.98$。图 13.10.1 将均衡利率 R_1 表示为红利增长率的标准差和相对风险厌恶系数 γ 的函数。当 $\gamma=0$ 时，个体是风险中性的，所以无论不确定性有多大，利率总是由 $\beta^{-1}\approx1.02$ 给出。当增加 γ 使得个体成为风险厌恶者时，会对均衡利率产生两种相反的效应。一方面，更高的风险厌恶性使得个体更加不愿意跨期替代消费。因此，存在对利率的向上的压力，使得个体接受向上倾斜的消费模式。这个事实解释了当增长率的标准差等于 0 时，即当确定性增长率为 0.01 时，R_1 和 γ 之间的正相关关系。另一方

面，不确定性环境中更高的风险厌恶系数意味着，个体对未来消费品的确定性权益赋予更高的价值，这将增加债券价格 R_1^{-1}。因此，图 13.10.1 说明了当个体是完全风险厌恶的且红利增长率的标准差充分大时，无风险利率 R_1 是怎样低于经济的期望总增长率的。[①]

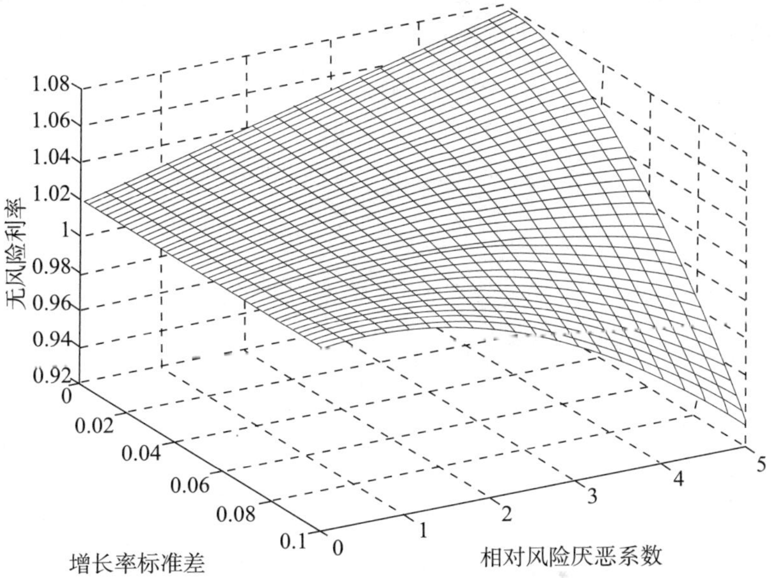

图 13.10.1　作为相对风险厌恶系数 γ 和红利增长率的标准差的函数的无风险利率 R_1。红利增长率具有两种等概率发生的状态，均值为 0.01，即 $E(\bar{y})-1=0.01$，以及主观折现因子为 $\beta=0.98$

如果 $R_1 \leqslant E(\bar{y})$，那么方程（13.10.19）中按照无风险利率折现的未来债券的期望值就不会收敛到 0。由此推出，按照方程（13.10.15）中的无风险利率折现的所有未来政府剩余的总和的期望值要小于初始债券的价值。事实上，在所有的未来水平上，我们的例子将会得到负的期望剩余：

$$E_t(\tau_{t+j}-g_{t+j})=E_t(b_{t+j-1}-b_{t+j}/R_{1,t+j})=E_t[(R_1-\bar{y}_{t+j})by_{t+j-1}]$$
$$=[R_1-E(\bar{y})]b[E(\bar{y})]^{j-1}y_t\begin{cases}>0, & R_1>E(\bar{y})\\=0, & R_1=E(\bar{y})\\<0, & R_1<E(\bar{y})\end{cases}\qquad(13.10.20)$$

此处第一个等式使用了预算约束（13.10.6）。因此，对于 $R_1 \leqslant E(\bar{y})$，方程（13.10.15）中协方差项的总和必定为正。所描述的债券政策也清楚地表达了这个含义，例如，$\bar{y}_{t+j}$ 相对低的实现值导致了相对高的消费边际效用，同时在面对一个相对低的 y_{t+j} 时，为了保持债券-收入的目标比例而导致了税收的提高。

正如博恩（1995）指出的，这个例子说明了汉密尔顿和弗莱文（1986），威尔科克斯

① 无风险利率低于增长率在确定性的稳态下表示动态低效，但在随机经济中不一定如此。我们此处的无限存活模型是动态有效的。关于动态低效的讨论，参见 Diamond（1965）和 Romer（1996，第 2 章）。

（Wilcox，1989），汉森、罗伯特和萨金特（1991），加利（1991）以及罗贝兹（1996）等人的实证研究所存在的问题。这些研究在评价财政政策的可持续性时，需要将无风险利率作为折现因子。只有当未来政府剩余与未来边际效用不相关，从而方程（13.10.15）中的协方差项消失了时，这样的方法才是正确的。如果经济是非随机的或者个体是风险中性的，那么这个条件显然成立。但实际上，很难想象一个税收和支出政策，它与总收入和决定消费边际效用的政府支出之差不相关。

第14章 资产定价实证方法

14.1 引言

我们重复在第 13 章所遇到的对象 m_{t+1}，在这一章我们称之为随机折现因子，也就是

$$m_{t+1}=\beta\left(\frac{C_{t+1}}{C_t}\right)^{-\gamma} \tag{14.1.1}$$

其中 β 表示折现因子，γ 表示相对风险厌恶系数，C_t 表示代表性消费者的消费。对第 13 章中的资产定价理论，可用一句话概述成如下的陈述：对于由代表性消费者所交易的任意资产 j，它的单期总收益 $R_{j,t+1}$ 必须满足

$$E_t(m_{t+1}R_{j,t+1})=1 \tag{14.1.2}$$

从实证形式上看，对于随机折现因子（14.1.1）来说，当将数据用于股票与无风险债券的收益时，限制约束条件（14.1.2）就不会起作用。梅拉和普雷斯科特（1985）将这个困惑称为“股票溢价之谜”。如同我们在本章所要解释的，此问题的大部分内容是用美国的汇总数据代替 C_t，用“合情合理的”数值代替 γ，$\left(\frac{C_{t+1}}{C_t}\right)^{-\gamma}$ 就显得没有易变性质。这一章首先阐述对于 γ 来说，“合情合理的”数值普遍指的是什么，然后阐述股票溢价之谜、其他附属的资产定价之谜，还有一些解释它们的方法。我们的重要议题是以下述方法怎样修改标准的 CRRA 随机折现因子（14.1.1），这些方法可使（14.1.2）更好地拟合收益数据的主要特征。我们将研究某些促使用不稳定的随机对象乘以 $\beta\left(\frac{C_{t+1}}{C_t}\right)^{-\gamma}$ 而得到的

随机折现因子的波动性增大的理论，这里的不稳定的随机对象要么反映代表性消费者的偏好，要么反映消费者集合内的消费分布的异质性。

14.2 对风险厌恶参数的解释

为了理解为什么测量得到的股票溢价是一个谜，有必要解释（14.1.1）式中的 γ 参数，此参数测度了投资者对赌博的态度。经济学家偏见地认为，相对风险厌恶系数的合理数值必定小于 3，这是源自下面的实验而获得的想法：人们面对可用概率分布的良好知识揭示赌博的输赢。

资产定价方面的文献通常使用常数相对风险厌恶效用函数

$$u(C)=\frac{C^{1-\gamma}}{1-\gamma}$$

注意

$$\gamma=\frac{-Cu''(C)}{u'(C)}$$

这是个体的相对风险厌恶系数。

我们想要用避免风险的偏好来解释参数 γ。遵循普拉特（Pratt，1964）的线索，考虑给起初无风险的消费水平为 C 的消费者提供两个选择机会：一个选择，他可以确定获得 $C-\Delta_C$，另一个选择，他可以获得以概率 0.5 得到 $C-y$，以概率 0.5 得到 $C+y$ 的彩票。给定 y 与 C 的值，我们希望求出 $\Delta_C=\Delta_C(y,C)$ 的值，此值使得消费者在上面这两个选择中是无差异的。也就是，我们想要求解函数 $\Delta_C(y,C)$，即从下面方程

$$u[C-\Delta_C(y,C)]=0.5u(C+y)+0.5u(C-y) \tag{14.2.1}$$

解出 $\Delta_C(y,C)$。对于给定 C 与 y 的值来说，我们求解非线性方程（14.2.1），从而得到 Δ_C。

另外一种求解方法，对于较小的 y 值，我们可利用普拉特的局部方法。在点 c 附近的领域内，对 $u(C-\Delta_C)$ 取泰勒级数展开，得到[①]

$$u(C-\Delta_C)=u(C)-\Delta_C u'(C)+O(\Delta_C^2) \tag{14.2.2}$$

对 $u(C+\tilde{y})$ 取泰勒级数展开，得到

$$u(C+\tilde{y})=u(C)+\tilde{y}u'(C)+\frac{1}{2}\tilde{y}^2u''(C)+O(\tilde{y}^3) \tag{14.2.3}$$

其中 $\tilde{y}$ 表示以概率 0.5 取 y 值，以概率 0.5 取 $-y$ 值的随机变量。对等式两边取数学期望，得出

---

① 这里 $O(\cdot)$ 表示（·）中最高的阶，而 $o(\cdot)$ 表示比（·）更小的阶。

$$Eu(C+\tilde{y}) = u(C) + \frac{1}{2}y^2u''(C) + o(y^2) \tag{14.2.4}$$

令公式（14.2.2）与公式（14.2.4）相等，并忽略高阶项，从而得到

$$\Delta_C(y,C) \approx \frac{1}{2}y^2\left[\frac{-u''(C)}{u'(C)}\right]$$

对于常数相对风险厌恶效用函数来说，可以得出

$$\Delta_C(y,C) \approx \frac{1}{2}y^2\ \frac{\gamma}{C}$$

此式可以表示成

$$\Delta_C/y \approx \frac{1}{2}\gamma(y/C) \tag{14.2.5}$$

左边是消费者为了避免公平赌注数值 y 而愿意支付的百分比溢价；右边是 $\gamma/2$ 乘以赌注数值 y 与消费者初始消费水平 C 的比值。

根据科克伦（Cochrane，1997）的相关研究，考虑某个人每年初始消费为 50 000 美元，得到或失去 y 美元的机会各占 50%，这个人愿意支付多少来避免那种风险呢？对于 C=50 000，我们可从等式（14.2.1）针对 y=10、100、1 000、5 000，计算出 Δ_C（参看表 14.2.1）。对这些溢价的共同反应是即使 γ 高达 5，溢价仍然太大。此结果是宏观经济学家偏见地认为 γ 不应该大于 2 或 3 的一个重要来源。

表 14.2.1　　对于 y 与 γ 的各种不同值的风险溢价 $\Delta(y,c)$

$\gamma\backslash y$	10	100	1 000	5 000
2	0.02	0.2	20	500
5	0.05	5	50	1 217
10	0.1	1	100	2 212

14.3　股票溢价之谜

表 14.3.1 描述了美国 1889—1978 年这 90 年期间关于相对无风险债券与风险股票收益率的一阶矩和二阶矩。标准普尔 500 指数的平均实际收益率是 7%，而短期债券的平均收益率只有 1%。股票溢价之谜是利用总消费数据，产生股票收益率与无风险证券收益率之间的大的差距需要一个非常大的相对风险厌恶系数。①

① 对股票溢价之谜的解决的更多深入看法，参见 Aiyagari（1993）、Kocherlakota（1996a）和 Cochrane（1997）。

表 14.3.1　美国 1889—1978 年年度数据的概述统计量。$1+r_{t+1}^s$ 表示股票的实际收益率，$1+r_{t+1}^b$ 表示相对无风险债券的实际收益率，c_{t+1}/c_t 表示实际非耐用品和服务的实际消费人均增长率

	均值	方差-协方差		
		$1+r_{t+1}^s$	$1+r_{t+1}^b$	c_{t+1}/c_t
$1+r_{t+1}^s$	1.070	0.027 4	0.001 04	0.002 19
$1+r_{t+1}^b$	1.010		0.003 08	−0.000 193
c_{t+1}/c_t	1.018			0.001 27

资料来源：科切拉科塔（1996a，表 1），他运用了与梅拉和普雷斯科特相同的数据。

我们选择汉森和辛格尔顿（1983）的方法，在收益率服从对数正态分布的条件下，通过研究欧拉方程的无条件平均来阐明股票溢价之谜。设股票与债券在时期 t 与 $t+1$ 之间的实际收益率分别为 $1+r_{t+1}^s$ 与 $1+r_{t+1}^b$。在我们的卢卡斯树模型中，这些数值是 $1+r_{t+1}^s=(y_{t+1}+p_{t+1})/p_t$，$1+r_{t+1}^b=R_{1t}$。关于债券的实际收益率，我们现在运用时间下标 $t+1$ 来考虑债券在时刻 t 关于它的实现的不确定性。由于表 14.3.1 中的数值是基于名义债券计算得到的，所以实际债券收益率会受通货膨胀的不确定性影响。为了考虑到这种不确定性，并且改变记号，我们将欧拉方程（13.2.4）与（13.2.5）重新写成

$$1=\beta E_t\left[(1+r_{t+1}^i)\frac{u'(c_{t+1})}{u'(c_t)}\right],\ i=s,b \tag{14.3.1}$$

我们假定禀赋（消费）与收益率的外生随机过程如下：

$$\frac{C_{t+1}}{C_t}=\bar{c}_{\Delta}\exp\{\varepsilon_{c,t+1}-\sigma_c^2/2\} \tag{14.3.2}$$

$$1+r_{t+1}^i=(1+\bar{r}^i)\exp\{\varepsilon_{i,t+1}-\sigma_i^2/2\},\ i=s,b \tag{14.3.3}$$

其中 exp 表示指数函数，$\{\varepsilon_{c,t+1},\varepsilon_{s,t+1},\varepsilon_{b,t+1}\}$ 服从均值为 0 且方差为 $\{\sigma_c^2,\sigma_s^2,\sigma_b^2\}$ 的联合正态分布。因而，消费增长的对数与收益率的对数服从联合正态分布。当随机变量 η 的对数服从均值为 μ 且方差为 σ^2 的正态分布时，η 的均值则是 $\exp(\mu+\sigma^2/2)$。因而，此处消费增长的均值、股票与债券的实际收益率的均值分别为 $\bar{c}_{\Delta}$、$1+\bar{r}^s$ 与 $1+\bar{r}^b$。

假定常数相对风险厌恶效用函数 $u(C_t)=(C_t^{1-\gamma}-1)/(1-\gamma)$。将这个效用函数与随机过程（14.3.2）及（14.3.3）代入等式（14.3.1）之后，我们对等式（14.3.1）取无条件期望。由期望迭代定理，我们可得到

$$\begin{aligned}1&=\beta E\left[(1+r_{t+1}^i)\left(\frac{c_{t+1}}{c_t}\right)^{-\gamma}\right] \\ &=\beta(1+\bar{r}^i)\bar{c}_{\Delta}^{-\gamma}E\{\exp[\varepsilon_{i,t+1}-\sigma_i^2/2-\gamma(\varepsilon_{c,t+1}-\sigma_c^2/2)]\} \\ &=\beta(1+\bar{r}^i)\bar{c}_{\Delta}^{-\gamma}\exp[(1+\gamma)\gamma\sigma_c^2/2-\gamma\mathrm{cov}(\varepsilon_i,\varepsilon_c)] \\ i&=s,b\end{aligned} \tag{14.3.4}$$

其中第二个等式成立是由于大括号中的表达式服从对数正态分布。对等式（14.3.4）取对数，可以得出

$$\log(1+\bar{r}^i)=-\log(\beta)+\gamma\log(\bar{c}_\Delta)-(1+\gamma)\gamma\sigma_c^2/2+\gamma\mathrm{cov}(\varepsilon_i,\varepsilon_c),i=s,b \tag{14.3.5}$$

将等式（14.3.5）解释成13.10.2节在股息增长服从对数正态分布的辅助假设条件下的博恩模型里的无风险利率是有意义的，所以均衡消费增长由等式（14.3.2）给出。由于利率是固定不变的，因此我们有 $\mathrm{cov}(\varepsilon_b,\varepsilon_c)=0$。在风险中性个体（$\gamma=0$）的情况下，不管存在多少不确定性，等式（14.3.5）都有如下人们所熟悉的含义：利率等于主观折现因子 β 的倒数。在确定性增长的情况下（$\sigma_c^2=0$），等式（14.3.5）的第二项说明，无风险利率与相对风险厌恶系数 γ 正相关，如同我们在图13.10.1的例子中所发现的那样。同样地，利率下行压力来自图13.10.1中的不确定性，这表现为等式（14.3.5）的第三项。[①] 随着 σ_c^2 的增大，下行压力反映出第17章所讨论过的预防储蓄动机类型的实行。在给定的 γ 水平上，较大的 σ_c^2 会导致人们希望储蓄更多。无风险利率必定会下降以阻止人们这样做。

现在，我们转而研究股票溢价之谜，这里考虑股票收益率与债券收益率表达式之差，正如（14.3.5）式所示，有

$$\log(1+\bar{r}^s)-\log(1+\bar{r}^b)=\gamma[\mathrm{cov}(\varepsilon_s,\varepsilon_c)-\mathrm{cov}(\varepsilon_b,\varepsilon_c)] \tag{14.3.6}$$

利用近似公式 $\log(1+r)\approx r$，同时注意到表14.3.1中的消费增长与债券实际收益率之间的协方差几乎是0，我们可以将对历史的股票溢价的理论解释表示成

$$\bar{r}^s-\bar{r}^b\approx\gamma\mathrm{cov}(\varepsilon_s,\varepsilon_c) \tag{14.3.7}$$

在用表14.3.1中的消费增长与股票实际收益率之间的协方差近似 $\mathrm{cov}(\varepsilon_s,\varepsilon_c)$ 之后，由等式（14.3.7）可知，股票溢价为6%会要求 γ 为27。科切拉科塔（1996，第52页）总结了如下盛行的观点："绝大多数经济学家认为，[γ] 的值大于10（或者大于5）将导致部分个体非常不合理的行为。"这一陈述是对上一节所述普拉特方法的讨论。这就构成了股票溢价之谜。梅拉和普雷斯科特（1985）、威尔（Weil，1989）曾经指出股票溢价之谜的另外一部分，即所观察的无风险利率的历史均值为什么如此之低。我们将在14.6节描述这个无风险利率之谜。[②]

表达式（14.3.7）显示超额收益率是如何补偿风险的。在坏的消费状态中提供低收益的那种资产［也就是 $\mathrm{cov}(\varepsilon_s,\varepsilon_c)>0$ 的资产］，对于对冲消费风险来说，是没有用的。因此，这类资产有着较低的价格，意味着这些资产是和高超额收益有联系的。

14.4 风险的市场价格

加伦特、汉森和陶亨（Gallant，Hansen and Tauchen，1990）、汉森和贾甘纳坦

---

① 因为这项涉及 r 的平方，所以当 $\sigma_c^2>0$ 时，安全利率最终必然是相对风险厌恶系数的一个递减函数，但仅在相对风险厌恶系数非常高且不吸引人的时候。

② 对于 $\beta<0.99$，利用表14.3.1的数据可得出（14.3.5）式的界，从而得到相对风险厌恶系数至少为27。如果我们运用美国第二次世界大战后的消费增长率的较小方差，则隐含的 γ 大于200，如同Aiyagari（1993）所示。

(1991) 运用由资产收益率的时间序列得到的高"风险的市场价格"，来解释股票溢价之谜。风险的市场价格可用资产价格及其单期回报加以定义。设 q_t 是资产在 t 时刻所得到的单期回报 p_{t+1} 的价格。于是，持有这种资产的家庭的欧拉方程可以表示成

$$q_t = E_t(m_{t+1}p_{t+1}) \tag{14.4.1}$$

其中 $m_{t+1}=\dfrac{\beta u'(C_{t+1})}{u'(C_t)}$ 是折现随机回报 p_{t+1} 的随机折现因子。利用条件协方差的定义，(14.4.1) 等式可以写成

$$q_t = E_t m_{t+1} E_t p_{t+1} + \mathrm{cov}_t(m_{t+1}, p_{t+1})$$

将柯西-施瓦茨不等式①应用于上面等式中的协方差项上，可得到

$$\frac{q_t}{E_t m_{t+1}} \geqslant E_t p_{t+1} - \left(\frac{\sigma_t(m_{t+1})}{E_t m_{t+1}}\right)\sigma_t(p_{t+1}) \tag{14.4.2}$$

其中 σ_t 表示条件标准差。如同 (14.4.2) 式的例子，设回报 p_{t+1} 是资产的收益率 R_{t+1}，所以 $q_t=1$。在此情况下，由 (14.4.2) 式可得

$$E_t R_{t+1} \leqslant R_{f,t+1} + \left(\frac{\sigma_t(m_{t+1})}{E_t m_{t+1}}\right)\sigma_t(R_{t+1}) \tag{14.4.3}$$

其中 $R_{f,t+1}^{-1}=E_t m_{t+1}$ 是无风险利率的倒数。不等式 (14.4.3) 显示，任何证券的收益率都有一个上界，即无风险利率 $R_{f,t+1}$ 与风险的市场价格乘以收益率的条件标准差这两项之和。凡是收益率达到界的资产（或者资产投资组合），就称为位于有效均值标准差边界上。

加伦特、汉森和陶亨 (1990)、汉森和贾甘纳坦 (1991) 仅仅使用资产价格及其收益率来估计风险的市场价格，而没有施加与随机折现因子的任何特定说明所暗示的消费数据有关的联系。他们提供的股票溢价之谜的形式可表示为，仅仅由资产市场数据所推导出的风险的市场价格，要大于那种与总消费数据 [比如说，设定了 $m_{t+1}=\beta\left(\frac{C_{t+1}}{C_t}\right)^{-\gamma}$] 相一致的风险的市场价格。总消费的易变性不足以使得对象的标准差对于我们所讨论的 γ 的合理值来说过高。

在下一节，我们阐述汉森和贾甘纳坦是如何由资产价格与单期收益率得出风险的市场价格的。

14.5 汉森-贾甘纳坦界

14.3 节基于收益率的对数正态设定，对股票溢价之谜的详细解释采用高度参数化的

① 柯西-施瓦茨不等式是 $\frac{|\mathrm{cov}_t(m_{t+1}, p_{t+1})|}{\sigma_t(m_{t+1})\sigma_t(p_{t+1})}\leqslant 1$。为了从前面的方程中得到 (14.4.2) 式，我们运用了柯西-施瓦茨不等式的一个分支 $\mathrm{cov}_t(m_{t+1}, p_{t+1})\geqslant -\sigma_t(p_{t+1})\sigma_t(m_{t+1})$。

形式，这一形式被特定的偏好设定与资产收益率的分布所限制。汉森和贾甘纳坦（1991）阐述了一种非参数方法来概述股票溢价之谜。他们的研究工作推广了罗伯特·席勒和斯蒂芬·勒鲁瓦（Stephen LeRoy）在处理随机折现因子方面的方差界。[①] 我们现在阐述汉森和贾甘纳坦界当中的一种界。

汉森和贾甘纳坦所感兴趣的是关于资产价格的限制如何在更一般设置的背景下进行研究，这远远超出了迄今为止我们的探索。我们已经描述了一个通过利用特别的被定义成 $m_{t+1}=\beta\dfrac{u'(C_{t+1})}{u'(C_t)}$ 的"随机折现因子"来揭示资产价格的理论。此理论主张，带有单期随机回报 p_{t+1} 的资产在 t 时刻的价格是 $E_t m_{t+1}p_{t+1}$。汉森和贾甘纳坦则更关注更为一般的模型，其中的随机折现因子能够采取其他形式。

□ 14.5.1 由一价定律推导 $EmR=1$

这一节简要地说明，对价格与收益率施加非常弱的理论限制是怎样足以推导出对于任何资产 j 的收益率 R_j 来说，都存在满足 $EmR_j=1$ 的随机折现因子。实际上，当市场不完全的时候，存在许多不同的随机变量 m 满足 $EmR_j=1$。我们不得不说，运用关于消费者的偏好并没有得到这一结果，而利用"一价定律"就足够用了。

沿着汉森和贾甘纳坦的研究，设 x_j 是证券的随机回报。设存在 J 个基础证券，所以 $j=1,\cdots,J$。因而，设 $x\in IR^J$ 是基础证券的随机回报向量。假定 $J\times J$ 的矩阵 Exx' 存在，并且求其逆矩阵 $(Exx')^{-1}$。同时假定可观察到基础证券的 $J\times 1$ 的价格向量 q，其中 q 的第 j 个元素是回报向量 x 的第 j 个元素的价格。考察用基础证券构建投资组合，也就是基础证券的线性组合。投资组合的价格和构建它们的基础证券的价格会有怎样的关系呢?

设 $c\in IR^J$ 是投资组合的权重。于是，具有权重 c 的投资组合随机回报则是 $c\cdot x$。将由基础证券所构成的投资组合的可达回报的空间定义成：

$$P\equiv\{p:\ p=c\cdot x，对于某个\ c\in IR^J\}$$

我们想要对投资组合的结果进行定价，也就是 P 的结果。我们寻找一个定价泛函 ϕ，它将 P 映射到 IR，即 $\phi:P\rightarrow IR$。

第 j 个基础证券的观察价格必定满足 $q_j=\phi(x_j)$，所以基础证券的观察价格的 $J\times 1$ 的向量 q 满足 $q=\phi(x)$。定价泛函 ϕ 对于 $\phi(c\cdot x)$ 处的投资组合估价为回报 $c\cdot x\in P$。我们可通过购买 $c_1,\cdots,c_J$ 这种数量的基础证券且支付 $c_1q_1+\cdots+c_Jq_J=c\cdot q$ 来复制投资组合的回报 $p=c\cdot x$。由一价定律可知，这两种购买回报 $p\in P$ 的方式应该有相同的成本：

$$\phi(p)=\phi(c\cdot x)=c_1\phi(x_1)+c_2\phi(x_2)+\cdots+c_J\phi(x_J) \tag{14.5.1}$$

(14.5.1) 式表明，定价泛函 ϕ 关于 P 是线性的。

由一价定律还可以得出，$\phi(c\cdot x)$ 依赖于 $c\cdot x$，而不是 c。假如另一个投资组合有收益 $c\cdot x$，则它同样可在 $\phi(c\cdot x)$ 处加以定价。因而，具有相同回报的两个投资组合有一样的价格：

---

① 参看汉森（1982a）早前要求的这种一般化形式。

如果 $c_1 \cdot x = c_2 \cdot x$，则 $\phi(c_1 \cdot x) = \phi(c_2 \cdot x)$

如果 x 表示收益率，则 $q=\mathbf{1}$，即单位向量，从而

$$\phi(c \cdot x) = c \cdot \mathbf{1}$$

□ 14.5.2 定价核的内积表示

如果 y 是一个标量的随机变量，那么 $E(yx)$ 则是向量，此向量的第 j 个元素是 $E(yx_j)$。交叉矩 $E(yx)$ 被称为 x 与 y 的内积。依据黎兹（Riesz）表示定理，线性泛函 ϕ 可以表示成随机回报 x 与某个纯随机变量 y 的内积。[①] 将这个随机向量称为随机折现因子。因而，随机折现因子是一个使得下述等式成立

$$\phi(p) = E(yp), \forall p \in P \tag{14.5.2}$$

的标量随机变量 y。由等式（14.5.2）可得，基础证券的价格向量 q 满足

$$q = E(yx) \tag{14.5.3}$$

由于它蕴含着定价泛函是线性的，所以由一价定律可得到存在随机折现因子。事实上，存在许多随机折现因子。汉森和贾甘纳坦曾经设法刻画了可行的随机折现因子的特征。

注意

$$\text{cov}(y,p) = E(yp) - E(y)E(p)$$

这意味着定价泛函可以表示成

$$\phi(p) = E(y)E(p) + \text{cov}(y,p)$$

这将投资组合的价格表述成期望回报乘随机折现因子的期望值，加上回报与随机折现因子之间的协方差。可以发现，随机折现因子的期望值是 1 单位的确定的标量回报的价格：

$$\phi(1) = E(y)$$

定价泛函的线性特征产生了一种开放的可能性，即某些投资组合的价格是负的。这会提供套利机会。戴维·克雷普斯（David Kreps，1979）已经证明价格体系应该提供无套利机会的原理需要随机折现因子严格为正。对于本节大部分内容来说，我们没有施加无套利原理，而它们仅仅满足一价定律。因而，我们并没有要求随机折现因子是正的。

□ 14.5.3 随机折现因子的分类

在前面几节中，我们构建随机折现因子的结构模型。特别地，对于随机折现因子来说，由我们的理论典型地得到：

$$y = m_{t+1} \equiv \frac{\beta u'(C_{t+1})}{u'(C_t)} \tag{14.5.4}$$

---

① 参看本章附录 A 关于黎兹表示定理的表述及证明。

即今天消费与明天消费之间跨期的边际替代率。就特定效用函数而言，这个设定会产生如下条件的随机折现因子的参数形式，它依赖于特定消费者或者消费者集合的随机消费。

汉森和贾甘纳坦想用一类随机折现因子来近似数据。最初，汉森和贾甘纳坦注意到，这种随机折现因子的一个备选对象是

$$y^{*}=x'(Exx')^{-1}q \tag{14.5.5}$$

这可以直接通过代入（14.5.3）式并验证 $q=E(y^{*}x)$ 而证明。

除了（14.5.5）式之外，在正确地对随机收益率 x 进行定价的意义上，存在许多其他随机折现因子仍然起作用，也就是重新将 q 作为其价格。对任意其他的 y，人们可以直接证明，满足下式

$$y=y^{*}+e$$

的 y 也是随机折现因子，其中 e 与 x 是正交的。[①] 设$\mathcal{Y}$是全部随机折现因子的空间。

□ 14.5.4 一个汉森-贾甘纳坦界

已知 q 的数据还有收益率 x 的分布，尽管汉森和贾甘纳坦除了定价泛函（一价定律）的线性性外并没有施加更多的结构性条件，但他们想要推断出 y 的性质。在仅施加定价泛函的线性性条件下，他们构建了随机折现因子 y 的一阶矩与二阶矩的界，这和已知一系列基础证券的回报分布相吻合。

设 y 是不可观察的随机折现因子。虽然 y 是不可观察的，但我们可利用总体线性回归表示它[②]：

$$y=a+x'b+e \tag{14.5.6}$$

其中 e 与 x 是正交的，同时

$$b=[\mathrm{cov}(x,x)]^{-1}\mathrm{cov}(x,y)$$
$$a=Ey-Ex'b$$

这里 $\mathrm{cov}(x,x)=E(xx')-E(x)E(x)'$。我们拥有允许估计 x 的二阶矩矩阵的数据，但没有 y 的数据，所以也就没有对 $\mathrm{cov}(x,y)$的估计。可是，我们有 q 的数据，即证券价格的向量。因此，汉森和贾甘纳坦间接地运用 q 的数据，继续来推断关于 y 的某些信息。可以发现，$q=E(yx)$ 蕴含着 $\mathrm{cov}(x,y)=q-E(y)E(x)$。所以

$$b=[\mathrm{cov}(x,x)]^{-1}[q-E(y)E(x)] \tag{14.5.7}$$

因而，给定一个猜测的 $E(y)$，资产收益率与价格可被用于估计 b。由于（14.5.6）式的残差与 x 是正交的，所以

$$\mathrm{var}(y)=\mathrm{var}(x'b)+\mathrm{var}(e)$$

---

① 设 y_1与 y_2是两个随机折现因子，所以 $Ey_1x=Ey_2x$，这蕴含着 $E(y_1-y_2)x=0$。因而，这两个随机折现因子之差与 x 是正交的，如同正文中所陈述的那样。

② 参看第 2 章总体线性回归的定义及结构。

因此

$$[\text{var}(x'b)]^{0.5} \leqslant \sigma(y) \tag{14.5.8}$$

其中 $\sigma(y)$ 表示随机变量 y 的标准差。这是所有[①]满足预先设定均值 $E(y)$ 的随机折现因子的标准差的下界。对于各种不同的设定，汉森和贾甘纳坦运用表示式（14.5.7）与（14.5.8），将 $\sigma(y)$ 的界作为 $E(y)$ 的函数计算，用它们的均值及标准差刻画出可行随机折现因子的前沿。

此处有两种这样的设定。首先，回顾价格为 q 且回报为 x 的资产的（总）收益率被定义成 $z=x/q$。假如 z 是常数，则收益率是无风险的。于是，可以发现，当存在一个具有无风险收益率 $z^{RF} \in x$ 的资产时，由此可得 $E(yz^{RF}) = z^{RF}Ey = 1$，因此 Ey 是一个已知常数。于是，我们感兴趣的前沿存在唯一一点，此点拥有已知的 $E(y)$。假如不存在无风险资产，我们可以针对 $E(y)$ 的每一个设定值来计算各种不同的界。

其次，考虑一种 $E(y)$ 未知的情况，这是因为收益率集合中不存在无风险的回报。例如，假定数据集是由"超额收益率"组成的。设 x^s 是股票投资组合的收益率，x^b 是无风险债券的收益率。令 $z = x^s - x^b$ 是超额收益率。于是

$$E[yz]=0$$

因而，对于超额收益率，$q=0$，所以公式（14.5.7）变成

$$b = -[\text{cov}(z,z)]^{-1}E(y)E(z)$$

于是[②]，

$$\text{var}(z'b) = E(y)^2E(z)'[\text{cov}(z,z)^{-1}]E(z)$$

所以，汉森-贾甘纳坦界变成

$$\sigma(y) \geqslant [E(z)'\text{cov}(z,z)^{-1}E(z)]^{0.5}E(y) \tag{14.5.9}$$

在标量超额收益率的特殊情况下，（14.5.9）式成为

$$\frac{\sigma(y)}{E(y)} \geqslant \frac{|E(z)|}{\sigma(z)} \tag{14.5.10}$$

左边是折现因子的标准差与其均值的比值，称为风险的市场价格。因而，界（14.5.10）表明，风险的市场价格至少是 $\frac{E(z)}{\sigma(z)}$。因而，比值 $\frac{E(z)}{\sigma(z)}$ 确定了 $[E(y),\sigma(y)]$ 平面上高于随机折现因子存在的一条直线。

风险的市场价格 $\frac{\sigma(y)}{E[y]}$ 是投资者承受沿着有效前沿在收益率标准差上增加 1 单位所需补偿的期望收益率的增加量。[③]

对于收益率集合，$q=\mathbf{1}$，所以（14.5.7）式变成

---

① 随机折现因子不一定是正的。汉森和贾甘纳坦（1991）推导出另一种施加了为正特征的界。

② 这个公式是由 $\text{var}(z'b)=b'\text{cov}(z,z)b$ 得到的。

③ 夏普比率测量了相对于标准差而言的超额收益率。风险的市场价格是最大的夏普比率。

$$b = [\mathrm{cov}(x,x)]^{-1}[\mathbf{1} - E(y)E(x)] \tag{14.5.11}$$

通过求解（14.5.11）式，可计算出界，从而

$$\sqrt{b'\mathrm{cov}(x,x)b} \leqslant \sigma(y) \tag{14.5.12}$$

更详细地说，我们对于各种不同的 $E(y)$ 的值计算界，利用（14.5.11）式来计算 b，然后再利用（14.5.12）式中的 b 来计算 $\sigma(y)$ 的下界。

尽管（14.5.9）式是 $[E(y),\sigma(y)]$ 平面上的直线，但界（14.5.11）则是一个抛物线。在下一节，我们运用如下两个收益率的季度数据连同不等式（14.5.11）来计算汉森-贾甘纳坦界，这两个收益率是 1948—2005 年价值加权的纽约证券交易所（NYSE）的股票收益率的实际收益率与美国国库券的实际收益率。我们用图 14.6.1 表示了界，这包含了关于拥有时间可分离的 CRRA 偏好的消费者的随机折现因子的预测行为的其他信息，下一节将给予解释。

14.6 CRRA 达不到汉森-贾甘纳坦界

对于带有折现因子 β 的时间可分离的 CRRA 偏好，随机折现因子 m_{t+1} 正是边际替代率

$$m_{t+1} = \beta\left(\frac{C_{t+1}}{C_t}\right)^{-\gamma} \tag{14.6.1}$$

其中 γ 表示相对风险厌恶系数，而 C_t 表示消费。设 $c_t = \log C_t$，则表示式（14.6.1）可改写成

$$m_{t+1} = \beta\exp(-\gamma(c_{t+1} - c_t)) \tag{14.6.2}$$

对于美国非耐用品及服务的人均消费总数据来说，对此数据一种好的近似是下述模型，也就是令人均消费的对数增长是一个带漂移的随机游走：

$$c_t = \mu + c_{t-1} + \sigma_c\varepsilon_t, \{\varepsilon_t\} i.i.d. \sim N(0,1) \tag{14.6.3}$$

就这个模型的消费增长而言，（14.6.2）式变成

$$m_{t+1} = \beta\exp(-\gamma\mu - \gamma\sigma_c\varepsilon_{t+1}) \tag{14.6.4}$$

而且随机折现因子的对数是

$$\log m_{t+1} = \log\beta - \gamma\mu - \gamma\sigma_c\varepsilon_{t+1} \tag{14.6.5}$$

这是一个正态随机变量，其均值为 $\log\beta - \gamma\mu$ 且方差为 $\gamma^2\sigma_c^2$。为了计算特定随机折现因子（14.6.4）的均值与方差，我们运用下面的性质：

性质： 如果 $\log X \sim N(\mu_x, \sigma_x^2)$，那么 $E(X) = \exp\left(\mu_x + \frac{1}{2}\sigma_x^2\right)$，并且 $\mathrm{std}(X) = E(X)\sqrt{(\exp(\sigma_x^2) - 1)}$。这里的 std 表示标准差。

运用此性质，我们求出均值 $E(m)$ 与标准差 $\sigma(m)$ 是①

$$Em_{t+1}=E[m]=\beta\exp[-\gamma\mu+\frac{\sigma_\varepsilon^2\gamma^2}{2}] \tag{14.6.6}$$

以及

$$\mathrm{std}(m_{t+1})\equiv\sigma(m)=E(m)\{\exp[\sigma_\varepsilon^2\gamma^2]-1\}^{\frac{1}{2}} \tag{14.6.7}$$

图 14.6.1 画出了利用两种收益率的季度数据连同不等式（14.5.11）所建立的汉森-贾甘纳坦界（此图的右上角显示抛物线），两种收益率分别是 1948—2005 年价值加权的 NYSE 的股票收益率的实际收益率与美国国库券的实际收益率。此图形还揭示出，由等式（14.6.6）与（14.6.7）所推导的 $E(m)$ 及 $\sigma(m)$ 的位置可通过 γ 的各种不同值描绘出来。图形显示，尽管 γ 的较高值会导致 $\sigma(m)$ 较高，γ 的较高值也会推动 $E(m)$，但无风险利率的倒数则会下降，而且远离汉森-贾甘纳坦界。

股票溢价之谜是指下面的发现：需要取 γ 的极高值才会使得满足 CRRA 偏好的 $\sigma(m)$ 很高。威尔（Weil，1990）的无风险利率之谜（risk-free rate puzzle）是指针对 CRRA 随机折现因子（14.6.4），令 γ 取较高的值，推动 $E(m)$ 下降，且不断地促使汉森-贾甘纳坦界向左侧移动。

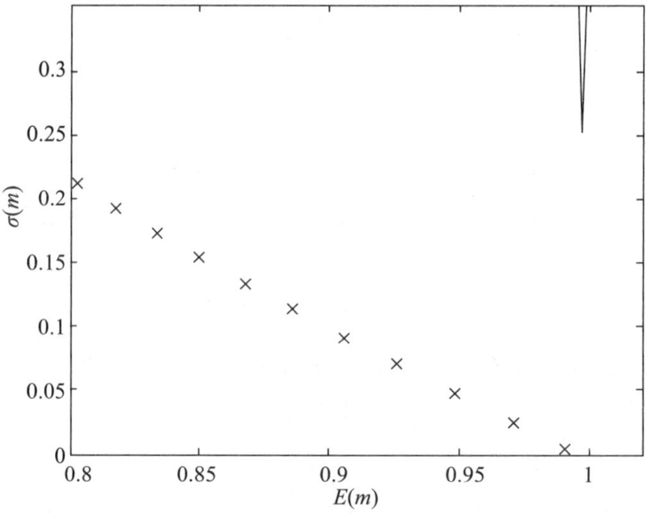

图 14.6.1　实线：1948—2005 年价值加权的 NYSE 的股票收益率和国库券收益率季度数据的汉森-贾甘纳坦波动界。叉形记号：时间可分离的 CRRA 偏好的跨期边际替代率的均值与标准差。相对风险厌恶系数 γ 取值 1、5、10、15、20、25、30、35、40、45、50，并且折现因子 $\beta=0.995$

① 令对数消费增长用 x 表示且其概率密度 $\phi(\cdot)$ 对所有阶 $j\geqslant1$ 有有限矩 $\zeta_j=\int x^j\phi(x)\mathrm{d}x$。然后注意 $Em=\beta E\exp(-\gamma x)$，其中 $E\exp(-\gamma x)$ 是展开式 $1-\gamma\zeta_1+\frac{\gamma^2}{2}\zeta_2-\frac{\gamma^3}{3!}\zeta_3+\cdots$ 的一个矩生成函数。该方程表明无风险总利率 $E(m)$ 依赖于所有阶的对数消费增长过程的矩。斯坦利·济恩（Stanley Zin，2002）将这称为“从不乏味的矩”，并指出如何调整对数消费增长的高阶矩以适应资产定价观测值，同时适应对数消费增长过程的低阶矩。

无风险利率的问题可借助于考察等式（14.6.6）与（14.6.7）来了解。参数 γ 表示对无风险利率的两种不同的影响力，它们来源于从概念形式上看两种明显不同的消费者态度：

（1）γ 对 $\sigma(m)/E(m)$ 的影响。等式（14.6.7）表明，γ 的增大会明确地增加风险的市场价格 $\sigma(m)/E(m)$。这里 γ 是在表述消费者对不受时间影响的赌博的厌恶。γ 的值越高，则越不喜欢风险，而且风险的价格越高。

（2）γ 对 $E(m)$ 的影响。γ 的增加对 $E(m)$ 的补偿影响在等式（14.6.6）中呈现。通过 $\exp(-\gamma\mu)$ 这项，γ 表示代表性消费者对跨时间消费偏离光滑路径的厌恶。增大参数 μ 会引发对跨期消费光滑性的偏离，同时 γ 会成倍地影响消费者接受跨期并不是光滑的路径而不论它们有怎样的风险所需要的无风险利率的补偿。此处，γ 表达出今天消费对明天消费的跨期替代的观点。参数 γ 也会通过 $\exp\left(\frac{\sigma_\varepsilon^2\gamma^2}{2}\right)$ 来影响$E(m)$，这反映出消费者对风险消费流的讨厌，对 γ 增大的不喜欢，它通过较高的 $E(m)$ 经由预防性储蓄动机而得以补偿，其中的预防性储蓄动机则由第 17 章加以分析。

从实证形式上看，表 14.6.1 中的 μ 与 σ_c 的估计值是相同数量级。因而，μ 比 σ_c^2 大 2 个数量级，当 γ 增大时，通过其对 $\exp(-\gamma\mu)$ 项的影响而促使$E(m)$ 下降的速度要大大快于通过其对 $\exp\left(\frac{\sigma_\varepsilon^2\gamma^2}{2}\right)$ 的影响而促使 $E(m)$ 上升的速度。除了极端大的 γ 值之外，这正是 γ 的增大推动 $E(m)$ 下降的缘由。[①]

总之，同样的参数 γ 表述了两种态度，即不受时间影响的风险厌恶与跨期替代厌恶，这产生了威尔的无风险利率之谜，已由图 14.6.1 所揭示。在下一节，我们描述塔拉利尼（Tallarini，2000）如何设置 γ 使其专门刻画风险厌恶，同时设置一个新参数 η，使其刻画针对跨期替代的态度。通过不断探索这种方法，塔拉利尼能够求出推动 $(E(m),\sigma(m))$ 对向着汉森-贾甘纳坦界移动的风险厌恶 γ 的值。

表 14.6.1　根据美国 1948 年第二季度至 2005 年第四季度的季度数据的评估

参数	随机游走
μ	0.004 952
σ_c	0.005 050

14.7　非期望效用

为了从跨期替代中分离出风险厌恶，塔拉利尼（2000）假定偏好可由递归的、非期

① 这个观察是科切拉科塔（1990）的观点的基础，他指出通过适度地调整 (β,γ) 对，可能达到对数消费与时间可分离的 CRRA 偏好的随机游走模型的汉森-贾甘纳坦界，因而不仅解释了股权溢价之谜，而且解释了无风险利率之谜。这样做就需要高的 γ 且 $\beta>1$。

望效用值函数迭代［参见克雷普斯和波蒂厄斯（Kreps and Porteus，1978），爱泼斯坦和济恩（Epstein and Zin，1989）以及威尔（1990）］来刻画，也就是[①]

$$V_t = W(C_t, \mu(V_{t+1}))$$

这里 W 表示聚合函数，它将今天的消费 C 与明天的随机后续值 V_{t+1} 的函数 μ 映射到今天的值 V_t 上。而 $\mu(\cdot)$ 表示"确定性等价"函数，它将关于接下来时期的信息可测量的随机变量 V_{t+1} 映射到关于这个时期的信息可测量的随机变量上：

$$\mu(V_{t+1}) = f^{-1}(E_t f(V_{t+1}))$$

其中 f 表示刻画对不受时间影响的风险的态度的函数：

$$f(z) = \begin{cases} z^{1-\gamma}, & 0 < \gamma \neq 1 \\ \log z, & \gamma = 1 \end{cases} \tag{14.7.1}$$

而 γ 表示相对风险厌恶系数。

爱泼斯坦和济恩（1991）使用了 CES 聚合函数

$$W(C, \mu) = \begin{cases} [(1-\beta)C^{1-\eta} + \beta\mu^{1-\eta}]^{\frac{1}{1-\eta}}, & 0 < \eta \neq 1 \\ C^{1-\beta}\mu^{\beta}, & \eta = 1 \end{cases} \tag{14.7.2}$$

其中 $1/\eta$ 表示跨期替代的弹性。令 $\gamma=\eta$，得出含有折现因子 β 的可加幂函数的特殊情况。

塔拉利尼（2000）运用了这个模型的特殊情况。他设聚合函数（14.7.2）中的 $\eta=1$，同时对他的确定性等价函数使用幂函数（14.7.1）。这些选取导致了塔拉利尼利用下述递归形式将风险消费流上的偏好定义成：

$$V_t = C_t^{1-\beta}[(E_t(V_{t+1}^{1-\gamma}))^{\frac{1}{1-\gamma}}]^{\beta}$$

取对数可以得到

$$\log V_t = (1-\beta)c_t + \frac{\beta}{1-\gamma}\log E_t(V_{t+1}^{1-\gamma})$$

或

$$\frac{\log V_t}{1-\beta} = c_t + \frac{\beta}{(1-\gamma)(1-\beta)}\log E_t(V_{t+1}^{1-\gamma}) \tag{14.7.3}$$

就我们的目的而言，一种方便的做法是以另一种方法表示（14.7.3）式。定义 $U_t \equiv \log V_t/(1-\beta)$，同时

$$\theta = \frac{-1}{(1-\beta)(1-\gamma)} \tag{14.7.4}$$

于是，（14.7.3）式等价于

$$U_t = c_t - \beta\theta\log E_t\left[\exp\left(\frac{-U_{t+1}}{\theta}\right)\right] \tag{14.7.5}$$

① 奥布斯特费尔德（Obstfeld，1994）和多尔马斯（Dolmas，1998）运用递归偏好研究了消费波动的成本。

现在，θ 表示可解释系数 β 与 γ 的特定函数的一种方便方法。但是在后面的 14.8.4 节，θ 是独立的利息变量的可解释参数。

等式（14.7.5）是汉森和萨金特（1995）的风险敏感递归式。[①] 在 $\gamma=1$（或 $\theta=+\infty$）的特殊情况下，应用洛必达法则可以证明，递归式（14.7.5）可变成折现期望效用递归式

$$U_t = c_t + \beta E_t U_{t+1}$$

为了求解递归式（14.7.5），我们运用猜测-证明法。我们继续假定对数消费增长过程是一个带有漂移（14.6.3）的随机游走，并且探寻求解（14.7.5）式。猜测这是一个线性值函数：

$$U_t = k_0 + k_1 c_t \tag{14.7.6}$$

其中 k_0 和 k_1 均表示标量常值。然后针对 k_0 与 k_1 求解贝尔曼方程

$$k_0 + k_1 c = c - \beta\theta \log E \exp\left(\frac{-(k_0 + k_1[\mu + c + \sigma_c \varepsilon_{t+1}])}{\theta}\right) \tag{14.7.7}$$

经过直接计算并再次使用对数正态随机变量的性质可以证明 $k_0 = \frac{\beta}{(1-\beta)^2}\left[\mu - \frac{\sigma_\varepsilon^2}{2\theta(1-\beta)}\right]$，而 $k_1 = \frac{1}{1-\beta}$，所以得到

$$U_t = \frac{\beta}{(1-\beta)^2}\left[\mu - \frac{\sigma_\varepsilon^2}{2\theta(1-\beta)}\right] + \frac{1}{1-\beta} c_t \tag{14.7.8}$$

□ 14.7.1 效用递归的另一种表示法

当对数消费服从带有漂移（14.6.3）的随机游走或者服从 c_{t+1} 条件分布为高斯分布的一类模型时，另一种表示递归式（14.7.5）的方法是

$$U_t = c_t + \beta E_t U_{t+1} - \frac{\beta}{2\theta}\operatorname{var}_t(U_{t+1}) \tag{14.7.9}$$

其中 $\operatorname{var}_t(U_{t+1})$ 表示后续效用 U_{t+1} 的条件方差。利用（14.7.4）式消掉 θ 而选用 γ，此时也可将（14.7.9）式表示成

$$U_t = c_t + \beta E_t U_{t+1} + \frac{\beta(1-\gamma)(1-\beta)}{2}\operatorname{var}_t(U_{t+1}) \tag{14.7.10}$$

当 $\theta<+\infty$ 或 $\gamma>1$ 时，表示式（14.7.9）通过促使消费者不仅对后续效用的条件期望感兴趣，而且还关注它的条件方差，来推广普通时间可分离的期望效用递归式。依据（14.7.9）式，当 $\theta<+\infty$ 时，消费者不喜欢后续效用的条件方差。[②]

当 $\theta<+\infty$ 时，消费者不喜欢后续效用的条件波动性，这意味着他不仅更喜欢解决不

---

① 塔拉利尼定义 $\sigma=2(1-\beta)(1-\gamma)$ 为的是利用汉森和萨金特（1995）的风险敏感性参数 σ 来解释他的递归形式，汉森和萨金特将 σ 的负值看成是风险厌恶的增强。

② 公式（14.7.9）是达菲和爱泼斯坦（1992）论文中随机微分效用模型的离散时间形式。

确定性的时间安排，而且更喜欢持续性风险。图 14.7.1 与图 14.7.2 显示了四种计划的消费回报与转移概率（用连接结点的线上的小数表示）。首先，当 $0<\theta<+\infty$时，消费者更倾向于在早期解决风险（图 14.7.1 中的 A 与 B 这两个计划，他更喜欢 A 计划），尽管当 $\theta=+\infty$时，他对两个计划是无差异的。[①] 其次，当 $0<\theta<+\infty$时，消费者不喜欢风险的持续性（图 14.7.2 中的 C 与 D 这两个计划，他更喜欢 C 计划），尽管当 $\theta=+\infty$时，他对 C 与 D 两个计划是无差异的。[②]

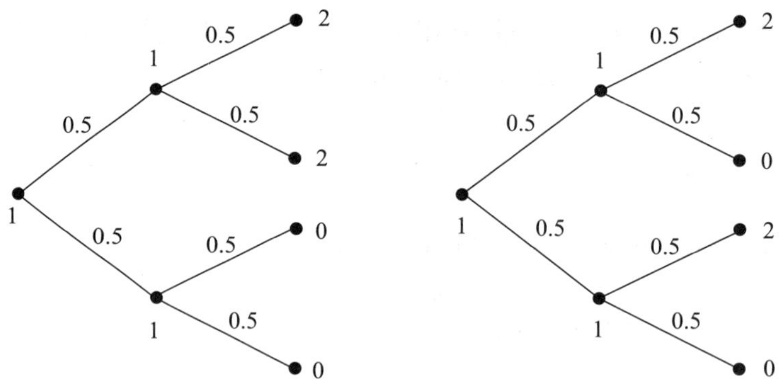

图 14.7.1　A 计划可以在早期解决不确定性。B 计划可以在后期解决不确定性

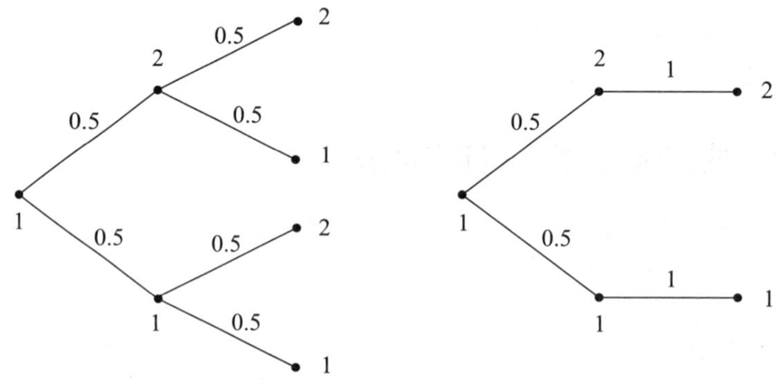

图 14.7.2　C 计划有独立同分布风险。D 计划有持续性风险

□ 14.7.2　随机折现因子

运用由风险敏感性递归式（14.7.5）所导出的偏好，经计算跨期替代率可以证明，随机折现因子是

$$m_{t+1}=\left(\beta\frac{C_t}{C_{t+1}}\right)\left(\frac{\exp(-\theta^{-1}U_{t+1})}{E_t[\exp(-\theta^{-1}U_{t+1})]}\right) \tag{14.7.11}$$

---

① 参看克雷普斯和波蒂厄斯（1978）。

② 参看达菲和爱泼斯坦（1992）。

或者

$$m_{t+1}=\left(\beta\frac{C_t}{C_{t+1}}\right)\left(\frac{\exp((1-\beta)(1-\gamma)U_{t+1})}{E_t[\exp((1-\beta)(1-\gamma)U_{t+1})]}\right)\tag{14.7.12}$$

其中 $g(\varepsilon_{t+1})\equiv\left(\frac{\exp((1-\beta)(1-\gamma)U_{t+1})}{E_t[\exp((1-\beta)(1-\gamma)U_{t+1})]}\right)$ 是非负的随机变量，其条件期望由构建过程可知为 1。这使得它可以被解释为似然比，也就是一个概率密度与另一个概率密度的比值。经计算可以证明，此似然比 g 满足

$$g(\varepsilon_{t+1})\equiv\left(\frac{\exp((1-\beta)(1-\gamma)U_{t+1})}{E_t[\exp((1-\beta)(1-\gamma)U_{t+1})]}\right)=\exp\left(w\varepsilon_{t+1}-\frac{1}{2}w^2\right)\tag{14.7.13}$$

其中 w 由下式给出：

$$w=-\frac{\sigma_\varepsilon}{\theta(1-\beta)}\tag{14.7.14}$$

利用（14.7.4）式中 θ 的定义，我们还可以将 w 表示成

$$w=\sigma_c(1-\gamma)\tag{14.7.15}$$

因而，对于由带漂移（14.6.3）的随机游走所刻画的对数消费过程来说，随机折现因子是

$$\begin{aligned}m_{t+1}&=\beta\exp(-(c_{t+1}-c_t))\exp\left(w\varepsilon_{t+1}-\frac{1}{2}w^2\right)\\&=\beta\exp\left(-\left(\mu+\sigma_c\varepsilon_{t+1}-\sigma_c(1-\gamma)\varepsilon_{t+1}+\frac{1}{2}\sigma_c^2(1-\gamma)^2\right)\right)\end{aligned}\tag{14.7.16}$$

其中从第一行推导至第二行时，我们运用了（14.7.15）式。因此

$$\log m_{t+1}=\log\beta-\mu-\gamma\sigma_c\varepsilon_{t+1}-\frac{1}{2}\sigma_c^2(1-\gamma)^2\tag{14.7.17}$$

所以 $\log m_{t+1}\sim N\left(\log\beta-\mu-\frac{1}{2}\sigma_c^2(1-\gamma)^2,\gamma^2\sigma_c^2\right)$。

再一次将对数正态随机变量的性质应用于（14.7.16）式，于是就随机折现因子而言，可得

$$Em_{t+1}=\beta\exp\left[-\mu+\frac{\sigma_\varepsilon^2}{2}(2\gamma-1)\right]\tag{14.7.18}$$

$$\frac{\sigma(m)}{E[m]}=\{\exp[\sigma_\varepsilon^2\gamma^2]-1\}^{\frac{1}{2}}\tag{14.7.19}$$

请将这两个式子与时间可分离的 CRRA 设定的相应公式（14.6.6）、（14.6.7）相比较，其显著差异是 γ 不再出现在（14.7.18）式中 $E(m)$ 的重要项 $\exp(-\mu)$ 当中，而 γ 出现在 CRRA 公式（14.6.6）的相应项中。塔拉利尼通过将跨期替代率参数 η 的逆固定为 1，使得 γ 不以这种方式出现，尽管允许纯风险厌恶参数 γ 是什么是可以变化的。这样做阻止了当 γ 增大时引发（14.6.6）式中的 $E(m)$ 下降的力量，同时允许塔拉利尼避免无风险利率之谜，并且当他增大风险厌恶参数 γ 时接近于汉森-贾甘纳坦界。

图 14.7.3 是利用 1948—2005 年的价值加权的 NYSE 的股票与国库券的季度收益率画出的我们数据的塔拉利尼形式的重要图形。运用公式（14.6.6）和（14.6.7）来计算风险厌恶参数 γ 取各种不同值时（$E(m)$,$\sigma(m)$）对的位置。当对图 14.7.3 与时间可分离的 CRRA 偏好对应的图 14.6.1 加以比较时，这幅图说明了塔拉利尼的研究工作取得了令人瞩目的成功。可以发现，γ 的增大会推动随机折现因子的波动性向上靠近汉森-贾甘纳坦界，而使 $E(m)$ 不受影响，从而避免威尔（1990）的无风险利率之谜。对于风险厌恶参数来说，当风险厌恶值 $\gamma=50$ 时，风险厌恶系数几乎成功达到汉森-贾甘纳坦界。①

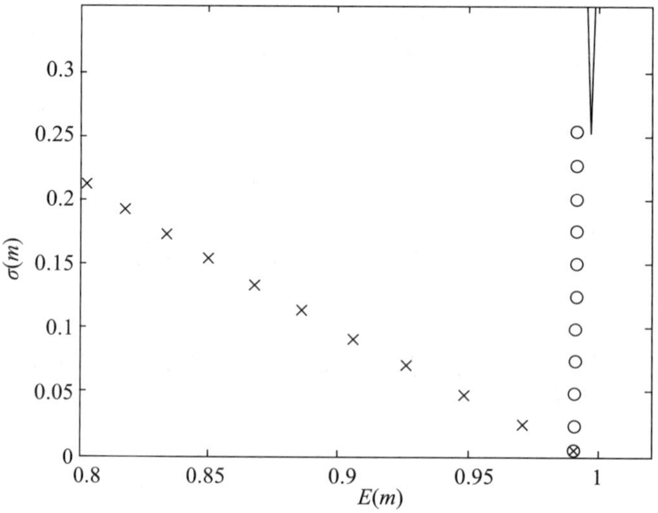

图 14.7.3　实线：1948—2005 年价值加权的 NYSE 的股票与国库券的季度收益率的汉森-贾甘纳坦波动性界。圆圈点表示由满足随机游走假设的爱泼斯坦-济恩偏好所产生的跨期边际替代率的均值与标准差。叉点表示时间可分离的 CRRA 偏好的跨期边际替代率的均值与标准差。相对风险厌恶系数 γ 取值为 1、5、10、15、20、25、30、35、40、45、50 以及折现因子 $\beta=0.995$

14.8　效用递归形式的再解释

为了成功接近汉森-贾甘纳坦界，塔拉利尼需要将风险厌恶参数 γ 设置成如此之高的值，即 50，以至于它使卢卡斯（2003）并不将塔拉利尼的发现作为高风险厌恶的可靠证据：

在个人投资组合的多样化、保险免赔额的水平、与高收入风险相关的工资溢价、国家运营的彩票收益方面，没有人发现风险函数是 50 或 100。解决股权溢价问题是一件好事，但我认为需要超越对风险厌恶的高估值来分析才能做到这一点。

——小罗伯特·卢卡斯，《宏观经济的优先之事》，2003

① 通过对 β 的值向上校准，有可能使得图 14.7.3 中的圆圈向右侧移动，因而促使圆圈更为接近汉森-贾甘纳坦界。

他认为这份阅读资料是更为恰当的关于风险厌恶的证据，在此基础上，沿着14.9节所述的线索，针对测量总波动的成本的目的来说，卢卡斯（1987，2003）更倾向于使用$\gamma=1$或2，而不是塔拉利尼所说的$\gamma=50$，该值需要与他的偏好模型相一致，包括汉森-贾甘纳坦界所概括的消费数据与资产收益率数据。[①]

□ 14.8.1 风险厌恶或模型错误设定之事

为了响应卢卡斯不情愿将塔拉利尼的发现用作代表性消费者对待消费波动的态度的证据来源，现在我们将γ重新解释成对模型设定的怀疑，而不是对风险厌恶的刻画。害怕风险意味着不喜欢带有已知的概率分布的随机性。害怕不确定性或模型错误设定意味着不喜欢不知道概率分布自身。我们将重新解释前瞻性的项[②] $g(\varepsilon_{t+1})\equiv\dfrac{\exp((1-\beta)(1-\gamma)U_{t+1})}{E_t[\exp((1-\beta)(1-\gamma)U_{t+1})]}$，将它乘以(14.7.12)式中的常用对数随机折现因子$\beta\dfrac{C_t}{C_{t+1}}$，这个调整反映了消费者对模型错误设定的调整。

□ 14.8.2 概率扭曲的递归表示

运用类似于第8章所用的下述记号是十分方便的。设$s_t=c_t-c_{t+1}$，并且$s^t=s_t,\cdots,s_1$。将s^t上的联合概率分布表示成$F_t(s^t)$。下式中的$f_{t+1}(s_{t+1}\mid s^t)$表示条件密度，递归式

$$F_{t+1}(s^{t+1})=f_{t+1}(s_{t+1}\mid s^t)F_t(s^t),\quad t\geqslant 1 \tag{14.8.1}$$

控制着联合密度$F_t(s^t)$的演变。对于消费增长带有漂移的随机游走（14.6.3）式来说，$f_{t+1}(s_{t+1}\mid s^t)\sim N(\mu,\sigma_c^2)$。设$G_t(s^t)$是另一个联合密度$\widetilde{F}_t(s^t)$与$F_t(s^t)$的比值，则有

$$\widetilde{F}_t(s^t)=G_t(s^t)F_t(s^t) \tag{14.8.2}$$

我们运用类似于（14.8.1）式中对$F_{t+1}(s^{t+1})$因式分解的方法，对似然比$G_{t+1}(s^{t+1})$加以分解：

$$G_{t+1}(s^{t+1})=g_{t+1}(s_{t+1}\mid s^t)G_t(s^t),\quad t\geqslant 1 \tag{14.8.3}$$

这里$g_{t+1}(s_{t+1}\mid s^t)$表示条件密度的似然比，即

$$g_{t+1}(s_{t+1}\mid s^t)=\frac{\widetilde{f}_{t+1}(s_{t+1}\mid s^t)}{f_{t+1}(s_{t+1}\mid s^t)}$$

由于$g_{t+1}(s_{t+1}\mid s^t)$是一个似然比，所以在$f_{t+1}(s_{t+1}\mid s^t)$条件下，它的期望是1：

$$\int g_{t+1}(s_{t+1}\mid s^t)f_{t+1}(s_{t+1}\mid s^t)\mathrm{d}s_{t+1}=1$$

这反过来意味着在$F_t(s^t)$密度条件下，似然比$G_t(s^t)$针对由s^t所生成的域流*（fil-

---

① 另一个关于证据的观点参见Barseghyan，Molinari，O'Donoghue and Teitelbaum（2011），他们的发现挑战了理解他们面临的概率分布的保险购买的概念。

② 后续值U_{t+1}的存在是我们说“前瞻性”的原因所在。

* 域流，“filtration”，又称“滤过”。——译者注

tration）来说则是一个鞅：

$$E[G_{t+1}(s^{t+1}) \mid s^t] = \left[\int g_{t+1}(s_{t+1} \mid s^t) f_{t+1}(s_{t+1} \mid s^t) \mathrm{d}s_{t+1}\right] G_t(s^t)$$
$$= G_t(s^t)$$

□ 14.8.3 熵

为了测度两个条件密度 $\tilde{f}_{t+1}(s_{t+1} \mid s^t)$ 与 $f_{t+1}(s_{t+1} \mid s^t)$ 的接近程度，我们运用期望对数似然比

$$\begin{aligned} \mathrm{ent}_{t+1}(g) &\equiv \int \log(g_{t+1}(s_{t+1} \mid s^t)) \tilde{f}_{t+1}(s_{t+1} \mid s^t) \mathrm{d}s_{t+1} \\ &= \int \log(g_{t+1}(s_{t+1} \mid s^t)) g_{t+1}(s_{t+1} \mid s^t) f_{t+1}(s_{t+1} \mid s^t) \mathrm{d}s_{t+1} \end{aligned} \quad (14.8.4)$$

其中第一行右边的数学期望是针对条件密度 $\tilde{f}_{t+1}$，而第二行右边的积分则是针对条件密度 f_{t+1}。将研究对象 ent_{t+1} 称为条件密度 $\tilde{f}_{t+1}$ 对条件密度 f_{t+1} 的相对熵。

熵是两个密度的统计接近程度的一个自然测度，其原因在于它利用有限长度的样本来确定两个密度从统计形式上加以辨别检验的特性。当 $g_{t+1}=1$ 时，熵是非负的且等于0，所以 $\tilde{f}_{t+1} = f_{t+1}$。当熵是很小的数时，为了以较高的统计置信度来分辨两个密度，则要取很大的观察值数量，而当熵是非常大的数时，则需要取较少的观察值数量。[①] 我们在14.8.7节会详细地阐明这种联系。但是，我们首先将递归式（14.7.5）重新解释成决策者对模型错误设定的担忧。

□ 14.8.4 刻画不明确性

设 ε 是一个随机变量，它有正态高斯密度 $\phi(\varepsilon) \sim N(0,1)$。设 $\tilde{\phi}(\varepsilon)=g(\varepsilon)\phi(\varepsilon)$ 是关于 ε 的某个其他密度。设 $Z(\varepsilon)$ 是一个值函数。考虑下面的最小化问题

$$\begin{aligned} \mathbf{T}(Z) &= \min_{g(\varepsilon)\geqslant 0} \int Z(\varepsilon) g(\varepsilon) \phi(\varepsilon) \mathrm{d}\varepsilon + \theta \mathrm{ent}(g(\varepsilon)) \\ &= \min_{g(\varepsilon)\geqslant 0} \int [Z(\varepsilon) + \theta \log g(\varepsilon)] g(\varepsilon) \phi(\varepsilon) \mathrm{d}\varepsilon \end{aligned} \quad (14.8.5)$$

其中 $0<\theta\leqslant+\infty$，最小化问题要满足 $\int g(\varepsilon)\phi(\varepsilon)\mathrm{d}\varepsilon = 1$，因此 g 是一个似然比。(14.8.5)式右边的最小化问题具有下述解释。事前，决策者依据值函数 $Z(\varepsilon)$ 对随机结果给出一个预估值。决策者对于 ε 上的概率分布的一个最佳推测是 $\phi(\varepsilon)$。可是，他不完全相信 $\phi(\varepsilon)$，这就意味着他认为结果实际上可以从某个未知的分布 $g(\varepsilon)\phi(\varepsilon)$ 中推导出来。他想要事前的预估值针对 $\phi(\varepsilon)$ 邻近的密度的某个集合表现得“足够好”。他用相对熵来测度邻近性。通过求解（14.8.5）式右边的最小化问题，他获得了一个“稳健的”估计值，也就是对于概率分布的集合来说，此值合适。问题是选取一个概率扭曲 g，该 g 使得在“扭曲”密度 $\tilde{\phi}=g\phi$ 加上正的惩罚参数 θ 乘以相对熵的条件下期望效用最小化。熵惩罚项

① 安德森、汉森和萨金特（2003）发展了熵和统计模型分辨之间的联系。

(θ ent) 的目的是将概率扭曲 g 限制成有很小的熵。θ 的值越小，就会导致概率扭曲越大，其原因在于（14.8.5）式右边的最小化问题中的对熵的惩罚更小。我们将惩罚参数 θ 看成是决策者对其基准概率模型 ϕ 不信任的逆指标。

求解（14.8.5）式右边的最小化问题，可以得到下面 $g(\varepsilon)$ 的最小化值：

$$\hat{g}(\varepsilon)=\frac{\exp(-\theta^{-1}Z(\varepsilon))}{E\exp(-\theta^{-1}Z(\varepsilon))} \tag{14.8.6}$$

将最小化值（14.8.6）式代入（14.8.5）式的右边，可以得到如下间接效用函数

$$\mathbf{T}(Z)=-\theta\log E\exp(-\theta^{-1}Z(\varepsilon)) \tag{14.8.7}$$

我们认出，这与（14.7.5）式递归式右边所出现的风险敏感性算子是相同的。基于（14.8.7）式是（14.8.5）式右边最小化问题的间接效用函数这个事实，我们将 $\mathbf{T}(Z)$ 中的惩罚参数 θ 解释成对分布 $\phi(\varepsilon)$ 的不信任。利用洛必达法则，可以证明当 $\theta=+\infty$ 时，$\mathbf{T}(Z)=\int Z(\varepsilon)\phi(\varepsilon)d\varepsilon$，这是在完全信任密度 ϕ 条件下的期望效用。

□ 14.8.5 不明确性厌恶偏好

我们回到代表性消费者上，并运用下述递归式来表述消费流上的偏好。不过，现在要赋予消费者（14.6.3）式中对密度 $\phi(\varepsilon_{t+1})$ 的不信任。他通过利用下述递归式来刻画不信任，以便对消费流加以排序：

$$W_t=c_t+\beta\mathbf{T}_t(W_{t+1})$$

其中 $\mathbf{T}_t$ 表示 $\mathbf{T}$ 的条件形式。这等价于

$$W_t=c_t-\beta\theta\log E_t\left[\exp\left(\frac{-W_{t+1}}{\theta}\right)\right] \tag{14.8.8}$$

它与递归式（14.7.5）是一样的，即汉森和萨金特（1995）的风险敏感性递归式。当用模型的不明确性加以解释时，（14.7.7）式可以说是描述了“乘子偏好”*，此乘子偏好通过惩罚参数或“乘子”参数 θ 来刻画模型的不明确性。①

递归式（14.7.5）与（14.7.7）的同一性意味着，就对由（μ,σ_c）所标示的各种风险消费计划进行的选择而论，从观测形式上看，塔拉利尼（2000）的风险敏感性的代表性消费者等价于关心模型错误设定的代表性消费者。但是，他们的选择背后所隐藏的动机是截然不同的，同时当我们面对消费者在拥有已知分布的赌博与拥有未知分布的赌博之间加以选择时，原则上可以辨别它们。②

回顾公式（14.7.4），可用基本参数 β 和 γ 定义风险敏感性偏好 θ：

$$\theta=\frac{-1}{(1-\beta)(1-\gamma)}$$

---

① 可参看汉森和萨金特（2001）给出的对术语“乘子偏好”的原始解释。

② 丹尼尔·埃尔斯伯格（Daniel Ellsberg，1961）的经典实验经常被用来表示厌恶不知概率分布的风险。汉森和萨金特（2011）讨论了多个作者因怀疑宏观经济模型设定错误而减少使用期望效用的事情。

* 乘子偏好又称乘数偏好。——译者注

对于塔拉利尼来说，γ是一个基础参数，可以将它解释成刻画在已知概率分布条件下消费者对待不受时间影响的风险选择的态度。然而，在概率不明确性或“稳健性”解释下，θ自身就是基本参数，它测度了消费者对未知概率模型的关注，此概率模型刻画了消费者所面对的消费风险。之前从卢卡斯（2003）那里摘引的句子，以及我们前面所阐述的科克伦（1997）和普拉特（1964）的内省式推理，都解释了为什么许多经济学家认为，当将γ解释成风险厌恶参数时，只有γ的小的正值是合理的。普拉特的实验是使决策者在具有已知概率分布的赌博之间进行选择。

相反，当γ被解释成对涉及未知概率分布的赌博的响应编码时，我们应该怎样考虑γ或θ的合理值呢？汉森、萨金特和王（2002）以及安德森、汉森和萨金特（2003）基于从两个分布中的一个或另一个中抽取的样本量为T的样本，通过识别为辨别一个概率分布不同于另一个概率分布而执行的统计检验中熵的作用来解答这个问题。他们将错误地辨别两个模型的概率作为训练θ的校准器。那些研究导致他们认为当我们在消费者的近似模型条件下改变消费的随机过程时，将θ当成保持不变的参数是不合适的。我们在 14.8.7 节继续讨论该问题。

□ 14.8.6 模型不确定性的市场价格

回顾随机折现因子（14.7.11）

$$m_{t+1}=\left(\beta\frac{C_t}{C_{t+1}}\right)\left(\frac{\exp(-\theta^{-1}U_{t+1})}{E_t[\exp(-\theta^{-1}U_{t+1})]}\right)$$

或

$$m_{t+1}=\beta\exp(-(c_{t+1}-c_t))g(\varepsilon_{t+1}) \tag{14.8.9}$$

其中g表示由（14.7.13）式给出的似然比。阐述股票溢价之谜的一种方式是，利用数据可以证明，对于美国人均消费数据来说，$\exp(-(c_{t+1}-c_t))$变动的条件系数是很小的，尽管由资产市场价格所揭示的m_{t+1}条件标准差与收益率是很大的。如果用随机折现因子（14.8.9）解释所观测的大的股票溢价，那么绝大多数研究工作不得不借助于$g(\varepsilon_{t+1})$中的波动性来完成。

经过直接计算可以证明，由公式（14.7.13）给出的似然比$g(\varepsilon_{t+1})$的条件标准差是

$$\mathrm{std}_t(g)=[\exp(w'w)-1]^{\frac{1}{2}}\approx|w| \tag{14.8.10}$$

其中w是由（14.7.15）式给出的，而且由于$g(\varepsilon_{t+1})$是似然比，所以$E_tg=1$。因此，$\mathrm{std}_t(g)$与$E_t(g)$的比值等于$\mathrm{std}_t(g)$。可以直接证明，由上面公式给出的$|w_{t+1}|$构成了当风险的市场价格由公式（14.6.6）与（14.6.7）给出时，塔拉利尼所解释的最大部分内容。这是因为就我们的数据而言，消费对数中第一个差具有很小的变动条件系数，它是股票溢价之谜的核心所在。因而，公式（14.8.10）是对塔拉利尼公式（14.7.19）的很好的近似。①

然而，汉森、萨金特和塔拉利尼（1999）以及汉森和萨金特（2008）都主张将

---

① 特别地，使用$w=(1-r)\sigma_c$，直接计算显示$\mathrm{std}(g)=[\exp((\gamma-1)^2\sigma_c^2)-1]^{\frac{1}{2}}$，大的$\gamma$近似于（14.7.19）式。

$$\mathrm{std}_t(g) \approx |w| = \frac{\sigma_c}{\theta(1-\beta)}$$

称为模型不确定性的市场价格（market price of model uncertainty），并把它解释成对代表性消费者需要承担由 $c_{t+1}-c_t$ 控制的概率分布方面的不确定性而给予的补偿。巴里利亚斯、汉森和萨金特（Barillas，Hansen and Sargent，2009）以及汉森和萨金特（2009）证明，为了捕捉他们将什么作为模型不确定性的适度且合理的数量需要设置 θ，这样做有助于推动被塔拉利尼作为不确定性的市场价格的测度的量（可是他们将它解释成模型不确定性的市场价格）倾向于汉森-贾甘纳坦界。

□ 14.8.7 测度模型不确定性

安德森、汉森和萨金特（2003）采用下述方法来测度模型不确定性的合理值。决策者的基准近似模型是带有漂移的随机游走模型（14.6.3）。然而，决策者怀疑这个模型，并且它与由似然比 $g(\varepsilon)$ 所刻画的模型的疑惑纠缠在一起。为了得到稳健的估计，构建一个最坏情况模型，此模型是与（14.8.5）式适当形式中最小化似然比 $g(\varepsilon)$ 有联系的模型。当近似模型是（14.6.3）式时，对数消费增长来说，这种最坏情况模型是

$$c_{t+1} = c_t + (\mu + \sigma_c w) + \sigma_c \varepsilon_{t+1} \tag{14.8.11}$$

其中 ε_{t+1} 的分布再次服从均值为 0 且方差为 1 的高斯密度。等式（14.8.11）显示，消费增长的均值不是 μ，而是 $\mu+\sigma_c w$，其中 w 再次是由（14.7.14）式或（14.7.15）式给出的。很明显，近似模型是（14.8.11）式的 $\gamma=1$ 的形式。可以证明，厌恶不明确性的消费者具有随机折现因子，就近似模型（14.6.3）式而论，看起来他相信（14.8.11）式，而不是（14.6.3）式。就好像他依据普通效用递归式 $U_t=c_t+\beta\tilde{E}_t U_{t+1}$ 评估效用，其中 $\tilde{E}_t$ 表示针对由（14.8.11）式所生成的概率分布而取得的数学期望。

当它被解释成对模型不确定性的测量，而不是风险厌恶时，安德森、汉森和萨金特推荐利用所谓的“发现错误概率”来校准 γ 或 θ。在当前背景下，这件事回答了下述问题。已知从（14.6.3）式（被称为模型 A）或者（14.8.11）式（被称为模型 B）抽取样本量为 T 的样本，似然比检验错误地检验要么实际上是模型 B 生成的数据却判定是模型 A 生成的数据，要么实际上是模型 A 生成的数据却判定是模型 B 生成的数据的概率是多少呢?[①] 利用计算机模拟并算出这种模型判别错误的频率会很容易计算出发现错误概率。[②]

很明显，当 $\gamma=1$（均值 $\theta=+\infty$）时，$w=0$，所以模型 A 与模型 B 是一样的，因此从统计形式上来看无差异。在这种情况下，发现错误概率为 0.5，这表明经过舍入误差，计算机本质上以抛硬币的形式来决定由哪一个模型生成数据。因而，发现错误概率为 0.5，这就意味着运用样本数据来辨别由哪一个模型生成数据不可能行得通。然而，当我们将 γ 增大到 1 以上，也就是迫使惩罚参数处于 $+\infty$ 之下时，我们发现错误概率会下降。这样的思想可以作为我们选择 γ 或 θ 的指南。设置发现错误概率的值，以此反映模型设定不确定性的数值，这看起来对决策者所关注的内容来说是合理的，然后在现有的特定近似模

① 安德森、汉森和萨金特（2003）已经阐述了熵和这种发现错误概率之间的紧密联系。

② 参见 Barillas，Hansen and Sargent（2009）。

型［对我们来说是（14.6.3）式］背景下，求解与那个发现错误概率有关的γ。

对于发现错误概率来说，有一个合理的值是一种判断之事。如果发现错误概率是0.5，这意味着两个模型从统计形式上看是相同的，而且不能辨别它们。当发现错误概率为0.25时，意味着判定哪一个模型生成了数据，做出错误决定的概率是四分之一。从我们用数据拟合模型的经验来看，怀疑模型设定的人会选定发现错误概率为0.25、0.1甚至0.05的各种扰动模型，可以说这样做会得到模型不确定性的合理数值。

图14.8.1中的样本量等于1948—2005年的季度观测值数量，就发现错误概率而言，计算出汉森-贾甘纳坦界，重新画出塔拉利尼的图形。此图形再一次地为了展示代表性的发现错误概率而考虑到γ的选取值，画出了由公式（14.7.18）和（14.7.19）所给出的$(E(m),\sigma(m))$对。图形显示，适度的发现错误概率10%或15%促使我们超过了汉森-贾甘纳坦界的一半，此时我们这里取1%。这些计算的意义是，从将$(E(m),\sigma(m))$推向汉森-贾甘纳坦界的视角来看，模型不确定性的适度数值能够代替风险厌恶的很大数值。在下一节，依据这个发现结果，我们将重新观察源自卢卡斯的引语。

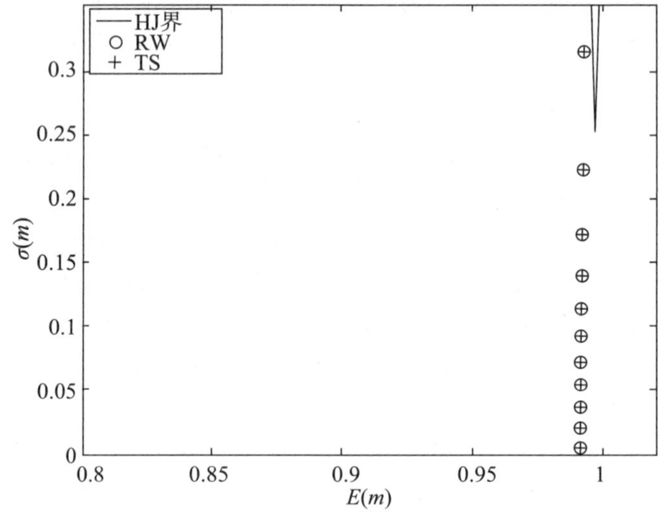

图14.8.1 当发现错误概率取50%、45%、40%、35%、30%、25%、20%、15%、10%、5%以及1%时，关于随机游走（∘）模型的无风险利率的倒数，风险对的市场价格

14.9 总波动的成本

现在我们提出一个重要的实际问题，这一问题促使卢卡斯不考虑与特定目的有关的γ的塔拉利尼证据，后来这在卢卡斯（1987，2003）中被讨论。卢卡斯想要测度因消除美国总人均消费中的不可预测波动而获得的好处，这里美国总人均消费已经超出了由第二次世界大战后总的稳定政策所取得的削减。他的方法是通过计算最初消费方面的削减而寻找可能获得的额外好处的上界，其中最初消费的削减是指带有可分离时间偏好的代表性消费者为了消除所有不可预测的波动而愿意接收的削减，此不可预测的波动是第二次世界大战之后消费逐一显示出的全部不可预测的波动。在这一节，我们阐述卢卡斯计算的塔拉利尼形式，同时强调 γ 是如何影响到计算的。[①]

对于带有由等式（14.6.3）所刻画的对数消费的漂移模型的随机游走来说，消费水平 $C_t=\exp(c_t)$ 服从 $C_{t+1}=\exp(\mu+\sigma_c\varepsilon_{t+1})C_t$。很明显，带有与过程 $\{C_t\}$ 相同预期增长率的确定性[②]过程具体地说是

$$C_{t+1}^d = \exp\left(\mu+\frac{1}{2}\sigma_c^2\right)C_t^d \tag{14.9.1}$$

这是因为 $E\exp(\mu+\sigma_c\varepsilon_{t+1})=\exp(\mu+\frac{1}{2}\sigma_c^2)$。现在利用公式（14.7.8）中的 $\theta^{-1}=-(1-\gamma)(1-\beta)$，这允许我们用 γ 将风险敏感性价值函数表示成

$$U_t=\frac{\beta}{(1-\beta)^2}\left[\mu+\frac{\sigma_\varepsilon^2(1-\gamma)}{2}\right]+\frac{1}{1-\beta}c_t \tag{14.9.2}$$

当令确定性过程 $\{C_t^d\}$ 的 0 时刻的风险敏感性价值函数（左边）等于由带有漂移的几何随机游走（14.6.3）所控制的随机过程 $\{C_t\}$ 的 0 时刻的风险敏感性价值函数（右边）时，可以得到

$$\frac{\beta}{(1-\beta)^2}\left[\mu+\frac{\sigma_\varepsilon^2}{2}\right]+\frac{1}{1-\beta}c_0^d=\frac{\beta}{(1-\beta)^2}\left[\mu+\frac{\sigma_\varepsilon^2(1-\gamma)}{2}\right]+\frac{1}{1-\beta}c_0$$

其中 $c_0=\log C_0$，$c_0^d=\log C_0^d$。求解 $c_0-c_0^d$，可得

$$c_0-c_0^d=\left(\frac{\beta}{1-\beta}\right)\frac{\gamma\sigma_c^2}{2} \tag{14.9.3}$$

左边是与最初消费中的削减成比例的，此最初消费削减是指消费者接受用随机过程（14.6.3）交换那种完全可预测的并与（14.6.3）式具有相同的条件均值增长率的过程所引起的削减。此公式显示，随机波动的效用成本是与 γ 成比例的。关于 γ 数值大小的直接证据来源以及 γ 可否被解释成对待风险的态度的测度，或者其他等等，都是前面卢卡斯引语中所要认真研究的问题。在证明了在汉森-贾甘纳坦界内需要 γ 的值大约为 50 而不是卢卡斯所推断的 1 或 2 后，塔拉利尼的公式（14.9.3）在估计总消费波动的成本上引起了相当的增加。在不考虑 γ 很大的情况下，很大的 γ 是塔拉利尼所发现的达到汉森-贾甘纳坦界并将其用于测度对于具有已知概率的风险的态度的必要条件，卢卡斯赞同比塔拉利尼所推断的总风险成本的更低估计值。

在 14.8.6 节，我们讨论了被塔拉利尼解释成风险的市场价格的绝大部分内容反而应该被解释成模型不确定性的市场价格。14.8.6 节的论证是实现卢卡斯如下愿望的一种可能方式："这对解决股票溢价之谜是好的，但是我想我们需要超越对风险厌恶的高估计来做这件事。"而且，它支持了卢卡斯的判断：为使 γ 的塔拉利尼的值达到汉森-贾甘纳坦界而加以校准，这样做并不适合那种卢卡斯曾做过的一类已知概率风险的思维实验。γ 的那些高估计值与另一类企图剔除消费者对模型不确定性的担心的思维实验有关，而不是与卢卡斯的实

① 对于这一节的另一种观点和专题，参见 Alvarez and Jermann（2004）。

② 如果随机过程的未来值是完全由已知的过去值和现在值所预测到的，则它被称为是确定性的。

验有关。模型不确定性实验是巴里利亚斯、汉森和萨金特（2009）的研究主题。

继续沿着这一脉络研究，图 14.9.1 展示了巴里利亚斯、汉森和萨金特去掉总人均消费中随机波动的成本测度（点线），以及去掉模型不确定性的成本测度（实线）。此图形将这些成本报告成前面所述的发现错误概率的函数。如卢卡斯所说的那样，从已知分布中抽取的消费风险的成本是很小的，但是对于发现错误概率的适度值来说，模型不确定性的成本是相当大的。①

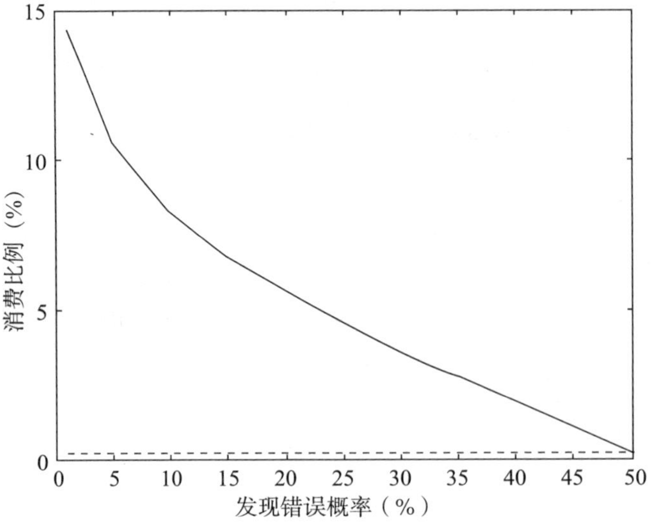

图 14.9.1　针对对数消费增长的随机游走模型，带有模型不确定性厌恶（乘子）偏好的代表性消费者放弃不面对风险的（点线）和模型不确定性的（实线）初始消费的比例 $c_0-c_0^d$，将其画成发现错误概率的函数

14.10　逆向工程消费异质性

在前面几节，我们探讨了风险敏感性偏好或者对模型错误设定的担忧都会使随机折现因子增大，即增大到用随机变量 $g(\varepsilon_{t+1})$ 乘以普通随机折现因子 $m_{t+1}=\beta\exp(-(c_{t+1}-c_t))$，其中 $g(\varepsilon_{t+1})$ 可以被解释成似然比。在这一节，我们阐述康斯坦丁尼德斯和达菲（1996）怎样以另一种方式取得这样的波动递增乘法调整，也就是通过在消费增长的横截面分布上引入不完全市场以及随机波动性。

设 $R_{j,t+1}$ 表示资产的一系列收益率（$j=1,\cdots,J$），同时设 $m_{t+1}\geqslant 0$ 是满足下式的随机

① 德桑蒂斯（2007）对度量总波动的成本的基线进行了修改。他采用了一个规范，根据该规范，一个典型消费者的消费过程由一个总组件和一个不保险的特殊组件组成，采用康斯坦丁尼德斯和达菲（1996）流行的相同的建模方式，这一方式将在下一节介绍。德桑蒂斯描述了消费总波动的福利结果，同时保持独特的波动不受其校准值的影响。当相对风险厌恶系数为 3 时，德桑蒂斯认为当去除特殊波动不是第一位时，去除总波动的效益更大。如果在相对风险厌恶系数为 1 时，有人重复德桑蒂斯的做法，这个效应会消失。

折现因子：

$$E_t m_{t+1} R_{j,t+1} = 1 \tag{14.10.1}$$

其中 $j=1,\cdots,J$。如同 14.5 节所讨论的，我们知道，在收益率服从一价定律与无套利结果的较弱假设的条件下，这类折现因子存在。康斯坦丁尼德斯和达菲（1996）① 针对满足下述性质的异质性消费者的大集合，对随机消费过程进行逆向工程：

（1）对于每一个 i，个人随机折现因子 m_{t+1}^i 满足

$$E_t m_{t+1}^i R_{j,t+1} = 1,\ j=1,\cdots,J$$

（2）其中 $\{C_t^i\}_{t=0}^{\infty}$ 表示消费者 i 的消费过程，每一个消费者 i 的个人随机折现因子是

$$m_{t+1}^i = \beta\left(\frac{C_{t+1}^i}{C_t^i}\right)^{-\gamma} \tag{14.10.2}$$

（3）依赖于各种不同个体的相对消费横截面的条件波动性的演变，（14.10.2）式中发挥作用的 γ 会远远小于那种利用随机折现因子 $m_{t+1}^a = \beta\left(\frac{C_{t+1}}{C_t}\right)^{-\gamma}$ 基于总消费数据 $\{C_t\}$ 而估计的 γ。

康斯坦丁尼德斯和达菲的构建以下述方式运用了对数正态分布的性质。② 考虑消费者数量极其多（严格地讲，是连续统）的经济体，消费者被命名为 i。设 C_t 是个人消费水平为 C_{it} 的针对不同 i 的平均。对于已知收益率过程 $\{R_{j,t+1}, j=1,\cdots,J\}$，取一个已知"成功的"随机折现因子 $\{m_{t+1}\}$［也就是，对于 $j=1,\cdots,J$，它满足（14.10.1）式］。（在 14.11 节，我们将阐述从实证形式上看此类成功的随机折现因子的一个被广泛使用的统计设定。）对于实证形式上成功的 $\{m_{t+1}\}$ 过程，将随机过程 y_{t+1} 定义成③：

$$y_{t+1} = \left[\frac{2}{\gamma(\gamma+1)}\right]^{\frac{1}{2}}\left[\log m_{t+1} - \log\beta + \gamma\log\left(\frac{C_{t+1}}{C_t}\right)\right]^{\frac{1}{2}} \tag{14.10.3}$$

对于给定的 $\beta\in(0,1)$ 与给定的 $\gamma\geqslant 0$，将备选的随机折现因子定义为关于 $\{C_t, m_{t+1}\}$ 的已知随机过程的下述函数：

$$\widetilde{m}_{t+1} = \beta\left(\frac{C_{t+1}}{C_t}\right)^{-\gamma}\exp\left(\frac{\gamma(\gamma+1)}{2}y_{t+1}^2\right) \tag{14.10.4}$$

很明显，（14.10.4）式的右边可以说是以 y_{t+1} 的知识为条件的，经由（14.10.3）式依赖于 m_{t+1}。把（14.10.3）式代入（14.10.4）式，可以证明

$$\widetilde{m}_{t+1} = m_{t+1} \tag{14.10.5}$$

所以，在等式（14.10.4）中我们获得了针对标准CRRA随机折现因子的乘法调整项 $\exp\left(\frac{\gamma(\gamma+1)}{2}y_{t+1}^2\right)$，从而有可能使收益率数据 $R_{j,t+1}$ $(j=1,\cdots,J)$ 与理论约束 $Em_{t+1}R_{j,t+1}=$

① 关于这部分的参与元素的设定，参见 Mankiw（1986）和（Attanasio and Weber（1993）。

② 这一部分可作为向后求解的一个应用，参见第 11 章 11.7 节。

③ 康斯坦丁尼德斯和达菲（1996）假定 $\{m_{t+1}, \frac{C_{t+1}}{C_t}\}$ 过程满足 $\log m_{t+1} - \log\beta + \gamma\log\left(\frac{C_{t+1}}{C_t}\right)\geqslant 0$。

$1(j=1,\cdots,J)$ 相一致。

但是，我们怎样解释（14.10.4）式及有关的乘法调整项 $\exp\left(\frac{\gamma(\gamma+1)}{2}y_{t+1}^2\right)$ 呢？为了回答该问题，我们如下继续讨论。设 $\eta_{t+1}^i \sim N(0,1)$，并假定 η_{t+1}^i 过程对于不同的 i 来说是统计独立的。再次利用对数正态随机变量的性质，可以发现

$$E\exp\left[-\gamma\left(\eta_{t+1}^i y_{t+1}-\frac{y_{t+1}^2}{2}\right)\mid y_{t+1}\right]=\exp\left(\frac{\gamma(\gamma+1)}{2}y_{t+1}^2\right) \tag{14.10.6}$$

（14.10.6）式的右边是用出现在（14.10.4）式的右边的总消费对普通 CRRA 随机折现因子进行乘法调整。因此，通过去掉 y_{t+1}^2 的条件，我们可以形成关于三个随机过程 $\{C_{t+1},\ m_{t+1},\ \eta_{t+1}^i\}$ 的可测量的随机折现因子：

$$\widetilde{m}_{t+1}^i=\beta\left(\frac{C_{t+1}}{C_t}\right)^{-\gamma}\exp\left[-\gamma\left(\eta_{t+1}^i y_{t+1}-\frac{y_{t+1}^2}{2}\right)\right] \tag{14.10.7}$$

设想一下，对于每个 $i\in I$ 都这样做，再次注意我们的如下假设：对于不同的 i 来说，η_{t+1}^i 过程是独立的。[①] 就每一个人的随机折现因子 $\widetilde{m}_{t+1}^i$ 而言，利用期望迭代定律可以建立：

$$E_t[\widetilde{m}_{t+1}^i R_{j,t+1}]=1,\quad j=1,\cdots,J \tag{14.10.8}$$

运用这个方法，康斯坦丁尼德斯和达菲对个人随机折现因子 $\widetilde{m}_{t+1}^i$ 的集合进行逆向工程，从而对于所有 i，使收益率数据满足 $E\widetilde{m}_{t+1}^i R_{j,t+1}=1$。

对于个人 i，为了解释 m_{t+1}^i，定义

$$\delta_{t+1}^i=\exp\left[\eta_{t+1}^i y_{t+1}-\frac{y_{t+1}^2}{2}\right]\delta_t^i \tag{14.10.9}$$

很明显，$E[\delta_{t+1}^i\mid\delta_t^i,y_{t+1}]=\delta_t^i$，所以 $\{\delta_t^i\}$ 是一个几何随机游走过程。而且，对于横截面情况，应用大数定理可以得到，对于所有 t，δ_t^i 的均值是 1。[②] 康斯坦丁尼德斯和达菲假定 C_t^i 通过下式与人均消费 C_t 有关：

$$C_t^i=\delta_t^i C_t \tag{14.10.10}$$

因此，非负指数随机游走 $\{\delta_t^i\}$ 过程控制了总消费的消费者 i 的份额。利用这个解释，有

$$\frac{C_{t+1}^i}{C_t^i}=\exp\left[\eta_{t+1}^i y_{t+1}-\frac{y_{t+1}^2}{2}\right]\frac{C_{t+1}}{C_t} \tag{14.10.11}$$

而 y_{t+1}^2 是 $\frac{C_{t+1}^i}{C_{t+1}}\Big/\frac{C_t^i}{C_t}=\frac{\delta_{t+1}^i}{\delta_t^i}$ 的横截面分布的条件方差。将（14.10.11）式代入（14.10.7）式，可以证明我们可将 $\widetilde{m}_{t+1}^i$ 重新写成

$$\widetilde{m}_{t+1}^i=\beta\left(\frac{C_{t+1}^i}{C_t^i}\right)^{-\gamma} \tag{14.10.12}$$

这是带有折现 CRRA 偏好以及消费过程 $\{C_t^i\}$ 的消费者的普通折现因子。

---

① 关于这个独立性假定的更重要的技术警告参见 Constantinides and Duffie（1993，第 227 页）。

② 再一次地，关于这个讨论参见 Constantinides and Duffie（1993，第 227 页）。

为了使（14.10.10）式与（14.10.12）式达到均衡结果，需要设定下述特性：

（1）市场是不完全的。特别地，消费者仅被允许将各种不同期限的无风险零息债券与我们的 J 个证券一起进行交易，第 j 个证券有已知的收益率过程 $\{R_{j,t+1}\}$。①

（2）每个个体消费者的特质风险是强持久性的，对于家庭 i 的消费份额来说，这种特质风险借助几何随机漫步 δ_t^i 来捕捉。

这两个特性足以描述没有交易的不完全市场均衡，其中 $\{C_t^i\}$ 被解释成指派给个体 i 的外生禀赋过程。②

为了阐明核心力量，康斯坦丁尼德斯和达菲考虑下面的横截面消费波动性模型：

$$y_{t+1}^2 = a + b\log\left(\frac{C_{t+1}}{C_t}\right) \tag{14.10.13}$$

然后，由（14.10.11）式可直接得出

$$E_t\left[R_{j,t+1}\hat{\beta}\left(\frac{C_{t+1}}{C_t}\right)^{-\hat{\gamma}}\right] = 1 \tag{14.10.14}$$

其中

$$\log\hat{\beta} = \log\beta + \frac{\gamma(\gamma+1)}{2}a \tag{14.10.15a}$$

$$\hat{\gamma} = \gamma - \frac{\gamma(\gamma+1)}{2}b \tag{14.10.15b}$$

公式（14.10.15b）蕴含着如果 $b<0$，则消费的横截面离散度在 $\frac{C_{t+1}}{C_t}$ 下降期间增大，然后 $\hat{\gamma} > \gamma$。

斯托斯莱特、特尔默和亚龙（Storesletten，Telmer and Yaron，1998，2004）以及科格利（Cogley，1999）追随康斯坦丁尼德斯和达菲的思想，利用源自收入动态的面板研究（PSID）的证据来估计禀赋冲击的持久性与消费革新的波动性。

14.11 指数仿射随机折现因子

这一节阐述利用一价定律所遇到的对实证问题的另一类反映，一价定律涉及 $E(m_{t+1}R_{j,t+1})=1$ 和基于随机折现因子（14.6.4）的特殊 CRRA 的结合，此处为了方便起见，我们重复

---

① 我们从第 8 章得知，如果市场是不完全的，在均衡中（14.10.12）式将与（14.10.10）式不一致。因为所有 i 的 $E_t m_{t+1}^i$ 在给定的配置 $\{C_t^i\}$ 中是相等的，所以无风险债券没有被交易。

② 希思利特、斯托斯蒂特和维奥朗特（Heathcote，Storesletten and Violante，2012）以及德桑蒂斯把康斯坦丁尼德斯和达菲的关于消费的规范应用到了其他情境中。通过将康斯坦丁尼德斯和达菲的个人消费过程重新解释为一个对异质性消费者有完全保险市场的岛屿的结果，希思科特、斯托斯蒂特和维奥朗特对偏消费保险进行了建模：岛内存在完全保险，岛间存在不完全保险。德桑蒂斯利用康斯坦丁尼德斯和达菲的消费过程得到了一个用于测量去除总成本的可选基准的备选对象，但是对于德桑蒂斯来说不是特殊的消费波动。

$$m_{t+1} = \beta \exp(-\gamma\mu - \gamma\sigma_c \varepsilon_{t+1})$$

这个随机折现因子的模型断言，消费增长的随机部分暴露 $\sigma_c\varepsilon_{t+1}$ 是引起风险证券有较高收益率的原因。

有影响力的资产定价文献坚持认为 $E(m_{t+1}R_{t+1})=1$，但是将随机折现因子 m_{t+1} 完全与消费风险分开。可是，这类文献的工作准则是不受任何限制地设定随机折现因子：(a) 从解析形式上看易于求解［通过（14.6.4）式的一种检验］；(b) 在没有引起对无意义的参数值与对被定价的风险的解释持怀疑态度的条件下，可以校准，以便拟合观察到的资产价格［像卢卡斯在上面引语中所说的（14.6.4）式没有通过的那种检验］。

另一种方法是通过 $E(m_{t+1}R_{t+1})=1$ 施加一价定律（而且也经常通过 $m_{t+1}>0$ 施加无套利原理），但是放弃了随机折现因子与消费增长过程之间的联系。相反，其思想是追求随机折现因子的自由模型过程，并使用源自 N 个收益率 R_{it+1} 的集合的家庭的欧拉方程的过渡识别约束，$i=1,\cdots,N$，令数据显示有关风险及价格，其中收益率数据与那些风险有关。

此模型有两个主要组成部分。第一个组成部分是一个自回归向量，该自回归向量被设计成对被定价的基本风险定价的刻画：

$$z_{t+1} = \mu + \phi z_t + C\varepsilon_{t+1} \tag{14.11.1}$$

$$r_t = \delta_0 + \delta'_1 z_t \tag{14.11.2}$$

其中 ϕ 表示 $m\times m$ 的稳定矩阵，C 表示 $m\times n$ 的矩阵，$\varepsilon_{t+1}\sim N(0,I)$ 是独立同分布的 $m\times 1$ 的随机向量，而 z_t 表示 $m\times 1$ 的状态向量。第二个组成部分是一个随机折现因子，它的对数是来自向量自回归的状态向量 z_t 的仿射形式（即线性加上一个常值）：

$$\Lambda_t = \Lambda_0 + \Lambda_z z_t \tag{14.11.3}$$

$$\log(m_{t+1}) = -r_t - \frac{1}{2}\Lambda'_t\Lambda_t - \Lambda'_t\varepsilon_{t+1} \tag{14.11.4}$$

这里 Λ_0 表示 $m\times 1$ 的向量，Λ_z 表示 $m\times m$ 的矩阵。很明显

$$E_t(m_{t+1}) = \exp(-(\delta_0 + \delta'_1 z_t)) = \exp(-r_t) \tag{14.11.5}$$

$$\text{std}_t(m_{t+1}) = E_t(m_{t+1})(\exp(\Lambda'_t\Lambda_t) - 1)^{\frac{1}{2}} \tag{14.11.6}$$

等式（14.11.5）主张 r_t 是单期无风险债券的收益率。这就是关于随机折现因子的指数仿射模型文献经常称之为“短期利率”的原因。该模型的自由参数是向量自回归的（μ,ϕ,C）以及将随机折现因子确定为（z_t,ε_{t+1}）的函数的（$\delta_0,\delta_1,\Lambda_0,\Lambda_z$）。乘以相应的风险 ε_{t+1} 的组成部分的载荷或 Λ_t 的组成部分有时被称为“风险价格”，对于有关的缘由，我们现在阐述。

□ 14.11.1　一般性应用

我们可通过将随机折现因子（14.11.4）应用于风险的单期总收益率 $R_{j,t+1}$ 来深入了解相关内容。我们的标准定价公式是

$$E_t(m_{t+1}R_{j,t+1}) = 1 \tag{14.11.7}$$

设 $R_{j,t+1}$ 由下式描述：

$$R_{j,t+1} = \exp\left(v_t(j) - \frac{1}{2}\alpha_t(j)'\alpha_t(j) + \alpha_t(j)'\varepsilon_{t+1}\right) \tag{14.11.8}$$

其中 $v_t(j)$ 是 z_t 的函数，$v_t(j)$ 使（14.11.7）式得到满足，同时

$$\alpha_t(j) = \alpha_0(j) + \alpha_z(j)z_t \tag{14.11.9}$$

其中 $\alpha_0(j)$ 表示 $n\times1$ 的向量，$\alpha_z(j)$ 表示 $n\times n$ 的矩阵。很明显，（14.11.8）式蕴含着

$$E_tR_{j,t+1} = \exp(v_t(j))$$

我们想要探寻 Λ_t 与 $\alpha_t(j)$ 是怎样影响期望收益率 $v_t(j)$ 的。在（14.11.8）式中，载荷向量 $\alpha_t(j)$ 的组成部分表现了风险向量 ε_{t+1} 的对应组成部分的 $R_{j,t+1}$ 的风险暴露。

利用对数正态随机变量的均值的公式，（14.11.7）式变成 $\exp(v_t(j)-r_t-\alpha_t(j)'\Lambda_t)=1$，或者

$$v_t(j) = r_t + \alpha_t(j)'\Lambda_t \tag{14.11.10}$$

依据（14.11.10）式，净期望收益率 $v_t(j)$ 等于净无风险收益率 r_t 加上风险价格的转置向量 Λ_t' 乘以总收益率 $R_{j,t+1}$ 风险暴露的向量 $\alpha_t(j)$。这个结果表达了 Λ_t 是怎样成为风险价格向量的，从而告诉我们，资产的期望收益率如何对基本风险 ε_{t+1} 的风险暴露加以调整。

□ 14.11.2 期限结构应用

对于随机折现因子的指数仿射模型来说，一个好的代表性例子是由昂和皮萨里德斯（2003）构建并估计的无风险收益率的期限结构模型。设 $p_t(n)$ 是 $t+n$ 时刻 1 单位消费品的无风险权益在 t 时刻的价格。持有如此种类的 $n+1$ 期纯折现债券在 t 时期至 $t+1$ 时期的单期总收益率是 $R_{t+1}=\dfrac{p_{t+1}(n)}{p_t(n+1)}$。很明显，在这种情况下，$E_t(m_{t+1}R_{t+1})=1$ 意味着[①]

$$p_t(n+1) = E_t(m_{t+1}p_{t+1}(n)) \tag{14.11.11}$$

与

$$p_t(1) = E_t(m_{t+1}) = \exp(-\delta_0 - \delta_1'z_t) = \exp(-r_t) \tag{14.11.12}$$

从（14.11.11）式与（14.11.12）式可得

$$p_t(n) = \exp(\bar{A}_n + \bar{B}_nz_t) \tag{14.11.13}$$

其中 $(\bar{A}_n,\bar{B}_n)$ 可运用下面的递归式计算出来：

$$\bar{A}_{n+1} = \bar{A}_n + \bar{B}_n'(\mu - C\Lambda_0) + \frac{1}{2}\bar{B}_n'CC'\bar{B}_n - \delta_0 \tag{14.11.14}$$

$$\bar{B}_{n+1}' = \bar{B}_n'(\phi - C\Lambda_z) - \delta_1' \tag{14.11.15}$$

满足初始条件 $\bar{A}_1=-\delta_0$，$\bar{B}_1=-\delta_1$。

---

① 参见练习 14.14。

n 期纯折现债券的到期收益为

$$y_n(n) = -\frac{\log(p_t(n))}{n} \tag{14.11.16}$$

等同于 $p_t(n)=\exp(-ny_t(n))$。很明显，

$$y_t(n)=A_n+B'_n z_t \tag{14.11.17}$$

其中 $A_n=-\bar{A}_n/n$，$B_n=-\bar{B}_n/n$。

收益率的这个模型可拟合一类线性高斯模型，利用第 2 章 2.7.1 节所阐述的方法，借助于极大似然法可以估计此类线性高斯模型。参看昂和皮萨里德斯（2003）以及皮萨里德斯（2005）给出的例子，其中某些因子可用货币政策当局关于短期利率的设定加以解释。[①]

14.12 结束语

在这一章，我们超出了第 8 章依据汉森和辛格尔顿（1983）的思想研究消费者如何最优化，那时仅仅对资产收益率及消费施加了约束，而没有要求完全市场或完整周密的一般均衡模型。在本章的各个不同知识点上，尤其是 14.10 节的内容，我们提及了不完全市场。在第 18 章与第 20 章中，我们将阐述分析这类模型的各个要素。

附录 A 黎兹表示定理

这一章所使用的黎兹表示定理的形式是总体最小二乘回归的另一个分支。

设 X 是如下随机变量的希尔伯特空间（即完备内积空间），这些随机变量有内积 $\langle x_1, x_2\rangle=E(x_1x_2)$。设 ϕ：$X\rightarrow IR$ 是将 X 映射到 IR 上的连续线性泛函，其中 IR 表示直线。我们称 ϕ 是线性的，因为 (i) 对于 $x_1\in X$，$x_2\in X$，$\phi(x_1+x_2)=\phi(x_1)+\phi(x_2)$，(ii) 对于 $a\in IR$，$x\in X$，$\phi(ax)=a\phi(x)$。我们想要证明如下定理。

定理 14. A. 1（黎兹表示定理）：*设 ϕ 是连续线性泛函 ϕ：$X\rightarrow IR$。存在唯一一个元素 $y\in X$，使得*

$$\phi(x) = E(yx) \tag{14.A.1}$$

证明：零空间 $N\equiv N(\phi)$ 被定义成：

$$N(\phi) = \{x \in X : \phi(x) = 0\}$$

$N(\phi)$ 是 X 的闭线性子空间。如果 $N=X$，则很明显对于所有 $x\in X$，$\phi(x)=0$。如

---

① 本章附录 B 使用第 2 章的方法得出了巴克斯和济恩（1994）的一个简单仿射期限结构模型的一些影响。还可参见 Chen and Scott（1993）、Dai and Singleton（2000）以及 Piazzesi and Schneider（2006）。

果 $X \neq N(\phi)$，则存在一个非零向量 $x_1 \in N^{\perp}$，其中 $N^{\perp}$ 是 N 的正交补，也就是，对于每一个 $x \in N$，向量集合 $y \in X$ 满足 $<x,y>=0$。实际上，$N^{\perp}$ 是由一个向量 x_1 的标量倍数构成的，也就是 $N^{\perp}$ 的基。为了证明这一点，假定相反情况成立，即存在两个线性独立的向量 x_1 与 x_2，两者都是 $N^{\perp}$ 的元素。向量 x_1 与 x_2 的线性独立性意味着，我们可以选择两个非零标量 a 与 b，使得 $\phi(ax_1-bx_2)=a\phi(x_1)-b\phi(x_2)=0$。但是，这意味着 ax_1-bx_2 既属于 N，又属于 $N^{\perp}$。只有 $ax_1-bx_2=0$ 时这才可能，这与预先假设 x_1 与 x_2 都是线性独立的相矛盾。因而，存在唯一的线性独立向量 x_1，也就是 $N^{\perp}$ 的基。

我们提出将基向量 x_1 的下述比例形式作为表达式（14. A. 1）中向量 y 的备选者：

$$y = \frac{\phi(x_1)}{\langle x_1, x_1 \rangle} x_1 \tag{14. A. 2}$$

很明显，$y \in N^{\perp}$。通过计算 $x \in X$ 对 $y \in X$ 的总体线性最小二乘回归，我们可以将 x 表示成 x_1 对 y 的线性最小二乘法投影与正交残差之和：

$$x = ay + (x - ay) \tag{14. A. 3}$$

其中 a 表示标量回归系数

$$a = \frac{\langle x, y \rangle}{\langle y, y \rangle} \tag{14. A. 4}$$

$ay \in N^{\perp}$ 和 $(x-ay) \in N$ 在表达式（14. A. 4）中是唯一的。在（14. A. 3）式中，$ay \in N^{\perp}$ 和 $(x-ay) \in N$ 是因为最小二乘残差 $x-ay$ 正交于回归量 y。因此，对（14. A. 3）式的两边应用 ϕ，由 ϕ 的线性性以及 $\phi(x-ay)=0$ 的事实（因为 $x-ay \in N$）可以得到

$$\phi(x) = a\phi(y)$$

经直接计算可以证明，$a=\dfrac{\langle x,y\rangle\langle x_1,x_1\rangle}{\phi(x_1)^2}$，由定义（14. A. 2）可知，$\phi(y)=\dfrac{\langle x,y\rangle}{\langle x_1,x_1\rangle}$，所以

$$\phi(x) = a\phi(y) = \langle x, y \rangle \tag{14. A. 5}$$

评注：假定 $x \in M$，其中 M 表示 X 的闭线性子空间。于是，定理 14. A. 1 的一个简单推论如下：假定存在多重随机变量 $\tilde{y} \in X$，有

$$\phi(x) = E(\tilde{y}x)$$

随机变量 $\tilde{y}$ 可以被构造成 $\tilde{y}=y+\varepsilon$，其中 y 是按照定理 14. A. 1 所构造的（只是现在要求它处于线性子空间 M 中），而 ε 是 M 的正交补中的随机向量（也就是与闭的线性子空间 M 正交的 X 中的随机向量空间）。这一事实是与考虑不完全市场的经济有关的。

附录 B　对数正态债券定价模型

沿着巴克斯和济恩（1994）的线索，我们研究下述对数正态债券定价模型，这一模

型是 14.11 节仿射期限结构模型的特殊情况。在 t 时刻，单期随机折现因子是 m_{t+1}，而在 t 时刻的 n 期随机折现因子是 $m_{t+1}m_{t+2}\cdots m_{t+n}$。[①] 单期随机折现因子的对数服从如下的随机过程

$$\log m_{t+1}=-\delta-e_z z_{t+1} \tag{14.B.1a}$$

$$z_{t+1}=A_z z_t+C_z w_{t+1} \tag{14.B.1b}$$

其中 w_{t+1}是独立同分布的高斯随机向量，满足 $Ew_{t+1}=0$，$Ew_{t+1}w'_{t+1}=I$，而 A_z 表示所有特征值都以单位模为界的那些 $m\times m$ 的矩阵。于是，我们就可立刻阐述如下对数名义随机折现因子的特殊过程，巴克斯和济恩（1994）曾经用此特殊过程来模仿第二次世界大战后期美国的名义利率的期限结构。

可以将此看成是 14.11.2 节模型满足如下条件的特殊情况，即模型具有将一般模型映射成特殊模型的设置。

$$(\mu,\phi,C,\Lambda'_0,\Lambda_z,\delta'_1)=(0,C_z,e_zC_z,0,e_zA_z)$$

$$\delta_0+\frac{1}{2}\Lambda'_0\Lambda_0=\delta$$

于是公式（14.11.14）与公式（14.11.15）可用于计算出现在公式（14.11.13）形成的一个 n 期零息债券的价格中的系数 $\bar{A}_n$ 和 $\bar{B}_n$，也就是 $p_t(n)=\exp(\bar{A}_n+\bar{B}_n z_t)$，所以收益率有如下形式：

$$y_t(n)=A_n+B'_n z_t$$

其中 $A_n=-\bar{A}_n/n$，$B_n=-\bar{B}_n/n$。此处，我们直接从表示式（14.B.1a）和（14.B.1b）开始，继续获得这种形式的公式。我们部分地这样做，是为了将第 2 章的某些公式用于实践。

对由（14.B.1）式导出的 m_{t+1}的条件分布，可利用对数正态分布的性质得

$$\log E_t m_{t+1}=-\delta-e_zA_zz_t+\frac{e_zC_zC'_ze'_z}{2} \tag{14.B.2}$$

通过对（14.B.1）式进行迭代，我们可以获得下面的表示式，此表示式对于刻画 $\log(m_{t+1}\cdots m_{t+n})$ 的条件分布是十分有用的：

$$\begin{aligned}-(\log(m_{t+1})+\cdots+\log(m_{t+n}))=&\ n\delta+e_z(A_z+A_z^2+\cdots+A_z^n)z_t\\&+e_zC_zw_{t+n}+e_z[C_z+A_zC_z]w_{t+n-1}\\&+\cdots+e_z[C_z+A_zC_z+\cdots+A_z^{n-1}C_z]w_{t+1}\end{aligned} \tag{14.B.3}$$

因而，以 $\log m_{t+1}+\cdots+\log m_{t+n}$为条件的 z_t 的分布是 $N(\mu_{nt},\sigma_n^2)$，其中[②]

$$\mu_{nt}=-[n\delta+e_z(A_z+\cdots+A_z^n)z_t] \tag{14.B.4a}$$

---

① 一些作者使用记号 $m_{t+j,t}$表示 t 时刻的 j 期随机折现因子。这种表示法与我们的表示法的转换为：

$$m_{t+1,t}=m_{t+1},\cdots,m_{t+j,t}=m_{t+1}\cdots m_{t+j}$$

② 为了规划这些公式，标记 $I+A_2+\cdots+A_z^{n-1}=(I-A_z)^{-1}(I-A_z^n)$ 是有用的。

$$\sigma_1^2 = e_z C_z C_z' e_z' \tag{14. B. 4b}$$

$$\sigma_n^2 = \sigma_{n-1}^2 + e_z[I + \cdots + A_z^{n-1}]C_z C_z'[I + \cdots + A_z^{n-1}]' e_z' \tag{14. B. 4c}$$

其中对于 $n \geqslant 2$，递归形式（14. B. 4c）成立。可以发现，条件均值 μ_{nt} 随着时间的推移而变化，但条件方差 σ_n^2 随时间变化为常值。当应用（14.11.16）式或者 $y_t(n) = -n^{-1}\log E_t[m_{t+1}\cdots m_{t+n}]$，以及对数正态分布随机变量的期望对数时，可以得到下述债券收益率公式：

$$y_t(n) = \left(\delta - \frac{\sigma_n^2}{2\times n}\right) + n^{-1} e_z (A_z + \cdots + A_z^n) z_t \tag{14. B. 5}$$

向量 $y_t = [y_{1t} \quad y_{2t} \quad \cdots \quad y_{nt}]'$ 被称为 t 时刻的名义利率期限结构。这有点类似于著名的期限结构的预期理论，但不同于（14. B. 5）式。预期理论声称 n 期收益率是单期收益率的期望未来值的平均，换句话说，

$$y_t(n) = \delta + n^{-1} e_z (A_z + \cdots + A_z^n) z_t \tag{14. B. 6}$$

因为很明显，条件期望 $E_t y_{1t+j} = \delta + e_z A_z^j z_t$。预期理论（14. B. 6）可以被认为是对对数正态收益率模型（14. B. 5）的一个近似，只是忽略了方差项 σ_n^2 对常数项的贡献。

回到对数正态债券价格模型上，很明显，我们有下述关于利率期限结构及其对随机折现因子运动规律的依赖性的紧状态空间表示：

$$X_{t+1} = A_0 X_t + C w_{t+1} \tag{14. B. 7a}$$

$$Y_t \equiv \begin{bmatrix} y_t \\ \log(m_t) \end{bmatrix} = G X_t \tag{14. B. 7b}$$

其中

$$X_t = \begin{bmatrix} 1 \\ z_t \end{bmatrix} \quad A_0 = \begin{bmatrix} 1 & 0 \\ 0 & A_z \end{bmatrix} \quad C = \begin{bmatrix} 0 \\ C_z \end{bmatrix}$$

以及

$$G = \begin{bmatrix} \delta - \frac{\sigma_1^2}{2} & e_z A_z \\ \delta - \frac{\sigma_2^2}{2\times 2} & 2^{-1} e_z (A_z + A_z^2) \\ \vdots & \vdots \\ \delta - \frac{\sigma_n^2}{2\times n} & n^{-1} e_z (A_z + \cdots + A_z^n) \\ -\delta & -e_z \end{bmatrix}$$

□ 14. B. 1 收益率曲线的斜率依赖于 $\log m_{t+1}$ 的序列相关性

由（14. B. 7）式可以立刻得到期限结构的无条件均值

$$E y_t' = \left[\delta - \frac{\sigma_1^2}{2} \quad \cdots \quad \delta - \frac{\sigma_n^2}{2\times n}\right]'$$

所以平均来说，只有当 j 增大时 σ_j^2/j 下降，期限结构才会随时间间隔而增长。通过解释关于 σ_j^2 的我们的公式，可能证明的是，平均来说随到期期限而增长的期限结构蕴含着随机折现因子的对数是负序列相关的。因而，从（14. B. 3）式可以得出，（14. B. 4）式与（14. B. 5）式中的项 σ_j^2 满足

$$\sigma_j^2 = \mathrm{var}_t(\log m_{t+1} + \cdots + \log m_{t+j})$$

其中 var_t 表示在 t 时刻以信息 z_t 为条件的方差。例如，注意

$$\mathrm{var}_t(\log m_{t+1} + \log m_{t+2}) = \mathrm{var}_t(\log m_{t+1}) + \mathrm{var}_t(\log m_{t+2}) + 2\mathrm{cov}_t(\log m_{t+1}, \log m_{t+2}) \tag{14. B. 8}$$

其中 cov_t 表示条件协方差。于是，只有当 $\mathrm{cov}_t(\log m_{t+1}, \log m_{t+2}) < 0$ 时，才会出现 $\sigma_1^2 > \frac{\sigma_2^2}{2}$。因而，平均来说，向上倾斜的收益率曲线揭示出随机折现因子的对数是负序列相关的。(参看图 14. B. 5 中的对数随机折现因子的范围。)

□ 14. B. 2 巴克斯和济恩的随机折现因子

就 A_z，C_z，δ 的设定而言，对于 A_z 的特征值都小于 1 的情况，我们可以利用上面表述的公式来计算平稳分布 EY_t 的矩、自协方差函数 $\mathrm{Cov}_Y(\tau)$，以及由（2. 4. 14）式或（2. 4. 15）式给出的脉冲响应函数。对于第二次世界大战后期的美国名义利率的期限结构，巴克斯和济恩为我们提供了从实证形式上看关于 A_z，C_z，e_z 的似乎有点道理的设定。特别地，他们设定 $\log m_{t+1}$ 是一个自回归移动平均过程

$$-\phi(L)\log m_{t+1} = \phi(1)\delta + \theta(L)\sigma w_{t+1}$$

其中 w_{t+1} 是一个满足 $Ew_{t+1}^2 = 1$ 的标量高斯白噪声，并且

$$\phi(L) = 1 - \phi_1 L - \phi_2 L^2 \tag{14. B. 9a}$$

$$\theta(L) = 1 + \theta_1 L + \theta_2 L^2 + \theta_3 L^3 \tag{14. B. 9b}$$

巴克斯和济恩设定了那样的参数值，那些参数值蕴含着 $\phi(L)$ 和 $\theta(L)$ 的所有零点在模数上均大于 1①，这个条件确保了 A_0 的特征值在模数上均小于 1。巴克斯和济恩的设定可以通过设置

$$z_t = [\log m_t \quad \log m_{t-1} \quad w_t \quad w_{t-1} \quad w_{t-2}]$$

和

$$A_z = \begin{bmatrix} \phi_1 & \phi_2 & \theta_1\sigma & \theta_2\sigma & \theta_3\sigma \\ 1 & 0 & 0 & 0 & 0 \\ 0 & 0 & 0 & 0 & 0 \\ 0 & 0 & 1 & 0 & 0 \\ 0 & 0 & 0 & 1 & 0 \end{bmatrix}$$

① 如果 $\phi(z_0)=0$，则复变量 z_0 被称为 $\phi(z)$ 的一个零点。

来完成，$C_z=[\sigma\quad 0\quad 1\quad 0\quad 0]'$（$\sigma>0$）表示对 $\log m_{t+1}$ 与 $e_z=[1\quad 0\quad 0\quad 0\quad 0]$ 来说新息的标准差。

□ 14. B. 3　对随机折现因子的逆向工程

巴克斯和济恩运用关于 y_t 的时间序列数据，连同由对数正态债券定价模型所蕴含的限制，推导出关于随机折现因子 m_{t+1} 的意义。他们将这种过程称为"对收益率曲线的逆向工程"，然而他们实际上所做的内容就是使用收益率曲线的时间序列观测值对随机折现因子完成逆向工程。他们利用广义矩方法来估计（有人称为"校准"）相对于美国纯折现债券月度名义利率下面各项的值：$\delta=0.528$，$\sigma=1.023$，$\theta(L)=1-1.031\,448L+0.073\,011L^2+0.000\,322L^3$，$\phi(L)=1-1.031\,253L+0.073\,191L^2$。为什么巴克斯和济恩要取如此多位数呢？为了解释为什么这样做，首先，注意到对于这些特殊值来说，$\frac{\theta(L)}{\phi(L)}\approx1$，所以随机折现因子的对数可用独立同分布过程

$$\log m_{t+1}\approx\delta+\sigma w_{t+1}$$

来逼近。这意味着，对数随机折现因子的波动是难以预测的。巴克斯和济恩令人信服地论证了，为了匹配观测到的特性，即可借助于估计名义期限结构 y_t 过程的一阶矩与二阶矩以及第二次世界大战后美国其他风险资产的收益率来概括的特性，重要的是 $\theta(L)$ 和 $\phi(L)$ 具有以下两个特性：(a) 第一个，$\theta(L)\approx\phi(L)$，因而随机折现因子是一个变化无常的变量，该变量的波动很难加以预测；(b) 第二个，不过 $\theta(L)\neq\phi(L)$，因而随机折现因子具有微妙的可预测成分。特性 (a) 需要匹配风险证券的可观测价格，正如我们在第 14 章所讨论的。特别地，关于风险证券的收益率的观测值可用于计算所谓的风险的市场价格，从理论上看，此风险的市场价格应等于$\frac{\sigma_t(m_{t+1})}{E_t m_{t+1}}$，其中 σ_t 表示条件标准差，而 E_t 表示以 t 时刻的信息为条件的条件均值。来自收益率曲线与其他资产收益率的关于随机折现因子的实证估计显示，风险的市场价格的值在第 14 章深入探讨的意义上相对较大。m_{t+1}的高波动性传递出风险的高市场价格。巴克斯和济恩运用特性 (b) 来匹配随时间变化的收益率的形状。巴克斯和济恩关于 $\theta(L)$、$\phi(L)$ 的估计蕴含着期限结构的结果，它既表现出特性 (a)，又表现出特性 (b)。对于他们的$\theta(L)$、$\phi(L)$、σ 之值，图 14. B. 1～图 14. B. 5 展示了理论上收益率曲线的各式各样的不同情况。图 14. B. 1 表明了利率的均值期限结构的理论值，这可通过将第 2 章关于 $\mu_Y=G\mu_X$ 的公式应用于（14. B. 7）式计算出来。平均来说，收益率曲线的理论值是向上倾斜的，正如数据所表现的那样。对于持债期 $j=1$，3，6，12，24，36，48，60，120，360 的收益率，其中持债期是以月来测量的。图 14. B. 2 表明了对于对数随机折现因子中的冲击 w_{t+1} 的 y_{jt} 的脉冲反应。我们使用（2. 4. 15）式计算这个脉冲反应函数。图 14. B. 2 表明，y_{jt} 的脉冲反应函数越大，时间范围越短。就短期利率而言，脉冲反应函数的形状不同于其他情况。它是唯一有驼峰形状的。图 14. B. 3 与图 14. B. 4 表示对数随机折现因子的脉冲反应函数。图 14. B. 3 证实 $\log m_{t+1}$大致是独立同分布的（脉冲反应几乎全部出现在零滞后处），但是图 14. B. 4 显示了滞后 1 期与更多期的情况的脉冲反应系数，同时证实了随机折现因子实际上不是独立同分布的。由于初始反应是很大的负数，所以这些小的正的滞后反应会赋予对数随机折

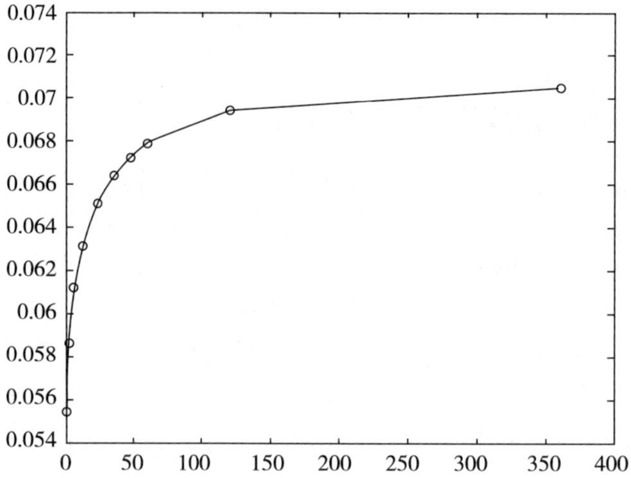

图 14. B. 1　带有巴克斯-济恩折现因子的利率的均值期限结构（以月来刻画的水平轴）

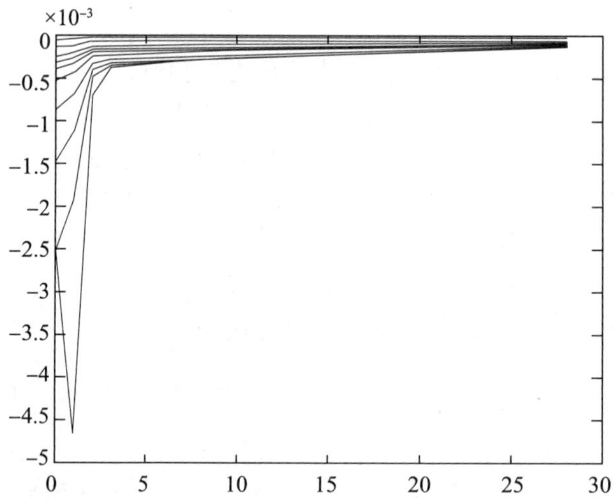

图 14. B. 2　针对随机折现因子中的新息的收益率 y_{nt} 的脉冲反应（到期收益率越小，反应越大）

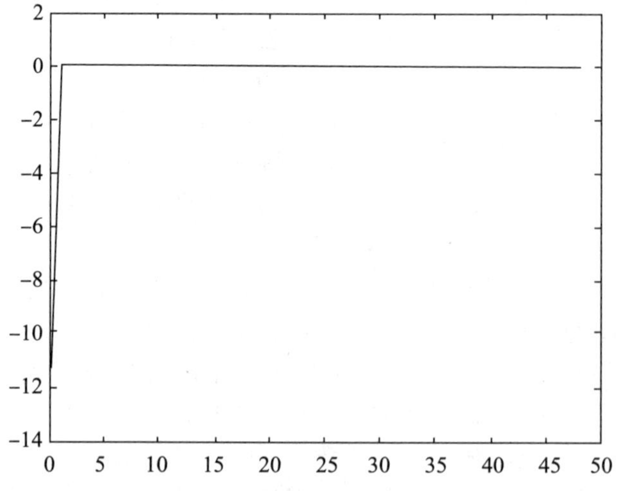

图 14. B. 3　随机折现因子的对数的脉冲反应

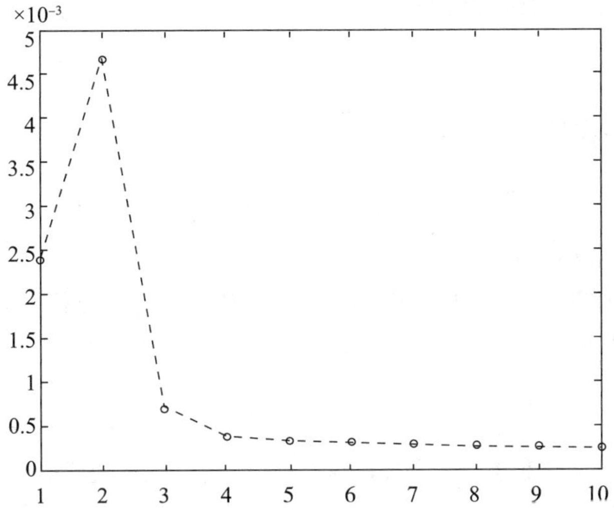

图 14. B. 4　对数随机折现因子从滞后 1 期开始的脉冲反应

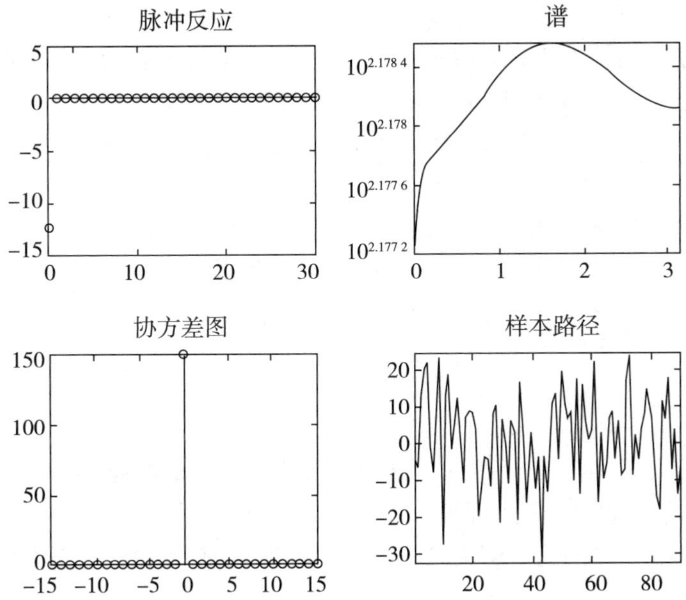

图 14. B. 5　关于巴克斯和济恩的对数随机折现因子的程序 bigshow2

现因子负的序列相关性。正如上面所注意到的那样，像巴克斯和济恩（1992）所强调的，随机折现因子的负的序列相关对于解释平均来说向上倾斜的收益率曲线是有用的。

图 14. B. 5 将 Matlab 程序 bigshow2 应用于巴克斯和济恩对（σ，δ，$\theta(L)$，$\phi(L)$）的设定值上。左上角的小图再一次是脉冲反应。左下角的小图是协方差图，如同预计的，它非常接近于独立同分布过程。对数随机折现因子的谱不是完全平坦的，从而揭示出对数随机折现因子是序列相关的。（记住，对于序列不相关的过程，其谱，一个白噪声，是完全平坦的。）当频率从 $w=0$ 到 $w=\pi$ 增大时，一般地说谱会增加，这种情况表明：对数随机折现因子是负序列相关的。然而，负序列相关是微妙的，因此右下角的小图所画

出的实现值很难与白噪声加以区别。

14.13 习题

14.1 汉森-贾甘纳坦界

考虑下面美国 1890—1979 年的股票与国库券的年度总收益率的年度数据，这些是梅拉和普雷斯科特所使用的数据。收益率的均值是 $\mu=[1.07 \quad 1.02]$，并且收益率的协方差矩阵是 $\begin{bmatrix} 0.0274 & 0.00104 \\ 0.00104 & 0.00308 \end{bmatrix}$。

a. 考察就股票相对于债券而言的超额收益率数据，计算随机折现因子 y 的汉森-贾甘纳坦界。在区间［0.9，1.02］上画出 $E(y)$ 的界。

b. 利用两个收益率的数据，计算并画出 $E(y)$ 在区间［0.9，1.02］上的界。如同你在 a 中那样，在同一个图形上画出这个界。

c. 网页 https://files.nyu.edu/ts43/public/books.html 上存在一个关于基德兰德和普雷斯科特时间序列的 Matlab 文件 epdata.m。序列 epdata(:,4) 是总量消费的年度增长率 C_t/C_{t-1}。假定 $\beta=0.99$，同时 $m_t=\beta u'(C_t)/u'(C_{t-1})$，其中 $u(\cdot)$ 表示 CRRA 效用函数。对于 $\gamma=0$，5，10 三个值，计算 m_t 的均值与标准差，并如同 b 中那样，在同一个图形中画出它们。你从这些点的位置会推断出什么呢？

14.2 期限结构与制度转换（由鲁道夫·马努埃利提供）

考虑一个纯交换经济，其中人均消费的随机过程是

$$C_{t+1} = C_t \exp[\alpha_0 - \alpha_1 s_t + \varepsilon_{t+1}]$$

其中：

（ⅰ）$\alpha_0>0$，$\alpha_1>0$，$\alpha_0-\alpha_1>0$。

（ⅱ）ε_t 是服从 $N(\mu,\tau^2)$ 分布的独立同分布的随机变量序列。

注意：已知这个设定，由此可得 $E[e^{\varepsilon}]=\exp[\mu+\tau^2/2]$

（ⅲ）s_t 是独立于 ε_t 的马尔可夫过程，它只取两个值 $\{0,1\}$。其转移概率矩阵由下式完全概括给出：

$$\text{Prob}[s_{t+1} = 1 \mid s_t = 1] = \pi(1)$$
$$\text{Prob}[s_{t+1} = 0 \mid s_t = 0] = \pi(0)$$

（ⅳ）t 时刻的信息集 Ω_t 包含 $\{C_{t-j}, s_{t-j}, \varepsilon_{t-j}; j\geq 0\}$。

存在大量完全相同的个体，每个代表性个体具有如下效用函数：

$$U = E_0 \sum_{t=0}^{\infty} \beta^t u(C_t)$$

其中 $u(C)=C^{(1-\gamma)}/(1-\gamma)$。假定 $\gamma>0$ 与 $0<\beta<1$。如同以往一样，$\gamma=1$ 对应于对数效用函数。

a. 计算“短期”（单期）的无风险利率。

b. 计算“长期”（两期）的无风险利率，使用如同你在 a 中计算利率时所采用的时间单位来加以测量（也就是要取一个适当的平方根）。

c. 注意，消费增长率的对数是

$$\log(C_{t+1})-\log(C_t)=\alpha_0-\alpha_1 s_t+\varepsilon_{t+1}$$

因而，这个增长率的条件期望刚好是 $\alpha_0-\alpha_1 s_t+\mu$。可以发现，当 $s_t=0$ 时，增长率很高，当 $s_t=1$ 时，增长率很低。因而，粗略地讲，我们可以用周期的峰（或者表现好的时间）来识别 $s_t=0$，而用周期的低谷（或表现差的时间）来识别 $s_t=1$。假定 $\mu>0$，请尽可能描述这个模型对利率期限结构的周期行为的含义。

d. 短期利率是顺周期的还是逆周期的？

e. 长期利率是顺周期的还是逆周期的？如果对此问题你不能给出确定的回答，那么请寻找那种使长期利率顺周期或逆周期的条件，然后用术语“持久性”（你需要去定义）来解释你的条件。

14.3 增长减缓和股市崩溃（由鲁道夫·马努埃利提供）[1]

考虑简单的有一棵树的纯交换经济。唯一的消费资源是长在树上的水果。这个岛上居住的部落将此水果称为红利 d_t。关于红利的随机过程描述如下：如果 d_t 不等于 d_{t-1}，则以概率 π 有 $d_{t+1}=\gamma d_t$，以概率 $1-\pi$ 有 $d_{t+1}=d_t$。假如在任意两个时期 j 与 $j+1$，有 $d_j=d_{j+1}$，那么对于所有 $t>j$，$d_t=d_j$。总之，这个过程如不停止，则每个时期都以总比率υ增长。然而，一旦在某一个时期停止增长，则它以后便永远保持恒定状态。令 $d_0=1$。

关于消费的随机过程上的偏好是

$$U=E_0\sum_{t=0}^{\infty}\beta^t u(C_t)$$

其中 $u(C)=C^{(1-\gamma)}/(1-\gamma)$。假定 $\gamma>0$，$0<\beta<1$，$\upsilon>1$，并且 $\beta\upsilon^{(1-\gamma)}<1$。

a. 定义交易此棵树上的股票的竞争性均衡。

b. 作为红利历史的函数，展示此棵树上的股票价格 p_t 的均衡过程。价格过程在它刚好依赖于上一期红利的意义下是不是马尔可夫过程？

c. 设 T 是首次出现 $d_{T-1}=d_T=\gamma^{T-1}$ 的时间。是否有 $p_{T-1}>p_T$？说明在怎样的条件下这种情况成立。这个结果的经济直观意义是什么？关于股票市场下跌或崩溃，它说明了什么？

d. 假如此模型是正确的，如何说明经济中股票市场总价值出现从高增长转变到低增长的特性（比如日本）？

14.4 期限结构与消费（由鲁道夫·马努埃利提供）

考虑一个由大量完全相同的家庭所构成的经济。它们（共同的）效用函数是

$$\sum_{t=0}^{\infty}\beta^t u(C_t)$$

[1] 参见 Joseph Zeira (1999)。

其中 $0<\beta<1$，对于某些 $\gamma>0$，$u(x)=x^{(1-\gamma)}/(1-\gamma)$。（当 $\gamma=1$ 时，效用变成对数形式。）每一个家庭都有一棵树。因而，家庭的数量与树的数量相吻合。树上增长的消费数量满足下式：

$$C_{t+1}=C^{*}C_{t}^{\varphi}\varepsilon_{t+1}$$

其中 $0<\varphi<1$，ε_t 是独立同分布的对数正态随机变量，其均值为 1，方差为 σ^2。另外假定除了树上的股票之外，经济中各种到期日的债券也可以交易。

a. 定义一个竞争性均衡。

b. 对于 $j=1,2,\cdots$，尽可能计算利率的期限结构 $\widetilde{R}_{jt}$。

c. 经济学家 A 认为某种经济理论预测短期利率（比如单期）的对数的方差总是小于长期利率的对数的方差，其原因在于短期利率"更有风险"。你同意吗？给出你观点的合理证明。

d. 经济学家 B 声称，短期利率，即 $j=1$ 的情况，比长期利率，即更大的 j，对经济状态 C_t "更加敏感"。你同意吗？给出你观点的合理证明。

e. 经济学家 C 声称，美联储应该降低利率，因为无论什么时候，利率如果低，则消费就高。你同意吗？给出你观点的合理证明。

f. 经济学家 D 声称，对于那种产出（就我们的例子而言是指消费）有较强持久性（$\varphi\approx1$）的经济来说，其产出（消费）变化不会影响利率。你同意吗？给出你观点的合理证明。如果可能，提供你观点的经济直观意义。

14.5 模糊厌恶乘子偏好

考虑递归式（14.7.5），即

$$U_t=c_t-\beta\theta\log E_t\left[\exp\left(\frac{-U_{t+1}}{\theta}\right)\right] \tag{1}$$

其中 $c_t=\log C_t$，$\beta\in(0,1)$，而且 $0<\theta$。设 c_t 服从下面的随机过程

$$c_{t+1}=c_t+\mu+\sigma_\varepsilon\varepsilon_{t+1} \tag{2}$$

其中 $\varepsilon_{t+1}\sim N(0,1)$ 是一个独立同分布的随机过程。

a. 估计 $U_t=k_0+k_1c_t$ 形式的值函数，其中 k_0 与 k_1 均是标量常数。详细推导关于 k_0 和 k_1 的验证递归式（14.7.5）［或者上面的（1）式］的公式。

b. 利用你所推导的关于 k_0 和 k_1 的公式，验证当 c_t 服从（2）式时，另一种表示递归式（1）的方式是

$$U_t=c_t+\beta E_tU_{t+1}-\frac{\beta}{2\theta}\mathrm{var}_t(U_{t+1}) \tag{3}$$

运用表示式（3）给出消费者在图 14.7.1 中相对于计划 B 来说为什么更喜欢计划 A 的解释，以及在图 14.7.2 中相对于计划 D 来说为什么更喜欢计划 C 的解释。

c. 对于递归式（1），详细地验证：

$$\frac{\partial U_t}{\partial C_t}=\frac{k_1}{C_t}$$

$$\frac{\partial U_t}{\partial C_{t+1}}=\beta\left(\frac{\exp(-\theta^{-1}U_{t+1})}{E_t\exp(-\theta^{-1}U_{t+1})}\right)\frac{k_1}{C_{t+1}}$$

d. 详细地验证，定义成 g 的似然比满足

$$g(\varepsilon_{t+1})\equiv\left(\frac{\exp((1-\beta)(1-\gamma)U_{t+1})}{E_t[\exp((1-\beta)(1-\gamma)U_{t+1})]}\right)=\exp\left(w\varepsilon_{t+1}-\frac{1}{2}w^2\right)$$

其中 w 由下式给出：

$$w=-\frac{\sigma_\varepsilon}{\theta(1-\beta)}$$

提示：你会再次用到对数正态随机变量的均值公式。

14.6 指数仿射随机折现因子

考虑由下述关于 z_t 的向量自回归驱动的随机折现因子的指数仿射模型：

$$z_{t+1}=\mu+\phi z_t+C\varepsilon_{t+1}$$
$$r_t=\delta_0+\delta'_1 z_t$$

其中 ϕ 表示 $n\times n$ 的稳定矩阵，C 表示 $n\times n$ 的矩阵，$\varepsilon_{t+1}\sim N(0,I)$ 是独立同分布的 $n\times1$ 的随机向量，z_t 表示 $n\times1$ 的状态向量。随机折现因子的对数在状态向量 z_t 来自下列向量自回归的情况下是仿射的（也就是线性部分加上常数）：

$$\Lambda_t=\Lambda_0+\Lambda_z z_t$$
$$\log(m_{t+1})=-r_t-\frac{1}{2}\Lambda'_t\Lambda_t-\Lambda'_t\varepsilon_{t+1}$$

设资产的总风险收益率 $R_{j,t+1}$ 是

$$R_{j,t+1}=\exp\left(v_t(j)-\frac{1}{2}\alpha_t(j)'\alpha_t(j)+\alpha_t(j)'\varepsilon_{t+1}\right)\tag{1}$$

其中 $v_t(j)$ 是 z_t 的函数，此函数使 $E_t(m_{t+1}R_{j,t+1})=1$ 得以满足，且 $\alpha_t(j)=\alpha_0(j)+\alpha_z(j)z_t$，其中 $\alpha_0(j)$ 表示 $n\times1$ 的向量，而 $\alpha_z(j)$ 表示 $n\times n$ 的矩阵。

a. 证明，由（1）式可得到

$$E_tR_{j,t+1}=\exp(v_t(j))$$

b. 证明 $E_t(m_{t+1}R_{j,t+1})=1$ 蕴含着

$$v_t(j)=r_t+\alpha_t(j)'\Lambda_t\tag{2}$$

c. 解释公式（2）的含义。

d. 设定总消费 C_t 的随机动态，它使得“普通”随机折现因子 $m_{t+1}=\beta\left(\frac{C_{t+1}}{C_t}\right)^{-\gamma}$ 成为随机折现因子的指数仿射模型（的特例）。

14.7 CRRA 的值函数

消费 C_t 服从随机过程

$$C_{t+1}=\exp(\mu+\sigma_\varepsilon\varepsilon_{t+1})C_t$$

其中 $\varepsilon_{t+1} \sim N(0,1)$ 是独立同分布的标量随机过程，$\mu>0$，而且 C_0 是初始条件。消费者对消费流依据下式加以排序：

$$U_0 = E_0 \sum_{t=0}^{\infty} \beta^t \left(\frac{C_t^{(1-\gamma)}}{1-\gamma}\right) \tag{1}$$

其中 $\beta \in (0,1)$，E_0 表示以 C_0 为条件的数学期望，而 $\gamma \geqslant 0$。

a. 已知使（1）式右边存在的条件 μ，σ_ε，γ，β，求满足（1）式的值函数 U_0。

b. 描述递归形式

$$U_t = \frac{C_t^{(1-\gamma)}}{1-\gamma} + \beta E_t U_{t+1}$$

其在 0 时刻的解满足（1）式。

14.8　卢卡斯树经济

在卢卡斯树经济中，代表性消费者对待消费流的偏好的顺序由

$$E_0 \sum_{t=0}^{\infty} \beta^t \log C_t \tag{1}$$

决定。存在单一资产，在 t 时刻产生红利 y_t，这由两个状态的马尔可夫链 P 来控制，P 有状态 $s_t \in \{0,1\}$，同时

$$y_t = \begin{cases} y_L, & s_t = 0 \\ y_H, & s_t = 1 \end{cases}$$

其中 $y_H > y_L > 0$。树是此经济中商品的唯一来源。存在单个代表性消费者，所以 $C_t = y_t$。转移矩阵 $P = \begin{bmatrix} \pi_L & 1-\pi_L \\ 1-\pi_H & \pi_H \end{bmatrix}$，其中 $\pi_L \in (0,1)$，$\pi_H \in (0,1)$。

关于树，存在一个市场。（均衡时的交易量为零。）设 p_t 表示从 $t+1$ 时刻开始树上的水果的权益的（除息）价格。从 t 时刻开始，树的所有权使树的所有者在 t 时刻有权利接收红利 y_t，然后在 $t+1$ 时刻收到红利之后以价格 p_{t+1} 卖出此树。

a. 求这个经济的随机折现因子。请说出怎样计算此经济中单期无风险债券的收益率。

b. 求将经济在 t 时刻的状态映射到树的价格 p_t 上的均衡定价函数。

c. 描述树的单期总收益率的特性。

一个外部的价值为零的企业家进入这个经济，并在时间 $\bar{t}>0$ 购买了全部的树。外部没有什么资源和资金，为了购买树，企业家：（1）发行承诺对于 $t \geqslant \bar{t}+1$ 的每个时期支付 $\eta \in (0, y_L)$ 的无限期的无风险债券；（2）发行在 $t \geqslant \bar{t}+1$ 时期支付给股票持有者 $y_t - \eta$ 的股票。企业家的资产是树，而他的债务则是债券与股票。

d. 请计算无风险债券的均衡价值，它是承诺息票支付 η 与经济状态的函数。

e. 请计算股票的均衡价值，它是债券息票支付 η 与经济状态的函数。

f. 怎样将你在 d 和 e 中的答案与你在 b 中所计算的树的价值进行比较？

14.9　长期风险 I

考虑下述纯交换经济，其中有一个代表性消费者和一个外生消费过程。消费 $C_t = \exp(c_t)$ 服从随机过程

$$c_{t+1} = \mu + z_t + c_t + \sigma_\varepsilon \varepsilon_{t+1}$$
$$z_{t+1} = \rho z_t + \sigma_z \varepsilon_{t+1}$$

其中 $\varepsilon_{t+1} \sim N(0,1)$ 是独立同分布的标量随机过程，$\mu > 0$ 而且 c_0 和 z_0 都是初始条件，$\rho \in (0,1)$。通过设置 ρ 接近于 1 且小于 1 以及 σ_z 为很小的数，z_t 变成 $E_t(c_{t+1} - c_t)$ 条件均值的一个缓慢移动的部分。消费者对消费流依据

$$U_0 = E_0 \sum_{t=0}^{\infty} \beta^t \left(\frac{C_t^{(1-\gamma)}}{1-\gamma} \right) \tag{1}$$

进行排序，其中 $\beta \in (0,1)$，E_0 表示以 C_0 为条件的数学期望，且 $\gamma \geqslant 0$。

a. 求消费者的随机折现因子 m_{t+1} 的公式。

b. 计算 $E_t(m_{t+1})$ 并给予解释。

c. 计算 $E_t(m_{t+1} m_{t+2})$ 并给予解释。

d. 利用你的 b 与 c 中的计算结果，谈一谈你会如何预期此经济的利率期限结构的跨期表现。

e. 求满足（1）式的值函数 U_0，已知关于 μ，σ_ε，σ_z，γ，β 的条件可以确保（1）式右边存在。

14.10　长期风险Ⅱ

再次考虑递归式（14.7.5），即

$$U_t = c_t - \beta\theta \log E_t \left[\exp\left(\frac{-U_{t+1}}{\theta} \right) \right] \tag{1}$$

其中 $c_t = \log C_t$，$\beta \in (0,1)$，$0 < \theta$。消费 $C_t = \exp(c_t)$ 服从随机过程

$$c_{t+1} = \mu + z_t + c_t + \sigma_\varepsilon \varepsilon_{t+1}$$
$$z_{t+1} = \rho z_t + \sigma_z \varepsilon_{t+1}$$

其中 $\varepsilon_{t+1} \sim N(0,1)$ 是独立同分布的标量随机过程，$\mu > 0$，且 c_0 和 z_0 均为初始条件，$\rho \in (0,1)$。通过设 ρ 接近于 1 且小于 1，σ_z 为很小的数，使 z_t 变成 $E_t(c_{t+1} - c_t)$ 的条件均值中一个缓慢移动的部分。

a. 估计 $U_t = k_0 + k_1 c_t + k_2 z_t$ 形式的值函数，其中 k_0，k_1，k_2 均是标量常数。详细推导验证递归式（14.7.5）[或者上面的（1）式] 的 k_0，k_1，k_2 的公式。

b.（可选的额外学分）推导这个经济的随机折现因子的公式。

14.11　随机波动性

考虑下面这个纯交换经济，其中有一个代表性消费者与一个外生消费过程。消费 $C_t = \exp(c_t)$ 服从随机过程

$$c_{t+1} = \mu + c_t + \sigma_\varepsilon(s_t) \varepsilon_{t+1}$$

其中 $\varepsilon_{t+1} \sim N(0,1)$ 是独立同分布的随机过程，$\mu > 0$，且 c_0 和 s_0 均为初始条件，s_t 是两个状态的马尔可夫链 $\{0,1\}$ 在 t 时刻的实现值，其转移矩阵 $P = \begin{bmatrix} \pi_0 & 1-\pi_0 \\ 1-\pi_1 & \pi_1 \end{bmatrix}$，其中 $\pi_0 \in (0,1)$，且 $\pi_1 \in (0,1)$。

下式成立：

$$\sigma_\varepsilon(s_t)=\begin{cases}\sigma_L, & s_t=0\\ \sigma_H, & s_t=1\end{cases}$$

其中 $0<\sigma_L<\sigma_H$。在 t 时刻，消费者观测到 c_t 和 s_t。消费者对消费流依据

$$U_0=E_0\sum_{t=0}^{\infty}\beta^t\left(\frac{C_t^{(1-\gamma)}}{1-\gamma}\right) \tag{1}$$

来排序，其中 $\beta\in(0,1)$，E_0 表示以 C_0 和 s_0 为条件的数学期望，且 $\gamma\geqslant 0$。

a. 定义消费者的随机折现因子 m_{t+1}。

b. 求消费者的随机折现因子 m_{t+1} 的公式。

c. 计算 $E_t(m_{t+1})$ 并给予解释。

d. 计算 $E_t(m_{t+1}m_{t+2})$ 并给予解释。

e. 利用你在 c 与 d 中的计算结果，谈一谈你会如何预期此经济的利率期限结构的跨期表现。

f. 如果代替在 t 时刻观测 c_t 和 s_t，消费者仅仅观测到当前值与过去值 $c_t,c_{t-1},\cdots,c_0$，且有先验分布 $s_0\sim\tilde{\pi}_0(s_0)$，你回答问题 c 的方法会有变化吗？

14.12 未知的 μ

考虑下述纯交换经济，其中有一个代表性消费者和一个外生消费过程。消费 $C_t=\exp(c_t)$ 服从随机过程

$$c_{t+1}=\mu+z_t+c_t+\sigma_\varepsilon\varepsilon_{t+1}$$

其中 $\varepsilon_{t+1}\in N(0,1)$ 是独立同分布的随机过程，$\mu>0$，c_0 为一个初始条件，消费者依据

$$U_0=E_0\sum_{t=0}^{\infty}\beta^t\log(C_t) \tag{1}$$

来对消费流排序，其中 $\beta\in(0,1)$，E_0 表示在 C_0 上的数学条件期望，且 $\gamma\geqslant 0$。消费者并不知道 μ，但是他认为在 0 时刻 μ 可用先验概率密度 $\mu\sim N(\hat{\mu}_0,\sigma_\mu^2)$ 描述，其中 $\sigma_\mu>0$。在 $t+1$ 时期期初，消费者观测到历史值 $\{c_{s+1}-c_s,s=1,\cdots,t\}$。

a. 对于 $t\geqslant 0$，求消费者的随机折现因子 m_{t+1} 的公式。

b. 在这个经济中，单期无风险债券的总收益率随着时间的推移会有怎样的表现？请你谈一谈它会增加还是减少。

14.13 长期风险Ⅲ

考虑下述纯交换经济，其中有一个代表性消费者和一个外生消费过程。消费 $C_t=\exp(c_t)$ 服从随机过程

$$c_{t+1}=\mu+z_t+c_t+\sigma_\varepsilon\varepsilon_{t+1}$$
$$z_{t+1}=\rho z_t+\sigma_z\varepsilon_{t+1}$$

其中 $\varepsilon_{t+1}\sim N(0,1)$ 是独立同分布的标量随机过程，$\mu>0$，而且 c_0 和 z_0 均为初始条件，$\rho\in(0,1)$。通过设置 ρ 接近于 1 且小于 1 以及 σ_z 为很小的数，z_t 变成 $E_t(c_{t+1}-c_t)$ 条件均值的一个缓慢移动的部分。消费者依据

$$U_0 = E_0 \sum_{t=0}^{\infty} \beta^t \log(C_t) \qquad (1)$$

对消费流进行排序，其中 $\beta \in (0,1)$，E_0 表示以 C_0 为条件的数学期望，且 $\gamma > 0$。在 0 时刻消费者认为 μ 可由先验概率密度 $\mu \sim N(\hat{\mu}_0, \sigma_\mu^2)$ 来刻画，其中 $\sigma_\mu > 0$。消费者永远不会观测到 z_t，而且在 0 时期期初 z_0 与 μ 独立分布，$z_0 \sim N(\check{z}, \sigma_z^2)$。从 $t+1$ 时刻开始，消费者观测到历史值 $\{c_{s+1} - c_s, s=1,\cdots,t\}$。

a. 对于 $t \geqslant 0$，求消费者的随机折现因子 m_{t+1} 的公式。

b. 假定 $(\beta, \hat{\mu}_0, \check{z}_0, \rho, \sigma_\varepsilon, \sigma_z)$ 的值为 $(0.995, 0.005, 0, 0.99, 0.005, 0.000\,05)$。请编写 Matlab 程序用于计算关于 $t=0,\cdots,10\,000$ 的无风险债券单期总收益率。请画出图形。在这个经济中，t 时刻的无风险债券单期总收益率随着时间的推移会有怎样的表现呢？

14.14 仿射期限结构模型

回顾 14.11.2 节的仿射期限结构模型

$$p_t(n) = \exp(\overline{A}_n + \overline{B}_n z_t)$$

请验证 $(\overline{A}_n, \overline{B}_n)$ 可经过如下递归式计算出来：

$$\overline{A}_{n+1} = \overline{A}_n + \overline{B}_n'(\mu - C\Lambda_0) + \frac{1}{2}\overline{B}_n' C C' \overline{B}_n - \delta_0$$

$$\overline{B}_{n+1}' = \overline{B}_n'(\phi - C\Lambda_z) - \delta_1'$$

满足初始条件 $\overline{A}_1 = -\delta_0$，$\overline{B}_1 = -\delta_1$。提示：运用对数正态随机变量的均值公式。

14.15 逆向工程

一位经济计量学家发现，消费 c_t 的对数可由随机过程

$$c_{t+1} - c_t = \mu + \sigma_\varepsilon \varepsilon_{t+1} \qquad (0)$$

来刻画，其中 $\varepsilon_{t+1} \sim N(0,1)$ 是独立同分布的标量随机过程。这位经济计量学家还发现随机折现因子的形式为

$$\log m_{t+1} = -\delta - (c_{t+1} - c_t) + w\varepsilon_{t+1} - \frac{1}{2}w^2 \qquad (1)$$

其中 $\delta > 0$，$w = \sigma_\varepsilon(1-\gamma)$，$\gamma \geqslant 1$。随机折现因子在下面的意义下发挥作用，即对于资产集合 $j=1,\cdots,J$，欧拉方程的广义矩估计

$$E_t(R_{j,t+1} m_{t+1}) = 1 \qquad (2)$$

会得到很好的近似。另外，此经济计量学家发现关于资产 j 的总收益率 $R_{j,t+1}$ 由

$$\log(R_{j,t+1}) = \eta_{jt} + \alpha_j \varepsilon_{t+1} + \sigma_j u_{j,t+1} - \left(\frac{1}{2}\right)(\alpha_j^2 + \sigma_j^2) \qquad (3)$$

来刻画，其中 $u_{j,t+1} \sim N(0,1)$，对于所有 j，$E u_{j,t+1} \varepsilon_{t+1} = 0$，且 $\alpha_1 = 0$。

a. 利用约束 (2) 求出关于 η_{jt} 的公式，这里 η_{jt} 是方程 (0)、(1)、(2) 以及 (3) 中的其他参数的函数。

b. 回顾 $\alpha_1 = 0$，阐述 η_{1t} 的公式，这里 η_{1t} 是你所推导的 a 中的公式的特例。请解释 η_{1t}。

c. 运用你对 a 与 b 的解答，请推导使 η_{jt} 与 η_{1t} 相联系的公式，用风险的价格来对公式进行解释。

d. 对经济计量模型进行逆向工程，其中由（1）所刻画的 m_{t+1} 反映了代表性消费者的偏好。

e. 描述在特殊情况 $\gamma=1$ 时 d 中所导出的代表性消费者偏好。

f. 描述在一般情况 $\gamma>1$ 时 d 中所导出的代表性消费者偏好。请谈一谈参数 γ 会控制偏好哪些方面的内容（也就是风险厌恶，或者跨期替代，或者其他内容）。

第15章

经济增长

15.1 引言

本章描述基本的、非随机的持续经济增长模型。我们先描述基准外生增长模型，此时持续增长由劳动生产力外生增长驱动。然后，我们将注意力转向几个内生增长模型，在这些模型中，劳动生产力的增长率可以由经济中的家庭进行一定的选择。我们描述了几个模型，它们在均衡的市场经济匹配仁慈的计划者的选择方面存在差异。如果市场经济结果不匹配计划者的结果，那么存在政府干预以改进福利的空间。本章的目的是说明不同模型起作用的机制。为了便于比较，我们在大部分讨论中使用同样的生产函数，但会改变其中一个变量的含义。

保罗·罗默（Paul Romer）的工作推动了人们对经济增长理论重新产生兴趣。基于阿罗（1962）的干中学模型的思想，罗默（1986）给出了一个内生增长模型，其中资本（或者知识）的积累伴随着可获得技术的正外部性。所有个体的总资产持有量与技术水平正相关，而技术水平又与个体的储蓄决策相互作用，因而决定经济增长率。因此，经济中的家庭并非有意但是事实上选择了经济的增长速度。在该模型中，竞争性均衡增长率低于社会最优的经济增长率。

研究内生经济增长的另外一种方法是假定所有生产要素都是可以再生的。根据宇泽（Uzawa，1965）的论述，卢卡斯（1988）提出了一个存在实物资本和人力资本积累的模型。所有投入品的联合积累保证了增长不会停止，即使最终产品生产函数中的单个要素都出现收益递减。在不存在外部性的条件下，这个模型中的竞争性均衡增长率与社会最优增长率一致。

罗默（1987）构造了一个模型，其中个体可以选择从事带来技术进步的研究。每一个发明都代表了生产一种新类型中间投入品的技术，该中间投入品可以用于最终产品的生产而不影响已经存在的中间投入品的边际产量。引入新的投入品使得经济可以持续增长，即使每个中间投入品都收益递减。在分散化均衡中，如果私人个体被授予发明成果的产权，则他们只愿意将资源花费在研究上。基于永久性专利的假定，罗默求解了一个垄断竞争性均衡，其中静态效率和动态效率之间具有显著的差距。专利和相应的市场能力对于分散化均衡中的研究和新发明是必需的，而已经存在的中间投入品的有效生产则需要边际成本定价，即废除已有专利。垄断竞争性均衡被刻画为每一个中间投入品的小额供给和相对社会最优产出而言的较低增长率。

最后，我们回到不可再生要素可能不会对增长设置障碍的问题。雷贝洛（1991）说明了在新古典增长模型中即使存在不可再生要素的固定供给，如果存在一个没有（直接或者间接）使用不可再生要素生产出来的资本品的“核”，那么经济仍然可能持续增长。雷贝洛发现相对可再生要素而言，因为不可再生要素持续增加的相对稀缺性，所以不可再生要素的价格会随时间的推移而上涨。罗默（1990）假定研究需要劳动投入，而不只是产品［参见罗默（1987）的早期模型］。现在，如果劳动供给是固定的，并且工人天生的生产能力是常数，那么直接就可以推出增长会渐近停止。为了使得持续增长是可行的，我们可以采用与先前的讨论一样的思路。一种建模方法是引入可以提高研究人员生产能力的外部性，另一种方法是假定研究人员能够积累人力资本。罗默采用了第一种方法，我们也发现有必要集中研究外部性在克服不可再生劳动所导致的增长障碍方面发挥的作用。

15.2 经济

假定经济中的人口是常数，存在大量相同的个体，个体依据下面的式子安排消费流$\{c_t\}_{t=0}^{\infty}$：

$$\sum_{t=0}^{\infty}\beta^t u(c_t),\quad \beta\in(0,1)$$
$$u(c)=\frac{c^{1-\sigma}-1}{1-\sigma},\quad \sigma\in[0,\infty) \tag{15.2.1}$$

对于$\sigma=1$，则为对数效用函数。[①] 表示数量的小写字母常用来表示个体的变量，如 c_t 表示个人消费，大写字母则表示总量。

对于本章的大部分关于经济增长的讨论，生产函数的形式为

$$F(K_t,X_t)=X_t f(\hat{K}_t),\quad 其中\hat{K}_t\equiv\frac{K_t}{X_t} \tag{15.2.2}$$

① 根据洛必达法则，当σ趋于1时，$(c^{1-\sigma}-1)/(1-\sigma)$的极限是$\log(c)$。

即生产函数 $F(K,X)$ 对于两个变量是规模收益不变的。使用线性齐次函数的欧拉定理，可以得到

$$F(K,X)=F_1(K,X)K+F_2(K,X)X \tag{15.2.3}$$

此处 $F_i(K,X)$ 是对第 i 个变量的偏导数[$F_{ii}(K,X)$ 表示对第 i 个变量的二阶偏导数]。投入 K_t 是折旧率为 δ 的实物资本。可以将 1 单位的产出转换为 1 单位的新资本。过去的投资可以逆转。那么相对于消费品的资本的相对价格必定等于 1。第二个变量 X_t 刻画了劳动的贡献。它的精确含义会随着我们所考察的问题的不同而有所不同。

我们假定生产函数满足标准假定，边际产量为正但递减，即

$$F_i(K,X)>0,\ F_{ii}(K,X)<0,\quad i=1,2$$

由稻田条件

$$\lim_{K\to 0}F_1(K,X)=\lim_{X\to 0}F_2(K,X)=\infty$$
$$\lim_{K\to\infty}F_1(K,X)=\lim_{X\to\infty}F_2(K,X)=0$$

可推出

$$\lim_{\hat{K}\to 0}f'(\hat{K})=\infty,\quad \lim_{\hat{K}\to\infty}f'(\hat{K})=0 \tag{15.2.4}$$

我们将使用如下数学事实：齐次线性函数 $F(K,X)$ 的一阶偏导数 $F_i(K,X)$ 是零次齐次函数，因此，一阶偏导数只是比率 $\hat{K}$ 的函数。特别地，我们得到

$$F_1(K,X)=\frac{\partial Xf(K/X)}{\partial K}=f'(\hat{K}) \tag{15.2.5a}$$

$$F_2(K,X)=\frac{\partial Xf(K/X)}{\partial X}=f(\hat{K})-f'(\hat{K})\hat{K} \tag{15.2.5b}$$

□ 15.2.1　平衡增长路径

为了使得市场结果具有与消费相同的固定的稳态增长率 $1+\mu=c_{t+1}/c_t$，我们寻找另外的技术假定。文献中使用术语“平衡增长路径”（balanced growth path）表示所有的内生变量都以固定速率增长（速率可能不同）。在稳态增长路径中（和任何趋向稳态的过程中），实物资本的收益率必定使得家庭愿意持有经济中的资本存量。

在竞争性均衡中，厂商从个体那里租赁资本，租赁回报 r_t 等于资本的边际产量：

$$r_t=F_1(K_t,X_t)=f'(\hat{K}_t) \tag{15.2.6}$$

家庭最大化方程（15.2.1）给出的效用，受约束于如下预算约束序列：

$$c_t+k_{t+1}=r_tk_t+(1-\delta)k_t+\chi_t \tag{15.2.7}$$

此处 χ_t 表示与劳动有关的预算项。关于 k_{t+1} 的一阶条件是

$$u'(c_t)=\beta u'(c_{t+1})(r_{t+1}+1-\delta) \tag{15.2.8}$$

将方程（15.2.1）和方程（15.2.6）代入方程（15.2.8），我们得到如下均衡条件：

$$\left(\frac{c_{t+1}}{c_t}\right)^{\sigma}=\beta[f'(\hat{K}_{t+1})+1-\delta] \tag{15.2.9}$$

我们看到在均衡状态，左边的固定消费增长率由右边不变的收益率维持。正是由于这个原因，我们选择方程（15.2.1）中的效用函数，使得跨期替代弹性是常数。这些偏好保证了平衡增长路径的存在。①

方程（15.2.9）很清楚地说明了，当劳动投入 X_t 是不随时间变化的常数即 $X_t=L$ 时，单靠资本积累不可能维持稳态的消费增长。给定方程（15.2.4）中的第二个稻田条件，当$\hat{K}$趋向于无穷大时，方程（15.2.9）右边的极限是$\beta(1-\delta)$。劳动投入为常数的稳态一定有固定不变的消费水平并且资本-劳动比$\hat{K}^*$由如下方程给出：

$$f'(\hat{K}^*)=\beta^{-1}-(1-\delta) \tag{15.2.10}$$

在第 5 章中我们已经得到了在对数效用函数、柯布-道格拉斯生产函数和$\delta=1$的假定下趋向稳态的转移动态的闭式解。

15.3 外生增长

如索洛（1956）的经典论文所指出的，确保稳态消费增长的最简单的方法是假定外生的劳动增进型技术增长速度为常量 $1+\mu\geqslant 1$。

$$X_t=A_tL,\quad 其中\ A_t=(1+\mu)A_{t-1}$$

此处 L 是固定不变的劳动存量。我们猜测消费和实物资本都沿着平衡增长路径以同样的速率 $1+\mu$ 增长。K_t 和 A_t 具有同样的增长速率说明，稳态中的比率$\hat{K}$和资本的边际产量都是常数。在给定等弹性偏好假定的条件下，不随时间变化的收益率与家庭选择固定的消费增长速率是一致的。

在稳态中估计方程（15.2.9），最优比率$\hat{K}^*$由下式给出：

$$(1+\mu)^{\sigma}=\beta[f'(\hat{K}^*)+1-\delta] \tag{15.3.1}$$

由于稳态消费增长率是外生给定的 $1+\mu$，那么由内生的稳态比率$\hat{K}^*$所得到的资本的收益率使得个体愿意选择固定的消费增长率 $1+\mu$。可以看出，更高的耐心度（更高的 β），或者更愿意跨期替代（更低的 σ），或者更加耐用的资本存量（更低的 δ）都会导致更高的比率$\hat{K}^*$和更高的产出（和消费），但是增长率始终保持在外生的劳动增进型技术增长率水平上。可以直接验证该竞争性均衡是帕累托最优的，因为资本的私人收益率等于资本的社会收益率。

① 为了保证最大化问题有意义，本章始终假设参数将使得任何导出的消费增长率 $1+\mu$ 都会产生有限的终生总效用，即参数的值隐含了一个约束条件 $\beta(1+\mu)^{1-\sigma}<1$。为了说明这个条件是必需的，可对消费序列$\{c_t\}_{t=0}^{\infty}=\{(1+\mu)^t c_0\}_{t=0}^{\infty}$代入方程（15.2.1）进行证明。

根据方程（15.2.6）对实物资本进行补偿，劳动按照其在竞争性均衡中的边际产量获取报酬：

$$w_t = F_2(K_t, X_t)\frac{dX_t}{dL} = F_2(K_t, X_t)A_t \tag{15.3.2}$$

因此，由方程（15.2.3），我们有

$$r_tK_t + w_tL = F(K_t, A_tL)$$

要素回报等于总产量，这是技术的规模收益不变的竞争性均衡的标准结论。然而，有意思的是要注意，如果 A_t 是可分离的生产要素，那么将不会存在竞争性均衡。这是因为基于边际产量的要素回报会超过总产量。换句话说，困境在于生产函数 $F(K_t, A_tL)$ 对三种“投入” K_t、A_t 和 L 有递增的规模收益，这与竞争性均衡的存在性不一致。我们在研究内生经济增长时必须牢记这个问题。

15.4 来自溢出效应的外部性

受到阿罗（1962）关于干中学的论文的启发，罗默（1986）认为，如果假定厂商生产活动的总溢出效应（spillover）能够引起技术进步，那么经济增长可以内生化。如果技术进步对厂商是外在的，那么可以避免前面一节中所提及的问题：不存在规模收益递增的竞争性均衡。[①] 例如，我们假定厂商面临正比于现在经济中的人均实物资本的固定劳动产量。[②] 特别地，

$$X_t = \overline{K}_tL, \quad 其中\ \overline{K}_t = \frac{K_t}{L}$$

资本的竞争性融资收益率仍然由方程（15.2.6）给出，但是，现在有 $\hat{K}_t = 1$，所以均衡条件（15.2.9）变为

$$\left(\frac{c_{t+1}}{c_t}\right)^{\sigma} = \beta[f'(1) + 1 - \delta] \tag{15.4.1}$$

首先应注意此经济没有趋向稳态的转移动态。不管初始资本存量为多少，方程（15.4.1）都决定了一个时不变的增长率。为了保证正的增长率，我们需要参数约束 $\beta[f'(1)+1-\delta] \geqslant 1$。模型的第二个关键性质是，当前经济的增长率是偏好参数和技术参数的函数。

竞争性均衡不再是帕累托最优的，因为资本的私人收益率要小于资本的社会收益率。资本的社会收益率是

① 阿罗（1962）集中研究来自经验的学习，其中这些经验被假定体现在资本品之中。罗默（1986）推测了厂商投资于知识的溢出效应。在这两个分析中，给定厂商的产量是总状态变量（经济中的实物资本存量或者知识资本存量）的函数。

② 在一篇很少被引用的论文中，弗兰克尔（Frankel，1962）分析了这个溢出效应的具体形式。

$$\frac{\mathrm{d}F\left(K_t,\frac{K_t}{L}L\right)}{\mathrm{d}K_t}=F_1(K_t,K_t)+F_2(K_t,K_t)=f(1) \tag{15.4.2}$$

此处最后一个等式来自方程（15.2.5）。将这一较高的社会收益率代入计划者的一阶条件，可以得到更高的最优消费增长率：

$$\left(\frac{c_{t+1}}{c_t}\right)^{\sigma}=\beta[f(1)+1-\delta] \tag{15.4.3}$$

我们重新考虑分散的竞争性均衡的次优性。由于个体和计划者有相同的目标，即效用最大化，因此，我们只需研究两者在预算约束上的差别。对于给定的外溢效应序列 $\{\overline{K}_t\}_{t=0}^{\infty}$，生产函数 $F(k_t,\overline{K}_t l_t)$关于 k_t 和 l_t 的规模收益不变。所以，竞争性均衡中的要素回报再一次等于总产出，最优的厂商规模是内生决定的。然后，我们考虑一个拥有 1 单位劳动禀赋的代表性个体，该个体视溢出效应为给定的，并使用他自己的生产技术。他的资源约束是

$$c_t+k_{t+1}=F(k_t,\overline{K}_t)+(1-\delta)k_t=\overline{K}_t f\left(\frac{k_t}{\overline{K}_t}\right)+(1-\delta)k_t$$

资本的私人总收益率（the private gross rate of return on capital）等于 $f'(k_t/\overline{K}_t)+1-\delta$。使用均衡条件 $k_t=\overline{K}_t$，我们得到出现在方程（15.4.1）中的资本的竞争性均衡收益率 $f'(1)+1-\delta$。相应地，计划者在资源约束条件下最大化自身的效用，其中溢出效应是内在的：

$$C_t+K_{t+1}=F\left(K_t,\frac{K_t}{L}L\right)+(1-\delta)K_t=[f(1)+1-\delta]K_t$$

15.5 所有要素可再生

□ 15.5.1 单部门模型

研究内生经济增长的另外一种方法是假定所有生产要素都是可生产的（producible）。在单部门经济中，我们假定人力资本 X_t 可以如同实物资本一样进行生产，只是折旧率不同。令 δ_X 和 δ_K 分别表示人力资本和实物资本的折旧率。

竞争性的均衡工资等于人力资本的边际产量：

$$w_t=F_2(K_t,X_t) \tag{15.5.1}$$

家庭在预算约束（15.2.7）的条件下最大化自身的效用，此处

$$\chi_t=w_t x_t+(1-\delta_X)x_t-x_{t+1}$$

人力资本的一阶条件变为

$$u'(c_t)=\beta u'(c_{t+1})(w_{t+1}+1-\delta_X) \tag{15.5.2}$$

既然方程（15.2.8）和方程（15.5.2）必须相等，两种资本的收益率就必须满足

$$F_1(K_{t+1},X_{t+1})-\delta_K=F_2(K_{t+1},X_{t+1})-\delta_X$$

使用方程（15.2.5），有

$$f(\hat{K}_{t+1})-(1+\hat{K}_{t+1})f'(\hat{K}_{t+1})=\delta_X-\delta_K \tag{15.5.3}$$

这唯一地决定了不随时间改变的竞争性均衡比率$\hat{K}^*$，它是折旧率和生产函数参数的函数。①

通过方程（15.5.3）求解出$f'(\hat{K}^*)$并代入方程（15.2.9），我们得到关于均衡增长率的表达式：

$$\left(\frac{c_{t+1}}{c_t}\right)^{\sigma}=\beta\left[\frac{f(\hat{K}^*)}{1+\hat{K}^*}+1-\frac{\delta_X+\hat{K}^*\delta_K}{1+\hat{K}^*}\right] \tag{15.5.4}$$

如同先前的具有外部性的模型，此处的经济没有任何趋向稳态的转移动态。但是此处的含义在于投资是可逆的，因此，人力资本和实物资本的初始冲击不是序列的。与前述模型不同的是，现在的竞争性均衡是帕累托最优的，因为私人收益率与社会收益率之间没有差别。②

琼斯、马努埃利和罗西（Jones，Manuelli and Rossi，1993）研究了内生增长模型的具有承诺的最优税收问题（参见第16章），他们采用了投资不可逆的假定。

□ 15.5.2 两部门模型

根据宇泽（1965）的论述，卢卡斯（1988）研究了两部门模型中的内生增长问题，其中所有要素均可再生。产品部门的资源约束为

$$C_t+K_{t+1}=K_t^{\alpha}(\phi_t X_t)^{1-\alpha}+(1-\delta)K_t \tag{15.5.5a}$$

积累额外人力资本的线性技术是

$$X_{t+1}-X_t=A(1-\phi_t)X_t \tag{15.5.5b}$$

此处$\phi_t\in[0,1]$是用于产品部门的人力资本的比例，而$1-\phi_t$则是人力资本积累的比例。

---

① 因为对$\hat{K}$的导数为$-(1+\hat{K})f''(\hat{K})>0$，所以方程（15.5.3）的左边是严格递增的。因此，方程（15.5.3）只存在唯一解，解的存在性有保证是因为方程左边的变化范围是从负无穷到正无穷。当$\hat{K}$趋于0时，方程左边的极限是$f(0)-\lim\limits_{\hat{K}\to 0}f'(\hat{K})$。由方程（15.2.4）和$f(0)=0$可知，该极限等于负无穷。［巴罗和萨拉-伊-马丁（1995）证明了由稻田条件和规模收益不变可推出所有的生产要素都是必需的，也就是$f(0)=0$。］为了证明当$\hat{K}$趋于无穷时，方程（15.5.3）左边趋于正无穷，我们可以通过$F(K,X)=Kg(\hat{X})$定义方程g，其中，$\hat{X}\equiv X/K$，并且得到方程（15.5.3）左边的另一种表达式，即$(1+\hat{X})g'(\hat{X})-g(\hat{X})$，令$\hat{X}$趋于0，我们对这个表达式取极限即可。

② 对现在的具有两种可再生要素的模型$F(K,X)$与先前的具有一种可再生要素和外在性的模型$\widetilde{F}(K,X)$（其中$X=\overline{K}L$）进行比较是有益的。假设现在的技术使得$\hat{K}^*=1$和$\delta_K=\delta_X$，两个模型具有相同的生产能力，即我们假定$F(K,X)=\widetilde{F}(2K,2X)$，这意味着$f(\hat{K})=2\tilde{f}(\hat{K})$。我们可以验证，此时，方程（15.5.4）中的竞争性均衡增长率等于方程（15.4.3）中的计划者的解。

（卢卡斯提供了我们将要讨论的另外一种解释。）

我们寻找平衡增长路径，其中消费、实物资本和人力资本都以固定速率增长（速率可能不同），并且比例 ϕ 是常数。令 $1+\mu$ 是消费的增长率，均衡条件（15.2.9）变为

$$(1+\mu)^{\sigma}=\beta(\alpha K_t^{\alpha-1}[\phi X_t]^{1-\alpha}+1-\delta) \tag{15.5.6}$$

也就是说，沿着平衡增长路径，实物资本的边际产出必定是常数。对于假定的柯布-道格拉斯技术，资本的边际产量与平均产量成比例，所以方程（15.5.5a）除以 K_t，并使用方程（15.5.6），我们得到

$$\frac{C_t}{K_t}+\frac{K_{t+1}}{K_t}=\frac{(1+\mu)^{\sigma}\beta^{-1}-(1-\alpha)(1-\delta)}{\alpha} \tag{15.5.7}$$

根据平衡增长路径的定义，K_{t+1}/K_t 是常数，所以由方程（15.5.7）可推出 C_t/K_t 也是常数。那么，资本存量的增长率必定和消费相同。

将 $K_t=(1+\mu)K_{t-1}$ 代入方程（15.5.6），有

$$(1+\mu)^{\sigma}-\beta(1-\delta)=\beta\alpha[(1+\mu)K_{t-1}]^{\alpha-1}[\phi X_t]^{1-\alpha}$$

除以同样经过重新整理的 $t-1$ 时期的方程（15.5.6），我们得到

$$1=(1+\mu)^{\alpha-1}\left[\frac{X_t}{X_{t-1}}\right]^{1-\alpha}$$

从而可以直接推出人力资本沿着平衡增长路径的增长率等于 $1+\mu$。此外，由方程（15.5.5b）可知，增长率为

$$1+\mu=1+A(1-\phi) \tag{15.5.8}$$

所以只需确定 ϕ 的稳态值。

ϕ 的均衡值必须使得 1 单位的人力资本在两个部门得到同样的要素回报，即两个部门的人力资本的边际产量必须相等：

$$p_t A=(1-\alpha)K_t^{\alpha}[\phi X_t]^{-\alpha}$$

此处 p_t 是用消费/资本品表示的人力资本的相对价格。由于比率 K_t/X_t 沿着平衡增长路径是常数，因此，可以推出价格 p_t 必定也是常数。最后剩下的均衡条件是，人力资本收益率必定等于实物资本收益率：

$$\frac{p_t(1+A)}{p_{t-1}}=\alpha K_t^{\alpha-1}[\phi X_t]^{1-\alpha}+1-\delta$$

使用人力资本固定的稳态价格和均衡条件（15.5.6），我们得到

$$1+\mu=[\beta(1+A)]^{1/\sigma} \tag{15.5.9}$$

因此，只要 $\beta(1+A)\geqslant 1$，增长率就是正的。但是可行性也要求方程（15.5.9）的解小于 $1+A$，而 $1+A$ 是方程（15.5.5b）中最大的人力资本增长率。参数约束 $[\beta(1+A)]^{1/\sigma}<1+A$ 也保证了方程（15.5.9）中的增长率产生有限的终生效用。

与单部门模型一样，私人收益率和社会收益率没有直接差别，所以竞争性均衡是帕

累托最优的。卢卡斯（1988）的讨论允许存在外部性（含义与前一节一致），其中经济中的人均人力资本进入了产品部门的生产函数，但是他注意到，研究内生增长，外部性不是必需的。

卢卡斯对方程（15.5.5）中的技术进行了另外一种解释。假设每个工人被赋予1单位时间。个体花在产品部门的时间为 ϕ_t，乘以个体的人力资本 x_t，得出劳动供给的有效单位。剩下的时间花在教育部门，其增加1单位人力资本的固定边际产量是 Ax_t。即使卢卡斯的解释确实引入了时间禀赋这一不可再生要素，模型的乘积形式也使之与含有两种可再生要素的经济相同。下面的一节将会研究含有不可再生要素的模型的一些重要含义。

15.6 研究和垄断竞争

基于迪克西特和斯蒂格利茨（Dixit and Stiglitz，1977）对差异化商品的需求以及埃塞尔（Ethier，1982）对生产中的差异化投入品的分析，罗默（1987）研究了满足如下总资源约束的经济：

$$C_t+\int_0^{A_{t+1}} Z_{t+1}(i)\mathrm{d}i+(A_{t+1}-A_t)\kappa=L^{1-\alpha}\int_0^{A_t} Z_t(i)^{\alpha}\mathrm{d}i \tag{15.6.1}$$

此处1单位中间投入品 $Z_{t+1}(i)$ 可以由 t 时期的1单位产品生产得到，并且 $Z_{t+1}(i)$ 用于 $t+1$ 时期的生产。t 时期投入品的连续范围，$i\in[0,A_t]$，在下一期的生产函数中能够以不变的边际成本 κ 得到扩展。

在我们将要研究的分配中，中间投入品的数量在所有已经存在的类型中是相同的，$Z_t(i)=Z_t$，$i\in[0,A_t]$。资源约束（15.6.1）可以写为

$$C_t+A_{t+1}Z_{t+1}+(A_{t+1}-A_t)\kappa=L^{1-\alpha}A_tZ_t^{\alpha} \tag{15.6.2}$$

如果 A_t 是常数，比如对任意的 t，令 $A_t=1$，那么我们得到一个由 $\delta=1$ 时的方程（15.2.10）给出的无增长稳态的经济的参数化的例子。因而，增长只能通过将资源用于连续扩展投入品范围来维持。但是这个方法对存在竞争性均衡是一个障碍，因为生产关系 $L^{1-\alpha}A_tZ_t^{\alpha}$ 体现了三种投入要素的递增的规模收益。根据贾德(1985a)对动态设定的迪克西特和斯蒂格利茨（1977）的垄断竞争模型中的专利的处理，罗默（1987）假定，新中间投入品的发明者获得他的发明的有效专利。作为该投入品的唯一供给者，发明者可以通过制定高于边际成本的投入品价格来补偿发明成本 κ。

□ 15.6.1 垄断竞争结果

这里仍然假定最终产品部门是完全竞争的，因为劳动投入 L 和处于连续范围的中间投入品 $Z_t(i)$ 的规模收益不变。那么，竞争性产出说明每一种投入要素的价格都等于其边际产量：

$$w_t=(1-\alpha)L^{-\alpha}\int_0^{A_t}Z_t(i)^\alpha \mathrm{d}i \tag{15.6.3}$$

$$p_t(i)=\alpha L^{1-\alpha}Z_t(i)^{\alpha-1} \tag{15.6.4}$$

此处 $p_t(i)$是中间投入品 i 在 t 时刻按照最终产品度量的价格。

令 $1+R_m$ 为沿着我们所寻找的平衡增长路径变化的稳态利率。为了得到新投入品的均衡创新率，我们首先计算生产并销售 1 单位现有的投入品 i 所能得到的利润。t 时刻的利润为

$$\pi_t(i)=[p_t(i)-(1+R_m)]Z_t(i) \tag{15.6.5}$$

此处提供 1 单位投入品 i 的成本是前一期获得的 1 单位最终产品，也就是说，成本是跨期价格 $1+R_m$。使方程（15.6.5）中的利润最大化的一阶条件是我们熟悉的表达式：垄断价格 $p_t(i)$ 应该高于边际成本 $1+R_m$，并且价格上涨幅度与投入品 i 的需求弹性的绝对值 $|\varepsilon_t(i)|$ 负相关：

$$p_t(i)=\frac{1+R_m}{1+\varepsilon_t(i)^{-1}} \tag{15.6.6}$$

$$\varepsilon_t(i)=\left[\frac{\partial p_t(i)}{\partial Z_t(i)}\frac{Z_t(i)}{p_t(i)}\right]^{-1}<0$$

由常数边际成本 $1+R_m$ 和带有常数弹性 $\varepsilon_t(i)=-(1-\alpha)^{-1}$ 的需求曲线方程（15.6.4）可以得出不随时间变化的垄断价格。将此垄断价格代入需求曲线方程（15.6.4）可以得到投入品 i 的固定不变的均衡数量：

$$p_t(i)=\frac{1+R_m}{\alpha} \tag{15.6.7a}$$

$$Z_t(i)=\left(\frac{\alpha^2}{1+R_m}\right)^{1/(1-\alpha)}L\equiv Z_m \tag{15.6.7b}$$

将方程（15.6.7）代入方程（15.6.5），可以得到投入品生产者的稳态利润流：

$$\pi_t(i)=(1-\alpha)\alpha^{1/(1-\alpha)}\left(\frac{\alpha}{1+R_m}\right)^{\alpha/(1-\alpha)}L\equiv\Omega_m(R_m) \tag{15.6.8}$$

在自由市场下的均衡中，发明一个新投入品的成本 κ，必须等于该投入品的唯一供给者所得到的该投入品所带来的未来红利流的折现值：

$$\sum_{t=1}^{\infty}(1+R_m)^{-t}\Omega_m(R_m)=\frac{\Omega_m(R_m)}{R_m} \tag{15.6.9}$$

即

$$R_m\kappa=\Omega_m(R_m) \tag{15.6.10}$$

利润函数 $\Omega_m(R)$是正的、关于 R 严格递减的凸函数，如图 15.6.1 所示。因而，$\Omega(R)$和 $R\kappa$ 之间存在唯一的交点，从而可以确定 R_m。使用均衡条件（15.2.9）的相应形式，只要计算得到的利率 R_m 满足 $1+R_m\geqslant\beta^{-1}$，R_m 就可以刻画平衡增长路径，且

$$\left(\frac{C_{t+1}}{C_t}\right)^{\sigma}=\beta(1+R_m) \tag{15.6.11}$$

也就是说，相对个体的忍耐度而言，技术必须具有足够的生产能力。[①] 可以直接验证投入品的范围一定是以稳态消费增长率的速率扩展。将固定的数量 Z_m 代入资源约束式（15.6.2），并除以 A_t，我们发现由常数 A_{t+1}/A_t 可以推出 C_t/A_t 也是常数，即投入品的范围要以等于消费的增长率的速率扩展。

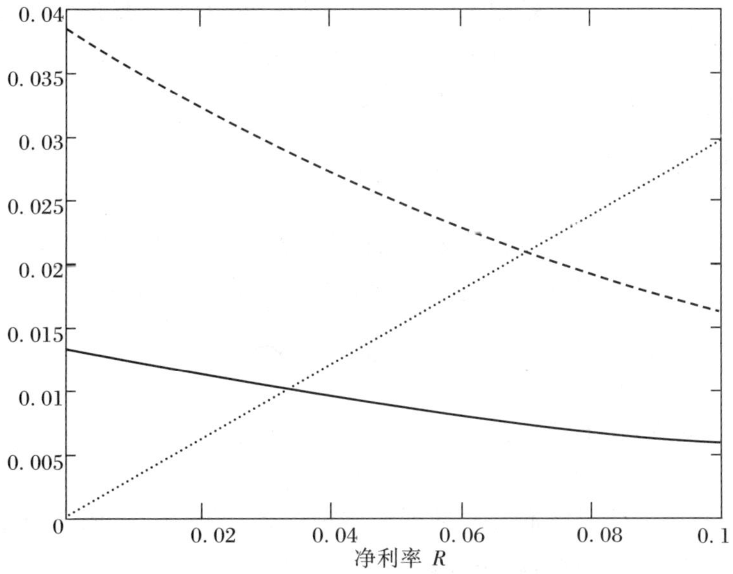

图 15.6.1　罗默（1987）的研究与垄断竞争模型中的利率。点线表示线性关系 κR，而实线和虚线分别表示 $\Omega_m(R)$ 和 $\Omega_s(R)$。只要 $R\geqslant\beta^{-1}-1$，κR 和 $\Omega_m(R)$［或者 $\Omega_s(R)$］的交点就决定了自由放任经济［或者计划经济］中沿着平衡增长路径变化的利率。参数值为 $\alpha=0.9$、$\kappa=0.3$ 和 $L=1$

注意，方程（15.6.10）的解体现了正的规模效应，其中更多的劳动 L 导致更高的利率，从而导致方程（15.6.11）中更高的增长率。原因是更大的经济使得投入品生产者可以从方程（15.6.7b）的更大销售量中获得利润，这将激励更多投资，直到在更高的均衡利率下，投入品利润流的折现值下降为发明成本 κ。换句话说，在更大的经济中，扩展投入品的范围所花费的成本更小，因为 1 单位的人均额外投入品的成本要更小。

□ 15.6.2　计划者的解

令 $1+R_s$ 为沿着最优平衡增长路径变化的社会利率（social rate of interest）。我们分两步分析计划者问题。首先，我们假设各种已经存在的投入品 i 的社会最优供给是相同的，并且不随时间变化。其次，我们求取 $1+R_s$ 和消费的最优增长率。

对于给定的社会利率 $1+R_s$ 和投入品范围 $[0,A_t]$，计划者将选择中间投入品的数量，

① 如果计算得到的 $1+R_m$ 小于 β^{-1}，那么技术没有对新发明创造提供足够的私人激励，所以中间投入品的范围不随时间变化，均衡利率等于 β^{-1}。

以最大化

$$L^{1-\alpha}\int_0^{A_t} Z_t(i)^\alpha \mathrm{d}i-(1+R_s)\int_0^{A_t} Z_t(i)\mathrm{d}i$$

且满足关于 $Z_t(i)$的一阶条件，其中

$$Z_t(i)=\left(\frac{\alpha}{1+R_s}\right)^{1/(1-\alpha)} L\equiv Z_s \tag{15.6.12}$$

因此，各种中间投入品的数量是相等的，并且不随时间变化。那么，计划者问题可以简化为在资源约束式（15.6.2）已知的条件下，最大化效用函数（15.2.1），其中中间投入品由方程（15.6.12）给出。A_{t+1}的一阶条件为

$$\left(\frac{c_{t+1}}{c_t}\right)^\sigma=\beta\frac{L^{1-\alpha}Z_s^\alpha+\kappa}{Z_s+\kappa}=\beta(1+R_s) \tag{15.6.13}$$

此处最后一个等式使用了 $1+R_s$ 的定义，即社会的跨期边际替代率$\beta^{-1}(c_{t+1}/c_t)^\sigma$。将方程（15.6.12）代入方程（15.6.13）并重新整理最后的等式，我们得到

$$R_s\kappa=(1-\alpha)\left(\frac{\alpha}{1+R_s}\right)^{\alpha/(1-\alpha)} L\equiv\Omega_s(R_s) \tag{15.6.14}$$

这个方程的解 $1+R_s$ 画在了图 15.6.1 中，并且 $1+R_s$ 的存在性与 $1+R_m$ 的存在性以相同的方式得到保证。

因此，相对自由放任经济而言，计划经济中的社会利率 $1+R_s$ 和最优增长率更高。这是因为函数 $\Omega_s(R)$处于函数 $\Omega_m(R)$之上：

$$\Omega_m(R)=\alpha^{1/(1-\alpha)}\Omega_s(R) \tag{15.6.15}$$

我们也发现投入品的自由放任供给量小于社会最优水平：

$$Z_m<Z_s \quad\Leftrightarrow\quad \alpha\frac{1+R_s}{1+R_m}<1 \tag{15.6.16}$$

方程（15.6.7b）除以方程（15.6.12）可以得到条件（15.6.16）。因而，自由放任的均衡的特点是，相对于社会最优结果来看，中间投入品的供给量更少和增长率更低。这些无效率的结果反映了如下事实：中间投入品的提供者没有将他们的发明的全部贡献内部化，所以垄断定价导致中间投入品数量少于中间投入品的社会有效数量。

15.7 不管要素是否可再生的增长

15.7.1 没有不可再生投入品生产的资本品的“核”

在新古典框架中，为了使要素积累带来持续经济增长，并没有要求所有要素都是可生产的。相反，雷贝洛（1991）说明了永久增长的一个关键条件是资本品的“核”存在。该“核”是使用规模收益不变的技术生产的，没有直接或者间接使用不可再生要素。这

里我们将研究他的模型的最简单版本：经济中具有一个单一资本品，该资本品的生产不需要经济中的固定劳动禀赋的投入。琼斯和马努埃利（1990）提供了该经济增长凸模型的一般化讨论，并指出了关键特征是资本积累的收益率必须大于主观折现因子的倒数，而不管在生产中是否使用了不可再生要素。

雷贝洛（1991）分析了如下技术的竞争性均衡：

$$C_t=L^{1-\alpha}(\phi_t K_t)^\alpha \tag{15.7.1a}$$

$$I_t=A(1-\phi_t)K_t \tag{15.7.1b}$$

$$K_{t+1}=(1-\delta)K_t+I_t \tag{15.7.1c}$$

此处 $\phi_t\in[0,1]$是用于消费品部门的资本的比例，$1-\phi_t$ 是用于使用线性技术生产投资品 I_t 的资本的比例。在竞争性均衡中，资本的融资价格 r_t（按照消费品度量）等于资本的边际产品，而资本的边际产品在两个部门是相等的（只要它们都在运转）：

$$r_t=\alpha L^{1-\alpha}(\phi_t K_t)^{\alpha-1}=p_t A \tag{15.7.2}$$

此处 p_t 是按照消费品度量的资本的相对价格。

沿着带有常数 ϕ 的稳态增长路径，我们可以计算资本的增长率。将方程（15.7.1b）代入方程（15.7.1c），并除以 K_t，得到

$$\frac{K_{t+1}}{K_t}=(1-\delta)+A(1-\phi)\equiv 1+\rho(\phi) \tag{15.7.3}$$

给定资本的增长率 $1+\rho(\phi)$，我们可以直接计算其他的增长率：

$$\frac{p_{t+1}}{p_t}=[1+\rho(\phi)]^{\alpha-1} \tag{15.7.4a}$$

$$\frac{C_{t+1}}{C_t}=\frac{p_{t+1}I_{t+1}}{p_t I_t}=\frac{p_{t+1}K_{t+1}}{p_t K_t}=[1+\rho(\phi)]^\alpha \tag{15.7.4b}$$

由于按照消费品度量的投资品价值和资本存量的增长率都等于消费的增长率$[1+\rho(\phi)]^\alpha$，因此，这个通用的速率也是经济中净收入 $C_t+p_t I_t-\delta p_t K_t$ 的稳态增长率。

在包含了相对价格 p_t 的预算约束（15.2.7）下，个体最大化条件（15.2.1）给出的效用：

$$c_t+p_t k_{t+1}=r_t k_t+(1-\delta)p_t k_t+\chi_t \tag{15.7.5}$$

关于资本的一阶条件是

$$\left(\frac{c_{t+1}}{c_t}\right)^\sigma=\beta\frac{(1-\delta)p_{t+1}+r_{t+1}}{p_t} \tag{15.7.6}$$

将来自方程（15.7.2）的 $r_{t+1}=p_{t+1}A$ 和来自方程（15.7.4）的稳态增长率代入方程（15.7.6），我们得到如下均衡条件：

$$[1+\rho(\phi)]^{1-\alpha(1-\sigma)}=\beta(1-\sigma+A) \tag{15.7.7}$$

因此，只要

$$\beta(1-\delta+A)\geqslant 1 \tag{15.7.8a}$$

资本的增长率从而消费的增长率就都是正的。

此外，本章一直坚持的一个假定是参数必须使得所得到的增长率产生有限的终生效用 $\beta(c_{t+1}/c_t)^{1-\sigma}<1$，施加参数约束 $\beta[\beta(1-\delta+A)]^{\alpha(1-\sigma)/[1-\alpha(1-\sigma)]}<1$，该约束可以化简为

$$\beta(1-\delta+A)^{\alpha(1-\sigma)}<1 \tag{15.7.8b}$$

因为方程（15.7.7）的左边是关于 $\phi\in[0,1]$ 单调递减的，并且严格大于（小于）右边 $\phi=0(\phi=1)$ 的情形，所以，如果给定条件（15.7.8）得到满足，那么存在 ϕ 的唯一均衡值。和前面所有要素均可再生的模型一样，因为私人收益率等于社会收益率，所以产出是社会有效的。

□ 15.7.2　受益于外部性的研究人员

罗默（1987）的模型将劳动作为固定的不可再生的要素，但是与上一节相似，一个重要的假定是，该不可再生要素没有用于扩展投入品（在模型中充当了某种可再生的资本）使用范围的发明创造中。罗默（1990）假定投入品的范围 A_t 是通过研究人员的努力而不是通过按照最终产品计算的资源成本 κ 来扩展的。我们将这个新的发明技术描述为

$$A_{t+1}-A_t=\eta(1-\phi_t)L$$

此处 $1-\phi_t$ 是受雇于研究部门的劳动力的比例（ϕ_t 是在最终产品部门工作的劳动力的比例）。除以 A_t 后，很明显这个方式不能支撑持续增长，因为新发明的上界是 ηL，从而新发明占不断增加的发明 A_t 的比例越来越小。罗默解决了这个问题，他假定研究人员的生产能力与投入品的范围一起增长（即以前所讨论的外部性）：

$$A_{t+1}-A_t=\eta A_t(1-\phi_t)L$$

那么，A_t 的增长率为

$$\frac{A_{t+1}}{A_t}=1+\eta(1-\phi_t)L \tag{15.7.9}$$

在寻找具有常数 ϕ 的平衡增长路径时，我们能够使用前面的结果，因为垄断投入品的生产者的最优化问题与之前讨论的问题相同。将方程（15.6.7b）和方程（15.6.8）中的 L 替换为 ϕL，投入品的稳态供给和投入品生产者的利润流分别为

$$Z_m=\left(\frac{\alpha^2}{1+R_m}\right)^{1/(1-\alpha)}\phi L \tag{15.7.10a}$$

$$\Omega_m(R_m)=(1-\alpha)\alpha^{1/(1-\alpha)}\left(\frac{\alpha}{1+R_m}\right)^{\alpha/(1-\alpha)}\phi L \tag{15.7.10b}$$

在均衡中，个体在如下两种选择之间是无差异的：成为最终产品部门的一名工人，赚取等于劳动的边际产量的工资；或成为一名研究人员，扩展投入品的使用范围 ηA_t，并得到方程（15.6.9）中相应的利润流的折现值：

$$(1-\alpha)(\phi L)^{-\alpha}A_tZ_m^{\alpha}=\eta A_t\,\frac{\Omega_m(R_m)}{R_m}$$

将方程（15.7.10）代入这个表达式得到

$$\phi=\frac{R_m}{\alpha\eta L} \tag{15.7.11}$$

把这个方程代入方程（15.7.9），可推出投入品范围的增长率：

$$\frac{A_{t+1}}{A_t}=1+\eta L-\frac{R_m}{\alpha} \tag{15.7.12}$$

因此，当 $\phi=0$ 时，方程（15.7.9）的最大可行增长率为 $1+\eta L$，此时要求利率 $R_m=0$；而当 R_m 逼近 $\alpha\eta L$ 时，增长消失了。

与以前一样，我们可以证明，在平衡增长路径上，消费和投入品范围的增长率相同。于是，剩下的工作是确定方程（15.7.12）给出的消费增长率中哪一个可由欧拉方程（15.6.11）来证明。

$$1+\eta L-\frac{R_m}{\alpha}=[\beta(1+R_m)]^{1/\sigma} \tag{15.7.13}$$

方程（15.7.13）左边关于 R_m 单调递减，右边递增。显然对于 $R_m=0$，左边严格大于右边。因此，只要技术具有充分的生产能力，即 $\beta(1+\alpha\eta L)>1$，就存在唯一解。这个参数约束保证了对应于零增长的利率 $R_m=\alpha\eta L$，方程（15.7.13）的左边严格小于右边，因为没有劳动被分配到研究部门，所以 $\phi=1$。

方程（15.7.13）说明，这个研究模型同样体现了前面所描述的规模的含义，即以 L 度量的更大的经济具有更高的均衡利率从而有更高的增长率。也可以看到，相对于社会最优产出而言，自由放任产出中的投入品数量更少、增长率更低。现在，减少投资的另外一个来源是，发明新投入品的个体没有考虑到他们的发明将会增加未来研究人员的生产能力。

15.8 结束语

本章集中研究了几种内生增长模型的工作机制，有限地提及了假定背后的动机问题。例如，我们考察了如何在模型中加入外部性因素以克服来自不可再生要素的递减收益的影响，而没有过多说明原作者对外部性的解释。模型虽然没有解释为什么做如此的假定，但是模型背后的思想很有价值。保罗·罗默认为投入品设计代表了投入品的垄断性生产中的排他性要素，但是投入品的范围 A 也是知识总存量，而知识总存量是新发明的酝酿过程中的非排他性要素。也就是说，某种投入品专利的持有人独享生产和销售该投入品的权利，但是她不能阻止其他研究人员研究投入品的设计，也不能阻止他人学习有助于发明新投入品的知识。投入品设计的多重使用暗示了思想和技术的非竞争性属性，即非竞争性是指一个人的使用不能限制其他人的使用。罗默（1990，第 75 页）重点指出了技术的基本属性及其含义："如果非竞争性产品具有生产价值，那么生产函数不可能关于所有投入要素都是规模收益不变的。因为不必复制非竞争性投入品，所以不能使用标准的复制方法来得到一次齐次性。"因此，一个由技术进步驱动的内生增长模型必定要求要么技术进步作为外部性进入经济，要么废除完全市场假定。除了技术进步之外，内生增长文献中的另外一种方法是假定所有生产要素都是可再生的，或者存在没有直接或间接使用不可再生要素的资本品的“核”。

正如我们已经看到的，有关内生增长理论的文献的主要努力是试图找到恰当的技术设定。即使在这些模型中增长是内生的，其表述也最终取决于技术假定。在最后一个模型中，正如罗默（1990，第 84 页）所指出的，“A 的线性性使得无限增长成为可能，在这个意义下，无限增长与其说是模型的结果，不如说是一个假定。”由此推出分析的不同含义与技术假定一致。例如，由前面的研究和垄断竞争模型可推出自由放任经济的增长速度低于社会最优水平。但是，贝纳西（1998）指出，如果把方程（15.6.1）右边最终产品的生产函数乘以提高到某种水平 υ 的投入品范围 A_t^{υ}，就可以推翻这个结论。这样，自由放任的经济的增长率就有可能超过社会最优增长率，因为新生产函数分解了由参数 α 决定的投入品生产者的市场能力和与参数 υ 有关的经济专业化的收益。

西格斯特罗姆、阿南特和迪诺普洛斯（Segerstrom，Anant and Dinopoulos，1990）与格罗斯曼和赫尔普曼（Grossman and Helpman，1991）以及阿吉翁和霍依特（1992）早期就尝试探索使产品推陈出新的技术所带来的内生增长。这些模型使得自由放任经济的增长率可能更高，因为存在商业窃取效应（business stealing effect），即个体不能内在化他们的发明对现有生产者发挥了负作用的事实。类似于本章提到的罗默（1987，1990）的研究模型，这些技术体现了规模效应，因此增加用于研究的资源意味着更快的经济增长。查尔斯·琼斯（Charles Jones，1995）、杨（Young，1998）和西格斯特罗姆（1998）批评了这个特征，并提出了没有引起规模效应的技术的假定。

15.9 练习

15.1 政府支出与投资（由鲁道夫·马努埃利提供）

考虑下面的经济。存在一个代表性个体，其偏好为

$$\sum_{t=0}^{\infty}\beta^t u(c_t)$$

其中函数 u 是可微的、递增的和严格凹的。给定经济中的技术为

$$c_t+x_t+g_t\leqslant f(k_t,g_t)$$
$$k_{t+1}\leqslant(1-\delta)k_t+x_t$$
$$(c_t,k_{t+1},x_t)\geqslant(0,0,0)$$

给定初始条件 $k_0>0$。此处 k_t 和 g_t 分别是工人的人均资本和人均政府支出。假定函数 f 是严格凹的，关于每个变量，它都是递增的、二阶可微的，且当两个变量趋于无穷时，f 关于这两个变量的偏导数趋于 0。

a. 当计划者能够选择政府支出序列时，试描述刻画计划者问题的内点解的几个方程。

b. 对于这个经济的一般情形，试描述一个稳态。如果有必要，可以做一些假定使得

稳态存在。

c. 尽你所能，描述以工人的人均资本和人均政府支出的稳态水平作为折现因子的函数是怎样变动的。

d. 假定技术水平可以变动。更确切地说，假设生产函数为$f(k,g,z)=zk^{\alpha}g^{\eta}$，其中$0<\alpha<1$、$0<\eta<1$和$\alpha+\eta<1$。尽你所能说明在稳态中，投资/GDP比率和政府支出/GDP比率是如何随技术水平z变动的。

15.2 生产和就业（由鲁道夫·马努埃利提供）

考虑一个基本增长经济的修正形式。除了假设劳动供给固定为1之外，我们将闲暇引入效用函数。为简化问题，我们假定时间总禀赋是1。根据这个修正，偏好和技术给定如下：

$$\sum_{t=0}^{\infty}\beta^{t}u(c_t,1-n_t)$$
$$c_t+x_t+g_t\leqslant zf(k_t,n_t)$$
$$k_{t+1}\leqslant(1-\delta)k_t+x_t$$

在这个设定中，n_t表示代表性家庭在t时刻的工作小时数。余下的时间$1-n_t$用于闲暇。假定函数u和f关于每个变量都是严格递增的、凹的和二阶可微的。此外，对任何给定的劳动n，当资本存量趋于无穷时，资本的边际生产率都趋于0。

a. 试描述这个经济的稳态。如果有必要，可以做一些额外的假定，以保证稳态存在且具有唯一性。如果你做了额外的假定，试给出对它们的经济学解释。

b. 假设$f(k,n)=k^{\alpha}n^{1-\alpha}$和$u(c,1-n)=[c^{\mu}(1-n)^{1-\mu}]^{1-\sigma}/(1-\sigma)$。技术变化（$z$的增加）对就业和人均产出有什么影响？

c. 再考虑g的增长。是否存在一些条件，使得g增长导致稳态的k/n比率增长？人均产出稳态水平增长的情况怎样？尽可能给出这些条件的经济学解释。（尽量使用一般的$f(k,n)$函数，加上合适的凸性假设，如果证明太难，可使用柯布-道格拉斯函数。）

15.3 经典的资本和周期（vintage capital and cycles，由鲁道夫·马努埃利提供）

考虑一个标准的单部门最优增长模型，唯一的差别在于：t时刻的k_{t+1}单位的新资本直到$t+2$时刻仍然具有完全生产性（即它们没有折旧）。在$t+2$时刻，它们将消失。因此，技术可表示为

$$c_t+k_{t+1}\leqslant zf(k_t+k_{t-1})$$

a. 用公式表示最优增长问题。

b. 证明在标准条件下，稳态存在且是唯一的。

c. 一个研究者声称，在这个非同寻常的折旧模式下，经济有可能存在周期。因此，他认为经济不收敛到稳态，反而收敛到两个周期序列：$(c^{o},c^{e},c^{o},c^{e},\cdots)$和$(k^{o},k^{e},k^{o},k^{e},\cdots)$，其中$c^{o}(k^{o})$表示在奇数时期的消费（投资），$c^{e}(k^{e})$表示在偶数时期的消费（投资）。你认为这是否会发生？尽可能深入研究并得出结论。如果有可能，请举个例子。

15.4 过量资本（由鲁道夫·马努埃利提供）

在标准的增长模型中，资本利用率是不变的。在本题中，你将研究当允许资本的利用率变化时，模型解的性质是如何变化的。

如同标准模型，存在一个代表性消费者，其偏好为

$$\sum_{t=0}^{\infty}\beta^t u(c_t),\ 0<\beta<1$$

假设 u 是严格递增的、凹的和二阶可微的。产出依赖于 t 时刻使用的机器的实际数目 κ_t。因此，总资源约束为

$$c_t+x_t\leqslant zf(\kappa_t)$$

其中函数 f 是严格递增的、凹的和二阶可微的。此外，f 使得当资本存量趋于无穷时，资本的边际生产率趋于 0。没有使用的资本没有折旧。因此，资本积累满足

$$k_{t+1}\leqslant(1-\delta)\kappa_t+(k_t-\kappa_t)+x_t$$

此处，我们要求使用的机器数量 κ_t 不大于可得到的机器数量 k_t，即 $k_t\geqslant\kappa_t$。也就是说，如果有些机器没有被使用，$k_t-\kappa_t>0$，那么它们就不折旧。

a. 试描述计划者问题，并尽可能彻底分析一阶条件。讨论你的结果。

b. 试描述这个经济的稳态。如果有必要，可以做一些额外的假定，使得稳态存在且唯一。如果你做了额外的假定，试给出对它们的经济学解释。

c. 这个经济在稳态时的最优资本利用水平是多少？

d. 这个模型是否与如下观点一致：国家之间的人均产出差异与资本利用率的差异相关。

15.5 异质性与增长（由鲁道夫·马努埃利提供）

考虑一个经济，其中存在大量的家庭，用 i 表示。家庭 i 的效用函数是

$$\sum_{t=0}^{\infty}\beta^t u_i(c_{it})$$

其中 $0<\beta<1$，u_i 是可微的、递增的且严格凹的。注意，虽然我们允许不同的家庭有不同的效用函数，但是所有家庭都有相同的折现因子。所有的家庭都被赋予 1 单位无供给弹性的劳动。

假定此经济中的资本市场是完全的，而且家庭 i 的初始资本为 $k_{i0}>0$。令 t 时刻经济中的总资本为 k_t，并假设总劳动标准化为 1。

假定存在大量的厂商，这些厂商使用资本和劳动进行生产。每个厂商的生产函数为 $F(k,n)$，它是递增的、可微的、凹的一次齐次函数。厂商最大化利润的折现值。假定厂商的初始所有权在家庭中是均匀分布的。

a. 试定义竞争性均衡。

b. ⅰ）经济学家 A 认为此经济中的稳态是唯一的，并且独立于函数 u_i，而 B 认为如果不知道函数 u_i，那么不可能计算出稳态利率。

ⅱ）经济学家 A 说，如果稳态总资本存量是 k_0，那么即使资本市场是完全的，“消费不平等”模式仍将会准确镜像“初始资本不平等”模式（即 k_{i0}）。经济学家 B 认为对所有的 k_0，在长期中，所有家庭的人均消费都是相同的。

讨论ⅰ）和ⅱ）并证明你的结论。尽可能正式。

c. 假设经济已经处于稳态。试描述下面三种政策的影响。

ⅰ）在 0 时刻，资本在家庭中再分配（即一些人将交出他们的资本，而其他人将获得这些资本）。

ⅱ）一半的家庭被要求支付总量税。税收的收益用于对另一半家庭的转移支付计划。

ⅲ）三分之二的家庭被要求支付总量税，税收的收益用于购买一个公共产品 g，该公共产品没有进入偏好或技术。

15.6 税收和增长（由鲁道夫·马努埃利提供）

考虑一个简单的带有两个计划者的经济。第一个计划者制定"税率" τ_t，并向代表性个体转移支付 v_t。第二个计划者将税率和转移支付视为是给定的。也就是说，虽然我们知道税率和转移支付之间的联系，但是第二个计划者不知道这种联系。在求解最优配置时，他/她都不能控制而只能接受给定的税率和转移支付序列。因此，第二个计划者面临的问题（目前我们将分析的唯一问题）是

$$\max \sum_{t=0}^{\infty} \beta^t u(c_t)$$

约束条件为

$$c_t + x_t + g_t - v_t \leqslant (1-\tau_t) f(k_t)$$
$$k_{t+1} \leqslant (1-\delta) k_t + x_t$$
$$(c_t, k_{t+1}, x_t) \geqslant (0,0,0)$$

和给定的初始条件 $k_0>0$。假定函数 u 和 f 是严格递增的、凹的和二阶可微的。此外，当资本存量趋于无穷时，f 使得资本的边际生产率趋于 0。

a. 假定 $0<\tau_t=\tau<1$，也就是说，税率是常数。假定 $v_t=\tau f(k_t)$（记住虽然我们知道这些，但是第二个计划者在最大化目标时把 v_t 视为是给定的）。试证明存在稳态，且对任何初始条件 $k_0>0$，经济都将收敛到稳态。

b. 假设现在经济已经达到你在 a 中分析得到的稳态。第一个计划者决定将税率改变为 $0<\tau'<\tau$。（当然，我们和第一个计划者已经知道这将导致 v_t 改变；然而，第二个计划者——进行最优化的主体——还是把 v_t 视为不依赖于他/她的决策的给定的序列。）试描述新的稳态和经济达到新稳态的动态路径。关于消费、投资和产出的描述尽可能精确。

c. 现在考虑一个竞争性经济，其中家庭（不是厂商）支付劳动和资本收入税，税率为 τ_t。此外，每个家庭都收到转移支付 v_t，v_t 是给定的，且独立于家庭自身的行为。令人均资本存量为 k_t。于是，由政府的预算平衡可推出 $v_t=\tau_t(r_t k_t + w_t, n_t)$，其中 r_t 和 w_t 分别是资本和劳动的租金价格。假定生产函数是 $F(k,n)$，F 是一次齐次的、凹的和"好的"(nice)。尽你所能描述 b 中的改变对均衡利率的影响。

第16章 带有承诺的最优税收

16.1 引言

本章研究一个其解被称为拉姆齐计划的动态最优税收问题，即拉姆齐问题。政府的目标是通过提高征收扭曲性税收获得的收益来最大化个体的福利。当政府制定最优政策时，它要考虑消费者和厂商对税收系统的竞争性均衡的反应。我们先研究非随机模型，然后再研究随机模型。

本模型是基本的新古典主义增长模型的竞争性均衡版本，其中政府支付一个外生的政府购买流。在最简单的情形中，生产要素是原始劳动和实物资本，政府对它们征收扭曲的单一税。问题在于如何确定两种税率的最优序列。在非随机经济中，钱姆利（1986）和贾德（1985b）证明了如果均衡有一个渐近稳态，那么最优政策最终会使得资本税率为零。这个重要的结果说明，从长期来看，对资本收入征税既没有效率，也不利于再分配目的。无论政府是可以发行债券，还是必须在每一期都实行平衡的预算约束，这个结论都是成立的。然而，如果税收系统不完全，那么最优资本税可能不为零。本章采用与科雷亚（Correia，1996）所用的方法类似的方法来研究这样一种情况：存在一种额外的固定量的生产要素，政府不能对该要素征税。

在这个具有完全竞争市场的模型的随机版本中，我们发现状态或有债务和资本税具有不确定性。给定一个竞争性的分配，有无穷多种计划可以实现它。例如，有两种极端情况：(1) 政府发行无风险债券，并让资本税率依赖于当前状态；(2) 政府提前一期固定资本税率，并让债务是状态或有的。然而，当逐个状态的资本税率不受约束时，最优计划确实通过自然状态决定了下一期税收收益的市场现值。用它除以资本收入的市场现值后，我们得到一种被称为事前资本税率的度量标准。如果存在稳定的拉姆齐分配，朱(Zhu，1992)的讨论证明了对某些效用函数，拉姆齐计划规定事前资本税率为零，这可通过对资本收入零征税来实现。但是，除了这些偏好外，朱的结论是事前资本税率应在零附近变化，从这种意义上说，存在一些状态，它们的测度为正数，税率为正；也存在一些状态，它们的测度仍为正数，但税率为负。查里、克里斯蒂亚诺和基欧（Chari，Christiano and Kehoe，1994）进行了数值模拟，并得出了结论：存在定量的假定，它使得事前资本税率近似为零。

为了对最优税收和债务政策有更深入的理解，我们转向卢卡斯和斯托基（1983），他们分析了一个不具有实物资本的模型。确定的和随机的政府支出流的例子说明了政府债券在平滑不同时间和状态的税收扭曲中的重要性。状态或有政府债券作为一种“保险政策”，可以使政府在不同状态间平滑税收。在这个完全市场模型中，政府债券的现值反映了政府支出的当期和未来路径，而不是历史。最优债券政策的这个属性在政府支出服从马尔可夫过程的时候更加显著，因为此时状态或有政府债券的初始值是关于当前状态的函数，而和政府过去的消费无关。艾亚加里、马塞特、萨金特和塞帕拉（Aiyagari，Marcet，Sargent and Seppälä，2002）通过假设政府只能发行无风险债券而改变了卢卡斯和斯托基模型中的最优政策的属性。不具有使用状态或有债券的权利使得政府平滑税收的能力受限并使得政府过去的支出对未来的税收和债务水平都有持续的影响。和第 17 章中引入储蓄问题的最优税收问题类似，巴罗（1979）认为税收收入和政府债务具有协整关系。巴罗关于政府支出的动态持续影响的猜想在卢卡斯和斯托基模型的拉姆齐计划中没有出现。

回到非随机的设置中，琼斯、马努埃利和罗西（1997）通过允许积累人力资本扩展了此模型。他们对人力资本积累技术进行了特定的假设，即它对人力资本存量和当前产出的投入是线性齐次的。在这个特殊的收益不变的假设下，他们证明了零极限税收对劳动收入也成立，也就是说，在极限点处不应该对人力资本的收益征税。相反，政府应该恢复消费税。但即使是消费税，在一类特殊的偏好下，它在极限点处也应当为零，因此所有税收在极限点处都应当是零，此时政府的最优政策是在转移期对私人经济积累起足够的权益，使得利息收益足够支付政府支出。然而，这些关于最优税收的系列结果要求更加苛刻的假设，在非随机稳态下，零资本税直接暗含了规模收益不变的生产技术、竞争性市场和单一税的完全设定。

在本章中，我们一直假定政府能对将来的税率做出承诺。

16.2 非随机经济

一个无限存活的代表性家庭希望通过消费和闲暇流$\{c_t, l_t\}_{t=0}^{\infty}$使下式有较高的值：

$$\sum_{t=0}^{\infty} \beta^t u(c_t, l_t), \ \beta \in (0,1) \tag{16.2.1}$$

其中 u 是单调递增、严格凹、关于消费 c 和闲暇 l 三阶连续可微的函数。家庭被赋予 1 单位时间，可以将它用于闲暇 l_t 和劳动 n_t：

$$l_t+n_t=1 \tag{16.2.2}$$

单一的商品的生产以劳动 n_t 和资本 k_t 作为投入品。产出可用于家庭消费、政府支出和增加资本存量。技术可描述为

$$c_t+g_t+k_{t+1}=F(k_t,n_t)+(1-\delta)k_t \tag{16.2.3}$$

其中 $\delta\in(0,1)$ 为资本折旧率，$\{g_t\}_{t=0}^{\infty}$ 是外生的政府采购序列。我们假设标准的凹的生产函数为 $F(k,n)$，其规模收益不变。根据齐次函数的欧拉定理，F 的线性齐次意味着

$$F(k,n)=F_k k+F_n n \tag{16.2.4}$$

记 u_c 为 $u(c_t,l_t)$ 对 c 的偏导数；u_l 为对 l 的偏导数，我们用 $u_c(t)$ 和 $F_k(t)$ 等来表示相应变量在 t 时刻的取值，对应的分配可从上下文来理解。

□ 16.2.1 政府

政府通过征收随时间变化的单一税来为采购 $\{g_t\}_{t=0}^{\infty}$ 融资，其中资本收入税率为 τ_t^k，劳动收入税率为 τ_t^n。政府也可以序列交易单期债券，在不存在不确定性时，它足以完成经济中的任何跨期交易。令 b_t 为政府欠私人部门的债务，以 t 时刻的商品为单位，于 t 期期初到期。政府的预算约束为

$$g_t=\tau_t^k r_t k_t+\tau_t^n w_t n_t+\frac{b_{t+1}}{R_t}-b_t \tag{16.2.5}$$

其中 r_t 和 w_t 分别为市场决定的以 t 时刻的商品为单位的资本的租金率和劳动的工资率，R_t 为 t 期至 $t+1$ 期持有的债券的总收益率。假设不对债券的利息收入征税。这个假定对政府和私人部门之间的债券交易来说是无关紧要的。

□ 16.2.2 家庭

代表性家庭通过选择 $\{c_t,n_t,k_{t+1},b_{t+1}\}_{t=0}^{\infty}$ 在下面的预算约束序列下最大化表达式 (16.2.1)：

$$c_t+k_{t+1}+\frac{b_{t+1}}{R_t}=(1-\tau_t^n)w_t n_t+(1-\tau_t^k)r_t k_t+(1-\delta)k_t+b_t \tag{16.2.6}$$

因为 $t\geqslant 0$，用 $\beta^t\lambda_t$ 表示 t 时刻的预算约束的拉格朗日乘子，一阶条件为

$$c_t:\ u_c(t)=\lambda_t \tag{16.2.7}$$

$$n_t:\ u_l(t)=\lambda_t(1-\tau_t^n)w_t \tag{16.2.8}$$

$$k_{t+1}:\ \lambda_t=\beta\lambda_{t+1}[(1-\tau_{t+1}^k)r_{t+1}+1-\delta] \tag{16.2.9}$$

$$b_{t+1}:\ \lambda_t\frac{1}{R_t}=\beta\lambda_{t+1} \tag{16.2.10}$$

把方程 (16.2.7) 代入方程 (16.2.8) 和方程 (16.2.9)，我们得到

$$u_l(t)=u_c(t)(1-\tau_t^n)w_t \tag{16.2.11a}$$

$$u_c(t)=\beta u_c(t+1)[(1-\tau_{t+1}^k)r_{t+1}+1-\delta] \tag{16.2.11b}$$

另外，由方程 (16.2.9) 和方程 (16.2.10) 可推出

$$R_t=(1-\tau_{t+1}^k)r_{t+1}+1-\delta \tag{16.2.12}$$

上述条件中不包含任何家庭可以自由调整的量。因为在不存在不确定性的环境中，只需要一种金融资产就可以完成经济中所有的跨期交易，所以条件（16.2.12）组成资本和债券交易的一个无套利条件，它保证两种资产有相同的收益率。这个无套利条件也可以通过合并两个预算约束得到；预算约束（16.2.6）与其相对应的 $t+1$ 时刻的预算约束可通过消去共同的 b_{t+1} 项得

$$c_t+\frac{c_{t+1}}{R_t}+\frac{k_{t+2}}{R_t}+\frac{b_{t+2}}{R_tR_{t+1}}=(1-\tau_t^n)w_tn_t+\frac{(1-\tau_{t+1}^n)w_{t+1}n_{t+1}}{R_t}$$
$$+\left[\frac{(1-\tau_{t+1}^k)r_{t+1}+1-\delta}{R_t}-1\right]k_{t+1}+(1-\tau_t^k)r_tk_t+(1-\delta)k_t+b_t \tag{16.2.13}$$

其中左边是资金的使用情况，右边是家庭可支配的资源。如果乘数 k_{t+1} 不等于零，则家庭通过在 $(1-\tau_{t+1}^k)r_{t+1}+1-\delta>R_t$ 时买进无穷大的 k_{t+1}，或在相反情况下卖空无穷大的 k_{t+1}，都可以使预算集无界。在上述套利交易中，家庭可通过卖出 t 期至 $t+1$ 期的债券来为资本购买和投资融资。因此，为了保证有界预算集的竞争性均衡存在，条件（16.2.12）必须被满足。

如果我们继续递归上述过程，从方程（16.2.13）开始，利用一系列的预算约束来消去一系列的 b_{t+j} 项，那么就得到了家庭的现值预算约束

$$\sum_{t=0}^{\infty}\Big(\prod_{i=0}^{t-1}R_i^{-1}\Big)c_t=\sum_{t=0}^{\infty}\Big(\prod_{i=0}^{t-1}R_i^{-1}\Big)(1-\tau_t^n)w_tn_t$$
$$+[(1-\tau_0^k)r_0+1-\delta]k_0+b_0 \tag{16.2.14}$$

此处我们使用了横截条件

$$\lim_{T\to\infty}\Big(\prod_{i=0}^{T-1}R_i^{-1}\Big)k_{T+1}=0 \tag{16.2.15}$$

$$\lim_{T\to\infty}\Big(\prod_{i=0}^{T-1}R_i^{-1}\Big)\frac{b_{T+1}}{R_T}=0 \tag{16.2.16}$$

和第 13 章中的讨论一样，家庭不会为了选择更大的 k_{t+1} 和 b_{t+1} 而违背横截条件，因为如果存在另一个可行分配，它在有限期内有较高的消费，那么它就有较高的终生效用。使两式均为负的消费/储蓄计划也不存在，因为没有人愿意作为交易的借出方。

□ 16.2.3 厂商

在每一期，代表性厂商都具有给定的 (r_t, w_t)，并从家庭手中租赁资本和劳动以最大化利润

$$\Pi=F(k_t,n_t)-r_tk_t-w_tn_t \tag{16.2.17}$$

这个问题的一阶条件是

$$r_t=F_k(t) \tag{16.2.18a}$$

$$w_t=F_n(t) \tag{16.2.18b}$$

也就是说，厂商应持续投入，直到最后1单位要素的租赁价格等于它的边际产出。由规模收益不变可知，纯利润为零，且单个厂商的规模是不确定的。

下面给出建立关于资本租赁价格和劳动工资的均衡条件的另一种方法。将方程(16.2.4)代入方程(16.2.17)得

$$\Pi=[F_k(t)-r_t]k_t+[F_n(t)-w_t]n_t$$

如果要使厂商的利润非负并且有限，那么乘以 k_t 和 n_t 的项必须为零。也就是说，必须满足条件(16.2.18)。因此，这些条件意味着在任何均衡中都有$\Pi=0$。

16.3 拉姆齐问题

我们使用不带下标的字母来表示相应变量的单边无穷序列，例如 $c\equiv\{c_t\}_{t=0}^{\infty}$。

定义： 可行分配是指满足方程(16.2.3)的序列(k,c,l,g)。

定义： 价格体系是指非负的、有界的三元序列(w,r,R)。

定义： 政府政策是四元序列(g,τ^k,τ^n,b)。

定义： 竞争性均衡是指满足下列条件的可行的分配、价格体系和政府政策：(a)给定价格体系和政府政策，该分配可求解厂商和家庭的问题；(b)给定分配和价格体系，政府政策满足政府的预算约束序列(16.2.5)。

给定不同的政府政策，存在许多竞争性均衡。这种多样性产生了拉姆齐问题。

定义： 给定 k_0 和 b_0，拉姆齐问题就是选择使表达式(16.2.1)最大化的竞争性均衡。

为了让拉姆齐问题更有意思，通常对 τ_0^k 加以限制，例如认为它是给定的一个比较小的数，如0。这种方法通过所谓的资本征税取消了对初始资本存量的征税，这种资本征税构成了一种总量税，因为 k_0 的供给是固定的。另外，通常对$\tau_t^k(t\geqslant 1)$附加另外一些限制，如给它们一个任意给定的界。这些界在塑造短期最优税收计划的特征时发挥着重要作用，参见钱姆利(1986)的讨论以及琼斯、马努埃利和罗西(1993)的计算工作。在下面的分析中，我们只在 $t=0$ 时给 τ_t^k 一个界。①

16.4 零资本税

按照钱姆利(1986)的方法，我们将拉姆齐问题表述为政府选择税后的资本租赁率

① 通过对方程(16.2.3)中的技术进行假设，资本是可转化的，即可转化为消费品。因此，在某一时期，资本存量只是单期的固定要素，所以为了确保拉姆齐问题有意义，τ_0^k是我们唯一需要限制的税收。

$\tilde{r}_t$ 和税后工资率 $\tilde{w}_t$：

$$\tilde{r}_t \equiv (1-\tau_t^k) r_t$$
$$\tilde{w}_t \equiv (1-\tau_t^n) w_t$$

利用方程（16.2.18）和方程（16.2.4），钱姆利将政府的税收收入表示为

$$\begin{aligned}\tau_t^k r_t k_t + \tau_t^n w_t n_t &= (r_t - \tilde{r}_t) k_t + (w_t - \tilde{w}_t) n_t \\ &= F_k(t) k_t + F_n(t) n_t - \tilde{r}_t k_t - \tilde{w}_t n_t \\ &= F(k_t, n_t) - \tilde{r}_t k_t - \tilde{w}_t n_t\end{aligned}$$

把这个表达式代入方程（16.2.5）以后，我们已经把厂商的一阶条件并入政府的预算约束中。政府的政策选择也被总资源约束（16.2.3）和家庭的一阶条件（16.2.11）所限制。建立拉格朗日函数以解决拉姆齐问题

$$\begin{aligned}L = \sum_{t=0}^{\infty} \beta^t \{ & u(c_t, 1-n_t) \\ & + \Psi_t \left[F(k_t, n_t) - \tilde{r}_t k_t - \tilde{w}_t n_t + \frac{b_{t+1}}{R_t} - b_t - g_t \right] \\ & + \theta_t [F(k_t, n_t) + (1-\delta) k_t - c_t - g_t - k_{t+1}] \\ & + \mu_{1t} [u_l(t) - u_c(t) \tilde{w}_t] \\ & + \mu_{2t} [u_c(t) - \beta u_c(t+1)(\tilde{r}_{t+1} + 1 - \delta)] \}\end{aligned} \tag{16.4.1}$$

其中 $R_t = \tilde{r}_{t+1} + 1 - \delta$ 由方程（16.2.12）给出。注意，家庭的预算约束没有被明确包含，因为当政府的预算约束和资源约束都得到满足时，它实际上是多余的。

对 k_{t+1} 求最大化拉格朗日函数（16.4.1）的一阶条件有

$$\theta_t = \beta \{ \Psi_{t+1} [F_k(t+1) - \tilde{r}_{t+1}] + \theta_{t+1} [F_k(t+1) + 1 - \delta] \} \tag{16.4.2}$$

此方程有一个直观的解释。t 期资本投资的边际增量使 $t+1$ 时刻的适用商品的数量增加了 $F_k(t+1)+1-\delta$ 单位，其社会边际价值为 θ_{t+1}。另外还有 $F_k(t+1)-\tilde{r}_{t+1}$ 单位的税收收益的增加，它可以让政府降低等量的债务或其他税收。“额外负担”的减少为 $\Psi_{t+1}[F_k(t+1)-\tilde{r}_{t+1}]$。$t+1$ 期的这两种效应通过折现因子 β 折现到 t 期，其总和等于 t 期初始投资品的社会边际价值，即 θ_t。

假设 T 期后的政府支出保持不变，且假设拉姆齐问题的解收敛到稳态，即所有的内生变量保持不变。利用方程（16.2.18a），方程（16.4.2）在稳态下变为

$$\theta = \beta [\Psi (r - \tilde{r}) + \theta (r + 1 - \delta)] \tag{16.4.3}$$

现在若消费流为常数，在稳态下，方程（16.2.11b）中家庭资本选择的最优条件为

$$1 = \beta (\tilde{r} + 1 - \delta) \tag{16.4.4}$$

将方程（16.4.4）代入方程（16.4.3）得

$$(\theta + \Psi)(r - \tilde{r}) = 0 \tag{16.4.5}$$

由于产品的边际社会价值 θ 严格为正，且减少政府债券或税收的边际社会价值 Ψ 是非负的，所以 r 必须等于 $\tilde{r}$，从而 $\tau^k = 0$。上面的分析证明了钱姆利（1986）和贾德（1985b）

的相关分析所得出的著名结论。

命题 1：如果存在稳态的拉姆齐分配，那么相应的资本税率的极限等于零。

借入和借出无风险单期资产的能力使政府可以从私人经济中积累足够大的权益并最终使得利息收入足以支付政府支出。[①] 从而可以设定所有税率为 0。但需要强调的是，这并不是上面提到的 τ_k 应当渐近趋于 0 的原因。即使我们禁止借入和借出而要求政府每一期都实行平衡的预算，也能得出零资本税率的结论。为说明这一点，注意到如果我们令方程（16.4.1）中的 b_t 和 b_{t+1} 为 0，则在关于 $\tau^k=0$ 的推导过程中什么也不会改变。因此，即使政府永久性地每一期都从某些来源获得正的收入，最优政策仍旧是 $\tau_k=0$ 。

16.5 再分配的极限

正如钱姆利（1986）的著作中提到并由贾德（1985b）进行深入研究所得出的结果，极限零资本税的最优性也可推广到异质性个体（heterogeneous agents）的经济中。我们假设有 N 类不同的个体，为简单起见，设每类个体的数量相同。第 i 类代表性个体的消费、劳动供给和资本存量分别记为 c_t^i、n_t^i 和 k_t^i。效用函数 $u^i(c_t^i,1-n_t^i)$依赖于个体的类型，但假定所有个体的折现因子都是相等的。

政府可按类别制定正的定量转移支付 $S_t^i\geqslant 0$，但没有总量税。和前面一样，政府必须依赖来自资本收入和劳动收入的单一税。我们假定政府有一个社会福利函数，该函数是各类个体的效用的加权平均和，其中第 i 类个体的权重为 $\alpha^i\geqslant 0$。我们假定政府实行平衡的预算，这样可以不影响为零的资本税率的极限结果。政府最优化问题的拉格朗日方程为

$$\begin{aligned} L=\sum_{t=0}^{\infty}\beta^t\Big\{&\sum_{i=1}^{N}\alpha^i u^i(c_t^i,1-n_t^i)\\ &+\Psi_t[F(k_t,n_t)-\tilde{r}_t k_t-\tilde{w}_t n_t-g_t-S_t]\\ &+\theta_t[F(k_t,n_t)+(1-\delta)k_t-c_t-g_t-k_{t+1}]\\ &+\sum_{i=1}^{N}\varepsilon_t^i[\tilde{w}_t n_t^i+\tilde{r}_t k_t^i+(1-\delta)k_t^i+S_t^i-c_t^i-k_{t+1}^i]\\ &+\sum_{i=1}^{N}\mu_{1t}^i[u_l^i(t)-u_c^i(t)\tilde{w}_t]\\ &+\sum_{i=1}^{N}\mu_{2t}^i[u_c^i(t)-\beta u_c^i(t+1)(\tilde{r}_{t+1}+1-\delta)]\Big\} \end{aligned} \tag{16.5.1}$$

其中 $x_t\equiv\sum_{i=1}^{N}x_t^i$，$x=c,n,k,S$ 。此处我们加入了每一类个体的预算约束和一阶条件。

资本存量增加的社会边际价值现在依赖于资本存量增加了的个体。拉姆齐问题对

① 接下来我们讨论一个政府不能发行状态或有债券的随机经济。在这种经济中，这个政策是最优的。

k_{t+1}^i的一阶条件为

$$\theta_t+\varepsilon_t^i=\beta\{\Psi_{t+1}[F_k(t+1)-\tilde{r}_{t+1}] \\ +\theta_{t+1}[F_k(t+1)+1-\delta]+\varepsilon_{t+1}^i(\tilde{r}_{t+1}+1-\delta)\} \tag{16.5.2}$$

如果均衡时存在一个渐近稳态，那么上述条件在不随时间变化的情况下为

$$\theta+\varepsilon^i[1-\beta(\tilde{r}+1-\delta)]=\beta[\Psi(r-\tilde{r})+\theta(r+1-\delta)] \tag{16.5.3}$$

由于对每个家庭，稳态条件（16.4.4）都成立，所以乘以 ε^i 的项为零，我们再一次推出了条件（16.4.5），即在任何收敛的帕累托有效的税收体系中，极限资本税率必为零。

贾德（1985b）讨论了具有两类个体的异质性的一种极端情形。第一类个体是工人，他们不储蓄，故他们的预算约束为

$$c_t^1=\tilde{w}_t n_t^1+S_t^1$$

第一类个体是资本家，他们不劳动，故他们的预算约束为

$$c_t^2+k_{t+1}^2=\tilde{r}_t k_t^2+(1-\delta)k_t^2+S_t^2$$

由于上面的假设仍符合前面的分析，所以如果存在稳态，那么零资本税率仍是最优的。这个事实表明，如果政府只考虑工人的福利($\alpha^1>\alpha^2=0$)，那么在极限情况下将不存在再分配，此时政府支出全部来源于对工人工资收入的征税。

记住，这些结果仅仅在极限稳态下才成立。我们的分析没有阐述在转移期内完成了多少再分配。

16.6 解决拉姆齐问题的基本方法

在建立拉姆齐问题的表达式（16.4.1）时，钱姆利利用厂商的一阶条件和要素市场的均衡结果，将税率对(τ_t^k,τ_t^n)和价格对(r_t,w_t)简化为$(\tilde{r}_t,\tilde{w}_t)$。用同样的思想，我们可消去所有的价格和税率，因此可以认为政府是直接选择可行的分配的，且满足确保价格和税收存在的约束条件，依据这些约束条件选定的分配与家庭和厂商的最优化行为一致。解决拉姆齐问题的基本方法与税率被看做是政府的决策变量这一观点形成对照，它被用在了卢卡斯和斯托基（1983）不涉及资本的经济模型的分析中。这里我们以琼斯、马努埃利和罗西（1997）的设定为依据。

将我们解决拉姆齐问题的基本方法与公式（16.4.1）对比十分有意义。首先，我们只考虑政府可在债券市场上自由交易债券的情形。因此，具有拉格朗日乘子 Ψ_t 的预算约束（16.4.1）可以替换为政府或者代表性家庭的单个现值预算约束。（其中一个是多余的，因为我们也施加了总资源约束。）我们发现如果选择家庭的现值预算约束（16.2.14），问题将会大大简化。在约束式（16.2.14）中，根据无套利条件，未来的资本存量已经被消去了。为了方便起见，我们重新将家庭的现值预算约束写在公式（16.6.1）中

$$\sum_{t=0}^{\infty} q_t^0 c_t = \sum_{t=0}^{\infty} q_t^0 (1-\tau_t^n) w_t n_t + [(1-\tau_0^k) r_0 + 1 - \delta] k_0 + b_0 \tag{16.6.1}$$

在方程（16.6.1）中，q_t^0 是阿罗-德布鲁价格：

$$q_t^0 = \prod_{i=0}^{t-1} R_i^{-1}, \quad \forall t \geqslant 1 \tag{16.6.2}$$

其中 $q_0^0=1$。表达式(16.4.1)中的两个约束将被用来把方程(16.6.1)中的价格 q_t^0 和$(1-\tau_t^n)w_t$ 替换为家庭的边际替代率。

基本方法的步骤可概括如下：

（1）求出家庭和厂商的问题的一阶条件以及所有无套利定价条件。求解这些条件，并将$\{q_t^0, r_t, w_t, \tau_t^k \tau_t^n\}_{t=0}^{\infty}$表示为分配$\{c_t, n_t, k_{t+1}\}_{t=0}^{\infty}$的函数。

（2）将这些用分配表示的关于税率和价格的表达式代入家庭的现值预算约束中，这是一个只涉及分配的跨期约束。

（3）在方程（16.2.3）和第（2）步中得到的“调整后的预算约束”条件下，通过最大化表达式（16.2.3）求解拉姆齐分配。

（4）解出拉姆齐分配后，使用第（1）步中的公式求出税率和价格。

□ 16.6.1 构造拉姆齐计划

我们将执行上面列出的步骤。

第（1）步，设 λ 为家庭的预算约束（16.6.1）的拉格朗日乘子。家庭问题的一阶条件是

$$c_t: \quad \beta^t u_c(t) - \lambda q_t^0 = 0$$
$$n_t: \quad -\beta^t u_l(t) + \lambda q_t^0 (1-\tau_t^n) w_t = 0$$

由于 $q_0^0=1$，由上述条件可推出

$$q_t^0 = \beta^t \frac{u_c(t)}{u_c(0)} \tag{16.6.3a}$$

$$(1-\tau_t^n) w_t = \frac{u_l(t)}{u_c(t)} \tag{16.6.3b}$$

和以前一样，我们可以推导出套利条件（16.2.12），它现在为

$$\frac{q_t^0}{q_{t+1}^0} = (1-\tau_{t+1}^k) r_{t+1} + 1 - \delta \tag{16.6.4}$$

由利润最大化和要素市场均衡可推出方程（16.2.18）。

第（2）步，将方程（16.6.3）和 $r_0 = F_k(0)$代入方程（16.6.1），我们可以将家庭的预算约束写作

$$\sum_{t=0}^{\infty} \beta^t [u_c(t) c_t - u_l(t) n_t] - A = 0 \tag{16.6.5}$$

其中 A 由下面的式子给出：

$$A=A(c_0,n_0,\tau_0^k,b_0)=u_c(0)\{[(1-\tau_0^k)F_k(0)+1-\delta]k_0+b_0\} \tag{16.6.6}$$

第（3）步，拉姆齐问题为在方程（16.6.5）和可行约束（16.2.3）的条件下最大化表达式（16.2.1）。和以前一样，我们假设政府支出足够小，以至于这个问题有凸的约束集，从而可以用拉格朗日方法求解。特别地，设 Φ 是方程（16.6.5）的拉格朗日乘子，并定义

$$V(c_t,n_t,\Phi)=u(c_t,1-n_t)+\Phi[u_c(t)c_t-u_l(t)n_t] \tag{16.6.7}$$

那么拉格朗日方程为

$$J=\sum_{t=0}^{\infty}\beta^t\{V(c_t,n_t,\Phi)+\theta_t[F(k_t,n_t)+(1-\delta)k_t-c_t-g_t-k_{t+1}]\}-\Phi A \tag{16.6.8}$$

其中 $\{\theta_t\}_{t=0}^{\infty}$ 是拉格朗日乘子序列。对于给定的 k_0 和 b_0，我们固定 τ_0^k，并通过 $\{c_t,n_t,k_{t+1}\}_{t=0}^{\infty}$ 来最大化 J。这个问题的一阶条件是[①]

c_t：$V_c(t)=\theta_t$，$t\geqslant 1$

n_t：$V_n(t)=-\theta_t F_n(t)$，$t\geqslant 1$

k_{t+1}：$\theta_t=\beta\theta_{t+1}[F_k(t+1)+1-\delta]$，$t\geqslant 0$

c_0：$V_c(0)=\theta_0+\Phi A_c$

n_0：$V_n(0)=-\theta_0 F_n(0)+\Phi A_n$

这些条件可变为

$$V_c(t)=\beta V_c(t+1)[F_k(t+1)+1-\delta],\ t\geqslant 1 \tag{16.6.9a}$$

$$V_n(t)=-V_c(t)F_n(t),\ t\geqslant 1 \tag{16.6.9b}$$

$$V_c(0)-\Phi A_c=\beta V_c(1)[F_k(1)+1-\delta] \tag{16.6.9c}$$

$$V_n(0)=[\Phi A_c-V_c(0)]F_n(0)+\Phi A_n \tag{16.6.9d}$$

在此基础上我们增加（16.2.3）式和（16.6.5）式。为方便起见，我们将它们重新写在下面：

$$c_t+g_t+k_{t+1}=F(k_t,n_t)+(1-\delta)k_t,\ t\geqslant 0 \tag{16.6.10a}$$

$$\sum_{t=0}^{\infty}\beta^t[u_c(t)c_t-u_l(t)n_t]-A=0 \tag{16.6.10b}$$

我们要寻找分配 $\{c_t,n_t,k_{t+1}\}_{t=0}^{\infty}$ 和乘子 Φ，它们满足由方程（16.6.9）和方程（16.6.10）构成的差分方程组。[②]

第（4）步，找到上述分配后，由方程（16.6.3a）得到 q_t^0，由方程（16.2.18a）求

① 比较 k_{t+1} 的一阶条件和前面（16.4.2）式中钱姆利的另一种构造拉姆齐问题的一阶条件，可以发现拉格朗日乘子 θ_t 由于构造方式不同而不同。特别地，现在的目标函数 V 的说明中包含了家庭的现值预算约束这一部分。为了体现不同，可用一个更能表达信息的符号 $V_j(t,\Phi)(j=c,n)$，而不仅仅是 $V_j(t)$。

② 这个非线性方程组可通过反复迭代求解。首先，固定 Φ，解方程（16.6.9）和方程（16.6.10a）得到一个分配，然后验证“调整后的预算约束”（16.6.10b），依据预算约束的紧固或松弛情况增加或减少 Φ。注意乘子 Φ 是非负的，因为我们面临着等式（16.6.10b）左边大于或等于 0 的约束。即我们受到均衡结果的约束，也就是家庭完全耗尽其收入，因此不能自由地选择严格低于其收入的家庭支出。

出 r_t，由方程（16.2.18b）求出 w_t，由方程（16.6.3b）求出 τ_t^n，最后由方程（16.6.4）求出 τ_t^k。

□ 16.6.2 重新回到零资本税

考虑一种特殊的情况：存在 $T\geqslant 0$，使得对所有的 $t\geqslant T$，都有 $g_t=g$。假设拉姆齐问题存在一组解，并且收敛到一个不随时间变化的分配，即 c、n 和 k 在某段时间后为常数。因为 $V_c(t)$收敛到常数，所以方程(16.6.9a)在稳定情况下为

$$1=\beta(F_k+1-\delta) \tag{16.6.11}$$

现在，由于 c_t 的极限是常数，由方程（16.6.3a）可推出：当 $t\to\infty$时，$(q_t^0/q_{t+1}^0)\to\beta^{-1}$。于是，资本的无套利条件（16.6.4）就变成了

$$1=\beta\left[(1-\tau^k)F_k+1-\delta\right] \tag{16.6.12}$$

由方程（16.6.11）和方程（16.6.12）可推出 $\tau_k=0$。

16.7 初始资本的税收

截至目前，我们一直假定 τ_0^k 为零（或某个非常小的常数）。现在假设政府可以自由选择 τ_0^k。在方程（16.6.8）中，J 关于 τ_0^k 的偏导数为

$$\frac{\partial J}{\partial \tau_0^k}=\Phi u_c(0)F_k(0)k_0 \tag{16.7.1}$$

只要 $\Phi>0$，上式对所有的 τ_0^k 就严格为正。非负的拉格朗日乘子 Φ 衡量了政府通过扭曲性税收增加收益所产生的效用成本。在没有扭曲性税收时，代表性家庭在竞争性均衡中将得到最优产出，且 Φ 等于零，从而代表性家庭的（或者根据瓦尔拉斯法则，等价于政府的）现值预算约束对于福利最大化没有任何超出现在的经济技术中所存在的约束效应的额外的约束效应。相反，当政府运用税率$\{\tau_t^n,\tau_{t+1}^k\}_{t=0}^{\infty}$的时候，乘子 Φ 是严格正的，它反映了扭曲的边际的福利成本，这隐含在支配家庭的最优行为的现值预算约束（16.6.10b）中。

通过增加 τ_0^k，也就是通过从 k_0 的总量税中增加收益，政府就会减少对未来扭曲性税收的需求，从而 Φ 的值将会减小。实际上，条件（16.7.1）的最终含义就是指政府应将 τ_0^k 设定得足够高以使 Φ 趋向于 0。换句话说，政府应通过 0 时刻的资本征税筹集到所有收入，并把它们贷给私人部门，然后通过贷款利息来支付政府支出。这将会使政府设定如下税率：对任意 $t\geqslant 0$，$\tau_t^n=0$，且对任意 $t\geqslant 1$，$\tau_t^k=0$。[1]

---

[1] 由于$\{g_t\}_{t=0}^{\infty}$和 b_0 的值太大，这个方案可能出现 $\tau_0^k>1$。然而，在这种情况下，如果家庭通过不在 0 时刻出租它的资本来避免交税，那么这种方案就不能被实行。政府的选择被限制为 $\tau_0^k\leqslant 1$。

在本章的后面，我们不要求 $\tau_t^k\leqslant 1$。如果加上的话，这个约束在拉姆齐问题中为

$$u_c(t)\geqslant\beta(1-\delta)u_c(t+1)$$

我们发现把方程（16.6.3a）代入方程（16.6.4）就可以得到它。

16.8 源于不完全税收的非零资本税

资本税的极限应当为零的结论依赖于一个单一税的完全集合。科雷亚（1996）用一个例子说明了不完全税收的影响，他引入了另外一个生产要素 z_t，它的供给是常数，且不能对它征税，即 $z_t=Z$，$\tau_t^z=0$。

假设新的生产函数 $F(k_t,n_t,z_t)$对所有的要素投入都是规模收益不变的。由利润最大化可推出新要素的租赁价格等于它的边际产出，即

$$p_t^z=F_z(t)$$

家庭的现值预算约束（16.6.1）的唯一改动在于右边加入了一项收入流

$$\sum_{t=0}^{\infty} q_t^0 p_t^z Z$$

按照我们构造拉姆齐计划的步骤，第（2）步会得到家庭的“调整后的预算约束”

$$\sum_{t=0}^{\infty}\beta^t\{u_c(t)[c_t-F_z(t)Z]-u_l(t)n_t\}-A=0 \tag{16.8.1}$$

其中 A 与方程（16.6.6）中的定义一致。在第（3）步中，我们构造

$$V(c_t,n_t,k_t,\Phi)=u(c_t,1-n_t)+\Phi\{u_c(t)[c_t-F_z(t)Z]-u_l(t)n_t\} \tag{16.8.2}$$

与方程（16.6.7）相比较，k_t 成了 V 的一个变量，这是因为要素 Z 的边际产出这一项的存在（但是由于 Z 的供给是固定的，所以我们选择控制数量 Z 本身）。

除了函数 F 和 V 的变化外，拉姆齐问题的拉格朗日方程与方程（16.6.8）是一样的。关于 k_{t+1}的一阶条件为

$$\theta_t=\beta V_k(t+1)+\beta\theta_{t+1}[F_k(t+1)+1-\delta] \tag{16.8.3}$$

假设存在稳定状态，方程（16.8.3）在稳定情况下为

$$1=\beta(F_k+1-\delta)+\beta\frac{V_k}{\theta} \tag{16.8.4}$$

由条件（16.8.4）和资本的无套利条件（16.6.12）可推出 τ^k 的最优值为

$$\tau^k=\frac{-V_k}{\theta F_k}=\frac{\Phi u_c Z}{\theta F_k}F_{zk}$$

和前面讨论的一样，在扭曲性税收的次优解中，$\Phi>0$，故只有当 $F_{zk}=0$ 时，极限资本税率才为零。此外，τ^k 的符号依赖于资本对未征税要素 Z 的边际产品的作用方向。如果 k 和 Z 是互补品，那么极限资本税率为正；如果两种要素是替代品，那么极限资本税率为负。

非零极限资本税率的其他例子在斯蒂格利茨（1987）以及琼斯、马努埃利和罗西

(1997) 的相关著作中有阐述。他们假设必须对两种类型的劳动按相同税率征税，这又一次证明了税收系统的不完全性使得最优资本税依赖于资本对其他要素的边际产出的影响。

16.9 随机经济

我们现在转向随机经济中的最优税收。运用第 8 章的符号，我们采用朱 (1992) 以及查里、克里斯蒂亚诺和基欧 (1994) 所用的方法。t 期的随机事件 s_t 对生产函数 $F(\cdot,\cdot,s_t)$和政府购买 $g_t(s_t)$都有一个外生的冲击。我们使用事件历史 s^t 定义历史或有的商品空间，$c_t(s^t)$、$l_t(s^t)$和 $n_t(s^t)$分别为给定历史 s^t 时家庭在 t 期的消费、闲暇和劳动。$k_{t+1}(s^t)$为持续到 $t+1$ 期的资本存量。和以前一样，用 $u_c(s^t)$和 $F_k(s^t)$等表示给定历史 s^t 时，相应变量在 t 期的取值，对应的分配可从上下文来理解。

家庭的偏好由下式给出：

$$\sum_{t=0}^{\infty}\sum_{s^t}\beta^t\pi_t(s^t)u[c_t(s^t),l_t(s^t)] \tag{16.9.1}$$

生产函数对劳动和资本仍然是规模收益不变的。可行性条件要求

$$c_t(s^t)+g_t(s_t)+k_{t+1}(s^t)=F[k_t(s^{t-1}),n_t(s^t),s_t]+(1-\delta)k_t(s^{t-1}) \tag{16.9.2}$$

16.9.1 政府

给定 t 时刻的历史 s^t，政府通过对资本收入征收税率为 $\tau_t^k(s^t)$的单一税和对劳动收入征收税率为 $\tau_t^n(s^t)$的单一税以及发行状态或有债券，来为外生给定的政府购买 $g_t(s_t)$融资。设 $b_{t+1}(s_{t+1}|s^t)$为 s_{t+1}发生时政府在 $t+1$ 期期初对私人部门的债务。在 t 时刻交易的状态或有资产的价格为 $p_t(s_{t+1}|s^t)$，以 t 时刻的商品来度量。政府的预算约束变为

$$\begin{aligned}g_t(s_t)=&\tau_t^k(s^t)r_t(s^t)k_t(s^{t-1})+\tau_t^n(s^t)w_t(s^t)n_t(s^t)\\&+\sum_{s_{t+1}}p_t(s_{t+1}|s^t)b_{t+1}(s_{t+1}|s^t)-b_t(s_t|s^{t-1})\end{aligned} \tag{16.9.3}$$

其中 $r_t(s^t)$和 $w_t(s^t)$分别为由市场决定的资本的租赁价格和劳动的工资率。

16.9.2 家庭

代表性家庭根据如下预算约束序列最大化表达式 (16.9.1)：

$$\begin{aligned}&c_t(s^t)+k_{t+1}(s^t)+\sum_{s_{t+1}}p_t(s_{t+1}|s^t)b_{t+1}(s_{t+1}|s^t)\\&=[1-\tau_t^k(s^t)]r_t(s^t)k_t(s^{t-1})+[1-\tau_t^n(s^t)]w_t(s^t)n_t(s^t)\\&\quad+(1-\delta)k_t(s^{t-1})+b_t(s_t|s^{t-1}),\forall t\end{aligned} \tag{16.9.4}$$

由该问题的一阶条件可以推出

$$\frac{u_l(s^t)}{u_c(s^t)}=[1-\tau_t^n(s^t)]w_t(s^t) \tag{16.9.5a}$$

$$p_t(s_{t+1}|s^t)=\beta\frac{\pi_{t+1}(s^{t+1})}{\pi_t(s^t)}\frac{u_c(s^{t+1})}{u_c(s^t)} \tag{16.9.5b}$$

$$u_c(s^t)=\beta E_t\{u_c(s^{t+1})[(1-\tau_{t+1}^k(s^{t+1}))r_{t+1}(s^{t+1})+1-\delta]\} \tag{16.9.5c}$$

其中 E_t 为以 t 时刻可获得的信息即历史 s^t 为条件的条件数学期望：

$$E_t x_{t+1}(s^{t+1})=\sum_{s^{t+1}|s^t}\frac{\pi_{t+1}(s^{t+1})}{\pi_t(s^t)}x_{t+1}(s^{t+1})=\sum_{s^{t+1}|s^t}\pi_{t+1}(s^{t+1}|s^t)x_{t+1}(s^{t+1})$$

其中在 $s^{t+1}|s^t$ 条件下求和的意思是对 $\tilde{s}^t=s^t$ 的所有可能历史 $\tilde{s}^{t+1}$ 求和。

与非随机经济中的无套利条件(16.2.12)类似，由条件(16.9.5b)和条件(16.9.5c)可推出

$$1=\sum_{s_{t+1}}p_t(s_{t+1}|s^t)\{[1-\tau_{t+1}^k(s^{t+1})]r_{t+1}(s^{t+1})+1-\delta\} \tag{16.9.6}$$

同样地，无套利条件也可以通过合并相邻两期的预算约束得到。将方程（16.9.4）在 $t+1$ 时刻的表达式两边都乘以 $p_t(s_{t+1}|s^t)$，并对于所有的 s_{t+1} 求和。将所得到的结果代入方程（16.9.4），然后消去 $\sum_{s_{t+1}}p_t(s_{t+1}|s^t)b_{t+1}(s_{t+1}|s^t)$ 这一项。为了排除资本和状态或有资产之间的套利交易，乘以 $k_{t+1}(s^t)$ 的项必须为零。这种方法也等同于施加了条件(16.9.6)。类似的无套利方法见第 8 章和第 13 章的讨论。

和以前一样，通过重复迭代每期的预算约束，我们得到家庭的现值预算约束

$$\sum_{t=0}^{\infty}\sum_{s^t}q_t^0(s^t)c_t(s^t)=\sum_{t=0}^{\infty}\sum_{s^t}q_t^0(s^t)[1-\tau_t^n(s^t)]w_t(s^t)n_t(s^t)+[(1-\tau_0^k)r_0+1-\delta]k_0+b_0 \tag{16.9.7}$$

此处的时间上标 0 表示 0 时刻的变量，价格体系 $q_t^0(s^t)$ 由下面的式子给出，它在第 8 章中被展示过：

$$q_{t+1}^0(s^{t+1})=p_t(s_{t+1}|s^t)q_t^0(s^t)=\beta^{t+1}\pi_{t+1}(s^{t+1})\frac{u_c(s^{t+1})}{u_c(s^0)} \tag{16.9.8}$$

另外，均衡价格方程（16.9.8）也可通过在方程（16.9.7）的约束下最大化表达式(16.9.1）的一阶条件求出（选择 $q_0^0=1$）。无套利条件（16.9.6）可进一步表示为

$$q_t^0(s^t)=\sum_{s^{t+1}|s^t}q_{t+1}^0(s^{t+1})\{[1-\tau_{t+1}^k(s^{t+1})]r_{t+1}(s^{t+1})+1-\delta\} \tag{16.9.9}$$

在推导现值预算约束（16.9.7）的过程中，我们施加了任意无穷历史 s^∞ 的两个横截条件：

$$\lim_{t\to+\infty}q_t^0(s^t)k_{t+1}(s^t)=0 \tag{16.9.10a}$$

$$\lim_{t\to+\infty}\sum_{s_{t+1}}q_{t+1}^0(\{s_{t+1},s^t\})b_{t+1}(s_{t+1}|s^t)=0 \tag{16.9.10b}$$

其中的极限是指对包含无穷历史 s^∞ 的历史序列 s^t 取极限。

□ 16.9.3 厂商

代表性厂商的静态最大化问题仍然一样。因此在竞争性均衡中，生产要素的价格等于边际产出：

$$r_t(s^t)=F_k(s^t) \tag{16.9.11a}$$

$$w_t(s^t)=F_n(s^t) \tag{16.9.11b}$$

16.10 状态或有债务和资本税的不确定性

考虑可行的政府政策$\{g_t(s_t),\tau_t^k(s^t),\tau_t^n(s^t),b_{t+1}(s_{t+1}|s^t);\forall s^t,s_{t+1}\}_{t\geqslant 0}$和相应的竞争性分配$\{c_t(s^t),n_t(s^t),k_{t+1}(s^t);\forall s^t\}_{t\geqslant 0}$。注意劳动税由方程（16.9.5a）和方程（16.9.11b）唯一确定。但是有无穷多种状态或有债务和资本税计划可以实现这种特定的竞争性分配。

对状态或有债务和资本税的不确定性的直觉可由家庭的一阶条件（16.9.5c）得到。该一阶条件指出，资本税通过改变家庭的税后资本收益率而影响家庭的跨期分配。如果由一个不同的资本税集可导出相同的税后资本收益率现值，那么它们对应相同的竞争性分配。当然仍需证明在不同的状态下，资本税票据的改变是否可以通过重构政府发行的状态或有债券而被抵消。朱（1992）在相关著作中阐述了怎样构造这种可行的政策。

设$\{\varepsilon_t(s^t);\forall s^t\}_{t\geqslant 0}$为一个随机过程，满足

$$E_t u_c(s^{t+1})\varepsilon_{t+1}(s^{t+1})r_{t+1}(s^{t+1})=0 \tag{16.10.1}$$

我们可以构造关于资本税和状态或有债务$\{\hat{\tau}_t^k(s^t),\hat{b}_{t+1}(s_{t+1}|s^t);\forall s^t,s_{t+1}\}_{t\geqslant 0}$的另一种政策：

$$\hat{\tau}_0^k=\tau_0^k \tag{16.10.2a}$$

$$\hat{\tau}_{t+1}^k(s^{t+1})=\tau_{t+1}^k(s^{t+1})+\varepsilon_{t+1}(s^{t+1}),\qquad t\geqslant 0 \tag{16.10.2b}$$

$$\hat{b}_{t+1}(s_{t+1}|s^t)=b_{t+1}(s_{t+1}|s^t)-\varepsilon_{t+1}(s^{t+1})r_{t+1}(s^{t+1})k_{t+1}(s^t),\qquad t\geqslant 0 \tag{16.10.2c}$$

与以前的财政政策相比较，我们可以验证这种政策不会改变如下内容：

（1）由一阶条件（16.9.5c）给出的家庭的跨期消费选择。

（2）政府在 t 时刻发行的债券通过方程（16.9.5b）中 $p_t(s_{t+1}|s^t)$的均衡表达式折现后的市场现值。

（3）在任何状态 s^{t+1}下，政府的资本税减去到期政府债券后的净收入。

因此，这种政策也是可行的，并且能使竞争性分配保持不变。

由于构造满足方程（16.10.1）的随机变量序列$\{\varepsilon_t(s^t)\}$的方法有无数种，所以竞争性分配可通过资本税和状态或有债务的不同方式来实现。考虑两种特殊的情形很有意义，两种政策工具中的一种在下一期不存在不确定性。我们先考虑发行单期无风险债券的情形。在 t 期，政府发行债券并承诺在$t+1$期回报确定的 $\bar{b}_{t+1}(s^t)$。让债券的市场现值与初

始财政计划的现值相等：

$$\sum_{s_{t+1}} p_t(s_{t+1}|s^t)\bar{b}_{t+1}(s^t) = \sum_{s_{t+1}} p_t(s_{t+1}|s^t)b_{t+1}(s_{t+1}|s^t)$$

使用价格的均衡表达式（16.9.5b），我们可解出常数 $\bar{b}_{t+1}(s^t)$：

$$\bar{b}_{t+1}(s^t)=\frac{E_t u_c(s^{t+1})b_{t+1}(s_{t+1}|s^t)}{E_t u_c(s^{t+1})} \tag{16.10.3}$$

为了防止向无风险债券转移，需要改变资本税，改变的量可由方程（16.10.2c）得到

$$\varepsilon_{t+1}(s^{t+1})=\frac{\bar{b}_{t+1}(s^t)-b_{t+1}(s_{t+1}|s^t)}{r_{t+1}(s^{t+1})k_{t+1}(s^t)} \tag{16.10.4}$$

把方程（16.10.3）和方程（16.10.4）代入方程（16.10.1）中，并且证实约束条件确实可以得到满足，则可以确定这些表达式描述了一种可行的政策。

接下来，我们考察另一种政策，其中的资本税不依赖于当前状态的实现，而是在前一期已经被设定了。设 $\bar{\tau}_{t+1}(s^t)$为 $t+1$ 期的资本税率，它以 t 期的信息为条件。我们选择对家庭的一阶条件（16.9.5c）没有影响的 $\bar{\tau}_{t+1}(s^t)$，有

$$\begin{aligned}&E_t\{u_c(s^{t+1})[(1-\bar{\tau}^k_{t+1}(s^t))r_{t+1}(s^{t+1})+1-\delta]\}\\&=E_t\{u_c(s^{t+1})[(1-\tau^k_{t+1}(s^{t+1}))r_{t+1}(s^{t+1})+1-\delta]\}\end{aligned}$$

由此可以得到

$$\bar{\tau}^k_{t+1}(s^t)=\frac{E_t u_c(s^{t+1})\tau^k_{t+1}(s^{t+1})r_{t+1}(s^{t+1})}{E_t u_c(s^{t+1})r_{t+1}(s^{t+1})} \tag{16.10.5}$$

因此，方程（16.10.2）中的另一种政策可通过下面的设定得到，它的资本税率提前一期确定：

$$\varepsilon_{t+1}(s^{t+1})=\bar{\tau}^k_{t+1}(s^t)-\tau^k_{t+1}(s^{t+1})$$

16.11 不确定性下的拉姆齐计划

我们现在要弄清楚的是一个仁慈的（benevolent）政府应该选择何种竞争性分配，即我们将在随机经济中求解拉姆齐问题。计算方法在原则上与前面非随机经济中的拉姆齐问题是一致的。

第 1 步，用私人的一阶条件求解出分配中的价格和税率，这些已经在方程（16.9.5a）、方程（16.9.8）、方程（16.9.9）和方程（16.9.11）中完成了。第 2 步，使用这些表达式消去家庭的现值预算约束（16.9.7）中的价格和税率，得到

$$\sum_{t=0}^{\infty}\sum_{s^t}\beta^t\pi_t(s^t)[u_c(s^t)c_t(s^t)-u_l(s^t)n_t(s^t)]-A=0 \tag{16.11.1}$$

其中 A 仍然由方程（16.6.6）给出。第 3 步，我们定义

$$V[c_t(s^t),n_t(s^t),\Phi]=u[c_t(s^t),1-n_t(s^t)]+\Phi[u_c(s^t)c_t(s^t)-u_l(s^t)n_t(s^t)] \tag{16.11.2}$$

其中 Φ 是方程（16.11.1）的拉格朗日乘子。拉格朗日方程为

$$J=\sum_{t=0}^{\infty}\sum_{s^t}\beta^t\pi_t(s^t)\{V[c_t(s^t),n_t(s^t),\Phi]+\theta_t(s^t)[F(k_t(s^{t-1}),n_t(s^t),s_t)+(1-\delta)k_t(s^{t-1})-c_t(s^t)-g_t(s_t)-k_{t+1}(s^t)]\}-\Phi A \tag{16.11.3}$$

其中 $\{\theta_t(s^t);\forall s^t\}_{t\geq 0}$ 是拉格朗日乘子序列。对给定的 k_0 和 b_0，我们固定 τ_0^k 并最大化关于 $\{c_t(s^t),n_t(s^t),k_{t+1}(s^t);\forall s^t\}_{t\geq 0}$ 的 J。

拉姆齐问题的一阶条件为

$$c_t(s^t):V_c(s^t)=\theta_t(s^t),\qquad t\geqslant 1$$

$$n_t(s^t):V_n(s^t)=-\theta_t(s^t)F_n(s^t),\qquad t\geqslant 1$$

$$k_{t+1}(s^t):\theta_t(s^t)=\beta\sum_{s^{t+1}|s^t}\frac{\pi_{t+1}(s^{t+1})}{\pi_t(s^t)}\theta_{t+1}(s^{t+1})[F_k(s^{t+1})+1-\delta],\ t\geqslant 0$$

这里我们不考虑关于 c_0 和 n_0 的一阶条件，它们之所以不同，是因为它们含有关于初始资本存量和初始债券量的项。由问题的一阶条件可推出，对 $t\geqslant 1$ 有

$$V_c(s^t)=\beta E_t V_c(s^{t+1})[F_k(s^{t+1})+1-\delta] \tag{16.11.4a}$$

$$V_n(s^t)=-V_c(s^t)F_n(s^t) \tag{16.11.4b}$$

这些表达式揭示了拉姆齐分配的一个有趣的性质。如果随机过程 s 服从马尔可夫过程，方程（16.11.4）则表明第 1 期以后的分配可以由不随时间变化的分配法则 $c(s,k)$、$n(s,k)$ 和 $k'(s,k)$ 来描述。①

16.12 事前资本税率在零附近变化

在非随机经济中，我们证明了如果均衡收敛到稳态，那么最优极限资本税率为零。在随机经济中，稳态的类似物是稳定均衡。因此我们现在假设随机过程 s 服从马尔可夫过程，其转移概率为 $\pi(s'|s)\equiv\text{Prob}(s_{t+1}=s'|s_t=s)$。和上一节一样，由这个假设可推出分配法则是关于 (s,k) 的不随时间变化的函数。如果本经济收敛到稳定均衡，那么随机过程 $\{s_t,k_t\}$ 是紧集 $S\times[0,\bar{k}]$ 上平稳遍历的马尔可夫过程。这里 S 是 s_t 可能出现的状态的有限集，$\bar{k}$ 是资本存量的上界。②

由于政府的状态或有债务和资本税的不确定性，所以不可能描述已实现的资本税率的稳定分布，但是我们可以研究事前资本税率，其定义为

$$\bar{\tau}_{t+1}^k(s^t)=\frac{\sum_{s_{t+1}}p_t(s_{t+1}|s^t)\tau_{t+1}^k(s^{t+1})r_{t+1}(s^{t+1})}{\sum_{s_{t+1}}p_t(s_{t+1}|s^t)r_{t+1}(s^{t+1})} \tag{16.12.1}$$

---

① 我们可能认为常数 Φ 应作为 $c(s,k)$、$n(s,k)$ 和 $k'(s,k)$ 的显式变量，这样就可以强调次优分配主要依赖于政府求助于扭曲性税收的程度。

② 资本存量的上界可以通过下面的方法构造：
$\bar{k}=\max\{\bar{k}(s):F[\bar{k}(s),1,s]=\delta\bar{k}(s);s\in S\}$

也就是说，事前资本税率是资本收入税的市场现值与资本收入的市场现值的比率。利用方程（16.9.5b）中的均衡价格，我们发现这个表达式与方程（16.10.5）相同。回顾方程（16.10.5），它以 t 期的信息为条件确定了唯一的、固定的$t+1$期的资本税率，进而得到了拉姆齐计划的不确定性的一组解。方程（16.12.1）中的 $\bar{\tau}_{t+1}^{k}(s^t)$还可以解释为事前资本税率，它是拉姆齐计划下资本税制度多样性的唯一度量标准。此外，政府以现值征税的方式征收下一期的资本收入的一部分 $\bar{\tau}_{t+1}^{k}(s^t)$，其做法是制定一个恰好等于那个数的常数税率，这可以直观地去理解。

设 $P^{\infty}(\cdot)$是上述稳定均衡中关于结果的概率测度。现将朱（1992）的命题陈述如下，该命题称：在稳定均衡中，事前资本税率或者为零，或者在零附近变化。

命题 2：如果存在稳定的拉姆齐分配，那么事前资本税率满足下列表述：

(a) $P^{\infty}(\bar{\tau}_t^k=0)=1$ 或 $P^{\infty}(\bar{\tau}_t^k>0)>0$ 且 $P^{\infty}(\bar{\tau}_t^k<0)>0$；

(b) $P^{\infty}(\bar{\tau}_t^k=0)=1$，当且仅当存在常数 Λ 时，使得 $P^{\infty}[V_c(c_t,n_t,\Phi)/u_c(c_t,l_t)=\Lambda]=1$ 成立。

证明的梗概在下一小节给出。现在来说明事前资本税率的这两种可能性不是没有意义的。有一类效用函数由下式给出，这类效用函数意味着$P^{\infty}(\bar{\tau}_t^k=0)=1$：

$$u(c_t,l_t)=\frac{c_t^{1-\sigma}}{1-\sigma}+v(l_t)$$

对于此式，有 $V_c(c_t,n_t,\Phi)/u_c(c_t,l_t)$等于 $1+\Phi(1-\sigma)$，即得到命题 2 中所要求的常数 Λ。查里、克里斯蒂亚诺和基欧（1994）在偏好不满足这个条件时通过数值方法求解了拉姆齐计划。在他们的数值模拟中，资本收入的事前资本税率仍然近似等于零。

重新回到钱姆利（1986）和贾德（1985b）分析的结果：在非随机经济中，资本税率的极限为零是最优的。显然在非随机稳定状态下，$V_c(c_t,n_t,\Phi)/u_c(c_t,l_t)$是常数。在随机经济的稳定均衡中，命题 2 表明，对某些效用函数，拉姆齐计划预先描述了等于零的事前资本税率，该税可以通过将资本收入的税率设置为零来实现。但是，除了这些特殊的效用函数外，命题 2 还说明，事前资本税率应在零附近变化，即 $P^{\infty}(\bar{\tau}_t^k>0)>0$ 且 $P^{\infty}(\bar{\tau}_t^k<0)>0$。

□ 16.12.1 命题 2 的证明梗概

由方程（16.12.1）可知，$\bar{\tau}_{t+1}^{k}(s^t)\geqslant(\leqslant)0$ 当且仅当

$$\sum_{s_{t+1}}p_t(s_{t+1}|s^t)\tau_{t+1}^k(s^{t+1})r_{t+1}(s^{t+1})\geqslant(\leqslant)0$$

时成立，由上式与方程（16.9.6），有

$$1\leqslant(\geqslant)\sum_{s_{t+1}}p_t(s_{t+1}|s^t)[r_{t+1}(s^{t+1})+1-\delta]$$

当且仅当 $\bar{\tau}_{t+1}^{k}(s^t)\geqslant(\leqslant)0$ 时，将方程（16.9.5b）和方程（16.9.11a）代入上式得

$$u_c(s^t)\leqslant(\geqslant)\beta E_t u_c(s^{t+1})[F_k(s^{t+1})+1-\delta] \tag{16.12.2}$$

定义

$$H(s^t) \equiv \frac{V_c(s^t)}{u_c(s^t)} \tag{16.12.3}$$

利用方程（16.11.4a），我们有

$$u_c(s^t)H(s^t)=\beta E_t u_c(s^{t+1})H(s^{t+1})[F_k(s^{t+1})+1-\delta] \tag{16.12.4}$$

由（16.12.2）式和（16.12.4）式可知，$\bar{\tau}^k_{t+1}(s^t) \geqslant (\leqslant) 0$ 当且仅当

$$H(s^t) \geqslant (\leqslant) \frac{E_t \omega(s^{t+1})H(s^{t+1})}{E_t \omega(s^{t+1})} \tag{16.12.5}$$

时成立，其中 $\omega(s^{t+1}) \equiv u_c(s^{t+1})[F_k(s^{t+1})+1-\delta]$。

由于稳定拉姆齐均衡中的分配法则 $c(s,k)$、$n(s,k)$ 和 $k'(s,k)$ 是不随时间变化的，所以 $\bar{\tau}^k_{t+1}(s^t)$、$H(s^t)$ 和 $\omega(s^t)$ 可表示成 (s,k) 的函数。具有转移概率 $\pi(s'|s)$ 的表达式（16.12.5）的稳定形式为

$$\bar{\tau}^k(s,k) \geqslant (\leqslant) 0 \quad \text{当且仅当}$$

$$H(s,k) \geqslant (\leqslant) \frac{\sum_{s'} \pi(s' \mid s)\omega[s',k'(s,k)]H[s',k'(s,k)]}{\sum_{s'} \pi(s' \mid s)\omega[s',k'(s,k)]} \equiv \Gamma H(s,k) \text{ 时成立} \tag{16.12.6}$$

注意，算子 Γ 是 $H[s',k'(s,k)]$ 的加权平均，对任意的常数 H^*，有 $\Gamma H^* = H^*$。

在某些正则性条件下，$H(s,k)$ 在稳定均衡中达到最小值 H^- 和最大值 H^+。也就是说，存在均衡状态 (s^-,k^-) 和 (s^+,k^+)，使得

$$P^\infty[H(s,k) \geqslant H^-]=1 \tag{16.12.7a}$$

$$P^\infty[H(s,k) \leqslant H^+]=1 \tag{16.12.7b}$$

其中 $H^-=H(s^-,k^-)$，$H^+=H(s^+,k^+)$。我们现在来证明：如果

$$P^\infty[H(s,k) \geqslant \Gamma H(s,k)]=1 \tag{16.12.8a}$$

或

$$P^\infty[H(s,k) \leqslant \Gamma H(s,k)]=1 \tag{16.12.8b}$$

那么必存在常数 H^* 满足

$$P^\infty[H(s,k)=H^*]=1 \tag{16.12.8c}$$

首先，取方程（16.12.8a）并考虑状态 $(s,k)=(s^-,k^-)$，该状态对应下一期的可能状态集 $\{s',k'(s,k);\forall s' \in \mathbf{S}\}$。由方程（16.12.7a）可知，$H(s',k') \geqslant H^-$。并且由于 $H(s,k)=H^-$，所以，由方程（16.12.8a）可推出 $H(s',k')=H^-$。现在对每个 (s',k') 重复进行上述运算并计算出它们对应的均衡状态。因此，利用 (s_t,k_t) 的遍历性，令 $H^*=H^-$，从而得到方程（16.12.8c）。可对方程（16.12.8b）进行类似的推导，只是此时要使用 $(s,k)=(s^+,k^+)$ 和方程（16.12.7b）来证明方程（16.12.8c）成立。

通过表达式（16.12.6）的对应关系，我们证明了命题 2 的（a）。回顾定义式（16.12.3），方程（16.12.8c）中的常数 H^* 就是命题 2 的（b）中要寻找的 Λ。

16.13 劳动税平滑化的例子

为了获得最优税收政策方面的洞见，我们考虑几个在没有实物资本的模型中，为政府支出融资的例子。现在将技术描述为

$$c_t(s^t)+g_t(s_t)=n_t(s^t) \tag{16.13.1}$$

由于1单位劳动对应1单位产出，所以竞争性均衡工资 $w_t(s^t)=1$。本模型的其他方面与以前的框架一样。卢卡斯和斯托基（1983）分析了这个模型，并研究了允许政府在0时刻选择一系列税收而非一劳永逸的税收时最优财政政策的时间一致性。①

当去掉包含实物资本的部分后，家庭的现值预算约束由方程（16.9.7）给出，通过条件（16.9.5a）和条件（16.9.8），可把价格和税率表示成分配的函数。利用这些表达式消去价格和税率，“调整后的预算约束”方程（16.11.1）变为

$$\sum_{t=0}^{\infty}\sum_{s^t}\beta^t\pi_t(s^t)[u_c(s^t)c_t(s^t)-u_l(s^t)n_t(s^t)]-u_c(s^0)b_0=0 \tag{16.13.2}$$

按以前的方法构造拉格朗日方程。消去偏导数 $V_c(s^t)$ 和 $V_n(s^t)$ 后，拉姆齐问题的一阶条件为

$$c_t(s^t):\ (1+\Phi)u_c(s^t)+\Phi[u_{cc}(s^t)c_t(s^t)-u_{lc}(s^t)n_t(s^t)]-\theta_t(s^t)=0,\ t\geqslant 1 \tag{16.13.3a}$$

$$n_t(s^t):\ -(1+\Phi)u_l(s^t)-\Phi[u_{cl}(s^t)c_t(s^t)-u_{ll}(s^t)n_t(s^t)]+\theta_t(s^t)=0,\ t\geqslant 1 \tag{16.13.3b}$$

$$c_0(s^0):\ (1+\Phi)u_c(s^0)+\Phi[u_{cc}(s^0)c_0(s^0)-u_{lc}(s^0)n_0(s^0)]-\theta_0(s^0)-\Phi u_{cc}(s^0)b_0=0 \tag{16.13.3c}$$

$$n_0(s^0):\ -(1+\Phi)u_l(s^0)-\Phi[u_{cl}(s^0)c_0(s^0)-u_{ll}(s^0)n_0(s^0)]+\theta_0(s^0)-\Phi u_{cl}(s^0)b_0=0 \tag{16.13.3d}$$

这里我们保留了政府没有序列地设定税收，而是在0时刻有政策承诺的假定。

为了了解 $t\geqslant 1$ 时最优配置的关键属性，将一阶条件（16.13.3a）和条件（16.13.3b）中的乘子 $\theta_t(s^t)$ 消去：

$$(1+\Phi)u_c(c,1-c-g)+\Phi[cu_{cc}(c,1-c-g)-(c+g)u_{lc}(c,1-c-g)]$$

---

① 由第26章的学习和前面关于初始资本的税收的讨论可知，最优税收政策通常是时间不一致的。然而卢卡斯和斯托基（1983）证明在当前这种不包括实物资本的模型中，只要政府可以发行各种期限的债券（不只是我们讨论的单期债券），那么最优税收政策就是时间一致的。对构建历史或有权益的结构存在一个逐期策略，它使得初始最优配置 $\{c_t(s^t),\ n_t(s^t);\ \forall s^t\}_{t\geqslant 0}$ 仍然是连续经济的拉姆齐分配。由归纳法知，这对以后的每期都成立。阿尔瓦雷斯、基欧和诺伊迈耶（Alvarez，Kehoe and Neumeyer，2004）将这一结论用于货币经济中实际债券和名义债券的期限结构中。对于弗里德曼法则设定在承诺下名义利率为0是最优的这类经济中，他们表示最优货币政策和最优财政政策是时间一致的。当弗里德曼法则最优时，家庭满足于货币平衡——就像货币消失了一样——因此经济等同于一种只有消费品和劳动的实体经济。

$$= (1+\Phi)u_l(c,1-c-g) + \Phi[cu_{cl}(c,1-c-g) - (c+g)u_{ll}(c,1-c-g)] \tag{16.13.4}$$

其中我们调用了资源约束（16.13.1）和 $l_t(s^t)+n_t(s^t)=1$ 。为了突出最优配置的属性，我们还省略了消费、闲暇以及政府采购的时间下标和指标 s^t。特别地，当在两个历史 s^t 和$\tilde{s}^j(t,j\geqslant 0)$之后政府采购数量相同，即 $g_t(s^t)=g_j(\tilde{s}^j)=g$ 时，（16.13.4）式可以导出消费和闲暇的最优选择（$c_t(s^t)$，$l_t(s^t)$）和($c_j(\tilde{s}^j)$，$l_j(\tilde{s}^j)$）必须相同。进一步地，最优配置是关于当前政府实际采购数量 g 的函数，而不依赖于产生该政府采购的历史路径。这种历史独立性和第 8 章中完全市场中竞争性均衡配置的历史独立性具有一定的相似性。

下面的初步计算在一些研究政府支出流的例子中对进一步阐述最优税收政策有一定的用处。首先将方程（16.9.5a）和方程（16.13.1）代入方程（16.13.2）得到

$$\sum_{t=0}^{\infty}\sum_{s^t}\beta^t\pi_t(s^t)u_c(s^t)[\tau_t^n(s^t)n_t(s^t)-g_t(s_t)]-u_c(s^0)b_0=0 \tag{16.13.5}$$

然后将方程（16.13.3a）两边乘以 $c_t(s^t)$，方程（16.13.3b）两边乘以$n_t(s^t)$，并相加得到

$$\begin{aligned}&(1+\Phi)[c_t(s^t)u_c(s^t)-n_t(s^t)u_l(s^t)]\\&\quad+\Phi[c_t(s^t)^2u_{cc}(s^t)-2n_t(s^t)c_t(s^t)u_{lc}(s^t)+n_t(s^t)^2u_{ll}(s^t)]\\&\quad-\theta_t(s^t)[c_t(s^t)-n_t(s^t)]=0,\qquad t\geqslant 1\end{aligned} \tag{16.13.6a}$$

同样，将方程（16.13.3c）两边乘以 $c_0(s^0)-b_0$，方程（16.13.3d）两边乘以$n_0(s^0)$并相加得到

$$\begin{aligned}&(1+\Phi)\{[c_0(s^0)-b_0]u_c(s^0)-n_0(s^0)u_l(s^0)\}\\&\quad+\Phi\{[c_0(s^0)-b_0]^2u_{cc}(s^0)-2n_0(s^0)[c_0(s^0)-b_0]u_{lc}(s^0)+n_0(s^0)^2u_{ll}(s^0)\}\\&\quad-\theta_0(s^0)[c_0(s^0)-b_0-n_0(s^0)]=0\end{aligned} \tag{16.13.6b}$$

注意，由于效用函数是严格凹的，方程（16.13.6a）和（16.13.6b）中二次项乘以 Φ 都为负。[①] 最后，将方程（16.13.6a）两边乘以 $\beta^t\pi_t(s^t)$，关于 t 和 s^t 求和后再加上方程(16.13.6b)，我们得到

$$\begin{aligned}&(1+\Phi)\Big(\sum_{t=0}^{\infty}\sum_{s^t}\beta^t\pi_t(s^t)[c_t(s^t)u_c(s^t)-n_t(s^t)u_l(s^t)]-u_c(s^0)b_0\Big)\\&\quad+\Phi Q-\sum_{t=0}^{\infty}\sum_{s^t}\beta^t\pi_t(s^t)\theta_t(s^t)[c_t(s^t)-n_t(s^t)]+\theta_0(s^0)b_0=0\end{aligned}$$

---

① 为了说明方程（16.13.6a）中的二次项是负的，令它加上同时减去 $n^2u_{lc}^2/u_{cc}$（这里省略了时间下标和变量 s^t）：

$$\begin{aligned}c^2u_{cc}-2ncu_{lc}+n^2u_{ll}+n^2\frac{u_{lc}^2}{u_{cc}}-n^2\frac{u_{lc}^2}{u_{cc}}&=u_{cc}\left(c^2-2nc\frac{u_{lc}}{u_{cc}}+n^2\frac{u_{lc}^2}{u_{cc}^2}\right)+\left(u_{ll}-\frac{u_{lc}^2}{u_{cc}}\right)n^2\\&=u_{cc}\left(c-\frac{u_{lc}}{u_{cc}}n\right)^2+\frac{u_{cc}u_{ll}-u_{lc}^2}{u_{cc}}n^2\end{aligned}$$

由于 u 是严格凹的，所以由条件 $u_{cc}<0$ 和条件 $u_{cc}u_{ll}-u_{lc}^2>0$ 立刻可以得出方程（16.13.6a）中的二次项为负。对方程（16.13.6b）中的二次项可以进行同样的讨论。

其中 Q 是负数（二次）项的和。利用方程（16.13.2）和方程（16.13.1），我们得到

$$\Phi Q + \sum_{t=0}^{\infty}\sum_{s^t}\beta^t\pi_t(s^t)\theta_t(s^t)g_t(s_t)+\theta_0(s^0)b_0=0 \tag{16.13.7}$$

表达式（16.13.7）加深了我们对家庭的现值预算约束上的拉格朗日乘子 Φ 以及它如何与和经济资源约束$\{\theta_t(s^t);\forall s^t\}_{t\geq 0}$相关的影子价值相联系的理解。我们首先考察在什么情况下拉格朗日乘子 Φ 等于零。令方程（16.13.3）和方程（16.13.7）中的 $\Phi=0$，得到

$$u_c(s^t)=u_l(s^t)=\theta_t(s^t),\ t\geq 0 \tag{16.13.8}$$

因此有

$$\sum_{t=0}^{\infty}\sum_{s^t}\beta^t\pi_t(s^t)u_c(s^t)g_t(s_t)+u_c(s^0)b_0=0$$

将这个表达式除以 $u_c(s^0)$并利用方程（16.9.8），我们发现

$$\sum_{t=0}^{\infty}\sum_{s^t}q_t^0(s^t)g_t(s_t)=-b_0$$

换句话说，当政府对私人部门的初始权益 $-b_0$ 等于政府将来所有支出的现值时，拉格朗日乘子 Φ 等于零；也就是说，家庭的现值预算在福利最大化问题中没有发挥任何比在经济技术当中所表现的更多的约束效应。原因在于政府不需要征收任何扭曲性税收，正如从条件（16.9.5a）和条件（16.13.8）中所能看出来的，这意味着 $\tau_t^n(s^t)=0$。如果政府拥有的私人部门权益大于未来政府支出流的现值，那么政府就会愿意把这一超额金融财富作为定额转移支付归还给家庭，我们关于 $\Phi=0$ 的论断也就仍然成立。在相反的情形下，当所有政府支出的现值超过了它对私人部门的权益时，拉格朗日乘子 $\Phi>0$。例如，假设 $b_0=0$ 且存在 $g_t(s_t)>0$，则当 $Q<0$ 且 $\theta_t(s^t)>0$ 时，从方程（16.13.7）中可推出 $\Phi>0$。

根据卢卡斯和斯托基（1983）的相关讨论，我们现在举一些政府支出流和它们如何影响税收政策的例子。假定 $b_0=0$。

□ 16.13.1　例 1：对所有 $t\geq 0$，$g_t=g$

给定一个为常数的政府购买 $g_t=g$。由于在每一期一阶条件（16.13.4）都是相同的，因此，我们可以得出最优配置是常数的结论：对 $t\geq 0$，$(c_t,n_t)=(\hat{c},\hat{n})$。由条件（16.9.5a）可知，实现最优配置的税率也是不随时间变化的常数：对 $t\geq 0$，$\tau_t^n=\hat{\tau}^n$。因而，由方程（16.13.5）可推出政府的预算在每一期都得到了平衡。

在这个经济中，政府发行债券是为了平滑时间上的扭曲。政府支出在这个例子中已经是平滑的，它们由当期的税收来承担时可达到最优。利用债券来改变征税的时间安排没有意义。

□ 16.13.2　例 2：对 $t\neq T$，$g_t=0$ 且非随机变量 $g_T>0$

令表达式（16.13.4）中的 $g=0$。当 $t\neq T$ 时，最优配置$(c_t,n_t)=(\hat{c},\hat{n})$是常数。因而，

由条件（16.9.5a）可知，税率也是常数，即当 $t\neq T$ 时，$\tau_t^n=\hat{\tau}^n$。使用方程（16.13.6），我们可以研究税收收入。回想一下，当 $t\neq T$ 时，有 $c_t-n_t=0$ 和 $b_0=0$。因此，方程（16.13.6）的最后一项可去掉。由于$\Phi>0$，第二项（二次项）为负，所以第一项为正。由于$(1+\Phi)>0$，所以由这个事实可推出

$$0<\hat{c}-\frac{u_l}{u_c}\hat{n}=\hat{c}-(1-\hat{\tau}^n)\hat{n}=\hat{\tau}^n\hat{n}$$

此处第一个等号利用了条件（16.9.5a）。我们可以得出结论：当 $t\neq T$ 时，税收收入为正。对第 T 期，方程（16.13.6）的最后一项 $\theta_T g_T$ 为正。因此第一项的符号不确定：在第 T 期，既可对劳动征税，也可进行补贴。

这是税收平滑化的一个典型例子。在这个例子中，债券被用来再分配跨期的税收扭曲。T 期前和 T 期后的每期都有相同的税收收入，最优债券政策如下：在 $t=0,1,\cdots,T-1$ 的每一期，政府留出一定的盈余来购买私人部门发行的债券。在 T 期，支出 g_T 通过卖出所有的债券而被满足，可能还要对当前的劳动收入征税，或者发行新的债券永远滚动下去。未偿还的政府债券为常数且其利率支出等于 $t\neq T$ 时的固定税收收入 $\hat{\tau}^n\hat{n}$。因此，税收扭曲在 T 期以外的各期都是一样的，与和 T 期的邻近程度无关。

□ 16.13.3　例 3：对 $t\neq T$，$g_t=0$ 且 g_T 是随机的

假设 $g_T=g>0$ 的概率为 $\alpha\in(0,1)$，$g_T=0$ 的概率为 $1-\alpha$。和上例一样，对$t\neq T$存在一个最优常数分配$(c_t,n_t)=(\hat{c},\hat{n})$（尽管 $\hat{c}$ 和 $\hat{n}$ 的最优值通常与例 2 中的值不相等）。此外，由方程（16.13.4）可推出，如果 $g_T=0$，那么$(c_T,n_T)=(\hat{c},\hat{n})$。例 2 中的论述证明了在所有这些状态下的税收收入为正。因而，债券发行情况如下。

在 $t=0,1,\cdots,T-2$ 的每一期，政府留出一部分盈余来购买私人部门发行的无风险单期债券。与例 2 的关键差别在于 $T-1$ 期，此时政府卖出所有这些债券，用这些收入和当期劳动税收入去买单期或有债券，只有当 $g_T=g$ 时，该债券在下一期才有收益，否则没有价值。另外，在 $T-1$ 期政府还将利用卖空一期非或有权益的收入来买进更多的或有权益。和例 2 一样，非或有的政府债券将永远滚动持续下去，其利息支付为 $\hat{\tau}^n\hat{n}$，但它要早一期发行。如果下一期 $g_T=0$，政府明显满足跨期预算约束。当 $g_T=g$ 时，拉姆齐均衡的构造保证了针对私人部门政府持有的或有权益的回报等于 g 加上政府债券的利息支付 $\hat{\tau}^n\hat{n}$ 减去 T 期的劳动税收/补贴。在 $T+1$，$T+2$，…的每一期，情形与例 2 中一样，与是否有 $g_T=0$ 或 $g_T=g$ 无关。

还有另外一个平滑跨期税收的例子，其中 T 时刻前后每期的税收扭曲都一样。该例子也说明了，在不确定性下，财政政策具有发挥分散风险的作用的一面。实际上，政府为了防范事件 $g_T=g$ 发生，会在 $T-1$ 期向私人部门买一份保险。

16.14　最优债券政策的教训

卢卡斯和斯托基（1983）从上面的例子中得出了三个结论。第一，在模型的开头必

须遵从现值意义上的预算平衡。在稳定的经济中，财政政策要让偶然的财政赤字在其他时间被财政盈余抵消。因此，在政府支出不稳定的例子中，好的时期通常有预算盈余。第二，面对不稳定的政府支出，政府债券的作用是平滑跨期税收扭曲，政府不应该持续地寻求其预算的平衡。第三，政府债券的或有权益特征对最优政策非常重要。①

为了突出最优的状态或有政府政策，我们学习一下 t 时刻、历史 s^t 的政府预算约束：

$$\begin{aligned} b_t(s_t|s^{t-1}) &= \tau_t^n(s^t)n_t(s^t) - g_t(s_t) \\ &\quad + \sum_{j=1}^{\infty}\sum_{s^{t+j}|s^t} q_{t+j}^t(s^{t+j})[\tau_{t+j}^n(s^{t+j})n_{t+j}(s^{t+j}) - g_{t+j}(s_{t+j})] \\ &= \sum_{j=0}^{\infty}\sum_{s^{t+j}|s^t} \beta^j \pi_{t+j}(s^{t+j}|s^t)\frac{u_c(s^{t+j})}{u_c(s^t)}\{[1-\frac{u_l(s^{t+j})}{u_c(s^{t+j})}] \\ &\quad \cdot [c_{t+j}(s^{t+j}) + g_{t+j}(s_{t+j})] - g_{t+j}(s_{t+j})\} \end{aligned} \tag{16.14.1}$$

其中我们调用了资源约束（16.13.1）、条件（16.9.5a）和表示与配置有关的税收和价格的条件（16.9.8）。回顾之前关于一阶条件（16.13.4）的讨论，最优配置 $\{c_{t+j}(s^{t+j}), l_{t+j}(s^{t+j})\}$ 是历史独立的，仅依赖于给定的任何时期的当期政府采购数量。那么我们现试问：在 t 时刻、历史 s^t 到期后的状态或有债券的最优数量依赖于历史的哪个方面？考察等式（16.14.1）右侧，我们发现依赖于历史状态的情形仅会由于控制政府采购的转移概率 $\{\pi_{t+j}(s^{t+j}|s^t)\}$ 而出现。进一步地，如果政府采购服从马尔可夫过程，则我们可以说它同样是历史独立的：由于（16.13.1）式右侧仅依赖于状态 s_t，因此期初状态或有政府债券仅依赖于当前状态 s_t。最优税收债券政策所具备的这个特征非常值得关注。通过有目的地参与状态或有债券市场交易，政府可以将其净债务暴露给私人部门，从而避免过去政府采购带来的滞后影响。当期状态 s_t 确定之后，期初债务就可完全拆分以适合当前环境。相反，上面随机的例 3 是一个不稳定的环境，其中最优配置对应的债券政策依赖于时间和历史状态。②

最后，回到前面的带有实物资本的模型中，我们来看看或有政府债券的价值。由于我们上面发现的状态或有债券和资本税的不确定性，我们不能指望任何有关期初债券的明显结果。但是这一特定发现的衍生结果表明，我们应该转而关注期末未偿还债券的价值。方程（16.9.4）两边乘以 $p_{t-1}(s_t|s^{t-1})$并关于 s_t 求和，我们将家庭在 t 期的预算约束表示为 $t-1$ 期的值：

$$\begin{aligned} & k_t(s^{t-1}) + \sum_{s_t} p_{t-1}(s_t|s^{t-1})b_t(s_t|s^{t-1}) \\ &= \sum_{s_t} p_{t-1}(s_t|s^{t-1})\{c_t(s^t) - [1-\tau_t^n(s^t)]w_t(s^t)n_t(s^t) \end{aligned}$$

---

① 艾亚加里、马塞特、萨金特和塞帕拉（2002）对卢卡斯和斯托基（1983）创建的模型中的状态或有政府债券的重要性做出了限定。在数值模拟中，他们在或有资产不能交易的假设下研究了拉姆齐问题的结果。（他们的设置和分析将在下一节进行。）他们发现不完全市场的拉姆齐分配和完全市场的拉姆齐分配很接近。这种相近在于拉姆齐政策可通过与家庭进行无风险借贷来自我保险。与第 18 章中的异质性个体的结果进行比较，看看怎样通过自我保险克服市场的不完全性。

② 一个可供选择的表达例 3 的方法是 t 时刻必须被考虑到状态 s_t 中，使之扩大后的状态变为一个马尔可夫过程。

$$+k_{t+1}(s^t)+\sum_{s_{t+1}}p_t(s_{t+1}|s^t)b_{t+1}(s_{t+1}|s^t)\}\tag{16.14.2}$$

其中，$k_t(s^{t-1})$的系数为 1 源于使用了条件（16.9.5b）和条件（16.9.5c）。表达式（16.14.2）说明在 $t-1$ 期末，家庭拥有的资本和或有债券的所有权等于下一期的或有消费加上金融资产减去劳动收入的结果的现值。我们可以利用方程（16.14.2）下一期的表达式消去下一期资本和状态或有债券的购买。利用横截条件（16.9.10），不断迭代得到

$$\begin{aligned}&\sum_{s_t}p_{t-1}(s_t|s^{t-1})b_t(s_t|s^{t-1})\\&=\sum_{j=t}^{\infty}\sum_{s^j|s^{t-1}}\beta^{j+1-t}\pi_j(s^j|s^{t-1})\frac{u_c(s^j)c_j(s^j)-u_l(s^j)n_j(s^j)}{u_c(s^{t-1})}-k_t(s^{t-1})\end{aligned}\tag{16.14.3}$$

这里我们利用了条件（16.9.5a）和条件（16.9.5b）。现在假设 s 服从马尔可夫过程。回顾前面的结果，第 1 期以后的配置都可以用以当前状态 s 和期初资本存量 k 为变量的不随时间变化的配置法则来描述。因此方程（16.14.3）说明期末政府债券也是状态向量(s,k)的函数，因为当前状态完全决定了期末资本存量，并且它是形成未来状态的条件期望的唯一必要信息。将本节的结果和前面的结论放在一起，依靠状态或有债券和/或状态或有资本税，政府就可以避免债务的延迟效应，这种效应部分源于过去的政府支出冲击，部分源于过去的生产性冲击，它影响了劳动税收入。

这种显著的历史独立性的缺乏与罗伯特・巴罗（1979）作为其最优财政政策模型中重要的特征的政府债券存量的广泛的历史独立性矛盾。根据巴罗的研究，政府债券必须和税收收入相匹配，而税收收入依次服从随机游走，创新则和政府支出过程中的创新完全相关。政府债券这个重要方面的发现可以从以下研究中寻找。比如萨金特和费尔德（1995）发现 18 世纪英国政府债券长期序列更加符合巴罗的模型而不是卢卡斯和斯托基的模型。部分灵感来自这些研究，艾亚加里等回到卢卡斯和斯托基的模型环境，改变市场结构后导出了与巴罗相似的结果。我们通过关闭卢卡斯和斯托基的模型中允许的所有市场来构造模型。①

16.15 无状态或有债务的税收

我们仿照艾亚加里、马塞特、萨金特和塞帕拉（2002）回到没有实物资本的模型来学习无状态或有债务的税收。政府预算约束（16.9.3）中的状态或有债务被无风险政府债券代替。令 $b_{t+1}(s^t)$ 为 t 时刻和历史 s^t 下政府所背负的在 $t+1$ 期将到期的债务，并且是以 $t+1$ 时刻的商品计价的。政府债券在 t 时刻的市场价值记为 $R_t(s^t)$，等于 $b_{t+1}(s^t)$

① 韦宁（Werning，2007）在另一个有趣的方向上扩展了卢卡斯和斯托基的模型，他假设消费存在完全市场，个体的劳动供给的效率是异质性的，同时劳动收入税为非线性函数。例如，通过仿射变换而不是线性的税率，他发现强加于劳动的扭曲性税收与提高税收以为财政支出融资同样会影响收入的再分配。如果没有劳动效率的异质性这一假设，也就不需要强加于劳动的扭曲性税收。

除以 t 时刻至 $t+1$ 时刻的无风险利率。t 时刻和历史 s^t 下政府的预算约束变为

$$b_t(s^{t-1})=\tau_t^n(s^t)n_t(s^t)-g_t(s_t)-T_t(s^t)+\frac{b_{t+1}(s^t)}{R(s^t)}$$

$$\equiv z(s^t)+\frac{b_{t+1}(s^t)}{R_t(s^t)} \tag{16.15.1}$$

其中 $T_t(s^t)$ 为代表性家庭的非负一次性转移支付的和，$z(s^t)$ 为政府净剩余的函数。包含允许对私人部门的一次非负一次性转移支付的项 $T_t(s^t)$ 看上去有点奇怪。在一个包括扭曲性税收的最优税收配置中，为什么政府会将通过扭曲性税收获得的资源重新转移给私人部门呢？这在具有状态或有债务的经济中肯定不会出现，因为这种配置可以通过降低扭曲性税收而不是分发一次性转移支付来改进。但是我们必须认识到，在没有状态或有债务时，政府可能向私人部门进行一次性转移支付。尽管很多时候我们可以忽略这种可能性。

为了排除庞氏骗局，我们假定政府面临第 8 章和第 18 章所定义的自然债务限制。在单期利率为 $R_t(s^t)$的条件下代表性家庭能够交易无风险债券的消费欧拉公式为

$$\frac{1}{R_t(s^t)}=\sum_{s_{t+1}}p_t(s_{t+1}|s^t)=\sum_{s^{t+1}|s^t}\beta\pi_{t+1}(s^{t+1}|s^t)\frac{u_c(s^{t+1})}{u_c(s^t)}$$

将这一等式代入政府预算约束（16.15.1）可以得到

$$b_t(s^{t-1})=z(s^t)+\sum_{s^{t+1}|s^t}\beta\pi_{t+1}(s^{t+1}|s^t)\frac{u_c(s^{t+1})}{u_c(s^t)}b_{t+1}(s^t) \tag{16.15.2}$$

注意 $b_{t+1}(s^t)$ 是对所有的 s_{t+1}都相同的常数。我们用其他相同量级的符号来表示它。事实上，有许多和它具有相同量级的符号。比如说，对每一个状态 s_{t+1}，具有和（16.15.1）式相似的政府预算约束，但是时间索引向前移动一个单位。所有这些预算约束都有等于 $b_{t+1}(s^t)$ 的右边。我们不是从这些备选表达式中选择一个来替换（16.15.2）式中出现的所有 $b_{t+1}(s^t)$，而是当（16.15.2）式中的求和范围是 s_{t+1}时，我们用与那个特定实现值 s_{t+1}有关的下期预算约束的右边替代 $b_{t+1}(s^t)$。通过这种替代可以得到

$$b_t(s^{t-1})=z(s^t)+\sum_{s^{t+1}|s^t}\beta\pi_{t+1}(s^{t+1}\mid s^t)\frac{u_c(s^{t+1})}{u_c(s^t)}\cdot\left[z(s^{t+1})+\frac{b_{t+2}(s^{t+1})}{R_{t+1}(s^{t+1})}\right]$$

通过对未来的政府债券做类似的迭代，我们最终可以得到

$$b_t(s^{t-1})=\sum_{j=0}^{\infty}\sum_{s^{t+1}|s^t}\beta^j\pi_{t+j}(s^{t+j}\mid s^t)\frac{u_c(s^{t+j})}{u_c(s^t)}z(s^{t+j})$$

$$=E_t\sum_{j=0}^{\infty}\beta^j\frac{u_c(s^{t+j})}{u_c(s^t)}z(s^{t+j}) \tag{16.15.3}$$

表达式（16.15.3）在时刻 $t=0$ 和初始状态 s^0 可以从一个求解拉姆齐税收问题时政府必须满足的现值约束条件导出基础条件：

$$b_0(s^{-1})=E_0\sum_{j=0}^{\infty}\beta^j\frac{u_c(s^j)}{u_c(s^0)}z(s^j) \tag{16.15.4}$$

将目前所讨论的没有状态或有债务的经济和之前具有状态或有债务的经济相对比是有益的。假定两种经济在 $t=0$ 时刻和初始状态 s^0 时的初始政府债券相同。目前这个经济中的可执行条件（16.15.4）和具有状态或有债务的经济中的（16.14.1）式在 $t=0$ 时是等价的。尽管这是完全市场经济中唯一的来自预算约束的可执行条件，但是在不具有状态或有债务的经济中还有更多的可执行条件必须被满足。特别地，由于期初的无债务对于任意两个历史是相同的，从而对于任意两个直至前一期都具有相同历史的实现值 s^t 和 $\tilde{s}^t$，即 $s^{t-1}=\tilde{s}^{t-1}$，我们必须要求它们各自的预算约束的右端相等，如（16.15.3）式所示。① 因此，无状态或有债务的拉姆齐税收问题变成

$$\max_{\{c_t(s^t),b_{t+1}(s^t)\}} E_0\sum_{t=0}^{\infty}\beta^t u(c_t(s^t),1-c_t(s^t)-g_t(s_t))$$

$$\text{s. t.} \quad E_0\sum_{j=0}^{\infty}\beta^j\frac{u_c(s^j)}{u_c(s^0)}z(s^j)\geqslant b_0(s^{-1}) \tag{16.15.5a}$$

$$E_t\sum_{j=0}^{\infty}\beta^j\frac{u_c(s^{t+j})}{u_c(s^t)}z(s^{t+j})=b_t(s^{t-1}),\ \forall s^t\ ,\ \text{给定}\ b_0(s^{-1}) \tag{16.15.5b}$$

其中，我们将资源约束（16.13.1）代入了效用函数。将资源约束代入政府剩余的利息净额，并利用家庭的一阶条件 $1-\tau_t^n(s^t)=u_l(s^t)/u_c(s^t)$ 消去劳动税税率是好理解的。现在，政府剩余利息净额可以表述为

$$z(s^t)=\left[1-\frac{u_l(s^t)}{u_c(s^t)}\right][c_t(s^t)+g_t(s_t)]-g_t(s_t)-T_t(s^t) \tag{16.15.6}$$

然后，我们构造拉姆齐问题的拉格朗日公式。令 $\gamma_0(s^0)$ 为约束（16.15.5a）的非负拉格朗日乘子。在前面讨论的具有状态或有债务的经济中，该乘子严格为正，如果政府采用扭曲性税收的话，否则都为零。市场没有状态或有证券而保留了无风险证券使得我们需要一个随机过程 $\{\gamma_t(s^t)\}_{t=1}^{\infty}$ 作为新生效的约束（16.15.5b）对应的拉格朗日乘子。该乘子要么是正的，要么是负的，取决于对应的约束的方向：

$$\gamma_t(s^t)\geqslant(\leqslant)0，\text{当约束的方向为}\ E_t\sum_{j=0}^{\infty}\beta^j\frac{u_c(s^{t+j})}{u_c(s^t)}z(s^{t+j})\geqslant(\leqslant)b_t(s^{t-1})\ \text{时}$$

一个负的乘子 $\gamma_t(s^t)<0$ 意味着我们可以通过放松约束（16.15.5b）来增加某种特定历史 s^t 的期初债务，这样做可以使我们减少其他历史时期的期初债务。在随后出现的拉姆齐问题的一阶条件中可以发现，存在某个历史 $\tilde{s}^t$，它和 s^t 具有一样的之前时期的历史，即 $\tilde{s}^{t-1}=s^{t-1}$，但约束（16.15.5b）上的拉格朗日乘子 $\gamma_t(\tilde{s}^t)>0$。这预示着当政府不能使用状态或有债务时无法更加有效地在未来的不同状态中配置债务。

对拉格朗日公式进行两个变换，将约束（16.15.5a）和约束（16.15.5b）分别乘以 $u_c(s^0)$ 和 $\beta^t u_c(s^t)$。拉姆齐问题的拉格朗日公式可以表达成下列等式，其中第二个等号调用了迭代期望和阿贝尔求和公式②：

① 艾亚加里等（2002）认为这些条件加强了（16.15.3）式右侧关于 s^{t-1} 的可测性。

② 参考 Apostol（1974，第 194 页）。另一个例子可以参看第 20 章。

$$
\begin{aligned}
J &= E_0 \sum_{t=0}^{\infty} \beta^t \{u(c_t(s^t), 1 - c_t(s^t) - g_t(s_t)) \\
&\quad + \gamma_t(s^t)[E_t \sum_{j=0}^{\infty} \beta^j u_c(s^{t+j}) z(s^{t+j}) - u_c(s^t) b_t(s^{t-1})]\} \\
&= E_0 \sum_{t=0}^{\infty} \beta^t \{u(c_t(s^t), 1 - c_t(s^t) - g_t(s_t)) + \Psi_t(s^t) u_c(s^t) z(s^t) \\
&\quad - \gamma_t(s^t) u_c(s^t) b_t(s^{t-1})\}
\end{aligned} \tag{16.15.7a}
$$

其中

$$
\Psi_t(s^t) = \Psi_{t-1}(s^{t-1}) + \gamma_t(s^t) \tag{16.15.7b}
$$

$$
\Psi_{-1}(s^{-1}) = 0
$$

关于 $c_t(s^t)$ 的一阶条件可以表示为

$$
\begin{aligned}
&u_c(s^t) - u_l(s^t) + \Psi_t(s^t)\{[u_{cc}(s^t) - u_{cl}(s^t)]z(s^t) + u_c(s^t) z_c(s^t)\} \\
&\quad - \gamma_t(s^t)[u_{cc}(s^t) - u_{cl}(s^t)] b_t(s^{t-1}) = 0
\end{aligned} \tag{16.15.8a}
$$

关于 $b_t(s^t)$ 的一阶条件可以表示为

$$
E_t[\gamma_{t+1}(s^{t+1}) u_c(s^{t+1})] = 0 \tag{16.15.8b}
$$

将方程（16.15.6）中的 $z(s^t)$ 和它的微分 $z_c(s^t)$ 代入一阶条件（16.15.8a）中，可以发现它和具有状态或有政府债务的经济中的最优配置的相关条件（16.13.4）只有两个差别。第一个是一阶条件（16.15.8a）中出现的$b_t(s^{t-1})$在方程（16.13.4）中没有出现。再一次地，这一项反映了期初政府债务必须对下期状态的所有实现值都有相同的约束，这一约束在政府债务是状态或有的时不会出现。第二个是一阶条件（16.15.8a）中的拉格朗日乘子$\Psi_t(s^t)$随时间和状态发生变化，而方程（16.13.4）中的乘子 Φ 不随时间发生变化。

接下来我们关心不具有状态或有政府债务的最优配置是否可以由一个和方程（16.13.4）类似的公式来描述，或者拉格朗日乘子 $\Psi_t(s^t)$ 是否收敛于常数，以至于从那之后状态或有债务的缺失不再重要。

□ 16.15.1 $\{g_t\}$的未来值为确定值

艾亚加里（2002）证明，如果 $\{g_t(s_t)\}$ 存在吸收态，使得对于足够大的 t 有 $g_t = g_{t-1}$几乎处处成立，则当 $g_t(s_t)$ 进入吸收态时，$\Psi_t(s^t)$ 收敛。在相同的冲击下，不具有状态或有政府债务的经济和具有状态或有政府债务的经济具有相同的尾部配置而初始债务不同。因此，极限随机变量 Ψ_∞将充当具有状态或有债务的经济中的单一乘子的角色，根据前面所描述的，一阶条件（16.15.8a）将和条件（16.13.4）相似，有 $\Phi = \Psi_\infty$。Ψ_∞的值依赖于政府支出的路径。如果在很多坏的冲击［较大的 $g_t(s_t)$］之后达到吸收态，政府将累积较高的债务，并且收敛将伴随着一个较高的初始债务发生，同时具有一个较大的 Φ 值。

这个特殊的收敛结果可以表示成更加一般的形式，即如果政府支出的未来路径最终是确定性的，例如如果政府支出最终为恒定常数，$\Psi_t(s^t)$ 可以被证明是收敛的。如我们在本章初所描述的，当未来政府支出没有不确定性时，政府可以通过单期无风险债券达到拉姆齐配置。在目前的设定中，当不存在不确定性时，这可以直接从一阶条件（16.15.8b）中得出，为了使得一阶条件在确定性条件下被满足，下一期非随机的消费的边际效用必须乘以一个非随机的乘子 $\gamma_{t+1}=0$。未来各期乘子 $\{\gamma_t\}$ 为零值意味着有 $\Psi_t(s^t)=\Psi_\infty$ 收敛。根据前面的逻辑，（16.13.4）式和 $\Phi_t=\Psi_\infty$ 刻画了一个在没有不确定性时不具有状态或有政府债务的经济的最优尾部配置。

□ 16.15.2 $\{g_t\}$随机但具有特殊的偏好

为了研究 $g_t(s_t)$ 随机时 $\Psi_t(s^t)$ 的收敛状况，将表达式（16.15.7b）代入一阶条件（16.15.8b）将十分有用。

$$E_t\{[\Psi_{t+1}(s^{t+1})-\Psi_t(s^t)]u_c(s^{t+1})\}=0$$

可以将其重新写为

$$\begin{aligned}\Psi_t(s^t)&=E_t\left[\Psi_{t+1}(s^{t+1})\frac{u_c(s^{t+1})}{E_tu_c(s^{t+1})}\right]\\&=E_t\Psi_{t+1}(s^{t+1})+\frac{\mathrm{cov}_t(\Psi_{t+1}(s^{t+1}),u_c(s^{t+1}))}{E_tu_c(s^{t+1})}\end{aligned}\tag{16.15.9}$$

艾亚加里（2002）给出了在（16.15.9）式中协方差项为零的特殊情形下的一种收敛结果。假定家庭效用函数关于消费是线性的而且可以从闲暇效用中额外分离出来。从而关于消费的边际效用是常数，表达式（16.15.9）可以简化为

$$\Psi_t(s^t)=E_t\Psi_{t+1}(s^{t+1})$$

随机过程 $\Psi_t(s^t)$ 是一个非负的鞅过程。根据（16.15.7b）式可知，$\Psi_t(s^t)$随拉格朗日乘子 $\gamma_t(s^t)$ 的实现值而波动，它可正可负。$\gamma_t(s^t)$ 衡量关于政府支出的消息对计划者所能达到的最大效用的边际影响。无论是现阶段还是对于未来时期的某些状态的实现值，只要政府使用了扭曲性税收，累积乘子$\Psi_t(s^t)$就会保持严格为正。

杜布（Doob，1953，第 324 页）给出了一个定理：非负鞅 $\Psi_t(s^t)$ 几乎肯定收敛。①如果政府支出是充分随机的，比如说 $g_t(s_t)$ 是一个有正方差的平稳过程，艾亚加里等（2002）证明 $\Psi_t(s^t)$ 几乎肯定收敛于零。当设定一阶条件（16.15.8a）中 $\Psi_\infty=\gamma_\infty=0$ 时，可以得出最优税收政策必定导出最优配置 $u_c(s^t)=u_l(s^t)$，即 $\tau^n_\infty=0$。这意味着政府资产收敛于一个水平，这个水平足以通过利息收入支撑政府支出。当政府支出低于最大可能水平时，政府自有资产的未耗尽的利息收入可以通过正的一次性转移支付回到家庭。

$\Psi_t(s^t)$ 收敛于零和在某状态下政府资产大得足以支撑所有的未来政府支出的证明过程与第 17 章中关于不完全市场下自我保险的分析的相似结论的得出一样。同那里的分析一致，我们使用了鞅收敛定理并排除它们收敛于其他非零数值。为了构造一个反证法，假定$\Psi_t(s^t)$收敛于一个严格正的极限，$\Psi_\infty>0$。根据前面的讨论可知，这个不具有状态或有政府债务的经济的尾部配置和具有状态或有债务和特定初始债务水平的经济的配置

① 关于鞅收敛定理的讨论可以参考第 17 章附录 A。

一致。进而两种经济具有相同的劳动税税率支持最优尾部配置。艾亚加里（2002）证明了，遵循这种税收政策或者只能利用无风险债券来吸收随机的盈余和赤字的政府将以正的概率面临其债务的无限增长或者其资产的无限增长，而这两种结果与最优配置都是不一致的。直观的解释如下：带有状态或有债务的经济中的政府将会把这些债券工具作为一种"保险政策"以平滑各种状态实现值之间的税收。当只有无风险债券可以获得时，这种"保险政策"的缺失意味着执行的是完全一样的而不是对应于状态实现值的税率，这将会使得政府以正的概率面临其债务水平或资产水平的无限增长。但这和在不具有状态或有债务的经济中这种税收政策是最优的是矛盾的。首先，政府债务不可能无限增长，因为家庭不可能向政府无限借贷以至超越其自然借入限制。其次，政府资产也不可能无限积累，因为可以通过在某些时期降低税率进而减少税收的额外损失来增加福利。① 因此$\Psi_t(s^t)$不可能收敛于其他非负极限，只能收敛于零。

对于政府支出的更一般的偏好和充足的随机性，艾亚加里等（2002）没有描述$\Psi_t(s^t)$的极限动态，仅排除了收敛于正数的情况。所以至少存在两个有趣的可能性：$\Psi_t(s^t)$收敛于0或在极限中有一个非退化分布。

□ 16.15.3　例3回顾：对$t\neq T$，$g_t=0$且g_T随机

为了举例说明具有和不具有状态或有政府债务的两种经济的最优税收政策的不同，我们重新讨论卢卡斯和斯托基（1983）分析具有状态或有债务的经济时所用的关于政府支出的第三个例子。我们来看看如果政府仅用无风险债券，最优政策是如何变化的。② 假定家庭的效用函数是$u(c_t(s^t),l_t(s^t))=c_t(s^t)+H(l_t(s^t))$，其中$H_l>0$，$H_{ll}<0$并且$H_{lll}>0$。假定$H_l(0)=\infty$和$H_l(1)<1$以保证没有扭曲性税收的一阶最优条件具有一个内部闲暇解。给定这些条件，关于消费的一阶条件（16.15.8a）可以简化为

$$u_c(s^t)-u_l(s^t)+\Psi_t(s^t)u_c(s^t)z_c(s^t)=0$$

求解微分方程可以得到

$$\begin{aligned}&[1+\Psi_t(s^t)]\{1-H_l(1-c_t(s^t)-g_t(s_t))\}\\&=-\Psi_t(s^t)H_{ll}(1-c_t(s^t)-g_t(s_t))[c_t(s^t)+g_t(s_t)]\end{aligned}\tag{16.15.10}$$

和前面我们讨论的一样，假定$g_T=g>0$的概率为α，$g_T=0$的概率为$1-\alpha$。同样假定政府初期没有资产和债务，$b_0(s^{-1})=0$，因此约束（16.15.5a）上的乘子是严格正的，$\gamma_0(s^0)=\Psi_0(s^0)>0$。在$t<T$期没有更多关于未来政府支出的信息展示出来，因此乘子$\Psi_t(s^t)=\Psi_0(s^0)\equiv\Psi_0>0$，$t<T$。给定乘子$\Psi_0$，$t<T$期最优消费水平记为$c_0$，满足一阶条件（16.15.10）的下列版本：

---

① 艾亚加里等（2002，引理3）认为无界的政府自有资产的增长与低的债务界限或者"资产限制"相冲突，因此会形成矛盾。但是，当政府可以通过一笔正的对家庭的一次性转移支付来避免和"资产限制"冲突时，我们就可以来讨论这个问题了。一个正确的证明应建立在减少扭曲性税收所带来的福利水平的提高上，而不是建立在这种对家庭的一次性转移支付上。

② 我们的前两个例子主要解决非随机问题，因此不出现状态或有债券的发行。进一步地，最优税收政策在两个例子中都不发生改变。

$$[1+\Psi_0]\{1-H_l(1-c_0)\}=-\Psi_0 H_{ll}(1-c_0)c_0 \tag{16.15.11}$$

在第 T 期，g_T 有两个可能的值，从而随机乘子 $\gamma_T(s^T)$ 有两个可能的值，根据一阶条件（16.15.8b）可知，它们分别一个为正、一个为负。当 $g_T=0$ 时，$\gamma_T(s^T)$ 为负，它将导致 $\Psi_T(s^T)$ 下降。事实上，当 $g_T=0$ 时，$\Psi_T(s^T)$ 下降到 0 是因为政府再也不需要扭曲性税收。任何在初期增加并且以政府自有资产存在的税收收入都将会通过政府转移支付回到家庭部门。因此从另一方面说，如果$g_T=g>0$，$\gamma_T(s^T)\equiv\gamma_T$ 是严格正的，最优消费水平记为 $\tilde{c}$，对任何 $t>T$ 必须满足一阶条件（16.15.10）的下列版本：

$$[1+\Psi_0+\gamma_T]\{1-H_l(1-\tilde{c})\}=-[\Psi_0+\gamma_T]H_{ll}(1-\tilde{c})\tilde{c} \tag{16.15.12}$$

和 $\gamma_T>0$ 相对应，（16.15.12）式两边方括号中的乘子都递增，但右边更成比例。由于（16.15.11）式和（16.15.12）式在最优配置下必须都成立，因此从 c_0 变到 $\tilde{c}$ 必须有 $\{1-H_l(1-c)\}$增加得比$-\{H_{ll}(1-c)c\}$ 多。由于前一个表达式关于 c 递减而后一个表达式关于 c 递增，因此我们可以知道 $\tilde{c}<c_0$，进一步这意味着如果 T 时期政府支出是严格正的，则劳动税税率对所有时期 $t>T$ 都是上升的。

很明显，在这个例子中政府仅通过无风险债券不可能在不同的状态间平滑税收。回顾之前具有状态或有债务的最优税收政策，它对于所有的 $t\neq T$ 均征收一个为常数的税率，而和 g_T 无关。需要注意的是，和上面的讨论一样，当未来政府支出路径在 T 时期是确定性的时，不具有状态或有债务的经济中的乘子 $\Psi_t(s^t)$ 收敛。在我们的例子中，$\Psi_t(s^t)$ 要么收敛于零，要么收敛于（$\Psi_0+\gamma_T$）>0，取决于政府支出。从 T 时期开始，对于相同的冲击，最优尾部配置和具有状态或有债务的经济的配置一致，但对于不同的初始债务，当 $g_T=0$ 时，具有零债务 $\Phi=0$；当 $g_T=g>0$ 时，具有一个正的债务，$\Phi=\Psi_0+\gamma_T$。

施密特-格罗赫和乌里韦（2004a）以及肖（Siu，2002）分析了政府只能发行名义无风险债券的经济的最优货币和财政政策。无法预期的通货膨胀使得名义无风险债券在实际中成为状态或有的，给了政府一个使得通货膨胀变得多变的动机。施密特-格罗赫和乌里韦都关注对厂商施加哪一种价格黏性会影响到政府运用通货膨胀波动作为引导状态或有债务的间接路径。他们发现甚至一个非常小的价格黏性都会使得通货膨胀的波动性下降到很小。因此为合成状态或有债务，政府放弃了这个间接路径。这些作者将他们的结论和艾亚加里等不具有状态或有债务的经济（见本章第 10 个脚注）中的计算联系起来，得到在不具有状态或有债务的经济中拉姆齐配置近似于完全市场经济中的配置。

16.16 作为状态或有实际债务的名义债务

我们现在来看卢卡斯和斯托基（1983）的货币经济。在特殊偏好下，查里、克里斯蒂亚诺和基欧（1996）研究了弗里德曼规则的最优性，以及均衡价格水平调整是否可以将名义非状态或有债务转换为状态或有实际债务。特别地，查里、克里斯蒂亚诺和基欧为了显示弗里德曼规则的最优性，限制偏好满足下面的假设 1。他们表示得出他们的结论不需要额外的条件，即在最优策略下，非状态或有的名义政府债务可以转化为状态或有的实际债务。然而，我们发现他们关于在这两种债务结构下的配置的等价性的表述需要更强的假设，因为在某个时间点上存在不同实现状态的最优债务的潜在信号转换问题。为了获得查里、克里斯蒂亚诺和基欧的结论，我们在下面加上我们的假设 2。

我们的策略是首先跟着查里、克里斯蒂亚诺和基欧走，在下面的 16.16.2 节找到一个有状态或有政府债务的非货币经济的拉姆齐计划和一个相关的拉姆齐配置：然后，在 16.16.3 节陈述足以使一个没有实际状态或有政府债务而只有名义非状态或有债务的货币经济的同样的配置得到拉姆齐计划的支持的基本条件。

这里的一个关键结果是，货币经济中的拉姆齐均衡使价格水平波动对政府支出的冲击做出反应。这一价格水平旨在向政府债券持有者提供历史或有收益，以支持拉姆齐配置。这种结构包含了关于价格水平的财政理论①的许多（如果不是最多的话）组成部分。它以一种连贯的方式这样做，可以帮助我们描述一系列有争议的问题，这些问题与一些关于价格水平的财政理论的论述有关。我们将在 16.17 节和第 26 章讨论这个主题。

□ 16.16.1 设置和主要思想

生产技术与（16.13.1）式大体相同，除了现在生产的是两种不同的商品：一种“现金商品”和一种“信用商品”，让 $c_{1t}(s^t)$ 和 $c_{2t}(s^t)$ 分别表示家庭对现金商品和信用商品的消费，而政府消费 $g_t(s_t)$ 仅由信用商品组成。可行条件变为

$$c_{1t}(s^t)+c_{2t}(s^t)+g_t(s_t)=n_t(s^t) \tag{16.16.1}$$

家庭的偏好按下式排序：

$$\sum_{t=0}^{\infty}\sum_{s^t}\beta^t\pi_t(s^t)u[c_{1t}(s^t),c_{2t}(s^t),\ell_t(s^t)],\ \beta\in(0,1) \tag{16.16.2}$$

其中 u 是递增的、严格凹的，并且对它的所有参数二阶连续可微。此外。效用函数满足稻田条件

$$\lim_{c_1\downarrow 0}u_1(s^t)=\lim_{c_2\downarrow 0}u_2(s^t)=\lim_{l\downarrow 0}u_3(s^t)=+\infty$$

其中 u_j 是对它的第 j 个参数的效用函数的偏导数。

在 t 期，家庭以特殊的方式交易货币、资产和商品。在 t 期期初，在观察了当前状态 s_t 后，家庭在一个集中的证券市场交易货币和资产。这些资产是单期的、状态或有的名义折现债券。设 $M_{t+1}(s^t)$ 和 $B_{t+1}(s^t)$ 为在债券市场交易结束时持有的货币和名义债券。设 $R_t(s^t)$ 为名义总利率，因此 $\frac{1}{R_t(s^t)}$ 为债券购买价格。在证券交易之后，每个家庭分成一个工人和一个购买者。购买者必须用货币购买现金商品。为了购买信用商品，购买者发行一个在下一期在证券市场上交易的单期名义债权。工人在期末时得到现金支付。他将这些现金加到购物期间未使用的现金中，并将其带入下一期。

---

① 我们承认有些作者可能会合理地请求在这里做一个区分，因为我们已经选择了在一个阿罗-德布鲁完全市场经济中，在理性预期竞争性均衡的约束下表述价格水平的财政理论。有些人认为价格水平的财政理论可以省去理性预期和完全市场等辅助假设。

家庭在证券市场上的预算约束是

$$
\begin{aligned}
\frac{M_{t+1}(s^t)+B_{t+1}(s^t)}{R_t(s^t)}=&B_t(s^{t-1})+M_t(s^{t-1})-P_{t-1}(s^{t-1})c_{1t-1}(s^{t-1})\\
&-P_{t-1}(s^{t-1})c_{2t-1}(s^{t-1})\\
&+P_{t-1}(s^{t-1})[1-\tau_{t-1}^n(s^{t-1})]n_{t-1}(s^{t-1})
\end{aligned}\tag{16.16.3}
$$

其中 P 为商品的名义价格。(16.16.3) 式的左边是证券市场交易结束时所持资产的名义价值。右边第一项为上期购买的名义债券的价值。右边接下来的两项是购买者未使用的现金。第四项是对信用商品的支付，最后一项是税后劳动收入。购买现金商品必须满足预付现金约束：

$$
P_t(s^t)c_{1t}(s^t)\leqslant M_{t+1}(s^t)\tag{16.16.4}
$$

设 $\lambda_t(s^t)$ 和 $\mu_t(s^t)$ 为约束 (16.16.3) 式和 (16.16.4) 式条件下的拉格朗日乘子。家庭问题的一阶条件是

$$
c_{1t}(s^t):\ \beta^t\pi_t(s^t)u_1(s^t)=P_t(s^t)\Big[\mu_t(s^t)+\sum_{s^{t+1}|s^t}\lambda_{t+1}(s^{t+1})\Big]\tag{16.16.5a}
$$

$$
c_{2t}(s^t):\ \beta^t\pi_t(s^t)u_2(s^t)=P_t(s^t)\sum_{s^{t+1}|s^t}\lambda_{t+1}(s^{t+1})\tag{16.16.5b}
$$

$$
n_t(s^t):\ \beta^t\pi_t(s^t)u_3(s^t)=P_t(s^t)[1-\tau_t^n(s^t)]\sum_{s^{t+1}|s^t}\lambda_{t+1}(s^{t+1})\tag{16.16.5c}
$$

$$
M_{t+1}(s^t):\ \lambda_t(s^t)=\mu_t(s^t)+\sum_{s^{t+1}|s^t}\lambda_{t+1}(s^{t+1})\tag{16.16.5d}
$$

$$
B_{t+1}(s^t):\ \lambda_t(s^t)/R_t(s^t)=\sum_{s^{t+1}|s^t}\lambda_{t+1}(s^{t+1})\tag{16.16.5e}
$$

分别将 (16.16.5d) 式代入 (16.16.5a) 式，将 (16.16.5e) 式代入 (16.16.5b) 式，将 (16.16.5e) 式代入 (16.16.5c) 式，得到以下条件

$$
\beta^t\pi_t(s^t)u_1(s^t)=P_t(s^t)\lambda_t(s^t)\tag{16.16.6a}
$$

$$
\beta^t\pi_t(s^t)u_2(s^t)=P_t(s^t)\lambda_t(s^t)/R_t(s^t)\tag{16.16.6b}
$$

$$
\beta^t\pi_t(s^t)u_3(s^t)=P_t(s^t)[1-\tau_t^n(s^t)]\lambda_t(s^t)/R_t(s^t)\tag{16.16.6c}
$$

通过 (16.16.6) 式，商品和闲暇的边际替代率满足

$$
\frac{u_1(s^t)}{R_t(s^t)u_3(s^t)}=\frac{u_2(s^t)}{u_3(s^t)}=\frac{1}{1-\tau_t^n(s^t)}
$$

因此，现金商品和信用商品之间的边际替代率等于名义利率：

$$
\frac{u_1(s^t)}{u_2(s^t)}=R_t(s^t)
$$

通过求解 (16.16.6a) 式中的 $\lambda_t(s^t)$ 和 $\lambda_{t+1}(s^{t+1})$ 的一个相关表达式，得到名义利率的另一个表达式，将其代入 (16.16.5e) 式得到

$$
R_t(s^t)=\frac{u_1(s^t)/P_t(s^t)}{\beta\sum_{s_{t+1}}\pi_{t+1}(s^{t+1}|s^t)u_1(s^{t+1})/P_{t+1}(s^{t+1})}\tag{16.16.7}
$$

在均衡中，名义利率必须满足 $R_t(s^t)\geqslant 1$，否则，家庭可以通过购买货币和出售债券获得无限利润。这种不平等体现了人们经常讨论的净名义利率 $R_t(s^t)-1$ 的零下界。

货币通过证券市场上的政府公开市场操作介入和撤出经济。公开市场操作的限制是

$$\begin{aligned}&M_{t+1}(s^t)-M_t(s^{t-1})+B_{t+1}(s^t)/R_t(s^t)\\&=B_t(s^{t-1})+P_{t-1}(s^{t-1})g_{t-1}(s_{t-1})-P_{t-1}(s^{t-1})\tau_{t-1}^n(s^{t-1})n_{t-1}(s^{t-1})\end{aligned}\tag{16.16.8}$$

方程左边的项是政府出售的资产。右边第一项是上期债务的偿还，第二项是对政府消费的支付，第三项是税收收入。回想一下，政府消费完全由信用商品构成。

为了确保拉姆齐问题在这种环境下是非平凡的，我们遵循查里等（1996）的做法，假设家庭在 0 时期开始时没有名义资产，$M_0(s^{-1})=B_0(s^{-1})=0$。① 因此，0 时期的政府约束（16.16.8）式变为

$$M_1(s^0)+B_1(s^0)/R_0(s^0)=0\tag{16.16.9}$$

从（16.16.8）式开始，然后通过使用（16.16.8）式的对应版本，递归消除前期发行的债券，继续回到（16.16.9）式适用的 0 时刻，我们得到以下表达式，它们表示了名义的状态非或有债务如何随时间演变：

$$\begin{aligned}B_{t+1}(s^t)=&\sum_{j=0}^{t-1}\left(\prod_{k=j}^{t}R_k(s^k)\right)P_j(s^j)\left[g_j(s_j)-\tau_j^n(s^j)n_j(s^j)\right]\\&+\sum_{j=1}^{t-1}\left(\prod_{k=j}^{t}R_k(s^k)\right)\left[1-R_{j-1}(s^{j-1})\right]M_j(s^{j-1})-R_t(s^t)M_{t+1}(s^t)\end{aligned}\tag{16.16.10}$$

查里等人（1996）保持了这样的假设：

假设 1： *效用函数的形式为* $u(c_1,c_2,l)=V(f(c_1,c_2),l)$，*其中* f *是位似函数。*

在这个假设下，查里等（1996）证明了弗里德曼规则是最优的，即在拉姆齐均衡中，$R_t(s^t)=1$ 对于所有的 s^t 都是最优的。尽管需要在拉姆齐均衡中使用一些扭曲性税收，但征收通货膨胀税并不是最优的。此外。在我们的货币经济中，拉姆齐解决方案通过名义的、状态非或有债务来进行配置，这种配置与政府发行（实际的）状态或有债券的无摩擦非货币经济中的配置是相同的。这一发现使我们能够在下一节首先解决非货币经济的拉姆齐问题，然后验证非货币经济的拉姆齐配置也是货币经济的拉姆齐配置。

这两个经济之所以能够普遍采用相同的拉姆齐配置，是因为货币经济中名义的状态非或有债务实际上可以通过系统性地改变价格水平转变为状态或有实际债务。在与高额政府支出相关的经济不景气时期，提高价格水平是最优的，这样一来，实际的债务偿还规模就会相对较小。在政府支出较低的经济景气时期，降低价格水平是最优的，这样会使实际债务偿还规模相对较大。

上述对最优策略的描述潜在地确定了一个技术问题，这个问题可能会使查里等人

① 就像我们之前在 0 时期对资本税的限制一样，这里的初始条件限制了政府以非扭曲的方式为其支出融资。在货币经济中，如果家庭持有的名义资产的初始存量为正，那么通过将初始价格水平提高到无穷大，福利就会最大化。如果初始存量为负，那么通过将初始价格水平设置得很低，福利就可以最大化，这些初始资产足以为政府的整个支出流提供资金，而不必征收扭曲性税收。

（1996）的发现无效。具体而言，虽然货币政策可以在一个时期开始时改变实际负债规模，但它永远无法改变上一个时期遗留下来的资产状况的迹象。因此，如果有任何一个时期，非货币经济在一些状态实现值下有正的状态或有债务，在另一些状态实现值下有负的状态或有债务，那么在非货币经济中，货币政策无法复制状态或有债务策略。因此，我们必须添加以下假设，这些假设足以验证查里等人（1996）的发现。

假设 2：具有状态或有债务的非货币经济中的拉姆齐均衡具有严格的正的负债，在所有历史 s^t 之后的所有 $t\geqslant 1$ 时期，$b_t(s^t)>0$。

□ 16.16.2　非货币经济的最优税收

这里我们解决了无摩擦非货币经济中的拉姆齐问题。在下一节中，我们将展示在特定的货币政策下，同样的最优配置也可以作为货币经济的均衡。

为了在非货币经济中拥有一套完整的税收工具，我们引入了商品 1 的增值税 $\tau_t^{c1}(s^t)$；当它为负的时候，它就变成了一种补贴。政府在历史 s^t 后 t 时刻的预算约束变为

$$\sum_{s_{t+1}} q_{t+1}^t(s_{t+1},s^t)b_{t+1}(s_{t+1}|s^t)=b_t(s_t|s^{t-1})+g_t(s_t)-\tau_t^n(s^t)n_t(s^t)-\tau_t^{c1}(s^t)c_{1t}(s^t)$$

（16.16.11）

如前所述，$b_{t+1}(s_{t+1}|\ s^t)$是一种状态或有资产，该资产在 t 时期以价格 $q_{t+1}^t(s_{t+1}\ |\ s^t)$进行交易，以 t 时刻的商品为单位（不包括对商品 1 征收的任何增值税）。

代表性家庭在满足以下现值预算约束的条件下最大化（16.16.2）式：

$$\sum_{t=0}^{\infty}\sum_{s^t} q_t^0(s^t)\{[1+\tau_t^{c1}(s^t)]c_{1t}(s^t)+c_{2t}(s^t)\}=\sum_{t=0}^{\infty}\sum_{s^t} q_t^0(s^t)[1-\tau_t^n(s^t)]n_t(s^t)$$

（16.16.12）

这个问题的一阶条件意味着

$$q_t^0(s^t)=\beta^t\pi(s^t)\frac{u_2(s^t)}{u_2(s^0)} \tag{16.16.13a}$$

$$1+\tau_t^{c1}(s^t)=\frac{u_1(s^t)}{u_2(s^t)} \tag{16.16.13b}$$

$$1-\tau_t^n(s^t)=\frac{u_3(s^t)}{u_2(s^t)} \tag{16.16.13c}$$

在使用这些表达式以消除家庭现值预算约束（16.16.12）的价格和税收之后，拉姆齐问题的可执行条件成为

$$\sum_{t=0}^{\infty}\sum_{s^t}\beta^t\pi_t(s^t)[u_1(s^t)c_{1t}(s^t)+u_2(s^t)c_{2t}(s^t)-u_3(s^t)n_t(s^t)]=0 \tag{16.16.14}$$

关于消费品 $c_{it}(s^t)(i=1,2)$ 的拉姆齐问题的一阶条件为

$$(1+\Phi)u_i(s^t)+\Phi\Big[\sum_{j=1}^{2}u_{ji}(s^t)c_{jt}(s^t)-u_{3i}(s^t)n_t(s^t)\Big]=\theta_t(s^t) \tag{16.16.15}$$

其中 Φ 和 $\theta_t(s^t)$ 分别为可执行条件（16.16.14）和资源约束条件下的拉格朗日乘子。在除以 $u_i(s^t)$ 之后，注意到由假设 1 有，$u_{3i}(s^t)/u_i(s^t)=V_{12}(s^t)/V_1(s^t)$，于是我们得到

$$(1+\Phi)+\Phi\left[\sum_{j=1}^{2}\frac{u_{ji}(s^t)c_{jt}(s^t)}{u_i(s^t)}-\frac{V_{12}(s^t)}{V_1(s^t)}n_t(s^t)\right]=\frac{\theta_t(s^t)}{u_i(s^t)} \tag{16.16.16}$$

其中 $i=1,2$。接下来，请注意，一个满足假设 1 的效用函数意味着表达式（16.16.16）左边的求和的值对于 $i=1$ 和 $i=2$ 是相同的。[①] 因而，（16.16.16）式整个左边的价值对于 $i=1$ 和 $i=2$ 是相同的。因此，右边的值也必须如此，从而得到 $u_1(s^t)=u_2(s^t)$。由（16.16.13b）式可知，这两种消费品的税率相同，即 $\tau_t^{c1}(s^t)=0$。[②]

给定 $\tau_t^{c1}(s^t)=0$，则政府债券满足类似于表达式（16.14.1）的一个表达式，即

$$\begin{aligned}b_t(s_t|s^{t-1})&=\tau_t^n(s^t)n_t(s^t)-g_t(s_t)\\&\quad+\sum_{j=1}^{\infty}\sum_{s^{t+j}|s^t}q_{t+j}^t(s^{t+j})[\tau_{t+j}^n(s^{t+j})n_{t+j}(s^{t+j})-g_{t+j}(s_{t+j})]\\&=\sum_{j=0}^{\infty}\sum_{s^{t+j}|s^t}\beta^j\pi_{t+j}(s^{t+j}|s^t)\frac{u_2(s^{t+j})}{u_2(s^t)}\\&\quad\times\left\{\left[1-\frac{u_3(s^{t+j})}{u_2(s^{t+j})}\right]\cdot[c_{1t+j}(s^{t+j})+c_{2t+j}(s^{t+j})+g_{t+j}(s_{t+j})]-g_{t+j}(s_{t+j})\right\}\end{aligned} \tag{16.16.17}$$

□ 16.16.3 对应货币经济中的最优政策

我们要验证我们的框架，即在遵循弗里德曼规则的货币政策下，在有状态非或有名义债务的货币经济中，有状态或有债务的非货币经济的最优配置是可以实现的，即对所有 s^t，$R_t(s^t)=1$。

在任何 $t>0$ 的时期的开始和历史 s^t，给定未偿付的名义资产 $\{M_t(s^{t-1}), B_t(s^{t-1})\}$ 和上一期的价格水平 $P_{t-1}(s^{t-1})$，政府的目标是使当前价格水平等于

$$\begin{aligned}P_t(s^t)=\{&P_{t-1}(s^{t-1})[g_{t-1}(s_{t-1})-\tau_{t-1}^n(s^{t-1})n_{t-1}(s^{t-1})]\\&+M_t(s^{t-1})+B_t(s^{t-1})\}/b_t(s_t|s^{t-1})\end{aligned} \tag{16.16.18}$$

这显然是对应的非货币经济的期初负债的函数，$b_t(s_t|s^{t-1})>0$。通过公开市场操作，政府达到目标，使货币供给量为

---

① 回忆在假设 1 中的位似函数，意味着对于任何常数 $k>0$

$$\frac{u_1[kc_{1t}(s^t),kc_{2t}(s^t),n_t(s^t)]}{u_2[kc_{1t}(s^t),kc_{2t}(s^t),n_t(s^t)]}=\frac{u_1[c_{1t}(s^t),c_{2t}(s^t),n_t(s^t)]}{u_2[c_{1t}(s^t),c_{2t}(s^t),n_t(s^t)]}$$

对 k 求微分并在 $k=1$ 处估值，得到

$$\sum_{j=1}^{2}\frac{u_{j1}(s^t)c_{jt}(s^t)}{u_1(s^t)}=\sum_{j=1}^{2}\frac{u_{j2}(s^t)c_{jt}(s^t)}{u_2(s^t)}$$

② 假设我们使用税收工具 $\tau_t^{c1}(s^t)$ 和 $\tau_t^n(s^t)$ 来控制 $c_{1t}(s^t)$、$c_{2t}(s^t)$和 $l_t(s^t)$ 之间的税收楔子，这两种商品相等的税收意味着 $\tau_t^{c1}(s^t)=0$，因此，通过劳动税来获得商品消费和闲暇之间的最优税收楔子。如果我们把这个问题用公式表示为对两种商品的两种独立的增值税 $\tau_t^{c1}(s^t)$ 和 $\tau_t^{c2}(s^t)$，但没有劳动税，商品相等的税收结果就意味着 $\tau_t^{c1}(s^t)=\tau_t^{c2}(s^t)$，共同的增值税税率会对当前的劳动税发挥相同的作用，即建立商品消费与闲暇之间的最优税收楔子。

$$M_{t+1}(s^t)=P_t(s^t)c_{1t}(s^t) \tag{16.16.19}$$

由此产生的名义债务水平 $B_{t+1}(s^t)$ 由（16.16.8）式或（16.16.10）式给出。注意，如果我们的推测 $R_t(s^t)=1$ 是正确的，政策规则（16.16.18）和政府预算约束（16.16.8）意味着

$$\frac{M_{t+1}(s^t)+B_{t+1}(s^t)}{P_t(s^t)}=b_t(s_t\mid s^{t-1}) \tag{16.16.20}$$

现在我们假设我们的推测是正确的，并验证表达式（16.16.7）所给出的总名义利率在我们所描述的政府政策下确实等于 1。验证策略满足 $R_t(s^t)=1$ 的关键步骤为：

$$\begin{aligned}
R_t(s^t)&=\frac{u_2(s^t)/P_t(s^t)}{\beta\sum\limits_{s_{t+1}}\pi_{t+1}(s^{t+1}\mid s^t)u_2(s^{t+1})/P_{t+1}(s^{t+1})}\\
&=\frac{1/P_t(s^t)}{\sum\limits_{s_{t+1}}q_{t+1}^t(s_{t+1},s^t)/P_{t+1}(s^{t+1})}\\
&=\frac{1/P_t(s^t)}{\sum\limits_{s_{t+1}}q_{t+1}^t(s_{t+1},s^t)\dfrac{b_{t+1}(s_{t+1}\mid s^t)}{P_t(s^t)[g_t(s_t)-\tau_t^n(s^t)]+M_{t+1}(s^t)+B_{t+1}(s^t)}}\\
&=\frac{g_t(s_t)-\tau_t^n(s^t)+b_t(s_t\mid s^{t-1})}{\sum\limits_{s_{t+1}}q_{t+1}^t(s_{t+1},s^t)b_{t+1}(s_{t+1}\mid s^t)}=1
\end{aligned}$$

根据我们的猜想，上面的第一个等式将 $u_2(s^t)=u_1(s^t)$ 替换为表达式（16.16.7）。第二个等式使用表达式（16.16.13a）表示非货币经济中状态或有权益的价格。第三个等式对价格水平 $P_{t+1}(s^{t+1})$ 使用策略规则（16.16.18），而第四个等式调用表达式（16.16.20）。最后一个等式来自非货币经济中的政府预算约束（16.16.11），因此，我们已经证实我们的猜想 $R_t(s^t)=1$ 是正确的。

接下来是验证非货币经济的政府预算约束是否意味着货币经济的政府预算约束是有意义的，尽管这是多余的。从 $\tau_t^{c1}(s^t)=0$ 条件下的非货币经济的政府预算约束（16.16.11）开始，我们使用表达式（16.16.13a）表示状态或有权益的价格［其中 $u_2(s^t)=u_1(s^t)$］，并使用政策规则（16.16.18）消除所有状态或有债务：

$$\begin{aligned}
&\sum_{s_{t+1}}\beta\pi_{t+1}(s^{t+1}\mid s^t)\frac{u_1(s^{t+1})}{u_1(s^t)}\cdot\frac{P_t(s^t)}{P_{t+1}(s^{t+1})}\left\{[g_t(s_t)-\tau_t^n(s^t)n_t(s^t)]+\frac{M_{t+1}(s^t)+B_{t+1}(s^t)}{P_t(s^t)}\right\}\\
&=\frac{P_{t-1}(s^{t-1})}{P_t(s^t)}\left\{[g_{t-1}(s_{t-1})-\tau_{t-1}^n(s^{t-1})n_{t-1}(s^{t-1})]+\frac{M_t(s^{t-1})+B_t(s^{t-1})}{P_{t-1}(s^{t-1})}\right\}\\
&\quad+g_t(s_t)-\tau_t^n(s^t)n_t(s^t)
\end{aligned}$$

调用名义利率的均衡表达式（16.16.7），这个表达式可以写成

$$\begin{aligned}
&[R_t(s_t)]^{-1}\left\{[g_t(s_t)-\tau_t^n(s^t)n_t(s^t)]+\frac{M_{t+1}(s^t)+B_{t+1}(s^t)}{P_t(s^t)}\right\}\\
&=\frac{P_{t-1}(s^{t-1})}{P_t(s^t)}\left\{[g_{t-1}(s_{t-1})-\tau_{t-1}^n(s^{t-1})n_{t-1}(s^{t-1})]+\frac{M_t(s^{t-1})+B_t(s^{t-1})}{P_{t-1}(s^{t-1})}\right\}
\end{aligned}$$

$$+g_t(s_t)-\tau_t^n(s^t)n_t(s^t)$$

由于我们已经证实了在假定的货币政策中 $R_t(s^t)=1$，这个表达式可以简化为货币经济中的政府预算约束（16.16.8）。

16.17 关于价格水平的财政理论

在第 26 章，我们将讨论通货膨胀的货币-财政理论，包括一种被命名为“价格水平的财政理论”的理论。先前部分的模型包括的组成部分结合起来产生了该理论中所有的作用力。正如尼佩尔特（Niepelt，2004）所强调的那样，对该理论的描述往往太过不完整，因为它们隐含了一般均衡模型的某些方面。基于这个原因，我们发现在一个连贯的像查里、克里斯蒂亚诺和基欧（1996）所描述的一般均衡模型背景下解释价格水平的财政理论是有启发性的。

16.17.1 预算约束和资产定价方程

举一个突出的例子，科克伦（2005）认为，在法定货币制度下不存在政府预算约束，只有政府名义债券的价值方程。为了表达科克伦在查里、克里斯蒂亚诺和基欧（1996）所描述的经济中的观点，从政策规则（16.16.18）中求解 $b_t(s_t|s^{t-1})$，并将结果代入（16.16.17）式得到

$$\frac{M_t(s^{t-1})+B_t(s^{t-1})+P_{t-1}(s^{t-1})[g_{t-1}(s_{t-1})-\tau_{t-1}^n(s^{t-1})]}{P_t(s^t)}$$
$$=\tau_t^n(s^t)n_t(s^t)-g_t(s^t)+\sum_{j=1}^{\infty}\sum_{s^{t+j}|s^t}q_{t+j}^t(s^{t+j})[\tau_{t+j}^n(s^{t+j})n_{t+j}(s^{t+j})-g_{t+j}(s_{t+j})] \tag{16.17.1}$$

左边是 t 期期初政府未偿名义债券除以均衡价格水平 $P_t(s^t)$。右边是未来政府盈余的真实价值。科克伦指出这个方程与资产定价方程相似，并通过断言（16.17.1）式右边的信息将导致价格水平立即调整，也就是对政府未偿债券重新估价，把它解释为价格水平的财政理论。

尼佩尔特（2004）反对孤立方程（16.17.1）并以这种方式解释它。尼佩尔特的观点可以在查里、克里斯蒂亚诺和基欧的模型中清楚地表达出来。这里它是价格水平的随机过程，是一个均衡对象，调整它以创建一个政府名义债券的收益率实现值的随机过程，该过程的作用与状态或有实际政府债券相同。在均衡中，个人永远不会对政府名义债券的收益率实现值感到惊讶或失望。随着经济从一个阿罗-德布鲁结点传递到它的继任者，科克伦最喜欢的方程（16.17.1）当然盛行（连同一起决定延续均衡的其他方程如家庭跨期最优化条件），但是被误导把方程（16.17.1）本身作为价格水平的理论，并指出它应该取代早期的经典理论，例如货币数量理论，则是不全面的。

16.17.2 数量理论的消失？

事实上，在查里、克里斯蒂亚诺和基欧模型中，一种版本的数量理论与方程

(16.17.1) 共存。要看到这一点，请注意，政府可以通过在 0 时刻执行适当的公开市场操作，将初始价格水平 $P_0(s^0)$ 设置为任何正数。[①] 因此，我们可以把 0 时刻的政府预算约束 (16.16.9) 作为 0 时刻公开市场操作的一个约束。政府可以设定名义货币供给量 $M_1(s^0)>0$ 为任意正数，且满足弗里德曼规则下的 $B_1(s^0)=-M_1(s^0)$ 约束。政府发行货币购买名义债券，受 $B_1(s^0)=-M_1(s^0)$ 的约束，这是政府预算约束 (16.16.9) 在弗里德曼规则下给出的。家庭愿意发行这些债券来换取货币。假设预付现金约束满足等式、价格水平和货币供给量，并符合 $P_0(s^0)c_{10}(s^0)=M_1(s^0)$，这是 0 时刻价格水平的数量理论等式的一个版本。[②] 这个方程为数量理论的清晰表述提供了基础：在财政政策保持不变的情况下，增加 $M_1(s^0)$ 的 0 时刻公开市场操作会导致所有历史和日期的价格水平按比例增加，而均衡配置和实际收益率不变。

□ 16.17.3 钉住利率时的价格水平不确定性

萨金特和华莱士 (1975) 表明在一个特设宏观经济模型中，钉住利率会导致价格水平的不确定性。我们在查里、克里斯蒂亚诺和基欧模型中演示了相同的结果是如何以两种不同的形式出现的。首先，我们提出一个类似于 16.17.2 节中数量理论的论点，即在所有历史和日期中，价格水平的按比例增长与给定的钉住利率是一致的。其次，我们将不确定性结果推广到一个存在持续太阳黑子不确定性的经济中。

我们通过将所有的扭曲性税收、政府支出和政府债券发行设置为零来简化我们的分析。我们假设政府可以在历史 s^t 之后的 t 时刻对家庭征收真正的总量税 $\tau_t^h(s^t)$。$\tau_t^h(s^t)$ 的负值意味着给家庭一次性转移支付。与其他税种一样，总量税以货币形式支付，并在证券市场上支付给政府；当 $\tau_t^h(s^t)$ 为负时，家庭在证券市场上以货币的形式接受一次性转移支付。新版的政府预算约束 (16.16.8) 变成

$$M_{t+1}(s^t)-M_t(s^{t-1})=-P_t(s^t)\tau_t^h(s^t) \tag{16.17.2}$$

政府使用来自总量税的收入来改变证券市场中的货币供给量。0 时刻的新版本的政府约束 (16.16.9) 为

$$M_1(s^0)=-P_0(s^0)\tau_0^h(s^0) \tag{16.17.3}$$

在钉住利率下，政府随时准备容纳任何在钉住利率下产生的货币需求。结果均衡价格水平会怎样？从利率表达式 (16.16.7) 可以看出，在所有历史和日期中，任何比例的价格增长都与给定的钉住利率相一致。这意味着在钉住利率的情况下，价格水平是不确定的。

---

① 本小节的讨论以一种特殊的方式处理 0 时刻，因为没有从过去继承的内生变量独立地阻止对 0 时刻（以及所有序列）名义数量的控制。对时间的这种特殊处理也使货币数量理论的许多其他表述具有这样的特征：货币数量理论是一个“纯单位变化”的实验，即在所有的日期和历史上，由同一种正的标量乘以名义数量。罗门·马里蒙在对明尼阿波利斯联邦储备银行的罗伯特·汤森 1985 年的一篇论文的评论中问道“0 时刻是什么时候”，从而预料到了尼佩尔特 (2004) 表达的疑问。

② 在名义利率为零的弗里德曼规则下，家庭持有超过预付现金约束 (16.16.4) 的超额货币余额和持有名义政府债券之间没有区别。同样，政府是否以名义债券或货币的形式发行名义负债也没有区别，因为两者的政府成本相同，或者是采用支付债券利息的形式，或者是通过公开市场操作回购资金形成通缩，减少相当于债券的实际收益率的相同数量的货币。然而，虽然名义政府债券的组成在弗里德曼规则下是不确定的，但这些债务的总量从而价格水平是确定的。

我们现在转向一种价格水平不确定性的形式，这种不确定性可能是由持续的太阳黑子的不确定性所驱动的。对于给定的钉住利率 $R_t(s^t)$ 和当前的价格水平 $P_t(s^t)$，利率表达式（16.16.7）意味着该方程的分母有一个独特的量级，但对下一期历史 s^{t+1} 之后的单个价格水平 $P_{t+1}(s^{t+1})$ 没有影响。存在下一期的价格水平依赖于太阳黑子的均衡，只要对于下一期价格水平的期望倒数，用下一期不同状态的边际效用加权，约束（16.16.7）被满足。因此，当政府准备好适应任何这样的预期系统时，钉住利率就会与价格水平的不确定性联系在一起。

□ 16.17.4 货币或价格水平的财政理论?

萨金特和华莱士（1975）表明，在货币供给规则下，价格水平变得具有确定性，在查里、克里斯蒂亚诺和基欧模型中也是如此。特别地，当均衡的名义利率严格为正时，预付现金约束（16.16.4）相等，因此，价格水平由 $P_t(s^t)=M_{t+1}(s^t)/c_{1t}(s^t)$ 给出。正如 16.17.2 节的第 2 个脚注所讨论的那样，在名义利率为零的弗里德曼规则下，价格水平的确定性也十分流行。因此，在这个经济中，政府控制货币供给的能力使它能够控制价格水平。

尽管萨金特和华莱士（1975）的分析通常被视为描述价格水平的货币理论，但是价格水平的财政理论的支持者可能会认为它是决定价格水平的政府预算约束（16.17.2）的右边所总结的财政政策。如果我们忽略时期 0，我们可以确认这个断言。这个论点的具体内容如下。替代思考支持价格水平 $P_t(s^t)$ 所需要的货币数量，政府计算从上一期带入的家庭的货币余额隐含的实际价值 $M_t(s^{t-1})/P_t(s^t)$，而且如果这个数量比在当期交易的现金商品的数量高（或低），政府会设置等于这个差额的总量税（或转移支付）

$$\tau_t^h(s^t)=\frac{M_t(s^{t-1})}{P_t(s^t)}-c_{1t}(s^t) \tag{16.17.4}$$

在平等使用预付现金约束（16.16.4）消除（16.17.4）式的最后一项后，该等式变为政府预算约束（16.17.2）。因此，就像货币供给规则实现了价格水平的确定性一样，与所需的财政政策相关的规定的总量税也会实现价格水平的确定性。

到目前为止，这对价格水平的财政理论很有帮助。但在目前的经济中，财政理论在 0 时期陷入困境。由于我们假设从 0 时期开始时没有货币余额，根据（16.17.4）式得出的财政政策变为

$$\tau_0^h(s^0)=-c_{10}(s^0) \tag{16.17.5}$$

也就是说，由于政府提供了 0 时期的所有货币余额，财政政策规定了等于将在 0 时期进行交易的现金商品的数量的一次性转移支付（负的税收）。但是均衡价格水平是多少呢?由于表达式（16.17.5）在以后的所有周期中都缺少表达式（16.17.4）右侧的第一项，因此在 0 时期价格水平实际上没有锚。我们的结论是，与名义货币供给的可允许的外生过程相比，实际总量税和转移支付的可允许的外生过程与价格水平不确定性相关，因为

任何正数 $P_0(s^0)$ 都可以作为 0 时期的均衡价格水平。①

读者可能会把这种解除价格水平的财政理论的方法看做是尖锐的结果，因为任何正的初始货币余额 $M_0(s^{-1})>0$ 都会使价格水平具有确定性。也许吧，但这个特殊的例子促使我们在第 26 章回到价格水平的财政理论，特别是在 26.4.3 节，我们讨论了巴塞托（2002）对该理论的批判和重新构建。在对政府预算约束的价值方程观点进行批判的 16.17.1 节中，巴塞托认为价格水平的财政理论应该被打造成一场博弈，在这场博弈中，政府的策略是为任意结果而设定的，而不仅仅是为均衡结果。这种策略方案的完整的设定对于确定该方案是否实现唯一的均衡或者它是否为私人部门预期体系指引的多重均衡留下了空间是至关重要的。

16.18 人力资本的零税收

回到非随机模型中，琼斯、马努埃利和罗西（1997）的讨论证明了只要人力资本 h_t 的积累技术对人力资本和所使用产品［不包括原始劳动（raw labor）］来说是规模收益不变的，那么极限零税率的最优性也适用于人力资本模型中的劳动收入。

我们假定有下面的人力资本技术：

$$h_{t+1}=(1-\delta_h)h_t+H(x_{ht},h_t,n_{ht}) \tag{16.18.1}$$

其中 $\delta_h\in(0,1)$是人力资本折旧率。函数 H 描述了如何以市场产品 x_{ht}、人力资本存量 h_t 和原始劳动 n_{ht} 为投入品来生产新的人力资本。人力资本被用来生产劳动的“有效单位”（efficiency units）e_t：

$$e_t=M(x_{mt},h_t,n_{mt}) \tag{16.18.2}$$

其中 x_{mt} 和 n_{mt} 是该过程中所使用的市场产品和原始劳动。我们假定 H 和 M 对市场产品（x_{jt}，$j=h,m$）和人力资本(h_t)都是一次齐次的和二阶连续可微的，并且对所有要素的边际产出是严格递减的（但处处为正）。

劳动的有效单位的数量 e_t 代替了前面生产函数中的劳动，生产函数变为$F(k_t,e_t)$。家庭的偏好仍用表达式（16.2.1）来刻画，闲暇为 $l_t=1-n_{ht}-n_{mt}$。经济的总资源约束为

$$c_t+g_t+k_{t+1}+x_{mt}+x_{ht}=F[k_t,M(x_{mt},h_t,n_{mt})]+(1-\delta)k_t \tag{16.18.3}$$

家庭的现值预算约束为

$$\sum_{t=0}^{\infty}q_t^0(1+\tau_t^c)c_t=\sum_{t=0}^{\infty}q_t^0[(1-\tau_t^n)w_te_t-(1+\tau_t^m)x_{mt}-x_{ht}]$$

① 带有类似（16.16.4）式的预付现金约束的货币模型很适合用于得出这样的结论：对货币供给的控制可以导致价格水平的确定性。因为根据假设，货币必须用于交换，因此，预付现金约束（16.16.4）表现为货币的数量理论方程。但是，如果存在能够提供相同交易服务的替代品（比如外国货币），或者如第 9 章所分析的那样，在世代交叠模型中，货币因动态低效而被重视，那么这种对特定货币价值的支持就会消失。在 26.3 节和 26.4 节中，我们将重新讨论价格水平的财政理论，我们将在两国（两种货币）世代交叠模型的背景下讨论这些问题。

$$+[(1-\tau_0^k)r_0+1-\delta]k_0+b_0 \tag{16.18.4}$$

此处，我们在税收工具集中加入了 τ_t^c 和 τ_t^m，以提高政府控制各种边际变量的能力。将方程（16.18.2）代入方程（16.18.4），并设 λ 是该预算约束的拉格朗日乘子，而 α_t 是方程（16.18.1）的拉格朗日乘子。家庭的一阶条件为

$$c_t: \beta^t u_c(t)-\lambda q_t^0(1+\tau_t^c)=0 \tag{16.18.5a}$$

$$n_{mt}: -\beta^t u_l(t)+\lambda q_t^0(1-\tau_t^n)w_t M_n(t)=0 \tag{16.18.5b}$$

$$n_{ht}: -\beta^t u_l(t)+\alpha_t H_n(t)=0 \tag{16.18.5c}$$

$$x_{mt}: \lambda q_t^0[(1-\tau_t^n)w_t M_x(t)-(1+\tau_t^m)]=0 \tag{16.18.5d}$$

$$x_{ht}: -\lambda q_t^0+\alpha_t H_x(t)=0 \tag{16.18.5e}$$

$$\begin{aligned} h_{t+1}: -\alpha_t &+\lambda q_{t+1}^0(1-\tau_{t+1}^n)w_{t+1}M_h(t+1) \\ &+\alpha_{t+1}[1-\delta_h+H_h(t+1)]=0 \end{aligned} \tag{16.18.5f}$$

将方程（16.18.5e）代入方程（16.18.5f）得到

$$\frac{q_t^0}{H_x(t)}=q_{t+1}^0\left[\frac{1-\delta_h+H_h(t+1)}{H_x(t+1)}+(1-\tau_{t+1}^n)w_{t+1}M_h(t+1)\right] \tag{16.18.6}$$

我们现在用家庭的一阶条件来简化现值约束（16.18.4）右边的求和项。首先应注意，由 H 的齐次性得知，方程（16.18.1）可写为

$$h_{t+1}=(1-\delta_h)h_t+H_x(t)x_{ht}+H_h(t)h_t$$

用这个表达式解出 x_{ht}，用方程（16.18.2）中的 M 解出 e_t，并把它们代入方程（16.18.4）右边的求和项中，则该求和项变为

$$\begin{aligned} \sum_{t=0}^{\infty} q_t^0 \Big\{ & (1-\tau_t^n)w_t M_x(t)x_{mt}+(1-\tau_t^n)w_t M_h(t)h_t \\ & -(1+\tau_t^m)x_{mt}-\frac{h_{t+1}-[1-\delta_h+H_h(t)]h_t}{H_x(t)}\Big\} \end{aligned}$$

此处我们使用了 M 的齐次性。由一阶条件（16.18.5d）可推出 x_{mt} 的系数等于零，即 $(1-\tau_t^n)w_t M_x(t)-(1+\tau_t^m)=0$。重新整理后得到

$$\begin{aligned} & \left[\frac{1-\delta_h+H_h(0)}{H_x(0)}+(1-\tau_0^n)w_0 M_h(0)\right]h_0 \\ & -\sum_{t=1}^{\infty} h_t\left\{\frac{q_{t-1}^0}{H_x(t-1)}-q_t^0\left[\frac{1-\delta_h+H_h(t)}{H_x(t)}+(1-\tau_t^n)w_t M_h(t)\right]\right\} \end{aligned} \tag{16.18.7}$$

然而，由一阶条件（16.18.6）可知，大括号中的项为零，因此，方程（16.18.4）右边的求和项简化为上式的第一项。

按照构造拉姆齐计划的标准步骤，为了用配置来求解价格和税率，还需要对家庭的一阶条件进行一些处理。我们首先假设 $\tau_0^c=\tau_0^k=\tau_0^n=\tau_0^m=0$。如果 $q_0^0=1$，那么由条件（16.18.5a）有

$$q_t^0=\beta^t\frac{u_c(t)}{u_c(0)}\frac{1}{1+\tau_t^c} \tag{16.18.8a}$$

利用方程(16.18.5b)、方程(16.18.8a)和$w_t=F_e(t)$，我们得到

$$(1+\tau_t^c)\frac{u_l(t)}{u_c(t)}=(1-\tau_t^n)F_e(t)M_n(t) \tag{16.18.8b}$$

由方程（16.18.5c)、方程（16.18.5e）和方程（16.18.8a）有

$$(1+\tau_t^c)\frac{u_l(t)}{u_c(t)}=\frac{H_n(t)}{H_x(t)} \tag{16.18.8c}$$

由方程（16.18.5d）和 $w_t=F_e(t)$得

$$1+\tau_t^m=(1-\tau_t^n)F_e(t)M_x(t) \tag{16.18.8d}$$

对于给定的配置，表达式（16.18.8）允许我们使用递归方法重新得到价格和税率：（16.18.8c）式定义了 τ_t^c，用（16.18.8a）式可求解 q_t^0,（16.18.8b）式确定了 τ_t^n，而（16.18.8d）式则确定了 τ_t^m。

距离完成决定可以实现何种配置的价格和税率的策略只剩一步。额外的条件（16.18.6）刻画了家庭的跨期人力资本选择的特征，它对价格 q_t^0 和税收 τ_t^n 施加了另外一个约束。方程（16.18.8b）中的 τ_t^n 可被认为是家庭在面临提供劳动的有效单位 e_t 的静态选择时所要使用的边际量，但税率也影响家庭对人力资本 h_t 的动态选择。因此，在拉姆齐问题中，我们还要施加另外的约束，使得配置与方程（16.18.8b）和方程（16.18.6）中的相同的 τ_t^n 一致。为了找到额外约束的表达式，求解方程（16.18.8b）得到 $1-\tau_t^n$，求解方程（16.18.6）滞后一期的形式，令它们相等。使用方程（16.18.8a）和方程（16.18.8c）消去价格 q_t^0，最后约束变为

$$u_l(t-1)H_n(t)=\beta u_l(t)H_n(t-1)\left[1-\delta_h+H_h(t)+H_n(t)\frac{M_h(t)}{M_n(t)}\right] \tag{16.18.9}$$

继续到构造拉姆齐计划的第 2 步。我们使用条件（16.18.8a）消去家庭的预算约束（16.18.4）中的 $q_t^0(1+\tau_t^c)$。使用简化式（16.18.7）求解预算约束（16.18.4）右边的求和项，可执行条件可写成

$$\sum_{t=0}^{\infty}\beta^t u_c(t)c_t-\widetilde{A}=0 \tag{16.18.10}$$

其中的 $\widetilde{A}$ 由下式给定：

$$\begin{aligned}\widetilde{A}&=\widetilde{A}(c_0,n_{m0},n_{h0},x_{m0},x_{h0})\\&=u_c(0)\left\{\left[\frac{1-\delta_h+H_h(0)}{H_x(0)}+F_e(0)M_h(0)\right]h_0+[F_k(0)+1-\delta_k]k_0+b_0\right\}\end{aligned}$$

在第 3 步，我们定义

$$V(c_t,n_{mt},n_{ht},\Phi)=u(c_t,1-n_{mt}-n_{ht})+\Phi u_c(t)c_t \tag{16.18.11}$$

并构造拉格朗日方程：

$$J=\sum_{t=0}^{\infty}\beta^t\{V(c_t,n_{mt},n_{ht},\Phi)$$

$$+\theta_t\{F[k_t, M(x_{mt}, h_t, n_{mt})]+(1-\delta)k_t-c_t-g_t-k_{t+1}-x_{mt}-x_{ht}\}$$
$$+\upsilon_t[(1-\delta_h)h_t+H(x_{ht}, h_t, n_{ht})-h_{t+1}]\}-\Phi\widetilde{A} \tag{16.18.12}$$

如果加上约束式（16.18.9），那么这个式子就和拉姆齐问题一致了。利用琼斯、马努埃利和罗西（1997）的方法，我们求解方程（16.18.12）的一阶条件。可以验证，在稳态下，即使不人为地施加约束（16.18.9），约束（16.18.9）也成立。因此，如果表达式（16.18.12）中的两个问题和满足约束（16.18.9）的拉姆齐问题都收敛到唯一的稳态，那么它们会收敛到同一个稳态。

在稳态下，方程（16.18.12）的一阶条件为

$$c: V_c=\theta \tag{16.18.13a}$$
$$n_m: V_{n_m}=-\theta F_e M_n \tag{16.18.13b}$$
$$n_h: V_{n_h}=-\upsilon H_n \tag{16.18.13c}$$
$$x_m: 1=F_e M_x \tag{16.18.13d}$$
$$x_h: \theta=\upsilon H_x \tag{16.18.13e}$$
$$h: 1=\beta\left(1-\delta_h+H_h+\frac{\theta}{\upsilon}F_e M_h\right) \tag{16.18.13f}$$
$$k: 1=\beta(1-\delta_k+F_k) \tag{16.18.13g}$$

注意，$V_{n_m}=V_{n_h}$，所以由条件（16.18.13b）和条件（16.18.13c）有

$$\frac{\theta}{\upsilon}=\frac{H_n}{F_e M_n} \tag{16.18.14}$$

把它代入方程（16.18.13g）得

$$1=\beta(1-\delta_h+H_h+H_n\frac{M_h}{M_n}) \tag{16.18.15}$$

条件（16.18.15）和约束（16.18.9）在稳态下是一致的。换句话说，我们已经证明了如果问题（16.18.12）和满足约束（16.18.9）的正常拉姆齐问题都有相同的稳态，那么在原定假设下，它们会收敛到同一个稳态。

最优的 τ^n 是多少？将方程（16.18.13e）代入方程（16.18.14）得到

$$H_x=\frac{H_n}{F_e M_n} \tag{16.18.16}$$

由家庭的一阶条件（16.18.8b）和条件（16.18.8c）可推出在稳态下有

$$(1-\tau^n)H_x=\frac{H_n}{F_e M_n} \tag{16.18.17}$$

由方程（16.18.16）和方程（16.18.17）直接可以推出 $\tau^n=0$。给定 $\tau^n=0$，由条件（16.18.8d）和条件（16.18.13d）可推出 $\tau^m=0$。我们可从现在的模型中得出这样的结论：在极限条件下，对资本和劳动都不应该征税。

16.19 所有的税收都应该为零吗？

在上一节的模型中，稳态最优税收政策是令 $\tau^k=\tau^n=\tau^m=0$。然而，通常这意味着 $\tau^c\neq0$。为了说明这一点，使用方程（16.18.8b）和 $\tau^n=0$ 得到

$$1+\tau^c=\frac{u_c}{u_l}F_eM_n \tag{16.19.1}$$

由方程（16.18.13a）和方程（16.18.13b）有

$$F_eM_n=-\frac{V_{n_m}}{V_c}=\frac{u_l+\Phi u_{cl}c}{u_c+\Phi(u_c+u_{cc}c)} \tag{16.19.2}$$

因此

$$1+\tau^c=\frac{u_cu_l+\Phi u_cu_{cl}c}{u_cu_l+\Phi(u_cu_l+u_{cc}u_l\,c)} \tag{16.19.3}$$

与以前的讨论一样，因为没有扭曲性税收的最优解使得 $\Phi=0$，所以应该让 τ^c 等于零。在次优解中，$\Phi>0$，我们得到 $\tau^c=0$ 当且仅当

$$u_cu_{cl}c=u_cu_l+u_{cc}u_l\,c \tag{16.19.4}$$

时成立，通常情况下它是不成立的。然而，琼斯、马努埃利和罗西（1997）指出，有一类有趣的效用函数可以满足方程（16.19.4）：

$$u(c,l)=\begin{cases}\dfrac{c^{1-\sigma}}{1-\sigma}v(l), & \sigma>0\text{ 且 }\sigma\neq1\\ \ln(c)+v(l), & \sigma=1\end{cases}$$

如果存在稳态，那么对这些偏好的最优解是令所有的税收都等于零。由此可以推出，在初期，最优计划使得税收收入超过支出。当政府掌握了对私人部门的足够多的权益，以至于利息收入足够支付 g 时，所有的税收都应为零。由于稳态的利率为 $R=\beta^{-1}$，所以我们可以使用政府的预算约束（16.2.5）找到相应的政府债券的价值：

$$b=\frac{\beta}{\beta-1}g<0$$

16.20 结束语

也许本章最令人吃惊的发现是，在非随机经济中，稳态下最优实物资本税等于零。在稳态下不应该对资本征税的结论很有稳健性，无论对政府每期是否实行平衡的预算约束，还是考虑来自社会福利函数的再分配都成立。贾德（1985b）的著作中提到一个明显

的例子，在该例子中，政府被平衡预算限制，并且它只关注那些由于外生约束而不持有任何资产的工人的福利，贾德证明了上述结论成立。因此，在稳态下，不劳动的资本家被免除了税收，政府仅对它关注的个体征收工资税来为政府支出融资。

考虑琼斯、马努埃利和罗西（1997）对该问题的扩展更具有启发性，他们的结论是不能征收劳动收入税，或者更准确地说是不能征收人力资本税。他们会夸张地问，实物资本要特殊些吗？由于下面的原因，我们更倾向于肯定的答案。在零人力资本税模型中，人力资本和劳动的“有效单位”的生产对人力资本存量和最终产品的使用都是规模收益不变的，但对原始劳动不是，原始劳动在其他情况下是生产函数的一种投入品。这些假设解释了为什么在家庭的现值预算约束方程（16.18.4）中，未来劳动收入流只是方程（16.18.7）中的第一项，它是家庭第 0 期的人力资本的值。因此，这些函数形式使得原始劳动从未来的征税对象中消失了。用琼斯、马努埃利和罗西（1997，第 103 页和第 99 页）的话说就是：“我们的零税收结果是由零利润条件得出的，技术积累的线性假设导致了零利润。在可再生的要素中，因为带来‘资本收入’和‘劳动收入’的活动的规模收益不变，在均衡时它们的‘利润’不能进入预算约束。”但在另外一些生产函数中，原始劳动的禀赋再次出现了，最优劳动税就不一定为零。我们说实物资本很特殊，是因为在标准的新古典主义增长模型中，只需很少的假设就有零税收的结论，而只有当原始劳动在个体的现值预算约束中消失的时候，才有劳动税为零的结论。[①]

最优稳态税收分析的缺点在于，它没有说明需要多长时间才能达到零资本收入税，也没有揭示在转移期内怎样确定税收和怎样再分配转移支付。查里、克里斯蒂亚诺和基欧（1994）通过数值方法对这些问题进行了研究，在他们的论文中，由于有代表性个体的假设，所以没有涉及再分配问题。多梅和希思科特（Domeij and Heathcote，2000）构造了一个具有异质性个体和不完全保险市场的模型，目的是研究免征资本收入税对福利水平的影响。他们利用美国的收入数据和财富数据以及劳动收入的随机过程，推导出了一个类似于经验的资产持有财富分配。他们让初始税率等于美国当前税率的估计值，研究了一个不可被预期的政策改革的影响，这项改革让资本税永远等于零，而仅靠征收劳动税来维持长期预算平衡。由于再分配的影响，他们发现大多数家庭倾向于维持目前的状况而不是进行税收改革。

这个例子展示了在向新的稳态转移的过程中设计出好的税收政策和转移支付政策的重要性。另外，艾亚加里（1995）的讨论证明，在一个异质性个体的不完全保险市场的模型中，最优资本税实际上为正，即使在长期也是如此。由于太多的预防性储蓄，正的资本税被用来防止经济中的资本的过度积累倾向。我们将在第 17 章中详细研究这种异质性个体模型。

戈洛索夫、科切拉科塔和茨温斯基（Golosov，Kocherlakota and Tsyvinski，2003）找到另外一个切断产生钱姆利和贾德零资本税结果的两个欧拉等式的稳态值之间联系的方法。他们在一个私人信息环境中运用拉姆齐计划。在这个私人信息环境中，不同家庭的技能水平是隐含信息，无法被观察到。这促使计划者设计一个当前值和后续值以一个

① 琼斯、马努埃利和罗西（1997）的劳动零税率结论的框架的一个特殊情形是第 15 章中描述的卢卡斯（1988）的内生增长模型。回顾对那个模型的另一种解释，模型没有不可再生的原始劳动，只有两种可再生要素：实物资本和人力资本。由于可等价地认为模型是没有原始劳动的经济，所以在卢卡斯的模型中，原始劳动不影响最优劳动税。

最优化方式交易的可作为最优动态激励机制的税收系统。我们在第 20 章讨论这种机制和私人信息。因为信息问题改变了家庭消费的欧拉等式，因此钱姆利和贾德的结论在这种环境中不成立。

有一个假设贯穿本章，那就是在第 0 期求解拉姆齐问题的时候，政府可对未来的税率做出承诺。我们已经知道，对第 0 期的资本存量征税等同于总量税，因此免去了扭曲性税收。如果政府没有承诺技术，那么它在未来将倾向于违背它的保证，并对资本严格征税。因而，一个有趣的问题产生了：是否存在一个可以代替承诺技术的声誉机制？也就是说，政府为了保持它的声誉，一个对外已保证了的政策在均衡时是否能维持？我们将在第 26 章中研究这些问题。

16.21 练习

16.1 小的开放经济（Razin and Sadka，1995）

考虑本章关于资本和劳动的非随机模型，但假设经济是一个小的开放经济，它不能影响资本的国际租赁利率 r_t^*。国内的厂商可在这个价格下得到任意量的资本，政府和家庭可选择在国际市场上以这个租赁价格买进或卖空。国家之间没有劳动的流动。这里仍假设政府对家庭的劳动收入按 τ_t^n 征税，但家庭不再需要对它们的资本收入纳税。相反，政府不管国内厂商的资本来源（是国内的还是国外的），都对它的租赁资本收益征收一个税率为 τ_t^k 的税收。因此，国内厂商在 t 期每租赁 1 单位资本所面临的总成本是$(1+\tau_t^k)r_t^*$。

a. 求解最优税率 τ_t^k。

b. 比较这个小的开放经济的最优税收政策与本章中封闭经济的最优税收政策。

16.2 消费税

考虑本章关于资本和劳动的非随机模型，但假设征收劳动税和消费税$\{\tau_t^n,\tau_t^c\}$，而不是征收劳动税和资本税。因此，家庭现在的现值预算约束由下式给出：

$$\sum_{t=0}^{\infty} q_t^0(1+\tau_t^c)c_t = \sum_{t=0}^{\infty} q_t^0(1-\tau_t^n)w_t n_t + [r_0+1-\delta]k_0 + b_0$$

a. 求解拉姆齐计划。

b. 假设拉姆齐问题的解收敛到稳态，描述消费税的最优极限序列的特点。

c. 在资本税的例子中，我们对 τ_0^k 施加了一个外生的上界。解释为什么为了确保拉姆齐问题有意义，也需要对 τ_0^c 施加一个类似的外生限制条件。（提示：考虑对 $t\geqslant 0$，令$\tau_t^c=\tau^c$ 和 $\tau_t^n=-\tau^c$，其中 τ^c 是一个很大的正数。）

16.3 特殊的效用函数（Chamley，1986）

考虑本章关于资本和劳动的非随机模型，假设方程（16.2.1）中每期的效用函数由下面的式子给出：

$$u(c_t,l_t)=\frac{c_t^{1-\sigma}}{1-\sigma}+v(l_t)$$

其中 $\sigma>0$。当 $\sigma=1$ 时，用 $\log(c_t)$ 代替 $c_t^{1-\sigma}/(1-\sigma)$。

a. 证明本经济中的最优税收政策是从第 2 期开始让资本收入税为零，即对 $t\geqslant 2$，$\tau_t^k=0$。[提示：给定这个特定的偏好，计算并比较方程（16.6.4）和方程（16.6.9a）。]

b. 假定经济中存在不确定性，就像本章关于资本和劳动的随机模型一样，求出对 $t\geqslant 2$的最优事前资本税率。

16.4 两种劳动投入（Jones，Manuelli and Rossi，1997）

考虑本章关于资本和劳动的非随机模型，但假设有两种劳动投入 n_{1t}和 n_{2t}，它们进入生产函数 $F(k_t,n_{1t},n_{2t})$。家庭每期的效用函数仍由$u(c_t,l_t)$给出，闲暇现在等于

$$l_t=1-n_{1t}-n_{2t}$$

令 τ_{it}^n 为 t 时刻劳动 $n_{it}(i=1,2)$ 的工资收益的单一税，τ_t^k 为资本收入税。

a. 求解拉姆齐计划。对 $t\geqslant 1$，最优税率 τ_{1t}^n和τ_{2t}^n之间的关系是什么？解释为什么你的答案与 $t=0$ 时的不一样。例如，假设 k 和 n_1 是互补品，k 和 n_2 是替代品。

现在假设每期的效用函数由 $u(c_t,l_{1t},l_{2t})$给出，其中

$$l_{1t}=1-n_{1t} \quad 且 \quad l_{2t}=1-n_{2t}$$

此外，政府的约束为对两种劳动征收相同税率的税收，即对所有$t\geqslant 0$，$\tau_{1t}^n=\tau_{2t}^n$。

b. 求解拉姆齐计划。［提示：利用家庭的一阶条件，我们发现通过施加约束 $u_{l_1}(t)F_{n_2}(t)=u_{l_2}(t)F_{n_1}(t)$，可以把限制条件 $\tau_{1t}^n=\tau_{2t}^n$纳入拉姆齐问题中。]

c. 假设拉姆齐问题的解收敛到稳态，这里两种劳动的税率应相等的约束是有约束力的。证明：除非 $F_{n_1}F_{n_2k}=F_{n_2}F_{n_1k}$，否则极限资本税率不为零。

16.5 另一种特殊的效用函数

考虑下面这个最优税收问题，这个问题没有不确定性。有一种商品，由代表性家庭的劳动 x_t 所生产，且这种商品可以被分成私人消费 c_t 和政府消费 g_t，满足

$$c_t+g_t=1-x_t \tag{0}$$

这种商品由零利润竞争性厂商所生产，这些厂商付给$1-x_t$的每单位工人税前工资 1（即工资受线性技术约束）。一个代表性消费者最大化

$$\sum_{t=0}^{\infty}\beta^t u(c_t,x_t) \tag{1}$$

且满足对应的预算约束：

$$c_t+q_t b_{t+1}\leqslant(1-\tau_t)(1-x_t)+b_t \tag{2}$$

其中 c_t 是消费，x_t 是闲暇，q_t 是在 $t+1$ 时刻以 t 时刻的消费衡量的消费价格，b_t 是家庭所拥有的单期借据的存量，它在 t 时刻到期。这里 τ_t 是加在家庭劳动供给 $1-x_t$ 上的单一税。假设 $u(c,x)=c-0.5(1-x)^2$。

a. 说明在竞争性均衡中 $q_t=\beta$ 和 $x_t=\tau_t$。

b. 说明理由：在竞争性均衡中，$b_0=0$，$\lim\limits_{t\to\infty}\beta^t b_t=0$，预算约束（2）序列隐含了以下单一跨期约束：

$$\sum_{t=0}^{\infty}\beta^t(c_t-(1-x_t)(1-\tau_t))=0$$

给定一系列外生的政府采购 $\{g_t\}_{t=0}^{\infty}$，政府想要最大化（1）式，同时满足预算约束

$$\sum_{t=0}^{\infty}\beta^t(g_t-\tau_t(1-x_t))=0 \tag{3}$$

且满足家庭的一阶条件

$$x_t=\tau_t \tag{4}$$

c. 考虑当 $t\geqslant 0$ 时以下政府支出过程：

$$g_t=\begin{cases}0, & \text{如果 } t \text{ 是偶数}\\ 0.2, & \text{如果 } t \text{ 是奇数}\end{cases}$$

解拉姆齐计划。证明最优税率是

$$\tau_t=\bar{\tau}, \quad \forall t\geqslant 0$$

请计算当 $\beta=0.95$ 时 $\bar{\tau}$ 的值。

d. 考虑当 $t\geqslant 0$ 时以下政府支出过程：

$$g_t=\begin{cases}0.2, & \text{如果 } t \text{ 是偶数}\\ 0, & \text{如果 } t \text{ 是奇数}\end{cases}$$

证明 $\tau_t=\bar{\tau},\forall t\geqslant 0$。计算 $\bar{\tau}$ 并且说明它比你在 c 中计算出的值大还是小。

e. 以税收平滑的角度解释你在 c 和 d 中计算的结果。

f. 在什么情况下，如果可能，$\bar{\tau}=0$？

16.6 另外一个特殊的效用函数

考虑一个包含一个代表性家庭的经济，这个家庭偏好于一系列消费 c_t 和劳动供给 n_t，并满足以下序列：

$$\sum_{t=0}^{\infty}\beta^t(c_t-u_1n_t-0.5u_2n_t^2),\ \beta\in(0,1) \tag{1}$$

且 u_1，$u_2>0$。这个家庭具有线性技术：

$$y_t=n_t \tag{2}$$

其中 y_t 是产出。这个问题不存在不确定性。政府对劳动征收一个单一税 τ_t，用这种方式为一系列外生支出 $\{g_t\}$ 融资。这个经济的可行性条件是：

$$y_t=c_t+g_t \tag{3}$$

假定在 0 时刻存在完全市场可用于交易那些标注了时间的消费品。q_t 表示以 0 时刻的消费品来度量的 1 单位 t 时刻消费品的价格。关于家庭和政府的预算约束分别是：

$$\sum_{t=0}^{\infty}q_t[(1-\tau_t)n_t-c_t]=0 \tag{4}$$

$$\sum_{t=0}^{\infty} q_t(\tau_t n_t - g_t) = 0 \tag{5}$$

第Ⅰ部分

如果一个税率过程 $\{\tau_t\}$ 满足条件（5），则称它预算可行。

a. 定义一个有税收的竞争性均衡。

第Ⅱ部分

一个拉姆齐计划者选择一个竞争性均衡以最大化（1）式。

b. 公式化拉姆齐问题。为拉姆齐计划尽可能详细地求解它，例如计算竞争性均衡价格体系和拉姆齐计划下的税收政策。拉姆齐计划与"平滑税收"如何相关？

c. 考虑两个可能的政府支出。序列 A：$\{g_t\} = \{0,g,0,g,0,g,\cdots\}$。序列 B：$\{g_t\}=\{\beta g,0,\beta g,0,\beta g,0,\cdots\}$。请说出在序列 A 和序列 B 的两个平衡点处，拉姆齐均衡税率和利率的不同之处。

16.7 税收系统比较

考虑拥有代表性家庭的经济，家庭的消费和闲暇 $\{c_t,l_t\}_{t=0}^{\infty}$ 满足

$$\sum_{t=0}^{\infty}\beta^t u(c_t,l_t), \qquad \beta\in(0,1)$$

其中 u 是递增、严格的凹函数，且关于 c 和 l 二阶连续可微。这个家庭的禀赋是 1 单位时间，可用于闲暇 l_t 和劳动 n_t；$l_t+n_t=1$。

单一物品可用劳动 n_t 和资本 k_t 作为投入生产出来。产出品可被家庭消费、被政府使用或者被作为资本存量。这种技术可以被描述为：

$$c_t + g_t + k_{t+1} = F(k_t,n_t) + (1-\delta)k_t$$

其中 $\delta\in(0,1)$ 是资本折旧率，$g_t\geqslant 0$ 是政府在 t 时期的外生支出。生产函数 $F(k,n)$ 呈现规模收益不变的特征。

政府通过施加两个随时间变化的单一税 $\{\tau_t^n,\tau_t^a\}_{t=0}^{\infty}$ 为其购买融资。τ_t^n 是加在劳动收入上的税，这种方式的税收在 t 时期等于 $\tau_t^n w_t^n n_t$，这里 w_t 是工资率。τ_t^a 是加在资本收入和资本存量减去折旧的资产价值上的税收。这种方式的税收在 t 时期等于 $\tau_t^a(r_t+1-\delta)\ k_t$，其中 r_t 是资本的出租率。我们假定税率在 0 时期的时候不能被政府选择但是可以被设为 0，$\tau_0^n=\tau_0^a=0$。政府可以交易单期债券。我们假设政府在 0 时刻没有债务。

a. 公式化拉姆齐问题。用基本的税收方法描述最优政府政策。

b. 证明如果存在稳态的拉姆齐分配，极限税率 τ_∞^a 是 0。

考虑另一个经济，这个经济有相同的偏好、禀赋、技术和政府支出，但是对劳动征税是被禁止的。代替这个劳动税的必须是消费税 $\tilde{\tau}_t^c$。（我们用波浪线使现在的经济中的结果与之前的经济中的结果相区分。）这样，这个经济的税收在 t 时期等于 $\tilde{\tau}_t^c\tilde{c}_t+\tilde{\tau}_t^a(\tilde{r}_t+1-\delta)\tilde{k}_t$。我们假设税率在 0 时期不能被政府选择但是必须被设置为 0，$\tilde{\tau}_0^c=\tilde{\tau}_0^a=0$，而且像上次一样，政府可以交易单期债券并且在 0 时刻没有债务。

c. 公式化拉姆齐问题。用基本的税收方法描述最优政府政策。

让解决问题 a 中的拉姆齐问题的配置和税率为 $\Omega\equiv\{c_t,l_t,n_t,k_{t+1},\tau_t^n,\tau_t^a\}_{t=0}^{\infty}$。让解决问题 c 中的配置和税率为 $\tilde{\Omega}\equiv\{\tilde{c}_t,\tilde{l}_t,\tilde{n}_t,\tilde{k}_{t+1},\tilde{\tau}_t^c,\tilde{\tau}_t^a\}_{t=0}^{\infty}$。

d. 仔细论证怎样比较 $\{c_t, l_t, n_t, k_{t+1}\}_{t=0}^{\infty}$ 和 $\{\tilde{c}_t, \tilde{l}_t, \tilde{n}_t, \tilde{k}_{k+1}\}_{t=0}^{\infty}$。

e. 找到只与 $\{\tau_t^n, \tau_t^a\}_{t=0}^{\infty}$ 有关的税率 $\{\tilde{\tau}_t^c, \tilde{\tau}_t^a\}_{t=1}^{\infty}$ 的表达式。

f. 写出第一个由 Ω 给定的有相同配置和税率的经济中的政府预算约束的现值。在 d 部分和 e 部分的 Ω 方面，你能不能修改这种表达式以使你可以仅用 $\tilde{\Omega}$ 的特征就获得第二个经济中的预算约束现值。

16.8 对资本、劳动和消费征税，Ⅰ

考虑本章中关于资本与劳动的模型的非随机版本，但是现在假设政府设定劳动、资本和消费税为 $\{\tau_t^n, \tau_t^k, \tau_t^c\}$，那么家庭的现值预算约束为

$$\sum_{t=0}^{\infty} q_t^0 (1+\tau_t^c) c_t = \sum_{t=0}^{\infty} q_t^0 (1-\tau_t^n) w_t n_t + [r_0(1-\tau_t^k)+1-\delta]k_0 + b_0$$

a. 假设 τ_0^k 和 τ_0^c 存在上界，求解拉姆齐计划。拉姆齐税收系统是唯一的吗?

b. 采用任意的（非最优）税收政策使得对于任意的 $t \geqslant 0$，$\tau_t^c = 0$，$\tau_t^n = \hat{\tau}^n$，$\tau_t^k = \hat{\tau}^k$。令这一政策下的均衡配置为 $\{\hat{c}_t, \hat{n}_t, \hat{k}_{t+1}\}_{t=0}^{\infty}$，证明当对所有 t 设置 $\tau_t^k = 0$，并且 τ_t^n 和 τ_t^c 随时间变化时，不同的税收政策可以得到同样的（$\hat{\cdot}$）配置。找出变化的税收 τ_t^n 和 τ_t^c 关于初始税收政策（$\hat{\cdot}$）和均衡配置（$\hat{\cdot}$）的表达式。

c. 请从最终商品（c_t, l_t）的跨期扭曲角度解释 b 中所计算的随时间变化的税收。这种跨期扭曲实际上是由资本固定税引起的（这里的最终商品是指在典型的家庭效用函数中会出现的商品。）

d. 使用从拉姆齐计划的渐进性质得出的两条建议来解释 b 和 c 的计算结果。第一条：不要在极限状态下扭曲跨期边际。第二条：按同一种方式扭曲每一时期的跨期边际。

16.9 对资本、劳动和消费征税，Ⅱ

考虑本章中关于资本与劳动的模型的非随机版本，但是现在假设政府设定资本、劳动和消费税为 $\{\tau_t^n, \tau_t^k, \tau_t^c\}$。家庭的现值预算约束为

$$\sum_{t=0}^{\infty} q_t^0 (1+\tau_t^c) c_t = \sum_{t=0}^{\infty} q_t^0 (1-\tau_t^n) w_t n_t + [r_0(1-\tau_t^k)+1-\delta]k_0 + b_0$$

a. 假设 τ_0^c 和 τ_0^k 存在上界，求解拉姆齐计划。拉姆齐税收系统是唯一的吗?

b. 采用任意的（非最优）税收政策使得对于任意的 $t \geqslant 0$，$\tau_t^c = 0$，$\tau_t^n = \hat{\tau}^n$，$\tau_t^k = \hat{\tau}^k$。令这一政策下的均衡配置为 $\{\hat{c}_t, \hat{n}_t, \hat{k}_{t+1}\}_{t=0}^{\infty}$。

c. 固定任意时期的资本税为 $\tau_t^k = \hat{\tau}^k$，但是允许 $\{\tau_t^c, \tau_t^n\}_{t=0}^{\infty}$ 随时间变化，你能找到一种税收政策可以解出拉姆齐计划吗?

d. 用由拉姆齐计划的渐进性质得出的两条建议来解释 c 的计算结果。第一条：不要在极限状态下扭曲跨期边际。第二条：按同一种方式扭曲每一时期的跨期边际。

16.10 卢卡斯和斯托基（1983）模型

考虑卢卡斯和斯托基（1983）关于完全市场下的最优税收模型的如下版本。一个随机状态变量 s_t 决定影响政府购买 $g_t(s_t)$ 的外生冲击。历史事件 s^t 可索引历史或有商品：$c_t(s^t)$、$l_t(s^t)$ 和 $n_t(s^t)$ 分别代表 t 时刻、历史 s^t 的消费、闲暇和劳动。不考虑资本。

一个代表性家庭的偏好可以表示为

$$\sum_{t=0}^{\infty}\sum_{s^t}\beta^t\pi_t(s^t)u[c_t(s^t),l_t(s^t)] \tag{1}$$

其中 $l_t\in[0,1]$。家庭的准线性效用函数为

$$u(c,l)=c+H(l) \tag{2}$$

这里 $H'>0$，$H''<0$，并且 H'''存在。生产函数是线性的且劳动是唯一投入，所以在 t 和 s^t 下的可行性条件为：

$$c_t(s^t)+g_t(s^t)=1-l_t$$

给定 t 时刻的历史状态 s^t，政府财政的外生购买为 $g_t(s_t)$，对劳动收入征收单一税 $\tau_t^n(s^t)$，存在状态或有债务。令 $b_{t+1}(s_{t+1}|s^t)$ 为 $t+1$ 时期事件 s_{t+1} 发生时政府对私人部门的债务。t 时期状态或有资产以价格 $p_t(s_{t+1}|s^t)$ 进行交易。政府的预算约束为

$$\begin{aligned}g_t(s_t)=&\tau_t^n(s^t)w_t(s^t)n_t(s^t)\\&+\sum_{s_{t+1}}p_t(s_{t+1}|s^t)b_{t+1}(s_{t+1}|s^t)-b_t(s_t|s^{t-1})\end{aligned} \tag{3}$$

其中 $w_t(s^t)$ 为市场决定的工资率。

a. 用最优化方法列出拉姆齐问题的方程，尽可能求解。

b. 描述 c_t、l_t 和 τ_t^n 作为 g_t 的函数是如何运作的。

c. 假设政府支出 g_t 由如下随机过程刻画：对于任意 $t=0,1,2,\cdots,T-1$，$g_t=0$。对于所有 $t\geqslant T$，g_t 以 α 的概率为 0.5，以 $1-\alpha$ 的概率为 0。g_t 在 $t\geqslant T$ 时的不确定性在 T 时刻都得以确定。描述政府的最优税收-债券政策是如何随着时间的推移和机会的出现而展开的。

“十三五”国家重点出版物出版规划项目

经济科学译丛

递归宏观经济理论

（第三版） 下册

拉尔斯·扬奎斯特（Lars Ljungqvist）
托马斯·J. 萨金特（Thomas J. Sargent） 著

杨 斌 王忠玉 张天啸 王新荣 马牧野 严高剑 等 译

Recursive Macroeconomic Theory

(Third Edition)

中国人民大学出版社
·北京·

目　录

第Ⅳ部分

储蓄问题与比利模型

第17章 自我保险

17.1 引言

有人称本章描述的问题为储蓄问题（参见 Chamberlain and Wilson，2000）。与第 8 章一样，消费者希望最大化单期消费利率的凹函数的期望折现值之和。然而，消费者与所有的保险市场和几乎所有的资本市场是隔离的。消费者仅可以购买非负数量的某种单一的无风险资产。保险机会的缺失将导致消费者调整他的资产持有数量来获得“自我保险”(self-insurance)。

我们对这个模型感兴趣的部分原因是，可以把它作为基准模型与第 8 章中的完全市场模型、第 20 章和第 21 章中的某些递归合同模型进行比较。与第 8 章相比，第 20 章和第 21 章中的信息和执行问题限制了配置，但比本章允许更多的保险。本章的单一个体模型的一个推广也是第 18 章中不完全市场模型的一个重要部分。最后，在本章中我们将第一次阐述强有力的上鞅收敛定理（supermartingale convergence theorem）。

为了强调不确定性和借贷约束的影响，我们将研究在关于借贷约束的严格性和家庭的禀赋流是否已知的各种假定下解决问题的方法。

17.2 消费者的环境

个体通过下面的式子来安排消费流：

$$E_0 \sum_{t=0}^{\infty} \beta^t u(c_t) \tag{17.2.1}$$

此处$\beta \in (0,1)$且$u(c)$是关于单一物品的消费c的严格递增的、严格凹的且二阶连续可微的函数。个体被赋予关于某物品的一个无限随机序列$\{y_t\}_{t=0}^{\infty}$。在每一期，禀赋是有限数量的值中的一个，用$s \in S$来表示。特别地，可能的禀赋的集合是$\bar{y}_1 < \bar{y}_2 < \cdots < \bar{y}_S$，禀赋序列中的元素是独立同分布的，并且$\text{Prob}(y=\bar{y}_s)=\Pi_s$，$\Pi_s \geqslant 0$，$\sum_{s \in S} \Pi_s = 1$。没有保险市场。

个体可持有非负数量的某种单一的无风险资产，其净收益率为r，并且$(1+r)\beta=1$。设$a_t \geqslant 0$为个体在t期期初持有的资产，该资产包括了收入过程的当期实现值（current realization）。（稍后我们将使用另一个记号，即定义在t期期初消费者拥有的债务为$b_t = -a_t + y_t$，其中不包括t时刻的禀赋。）我们假定$a_0 = y_0$来自时不变的禀赋分布$\{\Pi_s\}$。（这等价于在另一个记号中假定$b_0 = 0$。）个体面临的预算约束序列为

$$a_{t+1} = (1+r)(a_t - c_t) + y_{t+1} \tag{17.2.2}$$

此处$0 \leqslant c_t \leqslant a_t$，$a_0$给定。约束$c_t \leqslant a_t$是指期末持有的资产量（明显等于$\frac{a_{t+1}-y_{t+1}}{1+r}$）必须是非负的。约束$c_t \geqslant 0$既可以是强加的，也可以来源于稻田条件$\lim_{c \downarrow 0} u'(c) = +\infty$。

当$a>0$时，个体的贝尔曼方程为

$$V(a) = \max_c \left\{ u(c) + \sum_{s=1}^{S} \beta \Pi_s V[(1+r)(a-c) + \bar{y}_s] \right\} \tag{17.2.3}$$

$$\text{s. t.} \quad 0 \leqslant c \leqslant a$$

此处$\bar{y}_s$为状态$s \in S$下的收入实现值。值函数$V(a)$具有$u(c)$的基本性质，即$V(a)$是递增的、严格凹的和可微的。

“自我保险”发生在个体使用储蓄来防止自己收入波动的时候。一方面，对于低的收入实现值，个体可以降低储蓄以避免消费的临时大幅下滑。另一方面，当收入高时，个体可以储蓄部分收入以应对将来的低收入。我们感兴趣的是一个最优“自我保险”机制的长期性质。个体的未来消费会在某个水平$\bar{c}$附近稳定下来吗？①或者个体最终会变得贫穷？② 根据张伯伦和威尔逊（Chamberlain and Wilson，2000）以及索托马约尔（Sotomayor，1984）的相关分析，我们将可以证明这两种情况都不会出现：消费水平将发散到无穷大。

在分析不确定性条件下的模型之前，我们将简要介绍基于确定的禀赋序列的储蓄问题。如果非随机禀赋不是永久增长的，消费将是收敛的。

17.3 非随机禀赋

若没有不确定性，保险问题当然是无意义的。然而，当具有不均匀收入流的个体面

① 例如在不带承诺的社会保险模型中会出现这种情况，第20章将分析这种情况。

② 例如在信息不对称的社会保险案例中会出现这种情况，第20章将分析这种情况。

临借入约束时，研究个体的最优消费决策是有启发意义的。我们将非随机情形的分析分成两个部分。我们从一种具有最低严格程度的借入约束开始，这种约束就是关于单期阿罗证券的自然借入约束，在本章中阿罗证券是无风险的。在这之后，我们将借入约束变得严格以至于达到无借入条件 $a_{t+1}\geqslant y_{t+1}$，这一条件在前一节的问题中已经出现过。在自然借入约束条件下，消费者的消费是完全平滑的，存在一个不随时间变动的常数消费率。在更为严格的无借入约束下，结果通常是不同的。在这种情况下，消费将是一个单调递增序列，消费会在有无借入约束的时候发生跳跃。

为方便起见，我们临时使用另一种记号。记 b_t 为消费者在 t 时刻所面临的单期债务的数量；b_t 与 a_t 之间的关系是

$$a_t=-b_t+y_t$$

并且 $b_0=0$。这里 $-b_t$ 表示消费者在 t 时刻的禀赋实现之前的资产数量。按照这个记号，t 时刻的预算约束（17.2.2）变为

$$c_t+b_t\leqslant\beta b_{t+1}+y_t \tag{17.3.1}$$

利用记号 b_{t+1}，我们可以将无借入约束（$a_{t+1}\geqslant y_{t+1}$）表示为

$$b_{t+1}\leqslant 0 \tag{17.3.2}$$

显然，无借入约束（17.3.2）要比第 8 章所引入的关于单期阿罗证券的自然借入约束严格得多。给定 $c=0$ 时关于 $u(c)$ 的稻田条件，或者强加条件 $c_t\geqslant 0$，则非随机情形中的自然借入约束可以通过向前求解（17.3.1）式并令 $c_t\equiv 0$ 而得到：

$$b_t\leqslant\sum_{j=0}^{\infty}\beta^j y_{t+j}\equiv\bar{b}_t \tag{17.3.3}$$

上式右端是当 $c_t\geqslant 0$ 时，在 t 时刻可能偿还的最大数量，是禀赋的现值。

向前求解方程（17.3.1）并强加初始条件 $b_0=0$ 以及终值条件 $\lim\limits_{T\to\infty}\beta^{T+1}b_{T+1}=0$，可得

$$\sum_{t=0}^{\infty}\beta^t c_t\leqslant\sum_{t=0}^{\infty}\beta^t y_t \tag{17.3.4}$$

当 $c_t\geqslant 0$ 时，给定自然借入约束，上式是预算约束（17.3.1）施加于序列 $\{c_t\}$ 的唯一限制。最大化（17.2.1）式并满足（17.3.4）式的一阶必要条件是

$$u'(c_t)\geqslant u'(c_{t+1})\text{，如果 } b_{t+1}<\bar{b}_{t+1}\text{，等号成立，}t\geqslant 0 \tag{17.3.5}$$

对于所有的 $t\geqslant 0$，通过设定 $c_t=\bar{c}$ 就可以满足上面的一阶条件，这里的 $\bar{c}$ 是使得（17.3.4）式的等号被满足的常数消费水平：

$$\frac{\bar{c}}{1-\beta}=\sum_{t=0}^{\infty}\beta^t y_t \tag{17.3.6}$$

同样地，预算约束序列（17.3.1）意味着债务 b_t 满足下面的方程：

$$\sum_{j=0}^{\infty}\beta^j c_{t+j}+b_t=\sum_{j=0}^{\infty}\beta^j y_{t+j} \tag{17.3.7}$$

在特别消费平滑策略之下，b_t 由下式给出：

$$b_t=\beta^{-t}\sum_{j=0}^{t-1}\beta^j(\bar{c}-y_j)=\beta^{-t}\left(\frac{\bar{c}}{1-\beta}-\frac{\beta^t\bar{c}}{1-\beta}-\sum_{j=0}^{t-1}\beta^j y_j\right)=\sum_{j=0}^{\infty}\beta^j y_{t+j}-\frac{\bar{c}}{1-\beta}$$

其中最后一个等式利用了方程（17.3.6）。显然，对于所有的 $t\geqslant 0$，上述关于 b_t 的表达式小于或者等于 $\bar{b}_t$。因此，给定自然借入约束，则对于所有的 $t\geqslant 0$，我们可得到常数水平的消费，也就是说，这是一个依赖于时间的完美的消费平滑。

只要不是太大，自然债务限制允许 b_t 取正值。接下来我们将研究要求 $-b_t\geqslant 0$ 的更为严格的债务限制条件，因此消费者只能借出，不能借入。这一约束条件将限制收入增长的家庭的消费平滑计划，从而家庭成了自然的借款人。[①]

□ 17.3.1 一种特殊的借入约束：非负资产

我们继续假定一个已知的禀赋序列，但现在引入一个无借入约束 $(1+r)^{-1}b_{t+1}\leqslant 0$，$\forall t\geqslant 0$。为了方便地转化为我们接下来要进行的不确定性条件下问题的分析，我们引入一个包括本期收入的资产的定义：$a_t=-b_t+y_t$。[②] 记（c_t^*，a_t^*）为最优路径。关于最优值的一阶必要条件是：

$$u'(c_t^*)\geqslant u'(c_{t+1}^*)\text{，当 } c_t^*<a_t^* \text{ 时取等号，} t\geqslant 0 \tag{17.3.8}$$

沿着 $t\geqslant 1$ 的最优路径，要么

（a）$c_{t-1}^*=c_t^*$，

要么

（b）$c_{t-1}^*<c_t^*$ 且 $c_{t-1}^*=a_{t-1}^*$，因此，$a_t^*=y_t$。

条件（b）表明，只有当消费者希望将消费从未来转移到现在时，无借入约束才是有效的。只有在他的禀赋增长时，他才愿意这样做。

根据条件（a）和条件（b），c_{t-1} 永远不能超过 c_t。原因在于可以通过如下方法改进一个递减的消费序列：在 $t-1$ 时刻减少一个边际单位的消费且效用损失为 $u'(c_{t-1})$，以及储存额外利息，增加 t 时刻的消费且折现效用收益为 $\beta(1+r)u'(c_t)=u'(c_t)>u'(c_{t-1})$，此处的不等式来自 $u(c)$ 的严格凹性和 $c_{t-1}>c_t$。同理，只要储蓄非负这一限制条件没有实现，就不会出现 $c_{t-1}<c_t$ 的情况，因为当面临条件（a）时，个体将选择减少储蓄使 c_{t-1} 等于 c_t。因此，在面临条件（b）时，只有当个体的储蓄为零，即 $a_{t-1}^*-c_{t-1}^*=0$ 时，个体才会在下期增加消费。所以下期的资产等于下期的收入，即 $a_t^*=y_t$。

利用预算约束（17.2.2）的等式形式向前求解出 a_t，重新整理可得

$$\sum_{j=0}^{\infty}\beta^j c_{t+j}=a_t+\sum_{j=1}^{\infty}\beta^j y_{t+j} \tag{17.3.9}$$

对于 $t\geqslant 1$ 有 $a_t=y_t$，因此无借入约束在 $t-1$ 时刻是有约束力的，(17.3.9) 式变为

---

① 参见练习 17.1 关于在某种特殊的借入约束条件下，收入的增长和萎缩是如何影响消费的。

② 如果 $\{y_t\}$ 是独立同分布过程，则按照 a_t 而不是 b_t 来考虑的话，有可能将消费者的贝尔曼方程表示成关于单个状态变量 a_t 的形式，而不是关于两个状态变量 b_t 和 y_t 的形式。我们在第 18 章中将再次讨论这一方法。

$$\sum_{j=0}^{\infty}\beta^j c_{t+j}=\sum_{j=0}^{\infty}\beta^j y_{t+j} \tag{17.3.10}$$

方程（17.3.9）和方程（17.3.10）包含了最优解的重要信息。方程（17.3.9）对于所有 $t \geqslant 1$ 成立，此时消费者具有正的净资产 $a_t - y_t > 0$；方程（17.3.10）对于某些时刻 t 成立，此时净资产或者储蓄为 0，即无借入约束在 $t-1$ 时刻是有效的。如果无借入约束仅在有限时刻有效，则在其仍然有效的最后时刻 $\bar{t}-1$ 之后，方程（17.3.10）与欧拉不等式（17.3.8）意味着其后的消费将保持一个常数水平 $\bar{c}$，并满足 $\frac{\bar{c}}{1-\beta}=\sum_{j=0}^{\infty}\beta^j y_{\bar{t}+j}$。

具体来说，假设个体在 t 期的储蓄为零，并且他知道借入约束将不会再次生效。他会发现选择最高的、持续不变的消费水平是最优的，这一消费水平由从 t 期开始的收入过程尾部的年金收益的现值给出：

$$x_t \equiv \frac{r}{1+r}\sum_{j=t}^{\infty}(1+r)^{t-j}y_j \tag{17.3.11}$$

在确定性的最优化问题中，直到个体到达收入过程的尾部（或剩余）具有最大年金收益的现值的时期，借入约束的影响才会消失。正如下面的命题所陈述的。

命题 1：给定借入约束和非随机的禀赋流，非递减的最优消费路径的极限是

$$\bar{c} \equiv \lim_{t\to\infty} c_t^* = \sup_t x_t \equiv \bar{x} \tag{17.3.12}$$

证明：我们首先证明 $\bar{c} \leqslant \bar{x}$。反设 $\bar{c} > \bar{x}$。由条件（a）和条件（b）可推出存在 t，使得当 $j \geqslant t$ 时，$a_t^* = y_t$，$c_j^* > x_t$。因此，存在一个足够大的 τ，使得

$$0<\sum_{j=t}^{\tau}(1+r)^{t-j}(c_j^*-y_j)=(1+r)^{t-\tau}(c_\tau^*-a_\tau^*)$$

这里的等式利用了 $a_t^* = y_t$ 和对预算约束（17.2.2）的连续迭代。上式暗含了 $c_\tau^* > a_\tau^*$，矛盾；因为它违背了最优问题（17.2.3）中的储蓄非负的约束。

下面证明 $\bar{c} \geqslant \bar{x}$。反设 $\bar{c} < \bar{x}$。于是存在 x_t，使得对所有的 $j \geqslant t$，都有 $c_j^* < x_t$，因此

$$\begin{aligned}\sum_{j=t}^{\infty}(1+r)^{t-j}c_j^* &< \sum_{j=t}^{\infty}(1+r)^{t-j}x_t \\ &= \sum_{j=t}^{\infty}(1+r)^{t-j}y_j \leqslant a_t^* + \sum_{j=t+1}^{\infty}(1+r)^{t-j}y_j\end{aligned}$$

这里的最后一个弱不等式利用了 $a_t^* \geqslant y_t$。因此，存在 $\varepsilon > 0$ 和 $\hat{\tau} > t$，使得对所有的 $\tau > \hat{\tau}$，有

$$\sum_{j=t}^{\tau}(1+r)^{t-j}c_j^* < a_t^* + \sum_{j=t+1}^{\tau}(1+r)^{t-j}y_j - \varepsilon$$

重复利用预算约束（17.2.2）有

$$(1+r)^{t-\tau}c_\tau^* < (1+r)^{t-\tau}a_\tau^* - \varepsilon$$

或等价地：

$$c_{\tau}^{*}<a_{\tau}^{*}-(1+r)^{\tau-t}\varepsilon$$

于是，我们可以构造另外一个可行消费序列$\{c_j^{\varepsilon}\}$，使得对 $j\neq\hat{\tau}$ 有 $c_j^{\varepsilon}=c_j^{*}$，而对 $j=\hat{\tau}$ 有 $c_j^{\varepsilon}=c_j^{*}+\varepsilon$。这个序列将产生更高的效用，因此矛盾。■

更一般地，我们知道在每一时刻 $t\geqslant 1$，借入约束在 $t-1$ 时刻有效，消费将是递增的，满足方程（17.3.10）。于是，消费的时间序列是一个离散时间的阶跃函数，它的跳跃时刻 $\bar{t}$ 与 x_t 达到新的最高值的时刻一致：

$$\bar{t}=\{t: x_t>x_s, s<t\}$$

如果存在一个有限的最后时刻 $\bar{t}$，则最优消费将是一个单调有界的序列，并收敛于有限的极限。

总的来说，我们证明了在确定性情况下，对于任意的初始时刻 t，只要未来收入的折现值是有限的，最优消费序列就收敛到有限的极限。令人吃惊的是，当存在不确定性时，这个结论正好相反。但接下来我们首先来考虑非随机禀赋过程的一个简单的例子。

□ 17.3.2 例：周期的禀赋过程

假定禀赋过程是在偶数时期的 1 单位消费品和奇数时期的 0 单位消费品之间振荡的。这一禀赋过程的年金值等于

$$x_t\Big|_{t\,偶}=\frac{r}{1+r}\sum_{j=0}^{\infty}(1+r)^{-2j}=(1-\beta)\sum_{j=0}^{\infty}\beta^{2j}=\frac{1}{1+\beta} \tag{17.3.13a}$$

$$x_t\Big|_{t\,奇}=\frac{1}{1+r}x_t\Big|_{t\,偶}=\frac{\beta}{1+\beta} \tag{17.3.13b}$$

根据本章命题 1，最优消费路径的极限是 $\bar{c}=(1+\beta)^{-1}$。也就是说，只要个体到达了其生命中的第一个偶数时期，他就永远地将消费设定为 $\bar{c}$。相应的期初资产 a_t 是在 $(1+\beta)^{-1}$ 和 1 之间波动的。

本章末的练习提供了更多的例子。

17.4 二次偏好

为了得到后面的一些结论，将线性二次持久收入模型作为一个基准模型简要地介绍一下是有帮助的。和原来一样，假定 $\beta(1+r)=1$，并且家庭在 t 时期的预算约束是（17.3.1）式。现在我们不再使用无借入约束（17.3.2），而是要求[①]：

① 自然借入限制假定消费是非负的，而具有二次偏好的模型允许消费是负的。如果消费可以是负的，似乎不存在关于可以偿还的债务数量的自然的下界，因为总是可以从消费者处索取更多的支付。因此，在二次偏好以及可能的负消费的情形中，我们必须重新思考借入约束的含义。另一种约束是方程（17.4.1），此条件允许负的消费，但是以排除庞氏骗局的方式限制了债务的增长率。如果按照庞氏骗局，消费者总是可以通过让债务无限地增长而达到一个极度幸福的消费水平。

$$E_0(\lim_{t\to\infty}\beta^t b_t^2)=0 \tag{17.4.1}$$

这一条件限定了债务的渐近增长率。按照这一条件，向前求解（17.3.1）式可得

$$b_t = \sum_{j=0}^{\infty}\beta^j(y_{t+j}-c_{t+j}) \tag{17.4.2}$$

我们改变之前关于偏好的设定，假定 $u(c_t)$ 是二次函数 $-0.5(c_t-\gamma)^2$，其中 $\gamma>0$ 是一个极度幸福的消费水平。消费的边际效用是线性的：$u'(c)=\gamma-c$。我们不给 c 设定界限，特别地，我们允许消费取负值。我们假定 $\{y_t\}$ 是任意给定的平稳的随机过程。

约束条件（17.4.1）的宽松使得对于所有的 $t\geqslant0$，家庭的一阶条件可以取等号的形式：$u'(c_t)=E_t u'(c_{t+1})$。接下来，边际效用的线性性意味着

$$E_t c_{t+1}=c_t \tag{17.4.3}$$

上式表明消费 c_t 是一个鞅。合并方程（17.4.3）和方程（17.4.2），并取基于 t 时刻的信息的条件期望，可以得到 $b_t = E_t\sum\limits_{j=0}^{\infty}\beta^j y_{t+j}-\dfrac{1}{1-\beta}c_t$，或者

$$c_t=\frac{r}{1+r}\left[-b_t+E_t\sum_{j=0}^{\infty}\left(\frac{1}{1+r}\right)^j y_{t+j}\right] \tag{17.4.4}$$

方程（17.4.4）是持久收入假说的一种形式，它告诉消费者应当使当前的消费水平等于它的非人力财富$(-b_t)$和人力财富$\left[E_t\sum\limits_{j=0}^{\infty}\left(\dfrac{1}{1+r}\right)^j y_{t+j}\right]$的年金值。我们可以将这一消费规则代入（17.3.1）式，并重新整理得到

$$b_{t+1}=b_t+rE_t\sum_{j=0}^{\infty}\left(\frac{1}{1+r}\right)^j y_{t+j}-(1+r)y_t \tag{17.4.5}$$

方程（17.4.4）和方程（17.4.5）意味着，在上述最优策略之下，c_t 和 b_t 都具有单位根，并且它们是协整的①。

消费规则（17.4.4）具有显著的确定性等价特征：消费 c_t 只依赖于禀赋序列的折现值的一阶矩。特别地，禀赋的现值的条件方差是无关紧要的。② 按照规则（17.4.4），消费是一个鞅，并且消费者的资产 b_t 是一个单位根过程。尽管在每一个时点上，消费者都期望自己的消费水平不偏离平均值，但是消费和资产都不是收敛的。

在下一节中我们将看到，如果改变关于效用函数的设定并排除负的消费，本节的结果将发生显著的改变。

17.5 随机禀赋过程：独立同分布情形

在不确定性禀赋下，最优化问题（17.2.3）的一阶条件为

① 参见 2.11 节。

② 消费规则的这一性质反映出我们在第 5 章讨论过的那种确定性等价的作用。

$$u'(c) \geqslant \sum_{s=1}^{S} \beta(1+r)\prod_s V'[(1+r)(a-c)+\bar{y}_s] \tag{17.5.1}$$

当储蓄非负这一约束没有实现时，等号成立。由本维尼斯特-沙因克曼公式可推出 $u'(c)=V'(a)$，因而一阶条件也可写成

$$V'(a) \geqslant \sum_{s=1}^{S} \beta(1+r)\prod_s V'(a_s') \tag{17.5.2}$$

此处 a_s' 是当前收入冲击为 $\bar{y}_s$ 时的下一期资产。再次回忆一下 $V(a)$ 是递增、严格凹以及可微的。由于 $\beta^{-1}=1+r$，$V'(a)$ 是非负的上鞅（supermartingale）。根据杜布定理（Doob，1953，第 324 页）[①]，$V'(a)$ 几乎必然收敛。[②] 由下面的论述可知，$V'(a)$ 的极限必为零。反设 $V'(a)$ 收敛到严格正的极限，这一假设意味着 a 收敛到有限正值。但这一结论与预算约束（17.2.2）矛盾，该约束表明资产等于过去时期包括利息的储蓄值与一个随机收入 y_s 的和。y_s 的随机性与 a 的有限极限矛盾。反之，$V'(a)$ 必收敛到零，这意味着资产发散到无穷。（我们将在第 18 章回到这个结论。）

尽管资产发散到无穷，但它们不是单调递增的。由于资产被用作自我保险，低收入实现值与资产的减少有关。为证明这一结果，反设最低收入 $\bar{y}_1$ 对应于非减的资产，即 $(1+r)(a-c)+\bar{y}_1 \geqslant a$。那么，我们有

$$\begin{aligned} & V'[(1+r)(a-c)+\bar{y}_1] \leqslant V'(a) \\ & = \sum_{s=1}^{S} \prod_s V'[(1+r)(a-c)+\bar{y}_s] \end{aligned} \tag{17.5.3}$$

上面的最后一个等式就是储蓄非负这一约束没有约束力且 $\beta^{-1}=1+r$ 时的一阶条件（17.5.2）。由于对所有的 $s \in S$，有 $V'[(1+r)(a-c)+\bar{y}_s] \leqslant V'[(1+r)(a-c)+\bar{y}_1]$，所以由表达式（17.5.3）可推出 V 的导数在不同的资产值处的值都相等，这与 V 的严格凹性矛盾。

资产收敛到无穷的事实说明，个体的消费也收敛到无穷。利用本维尼斯特-沙因克曼公式，一阶条件（17.5.1）可重新写成

$$u'(c) \geqslant \sum_{s=1}^{S} \beta(1+r)\prod_s u'(c_s') = \sum_{s=1}^{S} \prod_s u'(c_s') \tag{17.5.4}$$

这里的 c_s' 是当收入冲击为 $\bar{y}_s$ 时的下一期消费，最后一个等式利用了 $1+r=\beta^{-1}$。对于不确定的将来，个体永远不会认为选择不随时间变化的消费水平是最优的，认识到这点非常重要。反设个体在 t 时刻对以后的每期都选择一个固定的消费水平。在所有未来可以得到的收入实现值下，最高的消费水平是可持续的，并等于当前资产 a_t 的年金收益加上未来每期收入都等于最低收入的收入流。但只要未来有一期有更高的收入，我们就可以利用 17.3.1 节中在确定性条件下构造序列 $\{c_j^\epsilon\}$ 的类似方法证明，最初的不随时间变化的消费水平没有最大化个体的效用。由此可知，未来的消费水平将随着收入实现值的变化而

① 参见本章附录 A 关于这一定理的陈述。

② 参见 2.11 节第 2 个脚注。

变化。并且，对于独立同分布的禀赋过程，消费不会收敛到有穷的极限。因此，由鞅收敛定理可知，（17.5.4）式中的非负的上鞅 $u'(c)$必定收敛到0，因为任何严格正的极限都意味着消费收敛到一个有限的极限，而这已被排除了。

17.6 随机禀赋过程：一般情形

张伯伦和威尔逊（2000）将独立同分布禀赋过程情形中的消费发散到无穷大这一结果拓展到了一个任意给定的平稳随机过程的情形，这一随机过程具有足够的随机性。记 I_t 为 t 时期的信息集合。于是，一阶条件（17.5.4）的一般形式变为

$$u'(c_t) \geqslant E[u'(c_{t+1}) | I_t] \tag{17.6.1}$$

其中 $E(\cdot \mid I_t)$ 是基于信息集 I_t 的条件期望算子。假定效用函数是有界的，张伯伦和威尔逊证明了下述结果，其中的 x_t 由方程（17.3.11）定义：

命题 2：对于所有的 I_t 和 $t \geqslant 0$，如果存在 $\varepsilon > 0$，使得对于任意的 $\alpha \in IR^+$，有

$$P(\alpha \leqslant x_t \leqslant \alpha + \varepsilon | I_t) < 1 - \varepsilon$$

则 $P(\lim_{t \to \infty} c_t = \infty) = 1$。

这里我们不提供上述命题的证明，考察一下本命题与非随机情形中的命题1之间的联系是有益的。在确定性情形中，对于任意的初始时刻 t，消费路径的极限值都是由禀赋过程的最高的年金收益给出，$\bar{c} = \sup_t x_t$。在不确定性情形中，命题2指出，如果禀赋过程的年金收益是足够随机的，那么消费路径永远也不会收敛到一个有限的极限，相反，最优的消费路径将收敛到无穷大。确定性情形与不确定性情形之间的这种明显差异是值得特别注意的。①

17.7 解释

想象一下，你用添加一个最轻微的独立同分布的元素的方式来扰动一个任意给定的常数的禀赋流。本章的两个命题告诉我们，最优的消费路径将由保持为常数变成一个趋于无穷大的随机过程。对于给这一令人吃惊的发现赋予经济学解释的困难性，张伯伦和威尔逊（2000，第381页）没有诉求于鞅收敛定理，而是给出了如下评论：

> 遗憾的是，上述证明中所使用的思路并不能提供一个十分令人信服的经济学解释。很明显，效用函数的严格凹性一定要扮演重要的角色。（举例来说，如果 u 在一

① 在练习17.3中，你会被要求证明在自然借入限制的随机形式下，消费也是发散到 $+\infty$ 的。这一条件的严格程度弱于无借入条件。

个充分大的邻域内是线性函数并且 x_t 是有界的，那么前面的结论就不成立了。）但是，如果对于任意给定的初始资产水平，在简单地将前面的结论归因于风险厌恶的前提下，不确定的未来收益将使得风险厌恶的消费者储蓄得更多，也不是一种完全令人满意的解释。事实上，这是一个让人有点误解的结论。首先，前面的讨论只是解释了为什么期望的累积资产在极限中会变得越来越大，而并没有真正地解释为什么消费水平会无限地增长；其次，对于任何有限时间水平问题，前面的讨论并不一定是有效的。

对于有限时间水平问题，张伯伦和威尔逊进一步讨论了当个体的效用函数在一个充分大的邻域内是二次的时候，未来收入的保均展形将如何使得当前的消费水平不受影响。

我们相信，在效用函数的严格凹性以及对于任意高的消费水平，消费的边际效用仍然保持为正的假定之下，经济学的解释还是可以获得的。举例来说，此情形排除了二次效用。为了得到经济学解释，我们首先来关注使得消费的边际效用严格凸的效用函数，即如果效用函数三次可微的话，$u'''>0$。因此，由詹森不等式可得 $\sum_s \Pi_s u'(c_s) > u'\left(\sum_s \Pi_s c_s\right)$；于是，一阶条件（17.5.4）意味着

$$c < \sum_{s=1}^{S} \Pi_s c_s' \tag{17.7.1}$$

这里的严格不等号来自我们前面的讨论，即未来的消费水平不是常数，但是会随着收入实现值的变化而变化。换句话说，当消费的边际效用严格凸时，消费水平的绝对下降给效用带来的损失并不比等量的消费的绝对增加所带来的收益要大，但是前者所带来的边际效用的增加比后者所带来的边际效用的减少要大。为了让今天消费的边际效用等于下一期消费的期望边际效用，消费者必须权衡期望消费递减的未来状态和相对较高的期望消费递增的其他状态。当然，如果下一期达到并且消费者选择了最优消费（平均而言，这一消费比上一期的消费要高）的话，同样的讨论再次适用。也就是说，这个过程存在"棘轮效应"（ratchet effect），它使得消费越来越高。

严格来说，上述的关于无界的消费增长的最优性的讨论也适用于消费的边际效用是严格凸的效用函数的情形。但是，即使对于并不具有全局的凸边际效用的效用函数，在一个位于正的实数线上并且充分长的区间内，其最终也必须服从一个类似的条件。否则，这样的效用函数最终将会破坏关于消费边际效用的严格正并且严格递减的假定，即 $u'>0$ 且 $u''<0$。张伯伦和威尔逊关于二次效用函数的讨论阐明了这样一个问题，即消费的边际效用是如何在一个充分大的消费水平处转变为负的。因此，思考由个体的跨期最优选择的一阶条件必然导致的关于消费的棘轮效应，将有助于加深我们对命题 2 中的这个值得注意的结论的理解。

17.8 内生劳动供给

马塞特、奥维奥尔斯一霍姆斯和威尔（Marcet，Obiols-Homs and Weil，2007）和

朱（2009）的贡献研究了在预防性储蓄动机存在的情况下，增加内生劳动供给决策会如何影响结果。一个重要的见解是，劳动供给的财富效应可以指导一个无限存活的家庭积累足够的财富以退休，从而使其在退休后免受非金融收入风险的影响。这种力量可以使资产和消费收敛。马塞特、奥维奥尔斯-霍姆斯和威尔（2007）和朱（2009）的工作提供了有关张伯伦-威尔逊模型中资产与消费的差异的结构的有价值的额外观点。

在每个日期 $t\geqslant 0$，一个家庭选择 $c_t\geqslant 0$ 和 $h_t\in[0,1]$，其中 c_t 是单个商品的消费，h_t 是闲暇。根据效用函数，家庭根据以下效用函数确定一个随机过程 $\{c_t,h_t\}_{t=0}^{\infty}$：

$$E_0\sum_{t=0}^{\infty}\beta^t u(c_t,h_t),\ 0<\beta<+\infty \tag{17.8.1}$$

同朱（2009），我们假设 $u(c,h)$：（A1）两阶连续可微；（A2）对于 c 和 h 严格递增且严格凹，$\lim_{c\to 0}u_1(c,h)=+\infty\ \forall h\in[0,1]$ 和 $\lim_{h\to 0}u_2(c,h)=+\infty\ \forall c\geqslant 0$；（A3）$u(c,h)\in[0,M]$，$M>0$。

消费者可以持有非负的固定净利率为 $r>0$ 的单一资产。假设 $\beta R=1$，其中 $R=1+r$。消费者在 t 时刻收到劳动收入 $(1-h_t)e_t\omega$，其中 ω 为固定工资，e_t 为 t 时刻生产率冲击的实现值。在状态空间 $E=[\bar{e}_1,\cdots,\bar{e}_n]$ 中，其中 $[0<\bar{e}_1<\cdots<\bar{e}_n]$，生产力或劳动效率冲击 e_t 为一个离散状态的马尔可夫过程。转移密度 $\pi(e'|e)$ 满足 $\sum_{e'}\pi(e'|e)=1$，$\pi(e'|e)>0$，$\forall(e,e')\in E\times E$。消费者在 t 时刻的预算约束为 $c_t+A_{t+1}=RA_t+(1-h_t)e_t\omega$ 或

$$c_t+h_te_t\omega=RA_t+e_t\omega-A_{t+1} \tag{17.8.2}$$

左侧为消费者在消费和闲暇上的总时间 t 支出。

对于给定的 $A_0\geqslant 0$，所有 $t\geqslant 0$ 时的（17.8.2）式，以及 t 时刻 A_t 和 e_t 已知的信息假设，家庭选择 $\{c_t,h_t,A_{t+1}\}_{t=0}^{\infty}$ 以最大化（17.8.1）式，继福利和赫尔维格（Foley and Hellwig，1975）以及朱（2009）之后，我们分两步解决这个问题。步骤 1 解决了期内问题，步骤 2 解决了跨期问题。

步骤 1：生成间接效用函数 $J(Y,e)$，将其定义为

$$J(Y,e)=\max_{c,h}u(c,h) \tag{17.8.3}$$

满足

$$c+he\omega=Y,\ 0\leqslant h\leqslant 1,\ c\geqslant 0 \tag{17.8.4}$$

这里 $Y=RA+\omega e-A'$ 代表消费和闲暇的总当前支出。（17.8.3）式的右边的问题的一阶必要条件为

$$\frac{u_2(c,h)}{u_1(c,h)}\geqslant e\omega,\ \text{当 } h<1 \text{ 时取等号} \tag{17.8.5}$$

（17.8.3）式的右边由策略函数 $c=c(Y,e)$，$h=h(Y,e)$ 实现。在假设 A1～A3 下，朱（2009）证明了间接效用函数 $J(Y,e)$ 是有界的，对于 Y 是严格递增和严格凹的；对于 Y 连续可微，且

$$J_1(Y,e)=u_1(c(Y,e),h(Y,e)),\ \forall Y\in(0,+\infty) \tag{17.8.6}$$

步骤 2：解决跨期最大化问题

$$V(A_0,e_0)=\max_{Y_t\geqslant 0}E_0\sum_{t=0}^{\infty}B^t J(Y_t,e_t) \tag{17.8.7}$$

受限于约束序列

$$Y_t+A_{t+1}=RA_t+e_t\omega,\ t\geqslant 0 \tag{17.8.8}$$

已知 $A_0\geqslant 0$。与这个问题相关的贝尔曼方程是

$$V(A,e)=\max_{A'\in\Gamma(A,e)}\{J(RA+e\omega-A',e)+\beta E[V(A',e')|e]\} \tag{17.8.9}$$

其中

$$\Gamma(A,e)=\{A':0\leqslant A'\leqslant RA+e\omega\}$$

一个最优策略 $Y=Y(A,e)$ 和隐含的 $A'=A(A,e)$ 实现

$$V(A,e)=J(Y(A,e),e)+\beta\sum_{e'}V(A(A,e),e')\pi(e'|e)$$

在假设 A1～A3 下，朱表明了 $V(A,e)$ 对于 A 是连续、严格递增和严格凹的，并且连续可微，而且

$$V_1(A,e)=RJ_1(Y(A,e),e),\ \forall A\in[0,+\infty] \tag{17.8.10}$$

朱证明了 $A(A,e)$ 对于 A 是连续的、弱递增的，而 $Y(A,e)$ 对于 A 是严格递增的。此外，稻田条件 A2 意味着 $\lim_{Y\to 0}J_1(Y,e)=+\infty\ \forall e\in E$。整合早期结果，我们知道

$$V_1(A,h)=RJ_1(A,e)=Ru_1(c,h) \tag{17.8.11}$$

内生劳动供给的结果：资产选择的一阶必要条件为

$$V_1(A,e)\geqslant\beta RE[V_1(A',e')|e]，当\ A'>0\ 时取等号 \tag{17.8.12}$$

我们假设 $\beta R=1$，就像我们在本章中所做的那样。当 $\beta R=1$ 时，不等式（17.8.12）断言 $V_1(A,h)$，因此 $u_1(c,h)$ 是非负的上鞅。应用杜布的上鞅收敛定理，得出 $\lim_{t\to+\infty}V_1(A_t,e_t)=\lim_{t\to+\infty}Ru_1(c_t,h_t)$ 存在且几乎肯定是有限的。这个结果留下了两种可能性：

（1）当 h_t 始终一致地无穷地偏离 1 时，$V_1(A_t,e_t)=Ru_1(c_t,h_t)\to 0$ 的结果往往为 $\lim_{t\to\infty}A_t=+\infty$ 或 $\lim_{t\to\infty}c_t=+\infty$。

（2）当 $h_t\to 1$ 时，几乎可以肯定 $A_t\to\bar{A}$，$c_t\to r\bar{A}$。

第（1）种情况是我们早期的结果的一个版本，它有外生的并且永久的随机的非金融收入。在这里，预防性储蓄动机导致资产和消费都收敛至 $+\infty$。第（2）种情况的可能性启发了马塞特、奥维奥尔斯-霍姆斯和威尔（2007）以及朱（2009）提出了内生劳动供给决策。推动第（2）种情况的是一种财富效应，这种效应导致家庭最终从市场中撤出所有的劳动，然后将其 100%的时间用于闲暇。这就关闭了该家庭对随机劳动生产力过程的有效暴露和消除了其收入过程中随后的随机性。

第（1）种情况和第（2）种情况中哪一种占上风取决于消费者效用函数 $u(c,h)$ 的形状。朱（2009）考虑了如下两种使得事情向情况（2）发展的假设。假设 A4 表明 $u_{12}u_1$ 一

$u_{11}u_2>0$ 和 $u_{12}u_2-u_{22}u_1>0$。这个假设使得 c 和 h 都是正常商品，意味着$\frac{u_2}{u_1}$对 c 递增、对 h 递减。这也意味着 $c(Y,e)$ 和 $h(Y,e)$ 对 Y 都是递增的。朱还做了一个更强的假设 A4′，即 $u_{12}>0$，这使得 c 和 h 是互补的并且隐含了假设 A4。朱（2009）建立了以下内容：

命题：在假设 A1～A4′下，(a) $c(A,Y)$和 $h(A,Y)$对 A 是连续且递增的；(b) 当 A 足够大时，对于任意 e，$h(A,e)=1$。

朱指出这一命题是论证的核心，它为第（2）种情况的成功提供了充分条件。通过这种方式，他构建了消除张伯伦和威尔逊分歧结果的环境。

17.9 结束语

本章始终假定 $\beta(1+r)=1$，它是推导出个体的资产和消费水平发散到无穷大的重要条件。张伯伦和威尔逊（1984）研究了放松这个假定后的更加一般的情形。

为了建立不完全市场模型，第 18 章将考虑连续统的个体，他们面临更一般的储蓄问题。第 18 章的模型将确定均衡的利率 $1+r$。为了在那些模型中定义一个稳定均衡，我们希望每一个个体的资产持有的分布序列收敛于一个具有有限的一阶矩和二阶矩的不变分布。为获得不存在总的不确定性的稳定均衡，本章的结论预示着那些模型中的均衡利率必定会小于 β^{-1}。在带实物资本的生产经济中，这个结论意味着资本的边际产出将比完全市场中稳定利率为 β^{-1}时的边际产出少。也就是说，不完全市场以资本的过度积累导致利率下降到 β^{-1}以下为特征，这反过来又将会抑制个体在利率达到 β^{-1}时所持有的将资本积累到无限大的欲望。

第 20 章和第 21 章将考虑 $\beta(1+r)=1$ 成立时的几个模型。假设社会计划者可以从经济外获得无风险贷款并在执行和/或信息问题下最大化个体的福利。再次地，假设经济环境是稳定的，无总的不确定性。于是，在无执行和信息问题时，计划者只能在每期再分配资源而不能与外界进行跨期交易。但是当个体可以依据他们的禀赋流自由离开交换经济并永远自给自足时，最优解将是社会计划者掌握充分大的外部权益以使得在极限中每个个体被赋予固定的消费流，且消费水平弱占优于自给自足的个体禀赋的所有实现值。在信息不对称时，社会计划者可以通过对未来效用做出承诺来诱导个体告之真相，这时我们将得到一个与本章的自我保险经济下的结论截然相反的结论。在极限情形中，最优解是所有个体的消费趋向它的下界，而不是趋向无穷。

附录 A 上鞅收敛定理

本附录介绍上鞅收敛定理。记三元组（Ω，F，P）中的三个元素分别表示样本空间、事件集合以及概率测度。令 $t\in T$ 表示时间，其中 T 是一个非负整数。令 F_t 表示 F 集合组成的σ-域的一个递增序列。假定：

(i) Z_t 关于 F_t 是可测的；

(ii) $E|Z_t|<+\infty$；

(iii) 对于所有的 $s<t$，$t\in T$，几乎必然有 $E(Z_t|F_s)=Z_s$。

$\{Z_t,t\in T\}$ 被称为是关于 F_t 的一个鞅。如果条件 (iii) 替换为几乎必然有 $E(Z_t|F_s)\geqslant Z_s$，则 $\{Z_t\}$ 被称为是一个下鞅。如果条件 (iii) 替换为几乎必然有 $E(Z_t|F_s)\leqslant Z_s$，则 $\{Z_t\}$ 被称为是一个上鞅。

我们有如下重要定理：

上鞅收敛定理：令 $\{Z_t,F_t\}$ 为非负的上鞅，则存在一个随机变量 Z，使得$\lim Z_t=Z$ 几乎必然成立，并且 $E|Z|<+\infty$，即 Z_t 几乎必然收敛于一个有限的极限。

17.10 练习

17.1 某消费者的偏好依赖于单一消费品序列，并具有形式 $\sum_{t=0}^{\infty}\beta^t u(c_t)$，其中 $\beta\in(0,1)$，$u(\cdot)$严格递增、二阶连续可微、严格凹，并且满足稻田条件$\lim_{c\downarrow 0}u'(c)=+\infty$。此单一物品是不可储存的。消费者具有此单一物品的禀赋序列 $y_t=\lambda^t$，$t\geqslant 0$，这里$|\lambda\beta|<1$。消费者可以一个常数的、外生的无风险净利率 r 借入或者借出，此利率满足$(1+r)\beta=1$。消费者在 t 时刻的预算约束为：对于所有的 $t\geqslant 0$，有

$$b_t+c_t\leqslant y_t+(1+r)^{-1}b_{t+1}$$

其中 b_t 表示 t 时刻的债务（如果是正值的话）或者资产（如果是负值的话），并且消费者的初始债务为 $b_0=0$。

第Ⅰ部分

在本部分中，假定消费者受约束于某种特殊的借入约束：$b_t\leqslant 0$，$\forall\, t\geqslant 1$。因此，消费者只能借出，不能借入。

a. 假定 $\lambda<1$，计算家庭的最优计划 $\{c_t,b_{t+1}\}_{t=0}^{\infty}$。

b. 假定 $\lambda>1$，计算家庭的最优计划 $\{c_t,b_{t+1}\}_{t=0}^{\infty}$。

第Ⅱ部分

在本部分中，假定消费者受约束于对应于给定禀赋序列的自然借入约束。

c. 对于所有的 $t\geqslant 0$，计算自然借入限制。

d. 假定 $\lambda<1$，计算家庭的最优计划 $\{c_t,b_{t+1}\}_{t=0}^{\infty}$。

e. 假定 $\lambda>1$，计算家庭的最优计划 $\{c_t,b_{t+1}\}_{t=0}^{\infty}$。

17.2 某家庭的偏好依赖于某单一消费品的随机过程，具有形式 $E_0\sum_{t=0}^{\infty}\beta^t\ln(c_t)$，其中 $\beta\in(0,1)$，给定时期 0 的禀赋值，E_0 表示关于此单一的不可储存物品的消费序列的分布的条件数学期望。消费者的禀赋服从如下随机过程：在时期 $t=0$，1，家庭的禀赋来自

分布 Prob$(y_t=2)=\pi$，Prob $(y_t=1)=1-\pi$；而对于所有的时期 $t\geqslant 2$，$y_t=y_{t-1}$。在每一时期 $t\geqslant 0$，家庭都可以一个常数的、外生的无风险单期净利率 r 借出，但不能借入。此利率满足$(1+r)\beta=1$。消费者在时期 t 的预算约束为 $a_{t+1}=(1+r)(a_t-c_t)+y_{t+1}$，并满足边界条件 $a_0=y_0$。由 t 期带入 $t+1$ 期的单期资产 a_t-c_t 必须是非负的，从而无借入约束是 $a_t\geqslant c_t$。在时期 0，y_0 实现之后，消费者需要设计一个最优的消费计划。

a. 用一个树图来描述从时期 0 开始的禀赋序列的可能路径。

b. 假定 $y_0=2$，计算消费者的最优消费和借出计划。

c. 假定 $y_0=1$，计算消费者的最优消费和借出计划。

d. 在前述两个问题关于初始条件 y_0 的假定之下，计算消费的边际效用 $u'(c_t)$ 的渐近分布。[在本问题中，此分布就是 $u'(c_t)=V'_t(a_t)$对于 $t\geqslant 2$ 的分布，其中 $V_t(a)$ 表示消费者在时期 t 的值函数。]

e. 讨论一下你在 d 中得到的结果是否符合张伯伦和威尔逊利用上鞅收敛定理所得到的结果。

17.3 考虑自然借入约束条件下的储蓄问题的随机版本。在每一时刻 $t\geqslant 0$，消费者都可以发行一种无风险的单期债券，此债券的最大数量为在给定关于消费的非负约束 $c_t\geqslant 0$，$t\geqslant 0$ 的条件下，消费者几乎必然可以偿还的数量。

a. 证明自然债务限制是$(1+r)^{-1}b_{t+1}\leqslant\dfrac{\bar{y}_1}{r}$。

b. 说明自然债务限制可以表示为对于所有的 $t\geqslant 0$，$a_{t+1}-y_{t+1}\geqslant-\dfrac{(1+r)\bar{y}_1}{r}$。

c. 假定 y_t 是一个独立同分布的随机过程，具有非平凡的分布 $\{\Pi_s\}$，这意味着至少有两个不同的禀赋以正的概率发生。试证明：在自然借入限制之下最优的消费发散到 $+\infty$。

d. 对于禀赋序列的相同的实现值，尽量比较你在自然的以及特殊的借入约束条件下所得到的最优消费序列。

17.4 交易？

一个纯禀赋经济由两个偏好相同、禀赋各异的家庭组成。类型 i 家庭的偏好由下式给定：

$$E_0\sum_{t=0}^{\infty}\beta^t u(c_{it}),\ \beta\in(0,1) \tag{1}$$

其中 c_{it} 是单一消费品在时期 t 的消费数量，$u(c_{it})=u_1c_{it}-0.5u_2c_{it}^2$，这里 $u_1,u_2>0$；E_0 表示基于时期 0 的信息的条件数学期望。类型 1 家庭具有的关于物品的随机禀赋 y_{1t} 由下式给出：

$$y_{1t+1}=y_{1t}+\sigma\varepsilon_{t+1} \tag{2}$$

其中 $\sigma>0$，ε_{t+1}是独立同分布的高斯过程，均值为 0，方差为 1。类型 2 家庭具有如下禀赋：

$$y_{2t+1}=y_{2t}-\sigma\varepsilon_{t+1} \tag{3}$$

其中 ε_{t+1}表示与方程 (2) 中相同的随机过程。在时期 t，y_{it}在时期t 的消费被选择之前就已经实现。假定在时期0有 $y_{10}=y_{20}$，并且 y_{10} 显著地小于极度幸福点 u_1/u_2。为了计算简单，假定不存在资源的分配问题。

第Ⅰ部分

在本部分中，假定存在一个关于历史和时期都未定的权益的完全市场。

a. 定义一个竞争性均衡，仔细检查你的定义是否包含了一个竞争性均衡应该包含的所有要素。

b. 定义一个关于某虚构的计划者的帕累托问题，此计划者对两个家庭赋予相同的权重。求出此帕累托问题（或称计划者问题）的消费配置。

c. 计算一个竞争性均衡。

第Ⅱ部分

假定第Ⅰ部分中的市场是不完全的。只有一种可交易的资产，即某种家庭既可以购买也可以发行的单期无风险债券。在时期 t 和 $t+1$ 之间，此种资产的总收益率为 R_t。家庭 i 在时期 t 的预算约束为：

$$c_{it}+R_t^{-1}b_{it+1}=y_{it}+b_{it} \tag{4}$$

其中 b_{it} 表示家庭 i 所拥有的单期无风险债券按照时期 t 的消费品来衡量的价值。我们假定家庭的债券持有满足如下约束：

$$\lim_{t\to+\infty}\beta^t u'(c_{it})Eb_{it+1}=0 \tag{5}$$

假定 $b_{10}=b_{20}=0$。一个不完全市场的竞争性均衡包括总利率序列 R_t、债券持有序列 $\{b_{it}\}$，$i=1$，2，以及可行的配置 $\{c_{it}\}$，$i=1$，2，以使得对于给定的 $\{R_t\}$，家庭 $i=1$，2 最大化问题（1），并满足约束条件序列（4）和给定的初始 b_{10} 和 b_{20}。

d. 你的一个朋友推荐了猜测-证明法，并给出了关于均衡的如下猜测。他猜想交易的收益为零：在均衡时，每个家庭都只是简单地消费各自的禀赋。请证实或者否定这样的猜测。如果你证实这个猜测，请给出关于均衡的 $\{R_t\}$ 以及每一时期每一个家庭的债券持有量的公式。

17.5 交易??

某消费者按照下面的式子决定消费流：

$$E_0\sum_{t=0}^{\infty}\beta^t\frac{c_t^{1-\gamma}}{1-\gamma},\ \beta\in(0,1) \tag{1}$$

其中 $\gamma>1$，E_0 表示基于时期0的信息的条件数学期望。消费者可以固定的收益率 $R=\beta^{-1}$ 借入或者借出某种单期无风险证券。消费者在时期 t 的预算约束为：

$$c_t+R^{-1}b_{t+1}=y_t+b_t \tag{2}$$

其中 b_t 表示消费者在时期 t 的资产水平。家庭面临一种自然借入限制。家庭的初始资产水平为 $b_0=0$，并且禀赋序列 y_t 服从如下过程：

$$y_{t+1}=y_t\exp(\sigma_\varepsilon\varepsilon_{t+1}+\mu) \tag{3}$$

其中 ε_{t+1} 是独立同分布的高斯过程，均值为0，方差为1；$\mu=0.5\gamma\sigma_\varepsilon^2$ 且 $\sigma_\varepsilon>0$。消费者需要选择过程 $\{c_t,b_{t+1}\}_{t=0}^{\infty}$ 来最大化方程（1），满足方程（2）、方程（3）以及自然借入

限制。

a. 求出消费者的最优消费和资产积累计划的闭式解。

提示 1：如果 $\log x$ 服从 $N(\mu,\sigma^2)$，则 $Ex=\exp(\mu+\sigma^2/2)$。

提示 2：你可以尝试证实如下猜测：对于所有的 $t\geqslant 0$，最优策略都为$b_{t+1}=0$。

b. 基于弗里德曼的持久收入假说，讨论你在问题 a 中得到的解。

c. 家庭有预防性储蓄吗?

第18章 不完全市场模型

18.1 引言

在第 8 章的完全市场模型中，最优消费配置是不依赖于历史的：配置只依赖于马尔可夫状态变量的当前值。这个结果反映了市场可以提供涉及面广泛的保险机会。本章和第 20 章将描述一些存在交换风险障碍的框架，这将导致使分配具有历史依赖性的机会减少。本章的历史依赖性表现为家庭的消费对当前资产持有状况的依赖性。在第 20 章中，历史依赖性表现为有关对计划者或委托人所承诺的后续值的消费配置的依赖性。

本章描述了一种特定的不完全市场模型。模型中存在大量事先相同但事后不同的个体，他们买卖单一证券。本章大部分内容所研究的模型没有总的不确定性，总状态变量也不随时间变化（故不存在宏观经济时间序列的变化）。但个体水平存在很多不确定性。家庭的唯一选择是，通过管理一种单一资产的存量来缓解对它们的消费的不利冲击以实现"自我保险"。我们研究几个只有资产不同的模型，这些资产，如法定货币或资本，是自我保险的媒介。

构造这些模型的工具是离散状态的折现动态规划——用来构造和解决个体的问题，以及马尔可夫链——用来计算稳定的财富分布。这些模型展示了一个稳定的财富分布，它是由相应的个体水平变量经过加总得到的。

我们首先回忆单一个体无限期储蓄问题的离散状态模型。然后描述几个家庭面临无限期储蓄问题的经济，在这些经济中，家庭问题中的某些价格是由所有家庭的一般行为决定的。

这类模型是比利（1977，1980，1983，1986）在研究货币理论中的一些经典问题时发现的。本章后半部分运用模型引入厂商，这些模型包括用来表示内部货币和外部货币的模型、自由银行业机制模型以及弗里德曼最优货币数量范畴内的一个微妙的极限情形，此外，还有国际汇率不确定性模型以及其他相关模型。本章最后描述克鲁塞尔和史密斯（Krusell and Smith，1998）的工作，他们扩展这些模型的定义域，以把一个随时间变化的随机总状态变量考虑进来。正如我们将要看到的那样，这些改进使得家庭问题的状态变量包含 t 时期的财富截面分布，它是一种极广的对象。

研究者还使用比利模型的参数化版本来对如下问题给出定量回答：通货膨胀的福利成本（İmrohoroğlu，1992）、非基金化的社会保障系统的风险共享的好处（İmrohoroğlu，İmrohoroğlu and Joines，1995）、失业保险的好处（Hansen and İmrohoroğlu，1992）和资本税的福利成本（Aiyagari，1995）。也可以参见 Heathcote，Storesletten and Violante（2008）和 Krueger，Perri，Pistaferri and Violante（2010）。关于比利模型允许消费者获得多少自我保险的保险的量化分析参见 Kaplan and Violante（2010）。Heathcote，Storesletten and Violante（2012）综合了 Constantinides and Duffie（1996）的观点，创建了一个局部保险模型。Heathcote，Perri and Violante（2010）说明了美国随人口和时间的变化而形成的工资、收入和消费的分布的移动。

18.2 储蓄问题

回忆第 4 章所描述的离散状态储蓄问题。家庭在 t 时期的劳动收入为 s_t，服从 m 个状态的马尔可夫链，其转移矩阵为 $\mathcal{P}$。如果这个过程在 t 时期的实现值为 $\bar{s}_i$，那么家庭在 t 时期得到的劳动收入为 $w\bar{s}_i$。因此，就业机会决定了劳动收入过程。我们有时假设 m 等于 2，s_t 在失业状态下为 0，在就业状态下为 1。

我们将单个资产的持有数量限制在格子 $\mathcal{A}=[0<\bar{a}_1<\bar{a}_2<\cdots<\bar{a}_n]$ 中。对于给定的值 (w,r) 和初始值 (a_0,s_0)，家庭选择策略 $\{a_{t+1}\}_{t=0}^{\infty}$ 来最大化

$$E_0\sum_{t=0}^{\infty}\beta^t u(c_t) \tag{18.2.1}$$

约束条件为

$$\begin{aligned}&c_t+a_{t+1}=(1+r)a_t+ws_t\\&a_{t+1}\in\mathcal{A}\end{aligned} \tag{18.2.2}$$

其中，$\beta\in(0,1)$ 为折现因子，$u(c)$ 为严格递增、严格凹、二阶连续可微的单期效用函数，并满足稻田条件 $\lim_{c\downarrow 0}u'(c)=+\infty$，且 $\beta(1+r)<1$。[①]

对每个 $i\in[1,\cdots,m]$ 和 $h\in[1,\cdots,n]$，贝尔曼方程为

$$v(\bar{a}_h,\bar{s}_i)=\max_{a'\in\mathcal{A}}\{u[(1+r)\bar{a}_h+w\bar{s}_i-a']+\beta\sum_{j=1}^{m}\mathcal{P}(i,j)v(a',\bar{s}_j)\} \tag{18.2.3}$$

---

① 稻田条件使得消费非负，这一点在下面的自然债务限制中很有用。

其中 a' 为下一期的资产持有量。此处，$v(a,s)$ 是目标函数的最优值，初始资产-就业状态为 (a,s)。注意，格 $\mathcal{A}$ 包含了可借入量的上限和下限（即可发行的资产数量）。$\mathcal{A}$ 的上界是限制性的。在我们之前的一些理论讨论中，尤其是第 17 章，省去上界非常重要。

在第 4 章中，我们描述了怎样求解方程（18.2.3）得到值函数 $v(a,s)$ 和相应的策略函数 $a'=g(a,s)$，策略函数 $a'=g(a,s)$ 将本期的 (a,s) 映射到下一期的最优资产选择上。

□ 18.2.1 财富-就业分布

定义（a_t，s_t）的无条件分布为 $\lambda_t(a,s)=\text{Prob}(a_t=a,s_t=s)$。外生的关于 s 的马尔可夫转移矩阵 $\mathcal{P}$ 和最优策略函数 $a'=g(a,s)$ 决定了分布 λ_t 的运动规律，即

$$\begin{aligned}\text{Prob}(a_{t+1}=a',s_{t+1}=s')=&\sum_{a_t}\sum_{s_t}\text{Prob}(a_{t+1}=a'\mid a_t=a,s_t=s)\\&\cdot\text{Prob}(s_{t+1}=s'\mid s_t=s)\cdot\text{Prob}(a_t=a,s_t=s)\end{aligned}$$

或

$$\lambda_{t+1}(a',s')=\sum_a\sum_s\lambda_t(a,s)\text{Prob}(s_{t+1}=s'\mid s_t=s)\cdot\mathcal{I}(a',s,a)$$

这里我们定义了示性函数（indicator function）。如果 $a'=g(a,s)$，那么示性函数 $\mathcal{I}(a',a,s)=1$，对其他情况，示性函数等于 0。[①] 示性函数 $\mathcal{I}(a',a,s)=1$ 表示 t 时期的状态 a、s 在 $t+1$ 时期转移到状态 a'。上述方程可以表示为

$$\lambda_{t+1}(a',s')=\sum_s\sum_{\{a:a'=g(a,s)\}}\lambda_t(a,s)\mathcal{P}(s,s') \tag{18.2.4}$$

方程（18.2.4）的不随时间变化的解即概率分布 λ（即 $\lambda_{t+1}=\lambda_t$）称为稳定分布。在第 2 章中我们曾讲述过计算马尔可夫链的稳定分布的两种方法。一种计算方法是不断迭代方程（18.2.4）直到它收敛。另一种方法是构造一个描述最优问题解的马尔可夫链，然后根据随机矩阵的单位特征值对应的左特征向量来计算不变分布（见第 2 章）。

为推导这个马尔可夫链，我们将向量 (a,s) 映射到单个状态向量 x 上。对 $i=1,\cdots,n$ 和 $h=1,\cdots,m$，让 x 的第 j 个元素为 (a_i,s_h)，其中 $j=(i-1)m+h$。因此，我们定义 $x'=[(\bar{a}_1,\bar{s}_1),(\bar{a}_1,\bar{s}_2),\cdots,(\bar{a}_1,\bar{s}_m),(\bar{a}_2,\bar{s}_1),\cdots,(\bar{a}_2,\bar{s}_m),\cdots,(\bar{a}_n,\bar{s}_1),\cdots,(\bar{a}_n,\bar{s}_m)]$。通过下面的公式，由最优策略函数 $a'=g(a,s)$ 和 s 的马尔可夫链 $\mathcal{P}$ 可推出 x 的马尔可夫链：

$$\begin{aligned}&\text{Prob}[(a_{t+1}=a',s_{t+1}=s')\mid(a_t=a,s_t=s)]\\&=\text{Prob}(a_{t+1}=a'\mid a_t=a,s_t=s)\cdot\text{Prob}(s_{t+1}=s'\mid s_t=s)=\mathcal{I}(a',a,s)\mathcal{P}(s,s')\end{aligned}$$

其中 $\mathcal{I}(a',a,s)=1$ 与上面的定义相同。上式定义了一个 $N\times N$ 的矩阵 $\mathcal{P}$，其中 $N=n\cdot m$。这就是家庭的状态向量 x 的马尔可夫链。[②]

假设 $\mathcal{P}$ 对应的马尔可夫链是渐近稳定的，且有唯一的不变分布 π_∞。典型地，马尔可夫链中的所有状态都是常返（recurrent）的，并且对于每个状态，个体只是偶尔会重复遇到。对长时间的样本，分布 π_∞ 表示了家庭花在每个状态上的时间的比例。我们可以

---

① 这个构造利用了最优策略是状态的确定性函数这个事实，它源于目标函数的凹性和约束集的凸性。

② 本章后面即将说明的 Matlab 程序将为 (a,s) 的联合状态建立一个马尔可夫链。

"分解"状态向量 x 和使用 π_∞ 来推导 $(\bar{a}_i,\bar{s}_h)$ 的稳定概率测度 $\lambda(\bar{a}_i,\bar{s}_h)$

$$\lambda(\bar{a}_i,\bar{s}_h)=\text{Prob}(a_t=\bar{a}_i,s_t=\bar{s}_h)=\pi_\infty(j)$$

此处，$\pi_\infty(j)$ 是向量 π_∞ 的第 j 个元素，且 $j=(i-1)m+h$。

□ 18.2.2 分布 λ 的重新解释

由家庭的最优储蓄问题的解可引出稳定分布 $\lambda(a,s)$，它表示了一个无限存活的个体在状态 (a,s) 上花费的时间的比例。我们需要重新解释 $\lambda(a,s)$。因此，让 (a,s) 表示一个特定的家庭在一个特定的时期 t 时的状态，并假设存在分布在状态 (a,s) 上的家庭的横截面。我们假设经济开始于时期 $t=0$，家庭的横截面为 $\lambda(a,s)$，我们希望它随着时间的推移不断重复。本章的模型讨论了初始分布和其他情况，使得尽管单个家庭的状态是一个随机过程，但个体在单个状态变量 (a,s) 上的分布保持不变。

在这种模型中，对于给定的利率 γ，均值 $E(a)(\gamma)=\sum_{a,s}\lambda(a,s)g(a,s)$ 有两种解释。第一，它是单个家庭经历的平均资产水平，这里的平均是针对时间的。第二，它是经济作为一个整体持有的平均资产水平，这里的平均是针对以 (a,s) 表示的家庭的。比利模型的精神是令 r 为一个均衡项，使得 $E(a)(r)$ 等于一个特殊值。我们将研究几个不同的这种类型的模型，这些模型的不同之处在于我们如何通过一个 r 的适度调整来公式化 $E(a)(r)$ 必须等于的那个值。

□ 18.2.3 例 1：纯信用模型

马克·休格特（Mark Huggett，1993）研究了纯消费贷款经济。家庭的连续统中的每一个可以在一个高度集中的借贷市场上以固定的无风险净利率 r 借入或贷出。每个家庭的禀赋服从马尔可夫链 $(\mathcal{P},\bar{s})$。家庭可在固定的无风险利率下借入或贷出。然而，总的借入不能超过 $\phi>0$，其中 ϕ 是休格特设定的一个参数。家庭下一期的资产水平被离散集 $\mathcal{A}=[\bar{a}_1,\cdots,\bar{a}_m]$ 所限制。其中资产的下限是 $\bar{a}_1=-\phi$。以后我们将讨论另外一些设定 ϕ 的方法和它与自然借入限制的关系。① 在这里我们简单说明一下，ϕ 必须被设定为使消费者以概率 1 偿还他的贷款可行，否则认为贷款是无风险的就是不合理的。

一个典型的家庭问题的解是策略函数 $a'=g(a,s)$，它引出了状态的稳定分布 $\lambda(a,s)$。休格特使用了下面的定义。

定义：给定一个借入限制 ϕ，稳定均衡是满足以下条件的利率 r、策略函数 $g(a,s)$ 和稳定分布 $\lambda(a,s)$：

a. 给定 r，策略函数 $g(a,s)$ 解决家庭的最优化问题。

b. 概率分布 $\lambda(a,s)$ 是 (a,s) 上的马尔可夫链的不变分布，由马尔可夫链 $(\mathcal{P},\bar{s})$ 和最优策略 $g(a,s)$ 导出。

c. 当 $\lambda(a,s)$ 描述每个时期家庭的横截面时，借贷市场出清：

$$\sum_{a,s}\lambda(a,s)g(a,s)=0$$

① 对与序列交易借据有关的经济中的借入限制的讨论，参见第 8 章。

□ 18.2.4 均衡的计算

休格特使用调整 r 以使 $\sum_{a,s}\lambda(a,s)g(a,s)=0$ 的迭代算法计算均衡。当 $j=0$ 时，他令 $r=r_j$，并用这个 r 求解家庭问题，得到策略函数 $g_j(a,s)$ 和相应的稳定分布 $\lambda_j(a,s)$。然后，通过计算

$$\sum_{a,s}\lambda_j(a,s)g(a,s)=e_j^*$$

检查借贷市场在 r_j 时是否出清。如果 $e_j^*>0$，休格特把 r_{j+1} 降到 r_j 以下并重新计算超额需求，重复这些迭代，直到找到使得贷款的超额需求等于零的 r。

□ 18.2.5 例2：含有资本的模型

下面的模型是由罗·艾亚加里（1994）建立的。他在有很多个体的经济中使用一种解决储蓄问题的方法，并将单一资产解释为齐次的实物资本，记为 k。家庭的资本持有量服从

$$k_{t+1}=(1-\delta)k_t+x_t$$

其中 $\delta\in(0,1)$ 为折旧率，x_t 为总投资。家庭的消费约束为

$$c_t+x_t=\tilde{r}k_t+ws_t$$

其中 $\tilde{r}$ 为资本的租赁价格，w 为竞争性的工资，它们将在后面决定。合并上述两式有

$$c_t+k_{t+1}=(1+\tilde{r}-\delta)k_t+ws_t$$

如果令 $a_t\equiv k_t$、$r\equiv\tilde{r}-\delta$，那么上式与方程（18.2.2）一致。

经济中有大量的家庭，它们有相同的偏好（18.2.1），(k,s)的分布为$\lambda(k,s)$，且它们的一般行为决定了(w,r)：家庭有相同的偏好，马尔可夫过程决定了就业机会和它们面临的工资。然而，它们的就业机会的历史值 $s_0^t=\{s_h\}_{h=0}^t$ 不同，因而积累的资本量也不同。每个家庭有自己的历史 s_0^t 和初始资本 k_0。假设生产过程在不同家庭间独立。所有这些家庭的行为决定了工资和利率对(w,r)。

假设家庭的初始分布为$\lambda(k,s)$，每个家庭的平均资本 K 满足

$$K=\sum_{k,s}\lambda(k,s)g(k,s)$$

其中 $k'=g(k,s)$。假设我们从不变分布开始，平均就业水平为

$$N=\xi_\infty'\bar{s}$$

其中 ξ_∞ 是 $\mathcal{P}$ 对应的不变分布，$\bar{s}$ 是外生给定的个体就业率向量。这个模型的平均就业率是外生的，但平均资本水平是内生的。

存在总生产函数，它的变量为资本和就业的平均水平。生产函数通过下面的边际条件决定了资本和劳动的租赁价格：

$$w=\partial F(K,N)/\partial N$$
$$\tilde{r}=\partial F(K,N)/\partial K$$

其中 $F(K,N)=AK^{\alpha}N^{1-\alpha}$，$\alpha\in(0,1)$。

我们现在已经具备了定义稳定均衡所需要的所有要素。

均衡的定义：稳定均衡是满足下列条件的策略函数 $g(k,s)$、概率分布$\lambda(k,s)$和正实数组$(K,\tilde{r},w)$：

a. 价格(w,r)满足

$$
\begin{aligned}
w&=\partial F(K,N)/\partial N\\
r&=\partial F(K,N)/\partial K-\delta
\end{aligned}
\tag{18.2.5}
$$

b. 策略函数 $g(k,s)$是家庭最优化问题的解。

c. 概率分布 $\lambda(k,s)$是$[g(k,s),\mathcal{P}]$所对应的稳定分布，即满足

$$\lambda(k',s')=\sum_{s}\sum_{\{k:k'=g(k,s)\}}\lambda(k,s)\mathcal{P}(s,s')$$

d. K 的横截面平均值由家庭的策略函数加权平均得到：

$$K=\sum_{k,s}\lambda(k,s)g(k,s)$$

□ 18.2.6 均衡的计算

艾亚加里通过定义从 $K\in\mathbb{R}$ 到 $\mathbb{R}$ 的映射来计算模型的均衡，映射的不动点就是均衡 K。下面是寻找不动点的算法：

（1）对 $j=0$，让 $K=K_j$ 为固定值，通过方程（18.2.5）算出(w,r)，并求解家庭的最优化问题。利用最优政策 $g_j(k,s)$推导出对应的稳定分布 $\lambda_j(k,s)$。

（2）计算与 $\lambda_j(k,s)$对应的资本的平均值：

$$K_j^*=\sum_{k,s}\lambda_j(k,s)g_j(k,s)$$

（3）对一个固定的“松弛参数”$\xi\in(0,1)$，由下式计算 K 的新的估计值①：

$$K_{j+1}=\xi K_j+(1-\xi)K_j^*$$

（4）按照这种方法继续迭代直到收敛。

后面我们将给出计算休格特模型和艾亚加里模型的均衡的例子。但我们首先要更正式地分析一下两个模型的特征。

18.3 统一化和进一步分析

我们通过艾亚加里（1994）的相关著作中的图形工具来看看几个模型的显著特征。我们先来看看几个具有相同家庭部门的模型之间的关系，这几个模型对交易的单一资产

① 通过令 $\xi<1$，松弛法常常收敛到一个固定点。这防止了直接迭代（即令 $\xi=0$）不收敛的情况。

的假设不同。

为方便起见，回顾最基本的储蓄问题。家庭的目标是最大化

$$E_0 \sum_{t=0}^{\infty}\beta^t u(c_t) \tag{18.3.1a}$$

$$c_t+a_{t+1}=ws_t+(1+r)a_t \tag{18.3.1b}$$

受约束于借入约束

$$a_{t+1}\geqslant -\phi \tag{18.3.1c}$$

我们现在暂时假定 a_{t+1} 可以取大于 $-\phi$ 的任意实数。因此，现假设 $a_t\in[-\phi,+\infty)$。我们有时候会发现用折现率 ρ 来表示折现因子 $\beta=\frac{1}{1+\rho}$ 很有用。在方程（18.3.1b）中，w 有时候是关于净利率 r 的给定函数 $\psi(r)$。

18.4 题外话：非随机储蓄问题

有必要简要讨论 $\beta(1+r)<1$ 时的非随机储蓄问题。$\beta(1+r)=1$ 的情形我们已在第 17 章讨论过了。为了得到非随机储蓄问题，假设 s_t 固定在某正值 s 上。相应的家庭最大化问题的拉格朗日方程为

$$L=\sum_{t=0}^{\infty}\beta^t\{u(c_t)+\theta_t[(1+r)a_t+ws-c_t-a_{t+1}]\} \tag{18.4.1}$$

其中 $\{\theta_t\}_{t=0}^{\infty}$ 是与预算约束相对应的一个非负拉格朗日乘子序列。这个问题的一阶条件是

$$u'(c_t)\geqslant\beta(1+r)u'(c_{t+1})，当\ a_{t+1}>-\phi\ 时等号成立 \tag{18.4.2}$$

当 $a_{t+1}>-\phi$ 时，由一阶条件可推出

$$u'(c_{t+1})=\frac{1}{\beta(1+r)}u'(c_t) \tag{18.4.3}$$

因为 $\beta(1+r)<1$，所以由此推出 $u'(c_{t+1})>u'(c_t)$，$c_{t+1}<c_t$。因此，当家庭无借入约束时，消费逐渐递减。于是，$\{c_t\}_{t=0}^{\infty}$ 是一个单调递减序列。如果它是有下界的，则要么由于稻田条件 $\lim_{c\downarrow 0}u'(c)=+\infty$，要么由于 c_t 的非负性约束，当 $t\to+\infty$ 时，c_t 将是收敛的。一旦 c_t 收敛，家庭将面临借入约束。

家庭最终被借入约束限制之后，我们可以计算出稳定的消费水平。让 $a_{t+1}=a_t=-\phi$，由（18.3.1b）式有

$$c_t=\bar{c}=ws-r\phi \tag{18.4.4}$$

这是在借入限制条件下支付了债务的净利息之后的劳动收入水平。家庭想把明天的消费转移到今天，但无法实现。

如果我们向前求解预算约束，我们得到现值预算约束

$$a_0=(1+r)^{-1}\sum_{t=0}^{\infty}(1+r)^{-t}(c_t-ws) \tag{18.4.5}$$

因此，当 $\beta(1+r)<1$ 时，家庭的消费计划可通过求解初始消费为 c_0 和 T 时期的方程（18.4.5）、方程（18.4.4）和方程（18.4.3）得到，到 T 时期后，债务限制生效并且消费 c_t 为常数。

由方程（18.4.4）知，若要求消费非负[1]，则债务限制必须满足

$$\phi\leqslant\frac{ws}{r} \tag{18.4.6}$$

我们称右边为自然债务限制。如果 $\phi<\frac{ws}{r}$，那么我们称存在特别债务限制（ad hoc debt limit）。

我们已经推导出当 $\beta(1+r)<1$ 时，如果稳态水平存在，那么消费由方程（18.4.4）给出，并且资产由 $a_t=-\phi$ 给出。

现在考虑 $\beta(1+r)=1$ 的情形。此时，由方程（18.4.3）可推出 $c_{t+1}=c_t$，由预算约束可推出 $c_t=ws+ra$ 和 $a_{t+1}=a_t=a_0$。所以当 $\beta(1+r)=1$ 时，任意 a_0 都是 a 的稳定值。最优策略是保持初始资产水平。

总之，在确定性情况下，当 $(1+r)<\beta^{-1}$（即 $r<\rho$）时，资产的稳态需求为 $-\phi$；当 $r=\rho$ 时，资产的稳态需求为 a_0。设稳态水平为 $\bar{a}$，我们有

$$\bar{a}=\begin{cases}-\phi, & r<\rho\\ a_0, & r=\rho\end{cases}$$

其中 $\beta=(1+\rho)^{-1}$。当 $r=\rho$ 时，我们称稳态资产水平 $\bar{a}$ 是不确定的。

18.5 借入限制：“自然的”和“特别的”

我们现在回到随机的情形并考虑债务限制问题。施加 $c_t\geqslant 0$ 就产生了艾亚加里所谓的自然债务限制。因此，施加 $c_t\geqslant 0$ 并向前求解方程（18.3.1b）可得到

$$a_t\geqslant-\frac{1}{1+r}\sum_{j=0}^{\infty}ws_{t+j}(1+r)^{-j} \tag{18.5.1}$$

由于右边是随机变量，在 t 时期是未知的，所以我们必须对（18.5.1）式进行处理才能得到借入约束。一种可能的方法是将（18.5.1）式的右边替换为它的条件期望，并要求（18.5.1）式对期望值成立。但期望值公式与贷款无风险以及消费者一定能偿还贷款是不相容的。我们需要施加一个约束，保证家庭对所有的收入实现值序列均可以保证偿还债务。如果要求（18.5.1）式对所有 $t\geqslant 0$ 成立，那么我们要用 $\min s\equiv\bar{s}_1$ 代替 s_t 得到新的预算约束，从而得到

[1] 例如，如果我们加了之前讨论过的稻田条件，那么消费一定非负。

$$a_t \geqslant -\frac{\bar{s}_1 w}{r} \tag{18.5.2}$$

艾亚加里（1994）称之为自然债务限制。为了与更严格的债务限制兼容，艾亚加里除了要求确保债务偿还可行外，还指定债务限制为

$$a_t \geqslant -\phi \tag{18.5.3}$$

其中

$$\phi = \min\left[b, \frac{\bar{s}_1 w}{r}\right] \tag{18.5.4}$$

且 $b>0$ 为一个任意参数，该参数定义了特别债务限制。

□ 18.5.1　单个状态变量的一种选择

对于 s 为独立同分布的特别情形，艾亚加里展示了怎样用单个变量来处理模型。为了合成单个状态变量，注意，在 t 时期可用于分配的“可支配资源”为

$$z_t = ws_t + (1+r)a_t + \phi$$

因此，z_t 是当前禀赋、期初的当前储蓄以及最大的借入量 ϕ 之和。这可以重新表示为：

$$z_t = ws_t + (1+r)\hat{a}_t - r\phi$$

其中 $\hat{a}_t \equiv a_t + \phi$。家庭的预算约束可用单个状态变量 z_t 递归地表示为

$$c_t + \hat{a}_{t+1} \leqslant z_t \tag{18.5.5a}$$

$$z_{t+1} = ws_{t+1} + (1+r)\hat{a}_{t+1} - r\phi \tag{18.5.5b}$$

其中必须要求 $\hat{a}_{t+1} \geqslant 0$。贝尔曼方程是

$$v(z_t, s_t) = \max_{\hat{a}_{t+1} \geqslant 0} \{u(z_t - \hat{a}_{t+1}) + \beta E v(z_{t+1}, s_{t+1})\} \tag{18.5.6}$$

这里 s_t 纯粹是作为信息变量出现在状态向量中，它以本期决策 $\hat{a}_{t+1}$ 为依据预测下一期的可支配资源 z_{t+1} 中的就业 s_{t+1}。因此在独立同分布的情况下，s_t 在值函数和决策规则中都不存在。

更一般地，对于序列相关的状态，贝尔曼方程的解所对应的是策略函数

$$\hat{a}_{t+1} = A(z_t, s_t) \tag{18.5.7}$$

□ 18.5.2　再论上鞅收敛

现在我们回到第 17 章的一个主要议题，但是考虑的是 $\beta(1+r)<1$ 的情形。由（18.5.5a）式知，最优消费满足 $c_t = z_t - A(z_t, s_t)$。最优政策遵循欧拉不等式

$$u'(c_t) \geqslant \beta(1+r)E_t u'(c_{t+1})\text{，当 } \hat{a}_{t+1}>0 \text{ 时等号成立} \tag{18.5.8}$$

我们可以利用（18.5.8）式来导出资产均值作为 r 的函数的极限行为的显著意义。按照张伯伦和威尔逊（2000）等人的方法，为了推导 r 对资产均值的影响，我们分析与欧拉不等式（18.5.8）对应的消费的极限行为。定义

$$M_t = \beta^t (1+r)^t u'(c_t) \geqslant 0$$

那么 $M_{t+1}-M_t=\beta^t(1+r)^t[\beta(1+r)u'(c_{t+1})-u'(c_t)]$。(18.5.8) 式可以写成

$$E_t(M_{t+1}-M_t)\leqslant 0 \tag{18.5.9}$$

这表明 M_t 是一个上鞅。因为 M_t 非负，所以可以使用上鞅收敛定理。该定理声称，M_t 几乎处处收敛到某个非负随机变量 $\overline{M}$：$M_t \rightarrow_{\text{a.s.}} \overline{M}$。

考虑如下三种情况很有意思：(1) $\beta(1+r)>1$；(2) $\beta(1+r)<1$；(3) $\beta(1+r)=1$。在情况 (1) 中，由 M_t 收敛可推出 $u'(c_t)$ 几乎处处收敛到零。因为 $u'(c_t)>0$ 且 $u''(c_t)<0$，这个事实意味着 $c_t\rightarrow+\infty$ 且消费者的资产持有量发散到 $+\infty$。张伯伦和威尔逊 (2000) 指出，这个结论对边界情况 (3) 也成立（参见第 17 章）。在情况 (2) 中，M_t 的收敛性排除了 $u'(c)$ 几乎必然不收敛的可能性。举一个第 (2) 种情况下简单的不收敛的例子，考虑一个非随机禀赋的案例。在自然借入约束下，消费者选择使 $u'(c)\rightarrow+\infty$，所以渐近地选择使自己贫穷。边际效用 $u'(c)$ 发散。

很容易分析特殊情形中的边界情况 $\beta(1+r)=1$，此时就业过程独立同分布意味着随机矩阵 $\mathcal{P}$ 的行相同。[①] 在这种情况下，s_t 没有提供 z_{t+1} 的信息，故可把 s_t 从 $v(\cdot)$ 和 $A(\cdot)$ 的变量中剔除。对于 s_t 独立同分布的情形，艾亚加里 (1994) 通过下面的反证法证明了如果 $\beta(1+r)=1$，那么 z_t 发散到 $+\infty$。假设存在某个上极限 $z_{\max}$，使得 $z_{t+1}\leqslant z_{\max}=ws_{\max}+(1+r)A(z_{\max})-r\phi$。那么当 $\beta(1+r)=1$ 时，由值函数的严格凹性、本维尼斯特-沙因克曼公式和 (18.5.8) 式可以推出

$$\begin{aligned}v'(z_{\max})&\geqslant E_t v'[ws_{t+1}+(1+r)A(z_{\max})-r\phi]\\&>v'[ws_{\max}+(1+r)A(z_{\max})-r\phi]=v'(z_{\max})\end{aligned}$$

前后矛盾。

18.6 作为 r 的函数的平均资产

在接下来的几节中，我们将采用艾亚加里 (1994) 的相关著作中的图形来分析几个模型。图形中资产的平均水平是关于 r 的函数。在含有资本的模型中，图形被用来描述均衡时工资 w 对 r 的依赖性。在不含有资本的模型中，如休格特模型，工资是固定的。我们集中研究 $\beta(1+r)<1$ 的情形。在我们研究的问题中，由最优决策规则 $A(z_t,s_t)$ 和 s 的马尔可夫链可推出资产与 s 的联合马尔可夫链有唯一的不变分布。对于固定的 r，令 $Ea(r)$ 表示资产 a 的均值水平，令 $E\hat{a}(r)=Ea(r)+\phi$ 表示资产加上借入量的均值水平，这里的均值是基于不变分布的。此处将 $Ea(r)$ 理解为 ϕ 的函数，当我们想明确地表示这种相关性时，我们把它记为 $Ea(r,\phi)$。另外，与前面一样，资本是唯一的资产，所以认为工资 w 是 r 的函数是恰当的。这种方法刻画了 r 是如何影响平均资本、劳动的边际产出和工资的。

① 相关证明参见第 17 章。

上文应用上鞅收敛定理进行的分析意味着，当$\beta(1+r)$负向趋近于1时（即r负向趋近于ρ），$Ea(r)$发散到$+\infty$。图18.6.1中$Ea(r)$曲线的形状反映了这一性质。[①]

在画图18.6.1中的$Ea(r)$曲线时，假定工资是固定的。稍后，我们将讨论当w是r的函数时怎样画类似的曲线，其中r仍由正的K的边际生产率决定。现在假定当$K=K_1$时，工资w固定等于劳动的边际产出，K_1为模型中的资本的均衡水平。均衡利率由$Ea(r)$曲线和资本的边际产出曲线的交点决定。注意，均衡利率r小于ρ，而ρ是它在非随机模型中的值；资本的均衡价值K_1大于均衡价值K_0（在非随机模型中，当$r=\rho$时，K_0由资本的边际产出决定）。

休格特的纯信用模型有相同的$Ea(r)$曲线，但均衡利率由$Ea(r)$曲线和r轴的交点决定。

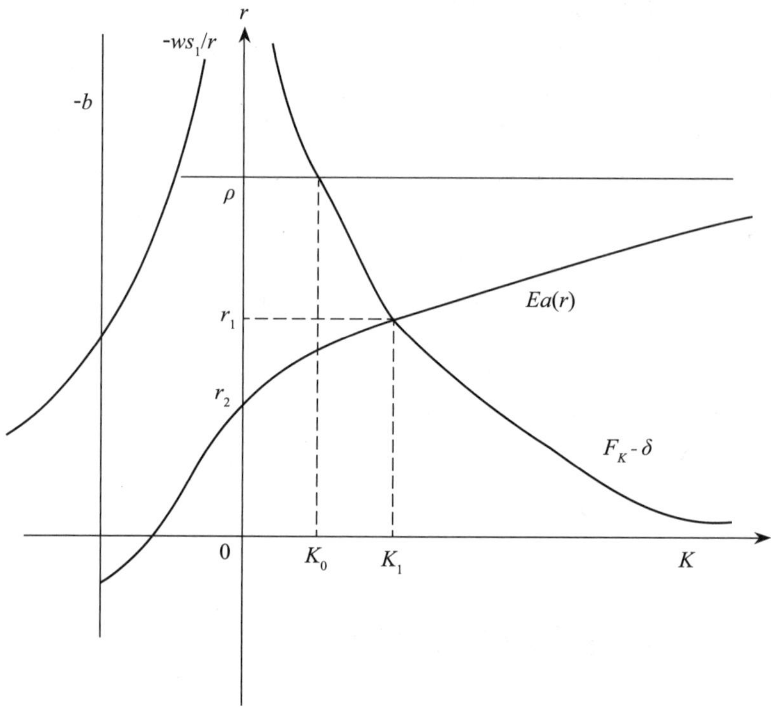

图18.6.1　资本的需求和利率的确定。$Ea(r)$曲线是在固定的工资下构造的，工资等于资本水平为K_1时劳动的边际产出。在含有资本的模型的非随机情形下，均衡利率和资本存量为(ρ,K_0)，在随机情形下为(r,K_1)。在不含资本的模型中，工资w固定在同一水平，休格特的纯信用模型的均衡利率出现在$Ea(r)$曲线和r轴的交点处

为了比较下面的几个模型，有必要注意$Ea(0)$对ϕ的依赖性。

命题1： 当$r=0$时，最优规则$\hat{a}_{t+1}=A(z_t,s_t)$独立于ϕ。这意味着对于$\phi>0$，有$Ea(0;\phi)=Ea(0;0)-\phi$。

证明： 容易看出，当$r=0$时，方程（18.5.5b）（消费者预算约束）的右边不含有ϕ。因此，当$r=0$时，最优规则$\hat{a}_{t+1}=A(z_t,s_t)$不依赖于ϕ。更明显的是，当$r=0$时，在家庭的预算约束两边都加上ϕ，得到

① 见艾亚加里（1994）的讨论，$Ea(r)$不一定是r的单调递增函数，主要是因为w可以表示成r的函数。

$$(a_{t+1}+\phi)+c_t \leqslant (a_t+\phi)+ws_t$$

如果决策规则 $a_{t+1}=g(a_t, z_t)$ 是 $\phi=0$ 时的家庭问题的解，那么，当 $\phi>0$ 时，决策规则 $a_{t+1}+\phi=g(a_t+\phi, z_t)$ 是家庭问题的解。∎

因此，在 $r=0$ 时，ϕ 的增加使 $Ea(r)$ 曲线向左移动了同样数量，如图 18.6.2 所示。我们利用这个结果来分析几个模型。

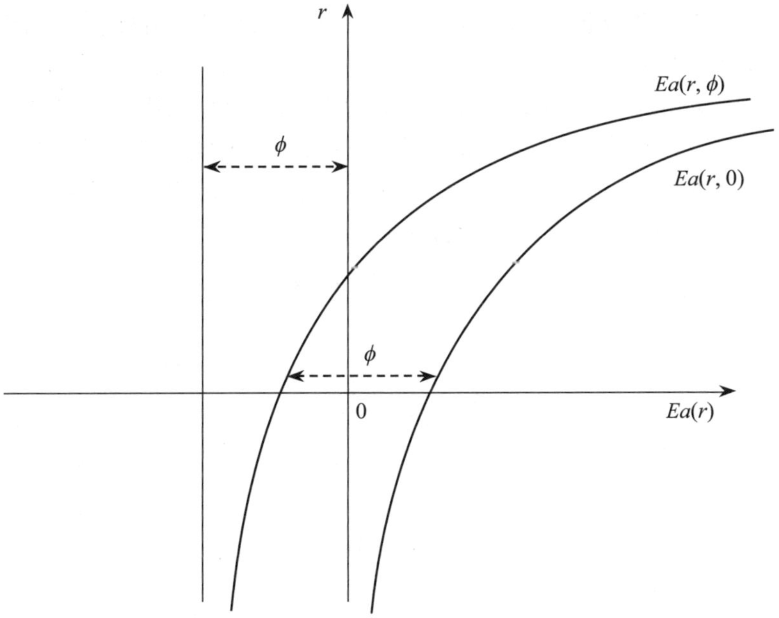

图 18.6.2　ϕ 的移动对 $Ea(r)$ 曲线的影响。假定工资不变时的两条 $Ea(r)$ 曲线都画在了图中

在下面的几节中，我们利用图 18.6.1 来计算几个模型的均衡点。对不含资本的模型，可以在假设工资不变的情况下作图。$Ea(r)$ 曲线通常与图 18.6.1 中的曲线有相同的形状。在休格特模型中，均衡利率由 $Ea(r)$ 曲线和 r 轴的交点决定，这反映了资产（纯消费贷款）在零净供给中是可以得到的。在一些含有货币的模型中，消费贷款的完全替代品（法定货币）的可获得性带来了正的净供给。

18.7　计算例子

我们用可求解离散状态动态规划问题的 Matlab 程序来计算几个例子。[①] 我们将资产的空间离散化，从 $-\phi$ 到参数 $a_{\max}=16$ 分成长度为 0.2 的小段。

效用函数为 $u(c)=(1-\mu)^{-1}c^{1-\mu}$，其中 $\mu=3$。假定 $\beta=0.96$。我们采用 s 的两个具体

① 用于计算 $Ea(r)$ 函数的程序是 bewley99.m、bewley99v2.m、aiyagari2.m、bewleyplot.m 和 bewleyplot2.m。程序 markovapprox.m 应用了陶亨用马尔可夫链来逼近连续自回归过程的方法。程序 markov.m 模拟了马尔可夫链。这个程序可以从 http://files.nyu.edu/ts43/public/books.html 上下载。

的马尔可夫过程。第一，我们采用陶亨（1986）的方法得到一个离散状态的马尔可夫链来逼近一阶自回归过程

$$\log s_t = \rho \log s_{t-1} + u_t$$

其中 u_t 是一列独立同分布的高斯随机变量序列。我们让 $\rho=0.2$，u_t 的标准差等于 $0.4\sqrt{(1-\rho)^2}$。我们在 s 的格子点个数 $N=7$ 的条件下使用陶亨的方法。

第二，我们假设 s 独立同分布，均值为 1.090 3。在这种情况下，比较方差分别为 0.22 和 0.68 的两个模型。

图 18.6.3 和图 18.7.1 给出了不同情况下的 $Ea(r)$ 曲线。图 18.7.1 画出了序列相关 s 的第一种情形的 $Ea(r)$ 曲线。两条 $Ea(r)$ 曲线分别对应不同的特别债务约束。一条对应于 $b=3$，另一条对应于 $b=6$。图 18.7.2 中画出了在 $b=3$ 且利率由 $Ea(r)$ 曲线和 r 轴的交点决定的情况下，资产持有量的不变分布。

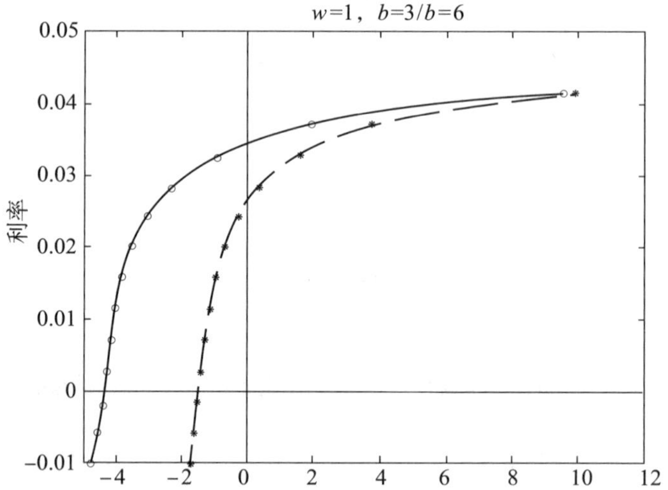

图 18.6.3　两条 $Ea(r)$ 曲线，其中一条对应于 $b=6$，另一条对应于 $b=3$，均带有固定的工资 $w=1$。注意，当 $r=0$ 时，两条曲线的差别为 3，即 b 的差别

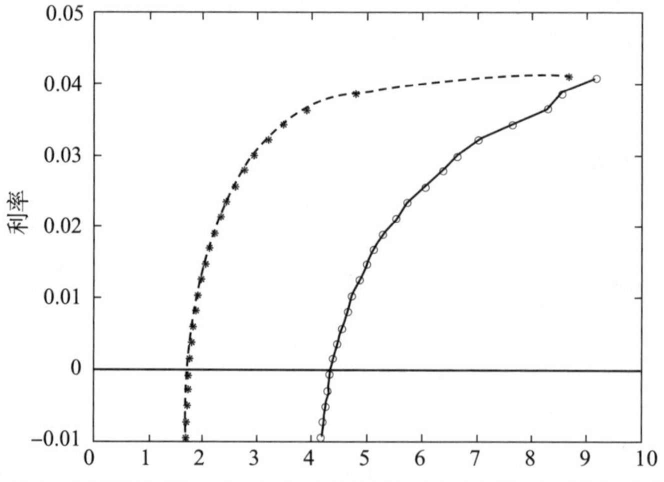

图 18.7.1　当 $b=0$ 并且禀赋冲击 s 独立同分布但方差不同时的两条 $Ea(r)$ 曲线。以圆圈标记的曲线对应具有较大方差的经济

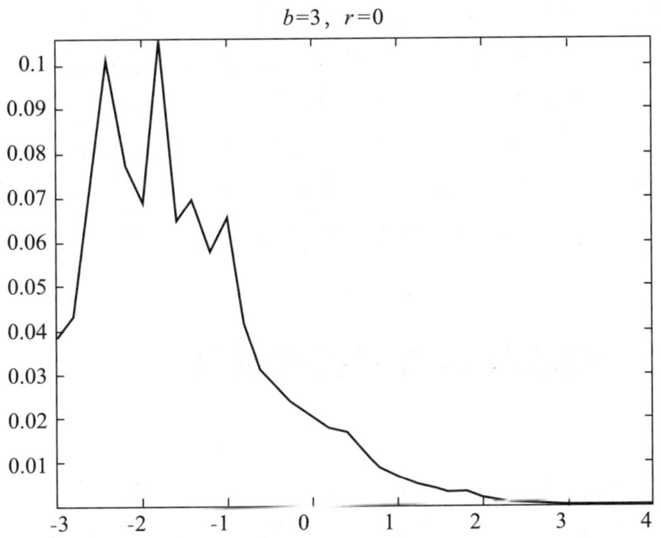

图 18.7.2　当 $b=3$ 时资本的不变分布

图 18.7.1 总结了 s 为独立同分布时的预防性储蓄过程。两条 $Ea(r)$ 曲线被画在了图中。对每一条曲线，我们都假定特别债务限制 $b=0$。靠右边的曲线就是禀赋冲击 s 的方差较大时的曲线。因此，随机冲击方差的增加导致储蓄增加。

记住这几个图，我们接下来要详细分析几个特殊的模型。

18.8　几个比利模型

我们考虑几个模型，其中家庭的连续统面临同样的问题。家庭的行为产生了资产需求函数 $Ea(r;\phi)$。这些模型有相同的 $Ea(r;\phi)$ 曲线族，但 ϕ 的值和对资产供给的解释不一样。这些模型为：(1) 艾亚加里（1994，1995）提出的模型，在这个模型中，无风险资产是实物资本或私人借据（private IOUs），在实物资本上存在资产的净供给；(2) 休格特模型（1993），其中的资产为私人借据，它的净供给为零；(3) 比利的法定货币模型；(4) 允许通货膨胀税的修正比利模型；(5) 修正了的比利模型，在该模型中，明确地或隐性地通过通货紧缩对货币支付利息。

□ 18.8.1　最优的稳定配置

由于没有总风险且总禀赋为常数，所以稳定的最优配置将使得每个家庭每期的消费为常数。每个家庭的消费计划是每期的消费不变。与这个配置相对应的隐含的无风险利率为 $r=\rho$，回想一下 $\beta=(1+\rho)^{-1}$。在含有资本的模型中，稳定的总资本存量是如下方程的解：

$$F_K(K,N)-\delta=\rho \tag{18.8.1}$$

方程（18.8.1）限制了卡斯（Cass，1965）和库普曼斯（Koopmans，1965）的非随机最优增长模型中的稳定最优资本存量。资本的稳定存量水平是图 18.6.1 中的 K_0，即边际生产率减去折旧后的曲线和水平线 $r=\rho$ 的交点的横坐标。前面已经提到，$r=\rho$ 处的水平线是非随机储蓄问题中储蓄的“长期”需求曲线。稳定最优配置与非随机增长模型中的结果一致。我们将利用无风险利率 $r=\rho$ 作为基准来比较另外几个不完全市场的配置。艾亚加里（1994）的模型用向上倾斜的 $Ea(r)$ 曲线代替水平线 $r=\rho$，与有无风险禀赋序列的储蓄模型相比，这导致了稳定均衡利率下降和资本存量上升。

18.9　含有资本和私人借据的模型

图 18.6.1 可以用来描述前面的艾亚加里模型的均衡。唯一的资产是资本。总生产函数为 $Y=F(K,N)$，并且 $w=F_N(K,N)$，$r+\delta=F_K(K,N)$。我们可以通过对资本的边际条件求逆函数来导出向下倾斜的曲线 $K=K(r)$。这是图 18.6.1 中表示为 $F_K-\delta$ 的曲线。我们可以用边际生产条件导出要素价格边界（factor price frontier）$w=\psi(r)$。对固定的 r，我们用 $w=\psi(r)$来表示储蓄问题中的工资，然后推导出 $Ea(r)$。我们希望均衡时的 r 满足

$$Ea(r)=K(r) \tag{18.9.1}$$

均衡利率在 $Ea(r)$曲线和 $F_K-\delta$ 曲线的交点处产生。如图 18.6.1 所示。①

从曲线的形状可以看出，均衡资本存量 K_1 超过在给定总劳动水平下使利率等于 ρ 时的资本存量 K_0。在随机模型中存在资本的过度积累。

18.10　只有私人借据

利用图 18.6.1 可以很容易地计算出休格特（1993）模型中的均衡。回想一下，在休格特模型中，唯一的资产是其他家庭发行的无风险贷款。没有“外部”资产。这拟合了带有 a_t 的基本模型，a_t 是 t 期期初别人欠个体的贷款数量。均衡条件为

$$Ea(r,\phi)=0 \tag{18.10.1}$$

它是图 18.6.1 中 $Ea(r)$曲线和 r 轴的交点。有一族这种曲线，每一条代表一个特别债务限制。放松特别债务限制(令 $b\rightarrow+\infty$)将使得均衡利率向上移动到最左边的 $Ea(r)$曲线[即与自然债务限制相对应的 $Ea(r)$曲线]和 r 轴的交点处。

① 回顾图 18.6.1，它是在工资 w 固定的情况下画的，工资为固定值，它等于 $K=K_1$ 时的劳动边际产出。图 18.6.1 在 $w=\psi(r)$时有一条新的 $Ea(r)$曲线，它和原来固定工资情况下的 $Ea(r)$曲线都与 $F_K-\delta$ 交于同一点(r_1，K_1)。此外，新的$Ea(r)$曲线对负的 K 没有意义。

□ 18.10.1 信用所能达到的结果的限制

由均衡条件（18.10.1）和条件$\lim\limits_{r\to\rho}Ea(r)=+\infty$可推出，对所有遵从自然债务限制的债务极限值来说，均衡值 r 都比 ρ 值小。这个结果支持下面的结论。

命题 2（带有信用的均衡的次优性）：自然债务限制所对应的均衡利率是休格特模型所能达到的最高均衡利率，这个利率比完全市场中的利率 ρ 要小。[①]

□ 18.10.2 γ 作为 ρ 的近似

由图 18.6.3 可以看出，当借入约束放松时，均衡利率 r 接近于 ρ。在自然借入限制的条件下，接近的程度取决于模型中的几个关键参数：（1）折现因子 β；（2）$u(\cdot)$的曲率；（3）禀赋过程的持久性；（4）禀赋过程中的新息的波动率。通过选择合理的 β 和 $u(\cdot)$，然后利用美国工人收入的面板数据来校准禀赋过程的持久性和波动率，休格特（1993）发现，在自然借入限制的条件下，r 相当接近于 ρ 且家庭能够获得大量的自我保险。[②] 在我们考察克鲁塞尔和史密斯（1998）的结果时，将会再次遇到休格特的发现。在关于某一特定风险的标准中，克鲁塞尔和史密斯（1988）发现，带有完全市场的实际经济周期模型在近似一个其中只允许无风险资产交易的模型中的价格和总量配置时表现得很好。

□ 18.10.3 内部货币或免费银行的解释

休格特模型可被视为纯“内部货币”（inside money）模型或私人借据流通模型。在这个模型中，每个人都是一个“银行家”，他们可在债务限制（18.5.3）式的约束下发行“借据”或债务的凭据。在任何 $a_{t+1}<0$ 时家庭发行的借据比它持有的其他家庭的借据更多。

有几种方法可以用来考虑方程（18.10.1）所要求的票据“出清”问题。其中一种是在 t 期，交易发生在如下几段时间内：第一，家庭实现 s_t。第二，一些家庭选择 $a_{t+1}<a_t\leqslant 0$，发行数量为 $-a_{t+1}+a_t$ 的票据。另外一些$a_t<0$的家庭可能会决定让 $a_{t+1}\geqslant 0$，即它们将“赎回”它们流散在外的票据，甚至可能还会买进另外一些家庭发行的票据。第三，家庭在市场上用票据交换商品。第四，在一个集中的清算场所“清算”票据：如果一个家庭持有其他家庭发行的票据，它将会用它们赎回它自己发行的票据。如果某人持有正数量的其他家庭发行的票据，他将会用它们赎回他的未付票据。清算的结果让每个人持有特定的 a_{t+1} 并带入下期，没有人在拥有其他人的票据的同时自己还有票据在外面。

另外，还有几种方式可以解释交易安排，票据流通实现了这些“银行”的多边长期借贷：在商品交易过程中，个体 C 认可或者赎回个体 A 发行但由个体 B 持有的票据。[③]

---

① 休格特利用这个模型来研究特别债务限制参数 b 可以将无风险利率降低到 ρ 以下的程度，以解释“无风险利率之谜”。

② 这一结果敏感地依赖于如何设定禀赋分布的左尾部。注意，如果最小禀赋 $\bar{s}_1$ 被设为 0，则自然借入限制也是 0。然而，休格特的标准允许在自然借入限制的条件下有正的借入。

③ 甚至可以描述这个模型的另一种情形，其中一个人或一组人签发的借据可以由另一个人或另一组人来“赎回”。

科切拉科塔（1996b）、科切拉科塔和华莱士（1998）在不同的情况下描述了这些交易机制。

在自然借入限制的条件下，我们可以将这种纯消费贷款或内部货币模型设想为一种免费银行服务模型。在这样的模型中，家庭发行票据的能力仅仅受到所有贷款必须是无风险且持续期是一期的限制。稍后，我们将此免费银行服务模型的均衡配置作为一种基准，并以此来判别在具有外部货币及严格的借入限制的模型中著名的弗里德曼规则的有效性。我们现在来考虑含有"外部货币"的模型。

□ 18.10.4 比利的基本的法定货币模型

建立这类模型是为了生成对法定货币的需求，这种货币是由一个模型之外的实体政府提供的、名义数量固定的不可兑换的货币。个体可持有但不能发行货币。为了把个体问题映射为问题（18.3.1），令 $m_{t+1}/p=a_{t+1}$，$b=\phi=0$，这里 m_{t+1} 是个体从 t 期到 $t+1$ 期持有的货币量，价格水平为常数 p。在不变的价格水平下，$r=0$。当 $b=\phi=0$ 时，$\hat{a}_t=a_t$。货币是家庭可持有的唯一资产，它的供给量固定为 M。稳定均衡的条件是

$$Ea(0)=\frac{M}{p} \tag{18.10.2}$$

上述方程用于分解 p。此方程是货币数量理论的一种形式。

由于 $r=0$，所以我们需要某个特别借入约束（即 $b<\infty$），以使得模型存在稳定均衡。如果放松借入约束 $b=0$ 并允许存在一些借入（令 $b>0$），那么 $Ea(r)$ 曲线将会左移，并将导致 $Ea(0)$ 下降和稳定价格水平上升。

设 $\overline{m}=Ea(0,\phi=0)$ 为方程（18.10.2）在 $\phi=0$ 时的解。命题 1 告诉我们怎样构造以 $\phi\in(0,\overline{m})$ 为指标的稳定均衡集，这些均衡对不同的价格水平有相同的配置。给定一个初始稳定均衡，其中 $\phi=0$，并且价格水平满足方程（18.10.2），我们让每个人每期在新均衡时的 $\hat{a}_t$ 等于旧均衡时的 $\hat{a}_t$，这样对 $\phi\in(0,\overline{m})$ 就构造了一个均衡。

均衡集强调通过替代"外部货币"来扩展"内部货币"是如何导致外部货币（现金）的价值下降的。构造过程也说明了如果让 $\phi>\overline{m}$，那么对有限的、正的价格水平不存在稳定货币均衡。对于 $\phi>\overline{m}$，$Ea(0)<0$ 说明了利率将上升且私人借据的收益将高于货币的回报，这导致货币从模型中消失。为了让货币回到模型中，我们考虑对货币支付利息。在此之前，先考虑常常可观察到的政府通过通货膨胀税来增加收入的情形。

18.11 铸币税模型

本模型中的家庭与上一节所描述的一样，我们继续用稳定需求函数 $Ea(r)$ 来概括。我们假定 $\phi=0$，那么个体不能借入。但现在政府通过扩大名义货币供给来支付固定的实际政府购买 G。政府在 t（$t\geqslant 0$）期的预算约束为

$$M_{t+1}=M_t+p_tG \tag{18.11.1}$$

对 $t \geqslant 1$，上式可表示为

$$\frac{M_{t+1}}{p_t}=\frac{M_t}{p_{t-1}}\left(\frac{p_{t-1}}{p_t}\right)+G$$

我们现在来寻找满足$\frac{p_{t-1}}{p_t}=1+r$(对于 $t \geqslant 1$)和$\frac{M_{t+1}}{p_t}=\bar{a}$(对于 $t \geqslant 0$)的稳定均衡。这些猜想使得前面的方程变为

$$\bar{a}=\frac{G}{-r} \tag{18.11.2}$$

对 $G>0$，它表示直角坐标系第四象限的一条双曲线。r 的稳定均衡值由这条曲线和 $Ea(r)$ 曲线的交点决定（如图 18.11.1 所示）。显然，当 $G>0$ 时，均衡净利率 $r<0$。可把 $-r$ 视为通货膨胀税。注意，如果存在均衡值，那么均衡值通常不止一个。这是本模型中拉弗曲线的特征。通常，如果存在一个稳定均衡，那么至少有两个通货膨胀率可以用来为政府的预算融资。这个结论成立是因为图 18.11.1 中的两条曲线都有正的斜率。

在 r 确定以后，初始价格水平可以由政府的预算约束（18.11.1）在 0 期的情形决定，即

$$\bar{a}=M_0/p_0+G$$

这就是本模型中的货币数量理论。M_0 的增加将使得 p_0 增加，所有以后的价格也同比例增加。

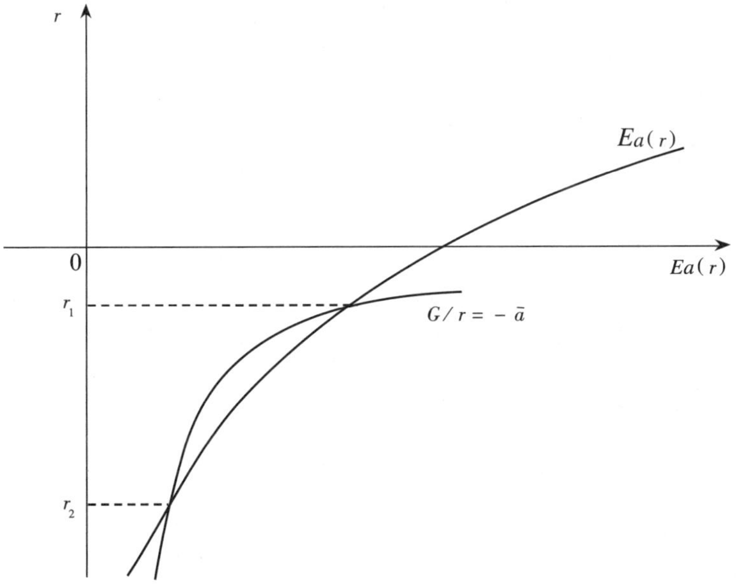

图 18.11.1　货币的两个稳定均衡收益率（它们都为固定的政府赤字 G 融资）

通常有多个稳定均衡通货膨胀率，应选哪一个呢？我们建议选择货币收益率最高的那一个，即最低的通货膨胀税。这个选择给出“古典”的比较静态分析：G 的增加导致 r 下降。在不同但相关的设定中，马塞特和萨金特（1989）以及布鲁诺和费希尔（1990）

给出了选择我们所建议的均衡的学习过程。马里蒙和森德（Marimon and Sunder，1993）描述了以人为对象的实验，发现该实验也支持这种选择。

注意债务限制 ϕ 的变化对通货膨胀率的影响。ϕ 的上升会导致 $Ea(r)$ 曲线左移，r 降低，甚至可能会导致所有稳定均衡消失。这说明了政府为什么在提高铸币税时要限制私人借入。参见布赖恩特和华莱士（1984）对这一点及其相关的问题更广泛、更具体的理论阐述，以及萨金特和费尔德（1995）的著作中来自法国革命的实际例子。

18.12 汇率不确定性

我们把前面的模型改动一下来说明卡雷肯和华莱士（1980）的汇率不确定性理论。考虑一个由两个国家组成的模型，每个国家都是一个比利经济，第 i 个国家的稳定货币需求函数为 $Ea_i(r)$。同样的单一的消费品在每个国家都可获得。两个国家的居民可自由持有任何一个国家的货币。当两种货币的收益率相等的时候，两种货币对两个国家的居民是无差异的。设 p_{it} 为第 i 个国家的价格水平，$p_{1t}=e_t p_{2t}$ 定义了 t 期的汇率 e_t。在第 $t-1$ 期和第 t 期之间，货币 i 的总收益率为 $1+r=\frac{p_{i,t-1}}{p_{i,t}}$，$i=1,2$。由收益率相等可推出，对所有 t 有 $e_t=e_{t-1}$，因此，对所有的 t，$p_{1,t}=ep_{2,t}$，其中 e 是待定的不变汇率。

每个国家通过印制自己的货币来为固定的支出水平 G_i 融资。设 $\bar{a}_i$ 为第 i 个国家的货币实际余额的稳定水平。两国稳定的预算约束为

$$\bar{a}_1=\bar{a}_1(1+r)+G_1 \tag{18.12.1}$$

$$\bar{a}_2=\bar{a}_2(1+r)+G_2 \tag{18.12.2}$$

对上面两式求和得到

$$\bar{a}_1+\bar{a}_2=\frac{G_1+G_2}{-r}$$

这条曲线和 $Ea_1(r)+Ea_2(r)$ 决定了收益率 r 的稳定均衡。为了决定初始价格水平和汇率，我们使用两政府的 0 时期预算约束。第 i 个国家的 0 时期预算约束为

$$\frac{M_{i,1}}{p_{i,0}}=\frac{M_{i,0}}{p_{i,0}}+G_i$$

或

$$\bar{a}_i=\frac{M_{i,0}}{p_{i,0}}+G_i \tag{18.12.3}$$

对 i 求和并利用方程 $p_{1,0}=ep_{2,0}$，得到

$$(\bar{a}_1+\bar{a}_2)-(G_1+G_2)=\frac{M_{1,0}+eM_{2,0}}{p_{1,0}}$$

这是一个具有两个变量 $(e,p_{1,0})$ 的方程。如果对某个 $e\in(0,+\infty)$，方程有一组解，那么对任意其他 $e\in(0,+\infty)$，方程都有一组解。在这个意义下，汇率是不确定的。

方程（18.12.3）用初始“世界货币供给”（world money supply）$M_{1,0}+eM_{2,0}$来表述货币数量理论。

18.13 通货的利息

弗里德曼建议对通货支付利息，比利（1980，1983）研究了弗里德曼的建议是否可以改善稳定均衡的结果，进而是否支持最优配置。他发现，当$\beta<1$时，弗里德曼规则可以改善一些方面，但由于我们下面将要描述的原因，弗里德曼规则不能执行最优配置。

和前面的法定货币模型一样，假定有一种资产，即政府发行的法定货币。家庭不能借入（$b=0$）。消费者的预算约束为

$$m_{t+1}+p_tc_t\leqslant(1+\tilde{r})m_t+p_tws_t-\tau p_t$$

其中 $m_{t+1}\geqslant 0$ 是从 t 期带到 $t+1$ 期的货币量，p_t 是 t 期的价格水平，$\tilde{r}$ 是政府支付的名义货币利率，τ 是实际总量税，这项税收用来为政府对货币支付的利息融资。政府 t 期的预算约束为

$$M_{t+1}=M_t+\tilde{r}M_t-\tau p_t$$

其中 M_t 是 t 期期初每人平均持有的名义货币存量。

这个模型有两种情况：一种是政府支付显性利息，并保持名义货币量不变；另一种是政府不支付显性利息，但改变货币量，通过通货紧缩来支付利息。

对每种情况我们都可以证明，当货币持有量仍然满足 $m_t\geqslant 0$ 时，对货币支付利息可以看成是一种削弱这个非负约束的影响的工具。对每种情况，我们都可证明这里的家庭问题与（18.3.1）式、（18.5.3）式和（18.5.4）式中的艾亚加里的问题同构，从而证实上述结论成立。

□ 18.13.1 显性利息

在第一种情况下，政府保持货币供给量固定，对于任意 t，令 $M_{t+1}=M_t$，并努力保持不变的价格水平。这些假定使得政府的预算约束意味着

$$\tau=\tilde{r}M/p$$

把它代入家庭的预算约束并整理后得

$$\frac{m_{t+1}}{p}+c_t\leqslant\frac{m_t}{p}(1+\tilde{r})+ws_t-\tilde{r}\frac{M}{p}$$

其中货币量的选择要满足 $m_{t+1}\geqslant 0$。通过变量的适当转换，这与（18.3.1）式、（18.5.3）式和（18.5.4）式中的艾亚加里问题一致。特别地，取 $r=\tilde{r}$，$\phi=\dfrac{M}{p}$，$\dfrac{m_{t+1}}{p}=\hat{a}_{t+1}\geqslant 0$。对于选定的这些参数，在总实际余额为$\dfrac{M}{p}$和名义货币利率为 $\tilde{r}$ 的经济中，家庭储蓄问题

的解可以从实际利率为 $\bar{r}$、借入约束参数为 $\phi \equiv \frac{M}{p}$ 的储蓄问题的解中得出。设该问题的解由策略函数 $a_{t+1}=g(a,s;r,\phi)$ 给出。由于我们已经设定 $\frac{m_{t+1}}{p}=\hat{a}_{t+1} \equiv a_{t+1}+\frac{M}{p}$，所以实际余额的供给等于需求的条件 $E\frac{m_{t+1}}{p}=\frac{M}{p}$ 等价于 $E\hat{a}(r)=\phi$。注意，因为 $a_t=\hat{a}_t-\phi$，均衡也可表示为 $Ea(r)=0$，其中 $Ea(r)$ 通常是通过不变分布 $\lambda(a,s)$ 计算的 a 的均值。

前面的论证说明了，$m_{t+1} \geqslant 0$、均衡实际余额为 $\frac{M}{p}$、货币的显性利率为 r 的货币经济的均衡同构于具有借入约束 $\phi=\frac{M}{p}$ 的纯信用经济。我们将这个结论总结为下面的命题：

命题 3： 通过总量税来支付货币利息的稳定均衡，和休格特自由银行业模型的均衡有相同的配置和利率，其中债务限制 ϕ 等于货币经济中的均衡实际余额。

为了求解含有货币利息的均衡，我们采用"回溯法"。[①] 因此，尽管本模型的实质是政府设置 $\bar{r}=r$ 并承诺不管出现什么样的 $\frac{M}{p}$，都将征收总量税来支付利息，我们可以首先定义 $\frac{M}{p}$ 以求解均衡，然后找到相应的 r。具体地，我们采用下面的步骤：

（1）令 ϕ 满足 $0 \leqslant \phi \leqslant \frac{ws_1}{r}$。（我们将在下一节详细论述其上界。）计算出实际余额并通过解 $\frac{M}{p}=\phi$ 求出 p。

（2）从 $E\hat{a}(r)=\frac{M}{p}$ 或 $Ea(r)=0$ 中找到 r。

（3）从政府的预算约束 $\tau=r\frac{M}{p}$ 中求出均衡税率。

通过这种方法可找到一个满足政府预算约束的不变税率，它将实际余额水平维持在区间 $0 \leqslant \frac{M}{p} \leqslant \frac{ws_1}{r}$ 内。显然，在均衡中，可维持的最高实际余额水平为与自然债务限制对应的水平。与货币均衡对应的利率水平在 $0 \leqslant r \leqslant r_{FB}$ 这一范围变化，其中 $Ea(r_{FB})=0$，且 r_{FB} 为纯信用经济（即休格特模型）在自然债务限制下的均衡利率。

□ 18.13.2 $\frac{M}{p}$ 的上界

为了解释 $\frac{M}{p}$ 可以达到的上界，注意，由实际余额为零的政府的预算约束和家庭的预算约束可以推出，对 s 的所有实现值，都有 $\tau=r\frac{M}{p} \leqslant ws$。假设在实际余额的稳定分布中，有一部分人的实际余额任意接近零。令就业冲击 s 的分布使得有一部分低收入消费者在每期的收入都为 ws_1。那么，为让拥有最低财富的消费者能支付总量税，我们就必

① 参见西姆斯（1989）以及迪亚兹-希门尼斯、普雷斯科特和阿尔瓦雷斯（1992）对回溯法的解释和应用。

须有 $\tau=\frac{rM}{p}\leqslant ws_1$ 或 $\frac{M}{p}\leqslant\frac{ws_1}{r}$。

在图 18.6.1 中，均衡实际利率 r 由 $Ea(r)$ 曲线和 r 轴的交点决定。考虑有两条 $Ea(r)$ 曲线的图，一条是与自然债务限制 $\phi=\frac{s_1 w}{r}$ 对应的曲线，另一条是与特别债务限制 $\phi=\min\left[b,\frac{s_1 w}{r}\right]$ 对应的曲线，它位于图的右边。对货币支付利息的货币政策所能维持的最高利率，显然可由与自然债务限制对应的 $Ea(r)$ 曲线和 r 轴的交点决定。它比与任何特别债务限制对应的均衡利率都高，但一定低于 ρ。注意，ρ 是与“最优货币数量”对应的利率。因此，我们得到比利（1983）结果的艾亚加里（1994）图形形式，该结果指出最优货币数量（弗里德曼规则）在这些设定中无法落实。

我们将上面关于自由银行业和弗里德曼规则的讨论总结为一个命题：

命题 4：通过对货币支付利息所能维持的最高利率，同与自然债务限制下纯信用经济（即纯内部货币）对应的利率相等。

如果 $\rho>0$，那么弗里德曼规则（对货币支付利率为 ρ 的实际利息）在本模型中无法实现。对货币支付利息的最重要的意义在于，它可以清除阻止家庭与政府竞争发行货币的约束和实现银行业自由化。

□ 18.13.3 一种非常特殊的情形

莱文和赞姆（Levine and Zame，1999）研究了上述模型的一种非常特殊的极限情形。他们发现与带有利息的最优货币稳定均衡等价的自由银行业均衡是最优的。他们在讨论 $\rho\downarrow 0$ 的情况下经济的极限时提到了这种特殊的情形。受此启发，在自然债务限制下，$Ea(r)$ 曲线在 $r=0$ 处收敛到水平线。在 $\rho=0$ 的约束下，命题 4 之前的讨论考虑了最优 $r=\rho$ 均衡。

□ 18.13.4 通货紧缩带来的隐性利息

对货币支付显性利息等价于这里的另外一种处理方法。政府通过通货紧缩来支付利息，但不是支付显性利息。通过令 $\tilde{r}=0$ 和 $\tau p_t=-gM_t$ 可以达到这一目的，从而有意使得 $(1+r)^{-1}=1+g$，其中 $g<0$。政府的预算约束变为 $M_{t+1}=M_t(1+g)$，也可以写成

$$\frac{M_{t+1}}{p_t}=\frac{M_t}{p_{t-1}}\frac{p_{t-1}}{p_t}(1+g)$$

我们来寻找实际余额不变、总通货膨胀率的倒数 $\frac{p_{t-1}}{p_t}=1+r$ 时的稳态。就如我们所希望的那样，这个稳态意味着由上面的方程有 $1+r=(1+g)^{-1}$。也就是说，总量税税率是 $\tau=-\frac{M_t}{p_{t-1}}(1+r)g$。利用 $1+r=(1+g)^{-1}$，它又可以表示为

$$\tau=\frac{M_t}{p_{t-1}}r$$

以这种方式征税时家庭的预算约束为

$$c_t+\frac{m_{t+1}}{p_t}\leqslant\frac{m_t}{p_{t-1}}(1+r)+ws_t-\frac{M_t}{p_{t-1}}r \tag{18.13.1}$$

这与$\frac{M_t}{p_{t-1}}=\phi$时的艾亚加里的设定是一致的。

由于这些一致性，稳态均衡可通过类似于对货币支付显性利息的方法来确定。$Ea(r)$曲线和r轴的交点决定了实际利率。给定债务限制的参数b，利率等于对货币支付显性利息的经济中的利率。

18.14 预防性储蓄

正如我们在带有特殊的劳动收入冲击的生产经济中所看到的，个体不能参与保险市场时的稳态资本存量要比完全市场经济下的资本存量大。这种资本的“过度”积累可以被认为是预防性储蓄的总量，休格特和奥斯皮纳（Huggett and Ospina，2000）强调了这一点。对储蓄的预防性需求通常描述为，由未来收入不是确定的而是随机的所导致的额外储蓄。[①]

在局部均衡的储蓄问题中，由利兰（Leland，1968）和桑德莫（Sandmo，1970）的讨论可知，防止风险的预防性储蓄与边际效用函数的凸性有关，或者说效用函数有正的三阶导数。在两期模型中，这种直观解释可以通过欧拉方程得到，假设消费的内部解满足

$$u'[(1+r)a_0+w_0-a_1]=\beta(1+r)E_0u'[(1+r)a_1+w_1]$$

其中$1+r$是总利率，w_t是在$t=0$，1时的劳动收入（禀赋）；a_0是初始资产，a_1是0期和1期之间的最优储蓄量。现在来比较两个经济中a_1的最优选择，其中下期的劳动收入w_1要么是确定的，等于$\overline{w}_1$，要么是随机的，其均值为$\overline{w}_1$。设a_1^n和a_1^s分别代表非随机经济和随机经济中储蓄的最优选择，它们满足欧拉方程：

$$\begin{aligned}u'[(1+r)a_0+w_0-a_1^n]&=\beta(1+r)u'[(1+r)a_1^n+\overline{w}_1]\\u'[(1+r)a_0+w_0-a_1^s]&=\beta(1+r)E_0u'[(1+r)a_1^s+w_1]\\&>\beta(1+r)u'[(1+r)a_1^s+\overline{w}_1]\end{aligned}$$

其中的严格不等式是由基于假设$u'''>0$的詹森不等式得到的。由上面的表达式立刻可以得到，随机经济中的最优资产水平严格大于非随机经济中的最优资产水平，即$a_1^s>a_1^n$。

米勒（Miller，1974）、西布利（Sibley，1975）、扎德斯（Zeldes，1989）、卡瓦列罗（Caballero，1990）、金博尔（Kimball，1990，1993）以及卡罗尔和金博尔（Carroll and

---

① Neng Wang（2003）介绍了一个具有解析解的带有指数效用的比利模型。他可以将某无限生存的个体的储蓄分解为三个部分：(1) 反映“未雨绸缪”动机的部分，以二次偏好的形式表现；(2) 来自预防性动机的部分；(3) 由于缺乏耐心导致的不储蓄部分，这反映了利率与消费者的折现率之间的相对大小。他计算出了比利模型的均衡，并证明在均衡利率处，第二部分和第三部分可以取消，从而从效果上来说，消费者表现得就好像是一个具有鞅消费策略的持久收入消费者。

Kimball，1996）分析过各种预防性储蓄问题，这些文献只是研究该问题的大量文献中的一部分。对有限期储蓄问题，利用数值解法并假设相对风险厌恶效用函数不变，扎德斯（1989）发现引入劳动收入的不确定性会使得最优消费函数是关于资产的凹函数。也就是说，利用资产或暂时性收入进行消费的边际倾向随着资产水平的上升而下降。相反，在没有不确定性且$\beta(1+r)=1$时（扎德斯的假设），消费的边际倾向仅依赖于剩余的生存期的长短，它既不是个体资产水平的函数，也不是整个生命期财富现值的函数。① 这里我们简要地概括一下卡罗尔和金博尔（1996）对由收入的不确定性所导致的消费函数的凹性的分析解释。

在有限期模型中，利率和禀赋都是随机过程。卡罗尔和金博尔利用单期的双曲绝对风险厌恶（HARA）效用函数来展开他们的论述。这种效用函数的定义为：对某个k，有$\frac{u'''u'}{u''^2}=k$。为了推导预防性储蓄，必须要求$k>0$。大多数常见的效用函数都是 HARA 类型的：二次型效用函数有$k=0$，常数绝对风险厌恶（CARA）函数对应于$k=1$，常数相对风险厌恶（CRRA）函数对应于$k>1$。

卡罗尔和金博尔证明了，如果$k>0$，那么消费是财富的凹函数。另外，他们还证明了，除了一些特殊的情况外，消费函数都是严格凹的，也就是说，边际消费倾向随着财富的增加而递减。严格凹函数的例外情况包括两类常见的效用函数：所有风险都是劳动收入风险（无收益率风险）的 CARA 函数和所有风险都是收益率风险（无劳动收入风险）的 CRRA 函数。

在证明的过程中，卡罗尔和金博尔扩展了西布利（1975）的结果。西布利认为值函数继承了效用函数所具有的正的三阶导数这一特征。为了使预防性储蓄存在，值函数对资产的三阶导数必须为正，即资产的边际效用必须是资产的凸函数。二次型的单期效用函数就是没有预防性储蓄的例子。当值函数是二次型时，值函数的三阶导数为零。②

当预防性储蓄存在且消费的边际效用总是为正时，对于较高的资产水平，消费函数变为近似线性的函数。③ 消费函数的这个特征在支配克鲁塞尔和史密斯（1998）模型的性质上起着决定性的作用，这是我们马上要讨论的问题。

18.15 总变量波动的模型

总均衡状态变量是常数使得前面的模型很容易处理。本节描述的方法将把前面这些

---

① 当$\beta(1+r)=1$且T是非随机经济中个体的剩余生存期限时，平滑化消费要求消费水平c为常数且满足$\sum_{t=0}^{T-1}\frac{c}{(1+r)^t}=\Omega$，也就是说，$c=\frac{r}{1+r}\left[1-\frac{1}{(1+r)^T}\right]^{-1}\Omega\equiv MPC_T\Omega$，其中$\Omega$是个体目前的资产加上将来劳动收入的现值。因此，增加消费 1 单位的资产或暂时性收入的边际倾向为MPC_T，它只是时间长度T的函数。

② 在线性的二次型模型中，消费和资产积累的决策法则独立于外生收入过程革新的方差。

③ 简单地说，这可以从本维尼斯特-沙因克曼公式的应用得出，且当v是值函数时，v''关于储蓄递增且v''有界。

模型扩展到总状态变量随时间变化的随机情形。[①]

克鲁塞尔和史密斯（1998）通过增加一个总状态变量 z 修正了艾亚加里（1994）的模型，z 是服从马尔可夫过程的技术冲击。每个家庭仍有一个特定的劳动禀赋冲击 s，对总冲击 z 的每个值，s 的平均值为同一个常数。总冲击导致经济中状态的规模急剧膨胀，因为每个家庭的财富不仅依赖于总冲击 z 的历史值 z^t，还依赖于家庭自身的冲击的历史值 s^t。这使得家庭之间的历史值 z^t 和 s^t 是联合相关的，这又使得(k,s)的截面分布随时间随机变化。因此，利率和工资也随时间随机变化。

确定状态的一种方法是把 $\lambda(k,s)$每期的截面分布包含在状态变量中。因此，状态变量包含了（资本，就业）的截面概率分布。另外，递归竞争性均衡的描述中必须包含将今天的分布 $\lambda(k,s)$映射到明天的分布的运动方程。

□ 18.15.1　再论艾亚加里模型

在阐述克鲁塞尔和史密斯处理这种模型的方法之前，我们回忆一下艾亚加里模型的结构。在艾亚加里模型中，家庭的贝尔曼方程为

$$v(k,s)=\max_{c,k'}\{u(c)+\beta E[v(k',s')\mid s]\} \tag{18.15.1}$$

约束条件为

$$c+k'=\tilde{r}k+ws+(1-\delta)k \tag{18.15.2}$$

价格 $\tilde{r}$ 和 w 是固定的常数，满足

$$\tilde{r}=\tilde{r}(K,N)=\alpha\left(\frac{K}{N}\right)^{\alpha-1} \tag{18.15.3a}$$

$$w=w(K,N)=(1-\alpha)\left(\frac{K}{N}\right)^{\alpha} \tag{18.15.3b}$$

回想一下，总资本 K 和劳动 N 分别是 k 和 s 的平均值，它们由下面的式子计算得出：

$$K=\int k\lambda(k,s)\mathrm{d}k\mathrm{d}s \tag{18.15.4}$$

$$N=\int s\lambda(k,s)\mathrm{d}k\mathrm{d}s \tag{18.15.5}$$

这里我们采用艾亚加里的方法，假定总生产函数是柯布-道格拉斯总生产函数。稳定均衡的定义要求$\lambda(k,s)$是家庭的(k,s)的稳定分布，它由推出方程（18.15.1）右边的决策法则导出。

□ 18.15.2　克鲁塞尔和史密斯的扩展

克鲁塞尔和史密斯（1998）通过对价格方程增加总生产冲击 z 来修正艾亚加里模型，

---

① 参见达菲、吉纳科普洛斯、马斯-科勒尔和麦克伦南（Duffie，Geanakoplos，Mas-Colell and McLennan，1994）提出的关于这类模型的一般构造和均衡的存在性定理。这些作者质疑了当前的财富分布能否一般地足以作为总状态历史的一个完全描述。他们证明了，除了财富分布，还要在状态中加上太阳黑子。参见缪（Miao，2003）的一个近期的讨论，以及用后续值的分布表示的对额外状态变量的一种解释。参见马塞特和辛格尔顿（1999）在具有有限个异质性个体的不完全市场中的计算方法。

即在生产函数中引入 z。冲击 z 服从外生的马尔可夫过程。现在状态变量中必须包含 λ 和 z，所以家庭的贝尔曼方程变为

$$v(k,s;\lambda,z)=\max_{c,k'}\{u(c)+\beta E[v(k',s';\lambda',z')\mid(s,z,\lambda)]\} \tag{18.15.6}$$

约束条件为

$$c+k'=\tilde{r}(K,N,z)k+w(K,N,z)s+(1-\delta)k \tag{18.15.7a}$$

$$\tilde{r}=\tilde{r}(K,N,z)=z\alpha\left(\frac{K}{N}\right)^{\alpha-1} \tag{18.15.7b}$$

$$w=w(K,N,z)=z(1-\alpha)\left(\frac{K}{N}\right)^{\alpha} \tag{18.15.7c}$$

$$\lambda'=H(\lambda,z) \tag{18.15.7d}$$

其中(K,N)是一个随机过程，由下式决定[①]：

$$K_t=\int k\lambda_t(k,s)\mathrm{d}k\mathrm{d}s \tag{18.15.8}$$

$$N_t=\int s\lambda_t(k,s)\mathrm{d}k\mathrm{d}s \tag{18.15.9}$$

其中 $\lambda_t(k,s)$是家庭在 t 时期的 k 和 s 的分布函数。分布函数本身就是受总冲击 z_t 影响的一个随机函数。

克鲁塞尔和史密斯合理地猜测到 $\lambda_t(k,s)$足以完成状态的描述。[②③] 贝尔曼方程和价格函数使得家庭希望能够预测平均资本存量，以便预测将来的价格。这种希望又使得家庭想预测资产资本的截面分布。要达到这个目的，就必须利用运动规律（18.15.7d）。

定义：递归竞争性均衡是指满足下列条件的价格函数 $\tilde{r}$ 和 w、值函数、决策规则 $k'=f(k,s;\lambda,z)$，以及 $\lambda(k,s)$的运动规律 H：

(a) 给定价格函数和 H，值函数是贝尔曼方程(18.15.6)的解，且最优决策规则是 f；

(b) 决策规则 f 由 s 与 z 的马尔可夫过程推出，今天的分布 $\lambda(k,s)$通过 H 映射到明天的 $\lambda'(k,s)$上。

维数的限制使得求解均衡非常困难。克鲁塞尔和史密斯利用数值模拟来逼近均衡。[④] 首先，他们用资本的有限阶矩的集合 $m=(m_1,\cdots,m_I)$来刻画分布 $\lambda(k,s)$的特征。他们假设 H 的参数化的函数形式将今天的 m 映射到下期的 m'上。他们假设的函数形式可利用线性或非线性最小二乘法很方便地估计出来。他们假定了参数 H 的初始值，给定 H，他们利用数值动态规划来求解贝尔曼方程

$$v(k,s;m,z)=\max_{c,k'}\{u(c)+\beta E[v(k',s';m',z')\mid(s,z,m)]\}$$

约束条件为假定的关于 m 的运动规律 H。他们对这个问题进行了求解，并运用马尔可夫过

---

① 在简化了的模型中，N 实际上是不随时间变化的常数。但在克鲁塞尔和史密斯模型中，由于闲暇在每期的效用函数中，因此，N 也可以是随机过程。

② 然而，在一般的框架中，这一猜测有待证实。达菲、吉纳科普洛斯、马斯-科勒尔和麦克伦南（1994）给出了不完全市场经济的一个例子，其中必须回溯财富分布的一个较长的历史。

③ 一般地说，随着时间的推移，个体由于财富分布而发生的变化表明他的隐含帕累托权重是波动的。

④ 这些模拟可以被从有关学习自我参照环境中理性预期的最小二乘的收敛性的文献中得到的经验所证实。

程对$\{z_t\}$的实现作了长度为 T 的模拟。对于特殊的 z 的实现值，他们对相当大的 M 个家庭的$\{k_t, s_t\}$模拟了长度为 T 的路径。他们收集了 M 个模拟序列，得到长度为 T 的经验截面分布 $\lambda_t(k,s)$，并利用 t 期的截面分布来计算截面矩 $m(t)$，从而得到截面矩的一个长度为 T 的时间序列。他们再利用这个样本和非线性最小二乘法来估计将 $m(t)$映射为 $m(t+1)$的转移函数 H。之后，他们又回到这个过程的开始，利用新的 H 继续迭代直到一个收敛的函数 H。

克鲁塞尔和史密斯将这个模型中的 K_t、N_t、$\tilde{r}_t$、w_t 的总时间序列与对应的代表性个体（或完全市场）模型进行了比较。他们发现两个模型中的总量和价格的统计结果很相近。克鲁塞尔和史密斯利用参数模型的两个特征中的“近似总量理论”解释了这个结果。首先，消费作为财富的函数是凹的，但在财富为中上水平时是近似线性的。其次，大部分储蓄都来源于富人。这两个特征决定了财富分布的波动对总储蓄和总投资的影响很小，因此，对分布的影响很小。另外，自我保险对富人很有用，故总消费比完全市场经济下的总消费低不了多少。

克鲁塞尔和史密斯将其模型中的财富分布与美国的数据进行了比较。相对于这些数据，带常数折现因子的模型会产生太少的非常穷的人和太多的富人。克鲁塞尔和史密斯通过将折现因子视为一个外生的随机过程来修正模型。折现因子在两个值之间自由变化。克鲁塞尔和史密斯发现折现因子的这两个值的适度差异可以使得模型的财富分布更接近数据。有耐心的人群变得更富有，没有耐心的人群最终变得更贫穷。

18.16 结束语

本章的模型研究了这样一个问题：当家庭的偏好和禀赋激发它们进行保险，但市场只为它们提供有限的保险机会时，家庭会做哪些调整？我们已经研究了一些设定，其中包括家庭通过一种无风险资产来进行储蓄。家庭利用这种资产进行“自我保险”，通过资产持有量的跨期调整来平滑消费。它们在给定时期的消费率变成了资产持有量的函数，资产持有量反过来又依赖于禀赋的历史值。在这个模型的纯交换经济情形中，每个人的均衡配置都是与自己的历史相关的，这与完全市场模型中均衡的历史独立性形成了对照。

本章的模型随意假设市场存在或不存在，并没有任何解释。我们先对市场结构做出假定，然后再分析它的结果。在第 20 章中，我们将研究一类具有相似环境的模型，也就是说与本章模型相似，它使得消费配置依赖历史。但第 20 章的模型与本章模型的本质不同在于，它要求交易结构更主要是由环境产生的。特别地，第 20 章的模型基于执行或信息问题，给出了完全市场不存在的一个特殊原因，我们将研究怎样最好地在人们之间分散风险。

18.17 练习

18.1 随机折现因子（比利-克鲁塞尔-史密斯）

家庭对单一商品有一种偏好，它是通过值函数 $v(\beta_t, a_t, s_t) = u(c_t) + \beta_t E_t v(\beta_{t+1}, a_{t+1},$

s_{t+1})来递归定义的，其中 $\beta_t \in (0,1)$ 是 t 时期折现因子的值，a_t 是 t 时期持有的唯一资产的量。消费者在资产持有量为 a_t、折现因子为 β_t、就业状态为 s_t 时进行折现后的效用为 v。折现因子服从具有三个状态的马尔可夫链，其转移概率为 $P_{i,j}=\text{Prob}(\beta_{t+1}=\bar{\beta}_j \mid \beta_t=\bar{\beta}_i)$。折现因子和就业状态在 t 时期都是已知的。家庭面临的预算约束为

$$a_{t+1}+c_t \leqslant (1+r)a_t+ws_t$$

其中 s_t 是一个具有 n 个状态的马尔可夫链，转移矩阵为 $\mathcal{P}$。家庭在所有 t 时期都面临借入约束 $a_{t+1} \geqslant -\phi$。

试构造家庭问题的贝尔曼方程，并描述求解这个贝尔曼方程的算法。

(提示：构造三个贝尔曼方程。)

18.2 流动性成本［贝尔伯托拉（Bertola）］

工人试图最大化 $E\sum_{t=0}^{\infty}\beta^t u(c_t)$，其中 $\beta \in (0,1)$，$u(c)=\frac{c^{1-\sigma}}{1-\sigma}$，$E$ 是期望算子。在每期，工人无弹性地提供 1 单位劳动（没有失业），工资为 w^g 或 w^b，其中 $w^g > w^b$。有一项新的工作，它在第 1 期支付 w^g，以后的工资是一个具有两个状态的马尔可夫过程，它支配着所有好工作和坏工作之间的转换；转移矩阵为 $\begin{bmatrix} p & 1-p \\ 1-p & p \end{bmatrix}$。新（高收入）工作随时可以得到，但工人必须支付流动性成本 $m>0$ 才能换工作。流动性成本在工人决定转移的那一期的期初支付。工人在 t 期的预算约束为

$$A_{t+1}+c_t+mI_t \leqslant RA_t+w_t$$

其中 R 是资产的总利率，c_t 为 t 期的消费，$m>0$ 是流动性成本。I_t 是示性函数，如果工人在 t 期转移，那么它为 1，否则为 0。w_t 是工资。假设 $A_0>0$ 给定且工人面临无借入约束，即对所有的 t，$A_t \geqslant 0$。

a. 试构造工人的贝尔曼方程。

b. 编写一个 Matlab 程序来求解工人的贝尔曼方程。求出由下列参数值决定的最优决策规则：$m=0.9$，$p=0.8$，$R=1.02$，$\beta=0.95$，$w^g=1.4$，$w^b=1$，$\sigma=4$。资产水平的变化范围是$[0,3]$。试描述转移决策怎样依赖于财富。

c. 计算支配个人状态(A,w)转移的马尔可夫链。如果存在不变分布，试计算出来。

d. 在通常的比利设定中，利用 c 中计算出的不变分布来描述面临同样最优化问题的大量工人的财富截面分布。

18.3 失业

存在工人的连续统，工人在就业时，每期都面临概率为 λ 的失业可能。每一个失业工人都有概率为 $\mu \in (0,1)$ 的机会得到一份工作，工资 w 的累积分布函数为 $F(w)$。如果他接受工作，他将得到为他提供的工资，直到被开除。失业工人每期有 $1-\mu$ 的概率找不到工作。概率 μ 是由函数 $\mu=f(U)$ 决定的，其中 U 是失业率，且 $f'(U)<0, f(0)=1, f(1)=0$。工人的效用由 $E\sum_{t=0}^{\infty}\beta^t y_t$ 给出，其中 $\beta \in (0,1)$，y_t 是 t 期的收入，在就业状态下它等于工资，否则为零。没有失业保险金。每个工人在做决策时都认为 U 是给定的常数。

a. 对固定的U，写出工人的贝尔曼方程。说明他的最优决策有保留工资的性质。

b. 给定典型工人的决策（即他的保留工资），写出失业率的差分方程。证明稳定的失业率必须满足

$$\lambda(1-U)=f(U)[1-F(\overline{w})]U$$

其中$\overline{w}$是保留工资。

c. 试定义稳定均衡。

d. 请描述怎样计算稳定均衡，不需要实际计算。

18.4 资产保险

考虑下面的模型。存在最大化下式的家庭的连续统

$$E\sum_{t=0}^{\infty}\beta^t u(c_t)$$

约束条件为

$$c_t+k_{t+1}+\tau\leqslant y+\max(x_t,g)k_t^{\alpha},\ c_t\geqslant 0,\ k_{t+1}\geqslant 0,\ t\geqslant 0$$

其中$y>0$是一种固定水平的收入，不是来源于资本，$\alpha\in(0,1)$，τ是固定的总量税，k_t是t期期初持有的资本，$g\leqslant 1$是政府设置的“投资保险”参数，x_t是家庭特定的随机的资本收益率。我们假设x_t服从具有两个状态的马尔可夫过程，其随机矩阵为$\mathcal{P}$。x_t取两个值：$\overline{x}_1>1$和$\overline{x}_2<1$。当不好的投资出现($x_t=\overline{x}_2$)时，政府给家庭一个为$\max(0,g-\overline{x}_2)$的收益补贴。

家庭之间的随机性是独立同分布的。家庭除了支付税收和可能得到政府的保险支付外，它们之间没有相互作用；没有市场。

给定政府的政策参数τ、g，家庭的贝尔曼方程为

$$v(k,x)=\max_{k'}\{u[\max(x,g)k^{\alpha}-k'-\tau]+\beta\sum_{x'}v(k',x')\mathcal{P}(x,x')\}$$

这个问题的解由以下决策规则给出：

$$k'=G(k,x)$$

由该决策规则可推出个体在(k,x)状态下的稳定分布$\lambda(k,x)$。

经济的平均（或人均）实物产出为

$$Y=\sum_k\sum_x(x\times k^{\alpha})\lambda(k,x)$$

家庭资本的平均收益——包括投资保险——为

$$v=\sum_k\overline{x}_1k^{\alpha}\lambda(k,x_1)+\max(g,\overline{x}_2)\sum_k k^{\alpha}\lambda(k,x_2)$$

上式说明，当$g>\overline{x}_2$时，政府为所有的家庭提供保险。

试定义稳定均衡。

18.5 匹配与工作的质量

考虑如下比利模型，它是达龙·阿西莫格鲁和罗伯特·夏默（Daron Acemoglu and

Robert Shimer，2000）校准过的形式，并用以推断政府提供的失业保险金对于就业、生产和工人福利的均衡水平的影响的数量方面的结论。时间是离散的。事前相同的工人连续统中的每一个都可以积累非负数量的单一无风险资产，单期总收益率为 R，R 是外生的且满足 $\beta R<1$。既存在工资为 w_g 的好工作，也存在工资为 $w_b<w_g$ 的坏工作，且工资都是外生的。失业工人必须决定搜寻好工作还是坏工作。（他们不能同时搜寻二者。）如果某失业工人花费 h 单位的时间搜寻好工作，则以概率 $m_g h$ 得到好工作；如果花费 h 单位的时间搜寻坏工作，则得到坏工作的概率为 $m_b h$。假定 $m_g<m_b$。在每一期中，好工作以概率 δ_g、坏工作以概率 δ_b 外生中止。工作的外生中止使得失业工人得到失业保险金 b，b 是独立于工人的滞后收入的。然而，在每一期中，失业工人获得失业保险金的权利将随着一个独立同分布的概率 ϕ 而失效。辞职的工人将不会获得失业保险金。

工人选择 $\{c_t,h_t\}_{t=0}^{\infty}$ 来最大化

$$E_0\sum_{t=0}^{\infty}\beta^t(1-\theta)^{-1}(c_t(h-h_t)^{\eta})^{1-\theta}$$

其中 $\beta\in(0,1)$，θ 是相对风险厌恶函数。问题约束为如下资产积累方程：

$$a_{t+1}=R(a_t+y_t-c_t)$$

以及无借入约束 $a_{t+1}\geqslant 0$；η 决定了消费与闲暇之间的替代。符合领取失业保险金的条件的失业工人获得收入 $y_t=b$，而不符合条件的失业工人收入为 0。从事好工作的就业工人获得的税后收入为 $y_t=w_g h(1-\tau)$，而从事坏工作的收入为 $y_t=w_b h(1-\tau)$。在均衡中，我们设定单一税以使得政府的失业保险金预算是平衡的。从事坏工作的工人有权辞职并搜寻好工作。

将工人的复合状态定义为其资产水平再加上下述四种可能的就业状态中的一种：(1) 从事好工作；(2) 从事坏工作；(3) 失业且符合领取失业保险金的条件；(4) 失业但不符合领取失业保险金的条件。

a. 给出上述四种类型的就业状态的值函数公式以及相关的贝尔曼方程。

b. 按照比利的方法，定义一个稳定的随机均衡。请仔细定义构成均衡的所有部分。

c. 修改贝尔曼方程以适应如下修订：假定在每一期中，工人都发现自己从事的是一个坏工作，但是此坏工作在下一期中以概率 δ_{upgrade} 升级为一个好工作，条件是工人尚未被解雇。

d. 阿西莫格鲁和夏默利用美国高中毕业生的数据来校准模型，然后进行了失业保险金 b 增加所带来的后果的局部分析。根据校准，他们发现提高失业保险金可以带来很多好处，尽管在他们的模型中存在与提供失业保险金相关的“道德风险问题”这一结论也仍然成立。理由是太多工人选择搜寻坏工作而不是好工作。他们校准 β 以使得工人有充分的耐心，则绝大多数具有较少资产的工人搜寻坏工作。如果工人被充分保险，则更多工人搜寻好工作。这导致大部分工人从事好工作，从而提高平均生产率。在均衡中，具有较高资产水平的失业工人搜寻好工作，因为他们的资产提供了支持他们在搜寻好工作中投资的“自我保险”。你认为 c 中提出的修订会影响提高失业保险金 b 所带来的结果吗？

第 V 部分

递归合同

第19章

动态斯塔克尔伯格问题

19.1 历史依赖

前面几章介绍的决策问题对于自然状态变量是递归的。例如，描述资本存量、财富和信息的状态变量都是自然状态变量。它们可以帮助我们预测未来的价格。对于那些递归的决策问题，最优的决策原则是自然状态变量的函数。

本章是我们第一次遇到的一类问题，它们对自然状态变量不是递归的。基德兰德和普雷斯科特（1977）、普雷斯科特（1977）和卡尔沃（1978）给出了一些宏观经济学的例子。由于它们对自然状态变量不是递归的，因此这类问题的解表现出了时间不一致性。在这些例子中，大厂商面对一个由很多私人小厂商组成的竞争性市场。这些小厂商的决策受它们对政府未来行为的预测的影响。在这样的假设条件下，私人部门的自然状态变量在时期 t 的值反映出它们的早期决策。而它们的早期决策取决于它们对政府在时期 t 的行为的预测。在理性期望均衡中，政府的行为与私人部门的预期一致。因此，政府在时期 t 做决策时，需要确定私人部门的先验预测。这相当于增加了约束条件，使得政府的决策问题对自然状态变量不是递归的。这些增加的约束条件使得政府在时期 t 的决策原则依赖于状态从时期 0 到时期 t 的全部历史信息。

经济学家花费了一些时间来解决这类政策问题。普雷斯科特（1977）指出，最优控制理论不能应用于这类问题。本章和第 20 章、第 23 章将指出越来越多的近期论文是如何推翻普雷斯科特的关于最优控制理论失效的悲观说法的。[①] 一个很重要的发现就是，如

① 基德兰德和普雷斯科特（1980）对消除基德兰德的最初悲观说法有重要贡献。

果在自然状态变量中加入状态变量，而这些变量衡量了政府确认私人部门对政府当前行为的预期的成本，那么这类问题就可以是递归的。这一事实产生了大量新观点。本章在一个容易处理的线性二次规划的框架中讨论此类问题。

19.2 斯塔克尔伯格问题

为了更好地说明基德兰德和普雷斯科特（1977）以及卡尔沃（1978）关心的问题的结构，本章利用最优线性调节器去求解一个线性二次规划问题，即通常所说的动态斯塔克尔伯格问题。[①] 从现在开始，我们把政府看做斯塔克尔伯格领导者，而把代表性厂商或私人部门看做斯塔克尔伯格跟随者。

假设 z_t 是一个 $n_z\times1$ 的状态向量，x_t 是一个 $n_x\times1$ 的内生的自由向量，u_t 是政府的工具向量。z_t 是基于过去的向量。但 x_t 不是基于过去的向量。模型决定时期 t 的“跳跃变量” x_t。在时期 t 即时调整以出清市场的价格和数量都被包含在向量 x_t 中。令 $y_t=\begin{bmatrix}z_t\\x_t\end{bmatrix}$，定义政府的单期损失函数为[②]：

$$r(y,u)=y'Ry+u'Qu \tag{19.2.1}$$

满足 z_0 的初始条件，但不满足 x_0 的初始条件，政府想要最大化

$$-\sum_{t=0}^{\infty}\beta^t r(y_t,u_t) \tag{19.2.2}$$

政府根据下面的模型制定政策：

$$\begin{bmatrix}I & 0\\G_{21} & G_{22}\end{bmatrix}\begin{bmatrix}z_{t+1}\\x_{t+1}\end{bmatrix}=\begin{bmatrix}\hat{A}_{11} & \hat{A}_{12}\\\hat{A}_{21} & \hat{A}_{22}\end{bmatrix}\begin{bmatrix}z_t\\x_t\end{bmatrix}+\hat{B}u_t \tag{19.2.3}$$

我们假设等式左边的矩阵是可逆的，因此可以在等式两边同时乘以其逆矩阵，得到[③]

$$\begin{bmatrix}z_{t+1}\\x_{t+1}\end{bmatrix}=\begin{bmatrix}A_{11} & A_{12}\\A_{21} & A_{22}\end{bmatrix}\begin{bmatrix}z_t\\x_t\end{bmatrix}+Bu_t \tag{19.2.4}$$

或者 $$y_{t+1}=Ay_t+Bu_t \tag{19.2.5}$$

政府通过选择$\{u_t,x_t,z_{t+1}\}_{t=0}^{\infty}$最大化方程（19.2.2），且满足条件（19.2.5）和 z_0 的初始条件。

私人部门的行为被概括在等式（19.2.3）或等式（19.2.4）的第二块中。它们包括

① 在某些设定中它也被称为拉姆齐问题。

② 这个问题假定在收益函数中，状态变量和控制变量之间没有交叉产品。一个简单的转换使得那些收益函数有交叉产品的问题变成没有交叉产品的问题。例如，参见 Hansen and Sargent（2008，第 4 章，第 72－73 页）。

③ 我们已经假定方程（19.2.3）的左边的矩阵是可逆的。然而，通过利用下面第二步介绍的不变子空间方法（参见第 19 章附录 B），当假设不被满足时也可以直接采用那种计算方法。

私人部门最优化问题的一阶条件（如欧拉方程）。它们概括了私人部门的行为。这一章我们给出一个关于这类问题的典型的例子，我们会看到方程（19.2.4）和方程（19.2.5）的最后 n_x 个构成私人部门的欧拉方程的执行约束。当它们与下面提出的一个稳定条件联合时，这些欧拉方程概括了私人部门对政府行为的最佳反应。

第 5 章得到的确定性等价原则适用于非随机模型。如果我们用 $E_t x_{t+1}$ 代替 x_{t+1}，然后在方程（19.2.4）的右边加上一个随机过程 $C\varepsilon_{t+1}$，其中 ε_{t+1} 是一个独立同分布的随机向量，均值为 0，协方差矩阵相等，我们可以得到同样的决策原则。

假设 X^t 表示随机变量 X 从时期 0 到时期 t 的历史。米勒和萨蒙（1982，1985），汉森、埃普尔和罗贝兹（1985），皮尔曼、居里和莱文（1986），萨金特（1987），皮尔曼（1992）以及其他学者都研究了不同版本的以下问题：

问题 S：斯塔克尔伯格问题通过选择一系列决策原则最大化方程（19.2.2）。斯塔克尔伯格领导者在时期 0 承诺一系列决策原则。最大值满足 z_0 的给定的初始条件。然而，x_0 是在斯塔克尔伯格领导者决策中被选择的。

最优的决策原则是历史依赖的，意味着 u_t 不仅仅依赖于 z_t，而且还依赖于 z 的滞后。历史依赖有两个途径：(a) 政府在时期 0 承诺一系列原则的能力①，(b) 私人部门的向前预测行为，这包含在方程（19.2.4）的第二块中。政府计划的历史依赖性用关于方程（19.2.3）或方程（19.2.4）的最后 n_x 个方程的拉格朗日乘子 μ_x 的动态来表达。这些乘子衡量了政府为了遵守过去对 u 的当前值和未来值设定的承诺而在今天支付的成本。当 $t=0$ 时，认为乘子为 0 是合理的，因为这就意味着没有关于 u 的过去的承诺需要遵守。但是，乘子 μ_x 以后都不等于 0，这反映了政府遵守其承诺的未来成本。

19.3 求解斯塔克尔伯格问题

这部分介绍一个评价很高的四步算法，可以利用它求解斯塔克尔伯格问题。

□ 19.3.1 第一步：求解一个最优线性调节器

第一步忽略问题向前预测的特点（第三步将考虑这一点）。如果我们暂时忽略这个事实，即状态 $y_0=\begin{bmatrix} z_0 \\ x_0 \end{bmatrix}$ 的成分 x_0 不是一个真实状态向量的一部分，然后假设斯塔克尔伯格问题（19.2.2）和问题（19.2.5）具有最优线性调节器问题的形式。求解这类问题，可以通过构造贝尔曼方程，对贝尔曼方程进行迭代，直到方程收敛。此时，最优值函数的形式为 $v(y)=-y'Py$，其中 P 满足黎卡提方程。下一步就是了解上述方程如何将斯塔克尔伯格问题的决策编码，并且知道如何解码。

读者如果不想复习贝尔曼方程的细节，可以直接跳到第二步。对于那些想复习贝尔

① 政府会按顺序做不同的选择，即在时期 t 选择时期 t 的行为。

曼方程的读者，可以阅读下面的内容。线性调节器为

$$v(y_0)=-y_0{}'Py_0=\max_{\{u_t,y_{t+1}\}_{t=0}^{\infty}}-\sum_{t=0}^{\infty}\beta^t(y'_tRy_t+u'_tQu_t) \tag{19.3.1}$$

其中最大值满足 y_0 的初始条件和运动规律[①]

$$y_{t+1}=Ay_t+Bu_t \tag{19.3.2}$$

与问题（19.3.1）和问题（19.3.2）相关的贝尔曼方程为

$$-y'Py=\max_{u,y^*}\{-y'Ry-u'Qu-\beta y^{*\prime}Py^*\} \tag{19.3.3}$$

其中最大值满足

$$y^*=Ay+Bu \tag{19.3.4}$$

y^* 表示状态变量下一期的值。问题（19.3.3）和问题（19.3.4）给出矩阵黎卡提方程

$$P=R+\beta A'PA-\beta^2A'PB(Q+\beta B'PB)^{-1}B'PA \tag{19.3.5}$$

和决策原则 $u_t=-Fy_t$ 中的 F：

$$F=\beta(Q+\beta B'PB)^{-1}B'PA \tag{19.3.6}$$

因此，我们可以通过迭代矩阵黎卡提差分方程（19.3.5）直到方程收敛，或利用一种更快的计算方法（它作为副产品在第二步出现），求解问题（19.2.2）和问题（19.2.5）。本章附录 B 介绍了这种计算方法。

□ 19.3.2 第二步：利用影子价格 Py_t 的稳定特性

在这里，我们通过与拉格朗日函数相联系的影子价格解密在矩阵 P 中的信息。我们应用了 5.5 节描述的一个方法，通过把一系列拉格朗日乘子 $2\beta^{t+1}\mu_{t+1}$ 和约束条件（19.2.5）联系起来，解决一个如（19.2.2）式和（19.2.5）式的线性的二次型控制问题，构造一个拉格朗日函数：

$$L=-\sum_{t=0}^{\infty}\beta^t[y_t{}'Ry_t+u_t{}'Qu_t+2\beta\mu'_{t+1}(Ay_t+Bu_t-y_{t+1})] \tag{19.3.7}$$

对于斯塔克尔伯格问题，按照 $y_t=\begin{bmatrix}z_t\\x_t\end{bmatrix}$ 的分割对 μ_t 进行分割是非常重要的，因此 $\mu_t=\begin{bmatrix}\mu_{zt}\\\mu_{xt}\end{bmatrix}$，其中 μ_{xt} 是一个满足可实现性的 $n_x\times 1$ 的乘子向量。从现在开始，我们可以忽略对 μ_t 的分割，但是在第三步时，这种分割是很重要的。

我们选择一系列 u_t 和 y_{t+1} 去最大化方程（19.3.7）。u_t 和 y_t 的一阶条件分别为

$$0=Qu_t+\beta B'\mu_{t+1} \tag{19.3.8a}$$
$$\mu_t=Ry_t+\beta A'\mu_{t+1} \tag{19.3.8b}$$

---

① 在第四步中，我们知道 x_0 不是给定的而是由斯塔克尔伯格领导者选择的。

从方程（19.3.8a）解出 u_t，代入（19.2.5）式得到

$$y_{t+1}=Ay_t-\beta BQ^{-1}B'\mu_{t+1} \tag{19.3.9}$$

由方程（19.3.8b）和方程（19.3.9），我们可以把系统表示为

$$\begin{bmatrix} I & \beta BQ^{-1}B' \\ 0 & \beta A' \end{bmatrix}\begin{bmatrix} y_{t+1} \\ \mu_{t+1} \end{bmatrix}=\begin{bmatrix} A & 0 \\ -R & I \end{bmatrix}\begin{bmatrix} y_t \\ \mu_t \end{bmatrix} \tag{19.3.10}$$

或

$$L^*\begin{bmatrix} y_{t+1} \\ \mu_{t+1} \end{bmatrix}=N\begin{bmatrix} y_t \\ \mu_t \end{bmatrix} \tag{19.3.11}$$

我们寻求满足方程（19.3.11）的稳定解，例如一个满足 $\sum_{t=0}^{\infty}\beta^t y_t{}'y_t<+\infty$ 的解。

□ 19.3.3　稳定解

和第 5 章 5.5 节的讨论相同，一个稳定解必须满足 $\mu_0=Py_0$，其中 P 是黎卡提矩阵方程（19.3.5）的解。μ_0 的解随着时间的推移复制自己，意味着

$$u_t=Py_t \tag{19.3.12}$$

本章附录 A 证明了满足黎卡提方程（19.3.5）的矩阵 P 与最初的稳定条件（y_0，Py_0）定义的 P 相同。而在本章附录 B 中，我们介绍一种通过计算广义特征值和特征向量去寻找 P 的方法。

□ 19.3.4　第三步：转换执行乘子到状态变量中

19.3.4.1　主要观点

我们现在遇到这样一个事实，x_0 作为 y_0 的一部分不是状态变量。它们的值不是由过去的数据得到的，而是在时期 t 被决定的。对于线性最优调节器问题，y_0 是一个状态向量，乘子 μ_0 在时期 t 是跳跃的，满足 $\mu_0=Py_0$。因此，系统是稳定的。但对于斯塔克尔伯格问题，与 y_0 和 μ_0 相关的变量必须都调整，使得它们满足 $\mu_0=Py_0$。特别地，我们已经按照 y_t 的分割 $y_t=[z'_t \quad x'_t]'$①，把 μ_t 分割成 $\mu_t=\begin{bmatrix} \mu_{zt} \\ \mu_{xt} \end{bmatrix}$。对于斯塔克尔伯格问题，$y_t$ 的前面 n_z 个元素是前定变量，但是剩下的元素是自由的。当 μ_t 的前面 n_z 个元素在时期 t 跳跃时，剩下的元素却不能跳跃。第三步在承认这些事实的基础上，完成了对斯塔克尔伯格问题的求解。在我们完成关键的一步后，即通过求解黎卡提方程（19.3.5）计算出 P，我们可以利用下面的方法把最后 n_x 个拉格朗日乘子 μ_{xt} 转换成状态变量。

将（19.3.12）式最后 n_x 个方程写成

$$\mu_{xt}=P_{21}z_t+P_{22}x_t \tag{19.3.13}$$

---

① 这种讨论方法被皮尔曼（1992）采用。与斯塔克尔伯格问题联系的拉格朗日函数仍然是方程（19.3.7），和 5.5 节一样，这意味着稳定解必须满足方程（19.3.12）。对于线性调节器，只有当满足方程（19.3.12）时解才收敛。

其中 P 的分割与 y_t 的分割相同，为 $[z_t \quad x_t]'$。向量 μ_{xt} 变成了时期 t 状态的一部分，而 x_t 在时期 t 是自由跳跃的。因此，可以通过方程（19.3.13）把 x_t 用 (z_t, μ_{xt}) 表示：

$$x_t = -P_{22}^{-1}P_{21}z_t + P_{22}^{-1}\mu_{xt} \tag{19.3.14}$$

然后可以得到

$$y_t = \begin{bmatrix} z_t \\ x_t \end{bmatrix} = \begin{bmatrix} I & 0 \\ -P_{22}^{-1}P_{21} & P_{22}^{-1} \end{bmatrix} \begin{bmatrix} z_t \\ \mu_{xt} \end{bmatrix} \tag{19.3.15}$$

而从方程（19.3.13）知，

$$\mu_{xt} \doteq [P_{21} \quad P_{22}] \, y_t \tag{19.3.16}$$

经过上面的改进，从最优线性调节器中得到的关于 F 和 P 的重要公式（19.3.5）和公式（19.3.6）都适用。利用公式（19.3.15），最优决策原则是

$$u_t = -F\begin{bmatrix} I & 0 \\ -P_{22}^{-1}P_{21} & P_{22}^{-1} \end{bmatrix} \begin{bmatrix} z_t \\ \mu_{xt} \end{bmatrix} \tag{19.3.17}$$

然后，我们得到下面的对斯塔克尔伯格计划完整的描述①：

$$\begin{bmatrix} z_{t+1} \\ \mu_{x,t+1} \end{bmatrix} = \begin{bmatrix} I & 0 \\ P_{21} & P_{22} \end{bmatrix} (A-BF) \begin{bmatrix} I & 0 \\ -P_{22}^{-1}P_{21} & P_{22}^{-1} \end{bmatrix} \begin{bmatrix} z_t \\ \mu_{xt} \end{bmatrix} \tag{19.3.19a}$$

$$x_t = [-P_{22}^{-1}P_{21} \quad P_{22}^{-1}] \begin{bmatrix} z_t \\ \mu_{xt} \end{bmatrix} \tag{19.3.19b}$$

在差分方程（19.3.19a）中，z_0 的值是最初给定的，且 μ_{x0} 在第四步被决定。

□ 19.3.5　第四步：求解 x_0 和 μ_{x0}

值函数 $V(y_0)$ 满足

$$V(y_0) = -z_0'P_{11}z_0 - 2x_0'P_{21}z_0 - x_0'P_{22}x_0 \tag{19.3.20}$$

现在通过使 $V(y_0)$ 相对于 x_0 的梯度等于 0 来选择 x_0：

$$-2P_{21}z_0 - 2P_{22}x_0 = 0$$

根据（19.3.13）式的特征，它等同于

$$\mu_{x0} = 0 \tag{19.3.21}$$

然后我们可以从（19.3.14）式中计算 x_0，得到

$$x_0 = -P_{22}^{-1}P_{21}z_0 \tag{19.3.22}$$

设置 $\mu_{x0}=0$ 意味着在 0 时刻没有过去的承诺需要遵守。

---

① 当存在随机冲击 $C\varepsilon_{t+1}$ 时，我们必须在方程（19.3.19a）的右边增加

$$\begin{bmatrix} I & 0 \\ P_{21} & P_{22} \end{bmatrix} C\varepsilon_{t+1} \tag{19.3.18}$$

□ 19.3.6 总结

综上所述，我们通过建立一个特殊的最优线性调节器，然后为 P 求解相关的矩阵黎卡提方程（19.3.5），计算 F，然后对 P 进行分割得到表达式（19.3.19），从而解决了斯塔克尔伯格问题。

□ 19.3.7 决策原则的历史依赖的表现形式

由于一些原因，消掉执行乘子 μ_{xt}，把 u_t 的决策原则表示成 z_t、z_{t-1} 和 u_{t-1} 的函数是很有用的。这可以按如下方式完成。[①]首先，把表达式（19.3.19a）简写成

$$\begin{bmatrix} z_{t+1} \\ \mu_{x,t+1} \end{bmatrix} = \begin{bmatrix} m_{11} & m_{12} \\ m_{21} & m_{22} \end{bmatrix} \begin{bmatrix} z_t \\ \mu_{xt} \end{bmatrix} \tag{19.3.23}$$

并且把 u_t 的反馈原则写成

$$u_t = f_{11} z_t + f_{12} \mu_{xt} \tag{19.3.24}$$

然后，f_{12}^{-1} 表示 f_{12} 的广义逆，（19.3.24）式意味着 $\mu_{x,t} = f_{12}^{-1}(u_t - f_{11} z_t)$ 。把表达式的右边代入（19.3.23）式的第二行的滞后一阶的右边，利用（19.3.24）式的一阶滞后消掉 $\mu_{x,t-1}$ 重新整理得到：对于 $t \geqslant 1$，

$$u_t = f_{12} m_{22} f_{12}^{-1} u_{t-1} + f_{11} z_t + f_{12}(m_{21} - m_{22} f_{12}^{-1} f_{11}) z_{t-1} \tag{19.3.25a}$$

或

$$u_t = \rho u_{t-1} + \alpha_0 z_t + \alpha_1 z_{t-1} \tag{19.3.25b}$$

对于 $t = 0$，初始条件 $\mu_{x,0} = 0$ 意味着

$$u_0 = f_{11} z_0 \tag{19.3.25c}$$

通过使工具变量自我反馈，（19.3.25）式使得“工具平滑”作为承诺下的一个最优原则出现。[②]

□ 19.3.8 题外话：均衡的决定

本章附录 B 描述了求解具有（19.2.3）式或（19.2.4）式的形式的差分方程的系统的方法。这个系统的反馈原则把决策原则 u_t 表示成 y_t 的当前值和以前值以及它自身以前值的函数。如果（19.B.1）式中矩阵的特征值分解时一半的特征值比 1 大，一半的特征值比 1 小，差分方程系统具有唯一的满足稳定条件 $\sum_{t=0}^{\infty} \beta^t y'_t y_t < \infty$ 的解。如果超过一半的特征值比 1 小，那么均衡是不确定的，因为从任何初始条件开始都存在多重均衡。如果我们把斯塔克尔伯格问题或拉姆齐问题的解表示成（19.3.25）式的形式，我们可以把 u_t 的表达式代入（19.2.4）式中，得到一个关于 y_t 和 u_t 的差分方程。然后，可以看看系

---

① 彼得·冯·祖尔·穆赫伦（Peter Von Zur Muehlen）提出了这种表示方法。

② 这种观点促使伍德福德（2003）利用他的模型去解释美国利率平滑的经验事实。

统是不是确定性的。为了回答这个问题，我们将利用本章附录 B 中的方法，构造系统（19. B. 1），然后检查广义特征值是否按要求分解。研究人员已经利用这种方法去研究具有方程（19. 3. 25）形式的斯塔克尔伯格计划的均衡的确定性，并且发现均衡是不确定的。① 埃文斯和洪卡波希亚（2000）的一系列货币均衡模型讨论在承诺下均衡的确定性以及均衡的确定性如何依赖斯塔克尔伯格领导者的决策原则。埃文斯和洪卡波希亚认为选择一种导致不确定性的政府决策原则是一个坏主意。

19.4 大厂商和竞争边缘

作为一个例子，这部分重点介绍行业均衡。在这个行业中，一家大厂商相当于斯塔克尔伯格问题的领导者，它面对一个竞争性的外部环境。有时将这些大厂商叫做垄断者，即便实际上该行业中有许多厂商存在。这个行业生产单一的、不可储存的、同质的商品。一家很大的厂商生产 Q_t，而处于竞争边缘的一家代表性厂商生产 q_t。代表性厂商是价格接受者。在时期 0，大厂商根据它控制价格的能力来承诺一个政策。它可以从两方面控制价格，直接地，它可以通过产量选择影响价格；间接地，它可以通过竞争边缘对它的预测价格的反应影响价格。②

大厂商的生产成本为 $C_t = eQ_t + 0.5gQ_t^2 + 0.5c(Q_{t+1} - Q_t)^2$，而竞争性厂商的生产成本为 $\sigma_t = dq_t + 0.5hq_t^2 + 0.5c(q_{t+1} - q_t)^2$，其中 $d>0$，$e>0$，$c>0$，$g>0$，$h>0$ 都是成本参数。此时，逆需求函数为

$$p_t = A_0 - A_1(Q_t + \bar{q}_t) + v_t \tag{19.4.1}$$

其中 A_0、A_1 都是正数，v_t 是需求扰动，满足

$$v_{t+1} = \rho v_t + C_\varepsilon \tilde{\varepsilon}_{t+1} \tag{19.4.2}$$

且 $|\rho|<1$，而 $\tilde{\varepsilon}_{t+1}$ 是独立同分布的随机变量，均值为 0，方差为 1。在（19.4.1）式中，$\bar{q}_t$ 是代表性竞争性厂商的均衡产出。在均衡时，$\bar{q}_t = q_t$，但是当我们讨论竞争性厂商的最优问题时，必须把 q_t 和 $\bar{q}_t$ 区分开来。

19.4.1 竞争边缘

代表性竞争性厂商认为价格 $\{p_t\}_{t=0}^{\infty}$ 是外生的随机过程。对于给定的产量 q_0，代表性竞争性厂商选择一个产出计划来最大化

$$E_0 \sum_{t=0}^{\infty} \beta^t \{p_t q_t - \sigma_t\},\ \beta \in (0,1) \tag{19.4.3}$$

① 斯塔克尔伯格计划的存在性不需要讨论，因为我们知道如何利用文章中的方法去构造。

② 汉森和萨金特（2008，第 16 章）利用这个模型做实验，解释在至少一个个体怀疑需求冲击过程的随机设定时均衡的稳健性。

其中 $c>0$，$d>0$，$h>0$ 都是成本参数，而 E_t 是基于时期 t 的信息的数学期望。令 $i_t = q_{t+1} - q_t$，我们把 i_t 称为时期 t 代表性竞争性厂商的控制变量。最大化问题（19.4.3）的一阶条件为

$$i_t = E_t \beta i_{t+1} - c^{-1}\beta h q_{t+1} + c^{-1}\beta E_t(p_{t+1} - d) \tag{19.4.4}$$

其中 $t \geqslant 0$ 。我们感兴趣的是，5.3 节陈述的确定性等价原理对于（19.4.4）式的非随机形式也是有效的，这可以通过在（19.4.2）式中去掉随机因素 $\tilde{\varepsilon}_{t+1}$ 和期望算子来实现。我们采用萨金特（1979）和汤森（1983）的方法。[①] 我们把（19.4.1）式向前移一期，用实际值代替期望值，再利用（19.4.1）式取代（19.4.4）式中的 p_{t+1}，然后令 $q_t = \bar{q}_t$ 对于 $t \geqslant 0$ 都成立，可以得到

$$i_t = \beta i_{t+1} - c^{-1}\beta h \bar{q}_{t+1} + c^{-1}\beta(A_0 - d) - c^{-1}\beta A_1 \bar{q}_{t+1} - c^{-1}\beta A_1 Q_{t+1} - c^{-1}\beta v_{t+1} \tag{19.4.5}$$

给定序列 $\{Q_t, v_t\}$，我们可以求解方程（19.4.5）。而 $i_t = \bar{q}_{t+1} - \bar{q}_t$ 表示竞争边缘的产出是垄断者产出序列（尾部）的函数。i_t 对未来 Q_t 的依赖性为垄断者提供了一条通过承诺未来的行动而影响当前结果的途径。它使得垄断者问题对于自然状态变量 $\bar{q}$、Q 不是递归的。在时期 t，垄断者面临一个约束，它必须保证时期 t 的决策与竞争边缘基于时期 t 之前的信息对它在时期 t 的决策的预测一致。

□ 19.4.2　垄断者问题

垄断者把竞争性厂商的欧拉方程看做是自己的机会的约束条件。它们是垄断者选择的执行约束。包括（19.4.5）式，通过垄断者的转移规律，我们把约束条件写成

$$\begin{bmatrix} 1 & 0 & 0 & 0 & 0 \\ 0 & 1 & 0 & 0 & 0 \\ 0 & 0 & 1 & 0 & 0 \\ 0 & 0 & 0 & 1 & 0 \\ A_0 - d & 1 & -A_1 & -A_1 - h & c \end{bmatrix} \begin{bmatrix} 1 \\ v_{t+1} \\ Q_{t+1} \\ \bar{q}_{t+1} \\ i_{t+1} \end{bmatrix} = \begin{bmatrix} 1 & 0 & 0 & 0 & 0 \\ 0 & \rho & 0 & 0 & 0 \\ 0 & 0 & 1 & 0 & 0 \\ 0 & 0 & 0 & 1 & 1 \\ 0 & 0 & 0 & 0 & \frac{c}{\beta} \end{bmatrix} \begin{bmatrix} 1 \\ v_t \\ Q_t \\ \bar{q}_t \\ i_t \end{bmatrix} + \begin{bmatrix} 0 \\ 0 \\ 1 \\ 0 \\ 0 \end{bmatrix} u_t \tag{19.4.6}$$

其中 $u_t = Q_{t+1} - Q_t$ 是垄断者的控制变量。方程（19.4.6）的最后一行表示执行约束（19.4.5）。将方程（19.4.6）表示成

$$y_{t+1} = Ay_t + Bu_t \tag{19.4.7}$$

虽然我们在垄断者的转移规律（19.4.7）中加入 i_t 作为状态变量 y_t 的一部分，事实上 i_t 是一个“跳跃”变量。尽管这样，上面的分析表明大厂商问题的解被作为转移规律隐藏在与（19.4.7）式相联系的黎卡提方程中。让我们解密它。

为了与一般的步骤一致，我们对 y_t 进行分割，$y'_t = [z'_t \quad x'_t]$，其中 $z'_t = [1 \quad v_t \quad Q_t \quad \bar{q}_t]$，

① 他们利用这种方法计算一个理性预期均衡。关键的步骤是通过在厂商的一阶条件中代入逆需求函数和生产函数消掉价格和产出，得到关于资本的差分方程。

$x_t = i_t$。对于给定的初始条件 z_0，大厂商的最优化问题为

$$\max_{\{u_t, p_t, Q_{t+1}, \bar{q}_{t+1}, i_t\}} \sum_{t=0}^{\infty} \beta^t \{p_t Q_t - C_t\}$$

满足方程（19.4.1）和方程（19.4.5），$i_t = \bar{q}_{t+1} - q_t$，以及自然状态变量 z 的运动规律。注意到垄断者选择价格序列和竞争边缘的产量，满足被概括在需求曲线（19.4.1）中的消费者行为的约束，以及概括了竞争性环境的最佳反应的执行约束（19.4.5）。

把（19.4.1）式代入上面的目标函数，得到

$$\max_{\{u_t\}} \sum_{t=0}^{\infty} \beta^t \{[A_0 - A_1(\bar{q}_t + Q_t) + v_t]Q_t - e\,Q_t - 0.5gQ_t^2 - 0.5cu_t^2\} \tag{19.4.8}$$

满足方程（19.4.7）。这也可以写成

$$\max_{\{u_t\}} - \sum_{t=0}^{\infty} \beta^t \{y'_t R y_t + u_t' Q u_t\} \tag{19.4.9}$$

满足方程（19.4.7），其中

$$R = -\begin{bmatrix} 0 & 0 & \frac{A_0 - e}{2} & 0 & 0 \\ 0 & 0 & \frac{1}{2} & 0 & 0 \\ \frac{A_0 - e}{2} & \frac{1}{2} & -A_1 - 0.5g & -A_1/2 & 0 \\ 0 & 0 & -A_1/2 & 0 & 0 \\ 0 & 0 & 0 & 0 & 0 \end{bmatrix},\ Q = \frac{c}{2}$$

□ 19.4.3 均衡的表示

我们可以利用方程（19.3.19）把垄断者的问题（19.4.9）的解用以下形式表示：

$$\begin{bmatrix} z_{t+1} \\ \mu_{x,t+1} \end{bmatrix} = \begin{bmatrix} m_{11} & m_{12} \\ m_{21} & m_{22} \end{bmatrix} \begin{bmatrix} z_t \\ \mu_{x,t} \end{bmatrix} \tag{19.4.10}$$

或

$$\begin{bmatrix} z_{t+1} \\ \mu_{x,t+1} \end{bmatrix} = m \begin{bmatrix} z_t \\ \mu_{x,t} \end{bmatrix} \tag{19.4.11}$$

该垄断被 $\mu_{x,0}$ 约束，将它设为 0 是最优的。回想 $z_t = [1 \quad v_t \quad Q_t \quad \bar{q}_t]'$。因此，方程（19.4.11）包含均衡时竞争边缘的产量 $\bar{q}_t$ 的运动规律。$\bar{q}_t$ 满足竞争边缘的代表性厂商的欧拉方程。我们在本章附录 C 中会详细介绍。

□ 19.4.4 一个数值例子

我们在给定参数取值的情况下计算最优斯塔克尔伯格问题，如设 $A_0, A_1, \rho, C_\varepsilon, c, d, e, g, h, \beta = 100, 1, 0.8, 0.2, 1, 20, 20, 0.2, 0.2, 0.95$ 。[①] 对这些参数值，决策原则是

① 这些计算可以通过 Matlab 程序 oligopoly5. m 实现。

$$u_t = Q_{t+1} - Q_t = [19.78 \quad 0.19 \quad -0.64 \quad -0.15 \quad -0.30]\begin{bmatrix} z_t \\ \mu_{xt} \end{bmatrix} \tag{19.4.12}$$

也可以表示成

$$u_t = 0.44 u_{t-1} + \begin{bmatrix} 19.7827 \\ 0.1885 \\ -0.6403 \\ -0.1510 \end{bmatrix}' z_t + \begin{bmatrix} -6.9509 \\ -0.0678 \\ 0.3030 \\ 0.0550 \end{bmatrix}' z_{t-1} \tag{19.4.13}$$

请注意在表达式（19.4.12）中，垄断者的关于 $u_t = Q_{t+1} - Q_t$ 的决策对于执行乘子的反馈是负向的。[①]

19.5 结束语

本章我们第一次遇到这样一系列最优化问题，它们的最优决策原则是历史依赖的。在第 20 章、第 21 章和第 23 章，我们将遇到更多这类问题。我们将看到在不同的背景下，通过在自然状态变量中增加与执行乘子相联系的变量，历史依赖性如何被递归地表示。那么这些变量是什么呢？我们建议可以把执行乘子解释成值函数的微分。在第 20 章、第 21 章和第 23 章，我们通过在状态中加入其他决策人的后续值，使得那些动态激励和禀赋问题也是递归的[②]。

附录 A　稳定的 $\mu_t = Py_t$

我们证明与 $\mu_0 = Py_0$ 联系的 P 满足与贝尔曼方程相联系的黎卡提方程。将 $\mu_t = Py_t$ 代入方程（19.3.9）和方程（19.3.8b）得到

$$(I + \beta BQ^{-1}BP) y_{t+1} = Ay_t \tag{19.A.1a}$$

$$\beta A' P y_{t+1} = -Ry_t + Py_t \tag{19.A.1b}$$

可逆矩阵的唯一性意味着：

$$(I + \beta BQ^{-1}B'P)^{-1} = I - \beta B(Q + \beta B'PB)^{-1}B'P \tag{19.A.2}$$

由方程（19.A.1a）可以求出 y_{t+1}，得到

① 我们也计算对需求新息 ε_t 的脉冲反应。脉冲反应表明需求新息推动执行乘子下降，导致垄断者扩大产出，而代表性竞争性厂商在下一期减少产出。价格对需求冲击新息的反应是先变高，然后随着由垄断者控制的总供给 $\bar{q}+Q$ 的增加而下降。

② 第 20 章马塞特和马里蒙（1992，1999）构造递归合同的方法和我们在本章已经介绍的方法非常类似。

$$y_{t+1}=(A-BF)y_t \tag{19. A. 3}$$

其中

$$F=\beta(Q+\beta B'PB)^{-1}B'PA \tag{19. A. 4}$$

在方程（19. A. 3）两边的前面同时乘以 $\beta A'P$，得到

$$\beta A'Py_{t+1}=\beta(A'PA-A'PBF)y_t \tag{19. A. 5}$$

对于所有初始值 y_0，要使方程（19. A. 1b）的右侧和方程（19. A. 5）的右侧一致，则需要

$$P=R+\beta A'PA-\beta^2A'PB(Q+\beta B'PB)^{-1}B'PA \tag{19. A. 6}$$

方程（19. A. 6）是与系统 A、B、Q、R 的线性调节器相联系的代数矩阵黎卡提方程。

附录 B　线性矩阵差分方程

本附录总结第 5 章求解线性差分方程的一些方法。回到系统（19.3.11），令 $L=L^*\beta^{-0.5}$，将系统（19.3.11）转化成

$$L\begin{bmatrix}y_{t+1}^*\\ \mu_{t+1}^*\end{bmatrix}=N\begin{bmatrix}y_t^*\\ \mu_t^*\end{bmatrix} \tag{19. B. 1}$$

其中 $y_t^*=\beta^{\frac{t}{2}}y_t$，$\mu_t^*=\mu_t\beta^{\frac{t}{2}}$。现在，$\lambda L-N$ 是辛矩阵束（symplectic pencil）①，因此 L、N 的广义特征值以倒数对出现，即如果 λ_i 是特征值，则 λ_i^{-1} 也是特征值。

我们可以利用安德森的 Matlab 程序 schurg. m 去寻找系统（19. B. 1）的一个稳定解。②这个程序计算矩阵束的有序的实际产生的舒尔分解。因此，schurg. m 计算矩阵 $\overline{L}$、$\overline{N}$ 和 V。$\overline{L}$ 是上三角矩阵，$\overline{N}$ 是上分块三角矩阵，而 V 是右舒尔向量矩阵，从而对于一些正交矩阵 W 有下式成立：

$$\begin{aligned}WLV&=\overline{L}\\ WNV&=\overline{N}\end{aligned} \tag{19. B. 2}$$

让稳定的特征值先出现（那些比 1 小的特征值），那么稳定解是

$$\mu_t^*=Py_t^* \tag{19. B. 3}$$

其中

$$P=V_{21}V_{11}^{-1}$$

① $\lambda L-N$ 束是一组关于复杂变量 λ 的矩阵家族。如果 $LJL'=NJN'$，那么束是辛矩阵束，其中 $J=\begin{bmatrix}0&-I\\ I&0\end{bmatrix}$。参见 Anderson，Hansen，McGratten and Sargent。

② 这个程序在 http://www. math. niu. edu/～anderson 上。

V_{21}是 V 的左下角，V_{11}是 V 的左上角。

如果 L 是非奇异的，我们可以把系统的解表示成①：

$$\begin{bmatrix} y_{t+1}^* \\ \mu_{t+1}^* \end{bmatrix} = L^{-1} N \begin{bmatrix} I \\ P \end{bmatrix} y_t^* \tag{19. B. 4}$$

这个解是由（19. B. 3）式得到的。我们可以利用这个表达式的行的第一个一半和第二个一半，推出 y_{t+1}^* 和 μ_{t+1}^* 的递归解：

$$\begin{aligned} y_{t+1}^* &= A_0^* y_t^* \\ \mu_{t+1}^* &= \psi^* y_t^* \end{aligned} \tag{19. B. 5}$$

现在利用最初的变量表示解：

$$\begin{aligned} y_{t+1} &= A_0 y_t \\ \mu_{t+1} &= \psi y_t \end{aligned} \tag{19. B. 6}$$

其中，$A_0 = A_0^* \beta^{-0.5}$，$\psi = \psi^* \beta^{-0.5}$。

我们也有如下表示形式：

$$\mu_t = P y_t \tag{19. B. 7}$$

矩阵 $A_0 = A - BF$，其中 F 是最优决策原则的矩阵。

附录 C　预测公式

竞争边缘的决策原则包括由方程（19. 4. 11）在 m 下对未来价格的预测。因此代表性竞争性厂商为了预测 p_t，利用方程（19. 4. 11）预测（Q_t, q_t）。代表性竞争性厂商的预测被归纳为对方程（19. 4. 11）的第 j 次迭代②：

$$\begin{bmatrix} z_{t+j} \\ \mu_{x,t+j} \end{bmatrix} = m^j \begin{bmatrix} z_t \\ \mu_{x,t} \end{bmatrix} \tag{19. C. 1}$$

下面的计算证明代表性厂商通过迭代与 m 有关的运动规律进行预测。通过滞后算子 L 重新描述关于 i_t 的欧拉方程（19. 4. 4），则

---

① 文中的求解方法假定 L 是非奇异的和符合条件的。如果不是，可以利用下面介绍的安德森的方法。我们想求解具有 $y_{t+1}^* = A_0^* y_t^*$ 形式的解。注意到由方程（19. B. 3），有

$$L[I;P] y_{t+1}^* = N[I;P] y_t^*$$

A_0^* 的解将满足

$$L[I;P] A_0^* = N[I;P]$$

那么 A_0^* 可以通过 Matlab 命令计算：

$$A_0^* = (L \cdot [I;P]) \backslash (N \cdot [I;P])$$

② 代表性厂商假定(q_t, Q_t)是外生的。

$$(1-(\beta^{-1}+(1+c^{-1}h))L+\beta^{-1}L^2)=-(\beta\lambda)^{-1}L(1-\beta\lambda L^{-1})(1-\lambda L)$$

其中 $\lambda\in(0,1)$，当 $\lambda=1$ 时，$h=0$。[1] 考虑非随机情况下的方程（19.4.4），如果根不稳定则向前求解，如果根稳定则向后求解（萨金特，1979；1987a，第 9 章）。我们得到

$$i_t=(\lambda-1)q_t+c^{-1}\sum_{j=1}^{\infty}(\beta\lambda)^j p_{t+j} \tag{19.C.2}$$

或
$$i_t=(\lambda-1)q_t+c^{-1}\sum_{j=1}^{\infty}(\beta\lambda)^j[(A_0-d)-A_1(Q_{t+j}+q_{t+j})+v_{t+j}] \tag{19.C.3}$$

这可以表示成

$$i_t=(\lambda-1)q_t+c^{-1}e_p\beta\lambda m(I-\beta\lambda m)^{-1}\begin{bmatrix}z_t\\ \mu_{xt}\end{bmatrix} \tag{19.C.4}$$

其中 $e_p=[(A_0-d)\quad 1\quad -A_1\quad -A_1\quad 0]$，它后乘 $[z_t\quad \mu_{xt}]'$ 形成 p_t-d。可以证明，方程（19.C.4）的解是唯一的，因此方程（19.C.4）与下式一致：

$$i_t=-P_{22}^{-1}P_{21}z_t+P_{22}^{-1}\mu_{xt} \tag{19.C.5}$$

19.6 练习

19.1 这里没有不确定性。对于 $t\geqslant 0$，一个权威的货币当局设定货币的对数增长服从

$$m_{t+1}=m_t+u_t \tag{1}$$

满足给定的初始条件 $m_0>0$。货币需求函数为：

$$m_t-p_t=-\alpha(p_{t+1}-p_t),\ \alpha>0 \tag{2}$$

其中 p_t 是价格水平的对数。方程（2）可以被解释成货币持有者的欧拉方程。

a. 简要解释方程（2）中实际均衡的货币需求为何与预期的通货膨胀率的变化相反。暂时地（仅仅在这个练习的这个部分）不考虑方程（1），而假设 $\{m_t\}$ 是给定的序列且满足 $\sum_{t=0}^{\infty}m_t^2<+\infty$。请向前求解差分方程（2），把 p_t 表示成当前和未来的 m_s 的值的函数。注意 m 的未来值是如何影响当前的价格水平的。

在时期 0，货币当局通过设定 $\{u_t\}_{t=0}^{\infty}$ 选择一个可能的历史依赖的策略。（货币当局遵守这个策略。）货币当局根据下式选择 $\{m_t,p_t\}_{t=0}^{\infty}$：

$$-\sum_{t=0}^{\infty}0.95^t[(p_t-\bar{p})^2+u_t^2+0.000\,01m_t^2] \tag{3}$$

---

[1] 我们这里利用的方法可以参考萨金特（1979，1987a）。

假设 $m_0=10$，$\alpha=5$，$\bar{p}=1$。

b. 请简要解释这个问题，基于货币当局想稳定价格水平，并考虑到调整货币供给的成本和一些执行约束条件。（我们基于纯技术原因引入 $0.000\ 01m_t^2$，你不必讨论。）

c. 请写一个 Matlab 程序去寻找最优序列 $\{u_t\}_{t=0}^{\infty}$。

d. 把最优决策原则 u_t 表示成 u_{t-1}、m_t、m_{t-1} 的函数。

e. 计算最优序列 $\{m_t,p_t\}_t$，$t=0,1,\cdots,10$。

提示：最优序列 $\{m_t\}$ 必须满足 $\sum_{t=0}^{\infty}0.95^t m_t^2<+\infty$。你可以应用 Matlab 程序 olrp. m。

19.2 一个代表性消费者有二次型效用函数：

$$\sum_{t=0}^{\infty}\beta^t\{-0.5(b-c_t)^2\} \tag{1}$$

其中 $\beta\in(0,1)$，$b=30$，而 c_t 是时期 t 的消费。消费者面对一系列预算约束

$$c_t+a_{t+1}=(1+r)a_t+y_t-\tau_t \tag{2}$$

其中 a_t 是家庭在 t 期期初的资产，$r>0$ 是常数净利率，满足 $\beta(1+r)<1$，y_t 为消费者在时期 t 获得的禀赋。消费者关于 $\{c_t,a_{t+1}\}$ 的计划必须满足边界条件 $\sum_{t=0}^{\infty}\beta^t a_t^2<+\infty$。假设 y_0、a_0 是给定的，而 y_t 服从

$$y_t=\rho y_{t-1},\ t\geqslant 1 \tag{3}$$

其中 $|\rho|<1$。假设 $a_0=0$，$y_0=3$，$\rho=0.9$。

在时期 0，计划者公布税率计划 $\{\tau_t\}_{t=0}^{\infty}$。计划者设计这个计划去最大化

$$\sum_{t=0}^{\infty}\beta^t\{-0.5(c_t-b)^2-\tau_t^2\} \tag{4}$$

$\{c_t,\tau_t\}_{t=0}^{\infty}$ 满足执行约束条件（2）且对于 $t\geqslant 0$，有

$$\lambda_t=\beta(1+r)\lambda_{t+1} \tag{5}$$

其中 $\lambda_t\equiv b-c_t$。

a. 说明方程（5）是消费者的欧拉方程。该消费者想要最大化方程（1）并满足方程（2），且 $\{\tau_t\}$ 是给定的序列。

b. 把计划者问题写成一个斯塔克尔伯格问题。

c. 若 $\beta=0.95$，$b=30$，$\beta(1+r)=0.95$，构造一个最优线性调节器问题，利用它去求解斯塔克尔伯格问题。

d. 对于斯塔克尔伯格计划给出一个关于 τ_t 的递归的表现形式。

第20章 保险与激励

20.1 带有递归合同的保险

本章研究一个计划者，他设计了一种有效的合同来提供保险，受制于激励约束，而这种约束是由他在执行合同或观察家庭的行动或收入方面能力有限所造成的。本章将处理两个主题，一个是实质性的，另一个是技术方面的。实质性主题就是在提供保险和提供激励之间的权衡。计划者可通过提供“大棒和萝卜”来克服激励问题。此政策可调整个体的未来消费，从而提供更少的保险。激励和保险之间的这种平衡形成了财富和消费的分布的演化。

技术性主题就是激励问题怎样才能被包含记忆（memory）和承诺的合同所刻画，以及记忆怎样才能被递归地利用。合同依据那些可公开观测的结果或者个体关于其私人可观测的结果的声明的历史来分配收益。历史是多维度的。但是，斯皮尔和斯里瓦斯塔瓦（1987）以及托马斯和沃勒尔（1988），阿布勒、皮尔斯和斯塔凯蒂（Abreu，Pearce and Stacchetti，1990）以及费伦和汤森（1991）发现，使用一种计算体系可以减少状态的维数，该体系只用到“承诺值”，它是一个单维且可以概括个体历史相关方面的变量。“承诺值”的使用使得可以递归地表述合同问题。

我们研究三个基本模型。这三个模型具有相同的物理环境，但在信息、执行和存储可能性的结构方面有不同的假定。第一个是托马斯和沃勒尔（1988）以及科切拉科塔（1996b）的模型，该模型只关注承诺或执行问题，并且只有公共信息。第二个是托马斯和沃勒尔（1990）的模型，该模型有一个来自私人信息的激励问题，但它假定没有承诺和执行问题。这些模型的共同点是假定保险合同是家庭在不同状态和时刻之间转移财富的唯一手段。第三个模型是对托马斯和沃勒尔（1990）的拓展，阿伦（Allen，1985）、科尔和科切拉科塔（2001）创造了这个模型，它引入了不可公开观测的私人存储。具有讽刺意味的是，由于家庭能像第 17 章、第 18 章一样进行自我保险，私人存储的可能性通过限制激励约束条件下可获得的社会保险的数量，降低了事前福利。

20.2 基本环境

设想一个村庄有大量事前相同的家庭。每个家庭定义在消费流上的偏好如下：

$$E_{-1}\sum_{t=0}^{\infty}\beta^{t}u(c_t) \tag{20.2.1}$$

其中 $u(c)$ 是一个递增的、严格凹的和二阶连续可微的函数，$\beta\in(0,1)$ 是折现因子。同时 E_{-1} 为不依赖于 0 时刻或之后的信息可获得性的数学期望。每一个家庭得到一个随机的禀赋流 $\{y_t\}_{t=0}^{\infty}$，这里对于任意 $t\geqslant 0$，y_t 是依照离散概率分布 $\text{Prob}(y_t=\bar{y}_s)=\Pi_s$ 独立同分布的，其中 $s\in\{1,2,\cdots,S\}\equiv\boldsymbol{S}$ 且 $\bar{y}_{s+1}>\bar{y}_s$。消费品是不能存储的。在 $t\geqslant 1$ 时期，家庭已经经历了禀赋历史 $h_t=(y_t,y_{t-1},\cdots,y_0)$。禀赋过程对于时期和家庭都是独立同分布的。

在上述环境中，如果存在第 8 章中介绍的具有完全市场的竞争性均衡，则在日期 0 家庭将在禀赋实现之前就交易历史或有和时期或有的权益。由于每一个家庭是事前相同的，每一个家庭最终将消费每一期中的人均禀赋，并且其终生效用为：

$$v_{pool}=\sum_{t=0}^{\infty}\beta^{t}u\Big(\sum_{s=1}^{S}\Pi_s\bar{y}_s\Big)=\frac{1}{1-\beta}u\Big(\sum_{s=1}^{S}\Pi_s\bar{y}_s\Big) \tag{20.2.2}$$

于是，家庭希望剔除所有与它们的禀赋过程相关的风险。但是，我们接下来要介绍的激励约束排除了这种可能。对于每种激励约束的设定，我们求解的是能够表示此约束的有效配置的计划问题。

根据格林（1987）开创的先例，我们假设村庄中那个唯一能进入村外无风险贷款市场的人就是“货币借出者”（moneylender）或者“计划者”。该货币借出者可以以固定的无风险总利率 $R=\beta^{-1}$ 借入或者贷出。家庭之间不能相互借贷，只能与货币借出者进行交易。进而，我们假定该货币借出者承诺会履行他的诺言。我们将研究三种类型的激励约束。

(a) 货币借出者与家庭都能观测到 t 时刻家庭的历史禀赋。尽管货币借出者承诺履行合同，但是家庭无此承诺，并且可以在任何时刻自由地背离与货币借出者之间的协议，选择自给自足的状态。合同的结构应该诱导家庭不做出这种背离。这样的模型被称为“单边承诺模型”，其中的合同是“自我执行”的，因为家庭乐于按照此合同行事。

(b) 家庭做出承诺并且履行与货币借出者之间的有持续约束力的合同，但是家庭具有关于自身收入的私人信息。货币借出者既不能观测到家庭的收入，也不能观测到家庭的消费。这就意味着货币借出者和家庭之间的任何交易都必须基于家庭自己关于收入实现值的报告。一个激励相容的合同必须诱导家庭真实地报告它们的收入。

（c）除了一个额外的假定，即家庭拥有一种货币借出者观测不到的存储技术外，其余的条件与（b）中的相同。家庭可以一个无风险的总收益率 R 存储非负数量的物品，此收益率等于货币借出者在外面的信贷市场所面临的利率。由于货币借出者可以利率 R 在村外借入或者借出，私人的存储技术并不会改变此经济的总量资源约束，但是它会潜在地影响到货币借出者和家庭之间的激励相容合同的构造。

如果我们计算上述三种环境中每一种的有效配置，就会发现其中的消费配置的动态有着巨大的差异。作为一个前奏，图 20.2.1 和图 20.2.2 描绘的是生存在环境 a、b、c 中的家庭分别面临随机禀赋流的相同实现值时所对应的三种不同的消费流。对于所有的这三种经济，我们假定：$u(c)=-\gamma^{-1}\exp(-\gamma c)$，其中 $\gamma=0.8$，$\beta=0.92$；$[\bar{y}_1,\cdots,\bar{y}_{10}]=[6,\cdots,15]$；$\Pi_s=\frac{1-\lambda}{1-\lambda^{10}}\lambda^{s-1}$，其中 $\lambda=2/3$。作为一种基准，上述三个图形中水平的虚线描绘的是在不存在激励问题时，完全市场均衡所能够达到的常数消费水平。在所有这三种环境中，家庭均是在时刻 0 之前就已经进入了与货币借出者之间的有效合同。很明显，这三种环境中的消费结果的动态特征有着很大的不同：在环境 a 中，它是先递增，然后再

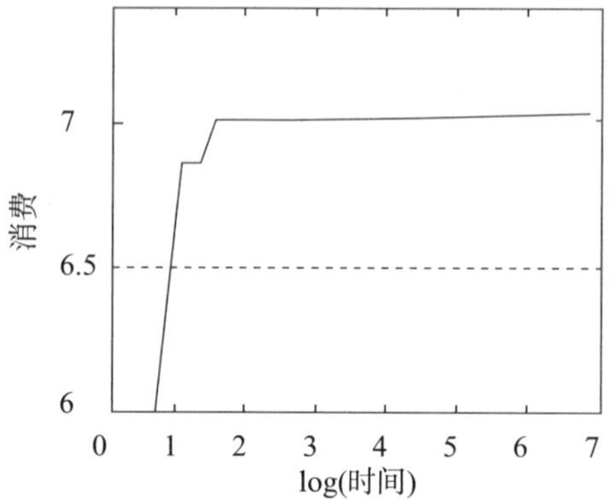

图 20.2.1.a　环境 a 的典型消费路径

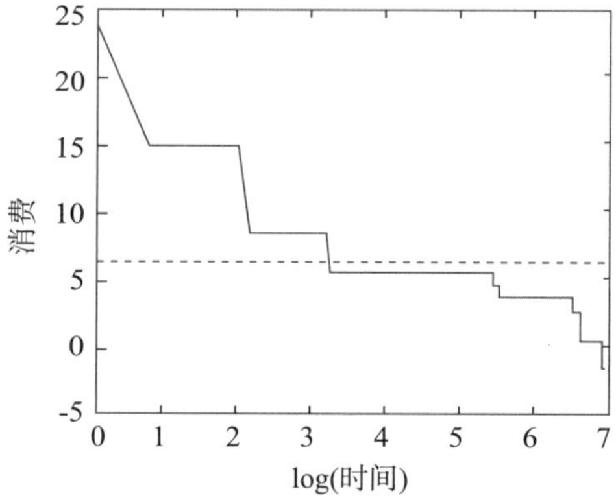

图 20.2.1.b　环境 b 的典型消费路径

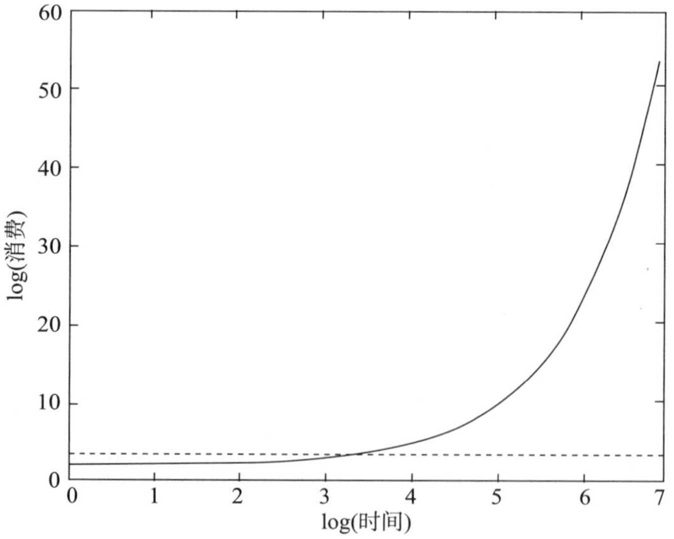

图 20.2.2　环境 c 的典型消费路径

平展的；在环境 b 中，它是朝向“南方”的；在环境 c 中，它是朝向“北方”的。本章将解释为什么在这三种环境中，消费的样本路径会有如此大的差异。

20.3 单边无承诺

我们的第一个激励问题是关于承诺缺失的。货币借出者承诺将履行诺言，但是村民在任何时刻都可自由摆脱他们与货币借出者的合同。货币借出者需要设计一个村民在任何时刻以及不确定条件下都希望履行的合同。这样的合同被称为是自我执行的。在第 21 章中我们将研究另一种经济，其中没有货币借出者，只有另一个村民，从而没有人可以给出承诺。与本章所介绍的单边承诺缺失问题相比，那里的合同设计问题涉及交换双方的参与约束，是一个双边承诺缺失的问题。[①]

□ 20.3.1 自我执行的合同

货币借出者可以从村庄外借入或借出资源，但是村民不能。所谓合同是函数序列 $c_t = f_t(h_t)$，$t \geqslant 0$。$h_t = (y_t, \cdots, y_0)$。函数序列 $\{f_t\}$ 给家庭指定一个历史依赖的消费流 $c_t = f_t(h_t)$。合同规定：在每一期，村民贡献他 t 时期的禀赋 y_t 给货币借出者，而货币借出者将返还 c_t 给村民。通过这种安排，货币借出者获得一个事前期望现值：

$$P_{-1} = E_{-1} \sum_{t=0}^{\infty} \beta^{t} (y_t - f(h_t)) \tag{20.3.1}$$

将相应的消费过程代入（20.2.1）式，我们发现该合同给了村民期望现值 $v = E_{-1} \cdot \sum_{t=0}^{\infty} \beta^t u(f_t(h_t))$。

合同必定是自我执行的。在任何一个时期，家庭都可以自由地背离合同，然后消费它的禀赋流。因此，如果家庭背离了合同，那么它以后就必须自给自足地生活。消费禀赋流相对应的事前值（ex ante value），被称为自给自足值（autarky value）：

$$v_{aut} = E_{-1} \sum_{t=0}^{\infty} \beta^t u(y_t) = \frac{1}{1-\beta} \sum_{s=1}^{S} \Pi_s u(\bar{y}_s) \tag{20.3.2}$$

在 t 时期，在观察到家庭当前期的禀赋之后，家庭能通过消费自己的禀赋，保证自身 $u(y_t) + \beta v_{aut}$ 的效用现值。货币借出者的合同必须在任何可能的历史和每一个时期向家庭提供至少这个数量的效用。那么，对于所有 $t \geqslant 0$ 和所有历史 h_t，合同必须满足

$$u[f_t(h_t)] + \beta E_t \sum_{j=1}^{\infty} \beta^{j-1} u[f_{t+j}(h_{t+j})] \geqslant u(y_t) + \beta v_{aut} \tag{20.3.3}$$

（20.3.3）式被称为村民的参与约束。满足（20.3.3）式的合同被称为是可以维持的。

---

① 对于具有单边承诺问题的一个早期两期模型，参见 Holmström（1983）。

□ 20.3.2 递归公式和解

具有（20.3.3）式那种约束的问题的难点是，这样的约束太多了：自变量 h_t 的维数随 t 的推移指数增长。幸运的是，描述历史依赖合同的有趣子集的递归方式是适用的。我们可通过找到状态变量 x_t 来递归地表示合同 $\{f_t\}$，此状态变量满足：

$$c_t = g(x_t)$$
$$x_{t+1} = l(x_t, y_t)$$

其中 g 和 l 是不随时间变化的函数。通过对函数 $l(\cdot)$ 从（x_0, y_0）开始迭代 t 次，可以得到

$$x_t = m_t(x_0; y_{t-1}, \cdots, y_0), \quad t \geqslant 1$$

因此，x_t 概括了禀赋 h_{t-1} 的历史。在此意义上，x_t 是一个“后瞻型”变量。

一个值得注意的事实是，合适的状态变量 x_t 是一个承诺预期未来折现值 $v_t = E_{t-1}\sum_{j=0}^{\infty}\beta^j u(c_{t+j})$，此“后瞻型”变量概括了未来的效用流。我们需要递归地构造合同，已知货币借出者在 t 时刻出现，这在 y_t 实现之前，并带有先前已承诺的价值 v_t。他通过令 c_t 和后继的 v_{t+1} 都依赖于 y_t 来实现 v_t。$v_t(h_{t-1})$ 参与约束变为

$$v_t(h_{t-1}) = u(f_t(h_t)) + \beta v_{t+1}(h_t) \geqslant u(y_t) + \beta v_{aut}$$

我们应当把承诺值 v 看做一个状态变量，然后对货币借出者建立一个函数方程。该货币借出者通过提供一个依赖状态的当前消费 c 和一个明天开始的承诺值 v' 来提供一个指定值 v，其中 c 和 v' 都依赖于当前禀赋 y 和预先承诺 v。货币借出者按照最大化他的利润（20.3.1）式来选择提供承诺值 v 的 c 和 v'。

在每个时期，家庭必会被诱导将 t 时期的禀赋 y_t 转移给货币借出者，该货币借出者将它的一部分给自己的家庭，将剩余的部分以不变的无风险单期总利率 β^{-1} 投资于村外。作为交换，货币借出者给家庭一个状态或有消费流，以使家庭在每个时期以及每个历史后保持参与安排。货币借出者想通过“最有效”的方式来做到这些，也就是最大化利润。令 v 为承诺给村民的期望折现未来效用。令 $P(v)$ 是货币借出者“利润流”$\{y_t - c_t\}$ 的期望现值，此时货币借出者以最优的途径提供一个承诺值 v。最优值 $P(v)$ 遵循函数方程：

$$P(v) = \max_{\{c_s, w_s\}} \sum_{s=1}^{S} \Pi_s[(\bar{y}_s - c_s) + \beta P(w_s)] \tag{20.3.4}$$

其中最大化满足约束条件：

$$\sum_{s=1}^{S} \Pi_s [u(c_s) + \beta w_s] \geqslant v \tag{20.3.5}$$

$$u(c_s) + \beta w_s \geqslant u(\bar{y}_s) + \beta v_{aut}, \quad s = 1, \cdots, S \tag{20.3.6}$$

$$c_s \in [c_{\min}, c_{\max}] \tag{20.3.7}$$

$$w_s \in [v_{aut}, \bar{v}] \tag{20.3.8}$$

其中 w_s 是给定本期 $y = \bar{y}_s$，消费者进入下一期时将会具有的承诺值；$[c_{\min}, c_{\max}]$ 是一个有界集，我们每期都将消费选择 c_t 限制在该集合中。我们将后续值 w_s 限制在集合 $[v_{aut},$

$\bar{v}]$ 当中，其中 $\bar{v}$ 是一个非常大的数，稍后我们将计算货币借出者希望设定的 w_s 的最高值。现在我们只是要求 $\bar{v}$ 超过此最高值。约束条件（20.3.5）是承诺维持约束（promise keeping constraint）。它要求合约至少兑现承诺值 v。约束条件（20.3.6）是参与约束（participation constraint），对于每一个状态 s 都成立。显然，P 是关于 v 的递减函数。因为村民的消费流越高，则货币借出者的利润越低。

约束集是凸的。方程（20.3.4）中的单期收益函数是凹的。求解方程（20.3.4）的值函数 $P(v)$ 是凹的。事实上，由我们对于求解此问题的最优合同的刻画易知 $P(v)$ 是严格凹的。构造拉格朗日方程

$$\begin{aligned} L = & \sum_{s=1}^{S}\Pi_s[(\bar{y}_s - c_s) + \beta P(w_s)] \\ & + \mu\left\{\sum_{s=1}^{S}\Pi_s[u(c_s) + \beta w_s] - v\right\} \\ & + \sum_{s=1}^{S}\lambda_s\{u(c_s) + \beta w_s - [u(\bar{y}_s) + \beta v_{aut}]\} \end{aligned} \tag{20.3.9}$$

对任意的 v 和 $s=1,\cdots,S$，最大化 L 的关于 c_s 和 w_s 的一阶条件分别是①

$$(\lambda_s + \mu\Pi_s)u'(c_s) = \Pi_s \tag{20.3.10}$$

$$\lambda_s + \mu\Pi_s = -\Pi_s P'(w_s) \tag{20.3.11}$$

根据包络定理，如果 P 是可微的，那么 $P'(v) = -\mu$。接下来的讨论我们将假定 P 是可微的。但是，在我们了解了求解此问题的最优合同后会明显看出 P 确实是可微的。

由方程（20.3.10）和方程（20.3.11）可推出 c_s 和 w_s 之间有下列关系：

$$u'(c_s) = -P'(w_s)^{-1} \tag{20.3.12}$$

这个条件可以陈述为家庭在 c_s 和 w_s 之间的边际替代率，即 $u'(c_s)/\beta$，它应该等于货币借出者的边际转换率，即 $-[\beta P'(w_s)]^{-1}$。P 和 u 的凹性推出方程（20.3.12）在 c、w 平面上描绘出一条正斜率的曲线，如图 20.3.1 所示。我们可以通过 c_s 是 w_s 的函数这一关系来解释这个条件。要得到最优合同，只要弄清楚 w_s 是怎样依赖于承诺值 v 和收入状态 $\bar{y}_s$ 的就足够了。

条件（20.3.11）可写成

$$P'(w_s) = P'(v) - \lambda_s/\Pi_s \tag{20.3.13}$$

w_s 如何依赖于 v 取决于在 $\bar{y}_s$ 实现以后，我们位于状态 (s,v) 的两个相互排斥和穷举的（mutually exclusive and exhaustive）集合中的哪一个：一个是参与约束（20.3.6）有约束力（即 $\lambda_s>0$ 的状态）的集合，另一个是参与约束没有约束力（即 $\lambda_s=0$ 的状态）的集合。

$\lambda_s>0$ 时的状态

当 $\lambda_s>0$ 时，参与约束（20.3.6）取等号。当 $\lambda_s>0$ 时，方程（20.3.13）意味着 $P'(w_s)<P'(v)$，由 P 的凹性又可以推出 $w_s>v$。更进一步，参与约束等号成立时推出

① 注意 λ_s 依赖于实现值 v。特别地，λ_s 为正或为零依赖于 v，当承诺值 v 更高时，λ_s 中更多的值成为零。

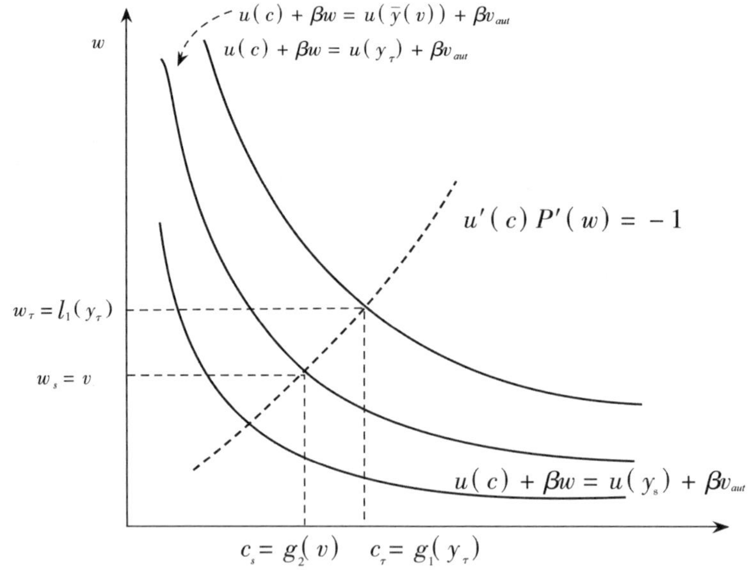

图 20.3.1　消费和承诺效用 (c,w) 的确定。较高的 $\bar{y}_s$ 的实现值对应较高的无差异曲线 $u(c)+\beta w=u(\bar{y}_s)+\beta v_{aut}$。对于给定的 v，存在一个阈值水平 $\bar{y}(v)$，在它之上，参与约束有约束力，在它之下，货币借出者提供固定的消费水平，它是 v 的函数，并维持相同的承诺值 $w_s=v$。临界值 $\bar{y}(v)$ 由一条无差异曲线决定，该无差异曲线经过 $w_s=v$ 的水平线与"扩张路径" $u'(c)P'(w)=-1$ 的交点

$c_s<\bar{y}_s$（因为 $w_s>v\geqslant v_{aut}$）。结合起来，这些结果说明，当参与约束（20.3.6）有约束力时，货币借出者通过提高后续值来促使家庭的消费低于它们当前的禀赋。

当 $\lambda_s>0$ 时，c_s 和 w_s 可以解这两个方程

$$u(c_s)+\beta w_s=u(\bar{y}_s)+\beta v_{aut} \tag{20.3.14}$$
$$u'(c_s)=-P'(w_s)^{-1} \tag{20.3.15}$$

参与约束取等号。注意，这些方程独立于 v。这个性质是理解最优合同形式的关键。此性质赋予合同某种特征，科切拉科塔（1996b）称之为无记忆性（amnesia）：在收入 y_t 实现之后，这使得参与约束是有约束力的，则合同将体现所有的历史依赖性，并使得消费及其后续值都只依赖于当前的收入状态 y_t。为显示这种无记忆性，我们将方程（20.3.14）和方程（20.3.15）的解表示为

$$c_s=g_1(\bar{y}_s) \tag{20.3.16a}$$
$$w_s=l_1(\bar{y}_s) \tag{20.3.16b}$$

稍后，我们将利用此无记忆性来构造一个算法。

$\lambda_s=0$ 时的状态

当参与约束没有约束力时，由 $\lambda_s=0$ 和一阶条件（20.3.11）可推出 $P'(v)=P'(w_s)$，进而推出 $w_s=v$。因此由（20.3.12）式我们可以得到 $u'(c_s)=-P'(v)^{-1}$，从而得到状态 s 下的消费依赖承诺效用 v 而不依赖状态 s 下的禀赋。因此，当参与约束没有约束力时，货币借出者给予

$$c_s = g_2(v) \tag{20.3.17a}$$

$$w_s = v \tag{20.3.17b}$$

其中 $g_2(v)$求解了 $u'[g_2(v)] = -P'(v)^{-1}$。

最优合同

将参与约束是否有约束力的两种情况的策略函数结合起来，我们得到

$$c = \max\{g_1(y), g_2(v)\} \tag{20.3.18}$$

$$w = \max\{l_1(y), v\} \tag{20.3.19}$$

最优策略的性质在图 20.3.1 和图 20.3.2 中描述了出来。为了解释这些图形，研究 $w_s = v$ 时的方程（20.3.6）和方程（20.3.12）很有用。通过设定 $w_s = v$，我们可以解这些方程来得到临界值（cutoff value），称为 $\bar{y}(v)$，使得参与约束仅仅在 $\bar{y}_s \geqslant \bar{y}(v)$时有约束力。为了找到 $\bar{y}(v)$，我们首先在参与约束没有约束力的状态下解方程（20.3.12），从而得到与 v 对应的值 c_s：

$$u'[g_2(v)] = -P'(v)^{-1}$$

并将这个值代入取等号的(20.3.6)式解出 $\bar{y}(v)$：

$$u[\bar{y}(v)] = u[g_2(v)] + \beta(v - v_{aut}) \tag{20.3.20}$$

由 P 的凹性，临界值 $\bar{y}(v)$是随 v 增加的。

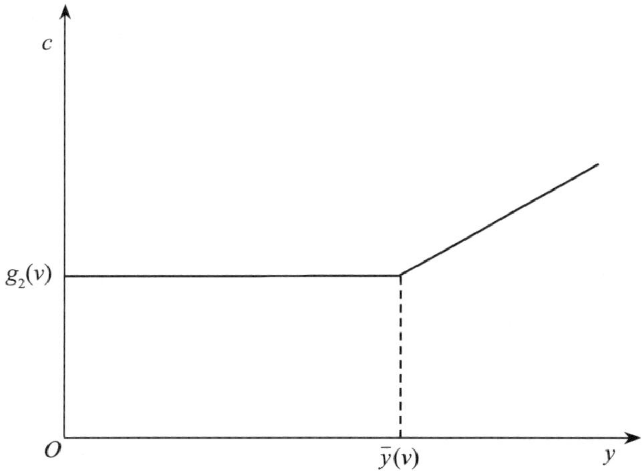

图 20.3.2　初始承诺值为 v 时消费作为已有禀赋的函数的曲线形状

对于一个给定的水平 $v_t \in (v_{aut}, \bar{v})$，存在两个数字 $g_2(v_t)$和 $\bar{y}(v_t)$，使得如果 $y_t \leqslant \bar{y}(v_t)$，那么货币借出者提供给家庭 $c_t = g_2(v_t)$并使承诺效用不改变，即 $v_{t+1} = v_t$。因此，货币借出者是在对 t 时期状态 $\bar{y}_s \leqslant \bar{y}(v_t)$进行保险。如果 $y_t > \bar{y}(v_t)$，参与约束有约束力，这将促使货币借出者诱导家庭放弃一些前期的禀赋来换取一个更高的承诺效用 $v_{t+1} > v_t$。承诺值从不会递减，它们对于$\bar{y}_s < \bar{y}(v_t)$的 y 的低收入状态保持不变，并且在危及参与约束的高禀赋状态下会增加。当参与约束没有约束力时，消费保持不变，而当危及参与约束时，消费会增加。一旦参与约束有约束力，家庭将会给货币借出者净转移，以换取更高的承诺后续效用。因此，实现了最高禀赋 y_S 的家庭将会永久地获得一个最高消费水

平，对应的承诺值 $\bar{v}$ 由下式给出：

$$u[g_2(\bar{v})]+\beta\bar{v}=u(\bar{y}_S)+\beta v_{aut}$$

□ 20.3.3 合同的递归计算

假定初始承诺值 v_0 等于 v_{aut}。利用这样一个事实，即在经历最大禀赋 $\bar{y}_S$ 之后，村民最终将获得一个等于常数 $u(\bar{y}_S)+\beta v_{aut}$ 的福利水平，我们可递归地计算出最优合同。我们利用数字 $\{\bar{c}_s,\bar{w}_s\}_{s=1}^S\equiv\{g_1(\bar{y}_s),l_1(\bar{y}_s)\}_{s=1}^S$ 来描述最优策略，其中 $g_1(\bar{y}_s)$ 和 $l_1(\bar{s})$ 由（20.3.16）式给定。按照下面的步骤，这些数字可被逆向递归地计算出来。从 $s=S$ 开始，利用下面的非线性方程计算出 $(\bar{c}_S,\bar{w}_S)$：

$$u(\bar{c}_S)+\beta\bar{w}_S=u(\bar{y}_S)+\beta v_{aut} \tag{20.3.21a}$$

$$\bar{w}_S=\frac{u(\bar{c}_S)}{1-\beta} \tag{20.3.21b}$$

对于 $j=S-1,\cdots,1$，按照下面两个非线性方程逆向计算 $\bar{c}_j$ 和 $\bar{w}_j$：

$$u(\bar{c}_j)+\beta\bar{w}_j=u(\bar{y}_j)+\beta v_{aut} \tag{20.3.22a}$$

$$\bar{w}_j=[u(\bar{c}_j)+\beta\bar{w}_j]\sum_{k=1}^{j}\Pi_k+\sum_{k=j+1}^{S}\Pi_k[u(\bar{c}_k)+\beta\bar{w}_k] \tag{20.3.22b}$$

上述连续的迭代将会产生以 $\{\bar{c}_s,\bar{w}_s\}_{s=1}^S$ 表示的最优合同。而作为在时刻 0 的禀赋实现之前的事前值，合同提供给家庭的是

$$\begin{aligned}v_0&=\sum_{k=1}^{S}\Pi_k[u(\bar{c}_k)+\beta\bar{w}_k]\\&=\sum_{k=1}^{S}\Pi_k[u(\bar{y}_k)+\beta v_{aut}]=v_{aut}\end{aligned} \tag{20.3.23}$$

其中我们已经利用方程（20.3.22a）证实了合同确实提供了 $v_0=v_{aut}$。

经过进一步的整理，我们可将 $\{\bar{c}_j\}_{j=1}^S$ 唯一地用效用函数和禀赋过程表示出来。首先，利用（20.3.22b）式求解出 $\bar{w}_j$：

$$\bar{w}_j=\frac{u(\bar{c}_j)\sum_{k=1}^{j}\Pi_k+\sum_{k=j+1}^{S}\Pi_k[u(\bar{y}_k)+\beta v_{aut}]}{1-\beta\sum_{k=1}^{j}\Pi_k} \tag{20.3.24}$$

这里我们利用了方程（20.3.22a）来将 $u(\bar{c}_k)+\beta\bar{w}_k$ 替换为 $u(\bar{y}_k)+\beta v_{aut}$。其次，将方程（20.3.24）代入方程（20.3.22a），并求解出 $u(\bar{c}_j)$：

$$\begin{aligned}u(\bar{c}_j)&=\left[1-\beta\sum_{k=1}^{j}\Pi_k\right][u(\bar{y}_j)+\beta v_{aut}]-\beta\sum_{k=j+1}^{S}\Pi_k[u(\bar{y}_k)+\beta v_{aut}]\\&=u(\bar{y}_j)+\beta v_{aut}-\beta u(\bar{y}_j)\sum_{k=1}^{j}\Pi_k-\beta^2v_{aut}-\beta\sum_{k=j+1}^{S}\Pi_k u(\bar{y}_k)\\&=u(\bar{y}_j)+\beta v_{aut}-\beta u(\bar{y}_j)\sum_{k=1}^{j}\Pi_k-\beta^2v_{aut}\end{aligned}$$

$$-\beta\Big[(1-\beta)v_{aut}-\sum_{k=1}^{j}\Pi_k u(\bar{y}_k)\Big]$$

$$=u(\bar{y}_j)-\beta\sum_{k=1}^{j}\Pi_k[u(\bar{y}_j)-u(\bar{y}_k)] \qquad (20.3.25)$$

根据方程（20.3.25），$u(\bar{c}_1)=u(\bar{y}_1)$且对于 $j\geqslant 2$，$u(\bar{c}_j)<u(\bar{y}_j)$。也就是说，那些已经实现了高禀赋值 $\bar{y}_j$ 的家庭必须让出部分禀赋给货币借出者，除非这一禀赋是最低的可能值 $\bar{y}_1$。这些家庭愿意让出它们的部分禀赋以交换关于保险的承诺（即未来的状态或有转移支付），它体现在相应的后续值$\{\bar{w}_j\}_{j=1}^{S}$之中。而对于那些不那么幸运的家庭，到目前为止，它们所实现的禀赋只是等于 $\bar{y}_1$，则利润最大化的合同建议它们保持自己的禀赋，$\bar{c}_1=\bar{y}_1$，并且由方程（20.3.22a）可知，相应的后续值是 $\bar{w}_1=v_{aut}$。也就是说，为了诱导那些低禀赋的家庭遵守合同，货币借出者只需要提供一个能够保证这些家庭在下一期当中获得自给自足的后续值的合同。

当 $v_0>\bar{w}_1=v_{aut}$ 时的合同

我们已经说明了当 $v_0=\bar{w}_1=v_{aut}$时，如何通过计算$(\bar{c}_s,\bar{w}_s)$(其中 $s=1,\cdots,S$)来获得最优合同。现在假定我们希望构造的合同所对应的初始值为 $v_0\in[\bar{w}_{k-1},\bar{w}_k)$，$1<k\leqslant S$。给定 v_0，我们可推断出 k，然后求解出满足下式的 $\tilde{c}$：

$$v_0=\Big(\sum_{j=1}^{k-1}\Pi_j\Big)[u(\tilde{c})+\beta v_0]+\sum_{j=k}^{S}\Pi_j[u(\bar{c}_j)+\beta\bar{w}_j] \qquad (20.3.26)$$

当最大值 $y_t\leqslant\bar{y}_{k-1}$时，最优合同承诺$(\tilde{c},v_0)$；而当最大值 $y_t=\bar{y}_j(j\geqslant k)$时，合同提供的是$(\bar{c}_j,\bar{w}_j)$。

存在这样一种可能，即为那些获得低禀赋实现值的家庭选择一个较高的消费水平 $\tilde{c}$，$\tilde{c}>\bar{c}_j$（其中 $j=1,\cdots,k-1$），则可以一种最成本有效的方式在开始的时候提供一个较高的初始期望承诺值 $v_0>v_{aut}$。其中的原因在于那些不幸运的家庭具有较高的边际消费效用，因此若将资源转移给它们，就可以最小化为了增加事前承诺的期望效用所需的资源。而对于那些幸运的家庭，它们已经获得了相对高的禀赋实现值，则最优合同提供的是一个由$\{\bar{c}_j,\bar{w}_j\}_{j=k}^{S}$表示的不变的配置。

如果我们希望构造的合同所对应的初始值是 $v_0\geqslant\bar{w}_S$，则有效的解只是简单地找出某个可提供终生效用 v_0 的常数消费水平 $\tilde{c}$：

$$v_0=\sum_{j=1}^{S}\Pi_j[u(\tilde{c})+\beta v_0] \quad\Rightarrow\quad v_0=\frac{u(\tilde{c})}{1-\beta}$$

这样的合同必然满足所有的参与约束，并且常数水平的消费最大化了提供 v_0 的期望利润。

最优合同小结

定义

$$s(t)=\{j:\bar{y}_j=\max\{y_0,y_1,\cdots,y_t\}\}$$

即 $\bar{y}_{s(t)}$是在时期 t 之前家庭所获得的最大禀赋。

最优合同具有如下特征：为了提供承诺值 $v_0\in[v_{aut},\bar{w}_S]$给家庭，合同所提供的随机消费及其后续值$\{c_t,v_{t+1}\}_{t=0}^{\infty}$满足

$$c_t=\max\{\tilde{c},\bar{c}_{s(t)}\} \tag{20.3.27a}$$

$$v_{t+1}=\max\{v_0,\overline{w}_{s(t)}\} \tag{20.3.27b}$$

其中 $\tilde{c}$ 由（20.3.26）式给出。

□ 20.3.4　利润

我们可利用（20.3.4）式来计算提供后续值 $\overline{w}_j$（其中 $j=1,\cdots,S$）的期望利润。从 $P(\overline{w}_S)$开始，我们逆向计算 $P(\overline{w}_k)$（其中 $k=S-1,S-2,\cdots,1$）：

$$P(\overline{w}_S)=\sum_{j=1}^{S}\Pi_j\left(\frac{\bar{y}_j-\bar{c}_S}{1-\beta}\right) \tag{20.3.28a}$$

$$\begin{aligned}P(\overline{w}_k)=&\sum_{j=1}^{k}\Pi_j(\bar{y}_j-\bar{c}_k)+\sum_{j=k+1}^{S}\Pi_j(\bar{y}_j-\bar{c}_j)\\&+\beta\Big[\sum_{j=1}^{k}\Pi_jP(\overline{w}_k)+\sum_{j=k+1}^{S}\Pi_jP(\overline{w}_j)\Big]\end{aligned} \tag{20.3.28b}$$

$v_0=v_{aut}$ 的严格正利润

现在我们来说明，一个提供初始承诺值 v_{aut} 的合同将具有严格正的期望利润。为了说明 $P(v_{aut})>0$，我们首先来考察如下的有限责任合同的期望利润含义。假定家庭在某时期第一次经历了 $\bar{y}_j$，而此有限责任合同在当期以及未来的各个时期都提供给家庭 $\bar{c}_j$，直至家庭获得一个高于 $\bar{y}_j$ 的禀赋。一旦在未来的某个时期这样一个较高的禀赋实现了，则上述有限责任合同将中止，并且没有任何额外的转移支付。那么，这样一个有限责任合同将具有正的还是负的期望利润呢？对于 $\bar{y}_j=\bar{y}_1$ 的情形，此合同提供的利润必定为零，因为此前我们已经证明了 $\bar{c}_1=\bar{y}_1$。可是，对于禀赋的其他实现值，结果又如何呢？

为了研究对于任意给定的 $\bar{y}_j$，这样一个有限责任合同的期望利润的含义，我们首先利用（20.3.25）式来计算此合同的消费水平 $\bar{c}_j$ 的上界：

$$\begin{aligned}u(\bar{c}_j)=&(1-\beta\sum_{k=1}^{j}\Pi_k)u(\bar{y}_j)+\beta\sum_{k=1}^{j}\Pi_ku(\bar{y}_k)\\&\leqslant u\Big[(1-\beta\sum_{k=1}^{j}\Pi_k)\bar{y}_j+\beta\sum_{k=1}^{j}\Pi_k\bar{y}_k\Big]\end{aligned}$$

其中的弱不等式由效用函数的严格凹性可得，并且显然地，对于 $j>1$，上述表达式的严格不等号成立。于是，关于 $\bar{c}_j$ 的上界是

$$\bar{c}_j\leqslant(1-\beta\sum_{k=1}^{j}\Pi_k)\bar{y}_j+\beta\sum_{k=1}^{j}\Pi_k\bar{y}_k \tag{20.3.29}$$

如果我们将第一期与所有的未来各时期分开来看，就可以发现此有限责任合同的财务含义。在第一期中，货币借出者获得一个非负的利润：

$$\begin{aligned}\bar{y}_j-\bar{c}_j&\geqslant\bar{y}_j-\Big[(1-\beta\sum_{k=1}^{j}\Pi_k)\bar{y}_j+\beta\sum_{k=1}^{j}\Pi_k\bar{y}_k\Big]\\&=\beta\sum_{k=1}^{j}\Pi_k(\bar{y}_j-\bar{y}_k)\end{aligned} \tag{20.3.30}$$

这里我们已经利用了（20.3.29）式给出的 $\bar{c}_j$ 的上界。在第一期之后，只要家庭没有实

现一个高于 $\bar{y}_j$ 的禀赋，货币借出者就必须持续地提供 $\bar{c}_j$。因此，对于另外 t 个时期，家庭仍然停留在此有限责任合同内的概率为 $(\sum_{i=1}^{j}\Pi_i)^t$。如果家庭停留在此有限责任合同内，则家庭的平均禀赋实现值是 $(\sum_{k=1}^{j}\Pi_k\bar{y}_k)/(\sum_{k=1}^{j}\Pi_k)$，并且此有限责任合同在未来各时期的期望折现利润流（按照第一期的价值衡量）是

$$\sum_{t=1}^{\infty}\beta^t(\sum_{i=1}^{j}\Pi_i)^t\left(\frac{\sum_{k=1}^{j}\Pi_k\bar{y}_k}{\sum_{k=1}^{j}\Pi_k}-\bar{c}_j\right)=\frac{\beta\sum_{i=1}^{j}\Pi_i}{1-\beta\sum_{i=1}^{j}\Pi_i}\left(\frac{\sum_{k=1}^{j}\Pi_k\bar{y}_k}{\sum_{k=1}^{j}\Pi_k}-\bar{c}_j\right)$$
$$\geqslant-\beta\sum_{k=1}^{j}\Pi_k(\bar{y}_j-\bar{y}_k) \tag{20.3.31}$$

上述不等式可利用（20.3.29）式给出的 $\bar{c}_j$ 的上界得到。因为（20.3.30）式和（20.3.31）式中的和是非负的，我们可以得出结论：至少在期望的意义上，此有限责任合同是收支平衡的。实际上，对于 $\bar{y}_j>\bar{y}_1$，我们已经知道（20.3.30）式和（20.3.31）式中的严格不等式成立，因此每一个这样的有限责任合同都将具有严格正的利润。

因为一个提供初始承诺值 v_{aut} 的最优合同可以看做是上述所有的有限责任合同的一种特殊集合，我们立即得到 $P(v_{aut})>0$。

$P(v_0)=0$ 的合同

在练习 20.2 中，你需要计算使得 $P(v_0)=0$ 的 v_0。下面我们给出完成此任务的一种好方法。假定已经计算出了 $v_0=v_{aut}$ 的最优合同，我们发现，对于满足 $1<k\leqslant S$ 的某个 k，有：对于 $j\geqslant k$，$P(\bar{w}_j)\leqslant 0$；对于 $j<k$，$P(\bar{w}_j)>0$。利用零利润条件，可计算出 $\tilde{c}$ 的一个初始水平：

$$0=\sum_{j=1}^{k-1}\Pi_j(\bar{y}_j-\tilde{c})+\sum_{j=k}^{S}\Pi_j[\bar{y}_j-\bar{c}_j+\beta P(\bar{w}_j)]$$

给定 $\tilde{c}$，我们可利用（20.3.26）式来求解 v_0。

但是，如果 $P(\bar{w}_S)>0$，这样的 k 是不存在的。在这样的情形中，与 $P(v_0)=0$ 有关的有效配置是平凡的。货币借出者只需将消费简单地设定为等于平均禀赋值。平均而言，这样的合同是收支平衡的，并且家庭的效用正如方程（20.2.2）所示，等于无约束问题的最优解，$v_0=v_{pool}$。

□ 20.3.5 $P(v)$是严格凹且连续可微的

考虑某个承诺值 $v_0\in[\bar{w}_{k-1},\ \bar{w}_k)$，$1<k\leqslant S$。只要家庭并没有达到高于 $\bar{y}_{k-1}$ 的禀赋，我们就可以利用方程（20.3.26）计算出具有承诺值 v_0 的家庭所获得的消费数量 $\tilde{c}(v_0)$：

$$u[\tilde{c}(v_0)]=\frac{(1-\beta\sum_{j=1}^{k-1}\Pi_j)v_0-\sum_{j=k}^{S}\Pi_j[u(\bar{c}_j)+\beta\bar{w}_j]}{\sum_{j=1}^{k-1}\Pi_j}$$
$$\equiv\Phi_k(v_0) \tag{20.3.32}$$

即

$$\tilde{c}(v_0)=u^{-1}[\Phi_k(v_0)] \tag{20.3.33}$$

因为效用函数是严格凹的，则 $\tilde{c}(v_0)$关于承诺值 v_0 是严格凸的：

$$\tilde{c}'(v_0)=\frac{\left(1-\beta\sum_{j=1}^{k-1}\Pi_j\right)}{\sum_{j=1}^{k-1}\Pi_j}u^{-1'}[\Phi_k(v_0)]>0 \tag{20.3.34a}$$

$$\tilde{c}''(v_0)=\frac{\left[1-\beta\sum_{j=1}^{k-1}\Pi_j\right]^2}{\left[\sum_{j=1}^{k-1}\Pi_j\right]^2}u^{-1''}[\Phi_k(v_0)]>0 \tag{20.3.34b}$$

接下来，我们给出（20.3.4）式中期望利润的表达式在最优合同处的价值：

$$P(v_0)=\sum_{j=1}^{k-1}\Pi_j[\bar{y}_j-\tilde{c}(v_0)+\beta P(v_0)] + \sum_{j=k}^{S}\Pi_j[\bar{y}_j-\tilde{c}_j+\beta P(\overline{w}_j)]$$

上式可重写为

$$P(v_0)=\frac{\sum_{j=1}^{k-1}\Pi_j[\bar{y}_j-\tilde{c}(v_0)]+\sum_{j=k}^{S}\Pi_j[\bar{y}_j-\tilde{c}_j+\beta P(\overline{w}_j)]}{1-\beta\sum_{j=1}^{k-1}\Pi_j}$$

现在我们可以证实 $P(v_0)$关于 $v_0\in[\overline{w}_{k-1},\overline{w}_k)$是严格凹的：

$$P'(v_0)=-\frac{\sum_{j=1}^{k-1}\Pi_j}{1-\beta\sum_{j=1}^{k-1}\Pi_j}\tilde{c}'(v_0)=-u^{-1'}[\Phi_k(v_0)]<0 \tag{20.3.35a}$$

$$P''(v_0)=-\frac{\sum_{j=1}^{k-1}\Pi_j}{1-\beta\sum_{j=1}^{k-1}\Pi_j}\tilde{c}''(v_0) =-\frac{1-\beta\sum_{j=1}^{k-1}\Pi_j}{\sum_{j=1}^{k-1}\Pi_j}u^{-1''}[\Phi_k(v_0)]<0 \tag{20.3.35b}$$

其中我们利用了表达式（20.3.34）。

为了讨论值函数 $P(v_0)$在承诺值 $\overline{w}_k$ 附近的性质，我们给出如下结论：

$$\lim_{v_0\uparrow\overline{w}_k}\Phi_k(v_0)=\Phi_k(\overline{w}_k)=\Phi_{k+1}(\overline{w}_k) \tag{20.3.36}$$

其中第一个等式只是表达式（20.3.32）的极限形式，而第二个等式成立是因为重新整理此等式可知其只不过是表达式（20.3.22b）的一种形式的再表述而已。基于（20.3.36）式和（20.3.33）式，我们可知消费水平 $\tilde{c}(v_0)$ 关于承诺值是连续的，而这又推导出了值函数 $P(v_0)$的连续性。进一步地，表达式（20.3.36）和（20.3.35a）式保证了值函数 $P(v_0)$ 关于承诺值是连续可微的。

□ 20.3.6 许多家庭

考虑一个大的村庄，其中货币借出者面对这些家庭的连续统。在$t=0$的初始时刻，y_0 实现之前，该货币借出者给每个家庭提供 v_{aut}（或许略大于这个数一点点）。随着时间的推移，该货币借出者执行每个家庭的合同。由这些家庭构成的社会的消费及后续值的分布在一段时间内呈扇形展开（fanning out），随着消费的横截面分布在以前计算出来的单点 $g_2(\overline{v})$（即使得参与约束永远不会再有约束力的最小的 c 值）处渐渐变得集中，消费最终将呈扇形合拢（fanning in）。注意，在早期货币借出者会在村民之间平均地吸收货币并将其存入银行，银行账户的总利率为 β^{-1}。后来他将用自己村外账户中的利息来为对村民的支付融资。最终，村民被完全地保险，即他们不经历消费的波动。

对于上面构造的这种提供初始承诺值 $v_0\in[v_{aut},\overline{w}_S]$的合同，我们可以利用第18章中使用过的那种大数定律来计算出消费的截面分布的动态特征。在时刻0，并且在时刻0的禀赋已经实现之后，消费的截面分布是显然的：

$$\text{Prob}\{c_0=\tilde{c}\}=(\sum_{s=1}^{k-1}\Pi_s) \tag{20.3.37a}$$

$$\text{Prob}\{c_0\leqslant\tilde{c}_j\}=(\sum_{s=1}^{j}\Pi_s),\ j\geqslant k \tag{20.3.37b}$$

t 期之后，

$$\text{Prob}\{c_t=\tilde{c}\}=(\sum_{s=1}^{k-1}\Pi_s)^{t+1} \tag{20.3.38a}$$

$$\text{Prob}\{c_t\leqslant\bar{c}_j\}=(\sum_{s=1}^{j}\Pi_s)^{t+1},\ j\geqslant k \tag{20.3.38b}$$

利用累积分布函数（20.3.37）和函数（20.3.38），容易计算出相应的概率密度：

$$f_{j,t}=\text{Prob}(c_t=\bar{c}_j) \tag{20.3.39}$$

这里对于所有的 $j<k$，我们令 $\bar{c}_j=\tilde{c}$。有了上述概率密度，我们就可以计算货币借出者的银行余额随着时间的演变。从时刻0的初始余额 $\beta^{-1}B_{-1}=0$ 开始，货币借出者的银行余额按照下式演变：对于 $t\geqslant0$，

$$B_t=\beta^{-1}B_{t-1}+(\sum_{j=1}^{S}\Pi_j\overline{y}_j-\sum_{j=1}^{S}f_{j,t}\bar{c}_j) \tag{20.3.40}$$

其中 B_t 表示时期 t 的期末余额。令 $\beta^{-1}=1+r$。在消费的截面分布收敛到某个集中于 $\bar{c}_S$ 的分布之后，货币借出者的银行余额将遵循如下的差分方程：

$$B_t=(1+r)B_{t-1}+E(y)-\bar{c}_S \tag{20.3.41}$$

其中 $E(y)$表示 y 的均值。

有一个方便的公式可将 $P(v_0)$和 B_t 的尾部行为（特别是消费分布已经收敛到 $\bar{c}_S$ 之后 B_t 的行为）联系在一起。这里我们将再次利用大数定律，从而期望利润 $P(v_0)$变成当承诺给大量家庭 v_0 时的一个非随机的利润现值。由于货币借出者的所有剩余和赤字都是在银行账户中积累，从而 $P(v_0)$将等于任意的未来余额 B_t 与其后的利润流的后续值之和的现值。在所有家庭的承诺值都收敛到 $\overline{w}_S$ 之后，剩余利润流的后续值显然等于 $\beta P(\overline{w}_S)$。于是，对于 c 的分布已经收敛到 $\bar{c}_S$ 的时刻 t，我们可得到

$$P(v_0) = \frac{B_t + \beta P(\overline{w}_S)}{(1+r)^t} \tag{20.3.42}$$

由于表达式（20.3.42）中的 $\beta P(\overline{w}_S)/(1+r)^t$ 项在极限处将等于零，从而上述表达式意味着银行余额 B_t 最终将以总利率变化。如果初始 v_0 的设定使得 $P(v_0)>0[P(v_0)<0]$，则余额最终将以指数速率趋于正无穷（负无穷）。只有当初始 v_0 的设定使得 $P(v_0)=0$ 时，渐近的余额才等于常数。这一性质具有下述含义：首先，回忆一下我们前面的计算可知，只有当 $P(\overline{w}_S)\leqslant 0$ [由(20.3.28a)式知这意味着 $E(y)\leqslant \bar{c}_S$] 时才存在一个使得 $P(v_0)=0$ 的初始承诺值 $v_0\in[v_{aut},\overline{w}_S]$。假定 $P(v_0)=0$，并利用方程（20.3.28a）中关于$P(\overline{w}_S)$的表达式，方程（20.3.42）变为 $B_t=-\beta\dfrac{E(y)-\bar{c}_S}{1-\beta}$，或者

$$B_t=\frac{\bar{c}_S-E(y)}{r}\geqslant 0$$

这里我们利用了定义 $\beta^{-1}=1+r$。因此，如果初始承诺值 v_0 使得 $P(v_0)=0$，则当所有家庭的承诺值收敛到 $\overline{w}_S$ 时，余额将是收敛的。这些平稳余额的利息收入将等于在收取数值为 $E(y)\leqslant\bar{c}_S$ 的人均禀赋的同时分配给每一个家庭 $\bar{c}_S$ 的情形所对应的单期的赤字。

在足够长的时间之后，所有的村民都将被完美地保险，这是因为按照（20.3.38）式有 $\lim\limits_{t\to+\infty}\text{Prob}(c_t=\bar{c}_S)=1$。至于收敛需要多少时间，则取决于分布 Π。最终地，每一个人都将获得过去的某个时刻曾达到的最高禀赋值，在那之后，他的后续值将保持不变。因此这是一个暂时的不完美保险模型，正如后续值的分布最终呈现出的扇形合拢所揭示的。

□ 20.3.7 一个例子

图 20.3.3 和图 20.3.4 描绘了对应于我们所介绍的经济的最优合同的特征，其中每一个家庭具有如下独立同分布的禀赋过程：

$$\text{Prob}(y_t=\bar{y}_s)=\frac{1-\lambda}{1-\lambda^S}\lambda^{s-1}$$

其中 $\lambda\in(0,1)$，$\bar{y}_s=s+5$ 表示第 s 个可能的禀赋值，$s=1,\cdots,S$。代表性家庭的单期效用函数是 $u(c)=(1-\gamma)^{-1}c^{1-\gamma}$，其中 γ 是家庭的相对风险厌恶系数。我们假定参数值$(\beta,S,\gamma,\lambda)=(0.5,20,2,0.95)$。初始承诺值 v_0 的设定使得 $P(v_0)=0$。

在图 20.3.3（d）中，货币借出者的银行余额从零开始。货币借出者首先获得货币，他将其存在银行中。但是随着时间的推移，货币借出者的银行余额将收敛到某一个点，

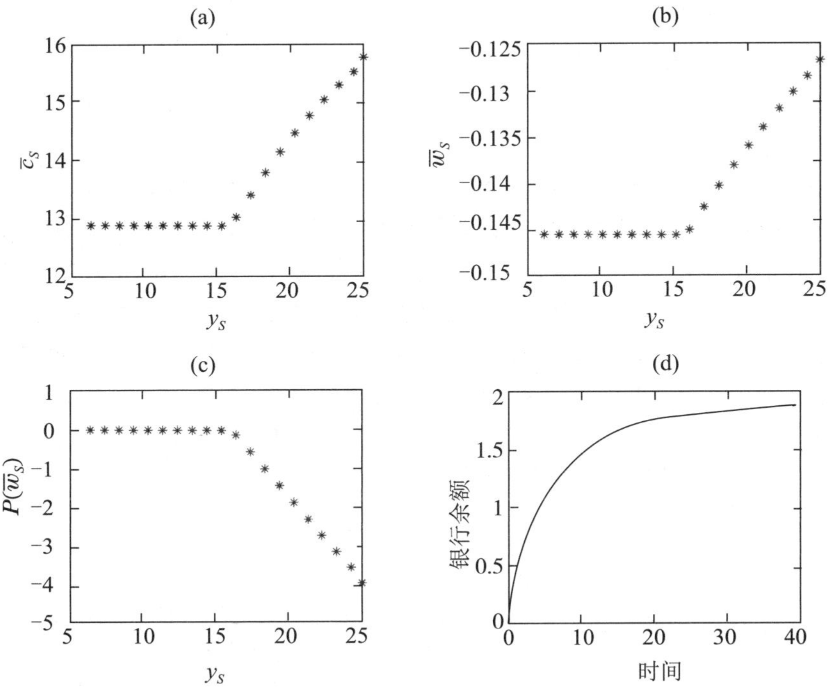

图 20.3.3　$P(v_0)=0$ 时的最优合同

a：$\bar{c}_s$ 作为经历过的最大值 $\bar{y}_s$ 的函数；　b：$\overline{w}_s$ 作为经历过的最大值 $\bar{y}_s$ 的函数；

c：$P(\overline{w}_S)$ 作为经历过的最大值的函数；　d：货币借出者的银行余额

在这一点上，他通过银行余额所赚取的利息将正好为他必须在每期给每一个家庭提供 $\bar{c}_S$ 所带来的额外支付融资。这些利息收入弥补了货币借出者每期的人均收入 $E(y)$ 的不足，这一收入是少于他在每期的人均花费 $\bar{c}_S$ 的。

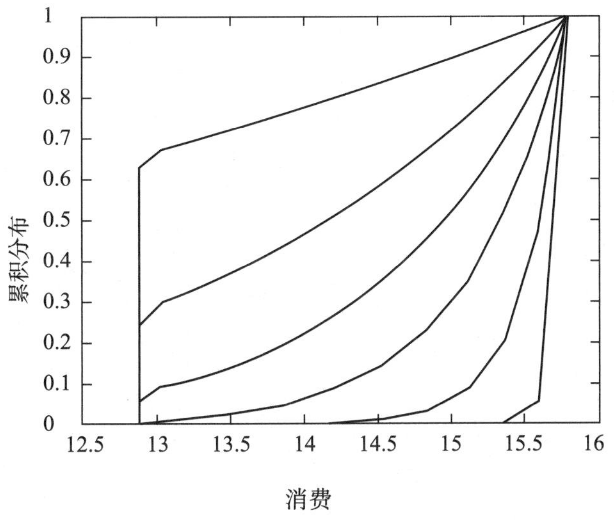

图 20.3.4　当 $P(v_0)=0$ 时，时刻 $t=0,2,5,10,25,100$ 的消费的累积分布函数 $F_t(c_t)$

（靠后时期的累积分布函数右移）

20.4 拉格朗日方法

马塞特和马里蒙（1992，1999）提出了一个可以应用到本章大部分合同设计问题上的方法。他们构造了拉格朗日方程并在激励约束中使用拉格朗日乘子来保持承诺值。他们的方法扩展了基德兰德和普雷斯科特（1980）的研究，并与汉森、埃普尔和罗贝茨（1985）线性二次环境下的表述有关。[①] 我们通过前面的模型可以说明这种方法。

马塞特和马里蒙的方法是直接在随机过程空间（即随机序列）中表述问题，并对货币借出者构造拉格朗日方程。契约描述了遵循如下约束的消费的随机过程：

$$u(c_t)+E_t\sum_{j=1}^{\infty}\beta^j u(c_{t+j})\geqslant u(y_t)+\beta v_{aut},\quad \forall\, t\geqslant 0 \tag{20.4.1a}$$

$$E_{-1}\sum_{t=0}^{\infty}\beta^t u(c_t)\geqslant v \tag{20.4.1b}$$

其中 $E_{-1}(\cdot)$ 表示 y_0 实现之前的条件期望。v 是在时期 0 提供给村民的初始承诺值。(20.4.1a) 式给出了参与约束。

货币借出者的拉格朗日方程是

$$\begin{aligned}J=E_{-1}\sum_{t=0}^{\infty}\beta^t\Big\{(y_t-c_t)+\alpha_t\Big[E_t\sum_{j=0}^{\infty}\beta^j u(c_{t+j})-[u(y_t)+\beta v_{aut}]\Big]\Big\}\\ +\phi\Big[E_{-1}\sum_{t=0}^{\infty}\beta^t u(c_t)-v\Big]\end{aligned} \tag{20.4.2}$$

其中$\{\alpha_t\}_{t=0}^{\infty}$是村民的参与约束对应的非负拉格朗日乘子的随机过程，并且 ϕ 是初始的承诺维持约束的严格正的乘子，此约束要求货币借出者必须提供承诺 v。利用下列等式变换拉格朗日方程很有用，该等式是“阿贝尔部分和公式”的一种形式［参见 Apostol (1975)，第 194 页］：

$$\sum_{t=0}^{\infty}\beta^t\alpha_t\sum_{j=0}^{\infty}\beta^j u(c_{t+j})=\sum_{t=0}^{\infty}\beta^t\mu_t u(c_t) \tag{20.4.3}$$

其中

$$\mu_t=\mu_{t-1}+\alpha_t,\quad \mu_{-1}=0 \tag{20.4.4}$$

可以直接验证公式（20.4.3）。如果我们将公式（20.4.3）代入公式（20.4.2）并使用迭代期望法则证明 $E_{-1}E_t(\cdot)=E_{-1}(\cdot)$，我们得到

$$\begin{aligned}J=E_{-1}\sum_{t=0}^{\infty}\beta^t\{(y_t-c_t)+(\mu_t+\phi)u(c_t)\\ -(\mu_t-\mu_{t-1})[u(y_t)+\beta v_{aut}]\}-\phi v\end{aligned} \tag{20.4.5}$$

① 马塞特和马里蒙的方法是第 19 章中用于计算斯塔克尔伯格和拉姆齐计划的方法的一种变形。参见第 19 章关于马塞特和马里蒙方法的思想发展史的扩展评论，特别是 20 世纪 80 年代大不列颠的某些成果，它们由米勒、萨蒙、皮尔曼、居里和莱文等人给出。

对于给定值 v，我们要寻找一个鞍点：关于$\{c_t\}$的最大值，关于$\{\mu_t\}$和 ϕ 的最小值。关于 c_t 的一阶条件是

$$u'(c_t)=\frac{1}{\mu_t+\phi} \tag{20.4.6a}$$

它是方程（20.3.12）的一种变形。于是，由前一节的内容可知$-(\mu_t+\phi)$等于 $P'(\omega)$。因此，拉格朗日乘子体现了包含在货币借出者的值函数的导数之中的信息。我们也有一个互补的松弛条件：

$$u(c_t)+E_t\sum_{j=1}^{\infty}\beta^j u(c_{t+j})-[u(y_t)+\beta v_{aut}]\geqslant 0,\quad（当\ \alpha_t>0\ 时，等号成立） \tag{20.4.6b}$$

$$E_{-1}\sum_{t=0}^{\infty}\beta^t u(c_t)-v=0 \tag{20.4.6c}$$

(20.4.6)式和转移规律(20.4.4)一起刻画了货币借出者最大化问题的解的特征。

为了探索最优消费过程的时间组合，我们现在考虑当 (y_t, μ_{t-1}, ϕ) 已知时的某个时期 $t\geqslant 0$。首先，我们暂时尝试解 $\alpha_t=0$（即参与约束是没有约束力的）。方程（20.4.4）使得我们设定 $\mu_t=\mu_{t-1}$，由一阶条件（20.4.6a）可推出 $c_t=c_{t-1}$。如果这个结果满足参与约束（20.4.6b），我们就可以得到 t 时期的解。如果不满足，则可以推出参与约束有约束力。也就是说，该解有 $\alpha_t>0$ 和 $c_t>c_{t-1}$。因此，方程（20.4.4）和方程（20.4.6a）很快可以让我们得出：c_t 是一个非减的随机序列，当参与约束没有约束力时，c_t 保持不变，当参与约束有约束力时它增加。

由于松弛条件（20.4.6b）和条件（20.4.6c）包含未来内生变量$\{c_{t+j}\}$的条件期望，用数值法计算方程（20.4.5）的解非常复杂。马塞特和马里蒙（1992）凭借参数化期望方法解决了这个复杂性。也就是说，他们用状态变量的参数化函数来代替条件期望。[①] 马塞特和马里蒙（1992，1999）描述了许多利用拉格朗日方法的其他例子。在国际贸易模型中的应用可参见基欧和佩里（Kehoe and Perri，2002）。

20.5 信息不对称的保险

在 20.3 节的货币借出者-村民环境中个体在每期可以自由地选择自给自足，因此存在一个承诺问题，但不存在信息问题。我们现在研究一个合同设计问题，在该问题中，激励问题不是来自承诺问题，而是来自信息不对称。就像以前一样，货币借出者或者计划者能以固定的无风险总利率 β^{-1}在村外借入或借出，并且每一个家庭的收入 y_t 对于时间和家庭都是独立同分布的。然而，我们现在假定计划者和家庭都能签订持续的和有约束力的合同。开始时，令 v^0 为计划者承诺提供给家庭的期望终生效用。初始承诺 v^0 不

① 参数化期望方法在一个简单增长模型中的应用的详细情况可参见 den Haan and Marcet（1990）。

能少于 v_{aut}，因为一个家庭不能接受比自给自足所获得的效用还低的一份合同。我们把如何决定 v^0 的讨论推迟到本节末尾。这里一个新的假设是家庭拥有关于它们自己收入的私人信息，并且计划者既无法看到它们的收入，也无法看到它们的消费。也就是说，计划者和家庭之间的任何保险支付必须基于家庭对自己收入实现值的报告。激励相容的合同使得家庭选择真实地报告它们的收入。

我们的分析基于托马斯和沃勒尔（1990）的工作，他们对表达式（20.2.1）中的偏好进行了一些额外的假设：$u:(a,\infty)\to IR$ 是二阶连续可微的，并有 $\sup u(c)<\infty$，$\inf u(c)=-\infty$，$\lim\limits_{c\to a}u'(c)=\infty$。托马斯和沃勒尔也使用了下面的特殊假定：

条件 A： $-u''/u'$ 是非增的。

这是使得值函数为凹函数的充分条件，就如我们将要讨论的。关于偏好的其他限制的作用也将被揭示。

有效的保险合同又一次求解了动态规划问题。① 计划者最大化期望折现利润 $P(v)$，其中 v 是来自家庭的最后一期的承诺效用。计划者对家庭的当前支付用 b 表示（来自家庭的支付记为负数），是状态变量 v 和家庭报告的当前收入 y 的一个函数。令 b_s 和 w_s 是家庭报告收入为 $\bar{y}_s$ 时，计划者提供给家庭的支付和后续效用。最优值函数 $P(v)$ 遵循函数方程：

$$P(v)=\max_{\{b_s,w_s\}}\sum_{s=1}^{S}\Pi_s[-b_s+\beta P(w_s)] \tag{20.5.1}$$

其中最大化问题受约束于

$$\sum_{s=1}^{S}\Pi_s[u(\bar{y}_s+b_s)+\beta w_s]=v \tag{20.5.2}$$

$$C_{s,k}\equiv u(\bar{y}_s+b_s)+\beta w_s-[u(\bar{y}_s+b_k)+\beta w_k]\geqslant 0,\quad s,k\in S\times S \tag{20.5.3}$$

$$b_s\in[a-\bar{y}_s,\infty],\quad s\in S \tag{20.5.4}$$

$$w_s\in[-\infty,v_{\max}],\quad s\in S \tag{20.5.5}$$

其中 $v_{\max}=\sup u(c)/(1-\beta)$。方程（20.5.2）是承诺维持约束，它保证了承诺效用 v 的提供。注意，此前的（20.3.5）式中的弱不等式被替换成了一个等式。计划者不能提供一个比 v 更高的效用，因为这将会违背前几期中说实话的激励相容约束。约束集（20.5.3）保证了家庭在每一个状态 $s\in S$ 都没有隐瞒其禀赋实现值的激励。这里 s 是真实的收入状态，k 是被报告的收入状态。当 $C_{s,k}\geqslant 0$（$k\in S$）时，禀赋是关于状态 s 的，我们才给出激励相容约束。另外注意，不存在像科切拉科塔模型中表达式（20.3.6）那样的“参与约束”，这一缺失反映了双方都承诺遵守合同的假设。

建立值函数 $P(v)$ 的界限是有益的。首先考虑一份每期都支付一个固定数量 $\bar{b}=\bar{b}(v)$ 的契约，其中 $\bar{b}(v)$ 满足 $\sum\limits_{s=1}^{S}\Pi_s u(\bar{y}_s+\bar{b})/(1-\beta)=v$。它是激励相容的并且提供了承诺效用 v。因此，该合同的折现利润是 $-\bar{b}/(1-\beta)$，它为 $P(v)$ 提供了一个下界。另外，$P(v)$ 不

① 禀赋独立分布的假设很重要，费尔南德斯和费伦（Fernandes and Phelan，2000）论证了当该假设被放松时分析的复杂度是如何上升的。

能超过无约束的最优合同的价值，该合同在每期均支付 $\bar{c}-\bar{y}_s$，其中 $\bar{c}$ 满足 $\sum_{s=1}^{S}\Pi_s u(\bar{c})/(1-\beta)=v$。因此该值函数的界限是

$$-\bar{b}(v)/(1-\beta)\leqslant P(v)\leqslant \sum_{s=1}^{S}\Pi_s[\bar{y}_s-\bar{c}(v)]/(1-\beta) \tag{20.5.6}$$

上述界限在图 20.5.1 中被描述了出来，它也说明了 $P(v)$ 的其他一些性质。因为 $\lim\limits_{c\to a}u'(c)=\infty$，所以对于计划者而言，当当前承诺效用非常低时，增加承诺效用就非常便宜，也就是说，$\lim\limits_{v\to-\infty}P'(v)=0$。当家庭的承诺效用接近于上界 $v_{\max}$ 时，情况恰好相反，此时家庭的额外消费具有较低的边际效用，这意味着 $\lim\limits_{v\to v_{\max}}P'(v)=-\infty$ 和 $\lim\limits_{v\to v_{\max}}P(v)=-\infty$。

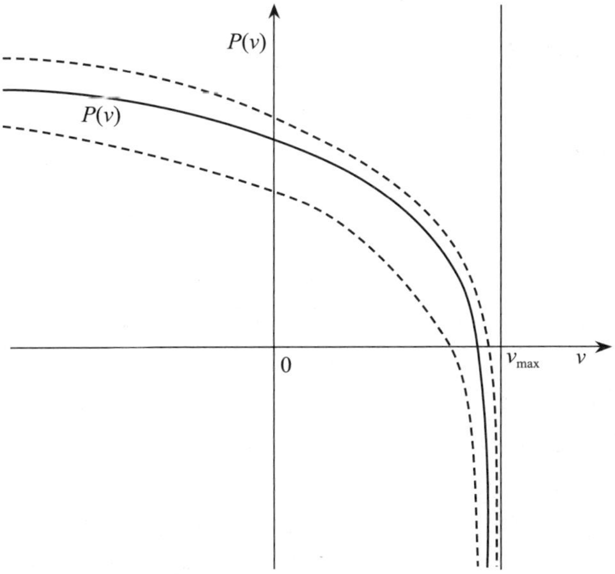

图 20.5.1　值函数 $P(v)$ 与表示值函数的边界的两条虚线。垂直实线表示 $v_{\max}=\sup u(c)/(1-\beta)$

□ 20.5.1　有效性意味着 $b_{s-1}\geqslant b_s$ 和 $w_{s-1}\leqslant w_s$

激励相容合同必须满足 $b_{s-1}\geqslant b_s$（保险）且 $w_{s-1}\leqslant w_s$（部分保险）。这个要求可通过增加"向下约束" $C_{s,s-1}\geqslant 0$ 和"向上约束" $C_{s-1,s}\geqslant 0$ 以得到下式而看出来：

$$u(\bar{y}_s+b_s)-u(\bar{y}_{s-1}+b_s)\geqslant u(\bar{y}_s+b_{s-1})-u(\bar{y}_{s-1}+b_{s-1})$$

其中由 $u(c)$ 的凹性推出 $b_s\leqslant b_{s-1}$。直接由 $C_{s,s-1}\geqslant 0$ 可以得到 $w_s\geqslant w_{s-1}$。也就是说，报告低收入的家庭以一个较低的未来效用为代价，从计划者那里得到一个较高的转移支付。

□ 20.5.2　局部向上和向下约束是足够的

约束集（20.5.3）可以简化。我们可以证明，如果局部向下约束 $C_{s,s-1}\geqslant 0$ 和局部向上约束 $C_{s,s+1}\geqslant 0$ 对于任何 $s\in S$ 都成立，那么全局约束 $C_{s,k}\geqslant 0$ 对于任何 s、$k\in S$ 都是成立的。证明如下：假设我们知道对于某个 $s>k$，向下约束 $C_{s,k}\geqslant 0$ 成立：

$$u(\bar{y}_s+b_s)+\beta w_s \geqslant u(\bar{y}_s+b_k)+\beta w_k \tag{20.5.7}$$

从上面我们知道 $b_s \leqslant b_k$，所以由 $u(c)$的凹性可推出：

$$u(\bar{y}_{s+1}+b_s)-u(\bar{y}_s+b_s) \geqslant u(\bar{y}_{s+1}+b_k)-u(\bar{y}_s+b_k) \tag{20.5.8}$$

通过相加（20.5.7）式和（20.5.8）式并使用局部向下约束 $C_{s+1,s} \geqslant 0$，我们得到

$$u(\bar{y}_{s+1}+b_{s+1})+\beta w_{s+1} \geqslant u(\bar{y}_{s+1}+b_k)+\beta w_k$$

也就是说，我们已经证明了向下约束 $C_{s+1,k} \geqslant 0$ 成立。在这个递归形式中，我们能够证实当局部向下约束被满足时，所有的全局向下约束也被满足。类似的推理可应用在向上约束中。从任何一个 $k<s$ 的向上约束 $C_{k,s} \geqslant 0$ 开始，我们可以证明局部向上约束 $C_{k-1,k} \geqslant 0$，这意味着向上约束 $C_{k-1,s} \geqslant 0$ 也一定成立，等等。

□ 20.5.3 P 的凹性

到目前为止，我们还没有要求值函数的凹性，但接下来我们将不得不提出此要求。托马斯和沃勒尔证明了在条件 A 下，P 是凹的。

命题： 值函数 $P(v)$是凹的。

我们建议初学时略过下面的证明。

证明： 令 $T(P)$是方程（20.5.1）右边对应的算子。通过在 T 上迭代至收敛，我们可计算出最优的值函数。我们想要证明 T 是从严格凹的 P 到严格凹的 $T(P)$函数上的映射。托马斯和沃勒尔使用了下面的证明：

令 $P_{k-1}(v)$是在 T 上的$k-1$ 次迭代。假设 $P_{k-1}(v)$是严格凹的。我们想要证明$P_k(v)$是严格凹的。考虑与任意 v^0 和 v'对应的合同$(b_s^0,w_s^0)_{s\in S}$、$(b_s',w_s')_{s\in S}$。令 $w_s^*=\delta\omega_s^0+(1-\delta)w_s'$，并由 $u(b_s^*+\bar{y}_s)=\delta u(b_s^0+\bar{y}_s)+(1-\delta)u(b_s'+\bar{y}_s)$定义 b_s^*，其中 $\delta\in(0,1)$。因此，$(b_s^*,w_s^*)_{s\in S}$对借入者给出了一个效用，该效用是两个效用的加权平均，并对借出者给出了不低于平均水平 $\delta P_k(v^0)+(1-\delta)P_k(v')$的效用。那么 $C_{s,s-1}^*=\delta C_{s,s-1}^0+(1-\delta)C_{s,s-1}'+[\delta u(b_{s-1}^0+\bar{y}_s)+(1-\delta)u(b'_{s-1}+\bar{y}_s)-u(b_{s-1}^*+\bar{y}_s)]$。因为向下约束 $C_{s,s-1}^0$和 $C_{s,s-1}'$被满足，并且因为在条件 A 下第三项是非负的，所以向下激励约束 $C_{s,s-1}^* \geqslant 0$ 被满足。然而，$(b_s^*,w_s^*)_{s\in S}$可能违反向上激励约束。但是托马斯和沃勒尔通过如下论述从$(b_s^*,w_s^*)_{s\in S}$构造了一份新的合同，该合同是激励相容的并且向借入者和借出者都提供不少于原来的效用。因此，保持 w_1 不变并且减少 w_2 直到$C_{2,1}=0$ 或者 $w_2=w_1$。然后用同样的方法减少 w_3，依此类推。必要时加上常数使得 $\sum_s \Pi_s w_s$ 不变。由 $P_{k-1}(v)$的凹性可知，这不会使借出者的境况变糟。现在如果 $w_2=w_1$，则可推出 $b_2^*>b_1^*$，减少 b_2 直到 $C_{2,1}=0$，并对 b_3 继续采用相同的方法，依此类推。因为 $b_s+\bar{y}_s>b_{s-1}+\bar{y}_{s-1}$，在每个 b_s 上加上一个常数使得 $\sum_s \Pi_s b_s$ 不变，这不会使借出者的境况变得更糟。所以在这个新的合同里，$C_{s,s-1}=0$ 并且 $b_{s-1}\geqslant b_s$。因此，向上约束也是成立的。因为不可能有 $b_s^0=b_s'$ 和 $w_s^0=w_s'$ 对所有的 $s\in S$ 和 $v^0\neq v'$ 成立，所以合同（b_s^*，w_s^*）使得借出者严格大于 $\delta P_k(v^0)+(1-\delta)P_k(v')$，所以 $P_k(v)$ 的严格凹性成立。为了完成归纳论证，注意从 $P_0(v)=0$ 开始，$P_1(v)$ 是严格凹的。因此 $\lim\limits_{k=\infty} P_k(v)$是凹的。▮

我们现在转到最优配置的性质，此配置要求值函数具有严格凹性。托马斯和沃勒尔运用值函数 $P_k(v)$对有限期问题得出了这些结果，由前面的命题知，该值函数是严格凹的。为了分析无穷期的值函数 $P(v)$，我们做出了下面关于$\lim\limits_{k=\infty}P_k(v)$的假定[1]：

假定： 值函数 $P(v)$是严格凹的。

□ 20.5.4 局部向下约束总是有约束力的

在最优解处，局部向下激励约束一直有约束力，而局部向上约束永远没有约束力。也就是说，家庭对是否把收入报低一点是无差异的，但它永远不会把它的实际收入报高。为了证明向下约束一定具有约束力，假设其反面，对于某个 $k\in S$，$C_{k,k-1}>0$。因为 $b_k\leqslant b_{k-1}$，所以一定有 $w_k>w_{k-1}$。考虑 $\{b_s,w_s;s\in S\}$ 如下的变化。保持 w_1 不变，并且必要时减少 w_2 直到 $C_{2,1}=0$。接下来减少 w_3 直到 $C_{3,2}=0$，依此类推，直到对于所有的 $s\in S$ 有 $C_{s,s-1}=0$。(注意，当提升该约束序列时，任何减少量都会积累。) 然后，对每一个 w_s 加上一个必要的常数，使得总的未来承诺期望值不变，即为 $\sum\limits_{s=1}^{S}\Pi_s w_s$。新的合同提供给家庭相同的效用并且是激励相容的，这是因为$b_s\leqslant b_{s-1}$和 $C_{s,s-1}=0$ 一起意味着局部向下约束 $C_{s-1,s}\geqslant 0$ 是没有约束力的。同时，因为承诺值的均值是不变的，并且差值 w_s-w_{s-1} 也会保持不变或者减少，值函数 $P(v)$的严格凹性意味着计划者的利润已经提高了。也就是说，我们已经得到了延续值 w 的递减的保均展形。因为 $P(v)$是严格凹的，所以 $\sum_{s\in S}\Pi_s P(w_s)$ 增加，因而 $P(v)$ 也增加。于是，局部向下约束没有约束力的初始合同不能成为最优解。

□ 20.5.5 共同保险

最优合同以共同保险（coinsurance）为特征：随着更高的收入实现，家庭的效用和计划者的利润都会增加：

$$u(\bar{y}_s+b_s)+\beta w_s>u(\bar{y}_{s-1}+b_{s-1})+\beta w_{s-1} \tag{20.5.9}$$

$$-b_s+\beta P(w_s)\geqslant -b_{s-1}+\beta P(w_{s-1}) \tag{20.5.10}$$

由向下激励相容约束 $C_{s,s-1}=0$ 知，表达式（20.5.9）中的家庭的更高的效用会实现。联系表达式（20.5.10）中计划者的利润，反设$-b_s+\beta P(w_s)<-b_{s-1}+\beta P(w_{s-1})$。然后在合同中用（$b_{s-1},w_{s-1}$）代替（$b_s,w_s$），因为$C_{s,s-1}=0$，所以这样可以提高计划者的利润，且使得家庭的效用保持不变，另外这种变化还是激励相容的。因此，最优合同必须使得计划者的利润关于家庭收入实现是弱增长的。

□ 20.5.6 $P'(v)$ 是鞅

如果我们令 λ 和 $\mu_s(s=2,\cdots,S)$是约束条件（20.5.2）对应的乘子，并且 $C_{s,s-1}\geqslant 0$ $(s=2,\cdots,S)$，那么关于 b_s 和 $w_s(s\in S)$ 的一阶必要条件是

---

① 为了得到下面报告的主要结果，即家庭都在无限远期变得贫困，托马斯和沃勒尔提供了一个只需要前面命题中建立的 $P(v)$ 的凹性的证明。

$$\Pi_s[1-\lambda u'(\bar{y}_s+b_s)]=\mu_s u'(\bar{y}_s+b_s)-\mu_{s+1}u'(\bar{y}_{s+1}+b_s) \tag{20.5.11}$$

$$\Pi_s[P'(w_s)+\lambda]=\mu_{s+1}-\mu_s \tag{20.5.12}$$

其中 $s\in S$，$\mu_1=\mu_{S+1}=0$。（不存在关于 μ_1 和 μ_{S+1} 的约束。）由包络定理，有

$$P'(v)=-\lambda \tag{20.5.13}$$

对方程（20.5.12）在 $s\in S$ 上求和，并且使用 $\sum_{s=1}^{S}(\mu_{s+1}-\mu_s)=\mu_{S+1}-\mu_1=0$ 以及方程（20.5.13）得到

$$\sum_{s=1}^{S}\Pi_s P'(w_s)=P'(v) \tag{20.5.14}$$

上述方程说明 $P'(v)$是鞅。

□ 20.5.7　与带有承诺问题的模型的比较

在前面带有承诺问题的模型中，有效配置必须满足方程（20.3.12），即 $u'(\bar{y}_s+b_s)=-P'(w_s)^{-1}$。正如我们已经解释过的，这一条件要求家庭的边际替代率等于计划者的边际转换率。这一转换率是关于当期与下一期中的后续值之间的转换的。在当前这种带有告知真相的激励相容约束的框架内，这一条件就不满足了。对于一个具有收入实现值 $\bar{y}_s$ 的家庭而言，如果不考虑其他的家庭为了从计划者处获得当前和未来的转移支付束而不真实地报告 $\bar{y}_s$ 的激励，就不可能确定当前消费与后续值之间的有效折中。注意到如下性质是有启发的，即若关于告知真相的激励相容约束是没有约束力的，则在当前的框架下，仍然满足方程（20.3.12）。也就是说，设定乘子 $\mu_s(s=2,\cdots,S)$ 等于零，并且将一阶条件（20.5.12）代入方程（20.5.11），就可得到 $u'(\bar{y}_s+b_s)=-P'(w_s)^{-1}$。

□ 20.5.8　扩展后续值

当家庭报告它最低（最高）的收入实现值时，有效的合同要求家庭的承诺未来效用降低（上升）。也就是说，$w_1<v<w_S$。为了证明 $w_S>v$，假设其反面 $w_S\leqslant v$。这一假设将会引出如下所述的矛盾，因为对于所有的 $s\in S$，$w_S\geqslant w_s$，并且 $P(v)$是严格凹的，方程（20.5.14）意味着对所有的 $s\in S$，$w_s=v$。将方程（20.5.13）代入方程（20.5.12）得到方程（20.5.12）的左边为零。另外，当 $s=1$ 时，方程（20.5.12）的右边等于 μ_2，而当 $s=S$ 时，它等于 $-\mu_S$，所以我们可以由约束集方程（20.5.12）逐步得到：对所有的$s\in S$，$\mu_s=0$。转向方程（20.5.11），消费的边际效用对所有收入实现值都是相等的，对所有的 $s\in S$，$u'(\bar{y}_s+b_s)=\lambda^{-1}$。这种消费平滑要求 $b_{s-1}>b_s$，但由激励相容性，$w_{s-1}=w_s$ 推出 $b_{s-1}=b_s$，矛盾。我们得出结论，有效的合同一定有$w_S>v$。用同样的方法可以证明 $w_1<v$ 也成立。

计划者必须扩展承诺未来效用，否则以当前的或有支付提供任何保险都是不可能的。方程（20.5.14）刻画了计划者如何通过与未来效用的比较来平衡当前提供的效用。为了理解这个表达式，考虑计划者增加 1 单位家庭的承诺效用 v。实现它的一种方法是将每一个 w_s 都增加 $1/\beta$，同时保持每一个 b_s 不变。这个变化保证了在计划者的期望折现成本

$\sum_{s=1}^{S}\Pi_s P'(w_s)$ 下的激励相容性。由包络定理，从局部上看，这与通过其他方式增加 v 是一样好的，并且它的成本等于 $P'(v)$，也就是说，我们得到表达式（20.5.14）。换句话说，给定计划者提供给个体效用 v 的义务，实现当前的或有商品提供量$\{b_s\}$和未来效用束$\{w_s\}$之间的平衡，使得下期承诺的期望边际成本 $\sum_{s=1}^{S}\Pi_s P'(w_s)$ 等于当前义务的边际成本 $P'(v)$ 是成本有效的。在这个平衡中不存在跨期的价格，因为延期支付的任何利息收入都刚好按照其自身的主观折现率 $1+r=\beta^{-1}$ 补偿了个体。

□ 20.5.9　鞅收敛和贫困

鞅 $P'(v)$ 的性质方程（20.5.14）对于家庭的承诺未来效用的长期趋势有一个有趣的含义。回忆一下 $\lim_{v\to-\infty}P'(v)=0$ 和 $\lim_{v\to v_{\max}}P'(v)=-\infty$，所以 $P'(v)$在表达式（20.5.14）中是一个非正的鞅。由杜布（1953，第 324 页）定理可知，$P'(v)$几乎是必然收敛的。我们可以证明 $P'(v)$一定收敛到 0，从而 v 收敛到$-\infty$。假设其反面，如果 $P'(v)$收敛到一个非零极限，那么这意味着 v 收敛到一个有限的极限。但是这个假设与我们前面的结果是矛盾的，即未来的 w_s 会一直被扩展来保证激励相容性。这个矛盾只有在 v 收敛到$-\infty$时才可以避免，也就是说，$P'(v)$的极限一定是零。

可以从 $P(v)$的凹性来理解所有家庭在无限远期变得贫困。首先，如果没有不对称信息，那么提供终生效用 v 的最便宜的方法就是给家庭一个固定的消费流，它由表达式（20.5.6）中的值函数的上界给出。$P(v)$ 的凹性和标准跨期考虑偏爱一个不随时间变化的消费流。但是信息不对称使得对计划者而言，为了让家庭说真话而改变对未来效用的承诺是必要的，而由于 $P(v)$ 的凹性，这是有成本的。例如，正如托马斯和沃勒尔所指出的，如果 $S=2$，在 w_1 和 w_2 的平均值 $\overline{w}$ 的一个很小的 ε 邻域里，扩展 w_1 和 w_2 的成本大约是$-0.5\varepsilon^2P''(\overline{w})$。① 一般而言，对于 $\overline{w}$ 的任何两个值，我们不知道这个成本有多大差别，但是由 $P(v)$在它的终点处的性质可以知道，有 $\lim_{v\to-\infty}P''(v)=0$ 和 $\lim_{v\to v_{\max}}P''(v)=-\infty$。因此，扩展承诺值的成本在一个终点处是零，在另一个终点处是无穷。因此，$P(v)$的凹性和激励相容约束会使未来效用从而消费向下移动。也就是说，在有私人信息时，没有私人信息的理想的不随时间变化的消费水平将被放弃，偏好指向当前的随机消费路径。

一种可能是初始效用水平 v^0 由保险提供者之间的竞争决定。如果管理合同没有成本，那么 v^0 将隐含地由零利润条件 $P(v^0)=0$ 决定。这样一个合同必须是可以执行的，因为，正如我们所看到的，家庭将最终回到自给自足。然而，由于合同是一个动态规划问题的解，其中合同的延续性在每期都是有效的，保险者和家庭将永远不会同意重新谈判合同。

---

① 期望折现利润可以用 $\overline{w}$ 附近的泰勒展开式来逼近，该利润等概率地提供承诺值 $w_1=\overline{w}-\varepsilon$ 和 $w_2=\overline{w}+\varepsilon$。

$$\sum_{s=1}^{2}\frac{1}{2}P(w_s)\approx\sum_{s=1}^{2}\frac{1}{2}\left[P(\overline{w})+(w_s-\overline{w})P'(\overline{w})+\frac{(w_s-\overline{w})^2}{2}P''(\overline{w})\right]$$
$$=P(\overline{w})+\frac{\varepsilon^2}{2}P''(\overline{w})$$

□ 20.5.10 推广到一般均衡

阿特基森和卢卡斯（1992）提供了一个封闭经济的例子，在这个经济中，被约束的有效分配也使得每一个家庭的期望效用以概率 1 收敛到最低水平。这里的社会计划者对所有的个体在一个约束条件下选择激励相容分配，这个约束条件是，在每一期分发给家庭的总消费不能超过某个固定的禀赋水平。假定家庭经历了不被观察到的特殊的嗜好冲击（taste shock）ε，其中 ε 对于时间和家庭都是独立同分布的。这种嗜好冲击以乘法的形式进入个人偏好，偏好表现为对数形式 $u(c,\varepsilon)=\varepsilon\log(c)$，或常数相对风险厌恶（constant relative risk aversion，CRRA）形式$u(c,\varepsilon)=\varepsilon c^{\gamma}/\gamma$，$\gamma<1$、$\gamma\neq 0$，或常数绝对风险厌恶（constant absolute risk aversion，CARA）形式 $u(c,\varepsilon)=-\varepsilon\exp(-\gamma c)$，$\gamma>0$。假定效用函数属于这些偏好族极大地简化了对财富分布的演化的分析。阿特基森和卢卡斯证明了该模型的均衡分析可以得到一个有效的配置，这个配置向经济中不断递减的人口提供了不断增长的资源份额。

□ 20.5.11 与自我保险的比较

我们刚刚已经看到了，在托马斯和沃勒尔模型中，计划者通过临时消费组合的向下倾斜，对消费者的私人信息产生的激励问题做出反应。回忆一下第 17 章和第 18 章中的“储蓄问题”的如下性质是有益的，即鞅收敛定理是如何被用来证明，由于消费者的自我保险动机，消费组合需要向上倾斜。

20.6 带有不可观测的存储技术的保险

基于富兰克林·阿伦（Franklin Allen，1985）的分析，现在我们来拓展前面几节讨论过的模型，假定家庭具有某种技术使得它们可以无风险总收益率 $R>0$ 存储非负数量的物品。计划者不能观测到这种私人存储。计划者可以在村庄之外借入或者借出，其无风险总利率也等于 R。因此，私人存储和公共存储具有相同的收益率。与家庭相比，计划者仍然具有一定的优势，即他是唯一能在村庄之外进行借入的个体。

我们的分析结果将表明，如果允许家庭存储一定数量计划者不能观测到的物品，则计划者控制家庭的后续值的能力将遭到破坏，而对于这些后续值是没有社会保险可提供的。作为一种替代，计划者允许家庭在满足自然借入限制的前提下，以无风险收益率 R 进行私人借款，从而实际上帮助家庭克服了关于家庭存储方面的非负约束。因此，这些分析结果与我们在第 17 章和第 18 章中研究过的模型在配置的特征方面具有许多共同之处。

我们的分析方法沿袭科尔和科切拉科塔（2001），他们假定家庭的效用函数 $u(\cdot)$在$(0,\infty)$上是严格凹且二阶连续可微的，并且 $\lim_{c\to 0}u'(c)=\infty$。$u$ 的定义域是整个实直线，并且对于 $c<0$ 有 $u(c)=-\infty$。[①] 他们还假定 u 满足前面定义的条件 A。关于偏好的这些设

① 一种避免处理转移支付超过家庭资源的方便办法是：允许负的消费，同时设定效用等于$-\infty$。

定使得科尔和科切拉科塔可以刻画有限期模型的有效解，至于扩展到无限期模型，他们还需要一些其他的假定，包括效用函数的上界和下界。

与我们前面假定计划者可以进入一个村庄外的无风险的贷款市场相比，科尔和科切拉科塔（2001）假定的是一个封闭的经济，其中计划者只能选择非负数量的存储。因此，我们的可行性的概念与他们所用的有所不同。

□ 20.6.1 可行性

由于预期到有效解的表述将是各种数量的序列的形式，我们引入家庭所报告的收入状况的完全历史，将其设定为描述计划者的转移支付计划的函数的一个自变量。在时期 t，具有早期历史 h_{t-1} 和当前收入报告 y_t 的家庭获得转移支付 $b_t(\{h_{t-1},y_t\})$，此转移支付可正可负。如果所有的家庭都真实地报告它们的收入，则计划者在时期 t 的预算约束为

$$K_t+\sum_{h_t}\pi(h_t)b_t(h_t)\leqslant RK_{t-1} \tag{20.6.1}$$

其中 K_t 表示计划者的期末储蓄（或者表示借入，如果此项是负值的话）；$\pi(h_t)$表示某个家庭经历历史 h_t 的无条件概率，在计划者的预算约束中，这一历史将变为所有经历历史 h_t 的家庭的一个片段。如果给定时间水平，并且记末期为 T，则考虑到计划者的偿付能力，我们将要求 $K_T\geqslant0$。

我们利用家庭的历史 h_t 来表示时期 t 的消费和存储：$c_t(h_t)\geqslant0$ 和$k_t(h_t)\geqslant0$。家庭在时期 t、历史 h_t 的资源约束为

$$c_t(h_t)+k_t(h_t)\leqslant y_t(h_t)+Rk_{t-1}(h_{t-1})+b_t(h_t) \tag{20.6.2}$$

其中关于当前收入的函数 $y_t(h_t)$就是家庭的历史 h_t 的第 t 个元素。我们假定家庭总是真实地报告它们的收入，从而时期 t 的转移支付由 $b_t(h_t)$ 给定。

给定初始条件 $K_0=k_0=0$，如果不等式（20.6.1）、不等式（20.6.2）以及 $k_t(h_t)\geqslant0$ 对于所有的时期 t 和所有的历史 h_t 都是满足的，并且 $K_T\geqslant0$，配置 $(c,k,b,K)\equiv\{c_t(h_t),k_t(h_t),b_t(h_t),K_t\}$ 被称为是实物可行的。

□ 20.6.2 激励相容性

由于收入实现值和私人存储都是不可观测的，有两种可能会导致家庭偏离配置(c,k,b,K)。首先，家庭可能谎报它们的收入，从而获得一个对应于报告值而非真实的收入历史的转移支付。其次，家庭也可能选择不同的存储数额。记 Ω^T 为由报告值和存储值所组成的集合，$(\hat{y},\hat{k})\equiv\{\hat{y}_t(h_t),\hat{k}_t(h_t)$；对于所有的 $t,h_t\}$，其中 h_t 表示家庭的真实历史。

记 $\hat{h}_t$ 为报告的收入的历史，$\hat{h}_t(h_t)=\{\hat{y}_1(h_1),\hat{y}_2(h_2),\cdots,\hat{y}_t(h_t)\}$。为避免记号的滥用，我们记 y 为真实的报告值，从而对于所有的（t，h_{t-1}）有 $\hat{y}_t(\{h_{t-1},y_t\})=y_t$，并且在此情形下，有 $\hat{h}_t(h_t)=h_t$。

给定转移支付计划 b，某个报告和存储策略$(\hat{y},\hat{k})$所导致的期望效用由下式给定：

$$\Gamma(\hat{y},\hat{k};b) \equiv \sum_{t=1}^{T}\beta^{t-1}\sum_{h_t}\pi(h_t)u(y_t(h_t)+R\hat{k}_{t-1}(h_{t-1})+b_t(\hat{h}_t(h_t))-\hat{k}_t(h_t)) \quad (20.6.3)$$

其中 $k_0=0$ 给定。某个配置被称为是激励相容的，如果

$$\Gamma(y,k;b) = \max_{(\hat{y},\hat{k})\in\Omega^T}\Gamma(\hat{y},\hat{k};b) \quad (20.6.4)$$

如果某个配置既是激励相容的也是可行的，则称为激励可行配置。下面的命题指出，任何一个带有私人存储的激励可行配置都可以通过另一个不带有私人存储的激励可行配置来获得。

命题 1： 给定任意的激励可行配置(c,k,b,K)，都存在另一个激励可行配置$(c,0,b^0,K^0)$。

证明： 我们可以证明$(c,0,b^0,K^0)$是激励可行的，这里

$$b_t^o(h_t) \equiv b_t(h_t)-k_t(h_t)+Rk_{t-1}(h_{t-1}) \quad (20.6.5)$$

$$K_t^o \equiv \sum_{h_t}\pi(h_t)k_t(h_t)+K_t \quad (20.6.6)$$

其中可行性由假定的(c,k,b,K)的可行性可以得到。同时注意到$\Gamma(y,0;b^0)=\Gamma(y,k;b)$，我们将利用反证法来证明激励相容性。假定$(c,0,b^0,K^0)$不是激励相容的，即存在一种报告和存储的策略$(\hat{y},\hat{k})\in\Omega^T$，使得

$$\Gamma(\hat{y},\hat{k};b^o) > \Gamma(y,0;b^o) = \Gamma(y,k;b) \quad (20.6.7)$$

利用关于转移支付 $b_t^0(\hat{h}_t(h_t))$的表达式（20.6.5），则不等式（20.6.7）的左端变为

$$\begin{aligned}\Gamma(\hat{y},\hat{k};b^o) &= \sum_{t=1}^{T}\beta^{t-1}\sum_{h_t}\pi(h_t)u(y_t(h_t)+R\,\hat{k}_{t-1}(h_{t-1})-\hat{k}_t(h_t)\\&\quad+[b_t(\hat{h}_t(h_t))-k_t(\hat{h}_t(h_t))+Rk_{t-1}(\hat{h}_{t-1}(h_{t-1}))])\\&=\Gamma(\hat{y},k^*;b)\end{aligned}$$

其中我们已经定义 $k_t^*(h_t)\equiv\hat{k}_t(h_t)+k_t(\hat{h}_t(h_t))$。于是，不等式（20.6.7）意味着

$$\Gamma(\hat{y},k^*;b)>\Gamma(y,k;b)$$

这就与我们已经假定的(c,k,b,K)的激励相容性矛盾。■

□ 20.6.3 有效配置

一个最大化事前效用的激励可行配置被称为有效配置，并且是下述问题的解：

$$\max_{\{c,k,b,K\}}\sum_{t=1}^{T}\beta^{t-1}\sum_{h_t}\pi(h_t)u(c_t(h_t)) \quad (\text{P1})$$

约束条件为

$$\Gamma(y,k;b) = \max_{(\hat{y},\hat{k})\in\Omega^T}\Gamma(\hat{y},\hat{k};b)$$

$$c_t(h_t)+k_t(h_t) = y_t(h_t)+Rk_{t-1}(h_{t-1})+b_t(h_t),\quad \forall t,h_t$$

$$K_t+\sum_{h_t}\pi(h_t)b_t(h_t)\leqslant RK_{t-1},\forall t$$

$$k_t(h_t) \geqslant 0, \quad \forall t, h_t$$
$$K_T \geqslant 0$$
$$K_0 = k_0 = 0$$

带有不可观测的私人存储的激励相容约束条件使得问题（P1）的求解极其困难。为了找出有效配置，我们将使用猜测-证明法。我们猜测求解（P1）的消费配置恰好与另一种经济环境中的最优消费配置是一致的。举例来说，我们可以猜测求解（P1）的消费配置与带有完全执行问题的完全市场经济中的解是一样的。另一种猜测是自给自足的消费配置，其中每一个家庭仅仅存储自用的物品，其行为服从第 17 章中模型所描述的无借入约束。考虑到前面的章节中我们关于不带有私人存储的模型的分析，第一种猜测是值得怀疑的。事实上，这两种猜测都是错误的。通过下面的分析我们可看到这一点。

命题 2：一个激励可行配置(c,k,b,K)是有效的，当且仅当 $c=c^*$ 时，其中 c^* 是求解下述问题的消费配置：

$$\max_{\{c\}} \sum_{t=1}^{T} \beta^{t-1} \sum_{h_t} \pi(h_t) u(c_t(h_t)) \tag{P2}$$

约束条件为

$$\sum_{t=1}^{T} R^{1-t}[y_t(h_T) - c_t(h_t(h_T))] \geqslant 0, \quad \forall h_T$$

此命题指出，求解问题（P1）的消费配置与这样一种经济中的解是一样的，即每一个家庭在满足偿付要求的条件下，都可以在村庄之外以一个无风险总利率 R 进行借贷。[①] 下面我们将对于两期的情形（$T=2$）给出证明。至于一般情形的证明，读者可参考科尔和科切拉科塔（2001）。

证明的关键在于问题（P2）的一阶条件，即

$$u'(c_t(h_t)) = \beta R \sum_{s=1}^{S} \prod_s u'(c_{t+1}(\{h_t, \bar{y}_s\})), \quad \forall t, h_t \tag{20.6.8}$$

$$\sum_{t=1}^{T} R^{1-t}[y_t(h_T) - c_t(h_t(h_T))] = 0, \quad \forall h_T \tag{20.6.9}$$

如果问题（P2）中的目标函数是连续且严格凹的，约束集是凸紧的，则解 c^* 是唯一的，并且一阶条件是必要且充分的。

在有效的配置中，计划者选择的转移支付将使得关于家庭存储的非负约束是没有约束力的，即是满足消费平滑条件（20.6.8）的。但是，最优的转移支付计划并没有给家庭提供保险，这是因为对于任何的历史 h_T 而言，转移支付的现值都为零，即是满足净现值条件（20.6.9）的。

□ 20.6.4 两期（$T=2$）的情形

在有限期模型中，激励约束的一个直接含义是，最后一期 T 中的转移支付必定是独立于

① 偿付要求与第 17 章和第 18 章中讨论过的自然债务限制是一样的。

家庭的报告值 y_T 的。于是，在两期的情形中，我们就可以将允许的转移支付计划表示成：

$$b_1(\bar{y}_s)=b_s, \quad \forall s\in S$$
$$b_2(\{\bar{y}_s,\bar{y}_j\})=e_s, \quad \forall s,j\in S$$

其中 b_s 和 e_s 分别表示当家庭在第一期中报告收入值 $\bar{y}_s$ 和在第二期中报告收入值 $\bar{y}_j$ 时第一期和第二期中的转移支付。

按照科尔和科切拉科塔（2001）的办法，我们首先描述一个修正的计划者问题（P3）的解，此问题具有与问题（P1）相同的目标函数，但是约束集更大。具体而言，我们通过考虑关于家庭报告策略的一个更小的集合 Ω_R^2 来扩充约束集。某个家庭的策略 $(\hat{y},\hat{k})$ 要成为 Ω_R^2 中的元素，需满足

$$\hat{y}_1(\bar{y}_s)\in\{\bar{y}_{s-1},\bar{y}_s\}, \qquad s=2,3,\cdots,S$$
$$\hat{y}_1(\bar{y}_1)=\bar{y}_1$$

也就是说，家庭可以报告真相，也可以在可能的收入实现值的格点中向下谎报一个等级。这里没有对可能的存储策略的约束。

给定 $T=2$，我们将问题（P3）表述如下。选择 $\{b_s,e_s\}_{s=1}^S$ 去最大化

$$\sum_{s=1}^{S}\Pi_s\Big[u(\bar{y}_s+b_s)+\beta\sum_{j=1}^{S}\Pi_j u(\bar{y}_j+e_s)\Big] \tag{P3}$$

约束条件为

$$\Gamma(y,0;b)=\max_{(\hat{y},\hat{k})\in\Omega_R^2}\Gamma(\hat{y},\hat{k};b)$$
$$c_t(h_t)=y_t(h_t)+b_t(h_t), \quad \forall t,h_t$$
$$k_t(h_t)=0, \quad \forall t,h_t$$
$$K_t+\sum_{h_t}\pi(h_t)b_t(h_t)\leqslant RK_{t-1}, \quad \forall t$$
$$K_2\geqslant 0$$
$$\text{给定 } K_0=k_0=0$$

在约束策略空间 Ω_R^2 之外，问题（P3）与问题（P1）的差别在于它只考虑那些具有零私人存储的配置。但是按照命题 1，我们知道这只是一个无关紧要的限制，它并不会影响目标函数的最大值。

现在我们来解释一下为什么我们首先研究人为的问题（P3）而不是立即转向实际的问题（P1），这样做是有意义的。一种最简单的考虑是，问题（P3）是比较容易求解的问题，因为我们已经外生地限定了家庭的报告策略要么是告知真相，要么就是一种特殊的谎言。但是，关于问题（P3）的解的信息是怎样有助于我们理解问题（P1）的呢？为了回答此问题，我们假定问题（P3）具有唯一的解，由命题 2 中的最优消费配置 c^* 给出（稍后可看到这恰好是正确的）。在此假定之下，可知 c^* 也是问题（P1）的解，证明如下：首先，我们可直接证实，对于报告策略的无约束集 Ω^2，c^* 是激励相容的；其次，给定不存在比 c^* 更好的并且能够被报告策略的约束集 Ω_R^2（告知真相或者撒一个特殊的谎言）所支持的配置，则我们不可能仅仅通过引入另外一种撒谎的方式就获得更好的结果。

因此，我们首先来研究问题（P3）。特别地，利用反证法，我们可以证明任何求解问题（P3）的配置 $(c,0,b,K)$ 都必须满足三个条件①：

(i) 总资源约束（20.6.1）在两期中都以等式形式成立，并且 $K_2=0$；

(ii) $u'(c_1(\bar{y}_s))=\beta R\sum_{j=1}^{S}\Pi_j u'(c_2(\{\bar{y}_s,\bar{y}_j\}))$，　$\forall s$；

(iii) $b_s+R^{-1}e_s=0$，　$\forall s$。

在给定约束策略空间 Ω_R^2 的前提下，很容易得到条件（i）。假定不满足条件（i），这就意味着某些总量资源并没有被转移给家庭。在这样的情形下，计划者应当存储所有未被使用的资源直至第二期，并将其给予在第一期中报告了最高收入的那个家庭。给定策略空间 Ω_R^2，家庭只是被允许向下撒谎，因此，计划的配置不可能破坏告知真相的激励约束。此外，在最后一期中转移更多的消费也不会导致任何的私人存储。由此我们可断言，条件（i）对于问题（P3）的任何解都必定是满足的。

接下来，假定不满足条件（ii），即存在某个 $i\in S$，使得

$$u'(c_1(\bar{y}_i))>\beta R\sum_{s=1}^{S}\Pi_s u'(c_2(\{\bar{y}_i,\bar{y}_s\}))\tag{20.6.10}$$

（另一方向的不等式显然与激励约束是不一致的，因为家庭在两个时期之间是可以自由存储物品的。）于是，我们可以构造另一个激励可行配置，它可以产生更高的事前效用。令 $K_1^0=K_1-\varepsilon\Pi_i$，$b_i^0=b_i+\varepsilon$，$e_i^0=e_i-\delta$，并且选择 (ε,δ) 使得

$$u(\bar{y}_i+b_i+\varepsilon)+\beta\sum_{s=1}^{S}\Pi_s u(\bar{y}_s+e_i-\delta)=u(\bar{y}_i+b_i)+\beta\sum_{s=1}^{S}\Pi_s u(\bar{y}_s+e_i)\tag{20.6.11}$$

$$u'(\bar{y}_i+b_i+\varepsilon)\geqslant\beta R\sum_{s=1}^{S}\Pi_s u'(\bar{y}_s+e_i-\delta)\tag{20.6.12}$$

由包络条件，（20.6.10）式意味着 $\delta>R\varepsilon$。因此，这样构造出来的配置可以自由支配那些可用于提高事前效用的资源。但是，我们还必须验证满足激励约束。对于家庭所经历的 $\bar{y}_i$，我们提出的配置显然是激励相容的，因为告知真相或者撒谎的支付并没有改变，而且条件（20.6.12）保证了它们不会偏离零私人存储。另一点需要验证的是，面临下一期更高的收入冲击 $\bar{y}_{i+1}$ 的家庭不会向下撒谎，因为具有高收入 $\bar{y}_{i+1}$ 的家庭不会愿意接受隐含利率为 $\delta/\varepsilon>R$ 的用于应付未来的贷款，在此利率之下，这样的交易对于低收入的家庭也是无差异的。下面的引理正式地阐明了这一点。

引理：令 ε，$\delta>0$ 满足 $\delta>R\varepsilon$，定义

$$Z(m)\equiv\max_{k\geqslant 0}[u(m-k)+\beta E_y u(y+Rk)]$$
$$W(m)\equiv\max_{k\geqslant 0}[u(m-k+\varepsilon)+\beta E_y u(y+Rk-\delta)]$$

---

① 反证法如下。假定配置 $(c,0,b,K)$ 求解了问题（P3），但是破坏了我们要求的条件当中的某一个，那么，我们可以证明：要么 $(c,0,b,K)$ 关于（P3）不可能是激励可行的，要么存在另一个激励可行配置 $(c^0,0,b^0,K^0)$，与 $(c,0,b,K)$ 相比，它能够带来更高的事前效用。

其中 u 是严格凹的函数，期望 E_y 基于随机的第二期收入 y。如果 $Z(m_a)=W(m_a)$ 并且 $m_b>m_a$，则有 $Z(m_b)>W(m_b)$。

证明：记储蓄问题 Z 和 W 的唯一且弱递增的最大值序列分别为$k_Z(m)$和$k_W(m)$，u 的严格凹性保证了这些解的存在。接下来我们用反证法证明本引理。假定 $Z(m_b)\leqslant W(m_b)$，则由均值定理知存在 $m_c\in(m_a,m_b)$，使得$Z'(m_c)\leqslant W'(m_c)$。这意味着

$$u'(m_c-k_Z(m_c))\leqslant u'(m_c-k_W(m_c)+\varepsilon)$$

u 的严格凹性意味着

$$0\leqslant k_Z(m_c)\leqslant k_W(m_c)-\varepsilon$$

k_W 的弱单调性意味着 $k_W(m_b)\geqslant k_W(m_c)$，于是可知 $0\leqslant k_W(m_b)-\varepsilon$，并且我们可得到

$$\begin{aligned}Z(m_b)&\geqslant u(m_b-k_W(m_b)+\varepsilon)+\beta E_y u(y+Rk_w(m_b)-R\varepsilon)\\&>u(m_b-k_W(m_b)+\varepsilon)+\beta E_y u(y+Rk_w(m_b)-\delta)=W(m_b)\end{aligned}$$

这是一个矛盾。■

最后，假定不满足条件（iii），即存在某个 $i\in S$，使得

$$\Psi_s\equiv b_s+R^{-1}e_s\neq b_{s-1}+R^{-1}e_{s-1}\equiv\Psi_{s-1}$$

首先，我们可以排除 $\Psi_s<\Psi_{s-1}$，因为这将迫使那些在第一期中面临收入冲击 $\bar{y}_s$ 的家庭向下谎报，之所以如此是因为我们的条件（ii）意味着非负存储约束无论是对于这些家庭，还是对于那些面临更低收入冲击 $\bar{y}_{s-1}$ 的家庭而言，都是没有约束力的。于是，面临收入冲击 $\bar{y}_s$ 的家庭只有当 $Z(\bar{y}_s+\Psi_s)\geqslant Z(\bar{y}_s+\Psi_{s-1})$ 时才告知真相，其中 Z 是上面的引理中定义的储蓄问题的值。因此，我们得出结论 $\Psi_s\geqslant\Psi_{s-1}$。

其次，我们可通过构造另一个达到更高事前效用的激励可行配置来排除 $\Psi_s>\Psi_{s-1}$。计算确定性等价 $\tilde{\Psi}$ 以使得

$$\begin{aligned}&\Pi_s Z(\bar{y}_s+\tilde{\Psi})+\Pi_{s-1}Z(\bar{y}_{s-1}+\tilde{\Psi})\\&=\Pi_s Z(\bar{y}_s+\Psi_s)+\Pi_{s-1}Z(\bar{y}_{s-1}+\Psi_{s-1})\end{aligned}$$

改变转移支付计划以使得报告 $\bar{y}_s$ 或者 $\bar{y}_{s-1}$ 的家庭都获得等于 $\tilde{\Psi}$ 的相同的转移支付现值。由于效用函数的严格凹性，新的转移支付计划可以自由支配那些可用于提高事前效用的资源。此外，新的计划也不会破坏任何激励约束。现在，面临收入冲击 $\bar{y}_{s-1}$ 的家庭如果告知真相就将变得更好，面临收入冲击 $\bar{y}_s$ 的家庭如果告知真相则是无差异的，而面临收入冲击 $\bar{y}_{s+1}$ 的家庭将不会撒谎，因为对应于撒谎的转移支付的现值已经下降了。由于在条件（i）中计划者以等式的形式满足总资源约束，从而我们可得出结论，所有的家庭都将获得和转移支付等于零时相同的现值。

通过建立条件（i）～条件（iii），我们实际上已经证明了问题（P3）的任何解都必定满足方程（20.6.8）和方程（20.6.9）。于是，问题（P3）具有唯一的解（$c^*,0,b^*,K^*$），其中 c^* 由命题 2 给出，并且

$$\begin{aligned}&b_t^*(h_t)=c_t^*(h_t)-y_t(h_t)\\&K_t^*=-\sum_{h_t}\pi(h_t)\sum_{j=1}^{t}R^{t-1}b_j^*(h_j(h_t))\end{aligned}$$

进一步地，对于无约束的策略空间 Ω^2，$(c^*,0,b^*,K^*)$还是激励相容的。如果家庭告知真相，则它的消费最优地被平滑了。因此，家庭弱偏好于告知真相，并且不存储。

注意到如下构造，$T=2$ 时命题 2 的证明就完成了：如果某配置（$c^*,0,b^*,K^*$）求解问题（P3），并且（$c^*,0,b^*,K^*$）关于 Ω^2 是激励相容的，则（$c^*,0,b^*,K^*$）也是问题（P1）的解。此外，由于方程（20.6.8）和方程（20.6.9）充分刻画了消费配置 c^*，从而我们也获得了关于 c^* 的唯一性［但是，对于计划者在问题（P1）中实施 c^*，仍然存在着存储和转移支付计划的多种选择］。

□ 20.6.5 计划者的角色

命题 2 指出，任何求解计划者问题（P1）的配置（c,k,b,K）都具有与（P2）的解相同的消费结果 $c=c^*$，此结果正是当每一个家庭都能以无风险利率 R 借贷时的市场经济结果。对于计划者的角色而言，这一结果具有正负两方面的含义。由于家庭唯一可用的办法就是存储技术，从而计划者可按照如下方式来实施有效的配置，即设计一个周密的转移支付计划，其可以在满足偿付要求的同时，有效地解除每一个家庭关于存储的非负约束。在这个意义上，计划者的角色是重要的。但是，最优的转移支付计划并没有给家庭提供保险，而只是实施了一个自我保险计划，这相当于每一个家庭的一种借入-借出结果。因此，计划者作为保险提供者的功能就非常有限了。

如果我们假定家庭自身具有直接进入村庄外信贷市场的渠道，则立即可知计划者就变得无关紧要了，因为在此情形下，家庭自身就可以实施有效的配置。阿伦（1985）最早得到这一结果。他证明了对于任何给定的转移支付计划，所有的家庭都将选择报告能够产生最高转移支付现值的收入值，而无论实际的收入是什么。在我们的框架中，计划者并没有自己的资源，则我们得到的是对任意家庭的转移支付流的零净现值条件。

□ 20.6.6 封闭经济中的分散化

假定命题 2 中的消费配置 c^* 满足：

$$\sum_{h_t}\pi(h_t)\sum_{j=1}^{t}R^{t-j}[y_j(h_t)-c_j^*(h_j(h_t))]\geqslant 0,\quad \forall t \tag{20.6.13}$$

也就是说，在所有的时期总存储都是非负的。这就意味着，命题 2 中的有效配置也是某个计划者并不能在外面借款的封闭系统的解。进一步地，c^* 也可以被分散化，并作为某个不完全市场经济的均衡结果，在此不完全市场经济中，家庭可以竞争性地交易消费和无风险的单期债券，而在每一期当中可获得的此种债券的净供给是零。本节我们假定完全执行，家庭在世界的每一状态下都必须支付它们的债务，并且不能够在生命结束时仍然欠债。

在分散化的均衡中，我们用 $a_t(h_t)$和 $k_t^d(h_t)$分别表示某个由其历史 h_t 所代表的家庭的债券持有和存储。债券在时期 t 和 $t+1$ 之间的总利率记为 $1+t$。我们断言，有效的配置（$c^*,0,b^*,K^*$）可通过如下的递归定义来分散化：

$$r_t\equiv R-1 \tag{20.6.14}$$

$$k_t^d(h_t)\equiv K_t^* \tag{20.6.15}$$

$$a_t(h_t)\equiv y_t(h_t)-c_t^*(h_t)-K_t^*+RK_{t-1}^*+Ra_{t-1}(h_{t-1}) \tag{20.6.16}$$

其中 $a_0=0$。首先，我们来证实家庭的行为是最优的。注意一下，我们所选择的利率使得家庭在借出和存储之间是无差异的。我们还知道，家庭在 c^* 的消费是平滑的。因此，我们需要做的只是检查家庭的预算约束是否以等式的形式成立。将方程（20.6.15）代入方程（20.6.16），我们可得到家庭的单期预算约束。将所有的单期约束条件合并可以得到

$$\begin{aligned} a_T(h_T) = & -k_T^d(h_T)+\sum_{t=1}^{T} R^{T-t}[y_t(h_T)-c_t^*(h_t(h_T))] \\ & +R^{T-1}(k_0^d+a_0)=0 \end{aligned}$$

其中的最后一个等式可由 $K_T^*=K_0=a_0=0$ 和（20.6.9）式得到。其次，我们可证实，如果加总所有家庭的单期预算约束，则债券市场是出清的：

$$\begin{aligned} \sum_{h_t}\pi(h_t)a_t(h_t) = & \sum_{h_t}\pi(h_t)[y_t(h_t)-c_t^*(h_t)-k_t^d(h_t)+Rk_{t-1}^d(h_{t-1}(h_t)) \\ & +Ra_{t-1}(h_{t-1}(h_t))] \end{aligned}$$

将（20.6.15）式代入并注意到 $b_t^*(h_t)=c_t^*(h_t)-y_t(h_t)$，我们可将上式重写为

$$\begin{aligned} \sum_{h_t}\pi(h_t)a_t(h_t) = & -K_t^*+RK_{t-1}^* \\ & -\sum_{h_t}\pi(h_t)[b_t^*(h_t)-Ra_{t-1}(h_{t-1}(h_t))] \\ = & R\sum_{h_{t-1}}\pi(h_{t-1})a_{t-1}(h_{t-1})=0 \end{aligned}$$

其中的第二个等式可由在$(c^*,0,b^*,K^*)$处以等式形式成立的（20.6.1）式得到，而最后一个等式可通过不断向前替代以回到初始条件 $a_0=0$ 的方式得到。

至于逆向的讨论是显而易见的，并且在我们的不完全市场均衡中，如果对于所有的 t 都有 $1+r_t=R$，则均衡的消费配置是有效的且等于 c^*，正如命题 2 所示。

科尔和科切拉科塔指出，似乎某些关于用于交易的证券的特殊限制与本模型中的有效配置的实施是一致的，并且他们认为他们的框架为某些不完全市场模型提供了一个显式的微观基础，比如我们在第 18 章中研究过的艾亚加里（1994）的模型。

20.7 结束语

将承诺值作为一个状态变量的思想使得利用动态规划来研究具有历史依赖性的问题变得可能。在本章中，我们已经研究了将承诺值作为状态变量，使得当存在来自有限执行或有限信息的激励问题时，它有助于研究最优的风险分担安排。接下来的几章将在一些不同的论题中应用并扩展这一思想。第 21 章讨论的是如何构造一个带有不完美执行问题的模型的封闭经济的或者一般均衡的形式。第 22 章讨论设计失业保险的方法，此方法可在提供保险和为失业者的努力搜寻提供激励之间进行最佳的平衡。第 23 章利用后续值作为状态变量来讨论政府的声誉。第 25 章讨论一些关于合同和政府政策的模型，这些模型可用于国际贸易中的一些执行问题。

附录 A 历史的发展

20.A.1 斯皮尔和斯里瓦斯塔瓦

斯皮尔和斯里瓦斯塔瓦（1987）引入了一种问题的递归表述，该问题就是一个无限重复的、多次折现的委托-代理问题：一个委托者拥有一种技术，这种技术可以在 t 时期生产产出 q_t，其中 q_t 由一组累积分布函数 $F(q_t|a_t)$ 决定，并且 a_t 是在 t 时期开始的时候由操作技术的一个代理者采取的行动。委托者以固定的无风险总利率 β^{-1} 进入一个外部贷款市场。代理者在消费流上的偏好是

$$E_0 \sum_{t=0}^{\infty} \beta^t u(c_t, a_t)$$

委托者是风险中性的，并且提供一个合同给代理者来最大化

$$E_0 \sum_{t=0}^{\infty} \beta^t \{q_t - c_t\}$$

其中 c_t 是 t 时期从委托者到代理者的支付。

20.A.2 时间问题

用 w 表示在开始时期承诺给代理者的折现效用。给定 w，委托者选择三个函数 $a(w)$、$c(w,q)$ 和 $\tilde{w}(w,q)$ 决定当前行动 $a_t=a(w_t)$、当前消费 $c=c(w_t,q_t)$ 和承诺效用 $w_{t+1}=\tilde{w}(w_t,q_t)$。三个函数 $a(w)$、$c(w,q)$ 和 $\tilde{w}(w,q)$ 的选择必须满足下面两个约束：

$$w=\int \{u[c(w,q),a(w)]+\beta\tilde{w}(w,q)\}\mathrm{d}F[q|a(w)] \tag{20.A.1}$$

以及

$$\begin{aligned}&\int \{u[c(w,q),a(w)]+\beta\tilde{w}(w,q)\}\mathrm{d}F[q|a(w)]\\ &\geqslant \int \{u[c(w,q),\hat{a}]+\beta\tilde{w}(w,q)\}\mathrm{d}F(q|\hat{a})\\ &(\forall\ \hat{a}\in A)\end{aligned} \tag{20.A.2}$$

方程（20.A.1）要求合同提供折现效用的承诺水平。（20.A.2）式是激励相容约束，它需要代理者提供合同中要求的努力程度。当委托者承诺折现效用 w 给代理者时，用 $v(w)$ 表示委托者对应的值。委托者的贝尔曼方程是：

$$v(w)=\max_{a,c,\tilde{w}}\{q-c(w,q)+\beta v[\tilde{w}(w,q)]\}\mathrm{d}F[q|a(w)] \tag{20.A.3}$$

其中最大化问题是针对函数 $a(w)$、$c(w,q)$ 和 $\tilde{w}(w,q)$ 的，并且受约束于约束条件（20.A.1）和条件（20.A.2）。值函数 $v(w)$ 和对应的最优策略函数可以通过在贝尔曼方程（20.A.3）上迭代而解出。

20.A.3 彩票的使用

在这种方法的各种应用中存在这样一个难点，由于激励约束的结构，导致约束集不

是凸的。费伦和汤森（1991）通过随机化来凸化约束集解决了这个问题。因此，费伦和汤森将委托者的选择扩展到建立在行动 a 和结果 c 和 w' 的彩票空间上，从而简化了这个问题。为了引入费伦和汤森的解法，令 $P(q|a)$ 是一系列离散的概率分布，该分布建立在产出 Q 和行动 A 的离散空间上，并且假定消费和价值也相应地被分别约束在离散空间 C 和 W 上。费伦和汤森使得委托者选择一个概率分布 $\Pi(a,q,c,w')$，对所有固定的 $(\bar{a},\bar{q})$，$\Pi(a,q,c,w')$ 受下面的条件约束：

$$\sum_{C\times W}\Pi(\bar{a},\bar{q},c,w')=P(\bar{q}\mid\bar{a})\sum_{Q\times C\times W}\Pi(\bar{a},q,c,w') \tag{20.A.4a}$$

$$\Pi(a,q,c,w')\geqslant 0 \tag{20.A.4b}$$

$$\sum_{A\times Q\times C\times W}\Pi(a,q,c,w')=1 \tag{20.A.4c}$$

方程（20.A.4a）简单地说明了 $\text{Prob}(\bar{a},\bar{q})=\text{Prob}(\bar{q}|\bar{a})\text{Prob}(\bar{a})$。方程（20.A.4）余下的部分只要求“概率是概率”。斯皮尔和斯里瓦斯塔瓦的方程（20.A.1）的对应物是

$$w=\sum_{A\times Q\times C\times W}\{u(c,a)+\beta w'\}\,\Pi(a,q,c,w') \tag{20.A.5}$$

对每一个 a 和 $\hat{a}$，与斯皮尔和斯里瓦斯塔瓦的（20.A.2）式对应的是

$$\sum_{Q\times C\times W}\{u(c,a)+\beta w'\}\,\Pi(c,w'\mid q,a)P(q\mid a)$$
$$\geqslant\sum_{Q\times C\times W}\{u(c,\hat{a})+\beta w'\}\,\Pi(c,w'\mid q,a)P(q\mid\hat{a})$$

其中 $\Pi(c,w'\mid q,a)P(q\mid\hat{a})$ 是代理者声明自己工作了 a，但实际上工作了 $\hat{a}$ 时，(c,w',q) 的概率，表示为

$$\Pi(c,w'\mid q,a)P(q\mid\hat{a})=\Pi(c,w'\mid q,a)P(q\mid a)\frac{P(q\mid\hat{a})}{P(q\mid a)}$$
$$=\Pi(c,w',q\mid a)\cdot\frac{P(q\mid\hat{a})}{P(q\mid a)}$$

将激励约束写为

$$\sum_{Q\times C\times W}\{u(c,a)+\beta w'\}\,\Pi(c,w',q\mid a)$$
$$\geqslant\sum_{Q\times C\times W}\{u(c,\hat{a})+\beta w'\}\,\Pi(c,w',q\mid\hat{a})\cdot\frac{P(q\mid\hat{a})}{P(q\mid a)}$$

两边乘以无条件概率 $p(a)$ 得出表达式（20.A.6）：

$$\sum_{Q\times C\times W}\{u(c,a)+\beta w'\}\,\Pi(a,q,c,w')$$
$$\geqslant\sum_{Q\times C\times W}\{u(c,\hat{a})+\beta w'\}\frac{P(q\mid\hat{a})}{P(q\mid a)}\,\Pi(a,q,c,w') \tag{20.A.6}$$

委托者问题的贝尔曼方程是

$$v(w)=\max_{\Pi}\{(q-c)+\beta v(w')\}\,\Pi(a,q,c,w') \tag{20.A.7}$$

其中在概率 $\Pi(a,q,c,w')$ 上的最大化问题受约束于（20.A.4）式、（20.A.5）式和（20.A.6）式。（20.A.7）式右边的问题是一个线性规划问题。考虑每一个 (a,q,c,w')

受约束于一个离散的格点。那么，例如，（20. A. 7）式右边的 $(q-c)+\beta v(w')$ 项可表示为一个固定的向量乘以概率 $\Pi(a,q,c,w')$ 的向量化形式。类似地，（20. A. 4）式、（20. A. 5）式和（20. A. 6）式中的每一个约束都可通过选择变量、概率 Π 而表示成线性不等式。费伦和汤森在贝尔曼（20. A. 7）式上进行迭代，计算出了这些线性规划的解。注意，在迭代贝尔曼方程的每一步上，对于 W 的格子值空间中的每一点 w，都有一个线性规划需要求解。

在实际中，费伦和汤森已经发现彩票经常是多余的，因为大多数 $\Pi(a,q,c,w')$ 是 0，少数是 1。

20.8 练习

20.1 托马斯和沃勒尔遇到马尔可夫

某家庭按照如下目标选择序列 $\{c_t\}_{t=0}^{\infty}$：

$$E\sum_{t=0}^{\infty}\beta^t u(c_t),\ \beta\in(0,1)$$

其中 u 是严格递增、二阶连续可微且严格凹的，满足 $u'(0)=+\infty$。商品是非耐用品。家庭获得的关于消费品 y_t 的禀赋遵循满足 $P_{ij}=\text{Prob}(y_{t+1}=\bar{y}_j \mid y_t=\bar{y}_i)$ 的离散状态的马尔可夫链，其中禀赋值可取 I 个数值 $[\bar{y}_1,\cdots,\bar{y}_I]$ 中的任意一个。

a. 如果已经观测到时期 t 家庭禀赋的价值，社会的承保人希望以成本最小的方式提供给家庭期望的折现效用 v。此承保人在每一时期开始的时候观测到 y_t，并且根据他所观测到的禀赋历史来给家庭提供转移支付 τ_t。此转移支付可正可负，并且可以无成本地执行。记 $C(v,i)$ 为家庭恰好获得禀赋 $\bar{y}_i$ 时，承保人为了提供承诺的折现效用 v 所面临的最小的期望折现成本。（记承保人的折现因子为 β。）请写出 $C(v,i)$ 的贝尔曼方程。

b. 描述出可达到 $C(v,i)$ 的消费计划和转移支付计划；求出关于承诺的折现值的运动规律。

c. 现在假定家庭是孤立的，并且没有获得保险的渠道。记 $v^a(i)$ 为给定当前的收入为 $\bar{y}_i$ 时，一个自给自足家庭的效用折现值的条件期望。写出 $v^a(i)(i=1,\cdots,I)$ 的贝尔曼方程。

d. 现在回到 b 中提出的承保人的问题，但是假定承保人不能执行转移支付，因为消费者在每一期当中都可以自由地离开承保人而进入自给自足的状态。于是，承保人必须构造一个历史依赖的转移支付计划，以此来阻止家庭总是面临的回归到自给自足状态的选择机会。再次地，记 $C(v,i)$ 为承保人为了提供承诺的折现效用 v 给具有当前禀赋 i 的家庭时所面临的最小成本。写出 $C(v,i)(i=1,\cdots,I)$ 的贝尔曼方程。简要讨论最小成本的保险计划对应的 v 的运动规律的形式。

20.2 货币借出者模型中的财富动态

考虑正文中讨论的带有货币借出者的村庄模型。此村庄由大量的（比如，连续统的）

家庭组成，每一个家庭都服从一个独立同分布的过程，其分布为：

$$\text{Prob}(y_t=\bar{y}_s)=\frac{1-\lambda}{1-\lambda^S}\lambda^{s-1}$$

其中$\lambda\in(0,1)$；$\bar{y}_s=s+5$ 表示第 s 个可能的禀赋值，$s=1,\cdots,S$。记 $\beta\in(0,1)$ 为折现因子，而 β^{-1}为货币借出者借贷的总收益率。代表性家庭的单期效用函数为 $u(c)=(1-\gamma)^{-1}c^{1-\gamma}$，其中 γ 是家庭的相对风险厌恶系数。假定参数值为$(\beta,S,\gamma,\lambda)=(0.5,20,2,0.95)$。

提示：20.3.3 节中的公式对于以下问题的回答是有帮助的。

a. 利用 Matlab 计算货币借出者提供给村民的最优合同。假定此合同使得村民在拒绝和接受合同之间是无差异的。

b. 如果初始的折现效用等于自给自足的家庭可获得的效用，计算此时货币借出者提供合同所能够赚取的期望利润。

c. 记时刻 $t\geqslant 0$ 的消费的横截面分布由累积分布函数 $\text{Prob}(c_t\leqslant\bar{C})=F_t(\bar{C})$ 给出。计算 F_t。描绘出 $t=0$，$t=5$，$t=10$，$t=500$ 时的图形。

d. 利用你的程序找出使得 $P(v)=0$ 的承诺效用 $v>v_{aut}$ 的初始水平。

20.3 托马斯和沃勒尔（1988）

假定存在连续统的工人，每一个工人都可进入一个竞争性的劳动现货市场。每一个工人在每一期中都获得 1 单位劳动禀赋，他将无弹性地供给此劳动，要么永久性地为“厂商”工作，要么每一期都在劳动现货市场上接受一个单期的新工作。无论是在劳动现货市场上，还是为厂商工作，工人的生产率都是一个独立同分布的禀赋过程，其分布为

$$\text{Prob}(w_t=\overline{w}_s)=\frac{1-\lambda}{1-\lambda^S}\lambda^{s-1}$$

其中$\lambda\in(0,1)$；$\overline{w}_s=s+5$ 表示第 s 个可能的边际产品实现值，$s=1,\cdots,S$。在现货市场中，家庭获得的报酬是 w_t；而在厂商中，家庭将获得一个历史依赖的报酬 $\omega_t=f_t(h_t)$，这里 $h_t=w_t,\cdots,w_0$。记$\beta\in(0,1)$为折现因子，而 β^{-1}为厂商借贷的总收益率。工人不能进行借贷。工人的单期效用函数为 $u(\omega)=(1-\gamma)^{-1}\omega^{1-\gamma}$，其中 ω 表示从厂商处获得的期工资，此工资是等于消费的；γ 是工人的相对风险厌恶系数。假定参数值为

$$(\beta,S,\gamma,\lambda)=(0.5,20,2,0.95)$$

厂商的折现期望利润为

$$E\sum_{t=0}^{\infty}\beta^t(w_t-\omega_t)$$

工人可在任一期开始的时候自由地离开厂商，但是在那之后他必须永远地停留在劳动现货市场之中。在劳动现货市场中，工人获得的后续值是

$$v_{spot}=\frac{Eu(w)}{1-\beta}$$

厂商需要设计一个历史依赖的补偿金合同，这个合同对于那些在第 t 期期初可以自由进入劳动现货市场的工人而言必须是可持续的（即自我执行的）。这里的第 t 期期初的含义是，工人已经观测到了 w_t，但是还未获得第 t 期的工资。

提示：下面的问题警示了什么？参见练习 20.2。

a. 利用 Matlab 计算厂商提供给工人的最优合同。假定此合同使得工人在拒绝和接受合同之间是无差异的。

b. 如果初始的折现效用等于工人永远停留在劳动现货市场时可获得的效用，计算此时厂商提供合同所能够赚取的期望利润。

c. 记 $t \geqslant 0$ 时厂商提供给工人的工资的分布由累积分布函数 $\text{Prob}(\omega_t \leqslant \overline{W}) = F_t(\overline{w})$ 给出。计算 F_t。描绘出 $t=0$，$t=5$，$t=10$，$t=500$ 时的图形。

d. 描绘出一个新工人的终生的期望工资曲线。

e. 现在假定在厂商之间存在竞争，并且是可以自由进入的。新进入的厂商为了竞争到工人，将提高原有厂商的初始承诺效用。利用你的程序找出使得工人的平均期望利润 $P(v)=0$ 的承诺效用 $v>v_{spot}$ 的初始水平。

20.4 托马斯-沃勒尔遇到费伦-汤森

考虑托马斯-沃勒尔模型。记 $\Pi(y)$ 为独立同分布的禀赋过程的概率密度，这里 y 属于某个离散的禀赋水平值的集合 $Y=[\bar{y}_1,\cdots,\bar{y}_S]$。单期的效用函数为 $u(c)=(1-\gamma)^{-1}\cdot(c-a)^{1-\gamma}$，其中 $\gamma>1$ 且 $\bar{y}_S>a>0$。

给定离散化转移支付的集合 B 以及后续值的集合 W。我们假定离散集合 $B\subset(a-\bar{y}_S,\bar{b}]$。注意一下，按照上面的单期效用函数，计划者永远也不会从个体处吸收超过 $a-\bar{y}_S$ 的数值。令 $\Pi^v(b,w|y)$ 为 (b,w) 的联合概率密度，这里的 (b,w) 是由计划者提供给报告了 y 值的个体的，并且对于此个体，计划者在期初的时候已经提供了承诺值 v。对于每一个 $y\in Y$ 和每一个 $v\in W$，计划者需选择一个条件概率 $\Pi^v(b,w|y)$ 的集合以满足贝尔曼方程：

$$P(v)=\max_{\Pi^v(b,w,y)}\sum_{B\times W\times Y}[-b+\beta P(w)]\,\Pi^v(b,w,y) \tag{1}$$

约束条件为

$$v=\sum_{B\times W\times Y}[u(y+b)+\beta w]\Pi^v(b,w,y) \tag{2}$$

$$\sum_{B\times W}[u(y+b)+\beta w]\Pi^v(b,w\mid y)\geqslant\sum_{B\times W}[u(y+b)+\beta w]\Pi^v(b,w\mid \tilde{y})$$
$$\forall(y,\tilde{y})\in Y\times Y \tag{3}$$

$$\Pi^v(b,w,y)=\Pi(y)\,\Pi^v(b,w\mid y)$$
$$\forall(b,w,y)\in B\times W\times Y \tag{4}$$

$$\sum_{B\times W\times Y}\Pi^v(b,w,y)=1 \tag{5}$$

其中（2）是承诺维持约束，（3）是坦白真相约束，而（4）和（5）是概率规律要求的约束条件。

a. 试证：对于给定的 $P(w)$，向前推导一步贝尔曼方程将得到一个线性规划问题。

b. 令 $\beta=0.94$，$a=5$，$\gamma=3$。记 S、N_B、N_W 分别为关于 Y、B、W 的网格当中的格点数目。令 $S=10$，$N_B=N_W=25$。令 $Y=[6\quad 7\quad \cdots\quad 15]$，$\text{Prob}(y_t=\bar{y}_s)=S^{-1}$。令 $W=[w_{\min},\cdots,w_{\max}]$ 和 $B=[b_{\min},\cdots,b_{\max}]$，其中那些分别位于 W 和 B 中的点是等间隔分

布的。令 $w_{\min}=\frac{1}{1-\beta}\frac{1}{1-\gamma}(y_{\min}-a)^{1-\gamma}$ 和 $w_{\max}=w_{\min}/20$（由于它们都是负数，因此 $w_{\min}<w_{\max}$）；并且令 $b_{\min}=(1-y_{\max}+0.33)$ 和 $b_{\max}=y_{\max}-y_{\min}$。

根据上面的这些参数值，通过构造向前一步的贝尔曼方程所对应的线性规划来计算出最优合同，然后迭代此合同直至收敛。

c. 注意下面这些关于概率的性质：

$$\text{Prob}(b_t,w_{t+1},y_t \mid w_t) \equiv \Pi^{w_t}(b_t,w_{t+1},y_t)$$
$$\text{Prob}(w_{t+1} \mid w_t) = \sum_{b\in B,y\in Y}\Pi^{w_t}(b,w_{t+1},y)$$
$$\text{Prob}(b_t,y_t \mid w_t) = \sum_{w_{t+1}\in W}\Pi^{w_t}(b_t,w_{t+1},y_t)$$

利用上述性质或者其他的一些性质来计算 $\text{Prob}(w_{t+1}|w_t)$。如果给定初始承诺值 w_0，试说明如何计算 $\text{Prob}(c_t)$。

d. 假定 $w_0\approx-2$。对于 $t=1,5,10,100$，计算并且描绘出 $F_t(c)=\text{Prob}(c_t\leqslant c)$。从定性的角度来看，将这些分布与那些不存在信息问题并且单边承诺缺失的简单的村庄-货币借出者模型相比较，结果如何？

20.5 国际货币基金组织（IMF）

考虑一个小国政府的问题，它必须为一个外生给定的支出流 $\{y_t\}$ 进行融资。对于时刻 $t\geqslant0$，g_t 是独立同分布的，并且 $\text{Prob}(g_t=\bar{g}_s)=\pi_s$，其中 $\pi_s>0$，$\sum_{s=1}^{S}\pi_s=1$，并且 $0<\bar{g}_1<\cdots<\bar{g}_S$。利用税收来增加政府的收入是扭曲性的。事实上，政府面临一个资产不足以抵偿的损失函数 $W(T_t)$，它度量了 t 时刻的扭曲。假定 W 是一个递增的、二阶连续可微的、严格凸的函数，满足 $W(0)=0$，$W'(0)=0$，$W'(T)>0$（对于 $T>0$）和 $W''(T)>0$（对于 $T\geqslant0$）。政府关于税收的跨期损失函数希望最小化

$$E_{-1}\sum_{t=0}^{\infty}\beta^tW(T_t),\ \beta\in(0,1)$$

其中 E_{-1} 表示 g_0 实现之前的数学期望。如果不能够进行借贷，政府的预算约束为 $g_t=T_t$。实际上，除非通过一个被称为 IMF 的国际借出者联盟，否则政府是不能够进行借贷的。如果不存在 IMF 这样的组织，则此小国是自给自足的，并且政府损失的价值为

$$v_{aut}=E\sum_{t=0}^{\infty}\beta^tW(g_t)$$

IMF 本身可以一个不变的无风险总利率 $R=\beta^{-1}$ 进行借贷。IMF 提供给小国一个合同，此合同给予小国净转移支付 g_t-T_t。这样的合同是一个关于 $t\geqslant0$ 的函数序列，合同的 t 元素将历史 g^t 映射为一个净转移支付 g_t-T_t。IMF 具有履行此合同的能力。但是，小国并不必承诺遵守此合同。取而代之，在每一期开始的时候（此时 g_t 已经实现，但是净转移支付 g_t-T_t 还未获得），政府可以不履行此合同，从而在本期中面临损失 $W(g_t)$，并且在这之后永久性地获得自给自足的价值。一个合同被称为是可持续的，如果它可以不受到不履行合同的威胁的影响，也就是说，此合同提供给了小国不偏离 IMF 的安排的激励。IMF 的合同的现值为

$$E\sum_{t=0}^{\infty}\beta^t(T_t-g_t)$$

a. 写出一个可用于求出最优的可持续合同的贝尔曼方程。

b. 描述一个可以提供初始承诺值 v_{aut} 给此小国的最优的可持续合同（即从自给自足的状态开始，此合同使得此小国接受或者不接受 IMF 的合同是无差异的）。

c. 对于一个具有 IMF 的最优的可持续合同的国家而言，你能够谈一下政府税收 T_t 和扭曲 $W(T_t)$随时间演变的某种典型方式吗？对于具有相同的过程 g_t 和函数 W 的一系列国家的面板数据，政府的剩余 T_t-g_t 的平均模式又是怎样？对于这样的面板数据，存在一种“群体”（cohort）效应吗（即国家与 IMF 签署合同的日历时间重要吗）?

d. 如果最优的可持续合同给予小国的承诺值为 v_{aut}，则 IMF 能够希望从此合同当中赚取到什么吗?

第21章

没有承诺的均衡

21.1 双边承诺缺失

在20.3节，我们学习了没有承诺的保险。由于货币借出者能以一个给定的利率从村子外面借入或借出资金，因此这是一个局部均衡。我们还记得，这个环境存在不对称性，村民不能做任何承诺，而货币借出者被假定可以做承诺。本章我们将学习一个封闭的系统，这个系统与外面的信贷市场没有接触。家庭的消费超过它的禀赋的部分必须来自其他家庭的禀赋。我们还采用对称的假设，即没有家庭能做承诺。也就是说，只有当现在和未来的交换对参与合同配置的家庭满足参与约束时，任何一个描述能预期未来商品交换的今天商品交换的合同，表示一个持续的配置。家庭在任何时点都可以自由地背离配置，进入自给自足经济。和前面20.3节介绍的单边承诺缺失问题相比，这样一个对交换双方都有约束的合同设计问题表示一个双边承诺缺失问题。

本章描述托马斯和沃勒尔（1988，1994）和科切拉科塔（1996b）的工作。正如基欧和莱文（1993）以及阿尔瓦雷斯和耶尔曼（2000）所讨论的那样，本章最后为了分散化有约束的帕累托最优配置，讨论市场分配。

21.2 一个封闭系统

托马斯和沃勒尔（1988）的自我执行的工资合同模型是我们的村民-货币借出者模型

的先驱。他们的模型中与我们的货币借出者相似的是一个风险中性的厂商。他与一个风险厌恶的工人签订一个长期合同。在他们的模型中，还有一个劳动的竞争性钟点工市场，工人在时期 t 的工资是 y_t。工人可以自由地离开工厂而在钟点工市场工作。但是，如果他这样做，他将不可能与另一家厂商签订长期合同。厂商通过设计一个长期的自我执行的合同，即这个合同不会激励工人终止和厂商的关系，来最大化它的预期未来收益。一个合同在时期 t 给工人的工资是 c_t，那么厂商在时期 t 的收益为 y_t-c_t（与厂商从钟点工市场雇用一个工人相比）。如果托马斯和沃勒尔仅仅假设一个关于工人的承诺问题，那么他们的模型和我们的村民-货币借出者模型一样。然而，托马斯和沃勒尔假设厂商自己也可以违背工资合同，在钟点工市场雇用工人。因此，他们需要一个自我执行的工资合同，使任何一方都没有激励去违背。

科切拉科塔（1996b）讨论一个与托马斯和沃勒尔的模型很相似的模型。① 在科切拉科塔模型中，与托马斯和沃勒尔模型中的厂商相似的是风险厌恶的第 2 类家庭。在这个模型中，两类家庭得到随机的禀赋。合同设计问题就是去寻找一个保险/转移安排。当考虑两类家庭的参与约束（在每一期，两类家庭都被诱导不背离安排去自给自足）时，这个安排可以降低消费风险。科切拉科塔利用他的模型解释看起来违背完全风险共享假设的条件消费-收入方差的经验估计。科切拉科塔研究了那些因素在多大程度上反映了被参与约束控制的执行力障碍。

为了研究稳定随机环境的条件方差，在科切拉科塔模型中，利用双边承诺缺失的环境是很重要的。在 20.3 节我们的村民-货币借出者模型中，不完美的风险共享是暂时的，因此一个随机的稳定状态是不常见的。而在科切拉科塔的模型中，不完美的风险共享是永久的。假设村子里面两种类型的家庭的数目相等。每一个家庭有第 20 章所描述的偏好、禀赋和自给自足效用概率。这里我们假设两类家庭的禀赋是完全负相关的。任何时候，第 1 类家庭获得 $\bar{y}_s$，则第 2 类家庭获得 $1-\bar{y}_s$。我们假设 y_t 是相互独立的，具有相同的离散概率分布 $\text{Prob}(y_t=\bar{y}_s)=\Pi_s$，其中我们假定 $\bar{y}_s\in[0,1]$，同时我们还假设 y_t 与 $1-y_t$ 的分布相同。另外，现在计划者没有借入和借出的机会，他被简单地限制在两种类型的家庭之间重新分配消费品。这个限制导致两个参与约束。在时期 t，第 1 类家庭获得禀赋 y_t 和消费 c_t，而第 2 类家庭获得禀赋 $1-y_t$ 和消费 $1-c_t$。

在这样的设定下，如果对于所有的 $t\geqslant 0$ 和所有历史 h_t 都有

$$u(c_t)-u(y_t)+\beta E_t\sum_{j=1}^{\infty}\beta^{j-1}[u(c_{t+j})-u(y_{t+j})]\geqslant 0 \tag{21.2.1a}$$

$$u(1-c_t)-u(1-y_t)+\beta E_t\sum_{j=1}^{\infty}\beta^{j-1}[u(1-c_{t+j})-u(1-y_{t+j})]\geqslant 0 \tag{21.2.1b}$$

则这个配置是可持续的。②

令 Γ 表示可持续配置集合。我们寻求下列函数：

---

① 托马斯和沃勒尔的工作论文（1994）还分析了一个和科切拉科塔类似的多个个体封闭模型。托马斯和沃勒尔（1994）的分析包含在 Ligon，Thomas and Worrall (2002) 中。我们将在 21.13 节讨论。

② 科切拉科塔说的是子博弈完美而不是可持续。

$$Q(\Delta)=\max_{\{c_t\}} E_{-1}\sum_{t=0}^{\infty}\beta^t[u(1-c_t)-u(1-y_t)] \tag{21.2.2a}$$

满足

$$\{c_t\}\in\Gamma \tag{21.2.2b}$$

$$E_{-1}\sum_{t=0}^{\infty}\beta^t[u(c_t)-u(y_t)]\geqslant\Delta \tag{21.2.2c}$$

函数 $Q(\Delta)$ 表示一个（有约束的）帕累托前沿。它表示在第 1 类家庭得到的期望效用超过自给自足的福利水平至少 Δ 个效用单位的条件下，第 2 类家庭的期望效用的最大值。为了寻找帕累托前沿，我们首先求解刻画所有有效合同的消费过程。从这些最优的消费过程可以直接计算有效合同的收益的事前分布。

21.3 递归公式

我们利用托马斯和沃勒尔提出的方法讨论科切拉科塔模型。[①] 托马斯和沃勒尔（1988）把合同设计问题构造成一个动态问题，其中系统的状态在当前时期的禀赋实现之前为 $[x_1\quad x_2\quad\cdots\quad x_s\quad\cdots\quad x_S]$。这里 x_s 是表达式（21.2.1a）左边的值，是在当期禀赋实现值为 $\bar{y}_s$ 的条件下第 1 类个体的承诺值。令 $Q_s(x_s)$ 表示表达式（21.2.1b）的值。这是第 2 类个体的承诺值。[②] 当禀赋实现 $\bar{y}_s$ 对应的第 1 类个体的承诺值为 $x_s=x$ 时，我们可以写出贝尔曼方程：

$$Q_s(x)=\max_{c,\{\chi_j\}_{j=1}^S}\{u(1-c)-u(1-\bar{y}_s)+\beta\sum_{j=1}^{S}\Pi_j Q_j(\chi_j)\} \tag{21.3.1a}$$

满足

$$u(c)-u(\bar{y}_s)+\beta\sum_{j=1}^{S}\Pi_j\chi_j\geqslant x \tag{21.3.1b}$$

$$\chi_j\geqslant 0,\qquad j=1,\cdots,S \tag{21.3.1c}$$

$$Q_j(\chi_j)\geqslant 0,\qquad j=1,\cdots,S \tag{21.3.1d}$$

$$c\in[0,1] \tag{21.3.1e}$$

其中表达式（21.3.1b）是承诺维持约束，表达式（21.3.1c）是第 1 类个体的参与约束，而表达式（21.3.1d）是第 2 类个体的参与约束，可行集 c 由表达式（21.3.1e）给出。

---

① 科切拉科塔利用的方法可以看成我们在 20.3 节村民-货币借出者模型中利用的方法在双边承诺缺失的环境中的扩展。在本书第一版第 15 章我们介绍了科切拉科塔的方法。然而，当我们想将其应用于双边承诺缺失的问题时，这种方法遇到了一个帕累托前沿可能扭曲的技术难题。（我们首次遇到这个问题是当我们给学生布置练习 21.3 的作业的时候。）托马斯和沃勒尔的方法回避了这个问题，通过利用条件帕累托前沿，每次只有一个禀赋实现过程。

② $Q_s(\cdot)$是在禀赋实现值为 $\bar{y}_s$ 的条件下的帕累托前沿，而（21.2.2a）式中的$Q(\cdot)$是禀赋实现前的事前帕累托前沿。

托马斯和沃勒尔证明存在一个闭区间，它包含 χ_j 的所有允许的后续值，即

$$\chi_j \in [0, \bar{x}_j],\ j=1,\cdots,S \tag{21.3.1f}$$

托马斯和沃勒尔同时指出帕累托前沿 $Q_j(\cdot)$ 是一个递减的、严格凹的、在 $[0,\bar{x}_j]$ 上连续可微的函数。χ_j 的约束条件如下。合同不能给第 1 类个体一个比 0 小的 χ_j 值，因为那样会导致期望未来终生效用低于个体的自给自足水平。这里存在一个上界值 $\bar{x}_j$，如果超过它，计划者就会发现，在下一期禀赋实现值为 $\bar{y}_j$ 的条件下，赋予第 1 类个体一个后续值不是最优的。特别地，上界值 $\bar{x}_j$ 满足

$$Q_j(\bar{x}_j)=0 \tag{21.3.2}$$

此时，如果第 2 类个体下一期的禀赋实现值为 $\bar{y}_j$，并且第 1 类个体的禀赋实现值被承诺为上界值 $\bar{x}_j$，那么第 2 类个体得到一个与自给自足水平相等的期望终生效用。在 21.10 节和 21.11 节中，我们的两状态和三状态的例子将说明什么决定 $\bar{x}_j$。

把拉格朗日乘子 μ、$\beta\Pi_j\lambda_j$ 和 $\beta\Pi_j\theta_j$ 与表达式（21.3.1b)、表达式（21.3.1c）和表达式（21.3.1d）联系起来，从而可以得到 c 和 χ_j 的一阶条件①：

$$c：\ -u'(1-c)+\mu u'(c)=0 \tag{21.3.3a}$$

$$\chi_j：\ \beta\Pi_j Q_j'(\chi_j)+\mu\beta\Pi_j+\beta\Pi_j\lambda_j+\beta\Pi_j\theta_j Q_j'(\chi_j)=0 \tag{21.3.3b}$$

根据包络定理，有

$$Q_s'(x)=-\mu \tag{21.3.4}$$

将方程（21.3.4）代入方程（21.3.3a）和方程（21.3.3b）后，c 和 χ_j 的最优选择分别满足

$$Q_s'(x)=-\frac{u'(1-c)}{u'(c)} \tag{21.3.5a}$$

$$Q_s'(x)=(1+\theta_j)Q_j'(\chi_j)+\lambda_j \tag{21.3.5b}$$

21.4 均衡消费

21.4.1 消费动态

从方程（21.3.5a）可以看出，第 1 类个体的消费 c 是承诺值 x 的增函数。帕累托前沿 $Q_s(x)$ 意味着 c 是 x 在 $[0,\bar{x}_s]$ 上的可微函数。既然 $x\in[0,\bar{x}_s]$，那么 c 属于一个非空闭集 $[\underline{c}_s,\bar{c}_s]$，其中

$$Q'_s(0)=-\frac{u'(1-\underline{c}_s)}{u'(\underline{c}_s)}$$

$$Q'_s(\bar{x}_s)=-\frac{u'(1-\bar{c}_s)}{u'(\bar{c}_s)}$$

① 这里我们猜测（21.3.1e）式中消费的非负约束条件、$c\geqslant 0$ 和 $1-c\geqslant 0$ 都没有约束力。当最优消费水平满足 $c\in[\bar{y}_1,\bar{y}_S]$ 时，这个猜测成立。

如果 $c=\underline{c}_s$，$x=0$，那么从现在开始，第1类个体将从合同中得不到收益。如果 $c=\bar{c}_s$，$Q_s(x)=Q_s(\bar{x}_s)=0$，那么第2类个体将得不到收益。

方程（21.3.5a）可以表示成

$$c=g(Q_s'(x)) \tag{21.4.1}$$

其中 g 是严格递减的连续函数。把逆函数代入方程（21.3.5b），我们得到表达式

$$g^{-1}(c)=(1+\theta_j)g^{-1}(c_j)+\lambda_j \tag{21.4.2}$$

其中 c 是第1类个体的当前消费，c_j 是下一期当禀赋实现值为 $\bar{y}_j$ 时的消费。一个有效的合同意味着最优消费过程取决于两种个体的参与约束是否有约束力。对于任何给定的下一期禀赋实现值 $\bar{y}_j$，参与约束（21.3.1c）和约束（21.3.1d）只有一个能有约束力。因此，对于任何给定的 $\bar{y}_j$，存在利率的三个区域：

（1）两个参与约束均没有约束力。当 $\lambda_j=\theta_j=0$ 时，方程（21.4.2）的消费过程满足

$$g^{-1}(c)=g^{-1}(c_j) \quad \Rightarrow \quad c=c_j$$

其中 $c=c_j$ 由 $g^{-1}(\cdot)$ 是一个严格递减函数得到。因此，消费与禀赋是独立的，并且只要不存在参与约束，两类个体都被提供针对禀赋实现的完全的保险。不变的消费配置由方程（21.3.3a）的"临时相对帕累托权重"μ 决定。

（2）第2类个体的参与约束具有约束力（$\lambda_j>0$），但是 $\theta_j=0$。因此，条件（21.4.2）变为

$$g^{-1}(c)=g^{-1}(c_j)+\lambda_j \quad \Rightarrow \quad g^{-1}(c)>g^{-1}(c_j) \quad \Rightarrow \quad c<c_j$$

计划者为了满足第1类个体的参与约束，必须提高其消费。严格正的拉格朗日乘子 $\lambda_j>0$ 意味着（21.3.1c）式中每个 χ_j 都相等，$\chi_j=0$。这样，计划者提高第1类个体的福利使得他选择自给自足状态和保持最优保险合同是无差异的。事实上，计划者最小化最后一期相对福利分布的变化可以诱导第1类个体不放弃合同。第1类个体的福利水平可以通过更高的消费$c_j>c$和更高的未来期望消费来提高。回忆一下我们原来的发现，可以看出只要没有参与约束，新的更高的消费水平不会有变化。这表明当第1类个体的参与约束有约束力时，其合同表现出遗忘症。因为从现在开始，原来的承诺值 x 与第1类个体的消费不相关。

（3）第2类个体的参与约束具有约束力（$\theta_j>0$），但 $\lambda_j=0$。因此，条件（21.4.2）变为

$$g^{-1}(c)=(1+\theta_j)g^{-1}(c_j) \quad \Rightarrow \quad g^{-1}(c)<g^{-1}(c_j) \quad \Rightarrow \quad c>c_j$$

其中，我们利用了 $g^{-1}(\cdot)$ 是负数。这种情形和上面的情形是对应的。当第2类个体的参与约束有约束力时，通过增加消费 $1-c_j>1-c$，计划者促使个体保留最优合同，但是仅仅足够她维持与自给自足状态无差异的福利水平，即 $Q_j(\chi_j)=0$。又一次地，只要没有参与约束，则福利分布的变化一致，那么新的消费水平也不会有变化。无记忆性的特性再一次出现。

我们可以总结上面的结论来刻画合同：当 $c<\underline{c}_j$ 时，第1类个体的参与约束有约束力；而当$c>\bar{c}_j$ 时，第2类个体的参与约束有约束力。然后，假定 $c<\underline{c}_j$。既然 $c_j\geqslant\underline{c}_j$，那么 $c\leqslant\underline{c}_j$。因此我们必须处于第1类个体的参与约束具有约束力的区域。这意味着 $c_j=\underline{c}_j$。

当第 2 类个体的参与约束有约束力时，一个对称的讨论也适用。我们可以总结出如下的一个有效合同的消费过程。给定当前的第 1 类个体的消费 c，在禀赋实现值为 $\bar{y}_j$ 的条件下，下一期的消费满足

$$c_j=\begin{cases}\underline{c}_j, & \text{如果 } c<\underline{c}_j \quad \text{（第 1 类个体的参与约束有约束力）}\\ c, & \text{如果 } c\in[\underline{c}_j,\bar{c}_j] \quad \text{（两类个体的参与约束有约束力）}\\ \bar{c}_j, & \text{如果 } c>\bar{c}_j \quad \text{（第 2 类个体的参与约束有约束力）}\end{cases} \qquad (21.4.3)$$

□ 21.4.2 消费区间不能互相包含

我们将说明

$$\bar{y}_k>\bar{y}_q \quad \Rightarrow \quad \bar{c}_k>\bar{c}_q \quad \text{和} \quad \underline{c}_k>\underline{c}_q \qquad (21.4.4)$$

因此，没有消费区间可以包含另一个。消费区间是重叠的或不相交的，取决于参数的取值。

作为一个中间步骤，先证明下列的结论是正确的：对任意 $k,q=1,2,\cdots,S$ 和任意 $x\in[0,\bar{x}_q]$ 有

$$Q_k(x+u(\bar{y}_q)-u(\bar{y}_k))=Q_q(x)+u(1-\bar{y}_q)-u(1-\bar{y}_k)。 \qquad (21.4.5)$$

引入函数（21.3.1）后，方程（21.4.5）的左边等于

$$Q_k(x+u(\bar{y}_q)-u(\bar{y}_k))=\max_{c,\{\chi_j\}_{j=1}^S}\left\{u(1-c)-u(1-\bar{y}_k)+\beta\sum_{j=1}^S\Pi_jQ_j(\chi_j)\right\}$$

满足

$$u(c)-u(\bar{y}_k)+\beta\sum_{j=1}^S\Pi_j\chi_j\geqslant x+u(\bar{y}_q)-u(\bar{y}_k)$$

和（21.3.1c）式～（21.3.1e）式；而方程（21.4.5）的右边等于

$$\begin{aligned}&Q_q(x)+u(1-\bar{y}_q)-u(1-\bar{y}_k)\\&=\max_{c,\{\chi_j\}_{j=1}^S}\left\{u(1-c)-u(1-\bar{y}_q)+\beta\sum_{j=1}^S\Pi_jQ_j(\chi_j)\right\}+u(1-\bar{y}_q)-u(1-\bar{y}_k)\end{aligned}$$

满足

$$u(c)-u(\bar{y}_q)+\beta\sum_{j=1}^S\Pi_j\chi_j\geqslant x$$

和（21.3.1c）式～（21.3.1e）式。我们可以证明方程（21.4.5）。[①] 方程（21.4.5）对 x 两边微分，得到

$$Q_k'(x+u(\bar{y}_q)-u(\bar{y}_k))=Q_q'(x) \qquad (21.4.6)$$

---

① 表达式（21.4.5）的左边和右边的两个最优化问题有共同的目标，即最大化第 2 类个体的期望效用。最优值满足相同的约束条件，$u(c)-u(\bar{y}_q)+\beta\sum_{j=1}^S\Pi_j\chi_j\geqslant x$ 和（21.3.1c）式～（21.3.1e）式。因此，它们是被相同定义的最优化问题。细心的读者不要去关心表达式（21.4.5）的左边的 $Q_k(\cdot)$ 的承诺值可能在区域 $[0,\bar{x}_k]$ 外面。这不会有任何问题，因为与（21.3.1c）式和（21.3.1d）式中的未来连续值的限制相比，最优化问题在当期没有参与约束。

为了说明 $\bar{y}_k > \bar{y}_q$ 意味着 $\bar{c}_k > \bar{c}_q$，在方程（21.4.5）中设定 $x = \bar{x}_q$，则有

$$Q_k(\bar{x}_q + u(\bar{y}_q) - u(\bar{y}_k)) = u(1-\bar{y}_q) - u(1-\bar{y}_k) > 0 \tag{21.4.7}$$

其中我们利用了 $Q_q(\bar{x}_q) = 0$。在引入 $Q_k(\bar{x}_k) = 0$ 和 $Q_k(\cdot)$ 是减函数后，由 $Q_k(\bar{x}_q + u(\bar{y}_q) - u(\bar{y}_k)) > 0$ 可以推出

$$\bar{x}_k > \bar{x}_q + u(\bar{y}_q) - u(\bar{y}_k)$$

因此由 $Q_k(\cdot)$ 的严格凹性，我们得到

$$Q_k'(\bar{x}_k) < Q_k'(\bar{x}_q + u(\bar{y}_q) - u(\bar{y}_k)) = Q_q'(\bar{x}_q) \tag{21.4.8}$$

其中等式由（21.4.6）式给出。最后，利用方程（21.4.1）和 $Q_k'(\bar{x}_k) < Q_q'(\bar{x}_q)$，我们可以证明

$$\bar{c}_k = g(Q_k'(\bar{x}_k)) > g(Q_q'(\bar{x}_q)) = \bar{c}_q$$

我们把证明 $\bar{y}_k > \bar{y}_q$ 意味着 $\underline{c}_k > \underline{c}_q$ 这个对称的结论留给读者作为一个练习。

□ 21.4.3 禀赋被包含在消费区间中

我们将说明

$$\bar{y}_s \in [\underline{c}_s, \bar{c}_s], \forall s;\ \bar{y}_1 = \underline{c}_1;\ \bar{y}_S = \bar{c}_S \tag{21.4.9}$$

首先，我们说明 $\bar{y}_s \leqslant \bar{c}_s$ 对于所有的 s 都成立和 $\bar{y}_S = \bar{c}_S$。在（21.3.1）式中令 $x = \bar{x}_s$，那么 $c = \bar{c}_s$ 且

$$u(1-\bar{c}_s) - u(1-\bar{y}_s) + \beta \sum_{j=1}^{S} \Pi_j Q_j(\chi_j) = 0 \tag{21.4.10}$$

$\{\chi_j\}_{j=1}^{S}$ 是最优选择。既然 $Q_j(\chi_j) \geqslant 0$，它直接推出

$$u(1-\bar{c}_s) - u(1-\bar{y}_s) \leqslant 0 \quad \Rightarrow \quad \bar{y}_s \leqslant \bar{c}_s$$

当 $s=S$ 时，我们注意到

$$Q_j'(\chi_j) \geqslant Q_j'(\bar{x}_j) \geqslant Q_S'(\bar{x}_S)$$

其中由 $\chi_j \leqslant \bar{x}_j$ 和 $Q_j(\cdot)$ 是严格凹函数可以推出第一个弱等式；而第二个弱等式由（21.4.8）式给出。事实上，我们说明了第二个弱等式对于 $j<S$ 严格不等，而且由（21.3.5b）式的最优化条件，知

$$Q_S'(\bar{x}_S) = (1+\theta_j) Q_j'(\chi_j),\ \theta_j > 0,\ j<S \text{ 和 } \theta_S = 0$$

这意味着对于所有 j 都有 $\chi_j = \bar{x}_j$。在引入当 $s=S$ 时（21.4.10）式的表达式后，我们完成讨论：

$$\beta \sum_{j=1}^{S} \Pi_j Q_j(\bar{x}_j) = 0 \quad \Rightarrow \quad u(1-\bar{c}_S) - u(1-\bar{y}_S) = 0 \quad \Rightarrow \quad \bar{y}_S = \bar{c}_S$$

我们把构造一个对称的讨论来说明对于所有的 s 都有 $\bar{y}_s \geqslant \underline{c}_s$，而且 $\bar{y}_1 = \underline{c}_1$，留给读者作为练习。

□ 21.4.4 所有的消费区间都是非退化的（除非自给自足是唯一可持续的配置）

假设与禀赋实现值 $\bar{y}_k$ 对应的消费区间是退化的，即 $\underline{c}_k=\bar{c}_k=\bar{y}_k$。既然消费区间是退化的，可以推出与禀赋实现值 $\bar{y}_k$ 对应的后续值的允许域也是退化的，如 $\chi_k\in[0,\bar{x}_k]=\{0\}$。回忆一下 χ_k 是第1类家庭超过自给自足福利水平的总的单位数，给定禀赋实现值 $\bar{y}_k$，有

$$0=\chi_k=u(\bar{y}_k)-u(\bar{y}_k)+\beta\sum_{j=1}^{S}\Pi_j\chi_j$$

其中我们使用了退化的消费区间 $c=\bar{y}_k$，而且 χ_j 是满足约束条件 $\chi_j\geqslant 0$（$j\in S$）的一个最优选择。这可以立即推出在给定当前禀赋实现值为 $\bar{y}_k$ 时，对于所有 $j\in S$ 都有 $\chi_j=0$。

由于与禀赋实现值 $\bar{y}_k$ 对应的后续值的区间是退化的，即 $\chi_k\in\{0\}$，那么在给定禀赋实现值 $\bar{y}_k$ 时，第2类家庭也必须得到自给自足的福利水平①：

$$0=Q_k(\chi_k)=u(1-\bar{y}_k)-u(1-\bar{y}_k)+\beta\sum_{j=1}^{S}\Pi_jQ_j(\chi_j)$$

其中我们利用了退化的消费区间和后续值 $Q_j(\chi_j)$满足约束条件 $Q_j(\chi_j)\geqslant 0$（$j\in S$）。这可直接推出给定禀赋实现值 $\bar{y}_k$，对所有 $j\in S$ 都有 $Q_j(\chi_j)=0$。因此，给定禀赋实现值 $\bar{y}_k$，我们得到第2类家庭的后续值满足 $Q_j(\chi_j)=0$。在这种情况下，χ_j 的最优选择被设定为它们的最大允许值，即 $\chi_j=\bar{x}_j$。而且，从上面我们知道，最优值满足 $\chi_j=0$。因此，我们得到对于所有 $j\in S$ 都有$\bar{x}_j=0$。

我们已经证明如果一个消费区间是退化的，那么所有消费区间都是退化的，即对所有 $s\in S$，都有 $\underline{c}_s=\bar{c}_s=\bar{y}_s$。这个发现看上去是很直观的。与任何禀赋实现值 $\bar{y}_k$ 对应的消费区间都是退化的，意味着给定禀赋实现值 $\bar{y}_k$，没有家庭可以从最优合同中得到任何收益，既不能从当期转移也不能从未来风险分担中得到任何收益，这只有当自给自足是唯一的可持续配置时才会发生。

21.5 帕累托前沿和收益的事前分配

我们已经刻画了任何有效合同的最优消费过程的特征。对于所有有效合同，消费区间 $\{[\underline{c}_j,\bar{c}_j]\}_{j=1}^{S}$和方程（21.4.3）中的更新原则都是唯一的。有效合同的收益的事前分配可以看成是被一个过去的消费水平 $c_\Delta\in[\underline{c}_1,\bar{c}_S]$[由方程（21.4.9）知，这可以写成$c_\Delta\in[\bar{y}_1,\bar{y}_S]$] 决定的。一个过去的消费水平为 $c_\Delta=\underline{c}_1$ 的合同，把所有的剩余给第2类个体而第1类个体什么也得不到。这由方程（21.4.3）中的更新原则可以立即推出。更新原则

---

① 显然，如果第2类家庭得到 $Q_k(\chi_k)>0$，将得到相反的结论。因为这会使得将第2类家庭的当前消费转移给第1类家庭也不会违反第2类家庭的参与约束，因此与禀赋实现值 $\bar{y}_k$ 对应的消费区间不是退化的。

描述了如果禀赋实现值是 $\bar{y}_j$，第一期的消费水平等于 $\underline{c}_j$。在禀赋实现值是 $\bar{y}_j$ 的条件下，第 1 类个体的承诺值是 $\chi_j=0$。因此，表达式（21.2.2c）中第 1 类个体的事前收益变成

$$\Delta|_{c_\Delta=\underline{c}_1}=\sum_{j=1}^{S}\Pi_j\chi_j|_{c_\Delta=\underline{c}_1}=0$$

我们可以类似地说明，一个消费水平为 $c_\Delta=\bar{c}_S$ 的合同把所有剩余给第 1 类个体，而第 2 类个体什么也没有。如果禀赋实现值是 $\bar{y}_j$，与它对应的承诺值为 $\chi_j=\bar{x}_j$，方程（21.4.3）中的更新原则表明第一期的消费水平等于 $\bar{c}_j$。我们可以计算第 1 类个体的事前收益

$$\Delta|_{c_\Delta=\bar{c}_S}=\sum_{j=1}^{S}\Pi_j\bar{x}_j\equiv\Delta_{\max}$$

对于区间 $c_\Delta\in[\underline{c}_1,\bar{c}_S]$ 的两个端点，表达式（21.2.2a）中第 2 类个体得到的事前收益变为

$$Q(\Delta)|_{c_\Delta=\underline{c}_1}=Q(0)=\sum_{j=1}^{S}\Pi_jQ_j(0)=\Delta_{\max}$$

$$Q(\Delta)|_{c_\Delta=\bar{c}_S}=Q(\Delta_{\max})=\sum_{j=1}^{S}\Pi_jQ_j(\bar{x}_j)=0$$

其中等式 $Q(0)=\Delta_{\max}$ 由对称的环境推出，即第 1 类个体和第 2 类个体有相同的偏好和禀赋过程。

21.6 消费分布

21.6.1 不对称分布

不对称的消费分布敏感地取决于是否存在最优的可持续配置。如果没有一个个体的参与约束有约束力，则我们称这个对称分布是最优的。正如我们已经看到的，没有约束力的参与约束意味着消费是常数。因此，当且仅当消费区间 $\{[\underline{c}_j,\bar{c}_j]\}_{j=1}^{S}$ 的间隔非空时，最优的可持续配置存在。定义下面两个关键数

$$\bar{c}_{\min}\equiv\min\{\bar{c}_j\}_{j=1}^{S}=\bar{c}_1 \tag{21.6.1a}$$

$$\underline{c}_{\max}\equiv\max\{\underline{c}_j\}_{j=1}^{S}=\underline{c}_S \tag{21.6.1b}$$

两个等式由（21.4.4）式推出。存在最优配置的一个充要条件是 $\bar{c}_{\min}\geq\underline{c}_{\max}$。在最优配置中存在完全的风险分担。

对足够高的 β 值、充分的禀赋风险和足够的 $u(\cdot)$ 的曲率，存在一个最优的可持续配置集，即 $\bar{c}_{\min}\geq\underline{c}_{\max}$。如果收益的事前分配由最初的消费水平 $c_\Delta\in[\underline{c}_{\max},\bar{c}_{\min}]$ 给出，由方程（21.4.3）中的更新原则推出消费将保持不变，因此不对称的消费分布是退化的。

但是如果与最初消费水平对应的事前收益分配不在区间内，或者不存在任何最优的可持续配置（$\bar{c}_{\min}<\underline{c}_{\max}$），将发生什么呢？为了理解消费收敛到一个非对称的分布，我们做下面的观察。根据方程（21.4.3）中的更新原则，在两个连续时期之间的第一个个体

的任何消费的增加，存在消费区间的向下约束。这可以推出在消费增加的时期，消费水平被限制在 $\underline{c}_{\max}$（$=\underline{c}_S$）之上，因此当且仅当最初消费比 $\underline{c}_{\max}$小时，消费增加。类似地，两个连续时期消费的减少存在消费区间的向上约束。这可以推出在消费减少的时期，消费被限制在 $\bar{c}_{\min}$（$=\bar{c}_1$）之下，因此当且仅当最初消费比 $\bar{c}_{\min}$高时，消费减少。给定当前消费水平 c，我们可以把下期消费 c'的允许域概括如下：

$$\text{如果 } c\leqslant\underline{c}_{\max}\text{，那么 } c'\in[\min\{c,\bar{c}_{\min}\},\underline{c}_{\max}] \tag{21.6.2a}$$

$$\text{如果 } c\geqslant\bar{c}_{\min}\text{，那么 } c'\in[\bar{c}_{\min},\max\{c,\underline{c}_{\max}\}] \tag{21.6.2b}$$

□ 21.6.2 暂时的不完美的风险分担

我们现在转到存在最优可持续配置的情形，$\bar{c}_{\min}\geqslant\underline{c}_{\max}$，但是我们假设收益的事前分配被最初消费水平 $c_\Delta\notin[\underline{c}_{\max},\bar{c}_{\min}]$给定。下期消费的允许域由（21.6.2）式给出，不对称的消费变成

$$\text{如果 } c\leqslant\underline{c}_{\max}\text{，那么 } c'\in[c,\underline{c}_{\max}]\text{且 }\lim_{t\to\infty}c_t=\underline{c}_{\max}=\underline{c}_S \tag{21.6.3a}$$

$$\text{如果 } c\geqslant\bar{c}_{\min}\text{，那么 } c'\in[\bar{c}_{\min},c]\text{且 }\lim_{t\to\infty}c_t=\bar{c}_{\min}=\bar{c}_1 \tag{21.6.3b}$$

我们可以在（21.6.3a）式中得到单调收敛有两个原因。首先，消费被限制不能在 $\underline{c}_{\max}$之上。其次，当 $c\leqslant\bar{c}_{\min}$时，消费不能下降，假设 $\bar{c}_{\min}\geqslant\underline{c}_{\max}$，因此当 $c\leqslant\underline{c}_{\max}$时，消费不能下降。这可以直接推出 $\underline{c}_{\max}$是吸收点。只要禀赋 $\bar{y}_S$ 被实现时消费水平为 $\underline{c}_S=\underline{c}_{\max}$，就可以达到吸收点。类似地，（21.6.3b）式中的单调收敛可以解释如下。首先，消费被限制不能在 $\bar{c}_{\min}$之下。其次，当 $c\geqslant\underline{c}_{\max}$时，消费不能增加，假设 $\bar{c}_{\min}\geqslant\underline{c}_{\max}$，因此当 $c\geqslant\bar{c}_{\min}$时消费不能增加。这可以直接推出 $\bar{c}_{\min}$是吸收点。只要禀赋 $\bar{y}_1$ 被实现时消费水平为 $\bar{c}_1=\bar{c}_{\min}$，就可达到吸收点。

这些收敛的性质表明如果最优可持续配置的集合非空，不完美的风险分担是暂时的。注意当一个经济从一个最初位于可持续的固定消费水平区间外面的消费开始，然后单调收敛到最近的端点时，让我们联想到我们早些时候在 20.3 节讨论的货币借出者和村民的单边承诺缺失模型。在当前的假设下，在最初的福利分配下，不利的个体将发现她的消费慢慢增加直到她体验到她最喜欢的禀赋实现值。从那以后，消费水平为常数，并且参与约束不再有约束力。

□ 21.6.3 永久的不完美的风险分担

如果最优可持续配置集为空集（$\bar{c}_{\min}<\underline{c}_{\max}$），这使得单调收敛到常数消费水平不成立。方程（21.4.3）的更新原则意味着不管最初的福利分配是什么，（21.6.2）式中下一期的消费的允许域最后将缩至［$\bar{c}_{\min},\underline{c}_{\max}$］。如果消费在集合外面，由于当 $c\leqslant\bar{c}_{\min}$或$c\geqslant\underline{c}_{\max}$时消费的单调性，消费将收敛到集合。只要存在一个有约束力的参与约束，与参与约束对应的消费水平在消费区间［$\bar{c}_{\min},\underline{c}_{\max}$］的里面，方程（21.4.3）的更新原则将使得消费不会离开这个区间。从此，唯一可观测到的消费水平属于有唯一不对称分布的遍历性集合

$$\{[\bar{c}_{\min},\underline{c}_{\max}]\cap\{\underline{c}_j,\bar{c}_j\}_{j=1}^S\} \tag{21.6.4}$$

在这个不变的集合中，两种个体的参与约束都有约束力，表现出不完美的风险分担。

如果自给自足是唯一的可持续配置，那么正如 21.4.4 节所讨论的那样，有 $\underline{c}_j=\bar{c}_j=\bar{y}_j(j\in S)$ 的每一个消费区间都是退化的。因此，（21.6.4）式的消费集等于禀赋集 $\{\bar{y}_j\}_{j=1}^S$。

21.7 另一种递归公式

科切拉科塔（1996b）使用另一种合同设计问题的递归公式，它与我们在 20.3 节讨论货币借出者-村民经济的处理方法类似。在用第 1 类个体的期望效用替代函数（21.2.2a）的讨论之后，科切拉科塔把贝尔曼方程写成

$$P(v)=\max_{\{c_s,w_s\}_{s=1}^S}\sum_{s=1}^S\Pi_s\{u(1-c_s)+\beta P(w_s)\} \tag{21.7.1a}$$

满足

$$\sum_{s=1}^S\Pi_s[u(c_s)+\beta w_s]\geqslant v \tag{21.7.1b}$$

$$u(c_s)+\beta w_s\geqslant u(\bar{y}_s)+\beta v_{aut},\quad s=1,2,\cdots,S \tag{21.7.1c}$$

$$u(1-c_s)+\beta P(w_s)\geqslant u(1-\bar{y}_s)+\beta v_{aut},\quad s=1,2,\cdots,S \tag{21.7.1d}$$

$$c_s\in[0,1] \tag{21.7.1e}$$

$$w_s\in[v_{aut},v_{\max}] \tag{21.7.1f}$$

这里计划者进入一个有状态变量 v 的时期。v 是第 1 类个体的期望效用的承诺值。在观察到当期禀赋实现值之前，对于当期禀赋的每个可能的禀赋实现值，计划者选择一个消费水平 c_s 和后续值 w_s。正如（21.7.1b）式所指出的，这个状态或有组合 $\{c_s,w_s\}_{s=1}^S$ 必须至少传递承诺值 v 给第 1 类个体，如（21.7.1b）式所示并且与参与约束（21.7.1c）和约束（21.7.1d）一致。

注意与我们基于托马斯和沃勒尔（1988）的分析的表述在时间设置上的区别。科切拉科塔的计划者留给当期只有一个后续值 w_s，并且推迟如何通过未来状态变量传递承诺值这个问题，直到下一期开始，但是在观察到下一期的禀赋之前。对比之下，在我们的设定中，当期计划者为下一期后续值选择一个状态或有集合 $\{\chi_j\}_{j=1}^S$，其中 χ_j 是如果当期禀赋为 $\bar{y}_j$，在下一期时，第 1 类个体的期望效用超过她的自给自足水平的值。显然，我们可以把科切拉科塔的一个状态变量用状态向量表示：

$$w_s=\sum_{j=1}^S\Pi_j[\chi_j+u(\bar{y}_j)+\beta v_{aut}]=v_{aut}+\sum_{j=1}^S\Pi_j\chi_j$$

其中 v_{aut} 是由方程（20.3.2）给出的自给自足的事前福利水平。类似地，科切拉科塔的在（21.7.1f）式中的下一期的后续值的上界与我们的上界 $\{\bar{x}_j\}_{j=1}^S$ 有关：

$$v_{\max}=v_{aut}+\sum_{j=1}^S\Pi_j\bar{x}_j=v_{aut}+\Delta_{\max}$$

21.8 修正的帕累托前沿

给定我们先前关于最优解的刻画，我们能把科切拉科塔的承诺值 v 用承诺消费水平 $c_\Delta \in [\underline{c}_1, \bar{c}_S] = [\underline{y}_1, \bar{y}_S]$表示。假设这种表示被隐藏在函数 $v(c_\Delta)$中。因此，给定承诺值$v(c_\Delta)$，21.4.1 节的最优消费过程指导我们按下列方式设定科切拉科塔的选择变量$\{c_s, w_s\}_{s=1}^{S}$：

$$c_s = c_\Delta + \max\{0, \underline{c}_s - c_\Delta\} - \max\{0, c_\Delta - \bar{c}_s\} \tag{21.8.1a}$$

$$w_s = v(c_s) \tag{21.8.1b}$$

对于给定的 c_Δ 值，我们定义如下三个集合，它们是对禀赋实现值的集合 S 的分割：

$$S^o(c_\Delta) \equiv \{j \in S \colon c_\Delta \in (\underline{c}_j, \bar{c}_j)\} \tag{21.8.2a}$$

$$S^-(c_\Delta) \equiv \{j \in S \colon c_\Delta \geqslant \bar{c}_j\} \tag{21.8.2b}$$

$$S^+(c_\Delta) \equiv \{j \in S \colon c_\Delta \leqslant \underline{c}_j\} \tag{21.8.2c}$$

根据（21.4.4）式中消费区间的特征，这三个集合是互相排斥的且它们的并集等于集合 S。$S^o(c_\Delta)$是状态变量的集合，即禀赋实现值，它们的最优消费水平是$c_s = c_\Delta$。但是如果禀赋实现值在 $S^o(c_\Delta)$外面，最优消费 c_s 被与禀赋实现值对应的消费区间的上界或下界决定。特别地，对于 $s \in S^-(c_\Delta)$，消费会下降到消费区间的上界，即 $c_s = \bar{c}_s$；而对于 $s \in S^+(c_\Delta)$，消费应增加到消费区间的下界，即 $c_s = \underline{c}_s$。

后续值 $v(c_\Delta)$可以表示为

$$v(c_\Delta) = \sum_{s \in S^o(c_\Delta)} \Pi_s [u(c_\Delta) + \beta v(c_\Delta)] + \sum_{s \in S^-(c_\Delta)} \Pi_s [u(\bar{c}_s) + \beta v(\bar{c}_s)] + \sum_{s \in S^+(c_\Delta)} \Pi_s [u(\underline{c}_s) + \beta v(\underline{c}_s)] \tag{21.8.3}$$

也可以写成

$$v(c_\Delta) = \Big(1 - \beta \sum_{s \in S^o(c_\Delta)} \Pi_s\Big)^{-1} \Big\{u(c_\Delta) \sum_{s \in S^o(c_\Delta)} \Pi_s + \sum_{s \in S^-(c_\Delta)} \Pi_s [u(\bar{c}_s) + \beta v(\bar{c}_s)] + \sum_{s \in S^+(c_\Delta)} \Pi_s [u(\underline{c}_s) + \beta v(\underline{c}_s)]\Big\} \tag{21.8.4}$$

类似地，第 2 类家庭的承诺值可以表示成

$$P(v(c_\Delta)) = \Big(1 - \beta \sum_{s \in S^o(c_\Delta)} \Pi_s\Big)^{-1} \Big\{u(1 - c_\Delta) \sum_{s \in S^o(c_\Delta)} \Pi_s + \sum_{s \in S^-(c_\Delta)} \Pi_s [u(1 - \bar{c}_s) + \beta P(v(\bar{c}_s))] + \sum_{s \in S^+(c_\Delta)} \Pi_s [u(1 - \underline{c}_s) + \beta P(v(\underline{c}_s))]\Big\} \tag{21.8.5}$$

□ 21.8.1 价值关于隐性消费是连续的

$v(c_\Delta)$和$P(v(c_\Delta))$在特定的消费水平c_Δ都是连续的。从（21.8.4）式和（21.8.5）式可知，当c_Δ变化时，不会改变由集合$S^o(\cdot)$、$S^-(\cdot)$和$S^+(\cdot)$给出的关于状态的划分。可以证明当c_Δ的变化改变状态集的划分时这也是正确的。作为一个说明，让我们分别计算当c_Δ从下和从上趋近$\bar{c}_k$时$v(c_\Delta)$的极限值，其中$\bar{c}_k$是与禀赋$\bar{y}_k$对应的消费区间的上界。

我们可以选择一个足够小的$\varepsilon>0$，使得

$$\{\underline{c}_s,\bar{c}_s\}_{s=1}^S\cap[\bar{c}_k-\varepsilon,\bar{c}_k+\varepsilon]=\bar{c}_k$$

特别地，（21.4.4）式的发现证实我们能选择一个足够小的ε使得这个区域除了$\bar{c}_k$不包含消费区间的上界。类似地，ε也可以足够小使得这个区域不包含消费区间的任何下界，除非存在一个消费区间，它的下界等于$\bar{c}_k$，即对于某些$j\geqslant1$，有$\underline{c}_{k+j}=\bar{c}_k$。我们必须牢记这种可能，正如我们描述集合$S^o(\cdot)$、$S^-(\cdot)$和$S^+(\cdot)$时那样。

对于消费$c_\Delta\in[\bar{c}_k-\varepsilon,\bar{c}_k)$，三个集合都是常数，且$\max\{S^-(c_\Delta)\}=k-1$。考虑一个消费$c_\Delta\in[\bar{c}_k,\bar{c}_k+\varepsilon]$，集合$S^-(c_\Delta)$是常数，且$\max\{S^-(c_\Delta)\}=k$，而另外两个集合的结构取决于采用下列两种可能情形中的哪一种。

情形 a：对于所有$s\in S$，$\bar{c}_k\neq\underline{c}_s$。这里它可以推出对于任何消费$c_\Delta\in[\bar{c}_k-\varepsilon,\bar{c}_k+\varepsilon]$，集合$S^+(c_\Delta)$是常数。利用（21.8.3）式，当$c_\Delta$从下和从上趋近$\bar{c}_k$时，$v(c_\Delta)$的极限值分别等于

$$\begin{aligned}\lim_{c_\Delta\uparrow\bar{c}_k}v(c_\Delta)&=\sum_{s\in S^o(\bar{c}_k-\varepsilon)}\Pi_s[u(\bar{c}_k)+\beta v(\bar{c}_k)]+\sum_{s=1}^{k-1}\Pi_s[u(\bar{c}_k)+\beta v(\bar{c}_s)]\\&\quad+\sum_{s\in S^+(\bar{c}_k-\varepsilon)}\Pi_s[u(\underline{c}_s)+\beta v(\underline{c}_s)]\\&=\sum_{s\in S^o(\bar{c}_k+\varepsilon)}\Pi_s[u(\bar{c}_k)+\beta v(\bar{c}_k)]+\sum_{s=1}^{k}\Pi_s[u(\bar{c}_s)+\beta v(\bar{c}_s)]\\&\quad+\sum_{s\in S^+(\bar{c}_k+\varepsilon)}\Pi_s[u(\underline{c}_s)+\beta v(\underline{c}_s)]=\lim_{c_\Delta\downarrow\bar{c}_k}v(c_\Delta)\end{aligned}\tag{21.8.6}$$

情形 b：对于$j\geqslant1$，$\bar{c}_k=\underline{c}_{k+j}$。这里可以推出对于任何消费$c_\Delta\in[\bar{c}_k-\varepsilon,\ \bar{c}_k]$，集合$S^+(c_\Delta)$是常数且$\min\{S^+(c_\Delta)\}=k+j$；而对于任何消费$c_\Delta\in[\bar{c}_k,\bar{c}_k+\varepsilon]$，集合$S^+(c_\Delta)$是常数且$\min\{S^+(c_\Delta)\}=k+j+1$。利用（21.8.3）式以及$\underline{c}_{k+j}=\bar{c}_k$，当$c_\Delta$从下和从上趋近$\bar{c}_k$时，$v(c_\Delta)$的极限值分别等于

$$\begin{aligned}\lim_{c_\Delta\uparrow\bar{c}_k}v(c_\Delta)&=\sum_{s=k}^{k+j-1}\Pi_s[u(\bar{c}_k)+\beta v(\bar{c}_k)]+\sum_{s=l}^{k-1}\Pi_s[u(\bar{c}_s)+\beta v(\bar{c}_s)]\\&\quad+\sum_{s=k+j}^{S}\Pi_s[u(\underline{c}_s)+\beta v(\underline{c}_s)]\\&=\sum_{s=k+1}^{k+j}\Pi_s[u(\bar{c}_k)+\beta v(\bar{c}_k)]+\sum_{s=1}^{k}\Pi_s[u(\bar{c}_s)+\beta v(\bar{c}_s)]\\&\quad+\sum_{s=k+j+1}^{S}\Pi_s[u(\underline{c}_s)+\beta v(\underline{c}_s)]=\lim_{c_\Delta\downarrow\bar{c}_k}v(c_\Delta)\end{aligned}\tag{21.8.7}$$

我们已经说明$v(c_\Delta)$在任何消费区间的上界是连续的，即使状态的划分在那一点发生

改变。类似地，我们证明 $v(c_\Delta)$在任何消费区间的下界也是连续的。利用同样的方法，我们可以证明 $P(v(c_\Delta))$在 c_Δ 处是连续的。

□ 21.8.2 帕累托前沿的可微性

考虑一个消费水平 $c_\Delta \in [\bar{y}_1, \bar{y}_S]$，它严格属于至少一个消费区间。我们可以利用表达式（21.8.4）和表达式（21.8.5），通过对 c_Δ 微分去计算帕累托前沿在 $v(c_\Delta)$ 的微分

$$P'(v(c_\Delta))=\frac{\frac{\mathrm{d}P(v(c_\Delta))}{\mathrm{d}c_\Delta}}{\frac{\mathrm{d}v(c_\Delta)}{\mathrm{d}c_\Delta}}=-\frac{u'(1-c_\Delta)}{u'(c_\Delta)} \tag{21.8.8}$$

可以证明只要集合 $S^o(c_\Delta)$非空，（21.8.8）式就是帕累托前沿的微分。这意味着通过改变 c_Δ 去改变 $S^o(c_\Delta)$，对（21.8.8）式没有影响。这可以由下列两个事实推出。一是微分对 $S^o(c_\Delta)$ 改变的地方的消费水平的左边和右边是一样的；另一个事实是 21.8.1 节已经说明的，即 $v(c_\Delta)$和$P(v(c_\Delta))$对消费水平 c_Δ 都是连续的。当 $S^o(c_\Delta)$在单个点变成空集时，（21.8.8）式的微分存在，因为两个相邻的消费区间共享一个点，例如当 $\bar{c}_k=\underline{c}_{k+1}$时，这意味着 $S^o(\bar{c}_k)=S^o(\underline{c}_{k+1})=\varnothing$。

当两个相邻消费区间不相交时，帕累托前沿不可微。考虑这样一种情形，$c_\Delta \in [\bar{y}_1, \bar{y}_S]$不属于任何消费区间，这意味着集合 $S^o(c_\Delta)$是空集。设 $\bar{y}_k$ 和 $\bar{y}_{k+1}$ 是分别与 c_Δ 的消费区间的左端点和右端点对应的禀赋实现值，即 $\bar{c}_k < c_\Delta < \underline{c}_{k+1}$。根据（21.8.3）式，对于消费水平 $c \in [\bar{c}_k, \underline{c}_{k+1}]$，后续值是常数且等于

$$\hat{v}=\sum_{s\in S^-(c_\Delta)}\Pi_s[u(\bar{c}_s)+\beta v(\bar{c}_s)]+\sum_{s\in S^+(c_\Delta)}\Pi_s[u(\underline{c}_s)+\beta v(\underline{c}_s)] \tag{21.8.9}$$

利用（21.8.8）式，我们可以计算帕累托前沿在 $\hat{v}$ 的左边和右边的微分：

$$\lim_{v\uparrow\hat{v}}P'(v)=\lim_{c\uparrow\bar{c}_k}\frac{\frac{\mathrm{d}P(v(c))}{\mathrm{d}c}}{\frac{\mathrm{d}v(c)}{\mathrm{d}c}}=-\frac{u'(1-\bar{c}_k)}{u'(\bar{c}_k)}$$

$$\lim_{v\downarrow\hat{v}}P'(v)=\lim_{c\downarrow\underline{c}_{k+1}}\frac{\frac{\mathrm{d}P(v(c))}{\mathrm{d}c}}{\frac{\mathrm{d}v(c)}{\mathrm{d}c}}=-\frac{u'(1-\underline{c}_{k+1})}{u'(\underline{c}_{k+1})}$$

既然 $\bar{c}_k<\underline{c}_{k+1}$，由它可以推出

$$\lim_{v\uparrow\hat{v}}P'(v)>\lim_{v\downarrow\hat{v}}P'(v)$$

因此，帕累托前沿在 $\hat{v}$ 处不可微。[①]

---

① 科切拉科塔（1996b）之前假设托马斯和沃勒尔（1988）关于帕累托前沿 $Q_s(\cdot)$可微的论述意味着他的概念不同的前沿 $P(\cdot)$是可微的。克普尔（Koeppl，2003）利用本维尼斯特和沙因克曼的方法建立了一个帕累托前沿 $P(v)$ 可微的充分条件。对于给定的 v 值，充分条件是至少存在一个禀赋实现值，使得任何家庭的参与约束都没有约束力。例如，对于与特定值 v 对应的消费水平 c_Δ，集合 $S^o(c_\Delta)$非空。这个条件是充分的，但不是必要的，因为我们已经看到 $P(v)$ 在 $c_\Delta=\bar{c}_k=\underline{c}_{k+1}$下的情形也是可微的，即使集合 $S^o(c_\Delta)$是空集。

21.9 科切拉科塔后续值

□ 21.9.1 不完美的风险分担的不对称分布是非退化的（当 $S=2$ 时除外）

这里我们假定存在不是自给自足的可持续配置，但是得不到最优结果，即存在不完美的风险分担的可持续配置。科切拉科塔（1996b）指出，后续值收敛到唯一的非退化分布。这里我们证明非对称分布是非退化的说法是正确的，除了两个状态的情形（$S=2$）。

假设 y_t 和 $1-y_t$ 的分布是相同的意味着对所有 $j\in S$ 有

$$\Pi_j=\Pi_{S+1-j} \tag{21.9.1a}$$

$$\bar{y}_j=1-\bar{y}_{S+1-j} \tag{21.9.1b}$$

对称的环境使得 21.4 节的消费区间是对称的，即对所有 $j\in S$ 有

$$\bar{c}_j=1-\underline{c}_{S+1-j} \tag{21.9.1c}$$

第 1 类家庭和第 2 类家庭的后续值也是对称的，即

$$v(c_\Delta)=P(v(1-c_\Delta)) \tag{21.9.1d}$$

正如 21.6.1 节所讨论的那样，最优的可持续配置不存在的条件是 $\bar{c}_{\min}<\underline{c}_{\max}$，通过（21.6.1）式也可以写成

$$\bar{c}_1<\underline{c}_S \quad\Rightarrow\quad \underline{c}_S>0.5 \tag{21.9.2}$$

其中 $\underline{c}_S>0.5$ 由 $\bar{c}_1=1-\underline{c}_S$［由表达式（21.9.1c）得到］推出。与最高禀赋实现值 $\bar{y}_S$ 对应的消费区间$[\underline{c}_S,\bar{c}_S]$ 不能包含随机禀赋的平均值，$\sum_{i=1}^{S}\Pi_i\bar{y}_i=0.5$。否则，肯定存在最优的可持续配置。

为了证明存在后续值的非退化非对称分布，说明一个个体如第 1 类家庭得到最高禀赋时的后续值超过另一个个体如第 2 类家庭得到最低禀赋时的后续值就足够。给定当前的最高禀赋实现值为 $\bar{y}_S$，第 1 类家庭得到以（21.6.4）式表示的遍历性集合中的最高的消费水平 $\underline{c}_S(=\underline{c}_{\max})$。在下期禀赋实现值为 $\bar{y}_i$ 的条件下，第 1 类家庭的下一期的消费 $\hat{c}_i$ 被（21.8.1a）式决定，其中$c_\Delta=\underline{c}_S$。从（21.4.4）式我们知道，对所有 $i\in S$，有 $\underline{c}_S\geqslant\underline{c}_i$，第 1 类家庭的下一期的消费被（21.8.1a）式决定，可以写成

$$\hat{c}_i=\min\{\bar{c}_i,\underline{c}_S\} \tag{21.9.3}$$

给定下一期的消费向量 $\{\hat{c}_i\}_{i=1}^S$，我们可以利用（21.8.3）式去计算第 1 类家庭的当期的后续值：

$$v(\underline{c}_S)=\sum_{i=1}^{S}\Pi_i[u(\hat{c}_i)+\beta v(\hat{c}_i)]$$

接下来，我们感兴趣的是计算第 1 类家庭和第 2 类家庭的后续值的差值：

$$
\begin{aligned}
&v(\underline{c}_S)-P(v(\underline{c}_S))\\
&=\sum_{i=1}^{S}\Pi_i[u(\hat{c}_i)+\beta v(\hat{c}_i)-u(1-\hat{c}_i)-\beta P(v(\hat{c}_i))]\\
&=\sum_{i=1}^{S}\Pi_i[u(\hat{c}_i)+\beta v(\hat{c}_i)-u(1-\hat{c}_{S+1-i})-\beta P(v(\hat{c}_{S+1-i}))]\\
&=\sum_{i=1}^{S}\Pi_i[u(\hat{c}_i)+\beta v(\hat{c}_i)-u(1-\hat{c}_{S+1-i})-\beta v(1-\hat{c}_{S+1-i})] \qquad (21.9.4)
\end{aligned}
$$

其中第二个等式由（21.9.1a）式对称的特性得到；第三个等式由（21.9.1d）式推出。为了使（21.9.4）式严格为正，只需证明对于所有 $i\in S$，

$$\hat{c}_i\geqslant 1-\hat{c}_{S+1-i}$$

或

$$\min\{\bar{c}_i,\underline{c}_S\}\geqslant 1-\min\{\bar{c}_{S+1-i},\underline{c}_S\} \qquad (21.9.5)$$

且至少有一个式子严格不等。证明过程对每一个 $i\in S$ 考虑了四种可能情形。

情形 a： $\bar{c}_i\leqslant\underline{c}_S$ 且 $\bar{c}_{S+1-i}\leqslant\underline{c}_S$。根据（21.9.1c）式 $\bar{c}_{S+1-i}=1-\underline{c}_i$，那么不等式（21.9.5）可以写成

$$\bar{c}_i\geqslant 1-\bar{c}_{S+1-i}=\underline{c}_i$$

既然对于所有 $i\in S$，$\bar{c}_i>\underline{c}_i$，那么上式是正确的，正如 21.4.4 节所示。

情形 b： $\bar{c}_i\leqslant\underline{c}_S$ 且 $\bar{c}_{S+1-i}>\underline{c}_S$。根据（21.9.1c）式 $\bar{c}_i=1-\underline{c}_{S+1-i}$，那么不等式（21.9.5）可以写成

$$\bar{c}_i=1-\underline{c}_{S+1-i}\geqslant 1-\underline{c}_S$$

既然对于所有 $i\neq 1$，$\underline{c}_{S+1-i}<\underline{c}_S$，那么上式是正确的，正如 21.4.2 节所示。

情形 c： $\bar{c}_i>\underline{c}_S$ 且 $\bar{c}_{S+1-i}\leqslant\underline{c}_S$。根据（21.9.1c）式 $\bar{c}_{S+1-i}=1-\underline{c}_i$，那么不等式（21.9.5）可以写成

$$\underline{c}_S\geqslant 1-\bar{c}_{S+1-i}=\underline{c}_i$$

既然对于所有 $i\neq S$，$\underline{c}_S>\underline{c}_i$，那么上式是正确的，正如 21.4.2 节所示。

情形 d： $\bar{c}_i>\underline{c}_S$ 且 $\bar{c}_{S+1-i}>\underline{c}_S$。那么不等式（21.9.5）可以写成

$$\underline{c}_S\geqslant 1-\underline{c}_S$$

既然 $\underline{c}_S>0.5$，那么上式是正确的，正如（21.9.2）式所示。

我们可以得出结论，不等式（21.9.5）严格不等只有在两种情况下不成立。(1) 当 $i=1$ 时且情形 b 成立；(2) 当 $i=S$ 时且情形 c 成立。这可以推出如果存在多于两个的状态，那么（21.9.4）式中的差值严格为正，因此后续值的非对称分布是非退化的。但是当只存在两个状态（$S=2$）时会怎样呢？既然 $\bar{c}_1<\underline{c}_S$[见(21.9.2)式]且 $\bar{c}_S>\underline{c}_S$，可以推出当 $i=1$ 时情形 b 成立和当 $i=S$ 时情形 c 成立。因此，(21.9.4) 式中的差值为 0。因此一个个体得到最高禀赋时的后续值等于另一个个体得到最低禀赋时的后续值。既然在一个只有两种可能的禀赋实现值的经济中不存在其他后续值，则可以推出当 $S=2$ 时，后续值的非对称分布是退化的。

21.10 节一个两个状态的例子说明了我们的发现。后续值非对称的分布是退化的是比较直观的。一方面，计划者希望改变后续值并且避免当期消费很大的变化，否则将需要满足参与约束有约束力的条件。另一方面，不同的后续值假定存在一个“中间”状态。此时可以得到更高的后续值。在我们两个状态的例子中，这个个体或另一个个体的参与约束总是有约束力的，而且非对称的分布仅仅在一个后续值上是退化的。

□ 21.9.2 后续值并不总是对应参与约束有约束力

我们已经说明非对称的分布仅仅在一个后续值上是退化的，显然，在一个两状态经济中，后续值并不总是对应参与约束有约束力。但是即使状态更多，当禀赋相互独立时，后续值并不总是对应参与约束有约束力的结果也会发生。事实上，当两个相邻禀赋实现值 $\bar{y}_k$、$\bar{y}_{k+1}$ 的消费区间不重叠（例如 $\bar{c}_k < \underline{c}_{k+1}$）时，这种结果就会出现。这里讨论它是如何形成的。

既然 $\bar{c}_k < \underline{c}_{k+1}$，从（21.6.4）式可以推出 $\bar{c}_k$ 和 $\underline{c}_{k+1}$ 属于遍历的消费集。而且，（21.4.4）式意味着 $S^o(\bar{c}_k) = S^o(\underline{c}_{k+1}) = \varnothing$，其中 $S^o(\cdot)$ 由（21.8.2a）式定义。利用表达式（21.8.3），我们能计算一个共同的后续值 $v(\bar{c}_k) = v(\underline{c}_{k+1}) = \hat{v}$，其中 $\hat{v}$ 由可由任意 $c_\Delta \in [\bar{c}_k, \underline{c}_{k+1}]$ 评估的表达式（21.8.9）给出。给定唯一的后续值，由它可推出存在这种情形，家庭的后续值不对应参与约束有约束力。

作为一个例子，设当期消费和第 1 类家庭的后续值为 $\bar{c}_k$ 和 $v(\bar{c}_k) = \hat{v}$，且假定家庭下一期的禀赋实现值是 $\bar{y}_{k+1}$。由此可以推出第 1 类家庭的参与约束有约束力，且（21.8.1）式的最优解赋予家庭消费水平 $\underline{c}_{k+1}$ 和后续值 $v(\underline{c}_{k+1})$。这也就是说，通过增加消费 $\underline{c}_{k+1} > \bar{c}_k$，家庭被诱导不进入自给自足状态，但是它的后续值没有改变，$v(\underline{c}_{k+1}) = \hat{v}$。下一步假设第 1 类家庭下一期得到的禀赋是 $\bar{y}_k$。这次第 2 类家庭的参与约束有约束力，且（21.8.1）式的最优解表明第 1 类家庭的消费为 $\bar{c}_k$，后续值为 $v(\bar{c}_k) = \hat{v}$。因此，在改变参与约束的约束力时，仅仅消费水平会随禀赋值调整，而后续值不会调整。

在第 21.11 节，我们利用三个状态的例子详细说明以下观点，即即使后续值处在（21.7.1f）式的后续值的允许域里，一个有约束力的参与约束也不会导致后续值发生改变，因为不存在任何有效的方法去传递一个改变的后续值。后续值不对应参与约束有约束力，可以看成帕累托前沿 $P(\cdot)$ 在区间 $[v_{aut}, v_{\max}]$ 上并不需要总是可微的一个解释。

21.10 两个状态的例子：无记忆性战胜记忆性

在这个例子和下一节的三个状态的例子中，我们利用“后续值”去表示科切拉科塔（1996b）的状态变量，正如前面部分所描述的。① 这也就是说，在时期末，后续值 v 是第 1 类个体的期望效用的承诺值。它在下一期开始时被传递。

假设存在仅仅两个可能的禀赋实现值，$S=2$，且 $\{\bar{y}_1, \bar{y}_2\} = \{1-\bar{y}, \bar{y}\}$，其中 $\bar{y} \in$

① 参考克鲁格和佩里（Krueger and Perri，2003b）对两个状态的例子的另一个分析。

(0.5,1)。每个禀赋实现值的发生概率相等，即$\{\Pi_1,\Pi_2\}=\{0.5,0.5\}$。因此，两种类型的个体面对相同的自给自足的事前福利水平：

$$v_{aut}=\frac{0.5}{1-\beta}[u(\bar{y})+u(1-\bar{y})]。$$

我们将关注不存在最优可持续配置时的参数的值，即$\bar{c}_{\min}<\underline{c}_{\max}$（这里等价于$\bar{c}_1<\underline{c}_2$）。给定两个点$\{\bar{c}_1,\underline{c}_2\}$，一个有效的配置将不对称地进入（21.6.4）式的遍历性的消费集。由于偏好和禀赋的对称性，$\underline{c}_2=1-\bar{c}_1\equiv\bar{c}$，其中我们设$\bar{c}$表示分配给那个参与约束有约束力的个体的消费，$1-\bar{c}$是分配给另外一个个体的消费。

在决定最优值$\{1-\bar{c},\bar{c}\}$之前，我们首先证明任何稳定的配置会给两类个体相同的后续值。设v^+是最后得到高禀赋的消费者的后续值，v^-是最后得到低禀赋的消费者的后续值。v^+的承诺维持约束是

$$v^+=0.5[u(\bar{c})+\beta v^+]+0.5[u(1-\bar{c})+\beta v^-]$$

而v^-的承诺维持约束是

$$v^-=0.5[u(\bar{c})+\beta v^+]+0.5[u(1-\bar{c})+\beta v^-]$$

注意到承诺维持约束使得v^+和v^-相同。因此，存在唯一的稳定后续值$\bar{v}\equiv v^+=v^-$，它与当期禀赋是独立的，正如21.9.1节当$S=2$时的情形。设$v^+=v^-=\bar{v}$，则由上面的两个等式中的任何一个可以得到稳定的后续值

$$\bar{v}=\frac{0.5}{1-\beta}[u(\bar{c})+u(1-\bar{c})] \tag{21.10.1}$$

为了决定两个状态的例子中的最优值$\bar{c}$，我们利用以下两个事实。第一，$\bar{c}$是消费区间$[\underline{c}_2,\bar{c}_2]$的下界；$\bar{c}$是当第1类个体经历最高禀赋$\bar{y}_2=\bar{y}$时得到的消费水平，而且我们想在满足第1类个体的参与约束的情况下最大化第2类个体的福利。第二，$\bar{c}$也属于刻画稳定有效配置的遍历性的集合$\{\bar{c}_1,\underline{c}_2\}$，而且我们知道由（21.10.1）式给出的有效后续值$\bar{v}$对所有个体是相等的。上面的最大值问题可以写成

$$\max_{\bar{c}} u(1-\bar{c})+\beta v^- \tag{21.10.2a}$$

满足

$$u(\bar{c})+\beta\bar{v}[u(\bar{y})+\beta v_{aut}]\geqslant 0 \tag{21.10.2b}$$

其中$\bar{v}$由（21.10.1）式给出。在图21.10.1和图21.10.2中，对于效用函数$(1-\gamma)^{-1}c^{1-\gamma}$和参数值$(\beta,\gamma,\bar{y})=(0.85,1.1,0.6)$，我们用图形说明如何选择$\bar{c}$去最大化（21.10.2a）式且满足（21.10.2b）式。可以证明$\bar{c}=0.536$。图21.10.1表明（21.10.2a）式在区间$[0.5,0.6]$上是$\bar{c}$的减函数。图21.10.2把（21.10.2b）式的左边表示成$\bar{c}$的函数。当表达式是负的时，$\bar{c}$的值是不持续的（例如值小于0.536）。当表达式非负时，$\bar{c}$的值是可持续的。既然得到低禀赋实现值的个体的福利水平在区间$[0.5,0.6]$上是$\bar{c}$的减函数，当表达式（21.10.2b）非负时，最优可持续值$\bar{c}$是最低值。这个$\bar{c}$的值给出与参与约束兼容的最多的风险分担。

□ 21.10.1　帕累托前沿

找出可持续值V的全部集合是有意义的。除了上述与一个稳定的可持续配置相关的

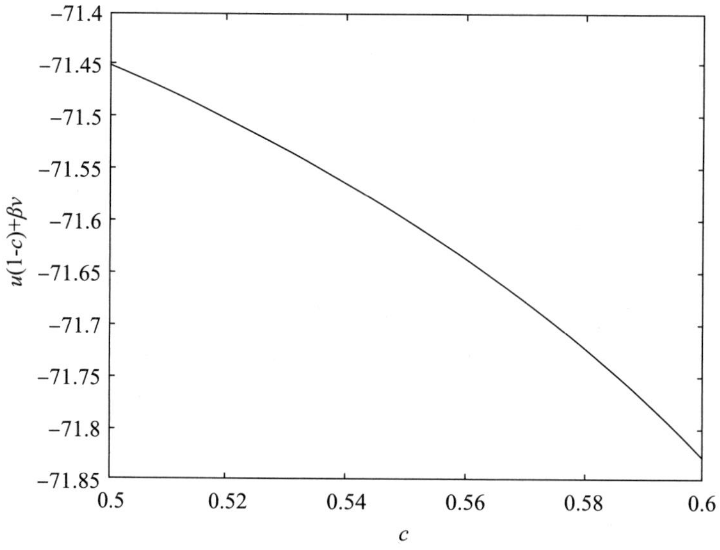

图 21.10.1　作为 $\bar{c}$ 的函数的低禀赋的个体的福利水平

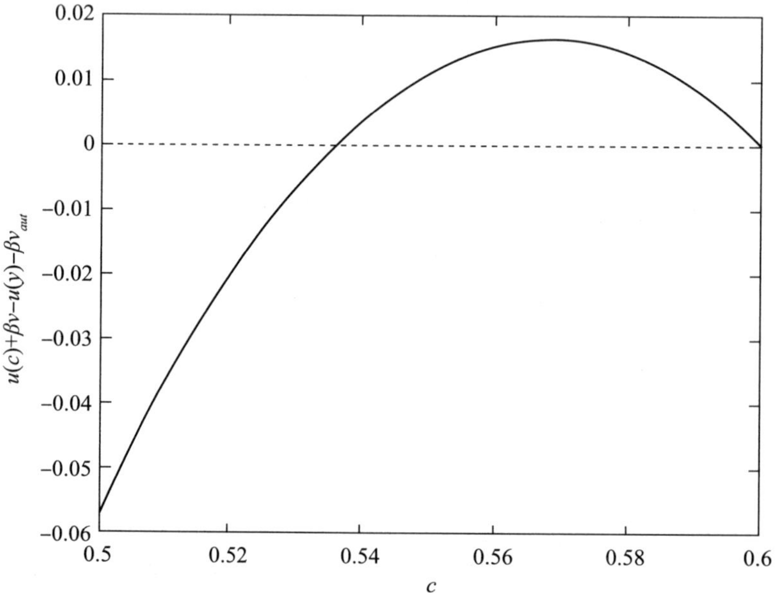

图 21.10.2　$\bar{c}$ 的值满足参与约束，且 $u(\bar{c})+\beta\bar{v}-[u(\bar{y})+\beta v_{aut}]$ 的微分是正的

$\bar{v}$ 以外，其他值可以是持续的，例如通过对已经得到低禀赋实现值的第 1 类个体承诺一个值 $\hat{v}>\bar{v}$。因此，设 $\hat{v}$ 是消费者的承诺值，且假设 c^+ 是分配给高禀赋的消费者的消费，那么两类个体的承诺维持要求

$$\hat{v}=0.5[u(c^+)+\beta\hat{v}]+0.5[u(1-\bar{c})+\beta\bar{v}] \tag{21.10.3a}$$

$$P(\hat{v})=0.5[u(1-c^+)+\beta P(\hat{v})]+0.5[u(\bar{c})+\beta\bar{v}] \tag{21.10.3b}$$

如果第 1 类消费者得到高禀赋，可持续配置要求

$$u(c^+)+\beta\hat{v}\geqslant u(\bar{y})+\beta v_{aut} \tag{21.10.4a}$$

$$u(1-c^{+})+\beta P(\hat{v})\geqslant u(1-\bar{y})+\beta v_{aut} \tag{21.10.4b}$$

如果第 2 类消费者得到高禀赋，赋予其 $\bar{c}$、$\bar{v}$，则自动满足可持续配置要求，因为它们已经被用于构造稳定的可持续值 $\bar{v}$。

让我们求解 $\hat{v}$ 的最高可持续初始值，记为 $v_{\max}$。我们必须求解由承诺维持约束（21.10.3a）、约束（21.10.3b）和当第 2 类个体得到 $1-\bar{y}$ 时取等号的参与约束（21.10.4b）

$$u(1-c^{+})+\beta P(\hat{v})=u(1-\bar{y})+\beta v_{aut} \tag{21.10.5}$$

方程（21.10.3b）和方程（21.10.5）是关于 $(c^{+},P(v_{\max}))$ 的两个方程。求解它们之后，我们可以由方程（21.10.3a）求出 $v_{\max}$。将方程（21.10.5）代入方程（21.10.3b）得到

$$P(v_{\max})=0.5[u(1-\bar{y})+\beta v_{aut}]+0.5[u(\bar{c})+\beta\bar{v}] \tag{21.10.6}$$

但是从稳定配置中高禀赋家庭的参与约束知道 $u(\bar{c})+\beta\bar{v}=u(\bar{y})+\beta v_{aut}$。将这代入（21.10.6）式，重新整理得到

$$P(v_{\max})=v_{aut}$$

因此通过（21.10.5）式知 $c^{+}=\bar{y}$。[①] 在（21.10.3a）式中求出 $v_{\max}$，得到

$$v_{\max}=\frac{1}{2-\beta}[u(\bar{y})+u(1-\bar{c})+\beta\bar{v}] \tag{21.10.7}$$

当我们假设 $v\in(\bar{v},v_{\max})$ 且让 v 从上趋近 $\bar{v}$ 时，我们看看会发生什么。对（21.10.3a）式和（21.10.3b）式做全微分，我们发现

$$\frac{\mathrm{d}P(\hat{v})}{\mathrm{d}\hat{v}}=-\frac{u'(1-c^{+})}{u'(c^{+})}$$

显然，

$$\lim_{v\downarrow\bar{v}}\frac{\mathrm{d}P(v)}{\mathrm{d}v}=-\frac{u'(1-\bar{c})}{u'(\bar{c})}<-1$$

对称地，

$$\lim_{v\uparrow\bar{v}}\frac{\mathrm{d}P(v)}{\mathrm{d}v}=-\frac{u'(\bar{c})}{u'(1-\bar{c})}>-1$$

因此，值函数 $P(v)$ 在 $v=\bar{v}$ 处存在拐点。在 $\bar{v}$ 处，值函数不可微，正如 21.8.2 节当两个相邻消费区间不相交时那样。在 $\bar{v}$ 点，$P'(v)$ 只在区间 $\left[-\frac{u'(1-\bar{c})}{u'(\bar{c})},-\frac{u'(\bar{c})}{u'(1-\bar{c})}\right]$ 的次梯度的意义上存在。图 21.10.3 描绘了 $P(v)$ 的拐点。

□ 21.10.2 解释

回忆一下在（21.4.3）式中我们给出的最优消费过程的特征。在参与约束没有约束

① 根据 21.5 节介绍的一个有效合同的收益的事前分配的一般特征，它可以看成被最初消费水平 $c_{\Delta}\in[\bar{y}_1,\bar{y}_S]$ 决定。注意，在我们两个状态的例子里，目前的计算方法已经正确计算出了区间的上界，$\bar{y}_S=\bar{y}_2\equiv\bar{y}$。

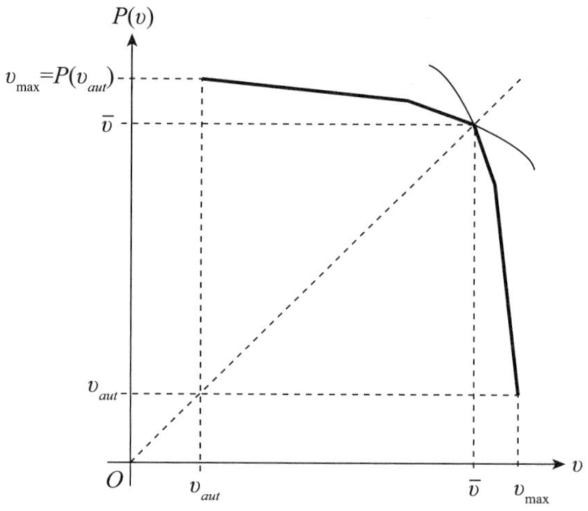

图 21.10.3　在两个状态的例子中，$P(v)$在稳定值 v 处的拐点

力的时期，消费保持不变。因此有效合同表现出记忆性或历史依赖性。当参与约束有约束力时，历史依赖性限制选择消费区间$[\underline{c}_j,\bar{c}_j]$的下界或上界，其中消费区间和其上下界是当期禀赋实现值 $\bar{y}_j$ 的函数。在参与约束有约束力后，历史变为不相关的，因为过去的消费对当期消费没有额外的影响。

在我们两个状态的例子中，存在两个消费区域，$[\underline{c}_1,\bar{c}_1]$和$[\underline{c}_2,\bar{c}_2]$。结果不对称消费分布只有两个点 $\bar{c}_1$ 和 $\underline{c}_2$（或 $1-\bar{c}$ 和 $\bar{c}$）。由此可以推出历史变成不相关的，因为消费被禀赋实现值决定。因此，可以说在这个例子里，“无记忆性战胜记忆性”，而且后续值的不对称分布变成退化的，即只有一个点 $\bar{v}$。①

在接下来的三个状态的例子里，我们进一步探讨后续值的变化或变化的减少。

21.11　一个三个状态的例子

正如两个状态的例子所强调的，有效合同配置的任何变化都要求这样的环境，即当一个家庭的参与约束有约束力时，计划者有空间去增加那个家庭的当前消费和后续值。在两个状态的例子的稳定配置中，由于承诺维持约束，不存在空间去调整后续值。我们现在分析三个状态的例子（$S=3$）。这个环境依然限制计划者控制后续值的能力，但是尽管如此，有时它允许后续值的调整。

因此，考虑 $S=3$ 的环境。我们假定 y_t 和 $1-y_t$ 的分布相同。特别地，我们假设$\{\bar{y}_1,\bar{y}_2,\bar{y}_3\}=\{1-\bar{y},0.5,\bar{y}\}$且$\{\Pi_1,\Pi_2,\Pi_3\}=\{\Pi/2,1-\Pi,\Pi/2\}$，其中 $\bar{y}\in(0.5,1]$且$\Pi\in[0,1]$。给定参数值使得不存在最优可持续配置（即 $\bar{c}_1<\underline{c}_3$），我们将讨论非对称得到的

① 如果我们采用托马斯和沃勒尔的在（21.3.1）式中的递归公式，无记忆性证明自己可以被看成一个时不变的状态向量$[x_1,x_2]$，其中

$$x_1=u(1-\bar{c})-u(1-\bar{y})+\beta[\bar{v}-v_{aut}],\quad x_2=u(\bar{c})-u(\bar{y})+\beta[\bar{v}-v_{aut}]$$

有效配置。根据（21.6.4）式，遍历性的消费集由下式给出：

$$\{[\bar{c}_1,\underline{c}_3]\cap\{\bar{c}_1,\underline{c}_2,\bar{c}_2,\underline{c}_3\}\} \tag{21.11.1}$$

它包含至少两个点（$\bar{c}_1,\underline{c}_3$），也许还有两个增加的点（$\underline{c}_2,\bar{c}_2$）。

当不存在最优可持续配置时，有效稳定配置必须要求第 1 类和第 2 类个体的参与约束分别在状态 3 和状态 1 有约束力。设 $\bar{c}\in[0.5,1]$和 $\overline{w}^+$ 是分配给那个参与约束有约束力的个体的消费值和后续值，因为他的禀赋等于 $\bar{y}$：

$$u(\bar{c})+\beta\overline{w}^+=u(\bar{y})+\beta v_{aut} \tag{21.11.2}$$

在这样的状态，参与约束没有约束力的个体消费 $1-\bar{c}$ 且后续值被指定为 $\overline{w}^-$。由于假设基于偏好和禀赋的对称性，我们有 $\bar{c}=\underline{c}_3=1-\bar{c}_1$。

在状态 2 时，消费配置取决于个体进入一个时期的承诺后续值的差值。对称的环境和仅仅存在三个状态意味着存在一个消费水平 $\hat{c}$，$\hat{c}$ 是最后得到最高禀赋值 $\bar{y}$ 的个体获得的消费。设 $\hat{w}^+$ 是被分配给最后得到禀赋值 $\bar{y}$ 的个体的在状态 2 时的后续值。根据我们早些时候对一个有效配置的刻画，通过赋予得到最高禀赋值 $\bar{y}$ 的个体高的当期消费和更高的后续值，他们被诱导不进入自给自足状态。因此，状态 2 是个体的“回报时间”。他们被承诺一个更高的后续值。显然，$\hat{c}\in[0.5,1]$。在状态 2 时，不是最后得到 $\bar{y}$ 的人被分配消费 $1-\hat{c}$ 和后续值 $\hat{w}^-$。这类人的参与约束在状态 2 时有约束力：

$$u(1-\hat{c})+\beta\hat{w}^-\geqslant u(0.5)+\beta v_{aut} \tag{21.11.3}$$

根据（21.4.3）式的最优消费过程，我们知道 $\hat{c}=\min\{\bar{c},\bar{c}_2\}$。这也就是说，一个有最高禀赋实现值 $\bar{y}$、与此相关的消费水平为 $\bar{c}$ 的人，当他进入状态 2 时（$\hat{c}=\bar{c}$），将保持那种消费水平，除非另一个个体的参与约束变成有约束力的。在后面的情形中，得到最高禀赋实现值的人在状态 2 时被分配消费 $\hat{c}=\bar{c}_2$ 且另一个人的参与约束（21.11.3）将严格取等号。

当有效稳定配置存在四种不同的消费水平$\{1-\bar{c},1-\hat{c},\hat{c},\bar{c}\}$时，也许存在两个不同的后续值：

$$\begin{aligned}\overline{w}^+=\hat{w}^+=&(\Pi/2)[u(\bar{c})+\beta\overline{w}^+]+(1-\Pi)[u(\hat{c})+\beta\hat{w}^+]\\&+(\Pi/2)[u(1-\bar{c})+\beta\overline{w}^-]\end{aligned} \tag{21.11.4a}$$

$$\begin{aligned}\overline{w}^-=\hat{w}^-=&(\Pi/2)[u(\bar{c})+\beta\overline{w}^+]+(1-\Pi)[u(1-\hat{c})+\beta\hat{w}^-]\\&+(\Pi/2)[u(1-\bar{c})+\beta\overline{w}^-]\end{aligned} \tag{21.11.4b}$$

正如（21.11.4a）式右边，$\overline{w}^+$ 和 $\hat{w}^+$ 的表达式是一样的，因此 $\overline{w}^+=\hat{w}^+\equiv w^+$。同理，由（21.11.4b）式知，$\overline{w}^-$ 和 $\hat{w}^-$ 的表达式是一样的，因此 $\overline{w}^-=\hat{w}^-\equiv w^-$。通过（21.11.4）式，我们可以用（$\bar{c}$，$\hat{c}$）表示后续值：

$$\begin{aligned}w^+=&\{(\Pi/2)[1+\beta k\Pi/2][u(\bar{c})+u(1-\bar{c})]+(1-\Pi)[u(\hat{c})\\&+\beta k\Pi u(1-\hat{c})/2]\}\cdot\{[1-\beta(1-\Pi)](1-\beta)k\}^{-1}\end{aligned} \tag{21.11.5a}$$

$$w^-=w^+-\frac{1-\Pi}{1-\beta(1-\Pi)}[u(\hat{c})-u(1-\hat{c})] \tag{21.11.5b}$$

其中 $k=[1-(1-\Pi/2)\beta]^{-1}$。

在这个三个状态的例子里，为了决定最优$\{\bar{c},\hat{c}\}$，关注一个个体得到不同禀赋的状态是有用的，即在状态 3，第 1 类个体得到最高禀赋值 $\bar{y}$ 且被赋予消费水平 $\bar{c}$。我们能发掘下列两个事实。首先，$\bar{c}$ 是消费区间$[\underline{c}_3,\bar{c}_3]$的下界，因此 $\bar{c}$ 是当第 1 类个体经历最高禀赋值 $\bar{y}_3=\bar{y}$ 且我们想在满足第 1 类个体的参与约束的条件下最大化第 2 类个体的福利时被赋予的消费水平。其次，$\bar{c}$ 属于（21.11.1）式描述的稳定有效配置的遍历性的集合，而且我们知道高禀赋的个体的有效后续值是 w^+，而另一个个体的后续值是 w^-。通过引入用$\{\bar{c},\hat{c}\}$表示的后续值的函数（21.11.5），且通过利用决定 $\hat{c}$ 的允许域的参与约束(21.11.2)，上面的最优函数变为

$$\max_{\bar{c},\hat{c}} u(1-\bar{c})+\beta w^- \tag{21.11.6a}$$

满足

$$u(\bar{c})+\beta w^+-[u(\bar{y})+\beta v_{aut}]\geqslant 0 \tag{21.11.6b}$$

$$u(1-\hat{c})+\beta w^--[u(0.5)+\beta v_{aut}]\geqslant 0 \tag{21.11.6c}$$

其中 w^+ 和 w^- 由（21.11.5）式给出。

为了用图形解释一个有效稳定配置是如何从最优问题（21.11.6）计算出来的，我们假设一个效用函数为 $c^{1-\gamma}/(1-\gamma)$ 和参数值 $(\beta,\gamma,\Pi,\bar{y})=(0.7,1.1,0.6,0.7)$。显然，现在我们可以限制消费水平 $\bar{c}\in[0.5,\bar{y}]$ 和 $\hat{c}\in[0.5,\bar{c}]$。图 21.11.1a 和图 21.11.1b 表明集合 $(\bar{c},\hat{c})\in[0.5,\bar{y}]\times[0.5,\bar{c}]$ 分别满足参与约束（21.11.6b）和约束（21.11.6c）。这些集合的交集被图 21.11.2 画出，其中圆圈表示最大化约束（21.11.6a）的有效稳定配置。

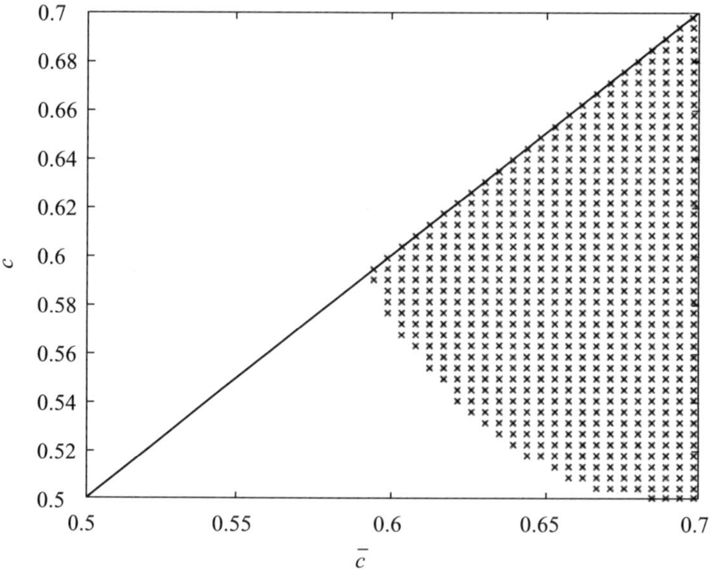

图 21.11.1a　$(\bar{c},\hat{c})$满足 $u(\bar{c})+\beta w^+\geqslant u(\bar{y})+\beta v_{aut}$

□ 21.11.1　参数值的扰动

当保留其他参数值时，对不同的$\Pi\in[0,1]$，我们计算有效稳定配置。作为Π的函

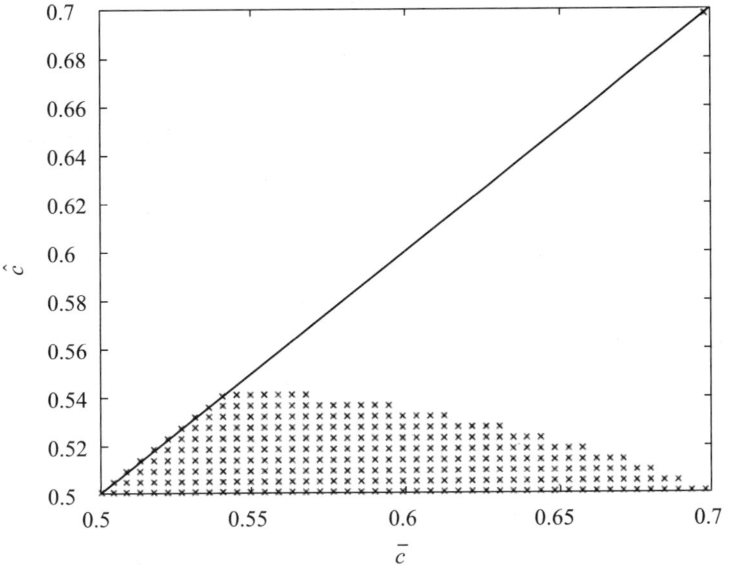

图 21.11.1b　$(\bar{c},\hat{c})$满足 $u(1-\hat{c})+\beta w^{-}\geqslant u(0.5)+\beta v_{aut}$

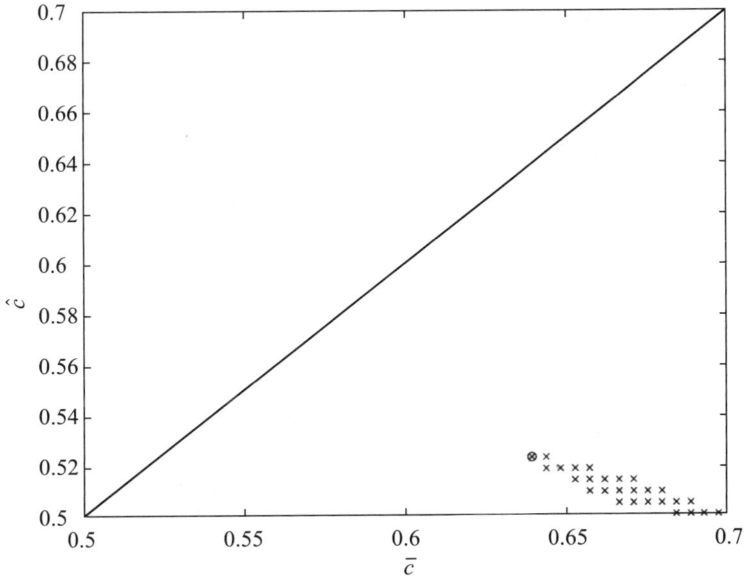

图 21.11.2　$(\bar{c},\hat{c})$ 满足 $u(\bar{c})+\beta w^{+}\geqslant u(\bar{y})+\beta v_{aut}$ 和 $u(1-\hat{c})+\beta w^{-}\geqslant u(0.5)+\beta v_{aut}$。集合中的有效稳定配置用圆圈标出

数，图 21.11.3a 和图 21.11.3b 分别画出消费水平和后续值。对于低的Π值，我们看到个体之间不存在任何风险分担，因此自给自足状态是唯一的可持续配置。解释如下。给定一个低的Π值，一个已经得到高禀赋值 $\bar{y}$ 的个体，在她的禀赋可能降为 $1-\bar{y}$ 的未来状态将很高地折现任何转移的保险值，因为这样一个状态只在一个小概率（等于$\Pi/2$）上发生。因此，要使那个个体放弃当期的一些禀赋，她必须被承诺在未来低禀赋的情形下有一个显著的回报和在状态 2 时有一个正的转移。但是这些承诺很难与参与约束兼容，因为从状态 2 被实现开始，经历任何其他值的概率很小，所有个体都将折现任何保险配置的值。

当经历禀赋实现值的极值的概率被设得足够高时，存在传递风险分担的有效配置。当图 21.11.3a 中的Π值超过 0.4 时，幸运的个体被劝说放弃她的一些禀赋，且她的消费变为 $\bar{c}<\bar{y}$。幸运的个体不仅通过保险值被补偿，即在未来当她得到低的禀赋值 $1-\bar{y}$ 时，她可以获得同样的转移，而且通过在状态 2 时一个更高水平的消费 $\hat{c}>0.5$ 被补偿。① 事实上，在这种情形下，如果消费平滑动机能无阻碍地进行，幸运的个体的消费在不同的状态能相等。但是当进入状态 2 时，不幸运的个体的参与约束阻碍了这个结果。在状态 2 时，当两个个体有相同的禀赋和未来的保险配置的值时，原来不幸运的个体放弃一些她的禀赋必须是激励相容的。注意到在我们的例子中，当Π值大于 0.94 时，原来不幸运的个体的参与约束不再有约束力，因为有效配置表明 $\hat{c}=\bar{c}$。根据托马斯和沃勒尔对最优消费过程的刻画，参数满足 $\bar{c}_2>\underline{c}_3$ 且（21.11.1）式的遍历性的集合由$\{\bar{c}_1,\underline{c}_3\}$或$\{1-\bar{c},\bar{c}\}$给出。

有效配置提高幸运的个体未来状态 2 实现时的消费这个事实，受到图 21.11.3b 的后续值的差距的影响。当$\Pi=1$时，差距仅在极限时消失，因为那时三个状态的例子变成我们前面介绍的两个状态的例子，存在唯一的后续值。但是在三个状态的例子中，计划者能改变后续值，对于什么时候那些后续值可以改变，存在一个重要的限制条件。考虑参数$\Pi\in(0.4,0.94)$，从图 21.11.3a 我们知道 $\hat{c}<\bar{c}$。那个最后经历最高禀赋值 $\bar{y}$ 的个体，在状态 2 时，有效稳定配置的消费为 $\hat{c}$，而且被赋予后续值 w^+。假设现在个体得到最高的禀赋 $\bar{y}$ 且他的参与约束有约束力。为了防止他背离合同而进入自给自足状态，计划者可以提高他的消费水平到$\bar{c}(>\hat{c})$，但是保持他的后续值 w^+ 不变。换句话说，有效稳定配置中的最优消费过程没有给进一步提高后续值留下空间。不变的后续值是帕累托前沿在 $v=w^+$ 点不可微的一个表现。

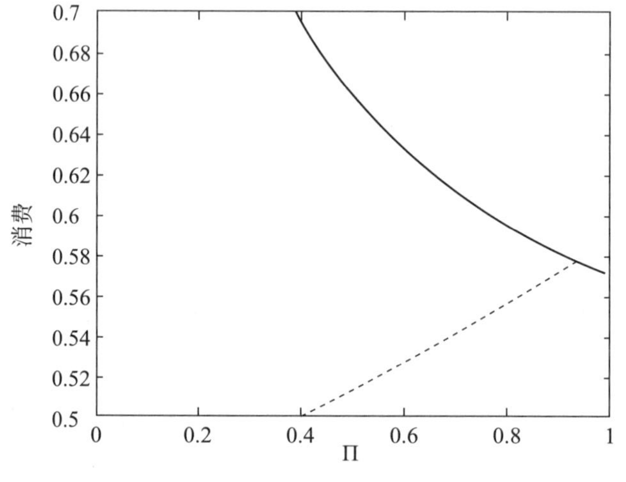

图 21.11.3a　作为Π的函数的消费水平。实线表示 $\bar{c}$，例如在状态 1 和状态 3 时，得到最高禀赋值 $\bar{y}$ 的人的消费。虚线表示 $\hat{c}$，即在状态 2 时，最后得到禀赋值 $\bar{y}$ 的人的消费

① 回忆一下在 21.4.4 节我们建立的结论，如果存在风险分担，所有的消费区间都是非退化的。我们可以利用这个事实去证明，只要参数Π的值超过使得风险分担变得可行的标准值，就可以推出$\hat{c}=\bar{c}_2>\bar{y}_2=0.5$。

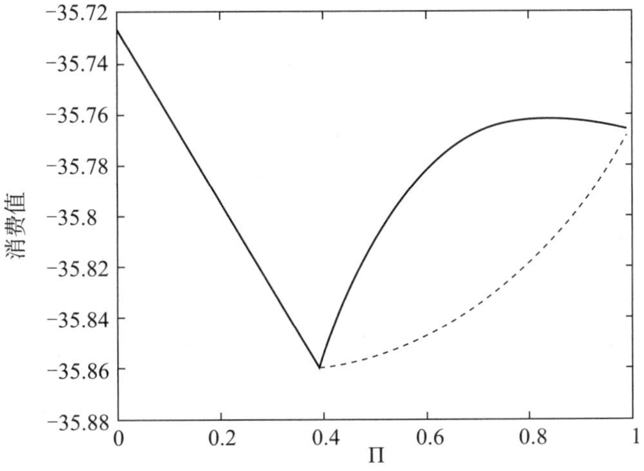

图 21.11.3b　作为Π的函数的后续值。实线表示 w^+，例如最后得到禀赋值 y 的人的后续值。虚线表示另一类人的后续值 w^-

□ 21.11.2　帕累托前沿

正如 21.8 节所描述的，一个有效合同的收益的事前分配可以看成由一个最初的消费水平 $c_\Delta \in [\bar{y}_1, \bar{y}_S]$决定。在我们对称的环境中，关注这个区间的一半就足够，因为另一半区间是那些计算的镜像。让我们对 $c_\Delta \in [0.5, \bar{y}_3] \equiv [0.5, \bar{y}]$计算帕累托前沿。我们假设一个参数使得消费区间$\{[\underline{c}_j, \bar{c}_j]\}_{j=1}^3$是不相交的，例如参数满足 $\hat{c} < \bar{c}$，这与图 21.11.3a 中参数值$\Pi \in (0.4, 0.94)$一致。

首先，我们讨论在区域 $c_\Delta \in [0.5, \hat{c}]$中计算 v 和 $P(v)$ 的公式：

$$v = \frac{\Pi}{2}\{u(1-\bar{c}) + \beta w^-\} + (1-\Pi)\{u(c_\Delta) + \beta v\} + \frac{\Pi}{2}\{u(\bar{c}) + \beta w^+\}$$

$$P(v) = \frac{\Pi}{2}\{u(\bar{c}) + \beta w^+\} + (1-\Pi)\{u(1-c_\Delta) + \beta P(v)\} + \frac{\Pi}{2}\{u(1-\bar{c}) + \beta w^-\}$$

当第 1 类个体被指定一个最初消费水平 $c_\Delta \in [0.5, \hat{c}]$时，对于状态 2 的任何初始的不相关的实现序列，她的消费值都等于 c_Δ 且后续值是 v。而第 2 类个体的消费值为 $1-c_\Delta$，与之联系的后续值是 $P(v)$。但是只要状态 1 或状态 3 第 1 次实现，(21.4.3) 式中的更新原则就意味着经济进入有效稳定配置的遍历性的集合。特殊地，如果状态 1 被实现且第 2 类个体的参与约束变得有约束力，第 1 类个体被赋予消费值 $\bar{c}_1 \equiv 1-\bar{c}$ 和后续值 w^-，而第 2 类个体的消费值为 $1-\bar{c}_1 \equiv \bar{c}$ 且后续值为 $P(w^-) = w^+$。但是如果状态 3 被实现且第 1 类个体的参与约束有约束力，第 1 类个体被赋予的消费值为 $\underline{c}_3 \equiv \bar{c}$ 且后续值为 w^+，而第 2 类个体的消费值为 $1-\underline{c}_3 \equiv 1-\bar{c}$ 且后续值为 $P(w^+) = w^-$。给定初始消费水平 c_Δ，从上面的方程中可以直接求出初始的福利分配$\{v, P(v)\}$。

类似地，我们利用 (21.4.3) 式中的更新原则得到 v 和 $P(v)$在区域$c_\Delta \in [\bar{c}, \bar{y}]$的

公式：

$$v=\frac{\Pi}{2}\{u(1-\bar{c})+\beta w^{-}\}+(1-\Pi)\{u(\hat{c})+\beta w^{+}\}+\frac{\Pi}{2}\{u(c_{\Delta})+\beta v\}$$

$$P(v)=\frac{\Pi}{2}\{u(\bar{c})+\beta w^{+}\}+(1-\Pi)\{u(1-\bar{c})+\beta w^{-}\}$$
$$+\frac{\Pi}{2}\{u(1-c_{\Delta})+\beta P(v)\}$$

考虑剩下的初始消费水平区域 $c_{\Delta}\in(\hat{c},\bar{c})$，我们可以立即证明当在第一对方程中设定 $c_{\Delta}=\hat{c}$，或在第二对方程中设定 $c_{\Delta}=\bar{c}$ 时，上面的方程可以被利用。因此，初始福利分配对初始消费 $c_{\Delta}\in[\hat{c},\bar{c}]$是一样的，且由$\{w^{+},P(w^{+})\}$给出。在图 21.11.4 中，在这个点帕累托前沿变成不可微。

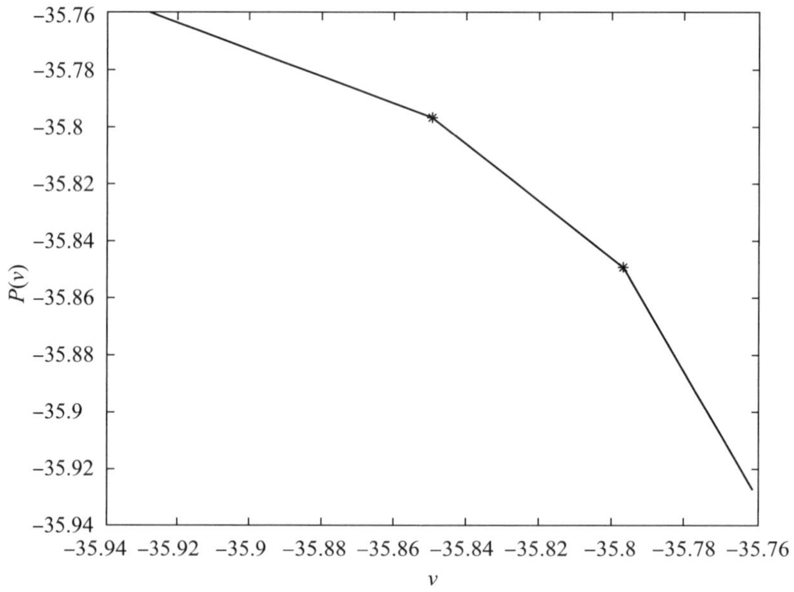

图 21.11.4　三个状态的对称例子的帕累托前沿 $P(v)$。拐点发生在 $(v,P(v))=(w^{-},w^{+})$和$(v,P(v))=(w^{+},w^{-})$

21.12　经验的动机

科切拉科塔对持久的不完美风险分担的情形感兴趣，因为他想利用他的模型去思考梅斯（Mace，1991）、科克伦（1991）和汤森（1994）的小组讨论得到的经验发现。那些研究发现，在以总收入为条件之后，个人消费和收入是正相关的，表现出与我们在第 8 章学过的递归效用的完全市场模型相关的风险分担。只要没有最优配置是可持续的，有时候有约束力的参与约束的行为就会让双边承诺缺失的模型重新生成正的条件方差。在目前的论文中，阿尔巴兰和阿塔纳西奥（Albarran and Attanasio，2003）以及基欧和佩里（2003a，2003b）寻求更多与科切拉科塔模型类似的模型。

21.13 一般化

我们的分析依照托马斯和沃勒尔（1988）采用的方法。我们已经把风险中性的厂商转换成风险厌恶的家庭，正如科切拉科塔（1996b）所建议的。另一个差别是我们的分析是在一个一般均衡环境下，而托马斯和沃勒尔构造了一个局部均衡模型，当最大化期望当前收益时，厂商与一个给定的总利率为β^{-1}的外部信贷市场相联系。然而，既然一个有效合同满足工资不会超过产出，这个差别不是重要的。① 因此，托马斯和沃勒尔（1988）的分析也可以看成一个一般均衡分析。

利根、托马斯和沃勒尔（2003）通过假设禀赋服从马尔可夫过程，进一步一般化这个环境。这考虑了总风险和个体风险的概率以及序列相关。与（21.4.3）式中关于消费的更新原则类似，有效合同由一个关于两个家庭的边际效用的比率的更新原则描述。每一个自然状态与一个特定的允许的边际效用比率的区间联系。给定当前状态和以前时期的边际效用比率，新的比率在与当前状态联系的区间里，因此变化是最小的。也就是说，如果最后一期的比率在当前区间的外面，那么比率必须改变直到等于区间的一个端点，且一个家庭被约束。但是不管怎样，比率总是保持为常数。这与我们在第 8 章完全市场（或完全承诺）的竞争性均衡分析是一致的。表达式（8.5.5）表明这些没有约束的最优配置是那些对所有历史和状态，两个个体的边际效用比率是常数的配置。

21.14 分散化经济

通过在每个家庭的预算集之上强加约束，并且在预算集之下强加标准的家庭预算约束，基欧和莱文（1993）描述了在一个像科切拉科塔的完全竞争的市场的经济里，在时期 0 如何分散化最优配置。令 $q_t^0(h_t)$是在历史 h_t 之后，1 单位时期 t 的消费在阿罗-德布鲁时期 0 的价格。两家庭的预算约束为：

$$\sum_{t=0}^{\infty}\sum_{h_t} q_t^0(h_t)c_t(h_t) \leqslant \sum_{t=0}^{\infty}\sum_{h_t} q_t^0(h_t)y_t \tag{21.14.1a}$$

$$\sum_{t=0}^{\infty}\sum_{h_t} q_t^0(h_t)(1-c_t(h_t)) \leqslant \sum_{t=0}^{\infty}\sum_{h_t} q_t^0(h_t)(1-y_t) \tag{21.14.1b}$$

基欧和莱文在这些标准预算约束中加入计划者的“参与约束”（21.2.1a）和（21.2.1b）。但是现在参与约束被解释成家庭预算集的外生约束，一个对每一个 $t\geqslant 0$ 的每一个历史 h_t

① 托马斯和沃勒尔（1988）的分析中有效工资不超过产出的结果与我们能求解没有增加非负约束的消费的最优问题（21.3.1）有关。参见本章第 5 个脚注。

的每一个消费者的约束。

增加的那些约束条件使得家庭预算集是凸集。它允许所有第二福利定理的假设条件被满足。这意味着一个竞争性均衡使得计划者的最优配置生效。这个竞争性均衡被用标准方式定义，包含最优化和市场出清，但是此时家庭预算集被（21.2.1）式进一步约束。

虽然这种分散化非常成功，但是它与竞争性均衡的实质有冲突。在竞争性均衡中，个体是价格接受者，而且预算约束是个体消费集的唯一的约束条件。对比之下，参与约束（21.2.1a）和（21.2.1b）现在成为个体可能消费集的直接约束条件。部分是由于基欧和莱文分散化的有争议的特点，阿尔瓦雷斯-耶尔曼利用另一种分散化方法，它强加资产组合/偿债能力约束，而且它通过一系列阿罗证券交易来分散化。内生的被决定的偿债能力的约束对个体和状态是具体的，且要求满足参与约束。下一部分我们讨论阿尔瓦雷斯-耶尔曼的分散化方法。

公平地说，这种替代的分散化方法仅仅把一个参与约束集转换成另一个。对这两个集合，我们都与在完全承诺的条件下的分散化均衡有很大的不同。当剔除承诺的假设时，我们是在给“看不见的手”分配一项艰巨的任务，它不仅要寻找市场出清价格，而且对于所有个体和所有状态要检验参与/偿债能力约束。

21.15 内生借入约束

阿尔瓦雷斯和耶尔曼（2000）改变基欧和莱文的分散化模型得到一个完全市场模型。在这个模型里，家庭面临内生借入约束。本质上，他们通过说明如何适当加强阿罗证券（参考第8章）的标准的数量约束来完成参与约束限制的最优配置。他们的发现是寻找足够紧的借入约束使得最高禀赋的个体遵循配置，而仅仅让价格促使低禀赋的个体也跟随配置。

为了简单起见，我们令 $y^i(y)$ 表示当第1类代表性家庭得到禀赋 y 时，第 i 类家庭的禀赋。注意，前面已假设 $[y^1(y),y^2(y)]=(y,1-y)$。这个经济的状态反映当前的禀赋实现值 y 和期初的资产持有数量 $A=(A_1,A_2)$，其中 A_i 是第 i 类家庭的资产持有数量，并且 $A_1+A_2=0$。由于资产加起来为0，利用 A_1 刻画资产分布是足够的。定义经济的状态为 $X=[y \quad A_1]'$。存在单期阿罗证券市场的完备集。特殊地，令 $Q(X'|X)$ 是给定今天的状态 X，在明天的状态 X' 下1单位消费品的价格。一个带有期初资产 a 的第 i 类家庭可以购买和出售这些证券，但是必须满足下列预算约束：

$$c+\sum_{X'}Q(X' \mid X)a(X') \leqslant y^i(y)+a \tag{21.15.1}$$

如果 X' 实现了，那么 $a(X')$ 是家庭购买（如果为正）或出售（如果为负）阿罗证券支付明天1单位消费品的数量，并且也满足下面的借入约束：

$$a(X') \geqslant B^i(X') \tag{21.15.2}$$

注意，对每一个下一期的状态 X' 存在一个约束，且借入约束通过 A' 的存在影响历史依赖性。

在分散化的经济中，家庭的贝尔曼方程为

$$V^i(a,X) = \max_{c,\{a(X')\}_{X'\in X}} \left\{u(c) + \beta\sum_{X'} V^i[a(X'),X']\Pi(X' \mid X)\right\}$$

满足预算约束条件（21.15.1）和借入约束条件（21.15.2）。资产分布 A_1 的均衡转移规律被隐藏在条件分布$\Pi(X'|X)$里。

阿尔瓦雷斯和耶尔曼用标准方法定义一个有借入约束的竞争性均衡。在这些均衡对象中，限制就是借入约束 $B^i(X')$，其自身也是一个家庭认为已给定的随机过程。阿尔瓦雷斯和耶尔曼给出了如何选择借入约束进行配置，使得该配置既解决了计划问题，又是均衡配置。他们通过构造、识别有约束的借入约束的元素来做到这些，在计划问题的一些已经识别了的状态中，一个或另一个个体的参与约束是有约束力的，他们就是要把具有约束力的参与约束从这些状态中识别出来。

对于阿尔瓦雷斯和耶尔曼而言，使用求解计划问题的配置来计算均衡的定价核是很容易的。该定价核满足

$$q(X'|X)=\max_{i=1,2}\beta\frac{u'[c^i(a',X')]}{u'[c^i(a,X)]}\Pi(X'|X) \tag{21.15.3}$$

其中 $c^i(a,X)$是最初资产为 a 的第 i 类家庭的消费决策原则。① 拥有对资产最高估价的人购买它。状态或有证券的购买者是没有约束的，因此他们使得他们的边际替代率等于资产价格。在均衡价格，发行状态或有证券的人想发行更多，但是被他们能出售的总数约束。因此，参与约束（或借入约束）没有约束力的个体的跨期边际替代率决定了该定价核。有约束力的参与约束在早期转换为有约束力的借入约束。t 时期某状态的参与约束限制了针对 $t-1$ 时期状态可发行的状态或有债券的数量。事实上，有约束的和没约束的个体具有自己的“个人利率”，此时他们借入或借出无限多是无差异的。在均衡价格［例如计划问题估计出的影子价格（21.15.3）］处，一个受约束的个体希望今天能消费更多，因此有更高的个人利率。他想出售比他在均衡状态-时间价格被允许出售的更多的状态或有证券。在个体明天有很好的禀赋的一些状态下，他们愿意出售明天消费的状态或有权益。但是那些高禀赋的状态也是他有激励背离合同的状态，必须通过限制他在高禀赋状态所能发行的债券总量去约束他不要背离。这限制他在低禀赋和高禀赋状态平滑消费的能力。因此，当他进入一个高禀赋状态时，他的消费和后续值增加，因为他已经被防止出售足够的权益去平滑他的消费。

从一般均衡的角度看，当状态或有保险的出售者受到数量限制时，价格会被没有约束的购买者哄抬，他们会竞争那些数量更少的证券。这个降低个人阿罗证券收益的趋势解释了阿尔瓦雷斯和耶尔曼的一个结论，即当与相关的完全市场经济对比时利率更低，这是第 18 章学过的比利经济的一个共同的特性。②

阿尔瓦雷斯和杰尔曼研究了当改变折现因子和 y 的随机过程时，状态或有价格

① 对于图 21.10.1 描述的$\beta=0.85$、$\gamma=1.1$ 和 $\bar{y}=0.6$ 的两个状态的例子，我们计算 $\bar{c}=0.536$，这意味着无风险利率是 1.014 6。注意在完全市场，无风险权益为$\beta^{-1}=1.176\ 5$。

② 在练习 21.4 中，我们要求读者在这样的经济中计算配置和利率。

（21.15.3）是如何变动的。他们利用随机折现因子的波动去解释一些资产定价困惑。参考张（Zhang，1979）和卢斯蒂希（Lustig，2000，2003）的进一步的工作。

21.16 结束语

这一章的模型假设如果一个家庭选择背离合同的配置，经济将恢复自给自足配置。当然，分配给每一个人自给自足的后续值会使我们在帕累托前沿里面，因此是无效的。通过维持一个配置，自给自足配置的一个重要特征是分配给被诱导背离的个体（即参与约束有约束力的个体）的后续值。克莱策和赖特（Kletzer and Wright，2000）认识到可以承诺赋予一个被诱导背离的个体一个自给自足的后续值，而赋予那些参与约束没有足够约束力的个体足够的后续值去保留在帕累托前沿是有可能的。在帕累托前沿上的后续值被称为“再交易证明”。

进一步思考在这种设置下，如何对背离的结果建模可能很有成果。通过允许消费者背离合同，然后分担风险，杰尼科和雷（Genicot and Ray，2003）在一个多消费者经济中改良了可持续的观念。

21.17 练习

21.1 双边承诺缺失的拉格朗日方法

考虑双边承诺缺失的科切拉科塔模型。存在两个消费者，每一个消费者的偏好为 $E_0\sum_{t=0}^{\infty}\beta^t u[c_i(t)]$，其中 u 是递增的、二阶可微的和严格凹的，并且 $c_i(t)$ 是消费者 i 的消费。商品是不能储存的，并且消费分配必须满足 $c_1(t)+c_2(t)\leqslant 1$。在时期 t，消费者 1 得到禀赋 $y_t\in[0,1]$，并且消费者 2 得到禀赋 $1-y_t$。假设 y_t 对于时间是独立同分布的，并且为离散分布 $\text{Prob}(y_t=y_s)=\Pi_s$。在每一期开始，在禀赋 y_s 实现之后但在消费发生之前，每一个消费者能随意放弃贷款合同。

a. 在状态 y_s 被揭示之前，对于每一类型的消费者，找出自给自足的期望值的表达式。（注意：这些不一定相等。）

b. 利用拉格朗日方法，构造能找出最优配置的合同设计问题。这个分配对于每一个历史时期满足可行性和两种类型消费者的参与约束。

c. 尽可能完整地利用拉格朗日方法来刻画最优合同的特征。

21.2 迪克西特、格罗斯曼和古尔（Dixit，Grossman and Gul，2000）的模型

对于每个时期 $t\geqslant 0$，两个政党分一个固定大小为 1 的“馅饼”。政党 1 接受一个份额序列 $y=\{y_t\}_{t\geqslant 0}$，且效用函数为 $E\sum_{t=0}^{\infty}\beta^t U(y_t)$，其中 $\beta\in(0,1)$，E 是数学期望算子，并且

$U(\cdot)$ 是严格递增的、严格凹的、二阶可微的效用函数。政党 2 接受份额 $1-y_t$，并且效用函数为 $E\sum_{t=0}^{\infty}\beta^t U(1-y_t)$。状态变量 X_t 由一个马尔可夫过程控制；X 为 K 个状态中的一种。存在一个对状态空间的分割 S_1 和 S_2。如果 $X_t \in S_1$，政党 1 选择分割 y_t 和 $1-y_t$，其中 y_t 是政党 1 的份额。如果 $X_t \in S_2$，政党 2 选择分割。在时间上的每一个点，每一个政党都有权选择“自给自足”，在这种情况下，当它执政时它的份额是 1，而当它不执政时，它的份额是 0。

把最优历史依赖份额原则写成一个递归合同。写出贝尔曼方程。[提示：令 $V[u_0(x), x]$ 是当政党 2 的承诺值为 $u_0(x)$ 时，政党 1 在状态 x 下的最优值。]

21.3 社会保险的两个状态的数值例子

考虑禀赋经济，其中有大量偏好相同的个体：

$$E\sum_{t=0}^{\infty}\beta^t u(c_t) = E\sum_{t=0}^{\infty}\beta^t\left(4c_t - \frac{c_t^2}{2}\right), \beta = 0.8$$

对于禀赋，个体被分成等大小的两种类型。在任意给定的时期，特定类型的所有个体以概率 0.5 接受 0 个商品和以概率 0.5 接受 2 个商品。这两种类型个体的禀赋是完全负相关的，以至于在每一期的人均禀赋总是 1 个商品。

社会计划者配备给所有个体相同的福利权重。在没有引进外界资金或没有借入和借出机会的情况下，社会计划者通过在两类个体之间简单重新配置商品来提供保险。社会保险合同设计受约束于个体行动上的承诺缺失。个体可以自由取消任何社会安排，但是他一旦这样就将永久生活在自给自足状态下。

a. 当计划者无记忆性时计算最优社会保险合同，也就是说，在任何给定期间的转移支付只能是当前禀赋实现的函数。

b. 如果我们允许历史依赖转移，那么 a 中的保险合同能被改善吗?

c. 解释当参数值 β 趋近于 1 时最优合同如何变化；解释当参数值 β 趋近于 0 时最优合同如何变化。

21.4 无风险的基欧-莱文模型

考虑一个经济，经济中两种类型的每个家庭对单一商品的偏好被 $v = \sum_{t=0}^{\infty}\beta^t u(c_t)$ 决定，其中 $u(c) = (1-\gamma)^{-1}(c+b)^{1-\gamma}$ [其中 $\gamma \geqslant 1$，$\beta \in (0,1)$ 且 $b>0$]。对 $\varepsilon>0$ 和 $t \geqslant 0$，在偶数时期时，第 1 类家庭被赋予一个禀赋序列 $y_{1,t}=1+\varepsilon$；在奇数时期时，第 1 类家庭被赋予一个禀赋序列 $y_{1,t}=1-\varepsilon$。第 2 类家庭拥有禀赋序列 $y_{2,t}$，在偶数时期时 $y_{2,t}=1-\varepsilon$，在奇数时期时 $y_{2,t}=1+\varepsilon$。每类有相同数目的家庭。为了方便，你可以假设每类只有一个家庭。假设 $\beta=0.8$，$b=5$，$\gamma=2$ 和 $\varepsilon=0.5$。

a. 计算两种类型的家庭的折现效用 v 的自给自足水平。记为 $v_{aut,h}$ 和 $v_{aut,l}$。

b. 计算竞争性均衡配置和价格。这里假设没有执行问题。

c. 计算竞争性均衡配置的每个家庭的折现效用，用 v_i^{CE} 表示，$i=1,2$。

d. 证明对每个 $t>0$，竞争性均衡配置都不是自我执行的，一些家庭更加偏好自给自足状态。

e. 现在假设存在执行问题，因为在每个时期的一开始，每个家庭都能违背合同和其他社会配置，结果从这一时期开始，他得到自给自足的配置。令 v_i 是消费者 i 在时期 0 的折现效用。构造计划者的消费平滑问题。计划者想在满足 $v_2 \geqslant \bar{v}_2$ 和使配置自我执行的约束条件下最大化 v_1。

f. 寻找具有周期形式的 $c_{1,t} = \check{c}, 2-\check{c}, \check{c}, \cdots$ 和 $c_{2,t} = 2-\check{c}, \check{c}, 2-\check{c}, \cdots$ 的一个有效自我执行的配置，其中两类个体的后续效用在 v_h 和 v_l 之间变动。计算 $\check{c}$。计算在这个时期内得到 $1+\varepsilon$ 的个体的折现效用 v_h 和得到 $1-\varepsilon$ 的个体的折现效用 v_l。

画出三种配置下两类个体的消费路径：(1) 自给自足状态；(2) 没有执行问题的完全市场；(3) 有执行约束的完全市场。画出三种配置下的两类个体的后续效用。请评论它们。

g. 在没有执行约束的完全市场经济中，计算单期总利率。随时间画出图形。在哪种经济中利率最高？请解释。

h. 保持所有参数不变，但是慢慢增加折现因子。当你增加 β 使之趋近于 1 时，计算利率。当 β 取何值时，两种经济的利率相等？当 β 取何值时参与约束有约束力？

21.5　拐点

一个由两个事前相同的消费者组成的纯禀赋经济，每个消费者根据效用函数

$$v = E\sum_{t=0}^{\infty} \beta^t u(c_t),\ \beta \in (0,1)$$

评估一个单一不可储存的消费品，其中 E 是数学期望算子而 $u(\cdot)$ 是严格凹的、递增的、二阶可微的函数。消费者 1 的禀赋序列是相互独立的随机过程，且 $\mathrm{Prob}(y_t=\bar{y})=0.5$ 和 $\mathrm{Prob}(y_t=1-\bar{y})=0.5$，其中 $\bar{y}\in[0.5,1)$。消费者 2 的禀赋序列的分布与消费者 1 的禀赋序列的分布是一样的，但是完全负相关：当消费者 1 得到禀赋 $\bar{y}$ 时，消费者 2 得到禀赋 $1-\bar{y}$。

第Ⅰ部分（完全市场）

在这部分，假设不存在执行（或承诺）问题。

a. 求解这个经济的帕累托问题，赋予两种类型的消费者相同的权重。

b. 说明如何分散化求解一个完全竞争性均衡的帕累托问题的配置。请计算一个单期无风险证券的价格。

第Ⅱ部分（执行问题）

在这部分，假设存在执行问题。特殊地，假设存在双边承诺缺失。

c. 提出一个事前帕累托问题。在这个问题中，在已经观察到当前禀赋之后，但在从帕累托计划者那里得到他的禀赋之前，每个消费者都能自由地背离社会合同而生活在自给自足状态。说明如何计算每类消费者的自给自足值。

d. 如果没有一个家庭能选择背离进入自给自足状态，则称一个配置是可持续的。构造执行约束的递归的帕累托问题。也就是，请写一个程序化问题去计算一个最优可持续配置。

e. 在哪种环境下，你在第一部分发现的配置是 d 中的执行约束帕累托问题的解？也就是，在条件 u、β、$\bar{y}$ 下的状态足以使得执行约束不再有约束力。

一些有用的背景资料：作为对问题的提示，请假设 u、β、$\bar{y}$ 使得第一部分计算得到的配置不是可持续的。无记忆性的特性意味着被配置给参与约束有约束力的个体的消费，

与他进入这个时期的承诺值的事前分布是独立的。由于独立的表示形式、两个状态、对称的禀赋和事前分布，每个时期每个个体的参与约束有约束力的概率相等。在一个对称的可持续的配置中，假设每个个体进入时期时有相同的事前承诺值 v，并且假设 $\bar{c}$ 是被分配给参与约束有约束力的高禀赋的个体的消费值，而 $1-\bar{c}$ 是被分配给参与约束没有约束力的低禀赋的个体的消费值。通过上面的讨论，$\bar{c}$ 与个体进入这个时期的承诺值 v 是相互独立的，这意味着两类个体的当期配置并不取决于他们进入这个时期的承诺值。并且在一个对称的稳定的可持续配置中，两类消费者在进入每个时期时，承诺值都等于 v。

f. 请给出一个对称稳定的可持续配置的承诺值 v 的公式。

g. 利用图形说明如何决定与一个最优稳定对称的配置对应的 v、$\bar{c}$。

h. 在你计算的最优稳定可持续配置中，为什么计划者调整参与约束有约束力的消费者的后续值?

i. 阿尔瓦雷斯和耶尔曼表明，只要发行阿罗证券的约束条件充分强，最优的可持续配置可以通过在一个阿罗证券的完全集中交易来分散化，并且交易价格为

$$q(y'|y)=\max_{i=1,2}\beta\frac{u'(c_{t+1}^{i}(y'))}{u'(c_t^i(y))}0.5$$

其中 $q(y'|y)$是 1 单位明天消费的价格。这个公式通过参与约束没有约束力的个体定价阿罗证券。想购买状态或有证券的个体决定它的价格，因为想出售它的个体受到出售更多的阿罗证券的数量的约束。显然，对于 $y=\bar{y}$ 和 $y=1-\bar{y}$，单期无风险证券的总利率是:

$$R(y)=\frac{1}{\sum_{y'}q(y'\mid y)}$$

对于参数值使得第一部分计算的配置不持续的（因此参与约束有约束力的）情形，请计算无风险利率。它比你在第一部分分析的没有执行问题的完全市场经济的利率更高还是更低?

第22章 最优失业保险

22.1 历史依赖的失业保险

本章在一个足够简单的环境中应用第 20 章、第 21 章和第 23 章讨论的递归合同机制。这样我们可以手算出最优合同。合同通过把一个初始承诺值和一个随机的时期 t 的观察值映射到一个时期 t 的消费配置和一个下一期的后续值中来隐藏历史依赖性。当激励问题来自保险权威部门不能观测失业者寻找工作的努力时，我们利用递归合同去讨论关于提供消费保险的好方法。我们从沙维尔和韦斯（1979）以及霍佩海恩和尼科利尼（1997）的讨论开始，他们关注被雇用后即为终身雇用的单次独立的失业。然后，我们采用王和威廉森（Wang and Williamson，1996）以及赵（2001）的交替的就业和失业期间的设置，在这种设置下，计划者对处于工作中的工人的努力程度只有有限的信息，当工人失业时，计划者不再观察他的搜寻努力。不同期的跨期连接显示了历史依赖性。赵利用她的模型提供了一个可以合理化调整替代失业人员之前工资一部分的失业保险金的方法。

22.2 一个单期模型

本节描述了一个依照沙维尔和韦斯（1979）与霍佩海恩和尼科利尼（1997）的思想构建的最优失业保险金模型。我们将使用霍佩海恩和尼科利尼的技巧来分析一个接近沙维尔和韦斯模型的模型。一个失业工人通过下式来调整消费和搜寻努力的随机过程 $\{c_t, a_t\}_{t=0}^{\infty}$：

$$E\sum_{t=0}^{\infty}\beta^t[u(c_t)-a_t] \tag{22.2.1}$$

其中 $\beta\in(0,1)$ 并且 $u(c)$ 是严格递增、二阶可微和严格凹的函数。还需要满足 $c_t\geqslant 0$ 和 $a_t\geqslant 0$。所有的工作是相同的并且任何一期都支付 $w>0$ 单位消费品工资。失业工人以搜寻努力 a 和概率 $p(a)$ 在下一期期初获得永久工作。一旦一个工人找到一份工作，他就不再受失业保险代理机构的管理。① 进一步，一旦工人被雇用，$a=0$。找到一份工作的概率是 $p(a)$，其中 p 是关于 a 递增、严格凹和二阶可微的，对于 $a_t\geqslant 0$，满足 $p(a)\in[0,1]$ 和 $p(0)=0$。消费品是不能储存的。失业者没有储蓄，不能借出和借入。如果失业工人想跨期、跨状态进行消费平滑，那么就必须通过失业保险代理机构。

□ 22.2.1 自给自足问题

作为一个基准，我们首先研究一下没有使用失业保险的失业工人的状况。因为就业对于工人而言是一个吸收态，我们从这个状态开始向后讨论。令 V^e 是就业工人的期望折现单期效用。一旦工人被雇用，$a=0$，使得他的效用永远为 $u(c)-a=u(w)$。因此，

$$V^e=\frac{u(w)}{1-\beta} \tag{22.2.2}$$

现在令 V^u 是失业工人的期望效用现值，该工人的现期选择 (c,a) 是最优的。贝尔曼方程是

$$V^u=\max_{a\geqslant 0}\{u(0)-a+\beta[p(a)V^e+(1-p(a))V^u]\} \tag{22.2.3}$$

该问题的一阶条件是

$$\beta p'(a)[V^e-V^u]\leqslant 1 \tag{22.2.4}$$

当 $a>0$ 时等式成立。因为这个无限期问题中不存在状态变量，所以存在一个不随时间变化的最优搜寻强度 a 和一个与失业对应的 V^u 值。令 $V_{aut}=V^u$ 表示贝尔曼方程（22.2.3）的解。

方程（22.2.3）和方程（22.2.4）构成了计算 $V^u=V_{aut}$ 的迭代算法的基础。令 V_j^u 是 V_{aut} 的第 j 次迭代结果的估计值。在方程（22.2.4）中使用这个值并解出努力程度 a_j 的估计值。在方程（22.2.3）右侧中使用这个值和 V_j^u 来计算 V_{j+1}^u。迭代至收敛。

□ 22.2.2 带有完全信息的失业保险

作为另外一个基准，我们研究完全信息下的保险提供。保险代理机构能够观察和控

① 这是沙维尔和韦斯的假设，而不是霍佩海恩和尼科利尼的假设。霍佩海恩和尼科利尼允许失业保险代理机构对先前失业的工人征收一个历史依赖的税。既然工人找到工作后不存在激励问题，这个机构对一个已被雇用工人提供一个常数消费水平是最优的，因此失业保险代理机构对先前失业的工人征收一个永久的依赖每期历史的税收。见练习 22.2。

制失业者的消费和搜寻努力。代理机构想要设计一个失业保险合同，它给失业工人期望折现效用 $V>V_{aut}$。计划者想要通过最有效的方式来提供 V 值，也就是说这个方法以 β 为折现因子来最小化折现成本。我们递归地解决最优保险问题。令 $C(V)$ 是给予工人期望折现效用 V 时的期望折现成本。成本函数是严格凸的，因为更高的 V 推出工人更低的边际效用；也就是说，提供给工人额外期望效用的边际成本是递增的，这种成本用消费品来衡量。给定 V，计划者指定第一期的 (c,a) 和承诺后续值 V^u，但要求工人不走运，没有找到工作。(c,a,V^u) 都是 V 的函数，并且满足贝尔曼方程

$$C(V)=\min_{c,a,V^u}\{c+\beta[1-p(a)]C(V^u)\} \tag{22.2.5}$$

其中最小化问题满足承诺维持约束

$$V\leqslant u(c)-a+\beta\{p(a)V^e+[1-p(a)]V^u\} \tag{22.2.6}$$

这里 V^e 由方程（22.2.2）给定，它反映了一个假设：一旦工人被雇用，他将超出失业保险代理机构的控制范围。贝尔曼方程（22.2.5）的右边通过策略函数 $c=c(V)$，$a=a(V)$ 和 $V^u=V^u(V)$ 得到。(22.2.6）式是承诺维持约束，并表明通过 (c,a,V^u) 可以得到 V。令 θ 是约束条件（22.2.6）的乘子。在一个内点解处，关于 c、a 和 V^u 的一阶条件分别是

$$\theta=\frac{1}{u'(c)} \tag{22.2.7a}$$

$$C(V^u)=\theta\left[\frac{1}{\beta p'(a)}-(V^e-V^u)\right] \tag{22.2.7b}$$

$$C'(V^u)=\theta \tag{22.2.7c}$$

包络条件 $C'(V)=\theta$ 和方程（22.2.7c）推出 $C'(V^u)=C'(V)$。C 的凸性推出 $V^u=V$。一直重复应用，$V^u=V$ 使得后续值在整个失业期间保持不变。方程（22.2.7a）决定了 c，方程（22.2.7b）决定了 a，这两个都是承诺值 V 的函数。$V^u=V$ 意味着 c 和 a 在失业期间保持不变。那么，工人的消费与搜寻努力在失业期间是“完全平滑化”的。但是，因为 V 不一定等于 V^e，所以工人的消费在失业和不失业状态之间并不一定被平滑了。

□ 22.2.3 激励问题

保险计划的有效实现要求保险代理机构控制 c 和 a。代理机构简单地通告 c 并且要求工人选择 a 是没有效果的。下面给出解释。代理机构通过做两件事传递一个比自给自足值 V_{aut} 高的 V^u。它提高失业工人的消费 c 和减少他的搜寻努力 a。但是这个搜寻努力比当他失业且被赋予消费水平 c 时他可以选择的搜寻努力高。这可以由方程（22.2.7a）和方程（22.2.7b）以及保险计划是有成本的这个事实推出。保险计划有成本，即 $C(V^u)>0$，这意味着 $[\beta p'(a)]^{-1}>V^e-V^u$。但是看看工人在自给自足时的一阶条件（22.2.4）。它意味着如果搜寻努力 $a>0$，那么 $[\beta p'(a)]^{-1}=V^e-V^u$，这与在社会保险配置下，当 $a>0$ 时，$[\beta p'(a)]^{-1}>V^e-V^u$ 不一致。如果他能自由选择 a，工人想要满足（22.2.4）式，通过只要 $a>0$ 就取等号，或通过设定 $a=0$。从与社会保险计划对应的 a 开始，他通过降低 a，从而降低 $[\beta p'(a)]^{-1}$（当 V^u 的值增加时，这也降低 V^e-V^u），建立理想的取等号的（22.2.4）式。如果能在 a 到达 0 之前建立等式，这将是工人偏爱的搜寻努力；否

则工人将发现他接受保险支付是最优的，即设定 $a=0$，并且不再工作。那么，既然工人不考虑保险计划的成本，他将选择一个低于社会最优值的搜寻努力。因此，有效合同开发了代理机构控制失业工人的消费和他的搜寻努力的能力。

□ 22.2.4　带有信息不对称的失业保险

根据沙维尔和韦斯（1979）与霍佩海恩和尼科利尼（1997）的方法，现在假定，即使失业保险代理机构能够观察到和控制 c，它也不能观察到或执行 a。工人可以自由选择 a，但必须满足表达式（22.2.4）。[①] 给定任何一份合同，个人将通过一阶条件来确定努力程度。这个事实导致保险代理机构设计失业保险合同来遵从这个约束。那么，递归合同设计问题现在是受约束于表达式（22.2.6）和激励约束条件（22.2.4）来最小化方程（22.2.5）。

因为约束（22.2.4）和约束（22.2.6）不是线性的，并且一般没有确定一个凸集，所以很难提供一些条件，使得基于这些动态规划问题的解产生一个凸函数 $C(V)$。正如第20章附录A中所讨论的，可以通过引入彩票凸化约束集来解决这个难题。但是，一般的发现是最优计划不包含彩票，因为约束集凸性是成本函数凸性的充分但不必要条件。根据霍佩海恩和尼科利尼（1997），为了描述最优解的特征，我们假设 $C(V)$ 是严格凸的。

令 η 是约束条件（22.2.4）的乘子，继续用 θ 表示约束条件（22.2.6）的乘子。但是现在我们用等式代替约束（22.2.6）中的弱不等式。失业保险代理机构不能提供一个比 V 高的效用，因为这会违反在早期使用适当搜寻努力的激励相容约束条件。在一个内点解处，关于 c、a 和 V^u 的一阶条件分别是[②]

$$\theta=\frac{1}{u'(c)} \tag{22.2.8a}$$

$$\begin{aligned} C(V^u)&=\theta\left[\frac{1}{\beta p'(a)}-(V^e-V^u)\right]-\eta\frac{p''(a)}{p'(a)}(V^e-V^u) \\ &=-\eta\frac{p''(a)}{p'(a)}(V^e-V^u) \end{aligned} \tag{22.2.8b}$$

$$C'(V^u)=\theta-\eta\frac{p'(a)}{1-p(a)} \tag{22.2.8c}$$

其中，方程（22.2.8b）的第二个等式来自激励约束条件（22.2.4）在 $a>0$ 时取严格等号的结果。只要保险机制有成本 $C(V^u)>0$，一阶条件（22.2.8b）就意味着乘子 η 是严格正的。一阶条件（22.2.8c）和包络条件 $C'(V)=\theta$ 一起可以推出 $C'(V^u)<C'(V)$。C 的凸性推出 $V^u<V$。使用方程（22.2.8a）后，可以推出为了提供给失业工人适当的激励，失业工人的消费必须随失业持续期间变长而递减。从取等号的约束（22.2.4）可以推出，随着 V^u 的下降，搜寻努力 a 升高，即它延长了失业持续期。

福利的期限依赖性被设计去提供搜寻激励。从（22.2.8c）式可以看出这一点，注意消费随失业持续期的延长而下降的结论如何依赖于以下假设：更多搜寻努力提高了找到

---

① 我们假定工人对失业保险配置的最佳回应被一阶条件（22.2.4）完全刻画。这是激励问题的所谓一阶方法的一个实例。

② 如果工人找到工作，霍佩海恩和尼科利尼假设保险代理机构也选择 V^e 为后续值 V。这种方法反映了他们的假设，即代理机构对被雇用的先前失业的工人征税。参见练习 22.2。

工作的可能性，即 $p'(a)>0$。如果 $p'(a)=0$，则（22.2.8c）式和 c 的严格凸性意味着 $V^u=V$。因此，当 $p'(a)=0$ 时，计划者没有理由使消费随着失业持续期的延长而下降。

□ 22.2.5　计算例子

对于霍佩海恩和尼科利尼选择的参数，图 22.2.1 描述了替代率 c/w 是失业持续期的函数。① 这个计划是通过找出和迭代下列最优策略函数计算出来的：

$$V_{t+1}^u=f(V_t^u)$$
$$c_t=g(V_t^u)$$

迭代是从某个初始值 $V_0^u>V_{aut}$ 开始的，其中 V_{aut} 是失业工人的自给自足水平。注意替代率是如何随着持续期的延长而递减的。图 22.2.1 设定 V_0^u 为 16 942，这个数字在霍佩海恩和尼科利尼的参数设定中得到了解释。

我们使用由霍佩海恩和尼科利尼研究过的参数模型来计算这些数字。② 霍佩海恩和尼科利尼选择如下参数化方法和参数值：他们把一周看做一期，从而设定 $\beta=0.999$。他们取效用函数 $u(c)=\frac{c^{1-\sigma}}{1-\sigma}$，并设 $\sigma=0.5$。他们设工资为 $w=100$，并指定道德风险为 $p(a)=1-\exp(-ra)$，其中 r 的选择使得道德风险比率 $p(a^*)=0.1$，其中 a^* 是在自给自足水平下的最优搜寻努力程度。我们同样也使用这些设定计算图 22.2.1 中的数字。

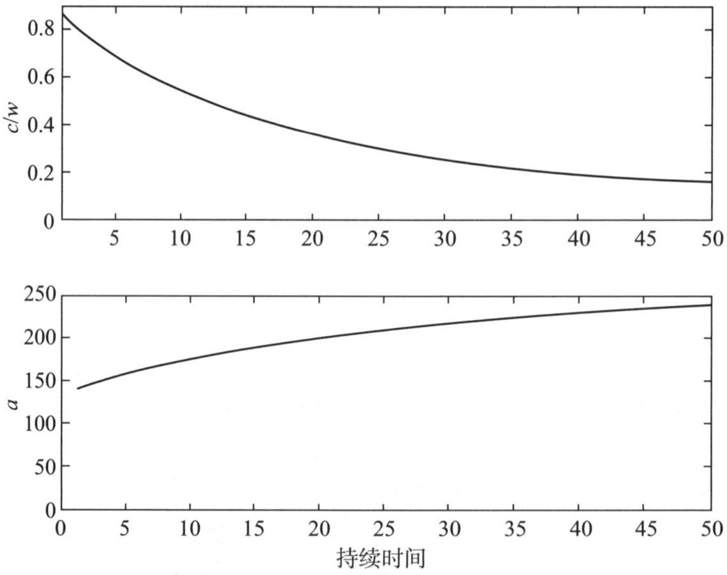

图 22.2.1　上图：在沙维尔和韦斯的模型中，作为失业持续期的函数的替代率 c/w
下图：作为失业持续期的函数的努力 a

① 这个图是用 Matlab 程序 hugo.m、hugo1a.m、hugofoc1.m、valhugo.m 计算出来的。这些程序在 hugo 的子目录中，子目录包括一个自述文件。这些程序是由斯坦福大学经济学 233 班的同学在 1998 年设计出来的，尤其是埃瓦·纳吉帕尔、劳拉·维尔德坎普和魏超（Eva Nogypal，Laura Veldkamp and Chao Wei）做了很大的贡献。

② 在 4.7.3 节，我们描述了一种计算方法：在满足取等号的表达式（22.2.6）和表达式（22.2.4）的约束条件下，将贝尔曼方程（22.2.5）式迭代到收敛。

□ 22.2.6 计算细节

练习 22.1 要求读者通过数值法解出贝尔曼方程。要做到这些，注意后续值 V^u 的集合存在一个自然的下界和上界。下界是自给自足状态的期望终生效用 V_{aut}。为了计算上界，将条件（22.2.4）表示成

$$V^u \geqslant V^e - [\beta p'(a)]^{-1}$$

在 $a>0$ 时，等号成立。如果搜寻努力为 0，那么 $V^u \geqslant V^e - [\beta p'(0)]^{-1}$。因此，为了消除为零的搜寻努力，我们要求

$$V^u < V^e - [\beta p'(0)]^{-1}$$

[记住 $p''(a)<0$。] 这进一步给出了 V^u 的上界。

为了用数值法解出贝尔曼方程，我们建议使用约束条件消去选择变量 c 和 a，从而将贝尔曼方程简化为一个在选择变量 V^u 上的最小化问题。首先将承诺维持约束（22.2.6）表示成 $u(c)=V+a-\beta\{p(a)V^e+[1-p(a)]V^u\}$。那么，消费等于

$$c=u^{-1}(V+a-\beta[p(a)V^e+(1-p(a))V^u]) \tag{22.2.9}$$

类似地，利用不等式（22.2.4）解出 a，使用 $p(a)$ 假定的函数形式，得出

$$a=\max\left\{0,\frac{\log[r\beta(V^e-V^u)]}{r}\right\} \tag{22.2.10}$$

（22.2.9）式和（22.2.10）式将 (c,a) 表示为 V 和后续值 V^u 的函数。通过这些函数，我们可以写出贝尔曼方程为

$$C(V)=\min_{V^u}\{c+\beta[1-p(a)]C(V^u)\} \tag{22.2.11}$$

其中 c 和 a 由方程（22.2.9）和方程（22.2.10）给定。

□ 22.2.7 解释

图 22.2.1 中替代率曲线向下倾斜实质上完全由计划者问题的激励约束导出。我们在前面看到，当没有私人信息时，计划者将在失业状态之间平滑消费，结果使得替代率是不变的。在图 22.2.1 描述的情况中，尤其是在失业的早期，计划者观测不到工人的搜寻努力程度，因此随着失业期的延长，计划者使替代率下降、搜寻努力提高。替代率和搜寻努力表存在“胡萝卜加大棒”的特点：“胡萝卜”发生在一个失业期的早期，具有高补偿和低搜寻努力的特点；“大棒”发生在失业期的后期，具有低补偿和高搜寻努力的特点。当我们在第 23 章、第 24 章和第 25 章研究可信的政府政策时，我们将还会看到这一特点。

当失业持续时间上升时，为了提供给失业工人一个合适的激励，而不是对已经失业很久的不幸的工人进行“惩罚”，计划者提供下降的福利而且要求提高搜寻努力。计划者认为一个已经失业很长时间的工人是不幸的，而不是他做错了什么（例如，没有遵守合同）。事实上，合同的目的是诱导失业工人按照计划者的期望来找工作，那些长时间失业的不幸的人，他们消费的下降和搜寻工作努力的增加，不过是为了获得提供适当的激励

的一般商品所付出的代价。

□ 22.2.8 扩展：一个工作税

霍佩海恩和尼科利尼允许计划者对被雇用后的工人征税，而且他们假设税收取决于失业的持续时间。他们证明了，给予计划者这个额外的工具，实质上降低了在失业期间替代率下降的速度。计划者转而使用了一个更为有效的工具：在工人被雇用后，对他支付一个永久的奖金或开征税收。在高折现因子下，税收或奖金是特别有效的，因为它是持久的。在练习 22.2，我们要求读者对霍佩海恩和尼科利尼的模型建立函数方程。

□ 22.2.9 扩展：间歇的失业期

在霍佩海恩和尼科利尼的模型中，就业是一个吸收态，并且一旦找到工作就不存在激励问题。没有多重失业期。王和威廉森（1996）建立了一个模型，在这个模型中，存在多重失业期，并且也存在一个工作上的激励问题。就如在霍佩海恩和尼科利尼的模型中，搜寻努力影响找到工作的概率。此外，在工作过程中，努力程度影响工作结束和工人再次失业的概率。每一份工作支付相同的工资。在王和威廉森的设置中，合同使得承诺值可以保持追踪失业期与不失业期的持续时间与数目。一个合同跨越了就业和失业。

22.3 终身合同的多期模型

赵瑞（Rui Zhao，2001）建立了一个模型，该模型修改并扩展了王和威廉森模型的特性。在她的模型中，工作的努力程度影响产出也影响工作结束的概率。在赵的模型中，工作随机地结束，周期性地使工人回到失业状态。工作结束的概率直接或间接地取决于工人花在工作上的努力。计划者观察工人的产出和就业状态，而不是他的努力程度，并且想给工人保险。利用递归方法，赵设计一个分配方法。如果失业，分配给工人历史依赖的失业福利；如果被雇用，分配给工人工资。这平衡了计划者给工人保险的愿望，提供了使得工人在工作和搜寻中供给努力的激励。计划者利用历史依赖性使得失业时（或被雇用时）的保险金与部分地告诉计划者关于工人工作时（或失业时）的努力的早期的结果紧紧地联系起来。这些跨期联系使得我们在失业保险金系统中观察到的被赵解释成“替代率”的特性发生。

□ 22.3.1 模型的建立

在赵的模型的一个特例中，存在两个努力水平。其中 $a\in\{a_L,a_H\}$ 是工人的努力程度并且 $\bar{y}_i>\bar{y}_{i-1}$，一个被雇用工人生产 $y_t\in[\bar{y}_1,\cdots,\bar{y}_n]$ 且概率为

$$\text{Prob}(y_t=\bar{y}_i)=p(\bar{y}_i;a)$$

赵假设：

假设 1： $p(\bar{y}_i;a)$ 满足单调似然比特性，$\frac{p(\bar{y}_i;a_H)}{p(\bar{y}_i;a_L)}$随着 $\bar{y}_i$ 的增加而增加。

在每一期结束，工作结束的概率是 π_{eu}。对于离职率 π_{eu}，赵采用两个可替代的假设，允许 π_{eu} 要么取决于当前的产出 y，要么取决于当前的工作努力程度 a。她假设

假设 2：要么 $\pi_{eu}(y)$ 随 y 下降，要么 $\pi_{eu}(a)$ 随 a 下降。

失业工人不生产任何东西，他搜寻工作，满足关于找到工作的概率 $\pi_{ue}(a)$ 的假设条件：

假设 3：$\pi_{ue}(a)$ 随 a 上升。

工人的单期效用函数是 $U(c,a)=u(c)-\phi(a)$，其中 $u(\cdot)$ 是连续可微、严格递增和严格凹的函数，并且 $\phi(a)$ 是连续、严格递增和严格凸的函数。工人按照下式选择随机序列 $\{c_t,a_t\}_{t=0}^{\infty}$：

$$E\sum_{t=0}^{\infty}\beta^t U(c_t,a_t),\ \beta\in(0,1) \tag{22.3.1}$$

我们应该将计划者看做一个与失业保险代理机构联合的厂商联盟。计划者是风险中性的并且能以一个不变的无风险单期总利率 $R=\beta^{-1}$ 借入和借出资金。

假设工人的就业状态为 $s_t\in S=\{e,u\}$，其中 e 表示就业，u 表示失业。工人在时期 t 的产出为

$$z_t=\begin{cases}0, & s_t=u\\ y_t, & s_t=e\end{cases}$$

对于 $t\geqslant 1$，时期 t 的被观察到的信息为 $x_t=(z_{t-1},s_t)$，并且 $x_0=s_0$。在时期 t，计划者观察历史 x^t 而工人观察 (x^t,a^t)。

$x_{t+1}\equiv(z_t,s_{t+1})$ 的转移概率可以表示如下：

$$\pi(x_{t+1}|s_t,a_t)=\pi_z(z_t;s_t,a_t)\pi_s(s_{t+1};z_t,s_t,a_t) \tag{22.3.2}$$

其中 π_z 是产出在状态和行为条件下的产出分布，并且 π_s 在产出、当前就业状态和努力的条件下编码就业状态的转换概率。特别地，赵假设

$$\begin{aligned}\pi_s(u;0,u,a)&=1-\pi_{ue}(a)\\ \pi_s(e;0,u,a)&=\pi_{ue}(a)\\ \pi_s(u;y,e,a)&=\pi_{eu}(y,a)\\ \pi_s(e;y,e,a)&=1-\pi_{eu}(y,a)\end{aligned} \tag{22.3.3}$$

□ 22.3.2 一个递归的终身合同

考虑一个开始时期就业状态为 s 并且承诺值为 v 的工人。对于给定的 (v,s)，令 $w(z,s')$ 是当今天的产出为 z 并且明天的就业状态是 s' 时，下一期的承诺效用（22.3.1）的后续值。在下一期的开始，(z,s') 是被计划者观察到的劳动市场的结果。令 $W=\{W_s\}_{s\in\{u,e\}}$ 是后续值的两个闭集，一个关于 $s=u$，另一个关于 $s=e$。对每一个 (v,s)，一个递归合同具体说明一个今天的被建议的努力水平、一个今天的产出依存消费水平 $c(z)$ 和一个明天将被用来设定 v 的后续值 $w(z,s')$。

对每一个 (v,s)，合同$(a,c(z),w(z,s'))$必须满足

$$\sum_z \pi_z(z;s,a)\left(u(c(z))+\beta\sum_{s'}\pi_s(s';z,s,a)w(z,s')\right)-\phi(a)=v \tag{22.3.4}$$

和

$$\begin{aligned}&\sum_z \pi_z(z;s,a)\left(u(c(z))+\beta\sum_{s'}\pi_s(s';z,s,a)w(z,s')\right)-\phi(a)\geqslant\\&\sum_z \pi_z(z;s,\tilde{a})\left(u(c(z))+\beta\sum_{s'}\pi_s(s';z,s,\tilde{a})w(z,s')\right)-\phi(\tilde{a}),\forall\tilde{a}\end{aligned} \tag{22.3.5}$$

方程（22.3.4）是承诺维持约束，而（22.3.5）式是激励相容或“努力-诱导”约束。另外，一个合同必须满足对所有 z 都有$\underline{c}\leqslant c(z)\leqslant\bar{c}$，并且对于所有 (z,s') 都有$w(z,s')\in W_{s'}$。一个合同是激励相容的，如果它满足激励相容约束（22.3.5）。①

定义： 如果一个递归合同$(a,c(z),w(z,s'))$在状态 s 是激励相容的、传递承诺值 v 并且对于所有(z,s')都有 $w(z,s')\in W_{s'}$，则对于给定的(v,s)它关于 W 是可行的。

令 $C(v,s)$是计划者在就业状态 s 时，传递给工人承诺值 v 的最小成本。我们可以通过下面的两部分最优化过程表示出 $C(v,s)$的贝尔曼方程：

$$\begin{aligned}\Psi(v,s,a)=\min_{c(z),w(z,s')}\Big\{&\sum_z\pi_z(z;s,a)(-z+c(z)\\&+\beta\sum_{s'}\pi_s(s';z,s,a)C(w(z,s'),s'))\Big\}\end{aligned} \tag{22.3.6a}$$

满足约束条件（22.3.4）和条件（22.3.5），并且

$$C(v,s)=\min_{a\in[a_L,a_H]}\Psi(v,s,a) \tag{22.3.6b}$$

函数 $\Psi(v,s,a)$ 假设工人的努力水平为 a。然后，我们假设参数使得 $C(v,s)=\Psi(v,s,a_H)$，所以计划者发现诱导高努力是最优的。把拉格朗日乘子$\lambda(v,s,a)$加到承诺维持约束（22.3.4）上，同时把另一个乘子$\nu(v,s,a)$加到努力-诱导约束（22.3.5）上，构造拉格朗日函数：

$$\begin{aligned}L=\sum_z\pi_z(z;s,a)\Big\{&-z+c(z)+\beta\sum_{s'}\pi_s(s';z,s,a)C(w(z,s'),s')\\&-\lambda(v,s,a)\Big[u(c(z))+\beta\sum_{s'}\pi_s(s';z,s,a)w(z,s'))-\phi(a)-v\Big]\\&-\upsilon(v,s,a)\Big[u(c(z))+\beta\sum_{s'}\pi_s(s';z,s,a)w(z,s')-\phi(a)\\&-\frac{\pi_z(z;s,\tilde{a})}{\pi_z(z;s,a)}\Big(u(c(z))+\beta\sum_{s'}\pi_s(s';z,s,\tilde{a})w(z,s')-\phi(\tilde{a})\Big)\Big]\Big\}\end{aligned}$$

其中 $\tilde{a}\in\{a_L,a_H\}$ 并且 $\tilde{a}\neq a$。关于 $c(z)$ 和 $w(z,s')$ 的一阶条件分别为

$$\frac{1}{u'(c(z))}=\lambda(v,s,a)+\upsilon(v,s,a)\left(1-\frac{\pi_z(z;s,\tilde{a})}{\pi_z(z;s,a)}\right) \tag{22.3.7a}$$

① 我们假设合同是双边承诺缺失的，并且忽略赵强加给合同的参与约束。她要求对于每一个 (z,s')，后续值 $w(z,s')$ 至少是自给自足值 $V_{s',aut}$。

$$C_v(w(z,s'),s')=\lambda(v,s,a)+\upsilon(v,s,a)\left[1-\frac{\pi_z(z;s,\tilde{a})\pi_s(s';s,z,\tilde{a})}{\pi_z(z;s,a)\pi_s(s';z,s,a)}\right] \tag{22.3.7b}$$

包络条件是

$$\Psi_v(v,s,a)=\lambda(v,s,a) \tag{22.3.8a}$$

$$C_v(v,s)=\Psi_v(v,s,a^*) \tag{22.3.8b}$$

其中 a^* 是计划者的 a 的最优选择。

为了推出保险金的动态，赵的策略是在两种情形 $s=u$ 和 $s=e$ 下讨论一阶条件（22.3.7）和包络条件（22.3.8）。

□ 22.3.3 失业时的保险金动态

如果 $s=u$，一阶条件变为

$$\frac{1}{u'(c)}=\lambda(v,u,a) \tag{22.3.9a}$$

$$C_v(w(0,u),u)=\lambda(v,u,a)+\upsilon(v,u,a)\left[1-\frac{1-\pi_{ue}(\tilde{a})}{1-\pi_{ue}(a)}\right] \tag{22.3.9b}$$

$$C_v(w(0,e),e)=\lambda(v,u,a)+\upsilon(v,u,a)\left[1-\frac{\pi_{ue}(\tilde{a})}{\pi_{ue}(a)}\right] \tag{22.3.9c}$$

努力-诱导约束（22.3.5）可以重新整理成

$$\beta(\pi_{ue}(a)-\pi_{ue}(\tilde{a}))(w(0,e)-w(0,u))\geqslant\phi(a)-\phi(\tilde{a})$$

像霍佩海恩和尼科利尼一样，赵描述了保险金和努力如何取决于失业的持续时间：

命题： 为了诱导高的搜寻努力，失业福利必须在整个失业期内下降。

证明： 当搜寻努力比较高时，努力-诱导约束有约束力。由假设 3

$$1-\frac{\pi_{ue}(a_L)}{\pi_{ue}(a_H)}>1>\frac{\pi_{ue}(a_L)}{\pi_{ue}(a_H)}$$

这些不等式和一阶条件（22.3.9）意味着

$$C_v(w(0,e),e)>\Psi_v(v,u,a_H)>C_v(w(0,u),u) \tag{22.3.10}$$

令 $c_u(t)$ 和 $v_u(t)$ 分别是一个失业工人的消费和后续值。方程（22.3.9）和包络条件意味着

$$\frac{1}{u'(c_u(t))}=\Psi_v(v_u(t),u,a_H)>C_v(v_u(t+1),u)=\frac{1}{u'(c_u(t+1))} \tag{22.3.11}$$

u 的凹性意味着 $c_u(t)>c_u(t+1)$。另外，注意到

$$C_v(w(0,u),u)-C_v(v,u)=\upsilon(v,u,a_H)\left(1-\frac{1-\pi_{ue}(a_L)}{1-\pi_{ue}(a_H)}\right) \tag{22.3.12}$$

这可以从一阶条件（22.3.9）和包络条件推出。方程（22.3.12）意味着后续值在失业期内下降。

□ 22.3.4 被雇用时的保险金动态

当工人被雇用时，对每一个承诺值 v，合同具体说明了产出或有消费和后续值$c(y)$、$w(y,s')$。当 $s=e$ 时，一阶条件（22.3.7）变为

$$\frac{1}{u'(c(y))}=\lambda(v,e,a)+\upsilon(v,e,a)\left(1-\frac{p(y;\tilde{a})}{p(y;a)}\right) \tag{22.3.13a}$$

$$C_v(w(y,u),u)=\lambda(v,e,a)+\upsilon(v,e,a)\left(1-\frac{p(y;\tilde{a})}{p(y;a)}\frac{\pi_{eu}(y,\tilde{a})}{\pi_{eu}(y,a)}\right) \tag{22.3.13b}$$

$$C_v(w(y,e),e)=\lambda(v,e,a)+\upsilon(v,e,a)\left(1-\frac{p(y;\tilde{a})}{p(y;a)}\frac{1-\pi_{eu}(y,\tilde{a})}{1-\pi_{eu}(y,a)}\right) \tag{22.3.13c}$$

赵利用这些一阶条件去刻画保险金如何取决于产出：

命题：为了诱导高的工作努力，工资和后续值随当前产出增加。

证明：对任何 $y>\tilde{y}$，令 $d=\dfrac{p(\tilde{y};a_L)}{p(\tilde{y};a_H)}-\dfrac{p(y;a_L)}{p(y;a_H)}$。关于 $p(y;a)$的假设 1 意味着 $d>0$。一阶条件(22.3.13) 意味着

$$\frac{1}{u'(c(y))}-\frac{1}{u'(c(\tilde{y}))}=\upsilon(v,e,a)d>0 \tag{22.3.14a}$$

$$C_v(w(y,u),u)-C_v(w(\tilde{y},u),u)\propto\upsilon(v,e,a)d>0 \tag{22.3.14b}$$

$$C_v(w(y,e),e)-C_v(w(\tilde{y},e),e)\propto\upsilon(v,e,a)d>0 \tag{22.3.14c}$$

u 的凹性和 C 的凸性给出结果。■

在下面的命题中，赵表明了失业期间刚开始的后续值是如何取决于前面就业和失业期间工人的结果的历史的。

命题：如果离职率取决于当前产出，那么工人失去工作后的替代率立即为 100%。如果离职率取决于工作努力程度，那么替代率小于 100%。

证明：如果离职率取决于当前产出，一阶条件（22.3.13）意味着

$$\frac{1}{u'(c(y))}=C_v(w(y,u),u)=C_v(w(y,e),e) \tag{22.3.15}$$

这是因为当离职率取决于当前产出时，$\pi_{eu}(y,\tilde{a})=\pi_{eu}(y,a)$。令 $c_e(t)$ 和$c_u(t)$是时期 t 被雇用的和失业的工人的消费，$v_e(t)$ 和 $v_u(t)$ 是时期 t 被雇用的和失业的工人的承诺值，那么

$$\frac{1}{u'(c_e(t))}=C_v(v_{u,t+1},u)=\frac{1}{c_u(t+1)}$$

其中第一个等式由（22.3.15）式推出，而第二个等式由包络条件推出。如果离职率取决于工作努力程度，那么一阶条件（22.3.13）意味着

$$\frac{1}{u'(c(y))}-C_v(w(y,u),u)=\upsilon(v,e,a)\frac{p(y;a_L)}{p(y;a_H)}\left(\frac{\pi_{eu}(a_L)}{\pi_{eu}(a_H)}-1\right) \tag{22.3.16}$$

假设 2 意味着（22.3.16）式的右边是正的，这意味着

$$\frac{1}{u'(c_e(t))} > C_v(v_u(t+1), u) = \frac{1}{u'(c_u(t+1))}$$ ∎

□ 22.3.5 总结

在赵的模型中，一个工人进入一个终生合同。这个合同要对当前和过去工作以及所有以前的失业期间的产出的历史值做出回应。[①] 她的模型使得失业开始时的保险金直接随着前面工作上获得的保险金变化。她的模型的这个特点提供了一个为什么失业保险系统经常以“替代率”为特色的可能的解释，这个替代率使得那些在先前的工作中有更高工资的工人得到更多的失业保险支付。

22.4 结束语

本章我们讨论的模型把工人和资本市场隔离开来，以至于工人不能在时间或状态之间转移消费，除非通过遵守计划者提供的合同。如果模型中的工人被允许储存或以一个单期总收益率 β^{-1} 发行一个无风险资产，这将从根本上妨碍计划者通过控制工人的后续值提供激励的能力。特别地，在第 20 章最后分析的科尔和科切拉科塔的模型中加入相同的分析，将限制计划者提供保险的能力。在失业保险模型的环境下，这个观点已经在伊万·韦宁（Ivan Werning，2002）和科切拉科塔（2004）的论文中被详细讨论。

帕沃尼和维奥朗特（Pavoni and Violante，2007）实质上扩展了本章所涉及的模型，实证和规范地分析了一系列政府项目，这些项目尝试有效地提供保险、培训以及合适的激励，帮助失业和未受培训的工人再就业。

22.5 练习

22.1 最优失业保险金

a. 设计一个程序来计算自给自足问题的解，并且用它来重新生成霍佩海恩和尼科利尼的标准的 r，如正文所述。

b. 使用你从 a 中得到的参数。对于带有不完全信息的保险设计问题，设计一个程序来计算最优值函数 $C(V)$。选择三种不同的初始值 V，用这个程序来建立霍佩海恩和尼科利尼的表 1 第 4 列，你选择的值应属于集合（V_{aut}，V^e）。

22.2 被雇用后的税收

试求假如允许计划者在工人被雇用后对他们征税，(22.2.5) 式和 (22.2.6) 式应该怎样修改。

---

① 我们已经分析了赵的模型的一个版本。在这个模型中工人被承诺去服从合同。在赵的模型中，她通过每一期都要求工人接受一个外部期权而包含一个执行问题。

22.3 带有不可观测的工资的最优失业保险金

考虑一个拥有下列偏好的失业者：

$$E\sum_{t=0}^{\infty}\beta^t u(c_t)$$

其中$\beta\in(0,1)$是主观折现因子，$c_t\geqslant 0$是t时期的消费，并且效用函数$u(c)$是严格递增、二阶可微和严格凹的。每一期工人按一个在区间$[w_L,w_H]$上均匀分布的工资得到w，其中$0\leqslant w_L<w_H<\infty$。将累积密度函数定义为$F(x)=\text{Prob}\{w\leqslant x\}$，并用$f$表示它的密度，它在区间$[w_L, w_H]$上是常数。在工人已经接受一个工资$w$之后，他每期获得工资$w$。那么他将超出失业保险代理机构的掌握。在失业期间，任何消费平滑都必须通过失业保险代理机构才能达到，因为工人没有资产并且不能借贷。

a. 当工人被给予一个不定期的不随时间变化的失业保险金b时，刻画工人的最优保留工资的特征。

b. 在完全信息下刻画最优失业保险金计划的特征。也就是说，我们假定保险代理机构能够观察和控制失业工人的消费和保留工资。

c. 在信息不对称条件下刻画最优失业保险金计划，其中失业保险代理机构不能观察工资供给，尽管它可以观察和控制失业工人的消费。讨论失业工人消费水平的最优时间特征。

22.4 完全失业保险

一个失业工人根据

$$E\sum_{t=0}^{\infty}\beta^t[u(c_t)-a_t]$$

选择随机的消费过程和搜寻努力$\{c_t,a_t\}_{t=0}^{\infty}$，其中$\beta\in(0,1)$并且$u(c)$是严格递增、二阶可微和严格凹的。$c_t\geqslant 0$，$a_t\geqslant 0$。所有工作是相似的并且每期支付$w>0$单位消费品工资。工人找到工作以后，失业保险代理机构可以每期对被雇用工人征收一个τ比率消费品的税。失业保险代理机构可以使得τ取决于工人的失业历史：找到工作的概率是$p(a)$，其中p是关于a递增的、严格凹的和二阶可微的，满足对于$a\geqslant 0$，$p(a)\in[0,1]$并且$p(0)=0$。消费品是不可储存的。失业工人不能借入或借出资产并且没有任何资产。如果失业工人想平滑消费，他必须通过失业保险代理机构。失业保险代理机构能观察工人的搜寻努力并且能控制他的消费。一个失业工人每期的消费为$w-\tau$。

令V_{aut}是当失业工人没有失业保险时的期望折现效用的值。一个失业保险代理机构想给失业工人保险，并且以最小期望折现成本$C(V)$传递期望折现效用$V>V_{aut}$。保险代理机构也用折现因子β。保险代理机构控制c、a、τ，其中c是失业工人的消费。工人只有在他被雇用后支付τ的税。构造$C(V)$的贝尔曼方程。

22.5 两个努力水平

一个失业保险代理机构想要用最有效的方式为失业工人提供保险。一个失业工人没有收入并且选择一个搜寻强度序列$a_t\in\{0,a\}$去最小化效用函数

$$E_0\sum_{t=0}^{\infty}\beta^t[u(c_t)-a_t],\ \beta\in(0,1) \tag{1}$$

其中$u(c)$是严格递增、严格凹和二阶可微的。存在两个搜寻强度值0和a。在时期$t+1$

开始，找到工作的概率为

$$\pi(a_t)=\begin{cases}\pi(a), & a_t=a\\ \pi(0)<\pi(a), & a_t=0\end{cases} \tag{2}$$

其中我们假设 $a>0$。注意在时期 t 工人发挥搜寻努力，在时期 $t+1$ 可能得到一个工作。一旦工人找到工作，他得到一个固定工资 w，设定 $a=0$ 并且有延续效用 $V_e=\frac{u(w)}{1-\beta}$。消费品不可储存并且工人不能借入也不能借出。失业保险代理机构能以一个不变的单期无风险利率 $R=\beta^{-1}$ 借入和借出资金。失业保险代理机构不能观察工人的努力水平。

子问题 A：

a. 令 V 是（1）的值，即失业保险代理机构在时期开始时已经承诺一个失业工人的值（在他做出搜寻努力决定之前）。令 $C(V)$ 是失业保险代理机构传递承诺值 V 的最小成本。假设失业保险代理机构想要失业工人设定 $a_t=a$（即它想促使工人有高的搜寻努力）。构造$C(V)$的贝尔曼方程，具体说明承诺维持约束和激励约束。（假设没有参与约束：失业工人必须参与。）

b. 说明如果激励约束有约束力，那么失业保险代理机构提供给工人的收益随失业期间的增长而下降。

c. 现在改变假设（2），让 $\pi(a)=\pi(0)$。当失业时间增加时，福利还下降吗？

子问题 B：

d. 现在假设失业保险代理机构可以对已经找到工作的工人征税，使得进入就业期时他的后续效用为$\frac{u(w-\tau)}{1-\beta}$，其中 τ 是取决于失业持续期的税。如上定义 V，构造 $C(V)$ 的贝尔曼方程。

e. 说明 τ 如何与失业持续期对应。

22.6 部分可观测的搜寻努力

考虑下面这个霍佩海恩和尼科利尼的修正模型。一个失业保险代理机构想给无限存活的失业者提供一种保险，以防止他一直不去找工作。在每一个时期，失业者会付出搜寻努力 a，有 $p(a)$ 的概率找到一份工资为 w 的工作。这份工作会从下一期开始，并且失业者不会再一次失业。同时有 $1-p(a)$ 的概率该失业者在下一期依然失业。我们假设 $p(a)$ 是严格递增、二阶可微和严格凹的函数。对于 $a\geqslant 0$，$p(a)\in[0,1]$ 且 $p(0)=0$。这一失业保险代理机构是失业者唯一的消费来源（失业者没有储蓄可用）。消费的效用 $u(c)$ 为二次可微和严格凹函数，同时 $u(0)$为有限值。当工人失业时，效用为 $u(c)-a$，当找到工作时，效用为 $u(w)$。（工作时不需要付出找工作的努力 a。）

失业保险代理机构有一个外生给定的概率 $d\in(0,1)$，能够观测到工人上一期没找到工作时所付出的努力，有 $1-d$ 的概率观测不到工人上一期没找到工作时所付出的努力。

令 V 为这一期还在寻找工作的失业工人的期望折现效用，$C(V)$ 为保险代理机构能够给工人提供效用 V 的最低成本。

a. 列出 $C(V)$ 的贝尔曼方程。

b. 尽可能分析提供给工人的失业保险合同怎样依赖于失业的持续时间和失业保险代理机构观测工人搜寻努力的情况。

第23章 可信的政府政策（Ⅰ）

23.1 引言

基德兰德和普雷斯科特（1977）通过几个例子开始了宏观经济学中时间一致性的现代讨论，在这些例子的经济中，除了政府政策选择时机的假设改变了以外，其他都相同，他们展示了这种不同造成的结果差异。[①] 特别地，他们比较了政府在经济的初期便一劳永逸地确定了它的政策（可能是状态或有的）的时间协议与另一种政府序列选择。因为政府序列选择的结果更糟糕，所以基德兰德和普雷斯科特的例子说明了承诺技术对政府的价值，这种承诺技术就是约束政府不要采用序列选择。

随后关于时间一致性的工作都集中在当政府序列选择时，如何用声誉代替承诺技术。[②] 问题在于是否能够安排关于政府和私人部门期望的约束，使得政府坚持一种期望的行为模式，因为如果政府不如此表现就会得到一个坏的声誉。

博弈论中的“无名氏定理”（*folk theorem*）表明，如果没有未来收益的折现，则最终任何第一期的收益都可由一个声誉均衡支持。本章的一个主要目的正是研究折现如何减少了声誉机制可达到的结果数目。

政府政策的声誉模型的现代形式运用和扩展了动态规划的思想。政府每期都面临选择，选择的结果由第一期的收益和下一期的声誉组成。在理性预期条件下，任何政府希望带入下一期的声誉都是它希望维持的。我们将研究所有政府可能通过声誉达到的值的

---

① 考虑被克雷普斯（Kreps，1990）描述的“性别战”博弈的两种扩展形式，一种是男人先选择，另一种是女人先选择。在这两个不同的博弈中，后向归纳得到了不同的结果。虽然它们有相同的选择集和收益，但它们是不同的博弈。

② 巴罗和戈登（1983a，1983b）是这方面文献的早期贡献者。参考肯尼思·罗戈夫（Kenneth Rogoff，1989）的综述。

集合，而政府愿意保护这些声誉。

本章和下一章将阿布勒、皮尔斯和斯塔凯蒂（以下简称 APS，1986，1990）的工具应用到一类宏观经济模型的声誉均衡中。他们运用了动态规划思想。[①] 他们的工作发现考察对应于均衡策略的后续值的集合要比直接考察均衡策略集方便得多。我们将考察一个类似于查里、基欧和普雷斯科特（1989）与斯托基（1989，1991）的模型，来说明查里和基欧（1990）所谓的可持续的政府政策和斯托基所谓的可信的公共政策。这些关于可持续或可信的政府政策的文献运用了重复博弈文献中的思想，所以它可以被应用在这样一类文章中：单个个体（政府）具有策略性行为，其余的个体的行为则可由“竞争性均衡”加以概括，他们对政府的选择做出非策略性的反应。[②]

□ 23.1.1 不同来源的历史依赖性

可信的政府政策理论是运用特定的历史依赖性，使政策制定者选择的一系列行动具有可信度。这里的可信意味着政策制定者想要去完成政府制定的政策。与之相对，在第 19 章中我们在拉姆齐模型或斯塔克尔伯格领导者模型中运用了另一种来源的历史依赖性。这种历史依赖性来自拉姆齐模型和斯塔克尔伯格领导者模型中私人部门在 t 时期的行动选择受到 0 时期一劳永逸的跨期决策的约束。在这种背景下，历史依赖性体现为拉姆齐计划的制定者在 0 时期必须要确认私人部门对于 t 时期的期望，同时去影响私人部门在 0 时期至 $t-1$ 时期的产出。

在私人个体面临真正的动态决策问题的时候，他们有自己的内生性的状态变量，例如各种形式的实物和人力资本，这两种历史依赖性的来源会影响可信的政府政策。在这种情况下，要解开导致政府政策历史依赖性的经济力量是很微妙的。然而，对于一类特殊的例子，由于私人个体的选择被充分简化，私人个体的决策问题不存在任何自然状态变量，我们可以从政府政策必须可信的要求中分离出历史依赖性的来源。我们在本章中考虑这样一个特殊的类别，是为了明确区分历史依赖性的来源是出于可信度的考虑，并将其与第 19 章的来源区分开来，而第 19 章的来源是出于遵循来自均衡私人部门行为的可持续的动态的需要。我们在第 19 章和本章中分别分离了一种历史依赖性的来源，然后在第 24 章中同时考虑这两种历史依赖性的来源，然后在更复杂的环境中为一个可信的政府政策寻找一个递归表示。

23.2 单期经济

存在一系列连续统的家庭，它们中的每一个选择行动（action）$\xi \in X$。存在一个政府，它选择行动 $y \in Y$。X 和 Y 都是紧集。家庭之间 ξ 的平均水平记为 $x \in X$。当政府的

---

① 本章主要采用斯塔凯蒂（1991）的方法，他把阿布勒、皮尔斯和斯塔凯蒂（1986，1990）的方法扩展到了一类比我们这里更一般的模型中。

② 对可信的政府政策理论的描述可参见 Chari and Kehoe（1990）；Stokey（1989，1991）；Rogoff（1989）；Chari，Kehoe and Prescott（1989）。对阿布勒、皮尔斯和斯塔凯蒂框架的应用，可参见 Chang（1998）；Phelan and Stacchetti（1999）。

行动是 y，家庭的平均水平是 x 时，选择行动 ξ 的某个特定家庭的效用是 $u(\xi,x,y)$。收益函数 $u(\xi,x,y)$ 对于 ξ 和 y 是严格凹和连续可微的。[①]

□ 23.2.1 竞争性均衡

对于给定的水平 y 和 x，代表性家庭面临的问题是 $\max_{\xi\in X}u(\xi,x,y)$。设它的解为函数 $\xi=f(x,y)$。当家庭认为政府的选择是 y，其他家庭的平均水平是 x 时，它的行动是 $\xi=f(x,y)$。因为所有的家庭都是相同的，所以推出 x 的实际水平是 $f(x,y)$。因为平均预期与平均结果一致，所以我们要求 $\xi=x$ 或者 $x=f(x,y)$。这使得代表性个体具有代表性。我们使用以下定义[②]：

定义 1： 若 $x\in X$ 满足 $x=f(x,y)$，则称 x 为竞争性均衡或理性预期均衡。

注意竞争性均衡满足 $u(x,x,y)=\max_{\xi\in X}u(\xi,x,y)$。

对每个 $y\in Y$，用 $x=h(y)$ 表示对应的竞争性均衡。我们采用下面的定义：

定义 2： 竞争性均衡集是 $C=\{(x,y)\mid u(x,x,y)=\max_{\xi\in X}u(\xi,x,y)\}$，或者是等价的 $C=\{(x,y)\mid x=h(y)\}$。

□ 23.2.2 拉姆齐问题

接下来讨论的行动时机是拉姆齐计划的基础。首先，政府选择 $y\in Y$，家庭在知道了政府选择 y 后，它们都以竞争性均衡"响应"。政府用收益函数 $u(x,x,y)$ 来评价政策 $y\in Y$；也就是说政府是仁慈的。

政府在选择 y 的时候，它不得不"预测"经济会如何反应。假设政府正确的预测是经济将以竞争性均衡对 y 做出反应，即 $x=h(y)$。我们使用下列定义：

定义 3： 政府的拉姆齐问题是 $\max_{y\in Y}u[h(y),h(y),y]$，或者是等价的 $\max_{(x,y)\in C}u(x,x,y)$。

定义 4： 达到了拉姆齐问题最大值的政策记为 y^R，称 (y^R,x^R) 为拉姆齐结果或拉姆齐计划，其中令 $x^R=h(y^R)$。

关于拉姆齐问题有两点评论。首先，拉姆齐结果通常会劣于"独裁结果"（dictatorial outcome），后者求解了无限制问题 $\max_{x\in X,y\in Y}u(x,x,y)$，原因在于限制 $(x,y)\in C$ 通常是有约束力的。其次，行动的时机很重要。在拉姆齐问题的表述中有一条假设，即政府先选择，并且坚持自己的选择，无论私人个体随后的选择 $x\in X$ 是什么。

如果政府在家庭选择 $x=x^R$ 之后还有机会重新考虑它的计划，那么通常情况下它会背离设定 y^R，原因在于通常存在 $\alpha\neq y^R$，使得 $u(x^R,x^R,\alpha)>u(x^R,x^R,y^R)$。家庭做出选择 $x=x^R$ 之后，如果政府有机会再次反应，那么它会背离拉姆齐计划，"时间一致性问题"研究的是背离的激励。在这个单期设定中，要满足拉姆齐计划就需要有一个时间协议，它迫使政府先选择。

□ 23.2.3 纳什均衡

考虑另一种时间协议，由于政府在家庭之后选择或同时选择，从而家庭面临着一个

① 稍后给出的离散选择的例子破坏了这些假设条件中的一部分。

② 见第 7 章理性预期均衡的定义。

“预测问题”。给定 x，假设家庭预测政府会选择 y 以求解 $\max_{y\in Y}u(x,x,y)$。我们使用下面的定义：

定义 5：纳什均衡 (x^N,y^N) 满足：

（1）$(x^N,y^N)\in C$。

（2）给定 x^N，$u(x^N,x^N,y^N)=\max_{\eta\in Y}u(x^N,x^N,\eta)$。

条件（1）断言 $x^N=h(y^N)$，或者说经济会对 y^N 做出竞争性均衡的“回应”。因此条件（1）表明给定 (x^N,y^N)，每个单独的家庭都希望设定 $\xi=x^N$，即代表性家庭没有背离 x^N 的激励。条件（2）则断言给定 x^N，政府选择政策 y^N，并且没有激励去背离它。①

我们可以利用条件（2）中问题的解来定义政府的最佳反应函数 $y=H(x)$。纳什均衡的定义可以被视作是 $(x,y)\in C$，满足 $y=H(x)$。

有两个选择时机，它们使得纳什均衡是一个自然的均衡概念。一个是家庭“首先选择”，并预测政府通过设定 $y=H(x)$ 来对总结果 x 做出回应。另一个是政府和所有家庭同时选择，在这种情况下，纳什均衡 (x^N,y^N) 描述了一种环境，其中每个人都有“理性预期”：每个家庭预期总变量将是 (x^N,y^N)，所以它们的反应是让 $x=x^N$；同时，给定政府预期 $x=x^N$，它就会让 $y=y^N$。

我们记 $v^N=u(x^N,x^N,y^N)$ 和 $v^R=u(x^R,x^R,y^R)$。因为纳什均衡中施加了额外的约束，因此结果为

$$v^N=\max_{\{(x,y)\in C;\,y=H(x)\}}u(x,x,y)\leqslant\max_{(x,y)\in C}u(x,x,y)=v^R$$

23.3 纳什和拉姆齐结果

为了阐明这些概念，我们考虑两个例子：完全设定好的经济中的税收模型和具有离散选择集的黑箱模型。

23.3.1 税收例子

存在家庭的连续统，它们中的每一个在闲暇 ℓ、私人消费 c 以及人均政府支出 g 上都有偏好。效用函数是

$$U(\ell,c,g)=\ell+\log(\alpha+c)+\log(\alpha+g),\quad \alpha\in(0,1/2)$$

赋予每个家庭 1 单位时间，家庭可以把它用作闲暇和劳动。生产技术对劳动是线性的，经济中的资源约束是

$$\bar{c}+g=1-\bar{\ell}$$

① 本章中的许多语言借自博弈论，但研究的对象不是博弈，因为我们没有设定正式定义博弈所需要的所有要素。特别地，我们没有设定所有可行选择对所有个体的收益。我们仅仅设定了收益 $u(\xi,x,y)$，其中每个个体选择 ξ 的相同的值。

其中 $\bar{c}$ 和 $\bar{\ell}$ 分别是私人消费和闲暇的平均水平。

仁慈的政府最大化代表性家庭的福利，它会选择 $\ell=0$ 和 $c=g=1/2$。这个“独裁结果”产生的福利是 $W^d=2\log(\alpha+1/2)$。

这里我们集中分析竞争性均衡，其中政府对劳动收入征收税率为 τ 的单一税来为政府支出融资。家庭的预算约束变为 $c=(1-\tau)(1-\ell)$。给定政府政策 (τ,g)，单个家庭对闲暇的最优决策规则是

$$\ell(\tau)=\begin{cases}\dfrac{\alpha}{1-\tau}, & \tau\in[0,1-\alpha]\\ 1, & \tau>1-\alpha\end{cases}$$

因为技术是线性的，并且政府支出以加法形式进入效用函数，所以给定税率 τ，家庭的决策规则 $\ell(\tau)$ 也是个人闲暇的均衡值。施加政府预算平衡 $g=\tau(1-\ell)$，竞争性均衡中代表性家庭的福利为 τ 的函数，并且等于

$$W^c(\tau)=\ell(\tau)+\log\{\alpha+(1-\tau)[1-\ell(\tau)]\}+\log\{\alpha+\tau[1-\ell(\tau)]\}$$

拉姆齐税率和配置由 $\max_\tau W^c(\tau)$ 的解决定。可证明，因为 $\alpha\in(0,0.5)$，拉姆齐计划设定 $\tau<0.5$，这会产生 c、g 和 $1-\ell$ 均为正的一个配置。

纳什均衡中的政府的问题是 $\max_\tau\{\ell+\log[\alpha+(1-\tau)(1-\ell)]+\log[\alpha+\tau(1-\ell)]\}$。如果 $\ell<1$，最优解是 $\tau=0.5$。存在一系列连续统的纳什均衡，以 $\tau\in[1-\alpha,1]$ 为指标，此时个体选择不工作，因而 $c=g=0$。有生产的唯一纳什均衡是 $\tau=1/2$，此时福利水平是 $W^c(1/2)$。这一结论直接来自下述事实：对任意的 $\ell<1$，政府的最佳反应是 $\tau=1/2$。这些结果在图 23.3.1 中用数值方法展示出来了。这里的时间不一致性问题在于政府重新设定税率 τ 的激励，也就是在家庭设定了劳动供给之后，它可以再选择。

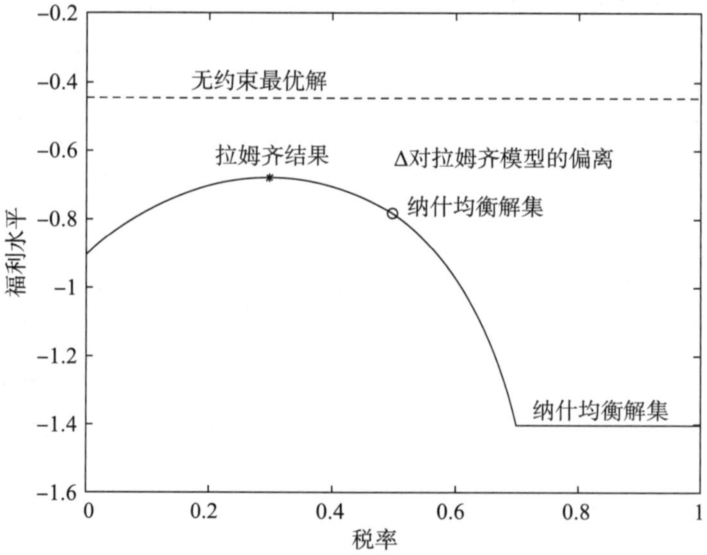

图 23.3.1　税收例子中的福利结果。实线描述了与竞争性均衡集有关的福利 $W^c(\tau)$。纳什均衡集是实线的水平部分以及 $\tau=1/2$ 处的均衡。拉姆齐结果由星号标出。“时间不一致问题”用三角形表示，它表示家庭选择了拉姆齐劳动供给之后，政府可以重新设定 τ。虚线描述了无约束最优解的福利水平 W^d。这个图设定 $\alpha=0.3$

可以下面的方式把之前小节中一般设定下的对象映射到现在的税收例子中：$\xi=\ell$，$x=\bar{\ell}$，$X=[0,1]$，$y=\tau$，$Y=[0,1]$，$u(\xi,x,y)=\xi+\log[\alpha+(1-y)(1-\xi)]+\log[\alpha+y(1-x)]$，$f(x,y)=\ell(y)$，$h(y)=\ell(y)$，并且若 $x<1$，$H(x)=1/2$，若 $x=1$，$H(x)\in[0,1]$。

□ 23.3.2　具有离散选择集的黑箱例子

考虑一个黑箱例子，其中 $X=\{x_L,x_H\}$，$Y=\{y_L,y_H\}$，假定 $u(x,x,y)$ 的值由表 23.3.1 给出。假定 $u(\xi,x,y)$ 在 $\xi\neq x$ 时的值，使得对 $\xi=x$ 的标有星号的值是竞争性均衡。特别地，我们假定

$u(\xi,x_i,y_i)=0$　（当 $\xi\neq x_i$ 且 $i=j$ 时）

$u(\xi,x_i,y_i)=20$　（当 $\xi\neq x_i$ 且 $i\neq j$ 时）

这些收益推出 $u(x_L,x_L,y_L)>u(x_H,x_L,y_L)$（即 $3>0$）；$u(x_H,x_H,y_H)>u(x_L,x_H,y_H)$（即 $10>0$）。因此，(x_L,x_L,y_L)和(x_H,x_H,y_H)都是竞争性均衡。同样地，$u(x_H,x_H,y_L)<u(x_L,x_H,y_L)$（即 $12<20$），所以独裁结果不是竞争性均衡。

表 23.3.1　单期收益 $u(x_i,x_i,y_j)$

	x_L	x_H
y_L	3^*	12
y_H	1	10^*

注：* 表示$(x,y)\in C$。拉姆齐结果是(x_H,y_H)，纳什均衡结果是(x_L,y_L)。

在这个例子中，图 23.3.2 显示了支持拉姆齐结果的选择时机。政府首先选择，然后离开。拉姆齐结果(x_H,y_H)是产生 $u(x,x,y)$最大值的竞争性均衡。

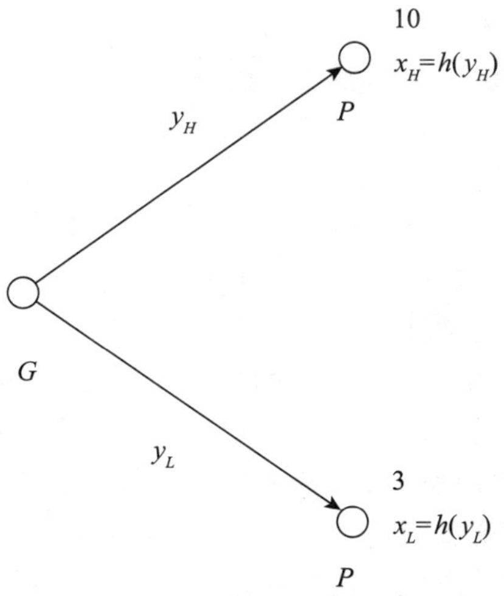

图 23.3.2　支持拉姆齐结果的选择时机。这里的 P 和 G 分别表示公众和政府的选择点。政府有一项承诺技术，使它“首先选择”。政府选择最大化 $u[h(y),h(y),y]$ 的 $y\in Y$，其中函数 $x=h(y)$ 把政府的行动映射到 x 的均衡值上

图 23.3.3 描绘的是支持纳什均衡的选择时机。回忆定义，每一个纳什均衡结果都是竞争性均衡结果。我们用星号标出竞争性均衡 (x, y)。政府部门在知道私人部门已经设定 x 之后选择，并选择 y 以最大化 $u(x, x, y)$。对这种时机，如果私人部门选择了 $x=x_H$，那么政府就有激励选择 $y=y_L$，y 的这种设定不支持 x_H 成为纳什均衡。唯一的纳什均衡是 (x_L, y_L)，它产生的效用 $u(x, x, y)$ 比竞争性均衡 (x_H, y_H) 的低。

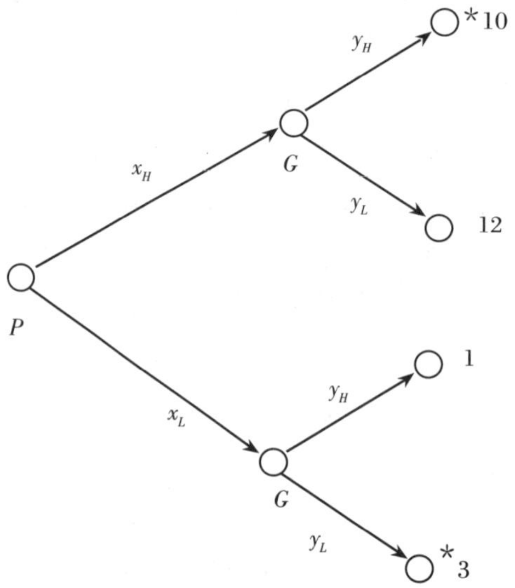

图 23.3.3　纳什均衡的行动时机，其中私人部门先行动。这里的 G 表示政府的选择点，P 表示公众的选择点。私人部门在知道政府的设定 $y \in Y$ 之前设定 $x \in X$。竞争性均衡对 (x, y) 由星号标出。唯一的纳什均衡是 (x_L, y_L)

23.4　声誉机制：一般的观点

在有限次重复的经济中，显然政府会在最后一期采取机会主义行为，这意味着最后一期不能支持比纳什结果更好的结果。在具有唯一纳什均衡的有限期经济中，在任何较早的时期，我们不可能维持比纳什均衡结果更好的结果。[①]

我们希望研究政府可以维持拉姆齐结果的情形。因此，我们研究重复无限次的经济。这里关于具有历史依赖性的期望的系统的解释是，政府声誉可用于维持比纳什结果更好的结果。我们设定各种条件以使得政府希望实现某种声誉，这样它就不会屈服于机会主义行为的诱惑。如果一个声誉总使政府有兴趣去维持它，则称它是可持续的。

一个能编码“声誉”的状态变量的特殊性在于，它既是“向后看的”又是“向前看

① 如果存在多重纳什均衡，则有时候在一个有限期的经济中维持一个优于纳什均衡的结果一段时间是有可能的。参见练习 23.1，其中使用了 Benoit and Krishna (1985) 的思想。

的”。它的向后看的行为在于它对历史行为的处理。它的向前看的行为在于它的值描绘了私人个体期望政府来做些什么。我们马上研究 APS 的精巧模型，它展示了声誉变量的这些方面，使我们认识到理想的声誉状态变量是一个“承诺值”。

□ 23.4.1 动态规划平方

政府的可持续声誉意味着：(a) 公众有理性预期同时愿意去相信；(b) 政府想要维持这一声誉。APS（1986，1990）并不是找出所有可能的可持续声誉，而是利用动态规划来刻画与可持续声誉相联系的政府的所有的值。本节简要介绍他们的思想，后面各节将补充许多细节。

我们首先定义一些概念。策略组合（strategy profile）是指一对计划，它们分别属于私人部门和政府，计划对中 t 时刻的成分将经济中观察到的历史映射为当期的结果（x，y）。子博弈完美均衡（SPE）是一个策略组合，它在每一期给出一个竞争性均衡（x_t，y_t），对每一个 $t\geqslant 1$ 和经济中每一个可能的历史，政府都希望实现 y_t。

为了刻画 SPE，APS 的方法是构造一个贝尔曼方程，此方程描述了具有某策略组合的政府的价值，并表达了政府希望实现私人部门关于 y 的信念的想法。对每一个 $t\geqslant 1$，政府的策略指导它选择第一期的行动 $y\in Y$，由于它是公众所预期到的，从而决定了一个相关的第一期的竞争性均衡 $(x,y)\in C$。进一步地，策略也意味着政府在下一期期初的两种后续值。如果政府在第一期的选择是 y，则后续值为 v_1；无论政府由于何种原因偏离期望的第一期选择 y，后续值都为 v_2。与政府的策略相关的当前值 v 遵循的贝尔曼方程为：

$$v=(1-\delta)u(x,x,y)+\delta v_1 \tag{23.4.1a}$$

$\delta\in(0,1)$ 为折现因子，其中 $(x,y)\in C$，v_1 是实现了私人部门期望的后续值，并且（y，v_1）被要求满足如下激励约束：

$$v\geqslant(1-\delta)u(x,x,\eta)+\delta v_2,\quad \forall\,\eta\in Y \tag{23.4.1b}$$

或等价地，

$$v\geqslant(1-\delta)u[x,x,H(x)]+\delta v_2$$

其中 $H(x)=\text{argmax}_y u(x,x,y)$ 是政府针对 x 的机会主义的单期最佳政策。v_2 是政府在这一期没有实现私人部门的期望 $\eta=y$ 时政府获得的后续值。因为对于任何偏离 y 的结果，它获得相同的后续值 v_2，政府将选择最有益的行动，即设定 $\eta=H(x)$。

(23.4.1) 式是贝尔曼方程，它将一对后续值（v_1,v_2）映射到值 v 和第一期的结果 (x,y) 上。图 23.4.1 描述了该映射在税收例子中无限重复的情形。给定一对值（v_1,v_2），实线描述了方程（23.4.1a）中的 v，虚线描述了激励约束（23.4.1b）的右边。实线在虚线之上的区域确定了税率和竞争性均衡，它们在给定后续值（v_1,v_2）下是满足 (23.4.1b) 式的。正如我们看到的，对于我们已经选择的（v_1,v_2）而言，当 $\delta=0.8$ 时，低于 18%的税率是不可持续的。

APS 的方法是对贝尔曼方程（23.4.1）定义的映射进行迭代，从而可计算出均衡值集。记 W 为备选的后续值集合，当我们改变 $(v_1,v_2)\in W\times W$ 时，该贝尔曼方程映射出一个价值集，记为 $v \in B(W)$。因此，贝尔曼方程将后续值集 W［由此我们可获得一对后续值 $(v_1, v_2) \in W \times W$］映射为当前价值集 $v \in B(W)$。为使之符合 SPE 值，我们要求 $W \subset B(W)$，即来自 W 的后续值本身必须是可以由来自相同集合 W 的后续值支持的价值。APS 解释 $W = B(W)$ 的最大集合是所有 SPE 值的集合。APS 说明了如何用贝尔曼方程的迭代来确定均衡值的集合，并给出一个从相当大但有界的备选后续值的初始集出发的例子。进一步地，在找到这一价值集合后，APS 说明了如何找到可实现此集合中的任何均衡值的策略。本章的剩余部分将叙述 APS 的动态规划表述的细节。我们还将解释为什么 APS 希望获得均衡值的完全集。

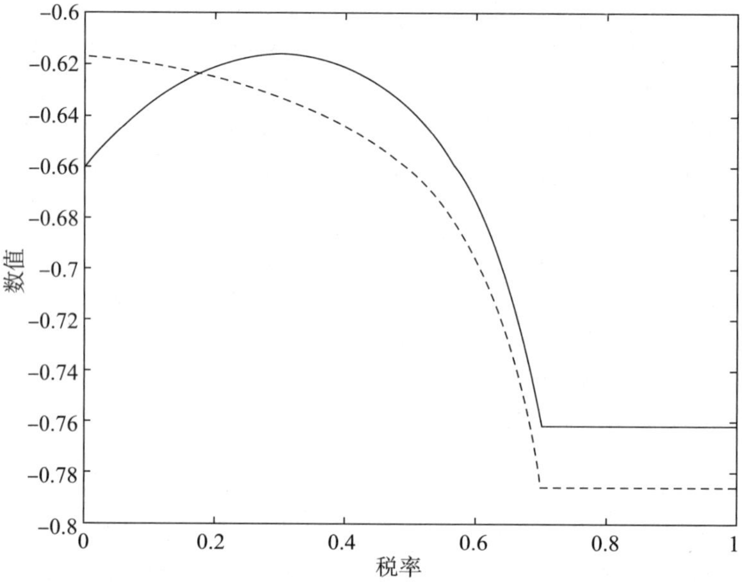

图 23.4.1　在税收例子的无限重复情形中，将后续值 (v_1, v_2) 映射到值 v 上的映射。实线描述了 $v=(1-\delta)u[\ell(\tau), \ell(\tau), \tau]+\delta v_1$。虚线是激励约束 $v \geqslant (1-\delta)u\{\ell(\tau), \ell(\tau), H[\ell(\tau)]\}+\delta v_2$ 的右边，其中 H 是政府的最佳反应函数。实线在虚线上面说明了竞争性均衡值对于后续值 (v_1, v_2) 是可持续的。参数是 $\alpha=0.3$ 和 $\delta=0.8$，后续值选定为 $(v_1, v_2)=(-0.6, -0.63)$

为什么我们称它为“动态规划平方”？这有两个原因。

(1) 它的构建过程是将两个后续值映射成一个后续值，而普通的动态规划是将明天的一个后续值映射成今天的一个值函数。

(2) 后续值具有双重作用：一是作为一个承诺值，总结与未来结果相关的回报的期望；二是作为一个状态变量，总结过去结果的历史。在目前的设定下，一个子博弈完美均衡策略的轮廓可以用初始值 $v_1 \in IR$ 和以下三个函数递归地表示：

$$x_t = z^h(v_t)$$
$$y_t = z^g(v_t)$$
$$v_{t+1} = \upsilon(v_t, x_t, y_t)$$

前两个函数将承诺值映射到私人部门的决策和政府的行动中，而第三个函数将承诺值和一对行动映射到明天的承诺值上。通过迭代这些等式，我们可以推出 z^h、z^g、v 三个函数可以推导出一个策略组合，它将结果的历史映射到结果的序列中。递归地表示子博弈完全均衡的能力使我们可以极大地简化函数的数量。

23.5 无限重复的经济

考虑一个经济，它永远重复前面的单期经济。对每一个 $t\geqslant 1$，每一个家庭选择 $\xi_t\in X$，导致平均值 $x_t\in X$；政府选择 $y_t\in Y$。我们使用记号 $(\vec{x},\vec{y})=\{(x_t,y_t)\}_{t=1}^{\infty}$ 和 $\vec{\xi}=\{\xi_t\}_{t=1}^{\infty}$。为了表示 (x_t,y_t) 直到 t 时期的历史，我们使用记号 $x^t=\{x_s\}_{s=1}^{t}$ 和 $y^t=\{y_s\}_{s=1}^{t}$。这些历史分别处于空间 X^t 和 Y^t 中，其中 $X^t=X\times\cdots\times X$ 为 X 的 t 次笛卡儿乘积，Y^t 是 Y 的 t 次笛卡儿乘积。①

对于这个重复经济，政府通过下面的式子评价路径 $(\vec{x},\vec{y})$：

$$V_g(\vec{x},\vec{y})=\frac{1-\delta}{\delta}\sum_{t=1}^{\infty}\delta^t r(x_t,y_t) \tag{23.5.1}$$

其中 $r(x_t,y_t)\equiv u(x_t,x_t,y_t)$ 且 $0<\delta<1$。② 把纯策略定义为一个函数序列，它的第 t 个元素将在 t 期期初观察到的历史 (x^{t-1},y^{t-1}) 映射到在 t 期的行动中。特别地，对于家庭的总体，策略是序列 $\sigma^h=\{\sigma_t^h\}_{t=1}^{\infty}$，满足

$$\sigma_1^h\in X$$
$$\sigma_t^h: X^{t-1}\times Y^{t-1}\rightarrow X,\quad t\geqslant 2$$

类似地，对于政府，策略 $\sigma^g=\{\sigma_t^g\}_{t=1}^{\infty}$ 是一个序列，满足

$$\sigma_1^g\in Y$$
$$\sigma_t^g: X^{t-1}\times Y^{t-1}\rightarrow Y,\quad t\geqslant 2$$

我们称 $\sigma=(\sigma^h,\sigma^g)$ 为一个策略组合。我们令 $\sigma_t=(\sigma_t^h,\sigma_t^g)$ 为策略组合的第 t 个成分。

□ 23.5.1 一个策略组合暗含了历史和价值

APS 开始研究的一个关键思想是策略组合 $\sigma=(\sigma^g,\sigma^h)$ 递归地生成了结果轨迹（trajectory of outcome）$\{[x(\sigma)_t,y(\sigma)_t]\}_{t=1}^{\infty}$：

$$[x(\sigma)_1,y(\sigma)_1]=(\sigma_1^h,\sigma_1^g)$$
$$[x(\sigma)_t,y(\sigma)_t]=\sigma_t[x(\sigma)^{t-1},y(\sigma)^{t-1}]$$

---

① 马尔科·巴塞托（Marco Bassetto，2002，2005）的工作说明，除了一些有趣的应用之外，这种设定在相关文献中是普遍的。特别地，它排除了这样的可能，即政府可获得的 t 时期的行动集合会受到家庭过去所采取的行动的影响。举例来说，在价格水平的财政理论中，这种排除性的例子是盛行的。为构造这种有意思的环境中的可持续计划，马尔科·巴塞托（2002，2005）精练了可持续性的概念，从而可以包括一个更完整的关于政府在均衡路径之外的行为的理论。

② 我们已经定义了政府在 $\xi_t\neq x_t$ 时的收益，见本章第 7 个脚注。

因此，策略组合也产生了政府和代表性私人个体的一对价值。特别地，策略组合 $\sigma=(\sigma^h, \sigma^g)$的政府的价值是产生如下值的轨迹的价值：

$$V_g(\sigma)=V_g[\vec{x}(\sigma),\vec{y}(\sigma)]$$

□ 23.5.2 递归公式

APS的递归表示的关键一步来自定义后续策略以及相关的后续值。因为在方程(23.5.1)中路径$(\vec{x},\vec{y})$ 的值对单期收益是可加性分离的，所以我们可以用一个单期经济和一个后续经济来递归地表示这个值。特别地，政府的结果序列（$\vec{x},\vec{y}$）的值可以表示为

$$V_g(\vec{x},\vec{y})=(1-\delta)r(x_1,y_1)+\delta V_g(\{x_t\}_{t=2}^{\infty},\{y_t\}_{t=2}^{\infty}) \tag{23.5.2}$$

家庭的值也可以类似地递归表示。同时注意，策略组合 σ 诱导出后续经济的策略组合，方法如下：我们令 $\sigma|_{(x^t,y^t)}$ 为后续经济的策略组合，该经济的第一期是 $t+1$，并且它在历史（x^t, y^t）被观察到以后才开始；这里（$\sigma|_{(x^t,y^t)})_s$ 是（$\sigma|_{(x^t,y^t)}$）的第 s 个元素，对于 $s\geqslant 2$，它是把 $X^{s-1}\times Y^{s-1}$ 映射到 $X\times Y$ 的函数上，对于 $s=1$，它是 $X\times Y$ 中的一个点。因此，在第一期结果（x_1,y_1）以后，策略 σ 诱导了后续策略：对所有的（υ^s,η^s）$\in X^s\times Y^s$，$\forall s\geqslant 0$，有

$$(\sigma|_{(x_1,y_1)})_{s+1}(\upsilon^s,\eta^s)=\sigma_{s+2}(x_1,\upsilon_1,\cdots,\upsilon_s,y_1,\eta_1,\cdots,\eta_s)$$

对于 $s=0,1,\cdots$，写出一些项是有帮助的：

$$(\sigma|_{(x_1,y_1)})_1=\sigma_2(x_1,y_1)=(\upsilon_1,\eta_1)$$
$$(\sigma|_{(x_1,y_1)})_2(\upsilon_1,\eta_1)=\sigma_3(x_1,\upsilon_1,y_1,\eta_1)=(\upsilon_2,\eta_2)$$
$$(\sigma|_{(x_1,y_1)})_3(\upsilon_1,\upsilon_2,\eta_1,\eta_2)=\sigma_4(x_1,\upsilon_1,\upsilon_2,y_1,\eta_1,\eta_2)=(\upsilon_3,\eta_3)$$

更一般地，对所有的 $s\geqslant 1$ 和所有的（υ^s,η^s）$\in X^s\times Y^s$，定义后续策略：

$$(\sigma|_{(x^t,y^t)})_1=\sigma_{t+1}(x^t,y^t)$$
$$(\sigma|_{(x^t,y^t)})_{s+1}(\upsilon^s,\eta^s)=\sigma_{t+s+1}(x_1,\cdots,x_t,\upsilon_1,\cdots,\upsilon_s;y_1,\cdots,y_t,\eta_1,\cdots,\eta_s)$$

这里（$\sigma|_{(x^t,y^t)})_{s+1}(\upsilon^s,\eta^s)$ 是被诱导的策略对，它被应用于后续经济的第 $s+1$ 期。这个方程说明，我们可以通过将初始策略向前递推 t 期，并在初始经济的历史（$x_1,\cdots,x_t,\upsilon_1,\cdots,\upsilon_s;y_1,\cdots,y_t,\eta_1,\cdots,\eta_s$）上取值，得到这个策略。

利用后续策略 $\sigma|_{(x_1,y_1)}$，由方程（23.5.2）我们知道，$V_g(\sigma)$ 可以表示为

$$V_g(\sigma)=(1-\delta)r(x_1,y_1)+\delta V_g(\sigma|_{(x_1,y_1)}) \tag{23.5.3}$$

表达式（23.5.3）将政府策略组合 σ 的值分解为单期收益和后续策略$\sigma|_{(x_1,y_1)}$对应的后续值 $V_g(\sigma|_{(x_1,y_1)})$。

方程（23.5.2）中的任何序列$(\vec{x},\vec{y})$或方程（23.5.3）中的任何策略组合 σ 都可以被指定一个值。我们需要一个均衡策略的概念。

23.6 子博弈完美均衡（SPE）

定义 6： 如果策略组合 $\sigma=(\sigma^h,\sigma^g)$ 对每个 $t\geqslant 1$ 和每个历史 $(x^{t-1},y^{t-1})\in X^{t-1}\times Y^{t-1}$ 满足：

（1）给定 $y_t=\sigma_t^g(x^{t-1},y^{t-1})$，私人部门结果 $x_t=\sigma_t^h(x^{t-1},y^{t-1})$ 是竞争性均衡；

（2）对每一个政府的可能行动 $\eta\in Y$，

$$(1-\delta)r(x_t,y_t)+\delta V_g(\sigma|_{(x^t,y^t)})\geqslant(1-\delta)r(x_t,\eta)+\delta V_g(\sigma|_{(x^t;y^{t-1},\eta)})$$

则称它为无限可重复经济的子博弈完美均衡。

条件（1）说明了两件事。条件（1）提出了一个理论：公众预测政府行为，特别地，他们使用政府策略的 t 时期元素 σ_t^g 和 $t-1$ 期期末可获得的信息来预测政府在 t 时期的行为。条件（1）也说明了，适合公众预测 y_t 的竞争性均衡是 t 时期的市场结果。条件（2）说明，对每个时期和每个历史，政府没有激励偏离它的策略 σ^g 要求的第一期的行动，也就是说，政府一直有激励采取公众期望的行为。注意，在条件（2）的表述中，政府打算设置它 t 时期的选择 η_t 不在公众预测的某个值上，但是选择结果阻止它选择不被公众预期的 η_t。

在 23.15 节中我们讨论如下问题：谁选择 σ^g，政府还是公众？这一问题的出现是因为 σ^g 既是政府的策略函数序列，也是私人部门用于预测政府行为的规则。定义 6 中的条件（2）说的是政府选择实现公众的预测。

定义 6 意味着，对每个 $t\geqslant 2$ 和 $(x^{t-1},y^{t-1})\in X^{t-1}\times Y^{t-1}$，后续策略 $\sigma|_{(x^{t-1},y^{t-1})}$ 本身是一个子博弈完美均衡。我们对 $t=2$ 的情形进行正式的说明。

命题 1： 假设 σ 是子博弈完美均衡，那么对所有的 $(\upsilon,\eta)\in X\times Y$，$\sigma|_{(\upsilon,\eta)}$ 是子博弈完美均衡。

证明： 写出定义 6 中的条件（1）和条件（2），后续策略 $\sigma|_{(\upsilon,\eta)}$ 必须满足它时才成为子博弈完美均衡。特别地，对所有的 $s\geqslant 1$ 和所有的 $(x^{s-1},y^{s-1})\in X^{s-1}\times Y^{s-1}$，我们要求

$$(x_s,y_s)\in C \tag{23.6.1}$$

其中 $x_s=\sigma^h|_{(\upsilon,\eta)}(x^{s-1},y^{s-1})$，$y_s=\sigma^g|_{(\upsilon,\eta)}(x^{s-1},y^{s-1})$。我们也要求对所有的 $\tilde{\eta}\in Y$，有

$$\begin{aligned}&(1-\delta)r(x_s,y_s)+\delta V_g(\sigma|_{(\eta,x^s;\upsilon,y^s)})\\&\geqslant(1-\delta)r(x_s,\tilde{\eta})+\delta V_g(\sigma|_{(\upsilon,x^s;\eta,y^{s-1},\tilde{\eta})})\end{aligned} \tag{23.6.2}$$

注意，对于 $t=2,3,\cdots$，定义 6 中的条件（1）和条件（2）推出（23.6.1）式和（23.6.2）式对于 $s=1,2,\cdots$成立。∎

$\sigma|_{(\upsilon,\eta)}$ 对所有的 $(\upsilon,\eta)\in X\times Y$ 是子博弈完美均衡，保证了 σ“几乎”是子博弈完美均衡。如果我们知道对所有的 $(\upsilon,\eta)\in(X\times Y)$，$\sigma|(\upsilon,\eta)$ 是一个子博弈完美均衡，则为了确保 σ 自身是子博弈完美均衡，必须添加两个条件：第一，$t=1$ 的结果对 (x_1,y_1) 是

一个竞争性均衡；第二，政府选择的 y_1 满足定义 6 中激励约束条件（2）的第一期的情形。

这些论证使得我们得出了下面的重要引理，它是 APS 分析的核心：

引理： 考虑策略组合 σ，它对应的第一期结果为：$x=\sigma_1^h$，$y=\sigma_1^g$。组合 σ 是子博弈完美均衡，当且仅当

（1）对于每一个 $(\upsilon,\eta)\in X\times Y$，$\sigma|_{(\upsilon,\eta)}$ 是一个子博弈完美均衡。

（2）(x,y) 是竞争性均衡。

（3）$\forall\, \eta\in Y$，$(1-\delta)r(x,y)+\delta V_g(\sigma|_{(x,y)})\geqslant(1-\delta)r(x,\eta)+\delta V_g(\sigma|_{(x,\eta)})$。

证明： 首先证明充分性。引理中的条件（1）和命题 1 中的（23.6.1）式和（23.6.2）式证明了定义 6 中的条件（1）和条件（2）对于 $t\geqslant 2$ 满足。引理中的条件（2）和条件（3）推出定义 6 中的条件（1）和条件（2）对于 $t=1$ 成立。

其次证明必要性。引理中的条件（1）由命题 1 得到。引理中的条件（2）和条件（3）来自 $t=1$ 时定义 6 中的条件（1）和条件（2）。∎

这个引理非常重要，因为它以第一期竞争性均衡结果对 (x,y) 以及一对后续值的形式刻画了子博弈完美均衡：如果政府现在坚持第一期的结果对 (x,y)，那么它在下一期的"收益"为值 $V_g(\sigma|_{(x,y)})$；如果政府现在偏离 (x,y)，那么政府的收益为 $V_g(\sigma|_{(x,\eta)})$，$\eta\neq y$。这些值都取自 $V_g(\sigma)$ 的集合，$V_g(\sigma)$ 是子博弈完美均衡 σ 对应的值。

23.7 子博弈完美均衡的例子

23.7.1 单期纳什均衡的无限重复

很容易验证下面的策略组合 $\sigma^N=(\sigma^h,\sigma^g)$ 构成子博弈完美均衡 $\sigma_1^h=x^N$，$\sigma_1^g=y^N$，且对于 $t\geqslant 2$：

$$\sigma_t^h=x^N,\qquad \forall\, t,\quad \forall\,(x^{t-1},y^{t-1})$$
$$\sigma_t^g=y^N,\qquad \forall\, t,\quad \forall\,(x^{t-1},y^{t-1})$$

这些策略指导家庭和政府对所有时期和所有历史都选择静态的纳什均衡结果。显然对于这些策略，$V_g(\sigma^N)=v^N=r(x^N,y^N)$。更进一步，对所有的结果 $\eta\in Y$，策略的后续值 $V_g(\sigma|_{(x^t;y^{t-1},\eta)})=v^N$。这些策略满足定义 6 中的条件（1），因为 (x^N,y^N) 是竞争性均衡。这个策略满足条件（2），因为 $r(x^N,y^N)=\max_{y\in Y}r(x^N,y)$，并且后续值 $V_g(\sigma)=v^N$ 在第一期独立于政府选择的行动。在这个子博弈完美均衡中，对于所有的 t 和所有的 (x^{t-1},y^{t-1})，$\sigma_t^N=\{\sigma_t^h,\sigma_t^g\}=(x^N,y^N)$，并且对于每个历史 (x^t,y^t)，后续值 $V_g(\sigma^N|_{(x^t,y^t)})$ 和值 $V_g(\sigma^N)$ 都等于 v^N。

根据引理可知，这个子博弈完美均衡是有用的。为了使用引理验证 σ^N 是一个子博弈完美均衡，我们使用第一期结果对 (x^N,y^N) 以及一组值 $V_g(\sigma|_{(x^N,y^N)})=v^N$ 和 $V_g(\sigma|_{(x,\eta)})=v^N$，其中 $v^N=r(x^N,y^N)$。运用这些设定，我们可以继续验证 (x^N,y^N) 和 v^N 满足引理的条件（1）、条件（2）和条件（3）。

□ 23.7.2 触发策略支持更好的结果

公众有对政府行为的预期系统，它诱导政府选择比纳什结果更好的结果 $(\tilde{x},\tilde{y})\in C$。公众预期政府一旦选择了 $\tilde{y}$，那么它在未来将继续那样做。但是，一旦政府偏离了这个选择，公众预期它从那时起将选择 y^N，这促使公众（实际上是"市场"）以 $x^N=h(y^N)$ 做出反应。如果政府选择偏离 $\tilde{y}$，那么这个预期系统使得政府面临"被市场预期惩罚"的前景。

为了正式地表述这个思想，在定义 6 关于子博弈完美均衡（$\eta\neq y_t$）的条件（2）里，我们把子博弈完美均衡 σ^N 作为一种后续策略，并把 v^N 作为后续值；然后向后倒推一步，我们试着用第一期结果 $(\tilde{x},\tilde{y})\neq(x^N,y^N)$ 构造另一个子博弈完美均衡。特别地，对于我们新的子博弈完美均衡 $\tilde{\sigma}$，我们打算设定

$$\tilde{\sigma}_1=(\tilde{x},\tilde{y})$$
$$\tilde{\sigma}|_{(x,y)}=\begin{cases}\tilde{\sigma}, & (x,y)=(\tilde{x},\tilde{y})\\ \sigma^N, & (x,y)\neq(\tilde{x},\tilde{y})\end{cases} \tag{23.7.1}$$

其中 $(\tilde{x},\tilde{y})\in C$ 是竞争性均衡，它满足定义 6 的条件（2）的下面这种特殊情况：

$$\tilde{v}=(1-\delta)r(\tilde{x},\tilde{y})+\delta\tilde{v}\geqslant(1-\delta)r(\tilde{x},\eta)+\delta v^N \tag{23.7.2}$$

上式对所有的 $\eta\in Y$ 都成立。不等式（23.7.2）等价于

$$\max_{\eta\in Y} r(\tilde{x},\eta)-r(\tilde{x},\tilde{y})\leqslant\frac{\delta}{1-\delta}(\tilde{v}-v^N) \tag{23.7.3}$$

对任何 $(\tilde{x},\tilde{y})\in C$，如果它对 $\tilde{v}=r(\tilde{x},\tilde{y})$ 满足表达式（23.7.3），那么方程（23.7.1）就是子博弈完美均衡，值为 $\tilde{v}$。

如果 $(\tilde{x},\tilde{y})=(x^R,y^R)$ 对 $\tilde{v}=r(x^R,y^R)$ 满足不等式（23.7.3），那么重复拉姆齐结果 (x^R,y^R) 就被形如方程（23.7.1）的子博弈完美均衡支持。

这个构造使用了下面的对象：

（1）提议的第一期均衡 $(\tilde{x},\tilde{y})\in C$。

（2）具有值 $V_g(\sigma^2)$ 的子博弈完美均衡 σ^2，它表述第一期的结果不等于 $(\tilde{x},\tilde{y})$ 时的后续策略，如果 $(x,y)\neq(\tilde{x},\tilde{y})$，那么 $\tilde{\sigma}|_{(x,y)}=\sigma^2$。在前面的例子里，$\sigma^2=\sigma^N$ 且 $V_g(\sigma^2)=v^N$。

（3）子博弈完美均衡 σ^1，它具有值 $V_g(\sigma^1)$，它被用于定义第一期结果 $(\tilde{x},\tilde{y})$ 的后续值以及相关的后续策略 $\tilde{\sigma}|_{(\tilde{x},\tilde{y})}=\sigma^1$。在前面的例子里，$\sigma^1=\tilde{\sigma}$，它通过方程（23.7.1）被递归地（以自身做参考）定义。

（4）新的子博弈完美均衡 $\tilde{\sigma}$ 和它对应的值 $V_g(\tilde{\sigma})$ 的备选。在这个例子中，$V_g(\tilde{\sigma})=r(\tilde{x},\tilde{y})$。

在前面的例子中，对象 3 和对象 4 是相等的。

注意我们在验证 $\tilde{\sigma}$ 是子博弈完美均衡时是如何运用引理的。我们从子博弈完美均衡 σ^N 开始，对应的值为 v^N。我们猜测第一期结果对为 $(\tilde{x},\tilde{y})$，对应的新子博弈完美均衡的值为 $\tilde{v}$，其中 $\tilde{v}=r(\tilde{x},\tilde{y})$。然后我们将 $(\tilde{v},v^N)$ 作为后续值，将 $(\tilde{x},\tilde{y})$ 作为第一期的结果，验证引理中的条件（2）和条件（3）。

□ 23.7.3 当回归纳什结果还不够糟糕的时候

对于足够接近 1 的折现因子 δ，以 23.7.2 节的（23.7.1）式的形式的触发策略支持拉姆齐结果（x^R, y^R）是非常可能的。这一发现与关于重复博弈的无名氏定理的一个版本一致。然而，由于折现因子 δ 非常小，与无限重复的单期纳什结果相关的后续值不足以支持拉姆齐结果的重复。在这种情况下，预期在偏离后将恢复到纳什结果的重复，最多可以支持政府的一个比与拉姆齐结果的重复相关的值小的值，尽管它可能比纳什结果的重复更好。

此时很自然地会问，在这种情况下是否存在更好的子博弈完美均衡？这个问题促使 APS 寻找与所有子博弈完美均衡相关的一组值。为了更好地支持某些东西，显然需要找到一个子博弈完美均衡，它的值比与单期纳什结果的重复相关的值更差。按照 APS，我们将很快看到最佳和最差的均衡值是相互关联的。

23.8 所有子博弈完美均衡的值

在分析前面的两个例子的过程中，引理在 APS 的方法中起着中心作用，他们建立这种方法是为了描述和计算所有子博弈完美均衡的值。APS 方法利用引理概括了子博弈完美均衡的特征，并通过第一期均衡和一对对应的后续值来反映，它们中的每一个元素又是不同的子博弈完美均衡对应的值。引理将 APS 的注意力从策略组合 σ 集转移到这些组合对应的值 $V_g(\sigma)$ 的集合上。他们定义子博弈完美均衡对应的值的集合 V 为：

$$V=\{V_g(\sigma) \mid \sigma \text{是一个子博弈完美均衡}\}$$

显然，$V \subset IR$。由引理知道，对于给定的竞争性均衡 $(x, y) \in C$，存在子博弈完美均衡 σ，使得对于该均衡，$x=\sigma_1^h$，$y=\sigma_1^g$，当且仅当存在两个值 $(v_1, v_2) \in V \times V$ 时，满足

$$(1-\delta)r(x,y)+\delta v_1 \geqslant (1-\delta)r(x,\eta)+\delta v_2, \quad \forall \eta \in Y \tag{23.8.1}$$

设 σ^1 和 σ^2 是子博弈完美均衡，满足 $v_1=V_g(\sigma^1)$ 和 $v_2=V_g(\sigma^2)$。如果 $(v, \eta) \neq (x, y)$，那么支持 $(x, y)=(\sigma_1^h, \sigma_1^g)$ 的子博弈完美均衡 σ 可通过指定 $\sigma|_{(x,y)}=\sigma^1$ 和 $\sigma|_{(v,\eta)}=\sigma^2$ 来得到。

这个构造由两个值 $(v_1, v_2) \in V \times V$ 产生了带有值 $v \in V$ 的子博弈完美均衡 σ，v 的值由下式给出：

$$v=(1-\delta)r(x,y)+\delta v_1$$

因此，构造过程将后续值对 (v_1, v_2) 映射到策略组合 σ、第一期竞争性均衡 (x, y) 和值 $v=V_g(\sigma)$ 上。

APS 通过研究从后续值对 $(v_1, v_2) \in V \times V$ 到值 $v \in V$ 的映射来刻画子博弈完美均衡的特征。他们使用了下面的定义：

定义 7： 令 $W \subset IR$。称四元组 (x, y, w_1, w_2) 关于 W 是可容许的，如果有 $(x, y) \in C$，$(w_1, w_2) \in W \times W$ 且

$$(1-\delta)r(x,y)+\delta w_1 \geqslant (1-\delta)r(x,\eta)+\delta w_2, \quad \forall \eta \in Y \tag{23.8.2}$$

注意当 $W \subset V$ 时，可容许的四元组 (x,y,w_1,w_2) 决定了子博弈完美均衡，它的策略组合为

$$\sigma_1=(x,y), \ \sigma|_{(x,y)}=\sigma^1, \ \sigma|_{(\upsilon,\eta)}=\sigma^2, \text{ 对于}(\upsilon,\eta)\neq(x,y)$$

其中 σ_1 是产生价值 $w_1=V_g(\sigma^1)$ 的后续策略，σ_2 是产生后续值 $w_2=V_g(\sigma^2)$ 的策略。子博弈完美均衡的值为 $V_g(\sigma)=w=(1-\delta)r(x,y)+\delta w_1$。现在我们希望找到 V。

□ 23.8.1 动态规划平方的基本思想

在定义 7 中，W 表示备选后续值的集合。这里的思想是选取一个 $(x,y)\in C$，然后检查一下你是否能找到作为后续值使用的 $(w_1,w_2)\in W\times W$，并且当 w_1 和 w_2 分别被用作遵循或偏离情形的后续值时，这些值可以使得政府希望遵循 y。如果答案是肯定的，我们称四元组 (x,y,w_1,w_2) 关于 W 是可容许的。在证实激励约束被满足的条件下，肯定的答案允许我们计算出在 w_1、w_2 作为后续值时可支持的价值 [即 (23.9.2) 式的左端]。因此，其中的思想是利用 (23.8.2) 式来定义一个将明天的价值映射为今天的价值的映射，就像在动态规划中使用的方法一样。在下一节中，我们将 $B(W)$ 定义为通过来自 $W\times W$ 的可容许的后续值达到的可能价值的集合。于是，我们可将 B 看做是将后续值 W 的集映射到 $B(W)$ 的集中的一个算子，它是与普通动态规划相联系的 T 算子相似的一个算子。

为了进一步探讨这种相似性，回忆一下第 6 章与麦考尔模型相关的贝尔曼方程：

$$Q=\int \max\left\{\frac{w}{1-\beta}, c+\beta Q\right\} \mathrm{d}F(w)$$

这里 $Q\in IR$ 表示在获得一个工作机会之前，某失业工人收入的期望现值。上式右端定义了一个算子 $T(Q)$，从而贝尔曼方程为：

$$Q=T(Q) \tag{23.8.3}$$

上述方程可通过从任意初始值 Q 开始迭代至收敛来求解。

就像 (23.8.3) 式右端为明天选取一个备选的后续值 Q，并将其映射为今天的价值 $T(Q)$ 一样，APS 定义了一个映射 $B(W)$，如果仅考虑可容许的四元组，此映射将明天的价值集合 W 映射为今天的一个新的价值集合 $B(W)$。因此，APS 利用可容许的四元组将明天的备选后续值映射为今天的新的备选值。在下一节中，我们将迭代 $B(W)$ 直至收敛，但是正如我们将看到的，从任意的初始集 W 出发却做不到这一点。我们不得不从一个足够大的集合开始。

23.9 APS 机制

定义 8： 对每一个集合 $W\subset IR$，令 $B(W)$ 是可容许的四元组 (x,y,w_1,w_2) 对应的

可能值 $w=(1-\delta)r(x,y)+\delta w_1$ 的集合。

把 W 看成潜在后续值的集合，$B(W)$ 是它们支持的值的集合。通过可容许性的定义，立刻得到算子 B 是单调的。

性质（*B* 的单调性）：如果 $W\subseteq W'\subseteq R$，那么 $B(W)\subseteq B(W')$。

证明：可以直接用可容许的四元组的定义来验证，如果 $w\in B(W)$，那么 $w\in B(W')$：简单使用支持 $w\in B(W)$ 的 (w_1,w_2) 对来支持 $w\in B(W')$ 即可。■

我们也可以验证 $B(\cdot)$将紧集 W 映射为紧集 $B(W)$。

下面的定义使用了子博弈完美均衡自我支持（self-supporting）的性质：

定义 9：如果有 $W\subseteq B(W)$，称集合 W 是自我生成的（self-generating）。

于是，如果后续值 W 的集合被包含在价值集合 $B(W)$ 中，而 $B(W)$ 是由 W 中的后续值生成的，则称后续值 W 的集合是自我生成的。这一特征使得我们怀疑，如果某一价值集合是自我生成的，它必定是子博弈完美均衡值的集合。确实，注意到引理的特点，子博弈完美均衡的值 $V_g(\sigma)$ 的集合 V 是自我生成的。因此，我们记 $V\subseteq B(V)$。APS 证明了 V 是最大的自我生成集。证明这一点的关键是下面的定理[①]：

定理 1（自我生成集是 V 的子集）：如果 $W\subset IR$ 是有界的和自我生成的，那么 $B(W)\subseteq V$。

定理的证明基于“向前归纳”，方法是取一点 $w\in B(W)$，然后构造具有值 w 的子博弈完美均衡。

证明：假设 $W\subseteq B(W)$。选择一个元素 $w\in B(W)$，以如下的方式将它转化为子博弈完美均衡：

第一步，因为 $w\in B(W)$，我们知道存在结果对 (x,y) 和值 w_1、w_2 满足

$$
\begin{aligned}
&w=(1-\delta)r(x,y)+\delta w_1\geqslant(1-\delta)r(x,\eta)+\delta w_2, \quad \forall\,\eta\in Y\\
&(x,y)\in C\\
&w_1,w_2\in W\times W
\end{aligned}
$$

令 $\sigma_1=(x,y)$。

第二步，因为 $w_1\in W\subseteq B(W)$，所以存在结果对 $(\tilde{x},\tilde{y})$ 和值 $(\tilde{w}_1,\tilde{w}_2)\in W$ 满足

$$
\begin{aligned}
&w_1=(1-\delta)r(\tilde{x},\tilde{y})+\delta\tilde{w}_1\geqslant(1-\delta)r(\tilde{x},\eta)+\delta\tilde{w}_2, \quad \forall\,\eta\in Y\\
&(\tilde{x},\tilde{y})\in C
\end{aligned}
$$

令第二期中的第一期结果（由于 y 在第一期中给定，所以这个结果会出现）等于 $(\tilde{x},\tilde{y})$，也就是说，令 $(\sigma|_{(x,y)})_1=(\tilde{x},\tilde{y})$。

按这种方式继续进行，对每一个 $w\in B(W)$，我们可以构造一个后续值序列 $w_1,\tilde{w}_1,\tilde{\tilde{w}}_1,\cdots$和对应的第一期结果序列 $(x,y),(\tilde{x},\tilde{y}),(\tilde{\tilde{x}},\tilde{\tilde{y}})$。

---

① 无界集 IR（拓展了的实线）是自我生成的，但它没有意义。如果后续值没有限制，任何值 $v\in IR$ 都是被支持的，从而它是自我生成的。它没有意义是因为对于 IR 的大多数点，任何策略组合都达不到。

在这个构建过程的每一阶段，政策都是不可改进的，这意味着给定后续值，给定的政策的单期政策就不是最优的。由此可知策略组合是最优的。由构造知 $V_g(\sigma)=w$。■

集中这些结果，我们得到：

(1) $V\subseteq B(V)$（由引理知）。

(2) 如果 $W\subseteq B(W)$，那么 $B(W)\subseteq V$（由定理 1 知）。

(3) B 是单调的，并且将紧集映射到紧集。

结果 1 和结果 2 意味着 $V=B(V)$，从而均衡值集合是 B 的“不动点”，特别地，它是最大的有界不动点。

B 的单调性和它将紧集映射到紧集的事实给我们提供了计算集合 V 的算法，也就是从 $V\subseteq B(W_0)\subseteq W_0$ 的一个集合 W_0 开始，在 B 上迭代直至收敛。该方法具体包括以下步骤：

(1) 从集合 $W_0=[\underline{w}_0,\overline{w}_0]$ 开始，我们知道它比 V 要大，并且 $B(W_0)\subseteq W_0$。通常令 $\overline{w}_0=\max_{(x,y)\in C}r(x,y)$ 和 $\underline{w}_0=\min_{(x,y)\in C}r(x,y)$。

(2) 计算集合 $B(W_0)=[\underline{w}_1,\overline{w}_1]$ 的上下界。值 $\overline{w}_1$ 求解了下面的问题：

$$\overline{w}_1=\max_{(x,y)\in C}(1-\delta)r(x,y)+\delta\overline{w}_0$$

对于所有的 $\eta\in Y$，满足约束

$$(1-\delta)r(x,y)+\delta\overline{w}_0\geqslant(1-\delta)r(x,\eta)+\delta\,\underline{w}_0$$

值 $\underline{w}_1$ 求解了下面的问题：

$$\underline{w}_1=\min_{(x,y)\in C;(w_1,w_2)\in[\underline{w}_0,\overline{w}_0]^2}(1-\delta)r(x,y)+\delta w_1$$

约束为

$$(1-\delta)r(x,y)+\delta w_1\geqslant(1-\delta)r(x,\eta)+\delta w_2,\quad\forall\,\eta\in Y$$

由前面 $(\underline{w}_0,\overline{w}_0)$ 的选法知 $B(W_0)\subseteq W_0$ 成立。

(3) 已经构造了 $W_1=B(W_0)\subseteq W_0$，继续进行迭代，就生成递减的紧集序列 $W_{j+1}=B(W_j)\subseteq W_j$，迭代到集合收敛为止。

在 23.13 节我们将介绍另一种计算最好的和最坏的子博弈完美均衡值的方法，它避免了迭代 B 算子直至收敛。

23.10 自我执行的子博弈完美均衡

带有最差的 $v\in V$ 的子博弈完美均衡有一个值得注意的性质，即它是自我执行的。我们使用下面的定义：

定义 10： 称具有第一期结果 $(\tilde{x},\tilde{y})\in C$ 的子博弈完美均衡 σ 是自我执行的，如果它满足

$$\sigma|_{(x,y)}=\sigma,\qquad 如果(x,y)\neq(\tilde{x},\tilde{y}) \tag{23.10.1}$$

满足方程（23.10.1）的策略组合称为是自我执行的，因为在仅有一次偏离之后，结果仅仅是重新开始均衡。

回忆一下，之前我们将竞争性均衡刻画为（$h(y),y$）对，这里 $x=h(y)$ 表示从政府行动 y 到私人部门的均衡反应的映射。最坏的子博弈完美均衡 σ 对应的值 $\underline{v}$ 满足

$$\underline{v}=\min_{y,v}\{(1-\delta)r(h(y),y)+\delta v\}=(1-\delta)r(h(\tilde{y}),\tilde{y})+\delta\tilde{v} \tag{23.10.2}$$

上述最小化问题受约束于 $y\in Y$、$v\in V$ 和激励约束

$$(1-\delta)r(h(y),y)+\delta v\geqslant(1-\delta)r(h(y),\eta)+\delta\underline{v},\quad 对所有的\ \eta\in Y \tag{23.10.3}$$

令 $\tilde{v}$ 是满足方程（23.10.2）右边的后续值，并且令 $\sigma_{\tilde{v}}$ 是支持后续值 $\tilde{v}$ 的子博弈完美均衡。令（$\tilde{x},\tilde{y}$）是满足方程（23.10.2）右边的值的第一期结果。因此，$\underline{v}=(1-\delta)r(\tilde{y},\tilde{y})+\delta\tilde{v}$，因为 $\underline{v}$ 既是第一期结果为（$x,y)\neq(\tilde{x},\tilde{y}$）时的后续值，又是子博弈完美均衡 σ 对应的值，从而得到

$$\begin{aligned}&\sigma_1=(\tilde{x},\tilde{y})\\&\sigma|_{(x,y)}=\begin{cases}\sigma, & (x,y)\neq(\tilde{x},\tilde{y})\\ \sigma_{\tilde{v}}, & (x,y)=(\tilde{x},\tilde{y})\end{cases}\end{aligned} \tag{23.10.4}$$

因为$\underline{v}$的双重角色［即 $\underline{v}$ 既是均衡σ 的值，又是激励约束条件（23.10.3）右边的“惩罚”后续值］，所以支持 $\underline{v}$ 的均衡策略σ 是自我执行的。①

前面的论述证明了下面的命题：

命题 2：$\underline{v}=\min\{v:v\in V\}$ 对应的子博弈完美均衡 σ 是自我执行的。

□ 23.10.1 寻找某些劣于纳什结果的重复的情形

注意我们计算出的第一个子博弈完美均衡，它的结果是无限重复单期纳什均衡，它是一个自我执行均衡。然而，一般而言，无限重复单期纳什均衡不是最坏的子博弈完美均衡。这个事实产生了在某一次偏离之后，即使回到纳什结果也不能支持拉姆齐结果的重复为一个子博弈完美均衡的可能性。不过，当政府偏离了预期的单期选择时，通过返回到一个与纳什结果的重复相关的更差的子博弈完美均衡值，我们仍然可以支持拉姆齐结果的重复。

23.11 递归策略

本节强调可信的政府政策和第 20 章中出现的递归合同之间的相似性。我们将研究家庭和政府的策略有递归表达式的情形。这个方法实质上限制了策略空间，因为大多历史

① 正如我们下面证明的，由于 $\underline{v}$ 的双重作用，规划问题的结构使得直接计算最差值是可能的。

依赖性的策略不能被递归地表示出来。不过，这类策略排除了非均衡收益 $v\in V$。我们使用下面的定义：

定义 11：我们称家庭和政府遵循递归策略（recursive strategies），如果存在三元函数组 $\phi=(z^h,z^g,\nu)$ 和初始条件 v_1，且它们具有如下结构：

$$\begin{aligned}&\text{给定 } v_1\in IR\\&x_t=z^h(v_t)\\&y_t=z^g(v_t)\\&v_{t+1}=\nu(v_t,x_t,y_t)\end{aligned}\tag{23.11.1}$$

其中 v_t 是状态变量，被用来概括 t 时期之前的历史结果。

策略的这种递归形式很像自回归，通过状态变量 v_t，间接地使 t 时期的行动 (x_t,y_t) 依赖历史值 $\{y_s,x_s\}_{s=1}^{t-1}$。表达式（23.11.1）导出了历史依赖性的政府政策，从而允许声誉出现。我们将很快看到，v_t 除了历史描述者的角色外，它还概括了未来。①

策略 (ϕ,v) 递归地产生一个结果路径，该路径表示为 $(\vec{x},\vec{y})=(\vec{x},\vec{y})(\phi,v)$。通过将这个结果路径代入方程（23.5.3），我们发现 (ϕ,v) 导出了政府的值，我们把它写成

$$\begin{aligned}V^g[(\vec{x},\vec{y})(\phi,v)]=&(1-\delta)r[z^h(v),z^g(v)]\\&+\delta V^g((\vec{x},\vec{y})\{\phi,\nu[v,z^h(v),z^g(v)]\})\end{aligned}\tag{23.11.2}$$

到目前为止，除了把状态变量 v 作为历史结果的一个特定量度以外，我们还没有解释它。可信的政策理论将状态变量 v 作为承诺值，从而把过去和未来联系到了一起，结果可表示为

$$v=V^g[(\vec{x},\vec{y})(\phi,v)]\tag{23.11.3}$$

方程（23.11.1）、方程（23.11.2）和方程（23.11.3）表明了 v 的双重作用。在方程（23.11.1）中，v 说明了过去的结果。在方程（23.11.2）和方程（23.11.3）中，v 关注未来。状态 v_t 是折现了的未来值，在这个值下，政府基于过去的结果进入 t 时期。依靠结果 (x,y) 和承诺值 v，ν 更新了承诺值，在该值下政府离开这一期。在 23.15 节，我们讨论这一问题：在政府策略的两个有效的解释中，即它是政府选择的东西，或是对政府遵从的公众预期系统的描述，我们应该强调哪一个？

明显地，我们得到下面的定义：

定义 12：记 V 为子博弈完美均衡值的集合。方程（23.11.1）中的递归策略 (ϕ,v) 称为子博弈完美均衡，当且仅当 $v\in V$，且

（1）给定 $y=z^g(v)$，结果 $x=z^h(v)$ 是一个竞争性均衡。

（2）对每一个 $\eta\in Y$，$\nu(v,z^h(v),\eta)\in V$。

（3）对每一个 $\eta\in Y$，

---

① 通过迭代方程（23.11.1），我们可以构造一对以 $t\geq1$ 为指标的函数序列 $\{Z_t^h(I_t),Z_t^g(I_t)\}$，它把初始条件 $I_t=(\{x_s,y_s\}_{s=1}^{t-1},v_1)$ 决定的历史映射到 t 时期的行动 $(x_t,y_t)\in X\times Y$。重复经济的策略是一对没有递归表示的限制的函数序列。

$$
\begin{aligned}
v &= (1-\delta)r[z^h(v), z^g(v)] + \delta\nu[v, z^h(v), z^g(v)] \\
&\geqslant (1-\delta)r[z^h(v), \eta] + \delta\nu[v, z^h(v), \eta]
\end{aligned}
\tag{23.11.4}
$$

条件（1）证实了第一期结果（x,y）是一个竞争性均衡。私人部门的每一个成员都依据 $y_t=z^g(v_t)$ 形成对政府行动的预期，并且“市场”会以竞争性均衡 x_t 做出反应：

$$
x_t = h(y_t) = h[z^g(v_t)] \equiv z^h(v_t) \tag{23.11.5}
$$

这个论述是建立在理性预期之上的，因为私人部门知道了状态变量 v_t 和政府的决策规则 z^g。

除了第一期结果(x,y)以外，条件（2）和条件（3）对应子博弈完美均衡的其他三个目标值：承诺值 v；后续值 $v'=\nu[v,z^h(v),z^g(v)]$，它是观察到了所要求的第一期结果后的后续值；另一个后续值 $\tilde{v}(\eta)=\nu[v,z^h(v),\eta]$，它是没有观察到所要求的第一期结果，但观察到了某些（x,η）对时的后续值。所有的后续值必须作为子博弈完美均衡被获得。按照这些目标，条件（3）是一个激励约束，它激励政府坚持均衡

$$
\begin{aligned}
v &= (1-\delta)r(x,y) + \delta v' \\
&\geqslant (1-\delta)r(x,\eta) + \delta\tilde{v}(\eta), \quad \forall\, \eta \in Y
\end{aligned}
$$

这个式子表明，如果政府遵从策略所要求的行动，那么它要比偏离策略得到更多。为了保证这些值构成“可信的期望”，定义 12 的条件（2）要求后续值是子博弈完美均衡的值。此定义是循环的，因为同样的目标，也就是均衡值 v，出现在表达式（23.11.4）的两边。循环性伴随着递归性。

APS（1986，1990）工作的一个含义是，形如（23.11.1）的递归均衡可以达到所有子博弈完美均衡的值。正如我们已经看到的，APS 的创新在于把注意力从均衡策略集转向子博弈完美均衡策略可达到的值的集合 V。

23.12 带有递归策略的子博弈完美均衡例子

前面的两个子博弈完美均衡的例子已经具有递归特征。但是为了强调这个性质，我们用现在的递归策略的符号来重新计算那些子博弈完美均衡。使用猜测-证明法构造均衡。首先在方程（23.11.1）中猜测（v_1,z^h,z^g,ν），然后验证它满足定义 12 中的条件（1）、条件（2）和条件（3）。

这些例子与理论的历史发展相对应。（1）第一个例子是无限重复单期纳什结果，它是基德兰德和普雷斯科特（1977）的时间一致性均衡。（2）巴罗和戈登（1983a，1983b）以及斯托基（1989）把无限重复纳什结果的值作为后续值来阻止偏离拉姆齐结果。对于充分大的折现因子，重复纳什结果对应的后续值可以阻止政府偏离无限重复拉姆齐结果。但这对低的折现因子是不可能的。（3）阿布勒（1988）和斯托基（1991）说明了阿布勒的“大棒加胡萝卜”策略导致了比重复纳什结果更加严厉的惩罚。

□ 23.12.1 无限重复纳什结果

很容易构造一个均衡，它的结果路径永远重复单期纳什结果。令 $v^N=r(x^N,y^N)$。建议的均衡为

$$v_1=v^N$$
$$z^h(v)=x^N,\quad \forall v$$
$$z^g(v)=y^N,\quad \forall v$$
$$\nu(v,x,y)=v^N,\quad \forall (v,x,y)$$

其中 v^N 扮演了定义 12 的条件（3）中所有三个值的角色。由构造知，条件（1）和条件（2）已经被满足，条件（3）退化为

$$r(x^N,y^N)\geqslant r[x^N,H(x^N)]$$

由最佳反应函数的定义知，它的等号成立。

□ 23.12.2 优于纳什结果的无限重复

令 v^b 是结果（x^b,y^b）对应的值，满足 $v^b=r(x^b,y^b)>v^N$，并且假定（x^b,y^b）是一个竞争性均衡。进一步假定

$$r[x^b,H(x^b)]-r(x^b,y^b)\leqslant\frac{\delta}{1-\delta}(v^b-v^N)\tag{23.12.1}$$

左边是政府偏离 y^b 的单期收益，它是偏离的收益。右边是与遵从计划相关的现值和与永远恢复到纳什均衡相关的现值之差，它是偏离的成本。当满足不等式时，均衡给出了政府不会偏离 y^b 的一个激励。那么子博弈完美均衡是

$$v_1=v^b$$
$$z^h(v)=\begin{cases}x^b, & v=v^b\\ x^N, & \text{其他}\end{cases}$$
$$z^g(v)=\begin{cases}y^b, & v=v^b\\ y^N, & \text{其他}\end{cases}$$
$$\nu(v,x,y)=\begin{cases}v^b, & (v,x,y)=(v^b,x^b,y^b)\\ v^N, & \text{其他}\end{cases}$$

只要 v^b 是这一期期初的承诺值，这个策略就详细给出了结果（x^b,y^b）和后续值 v^b。任何对 y^b 的偏离都产生后续值 v^N。不等式（23.12.1）保证了定义 12 中的条件（3）成立。

巴罗和戈登（1983a）考虑了这种均衡的一种情形，其中不等式（23.12.1）在（v^b,x^b,y^b）$=$（v^R,x^R,y^R）时被满足。在这种情况下，恢复到纳什结果的预期永远支持拉姆齐结果。当不等式（23.12.1）对于（v^b,x^b,y^b）$=$（v^R,x^R,y^R）不被满足时，我们可以通过下式解出无限重复纳什结果支持的最优子博弈完美均衡值 v^b [对应的行动为（x^b,y^b）]：

$$v^b=r(x^b,y^b)=(1-\delta)r[x^b,H(x^b)]+\delta v^N>v^N\tag{23.12.2}$$

遵循策略的收益等于偏离并恢复到纳什均衡的收益。任何低于该值的值都是可以支持的，

但是没有更高的可支持值。

当 $v^b < v^R$ 时，阿布勒（1988）找到了一种方法支持优于 v^b 的值。首先，必须构造一个均衡，它要达到比永久重复纳什结果更糟的值。在（23.12.2）式中，恢复到这个均衡的预期支持好于 v^b 的结果。

当政府无论如何必须暂时采取行动 $y^{\#}$ 的时候，$y^{\#}$ 产生比纳什结果更糟的一期接一期的收益，这意味着政府一般倾向于偏离。因而，不得不构造一个均衡预期系统，使得政府期望在未来做得更好，而这只能通过它暂时遵守坏政策 $y^{\#}$ 的期望来实现。

□ 23.12.3 更糟的情况："大棒加胡萝卜"策略

为了得到比单期纳什结果的重复更糟的情形，阿布勒（1988）建议"大棒加胡萝卜"惩罚（stick-and-carrot punishment）。"大棒"部分是结果 $(x^{\#}, y^{\#}) \in C$，从政府的观点来看，它相对于 (x^N, y^N) 是一个坏的竞争性均衡。"胡萝卜"部分是拉姆齐结果 (x^R, y^R)，它是政府在惩罚的第一期接受"大棒"之后永远达到的结果。

我们想要一个后续值 v^*，使得偏离支持第一期结果 $(x^{\#}, y^{\#}) \in C$，并且达到值①

$$\tilde{v} = (1-\delta) r(x^{\#}, y^{\#}) + \delta v^R \geqslant (1-\delta) r[x^{\#}, H(x^{\#})] + \delta v^* \tag{23.12.3}$$

阿布勒建议取 $v^* = \tilde{v}$。也就是说，偏离第一期行动导致的后续值等于初始值。如果"大棒"部分足够严厉，那么这个策略达到比重复纳什结果更糟的值。这个策略通过承诺一个高的后续值来引导政府接受暂时的坏结果。

达到 $\tilde{v}$ 且具有"大棒加胡萝卜"惩罚的子博弈完美均衡是

$$\begin{aligned} & v_1 = \tilde{v} \\ & z^h(v) = \begin{cases} x^R, & v = v^R \\ x^{\#}, & \text{其他} \end{cases} \\ & z^g(v) = \begin{cases} y^R, & v = v^R \\ y^{\#}, & \text{其他} \end{cases} \\ & \nu(v, x, y) = \begin{cases} v^R, & (x, y) = [z^h(v), z^g(v)] \\ \tilde{v}, & \text{其他} \end{cases} \end{aligned} \tag{23.12.4}$$

政府偏离指定的第一期坏的行动 $y^{\#}$ 的结果是重新开始均衡。换句话说，均衡是自我执行的。

23.13 最好和最坏的子博弈完美均衡

与阿布勒的"大棒加胡萝卜"策略相关的价值仍可能还没有坏到阻止政府偏离拉姆齐结果的重复。因此，我们希望找到最坏的子博弈完美均衡值。现在我们描述两个简单的规划问题，以找出最好和最坏的子博弈完美均衡值。APS（1990）说明了如何找到均

① 这是一个"单期大棒"。最坏的子博弈完美均衡需要多个具有劣于单期纳什结果的时期。

衡值的整个集合 V。在当前设定中，他们的思想意味着如下步骤：

（1）政府可达到的均衡值的集合 V 是 $[\min_{(x,y)\in C} r(x,y), r(x^R,y^R)]$ 的紧子集 $[\underline{v},\bar{v}]$。

（2）最坏的均衡值 $\underline{v}$ 可以通过简单的规划问题计算得到。

（3）给定最坏的均衡值 $\underline{v}$，最好的均衡值 $\bar{v}$ 可以通过规划问题计算得到。

（4）给定 $v\in[\underline{v},\bar{v}]$，很容易构造达到它的均衡。

回顾命题 2，最坏的均衡是自我执行的，这里我们重复一下（23.10.2）式和（23.10.3）式的另一种表述形式：

$$\underline{v}=\min_{y\in Y, v_1\in V}\{(1-\delta)r[h(y),y]+\delta v_1\} \tag{23.13.1}$$

这里的最小化受约束于激励约束

$$(1-\delta)r[h(y),y]+\delta v_1\geqslant(1-\delta)r\{h(y),H[h(y)]\}+\delta\underline{v} \tag{23.13.2}$$

在表达式（23.13.2）中，在偏离时，我们使用最坏的子博弈完美均衡作为后续值。当约束有约束力时，可达到最小值，这意味着对某个政府行动 y 有 $\underline{v}=r\{h(y),H[h(y)]\}$。①因此，找最坏的子博弈完美均衡的问题简化为求解

$$\underline{v}=\min_{y\in Y} r\{h(y),H[h(y)]\}$$

然后从 $(1-\delta)r[h(\underline{y}),\underline{y}]+\delta v_1=\underline{v}$ 中计算出 v_1，其中 $\underline{y}=\arg\min r\{h(y),H[h(y)]\}$，最后验证 v_1 本身是与子博弈完美均衡对应的值。为了验证这个条件，我们需要知道 $\bar{v}$。

$\bar{v}$ 的计算利用了这样一个事实：最好的子博弈完美均衡是自我奖赏（self-rewarding）的，也就是说，当政府遵从指定的均衡策略时，最好的子博弈完美均衡有后续值 $\bar{v}$。因此，在我们计算出最坏的子博弈完美均衡的备选值 $\underline{v}$ 后，我们可以通过求解下面的规划问题来计算最好的值 $\bar{v}$ 的备选值：

$$\bar{v}=\max_{y\in Y} r[h(y),y]$$

满足约束

$$r[h(y),y]\geqslant(1-\delta)r\{h(y),H[h(y)]\}+\delta\underline{v}$$

这里我们要用到如下事实：为了奖赏坚持政策，$\bar{v}$ 是可获得的最大后续值，结果使得 $\bar{v}=(1-\delta)r[h(y),y]+\delta\bar{v}$。令 y^b 是 y 的最大值。一旦我们计算出 $\bar{v}$，我们可以验证，支持最坏的子博弈完美均衡的后续值 v_1 是否在我们的备选集 $[\underline{v},\bar{v}]$ 中。如果它在，那么我们就成功地构造出了 V。

□ 23.13.1　如果 v_1 位于备选集之外

如果我们的备选值 v_1 不在我们的备选集 $[\underline{v},\bar{v}]$ 之内，我们就不得不寻找一个更小的集合。我们可以遵循如下的理论逻辑来找到此集合。我们知道：对于某 $\underline{y}$，有

$$\underline{v}=r\{h(\underline{y}),H[h(\underline{y})]\} \tag{23.13.3}$$

---

① 一种等价地表达 $\underline{v}$ 的方式是 $\underline{v}=\min_{y\in Y}\max_{\eta\in Y} r(h(y),\eta)$。

并且对于 $\underline{y}$，后续值 v_1 满足

$$(1-\delta)r[h(\underline{y}),\underline{y}]+\delta v_1=(1-\delta)r\{h(\underline{y}),H[h(\underline{y})]\}+\delta\underline{v}$$

求解上述方程得到 v_1：

$$v_1=\frac{1-\delta}{\delta}\Big(r\{h(\underline{y}),H[h(\underline{y})]\}-r[h(\underline{y}),\underline{y}]\Big)+r\{h(\underline{y}),H[h(\underline{y})]\} \quad (23.13.4)$$

上式右端大圆括号中的一项度量了单期中尝试偏离 $\underline{y}$ 的程度。此项乘以$\frac{1-\delta}{\delta}$，则当 $\delta\to 0$ 时，它将趋于$+\infty$。因此，当 $\delta\to 0$ 时，大括号中的那一项必须趋近于 0，这意味着要求的 $\underline{y}$ 必须趋于 y^N。

对于折现因子如此之小，以使得 v_1 位于前一小节中提出的价值区域之外的情形，由于隐含的 v_1 超过了备选的 $\bar{v}$，我们可以遵循阿布勒的"大棒加胡萝卜"策略，但是使用 v^R 作为回报保持的后续值（由于这太多了，因而这里不能报以希望）。我们可以简单地回报坚持带有 $\bar{v}$ 的最差情形，而我们必须求解出 $\bar{v}$ 来。将 $\bar{v}=v_1$ 作为坚持最坏情形的后续值导致了如下关于 $\bar{v}$、$\underline{v}$、$\bar{y}$、$\underline{y}$ 的四个方程：

$$\underline{v}=r\{h(\underline{y}),H[h(\underline{y})]\} \quad (23.13.5)$$

$$\bar{v}=\frac{1-\delta}{\delta}\Big(r\{h(\underline{y}),H[h(\underline{y})]\}-r[h(\underline{y}),\underline{y}]\Big)+r\{h(\underline{y}),H[h(\underline{y})]\} \quad (23.13.6)$$

$$\bar{v}=r[h(\bar{y}),\bar{y}] \quad (23.13.7)$$

$$\bar{v}=(1-\delta)r\{h(\bar{y}),H[h(\bar{y})]\}+\delta\underline{v} \quad (23.13.8)$$

在练习 23.3 中，我们要求读者针对某一特殊的例子求解这些方程。

23.14　例：到达最坏情形的不同方法

我们回到上一小节之前设想的情形，从而备选值 v_1 属于要求的备选集 $[\underline{v},\bar{v}]$。我们介绍几个到达值 $\underline{v}$ 的均衡的例子。

□ 23.14.1　达到最坏值，方法1

我们已经看到，为了评价最好的可维持的值 $\bar{v}$，我们需要找到最坏的值 $\underline{v}$。许多子博弈完美均衡达到最坏的值 $\underline{v}$。为了计算这样的子博弈完美均衡策略，我们可以运用下面的递归程序：

（1）令第一期承诺值 $v_0=\underline{v}=r\{h(y^{\#}),H[h(y^{\#})]\}$，其中 $y^{\#}=\arg\min r\{h(y),H[h(y)]\}$。与理性预期一致的最差一期的值是 $r[h(y^{\#}),y^{\#}]$。给定预期 $x^{\#}=h(y^{\#})$，政府倾向 $H(x^{\#})$，它对政府产生了 $r\{h(y^{\#}),H[h(y^{\#})]\}$的单期效用。然后将 $\underline{v}$ 作为偏离事件中的后续值，构造一个后续值的递增序列，它奖赏坚持，方法如下。

（2）求解 $\underline{v}=(1-\delta)r[h(y^{\#}),y^{\#}]+\delta v_2$，得到后续值 v_1。

（3）对 $j=1,2,\cdots$，只要 $v_{j+1}\leqslant\overline{v}$，就继续求解 $v_j=(1-\delta)r[h(y^{\#}),y^{\#}]+\delta v_{j+1}$，得到后续值 v_{j+1}。如果在 $j=\overline{j}$ 时 v_{j+1} 违反这个约束，那么进入第（4）步。

（4）如果已经得到了承诺值 v_j，把 $\overline{v}$ 作为后续值，求解 $v_j=(1-\delta)r[h(\tilde{y}),\tilde{y}]+\delta\overline{v}$，便得到了即将采用的指定 $\tilde{y}$。

（5）对 $s\geqslant1$，令 $v_{j+s}=\overline{v}$。

□ 23.14.2 达到最坏值，方法2

为了构造另一个支持最坏的子博弈完美均衡值的均衡，采用第（1）步和第（2）步，并且跟着采用第（3）步，只是只有当 $v_{j+1}<v^N$ 时才继续求解 $v_j=(1-\delta)r[h(y^{\#}),y^{\#}]+\delta v_{j+1}$，得到后续值 v_{j+1}。只要 $v_{j+1}=v^{**}>v^N$，我们就将 v^{**} 作为承诺值和以后的后续值。按照我们的递归策略符号，只要 $v^{**}=r[h(y^{**}),y^{**}]$是承诺值，就有 $z^h(v^{**})=h(y^{**})$、$z^g(v^{**})=y^{**}$ 和$v'[v^{**},z^h(v^{**}),z^g(v^{**})]=v^{**}$。

□ 23.14.3 达到最坏值，方法3

这里有另外一个支持 $\underline{v}$ 的子博弈完美均衡。继续第（1）步找到后续值 v_1。现在令所有随后的值和后续值为 v_1，对应的第一期结果 $\tilde{y}$ 求解了 $v_1=r[h(\tilde{y}),\tilde{y}]$。可以验证，偏离事件中的后续值 $\underline{v}$ 满足激励约束。

□ 23.14.4 数值例子

我们现在使用税收例子的无限重复情形来演示这些概念和论证。为了使找到 $\underline{v}$ 的问题显得重要，我们给可接受的税率施加一个上界，由$\overline{\tau}=1-\alpha-\varepsilon$给出，其中 $\varepsilon\in(0,0.5-\alpha)$。给定 $\tau\in Y\equiv[0,\overline{\tau}]$，模型有唯一的纳什均衡 $\tau=0.5$。对于充分小的 ε，最坏的单期竞争性均衡是 $[l(\overline{\tau}),\overline{\tau}]$。

令$[\alpha\quad\delta\quad\overline{\tau}]=[0.3\quad0.8\quad0.6]$。计算

$$[\tau^R\quad\tau^N]=[0.301\,3\quad0.500\,0]$$
$$[v^R\quad v^N\quad\underline{v}\quad v_{\text{abreu}}]=[-0.680\,1\quad-0.786\,3\quad-0.961\,3\quad-0.737\,0]$$

在这个数值例子中，阿布勒的“大棒加胡萝卜”策略没有实现比重复纳什结果更低的值。原因在于税率的上界使得最少的单期收益（“大棒”）不会太差。

图 23.14.1 描述了两个子博弈完美均衡，它们通过 t 时期的（承诺值，税率）序列达到了最坏的子博弈完美均衡的值 $\underline{v}$。圆圈代表使用方法 1 达到的最坏的子博弈完美均衡，而“×”符号对应的是方法 2。由构造知，方法 2 的后续值小于或等于方法 1 的后续值。因为两个子博弈完美均衡都达到相同的承诺值 $\underline{v}$，所以方法 2 必须在某一期对应较高的单期收益。图 23.14.2 表明，当指定的税率接近拉姆齐结果 $\tau^R=0.301\,3$ 时，在 20 期左右，方法 2 产生较高的单期收益。

当变化折现因子时，我们发现 δ 的中断值是 0.219 4，当低于该值时，恢复到纳什结果永远不能支持拉姆齐结果。

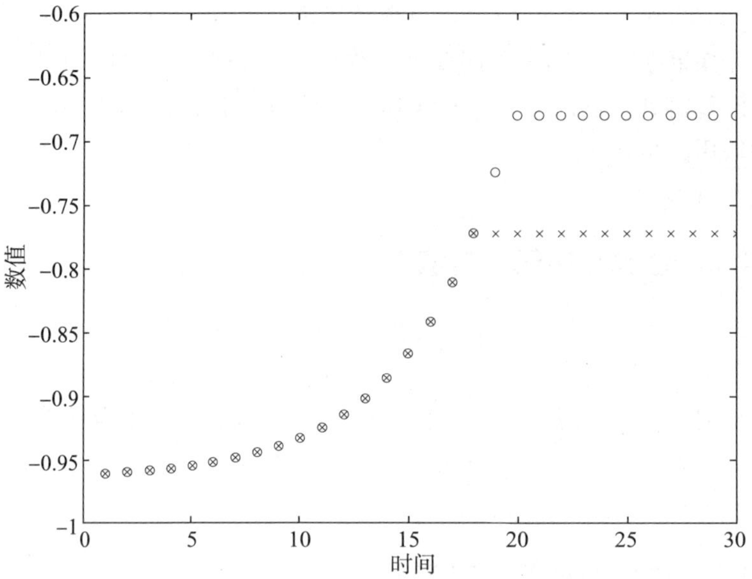

图 23.14.1　实现 $\underline{v}$ 的两个子博弈完美均衡的后续值

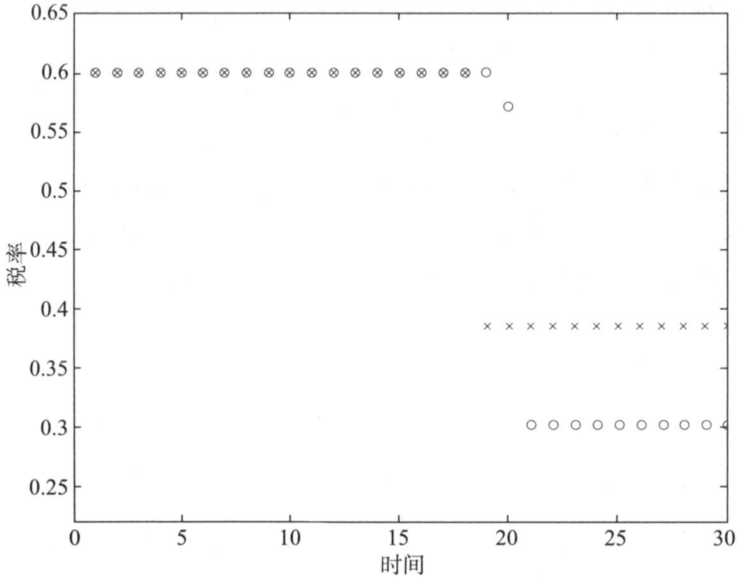

图 23.14.2　与图 23.14.1 中后续值对应的税率

23.15　解释

可信性或可维持性产生于对两条准则的严格和充分的应用，这两条准则是理性预期和自私自利（self-interest）。在每个时刻以及对每个可能的历史，个体和政府都尽力使自己的利益最大化，同时预期其他人也会依据他们最大的利益采取行动。一个可信的政府政策是这样一个政策：在每时每刻执行它的时候都只考虑政府的利益。

我们研究过的结构中存在着多重均衡，它们以不同的理性预期系统作为指标。多重均衡对构造具有实质意义，因为维持好均衡的预期系统，使得政府一旦背离了好的均衡，经济就会陷入坏的均衡。为了使恢复到坏均衡的预期显得可信，坏的均衡自身必须是一个均衡，也就是说，处于该均衡时，正如期望的那样，所有个体的行动都是自私自利的。要支持拉姆齐结果，我们就需要找到一个均衡，它的结果非常坏，以至于政府能够抵挡住单期偏离的诱惑。[①]

均衡的多重性是这些理论的长处还是弱点呢？在这些结构中，偏好和技术的描述，以及理性预期的限制并没有影响结果。预期有独立的作用，而不是唯一地基于基本条件。理论并没有告诉我们哪一个均衡会出现；讨论政府在多个均衡中选择哪个均衡是没有意义的。

基于这个目的，均衡的多重性既可看做是这些理论的长处，也可看做是其弱点。在较差的均衡中，政府陷入了“预期陷阱”[②]，这是该理论的一个方面。该理论强调政府如何被视为是顺从的来证实公众对政府的预期。在这一理论中，与任何理性预期模型一样，政府的策略起着双重作用：一方面是概括政府的选择，另一方面是描述公众预期政府行为的法则。在较差的均衡中，政府希望能够采取一种不同的策略，而不是顺从与较差的规则相联系的公众的预期。

23.16 扩展

在第 24 章中，昌（Chang，1998）以及费伦和斯塔凯蒂（2001）将本章的模型扩展至具有类似于实际余额或实物资本存量的自然状态变量的私人个体问题的设定，从而个体对于政府政策的最佳反应要求欧拉方程（或协状态方程）是被满足的。这会产生附加的历史依赖性。第 24 章将结合第 19 章和本章的方法进行分析。

23.17 练习

23.1 考虑下面的单期经济。(ξ, x, y) 是可利用的选择变量，分别对应代表性个体、整体的市场以及仁慈的政府。在理性预期均衡或竞争性均衡中，$\xi=x=h(y)$，其中$h(\cdot)$

① 这句话意味着均衡由对预期经济历史的行为的信任所支持，这些历史值也许永远不能达到或被观察到。有些关于博弈论和动态经济学中的学习的文献研究了一些情形，在这些情形中，希望“适应性”的个体学习过多是不合理的。参见 Fudenberg and Kreps (1998)，Kreps (1990)，Fudenberg and Levine (1998)。宏观经济学部分参见 Sargent (1999，2008)。

② 参见 Chari，Christiano and Eichenbaum (1998)。

是“均衡响应”，它把竞争性均衡值 x 表示成 y 的函数，也就是说，$[h(y),y]$ 是竞争性均衡。令 C 是竞争性均衡集。

令 $X=\{x_M,x_H\}$，$Y=\{y_M,y_H\}$。对这个单期经济，当 $\xi_i=x_i$ 时，政府和家庭的收益由下表中的 $u(x_i,x_i,y_j)$ 给出：

单期收益 $u(x_i,x_i,y_j)$		
	x_M	x_H
y_M	10*	20
y_H	4	15*

* 表示 $(x,y)\in C$。

表中未出现的 $u(\xi_k,x_i,y_j)$ 的值使得竞争性均衡是标有星号的结果对。

a. 找出这个单期经济的纳什均衡结果（以纯策略的形式）和拉姆齐结果。

b. 假定经济重复两期。如果经济出现背离，在第二期恢复到纳什均衡，则在第一期可能支持拉姆齐结果吗？

c. 假定经济重复三期。经济可能在第一期支持拉姆齐结果吗？在第二期呢？

考虑前面经济的如下扩展情形。$Y=\{y_L,y_M,y_H\}$，$X=\{x_L,x_M,x_H\}$。当 $\xi_i=x_i$ 时，$u(x_i,x_i,y_j)$ 由下表给出：

单期收益 $u(x_i,x_i,y_j)$			
	x_L	x_M	x_H
y_L	3*	7	9
y_M	1	10*	20
y_H	0	4	15*

* 表示 $(x,y)\in C$。

d. 单期经济中的纳什均衡是什么？

e. 假定经济重复两期。找出一个在第一期支持拉姆齐结果的子博弈完美均衡。对哪些 δ 的值该均衡成立？

f. 假定经济重复三期。找出一个子博弈完美均衡，使得它在头两期都支持拉姆齐结果（假定 $\delta=0.8$）。它唯一吗？

23.2 考虑斯托基（1989）研究过的一种情形。(ξ,x,y) 是可利用的选择变量，分别对应代表性个体、整体的市场以及仁慈的政府。在理性预期均衡或竞争性均衡中，$\xi=x=h(y)$，其中 $h(\cdot)$ 是“均衡响应”，它把竞争性均衡值 x 表示成 y 的函数；也就是说，$[h(y),y]$ 是竞争性均衡。令 C 是竞争性均衡集。

考虑下面的特殊情况。令 $X=\{x_L, x_H\}$，$Y=\{y_L, y_H\}$。对这个单期经济，当 $\xi_i=x_i$ 时，政府和家庭的收益由下表中的 $u(x_i, x_i, y_j)$ 给出：

单期收益 $u(x_i, x_i, y_j)$

	x_L	x_H
y_L	0*	20
y_H	1	10*

* 表示 $(x, y)\in C$。

表中未出现的 $u(\xi_k, x_i, y_j)$ 的值使得竞争性均衡是标有星号的结果对。

a. 对这个单期经济定义拉姆齐计划和拉姆齐结果。找出拉姆齐结果。

b. 对这个单期经济定义纳什均衡（以纯策略的形式）。

c. 证明在这个单期经济中不存在纳什均衡（以纯策略的形式）。

d. 考虑这个经济的无限期重复情形，它从 $t=1$ 开始，并永远延续下去。定义子博弈完美均衡。

e. 找出最坏的子博弈完美均衡对应的政府收益。

f. 假设折现因子 $\delta=0.8913=(1/10)^{1/20}=0.1^{0.05}$。确定无限期重复拉姆齐结果作为子博弈完美均衡是不是可持续的。如果是，求出对应的子博弈完美均衡。

g. 找出最好的子博弈完美均衡对应的政府收益。

h. 找出最坏的子博弈完美均衡对应的结果路径。

i. 找出单期后续策略 σ^1 对应的单期后续值 v_1 和结果路径，该策略诱导坚持最坏的子博弈完美均衡。

j. 找出单期后续策略 σ^2 对应的单期后续值 v_2 和结果路径，该策略诱导坚持 i 中 σ^1 的第一期结果。

k. 递归地进行，分别定义 v_j 和 σ^j，它们是诱导坚持 σ^{j-1} 的第一期结果的单期后续值和后续策略，其中（v_1, σ^1）由第 i 问定义。对于 $j=1,2,\cdots$，找出 v_j 和对应的结果路径。

l. 找出折现因子的最小值，它使得重复拉姆齐结果成为子博弈完美均衡。

23.3 寻找最坏的和最好的子博弈完美均衡

考虑如下基德兰德和普雷斯科特（1977）的模型。政府从闭区间 $[0,10]$ 中选择通货膨胀率 y。存在一族由公众的通货膨胀预期 x 标注的菲利普斯曲线：

$$U=U^*-\theta(y-x) \tag{1}$$

其中 U 是失业率，y 是政府设定的通货膨胀率，U^* 是自然失业率，$\theta>0$ 是菲利普斯曲线的斜率，而 x 表示私人个体对于 y 的预测（记为 ξ）的平均值。在此模型中，私人个体的唯一的决策是预测通货膨胀率。他们选择自己的 ξ 来最大化

$$-0.5(y-\xi)^2 \tag{2}$$

因此，如果他们知道 y，则私人个体设定 $\xi=y$。所有个体选择相同的 ξ，从而在理性预期

均衡中有 $x=\xi$。政府具有单期的收益函数：

$$r(x,y)=-0.5(U^2+y^2)=-0.5[(U^*-\theta(y-x))^2+y^2] \tag{3}$$

定义竞争性均衡为一个三元组 U、x、y，以使得对于给定的 y，私人个体求解了他们的预测问题，且满足（1）式。

a. 证实在竞争性均衡中有 $x=y$ 和 $U=U^*$。

b. 定义并计算出单期经济中政府的最佳反应函数。

c. 定义纳什均衡［按照斯托基（1989）或本章内容的思想］并计算出其中之一。

d. 定义单期经济的拉姆齐问题。定义拉姆齐结果并计算。

e. 证实拉姆齐结果优于纳什结果。

现在考虑如下重复经济，其中政府关心的目标是：

$$(1-\delta)\sum_{t=1}^{\infty}\delta^{t-1}r(x_t,y_t) \tag{4}$$

其中 $\delta\in(0,1)$。

f. 定义一个子博弈完美均衡。

g. 定义一个递归的子博弈完美均衡。

h. 找出一个支持单期纳什均衡结果的无限重复的递归的子博弈完美均衡。

i. 令 $\delta=0.95$，$U^*=5$，$\theta=1$。找出（4）式对应于最坏的子博弈完美均衡的价值。请仔细并完整地说明你用于计算最坏的子博弈完美均衡值的方法。此外，请计算出重复的拉姆齐结果、纳什均衡以及阿布勒的简单“大棒加胡萝卜”策略所对应的值。

j. 对于 i 中给出的参数值，计算出达到最坏的子博弈完美均衡（4）的一个递归的子博弈完美均衡。

k. 令 $U^*=5$，$\theta=1$，找出折现因子 δ 的临界值 δ_c，在此临界值之下，拉姆齐值 v^R 作为偏离了拉姆齐 y 的结果，不能够通过返回到 v^N 的重复而持续。

l. 对于 k 中给出的相同参数值，找出 δ 的另一个临界值 $\tilde{\delta}_c$，在此临界值之下，拉姆齐不能够在一次偏离之后返回到一个可以到达最坏的子博弈完美均衡值的均衡。计算出 $\tilde{\delta}_c$ 的最坏的子博弈完美均衡值。

m. 令 $\delta=0.08$，计算出对应于最好的和最坏的子博弈完美均衡策略的值。

第24章

可信的政府政策（Ⅱ）

24.1 历史依赖的政府政策的起源

当私人部门的预测问题是动态的唯一起源时，第 23 章用了一个简单的设置来屏蔽政府面临的机会。我们研究的动态完全来自仁慈的政府的动机：肯定或者否定私人个体根据 $t-1$ 时观察到的结果预测 t 时的政府行为。为了专注于研究政府肯定或否定预测的动机，我们在一个简化的背景下分析可信的公共政策：在竞争性均衡中，家庭和厂商面临一系列静态问题。具体而言，我们首先面临的静态背景是，竞争性均衡可以被概括为二元的行动组合（x,y），它属于集合 $C\in I\!R^2$。我们构造动态经济的方式如下：对于 $t=1,2,\cdots$，无限地重复静态经济，使得这个重复性经济的竞争性均衡简化为一个任意的序列 $\{x_t,y_t\}_{t=0}^{\infty}$，其中 $(x_t,y_t)\in C$ 是静态经济的竞争性均衡。

当然，在更广义的背景下，私人个体的决策问题也会成为动态的起源。它通常得到的结果是，无限期经济的竞争性均衡本身就是一个序列，它的动态来自竞争性个体的跨期最优化。在这个更广义的背景下，竞争性均衡序列中的内部动态与政府政策选择的动态交织在一起。

在这一章，我们将介绍张（1998）以及费伦和斯塔凯蒂（2001）对这种经济背景下可信的公共政策的研究。我们首先描述递归竞争性均衡的特征［参见 Kydland and Prescott (1980)］，采用的方法类似于第 19 章线性经济中的斯塔克尔伯格问题的解决方法。然后我们将适度地修改阿布勒、皮尔斯以及斯塔凯蒂（APS）模型的参数。所以在方法论上，这一章将历史依赖的政府政策的起源与我们在第 19 章和第 23 章中理解该问题的方法结合在一起。在第 19 章中，政府政策的历史依赖性是用可执行性（implementability）约束上的拉格朗日乘子的向量动态来表示的，采取的形式是私人部门的欧拉方程，它可以概括竞争性均衡对结果的限制。第 19 章的历史依赖性可以简要地说明 t 时刻政府的承诺行动。这个承诺行动是拉姆齐计划者在 0 时刻做的，目的是在 $s<t$ 的日期得到好的结果。

相比之下，在第 23 章，没有内部动态来自私人个体的跨期问题。所有的动态都来自私人个体对政府政策的预测方法。政府的“管理”行为是一个时间序列：在 t 时刻只选择 t 时刻的政府行为，选择的依据是它对未来政府行为的预测。这种时间安排完全消除了第 19 章的乘子产生的动态问题。第 23 章的历史依赖性还反映了私人个体的预期对 t 时刻政府机会的约束。这里的私人个体预期 t 时刻的政府只会采取对自身有利的行动。

不同的历史依赖性起源有不同的结构。在这一章，我们要介绍如何用递归方法分析这两种历史依赖性的起源。核心的信息是，为了用递归的方式表示可信问题，状态的维度必须扩大，超过第 19 章和第 23 章的维度。我们选择张（1998）的模型，它便于揭示核心要点。

24.2 框架

首先，我们给出一些符号。对于一个标量序列 $\vec{z} \equiv \{z_t\}_{t=0}^{\infty}$，我们令 $\vec{z}^t=(z_0,\cdots,z_t)$，$\vec{z}_t=(z_t,z_{t+1},\cdots)$。在 $t=0,1,\cdots$时，有一个无限存活的代表性个体和一个无限存在的政府。模型的对象包括名义货币持有量的初始条件 M_{-1}，反向的货币增长率序列 $\vec{h}$ 以及相应的名义货币持有量序列 $\vec{M}$，货币价值序列 $\vec{q}$，实际货币持有量序列 $\vec{m}$，总税赋序列 $\vec{x}$，人均消费序列 $\vec{c}$，人均收入序列 $\vec{y}$。仁慈的政府选择序列（$\vec{M},\vec{h},\vec{x}$），约束条件是预算约束序列和竞争性均衡所要求的约束。代表性家庭选择序列（$\vec{c},\vec{m}$）。在均衡时，货币价格的序列 $\vec{q}$ 会对政府以及代表性家庭的决策做出反应，调整到市场出清。

张采用的是卡尔沃（1978）的模型，它可以在一个简单透明的框架里展示拉姆齐政策的时间不一致性。[①] 政府在 t 时刻的行动会通过家庭预期影响 t 之前 s 期的家庭效用。时间一致性的起源是，0 时刻拉姆齐计划者有承诺的能力，在设计 $t\geqslant 0$ 时的政府行动计划时能够将这些影响考虑在内。但是如果没有能力承诺，即政府每次只选择单期的行动，那么 t 时刻的政府决策者没有激励将它们考虑在内。在有承诺的情况下，政府在设计货币扩张路径的时候会考虑家庭的预期对当前家庭决策的影响。而在没有承诺的情况下，任何时期的政府都没有激励去回忆或者评估它当前的货币扩张速度对于家庭过去持有实际余额的决策有什么影响。

24.2.1 家庭的问题

代表性家庭分别面临非负的货币价值序列 $\vec{q}$，收入序列 $\vec{y}$，总税赋序列 $\vec{x}$。家庭分别选择非负的消费序列 $\vec{c}$ 和名义余额序列 $\vec{M}$，从而最大化

① 基德兰德和普雷斯科特（1977）在其他框架下描述了拉姆齐计划的时间不一致性。

$$\sum_{t=0}^{\infty}\beta^t[u(c_t)+v(q_tM_t)] \tag{24.2.1}$$

满足条件：

$$q_tM_t \leqslant y_t + q_tM_{t-1} - c_t - x_t \tag{24.2.2}$$

$$q_tM_t \leqslant \overline{m} \tag{24.2.3}$$

其中 q_t 是 t 时刻价格的倒数，也被称为货币价值。

张假设 u：$IR_+ \rightarrow IR$ 二阶连续可微，严格凹，严格递增；v：$IR_+ \rightarrow IR$ 二阶连续可微，严格凹；$\lim\limits_{c\rightarrow 0}u'(c) = \lim\limits_{m\rightarrow 0}v'(m) = +\infty$；存在一个有限的 $m=m^f$，使得 $v'(m^f)=0$。

实际余额由 $m_t=q_tM_t$ 确定。不等式（24.2.2）是家庭在 t 时期的预算约束。它表示 t 时期的实际余额 q_tM_t 如何受制于收入、消费、税收以及上期的实际余额 q_tM_{t-1}。（24.2.3）式为实际余额的选择给出了外生的上界 $\overline{m}$，其中 $\overline{m}\geqslant m^f$。

□ 24.2.2 政府

政府选择一个带时间 t 的反向货币增长率序列 $h_t \equiv \frac{M_{t-1}}{M_t} \in \Pi \equiv [\underline{\pi}, \overline{\pi}]$，其中 $0<\underline{\pi}<1<\frac{1}{\beta}\leqslant\overline{\pi}$。政府面临一个包含时间 t 的预算约束序列

$$-x_t = q_t(M_t - M_{t-1})$$

利用 m_t 和 h_t 的定义，该式可以写成

$$-x_t = m_t(1-h_t) \tag{24.2.4}$$

限定条件 $m_t\in[0,\overline{m}]$ 和 $h_t\in\Pi$ 显然意味着 $x_t\in X\equiv[(\underline{\pi}-1)\overline{m},\ (\overline{\pi}-1)\ \overline{m}]$。我们定义集合 $E\equiv[0,\overline{m}]\times\Pi\times X$，这使得我们可以要求 $(m,h,x)\in E$。

为了表达税收扭曲的思想，张对人均产出做如下假设：

$$y_t = f(x_t) \tag{24.2.5}$$

其中 f：$IR\rightarrow IR$ 满足 $f(x)>0$，并且二阶连续可微。对于所有的 $x\in IR$，都有 $f''(x)<0$ 和 $f(x)=f(-x)$。因此，补贴和税收都是扭曲的。问题不是要对税收扭曲的情况建模，而是通过 $f(x)$ 来表现这些扭曲的结果。这些设定中最关键的是税收扭曲会随着税收收益绝对值的增加而增加。

政府是仁慈的，并且会选择一个竞争性均衡来最大化（24.2.1）式。每个阶段内（within-period）的决策时间顺序如下：首先，政府选择 h_t 和 x_t；其次，给定 $\vec{q}$ 以及家庭对未来 x 和 y 值的预期，家庭选择 M_t，然后得到 m_t，这是因为 $m_t=q_tM_t$；这时得到产出 $y_t=f(x_t)$；最后，$c_t=y_t$。最重要的是要记得这个时间顺序，因为它使得私人部门可以面对政府的激励，而政府的这个激励来自以下情况：当政府在 t 时刻的行动与私人部门的预期有差异时，私人部门会如何反应。当我们研究可信的政府政策时，这个问题很重要。

这个模型的目的是研究如何跨期权衡通货紧缩带来的福利收益（welfare benefits）

与福利成本（welfare costs）。这个问题与高税收有关联，因为实现通货紧缩需要以提高税收的方式收回货币。0 时刻仁慈的政府只能通过一个十分巨大的扭曲性税收无限序列来增加实际余额，提高效用。为了让高的实际余额带来的福利效应不断增加，政府希望逐步实施通货紧缩。

□ 24.2.3 家庭问题的解

构造家庭问题的拉格朗日函数

$$\mathcal{L}=\max_{\vec{c},\vec{M}}\min_{\vec{\lambda},\vec{\mu}}\sum_{t=0}^{\infty}\beta^{t}\{u(c_t)+v(m_t)+\lambda_t[y_t-c_t-x_t+q_tM_{t-1}-q_tM_t]$$
$$+\mu_t[\overline{m}-q_tM_t]\}$$

关于 c_t 和 M_t 的一阶条件分别是①：

$$u'(c_t)=\lambda_t$$
$$q_t[u'(c_t)-v'(m_t)]\leqslant\beta u'(c_{t+1})q_{t+1},\quad 若 m_t<\overline{m}，则该式等于 0$$

利用一阶条件中的 $h_t=\frac{M_{t-1}}{M_t}$ 和 $q_t=\frac{m_t}{M_t}$ 并重新整理可得

$$m_t[u'(c_t)-v'(m_t)]\leqslant\beta u'(f(x_{t+1}))m_{t+1}h_{t+1},\quad 若 m_t<\overline{m}，则等号成立 \tag{24.2.6}$$

定义以下关键变量

$$\theta_{t+1}\equiv u'(f(x_{t+1}))m_{t+1}h_{t+1} \tag{24.2.7}$$

这是 $t+1$ 时刻实际余额的边际效用。从 t 时刻家庭的角度而言，(24.2.6) 式表明，θ_{t+1} 是 $(\vec{x}_{t+1},\vec{m}_{t+1})$ 影响家庭选择实际余额 m_t 的中介物。也就是说，未来的路径 $(\vec{x}_{t+1},\vec{m}_{t+1})$ 对 m_t 的影响完全是通过它们对标量 θ_{t+1} 的影响产生的。一维的实际余额边际效用 θ_{t+1} 的这种函数形式，对于构造具有递归形式的竞争性均衡非常重要。在第 19 章以拉格朗日乘子为表现形式的均衡中可以看到非常类似的情况。

□ 24.2.4 竞争性均衡

定义： 政府政策是二元序列 $(\vec{h},\vec{x})$，其中 $h_t\in\Pi,\forall t\geqslant 0$。价格体系是非负的货币序列 $\vec{q}$。配置是非负的三元序列 $(\vec{c},\vec{m},\vec{y})$。

我们要求包含时间 t 的 $(m_t,x_t,h_t)\in E$。

定义： 给定 M_{-1}，我们说政府政策 $(\vec{h},\vec{x})$、价格体系 $\vec{q}$ 以及配置 $(\vec{c},\vec{m},\vec{y})$ 是竞争性均衡，如果

(1) $m_t=q_tM_t$ 且 $y_t=f(x_t)$。

(2) 政府预算约束 (24.2.4) 得到满足。

① 张施加的特殊条件可以保证在竞争性均衡中，这些一阶条件是必要且充分的。折现和有界的边际效用可以保证满足横截条件。

(3) 给定 $\vec{q}$、$\vec{x}$ 和 $\vec{y}$，$(\vec{c},\vec{m})$ 可以解决家庭问题。

24.3 关键对象清单

张构造了以下对象。

1. 初始的货币边际效用 θ_0 的集合 Ω

用 Ω 表示初始约定的货币边际效用 θ_0 的集合。θ_0 与竞争性均衡有关。张用到以下事实：竞争性均衡是由第一阶段的结果（h_0, m_0, x_0）和后续竞争性均衡构成的，其中货币的边际效用 $\theta_1 \in \Omega$。

2. 递归形式的竞争性均衡

递归形式的竞争性均衡的构成如下：初始的 θ_0，将 θ 映射到当期（h, m, x）的四元函数（h, m, x, Ψ），以及下一期的 θ。[①] 我们可以通过以下迭代方式将竞争性均衡写成递归的形式：

$$\begin{aligned} h_t &= h(\theta_t) \\ m_t &= m(\theta_t) \\ x_t &= x(\theta_t) \\ \theta_{t+1} &= \Psi(\theta_t) \end{aligned} \tag{24.3.1}$$

初始点是 θ_0。$\Psi(\cdot)$的值域和定义域都是 Ω。

3. 拉姆齐计划的递归形式

拉姆齐计划的递归形式是一个递归竞争性均衡 θ_0，（h, m, x, Ψ）。在所有递归竞争性均衡中，该均衡可以最大化 $\sum_{t=0}^{\infty}\beta^t[u(c_t)+v(q_tM_t)]$。拉姆齐计划者在 0 时刻的递归竞争性均衡集合中选择 θ_0，（h, m, x, Ψ）。对函数 Ψ 进行迭代可以确定后面的 θ_t，它可以体现出后续的竞争性均衡的特征。该竞争性均衡会影响家庭的消费决策。在 0 时刻，拉姆齐计划者承诺这个隐含的序列 $\{\theta_t\}_{t=0}^{\infty}$，以及相关的后续竞争性均衡序列。[②]

4. 拉姆齐计划的时间不一致性的特征

如果在 $t \geqslant 1$ 时发生"革命"，此后新的拉姆齐计划者将有可能忽略过去的历史，并制订新的拉姆齐计划。这个新的拉姆齐计划将抛弃原拉姆齐计划所蕴含的 θ_t，并且将它重新设置为原拉姆齐计划中的 θ_0。[③] 重新初始化与这个"革命"实验相关的 θ_t，这种想法

---

① 张（1998）的命题 3 表明，存在一个竞争性均衡，该均衡有一个可以解决拉姆齐问题的递归形式。这个命题没有说是否存在其他的竞争性均衡，该均衡没有递归形式但也能解决拉姆齐问题。

② 阿特基森、查里和基欧（2010）证明，在某些情形中，为了实施唯一的拉姆齐计划，需要在（24.3.1）式中决定 x_t 和 θ_{t+1} 的函数 x 和 Ψ 的右边自变量中加入 m_t。在这些函数中加入（相当于阿特基森、查里和基欧模型中的对应变量）m_t，使得如果代表性家庭准备背离拉姆齐计划所描述的结果 $\hat{m}_t = m(\theta_t)$ 的话，阿特基森、查里和基欧可以表述政府的反应。他们构造这些增广函数，目的是让政府有动机阻止私人部门背离拉姆齐计划。

③ θ_t 是张模型中唯一的状态变量。如果还有其他状态变量，比如外生的马尔可夫冲击 s_t，那么"革命"之后的拉姆齐计划者会将 θ_t 设置为 θ_0。如果 0 时刻的外生马尔可夫状态是 s_t，那么这样做是恰当的。

表明拉姆齐计划存在时间不一致性。通过将θ重新设置为θ_0，新的计划者可以回避t时刻的成本。如果想要获得有利的效应的话，该成本是原拉姆齐计划者必须支付的。原拉姆齐计划在$s \geqslant t$时获得过这种效应，获得的途径是在$s=0,\cdots,t-1$时它对家庭决策的影响。

5. 递归形式的可信的政府政策

这里没有0时刻的拉姆齐计划者，而是有一个政府序列。每个t时刻的政府先预测未来的政府行动，然后选择自己的政府行动。令$w=\sum_{t=0}^{\infty}\beta^t[u(c_t)+v(q_tM_t)]$是关于某个特定竞争性均衡的值。可信的政府政策的递归形式是二元的初始条件（w_0,θ_0）和五元的函数[1]：

$$h(w_t,\theta_t),\ m(h_t,w_t,\theta_t),\ x(h_t,w_t,\theta_t),\ \chi(h_t,w_t,\theta_t),\ \Psi(h_t,w_t,\theta_t)$$

该函数将w_t、θ_t以及部分h_t映射到$\hat{h}_t$、m_t、x_t、w_{t+1}以及θ_{t+1}。从初始条件（w_0,θ_0）出发，可信的政府政策的构建如下：关于每个阶段内的时间顺序，按照以下顺序对这些函数进行迭代：

$$\begin{aligned}\hat{h}_t &= h(w_t,\theta_t)\\ m_t &= m(h_t,w_t,\theta_t)\\ x_t &= x(h_t,w_t,\theta_t)\\ w_{t+1} &= \chi(h_t,w_t,\theta_t)\\ \theta_{t+1} &= \Psi(h_t,w_t,\theta_t)\end{aligned} \tag{24.3.2}$$

这里我们要理解的是，$\hat{h}_t$是政府政策指导政府采取的行动，而h_t可能不等于$\hat{h}_t$。h_t是政府在t时刻可以自由采取的其他行动。如果t时刻政府实施的计划符合政府的利益，则这个计划是可信的。可信性要求对于所有符合竞争性均衡的$\hat{h}_t$的选择，

$$\begin{aligned}&u(f(x(\hat{h}_t,w_t,\theta_t)))+v(m(\hat{h}_t,w_t,\theta_t))+\beta\chi(\hat{h}_t,w_t,\theta_t)\\ &\geqslant u(f(x(h_t,w_t,\theta_t)))+v(m(h_t,w_t,\theta_t))+\beta\chi(h_t,w_t,\theta_t)\end{aligned}$$

从而使得在每一种选择下，如果政府遵守这个计划并且证实t时刻的政府行动$\hat{h}_t$是公众早已经预期到的，政府都会获得略高的生命周期效用，且后续值为$w_{t+1}=\Psi(h_t,w_t,\theta_t)$。[2]

请注意，对函数的参数做细微变化之后，它既可以代表竞争性均衡和拉姆齐计划，又可代表可信的政府计划。在代表可信的政府计划的函数中增加参数，这样政府可以仔细考虑为什么私人部门没有准确预期它在t时刻的选择$\hat{h}_t$。可信的政府计划可以引导政府证实私人部门的预期。计划的递归形式可以利用后续值的演变来阻止政府企图让私人部门预期落空的想法。

---

① 根据本章第3个脚注的精神，依然存在其他可信的计划，但是那些计划没有递归的形式。

② 这个激励约束只能阻止政府在某一阶段（one-period）企图背离的想法。但是在这种情形下，没有检验到某一阶段有背离的想法就足以保证所有时间内都没有背离的想法。

从技术上讲，拉姆齐计划和可信的政府计划都包含历史依赖性。对于拉姆齐计划而言，它变成了动态的状态变量 θ_t。该变量是拉姆齐计划给予私人部门的承诺的边际效用。对于可信的政府计划而言，我们要求二维的状态变量（w_t,θ_t）包含历史依赖性。

24.4 正式分析

命题： 竞争性均衡的特征可以用三元序列 $(\vec{m},\vec{x},\vec{h})\in E^{\infty}$ 来表示，它满足（24.2.4）式和（24.2.6）式。

定义： $CE=\{(\vec{m},\vec{x},\vec{h})\in E^{\infty}$，满足（24.2.4）式和（24.2.6）式$\}$。

CE 是非空的，因为存在竞争性均衡，且对于所有的 $t\geqslant 1$ 都有 $h_t=1$。也就是说，存在竞争性均衡，有固定的货币供给和固定的价格水平。张证明了 CE 是紧的。张给出了以下重要的观察结果，他将 APS 的思想与基德兰德和普雷斯科特（1980）的见解融合在了一起。

命题： 竞争性均衡的后续还是竞争性均衡。也就是说，$(\vec{m},\vec{x},\vec{h})\in CE$ 意味着 $(\vec{m}_t,\vec{x}_t,\vec{h}_t)\in CE$，$\forall\, t\geqslant 1$。

拉姆齐问题：

$$\max_{(\vec{m},\vec{x},\vec{h})\in E^{\infty}} \sum_{t=0}^{\infty}\beta^t[u(c_t)+v(m_t)]$$

约束条件是（24.2.4）式、（24.2.6）式和（24.2.5）式。显然，与竞争性均衡（m_0,x_0）相关的是 $\theta_0=u'(f(x_0))(m_0+x_0)$ 的隐含值（implied value）。

为了得到拉姆齐问题中固有的递归结构，张定义了以下集合：

$$\Omega=\{\theta\in IR\text{：对于某些}(\vec{m},\vec{x},\vec{h})\in CE\text{，有 }\theta=u'(f(x_0))(m_0+x_0)\}$$

（24.2.6）式从家庭货币持有量的欧拉方程中得到以下性质：如果 m_0 值符合代表性家庭的选择，那么它依赖于（$\vec{h}_1,\vec{m}_1$）。这种依赖性体现在上面的定义中：令 Ω 是第一阶段 θ_0 值的集合；对于竞争性均衡序列（$\vec{m},\vec{x},\vec{h}$）中第一阶段的组成部分（m_0,h_0），θ_0 满足 $\theta_0=u'(f(x_0))(m_0+x_0)$。张证明了 Ω 是非空的，并且是 IR_+ 的紧子集（compact subset）。

接下来张提出：

定义： $\Gamma(\theta)=\{(\vec{m},\vec{x},\vec{h})\in CE\,|\,\theta=u'(f(x_0))(m_0+x_0)\}$。

因此，$\Gamma(\theta)$ 是竞争性均衡序列（$\vec{m},\vec{x},\vec{h}$）的集合，其第一阶段的组成部分（m_0,h_0）给出了第一阶段边际效用的指定值（prescribed value）θ。

如果我们知道集合 Ω、$\Gamma(\theta)$，那么我们可以利用以下两步程序找到代表性家庭的拉姆齐值。

（1）找到如下定义的间接值函数（indirect value function）$w(\theta)$：

$$w(\theta) = \max_{\vec{m},\vec{x},\vec{h}} \sum_{t=0}^{\infty} \beta^t [u(f(x_t)) + v(m_t)]$$

其中，最大化是对集合 $(\vec{m},\vec{x},\vec{h}) \in \Gamma(\theta)$ 的要素求最大化。

（2）求解 $\max_{\theta \in \Omega} w(\theta)$，算出拉姆齐值。

然后，张提出了以下命题：

命题：$w(\theta)$ 满足贝尔曼方程

$$w(\theta) = \max_{x,m,h,\theta'} \{u(f(x)) + v(m) + \beta w(\theta')\} \tag{24.4.1}$$

该最大化的约束条件是：

$$(m,x,h) \in E \text{ 且 } \theta' \in \Omega \tag{24.4.2}$$

$$\theta = u'(f(x))(m+x) \tag{24.4.3}$$

$$-x = m(1-h) \tag{24.4.4}$$

$$m \cdot [u'(f(x)) - v'(m)] \leqslant \beta\theta', \quad \text{若 } m < \bar{m}\text{，则取等号} \tag{24.4.5}$$

在利用这个命题得到拉姆齐计划的递归形式之前，我们需要注意该命题依赖于我们对集合 Ω 的了解。张利用的是基德兰德和普雷斯科特（1980）的见解，以及第 23 章 APS 的迭代收敛到算子 B 的方法。该算子 B 的值包含后续值。我们希望算子可以把后续的 θ 算进当前的 θ 中。张令 Q 是 IR 的非空有界子集。Q 的元素被作为后续边际效用的备选值。张定义算子如下：

$$B(Q) = \{\theta \in IR\text{：存在}(m,x,h,\theta') \in E \times Q \text{ 使得 } (24.4.3) \text{ 式、} (24.4.4) \text{ 式以及 } (24.4.5) \text{ 式成立}\}$$

因此，$B(Q)$ 是第一阶段 θ 可实现的集合，且有 $(m,x,h) \in E$ 以及某个 $\theta' \in Q$。

命题：（1）$Q \subset B(Q)$ 意味着 $B(Q) \subset \Omega$（“自我生成”）。

（2）$\Omega = B(\Omega)$（“因式分解”）。

该命题将 Ω 看成是 B 的最大不动点。容易证明，$B(Q)$ 是单调算子。这个性质使得张可以算出 Ω：假如迭代是从足够大的初始集开始，Ω 是 B 迭代的极限。

为方便起见，我们介绍另一个算子。① 在此之前，我们需要介绍几个新符号。

□ 24.4.1 几个有用的符号

令 $\vec{h}^t = (h_0, h_1, \cdots, h_t)$ 代表包含时间 t 的反向的货币创造率（money creation rates）$h_t \in \Pi$ 的历史。政府策略 $\sigma = \{\sigma_t\}_{t=0}^{\infty}$ 是 $\sigma_0 \in \Pi$，并且当 $t \geqslant 1$ 时，函数序列 σ_t：$\Pi^{t-1} \to \Pi$。张将政府的策略选择限制在以下空间中：

$$CE_\pi = \{\vec{h} \in \Pi^\infty\text{：存在某个}(\vec{m},\vec{x})\text{，使得}(\vec{m},\vec{x},\vec{h}) \in CE\}$$

① 它是 24.5 节中构造的一种算子 $D(Z)$。

用文字来表述，CE_π 是货币增长序列的集合，满足竞争性均衡的存在性。张观察到 CE_π 是非空且紧的。

定义：σ 被认为是可容许的，如果对于所有的 $t\geqslant 1$，在任意的历史 $\vec{h}^{t-1}$ 之后，σ 所蕴含的后续 $\vec{h}_t$ 属于 CE_π。

σ 的可容许性意味着在每个可能的后续历史之后，与 σ 相关的预计的政策选择都满足竞争性均衡的存在性。在任意的历史 $\vec{h}^{t-1}$ 之后，可容许性将 t 阶段政府的选择限制在以下集合中：

$$CE_\pi^0=\{h\in\Pi：存在\ \vec{h}\in CE_\pi\ 且\ h=h_0\}$$

用文字来表述，CE_π^0 是所有第一阶段的货币增长率 $h=h_0$ 的集合。集合中的每个元素都满足初始阶段从 h_0 开始且满足竞争性均衡的货币增长率序列 $\vec{h}$ 的存在性。

评论：$CE_\pi^0=\{h\in\Pi$：存在$(m,\theta')\in[0,\overline{m}]\times\Omega$，使得 $mu'[f((h-1)m)-v'(m)]\leqslant\beta\theta'$，且当 $m<\overline{m}$ 时等号成立$\}$。

定义：配置规则是函数序列 $\vec{\alpha}=\{\alpha_t\}_{t=0}^{\infty}$，使得 α_t：$\Pi^t\rightarrow[0,\overline{m}]\times X$。

因此，$\alpha_t(h^t)$ 中时间 t 的组成部分是一个二元函数$(m_t(h^t)$，$x_t(h^t))$。

定义：给定可容许的政府策略 σ，配置规则 α 被称为是竞争性的，如果给定历史 $\vec{h}^{t-1}$ 和 $h_t\in CE_\pi^0$，σ 的后续和 $(\vec{h}^{t-1},h_t)$ 之后的 α 可以推导出竞争性均衡序列。

□ 24.4.2 另一种便捷的算子

令 S 是所有竞争性均衡值和相关的初始边际效用 (w,θ) 的集合。令 W 是 IR 中的有界集合。令 Z 是 $W\times\Omega$ 的非空子集。将 Z 中的 (w',θ') 看成是备选后续值，θ 对。定义算子

$D(Z)=\{(w,\theta)$：存在 $h\in CE_\pi^0$ 以及四元组$(m(h),x(h),w'(h),\theta'(h))\in[0,\overline{m}]\times X\times Z$ 使得

$$w=u(f(x(h)))+v(m(h))+\beta w'(h) \tag{24.4.6}$$

$$\theta=u'(f(x(h)))(m(h)+x(h)) \tag{24.4.7}$$

$$x(h)=m(h)(h-1) \tag{24.4.8}$$

$$m(h)(u'(f(x(h)))-v'(m(h)))\leqslant\beta\theta'(h)，若\ m(h)<\overline{m}，则等号成立\} \tag{24.4.9}$$

可以证明：

命题：(1) 如果 $Z\subset D(Z)$，那么 $D(Z)\subset S$（"自我生成"）。

(2) $S=D(S)$（"因式分解"）。

命题：(1) D：$Z\subset Z'$ 的单调性意味着 $D(Z)\subset D(Z')$。

(2) Z 是紧的意味着 $D(Z)$ 是紧的。

可以证明 S 是紧的，并且在该集合中存在一个可以实现最大可能值的(w,θ)。这个(w,θ) 与拉姆齐计划相关。另外，我们从足够大的初始集 S_0 开始，通过迭代收敛到 D，

可以算出 S。

图 24.4.1 报告的是与竞争性均衡相关的 (w,θ) 集合，参数是 $\beta=0.3$，$u(c)=\log(c)$，$v(m)=\frac{1}{2\ 000}(m\bar{m}-0.5m^2)^{0.5}$，$f(x)=180-(0.4x)^2$。① 与竞争性均衡相关的最大值是拉姆齐计划所实现的值。与拉姆齐计划相关的 (w,θ) 用图中的 R 表示。

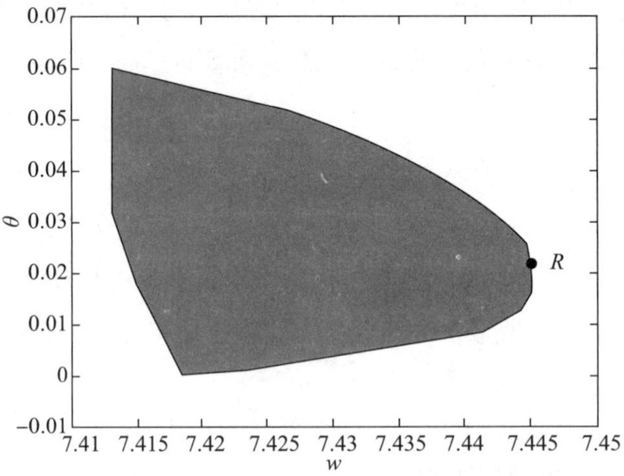

图 24.4.1　关于竞争性均衡的 (w,θ)。拉姆齐计划与用 R 表示的 (w,θ) 有关。在集合的所有点中，R 可以最大化 w。初始 θ 的恰当选择是 R 在纵轴上的投影

评论： 我们通过运算发现，最大的不动点 $S=D(S)$ 还会产生可信的政策和竞争性均衡配置。这是非常有用的意外发现。

24.5　可持续的计划

定义： 政府策略 σ 和配置规则 α 构成一个可持续计划（sustainable plan，SP），如果

(1) σ 是可容许的。

(2) 给定 σ，α 是竞争性的。

(3) 在任意的历史 $\vec{h}^{t-1}$ 之后，σ 的后续对于政府而言是最优的；也就是说，给定 α，σ 可以引导 $\vec{h}^{t-1}$ 之后的序列 $\vec{h}_t$ 最大化 CE_π 上的 (24.2.1) 式。

评论： 给定任意的历史 $\vec{h}^{t-1}$，一个可持续计划的后续也是一个可持续计划。

定义： 令 $\Theta=\{(\vec{m},\vec{x},\vec{h})\in CE$：存在一个 SP，其结果是 $(\vec{m},\vec{x},\vec{h})\}$。

---

① 感谢伊格纳西奥·普留斯诺（Ignacio Presno）对这个集合以及图 24.5.1 的集合的处理。普雷斯诺利用贾德、耶尔泰金和康克林（Judd，Yeltekin and Conklin，2003）的外部逼近法计算出这个集合。政府的随机化策略隐含地使得均衡值的集合是凸的。

可持续计划是 Θ 的元素。

现在考虑以下空间：

$$S=\{(w,\theta)：存在可持续的结果 (\vec{m},\vec{x},\vec{h})\in\Theta 并且 w=\sum_{t=0}^{\infty}\beta^t[u(f(x_t))+v(m_t)] 以及 u'(f(x_0))(m_0+x_0)=\theta\}$$

空间 S 是 $W\times\Omega$ 的紧子集，其中 $W=[\underline{w}, \overline{w}]$ 是与可持续计划相关的取值范围。这里的 $\underline{w}$ 和 $\overline{w}$ 是值集的有限界。由于至少存在一个可持续计划，所以 S 是非空的。

回忆一下每个阶段内的时间安排，我们可以将其描述为 $(h,x)\rightarrow m=qM\rightarrow y=c$。根据这个时间安排，SP 的 0 时期的组成部分包含以下内容：

(1) 0 时期的行动 $\hat{h}\in\Pi$（这是公众预测政府会采取的行动）以及当政府采取预期行动时后续阶段内的结果 $m(\hat{h})$ 和 $x(\hat{h})$。

(2) 对于任意的第一阶段行动 $h\neq\hat{h}$ 且 $h\in CE_\pi^0$，当政府没有采取公众预期的行动时阶段内的二元结果$m(h)$和 $x(h)$。

(3) 对于每个 $h\in\Pi$，带到下一阶段的 $(w'(h),\theta'(h))\in S$。

这些组成部分使得政府选择预期的 $\hat{h}$ 是最优的选择；对于每个可能的$h\in\Pi$，政府预算约束和家庭的欧拉方程必定成立，且后续 θ 是$\theta'(h)$。

给定模型中的时间安排，代表性家庭对政府偏离约定的 h 会做出如下反应：第一阶段的行动 $m(h)$ 以及相应的后续行动；未来的均衡价格 $(w'(h),\theta'(h))$。

关于这一点，张引入 APS 的思想。令 Z 为 $W\times\Omega$ 的非空子集，将 Z 中的 (w',θ') 看成备选后续值和承诺的边际效用对。我们定义以下算子：

$\widetilde{D}(Z)=\{(w,\theta)$：存在 $\hat{h}\in CE_\pi^0$，并且对于每个 $h\in CE_\pi^0$ 存在四元组$(m(h),x(h),w'(h),\theta'(h))\in[0,\overline{m}]\times X\times Z$

使得

$$w=u(f(x(\hat{h})))+v(m(\hat{h}))+\beta w'(\hat{h}) \tag{24.5.1}$$

$$\theta=u'(f(x(\hat{h})))(m(\hat{h})+x(\hat{h})) \tag{24.5.2}$$

并且对于所有的 $h\in CE_\pi^0$

$$w\geqslant u(f(x(h)))+v(m(h))+\beta w'(h) \tag{24.5.3}$$

$$x(h)=m(h)(h-1) \tag{24.5.4}$$

并且

$$m(h)(u'(f(x(h)))-v'(m(h)))\leqslant\beta\theta'(h)，若 m(h)<\overline{m}，则取等号\} \tag{24.5.5}$$

这个算子将关键的激励约束（24.5.3）加入前面 24.4.2 节中定义 $D(Z)$ 时的约束条件中。条件（24.5.3）要求该计划阻止政府企图在某一阶段采取背离行动，这时的备选后续值来自 Z。

命题：(1) 如果 $Z\subset\widetilde{D}(Z)$，那么 $\widetilde{D}(Z)\subset S$（“自我生成”）。

(2) $S=\widetilde{D}(S)$（“因式分解”）。

命题：(1) $\widetilde{D}$：$Z\subset Z'$ 的单调性意味着 $\widetilde{D}(Z)\subset\widetilde{D}(Z')$。

(2) Z 是紧的意味着 $\tilde{D}(Z)$ 是紧的。

张证明了 S 是紧的，并且存在 SP 的最大值和最小值。另外，从足够大的初始集 S_0 开始，根据前面的论述，通过迭代收敛到 $\tilde{D}$，我们可以算出 S。

图 24.5.1 是在图 24.4.1 中加入与可持续计划集相关的（w,θ）集合，参数设置与前面的图 24.4.1 一样。这个集合小于与竞争性均衡相关的（w,θ）集合，因为增加的约束条件与可持续性有关，而这个集合必须满足这一条件。我们通过不同的计算证实，β 的上升会扩大可持续计划的集合；对于充分大的 $\beta<1$，我们可以得到与拉姆齐计划相关的（w,θ）。

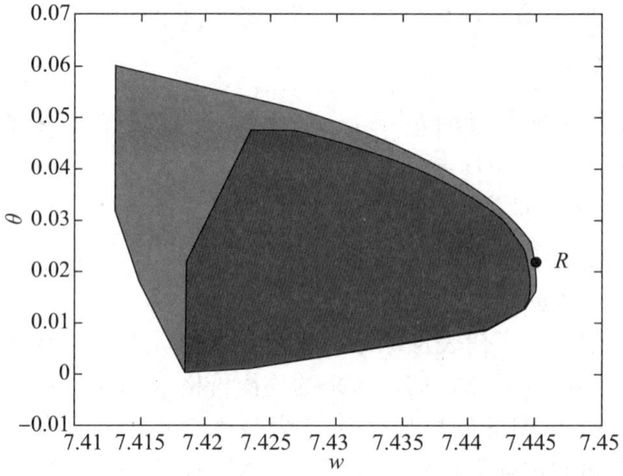

图 24.5.1　与竞争性均衡相关的（w,θ）的集合（较大的集合）以及与可持续计划相关的（w,θ）的集合（较小的集合）。拉姆齐计划与用 R 表示的（w,θ）相关

这个论述给出了关于可持续结果的递归形式：(1) 选择一个初始的（w_0,θ_0）$\in S$；(2) 通过对（24.3.2）式的迭代产生可持续的递归结果。

第25章 国际贸易中的两个模型

25.1 两个动态合同问题

本章讨论两个模型。在这两个模型中，递归合同被用来解决在国际贸易中经常发生的激励问题。第一个是安德鲁·阿特基森的模型，这个模型讨论在由于信息不对称而产生道德风险问题和由于借入者有忽视合同的权利而产生执行问题的动态环境下的借出。阿特基森在他的合同设计问题中成功地包含了这些元素。这是一个值得重视的技术成果。然而，这个结果不是为了炫耀。正如我们看到的，为了解释可观察的偿还的特征，合同的道德风险和自我执行的条件都被要求满足，这个特征是特别低的产出实现值的出现会促使合同需要从借入者到借出者的净偿还，特别是在借出者超出借入者信用的一个无约束的保险计划中。

第二个是邦德和帕克（Bond and Park）的递归合同模型。两个国家从一对决定最后福利分布的承诺值开始，这个合同诱导这两个国家采用自由贸易政策。这个新的政策通过一个逐步放松的关税完成。邦德和帕克的渐近主义模型是关于动态的承诺值的模型。这些承诺值被用来最优地控制参与约束。

25.2 带有道德风险和执行困难的借出

安德鲁·阿特基森（1991）构造了一个模型，该模型用来解释，不管完全市场模型预测的模式如何，在 20 世纪 80 年代中期，各个国家的低产出是怎样促使国际借贷者向这些国家寻求净偿还的。在"坏"禀赋的冲击过程中，完全市场模型将会对一个借出者产生一个净流量。阿特基森的观点是信息和执行问题可以产生观察到的结果。因此阿特基森的模型将我们在第 20 章看到的模型中的两个特性结合起来了，它们是：来自私人信息的激励问题和来自执行问题的参与约束。

阿特基森证明了，最优合同值得注意的特性是，处理执行问题和信息问题的工作完全由没有直接操作后续值的偿还进度表决定。后续值仅仅由单个状态变量（一个衡量借入者可获得的资源的变量）的更新来反映。这个变量出现在最优的值函数中，反过来它仅仅被偿还进度表影响。一旦考虑这个状态变量，承诺值就不会作为独立的可以操作的状态变量而出现。[1]

阿特基森的模型同时产生了其他几个特性。他研究一个"借入者"，该借入者自身像随机增长模型中的计划者，而且仅有的储蓄工具是一个随机投资技术。阿特基森增加了一个可能性，即计划者也能在参与约束和信息约束下借入。

一个借入者生活在 $t=0,1,2,\cdots$ 时期。他以拥有 Q_0 单位的单一商品开始生活。在每一个 $t\geqslant 0$ 时期，借入者拥有一个投资技术。如果在 t 时期投资 $I_t\geqslant 0$ 单位商品，在 $t+1$ 时期可获得 $Y_{t+1}=f(I_t,\varepsilon_{t+1})$ 单位商品，其中 ε_{t+1} 是一个独立同分布的随机变量。令 $g(Y_{t+1},I_t)$ 是 Y_{t+1} 的在 I_t 下的条件概率密度。假定增加的投资将收益分布转向更高的收益。

借入者有定义在消费流上的偏好

$$(1-\delta)E_0\sum_{t=0}^{\infty}\delta^t u(c_t) \tag{25.2.1}$$

其中，$\delta\in(0,1)$，并且 $u(\cdot)$ 是递增、严格凹和二阶可微的，并且 $u'(0)=+\infty$。

阿特基森使用各种技术条件使得他的模型变得易处理。他假定对于每一项投资 I，$g(Y,I)$ 都有一个有限支撑 $(Y_1,\cdots,Y_n)$，并有 $Y_n>Y_{n-1}>\cdots>Y_1$。他假定对于所有的 I 值和所有的状态 Y_i 有 $g(Y_i,I)>0$，并且从 Y 推出 I 是不可能的。他进一步假定分布 $g(Y,I)$ 是两个基础的分布 $g_0(Y)$ 和 $g_1(Y)$ 的凸组合：

$$g(Y,I)=\lambda(I)g_0(Y)+[1-\lambda(I)]g_1(Y) \tag{25.2.2}$$

其中 $g_0(Y_i)/g_1(Y_i)$ 对 i 是单调递增的，对于所有的 I，有 $0\leqslant\lambda(I)\leqslant 1$，$\lambda'(I)>0$ 和 $\lambda''(I)\leqslant 0$。注意

$$g_I(Y,I)=\lambda'(I)[g_0(Y)-g_1(Y)] \tag{25.2.3}$$

其中 g_I 的定义为对 I 的偏导数。另外，假定递增的投资会将收益的分布转向更高的收益意味着

$$\sum_i Y_i[g_0(Y_i)-g_1(Y_i)]>0 \tag{25.2.4}$$

我们将考虑在三种环境下借入者的选择：(1) 自给自足；(2) 在借入者的选择行为可以

---

① 为了理解阿特基森是如何得到这个结果的，读者应该好好消化第 23 章描述的方法。

被完全观察到和完全执行的条件下，从风险中性借出者那里进行借贷；（3）在不完全可观察和有限执行条件下借贷。环境（3）就是阿特基森的模型所描述的。通过附录中描述的计算方法，我们可以使用环境（1）和环境（2）来构造值函数的边界。

□ 25.2.1 自给自足

假定不存在借贷者。这样，“借入者”仅仅是一个孤立的被赋予技术的家庭。家庭选择(c_t, I_t)来最大化表达式（25.2.1），且满足约束条件

$$c_t + I_t \leqslant Q_t$$
$$Q_{t+1} = Y_{t+1}$$

这个问题的最优值函数$U(Q)$满足贝尔曼方程

$$U(Q) = \max_{Q \geqslant I \geqslant 0} \left\{ (1-\delta) u(Q-I) + \delta \sum_{Q'} U(Q') g(Q', I) \right\} \tag{25.2.5}$$

关于I的一阶条件是

$$-(1-\delta) u'(Q-I) + \delta \sum_{Q'} U(Q') g_I(Q', I) \leqslant 0, \text{ 当 } I > 0 \text{ 时取等号} \tag{25.2.6}$$

这个一阶条件隐约地定义了在自给自足条件下的资本积累法则。

□ 25.2.2 带有完全保险的投资

我们现在考虑这样一个环境，在这个环境下，除了在技术上投资I，借出者还可以以价格向量$q(Y', I)$来发行阿罗证券，其中我们用“$'$”表示下一期的值，并且$d(Y')$是由借出者发行的单期阿罗证券的数量；Y'是由借入者承诺提供的下一期消费品的数量。借出者观测投资水平I，所以定价核$q(Y', I)$显式依赖于I。因此对于依赖于下一期产出实现值Y'的下一期支付1单位产出的承诺，对于每一个I，借入者面临一个不同的价格。（正如我们很快看到的一样，阿特基森模型中的借出者不能观测到I，使得以I为条件是不可能的。）我们将假定阿罗证券由风险中性的投资者定价，该投资者也有一个单期折现因子δ。这意味着阿罗证券的价格由

$$q(Y', I) = \delta g(Y', I) \tag{25.2.7}$$

给出，这反过来也意味着总的单期无风险利率是δ^{-1}。

在一个没有信息和执行问题的完全市场，借入者的最优投资决定不是借入者自己持有商品的函数。替代地，当评估阿罗证券的价格时，最优投资水平最大化目标的当前值：

$$\max_{I \geqslant 0} \left\{ -I + \sum_{Y'} Y' q(Y', I) \right\} \tag{25.2.8}$$

在引入表达式（25.2.7）之后

$$\max_{I \geqslant 0} \left\{ -I + \delta \sum_{Y'} Y' g(Y', I) \right\}$$

因此，当阿罗证券的价格被风险中性的投资者决定时，最优投资水平最大化目标的折现因子为δ^{-1}的期望支付。I的一阶条件为

$$\sum_{Y'} Y' g_I(Y', I) \leqslant \delta^{-1}\text{，若 } I > 0\text{，则取等号} \tag{25.2.9}$$

在引入方程（25.2.3）后

$$\lambda'(I) \sum_{Y'} Y'[g_0(Y') - g_1(Y')] \leqslant \delta^{-1}\text{，若 } I > 0\text{，则取等号}$$

由于上式的左边对 I 是递减的并且 $\lambda(I)$ 的上界必须最后趋近于 0，这个条件唯一地决定了投资水平 I。

正如在第 8 章中，我们递归地把借入者的预算约束表述为

$$c - \sum_{Y'} q(Y', I^*) d(Y') + I^* \leqslant Q \tag{25.2.10a}$$

$$Q' = Y' - d(Y') \tag{25.2.10b}$$

其中 I^* 是投资问题（25.2.8）的解。令 $W(Q)$ 是拥有商品 Q 的借入者的最优值。借入者的贝尔曼方程是

$$W(Q) = \max_{c, d(Y')} \Big\{ (1-\delta) u(c) + \delta \sum_{Y'} W[Y' - d(Y')] g(Y', I^*)$$

$$+ \mu\Big[Q - c + \sum_{Y'} q(Y', I^*) d(Y') - I^* \Big]\Big\} \tag{25.2.11}$$

其中 μ 是表达式（25.2.10a）的拉格朗日乘子。关于 c 和 $d(Y')$ 的一阶条件分别是

$$c\text{：}(1-\delta)u'(c) - \mu = 0 \tag{25.2.12a}$$

$$d(Y')\text{：}-\delta W'[Y' - d(Y')] g(Y', I^*) + \mu q(Y', I^*) = 0 \tag{25.2.12b}$$

把（25.2.7）式和（25.2.12a）式代入（25.2.12b）式，得到

$$-W'[Y' - d(Y')] + (1-\delta) u'(c) = 0$$

并且再引入本维尼斯特-沙因克曼条件，$W'(Q') = (1-\delta) u'(c')$，我们推出消费平滑结果 $c' = c$。这反过来意味着，通过贝尔曼方程中的状态变量 Q，可以推出 $Q' = Q = Q_0$。因此，这个解使得 I 是常数 I^*，它的水平由（25.2.9）式决定，并且 c 和 $d(Y')$ 满足

$$c + I^* = Q_0 + \sum_{Y'} q(Y', I^*) d(Y') \tag{25.2.13a}$$

$$d(Y') = Y' - Q_0 \tag{25.2.13b}$$

该借入者在每一期借入一个固定值 $\sum_{Y'} q(Y', I^*) d(Y')$，每一期投入相同的 I^*，并且当 Y' 很高时产生高偿还，而当 Y' 很低时产生低偿还。这就是标准的完全保险解。

我们现在转向阿特基森的设定，借入者比在自给自足的条件下做得好，但比在完美执行和可观察投资的条件下带有贷款合同时做得差。阿特基森找到了一个值为 $V(Q)$ 的合同。$U(Q) \leqslant V(Q) \leqslant W(Q)$。我们需要计算出 $W(Q)$ 和 $U(Q)$，以便在更多的约束合同下计算借入者的值。

□ 25.2.3 有限的承诺和不可观察的投资

阿特基森设计了一个最优递归合同，这个合同解决了风险分担的两个障碍：(1) 道

德风险，也就是说，隐藏行动——借出者不能观察到借入者的行动 I_t，而它会影响收益 Y_{t+1} 的概率分布；(2) 单边限制承诺：借入者可以自由背离合同，并且可以在任何状态下选择回到自给自足。

在每一期，借入者面临一个存活两期的、风险中性的借出者，该借出者在他生命的每一期都拥有 $M>0$。每一个借出者都可以以一个无风险的总利率 δ^{-1} 进行借入和借出，并且如果他借给借入者，那么他可以赚得一个至少为 δ^{-1} 的期望收益。借出者也愿意在相同的期望收益率下借入。借出者在他生命的第一期能借出高达 M 单位的消费品给借入者，并且在他生命的第二期，他可以偿还（如果借入者借出了）高达 M 单位的消费品。借出者借出 $b_t \leqslant M$ 单位给借入者并且在他生命的第二期得到一个状态或有偿还 $d(Y_{t+1})$，其中 $-M \leqslant d(Y_{t+1})$。偿还是状态或有的，这使得借出者要确保借入者的偿还。

一个借出者只有当贷款合同保证了偿还时，才愿意将一个单期贷款借给借入者。借入者仅当他想要时才履行该合同。借出者可以观察 Q，但无法观察 C 和 I。在下一期，借出者能够观察 Y_{t+1}。他将偿还建立在观察值之上。

当 $c_t+I_t-b_t=Q_t$ 时，阿特基森的最优递归合同采用下列形式：

$$d_{t+1}=d(Y_{t+1},Q_t) \tag{25.2.14a}$$

$$Q_{t+1}=Y_{t+1}-d_{t+1} \tag{25.2.14b}$$

$$b_t=b(Q_t) \tag{25.2.14c}$$

偿还计划 $d(Y_{t+1},Q_t)$ 仅仅依靠可观察值，并且被用来识别限制承诺和道德风险问题。

注意 Q_t 是如何在合同中成为唯一的状态变量的。阿特基森采用在第 23 章中介绍的阿布勒、皮尔斯和斯塔凯蒂（1990）的方法证明了，状态变量可以选为 Q_t，并且没有必要弄清楚 Q 的历史路径。阿特基森得到了下面的贝尔曼方程。令 $V(Q)$ 是借入者在最优合同下在状态 Q 中的最优值。令 $A=(c,I,b,d(Y'))$，它们都是 Q 的函数。贝尔曼方程是

$$V(Q)=\max_{A}\left\{(1-\delta)u(c)+\delta\sum_{Y'}V[Y'-d(Y',Q)]g(Y',I)\right\} \tag{25.2.15a}$$

满足约束条件：

$$c+I-b\leqslant Q,\ b\leqslant M,\ -d(Y',Q)\leqslant M,\ c\geqslant 0,\ I\geqslant 0 \tag{25.2.15b}$$

$$b\leqslant \delta\sum_{Y'}d(Y')g(Y',I) \tag{25.2.15c}$$

$$V[Y'-d(Y')]\geqslant U(Y') \tag{25.2.15d}$$

$$I=\arg\max_{\tilde{I}\in[0,Q+b]}\left\{(1-\delta)u(Q+b-\tilde{I})+\delta\sum_{Y'}V[Y'-d(Y',Q)]g(Y',\tilde{I})\right\} \tag{25.2.15e}$$

(25.2.15b) 式是可行性条件。(25.2.15c) 式对于借出者而言是理性约束，它要求收益的总收益超过借出者可获得的无风险利率 δ^{-1}。(25.2.15d) 式说明在明天的每一个状态，借入者必须想遵守合同，因此履行合同的值（左边）必须至少和自给自足值一样大。(25.2.15e) 式表明借入者在合同下选择 I 来最大化他的期望效用。

存在许多值函数 $V(Q)$ 与对应的合同 $b(Q)$ 和 $d(Y',Q)$，它们满足条件 (25.2.15)。因为我们想要得到最优合同，所以我们就要（有希望地，逐点地）得到最大的 $V(Q)$。在贝尔曼方程上进行迭代的一般策略是从一个任意的猜测解 $V^0(Q)$ 开始，例如 0，而这种

方法在这种情况下不能进行，因为需要高的备选后续值 $V(Q')$ 来支持当前期的好结果。但是，一般迭代策略的一个修正方法可以使我们从后续值函数 $V^0(Q')$ 的一个充分大的初始解开始。阿特基森（1988，1991）证实了最优合同可以通过条件（25.2.15）迭代到收敛的方法来构造，只要从一个足够大的初始值函数 $V^0(Q)$ 开始迭代就可以了。（参见本章关于一个计算练习的附录，该练习使用了阿特基森的迭代策略。）他采用阿布勒、皮尔斯和斯塔凯蒂（1990）的思想证明了这个结果。[①] 在下一小节，我们将构造一个拉格朗日方程，在这个方程中，后续值的作用将被明确地考虑。

有约束力的参与约束

阿特基森的工作是试图解释为什么国家在收入非常低的时期经常出现资本外流，而在这个时期它们应该在一个完全市场上借入更多才合适。条件（25.2.15）对应的最优合同具有阿特基森寻找到的特性：借入者在低产出水平时净偿还 $d_t>b_t$。

阿特基森用下列论证证明了这个性质。首先，为了获得借入者对一阶条件的最优反应，他假定存在下面的条件。[②]

假设：对于最优合同，有

$$\sum_i d_i[g_0(Y_i)-g_1(Y_i)]\geqslant 0 \tag{25.2.16}$$

这使得偿还值是随投资递增的。另外，假设借入者受约束的最优的投资水平是内生的。

阿特基森通过假设条件（25.2.16）和条件（25.2.2）证明了利用方程（25.2.15e）右边的一阶条件可以刻画投资决策的特征。投资的一阶条件是

$$-(1-\delta)u'(Q+b-I)+\delta\sum_i V(Y_i-d_i)g_I(Y_i,I)=0$$

□ 25.2.4 危机时的最优资本外流

为了得到偿还计划的关键性质，我们采用阿特基森在一个最优合同设计的规划问题中引入后续值 $\tilde{V}$ 作为一个额外的选择变量的方法。阿特基森给出了为什么（25.2.15）式能够被视为一个更基本的规划问题的结果，在这个规划问题中，合同的设计者可以从承诺值的可允许集合中选择后续值函数。[③] 采用阿特基森的方法，令 $U_d(Y_i)\equiv\tilde{V}(Y_i-d(Y_i))$，其中 $\tilde{V}(Y_i-d(Y_i))$是由合同的设计者选择的一个后续值函数。阿特基森表明，我们可以认为合同的设计者在选择 A 中元素的同时，还选择了一个后续值函数，但是最后，选择满足贝尔曼方程（25.2.15a）的值函数是最优的。

我们采用阿特基森的方法并且认为 $U_d(Y_i)$ 是选择变量。它们必须满足 $U_d(Y_i)\leqslant V(Y_i-d_i)$，其中 $V(Y_i-d_i)$ 满足贝尔曼方程（25.2.15）。建立拉格朗日方程

$$J(A,U_d,\mu)=(1-\delta)u(c)+\delta\sum_i U_d(Y_i)g(Y_i,I)$$

---

① 参见第 23 章中关于阿布勒、皮尔斯和斯塔凯蒂结构的一些研究，还有在有历史依赖性的情况下，动态规划原理是如何将注意力转向后续值函数的集合的。需要处理一个后续值函数的集合大概是阿特基森必须从一个充分大的初始值函数开始他的迭代的原因。

② 第一个假设使得借出者偏爱借入者创造更多的投资而不是更少的投资。参见罗杰森（1985b）关于违背激励问题的一阶条件的必要条件。

③ 参见阿特基森（1991）和第 23 章。

$$
\begin{aligned}
&+\mu_1(Q+b-c-I)\\
&+\mu_2\Big[\delta\sum_i d_i g(Y_i,I)-b\Big]\\
&+\delta\sum_i\mu_3(Y_i)g(Y_i,I)[U_d(Y_i)-U(Y_i)]\\
&+\mu_4\Big[-(1-\delta)u'(Q+b-I)+\delta\sum_i U_d(Y_i)g_I(Y_i,I)\Big]\\
&+\delta\sum_i\mu_5(Y_i)g(Y_i,I)[V(Y_i-d_i)-U_d(Y_i)]
\end{aligned}
\tag{25.2.17}
$$

其中 μ_j 是非负的拉格朗日乘子。为了研究当参与约束有约束力时的结果，整理对 $U_d(Y_i)$ 的一阶条件得到

$$
1+\mu_4\frac{g_I(Y_i,I)}{g(Y_i,I)}=\mu_5(Y_i)-\mu_3(Y_i) \tag{25.2.18}
$$

其中 $g_I/g=\lambda'(I)\Big[\dfrac{g_0(Y_i)-g_1(Y_i)}{g(Y_i,I)}\Big]$，它对于小的 Y_i 是非负的，并且对于大的 Y_i 是正的。所有的乘子都是非负的。显然，当方程（25.2.18）的左边为负的时候，我们必须有 $\mu_3(Y_i)>0$，所以条件（25.2.15d）是有约束力的并且 $U_d(Y_i)=U(Y_i)$。因此，对于 $\mu_3(Y_i)>0$ 的状态有 $V(Y_i-d_i)=U(Y_i)$。阿特基森利用这个发现表明，在 $\mu_3(Y_i)>0$ 的状态 Y_i，新的贷款 b' 不能超过偿还值 $d_i=d(Y_i)$。最优条件（25.2.15e）意味着 $V(Q)$ 满足

$$
V(Q)=\max_{I\in[0,Q+b]}u(Q+b-I)+\delta\sum_{Y'}V[Y'-d(Y')]g(Y',I) \tag{25.2.19}
$$

在方程（25.2.19）的右边利用参与约束（25.2.15d）推出

$$
V(Q)\geqslant\max_{I\in[0,Q+b]}\Big\{u(Q+b-I)+\delta\sum_{Y'}U(Y'_i)g(Y',I)\Big\}\equiv U(Q+b) \tag{25.2.20}
$$

其中 U 是自给自足问题（25.2.5）的值函数。在 $\mu_3>0$ 的状态，我们知道，首先 $V(Q)=U(Y)$。其次，通过（25.2.20）式得到 $V(Q)\geqslant U(Y+(b-d))$。但是 U 是递增的，因此必须有 $(b-d)\leqslant 0$。我们认为，对于那些 Y_i 值低的状态，即 $\mu_3>0$，$b\leqslant d(Y_i)$，意味着这些状态不存在资本流入。①

资本外流提供好的激励，因为资本外流仅仅在产出实现值很低时发生。它们的作用是为借入者提供激励去投资使得低产出的状态不会发生。低产出时资本外流的发生并不需要完全市场合同方程（25.2.13b）。相反地，完全市场合同提供了一个“资本流入”给借出者。构成最优合同的一对函数 $b_t=b(Q_t)$ 和 $d_t=d(Y_t,Q_{t-1})$ 表明，那些在不利状态下的支付表明了合同是如何对借入者提供激励来做投资决策的，这个决策减少了（Y_t,Q_t,Q_{t-1}）进入那些会引发不利状态下的资本外流的区域的可能性。

我们要提醒读者的是，阿特基森的合同的一个显著特性就是，偿还计划和状态变量 Q“完成了所有的工作”。阿特基森的合同设法以一个极端的经济方式来处理所有的历史依赖性。最后，正如第 20 章在我们研究的问题中所做的那样，没有必要增加承诺值作为一个独立的状态变量。

① 这个讨论表明在低产出时产生的资本外流中，带有限制的执行条件有很重要的作用。

25.3 贸易政策的渐近主义

我们现在描述邦德和帕克（2001）的模型关于国际贸易自由化的双边协议中的渐近主义的分析的一个版本。邦德和帕克举了一些例子。在这些例子中，一个大国从与小国的交换（大国的关税逐步下降的交换）中获得一个递增的转移序列。邦德和帕克通过历史依赖的政策解释渐近主义。这个政策通过诱导大国逐步地减少关税的扭曲值，但是依然从自由贸易中获得收益，从而改变大国的后续值。他们把转移解释成贸易优惠。①

我们从提出一个关于两个国家之间的贸易的简单的一般均衡模型开始。② 理论化的结果是：一对间接效用函数 r_L 和 r_S 分别表示大国和小国的福利。其中，r_L 和 r_S 都是大国强加给小国的关税 t_L 和小国自愿提供给大国的转移 e_S 的函数。

25.3.1 封闭经济模型

首先，我们描述一个单个国家模型。这个国家由一个固定数目的家庭组成。一个典型的家庭具有偏好

$$u(c,\ell)=c+\ell-0.5\ell^2 \tag{25.3.1}$$

其中 c 和 ℓ 分别是消费品和闲暇的消费。家庭被赋予 $\bar{y}$ 数量的消费品和 1 单位可以用于闲暇或工作的时间：

$$1=\ell+n_1+n_2 \tag{25.3.2}$$

其中 n_j 是中间产品 x_j 的劳动投入，$j=1$，2。两个中间产品合在一起去生产最终产品。生产技术如下：

$$x_1=n_1 \tag{25.3.3a}$$
$$x_2=\gamma n_2,\quad \gamma\in[0,1] \tag{25.3.3b}$$
$$y=2\min\{x_1,x_2\} \tag{25.3.3c}$$
$$c=y+\bar{y} \tag{25.3.3d}$$

其中消费 c 是生产 y 和禀赋 $\bar{y}$ 的总和。

由于最终产品的生产函数是里昂惕夫函数，一个封闭经济将生产相同数量的中间产品。对于一个给定的生产参数 γ，令 $\tilde{\chi}(\gamma)$ 为 1 单位劳动投入生产的两种中间产品的无差异数量。这也就是说，1 单位劳动的 $\tilde{\chi}(\gamma)$ 部分被用来生产 $\tilde{\chi}(\gamma)$ 单位中间产品 1；其他 $\tilde{\chi}(\gamma)/\gamma$ 部分被用来生产相同数量的中间产品 2：

---

① 邦德和帕克说，事实上，贸易优惠体现出小国关于保护知识产权、保护外国投资者的利益和控制国内经济的政策的改革。他们没有对这些特征建模。

② 邦德和帕克（2001）建立的是一个局部均衡模型。这与我们的模型稍微不同，但是本质是一样的。

$$\tilde{\chi}(\gamma)+\frac{\tilde{\chi}(\gamma)}{\gamma}=1 \qquad \Rightarrow \quad \tilde{\chi}(\gamma)=\frac{\gamma}{1+\gamma} \tag{25.3.4}$$

线性的生产技术意味着一个完全被决定的工资。此时，所有的产出都是对劳动的补偿。闲暇的最优选择使得消费的边际效用等于闲暇的边际效用：

$$2\min\{\tilde{\chi}(\gamma),\tilde{\chi}(\gamma)\}=\frac{\mathrm{d}}{\mathrm{d}\ell}[\ell-0.5\ell^2]$$

利用方程（25.3.4），替换掉 $\tilde{\chi}(\gamma)$，得到 $\frac{2\gamma}{1+\gamma}=1-\ell$，重新整理变成

$$\ell=L(\gamma)=\frac{1-\gamma}{1+\gamma} \tag{25.3.5}$$

由它可推出均衡时的中间产品的数量为

$$x_1=x_2=\chi(\gamma)\equiv\tilde{\chi}(\gamma)[1-L(\gamma)]=\frac{2\gamma^2}{(1+\gamma)^2} \tag{25.3.6}$$

自给自足下的两个国家

假设存在两个国家，记为 L 和 S（表示大国和小国）。国家 L 由 $N\geqslant 1$ 个家庭组成，而国家 S 只由一个家庭组成。所有家庭有相同的偏好（25.3.1），但是生产技术不同。具体而言，国家 L 的生产参数为 $\gamma=1$，而国家 S 的生产参数为 $\gamma=\gamma_S<1$。

在没有贸易或自给自足下，每个国家都是封闭经济。它们的配置由方程（25.3.5）、方程（25.3.6）和方程（25.3.3）给出。由这些表达式，我们得到

$$\{\ell_L,n_{1L},n_{2L},c_L\}=\{0,0.5,0.5,\bar{y}+1\}$$
$$\{\ell_S,n_{1S},n_{2S},c_S\}=\{L(\gamma_S),\chi(\gamma_S),\chi(\gamma_S)/\gamma_S,\bar{y}+2\chi(\gamma_S)\}$$

在国家 L，两种中间产品的相对价格为 1；而在国家 S，中间产品 2 相对于中间产品 1 的价格是 γ_S^{-1}。国家之间相对价格的差异意味着可以从交易中获得收益。

□ 25.3.2　两个国家自由贸易下的李嘉图模型

在自由贸易下，国家 L 足够大，能满足两个国家对中间产品 2 的需求。因此，国家 S 将专门生产中间产品 1，即 $n_{1S}=1$。为了找到国家 L 的一个工人花在生产中间产品 1 上的时间 n_{1L}，注意到这个世界要求中间产品 1 的相对价格等于 $0.5(N+1)$，并且强加市场出清条件后，

$$Nn_{1L}+1=0.5(N+1)$$
$$n_{1L}=\frac{N-1}{2N}$$

自由贸易的配置变为

$$\{\ell_L,n_{1L},n_{2L},c_L\}=\{0,(N-1)/(2N),(N+1)/(2N),\bar{y}+1\}$$
$$\{\ell_S,n_{1S},n_{2S},c_S\}=\{0,1,0,\bar{y}+1\}$$

注意，在国家 L，因为 $\ell_L=0$ 和 $c_L=\bar{y}+1$，每个家庭的福利与在自给自足下是一样的。

国家 L 的配置在贸易中不变意味着如下事实，即自由贸易的均衡价格和国家 L 在自给自足下的价格一样。只有国家 S 从自由贸易中得到收益。

□ 25.3.3 带有关税的贸易

虽然国家 L 从自由贸易中什么也得不到，但它可以通过对国家 L 的进口征收关税获得收益。假设国家 L 对所有进口商品征收的关税为 $t_L \geqslant 0$。针对国家 L 进口的中间产品和最终产品的量，国家 L 通过征收关税获得 t_L 部分。一个必要条件是关税不能超过 $1-\gamma_S$，否则国家 S 将选择自己生产中间产品 2 而不是从国家 L 进口。

给定 $t_L \leqslant 1-\gamma_S$，我们可以发现贸易均衡如下。从国家 S 的角度，$1-t_L$ 可以被看成生产参数 γ，它决定了得到 1 单位中间产品 2 的成本。在自给自足下，价格为 γ^{-1}，在关税为 t_L 的贸易中，价格变成 $(1-t_L)^{-1}$。对于国家 S，我们可以利用封闭经济的结论，并且只需把 γ 替换成 $1-t_L$。国家 S 的配置为

$$\{\ell_S, n_{1S}, n_{2S}, c_S\} = \{L(1-t_L), 1-L(1-t_L), 0, \bar{y}+2\chi(1-t_L)\} \tag{25.3.7}$$

与自给自足的均衡相比，国家 S 现在分配所有的劳动投入 $1-L(1-t_L)$ 去生产中间产品 1，但是保留仅仅 $\chi(1-t_L)$ 的中间产品 1，而把 $\chi(1-t_L)/(1-t_L)$ 出口到国家 L。在支付关税后，国家 S 从国家 L 购买 $\chi(1-t_L)$ 的中间产品 2。既然中间产品 1 和 2 的数量相等，最终消费品的产量由方程（25.3.3c）给出，且等于 $2\chi(1-t_L)$。

国家 L 从国家 S 得到 $\chi(1-t_L)/(1-t_L)$ 的中间产品 1，一部分来自关税 $t_L\chi(1-t_L)/(1-t_L)$，一部分来自中间产品 2 的出口 $\chi(1-t_L)$。对应于中间产品的流入，国家 L 的劳动投入的总量等于 $\chi(1-t_L)+0.5t_L\chi(1-t_L)/(1-t_L)$，被重新配置。这要求国家 L 满足国家 S 对中间产品 2 的需求，同时增加 $0.5t_L\chi(1-t_L)/(1-t_L)$ 单位它自己对每个中间产品的利用。国家 L 的贸易配置变为

$$\{\ell_L, n_{1L}, n_{2L}, c_L\} = \Big\{0, 0.5-\frac{(1-0.5t_L)\chi(1-t_L)}{(1-t_L)N},$$
$$0.5+\frac{(1-0.5t_L)\chi(1-t_L)}{(1-t_L)N}, \bar{y}+1+t_L\frac{\chi(1-t_L)}{(1-t_L)N}\Big\} \tag{25.3.8}$$

□ 25.3.4 福利和纳什关税

对于一个给定的关税 $t_L \leqslant 1-\gamma_S$，我们计算一个贸易均衡的福利水平。令 $u_S(t_L)$ 和 $u_L(t_L)$ 分别是当关税为 t_L 时国家 S 和国家 L 的间接效用。在把均衡配置方程（25.3.7）和方程（25.3.8）代入效用函数（25.3.1）后，我们得到

$$u_S(t_L) = u(c_S, \ell_S) = \bar{y}+2\chi(1-t_L)+L(1-t_L)-0.5L(1-t_L)^2$$
$$u_L(t_L) = Nu(c_L, \ell_L) = N(\bar{y}+1)+t_L\frac{\chi(1-t_L)}{1-t_L} \tag{25.3.9}$$

其中将国家 L 中的代表性个体的效用函数前乘以 N，因为我们要把所有个体的效用加总。现在，我们引入均衡表达式（25.3.5）和（25.3.6），并且关于 t_L 进行微分。正如预期的那

样，国家 S 的福利随关税下降，而国家 L 的福利是一个最初随关税增加的严格凹函数：

$$\frac{\mathrm{d}u_S(t_L)}{\mathrm{d}t_L}=-\frac{4(1-t_L)}{(2-t_L)^3}<0 \tag{25.3.10a}$$

$$\frac{\mathrm{d}u_L(t_L)}{\mathrm{d}t_L}=\frac{2(2-3t_L)}{(2-t_L)^3}\begin{cases}>0, & t_L<2/3\\ \leqslant 0, & t_L\geqslant 2/3\end{cases} \tag{25.3.10b}$$

并且

$$\frac{\mathrm{d}^2u_L(t_L)}{\mathrm{d}t_L^2}=-\frac{12t_L}{(2-t_L)^4}\leqslant 0 \tag{25.3.10c}$$

其中 $t_L\leqslant 1-\gamma_S$。

关税使得国家 L 从贸易中得到一些收益。在我们的模型中，国家 L 偏爱一个最大化关税收益的关税 t_L。

定义：在单期纳什均衡上，国家 L 的政府征收一个关税，满足

$$t_L^N=\min\ \{\arg\max_{t_L} u_L(t_L),1-\gamma_S\} \tag{25.3.11}$$

从表达式(25.3.10b)，我们有 $t_L^N=\min\{2/3,1-\gamma_S\}$。

评论：对于纳什关税，如果 $2/3<1-\gamma_S$，国家 S 从贸易中得到收益；如果 $1-\gamma_S\leqslant 2/3$，国家 S 从贸易中什么也得不到。

用 $u_W(t_L)\equiv u_S(t_L)+u_L(t_L)$ 衡量世界福利。世界福利的这种测度满足

$$\frac{\mathrm{d}u_W(t_L)}{\mathrm{d}t_L}=-\frac{2t_L}{(2-t_L)^3}\leqslant 0 \tag{25.3.12a}$$

并且

$$\frac{\mathrm{d}^2u_W(t_L)}{\mathrm{d}t_L^2}=-\frac{4(1+t_L)}{(2-t_L)^4}<0 \tag{25.3.12b}$$

我们总结我们的发现：

定理 1：世界福利 $u_W(t_L)$ 是严格凹的，在 $t_L\geqslant 0$ 时是递减的，并且当 $t_L=0$ 时被最大化。但是 $u_L(t_L)$ 是严格凹的，并且在 $t_L^N>0$ 时被最大化。因此，$u_L(t_L^N)>u_L(0)$。

这个定理的一个结果是：与自由贸易相比，国家 L 偏爱纳什均衡，但是国家 S 偏爱自由贸易。为了诱导国家 L 接受自由贸易，国家 S 必须向它转移资源。我们现在讨论在一个跨期模型中，国家 S 是如何有效地转移资源的。

□ 25.3.5 贸易优惠

为了得到一个类似邦德和帕克（2001）精神的模型，我们现在假设两个国家可以签订国家之间直接的消费品的转移的贸易优惠。我们把转移增加到具有（25.3.1）式的形式的效用函数 u_L 和 u_S 上，得到支付函数

$$r_L(t_L, e_S) = u_L(t_L) + e_S \tag{25.3.13a}$$
$$r_S(t_L, e_S) = u_S(t_L) - e_S \tag{25.3.13b}$$

其中 $t_L \geqslant 0$ 是国家 L 的进口关税，$e_S \geqslant 0$ 是从国家 S 到国家 L 的转移。这些定义是有意义的，因为间接效用函数（25.3.9）是最终消费品的消费的线性函数，因此通过转移最终消费品，小国转移了效用。转移 e_S 是自愿的，而且必须非负。（小国不能从大国得到转移。）我们已经说明 $u_L(t_L)$ 是严格凹、二阶可微且 $u'_L(0)>0$ 的，而 $u_W(t_L) \equiv u_S(t_L) + u_L(t_L)$ 是严格凹、二阶连续可微且 $u'_W(0)=0$ 的。我们把 $t_L=0$ 的情形称为自由贸易。我们令 (t_L^N, e_S^N) 是一个具有支付函数（25.3.13a）和函数（25.3.13b）的两个国家的关于关税和转移的单期的、同时行动的博弈的纳什均衡。由定理 1，$t_L^N>0$，$e_S^N=0$。而 $u_L(t_L^N)>u_L(0)$ 且 $u_S(0)>u_S(t_L^N)$，因此当从纳什均衡移动到自由贸易（$e_S=0$）时，国家 S 有收益而国家 L 发生损失。

□ 25.3.6 一个重复的关税博弈

我们现在假设经济无限地重复它自己。$t \geqslant 0$。用 $\rho_t = (t_{Lt}, e_{St})$ 表示两个国家时期 t 的行为。对于 $t \geqslant 1$，把直到时期 $t-1$ 的历史表示成 $\rho^{t-1} = [\rho_{t-1}, \cdots, \rho_0]$。国家 S 的政策 σ_S 是一个初始值 e_{S0} 和一个函数序列 $e_{St} = \sigma_{St}(\rho^{t-1})(t \geqslant 1)$。国家 L 的政策 σ_L 是一个初始值 t_{L0} 和一个函数序列 $t_{Lt} = \sigma_{Lt}(\rho^{t-1})(t \geqslant 1)$。令 σ 表示一对政策 (σ_L, σ_S)。政策或策略组合 σ 诱导时期 t 时国家 i 的支付为 $r_i(\sigma_t)$，其中 σ_t 是 σ 的时期 t 的分量。我们通过

$$\nu_i(\sigma) = \sum_{t=0}^{\infty} \beta^t r_i(\sigma_t) \tag{25.3.14}$$

衡量国家 i 的当前的折现值，其中 σ 通过它对 c_i 的影响对 r_i 发生作用。定义 $\sigma|_{\rho^{t-1}}$ 是在历史 ρ^{t-1} 后，时期 t 开始时 σ 的后续值。定义 i 的后续值为

$$\nu_{it} = \nu_i(\sigma|_{\rho^{t-1}}) = \sum_{j=0}^{\infty} \beta^j r_i(\sigma_j|_{\rho^{t-1}})$$

我们使用下面的标准定义：

定义：一个子博弈完美均衡是一个策略组合 σ，它使得对于所有 $t \geqslant 0$ 和所有历史 ρ^t，从时期 t 开始，对于给定的 σ_S，国家 L 最大化它的后续值，而从时期 t 开始，对于给定的 σ_L，国家 S 最大化它的后续值。

容易证明，一个一直重复的静态纳什均衡的结果 $(t_L, e_S) = (t_L^N, 0)$ 的策略组合是一个子博弈完美均衡。

□ 25.3.7 时不变的转移

我们首先讨论存在一个时不变的转移 $e_S>0$ 的环境。这会诱导国家 L 进入自由贸易。令 $\nu_i^N = \dfrac{u_i(t_L^N)}{1-\beta}$ 是国家 i 的折现值。如果两个国家都偏爱带有一个不变的转移水平 $e_S>0$ 的自由贸易，以下的两个参与约束成立：

$$\nu_L \equiv \frac{u_L(0)+e_S}{1-\beta} \geqslant u_L(t_L^N)+e_S+\beta\nu_L^N \tag{25.3.15}$$

$$\nu_S \equiv \frac{u_S(0)-e_S}{1-\beta} \geqslant u_S(0)+\beta\nu_S^N \tag{25.3.16}$$

这里的时机选择表明 L 和 S 的自发选择意味着什么：当 L 背离$(0,e_S)$，L 保留那个时期的转移 e_S。对称地，如果 S 背离，它享受那个时期的零关税。这些暂时的收益提供了背离的刺激。不等式（25.3.15）和不等式（25.3.16）要求我们去讨论策略选择。这些策略使得国家 L 和国家 S 分别通过选择纳什均衡行为 $t_L=t_L^N$ 和 $e_S=0$，对另一个国家的期望行为做出反应。因此，对参与行为的任何背离的反应就转换成一个重复的静态纳什均衡，一个子博弈完美均衡。①

可以重新整理不等式（25.3.15）（L 的参与约束）和 ν_L^N 的定义得到

$$e_S \geqslant \frac{u_L(t_L^N)-u_L(0)}{\beta} \tag{25.3.17}$$

满足不等式（25.3.17）的时不变的转移 e_S 足够诱导 L 放弃纳什均衡并且设定关税为零。诱导 L 接受自由贸易的最小的时不变的转移为

$$e_{S\min} = \frac{u_L(t_L^N)-u_L(0)}{\beta} \tag{25.3.18}$$

由不等式（25.3.16）（S 的参与约束）和 ν_S^N 的定义得到

$$e_S \leqslant \beta(u_S(0)-u_S(t_L^N)) \tag{25.3.19}$$

这约束了 S 自由贸易时愿意支付的时不变的转移。显然，S 愿意支付的最大的随时间不变的转移为

$$e_{S\max} = \beta(u_S(0)-u_S(t_L^N)) \tag{25.3.20}$$

如果我们把 $e_S=e_{S\min}$代入不等式（25.3.15）中，我们发现可以被一个稳定的转移支持的国家 L 的最低的后续值 ν_L 为

$$\nu_L^* = \beta^{-1}(\nu_L^N - u_L(0)) \tag{25.3.21}$$

如果把 $e_S=e_{S\max}$代入 ν_L 的定义中，我们得到通过一个稳定的转移变得可持续的最高的 ν_L 为

$$\nu_L^{**} = \frac{u_L(0)+\beta(u_S(0)-u_S(t_L^N))}{1-\beta} \tag{25.3.22}$$

由于存在一个诱导两个国家去接受自由贸易的时不变的转移 e_S，我们要求 $\nu_L^*<\nu_L^{**}$，因此$[\nu_L^*,\nu_L^{**}]$是非空的。由于一系列世界经济仅仅是折现因子不同，我们可以计算一个使得 $\nu_L^*=\nu_L^{**}$ 的折现因子 β。这是折现因子的标准值，在这个值之下，区间$[\nu_L^*,\nu_L^{**}]$是空集。那么，让（25.3.21）式和（25.3.22）式的右边相等，求解 β 得到标准值

① 在第 23 章，我们学习了转换成子博弈完美均衡的结果，它给 L 和 S 更差的支付，并且我们讨论了如何构建最坏的子博弈完美均衡支付和策略。

$$\beta_c \equiv \sqrt{\frac{u_L(t_L^N)-u_L(0)}{u_S(0)-u_S(t_t^N)}} \tag{25.3.23}$$

我们知道根号下的数值是正的并且比分母小（因为 S 通过移动到自由贸易得到的收益比 L 的损失多）。因此，由（25.3.23）式知，$\beta_c \in (0,1)$。对于 $\beta > \beta_c$，存在一个非奇异的区间 $[\nu_L^*, \nu_L^{**}]$；对于 $\beta < \beta_c$，区间为空集。

现在考虑没有参与约束（25.3.15）和约束（25.3.16）的效用的可能前沿，记为

$$\nu_S = \frac{u_W(0)}{1-\beta} - \nu_L \tag{25.3.24}$$

那么，我们有下面的定理：

定理 2：存在一个标准值 β_c，使得对于 $\beta > \beta_c$，区间 $[\nu_L^*, \nu_L^{**}]$ 非空。对于 $\nu_L \in [\nu_L^*, \nu_L^{**}]$，在无约束效用可能前沿（25.3.24）上的一对（ν_L, ν_S）可以通过一个时不变策略（$0, e_S$）得到。这个策略被一个触发策略组合支持。如果对期望值失望，这个策略组合被转换成（$t_L, 0$）。

□ 25.3.8 渐近主义：随时间改变的贸易政策

从现在开始，我们假设 $\beta > \beta_c$，因此 $[\nu_L^*, \nu_L^{**}]$ 非空。我们做这个假设是因为我们想要讨论设置。在这个设置下，两个国家最后移动到自由贸易，即使它们不是从那开始。注意从表达式（25.3.21）有

$$\nu_L^* = \beta^{-1}([u_L(t_L^N) + \beta\nu_L^N] - u_L(0)) = \nu_L^N + \beta^{-1}(u_L(t_L^N) - u_L(0)) > \nu_L^N \tag{25.3.25}$$

那么，即使 $[\nu_L^*, \nu_L^{**}]$ 非空，也存在一个后续值区间 $[\nu_L^N, \nu_L^*)$，不能通过一个时不变转移计划使得它是持续的。值 $\nu_L > \nu_L^{**}$ 也不是持续的，因为被要求的 e_S 太高。对于初始值 $\nu_L < \nu_L^*$ 或 $\nu_L > \nu_L^{**}$，邦德和帕克构建了一个随时间改变的关税和转移计划，使得后续值 ν_L 是持续的。他们设计了一个类似托马斯和沃勒尔（1988）与科切拉科塔（1996a）中所出现的递归合同。

令 $\nu_L(\sigma)$ 和 $\nu_S(\sigma)$ 分别是国家 L 和国家 S 在政策 σ 下的折现值。对于一个给定的国家 L 的初始承诺值 ν_L，令 $P(\nu_L)$ 是国家 S 的最大的后续值，它对应于一个可能的随时间改变的贸易政策。值函数 $P(\nu_L)$ 满足函数方程

$$P(\nu_L) = \sup_{t_L, e_S, y}\{u_S(t_L) - e_S + \beta P(y)\} \tag{25.3.26}$$

其中最大值满足 $t_L \geqslant 0$，$e_S \geqslant 0$，并且

$$u_L(t_L) + e_S + \beta y \geqslant \nu_L \tag{25.3.27a}$$

$$u_L(t_L) + e_S + \beta y \geqslant u_L(t_L^N) + e_S + \beta\nu_L^N \tag{25.3.27b}$$

$$u_S(t_L) - e_S + \beta P(y) \geqslant u_S(t_L) + \beta\nu_S^N \tag{25.3.27c}$$

这里，y 是 L 的后续值，表示下一期的 ν_L 的值。约束（25.3.27a）是承诺维持约束，而不等式（25.3.27b）和不等式（25.3.27c）分别是国家 L 和国家 S 的参与约束。约束集是凸集并且目标函数是凹的，因此 $P(\nu_L)$ 是凹的（虽然不是严格凹的，正如我们所见，

这是一个重要的性质)。

正如我们讨论托马斯和沃勒尔(1988)与科切拉科塔(1996b)的模型那样,我们把非负乘子 θ 和 μ_L、μ_S 分别加到约束(25.3.27a)、约束(25.3.27b)和约束(25.3.27c)上,构造拉格朗日函数,从而得到下面的一阶必要条件:

$$t_L: u'_S(t_L)+(\theta+\mu_L)u'_L(t_L)\leqslant 0, \quad 当\ t_L>0\ 时等号成立 \tag{25.3.28a}$$

$$y: P'(y)(1+\mu_S)+(\theta+\mu_L)=0 \tag{25.3.28b}$$

$$e_S: -1+\theta-\mu_S\leqslant 0, \quad 当\ e_S>0\ 时等号成立 \tag{25.3.28c}$$

我们分析在被后续值 ν_L^* 和 ν_L^{**} 分成的三个区域中最优合同的这些一阶条件的结果。

我们把我们的分析分成两个部分。我们首先通过执行特殊的政策得到约束的帕累托前沿的初始值。然后,我们表明存在很多政策可以得到相同的值,正如我们在约束的帕累托前沿的一个固定的间隔结果那样。

□ 25.3.9 基准政策

区域 1: $\nu_L\in[\nu_L^*,\nu_L^{**}]$(没有一个参与约束有约束力)

当初始值在区间里时,后续值停留在这个区间里。由包络定理,$P'(\nu_L)=-\theta$。如果 $\nu_L\in[\nu_L^*,\nu_L^{**}]$,没有一个参与约束有约束力,并且我们有 $\mu_S=\mu_L=0$。那么(25.3.28b)式意味着

$$P'(y)=P'(\nu_L)$$

这可以通过设定 $y=\nu_L$ 满足。那么由 $y=\nu_L$ 和一直有约束力的承诺维持约束(25.3.27a)推出

$$\nu_L=y=\frac{u_L(t_L)+e_S}{1-\beta}\geqslant\nu_L^*>\nu_L^N\equiv\frac{u_L(t_L^N)}{1-\beta} \tag{25.3.29}$$

其中弱不等式表明 ν_L 满足区域 1 的下界约束,由(25.3.25)式知它严格地比纳什值 ν_L^N 大。由于 $u_L(t)$ 在 t_L^N 处取得最大值,因此仅仅当 $e_S>0$ 时,表达式(25.3.29)严格不等。那么不等式(25.3.28c)和 $e_S>0$ 意味着 $\theta=1$。把(25.3.28a)式重新写成

$$u'_W(t_L)\leqslant 0, \quad 当\ t_L>0\ 时等号成立$$

由定理 1,这意味着 $t_L=0$。我们能从

$$\nu_L=\frac{u_L(0)+e_S}{1-\beta} \tag{25.3.30}$$

中求解出 e_S,然后从 $\frac{u_S(0)-e_S}{1-\beta}$ 得到 $P(\nu_L)$。

在转到区域 2($\nu_L>\nu_L^{**}$)之前,我们首先说明,这里确实存在一个大的国家的足够高的后续值,它不能通过一个时不变的转移计划来持续。这可以通过说明 $P(\nu_L^{**})>\nu_S^N$ 来完成。也就是说,在对应的小国的后续值被减少到 ν_S^N 之前,存在一个进一步增加大国的后续值的区域。讨论如下:

$$P(\nu_L^{**})=\frac{u_W(0)}{1-\beta}-\nu_L^{**}$$
$$=\frac{u_L(0)+u_S(0)}{1-\beta}-\frac{u_L(0)+\beta(u_S(0)-u_S(t_L^N))}{1-\beta}$$
$$=u_S(0)+\beta\frac{u_S(t_L^N)}{1-\beta}>u_S(t_L^N)+\beta\frac{u_S(t_L^N)}{1-\beta}\equiv\nu_S^N \tag{25.3.31}$$

其中第一个等式利用这个事实，即后续值 ν_L^{**} 在无约束的帕累托前沿上，而第二个等式引入表达式（25.3.22）。这可以推出 $P(\nu_L^{**})>\nu_S^N$。

区域 2：$\nu_L>\nu_L^{**}$（S 的参与约束有约束力）

我们证明在区域 2，当 $\mu_S>0$ 和 $e_S>0$ 时，一阶必要条件有解。当 $\nu_L>\nu_L^{**}$ 时，$\mu_S\geqslant0$ 且 $\mu_L=0$。当 $\mu_S>0$ 时，不等式（25.3.28c）和 $e_S>0$ 意味着

$$\theta=1+\mu_S>1 \tag{25.3.32}$$

表达式（25.3.28a）变成

$$u'_W(t_L)+(\theta-1)u'_L(t_L)\leqslant0,\quad \text{当 } t_L>0 \text{ 时等号成立} \tag{25.3.33}$$

因为 $u'_W(0)=0$ 和 $u'_L(0)>0$，这个不等式仅仅在 $t_L>0$ 时成立。方程（25.3.28b）意味着

$$P'(y)=-(1+\mu_S)^{-1}\theta=-1$$

其中第二个不等式引入（25.3.32）式。因此，$y\in[\nu_L^*,\nu_L^{**}]$，这是斜率为 -1 的帕累托前沿的区域，并且没有一个参与约束有约束力。我们可以从下面形式的（25.3.30）式中求出转移：

$$y=\frac{u_L(0)+e'_S}{1-\beta} \tag{25.3.34}$$

其中 e'_S 表示 $t\geqslant1$ 时的 e_S 值，因为一旦我们进入区域 1，我们停留在那里，有一个时不变的转移 $e'_S>0$ 且 $t'_L=0$，正如我们对区域 1 进行过的分析所表示的。我们可以如下求解 t_L 和 e_S。对于一个给定的 $\theta>1$，求解关于 y、$P(y)$、t_L、e_S 和 $P(\nu_L)$ 的以下方程：

$$u'_S(t_L)+\theta u'_L(t_L)=0 \tag{25.3.35a}$$
$$\nu_L=u_L(t_L)+e_S+\beta y \tag{25.3.35b}$$
$$-e_S+\beta P(y)=\beta\nu_S^N \tag{25.3.35c}$$
$$P(\nu_L)=u_S(t_L)-e_S+\beta P(y) \tag{25.3.35d}$$
$$y+P(y)=\frac{u_W(0)}{1-\beta} \tag{25.3.35e}$$

为了寻找 $P(\nu_L)$ 的最大值，我们必须搜寻与初始后续值 ν_L 对应的且 $\theta>1$ 时方程（25.3.35）的所有解。

利用表达式（25.3.35c），我们可以说明在时期 0，转移 e_S 是严格正的，即

$$e_S=\beta[P(y)-\nu_S^N]\geqslant\beta[P(\nu_L^{**})-\nu_S^N]>0$$

其中我们利用了 $y \leqslant \nu_L^{**}$ 和表达式（25.3.31）得到结论 $P(\nu_L^{**}) > \nu_S^N$。对$t=0$时的转移 e_S 和小国在 $t=1$ 时支付的转移 e'_S 进行对比，我们注意到 e'_S 也满足参与约束（25.3.27c）且具有相同的后续值 $P(y)$ [但是 $u_S(t'_L)=u_S(0)$]。因此，给定一个时不变的被（25.3.35）式决定的后续值 $P(y)$，对于 $t \geqslant 1$，我们可以把（25.3.27c）式表示成

$$e'_S \leqslant \beta[P(y)-\nu_S^N]=e_S$$

其中等号由（25.3.35c）式得到。我们认为在区域 2，对于一个初始后续值的解，转移是非增的。

那么，在区域 2，时期 0 时 $t_L>0$，从那以后 $t'_L=0$。而且，大国的初始承诺值 $\nu_L > \nu_L^{**}$，伴随着一个更低的时不变的后续值 $y \leqslant \nu_L^{**}$。（25.3.35b）式减去（25.3.34）式得到

$$y=\nu_L+(u_L(0)-u_L(t_L))+(e'_S-e_S)$$

合同通过使得 $t_L>0$ [因此 $u_L(0)-u_L(t_L)<0$]，设定后续值 $y<\nu_L$，并且让 $e'_S-e_S<0$，因此在时期 0 和时期 1，转移能下降。在区域 2，通过从纳什水平分两阶段降低关税，国家 L 诱导国家 S 接受自由贸易，因此在时期 0，$0<t_L<t_L^N$，而当 $t \geqslant 1$ 时，$t'_L=0$；国家 L 在时期 0 得到 $e_S>0$ 的转移并且从那以后得到不变的 $e'_S>0$ 的转移。

区域 3： $\nu_L \in [\nu_L^N, \nu_L^*)$（*L 的参与约束有约束力*）

区域 3 的分析是精细的。[①] 在这个区域期望 $\mu_S=0$ 和 $\mu_L>0$ 是很自然的。然而，假设 $\mu_L>0$ 会导致一个矛盾，意味着$(\nu_L, P(\nu_L))$要么在无约束的帕累托前沿上，要么不在上面。[②]

我们可以通过假设 $\mu_L=0$ 避免这个矛盾，因此 L 的参与约束几乎没有约束力。我们构建一个关于时期 0 的转移 $e_S>0$ 的（25.3.28）式和（25.3.27）式的解。注意，带有 $e_S>0$ 的（25.3.28c）式推出 $\theta=1$，包络定理 $P'(\nu_L)=-\theta$ 意味着 $(\nu_L, P(\nu_L))$ 在无约束的帕累托前沿上，这是国家 L 的参与约束几乎没有约束力的一个表现。由 $\theta=1$ 和 $\mu_L=0$，（25.3.28a）式意味着 $t_L=0$，这表明 $(\nu_L, P(\nu_L))$ 在帕累托前沿上。我们可以求解下列方程得到 $P(\nu_L)$、e_S、y 和 $P(y)$：

$$P(\nu_L)+\nu_L=\frac{u_W(0)}{1-\beta} \tag{25.3.36a}$$

$$\nu_L=u_L(0)+e_S+\beta y \tag{25.3.36b}$$

$$u_L(0)+e_S+\beta y=u_L(t_L^N)+e_S+\beta\nu_L^N \tag{25.3.36c}$$

$$P(\nu_L)=u_S(0)-e_S+\beta P(y) \tag{25.3.36d}$$

$$P(y)+y=\frac{u_W(0)}{1-\beta} \tag{25.3.36e}$$

我们将发现这些方程只有四个独立方程。方程（25.3.36a）和方程（25.3.36e）表明 $(\nu_L, P(\nu_L))$ 和 $(y, P(y))$ 都在无约束的帕累托前沿上。我们可以递归地求解这些方程。首先，从方程（25.3.36c）中求出 y。然后，从方程（25.3.36e）中求出 $P(y)$。接下来，从方程（25.3.36a）中求出 $P(\nu_L)$。再从方程（25.3.36b）中得到 e_S。最后，方程

① 这个部分的发现重新生成邦德和帕克（2001）定理 2 的总结。

② 请在练习 25.2 中进行说明。

(25.3.36a)、方程（25.3.36b）和方程（25.3.36d）意味着方程（25.3.36e）成立，这表明方程组的秩减少。

我们可以利用方程（25.3.34）去计算 e_S'，它是时期 1 向前的转移。特别地，e_S' 满足 $y=u_L(0)+e'_S+\beta y$。这个方程减去方程（25.3.36b）得到

$$y-\nu_L=e_S'-e_S>0$$

因此，当 $\nu_L<\nu_L^*$ 时，国家 S 通过支付一个从时期 0 到时期 1 的转移，诱导国家 L 立即将关税降为零。初始关税为零意味着我们在无约束的帕累托前沿上。

解释

对于区域 2 和区域 3 中的 ν_L 值，从国家 S 到国家 L 的时不变的转移 e_S 不能够维持当前和持久的自由贸易。但是通过随时间改变的转移和降低关税，可以诱导两个国家在单期转变后都进入永久的自由贸易。如图 25.3.1 所示，区域 2 和区域 3 是非对称的，并且在区域 3 时 $t_L=0$，因此进入自由贸易是立刻的。出现不对称是由于无约束的国家（在区域 2 的 L，在区域 3 的 S）诱导有约束的国家接受自由贸易的工具变量不同。在区域 2，S 是有约束的，L 只能控制 t_L，因为这是一个扭曲性税收。通过慢慢降低 t_L，L 成功地慢慢提高 S 的后续值，但是征收了一个扭曲性税收作为代价，从而保持（$\nu_L, P(\nu_L)$）在帕累托前沿里面。在区域 3，L 是有约束的，S 必须通过增加时期 0 后的转移 e_S，提高国家 L 的后续值。

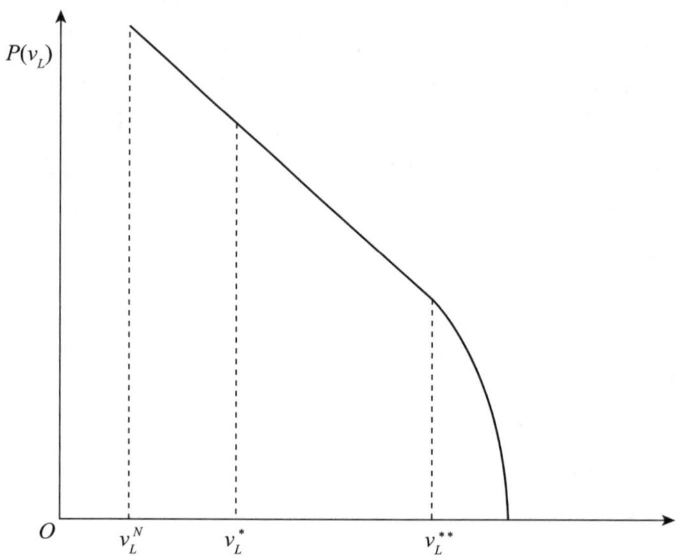

图 25.3.1　在邦德和帕克模型中有约束的帕累托前沿 $\boldsymbol{v_S=P(v_L)}$

基本的原则就是使得参与约束有约束力的国家的后续值增加。

□ 25.3.10　支付和后续值的多样性

我们现在寻找更多的满足三个区域中的值的均衡策略。在空间(ν_L,ν_S)中，无约束的帕累托前沿是一条直线，且斜率为-1：

$$\nu_L+\nu_S=\frac{u_W(0)}{1-\beta}\equiv W$$

这反映了如下事实，效用是可以在两个国家之间转移的。事实上，存在一个当期支付 $\{r_i; i=L,S\}$ 和后续值 $\{\nu_i'; i=L,S\}$ 的连续统，分别传递承诺值 ν_L 和 ν_S 给国家 L 和国家 S。例如，每个国家得到一个当期支付 $r_i=(1-\beta)\nu_i$，并且保持承诺值，即 $\nu_i'=\nu_i$。那么，这显然会传递承诺值给每个国家，

$$r_i+\beta\nu'_i=(1-\beta)\nu_i+\beta\nu_i=\nu_i$$

另一个例子将减少国家 S 的当期支付 $\Delta_S>0$ 而增加国家 L 相同数量的支付。后续值（ν'_S，ν'_L）满足

$$(1-\beta)\nu_S-\Delta_S+\beta\nu_S'=\nu_S$$
$$(1-\beta)\nu_L+\Delta_S+\beta\nu_L'=\nu_L$$

求解上面的方程，我们得到

$$\Delta_S=\beta(\nu_S'-\nu_S)=-\beta(\nu_L'-\nu_L)$$

这里国家 S 通过折现后续值的相同数量的增加补偿当期支付的减少，而国家 L 与国家 S 的变化相反。

既然在区域 1 和区域 3，有约束的帕累托前沿和无约束的帕累托前沿一致，我们可以猜测关税博弈可以由支付和后续值的多样性刻画。我们将说明参与约束如何决定均衡后续值的范围。

（修正的）区域 1： $\nu_L\in[\nu_L^*,\nu_L^{**}]$

由我们以前的分析，区域 1 的均衡状态满足

$$u_L(0)+e_S+\beta y=\nu_L \tag{25.3.37a}$$
$$u_L(0)+e_S+\beta y\geqslant u_L(t_L^N)+e_S+\beta\nu_L^N \tag{25.3.37b}$$
$$u_S(0)-e_S+\beta(W-y)\geqslant u_S(0)+\beta\nu_S^N \tag{25.3.37c}$$

其中我们利用了区域 1 和区域 3 的 $P(y)=W-y$。我们只考虑 $y\in[\nu_L^N,\nu_L^{**}]$，因为我们早些时候的分析排除了任何从区域 1 到区域 2 的转移。

方程（25.3.37a）决定了自由贸易下传递承诺值 ν_L 给国家 L 需要的转移和后续值：

$$e_S+\beta y=\nu_L-u_L(0)$$

国家 S 的参与约束要求不等式（25.3.37c）被满足，即

$$e_S+\beta y\leqslant\beta(W-\nu_S^N) \tag{25.3.38}$$

既然我们猜测我们在区域 1 且参与约束没有约束力，这个条件必须被满足。注意，关于 S 的激励相容没有强加任何约束在转移和后续值的复合上。这个复合传递 $e_S+\beta y$ 给国家 L，除了我们上面的限制 $y\leqslant\nu_L^{**}$。

转到国家 L 的参与约束，我们可以重新整理不等式（25.3.37b），得到

$$y\geqslant\beta^{-1}(u_L(t_L^N)+\beta\nu_L^N-u_L(0))=\beta^{-1}(\nu_L^N-u_L(0))=\nu_L^*$$

那么，不存在一个从区域 1 到区域 3 的转移。解释如下。我们已经说明，当国家 L 的承诺值在区域 3 时，自由贸易和一个时不变的转移不是激励相容的。也就是说，一个初始的在区域 3 的承诺值不能作为自由贸易的后续值。现在，我们试图通过提供给国家 L 一个在那个区域 3 的后续值和一个甚至比早些时候考虑的时不变的转移更大的转移（这个转移比早些时候的时不变的转移大，因为初始承诺值被假设在区域 1 里），得到自由贸易。既然当从国家 S 获得的转移比较小时，区域 3 的后续值对于国家 L 不是激励相容的，那么当转移比较大时，它也不是激励相容的。

我们得出结论，在区域 1，存在当前支付和后续值的多样性。特别地，可容许的均衡后续值为

$$y\in[\nu_L^*,\min\{\beta^{-1}(\nu_L-u_L(0)),\nu_L^{**}\}] \tag{25.3.39}$$

其中上界包含从国家 S 到国家 L 的转移的非负约束，例如在方程（25.3.37a）上强加 $e_S\geqslant 0$。

（修正的）区域 2： $\nu_L>\nu_L^{**}$

从我们早些时候的分析可知，一个在区域 2 的均衡满足：

$$u_L(t_L)+e_S+\beta y=\nu_L \tag{25.3.40a}$$

$$u_L(t_L)+e_S+\beta y\geqslant u_L(t_L^N)+e_S+\beta\nu_L^N \tag{25.3.40b}$$

$$u_S(t_L)-e_S+\beta(W-y)=u_S(t_L)+\beta\nu_S^N \tag{25.3.40c}$$

其中 $0<t_L<t_L^N$，并且我们已经利用了我们原来的发现，即后续值 y 在有约束的斜率为 -1 的帕累托前沿的区域里，也就是对于 $p(y)=W-y$，$y\in[\nu_L^N,\nu_L^{**}]$。

方程（25.3.40c）决定国家 L 得到的转移和后续值：

$$e_S+\beta y=\beta(W-\nu_S^N)$$

再一次，国家 S 的参与约束没有在被分配给国家 L 的转移和后续值上强加任何约束（除了我们上面的限制 $y\leqslant\nu_L^{**}$）。对于区域 2，我们已经说明，联合值 $e_S+\beta y$ 不能保证自由贸易，并且时期 0 的关税可以由方程（25.3.40a）得到。

最后，国家 L 的参与约束（25.3.40b）在可容许的均衡后续值 y 上强加了约束，

$$y\geqslant\beta^{-1}(u_L(t_L^N)+\beta\nu_L^N-u_L(t_L))=\beta^{-1}(\nu_L^N-u_L(t_L))$$

注意，y 的可容许值的下界在区域 3 里面，

$$\beta^{-1}(\nu_L^N-u_L(t_L))\begin{cases}>\beta^{-1}(\nu_L^N-u_L(t_L^N))=\nu_L^N\\<\beta^{-1}(\nu_L^N-u_L(0))=\nu_L^*\end{cases}$$

与我们在区域 1 的分析对比，当初始承诺值属于区域 2 时，一个进入区域 3 的转换是可能的。原因在于，有约束的有效关税在时期 0 是严格正的，这放松了国家 L 的参与约束。因此，在区域 2，可容许的后续值的范围变成

$$y\in[\beta^{-1}(\nu_L^N-u_L(t_L)),\nu_L^{**}]$$

（修正的）区域 3： $\nu_L\in[\nu_L^N,\nu_L^*)$

在区域 3 关于当前支付和后续值的多样性的讨论和在区域 1 的讨论是平行的。可容

许的后续值的范围由方程（25.3.39）给出。下界 ν_L^* 被国家 L 的参与约束（25.3.37b）固定，这意味着一个立即的从区域 3 到区域 1 的转换。

对于最低的可能的承诺值 $\nu_L=\nu_L^N$，后续值的范围（25.3.39）是退化的，只有一个可容许值 $y=\nu_L^*$。从方程（25.3.37a），我们可以证明 $(\nu_L,y)=(\nu_L^N,\nu_L^*)$，这意味着均衡转移为 0，即 $e_S=0$。对于区域 3 中的任何其他承诺值 $\nu_L\in(\nu_L^N,\nu_L^*]$，存在当期支付和后续值的一个多样性。我们可以选择一个后续值 $y>\nu_L^*$，这意味着国家 L 的参与约束没有约束力。参与约束都没有约束力，因此为什么我们在区域 1 的分析在区域 3 也有效是显然的。

25.4 另一个模型

富赫斯和利皮（Fuchs and Lippi，2006）受到一个关于货币联盟性质的视角的激励，它在以前的文献中并没有被很好地捕捉到。特别地，早期的研究（1）假设在一个正在进行的货币联盟中会发生成员之间背离承诺的问题，（2）将放弃一种货币的后果建模为独立货币财政当局反复博弈的最坏结果的回归。富赫斯和利皮的报告通过以下两种方式弥补了这两方面的不足：（1）对货币联盟内的每个成员在每个时期实施参与约束；（2）假设解体的后果是转向独立货币财政当局所从事的博弈的最佳结果。

设置如下。两个国家都有理想的政策制定水平（即利率），每一个政策都会受到国家特定的特异的冲击。这些冲击的历史是众所周知的。当不属于一个联盟时，这些国家就会重复博弈。最好的均衡结果是国家在关系破裂后恢复的点。当两国联盟时，两国又要重复另一个博弈。两位作者将留在联盟的好处建模后表示为，与留在联盟之外的好处相比，联盟内部发生意外变化的难度更大，从而更容易放弃投机取巧的货币政策，例如，利用菲利普斯曲线获得短期利益，交换长期成本。

作者使用“动态规划平方”来表示货币联盟博弈中的均衡策略，用当前观察到的冲击向量和连续值来表示。联盟选择“公共利益”，即各时期的共同政策。它是两个国家的理想点的加权平均值，而权重倾向于那个时期参与约束有约束力的国家。作者表明存在三种可能的情况：（1）冲击和初始后续值使得只有国家 A 的约束有约束力，在这种情况下，政策倾向于国家 A 的理想点；（2）只有国家 B 的参与约束有约束力，在这种情况下，政策倾向于国家 B 的理想点；（3）后续值和冲击使得两国的参与约束都具有约束力，在这种情况下，货币联盟解体。

根据函数形式、偏好和冲击的联合分布，第（3）种情况可能存在，也可能不存在。当它存在时，人们可以使用该模型计算联盟解体的等待时间。在过去有许多货币联盟解体，这种观测可以被用来求逆向工程参数值，该作者没有这样做。

将这个模型与我们在第 20 章中学习过的汤姆斯和沃勒尔以及科切拉科塔的早期风险分担模型进行比较是很有趣的。在那个模型中，没有第（3）种情况和类似的联盟，汤姆斯和沃勒尔模型中厂商和工人之间的关系以及科切拉科塔的模型中两个消费者之间的关系是永远持续的。人们永远不会在均衡路径上观察到违约。富赫斯和利皮模型不同结果的来源是什么？答案取决于富赫斯和利皮模型的支付结构，该模型抓住了货币联盟政策选择中的公共利益方面。两国必须在相同的政策工具下生活，一方得到的不一定是另一方失去的。在第 20 章的模型中，在当一个人得到更多，则另一个人必然得到更少的每个时期，创建一个对称的参与约束，防止它们同时有约束力。

25.5 结束语

虽然具体采用的方法不同，但在机制上，本章的模型和我们在第 19 章、第 20 章和第 23 章学过的模型是相似的。核心思想是如何处理有约束力的激励约束（在这个例子里，处理有约束力的参与约束）。这可以通过部分改变那些激励约束有约束力的个体的后续值来实现。例如，这会出现“跨期联系”，邦德和帕克把它解释成“渐近主义”。

附录 A 阿特基森模型的计算

计算阿特基森（1988）模型的最优合同的一个数值例子是有指导意义的。跟随阿特基森的做法，我们计算如下的一个数值例子。假设 $u(c)=2c^{0.5}$，$\lambda(I)=\left(\frac{I}{Y_n+2M}\right)^{0.5}$，$g_i(Y_j)=\frac{\exp^{-\alpha_i Y_j}}{\sum_{k=1}^{n}\exp^{-\alpha_i Y_k}}$，其中 $n=5$，$Y_1=100$，$Y_n=200$，$M=100$，$\alpha_1=\alpha_2=-0.5$，$\delta=0.9$。下面是阿特基森的代数计算的一个做法：

(1) 首先，求解关于自给自足值 $U(Q)$ 的贝尔曼方程（25.2.5）和（25.2.6）式。利用值函数的多项式。[①]

(2) 求解对于值函数 $W(Q)$ 的完全保险设置的贝尔曼方程。首先求解关于 I 的（25.2.9）式。然后，求解关于 $d(Y')=Y'-Q$ 的方程（25.2.13b），并且由方程（25.2.13a）计算 $c=c(Q)$。既然 c 是常数，$W(Q)=u[c(Q)]$。

现在，求解有限的承诺和不可观察的行为的合同的贝尔曼方程。首先，利用第 4 章描述的模型，用一个多项式来近似 $V(Q)$。下一步，从初始值 $V^0(Q)=W(Q)$ 开始迭代贝尔曼方程。正如阿特基森说明的，从一个在 $V(Q)$ 上的值函数开始迭代是很重要的。我们知道 $W(Q)\geqslant V(Q)$。

采用下面的步骤：

(1) 令 $V^j(Q)$ 表示第 j 次迭代的值函数。令 d 表示向量$[d_1 \quad \cdots \quad d_n]'$。定义

$$X(d)=\sum_i V^j(Y_i-d_i)[g_0(Y_i)-g_1(Y_i)] \tag{25.A.1}$$

① 我们推荐第 4 章提到且贾德（1998）亦介绍过的舒马克保形样条。

借入者问题（25.2.15e）的一阶条件为

$$-(1-\delta)u'(Q+b-I)+\delta\lambda'(I)X\geqslant 0, \quad 当 I>0 时等号成立$$

给定后续值函数 V^j、Q 的值、b 以及 $d_1, \cdots, d_n$，求解借入者关于函数 $I=f(b,d_1,\cdots,d_n;Q)$ 的一阶条件。显然，当 $X(d)<0$ 时，$I=0$。由方程（25.A.1）和特殊的例子，

$$I=f(b,d;Q)=\frac{\delta^2(Y_n+2M)X(d)^2}{4(1-\delta)^2+\delta^2(Y_n+2M)X(d)^2}(Q+b) \tag{25.A.2}$$

（2）利用方程（25.A.2）和取等号的约束（25.2.15c），得到

$$b=\delta\sum_i d_i g[Y_i, f(b,d)]$$

求解这个方程，得到一个新的函数

$$b=m(d) \tag{25.A.3}$$

（3）将贝尔曼方程写成

$$\begin{aligned} V^{j+1}(Q) = \max_d \{ & (1-\delta)u[Q+m(d)-f(m(d),d)] \\ & +\delta\sum_i V^j(Y_i-d_i)g[Y_i, f(m(d),d)] \\ & -\sum_i \theta_i[\max(0, U(Y_i)-V^j(Y_i-d_i))] \\ & -\sum_i \eta_i \max[0, -d_i-M]-\eta_0\max[0, m(d)-M]\} \end{aligned} \tag{25.A.4}$$

其中 $V^j(Q)$ 是第 j 次迭代的值函数，并且 $\theta_i>0$，η_i 是正的惩罚参数。通过设置 θ_i 和 η_i 足够大，确保被设置的 d 使得约束（25.2.15d）对于所有 i 都满足。

25.6 练习

25.1 考虑一个具有支付函数（25.2.13a）和函数（25.2.13b）且 $\gamma_s=0.4$ 的邦德和帕克的模型，且

$$u_L(t_L)=-0.5(t_L-0.5)^2$$
$$u_W(t_L)=-0.5t_L^2$$

其中 $u_W(t_L)=u_L(t_L)+u_S(t_L)$。

a. 由函数（25.3.23）计算 β_c。对于 $\beta\in(\beta_c,1)$，计算 ν_L^* 和 ν_L^{**}。

b. 计算有约束的帕累托前沿。[提示：在区域 2，对于满足 $\nu_L>\nu_L^{**}$ 的 ν_L 值，利用（25.3.35）式。]

c. 对于给定的 $\nu_L\in(\nu_L^N,\nu^*)$，计算 e_S、e_S' 和 y。

25.2 考虑上面对邦德和帕克的模型的分析。假设在区域 3，$\mu_L>0$，$\mu_S=0$。说明这将导致矛盾。

第Ⅵ部分

古典货币和劳动经济学

第26章 通货膨胀的财政货币理论

26.1 问题

本章介绍货币理论中的一些问题，问题主要围绕着协调货币政策与财政政策展开。我们从观察完全市场模型对于不可兑换货币来说没有什么作用开始着手，并将其指定为零值。①我们阐述一种改进完全市场经济的方法，从而对于不可兑换货币指定一个正值：我们把带有购物时间的交易技术和实际货币余额（real money balances）作为输入。② 我们运用模型来阐述货币经济学中的10个学说。这些学说的大部分内容超出了模型的许多细节。交易技术的重要作用是，它使货币需求成为一个关于货币收益率的递减函数。我们的货币学说主要来自对需求函数和对政府货币和财政政策的不同假设下政府预算约束的操纵。③

在阐述我们的10个学说之后，我们运用模型分析了两个重要的问题：弗里德曼规则

① 在完全市场模型中，持有资金仅仅作为价值的储藏。下述的横截条件在非随机经济中成立：

$$\lim_{T\to\infty}\prod_{t=0}^{T-1}R_t^{-1}\frac{m_{T+1}}{p_T}=0$$

实际资金收益 p_t/p_{t+1} 必等于其他资产收益 R_t，将其代入横截条件中得到

$$\lim_{T\to\infty}\prod_{t=0}^{T-1}\frac{p_{t+1}}{p_t}\frac{m_{T+1}}{p_T}=\lim_{T\to\infty}\frac{m_{T+1}}{p_0}=0$$

也就是，不可兑换货币（即满足 $\lim_{T\to\infty}m_{T+1}>0$）一定是无价的，$p_0=\infty$。

② 参见本内特·麦卡勒姆（Bennett McCallum，1983）早期的购物时间规定。

③ 原来的许多学说在结构方面与本章的结构在细节上是不同的。

在扭曲性税收面前的有效性及其在时间一致性问题面前的可持续性。这里我们使用第 16 章中用来求解具有承诺的最优税收问题的方法，以及第 23 章中刻画可信的政府政策的方法。

26.2 购物时间货币经济

考察一种没有不确定性的禀赋经济（endowment economy）。代表性家庭具有 1 单位时间。对于每一个时期 $t\geqslant 0$，存在一个固定量 $y>0$ 的单一商品。这种商品可以在私人消费$\{c_t\}_{t=0}^{\infty}$与政府购买$\{g_t\}_{t=0}^{\infty}$之间进行划分，使得

$$c_t+g_t=y \tag{26.2.1}$$

家庭的偏好由

$$\sum_{t=0}^{\infty}\beta^t u(c_t,\ell_t) \tag{26.2.2}$$

给出，其中 $\beta\in(0,1)$，$c_t\geqslant 0$ 和 $\ell_t\geqslant 0$ 分别表示在 t 时期的消费和闲暇，同时 u_c、$u_\ell>0$，u_{cc}、$u_{\ell\ell}<0$ 且 $u_{c\ell}\geqslant 0$。就每一时期的 1 单位时间而论，家庭的时间约束为

$$1=\ell_t+s_t \tag{26.2.3}$$

我们利用 $u_c(t)$等表示指示目标（indicated objects）在 t 时期的价值，并且是按照相应内容所确定的配置来赋值。

家庭必须花费时间去购买所需要的消费品。购买某一消费水准 c_t 所需的购买时间 s_t 与家庭持有的实际货币余额 m_{t+1}/p_t 呈反向相关关系。特别地，购物或者交易技术是

$$s_t=H\left(c_t,\frac{m_{t+1}}{p_t}\right) \tag{26.2.4}$$

其中 H、H_c、H_{cc}、$H_{m/p,m/p}\geqslant 0$，$H_{m/p}$、$H_{c,m/p}\leqslant 0$。这种交易技术的参数例子是

$$H\left(c_t,\frac{m_{t+1}}{p_t}\right)=\frac{c_t}{m_{t+1}/p_t}\varepsilon \tag{26.2.5}$$

其中 $\varepsilon>0$，它对应着出现在鲍莫尔（1952）和托宾（1956）所论述的框架中的交易成本。也就是，当一个家庭以每单位时间常数比率 c_t 花费持有资金来购买消费时，$c_t(m_{t+1}/p_t)^{-1}$表示去银行的次数，而 ε 表示每次去银行的时间成本。

□ 26.2.1 家庭

家庭在交易技术（26.2.4）与预算约束序列

$$c_t+\frac{b_{t+1}}{R_t}+\frac{m_{t+1}}{p_t}=y-\tau_t+b_t+\frac{m_t}{p_t} \tag{26.2.6}$$

的条件下最大化（26.2.2）式，其中 m_{t+1}表示在 t 时期和 $t+1$ 时期之间持有的名义余额

(nominal balances)；p_t 表示价格水平；b_t 表示持有单期政府债券的实际价值，这一政府债券在 t 时期期初到期，币值为在 t 时期消费的单位；τ_t 表示在 t 时期的总量税；R_t 表示从 t 时期到 $t+1$ 时期所拥有的单期债券收益的实际总利率（real gross rate）。表达式（26.2.2）的最大值使得对于所有 $t\geqslant 0$，$m_{t+1}\geqslant 0$[①]，对于所有 $t\geqslant 0$，b_{t+1} 的符号没有限制，同时已知初始存量 m_0、b_0。

在合并由方程（26.2.6）给出的两个连续的预算约束之后，我们得到

$$c_t+\frac{c_{t+1}}{R_t}+\left(1-\frac{p_t}{p_{t+1}}\frac{1}{R_t}\right)\frac{m_{t+1}}{p_t}+\frac{b_{t+2}}{R_tR_{t+1}}+\frac{m_{t+2}/p_{t+1}}{R_t}$$
$$=y-\tau_t+\frac{y-\tau_{t+1}}{R_t}+b_t+\frac{m_t}{p_t} \tag{26.2.7}$$

为了确保有界的预算集合，括号中的表达式乘以非负的实际持有余额必须大于或者等于零。因而，我们有套利条件

$$1-\frac{p_t}{p_{t+1}}\frac{1}{R_t}=1-\frac{R_{mt}}{R_t}=\frac{i_t}{1+i_t}\geqslant 0 \tag{26.2.8}$$

其中 $R_{mt}\equiv p_t/p_{t+1}$ 表示从 t 时期到 $t+1$ 时期持有货币的实际总收益，也就是通货膨胀率的倒数，而且 $1+i_t\equiv R_t/R_{mt}$ 表示总名义利率（gross nominal interest rate）。货币 R_{mt} 的实际收益必须小于或者等于债券的收益 R_t，否则个体通过选择持有以发行债券融资方式获得的任意大额货币来获得任意大额利润。换句话说，净名义利率 i_{t+1} 不能为负。

以拉格朗日乘子形式表述的家庭最优化问题是

$$\sum_{t=0}^{\infty}\beta^t\left\{u(c_t,\ell_t)+\lambda_t\left(y-\tau_t+b_t+\frac{m_t}{p_t}-c_t-\frac{b_{t+1}}{R_t}-\frac{m_{t+1}}{p_t}\right)\right.$$
$$\left.+\mu_t\left[1-\ell_t-H\left(c_t,\frac{m_{t+1}}{p_t}\right)\right]\right\}$$

在内部解上，关于 c_t、ℓ_t、b_{t+1} 以及 m_{t+1} 的一阶条件是

$$u_c(t)-\lambda_t-\mu_tH_c(t)=0 \tag{26.2.9}$$
$$u_\ell(t)-\mu_t=0 \tag{26.2.10}$$
$$-\lambda_t\frac{1}{R_t}+\beta\lambda_{t+1}=0 \tag{26.2.11}$$
$$-\lambda_t\frac{1}{p_t}-\mu_tH_{m/p}(t)\frac{1}{p_t}+\beta\lambda_{t+1}\frac{1}{p_{t+1}}=0 \tag{26.2.12}$$

由方程(26.2.9)与方程(26.2.10)得

$$\lambda_t=u_c(t)-u_\ell(t)H_c(t) \tag{26.2.13}$$

预算约束上的拉格朗日乘子等于消费的边际效用减去为获得消费方面的增量而去商店购物的边际负效用（marginal disutility）。通过把方程（26.2.13）代入方程（26.2.11）中，我们得到实际利率的表达式

① 家庭不能发行货币。

$$R_t=\frac{1}{\beta}\frac{u_c(t)-u_\ell(t)H_c(t)}{u_c(t+1)-u_\ell(t+1)H_c(t+1)} \tag{26.2.14}$$

把方程（26.2.11）与方程（26.2.12）合并得出

$$\frac{R_t-R_{mt}}{R_t}\lambda_t=-\mu_t H_{m/p}(t) \tag{26.2.15}$$

它使成本等于从 t 时期到 $t+1$ 时期持有实际货币余额的边际收益，所有这些用 t 时期的效用表示。持有货币余额而不是债券的成本就是失去的以利率 R_t 折现的利息利润 R_t-R_{mt}，同时当用影子价格 λ_t 去乘时，均可用 t 时期的效用来表示。每增加 1 单位的实际货币余额的利润是以影子价格 μ_t 所计算出来的在购物时间 $-H_{m/p}(t)$ 上的储蓄。通过把方程（26.2.10）与方程（26.2.13）代入方程（26.2.15），我们得到

$$\left(1-\frac{R_{mt}}{R_t}\right)\left[\frac{u_c(t)}{u_\ell(t)}-H_c(t)\right]+H_{m/p}(t)=0 \tag{26.2.16}$$

其中 $u_c(t)$ 和 $u_\ell(t)$ 在 $\ell_t=1-H(c_t, m_{t+1}/p_t)$ 时可以计算出来。方程（26.2.16）隐含地定义了一个货币需求函数：

$$\frac{m_{t+1}}{p_t}=F(c_t, R_{mt}/R_t) \tag{26.2.17}$$

它是两个自变量的增函数，如同对表达式（26.2.16）应用隐函数法则所证明的那样。

□ 26.2.2 政府

政府在如下预算约束序列条件下为购买流 $\{g_t\}_{t=0}^{\infty}$ 融资：

$$g_t=\tau_t+\frac{B_{t+1}}{R_t}-B_t+\frac{M_{t+1}-M_t}{p_t} \tag{26.2.18}$$

其中 B_0 与 M_0 是已知的。这里 B_t 表示政府对私人部门的债务，用 t 时期的商品来表示，在 t 时期初到期，同时 M_t 表示政府在 t 时期开始时所发行的货币存量。

□ 26.2.3 均衡

我们运用下面的定义：

定义： 一个价格体系是一对正的序列 $\{R_t, p_t\}_{t=0}^{\infty}$。

定义： 我们取外生序列 $\{g_t, \tau_t\}_{t=0}^{\infty}$。同时，我们把 $B_0=b_0$ 以及 $M_0=m_0>0$ 看成是已知的。一个均衡是指满足下列条件的一个价格体系、一个消费序列 $\{c_t\}_{t=0}^{\infty}$、一个政府债务 $\{B_t\}_{t=1}^{\infty}$ 以及一个货币供给序列 $\{M_t\}_{t=1}^{\infty}$：(a) 已知价格体系和税收，家庭的最优化问题是求出满足 $b_t=B_t$ 与 $m_t=M_t$ 的解；(b) 对于所有 $t\geqslant 0$，政府的预算约束是被满足的；(c) $c_t+g_t=y$。

□ 26.2.4 短期与长期

我们将研究下面的政府政策，即对“短期”（初始状态）结果与“长期”（稳定均衡）

结果之间的显著差异有明确定义的政府政策。我们假定

$$\begin{aligned} &g_t=g, \ \forall t\geqslant 0 \\ &\tau_t=\tau, \ \forall t\geqslant 1 \\ &B_t=B, \ \forall t\geqslant 1 \end{aligned} \tag{26.2.19}$$

我们允许 $\tau_0\neq\tau$ 及 $B_0\neq B$。

这些政策变量的设置可以使我们研究当 $t\geqslant 1$ 时经济处于稳定均衡的情况，但是，在 $t=0$ 时从另外某一个位置开始。我们有足够多的自由政策变量可以用来讨论文献中“公开市场操作”的各种不同的含义。

□ 26.2.5 稳定均衡

我们寻求满足

$$\begin{aligned} &p_t/p_{t+1}=R_m, \ \forall t\geqslant 0 \\ &R_t=R, \ \forall t\geqslant 0 \\ &c_t=c, \ \forall t\geqslant 0 \\ &s_t=s, \ \forall t\geqslant 0 \end{aligned} \tag{26.2.20}$$

的均衡。把方程（26.2.20）代入方程（26.2.14）与方程（26.2.17）中，得到

$$\begin{aligned} &R=\beta^{-1} \\ &\frac{m_{t+1}}{p_t}=f(R_m) \end{aligned} \tag{26.2.21}$$

其中我们定义 $f(R_m)\equiv F(c,R_m/R)$，我们省略了稳定均衡的货币需求函数 $f(R_m)$ 中的常数 c 及 R。注意 $f'(R_m)\geqslant 0$，这一不等式在下文很重要。

把方程（26.2.19）、方程（26.2.20）以及方程（26.2.21）代入政府预算约束（26.2.18）式中，利用均衡条件 $M_t=m_t$，整理得出

$$g-\tau+B(R-1)/R=f(R_m)(1-R_m), \quad \forall t\geqslant 1 \tag{26.2.22}$$

已知政策变量 (g,τ,B)，方程（26.2.22）被人们用来确定货币的稳定收益率 R_m。在方程（26.2.22）中，$g-\tau$ 表示净利息赤字（net of interest deficit），有时称为操作赤字(operational deficit)；$g-\tau+B(R-1)/R$ 表示总政府利息赤字（the gross of interest government deficit）；而 $f(R_m)(1-R_m)$ 表示来自印制货币的铸币税的比率①。通货膨胀税税率是 $1-R_m$，且通货膨胀税的税基是实际余额数量 $f(R_m)$。

□ 26.2.6 初始时期（0 时期）

由于 $M_1/p_0=f(R_m)$，在 $t=0$ 时的政府预算约束可以写成

$$M_0/p_0=f(R_m)-(g+B_0-\tau_0)+B/R \tag{26.2.23}$$

---

① 每一时期铸币税的稳定值由下式给出：

$$\frac{M_{t+1}-M_t}{p_t}=\frac{M_{t+1}}{p_t}-\frac{M_t}{p_{t-1}}\frac{p_{t-1}}{p_t}=f(R_m)(1-R_m)$$

□ 26.2.7　确定均衡

已知政策参数（g,τ,τ_0,B）、初始存量 B_0 和 M_0、均衡的总实际利率 $R=\beta^{-1}$，方程（26.2.22）与方程（26.2.23）一起确定（R_m，p_0）。这两个方程是递归的，由方程（26.2.22）求出 R_m，然后由方程（26.2.23）求出 p_0。

用具有参数的例子说明均衡的确定是十分有用的。设效用函数与交易技术是由

$$u(c_t,l_t)=\frac{c_t^{1-\delta}}{1-\delta}+\frac{l_t^{1-\alpha}}{1-\alpha}$$

$$H(c_t,m_{t+1}/p_t)=\frac{c_t}{1+m_{t+1}/p_t}$$

给出的，其中后者是方程（26.2.5）的修正形式，从而交易甚至在没有货币时仍可以完成。

对于参数值$(\beta,\delta,\alpha,c)=(0.96,0.7,0.5,0.4)$而言，图 26.2.1 描绘了稳定的总利息赤字 $g-\tau+B(R-1)/R$ 以及稳定的铸币税收入 $f(R_m)(1-R_m)$①；图 26.2.2 描绘了 $f(R_m)-(g+B_0-\tau_0)+B/R$。稳定均衡以如下方式来确定：赋予 $\{g,\tau,B\}$ 不变的值意味着一个不变的总利息赤字 $g-\tau+B(R-1)/R$，然后从满足方程（26.2.22）的图 26.2.1 中读取一个相应的稳定值 R_m；对于这个 R_m 值，计算出 $f(R_m)-(g+B_0-\tau_0)+B/R$ 的值，由方程（26.2.23）可知，在图 26.2.2 中这一值等于 M_0/p_0。于是，由于 M_0 在 0 时期是给定的，最初的价格水平 p_0 就确定了。

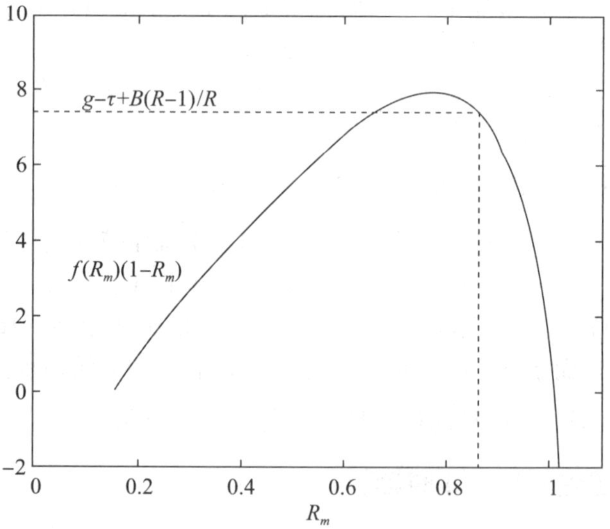

图 26.2.1　通货的稳定的收益率 R_m 由稳定的总利息赤字 $g-\tau+B(R-1)/R$ 和稳定的铸币税收入 $f(R_m)(1-R_m)$ 的交点决定

① 对于图 26.2.1 中的参数化，家庭在 $R_m<0.15$ 时持有零货币余额，因此在这些利率上没有铸币税。当 $R_m>1$ 时铸币税为负，因为政府为了将货币的实际收益率保持在大于 1 的位置，不断地从流通中取出货币。

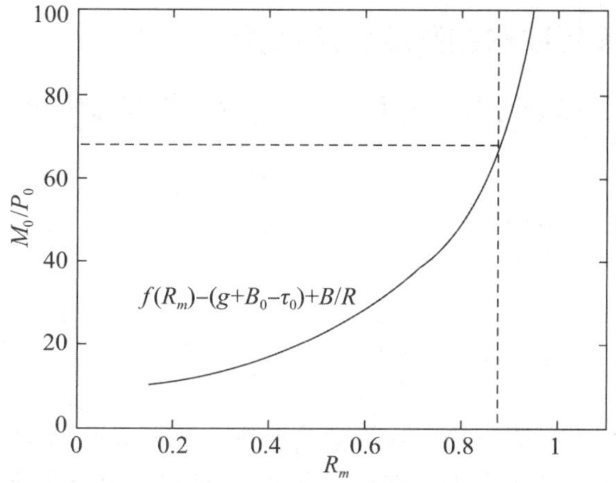

图 26.2.2　给定 R_m，初始货币余额的实际值 M_0/p_0 由 $f(R_m)-(g+B_0-\tau_0)+B/R$ 决定。因此，由于 M_0 给定，价格水平 P_0 就确定了

26.3　10 个货币学说

我们现在利用方程（26.2.22）与方程（26.2.23）阐明关于货币和政府财政的一些重要学说。

□ 26.3.1　货币数量论

古典"货币数量论"实验是把模型其他所有参数固定［包括财政政策参数（τ_0, τ, g, B）］，通过某一因子 $\lambda>1$（货币的"直升机式急速下降"）来使 M_0 增加。这实际上是用 λ 乘以初始均衡价格与货币供给序列，而让其他所有变量固定不变。

□ 26.3.2　持续的赤字导致通货膨胀

图 26.2.1 与图 26.2.2 中的参数化表明，存在可以求解方程（26.2.22）的多个 R_m 值。如同在图 26.2.1 中所看到的，总利息赤字 $g-\tau+B(R-1)/R$ 的一些值能够以或低或高的货币收益率来融资。关于实际货币余额的税率在稳定均衡中是 $1-R_m$，因此可求解出方程（26.2.22）的较高 R_m 处于通货膨胀税税率的"拉弗曲线"的"好"的一边。

如果存在可求解方程（26.2.22）的多个 R_m 值，那么我们将总是选取最大的那一个值，以便研究我们的比较动态练习。① 带有最高货币收益率的稳定均衡与古典比较动态学相联系，稳定的总利息政府预算赤字的增大会导致货币收益率的减小（即通货膨胀率增大）。注意，与古典学说关于持续的政府赤字会引起通货膨胀的观点相反，与较低的货币收益率相对应的稳定均衡有一个"反常的"比较动态。

① 在第 9 章中，我们研究了与系统紧密联系的完美预见动态学，同时看出这里的稳定均衡不是那些动态学的极限点。对较高收益率均衡的选择必须基于求助于"适应的"（非理性的）动态学的各种形式。参见 Bruno and Fischer (1990)，Marcet and Sargent (1989)，Marimon and Sunder (1993)。还可以参见练习 26.2。

□ 26.3.3 零通货膨胀的财政先决条件

方程（26.2.22）意味着对财政政策的限制，为维持零通货膨胀（$R_m=1$）均衡，此限制是充分必要的：

$$g-\tau+B(R-1)/R=0$$

或

$$B=R(\tau-g)/(R-1)=\sum_{t=0}^{\infty}R^{-t}(\tau-g)$$

此方程表明，有息政府债务的实际价值需要等于净利息政府剩余（surplus）的现值，同时由通货膨胀税贡献的收入为零。在此情形中，递增的政府债务意味着未来的政府剩余流，以及对于通货膨胀税的完全放弃。

□ 26.3.4 不合意的货币主义者算术

这一学说给出了以标准方式定义且没有收回货币当局改变税收或支出的权力的公开市场操作的矛盾之处。考察公开市场在 0 时期的债券销售，定义 M_1 的减少伴随着 B 的增加，同时所有其他政府财政政策变量为常数值，包括（τ_0,τ）。我们可以通过在方程（26.2.22）与方程（26.2.23）中增加 B 来对这种政策进行分析。政策效应会通过（$R-1)/R$ 乘以 B 的增加值使永久性总利息赤字上升，从而会减少图 26.2.1 中的货币实际收益 R_m。也就是，政策效应毫无疑问会使稳定的通货膨胀率（R_m 的倒数）增大。然而，关于初始价格水平 p_0 的效应能够用下面两种方式中的任意一种来分析，即依赖于收入曲线 $f(R_m)(1-R_m)$ 的斜率；当 B 的增加提高价值时，R_m 的减小就会减小方程（26.2.23）的右边 $f(R_m)-(g+B_0-\tau_0)+B/R$。因此，图 26.2.2 中曲线的向上移动是由于较高的 B 值，而沿着新曲线的向下移动是由于较低的均衡值 R_m，并能使 M_0/p_0 向上或向下移动，也就是初始价格水平 p_0 的降低或上升。

通过这种公开市场操作所实现的货币供给 M_1 降低的效应充其量也不过是暂时驱使价格水平下降，但这要以引起通货膨胀率持久偏高作为代价。萨金特和华莱士（1981）称之为“不合意的货币主义者算术”。

□ 26.3.5 “公开市场”操作带来中性

我们现在改变不合意的货币主义者算术中所使用的公开市场操作的定义。我们通过使公开市场操作具有像货币数量论实验中那样的效应来补充货币当局的财政能力。假设存在带有政策价值的初始均衡，通过在变量上面画一条横线来表示。考察公开市场销售或者购买，并且把它定义为 M_1 减小，同时 B 增大，而且 τ 满足

$$(1-1/R)(\hat{B}-\overline{B})=\hat{\tau}-\overline{\tau} \qquad (26.3.1)$$

其中，有帽子“ˆ”的变量表示对应变量的新价值。我们假设 $\hat{\tau}_0=\overline{\tau}_0$。

只要从第 1 期开始，税率依照方程（26.3.1）来调节，方程（26.2.22）在 R_m 的初始值上就得以满足。方程（26.3.1）要求总量税要足以支付附加利息，无论它是多少，

这笔利息支付是由于 M_1 与 B 的交换而使 B 改变所引起的[1]。在这种公开市场操作的定义下，通过增加 B 而减少的 M_1 和服务于 B 的税收引起的货币供给和价格水平的成比例下降将保持 R_m 不变，从而满足了纯货币数量理论。

□ 26.3.6 货币的“最优数量”

弗里德曼（1969）关于货币的最优数量的观点能够表述在图 26.2.1 与图 26.2.2 中。弗里德曼发现，已知 (g,B) 的稳定水平，代表性家庭喜欢带有较高货币收益率的稳定均衡。特别地，实际余额的稳定水平越高，家庭就越是喜欢它。通过运用充分大的总利息剩余，也就是 $g-\tau+B(R-1)/R$ 的相反数，政府能够达到 $R_m \in (1,\beta^{-1})$ 的任意值。已知 (g,B) 和这一区间中的 R_m 的目标值，可以选择确保所需要的剩余的税率 t。税收收益用来从流通中撤回货币，从而产生使货币收益等于目标价值 R_m 的通货紧缩。按照弗里德曼的观点，最优政策就是在可能执行的范围通过利用实际余额来达到此目的。

在我们的模型中实际货币余额的社会价值在于它们减少了家庭购物时间。货币的最优数量是那种使配置到购物上的时间最小化的数量。为了论证方便，假设对于任意消费水平 c，在实际余额 $\psi(c)$ 中存在一个饱和点（satiation point），也就是对于 $m_{t+1}/p_t \geqslant \psi(c)$，$H_{m/p}(c,m_{t+1}/p_t)=0$。按照条件（26.2.15）式，政府仅通过选择 $R_m=R$ 就可以实现这种最优配置，因为 $\lambda_t,\mu_t>0$。（效用被假定成消费和闲暇的严格递增函数。）因而，当利用实际余额使经济得到满足时，福利就达到最大值。对于由方程（26.2.5）给出的交易技术而言，弗里德曼规则仅能够被近似地实现，因为货币需求是无法被满足的。

□ 26.3.7 通过立法限制货币需求的增加

如果政府以某种方式迫使家庭增大其实际货币余额 $\tilde{f}(R_m)>f(R_m)$，那么政府就可以较高的稳定货币收益率 R_m 来为已知的稳定的总利息赤字 $g-\tau+B(R-1)/R$ 融资。对货币余额的需求增大会使图 26.2.1 中的铸币税曲线上移至 $\tilde{f}(R_m)(1-R_m)$，因此会提高曲线 $\tilde{f}(R_m)(1-R_m)$ 与总利息赤字线的两个交点中比较高的那个交点的位置。通过扩大通货膨胀税税基，通货膨胀税税率 $1-R_m$ 可能会变为零。通过立法限制对政府发行的通货的需求增加的例子包括：(a) 限制银行和其他金融中介发行银行票据或其他政府发行的通货的相近替代品的权力[2]；(b) 关于交易作为通货的相近替代品的其他资产方面的任意限制；(c) 准备金要求。

政府通过通货膨胀税来提高收入经常会求助于法律限制与为促进对货币的需求而设计的技巧。在第 27 章中，我们将研究关于那些限制的布赖恩特和华莱士（1984）的理论表述。萨金特和维尔德（Sargent and Velde，1995）重新考察了法国革命恐怖时期的这种限制，以及用于实施它们的锐利工具。

为了评估迫使家庭持有较高实际余额的政策的福利效应，我们不能再用方程（26.2.4）中交易过程的简化式。我们需要一种显式模型，即为增大对实际余额的需求，表明货币如何使交易便利以及政府如何干预市场的模型。在这样的模型中，或许存在一

---

① 这种公开市场操作的定义赋予货币当局不同寻常的权力：中央银行竟然不设置税率。

② 在美国内战中，美国国会通过税收中止了州特许银行发行的票据，而这些票据在战前是国家的纸质通货。

些社会福利的相反效应。一方面，我们对货币的最优数量的讨论表明，较高的货币收益率 R_m 易于改善福利。另一方面，以迫使家庭持有较高的实际余额为目的的法律限制的影响会引发出于私人经济目的而灵活地回避那些限制的无益的社会活动。

□ 26.3.8 一种大公开市场操作

卢卡斯（1988）与华莱士（1989）阐述过一种政策，即政府在 0 时期时大量购买私人债务。这一操作的目的是把私人部门的利息收入索取权的投资组合提供给政府，这样做是让政府能够运用总利息剩余。政府运用剩余去减少每一个时期的货币供给，从而激发通货紧缩，使货币收益率增加至大于 1。也就是说，政府利用自己的借贷来降低其货币与较高收益的债券在收益率上的差异。如同我们从关于货币的最优数量的讨论中所知道的那样，实际货币收益率 R_m 的增大将导致较高福利。[①]

为了强调已阐述的公开市场政策的效果，我们利用非负净利息赤字 $g-\tau\geqslant 0$，这排除了用直接税收来为通货紧缩融资。于是，所主张的操作会增大 M_1 且减少 B，而 $B<0$ 表示私人对政府的债务。我们探讨如下这种备选政策：已知 (g,τ) 的值，利用方程（26.2.22）挑选出 B 的一个值，该值是对于 R_m 的理想水平所求出的方程（26.2.22）的解，满足 $1<R_m\leqslant\beta^{-1}$。注意，由于 $g-\tau\geqslant 0$，因此，B 将被要求为负。把方程（26.2.23）代入方程（26.2.22）[消去 $f(R_m)$]，整理得出

$$M_0/p_0=\left(\frac{R-R_m}{1-R_m}\right)\frac{B}{R}+\left(\frac{1}{1-R_m}\right)(g-\tau)-(g+B_0-\tau_0) \tag{26.3.2}$$

右边的第一项是正的，而剩下的可能是正的或者负的。当且仅当 g、τ、τ_0 以及 B_0 所假定的值使其整个右边是正的时，备选政策才与均衡一致。在这种情况下，存在一个求解出方程（26.3.2）的正的价格水平 p_0。

作为一个例子，假定 $g-\tau=0$ 且 $g+B_0-\tau_0=0$，那么政府预算利息从 $t=1$ 时期开始就是账目平衡的。于是，我们知道方程（26.3.2）的右边是正的。在这种情况下，实施这样一个计划来保证货币收益 $1<R_m<1/\beta$ 就是可行的。在执行一个任意的大公开市场操作的极限情形中，货币的不变收益 R_m 将趋近于 $1/\beta=R$，从而方程（26.3.2）中的 M_0/p_0 将趋近于 0。这意味着政府在时期 0 设计了一个超级通货膨胀，使得初始的名义货币存量 M_0 实际上是没有价值的。但是，在时期 0 的这样一个超级通货膨胀之后，政府如何能够在不确定的未来中支持一个稳定的货币收益 R 呢？解释如下：由于时期 0 的超级通货膨胀已经使得初始货币持有几乎是没有价值的，因此私人部门在时期 0 末的实际余额 M_1/p_0 几乎完全来自那一时期的公开市场操作。政府不断往经济中注入货币存量以交换私人部门的可获利息的权益，$B/R\approx -M_1/p_0$。在未来的时期中，政府保持这些债券持有不变，同时利用净利息收益来降低未来各时期的货币供给。从本质上讲，政府不过是设计一个使得货币收益率为 $R_m\approx R$ 的通货紧缩来将利息收入转移给货币持有人。

---

① 比阿特丽克斯·帕尔（Beatrix Paal，2000）阐述了匈牙利第二次恶性通货膨胀的稳定化为何具有“大公开市场操作”的某些特征。在稳定化之后，政府把来自经济再货币化的单期铸币收入借出去。十分严重的恶性通货膨胀（大致是前一年的 4×10^{24} 倍）几乎把法定货币的实际余额减少到零。帕尔讨论了稳定化在财政方面是可预见的，并描述了以往恶性通货膨胀的动态过程，这时财政方面如以往一样依赖于一次性铸币收入。

□ 26.3.9 价格水平的财政理论

上面几节已经阐明了所谓的通货膨胀的财政理论。这个理论对外生变量有特殊规定，这一特殊规定是由政府选择和承诺的。特别地，可以假定政府设置 g、τ_0、τ 以及 B，假定 B_0 与 M_0 是既定的，模型根据方程（26.2.22）及方程（26.2.23）来决定 R_m 与 p_0。特别地，系统是递归的：已知 g、τ 以及 B，由方程（26.2.22）确定货币收益率 R_m；然后已知 g、τ、B 以及 R_m，由方程（26.2.23）求出 p_0。在求出 p_0 之后，M_1 可以从 $\frac{M_1}{p_0}=f(R_m)$ 中求出。在这种条件下，政府承诺长期总利息政府赤字 $g-\tau+B(R-1)/R$，然后由市场决定 p_0、R_m。

伍德福德（1995）和西姆斯（1994）通过修改政府设置的有关变量假定，把同样的模型形式转变成一种价格水平的财政理论。伍德福德不是假定政府设定 B，进而设定总利息政府赤字，而是假定 B 是内生的，这样，政府事先设定了铸币税 $f(R_m)(1-R_m)/(R-1)$ 的现值。与这个假定等价的说法是，政府可以提出固定的名义利率，或者总通货膨胀率 R_m^{-1}。伍德福德强调，在现在的设置背景下，这种钉住名义利率使得均衡价格水平过程得以确定。[①] 为了阐明在我们的设置背景下伍德福德的论证，整理方程（26.2.22）得到

$$
\begin{aligned}
B/R &= \frac{1}{R-1}\left[(\tau-g)+f(R_m)(1-R_m)\right] \\
&= \sum_{t=1}^{\infty} R^{-t}(\tau-g)+f(R_m)\,\frac{1-R_m}{R-1}
\end{aligned}
\tag{26.3.3}
$$

把它代入方程（26.2.23），得出

$$
\begin{aligned}
\frac{M_0}{p_0}+B_0 &= \sum_{t=0}^{\infty} R^{-t}(\tau_t-g_t)+f(R_m)\left(1+\frac{1-R_m}{R-1}\right) \\
&= \sum_{t=0}^{\infty} R^{-t}(\tau_t-g_t)+\sum_{t=1}^{\infty} R^{-t} f(R_m)(R-R_m)
\end{aligned}
\tag{26.3.4}
$$

在稳定均衡中，实际利率等于 $1/\beta$，这样通过用 β 乘以名义利率，我们得到 R_m 的对应值的倒数。因而，钉住名义利率等价于钉住通货膨胀率与铸币税 $f(R_m)(1-R_m)$ 的稳态流（steady-state flow）。伍德福德利用了下面这些方程：政府选择 g、τ、τ_0 以及 R_m［或者等价形式 $f(R_m)(1-R_m)$］，于是，方程(26.3.3)决定了 B，作为从第 1 期开始的政府剩余的现值，包括铸币税收入。然后，由方程（26.3.4）求出 p_0。方程（26.3.4）表明，价格水平被设定，使得以下二者相等：全部初始的政府债务的实际值和净利息政府剩余的现值，包括铸币税收入。最后，内生的货币数量由货币需求函数（26.2.17）决定：

---

① 伍德福德（1995）根据文献背景解释了这个发现（该文献有时得出不同的结果），也就是说，钉住利率导致了价格水平的不确定性，因为相联系的货币供给存在内生性。其他文献关注条件（26.2.14）和条件（26.2.16）的同质性：考虑价格水平的唯一方法是把它作为货币供给的一个比，而且以通货膨胀率的形式出现。这些性质暗示着使货币供给和价格水平内生的政策机制无法决定任何一个水平。

$$M_1/p_0=f(R_m) \tag{26.3.5}$$

伍德福德利用这个实验强调：不用多说，仅仅存在（26.3.5）式的“数量理论”方程是推不出“货币主义者”的结论的，即为了确定价格水平的路径有必要使货币供给是外生的。

几位评论家①对西姆斯-伍德福德运用这些方程把政府安排在不同的设置中，而不是对私人个体进行设置做出了评论。私人个体的需求曲线是通过要求他们的预算约束对于所有假设的价格过程（而不仅仅是均衡过程）都成立来构造的。然而，在伍德福德关于政府可以不用考虑它所面对的（p_0,R_m）而做出选择的假定下，均衡能够存在的唯一方式是对 p_0 进行调节使得方程（26.3.4）得以满足。除非调整 p_0 以满足（26.3.4）式，否则政府的预算约束不会被满足。

通过对比研究，在萨金特和华莱士（1981）以及萨金特（1992）所阐述的通货膨胀的财政理论中，具体体现到我们的不合意的货币主义者算法的描述中，重点集中在如何把税率假定为自由调节的税率、通货膨胀税如何对政府所继承下来的财政条件做出反应上。西姆斯和伍德福德通过钉住名义利率来一次性地设定通货膨胀税，从而禁止了通货膨胀税的调整。于是，他们强迫财政政策和价格体系的其他方面进行调整。

□ 26.3.10 汇率不确定性

为了将价格水平的财政理论用于实践，卡雷肯和华莱士（1981）的汇率不确定性结果提供了一种良好的实验。首先，我们阐述卡雷肯-华莱士结果的一种形式。其次，我们通过把政策方面的假定变为像伍德福德的那样来证明上述结果是如何被推翻的。

为了阐述汇率不确定性的理论，我们把前面的模型做一些变化，存在两个具有相同技术和偏好的国家。记 y_i 和 g_i 分别为国家 $i=1,2$ 的商品禀赋和政府购买数量，其中 $y_1+y_2=y$，$g_1+g_2=g$。在完全市场的假定下，国家 i 的均衡消费 c_i 不随时间发生变化且 $c_1+c_2=c$。

每一个国家都发行货币。国家 i 的政府在 t 时期结束时拥有其已发行的货币 M_{it+1} 单位。就货币 i 而言，价格水平是 p_{it}，同时汇率 e_t 满足购买力平价条件 $p_{1t}=e_tp_{2t}$。只要两种货币有相同的收益率，家庭就所使用的货币而论是无差异的，并且不会持有拥有较低收益率的货币。这一事实意味着$\frac{p_{1t}}{p_{1t+1}}=\frac{p_{2t}}{p_{2t+1}}$，也意味着 $e_{t+1}=e_t=e$。因而，在带有两种有价值货币的非随机均衡中汇率是常数。我们设 $M_{t+1}=M_{1t+1}+eM_{2t+1}$。为简单起见，我们假定货币需求函数关于交易量是线性的，$F(c,R_m/R)=c\hat{F}(R_m/R)$。于是，世界货币市场中的均衡条件是

$$\frac{M_{t+1}}{p_{1t}}=f(R_m) \tag{26.3.6}$$

为了研究所有实际变量不随时间发生变化的稳定均衡，我们将注意力集中于两个国家具有相同货币增长率的情形，$M_{it+1}/M_{it}=1+\varepsilon$，$i=1,2$。我们设 τ_i 和 B_i 分别表示政府 i 的总量税的稳态值和实际政府债务。政府 i 的预算约束是

---

① 参见 Buiter（2002）和 McCallum（2001）。

$$\tau_i = g_i - B_i \frac{1-R}{R} - \frac{M_{it+1} - M_{it}}{p_{it}} \tag{26.3.7}$$

下面是卡雷肯和华莱士的汇率不确定性结果的一种形式：假设每一个国家的政府设置 g_i、B_i 以及 $M_{it+1}=(1+\varepsilon)M_{it}$，并计划调整总量税 τ_i 以增加为其预算融资的任何收益。于是，不变的货币增长率意味着 $R_m=(1+\varepsilon)^{-1}$，而方程（26.3.6）决定了世界的实际余额需求。但是，在这种政策之下，汇率是不确定的，特别地，对于下式给定的价格水平 p_{10}，货币市场的市场出清条件在时刻 0 对于任何正的 e 都是成立的：

$$\frac{M_{11} + eM_{21}}{p_{10}} = f(R_m) \tag{26.3.8}$$

对于任意满足具有对应值 $p_{20}=p_{10}/e$ 的方程（26.3.8）的（e，p_{10}）对，政府的预算约束通过设定与（26.3.7）式一致的总量税来融资。卡雷肯和华莱士得出结论，这种关于政府政策变量的设置条件不足以决定汇率。从而就这里所述的政策而言，汇率是不确定的。①

□ 26.3.11　恢复汇率的确定性

关于政府选择变量的伍德福德假定的一种形式能够使汇率成为确定的。因而，可以假设每一个政府设置铸币税的一个实际水平 $x_i=\frac{M_{it+1}-M_{it}}{p_{it}}$（对于所有 $t\geqslant 1$）。于是，政府 i 的预算约束为：

$$\tau_i = g_i - B_i \frac{1-R}{R} - x_i \tag{26.3.9}$$

为了研究所有实际变量均不随时间变化的稳定均衡，我们允许关于 x_1 和 x_2 的三种情形：它们都严格正、严格负或等于 0。

为了恢复汇率的确定性，我们假定每一个国家的政府设定 g_i、B_i、x_i 和 τ_i 以使得预算按照（26.3.9）式来融资。因此，为了获得铸币税的目标水平，内生通货膨胀率是钉住的：

$$x_1 + x_2 = f(R_m)(1 - R_m) \tag{26.3.10}$$

货币的隐含的收益率 R_m 决定了稳定均衡中的内生货币增长率：

$$R_m^{-1} = \frac{M_{it+1}}{M_{it}} \equiv 1+\varepsilon, \quad i = 1,2 \tag{26.3.11}$$

也就是说，两种货币的名义供给均以通货膨胀率增长，从而实际货币供给不随时间变化。这些实际货币供给的水平满足净货币增长的实际值等于政府选择的实际铸币税的均衡条件：

$$\frac{\varepsilon M_{it}}{p_{it}} = x_i, \quad i = 1,2 \tag{26.3.12}$$

---

① 参见萨金特和费尔德（1990）在德国货币统一的事件上对该理论的运用。

只要选择的铸币税的数量不为 0，方程（26.3.12）就决定了两个国家的价格水平，这进而决定了唯一的汇率：

$$e=\frac{p_{1t}}{p_{2t}}=\frac{M_{1t}}{M_{2t}}\frac{x_2}{x_1}=\frac{(1+\varepsilon)^t M_{10}}{(1+\varepsilon)^t M_{20}}\frac{x_2}{x_1}=\frac{M_{10}}{M_{20}}\frac{x_2}{x_1}$$

于是，按照西姆斯-伍德福德的这种政府承诺的结构（即外生变量的设定），汇率是确定的。只是对于 x_1 和 x_2 等于 0 的第三种稳定均衡情形，汇率是不确定的，这是因为此时不存在铸币税水平的相对测度，而此测度对于确定以为政府预算融资为目的的世界实际货币供给量是必需的。

26.4 汇率（不）确定性的一个例子

作为卡雷肯和华莱士的汇率不确定性以及西姆斯-伍德福德关于价格水平的财政理论的一种阐释，考虑 26.3.10 节中介绍的两国模型的如下形式：

$$y_1=y_2=y/2 \tag{26.4.1a}$$

$$g_1=g_2=0 \tag{26.4.1b}$$

$$B_1=B_2=0 \tag{26.4.1c}$$

$$M_{10}=M_{20} \tag{26.4.1d}$$

$$\frac{M_{1t+1}}{M_{1t}}=\frac{M_{2t+1}}{M_{2t}}=1+\varepsilon>1,\qquad \forall t\geqslant 0 \tag{26.4.1e}$$

两国中的政府既没有用于融资的购买，也没有持有债券。通过印刷货币增加的铸币税在每一个国家中都分别以一揽子转移支付的形式转移给了家庭。政府 i 的预算约束为：

$$-\tau_i=\frac{M_{it+1}-M_{it}}{p_{it}}=x_i \tag{26.4.2}$$

这里，总量税的负值 $-\tau_i$ 等于国家的铸币税 x_i 的实际值。

为便于处理汇率不确定性的概念，我们假定存在一个“太阳黑子”变量，在经济开始时，此变量可取三种值。[①] 太阳黑子变量的每一个实现值都对应于一种关于汇率 $e\in\{0,1,\infty\}$ 的均衡值的特殊信念，且此均衡值在时期 0 出现并永远保持下去。也就是说，根据太阳黑子实现值的不同，所有家庭都将协调至下述三种关于世界货币市场中的均衡结果的信念之一：

ⅰ）国家 2 的通货是无价值的（$e=0$ 且 $p_{2t}=\infty$，$\forall t\geqslant 0$）；

ⅱ）两种通货可一对一交易（$e=1$ 且 $p_{1t}=p_{2t}$，$\forall t\geqslant 0$）；

ⅲ）国家 1 的通货是无价值的（$e=\infty$ 且 $p_{1t}=\infty$，$\forall t\geqslant 0$）。

我们假定所有家庭分享关于太阳黑子过程的相同信念，并且每一种太阳黑子的实现值都

① 太阳黑子由卡斯和谢尔（1983）引入，用于解释“过度市场波动”。太阳黑子表示与经济的基本特征无关的外在的不确定性。

被看做是以相同的概率$\frac{1}{3}$出现的。

我们还假定所有家庭都是风险厌恶的，具有相同的偏好，并且正如方程（26.4.1a）所表明的，它们具有相同的不变禀赋流。作为初始条件，国家 i 中的代表性家庭拥有其国家的期初货币存量 M_{i0}。

□ 26.4.1 太阳黑子实现值之前的交易

此经济的均衡配置取决于家庭是否能够在观测到太阳黑子的实现值之前进行交易。在第 8 章中，我们假定所有交易发生在任何不确定性在第一期中被解决之后。而在我们当前的设定中，这一假定变为家庭在确定太阳黑子实现值之后进行交易，即在个体已经观测到太阳黑子，从而关于汇率均衡值的信念已经协调之后。在情形ⅰ）和ⅲ）中，这意味着具有有价值通货的那个国家中的家庭的境况将更好，因为它们的初始货币持有是有价值的，并且在每一期中将收到等于它们政府的铸币税收益的一揽子转移支付。在情形ⅱ）中，所有家庭在世界经济中的境况是一样的，因为它们具有相同的预算约束。

此外，我们还可假定家庭在确定太阳黑子实现值之前就可在市场上交易。在完全市场的世界中，个体可交易其支付取决于太阳黑子实现值的或有权益。给定环境中关于偏好、禀赋以及对应于太阳黑子过程的预期资产/转移支付结果方面的对称性，均衡配置将是每一家庭在每一期中消费 $y/2$ 的完美合并的形式之一。[①] 因此，家庭将利用证券市场来集中应付太阳黑子过程带来的风险。给定太阳黑子可能的实现值的事前的对称性，可知均衡的或有权益价格将使得国家 i 中的家庭能够交易其初始货币持有的一半，即 $M_{i0}/2$，并且其未来的一揽子转换支付流的一半 $x_i/2$ 用于与另一个国家中的家庭进行相应数量的交换。结果就是，这些分散的投资组合使得每一个家庭在每一期中都可以支付一个平滑的消费流 $y/2$，而无论太阳黑子的实现值如何。

至此我们已经构造了一个理性预期均衡，其中均衡汇率受到太阳黑子过程的影响。但是，尽管本例中汇率可取三种不同的值，但家庭不会受到任何实际效应的影响，因为家庭在竞争市场中的交易优先于太阳黑子的实现值的确定。在这样的交易中，每一个政府都被假定在每一期中以净收益率 $\varepsilon>0$ 印刷更多的通货并将这些新印的货币以一揽子转移支付的形式转移给家庭。然后家庭签订关于或有权益的合同，这使得它们可以将这些新印货币中的一半转移给另一个国家中的某个家庭，同时获得这一家庭的政府的转移支付的一半。给定对应于上面的情形ⅰ）或情形ⅲ）的太阳黑子的实现值，可知这种新印通货在家庭之间的传递在一个方向上是有价值的，而在另一方向上则没有。

□ 26.4.2 价格水平的财政理论

价格水平的财政理论又是如何克服这种汇率不确定性的呢？按照 26.3.11 节的思想，假定每一个政府设定一个由下式给出的铸币税的实际水平：

$$x_1 = x_2 = 0.5 \cdot f\left(\frac{1}{1+\varepsilon}\right)\left[1-\frac{1}{1+\varepsilon}\right]$$

---

① 参见卢卡斯（1982）的具有两种通货的两国模型中的完美合并均衡。但是，卢卡斯只考虑了由随机禀赋流引起的内在的不确定性。

由方程（26.3.10）和方程（26.3.11）我们可以看到政府对对应于总货币增长率 $1+\varepsilon$ 的总的世界铸币税进行了分割。给定这样的政策，只有当均衡汇率确定为 $e=1$ 时，所有政府才能满足自己的预算约束。因此，这里介绍的价格水平的财政理论表明情形ⅱ）是唯一可行的理性预期均衡。按照科切拉科塔和费伦（1999）的说法，“价格水平的财政理论的核心就是作为一种从货币模型中可能存在的均衡连续统中选择均衡的工具。”

科切拉科塔和费伦（1999）对这种选择均衡的推荐方法提出了质疑。财政理论建议，通过设定政府预算约束仅关于某一特殊的汇率成立的方式来排除其他均衡。但是，如果太阳黑子实现值赋予家庭情形ⅰ）或情形ⅲ），从而家庭实际上抛弃了一种通货并使之没有价值时又会发生什么呢？由西姆斯和伍德福德提出的财政理论并没有提供这一问题的答案。对价格水平的财政理论的批评意见倾向于设定政府政策以使得政府的预算约束对于所有假设的结果都是满足的，包括 $e\in\{0,\infty\}$。举例来说，发现其自身发行了一种无价值通货的政府可以放弃向其公民转移具有严格正价值的一揽子转移支付的目标，而另一个政府将接受转移给其公民的新印货币的价值按实际项衡量已经翻番的事实。但是，这种问题的补救方法当然就否决了价格水平的财政理论，并再次导致汇率的不确定性。

26.4.3 博弈论视角下的价格水平的财政理论

巴塞托（2002）同意针对价格水平的财政理论的批评，那就是质疑政府如何在完全不考虑政策可能失效的前提下选择一种财政政策。巴塞托通过博弈论的方式重述了价格水平下的财政政策。他的论述的实质是，为了选择一种均衡，政府必须给出针对任意结果的策略，这样它所期望的结果是唯一可以作为一种均衡结果被支持的结果，仅仅基于私人部门的个人理性也会达到想要达到的均衡结果。

巴塞托（2002）研究了一个通过发行债券为偶然的赤字融资的关于“交易站”的模型。在这种交易环境下，可能出现政府债券不会被全部卖出的情况，因为私人部门没有足够多的投标。这种情况下的均衡结果会是什么呢？西姆斯和伍德福德的财政理论不能解释这种问题，因为他们首先假设了对于特定的财政政策，政府的预算约束都可以得到满足。巴塞托通过论证政府应该给出这种目标以及其他结果的详细策略的方式给出了一种答案。特别地，下面这种政府策略作为一种特定的均衡结果支持了理想的财政政策。如果有一些债券没有被卖掉，政府可以选择提高税收以弥补当期的短缺，但是并不改变长期的税收。因此，“在债务危机开始的同时，偿还债务的资源数额将会增加，因此政府债务的收益率也会增加。作为结果，任何理性的家庭在应对债务危机时都会增加而不是减少政府的放贷。这确保了在一个均衡中不会发生这样的危机。”①

由于巴塞托的论证在现实经济中也同样可以产生作用，上一段并没有提到货币或者名义价格。对于货币的忽略看起来是合理的，因为巴塞托研究的是一个无现金的经济，商品的相对价格和名义债券仅仅决定了记账单位（“美元”）的价值。阿特基森等人（2010）将这一分析扩展到了货币经济中，并使用和我们在16.17.3节中所使用的预付现金模型得到多样性均衡的方法一致的方法。虽然他们的分析是一种新凯恩斯模型，但他

① 类似的战略可建立26.4.2节中价格水平的财政理论的巴塞托版本。例如，假设每个政府都承诺增加税收，以便在本国货币变得一文不值的时候购买本国货币，例如在第ⅱ）种情况下的价格水平，这种策略可以有效排除第ⅰ）种和第ⅲ）种情况作为均衡结果，使汇率 $e=1$ 成为唯一可能的均衡。

们分析了满足类似于我们特定情况下的约束的太阳黑子均衡，在这种特定情况下，我们假定（16.16.7）式中的分母为一个不变的值，且没有对每个个体下一期价格的任何约束。在阿特基森等人（2010）的分析中，太阳黑子均衡的相关约束是当扰动太阳黑子驱动的下一期价格的不确定性时，预期通货膨胀不变。

注意不同版本的关于价格水平的财政政策都有同样的假设，那就是政府可以完全指派财政政策或策略。在第 23 章和第 24 章中，我们研究可信的政府政策，政府政策会在任何环境下颁布。

26.5 最优通货膨胀税：弗里德曼规则

给定总量税，第 6 个货币学说（关于"货币的最优数量"的学说）建立了弗里德曼规则的最优性。最优政策是通过生成使净名义利率为零的通货紧缩以实际余额来满足经济。在稳定经济中，只有当政府用其剩余撤回货币时才能够存在通货紧缩。我们现在的问题是：当所有政府收入都必须通过扭曲性税收来提高时，这样一种昂贵的计划是否仍然为最优的？或者说，拉姆齐计划是否包括一个对持有的货币的通货膨胀税，其货币持有率取决于货币需求的利率弹性。

遵循科留亚和特利斯（Correia and Teles，1996）的思路，我们证明即使带有扭曲性税收，弗里德曼规则在满足交易技术的齐次条件（26.2.4）下也仍然是最优政策。

较早分析带有交易技术的模型中的货币最优税的文章包括金布罗（Kimbrough，1986）、费格（Faig，1988）、圭多蒂和韦格（Guidotti and Vegh，1993）。查里、克里斯蒂亚诺和基欧（1996）也阐述了效用函数带有现金、信用商品（见 16.16 节）与货币的模型中的弗里德曼规则的最优性的条件。

□ 26.5.1 经济环境

我们把带有购物时间的货币经济变成带有劳动 n_t 的生产经济，其中 n_t 是线性技术中仅有的投入：

$$c_t+g_t=n_t \tag{26.5.1}$$

家庭的时间约束为

$$1=\ell_t+s_t+n_t \tag{26.5.2}$$

购物技术现在假定消费 c_t 具有 $\nu\geq0$ 次齐次性，同时实际货币余额 $\hat{m}_{t+1}\equiv m_{t+1}/p_t$：

$$s_t=H(c_t,\hat{m}_{t+1})=c_t^{\nu}H\left(1,\frac{\hat{m}_{t+1}}{c_t}\right),\quad c_t>0 \tag{26.5.3}$$

借助于欧拉定理，我们有

$$H_c(c,\hat{m})c+H_{\hat{m}}(c,\hat{m})\hat{m}=\nu H(c,\hat{m}) \tag{26.5.4}$$

对于任意消费水平 c，我们还假定在实际货币余额 ψc 中存在饱和点，使得

$$H_{\hat{m}}(c,\hat{m})=H(c,\hat{m})=0, \qquad \hat{m}\geqslant\psi c \tag{26.5.5}$$

□ 26.5.2 家庭的最优化问题

以$(1-\tau_t)(1-\ell_t-s_t)$代替方程（26.2.7）中的净收入 $y-\tau_t$ 之后，预算约束合并从而得到家庭的现值预算约束：

$$\sum_{t=0}^{\infty} q_t^0\left(c_t+\frac{i_t}{1+i_t}\hat{m}_{t+1}\right)=\sum_{t=0}^{\infty} q_t^0(1-\tau_t)(1-\ell_t-s_t)+b_0+\frac{m_0}{p_0} \tag{26.5.6}$$

其中，我们利用了方程（26.2.8），同时 q_t^0 是阿罗-德布鲁价格：

$$q_t^0=\prod_{i=0}^{t-1} R_i^{-1}$$

且基准价格（numeraire）$q_0^0=1$。我们还利用了横截条件：

$$\lim_{T\to\infty} q_T^0\frac{b_{T+1}}{R_T}=0 \tag{26.5.7a}$$

$$\lim_{T\to\infty} q_T^0\hat{m}_{T+1}=0 \tag{26.5.7b}$$

已知方程（26.5.5）中的饱和点，则为交易目的而持有的实际货币余额大于 ψ。尽管在就收益率而言货币和债券相比不占优势的情况下，持有实际余额也可以纯粹是为储蓄这一目的，但是个体绝不会发现违背横截条件积累余额是最优的。因而，不论出于什么缘由人们持有货币，条件（26.5.7b）都必须在均衡中成立。

把 $s_t=H(c_t,\hat{m}_{t+1})$代入方程（26.5.6）中，同时设 λ 是这一现值预算约束上的拉格朗日乘子。在内部解上，家庭的最优化问题的一阶条件变为

$$c_t:\quad \beta^t u_c(t)-\lambda q_t^0[(1-\tau_t)H_c(t)+1]=0 \tag{26.5.8a}$$

$$\ell_t:\quad \beta^t u_\ell(t)-\lambda q_t^0(1-\tau_t)=0 \tag{26.5.8b}$$

$$\hat{m}_{t+1}:\ -\lambda q_t^0\left[(1-\tau_t)H_{\hat{m}}(t)+\frac{i_t}{1+i_t}\right]=0 \tag{26.5.8c}$$

从条件（26.5.8a）与条件（26.5.8b）中，我们得到

$$\frac{u_\ell(t)}{1-\tau_t}=u_c(t)-u_\ell(t)H_c(t) \tag{26.5.9}$$

方程（26.5.9）的左边是从放弃 1 单位可支配劳动收入中所获得的额外闲暇的效用，它在最优点上应该等于消费的边际效用减去为增加 1 单位消费而进行购物的负效用，即由方程（26.5.9）右边所给出。运用条件（26.5.8b）与对应于带有基准价格 $q_0^0=1$ 的 $t=0$ 时的表达式，此阿罗-德布鲁价格 q_t^0 能够表示成

$$q_t^0=\beta^t\frac{u_\ell(t)}{u_\ell(0)}\frac{1-\tau_0}{1-\tau_t} \tag{26.5.10}$$

同时借助于条件（26.5.8c），

$$\frac{i_t}{1+i_t}=-(1-\tau_t)H_{\hat{m}}(t) \tag{26.5.11}$$

这一最终条件使持有1单位实际余额的成本（左边）与购物时间的机会价值相等，而购物时间的机会价值是由实际余额的额外单位所释放出来的，这可通过右边可以生成的额外税后劳动收入测量出来。

□ 26.5.3 拉姆齐计划

按照第16章中求解拉姆齐问题的方法，我们运用家庭的一阶条件从它的现值预算约束中消去价格与税收。特别地，我们把（26.5.10）式及（26.5.11）式代入方程（26.5.6）中，然后乘以 $u_\ell(0)/(1-\tau_0)$。在运用方程（26.5.9）之后，执行条件就成为

$$\sum_{t=0}^{\infty}\beta^t\{[u_c(t)-u_\ell(t)H_c(t)]c_t-u_\ell(t)H_{\hat{m}}(t)\hat{m}_{t+1}-u_\ell(t)(1-\ell_t-s_t)\}=0$$

其中，我们已经假定初始资产为零，$b_0=m_0=0$。最后，我们把 $s_t=H(c_t,\hat{m}_{t+1})$ 代入这个表达式，同时求助于欧拉定理（26.5.4），得出

$$\sum_{t=0}^{\infty}\beta^t\{u_c(t)c_t-u_\ell(t)[1-\ell_t-(1-\nu)H(c_t,\hat{m}_{t+1})]\}=0 \tag{26.5.12}$$

拉姆齐问题是在满足方程（26.5.12）与可行性约束的条件下，求解表达式（26.2.2）的最大值，其中，此可行性约束是由方程（26.5.1）～方程（26.5.3）综合而成的：

$$1-\ell_t-H(c_t,\hat{m}_{t+1})-c_t-g_t=0 \tag{26.5.13}$$

设 Φ 与 $\{\theta_t\}_{t=0}^{\infty}$ 分别表示方程(26.5.12)上的拉格朗日乘子与方程(26.5.13)上的拉格朗日乘子序列。这一问题的一阶条件是

$$\begin{aligned}
c_t:\quad & u_c(t)+\Phi\{u_{cc}(t)c_t+u_c(t)\\
& -u_{\ell c}(t)[1-\ell_t-(1-\nu)H(c_t,\hat{m}_{t+1})]\\
& +(1-\nu)u_\ell(t)H_c(t)\}-\theta_t[H_c(t)+1]=0
\end{aligned} \tag{26.5.14a}$$

$$\begin{aligned}
\ell_t:\quad & u_\ell(t)+\Phi\{u_{c\ell}(t)c_t+u_\ell(t)\\
& -u_{\ell\ell}(t)[1-\ell_t-(1-\nu)H(c_t,\hat{m}_{t+1})]\}=-\theta_t
\end{aligned} \tag{26.5.14b}$$

$$\hat{m}_{t+1}:\quad H_{\hat{m}}(t)[\Phi(1-\nu)u_\ell(t)-\theta_t]=0 \tag{26.5.14c}$$

实际货币余额(26.5.14c)式的一阶条件在以下条件下是被满足的：$H_{\hat{m}}(t)=0$，或者

$$\theta_t=\Phi(1-\nu)u_\ell(t) \tag{26.5.15}$$

我们现在证明，方程（26.5.15）不能成为该问题的解。注意，当 $\nu>1$ 时，方程（26.5.15）意味着乘子 Φ 与 θ_t 或者是零或者具有相反的符号。由于 Φ 是非负的，所以这样的解被排除，而且非饱和的效用函数意味着 θ_t 是严格正的。当 $\nu=1$ 时，严格正的 θ_t 也排除了方程（26.5.15）作为一个解。为了对于 $\nu\in[0,1)$ 否定方程（26.5.15），我们把方程（26.5.15）代入方程（26.5.14b）中，

$$u_\ell(t)+\Phi\{u_{c\ell}(t)c_t+\nu u_\ell(t)-u_{\ell\ell}(t)[1-\ell_t-(1-\nu)H(c_t,\hat{m}_{t+1})]\}=0$$

这是一个矛盾，因为给定假设条件 $u_{c\ell}(t)\geqslant 0$，上式的左边是严格正的。我们得出结论，当交易技术为 ν 次齐次的（$\nu\geqslant 0$）时，方程（26.5.15）不能表示拉姆齐问题的解，所以此解有 $H_{\hat{m}}(t)=0$。换句话说，社会计划者遵从弗里德曼规则，而且满足带有实际余额的经济。按照条件（26.5.8c），这一目标可以通过维持零净名义利率的货币政策来实现。

正如阐明拉姆齐计划是如何完成的一样，假设在所有时期 $g_t=g$。如果在模型中没有交易技术和货币，那么第 16 章的例 1 表明了这种情况下的拉姆齐计划。最优结果是由常值配置（$\hat{c},\hat{n}$）与常值税率 $\hat{\tau}$ 来刻画的，其中税率 $\hat{\tau}$ 支撑着平衡的政府预算。我们猜想，现在货币经济的拉姆齐解分享那个实际配置。然而，在交易技术形式上带有附加约束的当前经济中，它是如何那样做的呢？首先，注意，上面拉姆齐解要求以实际余额来满足经济，这样在拉姆齐结果中将没有时间被配置到购买上。其次，需要满足经济的实际余额不随时间变化，是一个常值，并且等于

$$\frac{M_{t+1}}{p_t}=\psi\hat{c}, \qquad \forall t\geqslant 0 \tag{26.5.16}$$

同时，实际货币收益等于常值实际利率，

$$\frac{p_t}{p_{t+1}}=R, \qquad \forall t\geqslant 0 \tag{26.5.17}$$

最后，方程（26.5.16）中的实际余额也等于政府在 0 时期通过售出货币供给 M_1 给家庭所获得的资产的实际价值。这些政府资产在未来每个时期都获得一个实际净收益，它等于

$$(R-1)\psi\hat{c}=R\frac{M_t}{p_{t-1}}-\frac{M_{t+1}}{p_t}=\frac{p_{t-1}}{p_t}\frac{M_t}{p_{t-1}}-\frac{M_{t+1}}{p_t}=\frac{M_t-M_{t+1}}{p_t}$$

其中我们借助方程（26.5.16）和方程（26.5.17）证明，利息收益刚好等于从流通中撤回货币的资金数，即在未来所有时期中需要在带有零净名义利率的货币市场上维持均衡流通的资金数。可以直接验证，家庭得到初始时间的债务会是高兴的。它们使用借入的资金来获得货币，并且通过放弃这些货币余额中的一些来满足未来利息支付。然而，它们的实际货币余额是不随时间变化的，因为价格水平正在下跌。在这种状况下，货币持有对家庭来说是无成本的（costless），就消费和劳动而论，其最优决策与这种经济的非货币形式是一样的。

26.6 货币政策的时间一致性

在前面一节里，在政府承诺其未来行动计划的假定下推导出了弗里德曼规则的最优性。拉姆齐计划不是时间一致性的，同时要求政府拥有保证它的技术。在每一个时期中，依据拉姆齐计划，为了减少未来扭曲性劳动税，政府总是想未经公布就征收通货膨胀税。与其检验由于扭曲性税收引起的这种时间一致性，不如我们现在转向另一个在出乎意料的通货膨胀能够减少失业的情况下产生的时间一致性问题。

基德兰德和普雷斯科特（1977）以及巴罗和戈登（1983a，1983b）研究了需要在出乎意料的通货膨胀和失业之间进行权衡的简化模型中的时间一致性问题与可信的货币政策。利用他们的思想，爱尔兰（Ireland，1997）提出了一种带有产生这种权衡的微观经济基础的模型，因为在政府制定货币政策之前垄断竞争性厂商斯塔克尔伯格制定名义商品价格。[①] 这里政府总是想制造出抵消厂商涨价的出乎意料的通货膨胀，并且激励就业处于次优的低水平之上。但是，任何预期通货膨胀都具有负的福利效应，此福利效应产生于假定的预付现金约束。更明确地说，预期通货膨胀减少名义劳动收入的实际价值，该名义劳动收入可以在下一个时期中用于花费或者投资，从而对工作激励产生扭曲。

下面的框架修正了爱尔兰模型，并且假设每一个家庭在它的劳动供给方面都有一定的市场权力，同时一种单一产品完全由竞争性厂商生产。

□ 26.6.1　具有垄断竞争性工资结构的模型

在单位区间 $i\in[0,1]$ 上存在一个带有下标的家庭的连续统。在 t 时期，家庭 i 消费单一消费品 c_{it}，同时供给劳动 $n_{it}\geqslant 0$[②]。家庭的偏好是

$$\sum_{t=0}^{\infty}\beta^{t}\left(\frac{c_{it}^{\gamma}}{\gamma}-n_{it}\right) \tag{26.6.1}$$

其中，$\beta\in(0,1)$，$\gamma\in(0,1)$。对 γ 的参数限制确保了家庭的效用在零消费点上的定义是精确的。

用于生产单一消费品的技术是

$$y_t=\left(\int_0^1 n_{it}^{\frac{1-\alpha}{1+\alpha}}\mathrm{d}i\right)^{\frac{1+\alpha}{1-\alpha}} \tag{26.6.2}$$

其中 y_t 表示人均产出，$\alpha\in(0,1)$。对于劳动投入而言，技术是规模收益不变的，同时如果所有类型的劳动均以同样的数量 n_t 供给，那么我们有 $y_t=n_t$。类型 i 的劳动边际产量是

$$\frac{\partial y_t}{\partial n_{it}}=\left(\int_0^1 n_{it}^{\frac{1-\alpha}{1+\alpha}}\mathrm{d}i\right)^{\frac{2\alpha}{1-\alpha}}n_{it}^{\frac{-2\alpha}{1+\alpha}}=\left(\frac{y_t}{n_{it}}\right)^{\frac{2\alpha}{1+\alpha}}\equiv\hat{w}(y_t,n_{it}) \tag{26.6.3}$$

这种单一商品是由大量的竞争性厂商生产的，而竞争性厂商愿意支付类型 i 的劳动的实际工资等于方程（26.6.3）中的边际产出。

具有两个自变量 y_t 与 n_{it} 的函数 $\hat{w}(y_t,n_{it})$ 的定义是由下面两个关于家庭劳动供给行为的假定中的第一个所引出的。[③]

（1）当最大化家庭劳动供给的租金时，家庭 i 接受能够通过第二个自变量影响边际

---

① 爱尔兰模型借鉴了由斯文森（Svensson，1986）与罗特伯格（Rotemberg，1987）发展起来的那些模型的大部分结构。参见罗特伯格和伍德福德（1997）以及金和沃尔曼（King and Wolman，1999）的相关模型的实证补充说明。

② 为了求解方便，我们假定家庭可供给任意非负数量的劳动。如果我们像本书第一版那样要求有限禀赋，则不得不面临沿着某些均衡路径劳动在厂商之间的分配问题。

③ 类似的假设由爱尔兰（1997）隐含地给出，他在垄断竞争性厂商利润最大化问题中把总价格指数看成是已知的，同时当估算货币政策偏离的产出效果时不理会厂商创造利润的能力。

产量 $\hat{w}(y_t, n_{it})$ 的租金，此时 y_t 被看成是已知的。

(2) 类型 i 的劳动的名义工资在 t 时期是由家庭 i 在 t 时期开始时所选择的。已知名义工资 w_{it}，家庭 i 有责任去交付任意数量的经济所需的劳动 n_{it}。

政府的唯一任务是通过对家庭的一次性转移支付 $(x_t-1)M_t$ 来增加或减少货币供给，其中，M_t 表示在 t 时期开始时的人均货币供给，x_t 表示在 t 时期的货币总增长率：

$$M_{t+1}=x_t M_t \tag{26.6.4}$$

沿着爱尔兰（1997）的思路，我们假定 $x_t \in [\beta, \bar{x}]$。这些关于货币增长的界限确保了货币均衡的存在性。下限将被用来证明在稳定均衡中会产生一个零净名义利率，上限 $\bar{x}<\infty$ 确保了家庭绝不会一起放弃使用货币。

在每一个时期 t，关于家庭 i 的一些事情说明如下：在 t 时期开始时，家庭持有货币 m_{it} 与实际私人债券 b_{it}，同时家庭为其劳动类型设置名义工资 w_{it}。在工资确定之后，政府选择名义转移支付 $(x_t-1)M_t$ 给家庭。然后，家庭进入资产市场结算到期债券 b_{it}，并且挑选一种带有货币与实际债券 $b_{i,t+1}$ 的新投资组合。在资产市场关闭之后，家庭成员分为购物者与工人。[①] 在 t 时期，购物者购买此单一商品 c_{it} 个单位，受限于预付现金约束：

$$\frac{m_{it}}{p_t}+\frac{(x_t-1)M_t}{p_t}+b_{it}-\frac{b_{i,t+1}}{R_t} \geqslant c_{it} \tag{26.6.5}$$

其中 p_t 与 R_t 分别表示价格水平与实际利率。已知家庭预先确定的名义工资 w_{it}，工人供给厂商所需要的全部劳动 n_{it}。在 t 时期结束时，当商品市场关闭以后，购物者与工人重新结合，从而家庭的货币持有量 $m_{i,t+1}$ 现在等于工人的劳动收入 $w_{it}n_{it}$ 加上购物中所有未花费的现金。因此，家庭的预算约束变为[②]：

$$\frac{m_{it}}{p_t}+\frac{(x_t-1)M_t}{p_t}+b_{it}+\frac{w_{it}}{p_t}n_{it}=c_{it}+\frac{b_{i,t+1}}{R_t}+\frac{m_{i,t+1}}{p_t} \tag{26.6.6}$$

□ 26.6.2 完美预期均衡

我们首先研究在完美预期下的家庭 i 的最优化问题。已知初始资产 (m_{i0}, b_{i0})、价格序列 $\{p_t\}_{t=0}^{\infty}$、实际利率 $\{R_t\}_{t=0}^{\infty}$ 和产出水平 $\{y_t\}_{t=0}^{\infty}$，以及名义转移支付 $\{(x_t-1)M_t\}_{t=0}^{\infty}$，家庭通过选择消费序列 $\{c_{it}\}_{t=0}^{\infty}$、劳动供给 $\{n_{it}\}_{t=0}^{\infty}$、资产持有量 $\{m_{i,t+1}\}_{t=0}^{\infty}$ 和实际债券持有量 $\{b_{i,t+1}\}_{t=0}^{\infty}$ 以及名义工资 $\{w_{it}\}_{t=0}^{\infty}$，使表达式（26.6.1）最大化，同时满足预付现金约束（26.6.5）以及预算约束（26.6.6），并且在每一个时点上，实际工资等于类型 i 的劳动的边际产量 $w_{it}/p_t=\hat{w}(y_t, n_{it})$。最后一个限制条件保证了家庭对 n_{it} 和 w_{it} 的选择与厂商对类型 i 的劳动的需求相一致。通过以边际产量 $\hat{w}(y_t, n_{it})$ 代替实际工资 w_{it}/p_t 的方式，我们把这一约束并入预算约束条件（26.6.6）中。用 $\beta^t \mu_{it}$ 和 $\beta^t \lambda_{it}$ 分别作为在 t 时期的预付现金约束和预算约束上的拉格朗日乘子，在内部解上的一阶条件是

$$c_{it}: \quad c_{it}^{\gamma-1}-\mu_{it}-\lambda_{it}=0 \tag{26.6.7a}$$

---

① 家庭成员被分为购物者和工人的解释遵从了卢卡斯（1980b）的预付现金框架。它体现了由克洛尔（Clower，1967）所推荐的对交易的约束。

② 规模收益不变的假设以及在商品市场中完全竞争的假设意味着厂商的利润为零。

$$n_{it}: \quad -1+\lambda_{it}\left[\frac{\partial\hat{w}(y_t,n_{it})}{\partial n_{it}}n_{it}+\hat{w}(y_t,n_{it})\right]=0 \tag{26.6.7b}$$

$$m_{i,t+1}: \quad -\lambda_{it}\frac{1}{p_t}+\beta(\lambda_{i,t+1}+\mu_{i,t+1})\frac{1}{p_{t+1}}=0 \tag{26.6.7c}$$

$$b_{i,t+1}: \quad -(\lambda_{it}+\mu_{it})\frac{1}{R_t}+\beta(\lambda_{i,t+1}+\mu_{i,t+1})=0 \tag{26.6.7d}$$

关于租金最大化劳动供给 n_{it} 的一阶条件（26.6.7b）能够整理为

$$\hat{w}(y_t,n_{it})=\frac{\lambda_{it}^{-1}}{1+\varepsilon_{it}^{-1}}=\frac{1+\alpha}{1-\alpha}\lambda_{it}^{-1} \tag{26.6.8}$$

其中

$$\varepsilon_{it}=\left[\frac{\partial\hat{w}(y_t,n_{it})}{\partial n_{it}}\frac{n_{it}}{\hat{w}(y_t,n_{it})}\right]^{-1}=-\frac{1+\alpha}{2\alpha}<0$$

拉格朗日乘子 λ_{it} 表示在 t 时期放宽预算约束 1 单位的影子价值，即这 1 单位在 t 时期以效用来衡量。由于偏好（26.6.1）式在劳动的负效用中是线性的，所以 λ_{it}^{-1} 表示在 t 时期以其预算约束的单位来表示的闲暇的价值。方程（26.6.8）是人们熟悉的表达式，即垄断价格 $\hat{w}(y_t, n_{it})$ 应该被设为在边际成本 λ_{it}^{-1} 之上的加成（markup），同时该加成与类型 i 的劳动的需求弹性的绝对值 $|\varepsilon_{it}|$ 负相关。

关于资产决策的一阶条件（26.6.7c）与条件（26.6.7d）能够用于求解收益率：

$$\frac{p_t}{p_{t+1}}=\frac{\lambda_{it}}{\beta(\lambda_{i,t+1}+\mu_{i,t+1})} \tag{26.6.9a}$$

$$R_t=\frac{\lambda_{it}+\mu_{it}}{\beta(\lambda_{i,t+1}+\mu_{i,t+1})} \tag{26.6.9b}$$

每当预付现金约束上的拉格朗日乘子 μ_{it} 是严格正的时，货币就有比债券低的收益率，或者等价地，净名义利率如同在方程（26.2.8）中所证明的那样是严格正的。

已知初始条件 $m_{i0}=M_0$ 及 $b_{i0}=0$，我们现在转向在预付现金约束条件（26.6.5）的等号成立的附加假定下，甚至在约束条件（26.6.5）不成立的情况下来刻画均衡。由于所有家庭都是完全对称的，所以它们将执行相同的消费与劳动决策，$c_{it}=c_t$，$n_{it}=n_t$，因此，利用市场出清及规模收益不变的技术条件（26.6.2），我们有

$$c_t=y_t=n_t \tag{26.6.10a}$$

并且从方程（26.6.3）关于劳动边际产量的表达式知

$$\hat{w}(y_t,n_t)=1 \tag{26.6.10b}$$

均衡的资产持有量满足 $m_{i,t+1}=M_{t+1}$ 与 $b_{i,t+1}=0$。将均衡数量代入预付现金约束条件（26.6.5）的等式中，得到

$$\frac{M_{t+1}}{p_t}=c_t \tag{26.6.10c}$$

其中，“货币数量理论”决定了价格水平，$p_t=M_{t+1}/c_t$。我们现在把这个表达式与条件（26.6.7a）以及（26.6.8）式代入方程（26.6.9a）中得到

$$\frac{M_{t+1}/c_t}{M_{t+2}/c_{t+1}}=\frac{\left[\frac{1-\alpha}{1+\alpha}\hat{w}(y_t,n_t)\right]^{-1}}{\beta c_{t+1}^{\gamma-1}}$$

整理后得

$$c_t=\frac{1-\alpha}{1+\alpha}\frac{\beta}{x_{t+1}}c_{t+1}^{\gamma}$$

其中我们运用了方程（26.6.4）及方程（26.6.10b）。在对这个表达式取对数之后，我们得到

$$\log(c_t)=\log\left(\frac{1-\alpha}{1+\alpha}\beta\right)+\gamma\log(c_{t+1})-\log(x_{t+1})$$

由于 $0<\gamma<1$ 且 x_{t+1} 是有界的，$\log(c_t)$ 中的这一线性差分方程能够向前求解得出

$$\log(c_t)=\frac{\log\left(\frac{1-\alpha}{1+\alpha}\beta\right)}{1-\gamma}-\sum_{j=0}^{\infty}\gamma^j\log(x_{t+1+j}) \tag{26.6.11}$$

其中，均衡考虑促使我们选择能够产生一种有界序列的特解。[①]

□ 26.6.3　拉姆齐计划

拉姆齐问题是选择货币增长率 $\{x_t\}_{t=0}^{\infty}$ 的序列，此序列支持带有最高可能福利的完美预期均衡，也就是 $\{x_t\}_{t=0}^{\infty}$ 的最优选择最大化了表达式（26.6.1）中代表性家庭的效用，使得表达式（26.6.11）与 $n_t=c_t$ 成立。从表达式（26.6.11）明显可知，关于货币增长 $x_t\in[\beta,\bar{x}]$ 的约束可以转换成关于消费的下限与上限，$c_t\in[\underline{c},\bar{c}]$，其中

$$\underline{c}=\left(\frac{\beta}{\bar{x}}\frac{1-\alpha}{1+\alpha}\right)^{\frac{1}{1-\gamma}}\quad 且\quad \bar{c}=\left(\frac{1-\alpha}{1+\alpha}\right)^{\frac{1}{1-\gamma}}<1 \tag{26.6.12}$$

于是，拉姆齐计划直接从考察拉姆齐最优化问题的单期收益得出：

$$\frac{c_t^{\gamma}}{\gamma}-c_t \tag{26.6.13}$$

它是严格凹的，同时在 $c=1$ 处达到最大值。因而，为了证明 $c_t=\bar{c}(t\geqslant0)$，拉姆齐解要求 $x_{t+1}=\beta(t\geqslant0)$。注意，通过任意初始货币增长 x_0 都能够证明拉姆齐结果。为了消除在货币收益不等于债券收益的条件下由预付现金约束引起的劳动供给扭曲，未来货币增长率只有等于 β。拉姆齐结果等于货币与债券的收益；也就是，用零净名义利率来实现弗里德曼规则。

强调拉姆齐货币政策无法消除因垄断工资设定而引起的扭曲是有启示意义的。运用均衡实际工资为单位 1 的事实，我们从方程（26.6.8）中求解 λ_{it}，并将其代入方程（26.6.7a），得

① 参见第 2 章关于标量线性差分方程求解的附录。

$$c_{it}^{\gamma-1}=\mu_{it}+\frac{1+\alpha}{1-\alpha}>1 \qquad (26.6.14)$$

(26.6.14) 式的左边表示消费的边际效用。由于技术条件 (26.6.2) 在劳动方面是线性的，在最优配置中，消费的边际效用应该等于闲暇的边际效用。但是，(26.6.14) 式的右边大于 1，而 1 是已知偏好 (26.6.1) 式时闲暇的边际效用。尽管通过设拉格朗日乘子 μ_{it} 等于零，拉姆齐货币政策终于把扭曲性从预付现金约束中剔除，但是政策并不能解决在"加成" $(1+\alpha)/(1-\alpha)$ 中显露出的垄断工资设置的扭曲性。[①] 注意，当参数 α 趋于零时，拉姆齐解收敛于最优配置，也就是当家庭的市场力量趋于零时的情况。

为了阐明时间一致性问题，把初始名义工资看成是已知的，$w_{i0}=w_0\in[\beta M_0,\bar{x}M_0]$，我们现在求解拉姆齐计划。首先，一旦设置了初始时期 0，就可以直接证明对于 $t\geqslant 1$ 的解与前面的解相同。也就是，为了支持 $c_t=\bar{c}(t\geqslant 1)$，最优政策要求 $x_{t+1}=\beta(t\geqslant 1)$。其次，已知 w_0，最优结果 $c_0=1$ 能够在初始时期通过选择 $x_0=w_0/M_0$ 来实现。然后，作为结果的货币供给 $M_1=w_0$ 在均衡价格 $p_0=w_0$ 时用来交易 $c_0=1$。特别地，当商品的价格 $p_0=w_0$ 时，厂商很高兴以工资 w_0 雇用任意数量的工人。在价格 $p_0=w_0$ 时，商品市场在充分就业水平上出清，因为购物者试图花费他们的实际余额 $M_1/p_0=1$。劳动市场也将出清，因为工人有责任提供所需要的 $n_0=1$。最后，能够自由选择货币增长 x_1，且不会影响到拉姆齐解的实际配置。其缘由是，由于预先设置工资 w_0，所以在 0 时刻不存在 0 时期至 1 时期由持有货币的低收益而产生的任何劳动供给扭曲。

□ 26.6.4 弗里德曼规则的可信性

预先设置初始工资 w_0 与没有预先设置初始工资 w_0 的拉姆齐均衡的对比暗示着，政府有诱惑去创造将会增加就业的积极的货币奇迹。当政府缺乏拉姆齐最优化问题中隐含的承诺技术时，我们的问题是弗里德曼规则是否可信。当政策偏离导致经济回到最不可能的子博弈完美均衡时，弗里德曼规则是否有一个触发策略支持呢?

运用第 23 章的概念与符号，我们详细规定策略组合的目标，而且描述子博弈完美均衡 (SPE) 的定义。尽管家庭拥有对应于它们劳动类型的市场力量，但是它们面对政府时力量仍然单薄。因此，我们停留在第 23 章的框架里，其中政府根据策略来行动，同时家庭的行为现在能够被归纳为对政府选择进行非战略反应的"垄断竞争性均衡"。在每一个时期 t 对于所有可能的历史，家庭的策略 σ^h 与政府的策略 σ^g 分别详细规定了行动 $\tilde{w}_t\in\widetilde{W}$ 与 $x_t\in X\equiv[\beta,\bar{x}]$，其中

$$\tilde{w}_t=\frac{w_t}{M_t}, \qquad x_t=\frac{M_{t+1}}{M_t}$$

也就是，用开始时期的货币供给 M_t 乘以上述行动会产生一个名义工资与一个名义货币供给（名义变量的这种标度在 1997 年被爱尔兰使用，而且贯穿于他的分析研究中，因为在时期开始时名义货币供给的大小本身没有意义）。

定义：一个策略组合 $\sigma=(\sigma^h,\sigma^g)$ 是子博弈完美均衡，如果对于每一个 $t\geqslant 0$ 与每一个

---

① 政府为了纠正由垄断竞争性工资设置所导致的扭曲性，需要运用财政工具，即补贴与税收。

历史 $(\widetilde{w}^{t-1}, x^{t-1}) \in \widetilde{W}^t \times X^t$：

（1）已知货币增长率轨迹$\{x_{t-1+j} = x(\sigma|_{(\widetilde{w}^{t-1}, x^{t-1})})_j\}_{j=1}^{\infty}$，工资设置结果 $\widetilde{w}_t = \sigma_t^h(\widetilde{w}^{t-1}, x^{t-1})$构成了一个垄断竞争性均衡。

（2）政府不能够通过违背 $x_t = \sigma_t^g(\widetilde{w}^{t-1}, x^{t-1})$ 来严格地改善家庭的福利，也就是通过隐含的连续策略组合 $\sigma|_{(\widetilde{w}^t; x^{t-1}, \eta)}$来选择另一个货币增长率 $\eta \in X$。

除了变为“垄断竞争性均衡”之外，此定义与第 23 章定义 6 的主要差异在于条件（1）。在 t 时期的均衡不能再用在 t 时刻的孤立的政府行动术语来表述，而是需要当前与所有未来货币增长率的轨迹，而这些轨迹是由策略组合 $\sigma|_{(\widetilde{w}^{t-1}, x^{t-1})}$ 生成的。在条件（1）中垄断竞争性均衡被理解成前面曾阐述的完美预期均衡。当政府打算偏离条件（2）时，构造如下均衡：在 t 时期里，当发生偏离时，均衡消费 c_t 是 η 与 $\widetilde{w}_t$ 的函数，这是预付现金约束等式所暗指的内容：

$$c_t = \frac{\eta M_t}{p_t} = \frac{\eta M_t}{w_t} = \frac{\eta}{\widetilde{w}_t} \tag{26.6.15}$$

其中我们使用了均衡条件 $p_t = w_t$。从 $t+1$ 时期开始，偏离会引发一种指向带有货币增长率轨迹的新完美预期均衡的转变，其中货币增长率轨迹是由 $\{x_{t+j} = x(\sigma|_{(\widetilde{w}^t; x^{t-1}, \eta)})_j\}_{j=1}^{\infty}$ 给出的。

我们猜测，最坏的 SPE 对于所有时期都有 $c_t = \underline{c}$，同时备选策略组合 $\hat{\sigma}$ 是

$$\hat{\sigma}_t^h = \frac{\overline{x}}{\underline{c}}, \quad \forall t, \quad \forall (\widetilde{w}^{t-1}, x^{t-1})$$

$$\hat{\sigma}_t^g = \overline{x}, \quad \forall t, \quad \forall (\widetilde{w}^{t-1}, x^{t-1})$$

此策略组合指导政府选择最高可达到的货币增长率（对于所有时期与所有历史）。类似地，当货币增长率总是处于其最大值上时，家庭也会设置可以构成完美预期均衡的名义工资。因而，SPE 的条件（1）显然是被满足的。剩下的是证明政府没有动机去偏离。如果不考虑历史的话，连续策略组合就是 $\hat{\sigma}$，这样，政府只需依据单期收益（26.6.13）式来寻找最佳反应。把家庭行动 $\widetilde{w}_t = \overline{x}/\underline{c}$ 代入方程（26.6.15）之后，我们得到 $c_t = \underline{c}\eta/\overline{x}$，因此政府的最佳反应遵从所建议的策略 $\overline{x}$。我们得出的结论是，由于 $\underline{c}$ 是在任意完美预期均衡中消费的下界，所以策略组合 $\hat{\sigma}$ 实际上是 SPE，而且它是最坏的。

我们现在准备讨论弗里德曼规则的可信性。弗里德曼规则成为可信的最佳时机是偏离触发均衡恢复到由 $\hat{\sigma}$ 给出的子博弈完美均衡。可信性条件成为

$$\frac{\frac{\overline{c}^{\gamma}}{\gamma} - \overline{c}}{1-\beta} \geqslant \left(\frac{1}{\gamma} - 1\right) + \beta \frac{\frac{\underline{c}^{\gamma}}{\gamma} - \underline{c}}{1-\beta} \tag{26.6.16}$$

借助于下述弗里德曼规则，政府可消除由一种有效力的预付现金约束所导致的劳动供给扭曲，同时在 $\overline{c}$ 点保持产出。利用对弗里德曼规则的偏离，政府创造出一种积极的货币奇迹，它会使产出递增到其单位有效水平上，因此同时消除了由垄断竞争性工资设置所导致的扭曲。然而，这种偏离损害了政府的声誉，经济会恢复到引起政府在最高可行性利率上通货膨胀的均衡上，从而产出降到 $\underline{c}$。因此，当且仅当（26.6.16）式成立时，弗里德曼规则是可信的。

由于$\underline{c}$反向地依赖于$\bar{x}$，所以货币增长方面的外生上界$\bar{x}$越高，弗里德曼规则就越是可信的。换句话说，$\bar{x}$越高意味着偏离的惩罚越大，因此政府为了避免这一惩罚会更加愿意支持弗里德曼规则。在变动范围内，当$\bar{x}$变得任意大时，$\underline{c}$趋于零，同时条件（26.6.16）简化为

$$\left(\frac{1-\alpha}{1+\alpha}\right)^{\frac{\gamma}{1-\gamma}}\left(\frac{1}{\gamma}-\frac{1-\alpha}{1+\alpha}\right)\geqslant(1-\beta)\left(\frac{1}{\gamma}-1\right)$$

其中我们运用了（26.6.12）式中关于$\bar{c}$的表达式。弗里德曼规则能够承受充分大的β值。当家庭具有忍耐性，同时对未来结果给予一个高的权重时，政府很少有动机偏离规则。此外，弗里德曼规则对于充分小的α值是可信的，这等价于家庭几乎没有市场权力。由垄断竞争性工资设置所导致的相关的小扭曲意味着，货币奇迹的潜在福利收益同样是小的，因此政府不大会偏离弗里德曼规则。

26.7 结束语

本章除了阐明一系列货币学说之外，还说明了初始时期$t=0$在分析中的特殊重要性。这一点在伍德福德（1995）的模型中得到了特别的表述，其中初始有利息的政府债务B_0没有指数化，而是以名义形式表示。因此，尽管完美预期均衡的构造保证了名义债券的所有未来问题事后将产生那种实际收益率，即吸引家庭持有这些债券的实际收益率，已变现的初始名义债券的实际收益绝对依赖于价格水平p_0。当我们考察第16章的动态最优税收时，初始时期里的活动也是重要的。

货币问题在本书的其他一些章节里也进行了讨论。第9章和第18章分别研究了世代交叠模型和比利模型。第27章和第28章介绍了产生法定货币正的价值（positive value）的其他显性环境：汤森大道模型以及清泷-赖特（Kiyotaki-Wright）搜寻模型。

26.8 练习

26.1 为什么意大利与巴西的赤字曾达到了GDP的极大比例？

政府预算约束可以写成

$$g_t-\tau_t+\frac{b_t}{R_{t-1}}(R_{t-1}-1)=\frac{b_{t+1}}{R_t}-\frac{b_t}{R_{t-1}}+\frac{M_{t+1}}{p_t}-\frac{M_t}{p_t}\tag{1}$$

左边表示总实际利息政府赤字；右边表示在$t-1$时期至t时期政府债务的实际价值的变化。

政府预算经常描述名义总利息政府赤字，并定义为

$$p_t(g_t-\tau_t)+p_tb_t\left(1-\frac{1}{R_{t-1}p_t/p_{t-1}}\right)$$

以及它们对 GNP（$p_t y_t$）的比率，也就是

$$\left[(g_t-\tau_t)+b_t\left(1-\frac{1}{R_{t-1}p_t/p_{t-1}}\right)\right]/y_t$$

对于具有大的 b_t 的国家而言（比如意大利），这一数目可能非常大，甚至可以说带有一定的通货膨胀率。对于拥有迅速上升的通货膨胀率的国家，像 1993 年的巴西，此数目有时达到 GDP 的 30%。幸运的是，这个数目过分强调了政府的"赤字问题"的严重性，同时对赤字的利息成分可以进行简单调整，赤字的利息成分为该问题提供了一个更为精确的画面。请特别注意，实际赤字与名义赤字的利息成分的实际价值通过下式关联起来：

$$b_t\left(1-\frac{1}{R_{t-1}}\right)=\alpha_t b_t\left(1-\frac{1}{R_{t-1}p_t/p_{t-1}}\right)$$

其中

$$\alpha_t=\frac{R_{t-1}-1}{R_{t-1}-p_{t-1}/p_t}$$

因而，我们应该用 α_t 去乘以名义利息支付的实际价值$b_t\left(1-\frac{p_{t-1}}{R_{t-1}p_t}\right)$，得到出现在方程（1）左边的债务的实际利息成分。

a. 对于 $b_t/y=0.5$、总实际利率为 1.02 的零净通货膨胀率的国家，计算 α_t。

b. 对于 $b_t/y=0.5$、总实际利率为 1.02 以及每年带有 100%净通货膨胀率的国家，计算 α_t。

26.2 布罗克（1974）的一个奇怪的例子。

考察由一个政府与一个代表性家庭构成的经济。存在一种消费品，它是不可生产的，且不可储存。在 $t\geqslant 0$ 时，该商品的外生供给是 $y_t=y>0$。家庭拥有此商品。在时期 t，代表性家庭的偏好是由

$$\sum_{t=0}^{\infty}\beta^t\{\ln c_t+\gamma\ln(m_{t+1}/p_t)\} \tag{1}$$

确定的，其中 c_t 表示家庭在 t 时期的消费，p_t 表示 t 时期的价格水平，此外，m_{t+1}/p_t 表示家庭从 t 时期到 $t+1$ 时期储存下来的实际余额。假定 $\beta\in(0,1)$ 且 $\gamma>0$。家庭通过选择 $\{c_t, m_{t+1}\}$ 来最大化方程（1），满足预算约束的序列

$$c_t+m_{t+1}/p_t=y_t-\tau_t+m_t/p_t,\qquad t\geqslant 0 \tag{2}$$

其中 τ_t 表示在 t 时期到期的总量税。家庭面对着价格序列 $\{p_t\}$ 作为价格的接受者，同时已知名义余额的初始价值 m_0。

在 t 时期，政府面对着预算约束

$$g_t=\tau_t+(M_{t+1}-M_t)/p_t,\qquad t\geqslant 0 \tag{3}$$

其中，M_t 表示政府在 t 时期开始时已发行的货币数量，而 g_t 表示政府在 t 时期的支出。在均衡中，我们要求 $M_t=m_t$（对于所有$t\geqslant 0$）。政府选择序列 $\{g_t,\tau_t,M_{t+1}\}_{t=0}^{\infty}$，使得预算约束条件（3）对于所有$t\geqslant 0$都满足，同时已知初始价值 $M_0=m_0$。

a. 试定义一个竞争性均衡。

对于这个问题的剩余部分，假定 $g_t=g<y$（对于所有 $t\geqslant 0$），同时假定 $\tau_t=\tau$（对于所有 $t\geqslant 0$）。将一个稳定均衡定义为如下的均衡，即其中货币收益率对于所有 $t\geqslant 0$ 都是常值的均衡。

b. 找出如下的条件，在此条件下存在稳定均衡，$p_t>0$（对于所有 $t\geqslant 0$）。已知均衡存在，推导出均衡情况下实际余额与货币收益率的公式。稳定均衡是唯一的吗？

c. 找出实际余额 $h_t=M_{t+1}/p_t$ 在均衡水平上的一阶差分方程，此一阶差分方程将确保均衡存在（可能是非稳定均衡）。

d. 倘若你在 b 中所推导出的条件得到满足，试证明带有正的实际余额的差分方程存在一个不动点，并证明该不动点与你在 b 中所计算的实际余额水平一致。

26.3 预付现金模型中的最优通货膨胀税

考察正文中所阐述的爱尔兰模型（1997）的一种形式，但是假定完全竞争（也就是 $\alpha=0$）带有灵活的市场出清工资。现在假设政府为了对每一个时期的固定购买量 g 提供资金，必须按比例税率征收劳动税，并提高铸币税。求解承诺条件下的最优税收问题。

26.4 赤字、通货膨胀与预期货币冲击（由鲁道夫·马努埃利提供）

考察一种由大量相同的个体所构成的经济。在消费与闲暇上的偏好由

$$\sum_{t=0}^{\infty}\beta^t c_t^{\alpha}\ell_t^{1-\alpha}$$

给出，其中 $0<\alpha<1$。假定闲暇与实际货币余额的存量是正相关的（这刚好是购物时间模型的简化形式），同时与交易测度（measure of transactions）是负相关的：

$$\ell_t=A(m_{t+1}/p_t)/c_t^{\eta},\quad A>0$$

而且 $\alpha-\eta(1-\alpha)>0$。每一个个体都拥有一棵每个时期提供 y 单位消费的树（股息）。存在一个为开支融资的政府，发行单期的实际债券、货币，同时征税（总量税）。人均开支等于 g。因此，消费等于 $c=y-g$。政府的预算约束是

$$g_t+B_t=\tau_t+B_{t+1}/R_t+(M_{t+1}-M_t)/p_t$$

设货币收益率是 $R_{mt}=p_t/p_{t+1}$。设名义利率在 t 时期是 $1+i_t=R_t p_{t+1}/p_t=R_t\pi_t$。

a. 试推导出货币需求函数，并证明它是随名义利率递减的。

b. 假设政府政策使得 $g_t=g$，$B_t=B$ 以及 $\tau_t=\tau$。证明实际利率 R 是常数，而且等于折现因子的倒数。

c. 定义赤字为 d，其中 $d=g+(B/R)(R-1)-\tau$。在这种经济中通过融资可能获得的最高赤字是多少？经济学家声称，在这样的经济中，d 递增，让 g 不变，将导致通货膨胀率增长。试讨论这一观点。

d. 假设此经济对国际资本流是开放的，同时世界利率是 $R^*=\beta^{-1}$。假定 $d=0$，而且 $M_t=M$。在 $t=T$ 时，政府货币供给增加到 $M'=(1+\mu)M$。这种货币供给的增加被用于购买（政府）债券。当然，在 $t>T$ 时，这会导致比较小的赤字。（在这种情况下，它会导致剩余。）然而，政府还宣称其目的是削减税收，促使赤字回到零。讨论此种公开市场操作在 $t=T$ 时通过 μ 将对递增价格产生的影响；$p'=(1+\mu)p$，其中 p 表示从 $t=0$ 到

$t=T-1$ 时的价格水平。

e. 考察与 d 中设置相同的情况。现在假设在 $t=0$ 时宣布公开市场操作（但仍在 $t=T$ 时实施）。讨论价格在 $t=0$ 时升高，同时，特别地，$T-1$ 至 T 时的通货膨胀率将小于 $1+\mu$。

26.5 货币函数的利率弹性（由鲁道夫·马努埃利提供）

考察货币需求函数满足

$$m_{t+1}/p_t=F(c_t,R_{mt}/R_t)$$

的一种经济，其中 $R_{mt}=p_t/p_{t+1}$，R_t 表示单期利率。考虑下述公开市场操作：在 $t=0$ 时，政府售出债券并且"销毁"其以那些债券换回来的货币。其他实际变量——政府支出或税收——均是不变的。找出有关货币需求的收入弹性的条件，使得在 $t=0$ 时货币余额的减少导致价格水平在 $t=0$ 时上升。

26.6 美元化（由鲁道夫·马努埃利提供）

在最近几年中，许多国家——阿根廷以及一些遭受亚洲危机打击的国家——在考虑放弃本国货币而使用美元的可能性。考察一个国家，比方说 A，具有赤字 d 与通货膨胀率$\pi=1/R_m$。产出与消费都是常数，由此实际利率是固定的，$R=\beta^{-1}$。（总利息支付）赤字为 d，满足

$$d=g-\tau+(B/R)(R-1)$$

设货币需求是 $m_{t+1}/p_t=F(c_t,R_{mt}/R_t)$，同时假定 $c_t=y-g$。因而，稳态政府预算约束是

$$d=F(y-g,\beta R_m)(1-R_m)>0$$

假定该国家考虑在 $t=0$ 时以美元撤回它自己的货币。政府承诺给每一个带 1 比索到中央银行的人$\frac{1}{e}$美元，其中，e 表示该国货币兑换美元的汇率（每美元兑换的比索数）。假定美国通货膨胀率是已知的，而且等于 $\pi^*=1/R_m^*<\pi$，并且该国处于拉弗曲线的"较好"位置上。

a. 如果要你向 A 政府提出一些建议，那么为了实施这一转变你会主张应该向美国政府要求什么呢？为什么？

b. 在美元化发生之后，该国政府认识到它自己需要提高税收。经济学家 1 认为，在税收方面（在每个时期基础上）的增加将等于源自通货膨胀收入的损失——$F(y-g,\beta R_m)(1-R_m)$。而经济学家 2 声称，这是一种过高评价。更为精确地讲，他表示，如果政府面对美国政府时是一个好的谈判者，那么每个时期的税收只有通过 $F(y-g,\beta R_m)(1-R_m)-F(y-g,\beta R_m^*)(1-R_m^*)$ 来增加。讨论这两种观点。

26.7 货币委员会（由鲁道夫·马努埃利提供）

在最近一些年来，一些国家——阿根廷（1991）、爱沙尼亚（1992）、立陶宛（1994）、波斯尼亚（1997）以及保加利亚（1997）——都采纳了货币政策的货币委员会模型。简而言之，国家的货币委员会承诺可以完全用外国资产来收回本国货币。为了简单起见，假定外国资产是美元。

政府的预算约束由

$$g_t+B_t+B_{t+1}^* e/(Rp_t)=\tau_t+B_{t+1}/R+B_t^* e/p_t+(M_{t+1}-M_t)/p_t$$

给出，其中，B_t^* 表示一个时期由这个国家所持有的债券（以美元表示），e 表示汇率（每美元值多少比索），而 $1/R$ 表示一个时期债券的价格（既可以用本国货币表示，也可以用美元表示）。注意，预算约束等于消费品数量方面的收入与债务的实际价值。货币委员会“协议”要求供给的货币是完全可以回收的。这个规则的一种解释是，本国货币供给是

$$M_t=eB_t^*$$

因而，右边表示由该国持有的外国储备（以债券形式）的本国货币价值，而左边表示货币存量。最后，让一价定律成立：$p_t=ep_t^*$，其中 p_t^* 表示外国（美国）价格水平。

a. 假定 $B_t=B$，同时外国通货膨胀率是零，$p_t^*=p^*$。试证明，即使在这种情况下，货币需求的性质［你可以利用由 $F(y-g,\beta R_m)$ 给出的内容］在确定总收入中也是重要的。特别地，解释永久增加 y（即人均收入）是如何使政府（永久性地）降低税收的。

b. 假定 $B_t=B$。设外国通货膨胀率是正的，也就是 $\pi^*>1$。在这种情况下，一个时期以美元表示的债券的价格是 $1/(R\pi^*)$。试阐述外国通货膨胀对国内通货膨胀以及人均税收 τ 的影响。

c. 假定 $B_t=B$，试阐述一劳永逸的出乎意料的货币贬值（即未预期到的持久的 e 的增加）对人均税收水平的影响。

26.8 增长与通货膨胀（由鲁道夫·马努埃利提供）

考察一种由带有瞬时效用函数的相同个体所构成的经济，其中瞬时效用函数由

$$u(c,\ell)=[c^{\varphi}\ell^{1-\varphi}]^{(1-\sigma)}/(1-\sigma)$$

给出。假定购物时间由 $s_t=\psi c_t/(m_{t+1}/p_t)$ 给出。假定此经济中收入以比率 $\gamma>1$ 外生地增长。因而，在 t 时期，$y_t=\gamma^t y$。假定政府支出同样以相同的比率增长，$g_t=\gamma^t g$。最后，$c_t=y_t-g_t$。

a. 证明，如果货币需求在 t 时是 $x=m_{t+1}/p_t$，那么在 $t+1$ 时的货币需求是 γx。因此，货币需求以与经济发展速度相同的速度增长。

b. 证明实际利率依赖于增长率（你可以假定 ℓ 是常数）。

c. 讨论在保持价格水平为常值的货币政策下，也就是，当 $p_t=p$（对于所有 t）时，政府可以从印制货币中提高收入的正数量。

d. 运用你在 c 中的发现去讨论，为什么许多国家实行能带来高速增长的货币政策改革，对其本国经济进行“货币化”（这仅仅是关于货币供给增加的行话）并没有产生通货膨胀。

第27章

信用与通货

27.1 带有无限存活个体的信用与通货

本章阐述关于货币的汤森（1980）的大道模型，并且将其运用到研究中。此模型利用关于禀赋与地理位置上的异质性（heterogeneity）的一种特殊模式来创造货币需求。该模型与第 26 章中的购物时间模型相比更为原始。如同世代交叠模型那样，大道模型是从促使贷款与借款的个体各种各样的跨期禀赋模式的设置开始的。如果某一因素阻止贷款市场的运作，那么在帮助个体平滑其随时间变化的消费时，非支持货币（unbacked currency）很有可能会发挥作用。沿着汤森的思路，我们将最终诉诸地理位置上的异质性，把它作为引起借贷市场失灵的力量。

大道模型可以被认为是由杜鲁门·比利（1980）提供的随机模型的简化形式。我们运用模型研究一系列相互关联的问题与理论，包括：（1）消费的持久收入理论，（2）政府贷款与税收具有等价经济效应的李嘉图理论，（3）对非支持货币进行评价所需要的对私人贷款市场操作的一些限制，（4）通货膨胀财政理论，（5）关于随时间变化的货币存量的最优通货膨胀率与最优行为的理论，（6）关于通货膨胀财政的一种“法律限制”理论，（7）汇率不确定性理论。[①]

① 本章中的许多分析可参见 Manuelli and Sargent（2002），也可以参见 Chatterjee and Corbae（1996）和 Ireland（1994），它们在大道环境中对政策进行了分析。

27.2 偏好与禀赋

存在一种消费品，它无法被生产或储存。每个时期可获得的消费品总量是常数 N。存在 $2N$ 个家庭，依照它们的禀赋序列，它们被分成数量均为 N 的两种类型。家庭的两种类型称为奇数型与偶数型，它们具有禀赋序列

$$\{y_t^o\}_{t=0}^{\infty}=\{1,0,1,0,\cdots\}$$
$$\{y_t^e\}_{t=0}^{\infty}=\{0,1,0,1,\cdots\}$$

这两种类型的家庭按照共同的效用函数

$$U=\sum_{t=0}^{\infty}\beta^t u(c_t^h)$$

来评定消费序列 $\{c_t^h\}$，其中 $\beta\in(0,1)$，而且 $u(\cdot)$是二阶连续可微、递增且严格凹的函数，同时满足

$$\lim_{c\downarrow 0}u'(c)=+\infty \tag{27.2.1}$$

27.3 完全市场

作为一种基准，我们研究一种具有完全市场的经济形式。稍后，我们将或多或少武断地关闭一些市场，以此引入货币。

□ 27.3.1 帕累托问题

考察下面的帕累托问题：设 $\theta\in[0,1]$ 表示的是社会计划者喜欢奇数型个体到什么程度的一种权数指标。此问题是选择消费序列 $\{c_t^o,c_t^e\}_{t=0}^{\infty}$，使

$$\theta\sum_{t=0}^{\infty}\beta^t u(c_t^o)+(1-\theta)\sum_{t=0}^{\infty}\beta^t u(c_t^e) \tag{27.3.1}$$

最大化，且满足约束条件

$$c_t^e+c_t^o=1,\quad t\geqslant 0 \tag{27.3.2}$$

一阶条件是

$$\theta u'(c_t^o)-(1-\theta)u'(c_t^e)=0$$

把约束条件（27.3.2）代入这个一阶条件中，整理得

$$\frac{u'(c_t^o)}{u'(1-c_t^o)}=\frac{1-\theta}{\theta} \tag{27.3.3}$$

由于右边与时间无关，左边也一样，因此条件（27.3.3）决定了最优配置的单参数族

$$c_t^o=c^o(\theta),\quad c_t^e=1-c^o(\theta)$$

□ 27.3.2 完全市场均衡

家庭把价格序列 $\{q_t^0\}$ 看成是已知的，同时选择消费序列来求 $\sum_{t=0}^{\infty}\beta^t u(c_t)$ 的最大值，其预算约束为

$$\sum_{t=0}^{\infty}q_t^0 c_t\leqslant\sum_{t=0}^{\infty}q_t^0 y_t$$

家庭的拉格朗日算子是

$$L=\sum_{t=0}^{\infty}\beta^t u(c_t)+\mu\sum_{t=0}^{\infty}q_t^0(y_t-c_t)$$

其中 μ 表示非负的拉格朗日乘子。家庭问题的一阶条件是

$$\beta^t u'(c_t)\leqslant\mu q_t^0,\ 当\ c_t>0\ 时，等号成立$$

定义 1： 竞争性均衡是具有下面两个性质的一个价格序列 $\{q_t^0\}_{t=0}^{\infty}$ 和一个配置 $\{c_t^o, c_t^e\}_{t=0}^{\infty}$：

（a）已知价格序列，此配置可求解出两种类型家庭的最优化问题；

（b）对于所有 $t\geqslant0$，$c_t^o+c_t^e=1$。

为了找出均衡，我们必须设置一个配置与一个价格体系，这样，我们就可以验证两种类型家庭的一阶条件均成立。我们从受到帕累托最优配置的常数消费性质激发的推测开始着手。我们猜测对于任意 t，$c_t^o=c^o$，$c_t^e=c^e$，其中 $c^e+c^o=1$。这个推测和奇数型个体的一阶条件一起意味着

$$q_t^0=\frac{\beta^t u'(c^o)}{\mu^o}$$

或者

$$q_t^0=q_0^0\beta^t \tag{27.3.4}$$

其中，我们通过设置 $q_0^0=1$ 可以自由地进行标准化。对于奇数型个体而言，预算约束的右边用方程（27.3.4）中给出的价格来计算，得到

$$\frac{1}{1-\beta^2}$$

而对于偶数型家庭而言，可以求出相应的值为

$$\frac{\beta}{1-\beta^2}$$

在这些价格上，预算约束左边的值为

$$\frac{c^i}{1-\beta}, \quad i=o,e$$

为了使两个预算约束的等号成立，我们显然需要

$$c^o=\frac{1}{\beta+1}$$

$$c^e=\frac{\beta}{\beta+1} \tag{27.3.5}$$

由方程（27.3.4）给出的价格体系与由方程（27.3.5）给出的不随时间变化的配置都是竞争性均衡。

注意，竞争性均衡配置对应于一种特殊的帕累托最优配置。

□ 27.3.3 李嘉图命题

我们暂时把政府加入模型中。政府在 τ_t^i 的时间 t 上对类型 $i=o,e$ 的个体征收总量税。政府在每个时期均使用税收收入来为其固定购买 $G\in(0,1)$ 融资。消费者 i 的预算约束是

$$\sum_{t=0}^{\infty} q_t^0 c_t^i \leqslant \sum_{t=0}^{\infty} q_t^0 (y_t^i - \tau_t^i)$$

政府的预算约束是

$$\sum_{t=0}^{\infty} q_t^0 G = \sum_{i=o,e} \sum_{t=0}^{\infty} q_t^0 \tau_t^i$$

我们对定义 1 进行如下修改：

定义 2：竞争性均衡是一个价格序列 $\{q_t^0\}_{t=0}^{\infty}$、一个税收体系 $\{\tau_t^o,\tau_t^e\}_{t=0}^{\infty}$ 以及一个配置 $\{c_t^o,c_t^e,G_t\}_{t=0}^{\infty}$，使得对于给定的价格体系与税收体系，如下条件成立：

(a) 此配置可求解出每一个消费者的最优问题；

(b) 对于所有 $t\geqslant 0$，政府的预算约束是被满足的；

(c) 对于所有 $t\geqslant 0$，$N(c_t^o+c_t^e)+G_t=N$。

设对消费者 i 征收的税收现值是 $\tau^i \equiv \sum_{t=0}^{\infty} q_t^0 \tau_t^i$，因而，可以直接验证均衡价格体系仍是方程（27.3.4），且均衡配置是

$$c^o=\frac{1}{\beta+1}-\tau^o(1-\beta)$$

$$c^e=\frac{\beta}{\beta+1}-\tau^e(1-\beta)$$

这一均衡具有“李嘉图命题”的特色。

李嘉图命题：对税收征收的时间选择的变化而言，此均衡是不变的，即让分配给每一个个体的总量税的现值不变。

□ 27.3.4 贷款市场解释

定义时间 t 的总税收为 $\tau_t = \sum_{i=o,e}\tau_t^i$，同时把政府的预算约束写成

$$(G_0 - \tau_0) = \sum_{t=1}^{\infty}\frac{q_t^0}{q_0^0}(\tau_t - G_t) \equiv B_1$$

其中，B_1 可以解释为政府在时刻 0 发行的并且在时刻 1 到期的债券。注意，B_1 等于未来（也就是从时刻 1 算起）政府剩余 $\tau_t - G_t$ 的现值。政府的预算约束也可以被描述成

$$\frac{q_0^0}{q_1^0}(G_0 - \tau_0) + (G_1 - \tau_1) = \sum_{t=2}^{\infty}\frac{q_t^0}{q_1^0}(\tau_t - G_t) \equiv B_2$$

或者

$$R_1 B_1 + (G_1 - \tau_1) \equiv B_2$$

其中，$R_1 = \frac{q_0^0}{q_1^0}$表示时刻 0 与时刻 1 之间的总收益率，它可以用每单位时刻 0 的消费品对应的时刻 1 的消费品来测量。更为一般地讲，我们可以通过预算约束的序列来描述政府预算约束

$$R_t B_t + (G_t - \tau_t) = B_{t+1}, \quad t \geqslant 0$$

且满足边界条件 $B_0 = 0$。在这里所推算出的均衡中，对于所有的 $t \geqslant 1$，$R_t = \beta^{-1}$。

消费者预算约束可以采取相似的操作来把它们表示为单期预算约束序列。以隐藏在如下事实中的方式来描述预算集合，对政府或者消费者来说，并没有丢掉什么机会：这种经济中的阿罗-德布鲁配置可能用单期的贷款市场的序列来执行。

在下一节中，我们将关闭所有贷款市场，并且还设置政府开支 $G=0$。

27.4 货币经济

我们保持偏好和禀赋与前面经济中的一样，但是排除了所有通过借款或贷款或交易未来到期消费来实现的跨期交易。我们用法定货币机制来替换完全市场。在时刻 0，政府赋予 N 个偶数型个体中的每一个个体 M/N 单位的非支持货币或者不可兑换货币。奇数型个体初始时具有零单位货币。设 p_t 表示时刻 t 的价格水平，以每个时刻 t 的消费品的美元数表示。我们探索下面的均衡，即其中货币是有价值的（$p_t < +\infty, \forall t \geqslant 0$），且每个时期都不具有商品禀赋的个体会把货币传递给具有商品禀赋的个体。以商品换取货币是我们（模型构建者）唯一允许的交换（稍后汤森为我们给出了对这种武断地关闭市场的行为的一种辩护或者再解释）。

已知价格序列 $\{p_t\}_{t=0}^{\infty}$，家庭的问题是选择非负序列 $\{c_t, m_t\}_{t=0}^{\infty}$，使 $\sum_{t=0}^{\infty}\beta^t u(c_t)$ 最大化，且满足

$$m_t+p_tc_t\leqslant p_ty_t+m_{t-1},\quad t\geqslant 0 \tag{27.4.1}$$

其中 m_t 表示从 t 时刻到 $t+1$ 时刻所持有的货币。构造家庭的拉格朗日方程

$$L=\sum_{t=0}^{\infty}\beta^t\{u(c_t)+\lambda_t(p_ty_t+m_{t-1}-m_t-p_tc_t)\}$$

其中 $\{\lambda_t\}$ 表示非负拉格朗日乘子序列。关于 c_t 与 m_t 的家庭的一阶条件分别是

$$u'(c_t)\leqslant\lambda_tp_t\quad（如果\ c_t>0，则等号成立）$$
$$-\lambda_t+\beta\lambda_{t+1}\leqslant 0\quad（如果\ m_t>0，则等号成立）$$

把第一个条件以等式形式代入第二个条件中，得到

$$\frac{\beta u'(c_{t+1})}{p_{t+1}}\leqslant\frac{u'(c_t)}{p_t}\quad（如果\ m_t>0，则等号成立） \tag{27.4.2}$$

定义 3：竞争性均衡是满足以下条件的一个配置 $\{c_t^o,c_t^e\}_{t=0}^{\infty}$、一个非负货币持有 $\{m_t^o,m_t^e\}_{t=-1}^{\infty}$ 与一个非负价格水平序列 $\{p_t\}_{t=0}^{\infty}$：

(a) 已知价格水平序列及 (m_{-1}^o,m_{-1}^e)，此配置可求解出两类家庭的最优化问题；

(b) 对于所有 $t\geqslant 0$，$c_t^o+c_t^e=1$，$m_{t-1}^o+m_{t-1}^e=M/N$。

禀赋序列的周期特性促使我们猜测稳定均衡的两参数形式：

$$\{c_t^o\}_{t=0}^{\infty}=\{c_0,1-c_0,c_0,1-c_0,\cdots\}$$
$$\{c_t^e\}_{t=0}^{\infty}=\{1-c_0,c_0,1-c_0,c_0,\cdots\} \tag{27.4.3}$$

而且对于所有 $t\geqslant 0$，$p_t=p$。为确定这两个未定的参数 (c_0,p)，我们运用一阶条件与奇数型个体在时刻 0 的预算约束。他在 0 时期至 1 时期的禀赋序列 $(y_0^o,y_1^O)=(1,0)$ 和稻田条件（27.2.1）一起确保了他的两个一阶条件在时期 0 以等式形式成立。也就是，他对设置 $c_0^o>0$ 的期望能够凭借消费某些禀赋 y_0^o 来得到满足，并且在下面的时期 1 中确保其消费的唯一方式是持有严格正的货币资金 $m_0^o>0$。从其等式形式的一阶条件，我们得到

$$\frac{\beta u'(1-c_0)}{p}=\frac{u'(c_0)}{p}$$

这意味着 c_0 作为

$$\beta-\frac{u'(c_0)}{u'(1-c_0)}=0 \tag{27.4.4}$$

的根可以被求出来。由于 $\beta<1$，因此，$c_0\in(1/2,1)$。为了确定价格水平，我们运用奇数型个体在 $t=0$ 时的预算约束，在 $m_{-1}^o=0$ 与 $m_0^o=M/N$ 时，我们计算得到

$$pc_0+M/N=p\cdot 1$$

或者

$$p=\frac{M}{N(1-c_0)} \tag{27.4.5}$$

参见图 27.4.1 中 c_0 的图形确定。

从方程（27.4.4）可知，当 $\beta<1$ 时，$c_0>0.5$ 且 $1-c_0<0.5$。因而，两类家庭在这种货币均衡中会经历消费序列的波动。由于帕累托最优配置对于每一种个体类型都具有固定的消费序列，所以这一均衡配置不是帕累托最优的。

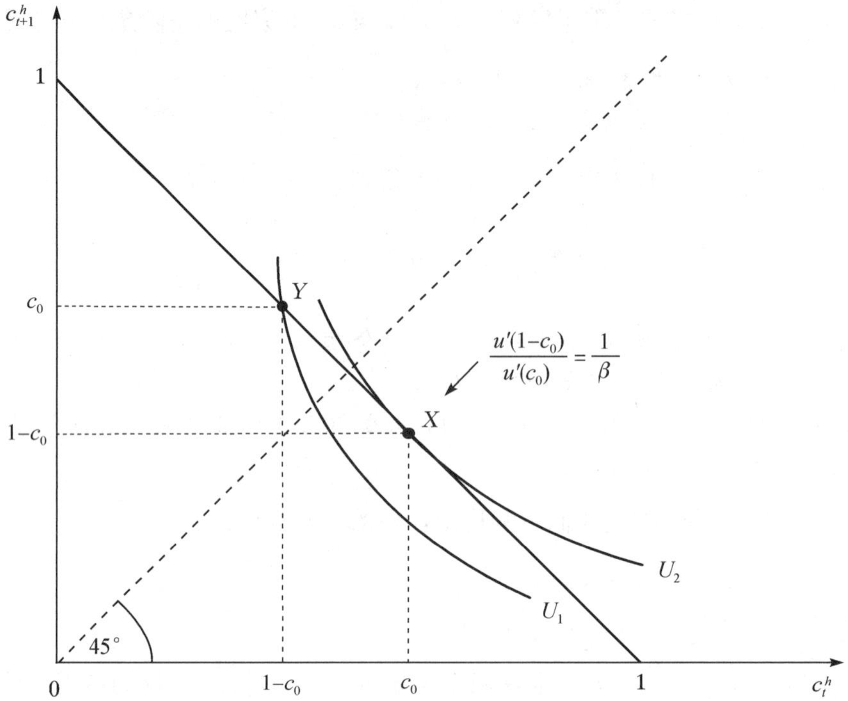

图 27.4.1　在 t 为偶数（奇数）时均衡中的个体 $o(e)$ 所面临的 t 时期至 $t+1$ 时期的消费之间的权衡。当 t 为偶数时，$c_t^o=c_o$，$c_{t+1}^o=1-c_o$，$m_t^o=p(1-c_o)$，且 $m_{t+1}^o=0$。无差异曲线在 X 点的斜率是 $-u'(c_t^h)/\beta u'(c_{t+1}^h)=-u'(c_0)/\beta u'(1-c_0)=-1$，同时无差异曲线在 Y 点的斜率是 $-u'(1-c_0)/\beta u'(c_0)=-1/\beta^2$

27.5　汤森的“大道”解释

前面的货币分析在下述意义上是人为的，即上述分析完全依赖于我们武断地排除了私人贷款市场的存在。此模型的实际设置本身对为何不存在那些贷款市场没有提供理由，但实际上就贷款市场而言有存在的合理理由。另外，就我们想要分析的许多问题而论，我们要求模型中私人贷款与货币同时存在，且货币是有价值的。①

罗伯特·汤森提出了一种模型，其在数学结构上与前述模型是相同的，但是私人贷款的全球市场不会出现，因为个体在空间上是分隔的。汤森的设置能使局部市场适应私

①　在当今美国，例如，M_1 是由需求存款（需求存款中的一部分是由商业贷款和其他贷款形成的，需求存款里的少部分是由储备金和通货形成的）和公众持有的通货所构成的，因而，M_1 不可解释成我们模型中的 m。

人贷款，因此会遇到我们已表述过的模型的缺陷。然而，我们首先关注那种局部贷款市场不会出现的汤森模型形式，它在数学上将等价于我们的上述模型。

经济从 $t=0$ 开始，有 N 个向东移动者与 N 个向西移动者按自然规律分布在每一个整数点上，这些整数点沿着“大道”在两个方向上无限扩展。每一个整数 $n=0$，±1，±2，…是交易站点数。个体在交易站点上仅能与他们在给定日期所发现的个体进行商品的交易。在偶数交易站点上向东移动的个体具有 1 单位消费品，而在奇数交易站点上具有零单位禀赋（参见图 27.5.1）。向西移动的个体在偶数交易站点上具有零单位禀赋，而在奇数交易站点上具有 1 单位消费品。最后，在每一个时期结束时，每个向东移动的个体把一个交易站点移向东边，而每个向西移动的个体把一个交易站点移向西边。大道沿着交易站点所处的位置在每一个方向均是无限长的，这意味着在时刻 t 成对的向东移动的个体与向西移动的个体将永远不能再相遇。这种特殊情况表明，以相反方向移动的个体之间不会有私人债务。以相反方向移动的个体之间的借据永远不会被收集到，因为潜在的贷款者永远不会再次遇见潜在的借款者；贷款者也遇不到曾遇见过潜在借款者的人等等，这将无限地继续下去。

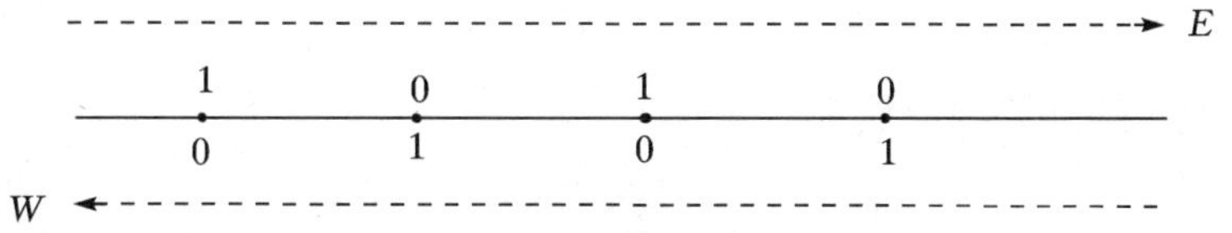

图 27.5.1　沿着汤森大道的禀赋模式。大道在每一个方向上都可以进行无限扩展，同时具有等距的交易站点。每一个交易站点拥有相同数目的向东移动的个体与向西移动的个体。在每一个交易站（黑点），每个时期对于每个向东移动的个体来说，都存在一个他愿意借款或贷款的向西移动的个体。但是，预定行程(itinerary)排除了偿还支付的可能性

把 $t=0$ 时具有 1 单位商品的个体称为类型 o 的个体，而把 $t=0$ 时具有零单位商品的个体称为类型 e 的个体。类型 h 的个体通过 $\sum_{t=0}^{\infty}\beta^t u(c_t^h)$ 评定出偏好。最后，经济在时刻 0 通过使得类型 e 的每个个体具有 $m_{-1}^e=m$ 单位非支持通货，同时类型 o 的每个个体具有 $m_{-1}^o=0$ 单位非支持通货来开始运作。

因而，用已经解释过的符号，这一模型准确地阐述了与前面所分析的模型所具有的相同的数学形式。个体空间上的分隔与其沿着大道的运动促成了在私人贷款方面不会存在全球市场的一种自然的理由。已经证明过的关于此模型的均衡及其最优性的各种各样的命题同样地可应用到大道形式上。[①②] 因此，在此模型的汤森形式中，空间上的分隔是

① 此模型的一种形式可以被人们构造出来，其中局部私人贷款和有价值的非支持货币共存。为了建立这样的模型，人们可以假定在个体禀赋的时间模式上具有某种异质性，这些个体位于相同的交易站点上，而且在相同的方向上移动。例如，向东移动的个体中的一半人在时间 t 上处于交易站点 i 时具有现在与未来的禀赋形式 $y_t^h=(\alpha,\gamma,\alpha,\gamma,\cdots)$，另一半具有禀赋形式 $(\gamma,\alpha,\gamma,\alpha,\cdots)$，其中，$\gamma\neq\alpha$，于是在这群向东移动的个体之间尚有局部私人贷款的余地。是否存在带有有价值的通货的均衡依赖于帕累托均衡与局部贷款市场有多接近。

② 参见 Narayana Kocherlakota（1998），其中对汤森大道和世代交叠模型中的摩擦进行了分析。通过允许个体运用依赖历史的决策规则，他有力地论证了礼品馈赠博弈均衡的最优配置。那些均衡没有为有价值的法定货币留下余地。因而，其观点是，在汤森大道中使货币具有价值的摩擦机制必须包括汤森对策略空间施加的隐含约束。

为有价值的非支持货币提供一种潜在的社会职能的“摩擦”（friction）。个体空间上的分隔及其禀赋模式给出了这样一种设置，其中私人贷款市场被人们对交易借据的需求所限制，人们通过交易借据联系在一起，只要他们在时间与空间上间接地、循环地存在着。

27.6 弗里德曼规则

弗里德曼关于通过激发通货紧缩来支付通货利息的建议可以用来求解这种经济中的帕累托最优配置。弗里德曼建议借助于选取适当比率的总量税来减少通货存量。设政府的预算约束是

$$M_t=(1+\tau)M_{t-1}$$

每种类型存在着 N 个家庭。在时刻 t，政府对每种类型的每一个家庭的转移或名义余额税总计 $\tau M_{t-1}/(2N)$。因而，在时刻 t 的总转移是 τM_{t-1}，因为存在 $2N$ 个家庭接受转移。

家庭在时刻 t 的预算约束成为

$$p_t c_t+m_t\leqslant p_t y_t+\frac{\tau}{2}\frac{M_{t-1}}{N}+m_{t-1}$$

我们猜测同一周期模型（27.4.3）的均衡配置。对于价格水平而言，我们做出“数量论”猜测：$M_t/p_t=k$，其中 k 表示常数。把这一推测代入政府预算约束中，得出

$$\frac{M_t}{p_t}=(1+\tau)\frac{M_{t-1}}{p_{t-1}}\frac{p_{t-1}}{p_t}$$

或者

$$k=(1+\tau)k\frac{p_{t-1}}{p_t}$$

或者

$$p_t=(1+\tau)p_{t-1} \tag{27.6.1}$$

这是我们关于价格水平的推测。

把价格水平推测与配置推测代入奇数型个体在 $t=0$ 时的一阶条件（27.4.2）中并整理，得出 c_0 现在是

$$\frac{1}{1+\tau}-\frac{u'(c_0)}{\beta u'(1-c_0)}=0 \tag{27.6.2}$$

的根。在 $t=0$ 时的价格水平能够通过计算 $m_{-1}^{o}=0$ 与 $m_0^{o}=M_0/N=(1+\tau)M_{-1}/N$ 时奇数型个体在 0 时刻的预算约束来求出，其结果为

$$(1-c_0)p_0=\frac{M_{-1}}{N}\left(1+\frac{\tau}{2}\right)$$

最后，配置推测同样必须满足偶数型个体在 $t=0$ 时的一阶条件，但是不必以等式形式来满足，因为稳定均衡具有 $m_0^e=0$。在把 $(c_0^e, c_1^e)=(1-c_0, c_0)$ 与（27.6.1）式代入（27.4.2）式之后，我们有

$$\frac{1}{1+\tau} \leqslant \frac{u'(1-c_0)}{\beta u'(c_0)} \tag{27.6.3}$$

把（27.6.2）式代入（27.6.3）式中得出关于（27.4.3）式类型的周期配置集合的一种限制，而这一限制能够被我们稳定货币均衡中的一个均衡支持，

$$\left[\frac{u'(c_0)}{u'(1-c_0)}\right]^2 \leqslant 1 \quad \Rightarrow \quad c_0 \geqslant 0.5$$

对 c_0 的这个限制和（27.6.2）式一起推出关于可容许的货币/财政政策集合的一种对应限制，$1+\tau \geqslant \beta$。

□ 27.6.1 福利

关于（27.4.3）式类型的配置，奇数型个体与偶数型个体的效用函数分别是单一参数 c_0 的函数，即

$$U^o(c_0)=\frac{u(c_0)+\beta u(1-c_0)}{1-\beta^2}$$

$$U^e(c_0)=\frac{u(1-c_0)+\beta u(c_0)}{1-\beta^2}$$

两个表达式在 c_0 点均是严格凹的，其导数

$$U^{o\prime}(c_0)=\frac{u'(c_0)-\beta u'(1-c_0)}{1-\beta^2}$$

$$U^{e\prime}(c_0)=\frac{-u'(1-c_0)+\beta u'(c_0)}{1-\beta^2}$$

稻田条件（27.2.1）确保了关于 c_0 的严格内部极大值。对于奇数型个体，其偏好 c_0 满足 $U^{0\prime}(c_0)=0$，或者

$$\frac{u'(c_0)}{\beta u'(1-c_0)}=1 \tag{27.6.4}$$

根据（27.6.2）式，它是零通货膨胀均衡，$\tau=0$。对于偶数型个体，由 $U^{e\prime}(c_0)=0$ 给出的其偏好的配置可推出 $c_0<0.5$，因此不能作为上述货币均衡来实施。因而，偶数型个体偏好的平稳货币均衡带有最小可容许值 c_0，即 $c_0=0.5$。根据(27.6.2)式，这种配置能够通过选择货币增长率 $1+\tau=\beta$ 得以支撑，而所选取的货币增长率同样也是均衡总通货紧缩率。注意，包括奇数型个体和偶数型个体在内的所有个体在下面这一方面是一致的，即他们宁愿没有通货膨胀，也不愿发生正的通货膨胀，也就是，他们宁愿选择由（27.6.4）式决定的 c_0，也不愿选择比 c_0 高的值。

为了从已阐述过的奇数型个体与偶数型个体之间的利益冲突中摘录出要点，假设个

体在知道其真实身份之前在“无知之幕”下必须挑选出他们偏好的货币政策。由于每种类型的个体的数量相等，所以个体的身份作为奇数型个体和偶数型个体的机会各有二分之一。因此，在知道其身份以前，个体的预期终生效用是

$$\overline{U}(c_0)\equiv\frac{1}{2}U^o(c_0)+\frac{1}{2}U^e(c_0)=\frac{u(c_0)+u(1-c_0)}{2(1-\beta)}$$

事前大家偏好的配置 c_0 是由一阶条件 $\overline{U}'(c_0)=0$ 来决定的，此一阶条件具有解 $c_0=0.5$。一旦把（27.6.1）式、（27.6.2）式以及（27.6.3）式结合在一起，这个大家偏好的政策就是由

$$\frac{p_t}{p_{t+1}}=\frac{1}{1+\tau}=\frac{u'(c_t^o)}{\beta u'(c_{t+1}^o)}=\frac{u'(c_t^e)}{\beta u'(c_{t+1}^e)}=\frac{1}{\beta},\quad \forall\, t\geqslant 0$$

来刻画的，其中对于所有 $j\geqslant 0$ 且 $i\in\{o,e\}$，$c_j^i=0.5$。因而，实际货币收益率 p_t/p_{t+1} 等于跨期的一般边际替代率 β^{-1}，因此，如果存在信贷市场，那么此收益率也会构成实际利率。另外，由于总货币实际收益率是总通货膨胀率的倒数，由此可得，用总实际利率 β^{-1} 去乘以总通货膨胀率等于 1，或者净名义利率是零。换句话说，所有个体都是事前支持弗里德曼规则的。

图 27.6.1 表示与这种经济相联系的“效用可能性边界”。除了与弗里德曼规则相关的配置之外，与稳定货币均衡相联系的配置位于效用可能性边界之内。

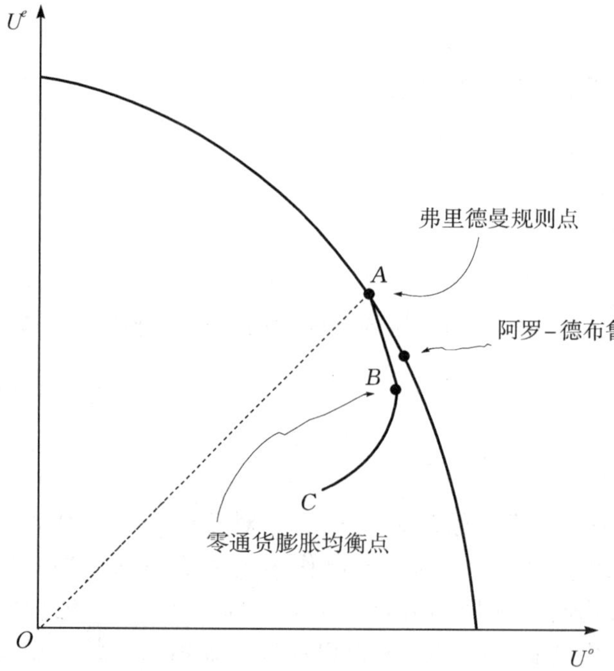

图 27.6.1　汤森大道上的效用可能性边界。*ABC* 线上的点代表在平稳货币均衡中可达到的配置。点 *B* 表示与零通货膨胀货币均衡相关联的配置。点 *A* 表示与弗里德曼规则相关联的配置，而处于 *B* 和 *C* 之间的点对应于带有通货膨胀的平稳货币均衡

27.7 通货膨胀融资

政府在 t 时期印制新的货币，总计 M_t-M_{t-1}，并且运用新货币在 t 时期购买固定量商品 G。政府在时刻 t 的预算约束是

$$M_t-M_{t-1}=p_tG,\qquad t\geqslant 0 \tag{27.7.1}$$

奇数型个体与偶数型个体的偏好与禀赋模式如同前面所规定的。我们现在使用下述定义：

定义 4：竞争性均衡是满足以下条件的一个价格水平序列 $\{p_t\}_{t=0}^{\infty}$、一个货币供给过程 $\{M_t\}_{t=-1}^{\infty}$、一个配置 $\{c_t^o,c_t^e,G_t\}_{t=0}^{\infty}$ 以及一个非负的货币持有序列 $\{m_t^o,m_t^e\}_{t=-1}^{\infty}$：

（1）当已知价格序列与 (m_{-1}^o,m_{-1}^e) 时，此配置可求解出两种类型家庭的最优化问题。

（2）对于所有的 $t\geqslant 0$，政府预算约束是被满足的。

（3）对于所有的 $t\geqslant 0$，$N(c_t^o+c_t^e)+G_t=N$；同时对于所有的 $t\geqslant -1$，$m_t^o+m_t^e=M_t/N$。

对于 $t\geqslant 1$，政府预算约束可写成

$$\frac{M_t}{Np_t}=\frac{p_{t-1}}{p_t}\frac{M_{t-1}}{Np_{t-1}}+\frac{G}{N}$$

或者

$$\tilde{m}_t=R_{t-1}\tilde{m}_{t-1}+g \tag{27.7.2}$$

其中，$g=G/N$，$\tilde{m}_t=M_t/(Np_t)$ 表示每一个奇数型个体的实际余额，而 $R_{t-1}=p_{t-1}/p_t$ 表示 $t-1$ 时刻至 t 时刻的通货的收益率。

为了找到均衡，我们推测周期形式的配置

$$\begin{aligned}\{c_t^o\}_{t=0}^{\infty}&=\{c_0,1-c_0-g,c_0,1-c_0-g,\cdots\}\\ \{c_t^e\}_{t=0}^{\infty}&=\{1-c_0-g,c_0,1-c_0-g,c_0,\cdots\}\end{aligned} \tag{27.7.3}$$

我们推测，对于所有 $t\geqslant 0$，$R_t=R$，同时还推测“数量理论”结果

$$\tilde{m}_t=\tilde{m},\quad \forall\, t\geqslant 0$$

以等式形式计算出奇数型家庭在 0 时刻的通货的一阶条件，得出

$$\beta R=\frac{u'(c_0)}{u'(1-c_0-g)} \tag{27.7.4}$$

对于我们的推测结果而言，每一个奇数型个体在 0 时期结束时所持有的实际余额 m_0^o/p_0 等于 $1-c_0$，同时 1 时刻的消费是 $1-c_0-g$，它也是 R 乘以从 0 时刻到 1 时刻所持有的这些实际余额的价值。因而，$(1-c_0)R=1-c_0-g$，或者

$$R=\frac{1-c_0-g}{1-c_0} \tag{27.7.5}$$

方程（27.7.4）与方程（27.7.5）就是我们想要求解（c_0,R）的两个联立方程。

利用方程（27.7.5），从方程（27.7.4）中消去 $1-c_0-g$，得到

$$\beta R=\frac{u'(c_0)}{u'[R(1-c_0)]}$$

注意，$1-c_0=m_0$，从而上式可以写成

$$\beta R=\frac{u'(1-m_0)}{u'(Rm_0)} \tag{27.7.6}$$

对于幂效用函数 $u(c)=\frac{c^{1-\delta}}{1-\delta}$来说，此方程能对 m_0 求解，得到通货需求函数

$$m_0=\tilde{m}(R)\equiv\frac{(\beta R^{1-\delta})^{1/\delta}}{1+(\beta R^{1-\delta})^{1/\delta}} \tag{27.7.7}$$

把它代入政府预算约束条件（27.7.2）中，得

$$\tilde{m}(R)(1-R)=g \tag{27.7.8}$$

这一方程使从通货膨胀税中获得的收入即 $\tilde{m}(R)(1-R)$ 等于政府赤字 g。从通货膨胀税中获得的收入是实际余额与通货膨胀税税率 $1-R$ 的乘积。R 的均衡值可求解方程（27.7.8）。

图 27.7.1 与图 27.7.2 描绘了关于两个参数值集合的 R 的稳定均衡值的确定。对于 $\delta=2$ 的情况，如图 27.7.1 所示，存在唯一均衡 R；对于每一个 $\delta\geqslant1$，存在唯一的均衡。对于 $\delta\geqslant1$ 而言，通货需求函数向上倾斜，是 R 的函数，如图 27.7.3 中的例子。对于 $\delta<1$ 而言，能够发生多重稳定均衡，如图 27.7.2 中的例子。在这样的情况下，从通货膨胀税中获得的收入可由拉弗曲线表示。注意，当 $\delta<1$ 时，实际余额需求是向下倾斜的，是 R 的函数。

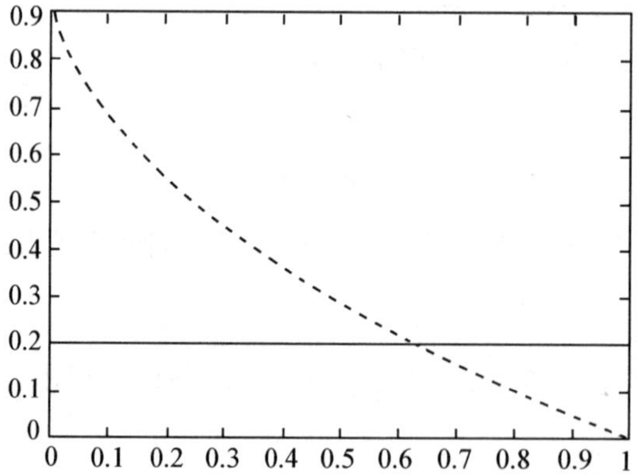

图 27.7.1　来源于通货膨胀税的收入 $m(R)(1-R)$ 和 $\beta=0.95$，$\delta=2$，$g=0.2$ 时的赤字。通货的总收益率在 x 轴上，来源于通货膨胀税的收入和 g 在 y 轴上

初始价格水平是通过政府在 0 时刻的预算约束来决定的，即以均衡时的 0 时刻的实际余额来计算。特别地，0 时刻的政府预算约束能写成

$$\frac{M_0}{Np_0}-\frac{M_{-1}}{Np_0}=g$$

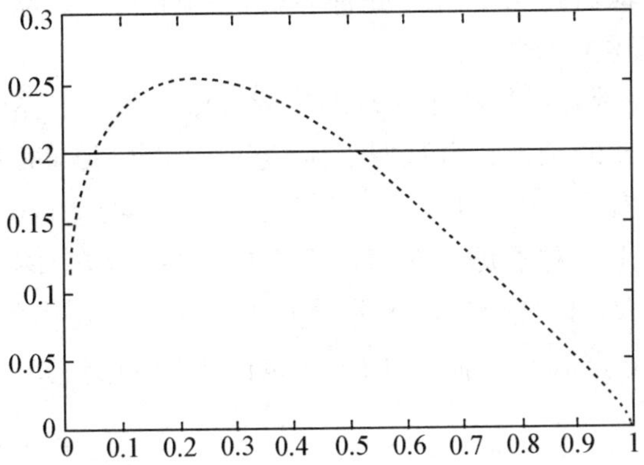

图 27.7.2　来源于通货膨胀税的收入 $m(R)(1-R)$ 和 $\beta=0.95$，$\delta=0.7$，$g=0.2$ 时的赤字。通货的总收益率在 x 轴上，来源于通货膨胀税的收入和 g 在 y 轴上，这里有一条拉弗曲线

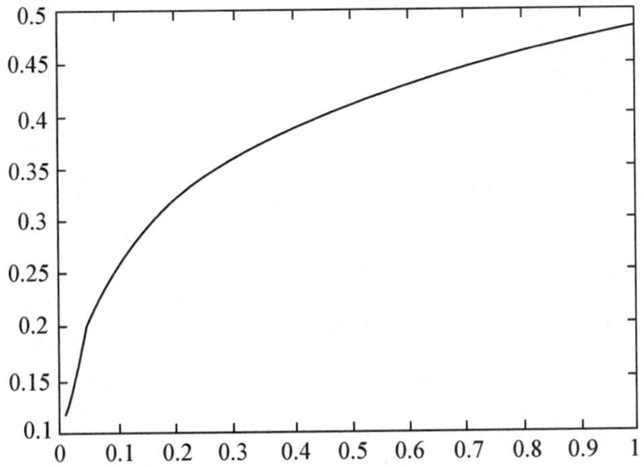

图 27.7.3　当 $\beta=0.95$，$\delta=2$ 时，y 轴表示对实际余额的需求，它是 x 轴上表示的通货的总收益率的函数

或者

$$\tilde{m}-g=\frac{M_{-1}}{Np_0}$$

让 $\tilde{m}$ 等于它的均衡值 $1-c_0$，同时求解 p_0，得出

$$p_0=\frac{M_{-1}}{N(1-c_0-g)}$$

27.8　法律限制

这一小节把布赖恩特和华莱士（1984）以及比利亚米尔（Villamil，1988）的思想改编成大道环境。这些作者分析了下面的情况，即政府为了营销其债券，通过引入一种价

格歧视体系来使所有节俭者过得更好。此种分析把约翰·梅纳德·凯恩斯（1940）所提及的一些思想系统地表述了出来。

图 27.8.1 描绘了在带有通货膨胀财政的均衡之中奇数型个体能在 $t=0$ 时对时刻 0 和时刻 1 上的消费进行转换的条件。奇数型个体在点（1,0）上拥有禀赋。货币机制允许他在不同时期之间转移消费，$c_1=R(1-c_0)$，通过把 c_t 轴上的（1,0）点与 c_{t+1} 轴上的 B 点连接成预算线而描绘出来。对于每一对奇数型个体与偶数型个体，政府坚持提高收入总量 g，意味着必须设定 R，以便个体的无差异曲线与预算线 $c_1=R(1-c_0)$ 的切点出现在预算线与 c_t 轴上的 $1-g$ 点和 c_{t+1} 轴上的 $1-g$ 点的连线的交点上。在这一点上，奇数型个体的边际替代率是

$$\frac{u'(c_0)}{\beta u'(1-c_0-g)}=R$$

（因为货币持有是正的。）对于偶数型个体来说，边际替代率是

$$\frac{u'(1-c_0-g)}{\beta u'(c_0)}=\frac{1}{\beta^2 R}>1$$

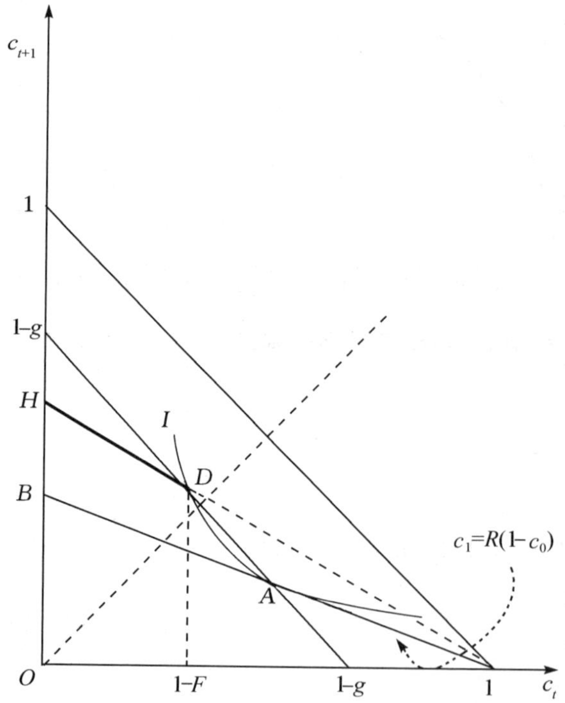

图 27.8.1　在(1,0)点开始的且在 B 点结束的预算线描述了在带有通货膨胀财政的均衡之中奇数型个体在时刻 0 的机会。因为这一均衡具有与奇数型个体的无差异曲线相交的“私人消费可行性菜单”，“强制储蓄”的法律限制能够把奇数型个体推到比 I 高的无差异曲线上，同时偶数型个体过得更好，政府也有收入 g。如果个体面临一个最小的 F，并且此时相应的利率为以 H 为结束点的预算线所对应的利率 R，那么奇数型个体会选择消费 $1-F$

其中，不等式是依据通货膨胀财政条件下 $R<1$ 的事实推出的。

奇数型个体的无差异曲线与连接两个轴上的 $1-g$ 点的实线相交，这一事实表明政府会通过向个体提供较高的收益率来改进奇数型个体的福利，满足最小实际余额约束。此较高的收益率被用于把直线 $c_1=(1-R)c_0$ 推向图 27.8.1 中的“透镜形区域”里面，与较高的无差异曲线相切。该最小实际余额约束用于迫使个体达到连接两轴上的 $1-g$ 点的“后政府部分”（post-government share）的可行性直线之上。

因而，注意，图 27.8.1 中政府通过对奇数型个体提供一个较高的收益率来增加同样多的收益，这一较高的收益率与 c_t 轴上的（1,0）点和 c_{t+1} 轴上的 H 点之间的连线相关联，前提是如果该个体绝对储蓄，那么他至少要储蓄 F。这个最小储蓄要求会使家庭预算设置点（1,0）和用粗线 DH 表示的线。无论是否存在图 27.8.1 中与直线 DH 相联系的 F、R 的设置，奇数型家庭两期的效用都相同（D 点与 A 点位于相同的无差异曲线上）。然而，显然存在使 F 稍低与 R 稍低一点的余地，从而可把奇数型家庭移到透镜形区域里面。参见图 27.8.2。

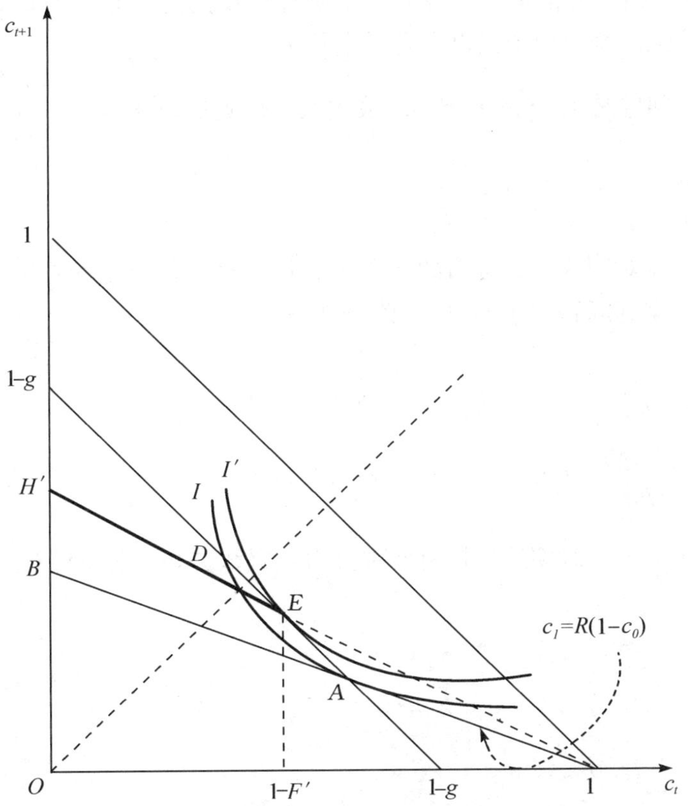

图 27.8.2　最小值 F 和可被降低的最小货币收益，相对于它们在图 27.8.1 中 DH 线的设置，使奇数型家庭过得更好，提高相同的政府收入，并且使偶数型家庭过得更好（与没有政府干涉相比较）。较小的 F 把奇数型家庭推向 E，这样会使家庭处于较高的无差异曲线 I' 上

我们前面计算出的边际替代率表明，相对于初始均衡而言，这一计划可使奇数型个体与偶数型个体的境况变好。奇数型个体过得更好，因为他们移进图 27.8.1 中的透镜形区域中。偶数型个体过得更好，因为相对于初始均衡而言，他们可以以总利率 1 来“借款”。由于在初始均衡中他们的边际替代率是 $1/(\beta^2R)>1$，这种借款能力会使他们过得更好。

27.9 两货币模型

存在两种货币，分别由两个国家发行，其数量为 M_{it}（$i=1$，2）。货币发行是按照规则

$$M_{it}-M_{it-1}=p_{it}G_{it}, \quad i=1,2 \tag{27.9.1}$$

来进行的，其中 G_{it} 表示政府发行货币 i 用来购买 t 时刻的商品的总量，而 p_{it} 是以货币 i 的单位量来表示的 t 时刻的价格水平。我们假定两种类型的货币在 0 时刻在偶数型个体之间进行初始等量分配。奇数型个体以没有货币开始。

家庭 h 的最优化问题是求 $\sum_{t=0}^{\infty}\beta^t u(c_t^h)$ 的最大值，且满足预算约束序列

$$c_t^h+\frac{m_{1t}^h}{p_{1t}}+\frac{m_{2t}^h}{p_{2t}}\leqslant y_t^h+\frac{m_{1t-1}^h}{p_{1t}}+\frac{m_{2t-1}^h}{p_{2t}}$$

其中，m_{jt-1}^h 表示家庭 h 对国家 j 的货币的名义持有量。每一种类型的货币持有量必是非负的。对于 $j=1,2$，家庭问题关于 m_{jt}^h 的一阶条件是

$$\frac{\beta u'(c_{t+1}^h)}{p_{1t+1}}\leqslant\frac{u'(c_t^h)}{p_{1t}} \quad \text{（如果 } m_{1t}^h>0\text{，则等号成立）}$$

$$\frac{\beta u'(c_{t+1}^h)}{p_{2t+1}}\leqslant\frac{u'(c_t^h)}{p_{2t}} \quad \text{（如果 } m_{2t}^h>0\text{，则等号成立）}$$

如果个体 h 在 t 时期至 $t+1$ 时期选择持有两种货币，那么这些一阶条件意味着

$$\frac{p_{2t}}{p_{1t}}=\frac{p_{2t+1}}{p_{1t+1}}$$

或者对于某一常数 $e>0$①，

$$p_{1t}=ep_{2t}, \quad \forall t\geqslant 0 \tag{27.9.2}$$

此方程表示如果在每一个时期都存在某个家庭选择持有正量的两种货币类型，那么对于两种货币类型而言，在 t 时期至 $t+1$ 时期的收益率必相等，这表明汇率随时间不变，必是常数。②

① 对两个一阶条件以等式方式进行计算，然后用其中一个除以另外一个，于是便得出了这个结果。

② 前提是把我们的注意力限制在非随机均衡上。

我们运用下述定义：

定义 5：一个带有两种有价值的法定货币的竞争性均衡是一种配置 $\{c_t^o, c_t^e, G_{1t}, G_{2t}\}_{t=0}^{\infty}$，一个非负货币持有 $\{m_{1t}^o, m_{1t}^e, m_{2t}^o, m_{2t}^e\}_{t=-1}^{\infty}$，一个有限价格水平序列对 $\{p_{1t}, p_{2t}\}_{t=0}^{\infty}$，以及一个货币供给序列 $\{M_{1t}, M_{2t}\}_{t=-1}^{\infty}$，使得

(*a*) 已知价格水平序列与 $(m_{1,-1}^o, m_{1,-1}^e, m_{2,-1}^o, m_{2,-1}^e)$ 时，此配置可求解家庭问题。

(*b*) 对于所有 $t \geqslant 0$，政府预算约束是被满足的。

(*c*) 对于所有 $t \geqslant 0$，$N(c_t^o + c_t^e) + G_{1t} + G_{2t} = N$；同时对于所有 $j=1,2$ 与所有 $t \geqslant -1$，$m_{jt}^o + m_{jt}^e = M_{jt}/N$。

在对于所有 $t \geqslant 0$，固定政府开支 $(G_{1t}, G_{2t}) = (Ng_1, Ng_2)$ 的情况下，我们猜测出形如（27.7.3）式的均衡配置，其中我们把 g 重新解释成 $g = g_1 + g_2$。我们同样猜测出带有“世界货币供给”的常数实际价值的均衡，也就是

$$\widetilde{m} = \frac{M_{1t}}{Np_{1t}} + \frac{M_{2t}}{Np_{2t}}$$

以及固定汇率，所以我们可利用条件（27.9.2）。我们设 $R = p_{1t}/p_{1t+1} = p_{2t}/p_{2t+1}$ 表示两种货币共有的固定收益率。

关于这些猜测，两个国家对于 $t \geqslant 1$ 的预算约束与推测出的均衡时的配置一起推出形如（27.7.8）式的方程，其中

$$\widetilde{m}(R) = \frac{M_{1t}}{p_{1t}N} + \frac{M_{2t}}{p_{2t}N}$$

方程（27.7.8）能够以前面阐述过的方式来求解出 R，一旦 R 被求出，我们就得到世界货币供给的常数实际价值。为了确定 t 时刻的价格水平，我们加上两个政府在 0 时刻的预算约束，得到

$$\frac{M_{10}}{Np_{10}} + \frac{M_{20}}{Np_{20}} = \frac{M_{1,-1} + eM_{2,-1}}{Np_{10}} + (g_1 + g_2)$$

或者

$$\widetilde{m} - g = \frac{M_{1,-1} + eM_{2,-1}}{Np_{10}}$$

在所猜测的配置之中，$\widetilde{m} = 1 - c_0$，所以这个方程变为

$$\frac{M_{1,-1} + eM_{2,-1}}{Np_{10}} = 1 - c_0 - g \tag{27.9.3}$$

已知任意 $e > 0$，这对于初始国家 1 的价格水平而言具有一个正解。已知此解 p_{10} 与任意 $e \in (0, \infty)$，两个国家的价格水平序列通过常数货币收益率 R 来求出。为了确定两个国家的名义货币存量的值，我们可运用政府预算约束（27.9.1）。

我们所发现的结果是下述著名命题的特殊情况：

命题（汇率不确定性）：已知货币 $(M_{1,-1}, M_{2,-1})$ 的初始存量，它们在 0 时刻在偶数

型个体之间等量地分布，如果对于一个固定汇率 $e\in(0,\infty)$ 存在一个均衡，那么对于任意 $\hat{e}\in(0,\infty)$，存在一种带有相同消费配置但货币供给序列不同的均衡。

证明： 假设带有汇率 e 的均衡存在，令 p_{10} 表示在 0 时刻国家 1 的价格水平。对于带有汇率 $\hat{e}$ 的猜测均衡来说，我们猜测对应的价格水平是

$$\hat{p}_{10}=p_{10}\frac{M_{1,-1}+\hat{e}M_{2,-1}}{M_{1,-1}+eM_{2,-1}}$$

把这一表达式代入（27.9.3）之后，我们能够验证初始“世界货币供给”在 0 时刻的实际价值在许多不同的均衡中是相同的。其次，我们猜想所猜测的均衡有相同的货币收益率 R 和“世界货币供给”的不变的时期末实际价值 $\bar{m}$ 作为初始均衡。从初始均衡中的构造我们知道，世界货币供给过程的这个设置确保了两个政府的统一预算约束在每个时期都得以满足。为了确定每个国家价格与名义货币供给的价值，我们按上述方法进行。也就是，已知 $\hat{p}_{10}$ 与 $\hat{e}$，两个国家的价格水平序列可通过不变的货币收益率 R 来求出。两个国家的名义货币存量的演变是由政府预算约束（27.9.1）决定的。■

此命题是由卡雷肯和华莱士（Kareken and Wallace，1980）表述的。参见第 26 章中对为得到汇率确定情况而改动假设的一种可能方法的讨论。

27.10 商品货币模型

考察下述“小国”模型。① 现在存在两种商品，一种是消费品，而另一种是耐用品白银。白银带有一个总实物收益率 1：这个时期储存 1 单位白银，下个时期会产生 1 单位白银的收益。白银在国内是无价值的，但是它能够以每单位白银 v 单位消费品的固定价格进行国外交换；v 是不随时间变化的常数，并且是与这个国家进口或出口白银数量无关的。存在相同数量的 N 个奇数型家庭与偶数型家庭，它们分别具有消费品序列

$$\{y_t^o\}_{t=0}^{\infty}=\{1,0,1,0\cdots\}$$
$$\{y_t^e\}_{t=0}^{\infty}=\{0,1,0,1\cdots\}$$

每一种类型的人的偏好是由 $\sum_{t=0}^{\infty}\beta^t u(c_t^i)$ 来评定的，其中 c_t 表示消费品的消费量。

每一个偶数型的人起初在 0 时刻拥有 S 单位白银。奇数型个体在 $t=0$ 时没有白银。

禁止家庭相互之间或者与外国人进行借款或贷款。但是，它们可以相互之间或与外国人交换白银。在 t 时刻，类型 i 的家庭面对预算约束

$$c_t^i+m_t^i v\leqslant y_t^i+m_{t-1}^i v$$

且满足 $m_t^i\geqslant 0$，其中 m_t^i 表示个体 i 从 t 时刻到 $t+1$ 时刻所储存的白银的数量。

① 参见萨金特和华莱士（1983）、萨金特和史密斯（1997）以及萨金特和费尔德（1999）关于商品货币的可选择模型。

□ 27.10.1 均衡

定义 6：竞争性均衡是一个配置 $\{c_t^o, c_t^e\}_{t=0}^{\infty}$ 与一个非负资产持有 $\{m_t^o, m_t^e\}_{t=-1}^{\infty}$，使得已知 (m_{-1}^o, m_{-1}^e) 时，此配置可求解每一个个体的最优问题。

把 t 时刻两种类型个体的预算约束以等式形式加起来，得出

$$c_t^o + c_t^e = 1 + v(S_{t-1} - S_t) \tag{27.10.1}$$

其中，$S_t = m_t^o + m_t^e$ 表示这个国家在 t 时刻白银的总存量（每个奇数型的个人）。方程（27.10.1）表明在 t 时刻的总国内消费是该国禀赋之和加上其进口商品量，其中后者等于它的白银出口量 $v(S_{t-1} - S_t)$。

已知以总收益率等于 1 选择非负资产持有的机会，对于奇数型个体而言，均衡配置是 $\{c_t^o\}_{t=0}^{\infty} = \{c_0, 1-c_0, c_0, 1-c_0, \cdots\}$，其中 c_0 表示方程（27.4.4）的解。因而奇数型个体从 0 时刻到 1 时刻有 $1-c_0$ 单位白银。他或是从偶数型个体那里或是从国外获得这些白银。

关于偶数型个体的配置有两种类型的均衡是可能的，它们依赖于与可求解方程（27.4.4）的 c_0 值相关的 vS 值。如果 $u'(vS) \geqslant \beta u'(c_0)$，那么对于偶数型个体来说，均衡配置是 $\{c_t^e\}_{t=0}^{\infty} = \{c_0^e, c_0, 1-c_0, c_0, 1-c_0, \cdots\}$，其中，$c_0^e = vS$。在这个均衡中偶数型个体在 0 时刻售出其所有白银来支持 0 时刻的消费。在 0 时刻关于此国的净出口白银是 $S-(1-c_0)/v$，也就是对偶数型个体与奇数型个体的交易汇总。对于 $t \geqslant 1$，国家的配置与交易模式同初始模型（带有一种平稳的法定货币均衡）一样。

如果方程（27.4.4）的解 c_0 与 vS 都可使得 $u'(vS) < \beta u'(c_0)$，那么对于奇数型个体来说，均衡配置仍是相同的，但是对于偶数型个体来说配置是不同的。此种情况如图 27.10.1 所示。偶数型个体在 0 时刻拥有太多的白银，以至于他们想要储存正数量的白银到 1 时刻或者更长时期。只要他们从 $t-1$ 时刻到 t 时刻储存正数量的白银，对于偶数型个体来说，此配置就必须满足

$$\frac{u'(c_{t-1}^e)}{\beta u'(c_t^e)} = 1 \tag{27.10.2}$$

它意味着 $c_t^e < c_{t-1}^e$。同样地，只要他们储存正数量的白银，他们的前 T 个预算约束就可以被用来推演出跨期预算约束

$$\sum_{t=0}^{T} c_t^e \leqslant \begin{cases} vS + (T+1)/2, & T \text{ 为奇数} \\ vS + T/2, & T \text{ 为偶数} \end{cases} \tag{27.10.3}$$

偶数型个体可以找到最大的 T，对于这个 T，他每个时期储存非负量，且满足（27.10.2）式和（27.10.3）式中的等式。这个最大的 T 将在偶数日期发生。[①] 对于偶数

① 假设情况相反，这个最大的 T 是一个奇数日期。也就是，一直到日期 T，（27.10.2）式和（27.10.3）式均满足每一个时期都是非负储蓄的。现在让我们来考察，如果我们添加一个附加时期，从而变成 $T+1$，那么会发生什么呢？由于附加时期是偶数日期，预算约束（27.10.3）式的右边是不变的。因此，条件（27.10.2）意味着为了在 $T+1$ 时期中保全额外时期的消费，个体会减少所有时期（$t \leqslant T$）里的消费。由于初始 T 满足带有非负储蓄的（27.10.2）式和（27.10.3）式，由此可见，在 $T+1$ 时期必须这样做。因此，最大的 T 必然出现在偶数日期。

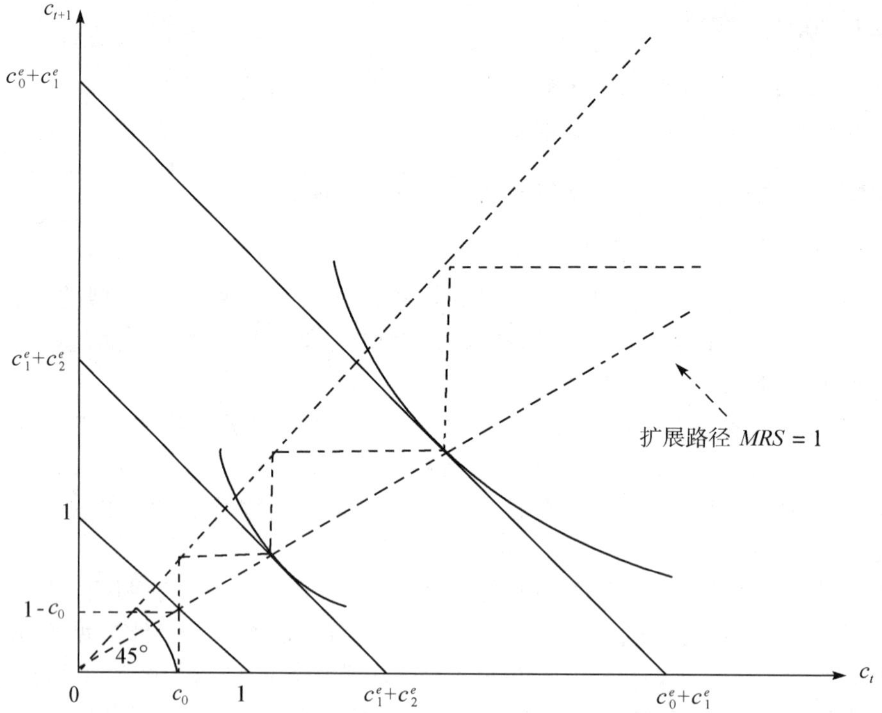

图 27.10.1 $u'(vS)<\beta u'(c_0)$时均衡的确定。只要不等式是成立的，偶数型个体就通过减少他自己所持有的白银来使 $u'(c_{t+1}^e)/u'(c_t^e)=\beta$。这意味着在减少期间有 $c_{t+1}^e<c_t^e$。最终，偶数型个体用完白银，所以他的配置“尾部”是 $\{c_0,1-c_0,c_0,1-c_0,\cdots\}$，如同前面一样来确定。这个图刻画了白银的花费如何使得个体两个时期的预算设置越来越低

型个体而言，均衡配置是从奇数日期开始，通过把这种带有下降消费的初始片（initial piece）黏合到原始模型中分派给偶数型个体的配置“尾部”上，$\{c_t\}_{t=T+1}^{\infty}=\{c_0,1-c_0,c_0,1-c_0,\cdots\}$。①

□ 27.10.2 法定货币的优点

这是一种具有外生价格水平与内生货币存量的模型。该模型能够用来表明弗里德曼和凯恩斯的商品货币体系的不完善：均衡配置可以通过法定货币均衡方面的配置控制成为帕累托配置，其中除了 0 时刻的存量之外，偶数型个体具有 M 单位非支持法定货币。于是，我们能够证明，存在带有满足（27.4.5）式的不变价格水平 p 的货币均衡，

$$p=\frac{M}{N(1-c_0)}$$

事实上，偶数型个体在 0 时刻的禀赋增加了 $1-c_0$ 单位消费品。法定货币通过商品货币

① 在 16 世纪西班牙式的模型中的均衡是具有 $u'(vS)<\beta u'(c_0)$ 的均衡吗？在 16 世纪开始时，西班牙突然从新大陆获得了大量的白银和黄金。在这个世纪中，西班牙为了给政府与私人购买融资而向欧洲的其他地方出口黄金和白银。

从流通中退出而创造财富，反过来又能转化为消费。

27.11 结束语

本章的模型从根本上来说是“非随机不完全市场模型”，是第 18 章随机不完全市场模型的特例。此模型的优点是，我们可以通过手算解决许多事情。私人贷款市场上的限制凭借有价值的法定货币为消费平滑作用的实现留下了余地。读者会注意到，本章精确阐述的一些货币学说完全是作为第 18 章中随机不完全市场模型的对应物的。

27.12 练习

27.1 阿罗-德布鲁

考察一种具有相等数量 N 的两种类型个体的经济环境，这两种个体是：偶数型与奇数型，他们分别拥有禀赋序列

$$\{y_t^o\}_{t=0}^{\infty}=\{1,1,0,1,1,0,\cdots\}$$
$$\{y_t^e\}_{t=0}^{\infty}=\{0,0,1,0,0,1,\cdots\}$$

每一种类型的家庭 h 均是通过 $\sum_{t=0}^{\infty}\beta^t u(c_t^h)$ 来评定消费序列的。试测算出这一经济的阿罗-德布鲁均衡。

27.2 单期消费贷款

考察一种具有相等数量 N 的两种类型个体的经济环境，这两种类型是偶数型与奇数型，他们分别拥有禀赋序列

$$\{y_t^o\}_{t=0}^{\infty}=\{1,0,1,0,\cdots\}$$
$$\{y_t^e\}_{t=0}^{\infty}=\{0,1,0,1,\cdots\}$$

每一种类型的家庭 h 均是通过 $\sum_{t=0}^{\infty}\beta^t u(c_t^h)$ 来评定消费序列的。唯一存在的市场是单期贷款市场。家庭 h 的预算约束是

$$c_t^h+b_t^h\leqslant y_t^h+R_{t-1}b_{t-1}^h,\quad t\geqslant 0$$

其中，$b_{-1}^h=0$，$h=o,e$。这里，b_t^h 表示个体 h 从 t 到 $t+1$ 时的贷款（如果为正数）或借款（如果为负数），同时 R_{t-1} 表示从 $t-1$ 到 t 时的消费贷款的总实际利率。

a. 定义一种带有单期消费贷款的竞争性均衡。

b. 推算出带有单期消费贷款的竞争性均衡。

c. 帕累托最优是均衡配置吗？比较均衡配置与相对应的带有相同禀赋和偏好结构的

经济的阿罗-德布鲁均衡。

27.3 股票市场

考察一种与前面的经济具有完全相同的禀赋和偏好结构的经济的“股票市场”形式。现在奇数型个体与偶数型个体分别以拥有两种类型的“树”中的一种开始生活。奇数型个体拥有“奇数型”树，它是一种对股息序列的永久权益：

$$\{y_t^o\}_{t=0}^{\infty}=\{1,0,1,0,\cdots\}$$

而偶数型个体起初拥有“偶数型”树，它是使个体有资格获得股息序列的永久权益：

$$\{y_t^e\}_{t=0}^{\infty}=\{0,1,0,1,\cdots\}$$

在每个时期存在一个股票市场，人们可以在其中交易这两种类型的树。每个时期仅有两个市场开放。类型 j 的树在 t 时刻的价格是 a_t^j $(j=o,e)$。个体 h 在 t 时刻的预算约束是

$$c_t^h+a_t^o s_t^{ho}+a_t^e s_t^{he}\leqslant(a_t^o+y_t^o)s_{t-1}^{ho}+(a_t^e+y_t^e)s_{t-1}^{he}$$

其中，s_t^{hj} 表示由个体 h 从 t 到 $t+1$ 时所持有的树 j 上的股票的股份数量。我们假定对于 $j\neq k$，$s_{-1}^{oo}=1$，$s_{-1}^{ee}=1$，$s_{-1}^{jk}=0$。

a. 定义股票市场经济的均衡。

b. 推算出股票市场经济的均衡。

c. 比较股票市场经济的配置与相对应的阿罗-德布鲁经济的配置。

27.4 通货膨胀

考察一种汤森大道模型，其中存在 N 个奇数型个体与 N 个偶数型个体，他们分别拥有禀赋序列

$$\{y_t^o\}_{t=0}^{\infty}=\{1,0,1,0,\cdots\}$$
$$\{y_t^e\}_{t=0}^{\infty}=\{0,1,0,1,\cdots\}$$

每个类型的家庭通过 $\sum_{t=0}^{\infty}\beta^t u(c_t)$ 来评定消费序列。政府按照

$$M_t=zM_{t-1},\quad t\geqslant 0$$

来使货币存量变动。在时期 t 开始时，政府把 $(z-1)m_{t-1}^h$ 分给每个 h 类型的个体，而此类个体从 $t-1$ 到 t 时有 m_{t-1}^h 单位货币。类型 $h=o,e$ 的家庭在 t 时刻的预算约束为

$$p_t c_t^h+m_t^h\leqslant p_t y_t^h+m_{t-1}^h+(z-1)m_{t-1}^h$$

a. 猜测形如（25.4.3）式的周期均衡禀赋序列存在。试验证在均衡价格序列 $\{p_t\}$ 上的猜测，并且计算出 $(c_0,\{p_t\})$ 的均衡值。（提示：对价格水平做出“数量理论”猜测。）

b. 此配置如何随通货膨胀率变化？通货膨胀是“好的”还是“坏的”？阐述奇数型个体与偶数型个体对在带有不同 z 值的经济中生活的态度。

27.5 弗里德曼式的规划

考察借助于产生通货紧缩来改善福利的弗里德曼规划。假设政府通过设置 $\beta>1+\tau$，企图把货币收益率提高到 β^{-1} 之上。证明不存在带有类型（27.4.3）的配置，同时价格水平路径满足 $p_t=(1+\tau)p_{t-1}$，而奇数型个体持有 $m_0^o>0$ 的均衡。[也就是，“受约束的帕

累托最优性边界”部分不可以扩展到图 27.6.1 中的配置（0.5，0.5）之上。]

27.6 通货分配

考察一种由大量的且数量相同的两种类型的无限存活个体所构成的经济。存在一种消费品，它是不能储存的。奇数型个体拥有二期禀赋模式 $\{y_t^o\}_{t=0}^{\infty}$，偶数型个体拥有二期禀赋模式 $\{y_t^e\}_{t=0}^{\infty}$。两种类型个体均具有偏好，此偏好是由效用泛函

$$\sum_{t=0}^{\infty}\beta^t\ln(c_t^i),\quad i=o,e,\quad 0<\beta<1$$

来评定的，其中 c_t^i 表示由类型 i 的个体对单一商品在 t 时刻的消费。假定下述禀赋模式：

$$y_t^o=\{1,0,1,0,1,0,\cdots\}$$
$$y_t^e=\{0,1,0,1,0,1,\cdots\}$$

现在假定所有借款与贷款都是禁止的，或者通过合法限制的权威性，或者借助于由罗伯特·汤森引入的旅行和位置特征限制来实施禁令。在 $t=0$ 时，所有奇数型个体具有 αH 单位非支持、不可兑换的货币，而所有偶数型个体具有$(1-\alpha)H$ 单位货币，其中$\alpha\in[0,1]$。这种货币是以美元表示的，而且是完全耐用的。货币是个体唯一可以将其从一个时期储存到下一个时期的东西。设 p_t 表示时间 t 时的价格水平，以时间 t 时的每单位消费品的美元数来表示。

a. 定义一种带有有价值的法定货币的均衡。

b. 设带有有价值的法定货币的“最终平稳”均衡是下面这样一种均衡，其中存在一个 $\bar{t}$，使得在 $t\geqslant\bar{t}$ 时，对于每种类型的个体，均衡配置都是二期均衡的（也就是，对于每种类型的个体，此配置是在两个值之间振荡的周期序列）。证明对于每一个 $\alpha\in[0,1]$的值，存在这样的均衡。试推算此均衡。

27.7 资本过度积累

考察一种具有相等数量 N 的两种类型个体的经济环境，这两种类型是奇数型与偶数型，它们分别拥有禀赋序列

$$\{y_t^o\}_{t=0}^{\infty}=\{1-\varepsilon,\varepsilon,1-\varepsilon,\varepsilon,\cdots\}$$
$$\{y_t^e\}_{t=0}^{\infty}=\{\varepsilon,1-\varepsilon,\varepsilon,1-\varepsilon,\cdots\}$$

其中 ε 表示很小的正数，非常接近于零。每一种类型家庭 h 均通过 $\sum_{t=0}^{\infty}\beta^t\ln(c_t^h)$ 来评定消费序列，其中 $\beta\in(0,1)$。模型中的单一商品是可储存的。如果此商品的非负数量 k_t 表示在 t 时刻的储存量，那么结果是携带到 $t+1$ 时期的商品的 δk_t，其中 $\delta\in(0,1)$。家庭可以自由储存非负数量的商品。

a. 假定不存在市场。家庭均是独立的。找出两种类型个体的自给自足的消费配置与储存序列。在这种经济中每个时期的总储存是多少?

b. 现在假设存在一种法定货币，可以获得的不变供给为 M，起初在偶数型个体之间等量地分配法定货币。定义一种带有有价值的法定货币的均衡。推算出带有有价值的法定货币的平稳均衡。证明相关联的帕累托配置是你在 a 中所推算出的结果。

c. 假设在储存中技术 $\delta=1$（没有折旧），同时存在一种供给不变的法定货币，初始分

配同 b 中的一样。定义一种“最终平稳”均衡。证明存在最终平稳均衡价格水平和配置的一种连续统。

27.8 禀赋变动

考察一种与正文中一样的比利模型，只是现在奇数型个体与偶数型个体分别具有禀赋序列

$$y_t^o=\{1-F,F,1-F,F,\cdots\}$$
$$y_t^e=\{F,1-F,F,1-F,\cdots\}$$

其中，$0<F<1-c^o$，c^o 表示方程（27.4.4）的解。

试计算均衡配置与价格水平。这些指标在 F 的不同水平下是如何随不同经济变化的？当 F 为何值时，带有有价值的法定货币的平稳均衡存在？

27.9 内部货币

考察一种具有相等数量 N 个两种类型家庭的经济环境，这两种类型是奇数型与偶数型，它们分别拥有禀赋序列

$$\{y_t^o\}_{t=0}^{\infty}=\{1,0,1,0,\cdots\}$$
$$\{y_t^e\}_{t=0}^{\infty}=\{0,1,0,1,\cdots\}$$

家庭类型 h 通过 $\sum_{t=0}^{\infty}\beta^t u(c_t^h)$ 来评定消费序列。在 0 时刻开始时，每个偶数型个体具有 M 单位非支持法定货币，同时具有 F 单位消费品，每个奇数型个体具有 F 单位消费品，同时具有 0 单位货币。当 $t\geqslant 0$ 时，家庭选择将 $m_t^h\geqslant 0$ 的货币从 t 时刻转到 $t+1$ 时刻。（我们令家庭在 0 时刻开始用这些债务或资产支持一个平稳均衡。）在 $t\geqslant 0$ 的每一期，家庭能够发行指数化单期债务，总计 b_t，承诺在 $t+1$ 时支付 b_tR_t，满足约束 $b_t\geqslant -F/R_t$，其中$F>0$ 表示刻画借款约束的参数，而 R_t 表示这些贷款在 t 时期至 $t+1$ 时期的收益率。（当 $F=0$ 时，我们得到了比利-汤森模型。）家庭在 t 时刻的预算约束是

$$c_t+m_t/p_t+b_t=y_t+m_{t-1}/p_t+b_{t-1}R_{t-1}$$

其中，R_{t-1}表示指数化债务在 $t-1$ 与 t 之间的总实际收益率。如果 $b_t<0$，那么家庭在 t 时借款；如果 $b_t>0$，那么家庭在 t 时贷款。

a. 定义一种其中带有有价值的法定货币与私人贷款的竞争性均衡。

b. 证明当处于 a 中所定义的均衡时，实际货币收益率与指数化债务必相等。

c. 假定 $0<F<(1-c^o)/2$，其中 c^o 表示方程（27.4.4）的解。证明存在一个带有固定价格水平的平稳均衡，并且配置等于与$F=0$ 的模型相关的平稳均衡时的配置。F 是如何影响价格水平的？请给出解释。

d. 假设 $F=(1-c^o)/2$，证明存在一种带有私人贷款的稳定均衡，但是，法定货币在此均衡中又是无价值的（valueless）。

e. 假设 $F=\frac{\beta}{1+\beta}$。在稳定均衡时，找出均衡配置与利率。

f. 假设 $F\in\left[(1-c^o)/2,\frac{\beta}{1+\beta}\right]$。讨论存在一种平稳均衡（没有有价值的货币），其中

关于债务的实际收益率是 $R\in(1,\beta^{-1})$。

27.10 初始条件与内部货币

考察前面这种模型形式，其中每个奇数型个体初始时没有货币与借据，同时每个偶数型个体初始时拥有 M/N 单位货币，但无借据。在 $t\geqslant 0$ 时，通过个体可以发行单期借据，承诺在 $t+1$ 时结清 F/R_t 单位的消费，其中 R_t 是关于货币或借据的总实际收益率。参数 F 遵从练习 27.9 中提出的约束。

a. 找出一种带有法定货币的均衡，其中 $t\geqslant 1$ 时的配置"尾部"（"tail" of the allocation）与价格水平序列的尾部分别与练习 27.9 中所阐述的内容相同。

b. 找出在 0 时期的价格水平、配置、货币收益率与消费贷款。

27.11 实际票据实验

考察练习 27.9 的另一种形式。初始条件与关于借款的约束同练习 27.9 中所阐述的一样。然而，现在政府通过如下的"公开市场操作"来增大货币存量，在 0 时刻，政府向每个奇数型个体发行 $\overline{M}-M$ 单位货币，以用于购买在 0 时刻由偶数型个体所发行的 Δ 单位借据。假定 $0<\Delta<F$。在每一时间 $t\geqslant 1$，政府运用所有从私人部门的存量借据上获得的实际净利息支付来减少货币存量。因而，政府的预算约束序列是

$$\frac{\overline{M}-M}{p_0}=\Delta,\quad t=0$$

$$\frac{\overline{M}_t-\overline{M}_{t-1}}{p_t}=-(R_{t-1}-1)\Delta,\quad t\geqslant 1$$

这里 R_{t-1} 表示从 $t-1$ 到 t 时的关于消费贷款的总收益率，而 $\overline{M}_t$ 表示在 t 期期末的总货币存量。

a. 试验证存在一种带有有价值的法定货币的平稳均衡，其中配置形式为（27.4.3）式，且 c_0 可求解方程（27.4.4）。

b. 在这个平稳均衡中找出价格水平公式。阐述价格水平是如何随 Δ 值而变化的。

c. "货币数量论"在此例子中成立吗？

第28章 均衡搜寻与匹配

28.1 引言

本章阐述各种各样的搜寻与匹配的均衡模型，包括：(1) 卢卡斯和普雷斯科特的岛屿模型，(2) 按照莫滕森、皮萨里德斯和戴蒙德的方式表述的某些匹配模型，(3) 沿着清泷-赖特线索发展的货币搜寻模型。

第6章研究过单个失业个体的最优化问题，其中失业者从外生工资提供的分布中搜寻工作。我们现在转向个体组成连续统的一种模型，其中个体在大量空间分隔的劳动市场上相互作用。费尔普斯（Phelps，1970，引论）阐述了这样的“岛屿经济”（island economy），但正式的框架分析是由卢卡斯和普雷斯科特给出的。岛屿上的个体以市场出清的工资在他们各自的劳动市场上寻找工作，或者通过迁移到别的岛屿，在那里的劳动市场上寻找他们的财富。在均衡之中，个体倾向于迁移到正经历生产力冲击的岛屿上，尽管低生产力的岛屿可能会迫使劳动力离开。因为在劳动市场之间迁移需要时间，所以会产生摩擦失业。

另外一种对失业建模的方法是匹配框架，如同戴蒙德（1982）、莫滕森（1982）以及皮萨里德斯（1990）所阐述的那样。这些模型假设匹配函数存在，其中匹配函数是指把对失业及职位空缺的测度映射到对匹配的测度上。一个匹配对应着一个工人与厂商，他们肯定要对如何分享“匹配剩余”进行谈判。所谓“匹配剩余”，也就是在双方不能达成协议、匹配遭到破坏的情况下将要失去的价值，与存在价格接受者与无外部性的岛屿相比，匹配框架中的分散化结果通常是无效的。除非参数值满足极为严格的约束，否则，在均衡中，要么存在太多的职位空缺，要么存在极少的职位空缺。当假定异质性工作

（heterogeneous jobs）在具有单一匹配模型的同一劳动市场上被创造出来时，效率问题就会进一步恶化。这个假定在有效的工作组合与有效的工作总供给之间创造出一种对立。

作为针对带有搜寻与匹配摩擦的模型的一种参照，我们研究一种无摩擦的总量劳动市场，但是假定劳动是不可分割的。例如，个体所受约束是要么全职工作，要么根本不工作。这类假定经常在实际经济周期文献中用于生成失业。如果市场存在或有权益，那么汉森（1995）与罗杰森（Rogerson，1988）证明了就业彩票（employment lottery）是能提高福利的，并暗指在均衡中只有部分个体受雇。运用这个模型与我们已提及的另外两个框架，我们分析解雇税是如何影响经济的就业水平的。不同模型会直接产生不同的结论，然而这些不同的结论在各种各样的框架中进一步阐明了经济力量在起作用。

为了阐明搜寻与匹配的另外一种应用，我们研究清泷和赖特（1993）的货币搜寻模型。就不同的商品而言，个体的口味是不同的，这些个体两两相遇，并且以随机方式相遇。在这些模型中，法定货币能够潜在地修正“需求的双重吻合”问题。

28.2 岛屿模型

这里的模型是卢卡斯和普雷斯科特的“岛屿模型”的一种简化形式。大量居住在空间分隔的劳动市场上的个体是一个连续统。每一个岛屿具有一个总量生产函数 $\theta f(n)$，其中 n 表示岛屿的就业水平，而 $\theta>0$ 表示特异的生产力冲击。该生产函数满足

$$f'>0,\quad f''<0\quad 且\quad \lim_{n\to 0}f'(n)=\infty \tag{28.2.1}$$

生产力冲击具有 m 个可能值，$\theta_1<\theta_2<\cdots<\theta_m$，而且冲击是受严格正的转移概率 $\pi(\theta,\theta')>0$ 控制的。也就是，具有当前生产力冲击 θ 的岛屿面对其下一个时期的冲击 θ' 的概率是 $\pi(\theta,\theta')$。生产力冲击在累积分布函数的意义下是持久性的，这里的累积分布函数 $\text{Prob}\,(\theta'\leqslant\theta_k|\theta)=\sum_{i=1}^{k}\pi(\theta,\theta_i)$ 是 θ 的递减函数。

在一个时期开始时，个体以某种方式在岛屿上分布。在观察到生产力冲击之后，个体决定是否迁移到别的岛屿上。迁移者会放弃他自己在迁移时期的劳动收入，尽管迁移者是在对所有岛屿的当前情况拥有完全信息的条件下选择目的地的。个体决定是工作还是迁移，以最大化自己工资流的期望现值。工资是以竞争方式确定的，所以每一个岛屿的劳动市场在工资率（wage rate）等于劳动边际产量时出清。我们将研究稳定均衡。

□ 28.2.1 单个市场（岛屿）

单个市场的状态是由其生产力水平 θ 与开始时期的劳动力 x 给出的。在均衡中，存在把这种状态映射到就业水平 $n(\theta,x)$ 及工资率 $w(\theta,x)$ 上的函数。这些函数必须满足市场出清条件

$$w(\theta,x)=\theta f'[n(\theta,x)]$$

以及劳动供给约束

$$n(\theta,x)\leqslant x$$

设 $v(\theta,x)$ 表示个体在一个时期开始时在市场 (θ,x) 中找到自身位置的最优化问题的解。记 v_u 为一个离开市场的个体在下一个时期可获得的期望值，这一数值由总量经济中的条件决定。因此，与离开市场相关的值为 βv_u。于是，贝尔曼方程可以写成

$$v(\theta,x)=\max\{\beta v_u,w(\theta,x)+\beta E[v(\theta',x')\mid\theta,x]\} \tag{28.2.2}$$

其中，如果个体仍保留在相同市场的话，条件期望是指 θ' 及 x' 的演变。

值函数 $v(\theta,x)$ 等于 βv_u，不论个体什么时候离开市场。考察无人离开市场这种相反的情况是很有意义的。这意味着当前就业水平是 $n(\theta,x)=x$，而且工资率 $w(\theta,x)=\theta f'(x)$。关于下一个时期的后续值 $\beta E[v(\theta',x')\mid\theta,x]$，存在两种可能性：

情形 i. 所有个体都停留在市场中，而且一些补充个体在下一个时期进入市场。这些新个体的进入对应于市场中的后续值 βv_u。任何比 βv_u 小的值不会吸引任何新的个体，而比 βv_u 大的值又会因大量新个体的流入而降低。由此可见，方程（28.2.2）中的当前值函数在此情况下能够写成

$$v(\theta,x)=\theta f'(x)+\beta v_u$$

情形 ii. 所有个体停留在市场中，而且没有补充个体在下一个时期进入市场。在这种情况下，$x'=x$，同时缺乏新个体的进入意味着市场的后续值小于或者等于 βv_u。当前值函数为：

$$v(\theta,x)=\theta f'(x)+\beta E[v(\theta',x)\mid\theta]\leqslant\theta f'(x)+\beta v_u$$

把两种情形的内容放在一起，我们可以把方程（28.2.2）中的值函数重新写成：

$$v(\theta,x)=\max\{\beta v_u,\theta f'(x)+\min\{\beta v_u,\beta E[v(\theta',x)\mid\theta]\}\} \tag{28.2.3}$$

给定 v_u 一个值，则它是具有唯一解 $v(\theta,x)$ 的“行为良好”（well-behaved）的泛函方程。该值函数关于 θ 是非递减的，关于 x 是非递增的。

在个体最优化行为的基础上，我们可以研究岛屿劳动力的演变情况。有三种可能情形：

情形 1. 一些个体离开市场。其含义是指，当期初的劳动力等于当前就业水平（$x'=n$）时，没有补充工人在下一个时期进入市场。于是，等于 x' 的当前就业水平可以依据下面的条件计算出来，即保留在市场中的个体获得与迁移者相同的效用，效用由 βv_u 给出：

$$\theta f'(x')+\beta E[v(\theta',x')\mid\theta]=\beta v_u \tag{28.2.4}$$

这一方程隐含地定义了 $x^+(\theta)$，使得如果 $x\geqslant x^+(\theta)$，则 $x'=x^+(\theta)$。

情形 2. 所有个体都保留在市场中，而且一些补充工人在下一个时期进入市场。进入市场的工人必须获得 v_u 值，如同在情形 i 中所讨论的那样。也就是，下一个时期的劳动力 x' 必须使得

$$E[v(\theta',x')\mid\theta]=v_u \tag{28.2.5}$$

这个方程隐含地定义了 $x^-(\theta)$，使得如果 $x\leqslant x^-(\theta)$，则 $x'=x^-(\theta)$。可以看出，$x^-(\theta)<x^+(\theta)$。

情形 3. 所有个体都保留在市场中，而且没有补充工人在下一个时期进入市场。这种情形在情形 2 中已经讨论过了。由此可见，如果 $x^{-}(\theta)<x<x^{+}(\theta)$，那么 $x'=x$。

□ 28.2.2 总量经济

前面一节假定了要寻找的外生值 v_u。这一假定在本节关于总量经济中的第一部分里将继续保留。它相当于假定了一个具有完全弹性的带有保留效用（reservation utility）v_u 的外部劳动供给。最后，我们要在本节说明在面临已知无弹性的总劳动供给时，如何将要寻找的值内生化。

定义市场中一个可行的劳动力集合 X 如下：

$$X \equiv \begin{cases} \{x \in \{x^{-}(\theta_i), x^{+}(\theta_i)\}_{i=1}^{m}: x^{+}(\theta_1) \leqslant x \leqslant x^{-}(\theta_m)\}, & x^{+}(\theta_1) \leqslant x^{-}(\theta_m) \\ \{x \in [x^{-}(\theta_m), x^{+}(\theta_1)]\}, & \text{其他} \end{cases}$$

集合 X 在稳定均衡中表示劳动力的遍历性集合。这通过考察带有初始劳动力 x 的单个市场可以看出。假定 $x>x^{+}(\theta_1)$，于是，市场最终将经历最不怎么有利的生产力冲击，并且下一个时期的劳动力为 $x^{+}(\theta_1)$。之后，岛屿能至多吸引到与最有利的生产力冲击相联系的劳动力 $x^{-}(\theta_m)$。类似地，如果市场的初始劳动力是 $x<x^{-}(\theta_m)$，那么市场在经历了最有利的生产力冲击之后，最终将有劳动力 $x^{-}(\theta_m)$。以后，市场的劳动力将永远不会降至 $x^{+}(\theta_1)$ 以下，它是市场经历最不怎么有利的生产力冲击时的下一个时期的劳动力［已知当前劳动力大于或者等于 $x^{+}(\theta_1)$］。最后，在 $x^{+}(\theta_1)>x^{-}(\theta_m)$ 的情况下，在每一个岛屿的劳动力都属于闭区间 $[x^{-}(\theta_m), x^{+}(\theta_1)]$ 时，任何初始的劳动力分布都能够构成一个稳定均衡。这是模型的一种参数化，模型中的个体不会发现根据生产力冲击进行重新定位是值得的。

在稳定均衡中，市场在状态 (θ, x) 之间的转移概率由

$$\begin{aligned} \Gamma(\theta', x' \mid \theta, x) = \pi(\theta, \theta') \cdot I([&x'=x^{+}(\theta) \text{ 且 } x \geqslant x^{+}(\theta)], \\ [&x'=x^{-}(\theta) \text{ 且 } x \leqslant x^{-}(\theta)], \\ [&x'=x \text{ 且 } x^{-}(\theta)<x<x^{+}(\theta)]), \\ & \text{对于 } x, x' \in X \text{ 以及所有的 } \theta, \theta' \end{aligned}$$

给出。其中，$I(\cdot)$表示示性函数，当其任意一个自变量值成立时，示性函数值为 1，否则为 0。这些转移概率定义了分布函数 $\Psi_t(\theta, x; v_u)$上的算子 P：假设在某一时点上，生产力冲击的分布与跨越市场的劳动力是由 $\Psi_t(\theta, x; v_u)$给出的，则下一个时期的分布是

$$\begin{aligned} \Psi_{t+1}(\theta', x'; v_u) &= P\Psi_t(\theta', x'; v_u) \\ &= \sum_{x \in X} \sum_{\theta} \Gamma(\theta', x' \mid \theta, x) \Psi_t(\theta, x; v_u) \end{aligned}$$

除了稳定均衡不涉及劳动力的再配置的情况之外，已阐述过的过程具有唯一的稳定分布$\Psi(\theta, x; v_u)$。

利用稳定分布 $\Psi(\theta, x; v_u)$，我们能够计算出每个市场中经济的平均劳动力

$$\bar{x}(v_u) = \sum_{x \in X} \sum_{\theta} x \Psi(\theta, x; v_u)$$

其中，自变量 v_u 明显使得稳定均衡的构造依赖于那样的支持性假设，即所寻找的值是由 v_u 外生给出的。经济的均衡劳动力 $\bar{x}$ 随着 v_u 反向变化。在带有劳动迁移的稳定均衡中，所寻找的较高值仅仅与较高的工资率相一致，因而要求较高的劳动力边际产量，也就是要求较少的劳动力在岛屿上。

从全局经济视角看，劳动力规模是固定的，比如说为 $\hat{x}$，并且搜寻的值调至市场出清的值上。为了找出对于特殊的 $\hat{x}$ 的稳定均衡，我们对不同的 v_u 给出 $\bar{x}(v_u)$。然后，可以在交点 $\bar{x}(v_u)=\hat{x}$ 处读取均衡对$(\hat{x},v_u)$，如图 28.2.1 所示。

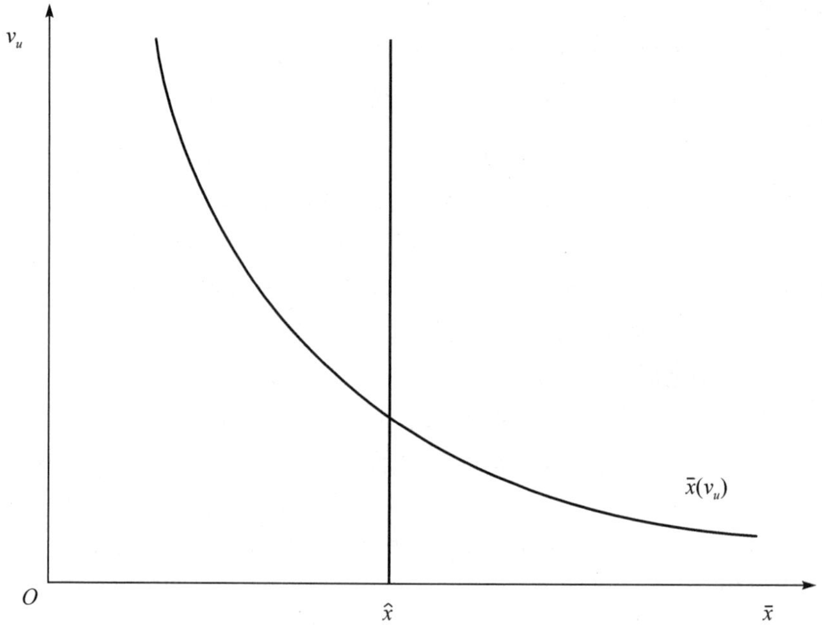

图 28.2.1　把经济中按市场平均的劳动力 $\bar{x}$ 映射到搜寻的稳定均衡值 v_u 上的曲线

28.3　匹配模型

另外一个失业模型是匹配模型，戴蒙德（1982）、莫滕森（1982）和皮萨里德斯（1990）对此做了阐述。基本模型如下：设存在由相同工人构成的连续统，其中测度被单位化为 1。工人无限存活而且是风险中性的。每一个工人的工作目标是使闲暇和劳动收入的期望折现值最大化。失业工人所享受的闲暇记为 z，就业工人的当前效用由工资率 w 给出。工人的折现因子是 $\beta=(1+r)^{-1}$。

生产技术是规模收益不变的且劳动为唯一的投入。每个就业工人生产 y 单位产品。为了不失一般性，假设每一个厂商至多雇用一个工人。进入经济的厂商在每一个时期寻找工人时承受职位空缺成本 c，而在随后的匹配中，此厂商的每一个时期的利润都是 $y-w$。所有匹配以每一个时期概率 s 外生地遭受破坏。自由进入意味着新厂商的职位空缺成本与利润的期望折现流等于零。厂商具有与工人相同的折现因子（工人在封闭经济中作为所有者）。

在一个时期里成功匹配的测度是由匹配函数 $M(u,v)$ 给出的，其中 u 与 v 表示失业工人与职位空缺的总度量。匹配函数是其两个自变量的递增的凹函数，且具有一次齐次性。利用该齐次性假设，我们能够把填补空缺的概率写成 $q(v/u)\equiv M(u,v)/v$。职位空缺与失业工人之间的比值 $\theta\equiv v/u$ 通常标示了劳动市场的紧缺程度（tightness）。失业工人在一个时期里被匹配上的概率是 $\theta q(\theta)$。我们假定匹配函数具有柯布-道格拉斯形式，它意味着弹性不变，

$$M(u,v)=Au^{\alpha}v^{1-\alpha}$$

$$\frac{\partial M(u,v)}{\partial u}\frac{u}{M(u,v)}=-q'(\theta)\frac{\theta}{q(\theta)}=\alpha \tag{28.3.1}$$

其中 $A>0$，$\alpha\in(0,1)$，最后一个等式在我们随后求导数的过程中会反复用到。

最后，工资率被假定由所匹配的厂商与工人以纳什谈判方式来确定。设 $\phi\in[0,1)$ 表示工人谈判的能力，或者他在纳什结果中的权重，如下一小节所述。

□ 28.3.1 稳态

在处于稳态时，一个时期里暂时解雇工人的测度 $s(1-u)$ 必等于失业工人获得工作的测度 $\theta q(\theta)u$。因此，稳态失业率能够写成

$$u=\frac{s}{s+\theta q(\theta)} \tag{28.3.2}$$

为了确定 θ 的均衡值，我们现在转向厂商与工人所面临的情形，同时我们利用职位空缺的无利润条件以及关于厂商和工人确定支付的纳什谈判的结果。

厂商的填补工作的价值 J 与职位空缺 V 是由

$$J=y-w+\beta[sV+(1-s)J] \tag{28.3.3}$$

$$V=-c+\beta\{q(\theta)J+[1-q(\theta)]V\} \tag{28.3.4}$$

给出的。也就是，填补工作以概率 s 变成空缺，而空缺以概率 $q(\theta)$ 变成填补工作。在利用空缺的零利润条件 $V=0$ 之后，方程（28.3.4）变成

$$J=\frac{c}{\beta q(\theta)} \tag{28.3.5}$$

我们将其代入（28.3.3）式得到

$$w=y-\frac{r+s}{q(\theta)}c \tag{28.3.6}$$

方程（28.3.6）中的工资率确保了存在职位空缺的厂商在期望现值的意义上收支相抵。换句话说，厂商匹配剩余必定等于方程（28.3.5）中的 J，以此为厂商补偿其填补空缺的平均折现成本。

工人的匹配剩余份额是就业工人的价值 E 与失业工人的价值 U 之差，

$$E=w+\beta[sU+(1-s)E] \tag{28.3.7}$$

$$U=z+\beta\{\theta q(\theta)E+[1-\theta q(\theta)]U\} \tag{28.3.8}$$

其中，就业工人以概率 s 成为失业工人，而失业工人以概率 $\theta q(\theta)$ 找到工作。工人的匹配

剩余份额 $E-U$ 与厂商的匹配剩余份额是相关的，以一种特殊的方式与纳什谈判一致。设总匹配剩余记为 $S=(E-U)+J$，它是根据纳什结果

$$\max_{(E-U),J} (E-U)^{\phi}J^{1-\phi} \tag{28.3.9}$$
$$\text{s.t.} \quad S=E-U+J$$

来分配的，其解为

$$E-U=\phi S, \quad J=(1-\phi)S \tag{28.3.10}$$

在分别求解方程（28.3.3）与方程（28.3.7）的 J 与 E 之后，把它们代入方程（28.3.10），我们得出

$$w=\frac{r}{1+r}U+\phi\left(y-\frac{r}{1+r}U\right) \tag{28.3.11}$$

当把 $r(1+r)^{-1}U$ 看成是失业年金价值时，此表达式显得非常直观。工资率刚好等于这个外部选择权（outside option）加上工人的单期匹配剩余份额 ϕ。失业年金价值可以通过求解关于 $E-U$ 的方程（28.3.8）来得到，同时把这个表达式与方程（28.3.5）代入方程（28.3.10）中，得到

$$\frac{r}{1+r}U=z+\frac{\phi\theta c}{1-\phi} \tag{28.3.12}$$

把方程（28.3.12）代入方程（28.3.11）中，我们获得另外一个关于工资率的表达式

$$w=z+\phi(y-z+\theta c) \tag{28.3.13}$$

也就是，纳什谈判导致了工人获得对其所放弃的闲暇 z 的补偿，以及对厂商超过 z 的那部分产出和每个失业工人在经济中的人均空缺成本这两者按份额 ϕ 所进行的补偿。

方程（28.3.6）与方程（28.3.13）中关于工资率的两个表达式共同确定了 θ 的均衡值

$$y-z=\frac{r+s+\phi\theta q(\theta)}{(1-\phi)q(\theta)}c \tag{28.3.14}$$

这个 θ 的隐函数确保了职位空缺与零利润是相关的，同时厂商与工人的匹配剩余的份额是纳什谈判的结果。

□ 28.3.2 福利分析

社会计划者可以选择使产出折现值与闲暇净职位空缺成本最大化的配置。社会最优化问题不会涉及任何不确定性，因为成功匹配与遭受破坏的匹配的总份额刚好等于这些事件的概率。社会计划者对空缺测度 v_t 以及下一个时期的就业水平 n_{t+1} 的选择问题可以写成，给定 n_0，

$$\max_{\{v_t,n_{t+1}\}_t} \sum_{t=0}^{\infty}\beta^t[yn_t+z(1-n_t)-cv_t] \tag{28.3.15}$$

$$\text{s.t.} \quad n_{t+1}=(1-s)n_t+q\left(\frac{v_t}{1-n_t}\right)v_t \tag{28.3.16}$$

关于 v_t 与 n_{t+1} 的一阶条件分别是

$$-\beta^t c+\lambda_t[q'(\theta_t)\theta_t+q(\theta_t)]=0 \tag{28.3.17}$$

$$-\lambda_t+\beta^{t+1}(y-z)+\lambda_{t+1}[(1-s)+q'(\theta_{t+1})\theta_{t+1}^2]=0 \tag{28.3.18}$$

其中 λ_t 是方程（28.3.16）的拉格朗日乘子。让我们从方程（28.3.17）中求解出 λ_t，并将其代入在平稳解处推出的方程（28.3.18）得

$$y-z=\frac{r+s+\alpha\theta q(\theta)}{(1-\alpha)q(\theta)}c \tag{28.3.19}$$

这一社会最优值与方程（28.3.14）中的私人结果的对比表明，如果 $\phi=\alpha$，那么分散化均衡是唯一有效的。如果工人谈判的力量 ϕ 超过（低于）α，那么均衡的工作供给量就会太低（太高）。注意，α 既是匹配函数关于失业测度的弹性，又是填补空缺的概率关于 θ_t 的弹性的负数。在后者的意义上，高的 α 意味着额外的空缺对所有厂商填补空缺的概率有很大的负面影响，因此社会计划者会通过赋予工人相对高的谈判权来缩减空缺数目。霍西奥斯（Hosios，1990）说明了怎样才能使有效条件 $\phi=\alpha$ 成为匹配框架中的一般条件。

社会最优化问题等价于选择工人的谈判权 ϕ，以使失业价值在分散化的均衡中是最大化的，注意，这一点是富有启发性的。为了看出这一点，对失业价值方程（28.3.12）求微分找出空间 ϕ 与 θ 中无差异曲线的斜率

$$\frac{\partial\theta}{\partial\phi}=-\frac{\theta}{\phi(1-\phi)}$$

同时利用隐函数规则找出均衡关系式（28.3.14）的相应斜率

$$\frac{\partial\theta}{\partial\phi}=-\frac{y-z+\theta c}{[\phi-(r+s)q'(\theta)q(\theta)^{-2}]c}$$

我们设这两个斜率彼此相等，因为最优值可以在最高的无差异曲线与方程（28.3.14）所代表的曲线的切点上达到（这两条曲线拥有负的斜率，而且凸向原点），

$$y-z=\frac{(r+s)\dfrac{\alpha}{\phi}+\phi\theta q(\theta)}{(1-\phi)q(\theta)}c \tag{28.3.20}$$

我们还要求，相切之点满足均衡条件（28.3.14），可以看出，$\phi=\alpha$ 使失业价值在分散化的均衡上达到最大值。此解和社会最优值相同，因为社会计划者与失业工人拥有相同的关于空缺的最优投资份额的考虑，即把匹配的外部性考虑了进去。

□ 28.3.3 匹配剩余的大小

匹配剩余的大小自然依赖于工人所生产的产量 y，如果匹配解除了，那么就会失去匹配剩余，厂商接下来要另外寻找工人。原则上，这种损失包括那些无法得到及时调整的工人使用的生产要素所带来的所有收益。于是，当人们确定匹配剩余的大小的时候［例如，参见 Pissarides（1990）］，在匹配文献中，一个共同的假设是把实物资本支付排除在外。这种对实物资本支付的排除必须依赖于对从厂商与工人之间的工资讨价还价中所排除的第三方那里进行融资的某种假定，除非经济中的资本以无摩擦方式进行流动。

例如，假设厂商资本是由金融中介来融资的，为了不使厂商破产，需要向金融中介提供特殊的租金支付。只要金融中介使自己以可信的方式远离厂商和工人的谈判，对于厂商与工人两者而言，从厂商的总利润中减去租金支付，并对剩余部分进行谈判就是一种理性的做法。

在我们的基本匹配模型中不存在实物资本，但是存在对空缺的投资。让我们考察下面这种可能性，即金融中介沿着已阐述过的线索为单个厂商的这种投资提供资金。最简单的合约是，金融中介把资金 c 交给有空缺的厂商，以此交换厂商在未来每一个运营时期里的支付 ε。如果厂商在下一个时期没有找到工人，那么匹配未能成功，进而中介勾销该贷款，否则只要成功的匹配处于运作实施中，中介就要收取所约定的利息支付 ε。与单个厂商达成的这个协议对市场紧缺程度 θ 以及失业价值 U 所产生的影响可以忽略不计。让我们来考察一下所涉及的特殊厂商及其所遇到的工人的结果。

在匹配对厂商和工人而言均可接受的推测下，我们能够在期望现值的意义上计算出金融中介在不亏不盈时所需要的利息支付 ε，

$$c=q(\theta)\beta\sum_{t=0}^{\infty}\beta^{t}(1-s)^{t}\varepsilon \quad\Rightarrow\quad \varepsilon=\frac{r+s}{q(\theta)}c \tag{28.3.21}$$

于是，成功的匹配将产生利息支付，它是相当于 $\tilde{y}=y-\varepsilon$ 的净利润。为了确定匹配剩余是如何在厂商和工人之间进行分割的，我们用 $\tilde{y}$、$\tilde{w}$、$\tilde{J}$ 和 $\tilde{E}$ 代替方程（28.3.3）、方程（28.3.7）与方程（28.3.9）中的 y、w、J 和 E。也就是，对于某一填补工作而言，$\tilde{J}$ 和 $\tilde{E}$ 分别表示对厂商和工人的价值。我们把 θ、V 和 U 当做常数，因为它们会在经济中的其余部分里得到确定。于是，纳什谈判可以得出

$$\tilde{w}=\frac{r}{1+r}U+\phi\left(\tilde{y}-\frac{r}{1+r}U\right)=\frac{r}{1+r}U+\phi\,\frac{\phi(r+s)}{(1-\phi)q(\theta)}c$$

其中，第一个等式对应于前面的方程（28.3.11）。第二个等式在利用了 $\tilde{y}=y-\varepsilon$ 与方程（28.3.12）、方程（28.3.14）以及方程（28.3.21）之后可获得，同时作为结果的表达式进一步证实了对于工人来说匹配是可接受的推测，这里的工人获得超过失业年金价值的工资。当然，厂商对于任何正的 $\tilde{y}-\tilde{w}$ 都会感到满意，因为厂商不用承受为促成匹配而带来的任何成本，

$$\tilde{y}-\tilde{w}=\frac{\phi(r+s)}{q(\theta)}c>0$$

其中，我们又一次使用了 $\tilde{y}=y-\varepsilon$、方程（28.3.12）、方程（28.3.14）和方程（28.3.21），以及前面的 $\tilde{w}$ 的表达式。注意，$\tilde{y}-\tilde{w}=\phi\varepsilon$ 可以这样解释：如果关于厂商投资的利息支付 ε 不是在纳什谈判之前从厂商利润中扣除掉，那么工人会获得等于增加的匹配剩余中 ϕ 份额的工资量。当前的融资协议会为厂商节省这种额外的工资支付，而且此节省会变成厂商的利润。因而，一旦进入前面一节描述的经济中，带有已阐述的合约的单个厂商就拥有一个严格正的现值。如果新厂商的进入是不受限制的，并且这些厂商可以通过媒介获得这样的合同，则利润将会由于竞争而消失。我们希望读者来刻画自由进入条件下的均衡结果。

28.4 带有异质性工作的匹配模型

阿西莫格鲁（1997）、贝尔托拉和卡瓦列罗（Bertola and Caballero，1994），以及戴维斯（Davis，1995）通过单一匹配函数探讨了匹配模型，其中就工作供给方的异质性必须进行谈判，而这会产生附加的外部性。这里我们研究戴维斯模型的一种无限期的形式，其中假设异质性工作是在带有唯一匹配模型的同一劳动市场中产生的。我们对基本匹配框架进行扩展：设存在 I 个工作类型，而且工作类型 i 的填补工作生产 y^i。在每一个时期创造空缺类型 i 的测度 v^i 的成本由严格凸的、向上倾斜的成本函数 $C^i(v^i)$ 给出。在分散化的均衡中，我们将假设在价格等于创立一个额外空缺的边际成本 $C^{i\prime}(v^i)$ 时，空缺供给是竞争性的，同时我们保留了厂商至多雇用一个工人的假设。另外一个隐性的假设是，$\{y^i, C^i(\cdot)\}$ 使得所有工作类型既可以在分散化的稳态中产生，又可以在社会最优的稳态中产生。

□ 28.4.1 稳态

在稳态中，存在一种跨越工作类型的就业与空缺的时不变的分布（time-invariant distribution）。设 η^i 表示所有空缺中工作类型 i 的部分。就工作类型 i 而论，就业工人的价值 E^i、填补工作的厂商价值 J^i 以及空缺 V^i 由

$$J^i = y^i - w^i + \beta[sV^i + (1-s)J^i] \tag{28.4.1}$$

$$V^i = -C^{i\prime}(v^i) + \beta\{q(\theta)J^i + [1-q(\theta)]V^i\} \tag{28.4.2}$$

$$E^i = w^i + \beta[sU + (1-s)E^i] \tag{28.4.3}$$

$$U = z + \beta\Big\{\theta q(\theta)\sum_j \eta^j E^j + [1-\theta q(\theta)]U\Big\} \tag{28.4.4}$$

给出，其中失业价值 U 反映了不同工作类型的匹配的概率等于这些工作在所有空缺中的比例。

在利用所有空缺类型的零利润条件之后，我们得出类似于方程（28.3.6）的结果：

$$w^i = y^i - \frac{r+s}{q(\theta)} C^{i\prime}(v^i) \tag{28.4.5}$$

如前面一样，纳什谈判被证明还会导致工资的另一个特征，

$$w^i = z + \phi\Big[y^i - z + \theta\sum_j \eta^j C^{j\prime}(v^j)\Big] \tag{28.4.6}$$

把它与方程（28.3.13）进行对比。令两个工资表达式（28.4.5）式和（28.4.6）式相等，我们得出关于空缺的稳态分布与劳动市场紧缺程度的一组均衡条件：

$$y^i - z = \frac{r + s + \phi\theta q(\theta)\,\dfrac{\sum_j \eta^j C^{j\prime}(v^j)}{C^{i\prime}(v^i)}}{(1-\phi)q(\theta)} C^{i\prime}(v^i) \tag{28.4.7}$$

当我们接下来转到当前设置下的有效配置上时，以两种方式去处理方程（28.4.7）

将是十分有用的。首先，用关于工作 i 的这个均衡表达式减去关于工作 j 的对应表达式，得

$$y^i - y^j = \frac{r+s}{(1-\phi)q(\theta)}[C^{i\prime}(v^i) - C^{j\prime}(v^j)] \tag{28.4.8}$$

其次，用 v^i 乘以方程（28.4.7），并且对所有工作类型求和，有

$$\sum_i v^i(y^i - z) = \frac{r+s+\phi\theta q(\theta)}{(1-\phi)q(\theta)}\sum_i v^i C^{i\prime}(v^i) \tag{28.4.9}$$

（在利用 $\eta^j \equiv v^j / \sum_h v^h$ 和交换求和符号之后，就可以得到这一表达式。）

□ 28.4.2 福利分析

社会计划者的最优化问题变为，给定 $\{n_0^i\}_i$，

$$\max_{\{v_t^i, n_{t+1}^i\}t,i} \sum_{t=0}^{\infty}\beta^t\left[\sum_j y^j n_t^j + z\left(1-\sum_j n_t^j\right) - \sum_j C^j(v_t^j)\right] \tag{28.4.10a}$$

$$\text{s.t.}\quad n_{t+1}^i = (1-s)n_t^i + q\left(\frac{\sum_j v_t^j}{1-\sum_j n_t^j}\right)v_t^i, \forall i,t \geqslant 0 \tag{28.4.10b}$$

关于 v_t^i 和 n_{t+1}^i 的一阶条件分别是

$$-\beta^t C^{i\prime}(v_t^i) + \lambda_t^i q(\theta_t) + \frac{q'(\theta_t)}{1-\sum_j n_t^j}\sum_j \lambda_t^j v_t^j = 0 \tag{28.4.11}$$

$$-\lambda_t^i + \beta^{t+1}(y^i - z) + \lambda_{t+1}^i(1-s) + \frac{q'(\theta_{t+1})\theta_{t+1}}{1-\sum_j n_{t+1}^j}\sum_j \lambda_{t+1}^j v_{t+1}^j = 0 \tag{28.4.12}$$

为了探索不同工作类型的相对有效配置，我们用方程（28.4.11）减去关于工作 j 的对应表达式，得

$$\lambda_t^i - \lambda_t^j = \frac{\beta^t[C^{i\prime}(v_t^i) - C^{j\prime}(v_t^j)]}{q(\theta_t)} \tag{28.4.13}$$

其次，我们对方程（28.4.12）实施相同的计算，并且把方程（28.4.13）代入在稳定解处推算出来的结果表达式，得

$$y^i - y^j = \frac{r+s}{q(\theta)}[C^{i\prime}(v^i) - C^{j\prime}(v^j)] \tag{28.4.14}$$

方程（28.4.14）与方程（28.4.8）的对比显示，在分散化均衡中，各种不同类型工作的有效相对供给存在的唯一条件是 $\phi=0$。对于任意严格正的 ϕ 而言，创造两个不同工作的空缺的边际成本之差在分散化均衡中比社会最优值要小，也就是，分散化均衡反映跨越工作类型的空缺分布的差别较小。换句话说，分散化均衡以较低的 y 值创造了相对较多的“坏工作”，或者等价地以较高的 y 值创造了相对较少的“好工作”。如果工人没有谈判的能力，

那么工作组合上的无效性就会消失，所以厂商获得改善工作的所有利润。[①] 但是，从之前我们知道，工人的谈判能力对修正空缺总数的超额供给是十分必要的。

为了探讨空缺总数的有效性，用 v^i 乘以方程（28.4.11），同时对所有工作类型求和，得

$$\sum_i \lambda_t^i v_t^i = \frac{\beta^t \sum_i v_t^i C^{i\prime}(v_t^i)}{q(\theta_t) + q'(\theta_t)\theta_t} \tag{28.4.15}$$

然后我们对方程（28.4.12）实施同样的计算，并且把方程（28.4.15）代入在稳定解处推算出来的结果表达式，得

$$\sum_i v^i(y^i - z) = \frac{r + s + \alpha\theta q(\theta)}{(1-\alpha)q(\theta)} \sum_i v^i C^{i\prime}(v^i) \tag{28.4.16}$$

对比方程（28.4.16）与方程（28.4.9）可以发现由基本的匹配模型得出的早期结果；也就是，处于分散化均衡的有效总工作供给要求 $\phi=\alpha$。[②] 这里，戴维斯（1995）得出结论，在有效的工作组合的条件（$\phi=0$）与有效的总工作供给的标准条件（$\phi=\alpha$）之间存在一个基本张力（fundamental tension）。

□ 28.4.3 工资的配置作用Ⅰ：分隔市场

上一节清楚地论证了霍西奥斯（1990）的匹配框架的特征："虽然匹配-谈判模型中的工资完全是灵活的，但是工资失去了任何配置或信号功能，这是因为匹配发生在谈判之前，从而有效搜寻出现在工资设定之前。"在戴维斯的匹配模型中，不具有分配作用的工资问题是通过异质性工作的存在来解决的。然而，如同戴维斯所讨论的那样，如果事前把不同工作类型分类到分隔市场之中，后一障碍就可以被克服。于是，工人跨市场的均衡运动在最优工作组合与总工作供给之间消除了张力。不同市场的不同工资对跨市场劳动供给起

---

① 为了在分散化均衡中实现不同工作类型的相对有效供给，需要 $\phi=0$，$\phi=0$ 的解释能够以下述方式准确地给出：将 v 与 n 记为经济对总空缺和就业率的测度的任何可持续的稳定值，也就是，$sn=q\left(\frac{v}{1-n}\right)v$。求解方程（28.4.10）中的社会计划者的最优化问题，且满足可加性约束

$$\sum_i v_t^i = v, \quad \sum_i n_{t+1}^i = n, \quad \forall\, t \geqslant 0$$

已知 $\left\{n_0^i : \sum_i n_0^i = n\right\}$。把正文中的一些步骤应用到这个问题的一阶条件上，我们同样可以得到表达式（28.4.14）。因而，如果 $\{v, n\}$ 取分散化经济的稳态结果，那么当 $\phi=0$ 时，均衡条件（28.4.8）满足有效性条件（28.4.14）。

② 为了在分散化均衡中实现工作的有效总供给，需要 $\phi=\alpha$，$\phi=\alpha$ 的解释能够以下述方式准确地给出。假设社会计划者永远受各种工作和空缺类型的某些任意的相对分布 $\{\gamma^i\}$ 约束，其中，$\gamma^i \geqslant 0$ 且 $\sum_i \gamma^i = 1$。约束的社会计划者问题是由方程（28.4.10）给出的，且满足可加性约束

$$v_t^i = \gamma^i v_t, \qquad n_t^i = \gamma^i n_t, \qquad \forall\, t \geqslant 0$$

也就是，现在唯一的选择变量是总空缺和就业 $\{v_t, n_{t+1}\}$。合并关于 v_t 与 n_{t+1} 的一阶条件，同时在稳定解处进行计算，我们得到

$$\sum_j y^j \gamma^j - z = \frac{r + s + \alpha\theta q(\theta)}{(1-\alpha)q(\theta)} \sum_j \gamma^j C^{j\prime}(\gamma^j v)$$

通过用 v 乘以两边，我们得出相同的表达式（28.4.16）。因而，如果任意分布 $\{\gamma^i\}$ 取分散化经济的稳态结果，那么当 $\phi=\alpha$ 时，均衡条件（28.4.9）满足有效性条件（28.4.16）。

到了配置作用，即使每一个市场的均衡工资仍是在匹配之后通过谈判来确定的。

让我们在下面的条件下研究这一结果，即对于不同的工作类型存在这样的分隔市场，并且每位工人同一时间仅能参与一个市场。此种修正的模型可以利用方程（28.4.1）、方程（28.4.2）以及方程（28.4.3）描述出来，其中市场紧缺程度变量现在仍然用 i 及 θ^i 来标明，失业价值的新表达式是

$$U=z+\beta\{\theta^i q(\theta^i)E^i+[1-\theta^i q(\theta^i)]U\} \tag{28.4.17}$$

在均衡时，失业工人得到价值 U，不管他参与到哪一个劳动市场中。稳态的特征如同前面一样沿着相同的线索展开。让我们再现对我们的推理有帮助的三个方程。市场 i 中的工资与失业年工人的失业年金价值可以写成

$$w^i=\phi y^i+(1-\phi)\frac{r}{1+r}U \tag{28.4.18}$$

$$\frac{r}{1+r}U=z+\frac{\phi\theta^i C^{i\prime}(v^i)}{1-\phi} \tag{28.4.19}$$

同时，关于市场 i 的均衡条件变为

$$y^i-z=\frac{r+s+\phi\theta^i q(\theta^i)}{(1-\phi)q(\theta^i)}C^{i\prime}(v^i) \tag{28.4.20}$$

社会计划者的目标函数和表达式（28.4.10a）是相同的，但是前面的约束条件（28.4.10b）现在用

$$n_{t+1}^i=(1-s)n_t^i+q\left(\frac{v_t^i}{u_t^i}\right)v_t^i$$

$$1=\sum_j(u_t^j+n_t^j)$$

来代替，其中 u_t^i 表示市场 i 中对失业工人的测度。在稳定解中，关于 v_t^i、u_t^i 以及 n_{t+1}^i 的一阶条件能够组合起来，写成

$$y^i-z=\frac{r+s+\alpha\theta^i q(\theta^i)}{(1-\alpha)q(\theta^i)}C^{i\prime}(v^i) \tag{28.4.21}$$

方程（28.4.20）与方程（28.4.21）证实了戴维斯的发现，即只要把不同工作类型分类到分隔市场中，就可以达到社会最优值，其中 $\phi=\alpha$。

有意思的是要注意社会上的最优工资，也就是，带有 $\phi=\alpha$ 的方程（28.4.18）意味着，事前同质的工人的工资存在差异。这里工资的差异不是任何无效率性的符号，而是确保最优供给与工作布局（composition）所必需的。具有较高工资的工人要对他们的就业市场上的失业时间（unemployment spell）进行补偿，而这种失业时间平均而言是比较长的。

□ 28.4.4 工资的配置作用 Ⅱ：工资公告

按照莫恩（Moen，1997）的思路，我们用带有竞争性工资公告（wage announcements）的经济来代替带有 $\phi=\alpha$ 的工资谈判的经济，重新解释上一节中的社会最优的稳态。假定厂商可以自由地选择一个公告工资，然后厂商加入提供此工资的市场中，没有

谈判的余地。当工人作为工资接受者在劳动市场之间进行选择时，社会最优均衡就达到了，所以失业工人的价值在经济中是相等的。

为了阐明工资公告和社会最优的稳态是一致的，考察一个带有空缺类型 i 的厂商，它可以自由地选择任何工资 $\tilde{w}$，然后加入带有这一工资的市场。带有工资 $\tilde{w}$ 的劳动市场拥有一个市场紧缺程度 $\tilde{\theta}$，使得失业价值等于全局经济价值 U。在用 $\tilde{w}$、$\tilde{E}$ 和 $\tilde{\theta}$ 代替方程（28.4.3）和方程（28.4.17）中的 w、E 和 θ 之后，我们可以把这两个表达式合并起来，得到 $\tilde{w}$ 与 $\tilde{\theta}$ 之间的关系式：

$$\tilde{w}=\frac{r}{1+r}U+\frac{r+s}{\tilde{\theta}q(\tilde{\theta})}\left(\frac{r}{1+r}U-z\right) \tag{28.4.22}$$

在市场（$\tilde{w}$，$\tilde{\theta}$）中公示的空缺类型 i 的单期期望现值是

$$-C^{i\prime}(v^i)+q(\tilde{\theta})\beta\sum_{t=0}^{\infty}\beta^t(1-s)^t(y^i-\tilde{w})=-C^{i\prime}(v^i)+q(\tilde{\theta})\frac{y^i-\tilde{w}}{r+s}$$

在把方程（28.4.22）代入这一表达式之后，我们可以计算出关于 $\tilde{\theta}$ 的一阶条件为

$$q'(\tilde{\theta})\frac{y^i}{r+s}-\frac{z}{\tilde{\theta}^2}+\left[\frac{1}{\tilde{\theta}^2}-\frac{q'(\tilde{\theta})}{r+s}\right]\frac{r}{1+r}U=0$$

由于社会最优的稳态是我们所猜测的均衡，所以我们从用 α 代替 ϕ 的方程（28.4.19）中得到全局经济价值 U。把关于 U 的这个值代入一阶条件得出

$$y^i-z=\frac{r+s+\alpha\tilde{\theta}q(\tilde{\theta})}{(1-\alpha)q(\tilde{\theta})}\frac{\theta^i}{\tilde{\theta}}C^{i\prime}(v^i) \tag{28.4.23}$$

右边是随 $\tilde{\theta}$ 严格递减的，所以借助于方程（28.4.21），此等式仅在 $\tilde{\theta}=\theta^i$ 时才成立。因而，我们证实了在最优稳态下的工资使得厂商愿意自由公开工资，并且参与到没有任何谈判余地的相应市场中。失业工人在不同市场上价值相等同样也确保了充当工资接受者的工人的参与。

28.5 世代交叠的匹配模型

为了再一次强调拥挤外部成本是匹配模型的驱动力，研究工人在一个或多个维度上的异质性的匹配模型是很有意义的。一个重要的异质性为年龄，在谢龙、艾罗和朗戈（Chéron，Hairault and Langot，2008）以及门齐奥、特留科娃和菲舍斯（Menzio，Telyukova and Visschers，2010）的关于世代交叠的匹配模型中，失业工人要么选择一种单一的匹配函数，要么被分配到一种特定类型的匹配函数中。这里我们选择谢龙、艾罗和朗戈的框架，失业工人选择一种单一的匹配函数，同时给定外生的退休年龄 $T+1$。退休的世代被同样规模的新生代所代替。所有新进入劳动市场的新生代都为失业者。

对于新填充的工作和已经存在的工作，新的生产力在每一期开始时由累积分布函数 $G(\varepsilon)$ 刻画，$\varepsilon\in[0,1]$。一旦观测到工作的生产力，厂商决定是否提供工作岗位。如果没

有提供工作岗位，那么厂商和工人之间的匹配失败，工人回归到失业人员中。在均衡状态下，存在年龄特定的保留生产力，将年龄为 i 的工人记作 R_i，如果低于这个值，工作就会被终结。这将导致类似于 28.4 节中的异质性工作带来的世代间的外部性。

□ 28.5.1 一个稳态

在稳态中，存在不随时间变化的失业率 $\{u_i\}_{i=1}^{T}$，其中 i 表示工人的年龄。因为新生代工人作为失业者进入市场，所以 $u_1=1$。给定均衡市场紧缺程度 θ 和保留生产力 $\{R_i\}_{i=2}^{T}$，不同年龄的失业率为：

$$u_i = u_{i-1}[1-\theta q(\theta)(1-G(R_i))]+(1-u_{i-1})G(R_i),\ i=2,\cdots,T \qquad (28.5.1)$$

注意年龄为 $i-1$ 的失业者可以在下一期进行匹配，同时保留生产力 R_i 决定可以操作哪些工作。总失业为 $u=\sum_{i=1}^{T}u_i$，全局经济失业率为 u/T。

一个生产力为 ε 的工作被成功匹配并且被年龄为 i 的工人接受（即 $\varepsilon \geqslant R_i$），厂商价值为 $J_i(\varepsilon)$，被雇用的工人的价值为 $E_i(\varepsilon)$，则：

$$J_i(\varepsilon)=\varepsilon-w_i(\varepsilon)+\beta\left[\int_{R_{i+1}}^{1}J_{i+1}(\varepsilon')\mathrm{d}G(\varepsilon')+G(R_{i+1})V\right] \qquad (28.5.2)$$

$$V=-c+\beta q(\theta)\sum_{i=2}^{T}\left[\frac{u_{i-1}}{u}\left(\int_{R_i}^{1}J_i(\varepsilon)\mathrm{d}G(\varepsilon)+G(R_i)V\right)\right]+\beta(1-q(\theta))V \qquad (28.5.3)$$

$$E_i(\varepsilon)=w_i(\varepsilon)+\beta\left[\int_{R_{i+1}}^{1}E_{i+1}(\varepsilon')\mathrm{d}G(\varepsilon')+G(R_{i+1})U_{i+1}\right] \qquad (28.5.4)$$

$$\begin{aligned}U_i &= z+\beta\theta q(\theta)\left[\int_{R_{i+1}}^{1}E_{i+1}(\varepsilon')\mathrm{d}G(\varepsilon')+G(R_{i+1})U_{i+1}\right]+\beta(1-\theta q(\theta))U_{i+1}\\ &= z+\beta U_{i+1}+\beta\theta q(\theta)\int_{R_{i+1}}^{1}[E_{i+1}(\varepsilon')-U_{i+1}]\mathrm{d}G(\varepsilon')\end{aligned} \qquad (28.5.5)$$

其中空缺价值 V 反映了厂商匹配到不同年龄工人的可能性。一个随意进入的条件可以保证空缺的期望利润为 0，即 $V=0$，所以等式（28.5.3）可以写为

$$q(\theta)=\frac{c}{\beta\sum_{i=2}^{T}\frac{u_{i-1}}{u}\int_{R_i}^{1}J_i(\varepsilon)\mathrm{d}G(\varepsilon)} \qquad (28.5.6)$$

重新排列等式（28.5.5）中年龄为 i 的失业工人的价值可以看出匹配成功的工人相比依然失业的工人会获得剩余 $E_{i+1}(\varepsilon')-U_{i+1}$。

在生产力为 ε 和年龄为 i 的工人的匹配中，厂商和工人的总剩余为：

$$S_i(\varepsilon)=J_i(\varepsilon)+E_i(\varepsilon)-U_i\geqslant 0 \qquad (28.5.7)$$

对于 $\varepsilon<R_i$ 的被终结的工作，剩余为 0，但是对于 $\varepsilon\geqslant R_i$，剩余满足如下方程：

$$S_i(\varepsilon)+U_i=\varepsilon+\beta\left[\int_{0}^{1}S_{i+1}(\varepsilon')\mathrm{d}G(\varepsilon')+U_{i+1}\right]$$

同时剩余函数满足：

$$S_i(\varepsilon) = \max\left\{\varepsilon + \beta\int_0^1 S_{i+1}(\varepsilon')\mathrm{d}G(\varepsilon') - (U_i - \beta U_{i+1}), 0\right\} \tag{28.5.8}$$

同之前一样，纳什谈判决定剩余在工人和厂商之间如何分配：

$$E_i(\varepsilon) - U_i = \phi S_i(\varepsilon) = \frac{\phi}{1-\phi} J_i(\varepsilon) \tag{28.5.9}$$

在（28.5.8）式中 max 符号后的第一项实参为 0 时生产力 ε 的价值 $\bar{\varepsilon}_i$ 为

$$\begin{aligned}\bar{\varepsilon}_i &= -\beta\int_0^1 S_{i+1}(\varepsilon')\mathrm{d}G(\varepsilon') + U_i - \beta U_{i+1} \\ &= z - \beta[1 - \theta q(\theta)\phi]\int_{R_{i+1}}^1 S_{i+1}(\varepsilon')\mathrm{d}G(\varepsilon')\end{aligned} \tag{28.5.10}$$

我们用等式（28.5.5）消去 U_i，再将纳什谈判的结果代入等式（28.5.9）。因为对于 $\varepsilon < R_{i+1}$ 有 $S_{i+1}(\varepsilon')=0$，我们可以合理地忽略在取值为 0 的部分求积分。如果等式（28.5.10）中的临界值 $\bar{\varepsilon}_i$ 为正，那么就为最优的保留生产力：

$$R_i = \max\{\bar{\varepsilon}_i, 0\}$$

因为在退出劳动市场后，剩余函数为 0，因而 $S_{T+1}(\varepsilon')=0$，所以在等式（28.5.10）中可以看出退休之前的最后一期保留生产力 $R_T = z$，也就是说，对于失业工人来说可以接受的工作是指那些生产力高于闲暇价值的工作。同时，任何时期的工人都比最后一期的工人在劳动市场上更具有优先级，保留生产力严格小于 z，因为坚持工作，工人可以保证下一期新的生产力。而如果失业，工人将会面临下一期是否会被雇用的不确定性。

□ 28.5.2 随年龄增长的保留生产力

因为剩余函数随年龄的增长是弱减的，$S_i(\varepsilon) \geqslant S_{i+1}(\varepsilon)$，我们可以从等式（28.5.10）中得出保留生产力是随年龄弱增的。为了更清楚地看清这一点，假设保留生产力是年龄 i 的一个内生解，$R_i = \bar{\varepsilon}_i \in (0,1)$，所以也是更大年龄的内生解，$R_j \in (0,1)$（其中 $j \geqslant i$），对等式（28.5.10）中的未来剩余部分应用分部积分得到：

$$\begin{aligned}\int_{R_{i+1}}^1 S_{i+1}(\varepsilon')\mathrm{d}G(\varepsilon') &= S_{i+1}(1)G(1) - S_{i+1}(R_{i+1})G(R_{i+1}) - \int_{R_{i+1}}^1 S'_{i+1}(\varepsilon')G(\varepsilon')\mathrm{d}\varepsilon' \\ &= S_{i+1}(1) - \int_{R_{i+1}}^1 G(\varepsilon')\mathrm{d}\varepsilon' = \int_{R_{i+1}}^1 [1 - G(\varepsilon')]\mathrm{d}\varepsilon'\end{aligned} \tag{28.5.11}$$

第二个等式代入了 $G(1)=1$、$S_{i+1}(R_{i+1})=0$ 和 $S'_{i+1}(\varepsilon')=1$。第三个等式利用后者的导数和保留生产力内生解，这意味着 $S_{i+1}(1) = \int_{R_{i+1}}^1 1\mathrm{d}\varepsilon'$。之后将（28.5.11）式代入（28.5.10）式，保留生产力由下式递归决定：

$$R_j = z - \beta[1 - \theta q(\theta)\phi]\int_{R_{j+1}}^1 [1 - G(\varepsilon')]\mathrm{d}\varepsilon',\ j = i, \cdots, T-1 \tag{28.5.12a}$$

并且

$$R_T = z \tag{28.5.12b}$$

□ 28.5.3 工资率随着年龄的增长而下降

我们发现保留生产力随着年龄的增长而增长，意味着年长的工人要比年轻的工人具有更高的平均生产力。然而，对于依赖于生产力的工资率，年长的工人比年轻的工人赚得更少，接下来我们会展示这一点。回忆标准匹配模型中的工资等式（28.3.11），均衡工资可以表示为职位生产力和失业工人的效用的函数，后者随着年龄的增长而下降。

在将等式（28.5.5）中的 $q(\theta)$ 和纳什谈判结果（28.5.9）代入等式（28.5.6）之后，年龄为 i 的失业工人的效用为：

$$U_i = z + \beta U_{i+1} + \frac{\phi}{1-\phi}\theta c k_{i+1} \tag{28.5.13}$$

其中

$$k_{i+1} \equiv \frac{\int_{R_{i+1}}^{1} S_{i+1}(\varepsilon')\mathrm{d}G(\varepsilon')}{\sum_{j=2}^{T}\frac{u_{j-1}}{u}\int_{R_j}^{1} S_j(\varepsilon)\mathrm{d}G(\varepsilon)} \tag{28.5.14}$$

因为剩余函数随着年龄的增长弱减，$k_i \geqslant k_{i+1}$，所以可以看出等式（28.5.13）中的失业工人的效用从终值 $U_{T+1}=0$ 开始，递归地计算，随年龄的增长而下降。

为了计算年龄为 i 的工人的均衡工资，我们从（28.5.9）式中纳什谈判的结果开始：

$$E_i(\varepsilon) - U_i = \phi[J_i(\varepsilon) + E_i(\varepsilon) - U_i] \tag{28.5.15}$$

它可以被写作：

$$\begin{aligned}(1-\phi)U_i &= E_i(\varepsilon) - \phi[J_i(\varepsilon) + E_i(\varepsilon)]\\ &= w_i(\varepsilon) - \phi\varepsilon + (1-\phi)\beta G(R_{i+1})U_{i+1}\\ &\quad + \beta\int_{R_{i+1}}^{1}\{E_{i+1}(\varepsilon') - \phi[J_{i+1}(\varepsilon') + E_{i+1}(\varepsilon')]\}\mathrm{d}G(\varepsilon')\\ &= w_i(\varepsilon) - \phi\varepsilon + (1-\phi)\beta G(R_{i+1})U_{i+1} + (1-\phi)\beta[1-G(R_{i+1})]U_{i+1}\\ &\quad + \beta\int_{R_{i+1}}^{1}\{E_{i+1}(\varepsilon') - U_{i+1} - \phi[J_{i+1}(\varepsilon') + E_{i+1}(\varepsilon') - U_{i+1}]\}\mathrm{d}G(\varepsilon')\\ &= w_i(\varepsilon) - \phi\varepsilon + (1-\phi)\beta U_{i+1}\end{aligned}$$

第二个等式可以通过利用等式（28.5.2）和等式（28.5.4）消除 $J_i(\varepsilon)$和 $E_i(\varepsilon)$ 的方式得到。第三个等式可以通过加上和减去 $(1-\phi)\beta[1-G(R_{i+1})]U_{i+1}$ 得到。接下来，根据纳什谈判的结果（28.5.15），第三个等式右边的积分为 0。简化后得到第四个等式。通过上述等式的最左边和最右边可以得到，年龄为 i 的工人的平均工资满足：

$$w_i(\varepsilon) = \phi\varepsilon + (1-\phi)[U_i - \beta U_{i+1}]$$

通过等式（28.5.13）消去 U_i 得到：

$$w_i(\varepsilon) = z + \phi[\varepsilon - z + \theta c k_{i+1}] \tag{28.5.16}$$

因为 $k_{T+1}=0$，退休前最后一期的工资为 $w_T = z + \phi(\varepsilon - z)$，也就是工人收到的给失业工人的报酬 z 加上工人的单期匹配的剩余的纳什谈判份额 $\phi(\varepsilon - z)$。最后一期之前工人的工资会更高是因为在表达式（28.5.16）中，年轻的工人会获得更多的外部效用，正如（28.5.16）式中 $\phi\theta ck_{i+1}$ 所表示的，它随年龄的递增而下降。

□ 28.5.4 福利分析

根据谢龙、艾罗和朗戈（2008），我们考虑一个接替的世代之间权重相等且个体不对未来进行折现的计划问题，$\beta=1$。最优配置可以通过最大化稳态产出加上失业者的闲暇效用得到。给定年龄为 $i-1$ 时的失业率 u_{i-1}，年龄为 i 的工人的总产出为工人被雇用的比例 $[u_{i-1}\theta q(\theta)+1-u_{i-1}][1-G(R_i)]$ 乘以工人的平均生产力 $[1-G(R_i)]^{-1}\int_{R_i}^{1}\varepsilon dG(\varepsilon)$。给定目标函数中的常数 zu_1，计划者的最优化问题变为，给定 $u_1=1$：

$$\max_{\theta,\{R_i,u_i\}_{i=2}^{T}}\sum_{i=2}^{T}\left\{[u_{i-1}\theta q(\theta)+1-u_{i-1}]\int_{R_i}^{1}\varepsilon dG(\varepsilon)+zu_i\right\}-c\theta\sum_{j=1}^{T}u_j$$

满足

$$u_i=u_{i-1}\{1-\theta q(\theta)[1-G(R_i)]\}+(1-u_{i-1})G(R_i)\ ,\ i=2,\cdots,T$$

我们的分析局限于为所有年龄的工人的保留生产力提供内生解的原始设置，内生解的一阶条件为：

$$\begin{aligned}
\theta:\quad & \sum_{i=2}^{T}u_{i-1}[q(\theta)+\theta q'(\theta)]\int_{R_i}^{1}\varepsilon dG(\varepsilon)-c\sum_{j=1}^{T}u_j\\
&\quad -\sum_{i=2}^{T}\lambda_i[q(\theta)+\theta q'(\theta)][1-G(R_i)]u_{i-1}=0\\
R_i:\quad & [u_{i-1}\theta q(\theta)+1-u_{i-1}](-R_ig(R_i))\\
&\quad +\lambda_i[u_{i-1}\theta q(\theta)g(R_i)+(1-u_{i-1})g(R_i)]=0\\
u_i:\quad & z-c\theta-\lambda_i+[\theta q(\theta)-1]\int_{R_{i+1}}^{1}\varepsilon dG(\varepsilon)\\
&\quad +\lambda_{i+1}\{1-\theta q(\theta)[1-G(R_{i+1})]-G(R_{i+1})\}=0
\end{aligned}$$

当取退休前最后一期失业的一阶条件时，上式左侧最后两项应被理解为 0，即一阶条件变为 $z-c\theta-\lambda_T=0$。整理并简化，一阶条件可写作：

$$\theta:\quad cu=q(\theta)[1-\alpha]\sum_{i=2}^{T}u_{i-1}\left\{\int_{R_i}^{1}\varepsilon dG(\varepsilon)-\lambda_i[1-G(R_i)]\right\}\tag{28.5.17}$$

$$R_i\quad \lambda_i=R_i\tag{28.5.18}$$

$$u_i:\quad \lambda_i=z-c\theta-[1-\theta q(\theta)]\cdot\left\{\int_{R_{i+1}}^{1}\varepsilon dG(\varepsilon)-\lambda_{i+1}[1-G(R_{i+1})]\right\}\tag{28.5.19}$$

其中 u 为总失业，$u=\sum_{j=1}^{T}u_j$，α 为匹配对失业的弹性，$\alpha=-q'(\theta)\theta/q(\theta)$，详情见等式（28.3.1）。将（28.5.18）式代入（28.5.17）式和（28.5.19）式中，并应用分部积分法①，

① 使用分部积分法

$$\int_{R_i}^{1}\varepsilon dG(\varepsilon)=G(1)-R_iG(R_i)-\int_{R_i}^{1}G(\varepsilon)d\varepsilon=R_i[1-G(R_i)]+\int_{R_i}^{1}[1-G(\varepsilon)]d\varepsilon$$

其中最后一个等式是通过加减 R_i 得到的。

下面的等式表示了社会的最优化：

$$q(\theta)=\frac{c}{[1-\alpha]\sum_{i=2}^{T}\frac{u_{i-1}}{u}\int_{R_i}^{1}[1-G(\varepsilon)]\mathrm{d}G(\varepsilon)} \tag{28.5.20}$$

$$R_i=z-c\theta-[1-\theta q(\theta)]\int_{R_{i+1}}^{1}[1-G(\varepsilon)]\mathrm{d}G(\varepsilon) \tag{28.5.21a}$$

其中 $i=2,\cdots,T-1$，和

$$R_T=z-c\theta \tag{28.5.21b}$$

给定市场紧缺程度 θ，紧跟着等式（28.5.21）得到社会最优保留生产力随着年龄的增长而增长。然而，注意退休前最后一期的保留生产力（28.5.21b）比相应的市场经济保留生产力（25.5.12b）要低。所以，最优的劳动市场政策应该给年长的工人补贴从而降低他们的保留生产力。我们会确认这个猜想，同时说明年轻的被雇用者应该被征税。

为了研究最优的劳动市场政策，用表达式（28.5.20）替换表达式（28.5.21a）中的 $q(\theta)$ 是有意义的：

$$R_i+\int_{R_{i+1}}^{1}[1-G(\varepsilon)]\mathrm{d}G(\varepsilon)=z-c\theta+\frac{\theta c}{1-\alpha}\hat{k}_{i+1} \tag{28.5.22}$$

其中

$$\hat{k}_{i+1}\equiv\frac{\int_{R_{i+1}}^{1}[1-G(\varepsilon)]\mathrm{d}G(\varepsilon)}{\sum_{j=2}^{T}\frac{u_{j-1}}{u}\int_{R_j}^{1}[1-G(\varepsilon)]\mathrm{d}G(\varepsilon)} \tag{28.5.23}$$

其中 $i=2,\cdots,T-1$。最终我们通过在等式（28.5.22）右边加上和减去 $\theta c\hat{k}_{i+1}$ 的方式得到

$$R_i+\int_{R_{i+1}}^{1}[1-G(\varepsilon)]\mathrm{d}G(\varepsilon)=z-c\theta[1-\hat{k}_{i+1}]+\frac{\alpha}{1-\alpha}\theta c\hat{k}_{i+1} \tag{28.5.24}$$

□ 28.5.5 最优政策

当社会最优需要所有年龄的保留生产力的内生解时，最优配置可以由特定年龄的就业补贴 δ_i（如果它为负，则为税收）① 决定，只要工人的谈判能力 ϕ 满足霍西奥斯条件，$\phi=\alpha$。我们假设霍西奥斯条件被满足。（我们维持之前一节的假定，即 $\beta=1$。）

引入就业补贴后，将之前的剩余方程（28.5.8）改变为：

$$S_i(\varepsilon)=\max\left\{\varepsilon+\delta_i+\beta\int_0^1 S_{i+1}(\varepsilon')\mathrm{d}G(\varepsilon')-(U_i-\beta U_{i+1}),0\right\} \tag{28.5.25}$$

同样厂商填充工作的价值方程（28.5.2）变为：

$$J_i(\varepsilon)=\varepsilon+\delta_i-w_i(\varepsilon)+\beta\int_{R_{i+1}}^{1}J_{i+1}(\varepsilon')\mathrm{d}G(\varepsilon') \tag{28.5.26}$$

① 我们假定就业补贴和税收计划产生的赤字或盈余会由发放给个体的一次性转移支付所抵消。

通过 28.5.3 节中得到工资的步骤，我们可以得到表达式：

$$w_i(\varepsilon) = z + \phi[\varepsilon + \delta_i - z + \theta c k_{i+1}] \tag{28.5.27}$$

在内生的保留生产力 R_i 下，我们知道 $J_i(R_i)=0$，因此从等式（28.5.26）我们得到：

$$\begin{aligned} 0 &= R_i + \delta_i - w_i(R_i) + \beta(1-\phi)\int_{R_{i+1}}^{1} S_{i+1}(\varepsilon')\mathrm{d}G(\varepsilon') \\ &= R_i + \delta_i - w_i(R_i) + \beta(1-\phi)\int_{R_{i+1}}^{1} [1-G(\varepsilon')]\mathrm{d}G(\varepsilon') \end{aligned} \tag{28.5.28}$$

其中第一个等式调用纳什谈判结果（28.5.9），$J_{i+1}(\varepsilon') = (1-\phi)\ S_{i+1}(\varepsilon')$，第二个等式使用表达式（28.5.11），它适用于保留生产力 R_{i+1} 内生解对应的剩余。在无利润条件（28.5.6）下同样利用（28.5.9）式和（28.5.11）式，并利用（28.5.14）式中的 k_{i+1}，得到：

$$q(\theta) = \frac{c}{\beta(1-\phi)\sum_{i=2}^{T}\dfrac{u_{i-1}}{u}\int_{R_i}^{1}[1-G(\varepsilon)]\mathrm{d}G(\varepsilon)} \tag{28.5.29}$$

$$k_{i+1} = \hat{k}_{i+1} \tag{28.5.30}$$

另外，$\hat{k}_{i+1}$ 由等式（28.5.23）给出。

将等式（28.5.28）中的 $w_i(R_i)$ 替换为表达式（28.5.27）后，利用等式（28.5.30），我们发现一个均衡可以定义如下：

$$R_i + \beta\int_{R_{i+1}}^{1}[1-G(\varepsilon)]\mathrm{d}G(\varepsilon) = z - \delta_i + \frac{\phi}{1-\phi}\theta c\hat{k}_{i+1} \tag{28.5.31}$$

通过比较表达式（28.5.24）和（28.5.31），并回忆我们的假设 $\phi=\alpha$ 和 $\beta=1$，我们可以得出在市场紧缺程度相同的条件下，特定年龄的就业补贴 $\delta_i = c\theta[1-\hat{k}_{i+1}]$ 能达到社会最优保留生产力。通过检查等式（28.5.20）和（28.5.29），我们同样可以确认（不是循环论证）当保留生产力相同的时候，市场紧缺程度 θ 实际上也是相同的。

这样，我们已经论证了对于退休之前最后一期的就业，应该补贴 $\delta_T = c\theta$。对于更年轻的就业者应该补贴 $\delta_i = c\theta[1-\hat{k}_{i+1}]$。补贴随着到退休的间距的增大而逐渐减小，因为 $\hat{k}_{i+1}$ 是随年龄的增大而减小的，最终，直到在足够年轻的时候，补贴变为负的，从而变成对年轻就业者的征税（$\hat{k}_{i+1}>1$）。注意，除了一种警告，$\hat{k}_{i+1}$ 由（28.5.23）式定义为年龄为 i 的被雇用劳动者在下一期的剩余的期望值，与所有年龄被雇用者的加权平均值相关，权重为该年龄失业人数 u_i 在总失业人数 u 中的占比。这个警告是这些权重加起来小于 1，因为最年轻的一代失业率为百分之百同时没有人就业，$u_1=1$。然而，这种警告只是强调了年龄 i 的一些关键截止年龄，对于所有 $j \leqslant i$，$\hat{k}_{j+1}>1$，因为这些年轻就业者下一期的预期剩余（它倾向于比经济中的任何加权平均都更大）是比所有就业者下一期的预期剩余的加权平均值更小的值。

退休之前最后一期就业者的补贴为 $\delta_T = c\theta$ 的基本原理为，如果一个工人失业了，那么整体经济由于这一失业所产生的空缺成本为 $c\theta$，同时并没有任何未来匹配的潜在收入。只要这一成本超过工人闲暇的效用，$c\theta \geqslant z-\varepsilon$，那么社会最优策略还是该工人继续工作，这就是通过降低保留生产力至 $R_T = z - c\theta$ 补贴所实现的。类似地，对于还没到退休年龄的工人同样进行补贴但是没有最后一期那么多，也是为了避免这种匹配函数中的无效过剩。然而有趣的是，需要对足够年轻就业者征税，因为如果不征税，他们就无法将他们在匹配功能中发挥的正外部性内在化。

28.6 就业彩票模型

考察一个没有搜寻与匹配摩擦的劳动市场，但是其中劳动是不可分割的。个体要么供给 1 单位劳动，要么完全不供给劳动，如同由汉森（1985）与罗杰森（1988）所假定的那样。在这样的设置中，就业彩票能增进福利。论证过程在罗杰森静态模型中可以得到最佳理解，但是实物资本（以及劳动边际产量递减的含义）被从该分析中剔除了。我们假定单一的商品可以用劳动 n 来生产，它是唯一投入且技术规模收益不变，

$$f(n)=\gamma n,\quad \text{其中 } \gamma>0 \tag{28.6.1}$$

因此，在竞争性均衡中，均衡工资等于 γ。遵循汉森和罗杰森的思路，假定个体的偏好在消费 c 和以下劳动上是加性可分的：

$$u(c)-v(n)$$

标准的假定是，u 与 v 都是二阶连续可微的递增函数，但是 u 是严格凹的，v 是凸的。然而，如同罗杰森所指出的，函数 v 的精确性质并不重要，因为劳动具有不可分割性。$v(n)$ 有重要意义的值仅仅是 $v(0)$ 和 $v(1)$，设 $v(0)=0$ 且 $v(1)=A>0$。于是，如果

$$u(\gamma)-A\geqslant u(0)$$

那么为交换 γ 单位商品而供给 1 单位劳动的个体愿意选择工作，否则，此个体会选择不工作。

已阐述的配置通过引入就业彩票得到了改善。也就是，每位个体选择工作的概率$\psi\in[0,1]$，同时他在或有市场（contingency markets）上交易他自己的随机劳动收入。我们假定个体构成一个连续统，那么与就业彩票相对应的特异风险不会影响总体风险，并且或有价格是由事件发生的概率来确定的。（参见第 8 章、第 13 章和第 14 章。）设 c_1 与 c_2 分别表示个体工作时与不工作时的消费选择。最优化问题变为

$$\begin{aligned}&\max_{c_1,c_2,\psi}\psi[u(c_1)-A]+(1-\psi)u(c_2)\\&\text{s. t.}\quad \psi c_1+(1-\psi)c_2\leqslant\psi\gamma\\&\qquad\quad c_1,c_2\geqslant 0,\ \psi\in[0,1]\end{aligned}$$

在 ψ 的内部解上，关于消费的一阶条件意味着 $c_1=c_2$，

$$\begin{aligned}&\psi u'(c_1)=\psi\lambda\\&(1-\psi)u'(c_2)=(1-\psi)\lambda\end{aligned}$$

其中，λ 表示预算约束上的乘子。由于在 $\psi=0$ 或 $\psi=1$ 时，设置 $c_1=c_2$ 不会存在什么损

失，所以个体最优化问题可以简化为

$$
\begin{aligned}
&\max_{c,\psi} u(c)-\psi A\\
&\text{s.t.}\quad c\leqslant\psi\gamma,\ c\geqslant 0,\ \psi\in[0,1]
\end{aligned}
\tag{28.6.2}
$$

在放宽前面的约束后，就业彩票增进福利的潜力是隐性的，在前面的约束中 ψ 仅取两个值，即 0 或 1。对带有就业彩票的情况而言，在闲暇和消费之间转换的边际比率等于 γ。

表达式（28.6.2）的解可以通过考察下面三种可能情形来刻画：

情形 1. $A/u'(0)\geqslant\gamma$。

情形 2. $A/u'(0)<\gamma<A/u'(\gamma)$。

情形 3. $A/u'(\gamma)\leqslant\gamma$。

就业彩票的引入将仅仅会影响第二种情形中的个体行为。在第一种情形中，如果 $A/u'(0)\geqslant\gamma$，那么无论如何不工作都是最优化的（$\psi=0$），因为就消费而论，闲暇的边际价值大于转换的边际比率，甚至在零消费水平上也是如此。在第三种情形中，如果 $A/u'(\gamma)\leqslant\gamma$，那么工作（$\psi=1$）将总是最优化的，因为在按工人最高可行消费点计算时闲暇的边际价值达不到转换的边际比率。第二种情形意味着表达式（28.6.2）就 ψ 而言具有内部解，同时就业彩票是增进福利的。于是，最优值 ψ^* 是由下面的一阶条件给出的：

$$
\frac{A}{u'(\gamma\psi^*)}=\gamma
$$

图 28.6.1 是第二种情形的一个实例。这里的情形是，在缺乏就业彩票时，个体愿意选择工作，因为在 $n=1$ 时，曲线 $u(\gamma n)-u(0)$ 在曲线 $v(n)$ 的上面。在引入就业彩票之后，个体会选择工作的概率为 ψ^*，而且他的福利会增进 $\Delta_\psi-\Delta$。

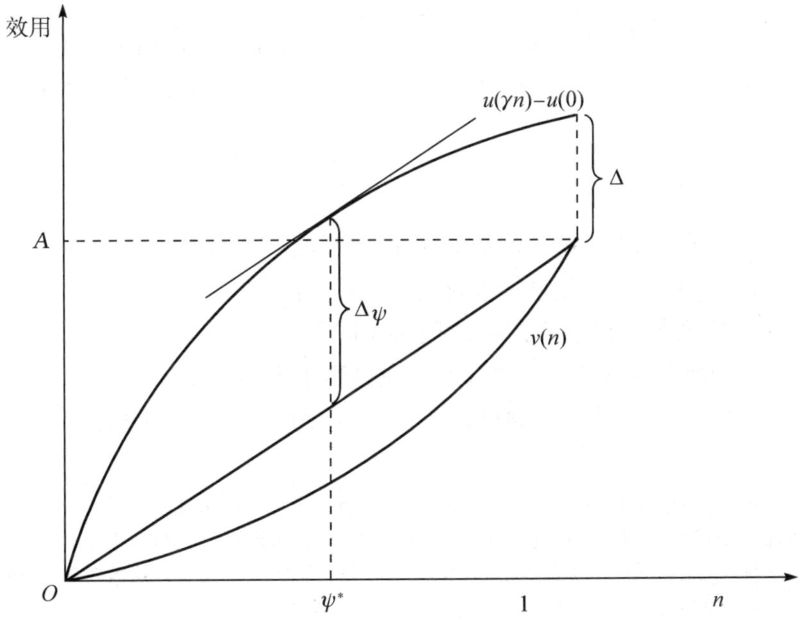

图 28.6.1　由工作的概率 ψ^* 给出的最优就业彩票，与全日制工作 $n=1$ 相比，它增加了由 $\Delta_\psi-\Delta$ 给出的预期福利

28.7 家庭的彩票与厂商的彩票

普雷斯科特（2005b）重点讨论了在经济周期的研究中，非凸性对个别家庭和个别生产单位的影响。对于家庭而言，普雷斯科特认为类似于前一节中的关于劳动供给的不可分割性仍然有效；而对于厂商而言，他给出了关于容量限制的一个例子。尽管存在微观层面的这种非凸性，普雷斯科特指出，只要所有的个体被假定是无限小的，则当存在家庭的彩票以及厂商的彩票时，总量经济仍然是凸的。其中，彩票的作用是平滑非凸性，从而为家庭和厂商都提供了一种替代。

据此，普雷斯科特提出了一种总量理论来合理地解释替代家庭，此家庭相当于完全了解替代厂商的总量结果以及总量生产函数。普雷斯科特还强调了以下两种平滑非凸性的方法在形式上的类似性：一种是加总厂商，另一种是加总家庭。这里我们需要指出的是，上述两种加总方法所对应的经济学解释将使得相应的两种总量理论有很大的差别。[①]这也许解释了为什么这种加总方法更多地被应用于厂商而不是家庭。[②]

在对上述两种总量理论进行审慎的比较之前，我们首先来介绍一种简单的技术。此技术可以捕捉到普雷斯科特关于厂商的非凸性的例子的本质，同时又可以基本完整地保留我们在 28.6 节中所做的分析。

□ 28.7.1 总量生产函数

我们将原来的线性技术（28.6.1）替换成基于严格凹函数 $g(\cdot)$ 的生产技术：

$$g(0)=0，g(1)=\gamma，g'>0，g''<0 \Rightarrow g'(1)<\gamma$$

其中的标准化 $g(1)=\gamma$ 将是我们分析中的一个关键之处，而 g 的严格凹性保证了 $g'(1)<\gamma$。

我们假定存在关于厂商的一个连续统，并且每一个厂商都具有如下生产技术：

$$f(n)=\begin{cases} g(n)，& n\geqslant 1 \\ 0，& \text{其他} \end{cases} \tag{28.7.1}$$

其中 n 表示厂商雇用的劳动数量。注意，只有当厂商至少雇用 $n\geqslant 1$ 时，生产才可能发生。[③] 我们将 28.6 节中的家庭数量标准化为 1，并且假定厂商的数量为 $Z<1$，即家庭多于厂商。每一个家庭所拥有的所有厂商的股份相同。

如果某竞争性均衡中有 N 个家庭在工作，则从事生产的厂商将是$\min\{N，Z\}$个。这是因为按照（28.7.1）式的技术约束，厂商只有在至少雇用到一个工人时才可能从事生产。进一步

---

① 我们的讨论基于扬奎斯特和萨金特（2005）对于普雷斯科特（2005b）的评论。

② 舍温·罗森经常使用一个关于家庭的彩票模型。他没有分析为什么一个特定的个体会选择更多的教育，而是构造了一个具有连续统成员的家庭，此模型给不同的家庭成员配置不同的教育选择，这里教育选择的不同是指在校年限的不同。参见 Ryoo and Rosen（2003）。

③ 作为一种说明，大家注意一下我们这里并没有对厂商的就业水平施加整数约束。确实，在 28.6 节中每一个家庭都面临着整数约束：要么提供 1 单位的劳动，要么完全不劳动。然而，一个选择工作的家庭可以很好地在几个厂商之间分配 1 单位的劳动。

地，竞争的力量将保证从事生产的厂商的最大数目满足每一个厂商至少雇用一个工人的约束条件。这是由我们假定的每一个厂商的规模收益递减所引申出来的含义。这一假定保证了经营多个小厂商比经营一个大厂商更有利可图，并且所有从事生产的厂商将雇用相同数量的劳动。于是，在这样的竞争性均衡中，总产出作为总就业 N 的函数，将由下式给出：

$$F(N)=\begin{cases}N\gamma, & N<Z\\ Zg\left(\frac{N}{Z}\right), & N\geqslant Z\end{cases} \tag{28.7.2}$$

（28.7.2）式中的总量生产函数可作如下理解：在第一种情形中，只有 N 个厂商是生产性的，并且每一个厂商雇用一个工人。于是，总产出等于 $Ng(1)=N\gamma$，并且经济不是满负荷地运行，因为还有闲置的厂商（$N<Z$）。在第二种情形中，所有 Z 个厂商都是生产性的，并且每个厂商雇用相同数量的工人，$n=N/Z$。于是，总产出等于 $Zg(N/Z)$，并且经济是在没有闲置厂商的意义上满负荷运行的。注意，即使单个厂商满足（28.7.1）式中的非凸性，（28.7.2）式中的总量生产函数仍然是凸的。

现在我们来介绍一个时变的容量利用度的例子，并以此来对照和评论 28.6 节中关于替代家庭的总量理论以及对应于（28.7.2）式中加总生产函数的总量理论。①

□ 28.7.2 时变的容量利用度

我们假定 28.6 节中的替代家庭面临一个总量偏好冲击，其中劳动的负效用可以取两个不同的值，$A\in\{0,\bar{A}\}$。模型的参数满足如下约束：

$$\frac{\bar{A}}{u'(0)}<\gamma, \qquad g'\left(\frac{1}{Z}\right)<\frac{\bar{A}}{u'\left[Zg\left(\frac{1}{Z}\right)\right]} \tag{28.7.3}$$

上述参数约束条件类似于 28.6 节中情形 2 所用的条件。特别地，约束（28.7.3）保证了当 $A=\bar{A}$ 时存在关于就业彩票的内部解，即就业水平满足 $N\in(0,1)$。这里 N 既表示参加工作的家庭数量，也表示单个家庭参加工作的概率，因为我们已经将所有家庭的人口标准化为 1。

为了看清楚参数约束（28.7.3）如何保证了当 $A=\bar{A}$ 时存在关于 N 的内部解，我们需要解释为什么无论是 $N=0$ 还是 $N=1$ 都不能构成一个均衡。首先，按照如下的讨论我们可以排除 $N=0$。只要 $N<Z$，厂商之间的竞争就会将均衡工资提高到 $w=g(1)=\gamma$。也就是说，厂商不再是生产过程中的一种稀缺资源，从而也就不能够获得租金。给定均衡工资 $w=\gamma$，（28.7.3）式中的第一个不等式表明，如果 $N=0$，则替代家庭的一阶条件将会遭到破坏。其次，我们可以按照如下方式来排除 $N=1$ 的均衡结果。在充分就业的时候，所有的厂商都从事生产，并且总产出由 $Zg(1/Z)$ 给出，这一产出水平也是人均产

① 在普雷斯科特（2004）的例子和我们的例子之间存在三个差别，但是没有一个会从实质上影响到我们关于时变的容量利用度的说明。首先，普雷斯科特假定了一个额外的生产要素——资本，此要素可以在厂商之间自由地配置。其次，普雷斯科特假定了一个创造新厂商的技术。最后，普雷斯科特研究的是技术冲击，而我们研究的是偏好冲击。

出水平，因为家庭的测度已经标准化为1。进一步地，按照28.6节的讨论，家庭将在就业彩票的结果出来之前就交易或有权益，从而每一个家庭的消费也由 $c=Zg(1/Z)$ 给出。充分就业时的均衡工资由 $w=g'(1/Z)$ 给出，即单个厂商在雇用与所有的其他厂商相同数量的劳动时可获得的劳动边际产品。给定 $N=1$ 时的消费水平和工资率，我们的问题是，替代家庭是否真的会选择令参与工作的概率为1，而这一概率是此配置构成均衡所必需的。按照约束（28.7.3）的第二个不等式，这一问题的答案是否定的，因为替代家庭会认为闲暇所带来的边际价值的增加将会大于工资收入的损失。因此我们可以下结论说，参数约束条件（28.7.3）保证了当 $A=\bar{A}$ 时关于工作概率的内部解。

作为一种对照，如果偏好冲击是 $A=0$，则替代家庭将无弹性地供给1单位劳动，因为这里不存在工作的负效用。于是，经济将以充分就业的状态运行，不存在闲置的厂商。因此，偏好冲击 $A\in\{0,\bar{A}\}$ 的不同的实现值将导致就业水平的改变以及容量利用度的潜在改变，其中后者取决于给定的厂商规模的大小。如果其他的条件都保持一样，则 Z 的值越高，偏好冲击 $\bar{A}$ 越有可能会使得均衡时出现闲置的厂商。家庭和厂商分别被称为是失业的和闲置的，取决于家庭的彩票和厂商的彩票的结果。普雷斯科特的结论，即关于家庭的总量理论不过是关于厂商的总量理论的类似物，看来似乎是正确的。那么，这两种总量理论之间的不同之处到底在哪里呢？

厂商和家庭之间的一个重要差别在于厂商并不具有独立的偏好。厂商作为一种工具，仅仅是为它所雇用的要素提供租金报酬，并且为自己赚取利润。如果一个厂商变成了非生产性的，则“厂商”自身就不会关心它是否应该存在下去。我们所给出的具有非凸生产技术并且能够产生时变的容量利用度的例子很好地阐明了这一点。其中厂商不能够找到任何处于闲置状态的工人，同样地，我们也不能够发现闲置的厂商，因为从事生产的厂商赚取的是零租金。简言之，对于形如（28.7.2）式的总量生产函数的总量理论而言，单个厂商是从事生产还是保持闲置状态已经是故事的结尾了，但是对于形如（28.6.2）式的替代家庭的效用函数的总量理论而言，这仅仅是一个开始。单个家庭所具有的偏好决定了它会关心这个世界的其他可能状态。因此，关于替代家庭的总量理论与关于厂商的总量理论相比，还具备一个额外的特征，即在辅之以一系列或有权益市场的情况下，这一特征说明了消费和闲暇是如何在家庭之间被平滑的。这一市场安排与随机化的工具一起构成了就业彩票模型的核心内容。而对于我们而言，就好像是它们所构造的关于替代家庭的总量理论与众所周知的关于厂商的总量理论有着根本的区别。

接下来，我们将说明在无摩擦的框架中用于产生失业个体的就业彩票模型与那些表现摩擦性失业的模型具有很不一样的含义。特别地，就业彩票模型所预言的来自解雇税的效应与搜寻模型中的相应结论是相反的。

28.8 解雇税对就业的影响

本章的失业决定模型会被经常用来解释这样一个问题：解雇税如何对经济的就业产生影响？霍佩海恩和罗杰森（1993）把就业彩票模型应用到这个问题上，并且得出结论：

解雇税会降低就业水平。莫滕森和皮萨里德斯（1999b）在匹配模型中得出相反的结果。我们这里将通过考察在不同框架中起作用的经济因素来验证这些结果。目的不仅是要使我们加深对理论模型运作的了解，而且要使我们能够识别解雇税的可能影响。[①]

许多对解雇税的分析有一些共同的特征：工作生产力是依照马尔可夫过程来演变的，同时极糟糕的现实会引发解雇。政府对所有解雇都征收解雇税 τ。税收收入等额地以一次性转移支付返还给所有个体，以人均 T 来表示。

我们这里考虑生产力的最简单的马尔可夫过程。一份新的工作具有生产力 p_0。在未来所有时期中，工人以概率 ξ 保持最近时期的生产力，而以概率 $1-\xi$ 从分布 $G(p)$ 中获得一个新的生产力。

在我们的数值实例中，模型期间是 2 个星期，并且假设 $\beta=0.998\ 5$，于是，这意味着每年的实际利率为 4%。一份新工作的初始生产力是 $p_0=0.5$，同时 $G(p)$ 服从单位区间上的均匀分布。当我们设 $\xi=0.98$ 时，就业工人平均每两年获得一个新的生产力。

□ 28.8.1 带有解雇税的就业彩票模型

在就业彩票模型中，存在一个市场出清的工资 w，w 使劳动供给与劳动需求相等。规模收益不变的技术意味着，这一工资由供给方按如下方式来决定：在一个时期开始时，设 $V(p)$ 表示雇员具有生产力 p 的厂商价值：

$$V(p)=\max\left\{p-w+\beta\left[\xi V(p)+(1-\xi)\int V(p')\mathrm{d}G(p')\right],-\tau\right\} \tag{28.8.1}$$

已知 w 值，关于贝尔曼方程的解是一个保留生产力 $\bar{p}$。如果存在一个带有严格正的就业的均衡，那么均衡工资必定会使得新雇用恰好不亏不盈，

$$\begin{aligned}V(p_0)&=p_0-w+\beta\left[\xi V(p_0)+(1-\xi)\int V(p')\mathrm{d}G(p')\right]=0\\&\Rightarrow w=p_0+\beta(1-\xi)\tilde{V}\end{aligned} \tag{28.8.2}$$

其中

$$\tilde{V}\equiv\int V(p')\mathrm{d}G(p')$$

为了计算 $\tilde{V}$，我们首先考虑当 $p\geqslant\bar{p}$ 时 $V(p)$ 的值：

$$\begin{aligned}V(p)\mid_{p\geqslant\bar{p}}&=p-w+\beta[\xi V(p)+(1-\xi)\tilde{V}]\\&=p-w+\beta\xi\{p-w+\beta[\xi V(p)+(1-\xi)\tilde{V}]\}+\beta(1-\xi)\tilde{V}\\&=(1+\beta\xi)[p-w+\beta(1-\xi)\tilde{V}]+\beta^2\xi^2V(p)\\&=\frac{p-w+\beta(1-\xi)\tilde{V}}{1-\beta\xi}=\frac{p-p_0}{1-\beta\xi}\end{aligned} \tag{28.8.3}$$

其中，第一个等式是通过连续对 $V(p)$ 进行代换得到的，而最后的等式是通过将方程（28.8.2）代入上一等式得出的。于是，我们可以利用方程（28.8.3）来找出关于 $\tilde{V}$ 的表示式：

---

① 这一分析是以扬奎斯特（2002）对不同的就业决定模型中的解雇税的研究为基础的。

$$\begin{aligned}\widetilde{V}&=\int_{-\infty}^{\bar{p}}-\tau\mathrm{d}G(p)+\int_{\bar{p}}^{\infty}V(p)\mathrm{d}G(p)\\&=-\tau G(\bar{p})+\int_{\bar{p}}^{\infty}\frac{p-p_0}{1-\beta\xi}\mathrm{d}G(p)\end{aligned}\tag{28.8.4}$$

由贝尔曼方程（28.8.1），保留生产力满足

$$\bar{p}-w+\beta[\xi V(\bar{p})+(1-\xi)\widetilde{V}]=-\tau$$

利用方程（28.8.2）与 $V(\bar{p})=-\tau$，我们得到

$$\bar{p}=p_0-(1-\beta\xi)\tau\equiv\bar{p}(\tau)\tag{28.8.5}$$

方程（28.8.5）、方程（28.8.4）与方程（28.8.2）可以用来求解均衡工资 $w=w(\tau)$。

在稳定均衡中，记 μ 为每一期所创造的新工作的全体。于是，生产力为 p_0 并且尚未经历新生产力冲击的工作全体可以表示为：

$$\mu\sum_{i=0}^{\infty}\xi^i=\frac{\mu}{1-\xi}\tag{28.8.6}$$

而已经经历了新生产力冲击并且仍然运行的工作全体由下式给出：

$$\begin{aligned}&\sum_{i=0}^{\infty}\xi^i\mu(1-\xi)[1-G(\bar{p})]\sum_{j=0}^{\infty}\{\xi+(1-\xi)[1-G(\bar{p})]\}^j\\&=\frac{\mu}{1-\xi}\frac{1-G(\bar{p})}{G(\bar{p})}\end{aligned}\tag{28.8.7}$$

令上述两种类型工作之和等于 N（我们用此记号表示所有工作的全体），我们得到下面的稳态关系式：

$$\mu=NG(\bar{p})(1-\xi)\tag{28.8.8}$$

厂商产生总利润 Π。这些利润在这里被记入加总解雇税的总额之中，即 $\Pi+T$。（回忆一下，通过一揽子转移支付 T，政府将解雇税的收入返回给代表性个体。）利用方程（28.8.6）和方程（28.8.7）关于工作全体的表达式，我们得到：

$$\begin{aligned}\Pi+T&=\frac{\mu}{1-\xi}(p_0-w)+\frac{\mu}{1-\xi}\frac{1-G(\bar{p})}{G(\bar{p})}\int_{\bar{p}}^{\infty}\frac{p-w}{1-G(\bar{p})}\mathrm{d}G(p)\\&=N\Big[G(\bar{p})(p_0-w)+\int_{\bar{p}}^{\infty}(p-w)\mathrm{d}G(p)\Big]\end{aligned}\tag{28.8.9}$$

其中最后一个不等式利用了关系式（28.8.8）。

已知稳定均衡中的工资 w 以及总利率 $1/\beta$，代表性个体的最优化问题简化成静态形式问题：

$$\begin{aligned}&\max_{c,\psi}u(c)-\psi A\\&\text{s. t.}\quad c\leqslant\psi w+\Pi+T,\ c\geqslant 0,\ \psi\in[0,1]\end{aligned}\tag{28.8.10}$$

其中，利润 Π 与一次性转移支付 T 由个体给出。[①] 我们令 ψ^* 表示最优选择的工作概率，

① 与前面一样，我们将个体的数量标准化为 1，从而总量变量也可表示人均结果。

在均衡中，这一概率等于 N，并且相应的最优消费水平为：

$$c^* = Nw + \Pi + T = N\left[G(\bar{p})p_0 + \int_{\bar{p}}^{\infty} p\,\mathrm{d}G(p)\right] \tag{28.8.11}$$

其中，我们利用了表达式（28.8.9）。于是，在看见任何就业彩票的结果之前，个体的稳态预期终生效用等于

$$\sum_{t=0}^{\infty} \beta^t [u(c^*) - \psi^* A]$$

沿着霍佩海恩和罗杰森（1993）的思路，偏好规定是 $u(c)=\log(c)$，而且校准工作的负效用参数使就业人口比等于 0.6，因此，我们选取 $A=1.6$。图 28.8.1～图 28.8.5 表明了均衡结果是如何随解雇税而变动的。像在方程（28.8.5）中所推导的那样，在图 28.8.1 中，当解雇工人变得代价极高的时候保留生产力下降。图 28.8.2 表明解雇数的减少远远跟不上平均解雇税的上升速度，因而，总解雇税作为 GNP 的一部分在整个范围内都是递增的。图 28.8.3 揭示了变动工作的前景，其中工作的概率随较高的解雇税而下降。（较高的解雇税等价于就业彩票模型中的就业下降。）与解雇税相联系的福利损失被刻画在图 28.8.4 中，如同为了摆脱解雇税经济，个体愿意放弃消费的数量一样，同时自愿性支付被表述为在零解雇税时人均消费的比例。

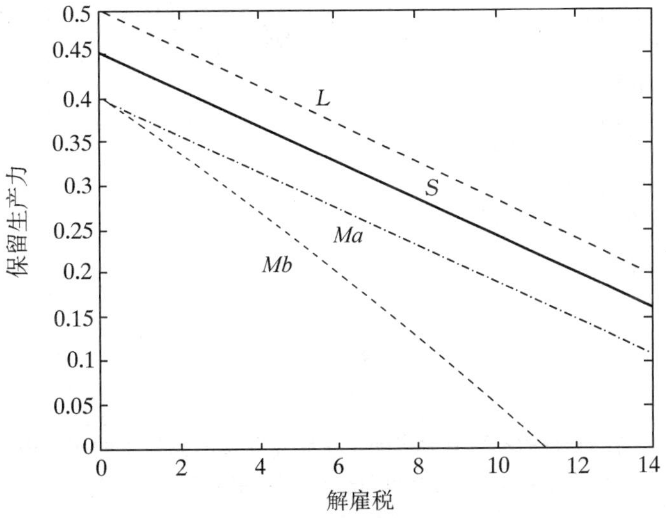

图 28.8.1　与解雇税的不同值对应的保留生产力

图 28.8.5 再次重现了霍佩海恩和罗杰森（1993）的结果，即就业随更高的解雇税（除了最高解雇税之外）而下降。直观地讲，更高的解雇税从私人角度讲与生产技术退化是同义的，因此，在个体就业彩票中最优变化将依赖于收入效应与替代效应的对比。收入效应由于政府的税收收入通过一次性转移支付回到私人经济而被大大地削弱了。因此，在就业彩票模型中的解雇税对就业具有很强的负面意义，这是由闲暇替代工作所引起的。形式上，对数偏好规定产生了对工作概率的最优选择，它等于就业结果，由

$$\psi^* = \frac{1}{A} - \frac{T+\Pi}{w} \tag{28.8.12}$$

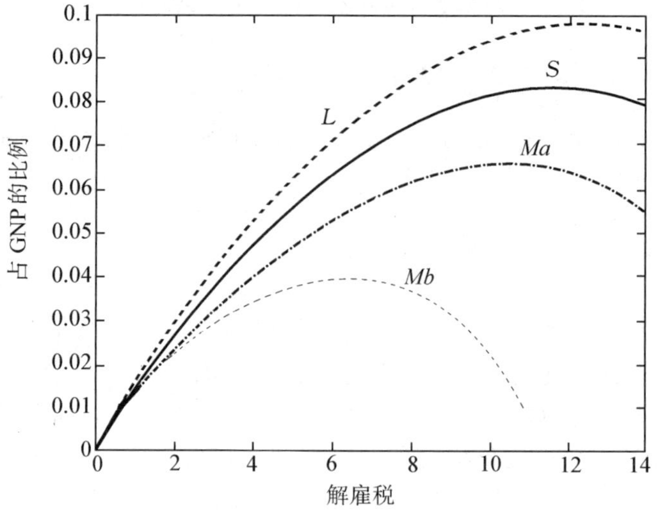

图 28.8.2　与解雇税(率)的不同值对应的总解雇税占 GNP 的比例

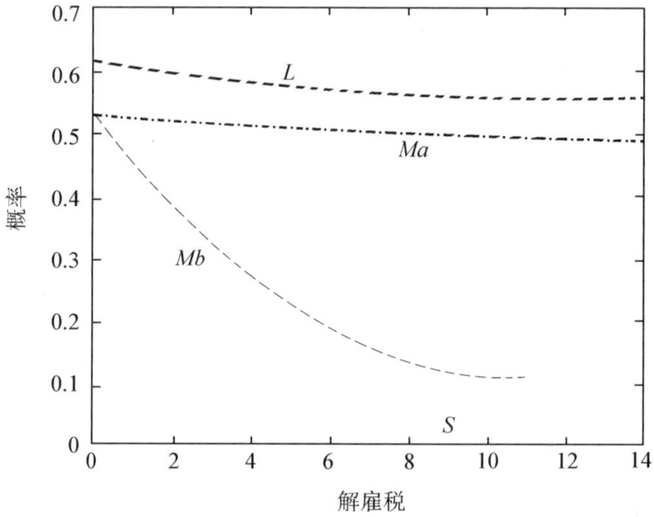

图 28.8.3　与解雇税的不同值对应的带有就业彩票的模型中的工作概率与在另一个模型中 10 周内寻找到一份工作的概率

给出。对就业的确切影响可由来源于厂商的用工资率来表述的总解雇税的利润流推导出来。由于这些利润在很大程度上是为了支付厂商未来解雇税而产生的，所以较高的解雇税趋向于增加对就业的最优选择具有负面效应的那类基金的累积。

在 $\tau=0$ 时，解雇税对就业的负面影响

如果假定 $p_0=1$，即某个新工作的初始生产力等于单位区间 $[0,1]$ 上一致分布 $G(p)$ 的上界，则我们可以证明，在 $\tau=0$ 时，均衡就业的导数关于解雇税是严格负的。

(28.8.4) 式和 (28.8.9) 式可赋值如下：

$$\tilde{V}=-\tau\bar{p}+\left[\frac{1+\bar{p}}{2}-1\right]\frac{1-\bar{p}}{1-\beta\xi} \tag{28.8.13}$$

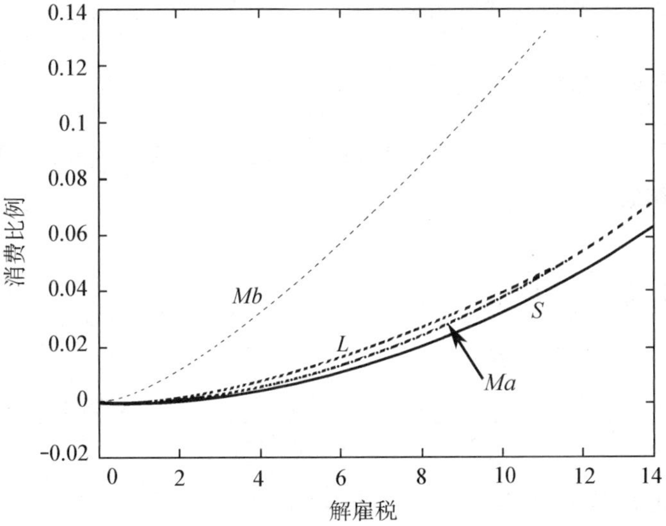

图 28.8.4　因解雇税的存在而导致的用零解雇税时的人均消费比例计算的工作搜寻者的福利损失

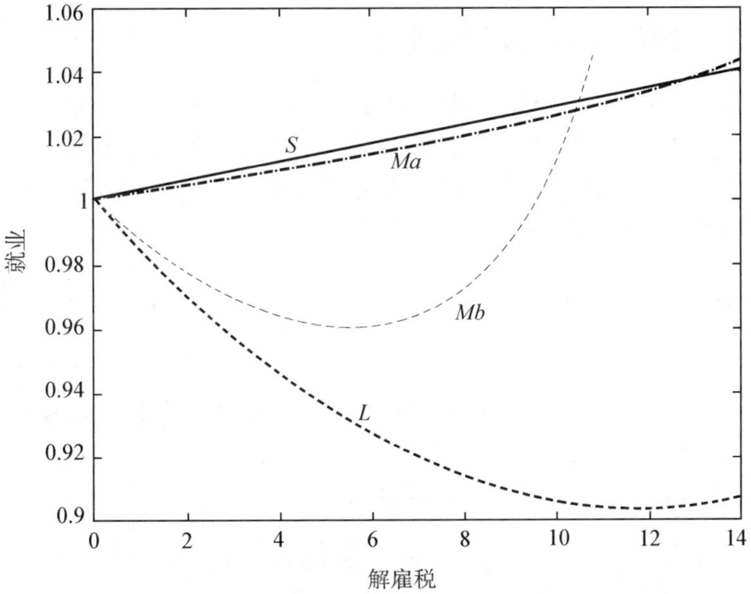

图 28.8.5　与解雇税的不同值对应的就业指数，此指数在零解雇税时等于 1

和

$$\Pi+T=N\left[\bar{p}+(1-\bar{p})\frac{1+\bar{p}}{2}-w\right] \tag{28.8.14}$$

利用方程（28.8.2）和方程（28.8.13）可得

$$w=1+\beta(1-\xi)\left[-\tau\bar{p}-\frac{(1-\bar{p})^2}{2(1-\beta\xi)}\right]$$

然后将方程（28.8.5）中的 $\bar{p}$ 代入可得

$$w=1-\beta(1-\xi)\tau\left[1-\frac{(1-\beta\xi)\tau}{2}\right]\equiv w(\tau) \tag{28.8.15}$$

将（28.8.14）式代入（28.8.12）式，并利用（28.8.5）式和（28.8.15）式，我们得到关于 N 的一个均衡表达式：

$$N(\tau)=\frac{2w(\tau)}{\gamma[2\bar{p}(\tau)+1-\bar{p}(\tau)^2]}$$

它的导数等于

$$\frac{\mathrm{d}N(\tau)}{\mathrm{d}\tau}=\frac{-2\beta(1-\xi)\bar{p}(\tau)[2\bar{p}(\tau)+1-\bar{p}(\tau)^2]+4(1-\beta\xi)[1-\bar{p}(\tau)]w(\tau)}{\gamma[2\bar{p}(\tau)+1-\bar{p}(\tau)^2]^2}$$

上式在 $\tau=0$ 处赋值，其中 $\bar{p}(0)=p_0=1$，我们得到

$$\left.\frac{\mathrm{d}N(\tau)}{\mathrm{d}\tau}\right|_{\tau=0}=\frac{-\beta(1-\xi)}{\gamma}<0$$

这表明在一般均衡中，如果在我们的就业彩票模型中引入解雇税，则就业水平将下降。

□ 28.8.2 带有解雇税的岛屿模型

要继续使用岛屿模型框架下的技术，可令每一项工作表示一个分隔的岛屿，并且迁移到新岛屿上的个体要具有生产力 p_0。我们保留了这样的特点，即每一位个体都要承担他自己决策的直接后果。当个体工作时，他获得其边际产量 p，而当个体离开岛屿时会产生解雇税 τ。于是，贝尔曼方程可以写成

$$V(p)=\max\left\{p-z+\beta\left[\xi V(p)+(1-\xi)\int V(p')\mathrm{d}G(p')\right],-\tau+\beta^T V(p_0)\right\} \tag{28.8.16}$$

其中，z 表示当个体工作时放弃闲暇的效用，而 T 表示从一个岛屿迁移到别的岛屿所花费的时期数。① 这个方程的解是保留生产力 $\bar{p}$。

如果存在一个个体工作的均衡，那么我们必有

$$\begin{aligned}&V(p_0)=p_0-z+\beta\left[\xi V(p_0)+(1-\xi)\int V(p')\mathrm{d}G(p')\right]\\&\Rightarrow\beta(1-\xi)\tilde{V}=(1-\beta\xi)V(p_0)+z-p_0\end{aligned} \tag{28.8.17}$$

其中，

$$\tilde{V}\equiv\int V(p')\mathrm{d}G(p')$$

如果此均衡需要个体在岛屿之间迁移，那么由方程（28.8.16），保留生产力满足

$$\bar{p}-z+\beta[\xi V(\bar{p})+(1-\xi)\tilde{V}]=-\tau+\beta^T V(p_0)$$

① 注意，我们没有考虑来自政府的一次性转移支付，因为它不会影响到最优化问题。

同时，利用方程（28.8.17）与 $V(\bar{p})=-\tau+\beta^T V(p_0)$，有

$$\bar{p}=p_0-(1-\beta\xi)[\tau+(1-\beta^T)V(p_0)] \tag{28.8.18}$$

注意，如果个体在岛屿之间瞬间迁移，即 $T=0$，那么保留生产力与由方程（28.8.5）给出的就业彩票模型中的相同。

在岛屿模型中较高的解雇税同样会降低保留生产力；也就是，τ 的增加超过了方程（28.8.18）中方括号里第二项的下降。为了给出正式的证明，我们要弄清楚：值函数与保留生产力均是解雇税的函数，即 $V(p;\tau)$与 $\bar{p}(\tau)$。考察两个解雇税 τ 和 τ'，$\tau'>\tau\geqslant 0$，同时把差分表示成 $\Delta\tau=\tau'-\tau$。于是我们可以构造一个用 $V(p;\tau)$ 表示的 $V(p;\tau')$ 的下界。由于解雇税 τ'较高，因此，个体总是遵守与 $V(p;\tau)$相联系的决策，同时个体额外的解雇税支付的上界是他在当前时期以及从当前时期开始每隔 T 个时期的支付 $\Delta\tau$，

$$V(p;\tau')>V(p,\tau)-\sum_{i=0}^{\infty}\beta^{iT}\Delta\tau \tag{28.8.19}$$

其中，严格不等式是由常值移动不可能是最优的这一事实而得出的。此外，个体或许有能力选择比与 τ 相关联的决策更好的决策。事实上，由于解雇税较高，因此，无论关于 $\bar{p}$ 的内部解何时存在，如同由（28.8.18）式给出的那样，保留生产力都必须下降。利用（28.8.18）式与（28.8.19）式，我们有

$$\begin{aligned}\bar{p}(\tau')-\bar{p}(\tau)&=-(1-\beta\xi)\{\Delta\tau+(1-\beta^T)[V(p_0;\tau')-V(p_0;\tau)]\}\\&<-(1-\beta\xi)\left[\Delta\tau-(1-\beta^T)\sum_{i=0}^{\infty}\beta^{iT}\Delta\tau\right]=0\end{aligned}$$

图 28.8.1～图 28.8.5 中的数值解释是基于闲暇值 $z=0.25$ 以及工作之间转移长度 $T=7$ 而给出的，也就是，失业时间持续 14 周。从属于岛屿模型的曲线标记为 S。解雇税对保留生产力的影响、经济中的总量解雇税以及最近工作搜寻者的福利均全部类似于就业彩票模型中的结果。显著差异出现在刻画对经济就业的影响的图 28.8.5 中。在个体自谋生计的岛屿模型中，较低的保留生产力意味着较少的劳动重新分配和较低的失业率。因而，较低的失业率以低效率的劳动配置为代价得以保持。

在一般的岛屿模型中，流动成本会引起就业增加，如同卢卡斯和普雷斯科特所提及的那样（1974，第 205 页）。对于给定的到达新岛屿的预期值 v_u 而言，方程（28.2.3）中的值函数被

$$v(\theta,x)=\max\{\beta v_u-\tau,\theta f'(x)+\min\{\beta v_u,\beta E[v(\theta',x)|\theta]\}\} \tag{28.8.20}$$

代替，它小于方程（28.2.3），但至多小 τ。类似地，方程（28.2.4）变为

$$\theta f'(n)+\beta E[v(\theta',n)|\theta]=\beta v_u-\tau \tag{28.8.21}$$

这里的含义表明，对应于较高的解雇税，$x^+(\theta)$上升。不变的表达式（28.2.5）意味着 $x^-(\theta)$下降是前面值函数下降的结果。换句话说，由无劳动迁移所刻画的岛屿就业水平的范围得以增大。此影响将会使图 28.2.1 中的曲线下移，同时均衡的 v_u 值减小。较少的劳动重新分配被直接映射到较低的失业率上。

□ 28.8.3 带有解雇税的匹配模型

现在我们来修改一下匹配模型，把解雇税考虑进来，且外生性工作破坏被前面阐述过的关于工作生产力的马尔可夫过程所代替。当把解雇税考虑进来，外部选择大于维持匹配的值时，工作就会遭受内生破坏。匹配剩余 $S_i(p)$ 是一个关于工作的当前生产力 p 的函数，而且能够表示为

$$S_i(p)+U_i=\max\left\{p+\beta\left[\xi S_i(p)+(1-\xi)\int S_i(p')\mathrm{d}G(p')+U_i\right],U_i-\tau\right\}\tag{28.8.22}$$

其中，U_i 再一次地表示个体的外部选择，也就是，失业的价值。$S_i(p)$与 U_i 均用 i 来标明，因为我们将要探讨纳什结果的两种不同的具体形式的含义，$i\in\{a,b\}$：

$$[E_a(p)-U_a]^{\phi}J_a(p)^{1-\phi}\tag{28.8.23}$$

$$[E_b(p)-U_b]^{\phi}[J_a(p)+\tau]^{1-\phi}\tag{28.8.24}$$

(28.8.23) 式导致了通常的结果，即工人获得匹配剩余的 ϕ 部分，而厂商获得余下的 $1-\phi$ 部分：

$$E_a(p)-U_a=\phi S_a(p),\quad J_a(p)=(1-\phi)S_a(p)\tag{28.8.25}$$

另一种形式 (28.8.24) 采用了圣保罗 (Saint-Paul，1995) 的假设，即当解雇成本把厂商的威胁点 (threat point) 从 0 变为 $-\tau$ 时，工人的匹配剩余的相对份额增加了。求解相对应的剩余共享规则，我们得到

$$\begin{aligned}&E_b(p)-U_b=\phi(S_b(p)+\tau)\\&J_b(p)=(1-\phi)S_b(p)-\phi\tau\end{aligned}\tag{28.8.26}$$

与纳什结果 (28.8.23) 式或 (28.8.24) 式相关联的匹配外的工人的后续值分别是

$$U_a=z+\beta[\theta q(\theta)\phi S_a(p_0)+U_a]\tag{28.8.27}$$

$$U_b=z+\beta\{\theta q(\theta)\phi[S_b(p_0)+\tau]+U_b\}\tag{28.8.28}$$

对于纳什结果 (28.8.23) 式或 (28.8.24) 式，厂商直到期望利润降低到零时才公布空缺的均衡条件分别为

$$(1-\phi)S_a(p_0)=\frac{c}{\beta q(\theta)}\tag{28.8.29}$$

$$(1-\phi)S_b(p_0)-\phi\tau=\frac{c}{\beta q(\theta)}\tag{28.8.30}$$

在校准参数时，我们选择一个匹配模型 $M(u,v)=0.01u^{0.5}v^{0.5}$，工人的谈判能力 $\phi=0.5$，而闲暇价值如同岛屿模型中的一样，$z=0.25$。图 28.8.1～图 28.8.4 中以数量化方式表示的许多结果对于此处考虑的所有模型而言均是相同的。标记为 Ma 的曲线属于那种匹配模型，即工人的相对匹配份额是一个常值，而曲线 Mb 代表这样的模型，即其中的相对份额与解雇税是正相关的。然而，匹配模型 Mb 表现突出。与图 28.8.1 中的解雇税相对应，它的保留生产力大幅下降，而且在$\tau=11$时接近于零。一个零保留生产力意味

着，劳动的重新配置停止。同时在图 28.8.2 中经济中的税收收入下降到零。在 *Mb* 下，更为戏剧性的结果与增加工人的相对匹配剩余的解雇税有关。均衡条件（28.8.30）要求，当较高的解雇税侵蚀厂商的匹配剩余的部分时，厂商融资受到带有匹配保留收益的空缺成本的影响，从而变得十分困难。如果用于填补空缺的预期时间大大减少，那么厂商仅仅可以不亏不盈，也就是，对于每一个已公布的空缺必然存在大量的失业工人。这种均衡结果在图 28.8.3 中反映为 10 个星期之内工人找到工作的概率显著下降。结果，在模型 *Mb* 中存在较大的福利成本，用图 28.8.4 中工作搜寻者的福利损失来表示。虽然另外三种模型中就业个体与失业个体之间的差异都是可以忽略不计的（没有在任何图中得到表示），但失业个体的福利损失在模型 *Mb* 中还是更大一些。

在图 28.8.5 中，匹配模型 *Ma* 看起来非常像带有增加就业的岛屿模型，而匹配模型 *Mb* 展示了类似于就业彩票模型的最初减少就业的模型。后来，模型 *Mb* 中的就业影响的急剧逆转是由我们对具有较弱的持久性（persistence）的马尔可夫过程的选择所驱使的。[为了对比起见，参见扬奎斯特（1997），他探讨了具有更多持久性的马尔可夫表述。]

莫滕森和皮萨里德斯（1999）还提出了另外一种谈判规定，即当一个工人和一个厂商初次相遇时，表达式（28.8.23）是纳什结果，而表达式（28.8.24）中的纳什结果刻画了他们所有的连续进行的谈判。该想法是，如果厂商和工人不同意第一次相遇时协商的工资，那么厂商将不用承担任何解雇税，也就是不存在一种雇佣关系。与之相比，厂商的威胁点在带有一个就业工人的未来谈判中弱化了，因为如果匹配遭受破坏，那么厂商必须支付解雇税。我们这里将证明，除了工资组合之外，这一可选择规定恰好等价于假定所有时期纳什结果（28.8.23）式都存在。在莫滕森和皮萨里德斯的假设下，被修改的工资组合等价于一个新员工的合同工资，此合同工资等于其未来解雇税的份额，这是一种直觉。

首先，从关于厂商的匹配剩余的表达式中，我们计算出与表达式（28.8.23）相联系的工资 $w_a(p)$：

$$J_a(p) = p - w_a(p) + \beta\Big[\xi J_a(p) + (1-\xi)\int J_a(p')\mathrm{d}G(p')\Big] \tag{28.8.31}$$

它同方程（28.8.25）一起意味着

$$\begin{aligned} w_a(p) = p - (1-\phi)S_a(p) + \beta\Big[&\xi(1-\phi)S_a(p) \\ &+ (1-\xi)\int(1-\phi)S_a(p')\mathrm{d}G(p')\Big] \end{aligned} \tag{28.8.32}$$

其次，我们验证了这些工资的现值确实等于下面的值，即在两个公式表述具有相同匹配剩余 $S_a(p)$ 的维持假设下，莫滕森和皮萨里德斯关于任何已完成工作的谈判方案的值。设 $J_1(p)$ 与 $J_+(p)$ 分别表示在第一个时期与所有未来时期厂商具有莫滕森和皮萨里德斯规定的匹配剩余。对他们的纳什结果的极大化求解，其解是

$$\begin{aligned} J_1(p) &= (1-\phi)S_a(p) \\ J_+(p) &= (1-\phi)S_a(p) - \phi\tau \end{aligned} \tag{28.8.33}$$

相关的工资函数可以写成

$$
\begin{aligned}
w_1(p) &= p - J_1(p) + \beta\Big[\xi J_+(p) + (1-\xi)\int J_+(p')\mathrm{d}G(p')\Big] \\
&= w_a(p) - \beta\phi\tau \\
w_+(p) &= p - J_+(p) + \beta\Big[\xi J_+(p) + (1-\xi)\int J_+(p')\mathrm{d}G(p')\Big] \\
&= w_a(p) + r\beta\phi\tau
\end{aligned}
$$

其中，第二个等式是由方程（28.8.32）与方程（28.8.33）得出的，而且 $r \equiv \beta^{-1} - 1$。可以看出，在莫滕森和皮萨里德斯规定下的工资减少了第一时期中工人的未来解雇税的份额，同时未来工资增加了等于这个新发行的"债券"的净利息的数额。换句话说，工人关于所有已完成工作的总补偿的现值对两个规定来说是相同的。由此可得，厂商的匹配剩余的现值对各个不同规定也是相同的。因此，我们已证实，相同的均衡配置是由纳什结果（28.8.23）式与莫滕森和皮萨里德斯的另一个谈判公式所支持的。

28.9 清泷-赖特货币搜寻模型

我们现在探讨清泷和赖特（1993）的货币搜寻模型的离散时间形式。[①] 首先，让我们看看他们不带货币的模型环境。经济是由无限存活个体的连续统所构成的，其中总人口被单位化为 1。存在相当数量的有差别的商品，这些商品是不可分割的，大小为 1。个体对这些商品具有特质口味（idiosyncratic tastes），通过参数 $x \in (0,1)$ 来描述其大小。特别地，x 等于由任何给定个体所消费的商品的比例，同时也等于能够消费任何给定商品的个体的比例。如果商品可以被个体所消费，那么我们就说此商品是个体的消费品之一。个体从消费一种消费品中得到效用 $U>0$，而其不能够消费的商品给他带来零效用。

起初，设每一个个体都有一种商品，并且设这些商品是随机地从所有商品集合中抽取的。储存商品无成本，但是每一个个体同时至多储存一种商品。在商品生产中仅有的投入是个体自己的先验消费。在消费了一种消费品之后，个体会在下一期生产一种随机地从所有商品集合中抽取的新商品。我们假定个体既不能消费自己的产出，又不能消费自己的初始禀赋，因此为了进行消费与生产，个体之间必然要进行交换。

个体以随机方式两两相遇，在每一个时期，一个个体以概率 $\theta \in (0,1]$ 遇到另外一个个体，而以概率 $1-\theta$ 遇不到任何个体。如果存在相互愿意的交易，那么相遇的两个个体将进行交易。任何交易都必是以物易物的，因为私人信贷安排被随机匹配技术与个体连续统的假设剔除了。我们还假定存在一个用负效用表示的交易成本 $\varepsilon \in (0,U)$，无论何时，只要在交易中商品被接受，它便会产生。因而，持有两种无差异商品的交易者从不与其他个体进行交易。

一旦已知其他交易者的策略，个体为了最大化自己的预期折现效用就会选择交易策略，此处的预期折现效用源自减掉交易成本的消费净值。沿着清泷和赖特（1993）的思

① 我们唯一的基本简化是，生产时间是确定的，而不是随机的，同时我们修改了将货币引入模型的方式。

路，我们把注意力限制在对称纳什均衡上，其中所有个体都遵从相同的策略，所有商品被同等对待，并且存在稳态，其中策略与总量变量是常值，不随时间变化。

在对称均衡中，只有个体被提供一种属于他自己的消费集合中的商品，并能立刻消费它，该个体才会进行交易。如果所接受的商品不是他自己的消费品，那么只会产生一个交易成本 ε，不影响预期的未来交易机会。这个说法是正确的，因为在对称均衡中没有商品被看成是特殊的，从而商品 i 为下一个个体所接受的概率，与个体拥有商品的类型无关。① 由此可见，x 是以随机方式定位的交易者愿意接受任何已知商品的概率，x^2 表示两个交易者在“需求的双重一致性”的情况下实现的物物交易的概率。

在一个时期开始时，在匹配过程实现之前，个体最优化问题的价值变为

$$V_c^n=\theta x^2(U-\varepsilon)+\beta V_c^n$$

其中，$\beta\in(0,1)$表示折现因子。在这种经济中，V_c^n 的上标与下标分别代表非货币均衡与商品交易者，为我们接下来探讨货币作用创造条件。法定货币将如何影响福利呢？记住物物交易经济的框架，

$$V_c^n=\frac{\theta x^2(U-\varepsilon)}{1-\beta} \tag{28.9.1}$$

□ 28.9.1 货币均衡

在一个时期开始时，设所有个体中比例为 $\overline{M}\in[0,1)$ 的个体中的每一个都被赋予 1 单位法定货币。货币是不可分割的，而且一个个体同时能储存至多 1 单位货币或 1 单位商品。也就是说，只有一些个体在接受货币的同时放弃他们自己的商品禀赋时，法定货币才会参与流通。这些决策必须完全建立在个体关于其他交易者在未来交易中愿意接受货币的信念基础上，因为由定义可知，法定货币是非支持的，且本质上是无价值的。因此，为了确定法定货币初始时会不会被接受，我们首先必须刻画货币均衡②。

法定货币在对称稳态中增加了两个状态变量。商品交易者接受货币的概率 $\Pi\in[0,1]$，还有货币流通量 $M\in[0,\overline{M}]$，也是所有个体中携带货币的那部分。一个均衡对（Π，M）必使得作为一个商品交易者的个体接受货币的概率选择 π 与全局经济的 Π 一致，同时货币数量 M 与那些一开始可以自由用法定货币替换他们自己的商品禀赋的个体的决策一致。

在货币均衡中，个体能够被分成两种类型的交易者。为了完成交易过程，个体要么携带商品，要么携带 1 单位法定货币，也就是说，他要么是商品交易者，要么是货币交易者。在一个时期开始时，与商品交易者和货币交易者相关的价值分别记为 V_c 和 V_m。贝尔曼方程可写成

$$V_c=\theta(1-M)x^2(U-\varepsilon+\beta V_c)+\theta Mx\max_{\pi}[\pi\beta V_m+(1-\pi)\beta V_c]$$

---

① 清泷和赖特（1989）分析了带有非对称均衡的相关模型中的商品货币，其中某些商品成为交易的媒介物。

② 如果货币在均衡中是有价值的，那么商品与货币的相对价格等于 1，因为这两个标的物是不可分割的，而且每个个体至多携带 1 单位标的物。石（1995）与特乔斯和赖特（Trejos and Wright，1995）通过放宽商品是不可分割的这一假设来内生化价格水平。

$$+[1-\theta(1-M)x^2-\theta Mx]\beta V_c \tag{28.9.2}$$

$$V_m=\theta(1-M)x\Pi(U-\varepsilon+\beta V_c)+[1-\theta(1-M)x\Pi]\beta V_m \tag{28.9.3}$$

方程（28.9.2）中的商品交易者的价值等于三项之和。第一项表示个体遇到别的商品交易者的概率 $\theta(1-M)$，乘以两个交易者想要进行交易的概率 x^2，乘以作为商品交易者下一个时期的交易、消费以及收益的价值 $U-\varepsilon+\beta V_c$。第二项表示个体遇到货币交易者的概率 θM，乘以货币交易者想要进行交易的概率 x，乘以以概率 π 接受货币的价值 $\pi\beta V_m+(1-\pi)\beta V_c$，其中 π 是最优选择。第三项表示在个体以后续值 βV_c 将他自己的商品储存到下一个时期时对前面两项的补充。根据方程（28.9.3），货币交易者的价值等于两项之和。第一项表示个体遇到商品交易者的概率 $\theta(1-M)$，乘以两个个体想要进行交易的概率 $x\Pi$，乘以作为下一个时期商品交易者的交易、消费以及收益的价值 $U-\varepsilon+\beta V_c$。第二项表示前述事件不会发生的概率乘以把 1 单位的法定货币保留到下一个时期的价值 βV_m。

π 的最优选择仅仅依赖于 Π。首先，注意，如果 $\Pi<x$，那么方程（28.9.2）与方程（28.9.3）意味着 $V_m<V_c$，因而个体的最佳反应是 $\pi=0$。也就是说，如果货币以低于物物交易所要求的概率被接受，那么用货币进行交易比物物交易要困难，因此个体不会喜欢把商品交换为货币。其次，如果 $\Pi>x$，那么方程（28.9.2）和方程（28.9.3）意味着 $V_m>V_c$，因此个体的最佳反应是 $\pi=1$。如果货币以大于物物交易所要求的概率被接受，那么用货币进行交易比物物交易要容易，同时个体总是喜欢无论什么时候都用货币交换商品。最后，如果 $\Pi=x$，那么方程（28.9.2）与方程（28.9.3）意味着 $V_m=V_c$，因而 π 可以是 $[0,1]$ 上的任何一点。如果货币交易与物物交易是等价的，那么交易者在持有商品和持有法定货币之间是无差异的，从而他们会以任何概率接受货币。在这些结果之上，个体的最佳反应的对应关系如图 28.9.1 所示，而且存在三个价值完全与 $\Pi=\pi$ 一致的情况：$\Pi=0$，$\Pi=1$ 以及 $\Pi=x$。

我们现在可以回答第一个问题：有多少最初可以自由地用法定货币交换自己的商品禀赋的个体将选择这样做呢？答案已经隐含在我们对最佳反应的对应关系的讨论中。因而，我们具有下面三种类型的对称均衡：

a. 具有 $\Pi=0$ 和 $M=0$ 的货币均衡，它等同于前面一节中物物交易的结果：个体预期货币将是无价值的，因而他们不接受货币，而且这种预期是自我实现的。所有个体成为与 V_c^n 值有关的商品交易者，如同由方程（28.9.1）所给出的那样。

b. 具有 $\Pi=1$ 和 $M=\overline{M}$ 的纯货币均衡：个体预期货币将是被广泛接受的。从我们前面的讨论中我们知道，为了完成交易过程（the trading process），与携带商品相比，个体更愿意携带货币。因此，无论什么时候，接受货币都是一种占优策略（dominant strategy），也就是，预期是自我实现的。另外一个含义是最初可以自由用法定货币交换自己的商品禀赋的 $\overline{M}$ 部分个体也将这样做。在纯货币均衡中，用 V_c^p 和 V_m^p 分别代表与商品交易者和货币交易者相关的价值。

c. 具有 $\Pi=x$ 和 $M\in[0,\overline{M}]$ 的混合货币均衡：只要未来的交易伙伴以概率 $\Pi=x$ 接受它，交易者在接受货币与拒绝货币之间就是无差异的，因此，在个体设定 $\pi=x$ 的条件下，部分接受是自我实现的。然而，混合货币均衡不再具有对流通货币数量 M 的唯一映射。设在商品禀赋和法定货币之间的初始选择与个体关于交易策略的决策是分开的。由

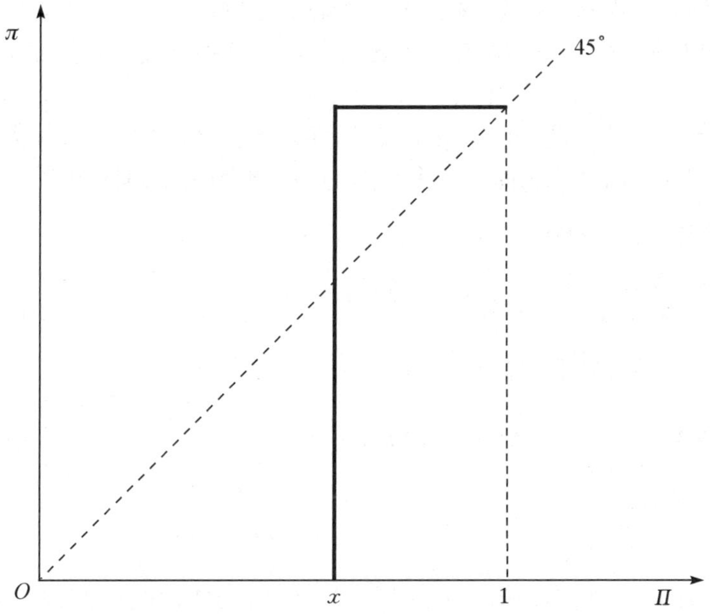

图 28.9.1　最佳反应的对应关系

此可见，在 $[0,\overline{M}]$，任何数量的货币都能够构成一个混合货币均衡，因为在 1 单位商品禀赋和 1 单位法定货币之间是无差异的。当然，具有 $M=0$ 的混合货币均衡中的配置等同于非货币均衡中的配置。在货币数量等于 $M\in[0,\overline{M}]$的混合货币均衡中，令$V_c^i(M)$和 $V_m^i(M)$ 分别代表与商品交易者和货币交易者相关联的价值。

□ 28.9.2　福利

为比较不同均衡之间的福利，我们在方程（28.9.2）与方程（28.9.3）中设$\pi=\Pi$，并且对简化形式的表达式求解：

$$V_c=\frac{\psi}{1-\beta}\{(1-\beta)x+\beta\theta x\Pi[M\Pi+(1-M)x]\} \tag{28.9.4}$$

$$V_m=\frac{\psi}{1-\beta}\{(1-\beta)\Pi+\beta\theta x\Pi[M\Pi+(1-M)x]\} \tag{28.9.5}$$

其中，$\psi=[\theta(1-M)x(U-\varepsilon)]/[1-\beta(1-\theta x\Pi)]>0$。在货币均衡中，价值 V_m 大于或等于 V_c，因为必要条件为货币交易至少与物物交易一样容易（$\Pi\geqslant x$），

$$V_m=V_c+\psi(\Pi-x)$$

在方程（28.9.4）与方程（28.9.5）中设置$\Pi=x$ 之后，我们看到具有 $M>0$ 的混合货币均衡产生了一个与方程（28.9.1）中的物物交易结果相比严格较低的福利，

$$V_c^i(M)=V_m^i(M)=(1-M)V_c^n$$

即使一些个体起初愿意把他们的商品禀赋转换成法定货币，总的来说这对经济也是有害的。由于货币被看成是与商品一样具有相同的概率被接受，所以货币并没有改善“需求

的双重一致性”问题，而仅仅是转移了经济中的实际资源。[①] 事实上，如同清泷和赖特(1990)所注意的那样，混合货币均衡与其他经济的非货币均衡是同构的，其中遇到一个个体的概率从 θ 减少到 $\theta(1-M)$。

在纯货币均衡中（$\Pi=1$），作为货币交易者的价值严格大于作为商品交易者的价值。在法定货币数量$\overline{M}$被随机分配之前，一个自然的福利规则是事前期望效用：

$$\begin{aligned}W &= \overline{M}V_m^p+(1-\overline{M})V_c^p \\ &= \frac{\theta(1-\overline{M})x(U-\varepsilon)}{1-\beta}[\overline{M}+(1-\overline{M})x]\end{aligned} \tag{28.9.6}$$

方程（28.9.6）的一阶导数和二阶导数是

$$\frac{\partial W}{\partial \overline{M}}=\frac{\theta x(U-\varepsilon)}{1-\beta}\{1-2[\overline{M}+(1-\overline{M})x]\} \tag{28.9.7}$$

$$\frac{\partial^2 W}{\partial \overline{M}^2}=-2\,\frac{\theta x(U-\varepsilon)}{1-\beta}(1-x)<0 \tag{28.9.8}$$

由于二阶导数是负的，因此，如果一阶导数在$\overline{M}=0$ 时的估计值是正的，那么法定货币就具有增强福利的作用。因而，根据方程(28.9.7)，如果 $x<0.5$($x\geqslant 0.5$)，货币就能(不能)增加福利。直观地讲，当 $x\geqslant 0.5$ 时，每一个个体都愿意至少消费（因而接受）所有商品的一半，因此，物物交易并不是困难的。这里货币的引进仅通过转移经济中的实际资源使得福利减少。当 $x<0.5$ 时，物物交易就是非常困难的，以至于某种法定货币的引进会改善福利。于是，最优货币量是通过设置方程（28.9.7）等于零来确立的，$\overline{M}^*=(1-2x)/(2-2x)$。也就是说，$\overline{M}^*$ 随 x 反向变动，而当 x 收缩时最优货币量增加，同时“需求的双重一致性”问题变得更为困难。特别地，当 x 趋于零时，$\overline{M}^*$ 收敛到 0.5。

28.10 结束语

这种搜寻与匹配的框架性分析表述了各种各样的放弃无摩擦的阿罗-德布鲁经济的方法，其中所有个体在市场的完备设置中会相遇。本章主要关注劳动市场，它是这些理论的一种核心应用。所展示的模型具有一致的摩擦概念，但也有很多不同点，岛屿经济存在没有外部性的摩擦性失业。除了商品销售会对其竞争对手产生影响外，失业工人不打击或伤害其他工作搜寻者。搜寻均衡值 v_u 起到像任何其他均衡价格一样的作用，即向供给者提供关于增加 1 单位供给所能获得的社会收益的信号。与之相比，带有匹配函数的匹配模型与外部性相联系。当工人和厂商分别在匹配函数中作为失业者进入或者在匹配

① 这个福利结果不同于清泷和赖特（1993）的结果，他们假设所有个体中的 $\overline{M}$ 部分具有初始法定货币的禀赋而没有任何选择。由此可见，与物物交易条件下的情况相比，拥有货币的那些人一定在混合货币均衡下过得更好，其他个体是无差异的。其他个体之所以是无差异的，是因为前者的存在使得他们在两种均衡类型中可达到的消费比率具有相同的挤出效应。此处我们描述的福利结果可以用清泷和赖特（1990）基于稍微不同的环境条件的研究来代替，其不同的环境条件是指个体在任何时间都能处理他们的货币，并且从事生产。

函数中增加其他空缺时，他们就会强化拥挤效应。为了在经济中达到有效配置，双方谈判的工资恰好是公正的。在同质性的厂商与工人的劳动市场中，只要工人的谈判能力 ϕ 刚好等于匹配函数对失业测度的弹性 α，有效性就存在。在带有单一匹配函数的相同劳动市场中，对异质性的工作来说，我们认为，没有政府干涉，有效性就无法存在。

匹配模型通过其额外的相互作用，以不可争辩的方式提供了一种更加丰富的分析，但是它牺牲了模型的微观经济结构。在显式经济环境中，对于任何人口大小而言，甚至在仅存在鲁滨逊·克鲁索（Robinson Crusoe）一个人的情况下，都可以清楚地想象出可行的行动。岛屿经济是一个带有微观经济假设的模型事例，例如从一个岛屿迁移到另一个岛屿会花费时间。相反，具有匹配函数的匹配模型考虑了总量结果之间的一些关系。因此，当从一个鲁滨逊·克鲁索逐渐增加人口到具有多个个体的经济时，匹配函数是如何形成的并不明显。类似地，当异质性厂商与劳动通过一个共同的匹配函数来匹配，而他们又有办法分隔匹配函数时，什么是决定性的是一个尚未解决的问题。

彼得斯（Peters，1991）和蒙哥马利（1991）对劳动市场的摩擦建议了一些微观经济基础，随后由伯德特、石和赖特（Burdett，Shi and Wright，2001）做了进一步的扩展。厂商以公告工资形式宣布空缺通知，而失业工人在一个时间只能向一个厂商申请。如果填补工作的价值在不同厂商之间是不同的，那么带有更高价值的工作的厂商将有动机为了吸引工作申请者而提供较高工资。在均衡中，工人在所申请的不同工作之间是无差异的，而且假定他们在提出自己的申请时运用相同的混合策略。因此，一些空缺会保留，因为一些厂商不接受任何申请者，一些工人处于候补位置，因此仍旧失业。当假定就所提供的每一个工资而言，大量的厂商把市场紧缺程度看成已知的时候，蒙哥马利发现，分散化均衡最大化福利的原因类似于本章中前面所讨论过的莫恩（1997）的发现。

拉戈斯（Lagos，2000）从完全没有任何外在摩擦的模型中推导出一种匹配函数。他研究了出租车行程的一个动态市场，其中出租车在空间位置上寻找潜在乘客，而且车费被外生地制约着。在每一个位置中，比较匮乏的一方确定匹配数目。可以证明，对于这种模型而言，存在一个匹配函数，但是此匹配函数是一个随政策实验而变化的均衡目标。拉戈斯提出一个警告，即当进行政策分析时所假定的外生匹配函数会起误导作用。

在对搜寻与匹配模型的整个讨论中，我们假定个体是风险中性的。戈梅斯、格林伍德和雷贝洛（Gomes，Greenwood and Rebelo，2001），以及阿西莫格鲁和夏默（1999）分别分析了个体是风险厌恶的且由于对失业的不完美保险而持有预防性储蓄的搜寻模型与匹配模型。

28.11 练习

28.1 岛屿经济（Lucas and Prescott，1974）

设本章中的岛屿经济拥有取两种可能值 $\{\theta_L, \theta_H\}$ 的生产力冲击，其中 $0<\theta_L<\theta_H$。岛屿的生产力以概率 $\pi\in(0.5,1)$ 从一个时期到另一个时期保持恒定不变，而以概率 $1-\pi$ 变动到另一个可能值上。这些对称转移概率意味着一种平稳分布，其中一半岛屿在任意给定时间里有给定的 θ。设 $\hat{x}$ 表示经济的劳动供给（作为每个市场的平均值）。

a. 如果存在一种带有劳动迁移的稳定均衡，试讨论岛屿劳动力具有两个可能值 $\{x_1, x_2\}$，其中 $0<x_1<x_2$。

b. 在带有劳动迁移的稳定均衡中，构造一种在状态 (θ, x) 之间具有转移概率的矩阵 Γ，并且解释就业水平处在不同状态上。

c. 在带有劳动迁移的稳定均衡中，我们仅仅观察到值函数 $v(\theta, x)$ 的四个值，其中 $\theta\in\{\theta_L, \theta_H\}$，而 $x\in\{x_1, x_2\}$。讨论值函数对于这四种状态中的两个取相同的值。

d. 证明：关于带有劳动迁移的稳定均衡存在性的条件是

$$\beta(2\pi-1)\theta_H>\theta_L \tag{1}$$

而且如果这一条件得以满足，那么关于 x_2 的均衡值可以隐性地表示为

$$[\theta_L+\beta(1-\pi)\theta_H]f'(2\hat{x}-x_2)=\beta\pi\theta_H f'(x_2) \tag{2}$$

e. 证明：当最大化经济的总产出现值时，d 中的劳动配置与社会计划者的解是一致的。初始时工人在各岛均匀分布，条件（1）表明社会计划者增加高生产力的岛屿上的工人数量是最优的。于是，社会计划者对 x_2 的选择的一阶条件是由方程（2）给出的。

28.2 经济周期与搜寻（Gomes，Greenwood and Rebelo，2001）

第Ⅰ部分 工人问题

考察一个经济，其中所有工人都面临下述相同的环境：时间是离散的。设 $t=0, 1, 2, \cdots$ 表示时间。在每一个时期开始时，先前就业的工人能够选择以他最近时期获得的工资来工作，或者提出一个新工资。如果他提出一个新工资，那么原来的工资就不再存在，而且他能以该新工资在下一个时期开始工作。新工资独立同分布，源自累积分布函数 F，其中 $F(0)=0$，且 $F(M)=1$（对于 $M<\infty$）。失业工人面临着一个类似的问题。在每一个时期开始时，先前失业的工人可以选择以上一时期的工资开始工作，也可以从 F 中提出一个新工资。如果他提出一个新工资，那么就会失去原来的工资，同时他能以该新工资在接下来的时期里开始工作，只要他选择工作的话（他不能被解雇）。失业工人的收入是 b，它包括失业保险和家庭生产的价值。每一位工人寻求 $E_0\sum_{t=0}^{\infty}(1-\mu)^t\beta^t I_t$ 的最大值，其中 μ 表示工人在时期结束时死亡的概率，β 表示主观折现因子，而 I_t 表示工人在时期 t 的收入，也就是当工人就业时 I_t 等于工资 w_t，而当工人失业时，I_t 等于收入 b。这里 E_0 表示以时期 0 时所知道的信息作为条件的数学期望算子。假定 $\beta\in(0,1)$，$\mu\in(0,1)$。

a. 阐述工人的最优决策规则。具体地说，就业工人应该怎样做呢？失业工人应该怎样做呢？

b. 失业工人的行为是如何受 μ 的增大影响的？

第Ⅱ部分 均衡失业率

经济中的人口是曾阐述过的工人的一个连续统。新工人进入劳动市场的外生比率等于 μ，它等于死亡率。新进入者都是失业的，而且必须提出一个新工资。

c. 找出用外生参数和内生保留工资术语表述的经济失业率表达式。讨论失业率的确定。

我们现在改变技术以使经济在繁荣（B）与衰退（R）之间波动。当处于繁荣时，所有就业工人获得一个额外支付 $z>0$。也就是，在繁荣时，带有工资 w 的工人的收入是 $I_t=w+z$，而衰退时 $I_t=w$。设用经济处于繁荣时期或处于衰退时期来表示经济状态。假

定经济状态是独立同分布的，同时假定繁荣与衰退具有相同的概率 0.5。在做出任何决策之前，经济状态在一个时期开始时是人们所共同知晓的。

d. 阐述就业工人与失业工人的最优行为。如果有工人退出的话，那么工人什么时候选择退出呢？

e. 设 w_B 与 w_R 分别表示处于繁荣时与处于衰退时的保留工资，假定 $w_B < w_R$。设 G_t 表示在时期 t 以工资 $w \in [w_B, w_R]$ 就业的那部分就业工人。设 U_t 表示在时期 t 失业工人的部分。推导用模型参数和保留工资 $\{F, \mu, w_B, w_R\}$ 来表示的关于 G_t 与 U_t 的差分方程。

f. 图 28－1 是一个对存在繁荣与衰退的模型的解的模拟。根据此模型解释这种时间序列。

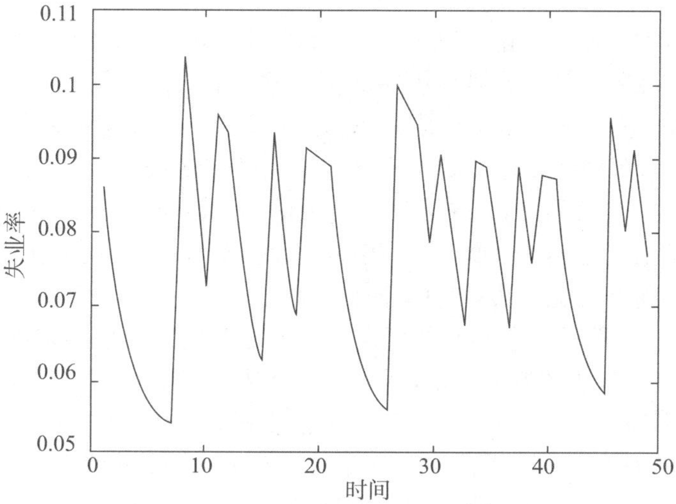

图 28－1　经济周期中的失业率

28.3　再论经济周期与搜寻

经济以概率 0.5 或者处于繁荣时期（B）或者处于衰退时期（R）。随着时间的推移，状态（R 或 B）是独立同分布的。在每一个时期开始时，工人知道经济状态处于哪一个时期。在每一个时期开始时，先前的就业工人可以选择上一时期的工资来工作或者提出一个新工资。如果他提出一个新工资，那么就失去原来的工资，b 是这一时期所接受的工资，同时他能以该新工资在接下来的时期开始工作。在衰退期间，新工资（下一个时期开始工作时所获得的累积分布函数）是独立同分布的，且服从累积分布函数 F，其中 $F(0)=0$ 且 $F(M)=1$(对于 $M<\infty$)。在繁荣期间，工人能够选择退出，并且从相同的在衰退期间流行的累积分布函数 F 中取两个独立同分布的可行的新工资（带有以较高工资工作的选择权，在下一个时期开始工作）。（对工人来说，这种选择能力就是指对工人来说他在繁荣期间可选择的工作更多。）失业工人在一个时期开始时可以接受这一时期的 b，也可以从累积分布函数 F 中提出一个工资（处于衰退时）或者提出两个工资（处于繁荣时）以开始下一个时期的工作。

工人寻求 $E_0 \sum_{t=0}^{\infty} (1-\mu)^t \beta^t I_t$ 的最大值，其中 μ 表示工人在时期末死亡的概率；β 表示主观折现因子；I_t 表示工人在时期 t 的收入，也就是，当工人就业时，I_t 等于工资 w_t，而当工人失业时，I_t 等于 b。

a. 写出先前就业的工人的贝尔曼方程。

b. 刻画工人的退出政策。如果可能的话，那么比较处于繁荣时期与处于衰退时期的保留工资。就业工人会退出吗？要是退出，谁将退出？什么时候退出？

28.4～28.6 欧洲失业

下面三个练习是建立在扬奎斯特和萨金特（1998）、马里蒙和齐利博特（Marimon and Zilibott，1999），以及莫滕森和皮萨里德斯（1999b）的研究基础上的，他们对搜寻与匹配模型形式进行了参数校准，并以此来解释欧洲高失业。尽管具体的机制有所不同，但是他们都把失业率的提高归因于在劳动市场更为分散化的时期给工作搜寻者的慷慨的救济金。

28.4 技能有偏的技术变化（Mortensen and Pissarides，1999b）

考察一个带有无限存活的、风险中性的工人的离散时间匹配模型，这些工人具有不同的技能水平禀赋。在工人与厂商匹配的每一个时期中，技能类型 i 的工人生产 h_i 商品，其中，$i\in\{1,2,\cdots,N\}$ 且 $h_{i+1}>h_i$。可是，每一种技能类型均有其自己的匹配函数，$M(u_i,v_i)=Au_i^{\alpha}v_i^{1-\alpha}$，其中 u_i 与 v_i 表示失业工人的测量值与技能市场 i 中的空缺数。在每一个技能市场之上出现空缺的时期，厂商引入一个空缺成本 ch_i，也就是空缺成本与工人的生产力成正比。所有匹配在某一时期开始时以概率 $s\in(0,1)$ 外生地遭受破坏。失业工人接受失业补偿 b。工资是由所匹配的厂商与工人之间的纳什谈判来确定的。设 $\phi\in[0,1)$ 表示工人在纳什结果中谈判的权重，同时我们采用标准的假设 $\phi=\alpha$。

a. 分析技能市场中的失业率是如何随着技能水平 h_i 变化的。

b. 假定工人的各种技能水平是均匀分布的。对于不同的失业保险金水平 b，用数值方法研究总的稳态失业率是如何受技能水平分布中的保均展形影响的。

c. 解释如果失业保险金与工人生产力成正比，那么结果会怎样变化。

28.5 匹配价值散布（Marimon and Zilibotti，1999）

我们保留练习 28.4 中的匹配框架，但是假定所有工人都具有相同的先天能力 $h=\bar{h}$，同时假定任何工资级差纯粹是匹配特例。特别地，我们假定一个厂商和一个工人相遇与从外生分布 $G(p)$ 中随机抽取匹配特定的生产力 p 是相联系的。如果该工人和厂商商定继续在一起，那么此匹配在每一个时期的产出是 $p\cdot h$，只要匹配如同练习 28.4 一样不被外生地破坏。我们同样保留固定的失业保险金 b 以及关于工资的纳什谈判的假定。

a. 刻画此模型的均衡。

b. 对于不同的失业保险金水平 b，用数值方法研究在稳态下失业率是如何受外生分布 $G(p)$ 中的均值保持差额影响的。

28.6 人力资本的特质冲击（Ljungqvist and Sargent，1998）

我们保留练习 28.5 中的假定，即工人产出是其人力资本 h 与特定工作成分（记为 w）的乘积，但是我们把匹配框架换成搜寻模型。在失业的每一个时期中，工人从外生工资分布 $G(w)$ 中提出一个值 w，同时如果工人接受该工资 w，那么在接下来的一个时期开始工作。工资 w 自始至终在就业期间保持常值，或者因为工人退出，或者由于工作在某一时期开始时以概率 s 遭受破坏，就业期结束。因而，在给定的工资为 w 的工作中，工人的收入 wh 只会因为人力资本 h 的变化而随时间改变。为了简单起见，我们假定仅存在两个人力资本水平，h_1 和 h_2，其中 $0<h_1<h_2<\infty$。在每一个就业时期开始时，人力资本以概率 π_e 从最近时期起保持不变，而以概率 $1-\pi_e$ 等于 h_2。人力资本的损失刚好是由外生工作破坏所引起的。在外生工作损失时期，失业工人的人力资本以概率 π_u 从上一时期起保持不变，而以概率 $1-\pi_u$ 等于 h_1。所有失业工人都接受失业保险金，同时失业保险金等于替换比率 $\gamma\in[0,1)$ 乘以工人上一期工作的工资。

a. 刻画此模型的均衡。

b. 对于不同的替换比率 γ，用数值方法研究在稳态下失业率是如何受 h_1 的变化影响的。

模型比较：

c. 解释练习 28.4～练习 28.6 中的不同模型是如何处理对欧洲福利状况的观察数据的，即欧洲福利状况如与美国相比在工资级差方面经历比较小的变动，但是遭受了长时期失业，其中就业率随着失业期的长度急剧下降。

d. 解释练习 28.4 和练习 28.5 中关于无限存活个体的假定对于模型而言是没有多大影响的，但是对于练习 28.6 的模型来说，无限存活个体的可选择的不同假定可以产生很大的差异。

28.7 临时工作与解雇成本

考察一种带有临时工作的搜寻模型。在每一个时期中，先前就业的工人以概率 μ 失去其工作，而以概率 $1-\mu$ 继续工作且获得一份与上一时期相同的工资。如果他失去自己的工作（或者选择退出），那么他会提出一个新工资，而且以概率 1 在接下来的一个时期里开始工作并获得新工资。在新工作刚过头一个时期之后，他将会又一次面对失去其工作的概率 μ。新工资源自独立同分布的累积分布函数，其中 $F(0)=0$ 且 $F(M)=1$（对于 $M<\infty$）。失业期间的情况如下所述。在每一个时期开始时，先前失业的工人能以上一时期的工资开始工作，或者从 F 中提出一个新工资。如果他提出一个新工资，那么会失去原来的工资，同时他以该新工资在接下来的一个时期中开始工作。失业工人的收入是 b，它包括失业保险和家庭产出的价值。每一个工人寻求 $E_0\sum_{t=0}^{\infty}\beta^t I_t$ 的最大值，其中 β 表示主观折现因子，而 I_t 表示工人在时期 t 的收入。也就是说，当工人就业时，I_t 等于工资 w_t；而当工人失业时，I_t 等于收入 b。这里 E_0 表示以 0 时刻所知道的信息为条件的数学期望算子。假定 $\beta\in(0,1)$，$\mu\in(0,1]$。

a. 阐述工人的最优决策规则。

假定存在两种类型的临时工作：带有 μ_s 的短期工作和带有 μ_l 的长期工作，其中 $\mu_s>\mu_l$。当工人从分布 F 中提出一个新工资时，此工作现在被随机地以概率 π_s 指定为短期工作，或者以概率 π_l 指定为长期工作，其中 $\pi_s+\pi_l=1$。工人可观察到工作的特征 (w,μ)。

b. 工人的保留工资取决于工作是短期的或长期的吗？请对你的答案提供说明。

我们现在考察解雇成本的影响。假定政府对于每一个失去工作（或者退出）的工人施加一个成本 $\tau>0$。

c. 从概念上，对于已知的 μ 值考察下面两个保留工资：(i) 先前失业的工人为接受上一时期的工资的工作录用通知而设定的保留工资；(ii) 为了以上一时期的工资继续工作，先前就业的工人所设定的保留工资。对于已知的 μ 值，比较这两个保留工资。

d. 证明失业工人对短期工作设定的保留工资超过其对长期工作设定的保留工资。

e. 设 $\overline{w}_s$ 与 $\overline{w}_l$ 分别是对短期工作与对长期工作设定的保留工资。在时期 t，设 N_{st} 与 N_{lt} 分别表示在短期工作与长期工作上就业的工人部分。设 U_t 表示在时期 t 失业工人的部分。推导以模型的参数与保留工资 $\{F,\mu_s,\mu_l,\pi_s,\pi_l,\overline{w}_s,\overline{w}_l\}$ 来表示的关于 N_{st}、N_{lt} 以及 U_t 的差分方程。

28.8 生产力冲击、创造工作与毁掉工作（由鲁道夫·马努埃利提供）

考察由大量相同的个体所构成的经济。每一位个体的效用函数是

$$\sum_{t=0}^{\infty}\beta^t x_t$$

其中，$0<\beta<1$，$\beta=1/(1+r)$，而且 x_t 表示在 t 时刻的收入。所有个体都拥有 1 单位劳动禀赋，此劳动以无弹性方式供给：如果个体在市场上工作，那么其生产力是 y_t，而如果他在家中，那么其生产力是 z。假定 $z<y_t$。在家中生产的个体也可以以无成本方式寻找市场工作。搜寻个体与空缺的工作之间随机地进行匹配。假定每个时期的匹配数量是由

$$M(u_t,x_t)$$

给出的，其中 M 表示对每一个变量而言均为凹的、递增的一次齐次函数。在这种设置中，u_t 被解释成失业工人的总数量，而 v_t 表示空缺的总数量。设 $\theta\equiv v/u$，同时设 $q(\theta)=M(u,v)/v$ 表示一个空缺工作（或厂商）将遇到一个工人的概率。类似地，设 $\theta q(\theta)=M(u,v)/u$ 表示一个失业工人与一个空缺工作相匹配的概率。工作以概率 s 遭受外生破坏。为了创造空缺，厂商必须每个时期支付成本 $c>0$，其中空缺是“已经宣布的”（也就是未填补的）。存在大量的潜在厂商（或工作），这确保了空缺工作的期望值 V 是零。最后，假定当一个工人与一个空缺工作相遇时，工人与厂商根据纳什谈判的求解方式来谈判，其中工人的份额等于 φ。假定对于所有 t，$y_t=y$。

a. 证明零利润条件意味着

$$w=y-(r+s)c/q(\theta)$$

b. 证明如果工人与厂商根据纳什谈判的求解方式来谈判工资（其中工人的份额等于 φ），那么工资也必须满足

$$w=z+\varphi(y-z+\theta c)$$

c. 阐述市场紧缺程度 θ 的均衡水平的确定。

d. 假设在 $t=0$ 时经济处于其稳态。在这一点上存在一个一劳永逸的生产力的增加。y 的新值是 $y'>y$。说明 θ 的这个新稳态 θ' 如何与以前的值相比较。讨论经济立刻会“跳跃”到这个新值上。解释为什么对于市场紧缺程度 θ 而言不存在“转移动态”。

e. 设 u_t 表示在 t 时刻的失业率。假定在 0 时刻经济处于失业率与 θ（“原来的”市场紧缺程度）相对应的稳态，且已知这个失业率，记为 u_0。设 $\theta_0=\theta'$，注意，失业率的变动量等于在 t 时刻破坏的工作数（简记为 JD_t）与在 t 时刻创造的工作数（简记为 JC_t）之间的差。由此可得

$$JD_t=(1-u_t)s$$

$$JC_t=\theta_t q(\theta_t)u_t$$

$$u_{t+1}-u_t=JD_t-JC_t$$

请尽可能对在 $t=0$（冲击之后）时创造工作与破坏工作的特征进行描述。另外，对转移到新稳态（对应于 θ'）的过程中的 JC_t 与 JD_t 的行为进行阐述。

28.9 一周总工作时间限制、失业与福利（由鲁道夫·马努埃利提供）

最近，法国将每周总工作时间缩短到 35 个小时。在这个练习中，请你评估这种变化的结果。为这个目的，考察一个由风险中性、收入最大化的工人所构成的经济，其中工人偏好是由

$$U=E_t\sum_{j=0}^{\infty}\beta^{j}y_{t+j},0<\beta<1,\quad 1+r=\beta^{-1}$$

给出的。假定如果工人失业，那么他在家中生产 z，同时假定他拥有 1 单位劳动；如果工人就业，那么他在工作中花费掉 x 单位时间，而在家中花费掉 $1-x$ 单位时间，其中 $0\leqslant x\leqslant 1$。该工作的生产力是 yx，而 x 既是工人完全可以观察到的，又是厂商完全可以观察到的。

假定如果工人工作 x 小时，那么他的工资是 wx。

假定所有工作都具有生产力 $y>z$，同时假定为创立一个空缺厂商，必须每个时期支付成本 $c>0$ 单位的产出。工作以概率 s 遭受破坏。设每个时期的匹配数量是由 $M(u,v)$ 给出的，其中对于每一个自变量，M 均是凹的递增函数，且为一次齐次函数。在这种设置中，u 可被解释成失业工人的总数量，而 v 是空缺的总数量。设 $\theta\equiv v/u$ 且 $q(\theta)=M(u,v)/v$。假定工人与厂商对工资进行谈判，并假定其结果可由纳什谈判结果来阐述，其中工人谈判的权力等于 φ。

a. 请对非约束（除了 x 是 0 与 1 之间的数之外，对 x 无限制）市场均衡进行阐述。

b. 假定对于某些 $0<\alpha<1$，$q(\theta)=A\theta^{-\alpha}$。计划者问题的解与市场均衡是一致的吗？

c. 假定现在一周总工作时间被限制在小于或者等于 $x^*<1$。请描述这一均衡。

d. 就 c 中的经济，请对这种一周总工作时间的限制对工资、失业率以及工作总数量的影响（如有必要，可以附加假定）进行阐述。此均衡是最优的吗？

28.10 创造空缺的成本与最优性（由鲁道夫·马努埃利提供）

考察一个由风险中性、收入最大化的工人所构成的经济，其中工人偏好是由

$$U=E_t\sum_{j=0}^{\infty}\beta^{j}y_{t+j},\ 0<\beta<1,\ 1+r=\beta^{-1}$$

给出的。假定如果工人失业，那么他在家中生产 z。假定所有工作都具有生产力 $y>z$，同时假定每个时期当厂商创立一个空缺时，厂商必须支付 P_A，其中 $P_A=C'(v)$，这里 v 是空缺的总数量。假定函数 $C(v)$ 是严格凸、二阶可微且递增的函数。工作以概率 s 遭受破坏。

设每个时期的匹配数量是由

$$M(u,v)$$

给出的，其中对于每一个自变量，M 都是凹的递增函数，且为一次齐次函数。在这种设

置中，u 可解释为失业工人的总数量，而 v 可解释为空缺的总数量。设 $\theta \equiv v/u$，且 $q(\theta)=M(u,v)/v$。假定工人与厂商对工资进行谈判，并假定其结果可由纳什谈判结果来阐述，其中工人谈判的能力等于 φ。

a. 请对市场均衡进行阐述。特别地，讨论外生变量 z、y 与函数$C(v)$的变化如何影响均衡结果。

b. 假定对于某些 $0<\alpha<1$，$q(\theta)=A\theta^{-\alpha}$。计划者问题的解与市场均衡是一致的吗？若是的话，在这种情况中以事例进行阐述。

28.11 金融财产、异质性与失业（由鲁道夫·马努埃利提供）

考察寻求工资收入的预期折现值最大化的风险中性的工人的行为。假定折现因子是固定的且等于 β，其中 $0<\beta<1$。利率同样是常数，且满足 $1+r=\beta^{-1}$。在这个经济中，工作永远延续。一旦工人拥有可接受的工作，他永不退出，同时此工作永不遭受破坏。即使偏好是线性的，工人也需要每个时期消费最小量为 a 的消费品。工资是从 $[a, b]$ 上的分布中提出的。因而，任何一个就业个体都可以拥有一个可行的消费水平。不存在失业保险金。

类型 i 的个体天生具有财富 $a^i(i=0,1,2)$，其中 $a^0=0$，$a^1=a$，$a^2=a(1+\beta)$ 。此外，在个体出生的时期里，所有个体都是失业的。人口 N_t 以常数比率 $1+n$ 增长。因而，$N_{t+1}=(1+n)N_t$。由此可见，在时期 t 开始时，至少有 nN_{t-1}个个体（那些出生在那个时期的个体）是失业的。对于出生在 t 时期的 nN_{t-1}个个体，φ^0 表示类型 0 的个体，φ^1 表示类型 1 的个体，而余下的 $1-\varphi^0-\varphi^1$ 表示类型 2 的个体。假定分布的均值（提供的平均工资，不一定被接受）大于 a/β。

a. 考察具有 $a^0=0$ 的失业工人的情况。论证此工人将拥有保留工资 $w^*(0)=a$。给出解释。

b. 设 $w^*(i)$表示具有财富 i 的个体的保留工资。论证 $w^*(2)>w^*(1)>w^*(0)$。金融财产与就业概率之间的跨部门关系表示什么含义呢？讨论支持此结果的经济理论。

c. 设失业率表示 t 时期失业个体的数量 U_t 与 t 时期人口 N_t 之比。因而，$u_t=U_t/N_t$。论证在此经济中失业率是常值。

d. 考察用出生时具有财产 a^i 的人口部分的变动形式来再分配财产的政策。请完整阐述 φ^i 上的变化对失业率的影响。解释你的答案。

另外请对类型 2 的个体的随机变量“失业时期的数量”的分布进行阐述。

第29章 总劳动供给的基础

29.1 引言

多年以来，28.6 节的就业彩票模型是高总劳动供给弹性的基础，这在实际经济周期模型中导致了很大的就业波动。普雷斯科特（2005a）在他的诺贝尔经济学奖演讲的最初版本中强调了对于实际经济周期模型来说的就业彩票的重要作用，他坚称“罗杰森的总量结果与产生总量生产函数的结果同样重要。”但是，普雷斯科特对就业彩票的热情并没有被所有人认同，特别是那些研究个体工人的劳动市场经历的研究者。例如，布朗宁、汉森和赫克曼（1999）曾表达了对就业彩票模型的质疑，他们声称“就业配置机制损害了可信度，同时与个体就业历史的微观证据不相称”。在这一章通过探究总劳动供给弹性是如何受影响的，我们用不完全市场安排代替就业彩票与消费保险的完全市场，对于劳动经济学家来说，不完全市场的安排似乎看起来更加自然，以此来认真考虑对就业彩票的指责。这种变化将注意力从不论什么时候情愿去工作的代表性家庭的部分成员，转向由个体工人所选择的职业生涯长度，这里个体工人通过储蓄及动用储蓄金而自我保险。我们发现摒弃与许多实际经济周期模型内所假定的完全消费保险权益交易结合的就业彩票，同时用那些通过交易无风险债券来自我保险的个体工人代替它们，往往并未危及由普雷斯科特所倡导的高总劳动供给弹性。劳动供给弹性取决于冲击和政府资助的社会保障退休计划是否使得在不可分的劳动的模型中的绝大多数工人在他们的退休决策上左右摇摆。

在过去的 5 年间，宏观经济学家大多摒弃了就业彩票，转而支持作为总劳动供给的“总量”理论的“时间平均”与不完全市场。这成为无可争辩的建设性发展，其原因是现在研究者对待总劳动供给的弹性大小的意见不统一，这些研究者可以至少在一个共同的框架下加以讨论，并且集中讨论他们在参数与约束集方面的分歧。

为了传达这些思想，我们以扬奎斯特和萨金特（2007）的分析为基础，他们两人在特定的连续时间模型中已经证明，带有就业彩票的罗杰森式的完全市场经济引出的完全相同的总量配置与个体（期望）效用也可以在不带有彩票的不完全市场经济学中获得。在扬奎斯特和萨金特设置中，替代交易在任何时间点上工作的概率，个体选择他们生活时间的一部分用于工作，并使用信用市场来平滑工作阶段和退休时间之间的消费。①

这一章研究两个研究者阵营，其中一个阵营支持劳动供给的高弹性，另一个阵营则支持劳动供给的低弹性，它们采用同样的理论框架。② 本章的第一部分重新考虑就业彩票模型和时间平均模型之间的等价性结果，然后继续探讨对时间平均设置的各种不同扩展，作为确定职业生涯长度的模型。本章的第二部分追溯可导致张和金（Chang and Kim，2007）在利用不完全市场与个体劳动者模拟比利模型时发现劳动供给的高弹性的步骤。张和金的个体在工作和闲暇时期之间最优地交替（他们的“时间平均”）来配置他们无限期寿命的消费与闲暇。本章通过研究扬奎斯特与萨金特（2007）的带有有限存活个体的在连续时间里的等价性结果怎样扩展到张和金（2007）的确定形式上来得到结论，其中张和金（2007）的确定形式是一种离散增长模型，其中居住着无限存活个体。

29.2 等价性配置

沿着扬奎斯特和萨金特（2007）的线索，考察生存在连续时间里预期寿命具有确定单位长度的某个个体，其终生偏好由下式给出：

$$\int_0^1 e^{-\rho t}[u(c_t)-v(n_t)]dt \tag{29.2.1}$$

其中 $c_t \geqslant 0$ 与 $n_t \in \{0,1\}$ 分别表示 t 时刻的消费与劳动供给，ρ 表示主观折现率。$n_t \in \{0, 1\}$ 假定劳动供给是不可分割的。消费的瞬时效用函数 $u(c)$ 是严格递增、严格凹且二阶连续可微的。由于劳动是不可分割的，我们仅需要对工作的负效用 $v(n)$ 设定两个点，

① 拉里·琼斯（Larry Jones）和凯西·穆里根（Casey Mulligan）曾经预期了这方面的等价性结果。在消费品不可分割的条件下，在琼斯最初的1988年版本的论文中，琼斯（2008）已经证明，当不存在折现时，选定时机可以取代彩票。在他2008年发表的论文中，他将分析扩展到覆盖折现的情况。在比较不可分割的劳动的完全市场模型和带有可分割劳动的代表性个体模型时，穆里根（2001）认为之前模型中的就业彩票和消费权益的完全市场的消除可能并没有产生很多不同。“只要对终生消费的影响是终生收入的一小部分，或财富的边际效用并没有过快地减少，最小的劳动供给决定会对（可分割的劳动）模型中的终生消费与财富的边际效用具有无穷小的影响，同时对（不可分割的劳动）模型中的财富的边际效用具有很小但比无穷小大一点的影响。”然而，正如我们将在本章后面所要学习的，当时间连续的时候，以及对于离散时间情况下无限存活的个体来说，这些条件就不存在了。正如扬奎斯特和萨金特（2007）、普雷斯科特（2007）所讨论的，他们支持将不完全市场中的职业生涯长度模型作为总劳动供给的模型。此外，通过将新的“生命周期和劳动不可分割”一节内容添加到在美国出版的诺贝尔奖演讲最终版本中，普雷斯科特降低了他以前对就业彩票模型的强调［Prescott（2006）］。

② 这是扬奎斯特和萨金特（2011）的主题。

所以标准化 $v(0)=0$，并令 $v(1)=B>0$。

一直到 29.8 节，我们都假设已知工资率为 w，已知利率为 $r=\rho$。

□ 29.2.1 选择职业生涯长度

在每一个时间点上，个体以工资率 w 工作，而且以利率 r 储蓄或者不储蓄。将个体在 t 时刻所持有的资产用 a_t 表示，其时间导数用 $\dot{a}_t$ 表示。假定初始资产是零，$a_0=0$，在 t 时刻的预算约束是

$$\dot{a}_t = ra_t + wn_t - c_t \tag{29.2.2}$$

其中终止条件 $a_1\geqslant 0$。这是一个非庞氏的规划条件。

为了求解个体的最优化问题，我们将当前值的哈密顿（Hamiltonian）形式用公式表示成

$$H_t = u(c_t) - Bn_t + \lambda_t[ra_t + wn_t - c_t] \tag{29.2.3}$$

其中 λ_t 表示约束（29.2.2）的乘子。它被称为与状态变量 a_t 有联系的协状态变量。关于 c_t 与 n_t 的一阶条件分别是

$$u'(c_t)-\lambda_t=0 \tag{29.2.4a}$$

$$-B+\lambda_t w\begin{cases}<0, & n_t=0\\ =0, & n_t\in\{0,1\}\text{无差异}\\ >0, & n_t=1\end{cases} \tag{29.2.4b}$$

此外，协状态变量服从微分方程

$$\dot{\lambda}_t = \lambda_t\rho - \frac{\partial H_t}{\partial a_t} = \lambda_t[\rho - r] \tag{29.2.5}$$

当 $r=\rho$ 时，扬奎斯特和萨金特（2007）已经证明，这个最优化问题的解会产生好像个体已进入就业彩票与完全保险市场（包括取决于彩票结果的消费权益）的相同的终生效用。首先，我们可以发现，由方程（29.2.5），当 $r=\rho$ 时，协状态变量随时间变化是常值，因此，由方程（29.2.4a）知，最优消费流随时间变化是常值，也就是 $c_t=\bar{c}$。于是，在涉及最优性条件（29.2.4b）时，就个体终生劳动供给而言，存在三种可能情况，

$$-B+u'(\bar{c})w\begin{cases}<0,\text{第一种情况：对于所有 }t,\ n_t=0\\ =0,\text{第二种情况：在任何特定时间点，}n_t\in\{0,1\}\text{ 无差异}\\ >0,\text{第三种情况：对于所有 }t,\ n_t=1\end{cases} \tag{29.2.6}$$

这三种情况类似于 28.6 节带有就业彩票的静态模型所处于的三种情况。个体会发现，在第一种情况下总是不工作与在第三种情况下总是工作分别为最优的。有意思的情况是中间的情况，其中个体在任何特定时间点在工作与闲暇之间是无差异的。对于终生劳动供给，在这种内部解上，最优性条件（29.2.6）在等式成立时确定了最优常值消费流，即

$$u'(\bar{c})=\frac{B}{w} \tag{29.2.7}$$

很明显，这是就业彩票模型中消费结果的相应部分。当效用是消费的对数函数时，(29.2.7) 式中的最优消费水平变成

$$\bar{c}=\frac{w}{B},\quad \text{如果 } u(c)=\log(c) \tag{29.2.8}$$

在任何特定时间点，尽管个体在工作与闲暇之间是无差异的，但他关心其一生中工作的整体安排。当为 (29.2.7) 式中的最优常值消费流融资时，他的终生劳动供给是由个体的现值预算约束等式决定的。现值预算约束可由预算约束 (29.2.2) 得到，关于持有资产的初始条件与终止条件，$a_0=a_1=0$：

$$w\int_0^1 \mathrm{e}^{-rt}n_t\mathrm{d}t=\bar{c}\int_0^1 \mathrm{e}^{-rt}\mathrm{d}t \tag{29.2.9}$$

因而，最优计划是让个体在一生中的一部分时间工作，其中相关的劳动收入的现值已由 (29.2.9) 式给出。许多终生劳动供给都会产生与 (29.2.9) 式中劳动收入的现值同样的结果。个体在这样可供选择的终生劳动组合之间是无差异的，这是因为当 $\rho=r$ 时，劳动收入的有关现值的不变性蕴含着偏好设定 (29.2.1) 式中工作的有关终生负效用的不变性。因此，当个体供给他自己的劳动时，他确实是无差异的，如同我们从 (29.2.6) 式的第二种情况所推导的那样。

在后面 29.3～29.7 节中，我们将假定 $r=\rho=0$，即没有折现。在那个假设条件下，用于工作的最优时间部分如同由现值预算约束 (29.2.9) 所给出的，不管个体什么时候供给他自己的劳动都是相同的，即

$$T\equiv\int_0^1 n_t\mathrm{d}t=\frac{\bar{c}}{w} \tag{29.2.10}$$

其中 T 表示个体对职业生涯长度的选择。当效用是消费对数函数时，方程 (29.2.8) 与 (29.2.10) 决定了内部解的最优职业生涯长度，

$$T=1/B,\ \text{如果 } u(c)=\log(c) \tag{29.2.11}$$

其中对于内部解，我们要求 $B\geqslant 1$。

接下来，我们证明对个体而言，相应的就业彩票模型会产生相同的（期望）终生效用，并支持相同的总量配置集合，即在这种经济中引入彩票与完全消费保险并不会起什么作用。

□ 29.2.2 就业彩票

考察像 29.2.1 节中的事前相同的个体连续统 $j\in[0,1]$。当市场是完全的，且存在就业彩票来克服劳动供给的非凸性时，分散化市场均衡是一个计划者问题的解，其中计划者权重对于所有事前相同的个体均是相等的。计划者选择消费与就业配置，$c\geqslant 0$，$n_{jt}\in\{0,1\}$，为的是使

$$\int_0^1\int_0^1 \mathrm{e}^{-\rho t}[u(c_{jt})-Bn_{jt}]\mathrm{d}t\ \mathrm{d}j \tag{29.2.12}$$

最大化，且满足如下约束：

$$\int_0^1\int_0^1 e^{-rt}[wn_{jt}-c_{jt}]dt\ dj \geqslant 0 \tag{29.2.13}$$

这里计划者可以利率 r 进行借贷，并安排个体去工作，以便赚得工资 w。

效用函数 $u(\cdot)$ 的严格凹性和我们的假设 $r=\rho$ 一起意味着，对于各种不同个体与时间，对于所有 j 与 t，计划者设计了国家消费水平 $c_{jt}=\bar{c}$。计划者在 t 时刻派给每一个个体一个使他以概率 $\psi_t\in[0,1]$ 工作的彩票。计划者选取 $\bar{c}$ 与 ψ_t，以使

$$\int_0^1 e^{-\rho t}[u(\bar{c})-B\psi_t]dt \tag{29.2.14}$$

最大化，且满足如下约束：

$$\int_0^1 e^{-rt}[w\psi_t-\bar{c}]dt \geqslant 0 \tag{29.2.15}$$

这个问题与 29.2.1 节中的单个个体的"时间平均"问题相似。在内部解中，最优常值消费流又一次由方程（29.2.7）给出，$u'(\bar{c})=B/w$。众多的就业彩票可以满足现值预算约束（29.2.15），以便为最优消费选择融资。个体在那些可供选取的彩票设计当中是无差异的。和之前一样，对于任何两个劳动供给方案来说，相同劳动收入的现值蕴含着，由于 $\rho=r$，关于那两个方案的（期望）终生工作负效用是相同的。①

这个推理足以建立 29.2.1 节的不完全市场经济与当前这一节的就业彩票、完全市场经济之间的总量配置和期望效用的等价性。可唯一确定个体的最优消费，并且对于两个经济来说是一样的。就已知的总消费现值而言，劳动收入现值的相同总量可以通过针对就业个体的总测量水平，运用大量的跨期配置来获得。那些可供选择的总量配置中的每一个，要么与不完全市场经济有关，其中单个个体参加时间平均，要么与完全市场经济有关，这里具有一系列的适当彩票设计。由于个体工作期望的负效用在可供选择的方案执行下都是相同的，由此可得，个体的期望效用在两个经济体系中是一样的。

29.3 税收与社会保障

在连续时间世代交叠模型中，我们研究税收与社会保障。在每一个时间点上，存在一个新出生的事前相同的个体的常值测量，像 29.2.1 节那些进入经济的个体一样。因而，经济的人口和年龄结构会随时间的推移而保持不变。我们关注的内容不是在这种世代交叠环境中确定跨期价格，这里的环境带有其可能的动态低效（参见第 9 章），因此我们保留了一个外生给定利率的小的开放经济假设，如果经济的生产技术关于劳动和资本

① 例如，在时期一开始，对于 $t\in[0,1]$，计划者随机得到被派遣工作的个体的一个固定部分 $\bar{\psi}$，而另一部分个体 $1-\bar{\psi}$ 则被要求处于闲暇，其中对 $\bar{\psi}$ 的选取要满足计划者的跨期预算约束（29.2.15）。另一种安排可以是，对于每一个 $t\in[0,1]$，计划者执行一个彩票来派遣一部分个体 $\bar{\psi}$（不随时间变化）来工作，而另一部分 $1-\bar{\psi}$ 则处于闲暇。个体在这些可供选择的彩票设计之间是无差异的，这是因为他们会得到同样的工作的期望终生负效用。

是规模收益不变的，这也蕴含着一个给定的工资率。[①]

我们假定效用是消费的对数函数，即 $u(c)=\log(c)$，并且没有折现，$r=\rho=0$。对于我们的大多数结果来说，没有折现这个假设是非必要的，不过我们将注意它所发挥的作用。分析上的便利之处在于，最优职业生涯长度是唯一确定的，且不取决于个体终生劳动供给的安排，如同表达式（29.2.10）与（29.2.11）所揭示的。

如同普雷斯科特（2005）所强调的，如果劳动收入缴纳税收，且税收收入一次性返还给个体，那么带有不可分割的劳动的模型与就业彩票就会显示很大的劳动供给弹性。在 29.2 节等价结果的条件下，我们沿着扬奎斯特和萨金特（2007）的线索，证明不完全市场模型会产生同样的很高的劳动供给弹性，针对这种税收体制，职业生涯长度被缩短了，而不是就业彩票中的工作的概率被降低了。

遵循扬奎斯特和萨金特（2012）的精神，我们提出了终生劳动供给模型中出现很高的劳动供给弹性的先决条件。当政府项目，诸如社会保障与超过官方退休年龄的大部分隐性税收有关时，对于那些处于角点解、严格倾向于在官方退休年龄退休的个体来说，税收对职业生涯长度的影响相差不大。

□ 29.3.1 税收

如果劳动收入以税率 $\tau\in[0,1)$ 被征税，同时税收收入并不以任何形式的转移支付被返还给个体，那么对劳动供给就没有影响，考虑到相同的缘由，均衡职业生涯长度（29.2.11）不依赖于工资水平 w。其原因是，在偏好与平衡增长一致的假设条件下，收入效应和替代效应用工资率税后净额的变动抵消。但是倘若所有税收收入均一次性返还给个体，那么劳动供给弹性将会很大。

设 x 表示一次性转移支付的现值，这里一次性转移支付是每位个体在其终生所接收的，由如下政府预算约束确定：

$$\tau w T^{*}=x \tag{29.3.1}$$

其中 T^{*} 表示均衡职业生涯长度。注意，已知零利率及 1 单位长的终生长度，x 表示人均一次性转移支付，它满足政府的静态预算约束（29.3.1）和在个体终生内支付给他的总的一次性转移支付的现值。

像 29.2.1 节一样，个体再次选择唯一的常值消费 $\bar{c}$，在各个可供选取的劳动供给路径上是无差异的，这些劳动供给路径会产生需要为其消费选择融资的收入的特殊现值。在现在没有折现的假设下，所有那些可供选择的劳动供给路径具有相同的职业生涯长度，即个体一生中同样部分的时间用于工作，$T=\int_0^1 n_t\,\mathrm{d}t$。因此，个体的最优化问题变成

$$\max_{\bar{c},T}\{\log(\bar{c})-BT\} \tag{29.3.2}$$

且满足如下约束：

$$\bar{c}\leqslant(1-\tau)wT+x \tag{29.3.3}$$

---

① 就规模收益不变的柯布-道格拉斯生产函数而言，方程（29.8.5b）已经证明，国际资本市场的利率是如何决定小的开放经济中的资本-劳动比的，这反过来决定了（29.8.5a）式中的工资率。

$\bar{c} \geqslant 0, T \in [0,1]$

将预算约束（29.3.3）代入目标函数（29.3.2），并在内部解处计算对职业生涯长度的一阶条件

$$\frac{(1-\tau)w}{(1-\tau)wT+x} - B = 0 \tag{29.3.4}$$

将（29.3.1）式代入一阶条件（29.3.4），可以证明均衡职业生涯长度是

$$T^*(\tau) \equiv \frac{1-\tau}{B} \tag{29.3.5}$$

当劳动不可分割的时候，我们得出终生劳动供给是有很大弹性的。依据表达式（29.3.5），针对税率净额 $1-\tau$ 的终生劳动供给弹性等于 1。

读者可以证明，带有就业彩票的模型会得出同样的均衡消费和个体的同样的（期望）终生效用。例如，我们可以采用本章第 3 个注脚中的第一个彩票设计例子，其中计划者对每一组新出生个体管理终生就业彩票，并在生命开始时便完成指派：一部分个体 $\psi \in [0, 1]$ 总是在工作，另一部分个体 $1-\psi$ 总是在享受闲暇。如果我们用 ψ 代替选择变量 T，这样的计划者问题和上面的平均时间计划问题是一样的。

□ 29.3.2 社会保障

不像 29.3.1 节将税收收入一次性返还给个体，我们现在假定所有收入用于为社会保障体系融资，其中个体有资格在官方退休年龄退休并领取福利。所有劳动收入都要以社会保障统一税率 $\tau \in (0, 1)$ 缴税。个体选取退休日期 T 之后，它或许等于 R，或许不等于 R，福利等于人口替代率 ρ 乘以工人平均收入，也就是 ρ 乘以工资率 w。在 R 之后选择退休的个体，一直到他们实际退休才领取福利。

为了建立均衡，我们设置社会保障体系的两个参数 R 与 τ，然后求解余下的人口替代率 ρ，这里的 ρ 与平衡政府预算一致。在均衡职业生涯长度 $\widetilde{T}$ 处，政府预算约束是

$$\tau w\widetilde{T} = (1-\max\{R,\widetilde{T}\})\rho w \tag{29.3.6}$$

其中左边是税收收入，右边是社会保障福利。最大算子的第一个（第二个）参数可得出均衡结果，其中工人在官方退休年龄之前（之后）退休。注意，1 单位长的终生长度意味着年龄区间既对应于个体终生的一部分，也对应于年龄区间任何时点上的人口总数的一部分。由预算约束（29.3.6），我们可以解出人口替代率，

$$\rho = \frac{\tau\widetilde{T}}{1-\max\{R,\widetilde{T}\}} \tag{29.3.7}$$

个体的最优职业生涯长度可求解

$$\max_{T\in[0,1]} \{\log[(1-\tau)wT + \rho w \min\{1-R, 1-T\}] - BT\} \tag{29.3.8}$$

其中我们将个体的预算约束代入效用函数，并且 min 的参数的出现顺序同（29.3.6）式的 max 的参数出现顺序，也就是第一个（第二个）参数针对选择工作比官方退休年龄更短（更长）的个体。

$\widetilde{T}\leqslant R$ 的情况

在最优化职业生涯长度 $T\leqslant R$ 的情况下，(29.3.8) 式的一阶条件在内部解处（针对 $T\leqslant R$）变成

$$\frac{(1-\tau)w}{(1-\tau)wT+\rho w(1-R)}-B=0 \tag{29.3.9}$$

由（29.3.7）式中的政府预算平衡，$\rho=\tau\widetilde{T}/(1-R)$，将它代入（29.3.9）式得到均衡职业生涯长度的表示式

$$\widetilde{T}=\frac{1-\tau}{B}\equiv T^{+}(\tau) \tag{29.3.10}$$

$\widetilde{T}\geqslant R$ 的情况

在最优化职业生涯长度 $T\geqslant R$ 的情况下，(29.3.8) 式的一阶条件在内部解处（针对 $T\geqslant R$）变成

$$\frac{(1-\tau)w-\rho w}{(1-\tau)wT+\rho w(1-T)}-B\geqslant 0 \tag{29.3.11}$$

除了在 $T=1$ 时有约束的角点解下，上式等号成立。然而，这种角点解可以作为均衡结果被剔除，这是因为（29.3.7）式中的政府预算平衡可能会蕴含人口替代率趋于无穷大，因此对于工人来说，先于他人生终结的时刻就退休一定是最优的。将 $\rho=\tau\widetilde{T}/(1-\widetilde{T})$ 代入等号成立的（29.3.11）式的分母中，我们得出均衡职业生涯长度的表达式

$$\widetilde{T}=\frac{1-\tau-\rho}{B}=\frac{1-\dfrac{\tau}{1-\widetilde{T}}}{B} \tag{29.3.12}$$

当我们对第二个出现的 ρ 也进行代换时，第二个等式成立。

对（29.3.12）式重新整理排序，可以得出

$$B\widetilde{T}^{2}-(1+B)\widetilde{T}+1-\tau=0 \tag{29.3.13}$$

这个二次方程的较小的根就确定了均衡职业生涯长度：

$$\widetilde{T}=\frac{1+B-\sqrt{(1+B)^{2}-4B(1-\tau)}}{2B}\equiv T^{-}(\tau) \tag{29.3.14}$$

其中 $\widetilde{T}^{-}(0)=1/B$，而当 τ 趋于 1 时，$T^{-}(\tau)$ 递减趋于 0。①

① 对二次方程（29.3.13）中的 τ 设置 $\tau=0$，方程的两个根为

$$\frac{1+B\pm\sqrt{1+2B+B^{2}-4B}}{2B}=\frac{1+B\pm\sqrt{(1-B)^{2}}}{2B}$$

$$=\frac{1+B\pm|1-B|}{2B}=\frac{1+B\pm(B-1)}{2B}=\left(1,\frac{1}{B}\right)$$

其中我们利用了参数约束 $B\geqslant 1$ 来计算绝对值 $|1-B|=B-1$。较小的根构成了均衡职业生涯长度，因为它和（29.2.11）式中个体的选择相符。

由定义 $T^+(\tau)$ 的方程（29.3.10）及隐含定义了 $T^-(\tau)$ 的方程（29.3.12），立刻可得对于 $\tau\in(0, 1)$，$T^+(\tau)>T^-(\tau)$。我们现在叙述一个命题，以此描述均衡情况下选取的退休年龄 $\widetilde{T}$ 如何取决于官方社会保障的退休年龄。

命题：已知官方退休年龄 $R\in(0, 1)$ 及税率 $\tau\in(0, 1)$，则均衡职业生涯长度 $\widetilde{T}(R, \tau)$ 是唯一的，并由以下规则给出：

i）当 $R\leqslant T^-(\tau)$ 时，$\widetilde{T}(R, \tau)=T^-(\tau)$（在官方退休年龄之后退休）；

ii）当 $R\geqslant T^+(\tau)$ 时，$\widetilde{T}(R, \tau)=T^+(\tau)$（在官方退休年龄之前退休）；

iii）否则，$\widetilde{T}(R, \tau)=R$（在官方退休年龄退休）。

给定 $R=0.6$，图 29.3.1 中的实线表示作为 τ 的函数的均衡职业生涯长度。当税率是在 16%～40%之间时，均衡职业生涯长度对于税率的这种变动并不会出现什么反应，因为个体处于角点解且严格地倾向于在官方退休年龄 R 退休。一旦离开那个角点解，职业生涯长度就对社会保障税率 τ 表现出高度的敏感性，如图 29.3.1 所示。

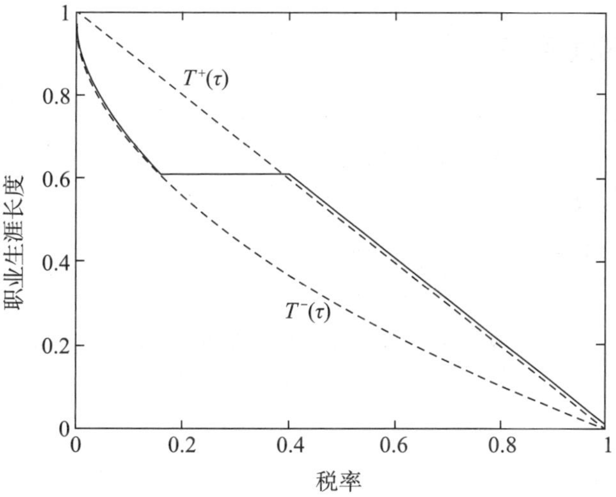

图 29.3.1　社会保障。实线画出了已知官方退休年龄 $R=0.6$，作为社会保障税率 τ 的函数的均衡职业生涯长度。在低（高）税率 $\tau<0.16$（$\tau>0.4$）时，已知工作负效用 $B=1$，个体在官方退休年龄之后（之前）退休，实际退休年龄沿着曲线 $T^-(\tau)$[$T^+(\tau)$] 变化

在个体在官方退休年龄之前退休的均衡中，$R>\widetilde{T}=T^+(\tau)$，则均衡职业生涯长度（29.3.10）与普雷斯科特税收体系下的结果（29.3.5）相等。其原因如下：(a) 在我们的假设下，即平均收入单独地决定了人口替代率，而不涉及职业生涯长度，个体将他们的社会保障只看成是一种税收，同时注意到支付它并没有获得额外福利，(b) 当最优职业生涯长度短于官方退休年龄时，未来社会保障支付的现值像一次性转移支付那样操作。在有在官方退休年龄之后退休的个体的均衡中，职业生涯长度对社会保障税收的敏感性甚至更大一些，$R<\widetilde{T}=T^-(\tau)$，这是因为关于职业生涯长度的边际决策也会因超过官方退休年龄的工作所带来的福利损失而被扭曲，如同表达式（29.3.12）中的第一个等式所揭示的。

29.4 工资-经历组合

当人力资本被不断积累时，各种不同的就业彩票模型和时间平均模型的结果的等价性就会失效。人力资本积累技术通常使职业选择实际上诱发另一种不可分割性，这种不可分割性将由我们的两类模型以不同方式处理。尽管在时间平均模型中的个体在因工作经历或者投资于人力资本而使工资提高的时候将会考虑什么时候终止职业生涯，带有就业彩票的完全市场经济中的"看不见的手"将会主宰如下的双重劳动市场，即有一些人专门工作，另一些人则享受闲暇。这里我们采用了扬奎斯特和萨金特（2012）的工资-经历组合的设定。① 过去就业总时长为 $h_t=\int_0^t n_s\mathrm{d}s$ 的个体有机会赚得

$$w_t=Wh_t^{\phi},\quad W>0,\ \phi\in[0,1] \tag{29.4.1}$$

□ 29.4.1 时间平均

在没有折现假设的条件下，个体对其劳动供给的时机选择是无差异的，所以我们任意地假定个体在生命开始时就提前工作。对于将自己终生的一部分时间 T 用于工作的那种人来说，劳动收入的现值是

$$\int_0^T Wt^{\phi}\mathrm{d}t=\frac{WT^{\phi+1}}{\phi+1} \tag{29.4.2}$$

如同以往一样，由于主观折现率等于市场利率，所以个体选择常值消费流 $\bar{c}$ 。因此，个体的最优化问题变成

$$\max_{\bar{c},T}\{\log(\bar{c})-BT\} \tag{29.4.3}$$

且满足如下约束：

$$\begin{aligned}&\bar{c}\leqslant\frac{WT^{\phi+1}}{\phi+1}\\&\bar{c}\geqslant 0,\ T\in[0,1]\end{aligned} \tag{29.4.4}$$

我们将预算约束（29.4.4）代入目标函数（29.4.3），并在内部解处计算相对于职业生涯长度的一阶条件，

$$T=\frac{\phi+1}{B} \tag{29.4.5}$$

其中关于内部解的隐含参数限制是 $B\geqslant\phi+1$。

由于偏好与平衡增长一致，最优职业生涯长度（29.4.5）确实不取决于工资水平参数 W。可是，很明显，职业生涯长度随弹性参数 ϕ 增大。工资-经历组合对累计工作时间

① 我们将本-波拉斯（1967）的人力资本技术分析推迟至29.6节。

的弹性越大，则个体的职业生涯就越长。

□ 29.4.2 就业彩票

在 29.2.2 节，我们对计划者问题做出三种修改。除了我们的两种零折现的特殊化，以及关于消费的瞬时效用函数是对数之外，现在有如同（29.4.1）给出的特定个体的工资率 w_{jt}，这里每个个体的工资关于他自己的过去经历都是递增的。

由于个体的工资随他的经历而增大，立刻可得一种最优就业配置，一部分个体 ψ 总是工作（对于所有 $t\in[0,1]$，对于这些不幸的人，$n_{jt}=1$），另一部分个体 $1-\psi$ 总是享受闲暇（对于所有 $t\in[0,1]$，对于这些幸运的人，$n_{jt}=0$）。因此，彩票设计的不确定性消失。如同（29.4.2）式所定义的，那些终生都工作的个体所产生的劳动收入的现值等于 $W/(\phi+1)$。

与前面一样，对于不同的个体与不同的时间，计划者选择常值消费流 $\bar{c}$。计划者问题变成

$$\max_{\bar{c},\psi}\{\log(\bar{c})-B\psi\} \tag{29.4.6}$$

且满足如下约束：

$$\bar{c}\leqslant\psi\frac{W}{\phi+1} \tag{29.4.7}$$

$$\bar{c}\geqslant 0,\ \psi\in[0,1]$$

我们将预算约束（29.4.7）代入目标函数（29.4.6），并在内部解处计算对人口中被指派工作的那部分人的一阶条件，

$$\psi=\frac{1}{B} \tag{29.4.8}$$

我们可得出如下结论：带有就业彩票的完全市场经济中的个体的平均工作时间要少于那些不完全市场经济中“时间平均”的个体的工作时间，如（29.4.5）式所示。后者在他们终生工资潜在的峰值处面对享受闲暇与挣得额外劳动收入之间的困难选择。那些遵循计划者命令的个体则不会面临这样的选择，计划者使用彩票来凸性化由职业所造成的不可分割性。当然，在特殊情况（$\phi=0$）下，当工作经历确定不影响工资时，对于两个不同的经济来说，总劳动供给与期望终生效用恰好完全一样，像 29.2 节的等价性结果所断言的。

□ 29.4.3 普雷斯科特税与转移方案

对于当前带有工资-经历组合的环境来说，再次研究 29.3.1 节的普雷斯科特税具有指导意义。我们要求读者证明，在时间平均经济中，均衡职业生涯长度是

$$T^{*}=\frac{(1-\tau)(\phi+1)}{B} \tag{29.4.9}$$

同时在就业彩票经济中，就业人口部分是

$$\psi^* = \frac{1-\tau}{B} \tag{29.4.10}$$

尽管（29.4.9）式与（29.4.10）式中的劳动供给不同，但我们发现，针对净税率 $1-\tau$ 的供给弹性是相同的且等于 1。这个等式是带有不可分割劳动的不完全市场经济与完全市场经济广泛相似性的另一个反映。当我们将比利的不完全市场经济的总劳动供给与其完全市场相应经济的总劳动供给进行比较时，我们将在 29.8 节遇到另一个例子。

□ 29.4.4 没有折现现在很重要

回顾 29.2.1 节固定的工资-经历组合（$\phi=0$），对多重劳动供给路径来说，个体是无差异的，多重劳动供给路径会产生约束（29.2.9）下劳动收入的同样的现值。其原因在于，两个具有劳动收入的同样现值的可供选择劳动供给路径蕴含着，当 $\rho=r$ 时，有同样的工作的终生负效用。注意，对于严格正的折现，$\rho=r>0$，倾向于未来的劳动供给路径意味着个体不得不工作较长时期来获得劳动收入的同样现值，这种情况可以和倾向于现在的劳动供给路径进行比较。然而，对于个体来说，那是可接受的，因为当主观折现率等于市场折现率时，未来的工作负效用以劳动工资的相同比率进行折现。

可是，如果存在向上倾斜的工资-经历组合（$\phi>0$），那么个体对于与终生劳动供给的时间安排相联系的职业生涯长度方面的所述变动不再是无差异的。特别地，当 $\rho=r>0$ 时，个体严格地倾向于将他自己的劳动供给转变到生涯的末端，因为就已知的终生工作负效用而言，在生涯的晚些时候工作会意味着花费更多的时间总数来工作。这样就会使工人的经历-工资组合更进一步地上升，进而增大了终生工资的现值。

我们模型中没有描述的一些特性可能会使那种将劳动供给推迟至生涯末端的意愿变弱，比如迫使个体用当前劳动工资来为消费融资的借款约束，迫使个体较早解决职业生涯不确定性的不完全保险市场，以及预测随着年龄增大熟练性不断减少的情况。

29.5 强度边际

普雷斯科特等人（2009）通过引入劳动供给的强度边际，也就是 $n_t\in[0,1]$ 现在是连续的而不是离散的选择变量，将 29.2 节中扬奎斯特和萨金特（2007）的分析加以扩展。然而，为了保留不可分割劳动的重要作用，他们假定从 n_t 到有效劳动服务存在一个非线性映射，尤其是递增映射，此映射先是凸的，然后是凹的。为了阐述简单起见，我们令与 n_t 联系的有效劳动服务是 $n_t-\underline{n}$，其中 $\underline{n}\in(0,1)$。正如普雷斯科特等人（2009）所注意的，这样的映射可以反映出建立工作联系、向同事学习等的成本。

偏好与扬奎斯特和萨金特（2007）那篇文章中的偏好相同，如（29.2.1）式所示，只是现在没有折现，$\rho=r=0$。在 n_t 是连续的选择变量的当前假设下，我们需要做出对函数 $v(\cdot)$ 的额外假设。工作的瞬时负效用函数 $v(n)$ 是严格递增、严格凸且二阶连续可微的。

□ 29.5.1 就业彩票

我们以求解静态模型中带有就业彩票的完全市场经济来开始讨论。为了计算均衡配置，我们假定，对于个体的连续统 $j\in[0,1]$，计划者选择消费与就业 $c_j\geqslant 0$，$n_j\in[0,1]$，为的是使

$$\int_0^1[u(c_j)-v(n_j)]\mathrm{d}j \tag{29.5.1}$$

最大化，且满足如下约束：

$$\int_0^1 c_j\mathrm{d}j\leqslant w\int_0^1[n_j-\underline{n}]\mathrm{d}j \tag{29.5.2}$$

$u(c)$ 的严格凹性会使得对每一个个体指定同样的消费 $\bar{c}$ 是最优的。同理，由于 $v(n)$ 的严格凹性，计划者要求能承担工作的每一个个体都有相同的劳动供给 $\bar{n}$。以工作为条件，劳动供给 $\bar{n}>\underline{n}$，其原因是在没有赚得任何工资的情况下，拥有那种导致工作负效用的个体就不可能是最优的。对于不工作的个体来说，$n_j=0$。

给定这个最优配置的特征，计划者的最优问题变成

$$\max_{\bar{c},\bar{n},\psi}\{u(\bar{c})-\psi v(\bar{n})\} \tag{29.5.3}$$

且满足如下约束：

$$\begin{aligned}&\bar{c}\leqslant w(\bar{n}-\underline{n})\psi\\&\bar{c}\geqslant 0,\ \bar{n}\in[0,1],\ \psi\in[0,1]\end{aligned} \tag{29.5.4}$$

其中 ψ 表示人口中被计划者指派工作的那部分人，同样的比例 ψ 也是分散化市场经济就业彩票中工作的概率。

正如普雷斯科特等人（2009）所强调的，有意思的情况是 ψ 与 $\bar{n}$ 的解都处于内部。在这种情况下，将预算约束（29.5.4）的等式形式代入目标函数（29.5.3），我们就可分别获得关于 ψ 与 $\bar{n}$ 的一阶条件：

$$u'(\psi w(\bar{n}-\underline{n}))w(\bar{n}-\underline{n})=v(\bar{n}) \tag{29.5.5a}$$

$$u'(\psi w(\bar{n}-\underline{n}))w\psi=\psi v'(\bar{n}) \tag{29.5.5b}$$

整理这些表示式，可以得到

$$v'(\bar{n})=\frac{v(\bar{n})}{\bar{n}-\underline{n}} \tag{29.5.6}$$

这个最优状态的条件表明，对计划者来说，不论是就强度边际而言，还是就广度边际而言，额外供给有效劳动服务的边际成本都应该是相等的。* 当被雇用的个体被要求增加他们的工作小时数时，在强度边际下，边际负效用是 $v'(\bar{n})$，而在广度边际下，边际成本是

* "intensive margin"，强度边际，又称集约边际。"extensive margin"，广度边际，又称广延边际。对于如何理解强度边际、广度边际，举例来说明：某一家厂商雇用多少工人是广度边际，而让每个工人每天工作多少小时是强度边际；再比如，一家厂商出口多少种产品是广度边际，每种产品的出口金额是强度边际。——译者注

$v(\bar{n})/(\bar{n}-\underline{n})$，也就是被要求从不工作转为工作的个体的每个有效小时的平均负效用。

注意，被雇用的个体的最优劳动供给 $\bar{n}$ 可以从（29.5.6）式中计算出，除了对 ψ 的内部解设想之外，既不取决于 $\bar{c}$，也不取决于 ψ。于是，给定 $\bar{n}$ 的解，我们要么利用（29.5.5a）式来得到 ψ 的解，要么利用（29.5.5b）式来得到 ψ 的解。

□ 29.5.2 时间平均

我们转向时间平均经济。个体的问题类似于 29.2.1 节中的问题，只是增加了额外的普雷斯科特等人（2009）的强度边际（同时，没有折现）。个体选择终生消费与就业即 $c_t \geqslant 0$ 与 $n_t \in [0,1]$，对于 $t \in [0, 1]$，使

$$\int_0^1 [u(c_t)-v(n_t)]\mathrm{d}t \tag{29.5.7}$$

最大化，且满足下面的约束：

$$\int_0^1 c_t \mathrm{d}t \leqslant w\int_0^1 [n_t-\underline{n}]\mathrm{d}t \tag{29.5.8}$$

于是，立即得到，这个问题等同于 29.5.1 节静态模型中的计划者问题，其唯一的差异是，我们现在对时间进行积分，而不是对个体进行积分。因此，我们可重新用公式形式将个体的最优化问题变成

$$\max_{\bar{c},\bar{n},T}\{u(\bar{c})-Tv(\bar{n})\} \tag{29.5.9}$$

且满足下面的约束：

$$\begin{aligned} &\bar{c} \leqslant w(\bar{n}-\underline{n})T \\ &\bar{c} \geqslant 0,\ \bar{n} \in [0,1],\ T \in [0,1] \end{aligned} \tag{29.5.10}$$

其中 T 表示个体致力于工作的那部分，也就是个体自己的职业生涯长度。

□ 29.5.3 普雷斯科特税

为了在既存在强度边际，又存在广度边际时检查税收的效应，我们采用 29.3.1 节的分析。政府预算约束变成

$$\tau w(\bar{n}-\underline{n})T^{*}=x \tag{29.5.11}$$

在效用是消费对数的假设条件下，个体的最优化问题成为

$$\max_{\bar{c},\bar{n},T}\{\log(\bar{c})-Tv(\bar{n})\} \tag{29.5.12}$$

且满足下面的约束：

$$\begin{aligned} &\bar{c} \leqslant (1-\tau)w(\bar{n}-\underline{n})T+x \\ &\bar{c} \geqslant 0,\ \bar{n} \in [0,1],\ T \in [0,1] \end{aligned} \tag{29.5.13}$$

将预算约束（29.5.13）代入目标函数（29.5.12），并分别在内部解处计算对 T 与 $\bar{n}$ 的一阶条件，得出

$$\frac{(1-\tau)w(\bar{n}-\underline{n})}{(1-\tau)w(\bar{n}-\underline{n})T+x}-v(\bar{n})=0 \tag{29.5.14a}$$

$$\frac{(1-\tau)wT}{(1-\tau)w(\bar{n}-\underline{n})T+x}-Tv'(\bar{n})=0 \tag{29.5.14b}$$

整理这两个方程，可得

$$v'(\bar{n})=\frac{v(n)}{\bar{n}-\underline{n}} \tag{29.5.15}$$

当不存在税收时，这个条件与表达式（29.5.6）的相同，因此，广度边际并不受税收的影响。为了计算均衡职业生涯长度，我们将（29.5.11）式代入一阶条件（29.5.14a），得出

$$T^*=\frac{1-\tau}{v(\bar{n})}$$

沿着普雷斯科特等人（2009）的线索，我们得出如下结论：税收效应与扬奎斯特和萨金特（2007）文章中的相同，也就是，劳动供给的全部调整均沿着广度边际发生，而且总劳动供给对净税率 $1-\tau$ 的弹性等于 1。

沿着强度边际没有发生调整的原因是，当已经沿着递增的工作负效用工作时，劳动方面有了变化，同时改变个体生命中用于工作的部分，沿着广度边际的调整是以一个固定的工作负效用的形式做出的。在就业彩票模型中，当劳动不可分割的时候，最后一种权衡条件在工作和不工作之间的一致性是著名的（或取决于你的观点，臭名昭著的）高劳动供给弹性的关键因素。

罗杰森和沃伦尼厄斯（Rogerson and Wallenius，2009）通过将生命周期工资组合加入当前框架中，但是与 29.4 节相比，他们将工资组合取为外生给定的，而不是使它成为由个体过去工作经历的函数所确定，来打破工作和不工作之间权衡条件的一致性。在罗杰森和沃伦尼厄斯的文章设置中，可立刻得出如下两个结果：（a）当个体的生命周期工资组合最高时，也就是当它超过了最优选取的保留水平时，个体就选择去工作；（b）劳动供给 n_t 在某个时间点上和外生工资水平会成正比例地变化。在这种推理框架下，税收既沿着强度边际又沿着广度边际方向影响着劳动供给。尽管递增的工作负效用继续阻挠沿着强度边际的调整，但是当将职业扩展至外生生命周期的工资组合的高度之外时，则存在递减的工资，进而也会阻挠沿着广度边际的调整。在强度边际上的工作负效用的假定曲率和外生生命周期的工资组合确定了沿着强度边际与广度边际做出多大的调整。

29.6 本-波拉斯人力资本

我们转回到劳动严格不可分割的假设上，$n_t \in \{0,1\}$，同时将本-波拉斯人力资本积累技术加入 29.2 节的框架中。我们注意到，本-波拉斯（1967，第 361 页）的观察发现：如果此项技术表现出精准的规模收益不变，那么增加一些单位人力资本的边际成本会是

常值，一直到个体当前人力资本的全部都贡献于越来越多的人力资本的努力，因此，在任何时点上，最优投资率或者会是全部专门化的，或者根本没有投资。在人力资本不贬值的简化假设条件下，由此可得，个体会成为专家，并且预付其全部投资于人力资本上。所获得的人力资本被看成是工作开始之前的正式教育。

为了以一种简单的方式阐述人力资本投资方面的专门化概念，我们假定个体可以学习技术，这种技术可通过他自身投资于 $m \geqslant 0$ 单位的商品来瞬时确定他的人力资本，这样所获得的人力资本水平是

$$h = m^{\gamma}, \qquad \gamma \in (0,1) \tag{29.6.1}$$

同时人力资本不存在贬值。由此立刻得到，对于个体来说，在开始工作之前就运用那种技术将是最优的。在我们的完美信用市场假设下，个体选择投资商品 m，使得他自己的现值劳动收入最大化，与此同时，得出他自己选择的最优职业生涯长度 T。

由居韦嫩等人（Guvenen et al.，2011）、马努埃利等人（2012）所撰写的论文将本-波拉斯人力资本的技术并入生命周期模型，这激励了我们的分析研究。这些论文主要关注的内容不是由 29.3.1 节普雷斯科特税收体系中的力量所驱动的税收动力学，而是由扭曲个体对人力资本的投资的楔子所驱动的税收动力学。居韦嫩等人（2011）假设累进劳动所得税，而马努埃利等人（2012）认为人力资本投资并不是免税的。在这两种情况下，人力资本回报的税率高于投资于人力资本时所放弃的劳动收入的税率，也高于可以从个体的纳税义务中扣除的投资于人力资本的商品的税率。

沿着马努埃利等人（2012）论文的线索，我们假定关于劳动收入的单一税税率 $\tau \in (0,1)$，被投入人力资本的商品仅有 $\varepsilon \in [0,1]$ 部分是免税的。为了隔离居韦嫩等人（2011）、马努埃利等人（2012）论文中起作用的关键力量，我们假定没有将税收一次性转移给个体。然而，在本部分的结尾，我们将证明一次性转移支付在抑制总劳动供给方面是如何有效的①。

□ 29.6.1 时间平均

如前所述，个体会发现，在开始工作之前投资于人力资本技术的数量为 m 是最优的。主观折现率与市场利率相等意味着个体选择固定的消费流 $\bar{c}$，同时他对劳动供给的时间选择是无差异的。此外，由于我们假定没有折现，所以 $\rho = r = 0$，最优职业生涯长度 T 是唯一的且不依赖于个体对劳动供给的时间选择。在假设的人力资本技术（29.6.1）和所述税收政策的条件下，个体的最优化问题变成

$$\max_{\bar{c},m,T}\{\log(\bar{c}) - BT\} \tag{29.6.2}$$

且满足下面的约束：

$$\bar{c} \leqslant (1-\tau)wm^{\gamma}T - (1-\tau\varepsilon)m \tag{29.6.3}$$

---

① 给定不可分割的劳动，马努埃利等人（2012）通过在官方退休年龄处使用隐性税收楔子的社会保障系统建模，消除了一次性转移税收收入的潜在巨大影响，如 29.3.2 节所分析的那样，这在个体的职业决策中产生了拐角解。在居韦嫩等人（2011）对可分割的劳动的分析以及在早些时候的论文中对不可分割的劳动的探索中，职业生涯长度对一次性转移支付的敏感性不会出现，因为他们假定了一个外生退休年龄，这个假定在许多世代交叠模型中出现。

$\bar{c}\geqslant 0,\ m\geqslant 0,\ T\in[0,1]$

我们将预算约束（29.6.3）代入目标函数（29.6.2），并计算关于 m 的一阶条件，得到内部解 T 处的数值。在经过整理后，这些关于 m 与 T 的一阶条件分别是

$$m^{1-\gamma}=\frac{\gamma(1-\tau)w}{1-\tau\varepsilon}T \tag{29.6.4a}$$

$$T=\frac{1}{B}+\frac{1-\tau\varepsilon}{1-\tau}\frac{m^{1-\gamma}}{w} \tag{29.6.4b}$$

将（29.6.4a）式代入（29.6.4b）式，可以得到

$$T=\frac{1}{(1-\gamma)B} \tag{29.6.5}$$

其中有关内部解的隐性参数约束是 $(1-\gamma)B\geqslant 1$。

在我们的没有税收收入一次性返还给个体的假设条件下，（29.6.5）式所选取的最优职业生涯长度对于税收来说是不变的。税收对人力资本存量的任何影响，进而对劳动工资水平的影响，都不会影响到个体的工作意愿，原因在于偏好与平衡增长是一致的，也就是收入效应和替代效应相互抵消。给定职业生涯长度（29.6.5）为常数，从表达式（29.6.4a）可以得出，如果所有人力资本投资都是免税的，也就是如果 $\varepsilon=1$，人力资本投资关于税收也是不变的。但是如果 $\varepsilon<1$，我们看到，在税率为 τ 时，人力资本投资会下降，因为人力资本收益的税率比投入人力资本的商品可以免税的比率要高。

税收扭曲的严重程度取决于人力资本技术的曲率参数 γ。例如，当人力资本投资不免税时，$\varepsilon=0$，我们可以从方程（29.6.4a）中求解 m，同时可计算个体的人力资本存量，这由（29.6.1）式给出：

$$h=[\gamma(1-\tau)wT]^{\frac{\gamma}{1-\gamma}}$$

因而，当净税率为 $1-\tau$ 时，人力资本的弹性，还有劳动收入 whT，等于 $r/(1-r)$，当 γ 趋向于1时它可以变得任意大。高的 γ 数值与税收的强大产出影响有联系，其原因类似于“AK 模型”（产出针对单个投入如资本是线性的）。在我们的人力资本技术（29.6.1）中，单个投入是能复制的，并展示出当接近于1时弱的收益递减。同理，对于标准的本-波拉斯技术来说，不论是将购买的商品作为投入，还是将个体当前的人力资本服务作为投入，实际上都是能复制的，所以如果人力资本技术接近规模收益不变，（和标准的规模收益不变假设相结合，就商品技术而言，使用了人力资本和实物资本），那么就会产生同 AK 模型的类似性。

□ 29.6.2 就业彩票

同 29.4 节中的工资-经历组合的情况一样，计划者最优地（而且随机地）指定一部分个体 ψ，在他们的整个生存期间都工作，而另一部分个体$1-\psi$则享受闲暇。不用说，计划者将只对那些被指派工作的个体进行人力资本投资。在人力资本技术（29.6.1）的假设以及所述税收政策条件下，计划者的问题变成

$$\max_{\bar{c},m,\psi}\{\log(\bar{c})-B\psi\} \tag{29.6.6}$$

且满足下述的约束：

$$\bar{c} \leqslant (1-\tau)wm^{\gamma}\psi - (1-\tau\varepsilon)m\psi \tag{29.6.7}$$
$$\bar{c} \geqslant 0,\ m \geqslant 0,\ \psi \in [0,1]$$

我们将预算约束（29.6.7）代入目标函数（29.6.6），然后计算对于 m 及内部解 ψ 的一阶条件。在经过某些数学整理之后，这些关于 m 及 ψ 的一阶条件分别是

$$m^{1-\gamma} = \frac{\gamma(1-\tau)w}{1-\tau\varepsilon} \tag{29.6.8a}$$

$$\psi = \frac{1}{B} \tag{29.6.8b}$$

同工资-经历组合的情况一样，在就业彩票经济中，个体的平均工作时间要小于时间平均经济中的个体的平均工作时间：将表达式（29.6.8b）与（29.6.5）加以比较就可得出。时间平均经济中的个体在享受闲暇和从他们过去投资于人力资本所获得的额外劳动收入之间面临困难的选择。这个困难的选择不会再一次被就业彩票经济中的个体所遇到，其中计划者随机地指派总体的一部分 ψ 在他们的整个生存期间都工作，从而确保了有效使用全部人力资本。然而，当 r 趋于 0 时，两种经济中的劳动供给之差会消失。在极限（$\gamma=0$）情况下，当技术不再用于增强个体的人力资本时，两个经济的劳动供给就是一样的，我们回到了 29.2 节中我们的等价性结果上。

鉴于就业彩票经济中的个体被指派在他们的整个生存期间都工作，并不令人感到惊奇的是，与时间平均经济中对个体的投资决策相比，计划者对每一个被雇用的工人做出了更多的人力资本投资：对表达式（29.6.8a）与（29.6.4a）加以比较就可得出。从（29.6.8a）式求解出计划者的选择 m 以及将其代入人力资本技术（29.6.1），则就业彩票经济中平均每一个被雇用的工人的人力资本存量是

$$h = [\gamma(1-\tau)w]^{\frac{\gamma}{1-\gamma}}$$

因而，人力资本对净税率 $1-\tau$ 的弹性及劳动收入 $wh\psi$ 与时间平均经济中的那些量相同，都等于 $\gamma/(1-\gamma)$。

□ 29.6.3 普雷斯科特税

现在我们增加普雷斯科特假设，税收收入，即对人力资本投资的任何减税后的净值，都要一次性返还给个体。这样的声明保持了对时间平均经济以及就业彩票经济中总劳动供给强有力的抑制。

在时间平均经济中，我们对 29.3.1 节的分析进行如下修改。政府预算约束变成

$$\tau w h^* T^* - \tau\varepsilon m^* = x \tag{29.6.9}$$

其中 T^*、h^* 和 m^* 分别表示职业生涯长度、人力资本存量以及个体购买投入于人力资本技术的商品的均衡值。个体的预算约束被增强，包括了一次性转移支付 x：

$$\bar{c} \leqslant (1-\tau)wm^{\gamma}T - (1-\tau\varepsilon)m + x \tag{29.6.10}$$

在将预算约束（29.6.10）代入目标函数（29.6.2）之后，我们可以计算并证明，我们前

面的关于 m 的一阶条件并没有变化，也就是

$$m^{1-\gamma}=\frac{\gamma(1-\tau)w}{1-\tau\varepsilon}T \tag{29.6.11}$$

然而，职业生涯长度 T 对于税收来说不再是不变的。特别地，在将政府预算约束(29.6.9)代入个体的关于 T 的一阶条件及内部解之后，其结果可以重新整理为

$$T=\frac{1-\tau}{B}+\frac{m^{1-\gamma}}{w} \tag{29.6.12}$$

我们将其代入表达式（29.6.11），可以得到

$$T^{*}=\frac{1-\tau}{\left[1-\gamma\dfrac{1-\tau}{1-\tau\varepsilon}\right]B} \tag{29.6.13}$$

由于 $\tau\in(0,1)$ 与 $\varepsilon\in[0,1]$，所以现在的均衡职业生涯长度要小于当税收收入没有被一次性返还给个体时的表达式（29.6.5）中所给出的均衡职业生涯长度，这里的税收收入，即对人力资本投资的任何减税后的净值。

例如，当对人力资本的投资完全免税的时候，$\varepsilon=1$，我们消除了重要的扭曲力量，即马努埃利等人（2012）所关注的焦点，也就是，表达式（29.6.13）中对商品投入的选择不再被对源于人力资本的投资及收益的区别征税所扭曲，但是普雷斯科特的税收扭曲来自一次性将税收收入转移给个体，这是确定均衡职业生涯长度（29.6.13）的强有力的决定因素，在 $\varepsilon=1$ 时计算得出

$$T^{*}|_{\varepsilon=1}=\frac{1-\tau}{(1-\gamma)B} \tag{29.6.14}$$

因此，当政府将税收一次性让与个体时，职业生涯长度对于税收来说就不再是不变的，尤其是对表达式（29.6.14）与（29.6.5）加以比较就可得出。总劳动供给对净税率 $1-\tau$ 的弹性再一次是 1。但是，现在劳动收入进一步下降，因为削弱了人力资本投资，这是由表达式（29.6.11）的商品投入所决定的，这里的表达式（29.6.11）是随职业生涯长度正比例变化的。

我们将推导就业彩票模型中的相应均衡结果作为练习留给读者完成，这可按照与上面一样的步骤来执行。可以证明，计划者关于 m 的一阶条件与表达式（29.6.8a）相同，执行类似于上面的那些步骤，其中将政府预算约束代入计划者关于 ψ 的一阶条件，可以得出

$$\psi^{*}=\frac{(1-\tau)wm^{\gamma}-(1-\tau\varepsilon)m}{(wm^{\gamma}-m)B}<\frac{1}{B} \tag{29.6.15}$$

这个严格的不等式是由 $\tau\in(0,1)$ 与 $\varepsilon\in[0,1]$ 推导出来的，因此，总体中被指派工作的均衡部分小于与 29.6.2 节建立起来的那个总体中被指派工作的均衡部分，其中税收并没有被一次性返还给个体，如同由（29.6.8b）式所给出的。再次考虑这样一种情况是有意义的，当对人力资本的投资是完全免税的时候，$\varepsilon=1$，

$$\psi^{*}|_{\varepsilon=1}=\frac{1-\tau}{B} \tag{29.6.16}$$

其中总劳动供给对净税率 $1-\tau$ 的弹性再一次是 1。

29.7 工资冲击

接下来，我们研究工资冲击是如何影响个体选择职业生涯长度的。沿着扬奎斯特和萨金特（2012）的线索，我们研究一个未预料到的永久工资冲击，这将促使我们强调如下的力量，这种力量也将在较为富裕的环境中起作用。为了额外的分析简单起见，我们假定一个固定收入组合、没有折现，同时效用是消费的对数函数。参数约束 $B>1$ 确保了终生劳动供给有严格的内部解（至少是先于未预料到的工资冲击）。

如同我们在 29.2.1 节的基本设置，个体可以在工资率为 w 时选择去工作，并求解确定性终生劳动供给问题。位于内部解处的最优解是表达式（29.2.8）中的固定消费水平 $\bar{c}=w/B$，而职业生涯长度为表达式（29.2.11）给出的 $1/B$。由于个体对他自己的劳动供给的时间选择来说是无差异的，所以我们可自由地假定，个体在时间 $t_0\in(0,1-1/B)$ 开始工作，并且继续在他最优选取的整个职业生涯长度期间工作，也就是个体打算在年龄

$$\bar{R}=t_0+1/B \tag{29.7.1}$$

退休。被雇用的个体偿还债务，同时为退休积累资产，在时间 $t\in[t_0,\bar{R}]$ 所持有的资产由下式给出

$$A(t)=\int_0^{t_0}-\bar{c}\mathrm{d}s+\int_{t_0}^{t}(w-\bar{c})\mathrm{d}s=w(t-t_0)-\frac{w}{B}t \tag{29.7.2}$$

其中我们涉及最优消费水平 $\bar{c}=w/B$。在开始工作之前，个体通过借贷来为消费融资，因此，存在某个日期 $\bar{t}\in(t_0,\bar{R})$，在那个时刻被雇用者刚好偿还其债务 $A(\bar{t})=0$，同时开始为退休积累资产，其中

$$A(\bar{t})=w(\bar{t}-t_0)-\frac{w}{B}\bar{t}=0\quad\Rightarrow\quad\bar{t}=\frac{B}{B-1}t_0 \tag{29.7.3}$$

当工资率出现在 $t\in[\bar{t},1]$ 未预料到的从 w 到 $\hat{w}$ 的跳跃时，考虑 $\hat{t}\in[t_0,\bar{R}]$ 时未预料到的中期职业生涯工资冲击。约束条件为 $A(\hat{t})$ 是在旧的最优计划下被积累起来的持有资产，此冲击会促使个体分别通过选择新的消费 $\hat{c}_t\geqslant0$ 和劳动供给 $\hat{n}_t\in\{0,1\}$ 来使他自己终生的剩余效用

$$\int_{\hat{t}}^{1}[\log(\hat{c}_t)-B\hat{n}_t]\mathrm{d}t$$

最大化。个体对最优计划的修正规定了区间 $[\hat{t},1]$ 上的一个固定消费路径和新的退休年龄 $\hat{R}\in[\hat{t},1]$。

对于在未预料到的工资冲击之后选择在 $\hat{t}$ 时刻工作且一直到 $R\in[\hat{t},1]$ 的个体，在 $\hat{t}$ 时刻已经积累的金融资产 $A(\hat{t})$ 与未来劳动收入的现值之和变成

$$A(\hat{t})+\int_{\hat{t}}^{R}\hat{w}\mathrm{d}s=w(\hat{t}-t_0)-\frac{w}{B}\hat{t}+\hat{w}(R-\hat{t}) \tag{29.7.4}$$

然后，这个表达式除以 $1-\hat{t}$ 就得到剩余生涯 $1-\hat{t}$ 上的固定消费率，这是因为融资财富与非融资财富在时间 $\hat{t}$ 的现值必须等于时期 $[\hat{t}, 1]$ 上消费的现值。

因而，个体的最优退休年龄可解

$$\max_{R\in[\hat{t},1]}\left\{(1-\hat{t})\log\left[\frac{w(\hat{t}-t_0)-\frac{w}{B}\hat{t}+\hat{w}(R-\hat{t})}{1-\hat{t}}\right]-B(R-\hat{t})\right\}$$

关于 R 的一阶条件是

$$\frac{(1-\hat{t})\hat{w}}{w(\hat{t}-t_0)-\frac{w}{B}\hat{t}+\hat{w}(R-\hat{t})}-B\begin{cases}<0, & 角点解\ \hat{R}=\hat{t}\\ =0, & 内部解\ \hat{R}\in[\hat{t},1]\\ >0, & 角点解\ \hat{R}=1\end{cases} \tag{29.7.5}$$

其中 $\hat{R}$ 表示在工资冲击后在时刻 $\hat{t}$ 的最优退休年龄。在 $\hat{R}$ 的内部解上，一阶条件（29.7.5）以等式形式成立，即

$$\frac{(1-\hat{t})}{B}=\frac{w}{\hat{w}}(\hat{t}-t_0)-\frac{w}{\hat{w}}\frac{1}{B}\hat{t}+\hat{R}-\hat{t}$$

在将 t_0 加入这个等式的两边之后，利用最初退休年龄的表达式（29.7.1），$\bar{R}=t_0+1/B$，工资冲击后的退休年龄 $\hat{R}$ 在内部解上与最初退休年龄 $\bar{R}$ 以下述形式相关

$$\hat{R}=\bar{R}+\frac{\hat{w}-w}{\hat{w}}\left[\frac{B-1}{B}\hat{t}-t_0\right]=\bar{R}+\frac{\hat{w}-w}{\hat{w}}(\hat{t}-\bar{t})\frac{B-1}{B} \tag{29.7.6}$$

其中第二个等式是借助于利用表达式（29.7.3）替换 t_0 而获得的。

很明显，对于未预料到的工资冲击来说，修正 $\hat{R}-\bar{R}$ 的符号取决于（i）$\hat{w}>w$ 或者 $\hat{w}<w$，（ii）$\hat{t}$ 是大于 $\bar{t}$ 还是小于 $\bar{t}$，其中由（29.7.3）式所定义的 $\bar{t}$ 是被雇用个体持有的资产从负转变为正的那个时间点。作为对负的工资冲击 $\hat{w}<w$ 的响应，如果个体在时刻 $\hat{t}$ 持有的资产为正的（负的），也就是如果 $A(\hat{t})>0(A(\hat{t})<0)$，这意味着冲击发生在 $\hat{t}>\bar{t}(\hat{t}<\bar{t})$ 时，那么个体会减少（增加）他自己的终生劳动供给。与之相反，作为对正的工资冲击 $\hat{w}>w$ 的响应，如果个体当前持有的资产为正的（负的），那么个体会增加（减少）他自己的终生劳动供给。

这些强大的预测只是基于收入冲击的符号以及个体持有的资产，从偏好和平衡增长一致的假设中可以得出。扬奎斯特和萨金特（2012）将此结果推广到更大的这样的偏好类型，并考虑到了在 29.4 节中的工资-经历组合。

□ 29.7.1 财富与替代效应的解释

对于在时间 $\hat{t}$ 持有正资产的个体来说，负的工资冲击意味着工作的收益相对于他的财富的边际价值来说下降了。这使个体去享受更多的闲暇，因为这样做已经变得相对便宜。但是，由于在时间 $\hat{t}$ 持有负的资产，负的工资冲击迫使个体提供更多的劳动，不论

是偿还 $\hat{t}$ 时刻的债务，还是缓和冲击对他未来消费的不利影响。

针对正的工资冲击，闲暇越来越贵，这导致个体远离闲暇而倾向于消费。对于持有正财富的个体来说，这种力量促使其终生劳动供给增加。但是，当在时间 $\hat{t}$ 资产为负的时候，为什么正的工资冲击会导致终生劳动供给减少呢？

对于正的工资冲击和时间 $\hat{t}$ 时负的资产情况来说，考虑如下假设的资产路径，如果个体从一开始 $t=0$ 起就享受较高的工资率 $\hat{w}$，那么假设的资产路径就会流行。沿着假设路径，个体在时间 $\hat{t}$ 会进一步地背上债务［因为最优的固定消费水平会等于 $\hat{w}/B$，这已由（29.2.8）式给出］。所以，在时间 $\hat{t}$，个体实际上发现他自己在时间 $\hat{t}$ 比他处于我们假设的情况下更为富有。因为在时间 $\hat{t}$ 有更少的要偿还的债务，所以个体选择的劳动供给要小于假设的情况。换句话说，相对于我们假设的路径，弥补过去的消费不足不是最优的，所以个体反而选择享受更多的闲暇，因为他在时间 $\hat{t}$ 与假设的路径相比有相对较少的债务。

29.8 比利模型的时间平均

对于带有不完全市场的比利模型形式来说（参看第 18 章），张和金（2007）说明了当无限存活个体参与“时间平均”时，也就是在工作和闲暇之间选择其一时，不可分割的劳动是怎样和高劳动供给弹性有联系的。在这种不完全模型中，个体积累资产，这不仅是因为用来自我保险的对生产力冲击的标准预防性动机，也是因为要为闲暇时间规划而融资。

我们要从总生产力冲击中抽象出来，否则就假定新古典增长模型（及其校准）如同张和金（2007）论文中的一样。经济是由个体的连续统所构成的（测度为 1），其中个体具有相同的偏好，但经历了不同的特异生产力冲击。个体的偏好设置类似于 29.2 节，只是当前时间为离散的，个体永恒地生存，并存在不确定性：

$$E_0 \sum_{t=0}^{\infty} \beta^t [\log(c_t) - Bn_t] \tag{29.8.1}$$

其中 E_t 表示以 t 时刻的信息为条件的期望算子，$\beta \in (0,1)$ 表示个体的主观折现因子。在时期 t 工作的个体供给了 z_t 有效单位的劳动，其中特异生产力水平 z_t 会依照随机过程而改变，此随机过程具有转移概率分布函数 $\pi(z'|z)=\text{Prob}(z_{t+1} \leqslant z' | z_t = z)$，它有唯一的无条件平衡累积分布函数 $G(z)$①。

总生产函数是柯布-道格拉斯函数，并表现为规模收益不变

$$F(L_t, K_t) = L_t^{\alpha} K_t^{1-\alpha}$$

① 与张和金（2007）相比，我们令偏好设置（29.8.1）中的参数 B 替换 3 个参数的组合 $\beta\bar{h}^{1+1/r}/(1+1/r)$，因为在不可分割的劳动假设下，曲率参数 r 的单独标识没有意义。同样，工作时提供的时间的标准化，$n=1$，与单独参数下相比也没有意义，只要我们的负效用参数 B 与 3 个参数的组合的值一样，而且只要我们适当调整生产力冲击的规律，以使个体劳动的有效单位的隐含过程相同。

其中 L_t 与 K_t 分别表示劳动与实物资本的总有效单位。每一时期的资本折旧率为 δ。

□ 29.8.1 不完全市场

稳定均衡具有固定利率 r 与每个有效劳动单位恒定的工资率 w。个体问题的状态变量是他自己期初的资产 a，在收到利息收入之前，他的生产力为 z。此个体的值函数是

$$V(a,z)=\max_{n,c,a'}\{\log(c)-Bn+\beta\int V(a',z')\mathrm{d}\pi(z'\mid z)\} \tag{29.8.2}$$

且满足如下约束条件：

$$a'=(1+r)a+wzn-c \tag{29.8.3}$$
$$n\in\{0,1\},\ c\geqslant 0,\ a'\geqslant\hat{a}$$

其中储蓄必须满足借入约束 $a'\geqslant\hat{a}$。这个问题的解包括了劳动供给的决策规则 $n(a,z)$、消费 $c(a,z)$ 以及持有资产 $a'(a,z)$。

在将预算约束（29.8.3）代入（29.8.2）式的效用函数之后，我们对 a' 求出一阶条件，得到欧拉方程

$$\frac{1}{c(a,z)}=\beta\int V_1(a',z')\mathrm{d}\pi(z'\mid z)=\beta(1+r)\int\frac{1}{c(a',z')}\mathrm{d}\pi(z'\mid z) \tag{29.8.4}$$

然后，将其代入消费决策规则 $c(a,z)$，并应用本维尼斯特-沙因克曼公式，得出 $V_1(a',z')=(1+r)u'(c(a',z'))$。

厂商利润最大化可以保证

$$w=F_1(L,K)=(1-\alpha)\left(\frac{K}{L}\right)^{\alpha} \tag{29.8.5a}$$

$$r=F_2(L,K)-\delta=\alpha\left(\frac{K}{L}\right)^{\alpha-1}-\delta \tag{29.8.5b}$$

与稳定均衡有联系的是有各种不同持有资产及生产力的个体的时不变分布 $J(a,z)$。这个时不变分布满足

$$J(a^o,z^o)=\int_{a'\leqslant a^o,z'\leqslant z^o}\left\{\int\boldsymbol{I}(a'=a'(a,z))\mathrm{d}\pi(z'\mid z)\mathrm{d}J(a,z)\right\}\mathrm{d}a'\mathrm{d}z'$$

其中 $\boldsymbol{I}(\cdot)$ 表示示性函数，当它的参数为真时，$\boldsymbol{I}(\cdot)=1$，否则 $\boldsymbol{I}(\cdot)=0$。

劳动、资本以及商品的市场出清为：

$$L=\int zn(a,z)\mathrm{d}J(a,z)$$

$$K=\int a\mathrm{d}J(a,z)$$

$$F(L,K)+(1-\delta)K=\int\left\{a'(a,z)+c(a,z)\right\}\mathrm{d}J(a,z)$$

□ 29.8.2 完全市场

带有完全市场的经济的配置求解面对由家庭成员的连续统所组成的代表性家庭时的

指派问题。家庭会告诉每个成员消费什么，什么时候工作。当偏好关于消费和闲暇可加、可分离的时候，不管工作状态怎样，最优消费对每个成员来说都是一样的。特别地，代表性家庭设置了一个保留生产力 z^*，使得具有大于或等于 z^* 的生产力的成员都来工作，而其他人则不工作。代表性家庭的值函数满足

$$V(a)=\max_{z^*,c,a'}\{\log(c)-B[1-G(z^*)]+\beta V(a')\} \tag{29.8.6}$$

且要满足如下约束条件：

$$a'=(1+r)a+w\int_{z^*}^{\infty}z\mathrm{d}G(z)-c \tag{29.8.7}$$

$$c\geqslant 0,\ a'\geqslant\hat{a}$$

代表性家庭求解一个确定性问题，原因在于它有成员的连续统。取自生产力的特殊区间的单个成员的先验概率等于取自那个区间的家庭成员的后验分数。

关于 c、a'以及 z^* 的内部解的一阶条件是

$$\frac{1}{c}-\lambda=0 \tag{29.8.8a}$$

$$-\lambda+\beta V'(a')=0 \tag{29.8.8b}$$

$$BG'(z^*)+\lambda w[-z^*G'(z^*)]=0 \tag{29.8.8c}$$

在稳态下，消费对于不同的时间来说是恒定的。应用本维尼斯特-沙因克曼公式，得出 $V'(a)=(1+r)u'(c)$，所以由一阶条件（29.8.8a）与（29.8.8b）可以得到，

$$1+r=\frac{1}{\beta}=1-\delta+\alpha\left(\frac{K}{L}\right)^{\alpha-1} \tag{29.8.9}$$

其中第二个等式用到了利润最大化条件（29.8.5b）。这个最优消费水平可从条件（29.8.8a）与（29.8.8c）获得：

$$c=\frac{wz^*}{B} \tag{29.8.10}$$

由代表性家庭所维持的均衡资本冲击是 $K=a=a'$，连同表达式（29.8.9）与（29.8.10）一起代入预算约束（29.8.7）：

$$K=\frac{1}{\beta}K+w\int_{z^*}^{\infty}z\,\mathrm{d}G(z)-\frac{wz^*}{B} \tag{29.8.11}$$

在表达式（29.8.11）除以该式中的积分之后，也就是除以家庭的有效劳动单位的供给，其中它在均衡状态时就等于 L，我们得到

$$\frac{K}{L}=\frac{1}{\beta}\frac{K}{L}+w-\frac{wz^*}{B\int_{z^*}^{\infty}z\,\mathrm{d}G(z)} \tag{29.8.12}$$

现在我们可以分三步求解稳定均衡。第一步，就参数而言，我们利用表达式（29.8.9）中的第二个等式来确定均衡的资本-劳动比 K/L。第二步，已知资本-劳动比，我们可以由利润最大化条件（29.8.5a）计算出工资率。第三步，利用已有的资本-劳动比及工资

率，表达式（29.8.12）变成了要求解的保留生产力 z^* 的均衡值的一个方程。

□ 29.8.3 对普雷斯科特税的模拟

我们采用张和金（2007）的校准方法，只是我们不加总生产力冲击。为了强调不完全市场经济和完全市场经济之间的差异及类似性，我们要计算在普雷斯科特税和 29.3.1 节的转移方案条件下的均衡结果。

当劳动税税率分别为 0.30 与 0.70 时，保留生产力作为持有资产的函数，如图 29.8.1 所示。在不完全市场经济（实线）中，个体的保留生产力使得他持有的资产增大了。高的资产水平意味着在其他条件相同时，个体准备享受一段间歇性的闲暇时期，这将导致资产缩水，他最终将重返工作岗位。对于那些有较多资产的个体来说，要推迟这样一种理想的闲暇时期，个体必须经历一个相对较高的生产力，才愿意继续工作一段时间。正如人们所预料的，更高税率 0.70 的保留生产力远高于较低税率 0.30 的保留生产力，原因在于普雷斯科特税和转移方案非常有效地抑制了个体的劳动供给，并导致他们选择更多的闲暇。在完全市场经济中，单一生产力截止点（虚线）是私人有效配置的一种指示。在任何时点上，工作着的个体是最富有生产力的。

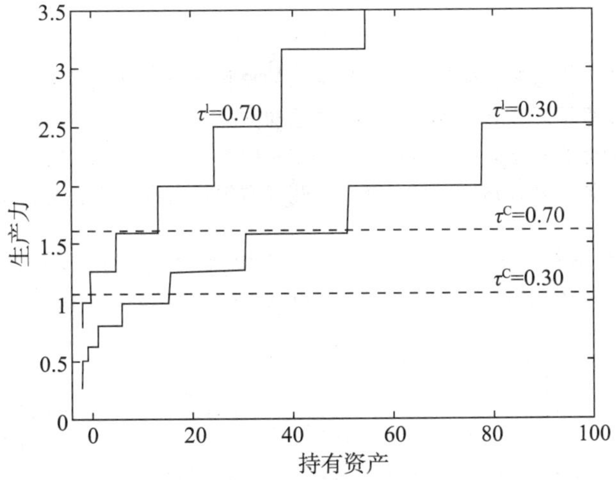

图 29.8.1 保留生产力分别作为不完全市场经济（实线）和完全市场经济（虚线）中持有资产的函数，其中较低（较高）的曲线对应于税率 0.30（0.70）

图 29.8.2 中最上面的实线描述了总体生产力的平稳分布。垂直虚线是不完全市场经济中的生产力截止点，其中的左侧（右侧）的虚线对应于税率 0.30（0.70），也就是图 29.8.1 中对应虚线的同样的保留生产力。在完全市场经济中，所有具有位于虚线右侧的生产力的个体都工作，因此总体分布里的那个部分面积等于就业与总体的比率。在不完全市场经济中，生产力和持有资产不同的个体的内生平稳分布 $J(a, z)$，连同是否工作的决策规则 $n(a, z)$，将决定有多少个体在各种不同的生产力水平上工作。在不完全市场经济中，那些被雇用的工人借助于稍低于最上面的总体曲线的实线来刻画，降序排列的曲线对应的税率分别为 0.30 和 0.70。如同完全市场经济一样，几乎所有具有高生产力的个体在不完全市场经济中都要进行工作。但是，就中间范围的生产力而言，这两个经济之

间存在显著的差异。一方面，一些不完全市场经济中不工作的个体在完全市场经济中要进行工作。其原因是，由于个体所持资产是相对较高的，其额外财富的影子价值低于闲暇的效用。另一方面，其他一些在不完全市场经济中工作的个体在完全市场经济中却不用工作。这些个体持有较低的资产，所以尽管他们具有较低的生产力，但还是觉得有必要进行工作。

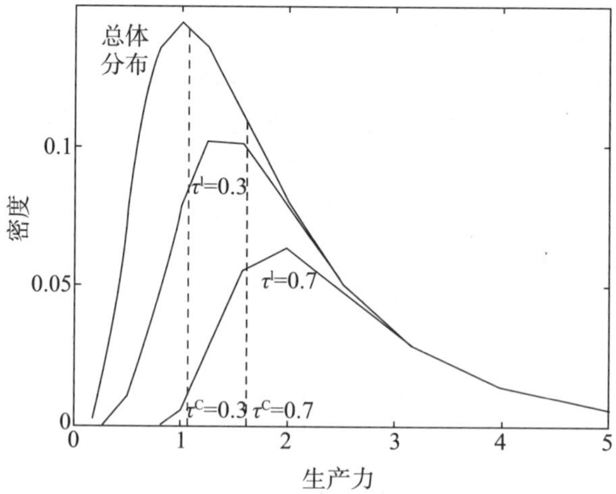

图 29.8.2　生产力分布。顶部的实线是劳动的总体分布，而其他两个降序排列的曲线表示，在非完全市场经济中已知税率分别为 0.30 和 0.70 时被雇用的个体的分布。在完全市场经济中被雇用的个体的相应数量是垂直虚线右边的个体分布的一半，其中左侧（右侧）虚线对应于税率 0.30（0.70）

在不完全市场经济中，个体对工作与资产的决策会决定持有资产的分布以及资本的存量。对于劳动税税率分别是 0.30 和 0.70 的情况，图 29.8.3 中的实线描述了不完全市

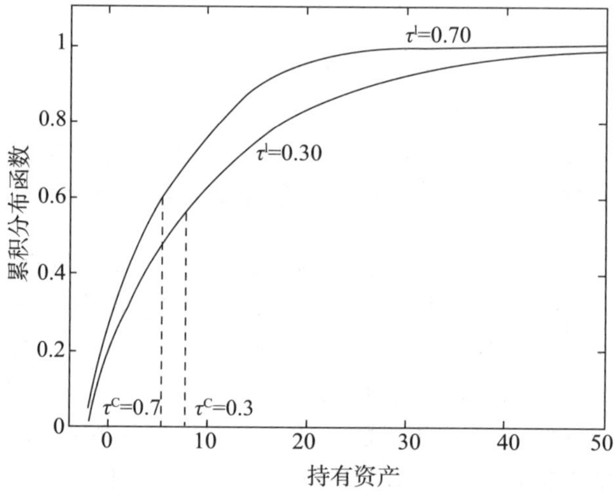

图 29.8.3　资产分布。下面（上面）的实线是在不完全市场经济中，当税率为 0.30（0.70）时，持有资产的累积分布函数。右侧（左侧）的垂直虚线表示的是，当税率为 0.30（0.70）时，完全市场经济中的人均持有资产

场经济中资产持有的累积分布函数。在高的税率 0.70 水平上（顶部实线），持有资产集中在较低的水平。如同图 29.8.1 中提高保留生产力的情况一样，税收抑制了市场活动而倾向于闲暇。在完全市场经济中，税率水平 0.70 与图 29.8.3 中垂直虚线所描绘的人均持有资产的相似的大的下降有联系，左侧（右侧）对应于税率 0.70（0.30）。

从生产的角度来看，重要的是资本存量与有效劳动单位的总供给有关。在完全市场经济中，资本-劳动比是由稳态关系（29.8.9）确定的，并不取决于劳动税税率（但会依赖于任何跨期的税收楔子，例如资本收入税）。由于工资率是（29.8.5a）式中资本-劳动比的函数，由图 29.8.4 可得出，在完全市场经济中，工资率（虚线）关于劳动税税率是不变的。相反，不完全市场经济中的工资率（实线）会随着劳动税税率下降且高于完全市场经济中的工资率。为了理解后一个结果，我们回顾比利模型中类似于我们设置的无限存活的个体，利率必须小于主观折现率 β^{-1}，这在完全市场经济中是稳态利率。由于均衡利率是与表达式（29.8.5b）中的资本-劳动比负相关的，因此立刻可得，资本-劳动比在不完全市场经济中更高，从而由表达式（29.8.5a）可知，工资率也是这样的。

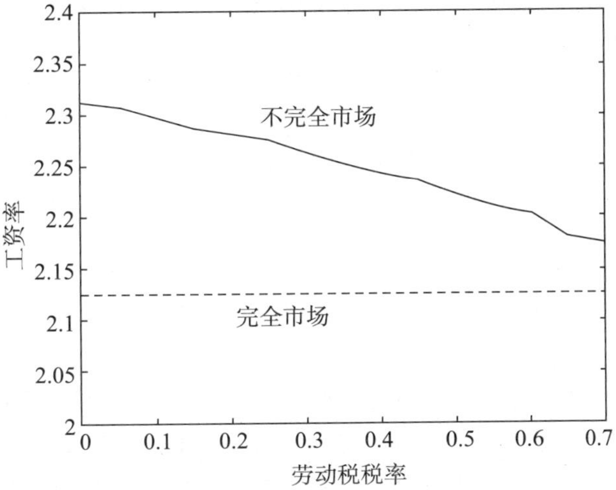

图 29.8.4　作为劳动税税率的函数的每个有效劳动单位的工资率，这里分别画出了不完全市场（实线）和完全市场（虚线）的情况

图 29.8.5 显示，在不完全市场经济中被雇用的总体部分要高于在完全市场经济中的总体部分。正如在图 29.8.2 中所看到的，在不完全市场经济中，在存在工作个体的同时，也存在不工作的个体，如果这些个体生存在完全市场经济中，则他们的表现恰好相反。很明显，在不完全市场经济中工作但在完全市场经济中不工作的个体群体更大。就没有保险的市场而言，平均来看，个体会更多地工作，为的是积累预防性储蓄，以防未来出现低生产力的情况。①

对于两个不同的经济来说，如图 29.8.5 所示，是什么促使了就业与总体比率会以较高税率收敛呢？一个关键的原因是，普雷斯科特税和转移方案有效地确保了个体收取税

① 马塞特等人（2007）已经做出同张和金（2007）论文相类似的分析，但他假定劳动是可分割的，$n_t\in[0,1]$，同时特异生产力冲击仅取两个值，$z_t\in\{0,1\}$。除了在不确定性条件下导致资本冲击增加的预防性储蓄影响之外，他们识别了一个事后财富对劳动供给的影响，这可降低总工作时间以及不完全市场经济中的资本存量（参看 17.8 节）。

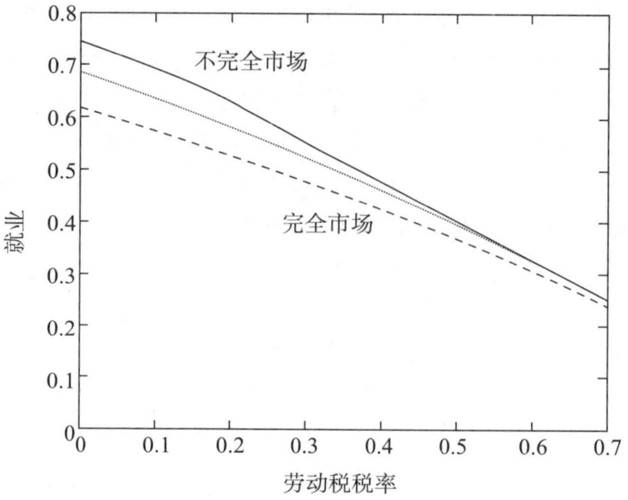

图 29.8.5　作为劳动税税率的函数的就业与总体比率，其中分别画出了不完全市场（实线）和完全市场（虚线）的情况。点线表示具有较低持续生产力过程的前一个经济

收收入，然后一次性返还给所有个体等量的税款。为了探讨预防性储蓄如何以较低税率推动不完全市场经济和完全市场经济之间的就业楔子，考虑下述特异生产力过程的扰动。具体来说，假定个体面对一个转移概率分布函数

$$\tilde{\pi}(z' \mid z;\lambda) = (1-\lambda)\pi(z' \mid z) + \lambda G(z') \tag{29.8.13}$$

其中 $\lambda \in [0, 1]$。对于 $\lambda=0$，生产力过程跟张和金（2007）论文中的一样，而对于 $\lambda=1$，生产力对不同个体和时间来说是独立同分布的，其实现值则由平稳的张和金的过程的条件分布所控制。在完全经济中，这些扰动不会影响到均衡结果，原因在于扰动不会影响代表性家庭的约束。但是，在不完全市场经济中，当个体不是必须承受与张和金的生产力过程的持续性有关联的更多风险时，个体就可以事前松一口气。图 29.8.5 中的点线显示了不完全市场经济在 $\lambda=0.1$ 时的均衡结果，其中就业现在接近于完全市场经济的均衡结果。

图 29.8.5 的一个引人注目的特征是在完全市场经济与不完全市场经济中的总劳动供给对税收的高弹性。当个体是有限存活的并处于他们对职业生涯长度选择的内部解上时，本章第一部分的内容共享了这一信息。

29.9　L 与 S 等价性满足 C 与 K 的个体

克鲁塞尔等人（2008）猜测 29.2 节所述的连续时间形式的扬奎斯特和萨金特（2007）的等价性结果可以推广至 29.8 节中张和金（2007）的离散时间框架的确定性形式上。在后一个框架（对于所有 t，$z_t=1$）下消除生产力冲击，同时使个体的有效劳动单位标准化为 1。然后，Krusell 等人（2008）证明当稳态利率等于主观折现率时，即 $1+r=1/\beta$，个体如何选择表达式 $\bar{c}=w/B$（29.2.8）中的常值消费流。克鲁塞尔等人

（2008）证明存在稳定均衡，其中个体通过在工作和闲暇之间交替（按时间平均）来支持常值消费流。他们论证如果市场是完全的并且存在就业彩票，总体配置是一样的。

□ 29.9.1 值函数

由于我们从 29.8 节的模型中剔除了生产力冲击，个体在稳定均衡中的单一状态变量是他在收到利息收入之前期初的资产水平 a。我们猜测并证明个体的值函数$V(a)$采取如下形式：

$$V(a)=\begin{cases}\dfrac{\log\left[\dfrac{1-\beta}{\beta}a+w\right]-B}{1-\beta}, & a\leqslant \underline{a}\\ \dfrac{1}{1-\beta}\left(\log\left[\dfrac{w}{B}\right]-1\right)+\dfrac{B}{\beta w}a, & a\in(\underline{a},\bar{a})\\ \dfrac{\log\left[\dfrac{1-\beta}{\beta}a\right]-B}{1-\beta}, & a\geqslant \bar{a}\end{cases} \tag{29.9.1}$$

为了领会我们猜测的动机，要从一些观察值开始分析。在满足 $1+r=1/\beta$ 的稳定均衡下，同时没有不确定性，个体的欧拉方程（29.8.4）意味着随着时间的推移消费为常值。[①] 因而，个体的任何资产积累或衰退都只能由该个体对他的劳动供给执行时间平均的意愿所激发。对于具有在 $(\underline{a},\bar{a})$ 范围内的资产的个体，我们将证明时间平均确实是最优的，因为这样做可使他融资得到最优的常值消费水平 $\bar{c}=w/B$。不过，我们首先讨论我们对超出此资产范围的值函数的推测。

如果个体的资产太少（太多），他将选择永远工作（永远不工作），并消费与劳动供给计划相应的最高的付得起的常值消费水平。考虑某个个体，其期初资产 $a\leqslant\underline{a}$ 是如此之低，以至于如果他永远工作，并消费最高的付得起的常值消费水平 $w+ra$，此消费水平将会小于或等于 $\bar{c}=w/B$。稍后我们可以证明，这类贫穷的个体确实会选择在每个时期永远工作，每个时期都要消费 $w+ra$。代入 $r=(1/\beta)-1$ 之后，关键资产限额 $\underline{a}$ 为

$$w+\frac{1-\beta}{\beta}\underline{a}=\frac{w}{B}$$

$$\underline{a}=\frac{\beta w}{1-\beta}[B^{-1}-1] \tag{29.9.2}$$

如果对于所有 t，$n_t=1$ 且 $c_t=w+ra$，那么当 $a\leqslant\underline{a}$ 时，由偏好设定（29.8.1）得出终生效用，这是由推测值函数（29.9.1）给出的。[②]

接下来，考虑个体期初资产 $a\geqslant\bar{a}$ 如此之高，以至于如果他永远不工作，并消费最高的付得起的常值消费水平，此消费水平将大于或等于 $\bar{c}=w/B$。稍后我们可以证明，这类

---

① 由于市场利率 $1+r$ 与主观折现率 $1/\beta$ 之间是相等的，随时间而变化的任何消费路径都会因将消费从高消费阶段转移到低消费阶段而得到改善。个体的就业状况并不重要，这是因为（29.8.1）式中的偏好设定在消费和闲暇方面是可加的、可分离的。

② 在带有时间平均的均衡的隐含且必要的参数限制下，$B>1$，注意到（29.9.2）式中的资产限制 $\underline{a}$ 为负数，即只有最初有债务的个体，即 $a<0$，想要选择永远工作，以便有等于 $w+ra$ 的常值消费。

富有的个体确实会选择永远不会工作，同时在每个时期消费 ra。在代入 $r=(1/\beta)-1$ 后，关键资产限额 $\bar{a}$ 是

$$\frac{1-\beta}{\beta}\bar{a}=\frac{w}{B}$$

$$\bar{a}=\frac{\beta w}{1-\beta}B^{-1} \tag{29.9.3}$$

如果对于所有 t，$n_t=0$ 且 $c_t=ra$，那么当 $a\geqslant\bar{a}$ 时，偏好设定（29.8.1）确实会得出终生效用，这是由推测值函数（29.9.1）给出的。

为完成我们对值函数的猜测，为了分割 $a\leqslant\underline{a}$ 及 $a\geqslant\bar{a}$，在结束点 $V(\underline{a})$ 与开始点 $V(\bar{a})$ 分别画一条直线。这个猜测的动机来自 29.2 节，也就是在某些条件下，时间平均可以取代就业彩票，同时当就业是离散选择变量时，获得效用空间中的线性组合。当 $a\in(\underline{a},\bar{a})$ 时，表示值函数的线性段是表达式（29.9.1）。注意，相对于资产的斜率 $B/(\beta w)$，与前面的值函数（$a\leqslant\underline{a}$）结束点处的导数值相同，也与后面的值函数（$a\geqslant\bar{a}$）的起始点处的导数值相同：

$$V'(a)\,|_{a\uparrow\underline{a}}=\frac{\beta^{-1}}{\frac{1-\beta}{\beta}\underline{a}+w}=\frac{B}{\beta w}$$

$$V'(a)\,|_{a\downarrow\bar{a}}=\frac{1}{(1-\beta)\bar{a}}=\frac{B}{\beta w}$$

其中我们将 $\underline{a}$ 与 $\bar{a}$ 分别代入表达式（29.9.2）与（29.9.3）中。

□ 29.9.2 验证时间平均最优

如果没有生产力冲击，贝尔曼方程（29.8.2）可以简化成

$$\begin{aligned}V(a)=\max\{&\max_{a'}\{\log((1+r)a+w-a')-B+\beta V(a')\},\\&\max_{a'}\{\log((1+r)a-a')+\beta V(a')\}\}\end{aligned} \tag{29.9.4}$$

其中第一个最大值算子选择是否工作，预算约束被代入效用函数中。给定我们的推测值函数（29.9.1），我们通过求解（29.9.4）式右边的最优化问题来证明我们的推测值函数 $V(a)$ 确实出现在（29.9.4）式的左侧。

注意，推测值函数（29.9.1）是（弱）凹的，因此（29.9.4）式右边的两个内部最优化问题（一个是关于工作的，另一个是关于不工作的）都是凹的规划问题。此外，由于推测值函数是处处连续可微的，所以我们可利用一阶条件并比较值，来逐一求解每个最优化问题（既有关于工作的，又有关于不工作的）。令 $W(a,1)$ 与 $W(a,0)$ 分别表示工作和不工作的值，因此，$V(a)=\max\{W(a,1),\ W(a,0)\}$。

当时间平均应该是最优策略时，验证 $a\in(\underline{a},\bar{a})$ 时的推测值函数。首先，以工作为条件，对（29.9.4）式右边第一个内部最优化问题的 a' 取一阶条件，得到

$$\frac{1}{(1+r)a+w-a'}=\beta V'(a')$$

$$a'=\frac{1}{\beta}a+w-\frac{w}{B} \tag{29.9.5}$$

这里我们代入推测的稳态利率 $1+r=\beta^{-1}$，就如同 a' 也落入范围（$\underline{a},\bar{a}$）一样推导，其中推测值函数（29.9.1）具有导数 $V'(a')=B/(\beta w)$。由于 a' 大于 a，由此可得 a 一定落到某个上界的下面 $a^*<\bar{a}$，以使 $a'\in(\underline{a},\bar{a})$，其中那个上界 a^* 是由

$$a^*=\bar{a}-\beta w<\bar{a} \tag{29.9.6}$$

给出的。[1]

给定表达式（29.9.5）中的最优选择 a'，我们可从隐含消费水平为 $c=w/B$ 的预算约束中计算出来。对于 a' 和 c 的选择，我们可以计算工作的价值

$$\begin{aligned}W(a,1)&=\log(c)-B+\beta V(a')\\&=\log\left(\frac{w}{B}\right)-B+\beta\left\{\frac{1}{1-\beta}\left[\log\left(\frac{w}{B}\right)-1\right]+\frac{B}{\beta w}\left[\frac{1}{\beta}a+w-\frac{w}{B}\right]\right\}\\&=\frac{1}{1-\beta}\left[\log\left(\frac{w}{B}\right)-1\right]+\frac{B}{\beta w}a=V(a)\end{aligned}$$

因此，我们已经证实，当 $a\in(\underline{a},a^*)$ 时，关于工作的情况会得出等于我们推测值函数的值，其中上界 a^* 确保了 $a'\in(\underline{a},\bar{a})$。

其次，以不工作为条件，对（29.9.4）式右边第二个内部最优化问题中的 a' 取一阶条件，得到

$$\frac{1}{(1+r)a-a'}=\beta V'(a')$$

$$a'=\frac{1}{\beta}a-\frac{w}{B} \tag{29.9.7}$$

其中我们代入推测的稳态利率 $1+r=\beta^{-1}$，就如同 a' 也落入范围（$\underline{a},\bar{a}$）一样推导，其中推测值函数（29.9.1）具有导数 $V'(a')=B/(\beta w)$。由于 a' 小于 a，由此可得 a 一定大于某个下界 $a_*>\underline{a}$，以使 $a'\in(\underline{a},\bar{a})$，其中那个下界 a_* 是由[2]

$$a_*=\underline{a}+\beta w>\underline{a} \tag{29.9.8}$$

---

① 利用关于 a' 的表达式（29.9.5），可以从

$$\frac{1}{\beta}a^*+w-\frac{w}{B}=\bar{a}$$

中求解出能确保 $a'\leqslant\bar{a}$ 的关于资产水平 a 的上界 a^*。两边乘以 β，然后在右边减去又加上一项 $\bar{a}$，可得

$$a^*+\beta w-\frac{\beta w}{B}=\beta\bar{a}-\bar{a}+\bar{a}$$

代入关于 $\bar{a}$ 的表达式（29.9.3）之后，我们发现右边的前两项等于左边的后一项，因此得到（29.9.6）式的等式情况。

② 利用关于 a' 的表达式（29.9.7），可以从

$$\frac{1}{\beta}a_*-\frac{w}{B}=\underline{a}$$

中求解出能确保 $a'\geqslant\underline{a}$ 的关于资产水平 a 的下界 a_*。两边乘以 β，然后在右边减去又加上一项 $\underline{a}$，可得

$$a_*-\frac{\beta w}{B}=\beta\underline{a}-\underline{a}+\underline{a}$$

代入关于 $\underline{a}$ 的表达式（29.9.2）之后，我们发现右边的前两项大于左边的后一项，数量多达 βw，因此得到（29.9.8）式的等式情况。

给出的。

给定表达式（29.9.7）中的最优选择 a'，我们可从隐含消费水平为 $c=w/B$ 的预算约束中计算出来。对于 a'和 c 的选择，我们可以计算不工作的价值是

$$\begin{aligned}W(a,0)&=\log(c)+\beta V(a')\\&=\log\left(\frac{w}{B}\right)+\beta\left\{\frac{1}{1-\beta}\left[\log\left(\frac{w}{B}\right)-1\right]+\frac{B}{\beta w}\left[\frac{1}{\beta}a-\frac{w}{B}\right]\right\}\\&=\frac{1}{1-\beta}\left[\log\left(\frac{w}{B}\right)-1\right]+\frac{B}{\beta w}a=V(a)\end{aligned}$$

因此，我们已经证实，当 $a\in(a_*,\bar{a})$ 时，关于不工作的情况会得出等于我们推测值函数的值，其中下界 a_* 确保了 $a'\in(\underline{a},\bar{a})$。

采用与上述推导类似的步骤，我们将完成推测值函数（29.9.1）的验证留给读者作为练习［或参考克鲁塞尔等人（2008）的附录］。特别地，我们可以证明，拥有资产 $a\in(\underline{a},a_*)[a\in(a^*,\bar{a})]$ 的个体更倾向于工作（不工作），以使他下一时期的资产 a'不要超出资产范围（$\underline{a},\bar{a}$）。因而，我们得出结论，拥有资产 $a\in(\underline{a},\bar{a})$ 的个体通过执行时间平均达到最优，即在工作和闲暇之间交替，为的是使融资处于最优消费水平 $\bar{c}=w/B$，持有资产的波动位于 $a\in(\underline{a},\bar{a})$ 范围内。此外，我们可以验证，资产 $a\leqslant\underline{a}(a\geqslant\bar{a})$ 的个体更愿意永远工作（永远不工作），并选择最高的付得起的常值消费水平 $c=w+ra$（$c=ra$）。

克鲁塞尔等人（2008）假设 $\beta>0.5$，这要求 $a_*<a^*$。[①] 结合表达式（29.9.6）和（29.9.8），由此可得，$\underline{a}<a_*<a^*<\bar{a}$。克鲁塞尔等人（2008）的另一个隐含假设认为，工作负效用的偏好参数足够大，以使对个体的终生劳动供给问题存在内部解。在我们的公式中，参数限制是 $B>1$。

□ 29.9.3 时间平均与彩票的等价性

克鲁塞尔等人（2008）论证了不完全市场经济存在一个稳定均衡，其中所有个体都执行时间平均，资产处于（$\underline{a},\bar{a}$）范围中，而且 K 与 L 的总值和相应的带有就业彩票的完全市场经济中的一样。

在 29.8.2 节中，我们已经在完全市场经济的更一般形式中研究了均衡结果。在我们现在的假设下，所有个体的常值生产力水平被正规化为 1，方程（29.8.10）表明，最优消费水平为 $c=w/B$，总劳动供给由适当的方程（29.8.12）给出：

$$\frac{K}{L}=\frac{1}{\beta}\frac{K}{L}+w-\frac{w}{BL}\qquad(29.9.9)$$

其中资本-劳动比 K/L 和工资 w 再次由方程（29.8.9）和（29.8.5a）确定。因此，我们可以从方程（29.9.9）中求解总劳动供给 L。

---

① 为推导出能确保 $a_*<a^*$ 的参数限制，我们分别将关于 $\underline{a}$ 与 $\bar{a}$ 的表达式（29.9.2）与（29.9.3）代入关于 a_* 与 a^* 的表达式（29.9.8）与（29.9.6），得出

$$a_*=\underline{a}+\beta w=\frac{\beta w}{1-\beta}[B^{-1}-1]+\beta w<\frac{\beta w}{1-\beta}B^{-1}-\beta w=\bar{a}-\beta w=a^*$$

从而简化为 $\beta>0.5$。

在带有时间平均的不完全市场经济的稳定均衡中，个体对于产生同等劳动收入现值的替代性终生劳动供给途径是无差异的。在竞争性均衡中，“看不见的手”会安排个体的劳动和储蓄决定，使得在每个时间点，总劳动供给和总资产持有量与完全市场经济中的常值总量 L 和 K 相同。均衡利率等于 $1+r=1/\beta$，这使得常值消费 $\bar{c}=w/B$ 成为工人-消费者的最优选择。

29.10 结束语

总劳动供给的高弹性取决于相对于个体的终生劳动供给而言的处于内部解的个体的部分。这一发现来自有限存活个体的模型，这里个体选择职业生涯长度，同时可从张和金（2007）的无限存活个体模型获得，这里个体参与对不同的工作及闲暇的时间平均。

当个体有限存活时，存在两种力量可以降低劳动供给弹性：（1）政府资助的社会保障退休计划，该计划会使得个体相对于他们的职业生涯长度选择来说处于角点解；（2）大型不利的劳动市场冲击通过将额外劳动收入的影子价值推向低于早期退休的闲暇效用而推动提前终止职业生涯。

这是一个值得称赞的时刻，两大阵营的研究者，即那些捍卫高或低的劳动供给弹性的研究者，都在采用相同的理论框架展开研究。然而，关于劳动供给弹性的数量大小，两大阵营之间的严重分歧依然存在。但是，我们可以看到，在基本理论框架上出现了一致性，相对于早先就业彩票的支持者用宏观经济观察来建立支持他们的总量理论时的僵持来说，这是一个真正的进步，而反对者则引入一组不同的微观观察来反驳就业彩票配置机制。[①]

为了说明我们已经走了多远，就要重新审查我们前面的28.7节的推理，我们关心的是特定模型中闲置厂商和闲置劳动之间的不对称性。尽管闲置厂商确实对其经营状态是漠不关心的，因为经营厂商只是盈亏平衡而没有得到任何利润，“在替代家庭背后的总量理论具有额外的一面，即没有以汇聚厂商的理论形式来表述的方面，也就是，它表明了消费和闲暇是怎样借助或有权益市场的广泛设置而对不同家庭加以平滑的。这个市场安排和随机化方法处于就业彩票模型的核心地位。对于我们来说，看起来它们使得在替代家庭背后的总量理论基本上不同于著名的厂商总量理论。”好吧，我们现在也可以声称，对那些终生劳动供给处于内部解的家庭来说，在退休之前是否通过扩展其职业生涯来提供更多的不可分割的劳动所带来的差异并不重要。

各式各样的研究小组专注于研究共同的理论框架内终生劳动供给的一组通用观测，这预示着最终将到来的是我们所希望的扬奎斯特和萨金特（2011）所预言的“劳动供给弹性协议”。

---

① 将对带有就业彩票的替代家庭的摒弃作为向另一种传统的无条件投降，这样做是错误的，其中另一种传统是指世代交叠模型的宏观经济学通常假定不完全市场。其原因是，早期的世代交叠传统研究经常假定有外生的退休年龄，从而没有对职业选择的时间平均模型的重点选择的关注。终生劳动供给与不可分割的劳动相结合可能有内部解，这导致了像普雷斯科特（2006）等研究实际经济周期的研究者采用劳动供给的生命周期模型。

第Ⅶ部分

技术附录

附录 A 泛函分析

本附录提供函数方程分析（泛函分析）的一个介绍。它阐述了压缩映射定理，这是研究动态规划的一个重要工具。

A.1 度量空间与算子

我们从度量空间的定义开始阐述，度量空间由一对元素构成：一个集合 X 与一个函数 d。①

定义 A.1.1：度量空间由集合 X 与一个被称为度量的函数 d 构成，d：$X \times X \to R$。度量 $d(x,y)$ 满足下面四个性质：

M1. 正性：对于所有 $x,y \in X$，$d(x,y) \geqslant 0$。

M2. 严格正性：$d(x,y)=0$ 当且仅当 $x=y$ 时成立。

M3. 对称性：对于所有 $x,y \in X$，$d(x,y)=d(y,x)$。

M4. 三角不等式：对于所有 x、y 和 $z \in X$，$d(x,y) \leqslant d(x,z)+d(z,y)$。

我们给出一些将会用到的度量空间的例子。

例 A.1 $l_p[0,\infty)$。我们称 $X=l_p[0,\infty)$ 是所有满足 $\sum_{t=0}^{\infty} |x_t|^p$ 收敛的复数序列 $\{x_t\}_{t=0}^{\infty}$ 组成的集合，其中 $1 \leqslant p < \infty$。函数 $d_p(x,y) = (\sum_{t=0}^{\infty} |x_t - y_t|^p)^{1/p}$ 是一个度量。

① 本附录中所介绍的有关数学的内容主要参考了 Luenberger (1969)，Naylor and Sell (1982)。

我们取 $p=2$，并且使用 $l_2[0,\infty)$。

例 A.2 $l_\infty[0,\infty)$。集合 $X=l_\infty[0,\infty)$是有界实数或复数序列 $\{x_t\}_{t=0}^{\infty}$的集合。度量是 $d_\infty(x,y)=\sup_t|x_t-y_t|$。

例 A.3 $l_p(-\infty,\infty)$是使得 $\sum_{t=-\infty}^{\infty}|x_t|^p<+\infty$（其中 $1\leqslant p<\infty$）的“双侧”序列 $\{x_t\}_{t=-\infty}^{\infty}$的集合，相应的度量是 $d_p(x,y)=\left(\sum_{t=-\infty}^{\infty}|x_t-y_t|^p\right)^{1/p}$。

例 A.4 $l_\infty(-\infty,\infty)$ 是有界序列$\{x_t\}_{t=-\infty}^{\infty}$的集合，其度量是 $d_\infty(x,y)=\sup|x_t-y_t|$。

例 A.5 设 $X=C[0,T]$ 是把区间 $[0,T]$ 映射到 R 上的所有连续函数的集合。我们可以仔细考虑度量

$$d_p(x,y)=\left[\int_0^T|x(t)-y(t)|^p\mathrm{d}t\right]^{1/p}$$

其中，积分是在黎曼（Riemann）意义上的积分。

例 A.6 设 $X=C[0,T]$ 是把区间 $[0,T]$ 映射到 R 上的所有连续函数的集合。我们可以仔细考虑度量

$$d_\infty(x,y)=\sup_{0\leqslant t\leqslant T}|x(t)-y(t)|$$

现在我们有下面重要的定义：

定义 A.1.2： 如果对于每一个 $\varepsilon>0$，存在一个 $N(\varepsilon)$，使得对于任何的 $n,m\geqslant N(\varepsilon)$，都有 $d(x_n,x_m)<\varepsilon$，度量空间 (X,d) 中的一个序列 $\{x_n\}$ 称为柯西序列。因此如果 $\lim\limits_{n,m\to\infty}d(x_n,x_m)=0$，那么序列 $\{x_n\}$ 称为柯西序列。

我们也有下面的收敛定义：

定义 A.1.3： 如果对于每一个 $\varepsilon>0$，存在一个 $N(\varepsilon)$，使得对于任何的 $n\geqslant N(\varepsilon)$，$d(x_n,x_0)<\varepsilon$，则度量空间 (X,d) 中的一个序列 $\{x_n\}$ 称为收敛到极限 $x_0\in X$。

下面的引理指出，(X,d) 中的每一个收敛序列都是一个柯西序列。

引理 A.1.1： 设 $\{x_n\}$ 是度量空间 (X,d) 中的一个收敛序列，则 $\{x_n\}$ 是一个柯西序列。

证明： 给定任意 $\varepsilon>0$。设 $x_0\in X$ 是 $\{x_n\}$ 的极限。于是，通过三角不等式，对于所有 m，n，有

$$d(x_n,x_m)\leqslant d(x_n,x_0)+d(x_m,x_0)$$

由于 x_0 是 $\{x_n\}$ 的极限，所以存在一个 N，使得 $d(x_n,x_0)<\varepsilon/2$(对于 $n\geqslant N$)。连同前面的不等式，这个命题意味着：对于 n，$m\geqslant N$，有 $d(x_n,x_m)<\varepsilon$。因此，$\{x_n\}$ 是一个柯西序列。■

我们现在考察度量空间中两个序列的例子。这些事例被用来阐明柯西序列概念的不同方面。我们首先考察度量空间 $\{C[0,1],d_2(x,y)\}$。我们设 $\{x_n\}$ 表示连续函数 $x_n(t)=t^n$

的序列。显然。这个序列逐点收敛到函数

$$x_0(t)=\begin{cases}0, & 0\leqslant t<1\\ 1, & t=1\end{cases}$$

现在，在 $\{C[0,1],d_2(x,y)\}$ 中，序列 $x_n(t)$ 是一个柯西序列。为了证明这一点，计算

$$d_2(t^m,t^n)^2=\int_0^1(t^n-t^m)^2\mathrm{d}t=\frac{1}{2n+1}+\frac{1}{2m+1}-\frac{2}{m+n+1}$$

显然，对于任意 $\varepsilon>0$，可以找出一个 $N(\varepsilon)$，使得只要 m 与 n 二者均大于 N，则右边的平方根就小于 ε。因而，$x_n(t)$ 是一个柯西序列。然而，注意，极限点 $x_0(t)$ 不属于 $\{C[0,T],d_2(x,y)\}$，因为它不是一个连续函数。

作为我们的第二个例子，考察空间 $\{C[0,T],d_\infty(x,y)\}$。我们考虑序列 $x_n(t)=t^n$。在 $(C[0,1],d_\infty)$ 中，序列 $x_n(t)$ 不是一个柯西序列。为了证明这一点，充分条件是：对于任意固定的 $m>0$，存在一个 $\delta>0$，使得

$$\sup_{n>0}\sup_{0\leqslant t\leqslant 1}|t^n-t^m|>\delta$$

直接的计算表明，对于固定的 m，

$$\sup_{n}\sup_{0\leqslant t\leqslant 1}|t^n-t^m|=1$$

此外，我们注意到

$$\begin{aligned}\sup_{n>0}\sup_{0\leqslant t\leqslant 1}|t^n-t^m|&=\sup_{0\leqslant t\leqslant 1}\sup_{n>0}|t^n-t^m|=\sup_{0\leqslant t\leqslant 1}\lim_{n\to\infty}|t^n-t^m|\\&=\sup_{0\leqslant t\leqslant 1}\lim_{n\to\infty}t^m|t^{n-m}-1|=\sup_{0\leqslant t\leqslant 1}t^m=1\end{aligned}$$

因此，$\{t^n\}$ 不是$(C[0,1],d_\infty)$中的柯西序列。

这些例子解释了下面的事实：一个给定的序列是否为柯西序列依赖于它所嵌入的度量空间，特别是依赖于所用的度量空间。序列 $\{t^n\}$ 在 $(C[0,1],d_2)$中是柯西序列，而且更一般地讲，对于 $1\leqslant p<\infty$，在 $(C[0,1],d_p)$ 中也是柯西序列。然而，序列 $\{t^n\}$ 在度量空间 $(C[0,1],d_\infty)$ 中不是柯西序列。第一个例子还说明了一个事实：(X,d) 中的柯西序列不必收敛到属于该度量空间的极限点。在许多应用中，柯西序列收敛到位于此度量空间中的点的这种性质是我们所希望的，我们给这一性质取一个名字。

定义 A.1.4： 如果 (X,d) 中的每一个柯西序列都是 (X,d) 中的收敛序列，那么度量空间 (X,d) 称为是完备的。也就是说，完备度量空间中的每一个柯西序列都收敛到属于此度量空间的一点上。

下面的度量空间是完备的：

$(l_p[0,\infty),d_p)$，　　$1\leqslant p<\infty$

$(l_\infty[0,\infty),d_\infty)$

$(C[0,T],d_\infty)$

下面的度量空间不是完备的：

$(C[0,T],d_p)$，　$1\leqslant p<\infty$

内勒和塞尔（Naylor and Sell，1982，第3章）证明，对于$1\leqslant p\leqslant\infty$以及（$C[0,T]$，$d_\infty$），（$l_p[0,\infty),d_p$）是完备的。实际上，我们已经通过反例证明了空间（$C[0,1],d_2$）不是完备的，因为我们找到了一个柯西序列，它不收敛到该度量空间中的一点。现在给出一个定义。

定义 A.1.5：把度量空间(X,d)映射到其自身的函数f称为算子。

我们需要算子连续性的定义。

定义 A.1.6：设f：$X\to X$是度量空间（X,d）中的一个算子。如果对于任意$\varepsilon>0$，存在一个$\delta>0$，使得只要$d(x,x_0)<\delta$，就有$d[f(x),f(x_0)]<\varepsilon$，则称算子$f$在点$x_0\in X$上是连续的。如果算子$f$在每一点$x\in X$上都是连续的，则称算子$f$是连续的。

我们将研究具有特殊性质的一种算子，对任意两个不同的点x，$y\in X$使用这一算子会使其距离变得更近。

定义 A.1.7：设（X,d）是一个度量空间，同时设f：$X\to X$。如果存在一个实数k，$0\leqslant k<1$，使得

$$d[f(x),f(y)]\leqslant kd(x,y),\qquad \text{对于所有 } x,y\in X$$

则我们说f是一个压缩或压缩映射。

由定义直接可得出，压缩映射是一个连续算子。

我们现在给出下面的定理。

定理 A.1.1：压缩映射

设（X,d）是一个完备度量空间，同时设f：$X\to X$是一个压缩。于是，存在唯一点$x_0\in X$，使得$f(x_0)=x_0$。此外，如果x是X中的任意一点，并且$\{x_n\}$是依照$x_1=f(x),x_2=f(x_1)$，…，$x_{n+1}=f(x_n)$归纳定义的，那么$\{x_n\}$收敛到x_0。

证明：设x是X中的任意一点。定义$x_1=f(x)$，$x_2=f(x_1)$，…，将其表示成$x_n=f^n(x)$。为了证明序列x_n是柯西序列，首先假定$n>m$。于是

$$\begin{aligned}d(x_n,x_m)&=d[f^n(x),f^m(x)]=d[f^m(x_{n-m}),f^m(x)]\\&\leqslant kd[f^{m-1}(x_{n-m}),f^{m-1}(x)]\end{aligned}$$

通过归纳法，我们得出

$$d(x_n,x_m)\leqslant k^m d(x_{n-m},x) \qquad (*)$$

当我们重复利用三角不等式时，上面的不等式就意味着

$$d(x_n,x_m)\leqslant k^m[d(x_{n-m},x_{n-m-1})+\cdots+d(x_2,x_1)+d(x_1,x)]$$

应用（*）式可得

$$d(x_n,x_m)\leqslant k^m(k^{n-m-1}+\cdots+k+1)d(x_1,x)$$

因为$0\leqslant k<1$，所以我们有

$$d(x_n, x_m) \leqslant k^m \sum_{i=0}^{\infty} k^i d(x_t, x) = \frac{k^m}{1-k} d(x_1, x) \qquad (\dagger)$$

通过选择充分大的 m，可使得（†）式的右边任意小。因此，当 $n,m\to\infty$ 时，$d(x_n,x_m)\to 0$。因而，$\{x_n\}$ 是一个柯西序列。由于 (X,d) 是完备的，所以 $\{x_n\}$ 收敛到 (X,d) 的一个元素上。

$\{x_n\}=\{f^n(x)\}$ 的极限点 x_0 是 f 的不动点。因为 f 是连续的，所以 $\lim\limits_{n\to\infty} f(x_n)=f(\lim\limits_{n\to\infty} x_n)$。现在 $f(\lim\limits_{n\to\infty} x_n)=f(x_0)$，同时 $\lim\limits_{n\to\infty} f(x_n)=\lim\limits_{n\to\infty} x_{n+1}=x_0$。因此，$x_0=f(x_0)$。

为了证明不动点 x_0 是唯一的，可运用反证法。假定 x_0 和 $y_0(x_0\neq y_0)$ 是 f 的两个不动点。然而，

$$0<d(x_0,y_0)=d[f(x_0),f(y_0)]\leqslant kd(x_0,y_0)<d(x_0,y_0)$$

显然矛盾。因此，f 具有唯一的不动点。■

我们现在把我们的研究限制在元素均为函数的集合 X 上，空间 $C[0,T]$ 与 $l_p[0,\infty]$ 对于 $1\leqslant p\leqslant\infty$ 都是函数空间的例子。让我们定义两个函数不等式的概念。

定义 A.1.8：设 X 是一个函数空间，同时设 $x,y\in X$。于是，$x\geqslant y$ 当且仅当对于函数定义域中的每一个 t 有 $x(t)\geqslant y(t)$ 时成立。

设 X 是一个函数空间。我们使用 d_∞ 度量，并将其定义为 $d_\infty(x,y)=\sup_t|x(t)-y(t)|$，其中上确界是在函数定义的定义域上取得的。

使算子 T：$(X,d_\infty)\to(X,d_\infty)$ 成为压缩的两个充分条件是由下面的定理给出的。[①]

定理 A.1.2：关于 T 成为一个压缩的布莱克韦尔（Blackwell）充分条件

设 T 是度量空间 (X,d_∞) 上的一个算子，其中 X 是函数空间，假定 T 具有下述两个性质：

(a) 单调性：对于任意 $x,y\in X$，$x\geqslant y$，则 $T(x)\geqslant T(y)$。

(b) 折扣性：设 c 表示一个常数函数，对于 X 中函数定义域里的所有点都是常数，其实值为 c。对于任意正的实数 c 以及每一个 $x\in X$，对于满足 $0\leqslant\beta<1$ 的某一个 β，$T(x+c)\leqslant T(x)+\beta c$，那么 T 是带有模 β 的压缩映射。

证明：对于所有的 $x,y\in X$，有 $x\leqslant y+d(x,y)$，将性质（a）和性质（b）应用于这一不等式可得：

$$T(x)\leqslant T(y+d(x,y))\leqslant T(y)+\beta d(x,y)$$

交换 x 和 y 的位置，并利用相同的逻辑可得：

$$T(y)\leqslant T(x)+\beta d(x,y)$$

将上面两个不等式合并可得 $|T(x)-T(y)|\leqslant\beta d(x,y)$，即

$$d(T(x),T(y))\leqslant\beta d(x,y)$$ ■

① 参见 Blackwell（1965，定理 5）。这一定理被斯托基、卢卡斯和普雷斯科特（1989）广泛运用。

A.2　折扣动态规划

我们研究与折扣动态规划问题相关的函数方程：

$$v(x)=\max_{u\in R^k}\{r(x,u)+\beta v(x')\},\ x'\leqslant g(x,u),\ 0<\beta<1 \tag{A.2.1}$$

我们假设 $r(x,u)$ 是一个实值的、连续的、凹的及有界的函数，同时集合$[x',x,u:x'\leqslant g(x,u),u\in R^k]$是凸的和紧的。

我们定义算子

$$Tv=\max_{u\in R^k}\{r(x,u)+\beta v(x')\},\ x'\leqslant g(x,u),\ x\in X$$

我们把连续有界函数空间 X 映射到实（数）直线上。我们使用度量

$$d_\infty(v,w)=\sup_{x\in X}|v(x)-w(x)|$$

这个度量空间是完备的。

算子 T 把连续有界函数 v 映射成连续有界函数 Tv。[有关证明参见 Stokey and Lucas with Prescott (1989)。][①]

我们现在通过验证布莱克韦尔充分条件来证明 T 是一个压缩映射。首先，假设 $v(x)\geqslant w(x)$对于所有 $x\in X$ 成立。于是，

$$\begin{aligned}Tv&=\max_{u\in R^k}\{r(x,u)+\beta v(x')\},\ x'\leqslant g(x,u)\\&\geqslant\max_{u\in R^k}\{r(x,u)+\beta w(x')\},\ x'\leqslant g(x,u)\\&=Tw\end{aligned}$$

因而，T 是单调的。其次，注意，对于任意正的常数 c，

$$\begin{aligned}T(v+c)&=\max_{u\in R^k}\{r(x,u)+\beta[v(x')+c]\},\ x'\leqslant g(x,u)\\&=\max_{u\in R^k}\{r(x,u)+\beta v(x')+\beta c\},\ x'\leqslant g(x,u)\\&=Tv+\beta c\end{aligned}$$

因而，T 满足折扣性。因此，T 满足布莱克韦尔条件对。由此可得，T 是完备度量空间上的压缩映射。进而，函数方程（A.2.1）可以表示成 $v=Tv$，其在有界连续函数空间中具有唯一不动点。在 d_∞ 度量下，从任意有界且连续的 v^0 开始，通过迭代 $v^n=T^n(v^0)$，此不动点以极限方式被逼近。在 d_∞ 度量下的收敛意味着函数 v^n 的一致收敛。

斯托基、卢卡斯和普雷斯科特（1989）证明，T 把凹函数映射到凹函数。由此可见，$v=Tv$ 的解是凹函数。

□ A.2.1　策略改进算法

为了方便解释，在这一节中我们将假定约束 $x'\leqslant g(x,u)$中的等号成立。为了描述求

① 前面两个段落中的说法是论证中最为困难的环节。

解动态规划问题的另一种方法，我们引入一种新的算子。我们对贝尔曼方程运用一步迭代来定义新的算子 T_μ 如下：

$$T_\mu(v)=T(v)$$

或

$$T_\mu(v)=r[x,\mu(x)]+\beta v\{g[x,\mu(x)]\}$$

其中 $\mu(x)$ 表示达到 $T(v)(x)$ 的策略函数。对于给定的 $\mu(x)$，T_μ 是把有界连续函数映射到有界连续函数的算子。用 C 表示把有界连续函数的空间 X 映射到 X 的记号。

对于任意可行策略函数 $\mu(x)$，算子 T_μ 是压缩映射。这个事实可以通过检验布莱克韦尔充分条件对来验证。

(1) T_μ 是单调的。

假设 $v(x)\geqslant w(x)$，于是

$$\begin{aligned}T_\mu v &=r[x,\mu(x)]+\beta v\{g[x,\mu(x)]\}\\ &\geqslant r[x,\mu(x)]+\beta w\{g[x,\mu(x)]\}=T_\mu w\end{aligned}$$

(2) T_μ 满足折扣性。

对于任意正的常数 c，

$$\begin{aligned}T_\mu(v+c)&=r(x,\mu)+\beta(v\{g[x,\mu(x)]+c\})\\ &=T_\mu v+\beta c\end{aligned}$$

因为 T_μ 是压缩算子，所以函数方程

$$v_\mu(x)=T_\mu[v_\mu(x)]$$

在有界连续函数空间中具有唯一解。从任意有界连续函数 $v_0(x)\in C$ 开始，当对 T_μ 进行迭代取极限时，这个解可以被计算出来：

$$v_\mu(x)=\lim_{k\to\infty}T_\mu^k(v_0)(x)$$

函数 $v_\mu(x)$ 是目标函数的值（value），它可以通过在每一个时期运用平稳政策 $\mu(x)$ 来实现。

下面的命题描述了策略迭代（policy iteration）或者霍华德改进算法（Howard improvement algorithm）。

定理 A. 2. 1：设 $v_\mu(x)=T_\mu[v_\mu(x)]$。利用

$$T_{\bar{\mu}}[v_\mu(x)]=T[v_\mu(x)]$$

定义一个新的策略 $\bar{\mu}$ 与相应的算子 $T_{\bar{\mu}}$。也就是，$\bar{\mu}$ 是通过将 $v_\mu(x)$ 作为期末值函数来求解单期问题的政策。计算不动点

$$v_{\bar{\mu}}(x)=T_{\bar{\mu}}[v_{\bar{\mu}}(x)]$$

于是，$v_{\bar{\mu}}(x)\geqslant v_\mu(x)$。如果 $\mu(x)$ 不是最优的，那么至少有一点 $x\in X$，使得 $v_{\bar{\mu}}(x)>v_\mu(x)$。

证明：由 $\bar{\mu}$ 和 $T_{\bar{\mu}}$ 的定义，我们有

$$\begin{aligned}T_{\bar{\mu}}[v_\mu(x)]&=r[x,\bar{\mu}(x)]+\beta v_\mu\{g[x,\bar{\mu}(x)]\}\\&=T(v_\mu)(x)\\&\geqslant r[x,\mu(x)]+\beta v_\mu\{g[x,\mu(x)]\}\\&=T_\mu[v_\mu(x)]=v_\mu(x)\end{aligned}$$

或

$$T_{\bar{\mu}}[v_\mu(x)]\geqslant v_\mu(x)$$

反复对这个不等式应用 $T_{\bar{\mu}}$，同时运用 $T_{\bar{\mu}}$ 的单调性，得出结论

$$v_{\bar{\mu}}(x)=\lim_{n\to\infty}T_{\bar{\mu}}^n[v_\mu(x)]\geqslant v_\mu(x)$$

这就证明了不等式 $v_{\bar{\mu}}(x)\geqslant v_\mu(x)$成立。如果 $v_{\bar{\mu}}(x)=v_\mu(x)$对于所有 $x\in X$ 都成立，那么

$$\begin{aligned}v_\mu(x)&=T_{\bar{\mu}}[v_\mu(x)]\\&=T[v_\mu(x)]\end{aligned}$$

其中，第一个等式成立是因为 $T_{\bar{\mu}}[v_{\bar{\mu}}(x)]=v_{\bar{\mu}}(x)$，而由 $T_{\bar{\mu}}$ 和 $\bar{\mu}$ 的定义可推出第二个等式成立。因为 $v_\mu(x)=T[v_\mu(x)]$，所以贝尔曼方程通过 $v_\mu(x)$ 得到满足。■

策略改进算法从任意一个可行策略开始，并且以下面的步骤迭代收敛①：

步骤 1. 对于一个可行策略 $\mu(x)$，计算出 $v_\mu=T_\mu(v_\mu)$。

步骤 2. 通过计算 $T(v_\mu)$来找出 $\bar{\mu}$。像步骤 1 那样，把 $\bar{\mu}$ 用作策略。

在许多应用中，这个算法被证明要快于以贝尔曼方程进行迭代的方法。

□ A. 2. 2　搜寻问题

我们现在研究与第 6 章搜寻问题相关的函数方程。函数方程是

$$v(w)=\max\left\{\frac{w}{1-\beta},\beta\int v(w')\mathrm{d}F(w')\right\},\quad 0<\beta<1 \tag{A. 2. 2}$$

这里在 t 期提议的工资是 w_t。连续提议的 w_t 是独立同分布的随机变量。我们假定 w_t 具有累积概率分布函数 $\mathrm{Prob}\{w_t\leqslant w\}=F(w)$，其中 $F(0)=0$，且对于某一个 $\bar{w}<\infty$，有 $F(\bar{w})=1$。在方程（A. 2. 2）中，$v(w)$ 表示当前失业工人的最优值函数，失业工人可获得工资为 w 的工作。我们寻找函数方程（A. 2. 2）的解。

我们用到了有界连续函数空间 $C[0,\bar{w}]$，且运用 d_∞度量

$$d_\infty(x,y)=\sup_{0\leqslant w\leqslant\bar{w}}|x(w)-y(w)|$$

度量空间（$C[0,\bar{w}],d_\infty$）是完备的。

我们考察算子

---

①　如果对于第一个时期而言遵从它是最优的，已知期末值函数 $v(x)$，则策略 $\mu(x)$ 称为是非改进的。事实上，策略改进算法是从任意值函数开始的，于是，通过求解单期问题，它可生成一个改进的策略和一个改进的值函数。此命题说明，最优性是由一些特殊性来刻画的，首先，在第一个时期中不存在偏离策略的激励，其次，期末值函数是与连续性策略相联系的。

$$T(z) = \max\left\{\frac{w}{1-\beta}, \beta\int z(w')\mathrm{d}F(w')\right\} \tag{A.2.3}$$

显然，算子把 $C[0,\overline{w}]$ 中的函数 z 映射到 $C[0,\overline{w}]$ 中的函数 $T(z)$ 上。我们现在指出，由方程（A.2.3）定义的算子是一个压缩。为了证明这个说法，我们验证布莱克韦尔充分条件。首先，假设 $f(w)\geqslant g(w)$ 对于所有 $w\in[0,\overline{w}]$ 都成立。于是，请注意

$$\begin{aligned}Tg &= \max\left\{\frac{w}{1-\beta}, \beta\int g(w')\mathrm{d}F(w')\right\}\\ &\leqslant \max\left\{\frac{w}{1-\beta}, \beta\int f(w')\mathrm{d}F(w')\right\}\\ &= Tf\end{aligned}$$

因而，T 是单调的。其次，注意，对于任意正的常数 c，

$$\begin{aligned}T(f+c) &= \max\left\{\frac{w}{1-\beta}, \beta\int [f(w')+c]\mathrm{d}F(w')\right\}\\ &= \max\left\{\frac{w}{1-\beta}, \beta\int f(w')\mathrm{d}F(w')+\beta c\right\}\\ &\leqslant \max\left\{\frac{w}{1-\beta}, \beta\int f(w')\mathrm{d}F(w')\right\}+\beta c\\ &= Tf+\beta c\end{aligned}$$

可见，T 满足折扣性，因此是一个压缩映射。

这样，应用压缩映射定理就可证明函数方程 $Tv=v$ 在 $C[0,\overline{w}]$ 中具有唯一的解，它是通过 $T^n(v^0)=v^n$ 取 $n\to\infty$ 时的极限来逼近的，其中 v^0 是 $C[0,\overline{w}]$ 中的任意一点。由于空间 $C[0,\overline{w}]$ 中的收敛是用度量 d_∞ 表示的，所以收敛是一致的。

附录 B 线性投影与马尔可夫模型

B.1 线性投影

为了参考方便，我们叙述下面的关于线性最小二乘投影的定理。我们设 Y 表示 $n\times 1$ 随机变量向量，X 表示 $h\times 1$ 随机变量向量。我们假设下述的一阶矩及二阶矩存在：

$$EY=\mu_Y,\quad EX=\mu_X,$$
$$EXX'=S_{XX},\quad EYY'=S_{YY},\quad EYX'=S_{YX}$$

设 $x=X-EX$ 以及 $y=Y-EY$，我们定义下面的协方差矩阵

$$Exx'=\sum\nolimits_{xx},\quad E'_{yy}=\sum\nolimits_{yy},\quad Eyx'=\sum\nolimits_{yx}$$

我们这里的内容与估计 Y 有关，Y 是 X 的线性函数。Y 的估计量是 X 的线性函数，而且最小化每一个分量 Y 与其估计之间的均方误差，此估计量称为 Y 在 X 上的线性投影(linear projection)。

定义 B.1.1：Y 在 X 上的线性投影是仿射函数 $\hat{Y}=AX+a_0$，它在 X 的所有仿射函数 a_0+AX 上最小化 $E\,\mathrm{trace}\{(Y-\hat{Y})(Y-\hat{Y})'\}$。我们把这个线性投影记为 $\hat{E}[Y|X]$，或者有时为了强调常数可以被包含在"信息集合"中而记为 $\hat{E}[Y|x,1]$。

Y 在 X 上的线性投影 $\hat{E}[Y|X]$ 有时还称为 Y 在 X 上的广义条件期望。我们有下面的定理：

定理 B.1.1

$$\hat{E}[Y|X]=\mu_y+\sum_{yx}\sum_{xx}^{-1}(X-\mu_x) \tag{B.1.1}$$

证明：该定理可以通过写出 $E\text{trace}(Y-\hat{Y})(Y-\hat{Y})'$，同时进行平方来直接获得，或者通过写出 $E\text{trace}(Y-\hat{Y})(Y-\hat{Y})'$ 和获得一阶必要条件（"正规方程"）来对它们求解。∎

定理 B.1.2

$$\hat{E}\left[(Y-\hat{E}[Y|x])|X'\right]=0$$

这个方程表明，源自投影的误差与 X 中的每一个变量都是正交的。

证明：直接从正规方程得出。∎

定理 B.1.3 正交性原理：

$$E\left[[Y-\hat{E}(Y|x)]x'\right]=0$$

证明：由定理 21.3 可证。∎

定理 B.1.4 正交回归：

假设 $X'=(X_1,X_2,\cdots,X_h)'$，$EX'=\mu'=(\mu_{x1},\cdots,\mu_{xh})'$ 以及 $E(X_i-\mu_{xi})(X_j-\mu_{xj})=0$（对于 $i\neq j$）。于是

$$\hat{E}[Y|x_1,\cdots,x_n,1]=\hat{E}[Y|x_1]+\hat{E}[Y|x_2]+\cdots+\hat{E}[Y|x_n]-(n-1)\mu_y \tag{B.1.2}$$

证明：注意，依据正交回归的假设，矩阵 $\sum_{xx}$ 是对角矩阵。然后，应用方程（B.1.1）得出方程（B.1.2）。∎

B.2 隐藏马尔可夫模型

这一节给出隐藏马尔可夫模型的一个简要介绍，此工具对于金融与经济学中的各种各样的非线性滤波问题而言是十分有用的。我们阐述对非线性滤波问题的求解，读者可以对比以前阐述过的线性滤波问题。

考察 N 个状态的马尔可夫链。我们用单位向量 $S_x=\{e_1,\cdots,e_N\}$ 可以重新表述状态空间，其中 e_i 表示第 i 个 N 维单位向量。设 $N\times N$ 转移矩阵是 P，其 (i,j) 元素为

$$P_{ij}=\text{Prob}(x_{t+1}=e_j|x_t=e_i)$$

通过这些定义，我们有

$$Ex_{t+1}|x_t=P'x_t$$

定义"残差"（residual）

$$v_{t+1}=x_{t+1}-P'x_t$$

它意味着线性"状态空间"表示

$$x_{t+1}=P'x_t+v_{t+1}$$

注意如何由此得出 $E\, v_{t+1}\mid x_t=0$，其中把 v_{t+1} 看成是“适应 x_t 的鞅过程”。

我们需要再考虑“测量方程”。假设 x_t 是不可测的，但是 x_t 的噪声函数 y_t 是可测的。假设 y_t 位于 M 维空间 S_y 中，我们以 M 单位向量来表述它：$S_y=\{f_1,\cdots,f_M\}$，其中，f_i 表示第 i 个 M 维单位向量。为了对线性测量方程 $y_t=C(x_t,u_t)$（其中 u_t 表示测量噪声）进行详细规定，我们从定义 $N\times M$ 矩阵 Q 开始：

$$\text{Prob}(y_t=f_j\mid x_t=e_i)=Q_{ij}$$

由此可得

$$E(y_t\mid x_t)=Q'x_t$$

定义残差

$$u_t\equiv y_t-Ey_t\mid x_t$$

其指出“观测方程”

$$y_t=Q'x_t+u_t$$

由 u_t 的定义可得，$Eu_t\mid x_t=0$。因而，我们有线性状态空间系统

$$x_{t+1}=P'x_t+v_{t+1}$$
$$y_t=Q'x_t+u_t$$

运用这些定义，可以直接计算出误差过程 v_{t+1}，u_t 的条件二阶矩。[①]

B.3 非线性滤波

我们探求计算隐藏状态的条件分布的递归公式：

$$\rho_i(t)=\text{Prob}\{x_t=i\mid y_1=\eta_1,\cdots,y_t=\eta_t\}$$

用 $\eta^t=\text{col}(\eta_1,\cdots,\eta_t)$ 表示可观察的 y_t 直到 t 时间的历史值。定义条件概率

---

① 注意到

$$x_{t+1}x'_{t+1}=P'x_t(P'x_t)'+P'x_tv'_{t+1}+v_{t+1}(P'x_t)'+v_{t+1}v'_{t+1}$$

将其代入 $x_{t+1}x'_{t+1}=\text{diag}x_{t+1}=\text{diag}\ (P'x_t)+\text{diag}v_{t+1}$ 中得出

$$v_{t+1}v'_{t+1}=\text{diag}(P'x_t)+\text{diag}(v_{t+1})-P'\,\text{diag}x_tP-P'x_tv'_{t+1}(P'x_t)'$$

由此可得

$$E[v_{t+1}v'_{t+1}\mid x_t]=\text{diag}(P'x_t)-P'\,\text{diag}x_tP$$

类似地

$$E[u_tu'_t\mid x_t]=\text{diag}(Q'x_t)-Q'\,\text{diag}x_tQ$$

$$p(\xi_t, \eta_1, \cdots, \eta_t) = \text{Prob}(x_t = \xi_t, y_1 = \eta_1, \cdots, y_t = \eta_t)$$

同时假设 $p(\eta_1, \cdots, \eta_t) \neq 0$。然后，应用条件期望方法计算①

$$\begin{aligned} p(\xi_t \mid \eta^t) &= \frac{p(\xi_t, \eta_t \mid \eta^{t-1})}{p(\eta_t \mid \eta^{t-1})} \\ &= \frac{\sum_{\xi_{t-1}} p(\eta_t \mid \xi_t) p(\xi_t \mid \xi_{t-1}) p(\xi_{t-1} \mid \eta^{t-1})}{\sum_{\xi_t} \sum_{\xi_{t-1}} p(\eta_t \mid \xi_t) p(\xi_t \mid \xi_{t-1}) p(\xi_{t-1} \mid \eta^{t-1})} \end{aligned}$$

这个结果能够写成

$$\rho_i(t+1) = \frac{\sum_s Q_{ij} P_{si} \rho_s(t)}{\sum_s \sum_i Q_{ij} P_{si} \rho_s(t)}$$

其中，$\eta_{t+1} = j$ 表示 y 在 $t+1$ 时间的值，我们可以递归地把它表示为

$$\begin{aligned} &\tilde{\rho}(t+1) = \text{diag}(Q_j) P' \rho(t) \\ &\rho(t+1) = \frac{\tilde{\rho}(t+1)}{<\tilde{\rho}(t+1), \underline{1}>} \end{aligned}$$

其中，Q_j 表示 Q 的第 j 列，而 $\text{diag}(Q_j)$ 表示 Q_{ij} 的对角矩阵的第 i 个对角元素；这里 $\langle \cdot, \cdot \rangle$ 表示两个向量的内积，而$\underline{1}$ 表示单位向量。

---

① 注意到

$$\begin{aligned} p(\xi_t, \eta_t \mid \eta^{t-1}) &= \sum_{\xi_{t-1}} p(\xi_t, \eta_t, \xi_{t-1} \mid \eta^{t-1}) \\ &= \sum_{\xi_{t-1}} p(\xi_t, \eta_t \mid \xi_{t-1}, \eta^{t-1}) p(\xi_{t-1} \mid \eta^{t-1}) \end{aligned}$$

$$\begin{aligned} p(\xi_t, \eta_t \mid \xi_{t-1}, \eta^{t-1}) &= p(\xi_t \mid \xi_{t-1}, \eta^{t-1}) p(\eta_t \mid \xi_t, \xi_{t-1}, \eta^{t-1}) \\ &= p(\xi_t \mid \xi_{t-1}) p(\eta_t \mid \xi_t) \end{aligned}$$

把这些结果合并得出正文中的公式。

参考文献

Abel, Andrew B., N. Gregory Mankiw, Lawrence H. Summers, and Richard J. Zeckhauser. 1989. "Assessing Dynamic Efficiency: Theory and Evidence." *Review of Economic Studies*, Vol. 56, pp. 1–20.

Abreu, Dilip. 1988. "On the Theory of Infinitely Repeated Games with Discounting." *Econometrica*, Vol. 56, pp. 383–396.

Abreu, Dilip, David Pearce, and Ennio Stacchetti. 1986. "Optimal Cartel Equilibria with Imperfect Monitoring." *Journal of Economic Theory*, Vol. 39, pp. 251–269.

Abreu, Dilip, David Pearce, and Ennio Stacchetti. 1990. "Toward a Theory of Discounted Repeated Games with Imperfect Monitoring." *Econometrica*, Vol. 58(5), pp. 1041–1063.

Acemoglu, Daron. 1997. "Good Jobs versus Bad Jobs: Theory and Some Evidence." Mimeo. CEPR Discussion Paper No. 1588.

Acemoglu, Daron, and Robert Shimer. 1999. "Efficient Unemployment Insurance." *Journal of Political Economy*, Vol. 107, pp. 893–928.

Acemoglu, Daron, and Robert Shimer. 2000. "Productivity Gains From Unemployment Insurance." *European Economic Review*, Vol. 44, pp. 1195–1224.

Adda, Jerome, and Russell W. Cooper. 2003. *Dynamic Economics: Quantitative Methods and Applications*. Cambridge, Mass.: MIT Press.

Aghion, Philippe, and Peter Howitt. 1992. "A Model of Growth Through Creative Destruction." *Econometrica*, Vol. 60, pp. 323–351.

Aghion, Philippe, and Peter Howitt. 1998. *Endogenous Growth Theory*. Cambridge, Mass.: MIT Press.

Aiyagari, S. Rao. 1985. "Observational Equivalence of the Overlapping Generations and the Discounted Dynamic Programming Frameworks for One-Sector Growth." *Journal of Economic Theory*, Vol. 35(2), pp. 201 - 221.

Aiyagari, S. Rao. 1987. "Optimality and Monetary Equilibria in Stationary Overlapping Generations Models with Long Lived Agents." *Journal of Economic Theory*, Vol. 43, pp. 292 - 313.

Aiyagari, S. Rao. 1993. "Explaining Financial Market Facts: The Importance of Incomplete Markets and Transaction Costs." *Quarterly Review*, Federal Reserve Bank of Minneapolis, Vol. 17(1), pp. 17 - 31.

Aiyagari, S. Rao. 1994. "Uninsured Idiosyncratic Risk and Aggregate Saving." *Quarterly Journal of Economics*, Vol. 109(3), pp. 659 - 684.

Aiyagari, S. Rao. 1995. "Optimal Capital Income Taxation with Incomplete Markets and Borrowing Constraints." *Journal of Political Economy*, Vol. 103(6), pp. 1158 - 1175.

Aiyagari, S. Rao, and Mark Gertler. 1991. "Asset Returns with Transactions Costs and Uninsured Individual Risk." *Journal of Monetary Economics*, Vol. 27, pp. 311 - 331.

Aiyagari, S. Rao, and Ellen R. McGrattan. 1998. "The Optimum Quantity of Debt." *Journal of Monetary Economics*, Vol. 42(3), pp. 447 - 469.

Aiyagari, S. Rao, and Neil Wallace. 1991. "Existence of Steady States with Positive Consumption in the Kiyotaki-Wright Model." *Review of Economic Studies*, Vol. 58 (5), pp. 901 - 916.

Aiyagari, Marcet, Albert, Thomas J. Sargent, and Juha Seppälä. 2002. "Optimal Taxation without State-Contingent Debt." *Journal of Political Economy*, Vol. 110(6), pp. 1220 - 1254.

Albarran, Pedro, and Orazio Attanasio. 2003. "Limited Commitment and Crowding out of Private Transfers: Evidence from a Randomized Experiment." *Economic Journal*, Vol. 113(486), pp. 77 - 85.

Albrecht, James, and Bo Axell. 1984. "An Equilibrium Model of Search Unemployment." *Journal of Political Economy*, Vol. 92(5), pp. 824 - 840.

Allen, Franklin. 1985. "Repeated Principal-agent Relationships with Lending and Borrowing." *Economics Letters*, Vol. 17(1 - 2), pp. 27 - 31.

Altug, Sumru. 1989. "Time-to-Build and Aggregate Fluctuations: Some New Evidence." *International Economic Review*, Vol. 30(4), pp. 889 - 920.

Altug, Sumru, and Pamela Labadie. 1994. *Dynamic Choice and Asset Markets*. San Diego: Academic Press.

Alvarez, Fernando, and Urban J. Jermann. 2000. "Efficiency, Equilibrium, and Asset Pricing with Risk of Default." *Econometrica*, Vol. 68(4), pp. 775 - 797.

Alvarez, Fernando, and Urban J. Jermann. 2001. "Quantitative Asset Pricing Implications of Endogenous Solvency Constraints." *Review of Financial Studies*, Vol. 14 (4), pp. 1117 - 1151.

Alvarez, Fernando, and Urban J. Jermann. 2004. "Using Asset Prices to Measure the

Cost of Business Cycles." *Journal of Political Economy*, Vol. 112, No. 6, pp. 1223 - 1256.

Alvarez, Fernando, Patrick J. Kehoe, and Pablo Andrés Neumeyer. 2004. "The Time Consistency of Optimal Monetary and Fiscal Policies." *Econometrica*, Vol. 72, pp. 541- 567.

Anderson, Evan W., Lars P. Hansen, Ellen R. McGrattan, and Thomas J. Sargent. 1996. "Mechanics of Forming and Estimating Dynamic Linear Economies." In Hans M. Amman, David A. Kendrick, and John Rust (eds.), *Handbook of Computational Economics*, Vol. 1, Handbooks in Economics, Vol. 13. Amsterdam: Elsevier Science, North-Holland, pp. 171 - 252.

Anderson, E., L. P. Hansen, and T. J. Sargent. 2003. "A Quartet of Semigroups for Model Specification, Robustness, Prices of Risk, and Model Detection." *Journal of the European Economic Association*, Vol. 1(1), pp. 68 - 123.

Ang, Andrew, and Monika Piazzesi. 2003. "A No-Arbitrage Vector Autoregression of Term Structure Dynamics with Macroeconomic and Latent Variables." *Journal of Monetary Economics*, Vol. 50(4), pp. 745 - 288.

Angeletos, George-Marios. 2002. "Fiscal Policy With Noncontingent Debt And The Optimal Maturity Structure." *Quarterly Journal of Economics*, Vol. 117(3), pp. 1105 - 1131.

Apostol, Tom M. 1975. *Mathematical Analysis*. 2nd ed. Reading, Mass.: Addison-Wesley.

Arrow, Kenneth J. 1962. "The Economic Implications of Learning by Doing." *Review of Economic Studies*, Vol. 29, pp. 155 - 173.

Arrow, Kenneth J. 1964. "The Role of Securities in the Optimal Allocation of Risk-Bearing." *Review of Economic Studies*, Vol. 31, pp. 91 - 96.

Aström, K. J. 1965. "Optimal Control of Markov Processes with Incomplete State Information." *Journal of Mathematical Analysis and Applications*, Vol. 10, pp. 174 - 205.

Atkeson, Andrew G. 1988. "Essays in Dynamic International Economics." Ph. D. dissertation, Stanford University.

Atkeson, Andrew G. 1991. "International Lending with Moral Hazard and Risk of Repudiation." *Econometrica*, Vol. 59(4), pp. 1069 - 1089.

Atkeson, Andrew, V. V. Chari, and Patrick J. Kehoe. 2010. "Sophisticated Monetary Policies." *Quarterly Journal of Economics*, Vol. 125, pp. 47 - 89.

Atkeson, Andrew, and Robert E. Lucas, Jr. 1992. "On Efficient Distribution with Private Information." *Review of Economic Studies*, Vol. 59(3), pp. 427 - 453.

Atkeson, Andrew, and Robert E. Lucas, Jr. 1995. "Efficiency and Equality in a Simple Model of Efficient Unemployment Insurance." *Journal of Economic Theory*, Vol. 66 (1), pp. 64 - 88.

Atkeson, Andrew, and Christopher Phelan. 1994. "Reconsidering the Costs of Business Cycles with Incomplete Markets." In Stanley Fischer and Julio J. Rotemberg (eds.), *NBER Macroeconomics Annual*. Cambridge, Mass.: MIT Press, pp. 187 - 207.

Attanasio, Orazio P. 2000. "Consumption." In John Taylor and Michael Woodford (eds.), *Handbook of Macroeconomics*. Amsterdam: North-Holland.

Attanasio, Orazio P., and Steven J. Davis. 1996. "Relative Wage Movements and the Distribution of Consumption." *Journal of Political Economy*, Vol. 104(6), pp. 1227 - 1262.

Attanasio, Orazio P., and Guglielmo Weber. 1993. "Consumption Growth, the Interest Rate and Aggregation." *Review of Economic Studies*, Vol. 60(3), pp. 631 - 649.

Auerbach, Alan J., and Laurence J. Kotlikoff. 1987. *Dynamic Fiscal Policy*. New York: Cambridge University Press.

Auernheimer, Leonardo. 1974. "The Honest Government's Guide to the Revenue from the Creation of Money." *Journal of Political Economy*, Vol. 82, pp. 598 - 606.

Azariadis, Costas. 1993. *Intertemporal Macroeconomics*. Cambridge, Mass.: Blackwell Press.

Backus, David K, Patrick J. Kehoe, and, Finn E. Kydland. 1992. "International Real Business Cycles." *Journal of Political Economy*, Vol. 100(4), pp. 745 - 775.

Backus, David K. and Stanley E. Zin. 1994. "Reverse Engineering the Yield Curve." Mimeo. NBER Working Paper No. 4676.

Balasko, Y., and Karl Shell. 1980. "The Overlapping-Generations Model I: The Case of Pure Exchange without Money." *Journal of Economic Theory*, Vol. 23(3), pp. 281 - 306.

Barillas, F., A. Bhandari, S. Bigio, R. Colacito, M. Juillard, S. Kitao, C. Matthes, T. J. Sargent, and Y. Shin. 2012. "Practicing Dynare." Mimeo. New York University.

Barillas, Francisco, Lars Peter Hansen, and Thomas J. Sargent. 2009. "Doubts or Variability?" *Journal of Economic Theory*, Vol. 144(6), pp. 2388 - 2418.

Barro, Robert J. 1974. "Are Government Bonds Net Wealth?" *Journal of Political Economy*, Vol. 82(6), pp. 1095 - 1117.

Barro, Robert J. 1979. "On the Determination of Public Debt." *Journal of Political Economy*, Vol. 87, pp. 940 - 971.

Barro, Robert J., and David B. Gordon. 1983a. "A Positive Theory of Monetary Policy in a Natural Rate Model." *Journal of Political Economy*, Vol. 91, pp. 589 - 610.

Barro, Robert J., and David B. Gordon. 1983b. "Rules, Discretion, and Reputation in a Model of Monetary Policy." *Journal of Monetary Economics*, Vol. 12, pp. 101 - 121.

Barro, Robert J., and Xavier Sala-i-Martin. 1995. *Economic Growth*. New York: McGraw-Hill.

Barseghyan, Levon, Francesca Molinari, Ted O'Donoghue, and Joshua C. Teitelbaum. 2011. "The Nature of Risk Preferences: Evidence from Insurance Choices." Mimeo. Working Paper 11 - 03, Cornell University, Center for Analytic Economics.

Barsky, Robert B., Gregory N. Mankiw, and Stephen P. Zeldes. 1986. "Ricardian Consumers with Keynesian Propensities." *American Economic Review*, Vol. 76(4), pp. 676- 691.

Basar, Tamer, and Geert Jan Olsder. 1982. *Dynamic Noncooperative Game Theory*. New York: Academic Press.

Bassetto, Marco. 2002. "A Game-Theoretic View of the Fiscal Theory of the Price Level." *Econometrica*, Vol. 70(6), pp. 2167 - 2195.

Bassetto, Marco. 2005. "Equilibrium and Government Commitment." *Journal of Economic Theory*, Vol. 124, No. 1, pp. 79 - 105.

Bassetto, Marco, and Narayana Kocherlakota. 2004. "On the Irrelevance of Government Debt When Taxes Are Distortionary." *Journal of Monetary Economics*, Vol. 51(2), pp. 299 - 304.

Baumol, William J. 1952. "The Transactions Demand for Cash: An Inventory Theoretic Approach." *Quarterly Journal of Economics*, Vol. 66, pp. 545 - 556.

Bellman, Richard. 1957. *Dynamic Programming*. Princeton, N. J.: Princeton University Press.

Bellman, Richard, and Stuart E. Dreyfus. 1962. *Applied Dynamic Programming*. Princeton, N. J.: Princeton University Press.

Benassy, Jean-Pascal. 1998. "Is There Always Too Little Research in Endogenous Growth with Expanding Product Variety?" *European Economic Review*, Vol. 42, pp. 61 - 69.

Benassy, Jean-Pascal. 2011. *Macroeconomic Theory*. Oxford: Oxford University Press.

Benoit, Jean-Pierre, and Vijay Krishna. 1985. "Finitely Repeated Games." *Econometrica*, Vol. 53, pp. 905- 922.

Ben-Porath, Yoram. 1967. "The Production of Human Capital and the Life Cycle of Earnings." *Journal of Political Economy*, Vol. 75, pp. 352 - 365.

Benveniste, Lawrence, and Jose Scheinkman. 1979. "On the Differentiability of the Value Function in Dynamic Models of Economics." *Econometrica*, Vol. 47(3), pp. 727 - 732.

Benveniste, Lawrence, and Jose Scheinkman. 1982. "Duality Theory for Dynamic Optimization Models of Economics: The Continuous Time Case." *Journal of Economic Theory*, Vol. 27, pp. 1 - 19.

Bernheim, B. Douglas, and Kyle Bagwell. 1988. "Is Everything Neutral?" *Journal of Political Economy*, Vol. 96(2), pp. 308 - 338.

Bertola, Giuseppe, and Ricardo J. Caballero. 1994. "Cross-Sectional Efficiency and Labour Hoarding in a Matching Model of Unemployment." *Review of Economic Studies*, Vol. 61, pp. 435- 456.

Bertsekas, Dimitri P. 1976. *Dynamic Programming and Stochastic Control*. New York: Academic Press.

Bertsekas, Dimitri P. 1987. *Dynamic Programming: Deterministic and Stochastic Models*. Englewood Cliffs, N. J.: Prentice-Hall.

Bertsekas, Dimitri P., and Steven E. Shreve. 1978. *Stochastic Optimal Control: The Discrete Time Case*. New York: Academic Press.

Bewley, Truman F. 1977. "The Permanent Income Hypothesis: A Theoretical Formulation." *Journal of Economic Theory*, Vol. 16(2), pp. 252 – 292.

Bewley, Truman F. 1980. "The Optimum Quantity of Money." In J. H. Kareken and N. Wallace (eds.), *Models of Monetary Economies*. Minneapolis: Federal Reserve Bank of Minneapolis, pp. 169 – 210.

Bewley, Truman F. 1983. "A Difficulty with the Optimum Quantity of Money." *Econometrica*, Vol. 51, pp. 1485 – 1504.

Bewley, Truman F. 1986. "Stationary Monetary Equilibrium with a Continuum of Independently Fluctuating Consumers." In Werner Hildenbrand and Andreu Mas-Colell (eds.), *Contributions to Mathematical Economics in Honor of Gerard Debreu*. Amsterdam: North-Holland, pp. 79 – 102.

Black, Fisher, and Myron Scholes. 1973. "The Pricing of Options and Corporate Liabilities." *Journal of Political Economy*, Vol. 81, pp. 637 – 654.

Blackwell, David. 1965. "Discounted Dynamic Programming." *Annals of Mathematical Statistics*, Vol. 36(1), pp. 226 – 235.

Blanchard, Olivier Jean. 1985. "Debt, Deficits, and Finite Horizons." *Journal of Political Economy*, Vol. 93(2), pp. 223 – 247.

Blanchard, Olivier Jean, and Stanley Fischer. 1989. *Lectures on Macroeconomics*. Cambridge, Mass.: MIT Press.

Blanchard, Olivier Jean, and Charles M. Kahn. 1980. "The Solution of Linear Difference Models under Rational Expectations." *Econometrica*, Vol. 48(5), pp. 1305 – 1311.

Blume, Lawrence and David Easley. 2006. "If You're so Smart, why Aren't You Rich? Belief Selection in Complete and Incomplete Markets." *Econometrica*, Vol. 74(4), pp. 929 – 966.

Blundell, Richard and Ian Preston. 1998. "Consumption Inequality and Income Uncertainty." *Quarterly Journal of Economics*, Vol. 113(2), pp. 603 – 640.

Bohn, Henning. 1995. "The Sustainability of Budget Deficits in a Stochastic Economy." *Journal of Money, Credit, and Banking*, Vol. 27(1), pp. 257 – 271.

Bond, Eric W., and Jee-Hyeong Park. 2002. "Gradualism in Trade Agreements with Asymmetric Countries." *Review of Economic Studies*, Vol. 69, pp. 379 – 406.

Braun, R. Anton. 1994. "Tax Disturbances and Real Economic Activity in the Postwar United States." *Journal of Monetary Economics*, Vol. 33(3), pp. 441 – 462.

Breeden, Douglas T. 1979. "An Intertemporal Asset Pricing Model with Stochastic Consumption and Investment Opportunities." *Journal of Financial Economics*, Vol. 7(3), pp. 265 – 296.

Brock, William A. 1972. "On Models of Expectations Generated by Maximizing Behavior of Economic Agents Over Time." *Journal of Economic Theory*, Vol. 5, pp. 479 – 513.

Brock, William A. 1974. "Money and Growth: The Case of Long Run Perfect Foresight." *International Economic Review*, Vol. 15, pp. 750 – 777.

Brock, William A. 1982. "Asset Prices in a Production Economy." In J. J. McCall (ed.), *The Economics of Information and Uncertainty*. Chicago: University of Chicago Press, pp. 1 - 43.

Brock, William A. 1990. "Overlapping Generations Models with Money and Transactions Costs." In B. M. Friedman and F. H. Hahn (eds.), *Handbook of Monetary Economics*, Vol. 1. Amsterdam: North-Holland, pp. 263 - 295.

Brock, William A., and Leonard Mirman. 1972. "Optimal Economic Growth and Uncertainty: The Discounted Case." *Journal of Economic Theory*, Vol. 4(3), pp. 479 - 513.

Browning, Martin, Lars P. Hansen, and James J. Heckman. 1999. "Micro Data and General Equilibrium Models." In John Taylor and Michael Woodford (eds.), *Handbook of Macroeconomics*. Volume 1A. Amsterdam: North-Holland, pp. 543 - 633.

Bruno, Michael, and Stanley Fischer. 1990. "Seigniorage, Operating Rules, and the High Inflation Trap." *Quarterly Journal of Economics*, Vol. 105, pp. 353 - 374.

Bryant, John, and Neil Wallace. 1984. "A Price Discrimination Analysis of Monetary Policy." *Review of Economic Studies*, Vol. 51(2), pp. 279 - 288.

Buera, Francisco, and Juan Pablo Nicolini. 2004. "Optimal Maturity of Government Debt without State Contingent Bonds." *Journal of Monetary Economics*, Vol. 51(3), pp. 531- 554.

Buiter, Willem H. 2002. "The Fiscal Theory of the Price Level: A Critique." *Economic Journal*, Vol. 112, pp. 459 - 480.

Bulow, Jeremy, and Kenneth Rogoff. 1989. "Sovereign Debt: Is to Forgive to Forget?" *American Economic Review*, Vol. 79, pp. 43 - 50.

Burdett, Kenneth, and Kenneth L. Judd. 1983. "Equilibrium Price Dispersion." *Econometrica*, Vol. 51(4), pp. 955 - 969.

Burdett, Kenneth, and Dale T. Mortensen. 1998. "Wage Differentials, Employer Size, and Unemployment." *International Economic Review*, Vol. 39(2), pp. 257 - 273.

Burdett, Kenneth, Shouyong Shi, and Randall Wright. 2001. "Pricing and Matching with Frictions." *Journal of Political Economy*, Vol. 109(5), pp. 1060 - 1085.

Burnside, C., M. Eichenbaum, and S. Rebelo. 1993. "Labor Hoarding and the Business Cycle." *Journal of Political Economy*, Vol: 101(2), pp. 245 - 273.

Burnside, C., and M. Eichenbaum. 1996a. "Factor Hoarding and the Propagation of Business Cycle Shocks." *American Economic Review*, Vol. 86(5), pp. 1154 - 1174.

Burnside, C., and M. Eichenbaum. 1996b. "Small Sample Properties of GMM Based Wald Tests." *Journal of Business and Economic Statistics*, Vol. 14(3), pp. 294 - 308.

Caballero, Ricardo J. 1990. "Consumption Puzzles and Precautionary Saving." *Journal of Monetary Economics*, Vol. 25, No. 1, pp. 113 - 136.

Cagan, Phillip. 1956. "The Monetary Dynamics of Hyperinflation." In Milton Friedman (ed.), *Studies in the Quantity Theory of Money*. Chicago: University of Chicago Press, pp. 25 - 117.

Calvo, Guillermo A. 1978. "On the Time Consistency of Optimal Policy in a Monetary Economy." *Econometrica*, Vol. 46(6), pp. 1411 – 1428.

Calvo, Guillermo A. 1983. "Staggered Prices in a Utility-Maximizing Framework." *Journal of Monetary Economics*, Vol. 12, No. 3, pp. 383 – 398.

Campbell, John Y., Andrew W. Lo, and A. Craig MacKinlay. 1997. *The Econometrics of Financial Markets*. Princeton, N. J.: Princeton University Press.

Campbell, John Y., and John H. Cochrane. 1999. "By Force of Habit: A Consumption Based Explanation of Aggregate Stock Market Behavior." *Journal of Political Economy*, Vol. 107(2), pp. 205– 251.

Campbell, John Y., and Robert Shiller. 1988.: "The Dividend-Price Ratio and Expectations of Future Dividends and Discount Factors." *Review of Financial Studies*, Vol. 1, pp. 195 – 227.

Campbell, John Y., and Robert Shiller. 1991. "Yield Spreads and Interest Rate Movements: A Bird's Eye View." *Review of Economic Studies*, Vol. 58, pp. 495 – 514.

Canova, Fabio. 2007. *Method for Applied Macroeconomic Research*. Princeton, New Jersey: Princeton University Press.

Carroll, Christopher D., and Miles S. Kimball. 1996. "On the Concavity of the Consumption Function." *Econometrica*, Vol. 64(4), pp. 981 – 992.

Casella, Alessandra, and Jonathan S. Feinstein. 1990. "Economic Exchange during Hyperinflation." *Journal of Political Economy*, Vol. 98(1), pp. 1 – 27.

Cass, David. 1965. "Optimum Growth in an Aggregative Model of Capital Accumulation." *Review of Economic Studies*, Vol. 32(3), pp. 233 – 240.

Cass, David. 1972. "On Capital Overaccumulation in the Aggregative, Neoclassical Model of Economic Growth: A Complete Characterization." *Journal of Economic Theory*, Vol. 4, pp. 200 – 233.

Cass, David, and M. E. Yaari. 1966. "A Re-examination of the Pure Consumption Loans Model." *Journal of Political Economy*, Vol. 74, pp. 353 – 367.

Cass, David, and Karl Shell. 1983. "Do Sunspots Matter?"*Journal of Political Economy*, Vol. 91(2), pp. 193 – 227.

Chamberlain, Gary, and Charles Wilson. 2000. "Optimal Intertemporal Consumption Under Uncertainty." *Review of Economic Dynamics*, Vol. 3(3), pp. 365 – 395.

Chamley, Christophe. 1986. "Optimal Taxation of Capital Income in General Equilibrium with Infinite Lives." *Econometrica*, Vol. 54(3), pp. 607 – 622.

Chamley, Christophe, and Heraklis Polemarchakis. 1984. "Assets, General Equilibrium, and the Neutrality of Money." *Review of Economic Studies*, Vol. 51, pp. 129 – 138.

Champ, Bruce, and Scott Freeman. 1994. *Modeling Monetary Economies*, New York: Wiley.

Chang, Roberto. 1998. "Credible Monetary Policy in an Infinite Horizon Model: Recursive Approaches." *Journal of Economic Theory*, Vol. 81(2), pp. 431 – 461.

Chang, Yongsung, and Sun-Bin Kim. 2007. "Heterogeneity and Aggregation: Implications for Labor-Market Fluctuations." *American Economic Review*, Vol. 97, pp. 1939–1956.

Chari, V. V., Lawrence J. Christiano, and Martin Eichenbaum. 1998. "Expectations Traps." *Journal of Economic Theory*, Vol. 81(2), pp. 462–492.

Chari, V. V., Lawrence J. Christiano, and Patrick J. Kehoe. 1994. "Optimal Fiscal Policy in a Business Cycle Model." *Journal of Political Economy*, Vol. 102(4), pp. 617–652.

Chari, V. V., Lawrence J. Christiano, and Patrick J. Kehoe. 1996. "Optimality of the Friedman Rule in Economies with Distorting Taxes." *Journal of Monetary Economics*, Vol. 37(2), pp. 203–223.

Chari, V. V., and Patrick J. Kehoe. 1990. "Sustainable Plans." *Journal of Political Economy*, Vol. 98, pp. 783–802.

Chari, V. V., and Patrick J. Kehoe. 1993a. "Sustainable Plans and Mutual Default." *Review of Economic Studies*, Vol. 60, pp. 175–195.

Chari, V. V., and Patrick J. Kehoe. 1993b. "Sustainable Plans and Debt." *Journal of Economic Theory*, Vol. 61, pp. 230–261.

Chari, V. V., Patrick J. Kehoe, and Edward C. Prescott. 1989. "Time Consistency and Policy." In Robert Barro (ed.), *Modern Business Cycle Theory*. Cambridge, Mass.: Harvard University Press, pp. 265–305.

Chatterjee, Satyajit, and Dean Corbae. 1996. "Money and Finance with Costly Commitment." *Journal of Monetary Economics*, Vol. 37(2), pp. 225–248.

Chen, Ren-Raw, and Louis Scott. 1993. "Maximum Likelihood Estimation for a Multifactor Equilibrium Model of the Term Structure of Interest Rates." *Journal of Fixed Income*, pp. 95–09.

Chéron, Arnaud, Jean-Olivier Hairault, and François Langot. 2008. "Job Creation and Job Destruction over the Life Cycle." Mimeo. University of Maine and Paris School of Economics.

Cho, In-Koo, and Akihiko Matsui. 1995. "Induction and the Ramsey Policy." *Journal of Economic Dynamics and Control*, Vol. 19(5–7), pp. 1113–1140.

Chow, Gregory. 1981. *Econometric Analysis by Control Methods*. New York: Wiley.

Chow, Gregory. 1997. *Dynamic Economics: Optimization by the Lagrange Method*. New York: Oxford University Press.

Christiano, Lawrence J. 1990. "Linear-Quadratic Approximation and Value-Function Iteration: A Comparison." *Journal of Business and Economic Statistics*, Vol. 8(1), pp. 99–113.

Christiano, Lawrence J., and M. Eichenbaum. 1992. "Current Real Business Cycle Theories and Aggregate Labor Market Fluctuations." *American Economic Review*, Vol. 82(3).

Christiano, Lawrence J., M. Eichenbaum, and C. Evans. 2003. "Nominal Rigidities and the Dynamic Effects of a Shock to Monetary Policy." *Journal of Political Economy*, forthcoming.

Christiano, Lawrence J., R. Motto, and M. Rostagno. 2003. "The Great Depression and the Friedman-Schwartz Hypothesis." *Journal of Money, Credit, and Banking*, forthcoming.

Christensen, Bent Jasper and Nicholas M. Kiefer. 2009. *Economic Modeling and Inference*. Princeton, New Jersey: Princeton University Press.

Clower, Robert. 1967. "A Reconsideration of the Microfoundations of Monetary Theory." *Western Economic Journal*, Vol. 6, pp. 1 - 9.

Cochrane, John H. 1991. "A Simple Test of Consumption Insurance." *Journal of Political Economy*, Vol. 99(5), pp. 957 - 976.

Cochrane, John H. 1997. "Where Is the Market Going? Uncertain Facts and Novel Theories." *Economic Perspectives*, Vol. 21(6), pp. 3 - 37.

Cochrane, John H., and Lars Peter Hansen. 1992. "Asset Pricing Explorations for Macroeconomics." In Olivier Jean Blanchard and Stanley Fischer (eds.), *NBER Macroeconomics Annual*. Cambridge, Mass.: MIT Press, pp. 115 - 165.

Cochrane, John H. 2005. "Money as Stock." *Journal of Monetary Economics*, Vol. 52 (3), pp. 501- 528.

Cogley, Timothy. 1999. "Idiosyncratic Risk and the Equity Premium: Evidence from the Consumer Expenditure Survey." *Journal of Monetary Economics*, Vol. 49 (2), pp. 309- 334.

Cole, Harold L., and Narayana Kocherlakota. 1998. "Dynamic Games with Hidden Actions and Hidden States." Mimeo. Federal Reserve Bank of Minneapolis: Staff Report 254.

Cole, Harold L., and Narayana Kocherlakota. 2001. "Efficient Allocations with Hidden Income and Hidden Storage." *Review of Economic-Studies*, Vol. 68(3), pp. 523 - 542.

Correia, Isabel, Emmanuel Farhi, Juan Pablo Nicolini, and Pedro Teles. 2010. "Policy at the Zero Bound." Mimeo. Federal Reserve Bank of Minneapolis.

Constantinides, George M., and Darrell Duffle. 1996. "Asset Pricing with Heterogeneous Consumers." *Journal of Political Economy*, Vol. 104(2), pp. 219 - 240.

Cooley, Thomas F. 1995. *Frontiers of Business Cycle Research*. Princeton, N. J.: Princeton University Press.

Cooper, Russell W. 1999. *Coordination Games: Complementarities and Macroeconomics*. New York: Cambridge University Press.

Correia, Isabel H. 1996. "Should Capital Income Be Taxed in the Steady State?" *Journal of Public Economics*, Vol. 60(1), pp. 147 - 151.

Correia, Isabel, and Pedro Teles. 1996. "Is the Friedman Rule Optimal When Money Is an Intermediate Good?" *Journal of Monetary Economics*, Vol. 38, pp. 223 - 244.

Cox, John C., Jonathan E. Ingersoll, Jr., and Stephen A. Ross. 1985a. "An Intertemporal General Equilibrium Model of Asset Prices." *Econometrica*, Vol. 53 (2), pp. 363-384.

Cox, John C., Jonathan E. Ingersoll, Jr., and Stephen A. Ross. 1985b. "A Theory of the Term Structure of Interest Rates." *Econometrica*, Vol. 53(2), pp. 385-408.

Dai, Qiang, and Kenneth J. Singleton. 2000. "Specification Analysis of Affine Term Structure Models." *Journal of Finance*, Vol. LV, pp. 1943-1978.

Davies, James B. and Anthony Shorrocks. 2000. "The Distribution of Wealth." In A. B. Atkinson, F. Bourguignon (eds.), *Handbook of Income Distribution*, Vol. 1. Amsterdam: North-Holland, pp. 605-675.

Davis, Steven J. 1995. "The Quality Distribution of Jobs and the Structure of Wages in Search Equilibrium." Mimeo. Chicago: University of Chicago Graduate School of Business.

Deaton, Angus. 1992. *Understanding Consumption*. New York: Oxford University Press.

Deaton, Angus and Christina Paxson. 1994. "Intertemporal Choice and Inequality." *Journal of Political Economy*, Vol. 102(3), pp. 437-467.

Debreu, Gerard. 1954. "Valuation Equilibrium and Pareto Optimum." *Proceedings of the National Academy of Sciences*, Vol. 40, pp. 588-592.

Debreu, Gerard. 1959. *Theory of Value*. New York: Wiley.

DeJong, David and Chetan Dave. 2011. *Structural Macroeconometrics*, Second Edition. Princeton and Oxford: Princeton University Press.

Den Haan, Wouter J., and Albert Marcet. 1990. "Solving the Stochastic Growth Model by Parametering Expectations." *Journal of Business and Economic Statistics*, Vol. 8 (1), pp. 31-34.

Den Haan, Wouter J., and Albert Marcet. 1994. "Accuracy in Simulations." *Review of Economic Studies*, Vol. 61(1), pp. 3-17.

Diamond, Peter A. 1965. "National Debt in a Neoclassical Growth Model." *American Economic Review*, Vol. 55, pp. 1126-1150.

Diamond, Peter A. 1981. "Mobility Costs, Frictional Unemployment, and Efficiency." *Journal of Political Economy*, Vol. 89(4), pp. 798-812.

Diamond, Peter A. 1982. "Wage Determination and Efficiency in Search Equilibrium." *Review of Economic Studies*, Vol. 49, pp. 217-227.

Diamond, Peter A. 1984. "Money in Search Equilibrium." *Econometrica*, Vol. 52, pp. 1-20.

Diamond, Peter A., and Joseph Stiglitz. 1974. "Increases in Risk and in Risk Aversion." *Journal of Economic Theory*, Vol. 8(3), pp. 337-360.

Diaz-Giménez, J., Edward C. Prescott, T. Fitzgerald, and Fernando Alvarez. 1992. "Banking in Computable General Equilibrium Economies." *Journal of Economic Dynamics and Control*, Vol. 16, pp. 533-560.

Diaz-Giménez, J., V. Quadrini, and J. V. Rios-Rull. 1997. "Dimensions of Inequality: Facts on the U. S. Distributions of Earnings, Income, and Wealth." *Quarterly*

Review, Federal Reserve Bank of Minneapolis, Vol. 21, pp. 3 – 21.

Dixit, Avinash K., Gene Grossman, and Faruk Gul. 2000. "The Dynamics of Political Compromise." *Journal of Political Economy*, Vol. 108(3), pp. 531 – 568.

Dixit, Avinash K., and Joseph E. Stiglitz. 1977. "Monopolistic Competition and Optimum Product Diversity." *American Economic Review*, Vol. 67, pp. 297 – 308.

De Santis, Massimiliano. 2007. "Individual Consumption Risk and the Welfare Cost of Business Cycles." *American Economic Review*, Vol. 97, No. 4, pp. 1488 – 1506.

Dolmas, J. 1998. "Risk Preferences and the Welfare Cost of Business Cycles." *Review of Economic Dynamics*, Vol. 1(3), pp. 646 – 676.

Domeij, David, and Jonathan Heathcote. 2000. "Capital versus Labor Income Taxation with Heterogeneous Agents." Mimeo. Stockholm School of Economics.

Doob, Joseph L. 1953. *Stochastic Processes*. New York: Wiley.

Dornbusch, Rudiger. 1976. "Expectations and Exchange Rate Dynamics." *Journal of Political Economy*, Vol. 84, pp. 1161 – 1176.

Dow, James R., Jr., and Lars J. Olson. 1992. "Irreversibility and the Behavior of Aggregate Stochastic Growth Models." *Journal of Economic Dynamics and Control*, Vol. 16, pp. 207 – 233.

Duffle, D. and L. G. Epstein. 1992. "Stochastic Differential Utility." *Econometrica*, Vol. 60(2), pp. 353 – 394.

Duffle, Darrell. 1996. *Dynamic Asset Pricing Theory*. Princeton, N. J.: Princeton University Press, pp. xvii, 395.

Duffle, Darrell, and Rui Kan. 1996. "A Yield-Factor Model of Interest Rates." *Mathematical Finance*, Vol. 6(4), pp. 379 – 406.

Duffle, Darrell, J. Geanakoplos, A. Mas-Colell, and A. McLennan. 1994. "Stationary Markov Equilibria." *Econometrica*, Vol. 62(4), pp. 745 – 781.

Eichenbaum, Martin. 1991. "Real Business-Cycle Theory: Wisdom or Whimsy?" *Journal of Economic Dynamics and Control*, Vol. 15(4), pp. 607 – 626.

Eichenbaum, Martin, and Lars P. Hansen. 1990. "Estimating Models with Intertemporal Substitution Using Aggregate Time Series Data." *Journal of Business and Economic Statistics*, Vol. 8, pp. 53 – 69.

Eichenbaum, Martin, Lars P. Hansen, and S. F. Richard. 1984. "The Dynamic Equilibrium Pricing of Durable Consumption Goods." Mimeo. Pittsburgh: Carnegie-Mellon University.

Elliott, Robert J., Lakhdar Aggoun, and John B. Moore. 1995. *Hidden Markov Models: Estimation and Control*. New York: Springer-Verlag.

Ellsberg, Daniel. 1961. "Risk, Ambiguity and the Savage Axioms." *Quarterly Journal of Economics*, Vol. 75(4), pp. 643 – 669.

Engle, Robert F., and C. W. J. Granger. 1987. "Co-Integration and Error Correction: Representation, Estimation, and Testing." *Econometrica*, Vol. 55(2), pp. 251 – 276.

Epstein, Larry G., and Stanley E. Zin. 1989. "Substitution, Risk Aversion, and the Temporal Behavior of Consumption and Asset Returns: A Theoretical Framework." *Econometrica*, Vol. 57(4), pp. 937-969.

Epstein, Larry G., and Stanley E. Zin. 1991. "Substitution, Risk Aversion, and the Temporal Behavior of Consumption and Asset Returns: An Empirical Analysis." *Journal of Political Economy*, Vol. 99(2), pp. 263-286.

Ethier, Wilfred J. 1982. "National and International Returns to Scale in the Modern Theory of International Trade." *American Economic Review*, Vol. 72, pp. 389-405.

Evans, George W., and Seppo Honkapohja. 2001. *Learning and Expectations in Macroeconomics*. Princeton University Press, Princeton, New Jersey.

Evans, George W., and Seppo Honkapohja. 2003. "Expectations and the Stability Problem for Optimal Monetary Policies." *Review of Economic Studies*, Vol. 70(4), pp. 807-24.

Faig, Miquel. 1988. "Characterization of the Optimal Tax on Money When It Functions as a Medium of Exchange." *Journal of Monetary Economics*, Vol. 22(1), pp. 137-148.

Fama, Eugene F. 1976a. *Foundations of Finance: Portfolio Decisions and Securities Prices*. New York: Basic Books.

Fama, Eugene F. 1976b. "Inflation Uncertainty and Expected Returns on Treasury Bills." *Journal of Political Economy*, Vol. 84(3), pp. 427-448.

Farmer, Roger E. A. 1993. *The Macroeconomics of Self-fulfilling Prophecies*. Cambridge, Mass.: MIT Press.

Fernandes, Ana and Christopher Phelan. 2000. "A Recursive Formulation for Repeated Agency with History Dependence." *Journal of Economic Theory*, Vol. 91(2), pp. 223-247.

Fischer, Stanley. 1983. "A Framework for Monetary and Banking Analysis." *Economic Journal*, Vol. 93, Supplement, pp. 1-16.

Fisher, Irving. 1913. *The Purchasing Power of Money: Its Determination and Relation to Credit, Interest and Crises*. New York: Macmillan.

Fisher, Irving. [1907] 1930. *The Theory of Interest*. London: Macmillan.

Fisher, Jonas. 2006. "The Dynamic Effects of Neutral and Investment-Specific Technology Shocks." *Journal of Political Economy*, Vol. 114, No. 3, pp. 413-451. 2003 Technology Shocks Matter. Federal Reserve Bank of Chicago, Working Paper No. 14.

Foley, Duncan K. and Martin F. Hellwig. 1975. "Asset Management with Trading Uncertainty." *Review of Economic Studies*, Vol. 42, no. 3, pp. 327-346.

Frankel, Marvin. 1962. "The Production Function in Allocation and Growth: A Synthesis." *American Economic Review*, Vol. 52, pp. 995-1022.

Friedman, Milton. 1956. *A Theory of the Consumption Function*. Princeton, N. J.: Princeton University Press.

Friedman, Milton. 1967. "The Role of Monetary Policy." *American Economic Review*,

Vol. 58, 1968, pp. 1 - 15. Presidential Address Delivered at the 80th Annual Meeting of the American Economic Association, Washington, DC, December 29.

Friedman, Milton. 1969. "The Optimum Quantity of Money." In Milton Friedman (ed.), *The Optimum Quantity of Money and Other Essays*. Chicago: Aldine, pp. 1 - 50.

Friedman, Milton, and Anna J. Schwartz. 1963. *A Monetary History of the United States, 1867—1960*. Princeton, N. J.: Princeton University Press and NBER.

Fuchs, William Martin, and Francesco Lippi. 2006. "Monetary Union with Voluntary Participation" *Review of Economic Studies*, Vol. 73, pp. 437 - 457.

Fudenberg, Drew, Bengt Holmström, and Paul Milgrom. 1990. "Short-Term Contracts and Long-Term Agency Relationships." *Journal of Economic Theory*, Vol. 51(1).

Fudenberg Drew, and David M. Kreps. 1993. "Learning Mixed Equilibria." *Games and Economic Behavior*, Vol. 5(3), pp. 320 - 367.

Fudenberg, Drew and David K. Levine. 1998. *The Theory of Learning in Games*. MIT Press, Cambridge, MA..

Gabel, R. A., and R. A. Roberts. 1973. *Signals and Linear Systems*. New York: Wiley.

Gale, David. 1973. "Pure Exchange Equilibrium of Dynamic Economic Models." *Journal of Economic Theory*, Vol. 6, pp. 12 - 36.

Gali, Jordi. 1991. "Budget Constraints and Time-Series Evidence on Consumption." *American Economic Review*, Vol. 81(5), pp. 1238 - 1253.

Gali, Jordi. 2008. *Monetary Policy, Inflation, and the Business Cycle: An Introduction to the New Keynesian Framework*. Princeton and Oxford: Princeton University Press.

Gallant, R., L. P. Hansen, and G. Tauchen. 1990. "Using Conditional Moments of Asset Payoffs to Infer the Volatility of Intertemporal Marginal Rates of Substitution." *Journal of Econometrics*, Vol. 45, pp. 145 - 179.

Genicot, Garance and Debraj Ray. 2003. "Group Formation in Risk-Sharing Arrangements." *Review of Economic-Studies*, Vol. 70(1), pp. 87 - 113.

Gittins, J. C. 1989. *Multi-armed Bandit and Allocation Indices*. New York: Wiley.

Golosov M., N. Kocherlakota, and A. Tsyvinski. 2003. "Optimal Indirect and Capital Taxation." *Review of Economic Studies*, Vol. 70, no. 3, July, pp. 569 - 587.

Gomes, Joao, Jeremy Greenwood, and Sergio Rebelo. 2001. "Equilibrium Unemployment." *Journal of Monetary Economics*, Vol. 48(1), pp. 109 - 152.

Gong, Frank F., and Eli M. Remolona. 1997. "A Three Factor Econometric Model of the U. S. Term Structure." Mimeo. Federal Reserve Bank of New York, Staff Report 19.

Gourinchas, Pierre-Olivier, and Jonathan A. Parker. 1999. "Consumption over the Life Cycle." Mimeo. NBER Working Paper No. 7271.

Granger, C. W. J. 1966. "The Typical Spectral Shape of an Economic Variable." *Econometrica*, Vol. 34(1), pp. 150 - 161.

Granger, C. W. J. 1969. "Investigating Causal Relations by Econometric Models and Cross-Spectral Methods." *Econometrica*, Vol. 37(3), pp. 424 - 438.

Green, Edward J. 1987. "Lending and the Smoothing of Uninsurable Income." In Edward C. Prescott and Neil Wallace (eds.), *Contractual Arrangements for Intertemporal Trade*, *Minnesota Studies in Macroeconomics Series*, Vol. 1. Minneapolis: University of Minnesota Press, pp. 3 - 25.

Green, Edward J., and Robert H. Porter. 1984. "Non-Cooperative Collusion under Imperfect Price Information." *Econometrica*, Vol. 52, pp. 975 - 993.

Greenwood, Jeremy, Zvi Hercowitz, and Gregory W. Huffman. 1988. "Investment, Capacity Utilization, and the Real Business Cycle." *American Economic Review*, Vol. 78, no. 3, pp. 402 - 417.

Greenwood, J., Z. Hercowitz, and P. Krusell. 1997. "Long Run Implications of Investment Specific Technological Change." *American Economic Review*, Vol. 78, pp. 342 - 362.

Grossman, Gene M., and Elhanan Helpman. 1991. "Quality Ladders in the Theory of Growth." *Review of Economic Studies*, Vol. 58, pp. 43 - 61.

Grossman, Sanford J., and Robert J. Shiller. 1981. "The Determinants of the Variability of Stock Market Prices." *American Economic Review*, Vol. 71(2), pp. 222 - 227.

Gul, Faruk, and Wolfgang Pesendorfer. 2000. "Self-Control and the Theory of Consumption." Mimeo. Princeton, New Jersey: Princeton University.

Guvenen, Fatih, Burhanettin Kuruscu, and Serdar Ozkan. 2011. "Taxation of Human Capital and Wage Inequality: A Cross-Country Analysis" Mimeo. University of Minnesota, University of Toronto and Federal Reserve Board.

Guidotti, Pablo E., and Carlos A. Vegh. 1993. "The Optimal Inflation Tax When Money Reduces Transactions Costs: A Reconsideration." *Journal of Monetary Economics*, Vol. 31(3), pp. 189 -205.

Hall, Robert E. 1971. "The Dynamic Effects of Fiscal Policy in an Economy with Foresight." *Review of Economic Studies*, Vol. 38, pp. 229 - 244.

Hall, Robert E. 1978. "Stochastic Implications of the Life Cycle-Permanent Income Hypothesis: Theory and Evidence." *Journal of Political Economy*, Vol. 86(6), pp. 971 - 988. (Reprinted in *Rational Expectations and Econometric Practice*, ed. Robert E. Lucas, Jr., and Thomas J. Sargent, Minneapolis: University of Minnesota Press, 1981, pp. 501 - 520.)

Hall, Robert E. 1997. "Macroeconomic Fluctuations and the Allocation of Time." *Journal of Labor Economics*, Vol. 15(1), pp. 223 - 250.

Hall, Robert E., and Dale Jorgenson. 1967. "Tax Policy and Investment Behavior." *The American Economic Review*, Vol. 57(3), pp. 391 - 414.

Hamilton, James D. 1994. *Time Series Analysis*. Princeton, N. J.: Princeton University Press.

Hamilton, James D. , and Marjorie A. Flavin. 1986. "On the Limitations of Government Borrowing: A Framework for Empirical Testing." *American Economic Review*, Vol. 76(4), pp. 808 - 819.

Hansen, Gary D. 1985. "Indivisible Labor and the Business Cycle." *Journal of Monetary Economics*, Vol. 16, pp. 309 - 327.

Hansen, Gary D. , and Ayşe İmrohoroğlu. 1992. "The Role of Unemployment Insurance in an Economy with Liquidity Constraints and Moral Hazard." *Journal of Political Economy*, Vol. 100 (1), pp. 118 - 142.

Hansen, Lars P. 1982a. "Consumption, Asset Markets, and Macroeconomic Fluctuations: A Comment." *Carnegie-Rochester Conference Series on Public Policy*, Vol. 17, pp. 239 - 250.

Hansen, Lars P. 1982b. "Large Sample Properties of Generalized Method of Moments Estimators." *Econometrica*, Vol. 50, pp. 1029 - 1060.

Hansen, Lars P. , Dennis Epple, and Will Roberds. 1985. "Linear-Quadratic Duopoly Models of Resource Depletion." In Thomas J. Sargent (ed.), *Energy, Foresight, and Strategy*. Washington, DC: Resources for the Future, pp. 101 - 142.

Hansen, Lars P. and Thomas J. Sargent. 1991. "Exact Linear Rational Expectations Models." In Lars P. Hansen and Thomas J. Sargent (eds.), *Rational Expectations Econometrics*. Boulder, Colo. : Westview Press, pp. 45 - 76.

Hansen, L. P. , T. J. Sargent, and N. E. Wang. 2002. "Robust Permanent Income and Pricing with Filtering." *Macroeconomic Dynamics*, Vol. 6(1), pp. 40 - 84.

Hansen L. P. and T. J. Sargent. 2001. "Robust Control and Model Uncertainty." *American Economic Review*, Vol. 91(2), pp. 60 - 66.

Hansen, Lars P. and Thomas J. Sargent. 2008. *Robustness*. Princeton University Press, Princeton, New Jersey.

Hansen, Lars P. , and Ravi Jagannathan. 1991. "Implications of Security Market Data for Models of Dynamic Economies." *Journal of Political Economy*, Vol. 99, pp. 225 - 262.

Hansen, Lars P. , and Ravi Jagannathan. 1997. "Assessing Specification Errors in Stochastic Discount Factor Models." *Journal of Finance*, Vol. 52(2), pp. 557 - 590.

Hansen, Lars P. , William T. Roberds, and Thomas J. Sargent. 1991. "Time Series Implications of Present Value Budget Balance and of Martingale Models of Consumption and Taxes." In L. P. Hansen and T. J. Sargent (eds.), *Rational Expectations and Econometric Practice*. Boulder, Colo. : Westview Press, pp. 121 - 161.

Hansen, Lars P. , and Thomas J. Sargent. 1980. "Formulating and Estimating Dynamic Linear Rational Expectations Models." *Journal of Economic Dynamics and Control*, Vol. 2(1), pp. 7- 46.

Hansen, Lars P. , and Thomas J. Sargent. 1981. "Linear Rational Expectations Models for Dynamically Interrelated Variables." In R. E. Lucas, Jr. , and T. J. Sargent (eds.), *Rational Expectations and Econometric Practice*. Minneapolis: University of Minnesota Press, pp. 127 - 156.

Hansen, Lars P., and Thomas J. Sargent. 1982. "Instrumental Variables Procedures for Estimating Linear Rational Expectations Models." *Journal of Monetary Economics*, Vol. 9(3), pp. 263 - 296.

Hansen, Lars P., and Thomas J. Sargent. 1995. "Discounted Linear Exponential Quadratic Gaussian Control." *IEEE Transactions on Automatic Control*, Vol. 40, pp. 968 - 971.

Hansen, Lars P., Thomas J. Sargent, and Thomas D. Tallarini, Jr. 1999. "Robust Permanent Income and Pricing." *Review of Economic Studies*, Vol. 66(4), pp. 873 - 907.

Hansen, Lars P. and Thomas J. Sargent. 2008. *Robustness*. Princeton University Press, Princeton, New Jersey.

Hansen, Lars P. and Thomas J. Sargent. 2011. "Wanting Robustness in Macroeconomics." In Benjamin Friedman and Michael Woodford (eds.), *Handbook of Monetary Economics*, Volume 3B. Elsevier, North-Holland, pp. 1097 - 1157.

Hansen, Lars P., and Kenneth J. Singleton. 1982. "Generalized Instrumental Variables Estimation of Nonlinear Rational Expectations Models." *Econometrica*, Vol. 50(5), pp. 1269 - 1286.

Hansen, Lars P., and Kenneth J. Singleton. 1983. "Stochastic Consumption, Risk Aversion, and the Temporal Behavior of Asset Returns." *Journal of Political Economy*, Vol. 91(2), pp. 249 - 265.

Hansen, Lars P., and Thomas J. Sargent. 2000. "Recursive Models of Dynamic Linear Economies." Mimeo. University of Chicago and Stanford University.

Harrison, Michael, and David Kreps. 1979. "Martingales and Arbitrage in Multiperiod Security Markets." *Journal of Economic Theory*, Vol. 20, pp. 381 - 408.

Heathcote, Jonathan, Kjetil Storesletten, and Giovanni L. Violante. 2008. "Insurance and Opportunities: A Welfare Analysis of Labor Market Risk." *Journal of Monetary Economics*, Vol. 55(3), pp. 501 - 525.

Heathcote, Jonathan, Fabrizio Perri, and Giovanni L. Violante. 2010. "Unequal We Stand: An Empirical Analysis of Economic Inequality in the United States: 1967—2006." *Review of Economic Dynamics*, Vol. 13, No. 1, pp. 15 - 51.

Heathcote, Jonathan, Kjetil Storesletten, and Giovanni L. Violante. 2012. "Consumption and Labor Supply with Partial Insurance: An Analytical Framework." Mimeo. Working Paper, Federal Reserve Bank of Minneapolis and NYU.

Heaton, John, and Deborah J. Lucas. 1996. "Evaluating the Effects of Incomplete Markets on Risk Sharing and Asset Pricing." *Journal of Political Economy*, Vol. 104 (3), pp. 443 - 487.

Helpman, Elhanan. 1981. "An Exploration in the Theory of Exchange-Rate Regimes." *Journal of Political Economy*, Vol. 89(5), pp. 865 - 890.

Hirshleifer, Jack. 1966. "Investment Decision under Uncertainty: Applications of the State Preference Approach." *Quarterly Journal of Economics*, Vol. 80(2), pp. 252 -

277.
Hohnström, Bengt. 1983. "Equilibrium Long Term Labour Contracts." *Quarterly Journal of Economics*, Supplement, Vol. 98(1), pp. 23 - 54.
Hopenhayn, Hugo A., and Juan Pablo Nicolini. 1997. "Optimal Unemployment Insurance." *Journal of Political Economy*, Vol. 105(2), pp. 412 - 438.
Hopenhayn, Hugo A., and Edward C. Prescott. 1992. "Stochastic Monotonicity and Stationary Distributions for Dynamic Economies." *Econometrica*, Vol. 60(6), pp. 1387 - 1406.
Hopenhayn, Hugo, and Richard Rogerson. 1993. "Job Turnover and Policy Evaluation: A General Equilibrium Analysis." *Journal of Political Economy*, Vol. 101, pp. 915 - 938.
Hosios, Arthur, J. 1990. "On the Efficiency of Matching and Related Models of Search and Unemployment." *Review of Economic Studies*, Vol. 57, pp. 279 - 298.
Hubbard, R. Glenn, Jonathan Skinner, and Stephen P. Zeldes. 1995. "Precautionary Saving and Social Insurance." *Journal of Political Economy*, Vol. 103(2), pp. 360 - 399.
Huffman, Gregory. 1986. "The Representative Agent, Overlapping Generations, and Asset Pricing." *Canadian Journal of Economics*, Vol. 19(3), pp. 511 - 521.
Huggett, Mark. 1993. "The Risk Free Rate in Heterogeneous-Agent, Incomplete-Insurance Economies." *Journal of Economic Dynamics and Control*, Vol. 17(5 - 6), pp. 953- 969.
Huggett, Mark, and Sandra Ospina. 2000. "Aggregate Precautionary Savings: When Is the Third Derivative Irrelevant?" Mimeo. Washington, D. C.: Georgetown University.
İmrohoroğlu, Ayşe. 1992. "The Welfare Cost of Inflation Under Imperfect Insurance." *Journal of Economic Dynamics and Control*, Vol. 16(1), pp. 79 - 92.
İmrohoroğlu, Ayşe, Selahattin İmrohoroğlu, and Douglas Joines. 1995. "A Life Cycle Analysis of Social Security." *Economic Theory*, Vol. 6(1), pp. 83 - 114.
Ingram, Beth Fisher, Narayana Kocherlakota, and N. E. Savin. 1994. "Explaining Business Cycles: A Multiple-Shock Approach." *Journal of Monetary Economics*, Vol. 34(3), pp. 415- 428.
Ireland, Peter N. 1994. "Inflationary Policy and Welfare with Limited Credit Markets." *Journal of Financial Intermediation*, Vol. 3(3), pp. 245 - 271.
Ireland, Peter N. 1997. "Sustainable Monetary Policies." *Journal of Economic Dynamics and Control*, Vol. 22, pp. 87 - 108.
Jacobson, David H. 1973. "Optimal Stochastic Linear Systems with Exponential Performance Criteria and Their Relation to Deterministic Differential Games." *IEEE Transactions on Automatic Control*, Vol. 18(2), pp. 124 - 131.
Johnson, Norman, and Samuel Kotz. 1971. *Continuous Univariate Distributions*. New York: Wiley.
Jones, Charles I. 1995. "R&D-Based Models of Economic Growth." *Journal of Political*

Economy, Vol. 103, pp. 759 - 784.

Jones, Larry E.. 2008. "A Note on the Joint Occurrence of Insurance and Gambling." *Macroeconomic Dynamics*, Vol. 12, pp. 97 - 111.

Jones, Larry E., and Rodolfo Manuelli. 1990. "A Convex Model of Equilibrium Growth: Theory and Policy Implications." *Journal of Political Economy*, Vol. 98, pp. 1008 - 1038.

Jones, Larry E., and Rodolfo E. Manuelli. 1992. "Finite Lifetimes and Growth." *Journal of Economic Theory*, Vol. 58, pp. 171 - 197.

Jones, Larry E., Rodolfo E. Manuelli, and Peter E. Rossi. 1993. "Optimal Taxation in Models of Endogenous Growth." *Journal of Political Economy*, Vol. 101, pp. 485 - 517.

Jones, Larry E., Rodolfo E. Manuelli, and Peter E. Rossi. 1997. "On the Optimal Taxation of Capital Income." *Journal of Economic Theory*, Vol. 73(1), pp. 93 - 117.

Jovanovic, Boyan. 1979a. "Job Matching and the Theory of Turnover." *Journal of Political Economy*, Vol. 87(5), pp. 972 - 990.

Jovanovic, Boyan. 1979b. "Firm-Specific Capital and Turnover." *Journal of Political Economy*, Vol. 87(6), pp. 1246 - 1260.

Jovanovic, Boyan, and Yaw Nyarko. 1996. "Learning by Doing and the Choice of Technology." *Econometrica*, Vol. 64(6), pp. 1299 - 1310.

Judd, Kenneth L. 1985a. "On the Performance of Patents." *Econometrica*, Vol. 53, pp. 567- 585.

Judd, Kenneth L. 1985b. "Redistributive Taxation in a Simple Perfect Foresight Model." *Journal of Public Economics*, Vol. 28, pp. 59 - 83.

Judd, Kenneth L. 1990. "Cournot versus Bertrand: A Dynamic Resolution." Mimeo. Stanford, Calif.: Hoover Institution, Stanford University.

Judd, Kenneth L. 1996. "Approximation, Perturbation, and Projection Methods in Economic Analysis." In Hans Amman, David Kendrick, and John Rust (eds.), *Handbook of Computational Economics*, Vol. 1. Amsterdam: North-Holland.

Judd, Kenneth L. 1998. *Numerical Methods in Economics*. Cambridge, Mass.: MIT Press.

Judd, Kenneth L., Sevin Yeltekin, and James Conklin. 2003. "Computing Supergame Equilibria." *Econometrica*, Vol. 71, No. 4, pp. 1239 - 1254.

Judd, Kenneth L., and Andrew Solnick. 1994. "Numerical Dynamic Programming with Shape Preserving Splines." Mimeo. Stanford, Calif.: Hoover Institution.

Kahn, Charles, and William Roberds. 1998. "Real-Time Gross Settlement and the Costs of Immediacy." Mimeo. Federal Reserve Bank of Atlanta, Working Paper No. 98 - 21, December.

Kalman, R. E. 1960. "Contributions to the Theory of Optimal Control." *Bol. Soc. Mat. Mexicana*, Vol. 5, pp. 102 - 119.

Kalman, R. E., and R. S. Bucy. 1961. "New Results in Linear Filtering and Prediction

Theory." *J. Basic Eng.*, *Trans. ASME*, *Set. D*, Vol. 83, pp. 95 - 108.

Kandori, Michihiro. 1992. "Repeated Games Played by Overlapping Generations of Players." *Review of Economic Studies*, Vol. 59(1), pp. 81 - 92.

Kareken, John, T. Muench, and N. Wallace. 1973. "Optimal Open Market Strategy: The Use of Information Variables." *American Economic Review*, Vol. 63(1), pp. 156- 172.

Kareken, John, and Neil Wallace. 1980. *Models of Monetary Economies*. Minneapolis: Federal Reserve Bank of Minneapolis, pp. 169 - 210.

Kareken, John, and Neil Wallace. 1981. "On the Indeterminacy of Equilibrium Exchange Rates." *Quarterly Journal of Economics*, Vol. 96, pp. 207 - 222.

Kaplan, Greg and Giovanni L. Violante. 2010. "How Much Consumption Insurance beyond Self-Insurance." *American Economic Journal*: *Macroeconomics*, Vol. 2(4), pp. 53- 87.

Kehoe, Patrick, and Fabrizio Perri. 2002. "International Business Cycles with Endogenous Incomplete Markets." *Econometrica*, Vol. 70(3), pp. 907 - 928.

Kehoe, Timothy J., and David K. Levine. 1984. "Intertemporal Separability in Overlapping-Generations Models." *Journal of Economic Theory*, Vol. 34, pp. 216 - 226.

Kehoe, Timothy J., and David K. Levine. 1985. "Comparative Statics and Perfect Foresight in Infinite Horizon Economies." *Econometrica*, Vol. 53, pp. 433 - 453.

Kehoe, Timothy J., and David K. Levine. 1993. "Debt-Constrained Asset Markets." *Review of Economic Studies*, Vol. 60(4), pp. 865 - 888.

Keynes, John Maynard. 1940. *How to Pay for the War*: *A Radical Plan for the Chancellor of the Exchequer*. London: Macmillan.

Kihlstrom, Richard E., and Leonard J. Mirman. 1974. "Risk Aversion with Many Commodities." *Journal of Economic Theory*, Vol. 8, pp. 361 - 388.

Kim, Chang-Jin, and Charles R. Nelson. 1999. *State Space Models with Regime Switching*. Cambridge, Mass.: MIT Press.

Kim, J., and S. Kim. 2003. "Spurious Welfare Reversals in International Business Cycle Models." *Journal of International Economics*, Vol. 60, pp. 471 - 500.

Kimball, Miles S., and Mankiw, Gregory. 1989. "Precautionary Saving and the Timing of Taxes." *Journal of Political Economy*, Vol. 97(4), pp. 863 - 879.

Kimball, M. S. 1990. "Precautionary Saving in the Small and in the Large." *Econometrica*, Vol. 58, pp. 53 - 73.

Kimball, M. S. 1993. "Standard Risk Aversion." *Econometrica*, Vol. 63(3), pp. 589 - 611.

Kimbrough, Kent P. 1986. "The Optimum Quantity of Money Rule in the Theory of Public Finance." *Journal of Monetary Economics*, Vol. 18, pp. 277 - 284.

King, Robert G., and Charles I. Plosser. 1988. "Real Business Cycles: Introduction." *Journal of Monetary Economics*, Vol. 21, pp. 191 - 193.

King, Robert G., Charles I. Plosser, and Sergio T. Rebelo. 1988. "Production, Growth and Business Cycles: I. The Basic Neoclassical Model." *Journal of Monetary Economics*, Vol. 21, pp. 195 - 232.

King, Robert G., and Alexander L. Wolman. 1999. "What Should the Monetary Authority Do When Prices are Sticky." In John B. Taylor (ed.), *Monetary Policy Rules*. Chicago: University of Chicago Press, pp. 349 - 398.

Kiyotaki, Nobuhiro, and Randall Wright. 1989. "On Money as a Medium of Exchange." *Journal of Political Economy*, Vol. 97(4), pp. 927 - 954.

Kiyotaki, Nobuhiro, and Randall Wright. 1990. "Search for a Theory of Money." Mimeo. Cambridge, Mass.: National Bureau of Economic Research, Working Paper No. 3482.

Kiyotaki, Nobuhiro, and Randall Wright. 1993. "A Search-Theoretic Approach to Monetary Economics." *American Economic Review*, Vol. 83(1), pp. 63 - 77.

Kletzer, Kenneth M. and Brian D. Wright. 2000. "Sovereign Debt as Intertemporal Barter." *American Economic Review*, Vol. 90(3), pp. 621 - 39.

Kocherlakota, Narayana R. 1996a. "The Equity Premium: It's Still a Puzzle." *Journal of Economic Literature*, Vol. 34(1), pp. 42 - 71.

Kocherlakota, Narayana R. 1996b. "Implications of Efficient Risk Sharing without Commitment." *Review of Economic Studies*, Vol. 63(4), pp. 595 - 609.

Kocherlakota, Narayana R. 1998. "Money Is Memory." *Journal of Economic Theory*, Vol. 81 (2), pp. 232 - 251.

Kocherlakota, Narayana R., and Christopher Phelan. 1999. "Explaining the Fiscal Theory of the Price Level." *Quarterly Review*, Federal Reserve Bank of Minneapolis, Vol. 23(4), pp. 14 - 23.

Kocherlakota, Narayana R., and Neil Wallace. 1998. "Incomplete Record-Keeping and Optimal Payment Arrangements." *Journal of Economic Theory*, Vol. 81(2), pp. 272 - 289.

Kocherlakota, Narayana R. 2004. "Figuring Out the Impact of Hidden Savings on Optimal Unemployment Insurance." *Review of Economic Dynamics*, forthcoming.

Koeppl, Thorsten V. 2003. "Differentiability of the Efficient Frontier When Commitment to Risk Sharing Is Limited." Mimeo. Frankfurt, Germany: European Central Bank.

Koopmans, Tjalling C. 1965. *On the Concept of Optimal Growth. The Econometric Approach to Development Planning*. Chicago: Rand McNally.

Kreps, D. M. and E. L. Porteus. 1978. "Temporal Resolution of Uncertainty and Dynamic Choice." *Econometrica*, Vol. 46(1), pp. 185 - 200.

Kreps, David M. 1979. "Three Essays on Capital Markets." Mimeo. Technical Report 298. Stanford, Calif.: Institute for Mathematical Studies in the Social Sciences, Stanford University.

Kreps, David M. 1988. *Notes on the Theory of Choice*. Boulder, Colo.: Westview Press.

Kreps, David M. 1990. *Game Theory and Economic Analysis*. New York: Oxford University Press.

Krueger, Dirk. 1999. "Risk Sharing in Economies with Incomplete Markets." Mimeo. Stanford, California: Stanford University.

Krueger, Dirk, and Fabrizio Perri. 2004. "On the Welfare Consequences of the Increase in Inequality in the United States." *NBER Macroeconomics Annual 2003*, Volume 18, pp. 83 - 138.

Krueger, Dirk, and Fabrizio Perri. 2006. "Does Income Inequality Lead to Consumption Inequality? Evidence and Theory." *Review of Economic Studies*, Vol. 73 (1), pp. 163- 193.

Krueger, Dirk, Fabrizio Perri, Luigi Pistaferri, and Giovanni L. Violante. 2010. "Cross Sectional Facts for Macroeconomists." *Review of Economic Dynamics*, Vol. 13(1), pp. 1 - 14.

Krusell, Per, Toshihiko Mukoyama, Richard Rogerson, Ayşgül Şahin. 2008. "Aggregate Implications of Indivisible Labor, Incomplete Markets, and Labor Market Frictions." *Journal of Monetary Economics*, Vol. 55, pp. 961 - 979.

Krusell, Per, and Anthony Smith. 1998. "Income and Wealth Heterogeneity in the Macroeconomy." *Journal of Political Economy*, Vol. 106(5), pp. 867 - 896.

Kwakernaak, Huibert, and Raphael Sivan. 1972. *Linear Optimal Control Systems*. New York: Wiley.

Kydland, Finn E., and Edward C. Prescott. 1977. "Rules Rather than Discretion: The Inconsistency of Optimal Plans." *Journal of Political Economy*, Vol. 85(3), pp. 473 - 491.

Kydland, Finn E., and Edward C. Prescott. 1980. "Dynamic Optimal Taxation, Rational Expectations and Optimal Control." *Journal of Economic Dynamics and Control*, Vol. 2(1), pp. 79 - 91.

Kydland, Finn E., and Edward C. Prescott. 1982. "Time to Build and Aggregate Fluctuations." *Econometrica*, Vol. 50(6), pp. 1345 - 1371.

Labadie, Pamela. 1986. "Comparative Dynamics and Risk Premia in an Overlapping Generations Model." *Review of Economic Studies*, Vol. 53(1), pp. 139 - 152.

Lagos, Ricardo. 2000. "An Alternative Approach to Search Frictions." *Journal of Political Economy*, 108(5), pp. 851 - 873.

Laibson, David I. 1994. "Hyperbolic Discounting and Consumption." Mimeo. Cambridge, Mass.: Massachusetts Institute of Technology.

Davig, Troy, Eric M. Leeper, and Todd B. Walker. 2010. "Unfunded Liabilities and Uncertain Fiscal Financing." *Journal of Monetary Economics*, Vol. 57, No. 5, pp. 600- 619.

Leland, Hayne E. 1968. "Saving and Uncertainty: The Precautionary Demand for Saving." *Quarterly Journal of Economics*, Vol. 82(3), pp. 465 - 473.

LeRoy, Stephen F. 1971. "The Determination of Stock Prices." Ph. D. dissertation, Philadelphia: University of Pennsylvania.

LeRoy, Stephen F. 1973. "Risk Aversion and the Martingale Property of Stock Prices." *International Economic Review*, Vol. 14(2), pp. 436 - 446.

LeRoy, Stephen F. 1982. "Risk Aversion and the Term Structure of Interest Rates." *Economics Letters*, Vol. 10(3 - 4), pp. 355 - 361. (Correction in *Economics Letters*, 1983, Vol. 12(3 - 4): 339 - 340.)

LeRoy, Stephen F. 1984a. "Nominal Prices and Interest Rates in General Equilibrium: Money Shocks." *Journal of Business*, Vol. 57(2), pp. 177 - 195.

LeRoy, Stephen F. 1984b. "Nominal Prices and Interest Rates in General Equilibrium: Endowment Shocks." *Journal of Business*, Vol. 57(2), pp. 197 - 213.

LeRoy, Stephen F., and Richard D. Porter. 1981. "The Present-Value Relation: Tests Based on Implied Variance Bounds." *Econometrica*, Vol. 49(3), pp. 555 - 574.

Lettau, Martin and Sydney Ludvigson. 2001. "Consumption, Aggregate Wealth, and Expected Stock Returns." *Journal of Finance*, Vol. LVI(3), pp. 815 - 849.

Lettau, Martin and Sydney Ludvigson. 2004. "Understanding Trend and Cycle in Asset Values: Reevaluating the Wealth Effect on Consumption." *American Economic Review*, forthcoming.

Levhari, David, and Leonard J. Mirman. 1980. "The Great Fish War: An Example Using a Dynamic Cournot-Nash Solution." *Bell Journal of Economics*, Vol. 11(1).

Levhari, David, and T. N. Srinivasan. 1969. "Optimal Savings under Uncertainty." *Review of Economic Studies*, Vol. 36(2), pp. 153 - 163.

Levine, David K., and Drew Fudenberg. 1998. *The Theory of Learning in Games*. Cambridge, Mass.: MIT Press.

Levine, David K., and William R. Zame. 2002. "Does Market Incompleteness Matter?" *Econometrica*, Vol. 70(5), pp. 1805 - 1839.

Ligon, Ethan. 1998. "Risk Sharing and Information in Village Economies." *Review of Economic Studies*, Vol. 65(4), pp. 847 - 864.

Ligon, Ethan, Jonathan P. Thomas, and Tim Worrall. 2002. "Informal Insurance Arrangements with Limited Commitment: Theory and Evidence from Village Economies." *Review of Economic Studies*, Vol. 69(1), pp. 209 - 244.

Lippman, Steven A., and John J. McCall. 1976. "The Economics of Job Search: A Survey." *Economic Inquiry*, Vol. 14(3), pp. 347 - 368.

Ljungqvist, Lars. 2002. "How Do Layoff Costs Affect Employment?" *Economic Journal*, Vol. 112, pp. 829 - 853.

Ljungqvist, Lars, and Thomas J. Sargent. 1998. "The European Unemployment Dilemma." *Journal of Political Economy*, Vol. 106, pp. 514 - 550.

Ljungqvist, Lars, and Thomas J. Sargent. 2005. "Lotteries for Consumers versus Lotteries for Firms." In Timothy Kehoe, T. N. Srinivasan and John Whalley (eds.), *Frontiers in Applied General Equilibrium Modeling: In Honor of Herbert Scarf*. Cambridge University Press, pp. 119 - 126.

Ljungqvist, Lars, and Thomas J. Sargent. 2007. "Do Taxes Explain European Employment?: Indivisible Labor, Human Capital, Lotteries, and Savings." In Daron Acemoglu, Kenneth Rogoff, and Michael Woodford (eds.), *Macroeconomics Annual 2006*. Cambridge MA., MIT Press, pp. 181–224.

Ljungqvist, Lars, and Thomas J. Sargent. 2011. "A Labor Supply Elasticity Accord?" *American Economic Review*, Vol. 101, pp. 487–491.

Ljungqvist, Lars, and Thomas J. Sargent. 2012. "Career Length: Effects of Curvature of Earnings Profiles, Earnings Shocks, Taxes, and Social Security." Mimeo. Stockholm School of Economics and New York University.

Lucas, Robert E., Jr. 1972. "Expectations and the Neutrality of Money." *Journal of Economic Theory*, Vol. 4, pp. 103–124.

Lucas, Robert E., Jr. 1973. "Some International Evidence on Output-Inflation Trade-Offs." *American Economic Review*, Vol. 63, pp. 326–334.

Lucas, Robert E., Jr. 1976. "Econometric Policy Evaluation: A Critique." In K. Brunner and A. H. Meltzer (eds.), *The Phillips Curve and Labor Markets*. Amsterdam: North-Holland, pp. 19–46.

Lucas, Robert E., Jr. 1978. "Asset Prices in an Exchange Economy." *Econometrica*, Vol. 46(6), pp. 1429–1445.

Lucas, Robert E., Jr. 1980a. "Equilibrium in a Pure Currency Economy." In J. H. Kareken and N. Wallace (eds.), *Economic Inquiry*. Vol. 18(2), pp. 203–220. (Reprinted in *Models of Monetary Economies*, Federal Reserve Bank of Minneapolis, 1980, pp. 131–145.)

Lucas, Robert E., Jr. 1980b. "Two Illustrations of the Quantity Theory of Money." *American Economic Review*, Vol. 70, pp. 1005–1014.

Lucas, Robert E., Jr. 1981. "Econometric Testing of the Natural Rate Hypothesis." In Robert E. Lucas, Jr. (ed.), *Studies of Business-Cycle Theory*. Cambridge, Mass.: MIT Press, pp. 90–103. (Reprinted from *The Econometrics of Price Determination Conference*, ed. Otto Eckstein. Washington, D.C.: Board of Governors of the Federal Reserve System, 1972, pp. 50–59).

Lucas, Robert E., Jr. 1982. "Interest Rates and Currency Prices in a Two-Country World." *Journal of Monetary Economics*, Vol. 10(3), pp. 335–360.

Lucas, Robert E. Jr.. 1986. "Principles of Fiscal and Monetary Policy." *Journal of Monetary Economics*, Vol. 17(1), pp. 117–134.

Lucas, Robert E., Jr. 1987. *Models of Business Cycles*. Yrjo Jahnsson Lectures Series. London: Blackwell.

Lucas, Robert E., Jr. 1988. "On the Mechanics of Economic Development." *Journal of Monetary Economics*, Vol. 22, pp. 3–42.

Lucas, Robert E., Jr.. 1990. "Supply-Side Economics: An Analytical Review." *Oxford Economic Papers*, Vol. 42(2), pp. 293–316.

Lucas, Robert E., Jr. 1992. "On Efficiency and Distribution." *Economic Journal*, Vol. 102(4), pp. 233 - 247.

Lucas, Robert E., Jr.. 2003. "Macroeconomic Priorities." *American Economic Review*, 93(1), pp. 1 - 14.

Lucas, Robert E., Jr., and Edward C. Prescott. 1971. "Investment under Uncertainty." *Econometrica*, Vol. 39(5), pp. 659 - 681.

Lucas, Robert E., Jr., and Edward C. Prescott. 1974. "Equilibrium Search and Unemployment." *Journal of Economic Theory*, Vol. 7(2), pp. 188 - 209.

Lucas, Robert E., Jr., and Nancy Stokey. 1983. "Optimal Monetary and Fiscal Policy in an Economy without Capital." *Journal of Monetary Economics*, Vol. 12(1), pp. 55 - 94.

Luenberger, David G. 1969. *Optimization by Vector Space Methods*. New York: Wiley.

Lustig, Hanno. 2000. "Secured Lending and Asset Prices." Mimeo. Stanford, Calif.: Stanford University, Department of Economics.

Lustig, Hanno. 2003. "The Market Price of Aggregate Risk and the Wealth Distribution." Mimeo. Chicago: University of Chicago, Department of Economics.

Mace, Barbara. 1991. "Full Insurance in the Presence of Aggregate Uncertainty." *Journal of Political Economy*, Vol. 99(5), pp. 928 - 956.

Mankiw, Gregory N. 1986. "The Equity Premium and the Concentration of Aggregate Shocks." *Journal of Financial Economics*, Vol. 17(1), pp. 211 - 219.

Mankiw, N. Gregory, and Stephen P. Zeldes. 1991. "The Consumption of Stockholders and Nonstockholders." *Journal of Financial Economics*, Vol. 29(1), pp. 97 - 112.

Manuelli, Rodolfo, and Thomas J. Sargent. 1988. "Models of Business Cycles: A Review Essay." *Journal of Monetary Economics*, Vol. 22 (3), pp. 523 - 542.

Manuelli, Rodolfo and Thomas J. Sargent. 2010. "Alternative Monetary Policies in a Turnpike Economy." *Macroeconomic Dynamics*, Vol. 14, No. 5, pp. 727 - 762.

Manuelli, Rodolfo, Ananth Seshadri, and Yongseok Shin. 2012. "Lifetime Labor Supply and Human Capital Investment." Mimeo. Washington University in St. Louis and University of Wisconsin.

Marcet, Albert, Francesc Obiols-Homs, and Philippe Weil. 2007. "Incomplete Markets, Labor Supply and Capital Accumulation." *Journal of Monetary Economics*, Vol. 54, No. 8, pp. 2621 - 2635.

Marcet, Albert, and Ramon Marimon. 1992. "Communication, Commitment, and Growth." *Journal of Economic Theory*, Vol. 58(2), pp. 219 - 249.

Marcet, Albert, and Ramon Marimon. 1999. "Recursive Contracts." Mimeo. Universitat Pompeu Fabra, Barcelona.

Marcet, Albert, and Juan Pablo Nicolini. 1999. "Recurrent Hyperinflations and Learning." *American Economic Review*, Vol. 93, No. 3, pp. 1476 - 1498.

Marcet, Albert, and Thomas J. Sargent. 1989. "Least Squares Learning and the Dynamics of Hyperinflation." In William Barnett, John Geweke, and Karl Shell (eds.), *Economic Complexity: Chaos, Sunspots, and Nonlinearity*. New York: Cambridge University Press.

Marcet, Albert, and Thomas J. Sargent. 1989. "Convergence of Least Squares Learning Mechanisms in Self-referential Linear Stochastic Models." *Journal of Economic Theory*, Vol. 48, number 2, pp. 337 – 368.

Marcet, Albert, and Kenneth J. Singleton. 1999. "Equilibrium Asset Prices and Savings of Heterogeneous Agents in the Presence of Incomplete Markets and Portfolio Constraints." *Macroeconomic Dynamics*, Vol. 3(2), pp. 243 – 277.

Marimon, Ramon, and Shyam Sunder. 1993. "Indeterminacy of Equilibria in a Hyperinflationary World: Experimental Evidence." *Econometrica*, Vol. 61(5), pp. 1073 – 1107.

Marimon, Ramon, and Fabrizio Zilibotti. 1999. "Unemployment vs. Mismatch of Talents: Reconsidering Unemployment Benefits." *Economic Journal*, Vol. 109, pp. 266 – 291.

Majumdar, Mukul. 2009. *Equilibrium, Welfare, and Uncertainty: Beyond Arrow-Debreu*. London: Routledge.

Mas-Colell, Andrew, Michael D. Whinston, and Jerry R. Green. 1995. *Microeconomic Theory*. New York: Oxford University Press.

Matsuyama, Kiminori, Nobuhiro Kiyotaki, and Akihiko Matsui. 1993. "Toward a Theory of International Currency." *Review of Economic Studies*, Vol. 60(2), pp. 283 – 307.

McCall, John J. 1970. "Economics of Information and Job Search." *Quarterly Journal of Economics*, Vol. 84(1), pp. 113 – 126.

McCall, B. P. 1991. "A Dynamic Model of Occupational Choice." *Journal of Economic Dynamics and Control*, Vol. 15(2), pp. 387 – 408.

McCallum, Bennett T. 1983. "The Role of Overlapping-Generations Models in Monetary Economics." *Carnegie-Rochester Conference Series on Public Policy*, Vol. 18, pp. 9 – 44.

McCallum, Bennett T. 2001. "Indeterminacy, Bubbles, and the Fiscal Theory of Price Level Determination." *Journal of Monetary Economics*, Vol. 47(1), pp. 19 – 30.

McCandless, George T., and Neil Wallace. 1992. *Introduction to Dynamic Macroeconomic Theory: An Overlapping Generations Approach*. Cambridge, Mass.: Harvard University Press.

McGrattan, Ellen R. 1994a. "A Note on Computing Competitive Equilibria in Linear Models." *Journal of Economic Dynamics and Control*, Vol. 18(1), pp. 149 – 160.

McGrattan, Ellen R. 1994b. "The Macroeconomic Effects of Distortionary Taxation." *Journal of Monetary Economics*, Vol. 33, pp. 573 – 601.

McGrattan, Ellen R. 1996. "Solving the Stochastic Growth Model with a Finite Element Method." *Journal of Economic Dynamics and Control*, Vol. 20(1 – 3), pp. 19 – 42.

Mehra, Rajnish, and Edward C. Prescott. 1985. "The Equity Premium: A Puzzle." *Journal of Monetary Economics*, Vol. 15(2), pp. 145 – 162.

Mendoza, Enrique G, and Linda L. Tesar. 1998. "The International Ramifications of Tax Reforms: Supply-Side Economics in a Global Economy." *American Economic Review*, Vol. 88(1), pp. 226 - 245.

Menzio, Guido, Irina A. Telyukova, and Ludo Visschers. 2010. "Directed Search over the Life Cycle" Mimeo. University of Pennsylvania, University of California at San Diego and Simon Fraser University.

Mertens, Karel, and Morten O. Ravn. 2011. "Understanding the Aggregate Effects of Anticipated and Unanticipated Tax Shocks." *Review of Economic Dynamics*, Vol. 14 (1), pp. 27 - 54.

Miao, Jianjun. 2003. "Competitive Equilibria of Economies with a Continuum of Consumers and Aggregate Shocks." Mimeo. Boston: Boston University, Department of Economics.

Miller, Bruce L. 1974. "Optimal Consumption with a Stochastic Income Stream." *Econometrica*, Vol. 42(2), pp. 253 - 266.

Miller, Marcus and Mark Salmon. 1985. "Dynamic Games and the Time Inconsistency of Optimal Policy in Open Economies." *Economic Journal*, Vol. 95, pp. 124 - 137.

Miller, Robert A. 1984. "Job Matching and Occupational Choice." *Journal of Political Economy*, Vol. 92(6), pp. 1086 - 1120.

Miranda, Mario J., and Paul L. Fackler. 2002. *Applied Computational Economics and Finance*. Cambridge Mass.: MIT Press.

Modigliani, Franco, and Richard Brumberg. 1954. "Utility Analysis and the Consumption Function: An Interpretation of Cross-Section Data." In K. K. Kurihara (ed.), *Post-Keynesian Economics*. New Brunswick, N. J.: Rutgers University Press.

Modigliani, F., and M. H. Miller. 1958. "The Cost of Capital, Corporation Finance, and the Theory of Investment." *American Economic Review*, Vol. 48(3), pp. 261 - 297.

Moen, Espen R. 1997. "Competitive Search Equilibrium." *Journal of Political Economy*, Vol. 105(2), pp. 385 - 411.

Montgomery, James D. 1991. "Equilibrium Wage Dispersion and Involuntary Unemployment." *Quarterly Journal of Economics*, Vol. 106, pp. 163 - 179.

Mortensen, Dale T. 1982. "The Matching Process as a Noncooperative Bargaining Game." In John J. McCall (ed.), *The Economics of Information and Uncertainty*. Chicago: University of Chicago Press, for the National Bureau of Economic Research, pp. 233 - 258.

Mortensen, Dale T. 1994. "The Cyclical Behavior of Job and Worker Flows." *Journal of Economic Dynamics and Control*, Vol. 18, pp. 1121 - 1142.

Mortensen, Dale T., and Christopher A. Pissarides. 1994. "Job Creation and Job Destruction in the Theory of Unemployment." *Review of Economic Studies*, Vol. 61, pp. 397 - 415.

Mortensen, Dale T., and Christopher A. Pissarides. 1999a. "New Developments in Models of Search in the Labor Market." In Orley Ashenfelter and David Card (eds.), *Handbook of Labor Economics*, Vol. 3B. Amsterdam: Elsevier/North-Holland.

Mortensen, Dale T., and Christopher A. Pissarides. 1999b. "Unemployment Responses to 'Skill-Biased' Technology Shocks: The Role of Labour Market Policy." *Economic Journal*, Vol. 109, pp. 242-265.

Mulligan, Casey B. 2001. "Aggregate Implications of Indivisible Labor." *Advances in Macroeconomics*, Vol. 1(1): Article 4.

Muth, J. F. [1960] 1981. "Estimation of Economic Relationships Containing Latent Expectations Variables." In R. E. Lucas, Jr., and T. J. Sargent (eds.), *Rational Expectations and Econometric Practice*. Minneapolis: University of Minnesota Press, pp. 321 - 328.

Muth, John F. 1960. "Optimal Properties of Exponentially Weighted Forecasts." *Journal of the American Statistical Association*, Vol. 55, pp. 299 - 306.

Muth, John F. 1961. "Rational Expectations and the Theory of Price Movements." *Econometrica*, Vol. 29, pp. 315 - 335.

Naylor, Arch, and George Sell. 1982. *Linear Operator Theory in Engineering and Science*. New York: Springer.

Neal, Derek. 1999. "The Complexity of Job Mobility among Young Men." *Journal of Labor Economics*, Vol. 17(2), pp. 237 - 261.

Negishi, T.. 1960. "Welfare Economics and Existence of an Equilibrium for a Competitive Economy." *Metroeconomica*, Vol. 12, pp. 92 - 97.

Nerlove, Marc. 1967. "Distributed Lags and Unobserved Components in Economic Time Series." In William Fellner et al. (eds.), *Ten Economic Studies in the Tradition of Irving Fisher*. New York: Wiley.

Niepelt, Dirk. 2004. "The Fiscal Myth of the Price Level." *Quarterly Journal of Economics*, Vol. 119(1), pp. 276 - 299.

Noble, Ben, and James W. Daniel. 1977. *Applied Linear Algebra*. Englewood Cliffs, N.J.: Prenctice Hall.

O'Connell, Stephen A., and Stephen P. Zeldes. 1988. "Rational Ponzi Games." *International Economic Review*, Vol. 29(3), pp. 431 - 450.

Obstfeld, M. 1994. "Evaluating Risky Consumption Paths: the Role of Intertemporal Substitutability." *European Economic Review*, Vol. 38(7), pp. 1471 - 1486.

Otrok, Christopher. 2001. "On Measuring the Welfare Cost of Business Cycles." *Journal of Monetary Economics*, Vol. 47(1), pp. 61 - 92.

Paal, Beatrix. 2000. "Destabilizing Effects of a Successful Stabilization: A Forward-Looking Explanation of the Second Hungarian Hyperinflation." *Journal of Economic Theory*, Vol. 15(3), pp. 599 - 630.

Pavoni, Nicola and Giovanni L. Violante. 2007. "Optimal Welfare-to-Work Programs." *Review of Economic Studies*, Vol. 74, No. 1, pp. 283 - 318.

Pearlman, J. G.. 1992. "Reputational and Nonreputational Policies Under Partial Information." *Journal of Economic Dynamics and Control*, Vol. 16(2), pp. 339 - 358.

Pearlman, J. G., D. A. Currie, and P. L. Levine. 1986. "Rational Expectations with partial Information." *Economic Modeling*, Vol. 3, pp. 90 - 1 - 5.

Peled, Dan. 1984. "Stationary Pareto Optimality of Stochastic Asset Equilibria with Overlapping Generations." *Journal of Economic Theory*, Vol. 34, pp. 396 - 403.

Peters, Michael. 1991. "Ex Ante Price Offers in Matching Games Non-Steady States." *Econometrica*, Vol. 59(5), pp. 1425 - 1454.

Phelan, Christopher. 1994. "Incentives and Aggregate Shocks." *Review of Economic Studies*, Vol. 61(4), pp. 681 - 700.

Phelan, Christopher, and Robert M. Townsend. 1991. "Computing Multi-period, Information Constrained Optima." *Review of Economic Studies*, Vol. 58(5), pp. 853 - 881.

Phelan, Christopher, and Ennio Stacchetti. 2001. "Sequential Equilibria in a Ramsey Tax Model." *Econometrica*, Vol. 69(6), pp. 1491 - 1518.

Phelps, Edmund S. 1970. *Introduction to Microeconomic Foundations of Employment and Inflation Theory*. New York: Norton.

Phelps, Edmund S., and Robert A. Pollak. 1968. "On Second-Best National Saving and Game-Equilibrium Growth." *Review of Economic Studies*, Vol. 35(2), pp. 185 - 199.

Piazzesi, Monika. 2005. "Bond Yields and the Federal Reserve." *Journal of Political Economy*, Vol. 113(2), pp. 311 - 344.

Piazzesi, Monika, and Martin Schneider. 2006. "Equilibrium Yield Curves." In Daron Acemoglu, Kenneth Rogoff, and Michael Woodford (eds.), *Macroeconomics Annual 2006*. Cambridge MA., MIT Press, pp. 389 - 442.

Pissarides, Christopher A. 1983. "Efficiency Aspects of the Financing of Unemployment Insurance and Other Government Expenditures." *Review of Economic Studies*, Vol. 50(1), pp. 57- 69.

Pissarides, Christopher A. 1990. *Equilibrium Unemployment Theory*. Cambridge, U. K.: Basil Blackwell.

Pratt, John W. 1964. "Risk Aversion in the Small and in the Large." *Econometrica*, Vol. 32(1 - 2), pp. 122 - 136.

Prescott, Edward C. 1977. "Should Control Theory Be Used for Economic Stabilization?" *1977*, Journal-of-Monetary-Economics. Supplementary Series. Vol. 7, pp. 13 - 38.

Prescott, Edward C. 2002. "Richard T. Ely Lecture: Prosperity and Depression." *American Economic Review*, Vol. 92(2), pp. 1 - 15.

Prescott, Edward C. 2005a. "The Transformation of Macroeconomic Policy and Research." In *Les Prix Nobel 2004*, Stockholm: Almqvist & Wiksell International, pp. 370 - 395. http://nobelprize.org/economics/laureates/2004/prescott-lecture.pdf.

Prescott, Edward C.. 2005b. "Nonconvexities in Quantitative General Equilibrium Studies of Business Cycles." In Timothy Kehoe, T. N. Srinivasan and John Whalley (eds.), *Frontiers in Applied General Equilibrium Modeling: In Honor of Herbert Scarf*. Cambridge University Press, pp. 95–118.

Prescott, Edward C. 2006. "Nobel Lecture: The Transformation of Macroeconomic Policy and Research." *Journal of Political Economy*, Vol. 114, pp. 203–235.

Prescott, Edward C. 2007. "Comment." In Daron Acemoglu, Kenneth Rogoff, and Michael Woodford (eds.), *Macroeconomics Annual 2006*. Cambridge MA., MIT Press, pp. 233–242.

Prescott, Edward C., and Rajnish Mehra. 1980. "Recursive Competitive Equilibrium: The Case of Homogeneous Households." *Econometrica*, Vol. 48(6), pp. 1365–1379.

Prescott, Edward C., Richard Rogerson, and Johanna Wallenius. 2009. "Lifetime Aggregate Labor Supply with Endogenous Workweek Length." *Review of Economic Dynamics*, Vol. 12, pp. 23–36.

Prescott, Edward C., and Robert M. Townsend. 1980. "Equilibrium Under Uncertainty: Multiagent Statistical Decision Theory." In Arnold Zellner (ed.), *Bayesian Analysis in Econometrics and Statistics*. Amsterdam: North-Holland, pp. 169–194.

Prescott, Edward C., and Robert M. Townsend. 1984a. "General Competitive Analysis in an Economy with Private Information." *International Economic Review*, Vol. 25, pp. 1–20.

Prescott, Edward C., and Robert M. Townsend. 1984b. "Pareto Optima and Competitive Equilibria with Adverse Selection and Moral Hazard." *Econometrica*, Vol. 52, pp. 21–45.

Putterman, Martin L., and Shelby Brumelle. 1979. "On the Convergence of Policy Iteration on Stationary Dynamic Programming." *Mathematics of Operations Research*, Vol. 4(1), pp. 60–67.

Putterman, Martin L., and M. C. Shin. 1978. "Modified Policy Iteration Algorithms for Discounted Markov Decision Problems." *Management Science*, Vol. 24(11), pp. 1127–1137.

Quah, Danny. 1990. "Permanent and Transitory Movements in Labor Income: An Explanation for 'Excess Smoothness' in Consumption." *Journal of Political Economy*, Vol. 98(3), pp. 449–475.

Razin, Assaf, and Efraim Sadka. 1995. "The Status of Capital Income Taxation in the Open Economy." *FinanzArchiv*, Vol. 52(1), pp. 21–32.

Rebelo, Sergio. 1991. "Long-Run Policy Analysis and Long-Run Growth." *Journal of Political Economy*, Vol. 99, pp. 500–521.

Reinganum, Jennifer F. 1979. "A Simple Equilibrium Model of Price Dispersion." *Journal of Political Economy*, Vol. 87(4), pp. 851–858.

Ríos-Rull, Víctor José. 1994a. "Life-Cycle Economies and Aggregate Fluctuations." Mimeo. University of Pennsylvania.

Ríos-Rull, Víctor José 1994b. "Population Changes and Capital Accumulation: The Aging of the Baby Boom." Mimeo. Philadelphia: University of Pennsylvania, Department of Economics.

Ríos-Rull, Víctor José. 1994c. "On the Quantitative Importance of Market Completeness." *Journal of Monetary Economics*, Vol. 34(3), pp. 463 - 496.

Ríos-Rull, Víctor José. 1995. "Models with Heterogeneous Agents." In Thomas F. Cooley (ed.), *Frontiers of Business Cycle Research*. Princeton, N. J.: Princeton University Press, pp. 98 - 125.

Ríos-Rull, Víctor José. 1996. "Life-Cycle Economies and Aggregate Fluctuations." *Review of Economic Studies*, Vol. 63(3), pp. 465 - 489.

Rodriguez, Santiago Budria, Javier Diaz-Giménez, Vincenzo Quadrini, and Jose-Victor Rios-Rull. 2002. "Updated Facts on the U. S. Distributions of Earnings, Income, and Wealth." *Quarterly Review*, Federal Reserve Bank of Minneapolis, Summer.

Roberds, William T. 1996. "Budget Constraints and Time-Series Evidence on Consumption: Comment." *American Economic Review*, Vol. 86(1), pp. 296 - 297.

Robert, Christian P. and George Casella. 2004. *Monte Carlo Statistical Methods*, Second Edition. Springer, New York.

Rogerson, William P. 1985a. "Repeated Moral Hazard." *Econometrica*, Vol. 53(1), pp. 69- 76.

Rogerson, William P. 1985b. "The First Order Approach to Principal-Agent Problems." *Econometrica*, Vol. 53(6), pp. 1357 - 1367.

Rogerson, Richard. 1988. "Indivisible Labor, Lotteries, and Equilibrium." *Journal of Monetary Economics*, Vol. 21, pp. 3 - 16.

Rogerson, Richard, and Johanna Wallenius. 2009. "Micro and Macro Elasticities in a Life Cycle Model with Taxes." *Journal of Economic Theory*, Vol. 144, pp. 2277 - 2292.

Rogoff, Kenneth. 1989. "Reputation, Coordination, and Monetary Policy." In Robert J. Barro (ed.), *Modern Business Cycle Theory*. Cambridge, Mass.: Harvard University Press, pp. 236- 264.

Roll, Richard. 1970. *The Behavior of Interest Rates: An Application of the Efficient Market Model to U. S. Treasury Bills*. New York: Basic Books.

Romer, David. 1996. *Advanced Macroeconomics*. New York: McGraw-Hill.

Romer, Paul M. 1986. "Increasing Returns and Long-Run Growth." *Journal of Political Economy*, Vol. 94, pp. 1002 - 1037.

Romer, Paul M. 1987. "Growth Based on Increasing Returns Due to Specialization." *American Economic Review Paper and Proceedings*, Vol. 77, pp. 56 - 62.

Romer, Paul M. 1990. "Endogenous Technological Change." *Journal of Political Economy*, Vol. 98, pp. S71-S102.

Rosen, Sherwin, and Robert H. Topel. 1988. "Housing Investment in the United States." *Journal of Political Economy*, Vol. 96(4), pp. 718 - 740.

Rosen, Sherwin, Kevin M. Murphy, and Jose A. Scheinkman. 1994. "Cattle Cycles." *Journal of Political Economy*, Vol. 102(3), pp. 468 - 492.

Ross, Stephen A. 1976. "The Arbitrage Theory of Capital Asset Pricing." *Journal of Economic Theory*, Vol. 13(3), pp. 341 – 360.

Rotemberg, Julio J. 1987. "The New Keynesian Microfoundations." In Stanley Fischer (ed.), *NBER Macroeconomics Annual*. Cambridge, Mass.: MIT Press, pp. 69 – 104.

Rotemberg, Julio J. and Michael Woodford. 1997. "An Optimization-Based Econometric Framework for the Evaluation of Monetary Policy." In Olivier Blanchard and Stanley Fischer (eds.), *NBER Macroeconomic Annual*. Cambridge, Mass.: MIT Press, pp. 297 – 345.

Rothschild, Michael, and Joseph Stiglitz. 1970. "Increasing Risk I: A Definition." *Journal of Economic Theory*, Vol. 2(3), pp. 225 – 243.

Rothschild, Michael, and Joseph Stiglitz. 1971. "Increasing Risk II: Its Economic Consequences." *Journal of Economic Theory*, Vol. 3(1), pp. 66 – 84.

Rothschild, Michael. 1973. "Models of Market Organization with Imperfect Information: A Survey." *Journal of Political Economy*, Vol. 81(6), pp. 1283 – 1308.

Rubinstein, Mark. 1974. "An Aggregation Theorem for Security Markets." *Journal of Financial Economics*, Vol. 1(3), pp. 225 – 244.

Runkle, David E. 1991. "Liquidity Constraints and the Permanent-Income Hypothesis: Evidence from Panel Data." *Journal of Monetary Economics*, Vol. 27(1), pp. 73 – 98.

Ryoo, J. and S. Rosen. 2004. "The Engineering Labor Market." *Journal of Political Economy*, Vol. 112(1), pp. S110-S140.

Saint-Paul, Gilles. 1995. "The High Unemployment Trap." *Quarterly Journal of Economics*, Vol. 110, pp. 527 – 550.

Samuelson, Paul A. 1958. "An Exact Consumption-Loan Model of Interest with or without the Social Contrivance of Money." *Journal of Political Economy*, Vol. 66, pp. 467– 482.

Samuelson, Paul A. 1965. "Proof That Properly Anticipated Prices Fluctuate Randomly." *Industrial Management Review*, Vol. 6(1), pp. 41 – 49.

Sandmo, Agnar. 1970. "The Effect of Uncertainty on Saving Decisions." *Review of Economic Studies*, Vol. 37, pp. 353 – 360.

Santos, Manuel S. 1991. "Smoothness of the Policy Function in Discrete Time Economic Models." *Econometrica*, Vol. 59(5), pp. 1365 – 1382.

Santos, Manuel S. 1993. "On High-Order Differentiability of the Policy Function." *Economic Theory*, Vol. 3(3), pp. 565 – 570.

Sargent, Thomas J. 1979a. *Macroeconomic Theory*. New York: Academic Press.

Sargent, Thomas J. 1980. "Tobin's q and the Rate of Investment in General Equilibrium." In K. Brunner and A. Meltzer (eds.), *On the State of Macroeconomics*. Carnegie-Rochester Conference Series 12, Amsterdam: North-Holland, pp. 107 – 154.

Sargent, Thomas J. 1980. "Lecture notes on Filtering, Control, and Rational Expectations." Mimeo. Minneapolis: University of Minnesota, Department of Economics.

Sargent, Thomas J.. 1979b. "A Note On Maximum Likelihood Estimation of The Rational Expectations Model of The Term Structure." *Journal of Monetary Economics*, Vol. 35, pp. 245 - 274.

Sargent, Thomas J. 1987a. *Macroeconomic Theory*, 2nd ed.. New York: Academic Press.

Sargent, Thomas J. 1987b. *Dynamic Macroeconomic Theory*. Cambridge, Mass. Harvard University Press.

Sargent, Thomas J. 1991. "Equilibrium with Signal Extraction from Endogeneous Variables." *Journal of Economic Dynamics and Control*, Vol. 15, pp. 245 - 273.

Sargent, Thomas J. 1992. *Rational Expectations and Inflation*, 2nd ed.. New York: Harper and Row.

Sargent, Thomas J. 1999. *The Conquest of American Inflation*. Princeton University Press, Princeton, New Jersey.

Sargent, Thomas J. 2008. "Evolution and Intelligent Design." *American Economic Review*, Vol. 98(1), pp. 5 - 37.

Sargent, Thomas J., and Bruce Smith. 1997. "Coinage, Debasements, and Gresham's Laws." *Economic Theory*, Vol. 10, pp. 197 - 226.

Sargent, Thomas J., and Franşois R. Velde. 1990. "The Analytics of German Monetary Reform." *Quarterly Review*, Federal Reserve Bank of San Francisco, No. 4, pp. 33 - 50.

Sargent, Thomas J., and Franqois R. Velde. 1995. "Macroeconomic Features of the French Revolution." *Journal of Political Economy*, Vol. 103(3), pp. 474 - 518.

Sargent, Thomas J., and Franqois R. Velde. 1999. "The Big Problem of Small Change." *Journal of Money, Credit, and Banking*, Vol. 31(2), pp. 137 - 161.

Sargent, Thomas J., and Neil Wallace. 1973. "Rational Expectations and the Dynamics of Hyperinflation." *International Economic Review*, Vol. 14, pp. 328 - 350.

Sargent, Thomas J., and Neil Wallace. 1975. "'Rational' Expectations, the Optimal Monetary Instrument, and the Optimal Money Supply Rule." *Journal of Political Economy*, Vol. 83(2), pp. 241 - 254.

Sargent, Thomas J., and Neil Wallace. 1981. "Some Unpleasant Monetarist Arithmetic." *Quarterly Review, Federal Reserve Bank of Minneapolis*, Vol. 5(3), pp. 1 - 17.

Sargent, Thomas J., and Neil Wallace. 1982. "The Real Bills Doctrine vs. the Quantity Theory: A Reconsideration." *Journal of Political Economy*, Vol. 90(6), pp. 1212 - 1236.

Sargent, Thomas J., and Neil Wallace. 1983. "A Model of Commodity Money." *Journal of Monetary Economics*, Vol. 12(1), pp. 163 - 187.

Sargent, Thomas J., Noah Williams, and Tao Zha. 2009. "The Conquest of South American Inflation." *Journal of Political Economy*, Vol. 117, No. 2, pp. 211 - 256.

Schmitt-Grohe, Stephanie, and Martin Uribe. 2004a. "Optimal Fiscal and Monetary Policy Under Sticky Prices." *Journal of Economic Theory*, Vol. 114(2), pp. 198 - 230.

Schmitt-Grohe, Stephanie and Martin Uribe. 2004b. "Solving Dynamic General Equilibrium Models Using Second-order Approximation to the Policy Function." *Journal of Economic Dynamics and Control*, Vol. 28, pp. 755 – 775.

Seater, John J. 1993. "Ricardian Equivalence." *Journal of Economic Literature*, Vol. 31(1), pp. 142 – 190.

Segerstrom, Paul S. 1998. "Endogenous Growth without Scale Effects." *American Economic Review*, Vol. 88, pp. 1290 – 1310.

Segerstrom, Paul S., T. C. A. Anant, and Elias Dinopoulos. 1990. "A Schumpeterian Model of the Product Life Cycle." *American Economic Review*, Vol. 80, pp. 1077 – 1091.

Shavell, Stephen, and Laurence Weiss. 1979. "The Optimal Payment of Unemployment Insurance Benefits Over Time." *Journal of Political Economy*, Vol. 87, pp. 1347 – 1362.

Shell, Karl. 1971. "Notes on the Economics of Infinity." *Journal of Political Economy*, Vol. 79(5), pp. 1002 – 1011.

Shi, Shouyong. 1995. "Money and Prices: A Model of Search and Bargaining." *Journal of Economic Theory*, Vol. 67, pp. 467 – 496.

Shiller, Robert J. 1972. "Rational Expectations and the Structure of Interest Rates." Ph. D. dissertation, Massachusetts Institute of Technology.

Shiller, Robert J. 1981. "Do Stock Prices Move Too Much to Be Justified by Subsequent Changes in Dividends?" *American Economic Review*, Vol. 71(3), pp. 421 – 436.

Shimer, Robert. 2010. *Labor Markets and Business Cycles*. Princeton, New Jersey: Princeton University Press.

Shin, Yongseok. 2007. "Managing the Maturity Structure of Government Debt." *Journal of Monetary Economics*, Vol. 54, pp. 1565 – 1571.

Sibley, David S.. 1975. "Permanent and Transitory Income Effects in a Model of Optimal Consumption with Wage Income Uncertainty." *Journal of Economic Theory*, Vol. 11, pp. 68 – 82.

Sidrauski, Miguel. 1967. "Rational Choice and Patterns of Growth in a Monetary Economy." *American Economic Review*, Vol. 57(2), pp. 534 – 544.

Sims, Christopher A. 1972. "Money, Income, and Causality." *American Economic Review*, Vol. 62(4), pp. 540 – 552.

Sims, Christopher A. 1989. "Solving Nonlinear Stochastic Optimization and Equilibrium Problems Backwards." Mimeo. Minneapolis: Institute for Empirical Macroeconomics, Federal Reserve Bank of Minneapolis, No. 15.

Sims, Christopher A. 1994. "A Simple Model for the Determination of the Price Level and the Interaction of Monetary and Fiscal Policy." *Economic Theory*, Vol. 4, pp. 381 – 399.

Siow, A. 1984. "Occupational Choice under Uncertainty." *Econometrica*, Vol. 52(3), pp. 631 – 645.

Siu, Henry E. 2004. "Optimal Fiscal and Monetary Policy With Sticky Prices." *Journal of Monetary Economics*, Vol. 51, No. 3, pp. 575 – 607.

Smith, Bruce. 1988. "Legal Restrictions, 'Sunspots,' and Peel's Bank Act: The Real Bills Doctrine versus the Quantity Theory Reconsidered." *Journal of Political Economy*, Vol. 96(1), pp. 3 – 19.

Smith, Lones. 1992. "Folk Theorems in Overlapping Generations Games." *Games and Economic Behavior*, Vol. 4(3), pp. 426 – 449.

Solow, Robert M. 1956. "A Contribution to the Theory of Economic Growth." *Quarterly Journal of Economics*, Vol. 70, pp. 65 – 94.

Sotomayor, Marlida A. de Oliveira. 1984. "On Income Fluctuations and Capital Gains." *Journal of Economic Theory*, Vol. 32(1), pp. 14 – 35.

Spear, Stephen E., and Sanjay Srivastava. 1987. "On Repeated Moral Hazard with Discounting." *Review of Economic Studies*, Vol. 54(4), pp. 599 – 617.

Stacchetti, Ennio. 1991. "Notes on Reputational Models in Macroeconomics." Mimeo. Stanford University, September.

Stachurski, John. 2009. *Economic Dynamics: Theory and Computation*. Cambridge, Mass: MIT Press.

Stigler, George. 1961. "The Economics of Information." *Journal of Political Economy*, Vol. 69(3), pp. 213 – 225.

Stiglitz, Joseph E. 1969. "A Reexamination of the Modigliani-Miller Theorem." *American Economic Review*, Vol. 59(5), pp. 784 – 793.

Stiglitz, Joseph E. 1987. "Pareto Efficient and Optimal Taxation and the New New Welfare Economics." In Alan J. Auerbach, and Martin Feldstein (eds.), *Handbook of Public Economics*, Vol. 2. Amsterdam: Elsevier/North-Holland.

Stokey, Nancy L. 1989. "Reputation and Time Consistency." *American Economic Review*, Vol. 79, pp. 134 – 139.

Stokey, Nancy L. 1991. "Credible Public Policy." *Journal of Economic Dynamics and Control*, Vol. 15(4), pp. 627 – 656.

Stokey, Nancy, and Robert E. Lucas, Jr. (with Edward C. Prescott). 1989. *Recursive Methods in Economic Dynamics*. Cambridge, Mass.: Harvard University Press.

Storesletten, Kjetil, Christopher I. Telmer, and Amir Yaron. 1998. "Persistent Idiosyncratic Shocks and Incomplete Markets." Mimeo. Carnegie Mellon University and Wharton School, University of Pennsylvania.

Storesletten, Kjetil, Christopher I. Telmer, and Amir Yaron. 2004. "Consumption and Risk Sharing over the Life Cycle." *Journal of Monetary Economics*, Vol. 51(3), pp. 609– 633.

Svensson, Lars E. O. 1986. "Sticky Goods Prices, Flexible Asset Prices, Monopolistic Competition, and Monetary Policy." *Review of Economic Studies*, Vol. 53, pp. 385 – 405.

Tallarini, Thomas D., Jr. 1996. "Risk-Sensitive Real Business Cycles." Ph. D. dissertation, University of Chicago.

Tallarini, Thomas D., Jr. 2000. "Risk-Sensitive Real Business Cycles." *Journal of*

Monetary Economics, Vol. 45(3), pp. 507 – 532.

Tauchen, George. 1986. "Finite State Markov Chain Approximations to Univariate and Vector Autoregressions." *Economic Letters*, Vol. 20, pp. 177 – 181.

Taylor, John B. 1977. "Conditions for Unique Solutions in Stochastic Macroeconomic Models with Rational Expectations." *Econometrica*, Vol. 45, pp. 1377 – 1185.

Taylor, John B. 1980. "Output and Price Stability: An International Comparison." *Journal of Economic Dynamics and Control*, Vol. 2, pp. 109 – 132.

Thomas, Jonathan, and Tim Worrall. 1988. "Self-Enforcing Wage Contracts." *Review of Economic Studies*, Vol. 55, pp. 541 – 554.

Thomas, Jonathan, and Tim Worrall. 1990. "Income Fluctuation and Asymmetric Information: An Example of a Repeated Principal-Agent Problem." *Journal of Economic Theory*, Vol. 51(2), pp. 367– 390.

Thomas, Jonathan, and Tim Worrall. 1994. "Informal Insurance Arrangements in Village Economies." Mimeo. Liverpool Research Papers in Economics and Finance, 9402.

Tirole, Jean. 1982. "On the Possibility of Speculation under Rational Expectations." *Econometrica*, Vol. 50, pp. 1163 – 1181.

Tirole, Jean. 1985. "Asset Bubbles and Overlapping Generations." *Econometrica*, Vol. 53, pp. 1499– 1528.

Tobin, James. 1956. "The Interest Elasticity of the Transactions Demand for Cash." *Review of Economics and Statistics*, Vol. 38, pp. 241 – 247.

Tobin, James. 1961. "Money, Capital, and Other Stores of Value." *American Economic Review*, Vol. 51(2), pp. 26 – 37.

Tobin, James. 1963. "An Essay on the Principles of Debt Management." In William Fellner et al. (eds.), *Fiscal and Debt Management Policies*. Englewood Cliffs, N. J.: Prentice-Hall, pp. 141 – 215. (Reprinted in James Tobin, *Essays in Economics*, Vol. 1. Amsterdam: North-Holland, 1971, pp. 378 – 455.)

Topel, Robert H., and Sherwin Rosen. 1988. "Housing Investment in the United States." *Journal of Political Economy*, Vol. 96(4), pp. 718 – 740.

Townsend, Robert M. 1980. "Models of Money with Spatially Separated Agents." In J. H. Kareken and N. Wallace (eds.), *Models of Monetary Economies*. Minneapolis: Federal Reserve Bank of Minneapolis, pp. 265 – 303.

Townsend, Robert M. 1983. "Forecasting the Forecasts of Others." *Journal of Political Economy*, Vol. 91, pp. 546 – 588.

Townsend, Robert M. 1994. "Risk and Insurance in Village India." *Econometrica*, Vol. 62. pp. 539 – 592.

Trejos, Alberto, and Randall Wright. 1995. "Search, Bargaining, Money and Prices." *Journal of Political Economy*, Vol. 103, pp. 118 – 139.

Turnovsky, Stephen J., and William A. Brock. 1980. "Time Consistency and Optimal Government Policies in Perfect Foresight Equilibrium." *Journal of Public Econom-*

ics, Vol. 13, pp. 183- 212.

Uzawa, Hirofumi. 1965. "Optimum Technical Change in an Aggregative Model of Economic Growth." *International Economic Review*, Vol. 6, pp. 18 – 31.

Villamil, Anne P. 1988. "Price Discriminating Monetary Policy: A Nonuniform Pricing Approach." *Journal of Public Economics*, Vol. 35(3), pp. 385 – 392.

Wallace, Neil. 1980. "The Overlapping Generations Model of Fiat Money." In J. H. Kareken and N. Wallace (eds.), *Models of Monetary Economies*. Minneapolis: Federal Reserve Bank of Minneapolis, pp. 49 – 82.

Wallace, Neil. 1981. "A Modigliani-Miller Theorem for Open-Market Operations." *American Economic Review*, Vol. 71, pp. 267 – 274.

Wallace, Nell. 1983. "A Legal Restrictions Theory of the Demand for 'Money' and the Role of Monetary Policy." *Quarterly Review*, *Federal Reserve Bank of Minneapolis*, Vol. 7(1), pp. 1 – 7.

Wallace, Neil. 1989. "Some Alternative Monetary Models and Their Implications for the Role of Open-Market Policy." In Robert J. Barro (ed.), *Modern Business Cycle Theory*. Cambridge, Mass.: Harvard University Press, pp. 306 – 328.

Walsh, Carl E. 1998. *Monetary Theory and Policy*. Cambridge, Mass.: MIT Press.

Wang, Cheng, and Stephen D. Williamson. 1996. "Unemployment Insurance with Moral Hazard in a Dynamic Economy." *Carnegie-Rochester Conference Series on Public Policy*, Vol. 44, pp. 1 – 41.

Wang, Neng. 2003. "Caballero meets Bewley: The Permanent-Income Hypothesis in General Equilbrium." *American Economic Review*, Vol. 93(3), pp. 927 – 936.

Watanabe, Shinichi. 1984. *Search Unemployment, the Business Cycle, and Stochastic Growth*. Ph. D. dissertation, University of Minnesota.

Weil, Philippe. 1989. "The Equity Premium Puzzle and the Risk-Free Rate Puzzle." *Journal of Monetary Economics*, Vol. 24(2), pp. 401 – 421.

Weil, Philippe. 1990. "Nonexpected Utility in Macroeconomics." *Quarterly Journal of Economics*, Vol. 105, pp. 29 – 42.

Weil, Philippe. 1993. "Precautionary Savings and the Permanent Income Hypothesis." *Review of Economic Studies*, Vol. 60(2), pp. 367 – 383.

Werning, Ivan. 2002. "Optimal Unemployment Insurance with Hidden Savings." Mimeo. University of Chicago Working Paper.

Werning, Ivan. 2007. "Optimal Fiscal Policy with Redistribution." *Quarterly Journal of Economics*, Vol. 122(3), pp. 925 – 967.

Wen, Y. 1998. "Can a Real Business Cycle Pass the Watson Test?" *Journal of Monetary Economics*, Vol. 42, pp. 185 – 202.

Whiteman, Charles H. 1983. *Linear Rational Expectations Models: A Users Guide*. Minneapolis: University of Minnesota Press.

Whittle, Peter. 1963. *Prediction and Regulation by Linear Least-Square Methods*. Princeton, N. J.: Van Nostrand-Reinhold.

Whittle, Peter. 1990. *Risk-Sensitive Optimal Control*. New York: Wiley.

Wilcox, David W. 1989. "The Sustainability of Government Deficits: Implications of the Present-Value Borrowing Constraint." *Journal of Money, Credit, and Banking*, Vol. 21(3), pp. 291–306.

Woodford, Michael. 1994. "Monetary Policy and Price Level Determinacy in a Cash-in-Advance Economy." *Economic Theory*, Vol. 4, pp. 345–380.

Woodford, Michael. 1995. "Price-Level Determinacy without Control of a Monetary Aggregate." *Carnegie-Rochester Conference Series on Public Policy*, Vol. 43, pp. 1–46.

Woodford, Michael. 2003. "Optimal Interest-Rate Smoothing." *Review of Economic Studies*, Vol. 70(4), pp. 861–886.

Woodford, Michael. 2003. *Interest and Prices*. Princeton, N. J.: Princeton University Press.

Wright, Randall. 1986. "Job Search and Cyclical Unemployment." *Journal of Political Economy*, Vol. 94(1), pp. 38–55.

Young, Alwyn. 1998. "Growth without Scale Effects." *Journal of Political Economy*, Vol. 106, pp. 41–63.

Zeira, Joseph. 1999. "Informational Overshooting, Booms, and Crashes." *Journal of Monetary Economics*, Vol. 43(1), pp. 237–257.

Zeldes, Stephen P. 1989. "Optimal Consumption with Stochastic Income: Deviations from Certainty Equivalence." *Quarterly Journal of Economics*, Vol. 104(2), pp. 275–298.

Zhang, Harold. 1997. "Endogenous Borrowing Constraints with Incomplete Markets." *Journal of Finance*, Vol. 52(5), pp. 2187–2209.

Zhao, Rui. 2001. "The Optimal Unemployment Insurance Contract: Why a Replacement Ratio?" Mimeo. University of Illinois, Champagne-Urbana, Department of Economics.

Zhu, Shenghao. 2009. "Existence of Equilibrium in an Incomplete Market Model with Endogenous Labor Supply." Mimeo. New York University.

Zhu, Xiaodong. 1992. "Optimal Fiscal Policy in a Stochastic Growth Model." *Journal of Economic Theory*, Vol. 58, pp. 250–289.

Zin, Stanley E. 2002. "Are Behavioral Asset-Pricing Models Structural?" *Journal of Monetary Economics*, Vol. 49(1), pp. 215–228.

后　　记

翻译图书是一个艰苦的过程。将一本上百万字的英文书翻译成中文并且出版需要很长时间，不管是教材还是学术著作，其翻译过程都是一个艰难的过程。《递归宏观经济理论（第三版）》几易其稿，由王忠玉、杨斌、张天啸、王新荣、马牧野、刘兴坤、张伟等翻译。

经济科学译丛

序号	书名	作者	Author	单价	出版年份	ISBN
1	递归宏观经济理论(第三版)	拉尔斯·扬奎斯特等	Lars Ljungqvist	128.00	2020	978-7-300-28058-5
2	策略博弈(第四版)	阿维纳什·迪克西特等	Avinash Dixit	85.00	2020	978-7-300-28005-9
3	劳动关系(第10版)	小威廉·H. 霍利等	William H. Holley, Jr.	83.00	2020	978-7-300-25582-8
4	微观经济学(第九版)	罗伯特·S. 平狄克等	Robert S. Pindyck	93.00	2020	978-7-300-26640-4
5	宏观经济学(第十版)	N. 格里高利·曼昆	N. Gregory Mankiw	79.00	2020	978-7-300-27631-1
6	宏观经济学(第九版)	安德鲁·B. 亚伯等	Andrew B. Abel	95.00	2020	978-7-300-27382-2
7	商务经济学(第二版)	克里斯·马尔赫恩等	Chris Mulhearn	56.00	2019	978-7-300-24491-4
8	管理经济学:基于战略的视角(第二版)	蒂莫西·费希尔等	Timothy Fisher	58.00	2019	978-7-300-23886-9
9	投入产出分析:基础与扩展(第二版)	罗纳德·E. 米勒等	Ronald E. Miller	98.00	2019	978-7-300-26845-3
10	宏观经济学:政策与实践(第二版)	弗雷德里克·S. 米什金	Frederic S. Mishkin	89.00	2019	978-7-300-26809-5
11	国际商务:亚洲视角	查尔斯·W. L. 希尔等	Charles W. L. Hill	108.00	2019	978-7-300-26791-3
12	统计学:在经济和管理中的应用(第10版)	杰拉德·凯勒	Gerald Keller	158.00	2019	978-7-300-26771-5
13	经济学精要(第五版)	R. 格伦·哈伯德等	R. Glenn Hubbard	99.00	2019	978-7-300-26561-2
14	环境经济学(第七版)	埃班·古德斯坦等	Eban Goodstein	78.00	2019	978-7-300-23867-8
15	管理者微观经济学	戴维·M. 克雷普斯	David M. Kreps	88.00	2019	978-7-300-22914-0
16	税收与企业经营战略:筹划方法(第五版)	迈伦·S. 斯科尔斯等	Myron S. Scholes	78.00	2018	978-7-300-25999-4
17	美国经济史(第12版)	加里·M. 沃尔顿等	Gary M. Walton	98.00	2018	978-7-300-26473-8
18	组织经济学:经济学分析方法在组织管理上的应用(第五版)	塞特斯·杜玛等	Sytse Douma	62.00	2018	978-7-300-25545-3
19	经济理论的回顾(第五版)	马克·布劳格	Mark Blaug	88.00	2018	978-7-300-26252-9
20	实地实验:设计、分析与解释	艾伦·伯格等	Alan S. Gerber	69.80	2018	978-7-300-26319-9
21	金融学(第二版)	兹维·博迪等	Zvi Bodie	75.00	2018	978-7-300-26134-8
22	空间数据分析:模型、方法与技术	曼弗雷德·M. 费希尔等	Manfred M. Fischer	36.00	2018	978-7-300-25304-6
23	《宏观经济学》(第十二版)学习指导书	鲁迪格·多恩布什等	Rudiger Dornbusch	38.00	2018	978-7-300-26063-1
24	宏观经济学(第四版)	保罗·克鲁格曼等	Paul Krugman	68.00	2018	978-7-300-26068-6
25	计量经济学导论:现代观点(第六版)	杰弗里·M. 伍德里奇	Jeffrey M. Wooldridge	109.00	2018	978-7-300-25914-7
26	经济思想史:伦敦经济学院讲演录	莱昂内尔·罗宾斯	Lionel Robbins	59.80	2018	978-7-300-25258-2
27	空间计量经济学入门——在R中的应用	朱塞佩·阿尔比亚	Giuseppe Arbia	45.00	2018	978-7-300-25458-6
28	克鲁格曼经济学原理(第四版)	保罗·克鲁格曼等	Paul Krugman	88.00	2018	978-7-300-25639-9
29	发展经济学(第七版)	德怀特·H. 波金斯等	Dwight H. Perkins	98.00	2018	978-7-300-25506-4
30	线性与非线性规划(第四版)	戴维·G. 卢恩伯格等	David G. Luenberger	79.80	2018	978-7-300-25391-6
31	产业组织理论	让·梯若尔	Jean Tirole	110.00	2018	978-7-300-25170-7
32	经济学精要(第六版)	巴德、帕金	Bade, Parkin	89.00	2018	978-7-300-24749-6
33	空间计量经济学——空间数据的分位数回归	丹尼尔·P. 麦克米伦	Daniel P. McMillen	30.00	2018	978-7-300-23949-1
34	高级宏观经济学基础(第二版)	本·J. 海德拉	Ben J. Heijdra	88.00	2018	978-7-300-25147-9
35	税收经济学(第二版)	伯纳德·萨拉尼耶	Bernard Salanié	42.00	2018	978-7-300-23866-1
36	国际贸易(第三版)	罗伯特·C. 芬斯特拉	Robert C. Feenstra	73.00	2017	978-7-300-25327-5
37	国际宏观经济学(第三版)	罗伯特·C. 芬斯特拉	Robert C. Feenstra	79.00	2017	978-7-300-25326-8
38	公司治理(第五版)	罗伯特·A. G. 蒙克斯	Robert A. G. Monks	69.80	2017	978-7-300-24972-8
39	国际经济学(第15版)	罗伯特·J. 凯伯	Robert J. Carbaugh	78.00	2017	978-7-300-24844-8
40	经济理论和方法史(第五版)	小罗伯特·B. 埃克伦德等	Robert B. Ekelund. Jr.	88.00	2017	978-7-300-22497-8
41	经济地理学	威廉·P. 安德森	William P. Anderson	59.80	2017	978-7-300-24544-7
42	博弈与信息:博弈论概论(第四版)	艾里克·拉斯穆森	Eric Rasmusen	79.80	2017	978-7-300-24546-1
43	MBA宏观经济学	莫里斯·A. 戴维斯	Morris A. Davis	38.00	2017	978-7-300-24268-2
44	经济学基础(第十六版)	弗兰克·V. 马斯切纳	Frank V. Mastrianna	42.00	2017	978-7-300-22607-1
45	高级微观经济学:选择与竞争性市场	戴维·M. 克雷普斯	David M. Kreps	79.80	2017	978-7-300-23674-2
46	博弈论与机制设计	Y. 内拉哈里	Y. Narahari	69.80	2017	978-7-300-24209-5
47	宏观经济学精要:理解新闻中的经济学(第三版)	彼得·肯尼迪	Peter Kennedy	45.00	2017	978-7-300-21617-1
48	宏观经济学(第十二版)	鲁迪格·多恩布什等	Rudiger Dornbusch	69.00	2017	978-7-300-23772-5
49	国际金融与开放宏观经济学:理论、历史与政策	亨德里克·范登伯格	Hendrik Van den Berg	68.00	2016	978-7-300-23380-2
50	经济学(微观部分)	达龙·阿西莫格鲁等	Daron Acemoglu	59.00	2016	978-7-300-21786-4
51	经济学(宏观部分)	达龙·阿西莫格鲁等	Daron Acemoglu	45.00	2016	978-7-300-21886-1
52	发展经济学	热若尔·罗兰	Gérard Roland	79.00	2016	978-7-300-23379-6
53	中级微观经济学——直觉思维与数理方法(上下册)	托马斯·J·内契巴	Thomas J. Nechyba	128.00	2016	978-7-300-22363-6
54	环境与自然资源经济学(第十版)	汤姆·蒂坦伯格等	Tom Tietenberg	72.00	2016	978-7-300-22900-3
55	劳动经济学基础(第二版)	托马斯·海克拉克等	Thomas Hyclak	65.00	2016	978-7-300-23146-4
56	货币金融学(第十一版)	弗雷德里克·S·米什金	Frederic S. Mishkin	85.00	2016	978-7-300-23001-6

经济科学译丛						
序号	书名	作者	Author	单价	出版年份	ISBN
57	动态优化——经济学和管理学中的变分法和最优控制(第二版)	莫顿·I·凯曼等	Morton I. Kamien	48.00	2016	978-7-300-23167-9
58	用Excel学习中级微观经济学	温贝托·巴雷托	Humberto Barreto	65.00	2016	978-7-300-21628-7
59	国际经济学:理论与政策(第十版)	保罗·R·克鲁格曼等	Paul R. Krugman	89.00	2016	978-7-300-22710-8
60	国际金融(第十版)	保罗·R·克鲁格曼等	Paul R. Krugman	55.00	2016	978-7-300-22089-5
61	国际贸易(第十版)	保罗·R·克鲁格曼等	Paul R. Krugman	42.00	2016	978-7-300-22088-8
62	经济学精要(第3版)	斯坦利·L·布鲁伊等	Stanley L. Brue	58.00	2016	978-7-300-22301-8
63	经济分析史(第七版)	英格里德·H·里马	Ingrid H. Rima	72.00	2016	978-7-300-22294-3
64	投资学精要(第九版)	兹维·博迪等	Zvi Bodie	108.00	2016	978-7-300-22236-3
65	环境经济学(第二版)	查尔斯·D·科尔斯塔德	Charles D. Kolstad	68.00	2016	978-7-300-22255-4
66	MWG《微观经济理论》习题解答	原千晶等	Chiaki Hara	75.00	2016	978-7-300-22306-3
67	现代战略分析(第七版)	罗伯特·M·格兰特	Robert M. Grant	68.00	2016	978-7-300-17123-4
68	横截面与面板数据的计量经济分析(第二版)	杰弗里·M·伍德里奇	Jeffrey M. Wooldridge	128.00	2016	978-7-300-21938-7
69	宏观经济学(第十二版)	罗伯特·J·戈登	Robert J. Gordon	75.00	2016	978-7-300-21978-3
70	动态最优化基础	蒋中一	Alpha C. Chiang	42.00	2015	978-7-300-22068-0
71	城市经济学	布伦丹·奥弗莱厄蒂	Brendan O'Flaherty	69.80	2015	978-7-300-22067-3
72	管理经济学:理论、应用与案例(第八版)	布鲁斯·艾伦等	Bruce Allen	79.80	2015	978-7-300-21991-2
73	经济政策:理论与实践	阿格尼丝·贝纳西-奎里等	Agnès Bénassy-Quéré	79.80	2015	978-7-300-21921-9
74	微观经济分析(第三版)	哈尔·R·范里安	Hal R. Varian	68.00	2015	978-7-300-21536-5
75	财政学(第十版)	哈维·S·罗森等	Harvey S. Rosen	68.00	2015	978-7-300-21754-3
76	经济数学(第三版)	迈克尔·霍伊等	Michael Hoy	88.00	2015	978-7-300-21674-4
77	发展经济学(第九版)	A.P.瑟尔沃	A. P. Thirlwall	69.80	2015	978-7-300-21193-0
78	宏观经济学(第五版)	斯蒂芬·D·威廉森	Stephen D. Williamson	69.00	2015	978-7-300-21169-5
79	资源经济学(第三版)	约翰·C·伯格斯特罗姆等	John C. Bergstrom	58.00	2015	978-7-300-20742-1
80	应用中级宏观经济学	凯文·D·胡佛	Kevin D. Hoover	78.00	2015	978-7-300-21000-1
81	现代时间序列分析导论(第二版)	约根·沃特斯等	Jürgen Wolters	39.80	2015	978-7-300-20625-7
82	空间计量经济学——从横截面数据到空间面板	J·保罗·埃尔霍斯特	J. Paul Elhorst	32.00	2015	978-7-300-21024-7
83	国际经济学原理	肯尼思·A·赖纳特	Kenneth A. Reinert	58.00	2015	978-7-300-20830-5
84	经济写作(第二版)	迪尔德丽·N·麦克洛斯基	Deirdre N. McCloskey	39.80	2015	978-7-300-20914-2
85	计量经济学方法与应用(第五版)	巴蒂·H·巴尔塔基	Badi H. Baltagi	58.00	2015	978-7-300-20584-7
86	战略经济学(第五版)	戴维·贝赞可等	David Besanko	78.00	2015	978-7-300-20679-0
87	博弈论导论	史蒂文·泰迪里斯	Steven Tadelis	58.00	2015	978-7-300-19993-1
88	社会问题经济学(第二十版)	安塞尔·M·夏普等	Ansel M. Sharp	49.00	2015	978-7-300-20279-2
89	博弈论:矛盾冲突分析	罗杰·B·迈尔森	Roger B. Myerson	58.00	2015	978-7-300-20212-9
90	时间序列分析	詹姆斯·D·汉密尔顿	James D. Hamilton	118.00	2015	978-7-300-20213-6
91	经济问题与政策(第五版)	杰奎琳·默里·布鲁克斯	Jacqueline Murray Brux	58.00	2014	978-7-300-17799-1
92	微观经济理论	安德鲁·马斯-克莱尔等	Andreu Mas-Collel	148.00	2014	978-7-300-19986-3
93	产业组织:理论与实践(第四版)	唐·E·瓦尔德曼等	Don E. Waldman	75.00	2014	978-7-300-19722-7
94	公司金融理论	让·梯若尔	Jean Tirole	128.00	2014	978-7-300-20178-8
95	公共部门经济学	理查德·W·特里西	Richard W. Tresch	49.00	2014	978-7-300-18442-5
96	计量经济学原理(第六版)	彼得·肯尼迪	Peter Kennedy	69.80	2014	978-7-300-19342-7
97	统计学:在经济中的应用	玛格丽特·刘易斯	Margaret Lewis	45.00	2014	978-7-300-19082-2
98	产业组织:现代理论与实践(第四版)	林恩·佩波尔等	Lynne Pepall	88.00	2014	978-7-300-19166-9
99	计量经济学导论(第三版)	詹姆斯·H·斯托克等	James H. Stock	69.00	2014	978-7-300-18467-8
100	发展经济学导论(第四版)	秋山裕	秋山裕	39.80	2014	978-7-300-19127-0
101	中级微观经济学(第六版)	杰弗里·M·佩罗夫	Jeffrey M. Perloff	89.00	2014	978-7-300-18441-8
102	平狄克《微观经济学》(第八版)学习指导	乔纳森·汉密尔顿等	Jonathan Hamilton	32.00	2014	978-7-300-18970-3
103	微观银行经济学(第二版)	哈维尔·弗雷克斯等	Xavier Freixas	48.00	2014	978-7-300-18940-6
104	施米托夫论出口贸易——国际贸易法律与实务(第11版)	克利夫·M·施米托夫等	Clive M. Schmitthoff	168.00	2014	978-7-300-18425-8
105	微观经济学思维	玛莎·L·奥尔尼	Martha L. Olney	29.80	2013	978-7-300-17280-4
106	宏观经济学思维	玛莎·L·奥尔尼	Martha L. Olney	39.80	2013	978-7-300-17279-8
107	计量经济学原理与实践	达摩达尔·N·古扎拉蒂	Damodar N. Gujarati	49.80	2013	978-7-300-18169-1
108	现代战略分析案例集	罗伯特·M·格兰特	Robert M. Grant	48.00	2013	978-7-300-16038-2
109	高级国际贸易:理论与实证	罗伯特·C·芬斯特拉	Robert C. Feenstra	59.00	2013	978-7-300-17157-9
110	经济学简史——处理沉闷科学的巧妙方法(第二版)	E·雷·坎特伯里	E. Ray Canterbery	58.00	2013	978-7-300-17571-3

经济科学译丛

序号	书名	作者	Author	单价	出版年份	ISBN
111	微观经济学原理(第五版)	巴德、帕金	Bade, Parkin	65.00	2013	978-7-300-16930-9
112	宏观经济学原理(第五版)	巴德、帕金	Bade, Parkin	63.00	2013	978-7-300-16929-3
113	环境经济学	彼得·伯克等	Peter Berck	55.00	2013	978-7-300-16538-7
114	高级微观经济理论	杰弗里·杰里	Geoffrey A. Jehle	69.00	2012	978-7-300-16613-1
115	高级宏观经济学导论:增长与经济周期(第二版)	彼得·伯奇·索伦森等	Peter Birch Sørensen	95.00	2012	978-7-300-15871-6
116	微观经济学(第二版)	保罗·克鲁格曼	Paul Krugman	69.80	2012	978-7-300-14835-9
117	克鲁格曼《微观经济学(第二版)》学习手册	伊丽莎白·索耶·凯利	Elizabeth Sawyer Kelly	58.00	2013	978-7-300-17002-2
118	克鲁格曼《宏观经济学(第二版)》学习手册	伊丽莎白·索耶·凯利	Elizabeth Sawyer Kelly	36.00	2013	978-7-300-17024-4
119	微观经济学(第十一版)	埃德温·曼斯费尔德	Edwin Mansfield	88.00	2012	978-7-300-15050-5
120	卫生经济学(第六版)	舍曼·富兰德等	Sherman Folland	79.00	2011	978-7-300-14645-4
121	现代劳动经济学:理论与公共政策(第十版)	罗纳德·G·伊兰伯格等	Ronald G. Ehrenberg	69.00	2011	978-7-300-14482-5
122	宏观经济学:理论与政策(第九版)	理查德·T·弗罗恩	Richard T. Froyen	55.00	2011	978-7-300-14108-4
123	经济学原理(第四版)	威廉·博伊斯等	William Boyes	59.00	2011	978-7-300-13518-2
124	计量经济学基础(第五版)(上下册)	达摩达尔·N·古扎拉蒂	Damodar N. Gujarati	99.00	2011	978-7-300-13693-6
125	《计量经济学基础》(第五版)学生习题解答手册	达摩达尔·N·古扎拉蒂等	Damodar N. Gujarati	23.00	2012	978-7-300-15080-8
126	计量经济分析(第六版)(上下册)	威廉·H·格林	William H. Greene	128.00	2011	978-7-300-12779-8

金融学译丛

序号	书名	作者	Author	单价	出版年份	ISBN
1	银行学(第二版)	芭芭拉·卡苏等	Barbara Casu	99.00	2020	978-7-300-28034-9
2	金融衍生工具与风险管理(第十版)	唐·M. 钱斯	Don M. Chance	98.00	2020	978-7-300-27651-9
3	投资学导论(第十二版)	赫伯特·B. 梅奥	Herbert B. Mayo	89.00	2020	978-7-300-27653-3
4	金融几何学	阿尔文·库鲁克	Alvin Kuruc	58.00	2020	978-7-300-14104-6
5	银行风险管理(第四版)	若埃尔·贝西	Joël Bessis	56.00	2019	978-7-300-26496-7
6	金融学原理(第八版)	阿瑟·J. 基翁等	Arthur J. Keown	79.00	2018	978-7-300-25638-2
7	财务管理基础(第七版)	劳伦斯·J. 吉特曼等	Lawrence J. Gitman	89.00	2018	978-7-300-25339-8
8	利率互换及其他衍生品	霍华德·科伯	Howard Corb	69.00	2018	978-7-300-25294-0
9	固定收益证券手册(第八版)	弗兰克·J. 法博齐	Frank J. Fabozzi	228.00	2017	978-7-300-24227-9
10	金融市场与金融机构(第8版)	弗雷德里克·S. 米什金等	Frederic S. Mishkin	86.00	2017	978-7-300-24731-1
11	兼并、收购和公司重组(第六版)	帕特里克·A. 高根	Patrick A. Gaughan	89.00	2017	978-7-300-24231-6
12	债券市场:分析与策略(第九版)	弗兰克·J·法博齐	Frank J. Fabozzi	98.00	2016	978-7-300-23495-3
13	财务报表分析(第四版)	马丁·弗里德森	Martin Fridson	46.00	2016	978-7-300-23037-5
14	国际金融学	约瑟夫·P·丹尼尔斯等	Joseph P. Daniels	65.00	2016	978-7-300-23037-1
15	国际金融	阿德里安·巴克利	Adrian Buckley	88.00	2016	978-7-300-22668-2
16	个人理财(第六版)	阿瑟·J·基翁	Arthur J. Keown	85.00	2016	978-7-300-22711-5
17	投资学基础(第三版)	戈登·J·亚历山大等	Gordon J. Alexander	79.00	2015	978-7-300-20274-7
18	金融风险管理(第二版)	彼德·F·克里斯托弗森	Peter F. Christoffersen	46.00	2015	978-7-300-21210-4
19	风险管理与保险管理(第十二版)	乔治·E·瑞达等	George E. Rejda	95.00	2015	978-7-300-21486-3
20	个人理财(第五版)	杰夫·马杜拉	Jeff Madura	69.00	2015	978-7-300-20583-0
21	企业价值评估	罗伯特·A·G·蒙克斯等	Robert A. G. Monks	58.00	2015	978-7-300-20582-3
22	基于Excel的金融学原理(第二版)	西蒙·本尼卡	Simon Benninga	79.00	2014	978-7-300-18899-7
23	金融工程学原理(第二版)	萨利赫·N·内夫特奇	Salih N. Neftci	88.00	2014	978-7-300-19348-9
24	投资学导论(第十版)	赫伯特·B·梅奥	Herbert B. Mayo	69.00	2014	978-7-300-18971-0
25	国际金融市场导论(第六版)	斯蒂芬·瓦尔德斯等	Stephen Valdez	59.80	2014	978-7-300-18896-6
26	金融数学:金融工程引论(第二版)	马雷克·凯宾斯基等	Marek Capinski	42.00	2014	978-7-300-17650-5
27	财务管理(第二版)	雷蒙德·布鲁克斯	Raymond Brooks	69.00	2014	978-7-300-19085-3
28	期货与期权市场导论(第七版)	约翰·C·赫尔	John C. Hull	69.00	2014	978-7-300-18994-2
29	国际金融:理论与实务	皮特·塞尔居	Piet Sercu	88.00	2014	978-7-300-18413-5
30	货币、银行和金融体系	R·格伦·哈伯德等	R. Glenn Hubbard	75.00	2013	978-7-300-17856-1
31	并购创造价值(第二版)	萨德·苏达斯纳	Sudi Sudarsanam	89.00	2013	978-7-300-17473-0
32	个人理财——理财技能培养方法(第三版)	杰克·R·卡普尔等	Jack R. Kapoor	66.00	2013	978-7-300-16687-2
33	国际财务管理	吉尔特·贝克特	Geert Bekaert	95.00	2012	978-7-300-16031-3
34	应用公司财务(第三版)	阿斯沃思·达摩达兰	Aswath Damodaran	88.00	2012	978-7-300-16034-4
35	资本市场:机构与工具(第四版)	弗兰克·J·法博齐	Frank J. Fabozzi	85.00	2011	978-7-300-13828-2
36	衍生品市场(第二版)	罗伯特·L·麦克唐纳	Robert L. McDonald	98.00	2011	978-7-300-13130-6

Recursive Macroeconomic Theory, 3e

By Lars Ljungqvist and Thomas J. Sargent

图书在版编目(CIP)数据

递归宏观经济理论：第三版/（　）拉尔斯·扬奎斯特（Lars Ljungqvist），（美）托马斯·J. 萨金特（Thomas J. Sargent）著；杨斌等译. --北京：中国人民大学出版社，2020.5

（经济科学译丛）

“十三五”国家重点出版物出版规划项目

ISBN 978-7-300-28058-5

Ⅰ. ①递… Ⅱ. ①拉… ②托… ③杨… Ⅲ. ①宏观经济学 Ⅳ. ①F015

中国版本图书馆 CIP 数据核字（2020）第 067942 号

“十三五”国家重点出版物出版规划项目

经济科学译丛

递归宏观经济理论（第三版）

拉尔斯·扬奎斯特
托马斯·J. 萨金特　著

杨　斌　王忠玉　张天啸　王新荣　马牧野　严高剑 等　译

Digui Hongguan Jingji Lilun

出版发行	中国人民大学出版社		
社　　址	北京中关村大街 31 号	**邮政编码**	100080
电　　话	010－62511242（总编室）		010－62511770（质管部）
	010－82501766（邮购部）		010－62514148（门市部）
	010－62515195（发行公司）		010－62515275（盗版举报）
网　　址	http://www.crup.com.cn		
经　　销	新华书店		
印　　刷	涿州市星河印刷有限公司		
规　　格	185 mm×260 mm　16 开本	**版　　次**	2020 年 5 月第 1 版
印　　张	57.75　插页 4	**印　　次**	2020 年 5 月第 1 次印刷
字　　数	1 356 000	**定　　价**	128.00 元
